中国快递年鉴
（2014 年卷）

《中国快递年鉴》编辑部　编

人民交通出版社股份有限公司
China Communications Press Co.,Ltd.

内 容 提 要

本年鉴客观记载、全面反映了2014年我国快递业的发展情况以及各地区的进展和主要成就。全书共11部分,分别为:特载、发展概览、发展环境、发展数据、人才建设、市场主体、各地纵览、协会活动、人物志、行业展望和附录。

本书为我国快递领域最具权威的综合性、资料性、史册性工具书,是读者全面了解我国2014年快递领域发展情况的翔实史料,可供快递行业相关人员及其他社会各界人士阅读参考。

图书在版编目(CIP)数据

中国快递年鉴. 2014年卷/《中国快递年鉴》编辑部编. —北京:人民交通出版社股份有限公司, 2015.6
ISBN 978-7-114-12336-8

Ⅰ.①中… Ⅱ.①中… Ⅲ.①邮件投递—中国—2014—年鉴 Ⅳ.①F618.1-54

中国版本图书馆CIP数据核字(2015)第127147号

京朝工商广字第8042号(1-1)

书　　名:中国快递年鉴(2014年卷)
著 作 者:《中国快递年鉴》编辑部
责任编辑:孙　玺　黎小东
出版发行:人民交通出版社股份有限公司
地　　址:(100011)北京市朝阳区安定门外外馆斜街3号
网　　址:http://www.ccpress.com.cn
销售电话:(010)59757973
总 经 销:人民交通出版社股份有限公司发行部
经　　销:各地新华书店
印　　刷:北京市密东印刷有限公司
开　　本:880×1230　1/16
印　　张:43.75
插　　页:10
字　　数:1030千
版　　次:2015年6月　第1版
印　　次:2015年6月　第1次印刷
书　　号:ISBN 978-7-114-12336-8
定　　价:346.00元
(有印刷、装订质量问题的图书由本公司负责调换)

《中国快递年鉴》编委会

特邀委员:李　雄　中国邮政速递物流股份有限公司董事长

王　卫　顺丰速运有限公司总裁

陈德军　申通快递有限公司董事长

喻渭蛟　圆通速递有限公司董事长兼首席执行官

聂腾云　韵达集团董事长兼总裁

赖梅松　中通快递股份有限公司董事长

周韶宁　百世集团董事长、总裁兼 CEO

奚春阳　天天快递有限公司董事长

朱宝良　红楼集团董事会主席、国通快递董事长

陈加海　全峰集团董事长

余联兵　优速物流有限公司董事长兼总裁

吴传龙　上海快捷快递有限公司董事长

张煊楠　速尔快递有限公司董事长

李军庆　广东龙邦物流有限公司董事长

李志源　加运美速递服务有限公司

冯浮声　平安达腾飞快递有限公司董事长

《中国快递年鉴》编辑部

主　　任：李隽琼　国家邮政局新闻宣传中心副主任（主持工作）

副 主 任：阴志华　国家邮政局新闻宣传中心副主任

成　　员：（按姓氏笔画排序）

马　赛　尹训国　王　毅　付　嘉　任惠林　任国平

刘　莹　李　峰　李永松　余　艳　陈　斌　杨军栋

沈晓燕　武文静　赵　雷　郭荣健　徐华荣　夏新东

曹　丹　温雁冰　董晓云　谢　俊　翟潇潇　戴元元

编 辑 说 明

《中国快递年鉴》是我国快递领域最具权威的综合性、资料性、史册性工具书，旨在客观记载、全面反映我国快递领域发展情况以及各地区每年度取得的最新进展和主要成就，可为读者全面了解我国快递领域的发展提供翔实的史料。

《中国快递年鉴(2014年卷)》着重反映2014年期间我国快递领域的发展情况。全书共11部分，具体内容如下。

1. 特载：包括交通运输部和国家邮政局有关领导的重要讲话及专文专访；

2. 发展概览：包括2014年快递服务发展综述，快递领域十大事件，快递发展大事记，以及各省(区、市)快递发展大事记；

3. 发展环境：包括2014快递市场监管和安全监管情况，2014年市(地)邮政管理工作综述，2014年修订或颁布的行业法律规章及规范性文件，快递发展相关规划，快递标准，配套政策，重要政策法规及规范性文件解读，同时包含部分省(区、市)、市(地)关于快递服务的政策法规；

4. 发展数据：包括2014年邮政行业运行情况及发展统计公报，2014年中国快递发展指数报告，快递服务公众满意度调查结果及邮政业消费者申诉情况通告；

5. 人才建设：包括2014年快递人才队伍建设概述，快递“百千万人才工程”进展，2014年职鉴工作进展，职鉴数据统计情况和各骨干企业人才培养特色举措；

6. 市场主体：介绍了我国快递市场16家重点企业发展情况；

7. 各地纵览：介绍了全国各省(区、市)快递市场发展及管理情况；

8. 协会活动：介绍了中国快递协会及各省(区、市)快递协会2014年工作情况；

9. 人物志：介绍了中国梦·邮政情“寻找最美快递员”活动评选出的“最美快递员”中的12位基层快递员代表，以及发生在他们身上的感人事迹；

10. 行业展望：介绍了我国快递领域未来的发展趋势；

附录：包括与快递领域有关的重要文件、快递企业名录等。

《中国快递年鉴(2014年卷)》的出版,得到了国家邮政局各有关部门,各省(区、市)邮政管理部门,中国快递协会及各省(区、市)快递协会,有关快递企业的大力支持。在此,我们向所有为本年鉴编辑出版做出贡献的单位和个人表示衷心感谢!

本年鉴资料内容未包括香港特别行政区、澳门特别行政区和台湾省资料。

《中国快递年鉴》编辑部

2015年6月

1月27日，李克强在民营顺丰速运公司，应邀体验“快递员”下单发货的工作。

马年，快递“黑马”要奋蹄

——李克强总理春节前慰问快递员工纪实

文/阴志华 图/新华社记者 李涛

春节前夕的三秦大地，到处洋溢着迎接马年新春到来的喜庆气氛。1月27日这一天，古城西安，大街小巷，人们喜气盈盈地在置办年货。位于西郊肖里村的顺丰速运公司的快递员们，此时则异常忙碌—春节前是一年中快递旺季，有人通过快递置办年货，有人赶在返乡前把包裹快递回家—快递员的工作比平时更加紧张了，春节的味道在这里最直接的体现就是成千上万的包裹。这些坚守岗位的快递员全然不知，一个巨大的惊喜在等待着大家。

下午2点半过后，中共中央政治局常委、国务院总理李克强来到陕西顺丰速运的分拨现场，为他们带来了党中央、国务院的亲切关怀。一边是最基层的普通快递员工，一边是党和国家领导人，他们之间的距离似乎是那么地遥远，但此时又是如此之近。于是就在这不算宽敞的分拨中心，上演了一出总理和快递员之间的感人故事。

总理当了“快递员”

总理来看望大家了！突然降临的幸福让快递员们一时不敢相信自己的眼睛。刘昭龙，顺丰西安公司员工，25岁，从事快递工作已经4年了。1月27日下午的这个时刻，正在操作台上包装快件的刘昭龙无意中看到几个人走进分拨中心，他们的总经理韩涛正在给其中的一个人介绍着什么，边介绍边向他们这边走过来。他下意识地仔细看了一下，这一看把他着实吓了一跳，来人居然是李克强总理。

“当时我非常惊讶，同时也非常激动。怎么会是总理呢？”在随后接受记者采访时他的心情依然难以平静。刘昭龙告诉记者，当时他甚至有点不敢相信自己的眼睛。他说，平时只在电视中看到过，大家都认识总理，怎么也没有想到总理此时此刻就真真切切地在向他们走来，自己的脑海在片刻已经处于空白状态。

但胆大心细的刘昭龙很快就稳定了自己的心绪：“我们一看总理来了，就主动迎了上去，我想抓住这个机会，留下一个美好的记忆”。他告诉总理，公司为春节期间坚守岗位不能回家和亲人团聚的员工家人准备了一份新年礼品，要通过快递的方式寄给他们，他们正在包装这些礼品。他一边跟总理介绍情

2014年1月27日，国务院总理李克强来到位于陕西省西安市肖里村的西安顺丰速运有限公司看望慰问快递员工。李克强说：“快递业关系经济民生，你们既是在运送商品，也是在传递亲友心意，给大家送去春节的温暖，把幸福快递到千家万户。快递业是中国经济的“黑马”，祝你们在马年快马加鞭、万马奔腾、马到成功！”（刊发于2014年第2期《快递》杂志）

邮政快递报
China Post and Express News
国家邮政局主管
北京国邮创展文化传播有限公司主办
国内统一刊号:CN11-0041
邮发代号:1-46
2014年11月20日 星期四 第92期 今日8版

近2亿"双11"包裹被签收
各环节进度均领先去年

本报讯(记者 北礼) 记者从菜鸟网络获悉,截至19日14时,阿里"双11"当天产生的2.78亿个物流订单中已有近2亿个被用户签收,签收率超过七成。截至18日24时的详细信息还显示,今年"双11"快递各环节进度均领先去年——2.65亿订单已发货,发货率达96.9%,比去年提高0.9%;快递公司已揽收2.45亿,揽收率为89.8%,同比提高7.1%;已被用户签收的有1.89亿,签收率为68%,同比提高5.7%。

赢战双11 4~8版

李克强称赞快递员:你们的工作了不起!
义乌网点发出总理爱心快递

本报讯 据中国政府网报道,11月19日,李克强总理在暮色中现身被誉为"网店第一村"的浙江义乌青岩刘村。在到访一家快递网点时,李克强对快递工作接连称赞。他说,从小处说,你们不仅创造了就业岗位,也创造了新生活;从大处说,农村的东西送到城市去,城市的东西送到农村来,缩小了城乡差距。物流是现代经济核心之一,快递是物流重要组成部分,工作虽然很普通,但很关键。"你们的工作了不起!"

李克强总理考察快递网点时,当地团委正组织给青海农村贫困儿童发爱心快递。总理参与其中,现场捐款并为包裹贴上爱心标志。他说,今天上午国务院常务会议刚刚部署了帮助贫困地区儿童的工作,你们的爱心快递就是实实在在的帮助,要把爱心真正传递给孩子们。

(图片来源:中国政府网)

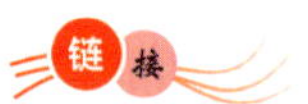

总理数次点赞 激励中国快递

●今年春节前夕,1月27日,李克强在陕西西安顺丰慰问视察快递员工时指出:"快递业关系经济民生,是中国经济的'黑马'。"

●3月5日,李克强在全国人大会议上作政府工作报告时表示,要促进物流配送、快递业和网络购物发展。

●9月10日,李克强在第八届夏季达沃斯论坛上阐述中国经济积极变化时指出,物流快递、电子商务等新产业、新商业模式迅速成长。

●9月24日,李克强主持召开国务院常务会议,决定进一步开放国内快递市场。他还特别指出:"快递业搞活了,新的市场就激活了。"

总理"双11"旺季来"探班"

11月19日傍晚,"双11"快件大潮仍在汹涌而来,但是义乌中通青岩刘网点的负责人范浩浩,却难以聚精会神,激动的心情久久不能平复。就在两个小时前,克强总理刚刚光顾了这里,范浩浩迎上去握住总理双手——这个情景一遍一遍地像放电影一般在他脑海里重现。

"忘不了跟总理握手的情景,总理和蔼可亲,就像'自家人'一样!"本报记者第一时间拨通了这个曾经离总理最近的快递员的电话,听他"回放"那个激动人心的场景。

范浩浩所在的义乌中通是进驻青岩刘村的10多家快递企业之一。下午17:30左右,当一辆中通快递车满载而归,正要驶入网点卸货时,吸引了前来视察的克强总理的视线。总理于是径直走进了这个网点。

事实上,在浙江义乌江东街道的这个被誉为"网店第一村"的青岩刘,响彻在耳旁的,满是"淘宝旺旺"独特的"叮咚"声;映入眼帘的,是鱼贯穿梭的快递公司车辆……

在全国各地,类似青岩刘这样的"网店村"已经越来越多,它们生动地演绎着电商与快递之间的联动和依存关系——电商的快速崛起为快递发展提供了巨大的空间,同时快递业的及时跟进和成长,又成就了电商更快速的发展,两者相互依存、相互支撑、相辅相成。正如国家邮政局局长马军胜所言,快递如同是火,网购如同是风,火借风势,风助火威,网购和快递两大服务领域就这么风风火火地发展起来了。

当前,"双11"网购狂欢节已经第六个年头考验快递业对中国经济的支撑力度和服务能力。国家邮政局最新数据显示,今年"双11"网购促销产生的快递包裹量超过预期,"双11"当天,邮政、快递企业揽收快递包裹8860万件。其后,又创造了超过1亿件的单日峰值。

年内四度为快递点赞的克强总理,其关切直指快递企业对"双11"包裹的末端消化能力。"'双11'期间一天的件量是多少?积压的快件是否都消化完了?公司已经开展海外业务了吗?你们乡镇派送范围广不广?……"与现场的十来个快递工作人员一一握手后,克强总理的一连串问题就抛向了范浩浩。

"我告诉总理,'双11'我们的件量比去年增加了1倍,'双11'这天达到了近2万件。"

"我领着总理看过我们的俄罗斯速通专线快件后,他又接着问我,中通快递能不能送到港澳台去,我说能!我们中通快递主要的网点都已经开通送达港澳台的线路。"

"总理接着又问,西藏能送到吗?我又告诉他,能!"范浩浩几乎记得自己与总理一问一答的每一个细节。

"总理翻开了一沓我们的发件底单,看到底单数字后很惊讶:原来你们的业务量这么大呢,不简单,不简单。"

总理的每一个问题都让干了五六年快递的90后小伙子范浩浩感到意外,倒不是问题的难度大,而是总理对于每个快递术语都是信手拈来。

"总理说,你们干快递的,是服务行业,辛苦了!"受到总理的慰问,范浩浩害羞地点着头。

虽然仅仅是短暂的停留,但总理的一举一动,烙印在了现场的每位快递人心中。这给没有来得及赶到现场的义乌中通负责人王光明留下了终身遗憾:"忙完手中的活儿,就已经是下午5点多,没有及时赶到,"王光明说,"但是为自己的网点员工感到骄傲,为我是快递人感到骄傲!"

(记者 李隽琼)

2014年11月19日,国务院总理李克强在视察浙江省义乌市青岩刘村快递网点时指出:"从小处说,你们不仅创造了就业岗位,也创造了新生活;从大处说,农村的东西送到城市去,城市的东西送到农村来,缩小了城乡差距。物流是现代经济核心之一,快递是物流重要组成部分,工作虽然普通,但很关键。你们的工作了不起!"(刊发于《中国邮政快递报》2014年第92期一版)

2014年4月29日，交通运输部党组书记、部长杨传堂在京会见了在中国梦·邮政情“寻找最美快递员”活动中当选的“最美快递员”，深情地称他们是“连接用户的桥梁、传递美好的天使”。杨传堂指出，快递企业必须提升软实力、发展原动力和核心竞争力。希望全行业以“最美快递员”为榜样，立足本职、无私奉献、传递美好、回馈社会。部党组成员、国家邮政局局长马军胜，国家邮政局纪检组组长解畅参加会见。

2014年5月15日，正在湖北省荆州市邮政管理系统调研指导工作的中央第十二巡回督导组组长邢元敏一行，分两组分别对荆州市快递下乡和空白乡镇邮政局所补建工作进行了专题调研，以实地走访的方式，深入了解党的群众路线教育实践活动对当地邮政管理工作和邮政业发展产生的积极成果。

2014年5月30日，国家邮政局局长马军胜在北京国际会议中心视察了第三届中国（北京）国际服务贸易交易会（简称京交会）快递服务展区，逐一参观了近20家快递企业及关联企业的展位，重点了解企业在京交会上展示的新业务、新技术，并详细询问了企业在发展和转型升级过程中遇到的新问题、新情况。

2014年6月26日，义乌邮政管理局成立，国家邮政局局长马军胜为这个全国首个县级邮政管理机构揭牌。义乌邮政管理局的成立，是县域邮政监管模式新的探索和实践，不仅是我国邮政体制改革的重要成果，也标志着我国邮政业完善县级邮政监管体制的工作进入了一个新的阶段。

2014年11月17日至19日，国家邮政局局长马军胜一行不打招呼、轻车简从，突击检查了四川、重庆两地快递旺季服务保障工作。17日晚，马军胜刚下飞机，就驱车前往四川省邮政、快递企业。当天上午，他还在2000公里外的北京主持召开国家邮政局会议。检查督导期间，马军胜还不忘与四川、重庆两地邮政管理系统干部职工亲切座谈，听取他们关于工作开展和“双11”旺季服务保障情况汇报。

2014年10月29日至30日，全国邮政行业精神文明建设工作座谈会在天津召开，国家邮政局党组成员、纪检组组长、精神文明建设指导委员会副主任解畅参观邮政行业精神文明建设成果展，并强调要以此次会议为新起点，进一步凝聚共识，坚持久久为功，为加快实现“建设与小康社会相适应的现代邮政业”奋斗目标提供坚强的思想保障和精神支撑。

2014年10月22日至24日，国家邮政局副局长王梅在山东省调研工作，先后来到济宁、泰安、济南等地，了解邮政管理工作和行业发展情况，并考察了位于济宁市的山东恒良物流快递中心、泰安市一家居民小区信报箱建设情况。

2014年1月27日至29日，国家邮政局副局长赵晓光先后在内蒙古、吉林调研邮政业发展情况，并亲切慰问邮政业干部职工。调研期间，赵晓光先后深入顺丰速运内蒙古中转场、顺丰速运有限公司吉林分公司和吉林邮政EMS分拨场地，与企业负责人和部门员工座谈交流，了解企业生产经营情况，并慰问困难职工。

2014年7月24日，国家邮政局在江苏南京召开部分省（市）南京青奥会邮路安保工作部署会，国家邮政局副局长刘君出席会议，就做好青奥会期间寄递渠道安全保障工作进行专题部署，并率队检查涉奥场所邮政服务设施和南京邮区中心局邮件、快件集中安检工作措施落实情况。

2014年10月15日至17日，国家邮政局副局长邢小江一行到广东调研指导邮政业工作，期间，邢小江与相关市邮政管理局干部职工座谈，详细了解行业统计专项调查、行业发展规划编制等情况，并强调，要以“十三五”规划编制为契机，在行业发展总体设计上力求突破。

2014年4月29日上午，中国梦·邮政情“寻找最美快递员”揭晓发布会在京举行，10名基层快递员和2个快递员集体荣获“最美快递员”称号。“寻找最美快递员”活动受到社会各界的高度关注和广泛参与，各地邮政管理局、快递企业、社会媒体以及电商等渠道共推荐200余人参加评选，其中154人经过条件筛选，直接上线接受网民票选，共收到选票286万张。

2014年10月20日，我国快递年业务量首次突破100亿件，并已连续46个月同比增幅超过50%。2014年全年快递业务量达到140亿件，跻身世界第一。2014年，邮政行业业务收入达到3203亿元，是2007年的近4倍，占GDP比重超过0.5%，向着与适应小康社会的现代邮政业的目标又迈出了坚实的一步。

2014年11月8日至10日，新华社、中央电视台、中央人民广播电台、《经济日报》等中央媒体赴湖北荆州洪湖地区，聚焦“快递下乡服务三农”，先后采访了部分快递公司、莲藕种植农户、电商和“淘宝代购”服务商。

2014年5月30日，作为第三届京交会重要内容之一的2014中国快递行业（国际）发展大会，进行了中国快递服务战略合作签约，签约额超500亿元，国家邮政局局长马军胜、北京市副市长程红等出席见证签约仪式。

目录

第一篇　特载

第二篇　发展概览

第三篇 发展环境

第四篇 发展数据

第五篇　人才建设

第六篇　市场主体

第七篇　各地纵览

第八篇　协会活动

第九篇　人物志

第十篇　行业展望

附录

第一篇　特　载

努力推动邮政业全面协调可持续发展

——交通运输部部长杨传堂在2014年全国邮政管理工作会议上的讲话

2014年1月7日

同志们：

很高兴参加2014年全国邮政管理工作会议。刚才，五位代表交流了分组讨论情况，王梅同志做了会议总结，讲的都很好。上周，我和部机关的同志到国家邮政局机关调研，军胜同志代表局党组报告了2013年主要工作和2014年工作安排，这次会议对邮政工作进行了全面总结和部署。局党组对工作的总结、形势的判断和工作的部署，符合中央精神，符合我国邮政业发展实际，我完全赞同。

党中央、国务院十分关心我国邮政事业发展，国务院领导同志多次就深化邮政改革、加快邮政转型升级作出重要批示。会前，马凯副总理做了重要批示，为邮政改革发展指明了方向。一年来，国家邮政局认真贯彻落实党的十八大和十八届二中、三中全会精神，认真落实马凯副总理到交通运输部调研时的重要讲话和对邮政工作的重要批示精神，围绕"全面建成与小康社会相适应的现代邮政业"这个目标，抓改革、促调整、促发展，千方百计惠民生，积极履行邮政管理职能，着力提升邮政普遍服务能力，推动快递产业转型升级，提高邮政管理体系运行效能，邮政业保持持续快速发展态势。一是行业发展环境进一步优化。符合行业情况的"营改增"政策已经开始实施，快递与跨境电子商务、制造业联动的相关政策相继落地。二是依法行政扎实推进。加强依法监管，邮政普遍服务、特殊服务和邮票发行监督有序推进，《快递市场管理办法》有效实施，快递市场进一步规范，市场开放有序推进。三是安全监管和应急能力进一步增强。寄递渠道安全工作机制作用充分发挥，妥善应对了快递服务"双11"业务高峰和四川芦山地震等突发性时间。四是产业联动和资源整合迈出新步伐。各地邮政与交通融合发展进一步深化，在发展现代物流等方面密切配合、资源共享，行业服务地方经济社会发展的作用进一步发挥。五是邮政基础管理能力稳步提升。三级邮政监管体系基本健全，市(地)邮政管理运行良好。六是干部队伍和人才队伍建设得到加强。在转变工作作风、服务人民群众方面取得了实实在在的成效。涌现出"快递托举哥"、快递员勇救落水儿童等一批彰显行业形象和社会正能量的先进集体和先进个人典型。

总之，邮政行业一年来成绩显著。这是党中央、国务院正确领导的结果，是国家邮政局组党认真贯彻落实中央决策部署、科学谋划强力推进的结果，是邮政系统干部职工团结奋斗、改革创新的结果。在此，我代表部党组，向全国邮政系统广大干部职工致以诚挚的慰问、表示衷心的感谢！

去年底，中央先后召开了十八届三中全会和一系列重要会议，对全面深化改革、推进现代化建设，作出了全面部署。认真贯彻落实中央一系列重要会议精神，是当前和今后一个时期重大的政治任务。去年12月27－28日，部召开了全国交通运输工作会议，对贯彻落实中央精神、深化交通运输改革，作出了部署和安排。这次会议上，军胜同志代表局党组，对于贯彻落实中央精神，进一步推进邮政业科学发展，讲了很好的意见。希望各级邮政管理部门按照会议精神，把今年的工作安排好、落实好。

邮政业是重要的基础性产业和公共服务业。随着我国工业化、信息化、城镇化、农业现代化水平的提升，人民群众的用邮需求将不断释放，行业发展的基本面依然是长期向好的。同时，在提升服务水平、确保寄递安全、引导企业健康发展、增强社会活力等方面也面临着严峻挑战。希望国家邮政局认真贯彻落实中央一系列重要会议精神，坚持稳中求进工作总基调，坚持问题导向、统筹协调、创新驱动、普惠为民，把改革创新贯穿于邮政工作各个领域各个环节，进一步深化邮政改革，优化邮政发展环境，推动快递转型升级，提升服务质量，提高监管效能，确保寄递安全，努力推动邮政业全面协调可持续发展，为全面建成小康社会作出更大贡献。

在新的形势下推进邮政业科学发展，工作千头万绪，任务艰巨繁重。借此机会，我想就邮政业发展中的几项重点工作，也是需要举全行业之力研究解决的几个重大问题，谈一些思考和建议，与大家一起研究讨论。

一、关于全面深化邮政改革问题

全面深化改革是党中央、国务院审时度势作出的重大战略抉择。习近平总书记深刻指出："没有改革开放，就没有中国的今天；离开改革开放，也没有中国的明天"。回顾我国邮政业改革发展实践，完全可以说，邮政业取得的成绩和未来的发展也离不开改革开放。

全面深化邮政改革，必须准确把握发展环境和条件的深刻变化，认真贯彻落实十八届三中全会对深化改革的重大部署，在邮政企业改革和政府职能转变上下功夫，着力破除束缚邮政事业科学发展的体制机制弊端。要继续深化邮政企业改革，推动建立健全现代企业制度，完善邮政普遍服务和竞争性业务分业经营制度，完善邮政基础设施投资保障机制和邮政普遍服务补贴机制，形成权责统一的邮政普遍服务保障与监督机制，不断增强国有经济影响力和控制力。要积极推动政府职能转变，正确处理政府与市场的关系，做好发展战略、规划、政策和标准的制定和实施，进一步简政放权，加强审批改革后的事中事后监管，加强改进邮政行政执法。

二、关于强化邮政普遍服务问题

十八届三中全会比较系统地阐明了政府的职责和作用，主要是保持宏观经济稳定，加强和优化公共服务，保障公平竞争，加强市场监管，维护市场秩序，推动可持续发展，促进共同富裕，弥补市场失灵。邮政普遍服务是国家基本公共服务的重要组成部分，也是保障民生的重要领域，在保障国家安全、维护政令畅通、提高生活质量、促进社会和谐等方面，发挥着不可替代的作用。

随着信息技术和人们用邮需求的变化，邮政普遍服务的内容和方式也发生了一些变化，面临着一些困难和问题，但邮政普遍服务在国家公共服务中的重要地位没有变，政府提供邮政普遍服务的职责没有变，与时俱进地提供高质量普遍邮政服务的任务没有变。我们一定要从政治高度和全局角度，进一步强化和优化政府提供邮政普遍服务的职责，切实做好邮政普遍服务监督与管理工作。要继续加快推进邮政普遍服务基础设施和终端服务体系建设，健全邮政普遍服务监督管理体系，完善经营邮政通信业务审批制度，加强邮政机要通信规范落实情况检查。

三、关于推进快递业转型升级问题

贯彻落实中央关于转变经济发展方式的部署，加快推进邮政业转变发展方式，一项重大而紧迫的任务，就是要加快推进快递业转型升级。近年来我国快递业实现了“爆炸式”增长，基本满足了人民群众对快递服务的需求，同时，快递业快速发展也不可避免地带来一些问题，如服务质量亟待提高、安全保障压力增大等，这就要求必须进一步加快转型升级步伐。调整结构、转型升级任重道远，要把工作的重点转到质量和效益上去，做结构调整的文章，做技术创新的文章，做管理创新的文章，做员工能力提高的文章，实现又好又快的科学发展。

加快推进快递业转型升级，要以转变发展方式为主线，以提升服务品质为重点，以加大科技应用为手段，着力构建便捷高效、竞争有序、技术先进、服务优质的快递服务体系，着力推进快递服务转方式、调结构、快发展、增效益、上水平，推动快递企业做大、做强、做精、做细，努力打造核心竞争力、产业带动力、社会影响力强的现代企业集团，推进实施“快递下乡”和“快递西进”工程，支持重点企业开拓海外市场，稳妥有序开放国内快递市场，鼓励企业开发和提供多层次、多样化和个性化的产品体系，更好满足经济社会发展和人民群众对快递服务日益增长的需求。

四、关于保障行业安全发展问题

随着邮政业务量特别是快递业务量的急剧增加，行业安全发展问题日益凸显。一些企业没有严格执行收寄验视制度，使寄递过程存在安全隐患；一些违法犯罪分子利用寄递渠道实施犯罪活动，给邮政安全运行带来极大风险。邮政安全发展问题，成为影响行业健康发展的重大问题，必须认真研究加以解决。

安全发展是邮政业健康发展的“底线”和“红线”。我们一定要认真贯彻落实中央领导同志关于做好安全生产工作的重要讲话和批示精神，把安全理念落实到邮政业发展的各个领域各个环节。要针对一些快递企业违反规定不进行收寄验视的情况，切实加强安全监管，研究制定邮件、快件的收寄验视管理办法，研究并逐步推行快递实名制，强化寄递渠道安全和突发事件应急管理。要探索建立寄递渠道安全防范联合工作机制，加强寄递渠道综合治理，联合有关部门共同做好寄递渠道禁毒、反恐等工作。

五、关于推进交通邮政融合发展问题

通过2008年和去年两次国务院机构改革，交通运输大部门制改革取得重大进展。国务院明确交通运输部管理国家铁路局、中国民用航空局、国家邮政局，负责推进综合交通运输体系建设，统筹规划铁路、公路、水路、民航以及邮政行业发展，承担综合交通运输规划、战略、政策、法律法规和标准的拟订及起草职能。今年的全国交通运输工作会议，提出了建设综合交通、智慧交通、绿色交通、平安交通的奋斗目标。交通运输大部门制改革和综合交通运输体系建设，为邮政业快速发展提供了新的平台，为交通邮政融合发展开辟了广阔空间。

交通运输大部门制改革以来，部党组高度重视并大力支持邮政业发展，各地交通部门和邮政部门相互支持、资源共享方面，进行了有益探索，积累了成功经验。下一步要及时总结各地的创新实践，充分发挥交通和邮政资源的最大效益，充分发挥交通运输大部门制的巨大优势，共同为人民群众提供更高质量更高水平的交通运输服务和邮政服务。

同志们，认真贯彻落实中央精神，努力建设与全面小康社会相适应的现代邮政业，任务艰巨繁重。部党组将一如既往大力支持邮政工作，在法制建设、规划衔接、政策协调等方面支持国家邮政局履行职责、开展工作。希望在以军胜同志为班长的国家邮政局党组的带领下，我国邮政业改革创新、科学发展不断迈上新台阶。

新春佳节即将来临。在这里，我代表部党组，向国家邮政局机关、全国邮政系统广大干部职工和同志们，致以节日的问候，祝大家新年愉快、工作顺利、阖家幸福！

谢谢大家！

抓改革　促发展　惠民生
为全面建成与小康社会相适应的现代邮政业努力奋斗

——国家邮政局局长马军胜在2014年全国邮政管理工作会议上的讲话

2014年1月6日

同志们：

这次会议的主要任务是：深入贯彻落实党的十八大和十八届二中、三中全会精神，落实中央经济工作会议部署，总结2013年邮政管理工作，布置2014年重点工作，统一思想，凝聚力量，为加快建成与小康社会相适应的现代邮政业而努力奋斗。下面，我讲三个方面内容。

一、2013年工作回顾

2013年是全面建设与小康社会相适应的现代邮政业的开局之年，也是实施邮政业发展“十二五”规划的关键一年。全系统认真贯彻落实中央决策部署，开拓进取，务实创新，邮政业保持了持续快速发展的态势。全行业业务总量完成2680亿元，同比增长32%；业务收入完成2530亿元，同比增长28%。其中，快递业务量完成92亿件，同比增长60%，最高日处理量突破6500万件；快递业务收入完成1430亿元，同比增长36%。邮政普遍服务和特殊服务寄递时限达到国家规定标准，服务满意度保持稳定。快递服务满意度连续5年稳步提升。邮政业消费者申诉处理满意率达到92.1%。完成了全年目标任务。

一年来，主要在以下几个方面取得了新的成绩。

（一）行业发展环境优化取得新进展。《快递市场管理办法》等6部规章修订顺利完成，快递条例列入国务院年度立法计划。吉林、江苏、广东、北京发布邮政地方性法规和政府规章，市（地）级法规取得突破，地方立法持续推进。联合有关部门颁布《全国物流园区发展规划》，明确支持发展快递等专业类物流园区。密切跟踪“营改增”进程，努力反映行业诉求，积极争取到符合业情的“营改增”政策。推动出台有利于跨境电子商务寄递服务发展的政策，联合工业和信息化部发布《关于推进快递服务制造业工作的指导意见》，促进行业融入社会生产和消费的产业链、供应链和服务链。联合发布并实施加强和改进城市配送管理工作的指导意见，快递车辆进城难、通行难、停靠难问题进一步得到解决。出台提升快递末端投递服务水平的指导意见和《智能快件箱》行业标准，解决快递服务“最后一公里”问题取得进展。发布《快递代收货款服务规范》等行业标准，进一步规范企业服务行为。组织引导企业申报物联网示范工程，快递服务进入国家科技推广应用试点示范项目。完成邮政业发展“十二五”规划中期评估，进一步推动规划落地实施。

国家邮政局与上海市政府签署合作协议，建立促进快递总部经济发展的合作机制；授予杭州市“全国快递示范城市”称号，促进行业与地方经济社会融合发展。以京交会为契机，推动邮政、快递企业与电商、银联签署战略合作协议，协议金额突破200亿元，搭建与关联行业合作共赢的发展平台。指导湖北等5省（区）邮政管理部门与地方交通部门联手合作，支持沈阳、广州等地积极探索利用高铁运送邮件快件的新方式，邮政与交通融合发展进一步深化。各地邮政管理部门继续积极争取地方对邮政普遍服务保障政策，贵州省政府出台多项支持邮政业发展的政策措施，西藏、新疆等地对当地邮政服务网点建设等给予资金支持。

(二)基础设施建设平稳推进。加快完成西部和农村地区邮政普遍服务和机要通信基础设施建设项目的行业审查,督促邮政企业落实中央预算内投资计划,完成营业网点改造 2607 处,车辆更新 333 辆。空白乡镇邮政网点补建工作稳步开展,竣工营业网点逐步投入运营。统筹推进村邮站、邮政服务进社区和邮政便民服务平台等建设工作,海南、福建等地创新村邮站建设和运维模式。无锡市设立了全国首个市级快递产业园区,河南全国性快递集散交换中心被列为全省百项重点项目并加快建设,全国多个省(区、市)将邮政快递设施建设纳入地方规划。全年主要快递企业新建、改造分拨中心超过 300 处,新建扩建一批流水线、购置机械化分拣设备和安检设备,新增快递服务网点 1000 余处,快递企业基础设施投资超过百亿元。中邮速递南京快递物流集散中心运行平稳,顺丰速运在北京等分拨中心新建自动化分拣线并顺利投入使用。企业自主航空能力进一步增强,快递专用货机达到 65 架,航空网络覆盖进一步扩大。

(三)邮政行业监管不断强化。开展邮政投资体制和运营机制评估,着力推动建立财政补贴与邮政普遍服务监管的联动机制。依法开展邮政普遍服务、邮政特殊服务、邮票发行的行政审批和监督检查工作,开展邮政基础设施全面普查,加强县、乡两级邮政社会监督员力量,建立普遍服务质量季度通报制度。邮政法定业务开办专项检查活动取得新成效,共有 500 余处网点恢复办理邮政汇兑业务。全年新核准跨省(区、市)经营快递业务企业 7 家,经营国际快递业务企业 41 家,市场开放有序进行。开展快递业务经营许可地域范围和经营范围专项整治,强化集邮和邮政用品用具市场执法检查,全年共开展市场执法检查 28684 次,查处违法违规行为 6574 起,市场秩序进一步好转。建立消费者申诉与市场监管联动机制,根据申诉结果定期出具质量分析报告及问题整改意见。组织开展邮政普遍服务、快递服务的时限监测、满意度调查及机要通信保密安全用户评价,及时发布邮政普遍服务和快递市场等年度监管报告,全行业服务质量进一步提升。

(四)安全监管和应急能力进一步增强。充分发挥寄递渠道安全工作机制作用,会同公安、国家安全、安监、质检、海关、新闻出版、民航等部门开展寄递渠道治安、禁毒、反恐、扫黄打非和锂电池运输监控,组织做好重大活动期间寄递渠道安全保障工作。出台安全生产工作意见,组织开展全行业安全生产大检查。联合 5 部门印发寄递服务信息安全监管工作文件,并开展专项整治,督导各地查处泄露用户信息案件。继续推进安全监管信息系统项目建设。提前谋划快递"双 11"业务高峰保障工作,及时采取"错峰发货均衡推进"的调控方式,指导快递协会建立企业与电商协调机制、推动企业加强能力建设和运行管理、充分发挥媒体引导作用,通过各方面共同努力,在最高日处理量同比增长 85% 情况下,实现了快递"双 11"业务高峰"全网运行不瘫痪、重要节点不爆仓"的目标。在四川芦山突发强烈地震事件中,组织和指导企业开展抗震救灾工作,保障邮路畅通,邮政、快递企业开通赈灾包裹免费寄递业务,中国邮政增发《齐心协力抗震救灾》邮票,所得收入全部捐给灾区,全行业展示了勇于承担社会责任的良好形象。

(五)转变职能依法行政迈出新步伐。进一步转变政府职能,严格依法履职,全面梳理邮政行政审批事项和部门职责,调整下放部分行政审批事项和职权,更好发挥地方邮政管理部门贴近基层就近管理的优势。修订邮政行政处罚程序规定,出台裁量基准;组织邮政行政执法资格全国统一考试,加强执法资格管理;加大政府信息公开力度;依法做好行政复议工作,全年办理案件 34 件,全系统依法行政的能力加快提升。出台加强统计工作指导意见,建立健全三级统计工作体系,纳入统计范围机构新增 5572 家;制订和修订了财务管理等多项制度,完成三级办公自动化系统建设和安全监管信息系统阶段性任务，管理工作进一步制度化、规范化。中华集邮联合会、中国快递协会、中国直邮协会完成换届工作，全国97个市（地）组建了快递协会，广东、江苏、浙江、山东和黑龙江五省实现市（地）快递协会全覆盖。

（六）深入开展党的群众路线教育实践活动作风建设取得新成效。按照中央部署，国家邮政局和各省级邮政管理部门第一批参加党的群众路线教育实践活动。国家局党组高度重视，认真部署，扎实推进。坚持把学习教育、提高思想认识贯彻始终；坚持把开门搞活动、让群众参与贯彻始终；坚持把整改落实、解决实际问题贯彻始终；坚持把建章立制、标本兼治贯彻始终。国家局认真办好活动中确定的与行业发展和人民群众利益密切相关的“8件实事”。通过活动，增强了党员干部的群众观念，提高了践行党的群众路线的自觉性、坚定性，推动了干部作风的改进，促进了邮政管理工作。严格执行中央“八项规定”，全年邮政管理系统文件简报进一步精简，会议支出和“三公经费”显著减少。杜绝公款购买礼品、购送贺卡等不正之风。开展会员卡清退活动，实现全系统纪检干部会员卡“零持有、零报告”。进一步加强项目管理等重点领域监督检查力度，廉政风险防控体系建设深入推进。信访工作机制不断完善，经济责任审计工作有序开展，市（地）局纪检监察组织机构设置工作基本完成。

围绕“诚信、服务、规范、共享”的行业核心价值理念，大力开展行业精神文明建设，涌现出了以“快递托举哥”为代表的一批先进典型。集邮文化活动深入开展，老一辈无产阶级革命家纪念活动和《中国梦—国家富强》等重点题材邮票的发行进一步增强了集邮文化的影响力。创办《中国邮政快递报》，完善行业宣传体系，大力弘扬行业文化，新闻媒体和社会舆论给予了行业更多的关注和理解，行业形象进一步提升。

（七）干部队伍和人才队伍建设得到加强。进一步加大领导班子和领导干部队伍建设力度，坚持多渠道选人用人，改进竞争择优等方式方法，干部结构进一步优化，市（地）局干部到位率达到85%。完善干部管理、培训管理等制度，初步建立了适应三级管理要求的干部人事管理机制。加快提升履职能力，全面开展新进公务员初任培训、市（地）局长能力培训，以及各类专项业务培训，共计培训7000余人次。启动全国邮政职业教育教学指导委员会工作，制修订中职教学标准和高职专业目录，提升职业教育对行业人才的支撑保障。积极参与修订完善国家职业分类大典，申报新增快递服务4个职业。组织快递业务员职业技能鉴定12.5万人次，中、高级技能人才比重稳步上升。开展行业人才培养学科体系、职称评审制度等专项研究，人才队伍建设基础进一步夯实。

（八）对外交流合作等工作不断拓展深化。全力推动、精心组织，我国政府推荐人选首次当选亚太邮联秘书长；成功组织亚太地区邮政改革与发展高层论坛；参加世贸组织贸易政策审议、自贸区谈判、中美中欧等政府间交流工作，对外交流合作的范围和领域不断拓展。积极参与《海峡两岸服务贸易协议》签署相关工作，组织海峡两岸双向全面直接通邮5周年纪念活动，两岸邮政交流进一步扩大。国家局发展研究中心等所属各单位，认真落实国家局工作部署，为管理工作和行业发展提供了重要支撑。

特别要指出的是，市（地）邮政管理机构运行一年来，认真落实国家局党组的决策部署，在各省级管理部门的领导下，围绕开好局起好步的总要求，大力弘扬井冈山精神，克难攻坚，负重奋进，注重政治思想建设，注重夯实管理基础，注重业务监管工作，注重横向沟通协调，注重队伍素质提升，各项工作都取得了新进展，打开了新局面。

各位领导、同志们，邮政工作取得的新进展，是党中央和国务院亲切关怀、交通运输部正确领导的结果，是国务院各有关部门和地方各级党委政府大力支持的结果，也是全行业干部职工努力奋斗的结果。我谨代表国家局党组，向关心支持邮政业改革、发展、管理的领导和同志们,向全体干部职工、离退休老同志,致以崇高的敬意和衷心的感谢!

同时,我们也清醒地看到,近年来,尽管邮政业增速保持在国民经济增长速度的两倍以上,但行业发展不平衡、不协调、不可持续的问题依然延续:行业安全问题比较突出;市场发展不成熟、市场秩序不规范的问题依然严重;边远地区用邮难、快递不快、快件丢失、赔偿难等关系群众切身利益的问题不少;三级邮政管理体制建立后,统筹行业管理的能力还不强,还不适应新形势新任务。对这些矛盾和问题,我们要高度重视,继续下大气力,认真加以解决。

二、把改革创新转型升级贯穿于邮政业发展的各个方面

党的十八大提出了全面建设小康社会的宏伟目标,国家邮政局党组通过学习领会十八大精神,提出到2020年“建成与小康社会相适应的现代邮政业”的奋斗目标并进行具体的工作部署。党的十八届三中全会对全面深化改革做出战略部署,对新时期邮政行业改革发展提出了新的要求。下一步要紧紧围绕加快建成与小康社会相适应的现代邮政业的目标任务,以改革创新转型升级推动行业发展,着力做好以下四个方面的工作:

第一,要紧紧围绕抓改革促发展惠民生这条主线。

邮政业是国家基础性、公共性、服务性行业,与生产生活和消费者利益紧密相连。现阶段我国邮政业发展的主要矛盾仍然是发展能力、发展水平不能满足人民群众不断增长的用邮需求,不能适应经济社会发展的需要。促进行业发展仍是邮政业的第一要务,也是惠民生的重要基础。惠民生既是邮政业发展的根本目标,也是检验发展成效的试金石。抓改革就是以全面深化改革统领全局,解决邮政业在促进发展、普惠民生过程中存在的体制机制障碍,最大程度地解放和发展生产力,最大程度地解放和增强行业活力,提高服务经济社会的能力和水平,推进基本公共服务均等化,促进行业科学发展。

抓改革促发展惠民生,不仅要从群众最需要的地方做起,更要从群众最不满意的地方做起。为此,必须坚持问题导向。全力以赴转方式调结构,注重速度、安全、质量、规模、结构、区域、城乡等多个维度的平衡性和协调性。必须坚持统筹协调。促进邮政普遍服务和竞争性业务共同发展,统筹国内发展和对外开放,倡导不同类型市场主体相互合作、优势互补,推动邮政业向共赢均衡方向发展。必须坚持创新驱动。推动市场主体建立健全现代企业制度,增强企业活力,提高企业效率,努力缩短与国际标杆企业的差距。建立政府产学研协同创新机制和专业化运作模式,延长行业服务链条,推动产业联动发展。必须坚持普惠为民。健全普遍服务保障机制,增强普遍服务能力,提高普遍服务水平。推动邮政、快递企业做好承诺服务,提高诚信素养,让广大群众放心消费、明白消费、安全消费。

第二,要继续实施“深化邮政改革创新,推动快递转型升级”两大战略。

促进邮政企业改革创新。继续深化邮政改革。推动建立现代企业制度,加快形成激发活力的运营机制,规范经营决策、提高企业效率、实现资产保值增值,不断增强国有企业的经济活力、控制力和影响力。积极探索邮政公共服务市场化机制。继续完善邮政普遍服务和竞争性业务分业经营制度,推动健全科学透明的收支核算与考核制度。全面落实国办发〔2012〕6号文件精神,完成省级以下邮政企业更名工作。推动邮政业务创新发展。鼓励邮政企业创新服务方式,加强公共服务平台建设,不断提升服务水平。提高邮政网络使用效率,积极参与市场竞争性业务,支持发展农村物流业务,满足多元化需求。支持完善农村和边远地区邮政金融普惠服务功能。完善邮政发展环境。研究制订邮政普遍服务可持续发展指导意见。推动健全邮政基础设施投资保障机制。不断完善邮政普遍服务补贴机制，形成责权统一的邮政普遍服务保障与监督机制。健全财政补贴预算和邮政普遍服务水平、邮政服务质量和企业负责人绩效考核的双挂钩联动机制。不断完善特殊服务和安全监管机制，健全机要通信独立作业系统和生产组织方式。推动完善邮政服务价格形成机制。

促进快递转型升级。推动快递企业从做大规模向做强实力转变。引导快递市场主体建立健全现代企业制度，通过股改、兼并、重组等方式健全股权结构、完善治理结构。鼓励国有资本、集体资本和非公有资本等交叉持股、相互融合、共同发展。引导企业以标准化、自动化和信息化为基础，以满足用户需求为目标，使快递服务的各个环节有机结合、紧密衔接、均衡运作，提高系统性和协调性。努力打造核心竞争力、产业带动力、社会影响力强的现代企业集团，追赶国际领军集团。推动快递网络“向下”、“向西”和“向外”拓展。认真贯彻落实中央城镇化会议精神，鼓励企业加快农村和中西部网络布局和基础设施建设，提高网络覆盖率和稳定性。启动“快递下乡”工程，尽快让广大农民享受网购服务；推进“快递西进”工程，改善区域均衡度；适应经济全球化新形势，推进“引进来”和“走出去”更好地结合，积极有序地提高开放水平，积极支持重点企业开拓海外市场。推动快递服务向综合快递运营体系转型。引导企业开拓新市场，延长服务链，提高附加值。将业务板块由“1+1”向“1+3”拓展，在标准快递和国内电商快递基础上，着力发展服务先进制造业快递和跨境电商快递。鼓励企业调整产品结构，丰富产品类型，严格服务标准，提供多层次、多样化和个性化的产品体系。

第三，要牢牢把握“提升服务质量，提高监管效能”两个重点。

提升服务质量。引导企业树立科学发展理念。牢固树立“诚信、服务、规范、共享”的行业核心价值观和“以人为本、用户至上”的理念。提升邮政普遍服务质量和水平，适应人民群众的新需求。适时修订邮政普遍服务标准，监督标准贯彻实施。推动快递企业由价格竞争向服务竞争转变，鼓励重点企业实行高于标准的服务规范，提升服务品质，打造服务品牌。引导企业加强内部管理。优化操作流程，降低快件延误率、损毁率和丢失率。引导企业实现营业网点标准化、分拣中心规范化和作业流程制度化，提升行业的自动化和机械化水平，提升企业公众服务满意度。加强行业诚信体系建设。牢固树立“质量第一、诚信为本”的理念，增强法制观念和社会责任。建立以企业服务质量承诺为重点的信用机制。加强对企业诚信的分类管理。推动建立行业自律约束机制。全面落实《快递服务》标准，制订并实施快递服务职业道德准则。推动建立行业内部监督机制、风险警示举报制度及处理机制，抑制恶性竞争、打击扣件压件行为，落实理赔制度。充分发挥快递协会等组织在行业自律、营造发展环境等方面的积极作用。

提高监管效能。突出强化安全监管。完善落实安全保障机制和工作制度，将人防、技防和流程管理相结合，全面保障寄递渠道安全。健全安全监管协调工作机制，加强与公安、国家安全、海关等有关部门的配合。研究强化落实寄件人责任、验视责任以及渠道内部安全检查责任相结合的长效机制。加强改进邮政行政执法。坚持立法和执法综合管理并重，着力加强对邮政行政执法的指导和监督。健全行政执法机制，加强市（地）级以下行政执法协调机制建设。研究建立执法评议考核制度和执法责任制。加强监管政务信息平台和网络信息平台建设，完善行业监管信息化支撑体系。深化职能转变。提高政府的宏观调控和科学管理水平，正确处理政府与市场的关系，坚持有所为、有所不为。充分发挥市场在资源配置中的决定性作用，对于市场能决定的，政府要依法行政、监管到位；对于市场不能发挥作用的，政府要主动补位、有效作为,弥补市场失灵。深化行政审批制度改革,进一步简政放权、改善服务。加强发展战略、规划、政策和标准的制定实施,加强邮政普遍服务、邮政市场和邮政行业安全生产监管。

第四,要始终坚持“保护消费者权益和增进人民福祉”这个出发点和落脚点。

贯彻落实修订后的《消费者权益保护法》,着力维护消费者合法权益,保障消费者自由选择、自主消费,保障用户的知情权和公平交易权。完善用户权益保护的救济途径,为在交易中处于弱势地位的用户提供法律化的纠纷解决途径。加强投诉与申诉管理,落实企业在处理消费者投诉中的主体作用,及时妥善处理消费者投诉;加强申诉系统能力建设,推进申诉信息公开制度化,充分发挥申诉系统在维护消费者合法权益、提升行业服务质量的支撑作用。督促企业按规定做好用户赔偿,保障用户求偿权。保障用户的人身财产和信息安全,严禁企业和个人非法泄露信息。

三、2014年工作安排

2014年是全面贯彻落实党的十八大和十八届二中、三中全会精神的重要一年,也是全面深化改革推动行业发展再上新台阶的关键一年。今年工作的总体要求是:全面贯彻落实党的十八大、十八届二中、三中全会及中央经济工作会议精神,按照“稳中求进”工作总基调,把改革创新、转型升级贯穿邮政业发展的各个方面、各个环节,坚持安全为基、发展为要、服务为上,注重稳态势转方式,注重调结构提质效,注重转职能惠民生,为全面建设与小康社会相适应的现代邮政业努力奋斗。预计全年邮政业务总量完成3220亿元,同比增长20%;业务收入完成3040亿元,同比增长20%。其中,快递业务量128亿件,同比增长40%。快递业务收入完成1860亿元,同比增长30%。邮政、快递服务满意度持续提高。要重点抓好以下工作。

(一)着力推进政策落地。指导企业贯彻落实邮政业营改增试点政策,开展税制改革成效评估,保障行业平稳实施税制转换。认真落实国务院办公厅《关于实施支持跨境电子商务零售出口有关政策意见》,研究提出促进跨境电子商务寄递服务的政策建议,推动重点地区、重点企业加快开展跨境网购寄递业务。加快推进邮政、快递服务制造业发展,积极承接制造业特别是技术密集型制造业服务外包。继续落实《关于加强和改进城市配送管理工作的指导意见》,在更多地区解决城市快递车辆通行难等问题。研究上海等自贸区行业发展政策。

(二)加快推进基础能力建设。出台政策支持邮政企业加强邮政综合服务平台建设。推动完成空白乡镇邮政营业网点补建,提出网点运营保障意见,逐步形成长效机制。继续实施西部和农村地区邮政普遍服务和机要通信基础设施建设项目。指导各地做好住宅楼房建设工程的信报箱设置验收。鼓励各地因地制宜积极推进村邮站建设。鼓励社会资本进入快递服务领域。支持有条件的上下游企业参与快递网络建设。配合国家重点交通枢纽建设,推动快递园区、重点区域分拨中心的建设与改造。引导规模以上快递企业在县级市完善快递服务网络。做好“快递下乡”和“快递西进”工程方案并组织实施。支持主要企业加快自主航空网络建设、加强“快件绿色通道”建设、实施“上机上铁”工程。加快在社区、校区、商区等公共场所配置智能快件箱,引导社会资源参与快递末端设施建设。推动快递企业实施“走出去”战略,通过自建、合作、并购等方式建设跨境网络。

(三)加强规划制定和实施。推动解决在“十二五”规划中期评估中发现的重点难点问题,确保规划实施到位。继续做好与《物流业发展中长期规划》的衔接。开展行业发展“十三五”规划预研究。印发《邮政行业规划工作指南》,指导省、市两级邮政管理部门开展“十三五”规划编制工作并纳入地方相关规划。开展邮政普遍服务设施布局和建设规划预研究。

(四)鼓励服务创新与科技进步。加强对全行业基础性、战略性、前沿性科学研究和共性技术研究。鼓励快递企业开办新型增值服务，引导企业发挥比较优势，打造个性化差异化服务。充分利用市场机制推进快递企业兼并重组，加快培育标杆企业，着手培育3～4个具有国际竞争力的大型快递企业。推动邮政、快递服务与综合交通运输体系资源优势互补，加快甩挂运输邮件快件工作。出台《快递服务温室气体排放测量方法》标准，发布快递服务用非机动车技术要求标准，鼓励和扶持新能源车辆进入快递领域，促进行业绿色低碳发展。修订邮政普遍服务标准，制订快递服务与银行服务信息交换指南标准和快递用集装箱和容器标准，开展邮政普遍服务营业场所和快递营业场所技术规范研究。发布快递服务发展指数，引导行业科学发展。

(五)加强依法行政工作。加强和改进邮政行政执法，实现行政执法工作的规范化和制度化。建立法治邮政考评指标体系，加强法治邮政建设工作的监督检查。加快快递条例起草报送，修订颁布《邮政普遍监督管理办法》，推进加强邮政机要通信工作若干指导意见出台。继续推动省级邮政地方立法全覆盖。出台《邮政行政执法监督办法》，制订邮政行政执法评议考核办法。推动立法机关开展邮政法施行检查，加大法律执行力度。依法健全完善经营邮政通信业务审批制度。进一步转变职能，按照“一建两结合”的思路，优化快递经营许可变更办理流程；按照“下放权限、属地管理”的思路，优化快递企业分支机构备案管理制度；本着减轻负担的原则，优化快递经营许可年度报告审核流程。建立许可事项委托下派核查超时通报制度。对快递末端网点实行备案管理。

(六)提升普遍服务监督管理水平。继续开展邮政普遍服务和机要通信等特殊服务监督检查工作，严守“两条红线”，依法查处未经审批擅自撤销邮政普遍服务营业场所、停限办邮政普遍服务业务的行为，保障群众的基本用邮权。开展邮政机要通信规范落实情况检查。按照中央关于公共服务均等化的总要求，开展普遍服务均等化指数测算，研究邮政普遍服务质量评价体系；调研邮政服务资费现状，提出基本邮政业务价格建议。继续推进设立邮政普遍服务基金。加强邮票发行监管工作。

(七)进一步加强快递市场监管。加强审批改革后的事中事后监管，完善快递市场主体退出管理机制，实现快递业务经营许可全流程的闭环管理。继续推进快递业务经营许可地域范围清理，重点查处无证经营、超范围经营和野蛮分拣等违法违规行为，建立重大案件督办制度。贯彻落实《关于邮政业消费者申诉与市场监管工作衔接和联动机制的指导意见》，完善申诉工作机制和处理流程。进一步规范企业合同格式条款，切实保护消费者合法权益。总结经验，科学谋划，认真做好快递业务旺季保障工作。开展快递价格形成机制研究，建立快递价格监测网络。继续开展快递服务满意度调查和时限准时率测试。加强集邮市场和邮政用品用具市场的监管。

(八)着力保障行业安全发展。强化寄件人、寄递企业和邮政管理部门三个方面的安全责任。修订《禁寄物品指导目录及处理办法》。制订《邮件、快件收寄验视管理办法》，开展对收寄验视制度落实情况的专项整治。制订《邮政业安全生产设备配置规范》标准，推动寄递企业全面提高安全生产水平。健全市(地)级寄递渠道安全防范联合工作机制，推动有关部门为邮政管理部门配备安全执法检查设备，加强重点地区、重点部位寄递渠道的安全防范工作，强化特殊地区进出快件的安检措施。联合有关部门共同做好寄递渠道禁毒、反恐、扫黄打非等工作，开展反恐标准化建设，督促企业堵截各类非法出版物。全面落实《寄递服务用户个人信息安全管理规定》，保障用户信息安全。开展快递实名制研究。指导省、市邮政管理机构因地制宜加快安全监管平台建设。

(九)加强干部队伍和人才队伍建设。制订邮政管理系统领导班子和领导干部考核标准，坚持凭德才、凭实绩任用干部。完善竞争性选拔干部制度机制,加大系统内干部交流力度,鼓励年轻干部到基层锻炼成长。出台系统非领导职务管理办法,开展优秀市(地)局长推荐选拔,激发干部队伍整体活力。制订系统公务员实习、交流、遴选等若干规定,完善公务员考核激励机制,切实提高公务员管理工作科学化规范化水平。研究建立事业单位法人治理结构,推进国家局所属事业单位人事制度改革。制订系统干部教育培训五年规划,继续办好两期市(地)局长领导能力培训班。重点推进5~7所全国邮政行业人才培养基地建设,推动院校加快建设快递相关专业,为企业培养紧缺人才。发挥各级行业协会、职鉴中心作用,鼓励企业推行全员持证上岗,推动企业开展一线员工职业道德、业务技能、安全知识等培训,大力提高从业人员素质。

(十)拓展对外合作交流。巩固和发展现有的对外交流机制,继续做好万国邮联各理事会和亚太邮联执理会的有关工作。加强中美、中欧、中日双边邮政快递交流,拓展与亚太国家和金砖国家的交流合作。做好世贸组织贸易政策邮政快递部分审议工作。积极参与自贸区、中美、中欧等对外谈判。办好2014年两岸邮政发展研讨会。组织召开两岸四地高峰会。做好国际书信比赛的组织工作。

(十一)夯实管理工作基础。继续加强三级统计体系建设,开展行业统计普查,修改完善统计指标体系。加强行业经济运行分析,提升统计数据完整性和准确性,开展统计考核工作。做好全系统信息化建设和规划项目的推进工作。建立财务管理长效机制,狠抓预算执行,提升资产管理水平,加强政府采购管理,推进事务性服务购买。强化发展研究、宣传申诉、协会组织、机关服务等支撑体系建设。

(十二)扎实推进党建工作和党风廉政建设。深入学习贯彻党的十八届三中全会精神和习近平总书记一系列重要讲话精神。加强学习型、服务型、创新型党组织建设。加强党员干部队伍思想政治教育。巩固党的群众路线教育实践活动的成果,组织市(地)局开展好党的群众路线教育实践活动。加大行风建设和纠风工作力度,针对突出问题和群众反映强烈的问题进行专项整治。继续加强惩治和预防腐败体系建设,强化对党员干部的监督管理,严格问责和追究。创新监督检查和廉政教育方式方法,对苗头性、倾向性问题,早打招呼早提醒。巩固提高廉政风险防控工作水平。继续推进领导干部经济责任审计工作。严格执行中央关于厉行节约和公务接待管理办法。继续加强纪检监察队伍自身建设,提高纪检监察干部培训的针对性和实效性。

(十三)推进行业文化建设。完善邮政行业核心价值体系,制订印发并贯彻落实《推进邮政行业文化建设的指导意见》。持续推进行业精神文明建设,着力提升行业软实力。开展文明创建活动和青年文明号、巾帼文明岗及精神文明建设先进评选表彰工作。注重发现、培养和宣传行业先进典型,释放正能量,扩大影响力。进一步做好工青妇和老干部工作。

同志们,邮政行业正在迎来发展的重要战略机遇期,行业管理任务艰巨而光荣。让我们紧密团结在以习近平同志为总书记的党中央周围,高举中国特色社会主义伟大旗帜,增强进取意识、机遇意识、责任意识,解放思想,锐意改革,推动邮政行业持续健康发展,为全面建成小康社会做出更大的贡献。

加快建设与小康社会相适应的现代邮政业

——国家邮政局局长马军胜第45届世界邮政日致辞

2014 年 10 月 9 日

在举国欢庆中华人民共和国 65 华诞的日子里，我们迎来了第 45 届世界邮政日。借此机会，我代表国家邮政局，向关心、支持我国邮政事业发展的各地区、各部门和社会各界表示崇高的敬意和衷心的感谢！向全世界邮政业的同行们，特别是我国邮政行业的广大干部职工致以节日的问候和良好的祝愿！

当前，我国正处在全面建设小康社会的关键时期，党的十八届三中全会对全面深化改革做出战略部署，对新时期邮政行业改革发展提出了新的要求；我国工业化、信息化、城镇化、农业现代化水平不断发展，为邮政行业发展带来新的机遇，邮政业正处于历史上最好的发展时期。快递服务首次纳入政府工作报告，邮政监管体制、税制改革、简政放权、行业安全监管等方面取得重要改革成果，邮政业基本面长期向好，持续快速发展的态势继续保持。2013 年全行业业务总量完成 2725 亿元，同比增长 34%；业务收入完成 2548 亿元，同比增长 29%。其中，快递业务量完成 92 亿件，同比增长 62%，最高日处理量突破 6500 万件；快递业务收入完成 1442 亿元，同比增长 37%。但同时，我们也必须认识到，行业发展不平衡、不协调、不可持续的问题依然延续，邮政服务能力和服务水平还不能适应经济社会发展和人民生活需要。要全面贯彻党的十八大、十八届二中、三中全会精神，正确研判形势，树立底线思维，强化担当意识，牢牢把握发展主动权，坚定不移地向着“建成与小康社会相适应的现代邮政业”的奋斗目标，以改革创新转型升级推动行业发展。

紧紧围绕抓改革促发展惠民生这条主线。邮政业是国家基础性、公共性、服务性行业，与生产生活和消费者利益紧密相连。惠民生既是邮政业发展的根本目标，也是检验发展成效的试金石。要坚持问题导向，坚持统筹协调，坚持创新驱动，坚持普惠为民，以全面深化改革统领全局，解决邮政业在促进发展、普惠民生过程中存在的体制机制障碍，最大程度地解放和发展生产力，最大程度地解放和增强行业活力，提高服务经济社会的能力和水平，推进基本公共服务均等化。

继续实施“深化邮政改革创新，推动快递转型升级”两大战略。深化邮政改革，推动建立现代企业制度，加快形成激发活力的运营机制，探索邮政公共服务市场化机制，完善邮政普遍服务和竞争性业务分业经营制度。推动邮政业务创新发展，加强公共服务平台建设，提高邮政网络使用效率，积极参与市场竞争性业务，支持发展农村物流业务，满足多元化需求。完善邮政发展环境，健全责权统一的邮政普遍服务保障与监督机制，推动邮政普遍服务可持续发展，完善特殊服务和安全监管机制。推动快递企业从做大规模向做强实力转变，引导快递市场主体建立健全现代企业制度，努力打造核心竞争力、产业带动力、社会影响力强的现代企业集团，追赶国际领军集团。实施“快递下乡”、“快递西进”工程，加快农村和西部地区快递网络布局，支持企业建设跨境网络开拓海外市场。推动快递服务向综合快递运营体系转型，将业务板块由“1+1”向“1+3”拓展，在标准快递和国内电商快递基础上，着力发展服务先进制造业快递和跨境电商快递。

牢牢把握“提升服务质量，提高监管效能”两个重点。引导企业树立科学发展理念，提升邮政普遍服务质量和水平，推动快递企业由价格竞争向服务竞争转变，打造服务品牌。引导企业加强内部规范化管理和标准化运营，提升企业公众服务满意度。加强行业诚信体系建设，建立以企业服务质量承诺为重点的信用机制。建立行业自律约束机制，实施快递服务职业道德准则，建立行业内部监督机制、风险警示举报制度及处理机制。突出强化安全监管，完善落实安全保障机制、责任和工作制度，将人防、技防和流程管理相结合，严格收寄验视制度，全面保障寄递渠道安全。深化职能转变，提高政府的宏观调控和科学管理水平，加强改进邮政行政执法，实现执法重心下沉，创新事中事后监管方式。

始终坚持“保护消费者权益和增进人民福祉”这个出发点和落脚点。完善用户权益保护的救济途径，加强投诉与申诉管理，着力维护消费者合法权益。督促企业按规定做好用户赔偿，保障用户求偿权。保障用户的人身财产和信息安全，严禁企业和个人非法泄露信息。

在党中央、国务院的坚强领导下，依靠全行业广大干部职工的共同拼搏努力和全社会的广泛支持，邮政全行业将会按照“稳中求进”工作总基调，把改革创新、转型升级贯穿邮政业发展的各个方面、各个环节，坚持安全为基、发展为要、服务为上，注重稳态势转方式，注重调结构提质效，注重转职能惠民生，为全面建设与小康社会相适应的现代邮政业努力奋斗，为经济社会发展和人民生活改善、全面建成小康社会做出新的更大的贡献。

凝聚发展正能量　推动行业科学发展

——国家邮政局纪检组组长解畅在中国梦·邮政情“寻找最美快递员”揭晓发布会上的致辞

2014 年 4 月 29 日

尊敬的各位领导，各位来宾，同志们，朋友们：

大家上午好！

在“五一”国际劳动节来临之际，我们在这里隆重召开中国梦·邮政情“寻找最美快递员”揭晓发布会，共同庆祝劳动者的节日。首先，我代表国家邮政局向亲临大会的各位领导、各位来宾、各位朋友表示热烈的欢迎和衷心的感谢！向辛勤工作在邮政服务第一线的全体干部职工致以节日的问候！向入围最美快递员评选和当选最美快递员的同志们表示诚挚的祝贺！

2013 年 4 月，国家邮政局决定，由精神文明建设指导委员会办公室与《快递》杂志在快递行业联合开展“寻找最美快递员”活动，目的是通过挖掘基层的先进人物，树立榜样，弘扬社会主义核心价值观，践行邮政行业“诚信、服务、规范、共享“的核心价值理念，展示新时代快递人的精神风貌，传递行业改革发展的正能量。活动开展一年来，引起了社会各界的高度关注，吸引了快递行业的广泛参与。截至 2014 年 3 月 31 日，共收到各地邮政管理局、快递企业、社会媒体以及天猫等渠道推荐 200 余人，根据条件筛选上线参与网上投票评选 154 人，收到选票 286 万张。经过票选和初评，入围最美快递员候选人 50 人，并在《中国邮政快递报》和国家邮政局网站上进行了公示。为了体现评选的公正性，我们专门成立了由承办单位、协办单位、快递协会、企业代表、媒体代表、消费者代表及社会监督员代表参加的评审委员会，最后评选出 10 名最美快递员和 2 个最美快递员集体。

谜底即将揭开，最美快递员即将揭晓，让我们共同期待！

快递行业作为新兴服务业，与国家经济发展和人民生活息息相关。在中央的重视、社会的支持、媒体的关注和广大从业人员的共同努力下，近几年发展迅猛，业务量已经连续 36 个月平均同比增速超过了 50%，日处理量突破 6500 万件，业务规模居世界第二，其服务社会、服务经济、服务民生的作用日益凸显。今年春节，李克强总理在视察慰问西安快递企业员工时指出：“快递业关系经济民生，你们既是在运送商品，也是在传递亲友心意，给大家送去春节的温暖，把幸福快递到千家万户。快递业是中国经济的一匹‘黑马’，祝你们马年快马加鞭、万马奔腾、马到成功！”

近年来，在党中央、国务院的亲切关怀和政策指引下，快递业发展迅猛，从业人员已经突破百万。百万快递大军是辛勤奋斗在服务一线的劳动者，是行业的基石、发展的动力，是链接商家与用户的桥梁，也是传递亲情、友情、爱情的天使。为促进行业健康发展，这几年，我们始终以基层一线员工为重点，积极树立和宣扬先进模范典型，据不完全统计，“十一五”以来，快递企业先后有 126 个集体、83 名个人受到省部级以上表彰奖励。这次当选最美快递员的 10 名同志和 2 个集体，就是百万快递员的典型代表，他们中，既有爱岗敬业、勇于创新的业务骨干，又有诚实守信、见义勇为的道德模范，还有助人为乐、热心公益的志愿义工。他们淳朴、真诚、阳光的形象，体现了社会主义核心价值观的内涵，诠释了邮政行业的核心价值理念，展示了邮政人、快递人的时代风采和精神面貌，他们是邮政行业的骄傲，是全体邮政干部职工学习的榜样！

榜样的力量是无穷的。当前，“建成与小康社会相适应的现代邮政业”的奋斗目标已经确立。在新的挑战和竞争中，企业需要面对的不仅仅是数字和指标，还有更重要的是道德和责任。这不只是时代的要求，更是国家、社会、个人自我发展的客观需要。我希望，全行业要以这次发布会为契机，以“最美快递员”为榜样，模范践行行业核心价值理念，扎实推进行业文化建设和精神文明建设，不断增强企业发展的软实力。

一是要坚持守法经营。提高法律意识，严格遵守各项法律法规，不断规范企业经营行为；二是要坚持诚信服务。树立用户第一、客户至上的理念，积极提供客户满意、社会认可的优质服务。三是要大力加强企业文化建设。积极构建和完善企业核心价值体系，充分发挥企业文化的影响力，用优秀的企业文化凝聚人、鼓舞人、激励人。四是要积极开展文明创建活动。营造开拓创新、崇尚先进、奋勇争先的创业兴业氛围。五是要自觉承担社会责任。坚持经济效益与社会效益两手抓、两手都要硬。积极参与社会公益活动，增加企业的无形资产，扩大企业美誉度，树立行业良好的社会形象。

我相信并期待，通过树立和宣扬最美快递员等先进典型，进一步弘扬“诚信、服务、规范、共享”的核心价值理念，凝聚行业发展的正能量，快递服务水平一定会有一个大的促进，快递业服务社会、服务经济、服务民生的的作用一定会有一个大的提升，快递行业科学发展的前景一定会更加美好！

谢谢大家！

加强管理　提升服务　做好宣传

——国家邮政局副局长王梅在邮政管理系统2014年度全国记者站工作会议上的讲话

2014年11月28日

同志们：

这次全国记者站工作会议，是在全行业认真学习贯彻党的十八届四中全会精神，以及国务院9月24日常务会议精神的形势下召开的一次重要会议。经过了一年的辛勤工作，把同志们再次请过来，一起分析行业发展形势以及新形势下对新闻宣传工作的要求，认真交流过去一年行业新闻宣传工作取得的成绩，精心谋划明年的各项工作，对促进行业新闻宣传工作不断迈上新台阶，具有非常重要的意义。在此，我想讲三点意见。

一、2014年行业新闻宣传工作成效显著，对促进行业发展起到了助推器的作用

2014年，行业新闻宣传工作围绕国家邮政局的中心工作和行业发展的重点工作，充分发挥“一报一刊一网”三位一体宣传平台的作用，以点带面，点面结合，日常工作抓重点，中心工作重点抓，取得了显著成效，为行业发展营造了良好的舆论环境，行业的社会认知度大大提升。

一是新闻宣传中心在行业新闻宣传工作中发挥了很好的组织和协调作用

1. 协调各方资源，做好重点宣传。国家局新闻宣传中心是全系统、全行业新闻宣传的统领，承担着按照局党组的要求组织协调全系统全行业新闻宣传工作的重任。2014年，新闻宣传中心根据国家局的工作部署，统一策划，组织了一系列重点宣传报道。这其中，有党的群众路线教育实践活动的持续宣传，有在全社会引起强烈反响的“寻找最美快递员”活动的全面宣传，有对国家局重点推动的空白乡镇局所补建的系列宣传，有快递百亿专题和旺季服务保障的重点宣传，也有对国务院常务会议决定开放国内快递市场重大决策，以及李克强总理关心快递发展的特别宣传。这些宣传活动有一个共同之处，那就是都充分调动了行业内外的宣传资源，包括加强和机关司局、省市管局的沟通，通过召开新闻发布会、协调中央媒体组织记者下基层，加强和邮政、快递企业网站、官微的互动，甚至向中央有关部门进行汇报以争取支持等，既发挥了国家局报、刊、网三大平台的各自优势，又充分发挥中央媒体的作用，打好组合拳，使每次重要的宣传活动都有声有色。

2. 加强政企合作，扩大宣传覆盖。邮政快递企业是邮政行业的市场主体，企业的新闻宣传工作是行业新闻宣传工作的重要组成部分。快递企业在高速发展的同时，越来越看中企业形象的宣传，越来越看中社会对企业的认可。新闻宣传中心顺势而为，10月21日，在上海召开了首次快递企业新闻宣传工作座谈会。这次会议，开出了成效，大家在会上就如何通过新闻宣传提升企业影响力和竞争力，新闻宣传工作如何服务行业发展等提出了很好的意见和建议。同时，这次会议就企业做好新闻宣传工作的重要性，统一了认识、达成了共识，那就是企业新闻宣传是企业战略、管理、文化的重要组成部分，是改善企业形象提升企业竞争力的重要手段。企业新闻宣传工作实现了从被动要求到主动提升的转变，而且新闻宣传中心通过一系列知识培训，使企业学会了提升新闻宣传水平的方式方法，进一步深化了中心和企业的合作关系，为做好整个行业的新闻宣传工作打下了坚实的基础。

总结新闻宣传中心这一年的工作，可用9个字加以概括：跟得上、反应快、质量高。首先是跟得上。我分管新闻宣传工作3年来，新闻宣传中心的队伍结构发生了很大变化，引进了不少优秀人才，他们对工作热爱，对事业执著，有一种敢于担当、执行有力、朝气蓬勃的精神，做到了跟得上党组的要求，跟得上行业的发展，跟得上时代的步伐，受到了马局长和局党组的充分肯定。其次是反应快。面对行业重要的、突发性工作，新闻宣传中心总是千方百计抢第一时间、抓第一现场。11月19日晚，李克强总理到义乌视察快递企业，中国邮政快递报编辑部为了抓住这一要闻，一边联系快递企业电话追访，一边撤换已经完成排版的头版内容，一直工作到凌晨3点多，成为全国第一个报道此事的平面媒体。快、新、准、实，才能体现新闻的价值，在这方面，新闻宣传中心的同志们做了大量工作。第三是质量高。在新闻宣传中心的努力下，一年来，无论是邮政管理工作的宣传，还是行业发展的宣传，都取得了非常好的效果，让全社会更加了解和理解了行业。

应该说，跟得上、反应快、质量高这3句话9个字，体现了新闻宣传中心这支队伍对行业新闻宣传工作的敬业、热爱、责任和担当精神，这种精神为行业新闻宣传工作进一步提升提供了强有力的保障。

二是各省局记者站、特约记者、通讯员对做好行业新闻宣传工作提供了强有力地支撑，行业整体宣传水平有明显提升。

去年10月10日，新闻宣传中心在贵阳组织召开了第一次全国记者站工作会议。从一年的工作实绩看，这个会议对促进各地邮政管理部门重视新闻宣传工作，做好国家局以及全系统的新闻宣传支撑保障产生了非常积极的作用。

1. 新闻宣传体系逐步完善。截止目前，已有16个省局出台了新闻宣传工作管理办法。其中河北局、福建局建立了新闻发言人制度；黑龙江局成立了信息及宣传工作领导小组，负责研究决定信息宣传工作的重要事项；6个省局出台了政务信息管理办法。截止目前，四川、广东、陕西、河北、山东等5个省局成立了专职的新闻宣传中心，上海局成立了政企联合的新闻资讯中心。这些机制和专职宣传部门的建立和设立，规范了新闻宣传工作，加强了新闻宣传工作力量。

2. 投稿数量和质量大幅提高。2014年1－10月，各记者站给国家邮政局网站、中国邮政快递报和快递杂志投稿数量达12986篇，采用3478篇，用稿率为27%，均比2013年全年有大幅提升。

3. 重点宣传选题支撑力度加大。各省局记者站结合当地经济发展，结合国家局部署的重点工作，结合本省、本市的工作目标、任务，突出重点、上下呼应。如积极配合新闻中心实施"快递下乡"、空白局所补建、"重走丝绸之路"等重点报道，仅重走丝绸之路的专题报道，就得到了西起甘肃、陕西，南到海南、广西等12个省市的大力支持。正是大家的支持配合使这些反映全局性工作的重点选题得以顺利实施。在快递旺季宣传中，记者站也提前做好预案，主动联系当地媒体走访企业，通讯员们白天工作晚上加班赶稿，仅成都局"双11"期间就发稿45篇。记者站在市地局成立一周年特刊、百亿特刊、"寻找最美快递员"活动中，都给予了强有力的支撑。可以说一年来大家工作很出色、很给力，成绩很显著。在此，我代表国家局党组，对同志们一年来对行业新闻宣传工作的大力支持和辛勤付出表示衷心地感谢！

在肯定成绩的同时，我们也应该清醒地意识到，行业新闻宣传工作还存在一些需要改进和完善的地方。主要表现在几个方面：1. 对行业发展形势和规律性问题的研究不够。新闻宣传大多还处于对表面现象的报道，对影响行业发展的深层次因素研究和分析得不够；2. 借力发力做好新闻宣传工作的意识还需要加强，渠道需要进一步拓宽。过去一年，我们推出了很多好的选题报道，有的通过其他媒体手段进行了进一步传播，影响力也进一步扩大，但有的还仅局限于国家局一报一刊，影响力还没有发挥，这方面还有很大潜力可以挖掘。3.借助专家影响力提升宣传水平的意识还不够。邮政行业几年来的快速发展，吸引了许多专家的目光，这些专家有行业内的从业者，也有媒体记者，他们对行业进行了深入研究，形成了一些有影响力的观点。要借助这样的力量，丰富一报一刊的内容，拓展宣传维度，提升层次和高度，扩大影响力。

二、准确把握新形势下邮政行业新闻宣传工作的新特点和新要求

当前，我国经济发展正在步入新常态，邮政行业如何实现健康发展，为新常态下的经济发展做出新的更大的贡献，是我们面临的新形势、新问题。从行业新闻宣传工作来讲，就要牢牢把握和努力适应这种新形势新特点，按照国家局党组的要求，站位高一点，眼光远一点，把新闻宣传工作放到行业发展全局当中去谋划。

一是要找准定位，增强定力，弘扬主旋律，传播正能量。

习近平总书记在全国宣传思想工作会议上指出："宣传思想工作一定要把围绕中心、服务大局作为基本职责，胸怀大局、把握大势、着眼大事，找准工作切入点和着力点，做到因势而谋、应势而动、顺势而为"。对于邮政行业新闻宣传工作而言，就是要找准定位，增强定力，明确任务和方向，掌握方式和方法，才能让新闻宣传工作更好地服务行业发展，更好地体现围绕中心、服务大局的职责和功能

首先是定位。行业新闻宣传工作是邮政管理工作和行业发展的重要组成部分，围绕中心、服务大局，既是行业新闻宣传工作的职责，也是定位。中心与大局是统一的，要围绕中心就必须胸怀大局、服从大局。新闻宣传工作要做到围绕中心、服务大局，一是要知中心、明中心，讲大局、为大局，把各种问题放到大局中去思考、去研究、去谋划。只有这样，行业新闻宣传工作才能找准出发点和落脚点，明确定位、把好方向，提升新闻宣传工作的原则性、系统性、预见性和创造性；二是要学会把握大势，做到因势而谋、应势而动、顺势而为。因势而谋，就是要提高洞察力，对那些趋势性、苗头性的问题进行敏锐观察、作出科学研判；应势而动，就是要提高应变力，反应及时、沉着应对，加强引领和引导；顺势而为，就是要提高驾驭力，既发挥主观能动性，又借助事物自身发展的力量，有所作为，有效作为。三是要练好内功，努力提升新闻宣传工作的能力和水平，不断满足行业发展的新需求，不断满足党组的新要求，不断满足全社会和广大消费者的新期待。

其次是定力。对于行业新闻宣传工作来说，有定力就是要讲政治，坚持政治家办媒体，坚持正确的政治方向；就是要和中央、国家局党组的重要决策保持一致，在观察认识问题时坚定立场，校正角度，做出正确的结论；就是要坚持正确舆论导向，在宣传报道中把握好方向、原则、节奏、力度。对于行业新闻宣传工作者来说，有定力就是要有坚定的信念。新闻宣传是在人的头脑里搞建设，新闻宣传工作者更要在信念上坚定不移。行业新闻宣传工作者要讲政治、讲大局、讲服务，对行业的发展充满自信，为行业发展提供正确的舆论保障。

再次是责任。习近平同志强调，宣传思想工作要坚持团结稳定鼓劲、正面宣传为主，弘扬主旋律，传播正能量，激发全社会团结奋进的强大力量。弘扬主旋律、传播正能量，进一步揭示了新闻宣传工作的本质和职责，进一步明确了新闻宣传工作的重点和方向。新闻宣传工作，如果弘扬的不是主旋律、传播的不是正能量，就失去了价值和意义，就是失职和缺位。新形势下，作为行业新闻宣传工作者，要讲责任、讲担当、讲奉献，坚持团结稳定鼓劲、正面宣传引导，把党组的声音传播好，把行业发展的主流展示好，把消费者的愿望反映好。

二是正确处理行业新闻宣传工作中的五大关系。

行业新闻宣传与行业发展的关系。行业新闻

宣传与行业发展共生共长,行业发展是行业新闻宣传工作的基础,行业新闻宣传工作是行业发展的助推器。邮政体制改革以来,邮政行业得到了快速发展,行业的发展给新闻宣传工作营造了良好的土壤,提供了很大的空间和平台,同时也造就了我们这支队伍。与此同时,行业发展的影响力也离不开新闻宣传工作所发挥的重要作用。目前,邮政行业在快速发展的同时也面临着诸多问题需要解决,这对新闻宣传工作提出了更高的要求,如何发挥行业发展助推器的作用,新闻宣传工作大有可为。

结构与内容的关系。目前,全系统新闻宣传工作已经形成了 3 + X 的格局,行业新闻宣传的结构是多元化的,既有报纸、杂志、网站,有内部刊物以及有着良好合作关系的中央媒体和行业媒体。如何使每一个媒体,或者每一种媒体都发挥其特有的优势,加大对行业的宣传报道,在社会上扩大影响力,需要认真处理好结构与内容的关系,处理好彼此的角色定位问题。一报一刊一网有统一性也有差异性,是互补关系。《中国邮政快递报》是一份承担着政府引导、政策诠释职能的行业媒体,更强调报道的快速反应,强调引导性和权威性,强调更好地服务于政府管理、行业管理;《快递》杂志作为一份不断融入市场的媒体,更强调报道的深度广度,强调“三贴近”,即贴近企业、行业、百姓,强调更好地服务企业经营和监管一线,通过全产业链发展趋势的研究和分析,为行业发展提供智力支持;国家邮政局网站是政府管理部门的官方网站,以最及时、最全面、最准确的方式发布国家邮政局管理动态、政务信息,实现意见征集、便民查询等功能,起到政务公开、为民办事的作用。报、刊、网形成互为补充互为支撑的格局,共同扩大整个行业宣传的影响力。而中央媒体和行业媒体是行业新闻宣传工作的重要载体,要充分利用这类平台,宣传行业发展情况,弘扬行业正能量。与此同时,还要加强不同类媒体的平台整合,在重点工作的宣传报道中发挥合力,扩大影响。

一般与重点的关系。行业管理和行业发展过程中,有日常的一般性工作,也有重点的,突发性的工作,对应在新闻宣传工作中,则有日常的规律性的宣传工作,也有重点的、突发性工作的宣传,这体现的是新闻宣传工作的系统性和特殊性的关系。处理好一般和重点的关系,就既要持续做好日常宣传工作,也要组织力量调动资源重点做好阶段性的重点工作和突发性工作的宣传报道。日常工作的宣传是常态化的宣传,有其规律性和普遍性,是整个新闻宣传工作的面,重点工作或突发性工作的宣传,是新闻宣传工作的点,要做到点面结合,形成整体效应,提升新闻宣传工作的影响力。尤其需要强调的是,对重点工作的报道要把握好主题,策划好内容,要注重报道深度,做好专题报道以及预见性、分析性的报道,更好更快更超前地把握舆情、追踪线索,对事件认真审视,深入调研,科学研判。要提倡走、转、改,接地气,掌握第一手资料,使重点宣传报道做得深,做得实,效果好,提升新闻报道的影响力和感染力。

新媒体与传统媒体的关系。随着移动互联网的发展,微博微信等新媒体如雨后春笋般迅猛发展。新媒体被称为数字媒体、网络媒体,它建立在计算机处理技术和互联网技术之上,具有交互和即时的特点。在新媒体的环境中,用户既是信息的接受者,也是发布者和传播者,已经全方位、立体化地融入到信息传播中。这是一场重大的媒体变革,而适应这场变革,对行业新闻宣传工作者来讲,是机遇,是挑战,也是使命。在这种情况下,如何发挥新媒体和传统媒体各自的优势,加强二者之间的融合,是行业新闻宣传工作要思考的问题,要在思维理念、方式方法、技术应用上予以改变。新媒体的特点是快,而传统媒体的特点是深和实,二者不可能完全彼此替代,但可以深度融合,从而形成一种宣传的合力。新媒体的出现形成了一种倒逼之势,要求传统媒体加强创新力度。目前,中国邮政快递报和快递杂志已经在两种媒体形式的融合上迈出了步伐,一报一刊都已经有了各自的微博和微信，除了报纸杂志正常刊出的内容外，一些即时发生的新闻，在一报一刊的微博微信里已经得到了很好的体现。而且微博微信对新闻事件的快速反应，进一步推进了一报一刊的品牌知名度。

真实性与客观性的关系。强调新闻宣传真实性与客观性的关系，是对新闻工作者的责任感、价值观、世界观的要求。一般人看待一件事情，大都是就事论事，只是关注事件的存在与真实。但作为新闻工作者，报道任何一个事件，都不能局限于一般的认识当中，要把握事件本身的背景，从不同时间、不同地点、不同角度、不同维度去追溯、分析、判断事件的本质，从而写出综合了多方面因素的报道，这才可能是客观的报道。处理好真实性与客观性的关系，对新闻宣传工作者的职业素质和专业能力提出了更高要求，也就是在新闻宣传报道中，如何从"就事论事"提升到多角度看待事件来写出报道，从而对读者产生正确的引导。作为新闻宣传工作者，要善于通过现象看本质，把握主要矛盾和矛盾的主要方面，注重事物、事件的内在联系，作出真实的、准确的、全面的客观报道。

三、把握机遇，迎难而上，努力做好邮政行业新闻宣传工作

2015年，是邮政行业发展非常重要的一年，各种利好因素将汇集成推动行业发展的良好环境：十八届四中全会提出依法治国的战略决策，这将进一步推动行业依法治邮工作；国务院常务会议决定开放我国快递市场，对快递服务提出了三个新定位，将促进国内快递企业的转型升级；李克强总理年内两次视察慰问快递企业，对快递服务5次点赞，充分体现了中央和国务院领导对邮政行业的高度重视，而且对行业发展寄予了殷切希望。在这种情况下，新闻宣传工作要把握好机遇，紧紧围绕国家局部署的中心工作和总体目标，服务好发展大局，做好各项工作。

一是精心组织，科学谋划，做好明年行业新闻宣传的重点工作

在明年的邮政管理工作中，如何落实党中央国务院的战略决策，如何把已经制定出台的各项政策落实到位，如何加强依法行政强化事中事后监管，是事关行业健康持续发展的重大课题。要紧紧围绕这些工作选好新闻宣传工作的突破口。

即将召开的全国邮政管理工作会议将对明年各项工作进行部署。新闻宣传工作要着眼于全面深化改革，着眼于全面依法治邮，着眼于全面推进行业的转型升级，把握正确导向，加强正面引导，更好地服务于邮政管理工作和行业发展。

1. 重点宣传法治邮政建设工作，大力宣传邮政管理部门全面贯彻落实十八届四中全会精神的各项措施及成果。

2. 重点宣传行业发展"十三五"规划的编制工作。明年是行业发展"十三五"规划编制年，同时也是"十二五"规划的收官之年。要加强对"十二五"期间所取得的成就、"十三五"规划的编制以及和地方规划的衔接等工作的宣传报道。

3. 重点宣传快递"三向"工作。国家邮政局提出的快递"向下"、"向西"、"向外"工程，今年只是刚刚拉开大幕，明年将向深度发展，要做好这篇大文章的宣传报道工作。

4. 持续关注空白乡镇邮政局所补建工作。空白乡镇邮政局所补建工作是邮政业发展"十二五"规划中提出的任务目标，是国家邮政局的重点工作之一，2015年上半年要全面完成，任务重压力大，要通过新闻宣传为补建工作的顺利完成鼓劲加油。

5. 重点宣传《快递条例》的立法进程和快递对外开放工作。要重点关注各项政策措施的落实，以及快递市场对外开放以后国内快递企业的变化等内容。

6. 加强以"最美快递人"评选活动为代表的行业精神文明建设工作。今年举行的"寻找最美快递员"活动在全社会引起了强烈反响，2015年，国家局将继续开展这一活动，要通过持续报道、深入

报道、跟踪报道、专题报道，拓宽空间和范围，扩大活动的影响力。

二是夯实基础，建立机制，为做好行业新闻宣传工作提供保障。

1. 加强记者站的组织建设。目前，记者站在各省局都已建立，但记者站管理水平还是参差不齐。新闻宣传中心出台了有关管理办法，各省局也要出台相关规定，加强本省记者站管理，包括考核管理。另外，要加强对记者站工作的资金支持，保障记者站工作的正常运行。

2. 借助外力，提升层次。要尽快建立专家团队，为做好行业新闻宣传工作提供智力支撑。在国家局层面，新闻宣传中心要组建有关院校、邮政管理部门、研究机构的专家学者，以及相关中央媒体的资深媒体人在内的国家局新闻宣传专家团队；各省局记者站也要组建由当地有关专家及媒体记者组成的专家团队，通过专家团队的建立，整合资源，从不同层面，为邮政行业的发展出声。

3. 做好报刊的通联工作。目前，国家局 3 + X 的宣传平台不断完善。明年 1 月起，创刊两周年的中国邮政快递报将由一周一期改版增刊为一周两期。报纸扩版为一周两期是新形势下国家局党组对行业新闻宣传工作的新要求，是推动行业深化改革、转型升级的重要举措。报纸扩版后，要确保质量、办出特色，这就需要各记者站和通讯员队伍的大力支持。一要做好人才储备。新闻宣传中心要有人才储备，各省市通讯员队伍也要相应扩大规模。二要适应增刊扩版变化的要求，提前做好内容策划、版面设计并提出要求，方便各地记者站做好支撑。三要更好地调动记者站和通讯员队伍的积极性，保障稿源，确保质量。

4. 做好报刊发行工作。一报一刊是国家局主管的行业报刊，肩负着宣传行业的重任。记者站要帮助新闻宣传中心做好一报一刊的发行工作，扩大报刊覆盖面，通过报刊的增量，扩大行业的影响力。

三是加强学习，提升素质，提高行业新闻宣传工作水平。

1. 加强学习。要注重政策理论学习，提高政治素质和政策理论水平，把握正确的舆论方向，坚持用科学的理论武装，用正确的理论引导；要通过学习，不断提高分析、研究、思考问题的能力；要努力向其他媒体和同行学习，提高新闻专业能力和综合职业素质，写好文章、讲好故事、传好声音、树好形象，传播好正能量。

2. 加强培训。新闻宣传中心要加大培训力度，除了一年一度的记者站工作会议，还要采取分片分区的形式开展培训工作，或以会代训、分层培训。培训内容要有针对性，做到缺什么补什么，干什么学什么。开展培训要务求实效，在培训前进行广泛调研、了解需求，制订好培训方案，使培训真正起到适应新形势、学习新知识、拓宽新思路、打开新视野的作用。

3. 转变作风。转变作风是中央对新闻宣传工作者提出的要求。一要加强协调沟通。新闻宣传中心要和局机关各部门沟通，和省局、市（地）局沟通，和外围的媒体沟通，还要和企业沟通，了解他们对宣传工作的需求。各省记者站也要加强沟通的力度。二要按照中央的要求，接地气，深入企业和管理一线去捕捉行业发展特点、亮点和重点，提高新闻的敏感性。要丰富新闻宣传形式，全方位多角度地做好新闻宣传报道。

同志们，这次会议在整体上明确了今后工作的目标和方向，希望大家能够在求实、务实、落实上下功夫，尽职尽责，取得新闻宣传工作新实效。让我们在国家局党组的坚强领导下，携起手来，心往一处想，劲往一处使，把行业新闻宣传工作做得更好，为促进行业发展做出更大的贡献。

提高执法能力　开创邮政行政执法新局面

——国家邮政局副局长赵晓光在国家邮政局行政执法综合管理座谈会上的讲话

2014 年 12 月 23 日

同志们：

大家上午好。时至年底，把大家召集来开这次会，这是邮政管理部门第一次召开行政执法综合管理专题座谈会，具有重要意义。我理解，行政执法综合管理有两方面的含义：一方面是对行政执法本身的综合管理；另一方面是通过行政执法对这个行业实行综合管理，通过这两方面体现十八届四中全会的全面推进依法治国的思想。法制工作使命光荣、岗位光荣、职责光荣。现阶段在这个行业从事法制工作尤为光荣，因为这个行业亟需法制工作。第一，这个行业是一个门槛较低的行业，正因为是草根行业所以最需要保护，保护需要靠法制。第二，这个行业是一个充分竞争的行业。第三，这个行业国有民营、内资外资、大企小企共同存在，是需要一视同仁、平等对待的行业。第四，这个行业是走进千家万户、关系民生的行业，是新兴、朝阳的行业。希望我们邮政管理部门的法制工作者认真学习，热爱岗位，单位负责人要重视法制工作，在具体实践中让法制工作发挥更大的作用。

这次座谈会主要是深入学习贯彻十八届四中全会精神，分析形势，交流经验，围绕邮政行政执法综合管理的思路，就提高行政执法能力和水平、创新邮政行政执法方式开展研讨。借这个机会，我想给大家讲一讲全面推进依法治邮的一些想法，对行政执法和监督工作的一些考虑。

下面，我讲四个方面的内容，供大家学习参考。

一、要准确把握行业性质，充分认识行业发展新常态

今年是全面贯彻落实党的十八届三中、四中全会精神的重要之年，也是全面深化改革推动行业发展再上新台阶的关键一年。今年对我们邮政业来说也是非常重要的一年，行业内发生了很多重要的事情。新年伊始，克强总理到西安视察，看望慰问顺丰快递员工，给予快递业高度评价“快递业关系经济民生，你们既是在运送商品，也是在传递亲友心意，给大家送去春节的温暖，把幸福快递到千家万户”，并称快递业是中国经济的一匹“黑马”。9 月 24 日，克强总理主持召开国务院常务会议研究进一步开放国内快递市场问题时，明确指出“快递是服务业的关键产业，是代替传统流通方式、刺激消费升级的现代产业，是物流领域的先导性、领军性产业”。快递业开放成为我国对外开放最显著的标志之一，是一个重大举措。这是党中央、国务院对快递业乃至整个邮政业的高度肯定。10 月 20 日，我国快递年业务量首次突破 100 亿件—从 0 到 10 亿件，用了 26 年时间；从 10 亿件到 100 亿件，仅用了 8 年时间，今年年底预计在 140 亿件。明年是“十二五”规划末期，也是“十三五”规划编制期，明年的工作对今后的发展非常重要，需要一手抓提质增效，一手抓建设法治邮政。

我们要准确把握行业性质，把党中央、国务院对我们的定位和评价作为行业发展的方向。之所以说快递业是服务业的关键产业，一是因为快递业与科技、金融、制造以及生产生活密切相关，快递业带动了其他服务业的发展。二是因为快递业是观察经济转型、结构调整、市场活跃的重要标志性产业，是经济发展状态、程度的晴雨表。快递业发达的地方，该地区经济发展程度相应的比较高。之所以说快递业是代替传统流通方式、刺激消费

升级的现代产业，一是因为快递业改变了传统多层次、多区域、多环节的流通方式，将生产者与消费者直接衔接，丰富了消费者的选择，极大的刺激了消费。二是因为快递业紧跟高新技术发展，借助物联网和大数据，改变了人民的生活，是现代产业。之所以说快递业是物流领域的先导性、领军性产业，一是因为快递业整合了陆运、空运、海运等几大运输方式。一个快件尤其是国际快件的寄递可能会用到公路运输、铁路运输和航空运输。二是因为快递业的发展带动了其他产业的发展。包装、仓储和代理等成为支撑快递业发展的辅助产业。三是国内现在的识别技术、控制技术、安检技术等先进技术也将在我们快递上率先应用。这个行业的发展带动了其他更多行业的发展，这就是我们这个行业的特点。

可以说，邮政业已经走上了一个历史发展的新阶段，站在历史发展的新起点。我们必须历史地、辩证地认识邮政业发展的阶段性特征，准确把握邮政业发展新常态。从产业规模看，我国邮政业已经发展成为世界上最大的寄递业。一方面业务量最大，另一方面从业人员最多。预计今年业务量将达到140亿件。从市场竞争特点看，发展到今天，企业已经相对成熟，市场格局已经基本形成，既有变化又保持相对稳定。过去主要是数量扩张和价格竞争。现在逐步转向质量型、差异化为主的竞争，是人才的竞争、是资金的竞争、是技术的竞争，面对今后快速发展的形势，小政府、大行业的特征越来越明显。只有不断提高行业治理能力，才能促进行业发展、才能保障行业发展。从产业作用看，随着电子商务的发展，我们行业50%的服务能力支撑了80%的网购量，邮政业对经济的支撑作用日益显著。从发展趋势看，业内融合发展的趋势明显。传统邮政与快递融合在美国早已发生，如美国FedEx、UPS和美国邮政的融合、互补相当到位。业外的融合也正在进行中，快递业与仓储、运输、制造等行业都发生了融合。再有国际之间的合作，中国的邮政与国外邮政都在进行着合作。现在我们的行业进入内联外合的时代。从业务类型看，邮政业务中，包裹寄递占比越来越高。如法国邮政十年来已经关闭了五千多家传统邮局，全部改为包裹寄递局。荷兰邮政在比利时等地建设了大量的包裹寄递网点。毫不夸张地说，邮政业正处在新阶段、新起点。认识新常态，适应新常态，引领新常态，是当前和今后一个时期邮政业发展的大思路、大趋势。

面对新形势和新常态，我们观念上要适应，在工作中增强针对性，思考符合行业发展规律的问题。把握行业特点、发展规律，来促进行业发展。认识上要到位，方法上要对路，工作上要得力。要运用法律思维，运用法治方式和手段去面对行业存在的问题，否则很难再向前推进。因为市场经济是有规则的经济，同业之间、上下游产业之间必须有规则，有约定。尤其是涉及公共安全的，如对个人信息的保护等，需要用法律思维来解决。市场经济是平等经济，同一市场之内，不管是内资外资、国企民营、大企小企，都要平等。实现平等，同样需要依靠法治。市场经济是可预期的经济，规则要求是明确的，管理主体是明确的，企业地位是明确的。市场经济是逐利的经济，逐利就会引发各种各样的问题，如不正当竞争、垄断等等，这都要靠法治去解决。

当前是市场经济快速发展的时期，也是建成与小康社会相适应的现代邮政业的关键时期，要把树立法律意识、法治精神作为我们的首要任务，把依法行政作为基本准则贯穿始终，不断提高邮政管理部门的公信力和执行力，营造行业发展的良好法治环境，推动行业健康可持续发展，这才是我们要深刻领会的法律精髓。

二、要继续坚持法治邮政建设，全面推进依法治邮

法律是治国之重器，法治是国家治理体系和治理能力的重要依托。党的十八届四中全会通过了《中共中央关于全面推进依法治国若干重大问

题的决定》(以下简称《决定》)，对推进我国依法治国作了全面部署。我们必须按照四中全会的要求，深刻认识全面推进依法治国的重大意义，继续坚持法治邮政建设，全面推进依法治邮。

回顾以往，政企分开以来，在军胜局长带领下国家局有两方面最基本的经验。第一个经验是尊重行业发展规律，不轻易干预市场。对加盟经营模式、快递价格战等问题，我们都没有主动干预，而是依靠市场调节，实现优胜劣汰。第二个经验就是高度重视法治建设，坚持运用法治思维和方式推动行业改革和科学发展。邮政管理部门是垂管系统，这取决于我们行业的网络特性，所以对行业的治理应该更加注重统一性。军胜局长从立局开始就特别注重法制建设，行业的网络特性也要求我们在制度上要更加完备、更加明确，这样行业的发展才是可预期，也才能更加的均衡。具体来说，一是以立法引领全局工作，及时推动修改邮政法，加强配套制度建设，形成以邮政法为主干，以行政法规、部门规章、地方性法规和规章为重要组成部分的邮政法律法规体系。二是全面推进依法行政，注重培养领导干部法治思维，着力推行执法综合管理，加强行政执法能力，强化行政执法监督，依法履行行政复议职责，深入开展行业法制宣传教育。三是召开政企分开后首届全国邮政法制工作会议，提出"到2020年建成法治邮政"的工作目标，对今后几年的依法治邮、法治邮政建设作了总体部署，为建成与小康社会相适应的现代邮政业提供法治保障。从这个角度说，国家局在依法行政方面是有先见之明的，采取了具体的措施，积极开展依法行政工作。法治是我们的立局之本，是我们须臾不可离开的工作方式和方法。

现在，全面建成小康社会进入决定性阶段，建成与小康社会相适应的现代邮政业也进入了关键时期。我们必须清楚地看到，邮政管理部门依法行政工作存在的问题还很多，与十八届四中全会的精神和现代邮政业的需求还不完全相适应。主要表现在：领导干部法治思维和能力依然不强；邮政法律法规体系还需要进一步完善；基本解决了过去不敢执法、不会执法的问题，但不善执法的问题仍然不同程度存在，对行政权力的监督制约机制不健全，自我纠错和执法监督偏弱；法制工作力量薄弱，缺少专门的法制工作机构和人员。这要求我们必须继续坚持法治先行，全面推进依法治邮。

全面推进依法治邮，总目标是建设法治邮政，实现邮政业治理体系和能力现代化。这是一项系统工程，不是一蹴而就的事，也不仅是邮政管理部门的事，与用户和企业休戚相关，具有长期性、连续性、全局性，需要整个行业付出长期艰苦努力。实现这个总目标，必须坚持党的领导。要坚决贯彻党中央、国务院的部署，落实到依法治邮的全过程和各方面，要善于推动党中央有关邮政业的主张通过法定程序成为国家意志，善于通过法治引领行业科学发展。必须坚持走群众路线。坚持依法治邮是为了用户和企业、依靠用户和企业、造福用户和企业、保护用户和企业，以保障用户和企业的合法权益为出发点和落脚点，保证用户和企业享有应有的权利，履行应尽的义务，保障邮政普遍服务，维护邮政市场秩序，促进行业健康发展。必须坚持权责统一。用户、企业、邮政管理部门都必须依照宪法、邮政法律法规行使权利，履行职责或义务。必须以规范和约束行政权力为重点，加大监督力度，做到有权必有责、用权受监督、违法必追究、侵权需赔偿。必须坚持法治与道德相结合。法治是行为约束的最底线，必须坚持既抓法治也抓德治，大力开展行风建设、开展精神文明建设，通过"最美快递员"评选等活动，在行业内培育职业品德、企业公德、用户品德。推进行业诚信体系建设，夯实行业自律基础。必须坚持从行业实际出发。必须从我国邮政业实际出发，发挥法治的引领和保障作用，为建成与小康社会相适应的现代邮政业提供基础支撑。

实现这一总目标，要按照四中全会对深入推进依法行政，加快建设法治政府的要求，以贯彻落实《国家邮政局关于全面加强法治邮政建设的意见》为主轴，以行业制度建设和执法综合管理为抓手，坚持"三个转变"的工作思路，即实现从法治邮政重点领域向全面推进依法治邮转变，完善行业治理体系，提升治理能力；实现从静态性行政执法向动态性行政执法转变，延伸监管链条；实现从规范执法向规范与保障并重转变，拉升执法保障梯度，把建设法治邮政贯穿于邮政业发展的全过程和各个方面。

从法治邮政重点领域向全面推进依法治邮转变，就是要加强法治的供给、导向和创新，从部门自身法治建设向行业科学立法、全系统严格执法、企业与用户自觉守法全面推进，实现行业治理体系和治理能力现代化。我们在工作中要重视提高企业的能力，增强企业约束自律的能力，不要出了问题去抓、去罚，要从预防问题发生的角度去开展工作。这并非简单的普法宣传，而是带有法律指导意义。因为法制工作覆盖行业的所有方面，企业的安全管理、用工管理、企业之间竞争关系的处理都要在法制轨道上进行。我们要做好对企业的法制培训工作，这才是深化、全面推进依法治邮。要运用法治思维对这个行业的各个要素、各个环节进行评价分析。去年，为推进邮政管理部门依法行政、加强法治政府建设工作，我们组织起草了《关于全面加强法治邮政建设的意见》(以下简称《意见》)。《意见》内容的落脚点在于部门自身的法治建设，重点要解决的问题也在于部门自身履职过程中存在的不足和薄弱环节。下一步，我们要按照四中全会要求，将法治建设从部门向行业推进，在继续强化法治邮政建设的前提下，全面开展依法治邮。通过行业科学立法，发挥法治引领作用；通过系统严格执法，发挥法治约束作用；通过引导企业与用户自觉守法，发挥法治的规范作用，从而实现行业治理体系和治理能力的现代化。

从静态性行政执法向动态性行政执法转变，涵盖两方面内容，一是具体执法行为从静态性向动态性转变，坚决克服懒政、怠政。过去我们主要是省(区、市)局执法，人少力量弱，以行政许可工作为主，被动执法比较常见，属于静态性执法。市(地)邮政管理局组建后，我们要主动执法，敢于执法，善于执法，避免不作为。二是执法监督范畴从静态向动态转变，坚决惩处失职、渎职。去年，我们制定了《邮政行政执法证件管理规定》，从加强行政执法人员资格管理入手，以执法证件为载体，明确了执法主体身份要求和证件管理规定，实现了静态的执法资格监督。今年，我们起草了《邮政行政执法监督办法》，明确了监督机构、监督范围、监督方式等内容，逐步加大行政执法监督力度，把静态的执法资格监督与动态的执法活动监督有机结合，由身份管理向行为管理延伸，建立协调有力的管控机制，科学设定监督职责，严格监督程序，坚决杜绝邮政行政执法中的违法、不当和不作为行为。无论是具体执法行为的转变，还是执法监督范畴的转变，核心都是要提升邮政行政执法能力和水平，保障邮政法律、法规及规章的正确实施，真正做到"法定职权必须为""法无授权不可为"，确保不越位、不错位、不缺位。

从规范执法向规范与保障并重转变，要求在规范执法行为的同时，加强现代信息技术在执法中的应用，推进邮政行政执法标准化建设，制定执法纪律和规范用语，完善执法装备设备配置。规范执法，侧重于对执法主体、执法行为的软件要求；保障执法，更多的在于对执法技术手段、物质条件的硬件提升。三级邮政管理体制完善以来，市(地)局的工作重心就是执法。今年，我们连续举办了两期行政执法培训，总共培训三级执法骨干625人，其中市(地)局主要领导共计386人，已覆盖318个市(地)局，占全国市(地)局总数的90%，基本实现市(地)局主要领导培训的全覆盖。可以说，为执法能力软件水平的提高奠定了扎实的基础。下一步，在继续规范执法的前提下，我们还要借助于大数据等信息化手段，完善执法装备设备配置，提高执法工作硬件标准，推进邮政行政执法标准化建设上水平上台阶。

围绕依法治邮总目标和“三个转变”的思路，重点要抓好以下几方面的工作：

一是依法全面履行部门职能。做好这一工作，关键在两点，依法和全面。依法强调的是要坚持机构、职能、权限、程序、责任法定化。全面强调的是法定职责必须为，坚决克服懒政、怠政，坚决惩处失职、渎职。去年，国家局公布了邮政审批事项目录，印发了《关于下放和明确邮政管理部门层级职权的通知》，依法对邮政管理部门行政权力进行了全面梳理，形成了邮政管理部门权力清单。省（区、市）局要做好权力下放，把工作重心转移到上传下达、研究问题、解决难题上来。具体执法以市（地）局为主，实现网格化管理。大家要充分认识到依法全面履职的重要性，对权力清单进行认真研究，逐一检查，应做未做的要抓紧做，已做有错的要抓紧改，把依法全面履职贯彻到每一项具体工作中。

下一步，国家局还将建立法治邮政考评指标体系，围绕法定职责、行政决策、行政执法、政务公开、争议解决和行政问责等重点环节，构建一套科学合理并具有可操作性的指标体系，全面、准确评估各级邮政管理部门依法履职情况，并按照十八届四中全会的精神，将依法治邮、法治邮政建设成效纳入邮政管理部门重点工作任务目标考核、绩效考核体系，作为各级领导干部选拔任用、培养管理、激励约束的重要依据。开展依法治邮、法治邮政建设示范单位创新活动。

二是健全依法决策机制。要坚持把公众参与、专家论证、风险评估、合法性审查、集体讨论决定作为重大行政决策的必经程序，确保决策制度科学、程序公正、过程公开、责任明确。可通过政府购买服务等方式，积极推行政府法律顾问制度，建立法制机构人员为主体、吸收专家和律师参加的邮政法律顾问队伍，为重大行政决策、依法治邮提供外围支撑。

三是深化行政执法体制改革。根据邮政管理部门机构特点，推进综合执法，在直辖市探索开展普遍服务、邮政市场综合执法的试点。市（地）局人员少，也可以考虑综合执法。完善县级邮政管理机构设置，在一些业务集中、情况特殊的地方，按照国家局统一部署设置派出机构履行监管职责。继续加强邮政行政执法证件管理，实行持证上岗。我们已经连续组织了两期执法资格考试了，效果很好，达到了以考促学的目的。下一步，我们还要继续对持证人员加强培训和考核，建立执法培训讲师团，全面提高执法人员的业务水平、法律素养和职业道德。

四是全面推进政务公开。大家要正确认识政务公开，这对于我们的工作来说，是很好的监督方式。要坚持以公开为常态、不公开为例外原则，推进决策公开、执行公开、管理公开、服务公开、结果公开。依据权力清单，向社会公开法定职能、法律依据、实施主体、职责权限、管理流程、监督方式等事项。只有公开透明，使权力在阳光下运行，才能保证行业健康发展。国家局已经出台《邮政行政执法信息公开规定》，要严格落实，善于使用新媒体手段，发挥微博、微信、移动客户端等社交网络和即时通信工具的积极作用，灵活传递执法信息，增强邮政管理部门的影响力和舆论引导力。

五是深入推进行业诚信体系建设。落实社会诚信体系建设纲要，深入推进行业诚信体系建设，以数据标准化和应用化为原则，以行政执法信息为基础，整合行业信用信息资源，运用科技手段建立邮政市场信用信息系统，推进信用信息共享力度，完善行业信用记录和从业人员信用档案，开展行业信用评价，实施信用分类监管。加强行业诚信宣传教育和诚信自律。在现有行政处罚措施的基础上，健全失信惩戒制度，建立行业黑名单制度和市场退出机制。通过信用数据的采集和积累，引导行业健康可持续发展。我们现在开展的时限测试、服务质量报告等工作，实际上都在发挥着这样的作用。

六是加强法制机构队伍建设。进一步加强法制机构建设，使法制机构的规格、编制与其承担的职责和任务相适应。市(地)邮政管理局必须设置法制工作岗位,选任法律能力强的干部担任法制员;省(区、市)邮政管理局要设立专门的法制机构或在非执法业务处室加挂法制机构的牌子。要加大对法制干部的培养、使用和交流力度,重视提拔政治素质高、法律素养好、工作能力强的法制干部。

三、要做到严格规范公正文明执法,稳步开展执法监督

行政执法是邮政管理部门大量的日常性的活动,直接面向社会和公众,行政执法水平和质量的高低直接关系邮政管理部门的形象,事关邮政普遍服务履行、快递市场健康发展以及用户合法权益,是邮政管理部门的重要权力和法定职责。坚持严格规范公正文明执法,是我们多年工作总结的基本经验,是全面推进依法治邮的基本要求,是提升邮政管理部门执法公信力的重要途径。坚持严格规范公正文明执法是一个有机统一的整体。其中,严格执法是避免任意和妄为,规范执法是严格执法的基本保障,执法要合规合法,不能一朝权在手,什么都不顾。做到严格、规范,公正就有了基本保障。公正强调的是平等和适度,同事不同罚,就是不公正;罚过不相当,也是不公正。不公正有害法的权威,损害的是执法机关的公信力。我们要深刻理解、准确把握坚持严格规范公正文明执法的基本内涵,切实把各项工作部署和要求落到实处。

从工作实践看,绝大多数邮政管理部门都能够严格按照法律规定实施行政行为,但是,从当前情况看,也存在四个主要问题需要加以改进。一是执法程序失当。实践中,处罚程序违法主要表现在步骤欠缺、顺序颠倒、形式违法、时限违法等方面。二是执法文书说理性欠缺。在情节认定、当事人陈述申辩意见采纳与否等核心问题上表述不够。三是执法标准不一。同一机关的案件出现同案不同罚的问题,不同地区相同性质案件的处罚也出现较大差异。四是执法文书规范性不足。存在卷宗封面填写不规范、案由填写标准不一、法律文书应填项目漏项或不全、文书未加盖印章等瑕疵。

早在2012年底,军胜局长就作出了关于加强执法的批示。为落实这一批示,解决邮政行政执法存在的种种问题,我们开展了三阶段工作:一是在执法一线,实现全员持证上岗;二是骨干培训,夯实人才基础;三是量化监督,保证执法质量。其中第三阶段的基础性工作就是制定《邮政行政执法监督办法》(以下简称监督办法)。行政执法是“执行法”,行政执法监督更多的是侧重于“执好法”。加强执法监督是保证严格规范公正文明执法的关键环节,是全面建设法治邮政的重点内容。十八届四中全会审议通过的《决定》明确提出要坚决纠正不作为、乱作为,坚决惩处失职、渎职。要全面落实行政执法责任制,加强执法监督。邮政管理部门贯彻落实十八届四中全会精神,就是要利用好强化行政执法监督这个重要抓手,构建严密的法治监督体系,充分发挥监督的效能,为形成高效的法治实施体系提供有力的支持。

国家局党组高度重视监督办法的立法工作,在政策法规司的积极努力下,目前已经通过交通运输部审议颁布,将于明年1月1日施行。随着监督办法的颁布实施,我们要坚持守住底线,突出重点、完善制度、严格落实的基本思路,做到监督有度,既不能过于严格使得大家不敢作为,又不能过于松懈使得监督流于形式。重点从以下几方面加强行政执法监督制度体系建设:

一是全面落实执法责任制。要梳理执法依据,根据执法岗位配置情况,分解执法职责,确定执法责任。按照公开、公平、公正原则,开展执法评议考核工作,全面、准确评价行政执法人员的行政执法行为。对有违法或者不当行政执法行为的单位,可以根据具体情况,给予限期整改、通报批评、取消评比先进的资格等处理;对有关行政执法人员,可以根据过错形式、危害大小、情节轻重,给予批评教育、离岗培训、调离执法岗位、取消执法资格等处理。

二是开展案卷评查工作。执法案卷是记录执法全过程的重要载体，是衡量执法好坏的重要依据。行政处罚、行政许可、行政强制等行政执法活动形成的检查记录、证据材料、执法文书等应当按照规定的标准进行收集、整理、立卷、归档，并按照档案管理规定实行集中统一管理。行政执法案卷评查制度通过具体案件对行政执法的程序检验，将行政执法责任落实，促使行政执法活动更加规范。下一步我们将出台具体评查标准和评查办法，适时开展案卷评查工作。

三是实行规范行政处罚裁量权制度。规范行政处罚裁量权，就是要细化裁量幅度和适用规则，使邮政管理部门和行政执法人员在行使行政处罚裁量权时受到约束。去年我们已经印发了相关文件，下一步还要定期对规范行政处罚裁量权工作情况开展评估，根据实际情况对有关裁量基准进行适当调整和补充。

四是实行行政执法通报制度。考虑邮政管理部门人员力量配比，我们的行政执法监督是以层级监督为主。过去我们在工作中发现的违法、不当和不作为，涉及哪个部门和什么问题，只有办案人员和该部门清楚，其他邮政管理部门都不清楚。以后对于查处的违法、不当和不作为案件，要敢于亮短揭丑，在邮政管理部门内部予以通报，以儆效尤。

四、要做到大力推进信息化建设，提升执法规范化水平

科技信息化的发展深刻影响了社会变革，也为提升行政执法效能注入了新的生机和活力。十八届四中全会明确提出："加强行政执法信息化建设和信息共享，提高执法效率和规范化水平。"执法信息化建设是建立执法过程记录制度的重要支撑，规范行政执法行为的重要基础和保障，推进严格规范公正文明执法的重要抓手。加强执法信息化建设，运用信息化手段规范执法行为，对严格执法监督，提升执法能力和水平，探索"大数据"监管模式具有重要意义。

执法信息化的主要内容是执法信息网上录入、执法流程网上管理、执法活动网上监督、执法质量网上考核。通过移动执法终端（执法 APP）、现场执法记录仪、执法办案信息系统、视频执法监控设备等手段，对立案、监督检查、调查取证、行政决定等行政执法活动的每一个步骤进行相应记录，建立电子执法档案，实现执法办案的网上流程管理，以信息化规范执法程序、落实执法制度、强化执法监督、提高执法质量。

前一阶段，国家局为推进执法规范化建设也做了不少基础工作。我们向有关部门争取了财政资金，决定在国家局、各省（区、市）邮政管理局和副省级城市邮政管理局建设行政复议（执法）听证室，安装多媒体设备。年底前预计建立 17 个听证室。部分省（区、市）局和市（地）局也大胆进行了执法信息化的有益探索。海南等地在地方政府的支持下，建立了邮政业执法信息平台，开发了执法 APP，将执法流程、文书信息化。明年国家局将以已有经验为基础在海南、河南、江苏、上海、广东等地开展行政执法信息化、规范化试点工作，尽快形成成熟模式向全国推广。没有列入试点的省（区、市）局，条件具备的，也可以借鉴好的经验，开展行政执法信息化、规范化工作。国家局将对各省（区、市）局实施这项工作予以指导，统筹协调推进。

同志们，邮政业正处在大有作为的新阶段新时期，在座的各位都是邮政业发展的见证者，也是推动发展的管理者、保障者。邮政业的健康可持续发展，需要我们坚定不移的坚持法治邮政建设，全面推进依法治邮，切实推动"三个转变"，这也是明年法制工作的重点内容。希望大家珍惜这次机会，围绕上述转变，深入思考，积极发言，谈出思路谈出创意，为做好邮政法制工作建言献策。我相信，在国家局党组的领导下，在各级邮政管理部门的共同努力下，通过我们齐心协力，开拓进取，一定能够开创邮政法制工作新局面，为加快建成与小康社会相适应的现代邮政业做出新的贡献。

谢谢大家！

努力开创邮政市场监管工作新局面

——国家邮政局副局长刘君在2014年全国邮政市场监管工作会议上的讲话

(2014年4月1日)

同志们:

这次会议的主要任务是:深入学习贯彻党的十八大和十八届二中、三中全会精神,全面落实2014年全国邮政管理工作会议部署,总结工作,分析形势,安排部署2014年邮政市场监管任务,紧紧围绕“抓改革促发展惠民生”这条主线,锐意进取,改革创新,努力开创邮政市场监管工作新局面。

下面,我讲三个方面内容。

一、2013年邮政市场监管工作回顾

2013年是实施邮政业发展“十二五”规划承上启下的关键一年,也是全面建设与小康社会相适应的现代邮政业的开局之年。各地邮政管理部门认真贯彻执行国家邮政局的安排部署,以提高发展质量和效益为中心,遵循发展与规范并重的原则,按照抓发展、促规范、保安全、强基础的工作思路,全面提升邮政市场监管能力,行业持续高速发展,市场秩序不断改善,服务质量稳步提高,安全监管取得成效,邮政市场监管工作迈上了一个新台阶。

(一)抓发展,推动快递业高速增长

一是推动政策落地实施。贯彻落实交通运输部等七部委联合下发的《关于加强和改进城市配送管理工作的意见》,解决快递车辆城市通行难和停靠作业难问题。各地邮政管理部门加强与当地有关部门沟通协调,努力推动政策落地实施。天津市政府出台《关于促进快递服务业健康发展的意见》,率先将享受政府补贴的新能源汽车投入到快递末端配送中;江苏实施快递车辆进城“畅通工程”;广东为全省32家各类型快递企业新办、换证5295批次;山东11个市(地)发放快递车辆通行证600余张;宁夏5个市(地)全部实现了快递车辆的便捷通行。目前,全国已有25个省(区、市)基本解决了快递车辆城市通行难和停靠作业难问题。

二是注重规划有效衔接。在《全国物流园区发展规划》指引下,各地邮政管理部门注重将国家物流园区发展规划与当地有关规划进行衔接,把快件处理中心、快递服务设施和快递服务综合平台建设纳入地方物流园区建设规划。贵州有效推进“贵阳临空快递物流园区”建设;江苏“苏南快递产业园”正式挂牌;北京将快递物流园区规划纳入新机场和全市物流网络建设规划;福建《关于促进交通物流转型发展的十项措施》中,对快递园区、快递服务设施、快递服务综合平台规划和建设给予政策扶持。

三是鼓励加强末端配送。为全面提升快递末端投递服务水平,国家邮政局出台《关于提升快递末端投递服务水平的指导意见》和《智能快件箱》邮政行业标准,引导企业加强末端服务网络建设,探索推广智能投递,明确对快递企业末端服务网点实行备案管理,简化办理手续,解决快递“最后一公里”的服务问题。北京、重庆、河南、四川、江苏等地邮政管理部门积极探索,争取政策,与有关部门合力推动快递服务“三进”工程,为快递进校园、进社区、进商务楼创造条件。

四是搭建合作发展平台。利用承办第二届中国(北京)国际服务贸易交易会快递服务板块的机会,为快递企业搭建多元化合作平台。在原有

“9+1”模式的基础上进一步扩容为“10+1”，促成邮政、快递、物流、电商、银联等多个领域的广泛合作，签约额达到200亿元人民币。

五是实施“走出去”战略。落实《关于实施支持跨境电子商务零售出口有关政策的意见》，浙江局抓住杭州市作为跨境电子商务试点城市的机遇，实施重点企业走出去战略。邮政EMS利用全球邮政网络，推动开展跨境寄递业务。顺丰、圆通等大型民营快递企业开展了港澳台地区和东南亚国家的跨境业务。

通过政策、规划的落地实施，行业发展环境进一步优化，促进了快递业务持续高速增长，快递业务量完成91.9亿件，同比增长61.6%，最高日处理量突破6500万件；快递业务收入完成1441.7亿元，同比增长36.6%。同时，快递服务能力不断提升，主要快递企业加大装备、设施和技术投入，基础设施投资超过百亿元，新建扩建一批流水线、购置机械化分拣设备和安检设备，新建、改造分拨中心超过300处，新增干线车辆4000多台，新增航空线路超过30%。邮政EMS南京快递物流集散中心运行平稳，顺丰在北京等地新建自动化分拣线顺利投入使用。企业自主航空能力进一步增强，快递专用货机达到65架。

（二）促规范，维护邮政市场秩序

一是开展规范清理工作。贯彻落实修订后的《快递市场管理办法》，组织开展了规范和清理快递企业经营范围工作。第一阶段规范和清理的企业主要是申通、圆通、中通、汇通、韵达、天天等6家以加盟方式经营的品牌快递企业，规范和清理的范围是50个城市。为做好规范和清理工作，各级邮政管理部门成立了专项工作领导小组，制定工作预案，细化相关事项。国家邮政局加强对省局的指导，加强与企业总部的沟通，形成上下联动、政企互动的局面。实现了摸清底数、规范快递经营范围、查处违法违规经营行为的目的。该项工作开展之前，6个品牌快递企业在143个城市取得了快递业务经营许可。经过第一阶段规范和清理工作，各品牌快递企业积极整改超地域范围经营问题，企业自营网络覆盖城市平均数由规范清理前的24个上升为56个，增加了1.3倍。各地邮政管理部门加大市场执法力度，查处超范围经营、未经许可经营快递业务的行为共23起，下达整改通知24份，罚款金额38万元。通过规范清理工作，为快递持续健康发展奠定了基础。

二是加强服务质量监督。继续开展快递服务质量监督工作，委托第三方机构进行快递服务满意度调查和时限测试。2013年快递服务总体满意度为72.7分，比2012年提高1分，快递服务满意度连续5年稳步提升；全年国内异地快递服务时限72小时准时率为74.6%，比2012年提高2.2个百分点。同时，加大对外公布力度，全面通告满意度调查结果和时限测试情况，进一步加强社会监督。

2013年共处理快递服务有效申诉19.6万件，同比增长42.7%，但同比增幅下降135个百分点。在快递业务量同比增长60%的情况下，申诉量增幅首次出现下降趋势。快递服务申诉中，快件延误占43%，同比下降2个百分点，投递服务问题占29%，同比上升2个百分点，丢失短少占16%，损毁占6%，同比没有变化。同时，建立了申诉监督机制，每季度向申诉量排名前八位的快递企业下发申诉情况分析报告，指导企业整改。

三是强化邮政市场监管。组织开展“快递服务专项整治”活动，对消费者反映强烈的快件延误、丢失损毁、赔偿难等问题开展专项检查和整治。全国共开展快递市场、集邮市场和邮政用品用具市场检查3.3万次，同比增长169%，涉及单位1.6万个，同比增长168%，出检天数5541天，同比增长22%，出检人次7.4万，同比增长119%。各级邮政管理部门纠正和查处违法违规行为7943起，同比增长507%，下达整改通知书1813份，同比增长230%，作出行政处罚决定377起，同比增长43%，罚款金额199.87万元，同比增长69%。

广东局组织开展了提升邮政服务质量专项整

治活动，开展市场执法3041次，是2012年的11.7倍。安徽局注销不能持续符合快递业务经营许可条件的企业8家，取缔非法经营的企业及网点30多个。江苏局深入推进放心消费创建工作，使全省快递消费安全得到了有效保障，快递服务质量有了明显提高。江苏省连云港局利用电子地图平台提升快递市场监管效率，徐州局与电信部门合作，运用物联网技术开发"远程快递分拣操作现场实时监控系统"。这些措施强化了市场监管、维护了市场秩序。

四是依法开展许可工作。国家邮政局共接收企业许可申请110件，发放跨省（区、市）经营快递业务许可证4件，经营国际快递业务许可证38件。各级邮政管理部门共收到许可证变更申请4448件，处理变更事项7949项。收到8660家企业经营许可年度报告，审核通过8102家。按照路线图计划，顺利完成美国联合包裹公司和联邦快递公司第二批城市经营国内快递业务的许可工作。同时，国家邮政局进一步转变政府职能、简政放权，下放和明确邮政管理部门层级职权，简化许可事项变更手续，简化了九大项十二小项许可变更审批流程，办理时限明显缩短。

五是加强集邮和邮政用品用具市场监管。组织开展集邮市场专题调研，对全国集邮市场现状、存在问题作了全面了解。首次开展集邮票品集中交易市场年度报告工作，全面了解掌握市场基本情况和动态变化。研究制定《集邮市场年度监管报告制度》，依法做好集邮票品集中交易市场开办许可管理，依法做好集邮票品展销、拍卖活动的备案工作。2013年，共发放集邮票品集中交易市场开办许可证39个，备案集邮票品经营者1535家。严厉打击制售伪造、变造邮资凭证等违法违规行为，对市场上出现的假冒集邮票品进行调查，通过国家邮政局网站发布消费提示，提醒消费者和集邮爱好者谨防上当受骗。全国开展邮政用品用具市场检查796次，对270余家邮政用品用具生产企业进行抽检，对170家快递企业的封装用品进行检测，抽检和检测情况进行汇总通报。

（三）保安全，增强防范处置能力

一是建立联合监管机制。联合工业和信息化部、公安部、国家安全部、商务部、国家工商行政管理总局等五部门印发《关于切实做好寄递服务信息安全监管工作的通知》，建立寄递服务信息安全监管工作部门协作机制，开展寄递服务信息安全专项整治行动。与中国民航局协同开展锂电池运输管理办法和操作规范研究制定工作；与公安部研究加强寄递渠道治安管理工作；与国家安全部研究建立省级以下邮路安全监管协作机制；配合有关部门做好寄递渠道禁毒、反恐、打击假药、"扫黄打非"等专项工作。

江苏局联合七部门印发《关于成立江苏省寄递渠道安全监管办公室的通知》，制定了工作章程，明确了工作机制，细化了职责分工。浙江局下发《关于抓紧建立市级寄递渠道治安管理协调小组的通知》，全省11个市（地）局建立了寄递渠道安全协调小组。重庆局按照《寄递渠道反恐怖工作标准》和《邮政行业安全防范工作规范》，定期召开邮路安全工作联席会议，与有关部门加强协作配合。辽宁局联合公安、国家安全部门开展第十二届全国运动会期间寄递渠道安全监管工作。海南局、新疆局充分发挥邮路安保小组的工作机制，分别加强2013年博鳌亚洲论坛年会和第三届中国—亚欧博览会的邮路安保工作。北京、河北、山西、内蒙古等局与公安、国家安全等部门联合做好"两会"期间邮路安保工作。

二是妥善处置突发事件。四川芦山"4·20"强烈地震发生后，国家邮政局第一时间启动应急响应，认真贯彻落实党中央、国务院和交通运输部的工作部署，积极引导寄递企业以各种方式参与和服务抗震救灾工作。邮政企业、顺丰等快递企业相继发布公告，对全国各地寄往雅安地区的救灾邮件、快件予以免费，共收投赈灾邮件、快件95.2万件，抗震救灾物资760余吨。四川局在省委、省政府的领导下，认真做好人员伤亡和财产损失情况的摸查和统计，动员组织灾区寄递企业积极开展抗灾自救。我们还妥善处置汇强快递网络异常事件，解决积压和扣留快件问题。及时处理圆通公司违规收寄化学品发生泄漏导致员工中毒、用户死亡的重大事故。组织开展落实收寄验视制度专项整治活动，强化收寄验视制度的执行。印发《关于切实做好安全生产工作促进邮政行业科学发展安全发展的意见》，组织开展邮政行业安全生产大检查，督促企业认真落实安全生产措施，坚决遏制发生重特大安全事故。

三是有效应对“双11”高峰。提前谋划快递“双11”业务高峰保障工作。出台《快递业务旺季服务保障工作指南》，对管理部门、行业协会和企业旺季保障工作进行了全面、细致的指引，指导中国快递协会主动与上游电商企业沟通，建立了“错峰发货、均衡推进”的工作机制。推动企业加强能力建设，创新快件疏运方式，发挥舆论正面引导作用。通过全行业共同努力，在最高日处理量同比增长85%的情况下，实现了“重要节点不爆仓、全网运营不瘫痪”的预定目标。社会反映基本正常，用户基本满意，得到国务院、交通运输部领导高度评价和充分肯定。

（四）强基础，提升依法监管水平

一是加快信息系统建设。印发《邮政业安全监管平台技术规范》和《市（地）局邮政业安全监管平台（简配）实施方案》，推动重点地区视频系统建设，安全监管信息系统（三期）项目上线试运行；向省局及省级以下邮政管理机构开放信息系统使用权限；开展快递企业数据质量调研工作，指导企业提升数据采集质量；编写邮政业安全生产信息系统功能需求，纳入国家安全生产监管信息化工程建设项目。

二是完善监管制度体系。完成《无法投递又无法退回快件管理规定》《寄递服务用户个人信息安全管理规定》《邮政行业安全信息报告及处理规定》《快递业务经营许可注销管理规定》和《经营快递业务的企业分支机构备案管理规定》等规范性文件的起草工作，进一步完善监管制度。印发《关于完善邮政业消费者申诉与市场监管工作衔接和联动机制的指导意见》，建立申诉与市场执法衔接机制。印发《〈快递业务经营许可证〉变更审核流程优化方案》，简化变更审核手续。北京局出台《北京市快递安全管理办法》，与市公安局等部门联合出台《北京市公安局等八部门关于加强刀具等管制器具管理工作的意见》，强化安全管理。新疆局制定《邮政行政执法责任制》《邮政行政执法职责》，形成执法、监督、监察一体化的行政执法体系。

三是市（地）监管队伍得到锻炼。去年是市（地）邮政管理机构运行的第一年，各市（地）邮政监管队伍认真贯彻落实国家邮政局的决策部署，严格依法履行监管职责，在规范和清理快递企业经营范围、保障快递业务旺季服务、依法加强邮政市场监督检查过程中发挥了重要作用，各项工作取得了新进展，开创了新局面。江西宜春局在开局之年，把市场监管工作作为“基础建设年”，针对“干什么，怎么干”的问题在全局范围内开展了思想大讨论，形成了“强化行政执法，优化发展环境，是做好行政管理工作生命线”的工作意识，编印了《宜春市快递企业基础信息汇编》，对68家企业分支机构进行备案。安徽合肥局、滁州局、芜湖局对快递企业无证经营、超范围经营、野蛮分拣、存在安全隐患等问题进行行政处罚。

四是开展职业技能鉴定。组织开展快递业务员职业技能鉴定全国统考，鉴定12.6万人次，其中初级10.8万人次，中级1.3万人次，高级4801人次，业务师6人次。截至2013年底，全国累计鉴定40.9万人次，获证人数为29.12万人。全国26个省建立了33个鉴定站。快递“百千万人才工程”继续稳步实施，合作院校已达100所，15个省30所院校开设了快递专业（方向），在校学生近6000人。

同志们，回顾2013年邮政市场监管工作，各级邮政管理部门攻坚克难，负重奋进，敢于探索，勇于实践,认真按照党中央、国务院的要求,贯彻落实国家邮政局的总体部署,完成了各项工作任务,促进了行业发展,维护了市场秩序,锻炼了执法队伍,提升了监管效能。2013 年是我国快递业能力建设、服务水平、社会影响力全面提升的一年,市场监管工作发挥了应有的作用,取得了突出的成绩,这是各级邮政管理部门共同努力奋斗的结果。在这里,我代表国家邮政局党组和马军胜局长,向战斗在邮政市场监管工作一线的同志们,表示衷心的感谢和诚挚的问候!

二、邮政市场监管工作形势分析

我国正处在加快转变经济发展方式的关键时期。党的十八大和十八届二中、三中全会都对全面深化改革做出了战略部署,对新时期邮政业改革发展提出了新的要求。邮政市场监管工作要认真贯彻执行党中央国务院和国家邮政局党组的战略部署和工作要求,抓住行业快速发展和大有作为的战略机遇期,紧密结合行业发展的新趋势,以改革创新转型升级推动行业发展,以优化环境维护秩序保障行业发展,满足经济社会发展和人民群众不断增长的用邮需求。

第一,认清形势,抓住行业发展的战略机遇期。

党的十八大提出全面建成小康社会的宏伟目标,国家邮政局也确定了到 2020 年“建成与小康社会相适应的现代邮政业”的行业奋斗目标。随着我国工业化、信息化、城镇化、国际化的快速推进,特别是市场经济体制的建立与完善,经济社会发展将持续保持中高速的发展趋势,这些必将对邮政行业的快速发展起到很好的引领和推动作用,特别是信息时代网络经济的异军突起,更为快递业的迅猛发展带来了无限生机与活力。李克强总理在今年政府工作报告中指出,要深化流通体制改革,清除妨碍全国统一市场的各种关卡,降低流通成本,促进物流配送、快递业和网络购物发展。充分释放十几亿人口蕴藏的巨大消费潜力。今年春节前夕,李克强总理在陕西视察快递企业时曾指出,快递业是中国经济的一匹“黑马”。在国家重视和培育下,快递业发展的内生动力和创新能力会日益增强,将进入一个密集创新和快速扩张的新阶段。

现阶段我国邮政业发展的主要矛盾仍然是发展能力、发展水平不能满足人民群众不断增长的用邮需求,不能适应经济社会发展的需要。促进和加快行业发展仍然是第一要务,特别是快递业的发展还处于初级阶段,服务能力不足,服务水平不高,与国际快递企业差距很大。发展是我们解决所有问题的关键,只有通过发展才能最大程度地解放和发展生产力,最大程度地增强和释放行业活力。

第二,明确方向,推动行业转型升级提质增效。

近几年,快递业取得了“爆炸式”的发展成果,站在新的历史起点上,要清醒地看到,我国快递业要想从做大规模向做强实力转变必须走转型升级之路,要通过持续地提质增效,才能实现真正意义上的做大做强。

推进快递业转型升级和提质增效,一是要下大力气做好结构调整的文章,要以转变发展方式为主线,以提升服务品质为重点,鼓励企业开发和提供多层次、多样化和个性化的产品体系,引导规模以上快递企业在县(市)一级完善快递服务网络,实施“快递下乡”和“快递西进”工程,支持重点企业开拓海外市场,将业务板块由“1+1”向“1+3”拓展,鼓励主要快递企业加快自主航空网络建设;二是要做好技术创新的文章,信息技术是快递服务核心能力的重要标志,要以满足用户需求和提升发展为目标,引导企业大力开展标准化、自动化和信息化建设,走科技发展之路,逐步实现用信息技术将快递服务的各个环节有机结合、紧密衔接、均衡运作,提高服务与管理的系统性、准确性和时效性,提升服务品质和发展能力;三是要做好管理创新的文章,要推动企业优化操作流程、履行服务标准、加强内部管理，逐步实现营业网点标准化、分拣中心规范化和作业流程制度化，提高企业自主创新与自我管理能力，努力降低快件延误率、损毁率和丢失率。要不断引导和强化企业社会责任和主体义务，崇尚与践行诚实守信的行业文化。要积极推进现代企业制度建设，用一流的制度创建一流的企业；四是要做好提高员工能力的文章，要积极引导和鼓励企业加大智力投入，通过职业鉴定和等级评定等工作，推动企业员工培养制度化。要继续开展好校企合作，推动院校创办快递相关专业，开展各类业务培训，为企业提供有益的人才建设支撑。要帮助和推动企业开展一线员工职业道德、业务技能和安全知识等培训工作，提升员工素质和从业能力。

第三，夯实基础，促进行业可持续健康安全发展。

随着行业的快速发展，市场规模不断扩大，但发展不平衡、不协调、不可持续的问题仍然存在，市场发展不成熟、不规范的问题依然突出，东中西部之间以及城乡之间服务差距仍旧很大，企业之间发展、管理、服务和装备水平存在较大差距，低价格、同质化竞争现象没有改变。尤其是寄递渠道安全、邮政通信和信息安全问题日益凸显。一些企业对安全问题重视不够、投入不足，对安全制度落实不够、执行不力。收寄违禁物品、泄露和非法买卖用户信息等时有发生，每年安全生产事故多达数十起。特别是去年11月发生了“夺命快递”事件，造成人员一死九伤，给行业敲响了警钟。同时，部分重点地区、重点部位的安全监管仍然没有完全到位，安全隐患较多，安全形势严峻。

发展是硬道理，安全发展更是硬责任，安全发展是行业健康发展的“底线”和“红线”，是行业发展的重要基础。我们一定要认真贯彻落实中央领导同志关于做好安全生产工作的重要讲话和批示精神，把安全理念落实到行业发展的各个领域各个环节。树立“安全为基”的观念，时刻铭记安全监管责任重大。要强化法制建设，发挥政府监管的作用，加强源头把控，强化事中、事后监管，着力健全安全监管体制机制，履行好安全监管职责。

三、2014年工作思路、目标和重点任务

2014年邮政市场监管工作思路和目标是：深入学习贯彻党的十八大和十八届二中、三中全会精神，全面落实2014年全国邮政管理工作会议部署，以“抓改革促发展惠民生”为主线，按照“安全为基，发展为要，服务为上”的工作思路，结合邮政市场监管工作面临的新形势、新任务和新要求，改革创新，求真务实，全面提升邮政市场监管效能，推动行业快速、健康、安全发展。

（一）坚持“安全为基”，切实把安全工作抓好抓实

针对行业发展中出现的安全问题，各级邮政管理部门要有清醒的认识，强化“底线”和“红线”意识，树立“安全为基”的观念，重点加强体制、机制和能力三方面的建设。

一是完善安全监管制度体系。国家邮政局将加快推动《快递条例》的制定，从法律层面强化安全责任、落实安全管理职责，研究制定危险化学品等特殊物品寄递的条件，具备条件的企业才能从事特殊物品寄递活动。会同安监总局等部门修订《禁寄物品指导目录及处理办法》。制定《邮件、快件收寄验视管理规定》。会同民政部门研究制定《重大自然灾害期间寄递渠道安全保障规定》，解决赈灾邮件、快件的管理难题。

二是建立健全联合工作机制。国家邮政局会同中央综治办等九个部门联合出台指导意见，健全寄递渠道安全责任体系，强化重点地区、重点部位和重点环节的安全监管。与国家安全等部门建立健全市（地）一级寄递渠道安全监管联合工作机制。各地邮政管理部门要加强与公安、国家安全、海关、安监、民航等部门以及地方各级政府的沟通协作，加强属地化管理，细化明确职责分工，完善工作联动机制。配合有关部门做好寄递渠道禁毒、反恐、打击假药、“扫黄打非”等工作。

三是抓好安全制度落实执行。各级邮政管理部门要全面落实《寄递服务用户个人信息安全管理规定》,保障用户信息安全。认真执行《邮政行业安全信息报告及处理规定》和《国家邮政业突发事件应急预案》,指导企业深入开展安全生产隐患排查与治理工作,有效遏制重特大安全事故的发生,提升应急处置能力。国家邮政局将制定《邮政业安全生产设备配置规范》标准,全力推行安全生产设备配置工作,寄递企业要配置安全检测设备,提高安全生产水平,尤其要全面增强重点地区、重要部位的安全防范能力。各地邮政管理部门要以安全问题为导向,因地制宜创造性开展工作,切实落实好企业安全管理主体责任,督促企业建立安全管理队伍,设专人负责安全管理工作,并向邮政管理部门备案。强化对各级企业法人安全知识、社会责任的培训,帮助企业建立健全安全管理内控制度。

四是推进安全监管信息化建设。国家邮政局建立健全快递企业数据质量考核管理机制,继续督促指导快递企业提高数据质量,加强报送工作。省市两级邮政管理部门要从安全监管和应急处置的实际需要出发,加快视频监管平台建设,要强化信息系统的应用,切实做到用好用足,提高邮政管理部门安全监管能力和水平。

(二)坚持“发展为要”,推动行业加快发展提质增效

按照“抓改革促发展惠民生”的主线,推动快递企业转型升级,积极“向西”“向下”和“向外”拓展。突出抓好政策的落地实施,实现快递业又好又快科学发展,更好满足经济社会发展和人民群众对快递服务日益增长的需求。

一是启动快递下乡和西进工程。各级邮政管理部门要认真贯彻落实中央城镇化会议精神,推动快递企业加快农村和中西部网络布局和基础设施建设,实施“快递下乡”和“快递西进”工程,利用村邮站和“万村千乡”工程的平台,提高快递网络覆盖率和稳定性,改善区域均衡度,尽快让广大农民享受网购服务。积极协调地方政府部门推进“淘宝村”建设,畅通特色农副产品东进流通渠道。

二是实施引进来和走出去结合发展战略。适应经济全球化发展新趋势,积极有序提高开放水平,逐步引入国际先进快递服务主体,促进市场竞争,引导国内快递企业向先进企业学习,提高国内企业服务水平。各地邮政管理部门要落实国务院办公厅《关于实施支持跨境电子商务零售出口有关政策意见》,鼓励支持重点国内快递企业开拓海外市场,通过自建、合作、并购等方式建设跨境网络,结合本地实际研究提出促进跨境电子商务寄递服务的实施意见,积极争取地方政府的支持和优惠政策,推动开展跨境网购寄递业务。

三是着力推进快递服务制造业。落实《推进快递服务制造业工作的指导意见》,促进快递融入生产和消费产业链,调整产品结构,丰富产品类型,严格服务标准,提供多层次、多样化和个性化的产品体系。中国快递协会要发挥平台作用,为快递服务制造业牵线搭桥,争取更大突破。

四是解决快递末端服务问题。各级邮政管理部门要落实《提升快递末端投递服务水平的指导意见》,推动快递企业与商业机构、便民服务设施、社区服务组织、机关学校管理部门,以及第三方企业开展多种形式的快递收寄、投递服务合作,探索智能快件箱等新型服务模式,开展好末端网点备案和标准化建设工作。会同商务部门开展快递和电子商务示范工程建设,在全国性快递节点城市和电子商务示范城市重合地区建立示范基地。继续落实交通运输部等七部委《关于加强和改进城市配送管理工作的指导意见》,努力争取在更多地区解决快递车辆城市通行难等问题。

五是鼓励社会资本进入快递服务领域。各级邮政管理部门要积极支持有条件的企业投资入股快递网络建设。鼓励电商企业、快递企业在制造业基地周边建设仓储配送中心和快件处理中心,以及航空及陆运集散中心,加快“仓配一体化”建设,降低运输成本,提高配送效率。支持主要快递

企业加快自主航空网络建设，加强“快件绿色通道”建设，实施“上机上铁”工程。

六是推动快递企业建立现代企业制度。各级邮政管理部门要推动快递企业强化内部管理，优化操作流程，降低快件延误率、损毁率和丢失率。鼓励企业实现营业网点标准化、分拣中心规范化和作业流程制度化，提升自动化和机械化水平。

（三）坚持“服务为上”，着力提升行业服务质量

服务质量是企业生存的基础和健康发展的关键，是企业的生命线，要实现从做大规模向做强实力转变，重在服务质量的提升，要推动企业在发展中规范，在规范中提升，让消费者放心消费、满意消费。

一是加强行业诚信体系建设。国家邮政局将立项开展快递诚信体系建设工程，做到考核有目标、管理有抓手、评价有依据，通过诚信体系建设加强企业自律和社会监督，此项工作今年要有突破。省、市两级邮政管理部门可结合实际先行先试，重点结合企业服务承诺履行、服务标准执行、市场守法经营情况、市场进入和退出状况、安全管理等指标建立信用评分机制。结合快递企业等级评定试点工作，倡导企业牢固树立“质量第一、诚信为本”的理念。

二是全面落实《快递服务》标准。中国快递协会要推动企业落实《快递服务》标准、《快递业务操作指导规范》，制定并实施快递服务职业道德准则，规模以上的快递企业要配备装载快件的笼车等工具，做到快件分拣不抛扔、不落地。要推动建立行业内部监督机制、风险警示举报制度及处理机制，打击扣件压件行为，落实理赔制度。充分发挥协会组织在行业自律、营造发展环境等方面的积极作用。

三是建立行业自律机制。中国快递协会要强化行业自律，约束企业遵守自律公约。要推动企业加强自治，强化管理、落实责任，重点抑制企业低价格恶性竞争，维护良性有序的快递发展环境。要建立实行快递企业“黑名单”制度，对失信企业在行业内进行通报。

四是继续开展规范清理工作。做好第一阶段规范清理收尾工作。对未完成第一阶段规范清理目标的企业，国家邮政局将约谈企业总部，督促其限期整改。对第一阶段50个城市中企业总部网络未覆盖的范围，该品牌企业仍经营跨省业务的，国家邮政局将通知当地邮政管理部门依法查处。

稳妥开展第二阶段规范清理工作。第二阶段规范清理仍以申通等6家加盟方式经营的快递企业为主，规范清理范围是50个城市以外的其他市（地）。对增量部分严格按照有关规定把关，各地邮政管理局对品牌企业总部直营网络未覆盖的市（地），一律不再受理其加盟企业的许可申请。对存量部分要加大工作力度，国家邮政局将加强与省局的沟通，上下共同努力，力争早日实现规定的范围内加盟制品牌企业自有网络全覆盖。对50个城市以外的其他市（地），今年6家品牌企业总部网络覆盖范围，东部地区城市要完成100%，中部地区城市要完成50%，西部地区城市要完成40%。加大对无证经营、超范围经营快递业务和野蛮分拣快件等违法违规行为的查处力度，建立重大案件督办制度。

五是加快人才队伍建设。继续做好快递从业人员培训和职业技能鉴定工作，加快完善省级职业鉴定机构建设，提高快递从业人员素质和持证上岗比例。推动有条件的企业施行全员持证上岗制度。加快推进全国快递培训网站建设，为快递从业人员培训提供便利。

（四）坚持“管理为本”，进一步加强邮政市场监管

正确处理好政府与市场的关系，使市场在资源配置中起决定性作用和更好发挥政府作用。政府要依法行政、监管到位。要强化责任落实，使管理工作法制化、制度化、规范化。要发挥政府监管、行业自律、社会监督三位一体的作用，提高政府宏观调控和科学管理水平。

一是继续开展快递服务质量评价工作。继续委托第三方机构做好快递服务质量评价工作，适度扩大调查范围，优化调查指标，提高调查精度。进一步加大调查结果的公布力度，强化社会和新闻监督作用。

二是建立快递价格监测体系。中国快递协会要做好快递价格监测工作，定期发布快递服务价格指数，为市场提供参考依据，引导快递企业由价格竞争向服务竞争转变。

三是进一步转变政府职能。按照“一建两结合”的思路，优化快递业务经营许可变更办理流程；按照“下放权限、属地管理”的思路，优化快递企业分支机构备案管理制度；本着减轻企业负担的原则，优化快递业务经营许可年度报告审核流程。建立许可事项委托下派核查超时通报制度。对快递末端网点实行备案管理。

四是加强集邮和邮政用品用具市场监管。全面贯彻落实《集邮市场管理办法》，进一步完善相关配套制度，切实履行监管职责。研究建立集邮票品互联网市场监管工作机制，加强集邮票品互联网交易管理。实行集邮市场监管报告制度。加大邮政用品用具及快递封装用品的抽检力度，按季度通报抽检情况。贯彻落实快递封装用品系列国家标准。做好生产监制证的发证和换证工作。

五是逐级强化市场监管特别是安全监管责任。按照“属地管理”原则制定完善邮政市场监管工作考核管理办法。建立行之有效的考核指标，督促各级邮政管理部门切实履行邮政市场监管职责。完善案例评价指标体系，通过行政执法案卷的调阅和评审加强对案件处理程序合法性、规范性的监督考核。

六是加强市场监管队伍建设。健全市场监管业务培训工作机制，实现业务培训工作的规范化和常态化。通过印发案例汇编等方式，充分发挥已有案例的指引和借鉴作用，提高行政执法能力，逐步提高各级执法人员的法律意识、责任意识，提高敢于碰硬、勇于担当的业务本领。要探索联合执法方式，形成日常、动态和有重点的联合执法机制。

七是继续做好快递旺季服务保障工作。各级邮政管理部门要认真总结去年快递业务旺季服务保障工作的经验，提前谋划，科学安排，确保今年旺季生产平稳运行。

八是加强消费者申诉处理能力建设。各级邮政管理部门要加强申诉中心处理能力建设，及时妥善处理消费者申诉，在规定时间内作出答复。推进申诉信息公开制度化，充分发挥申诉系统在维护消费者合法权益、提升行业服务质量的支撑作用。要贯彻落实修订后的《消费者权益保护法》，认真落实《关于邮政业消费者申诉与市场监管工作衔接和联动机制的指导意见》，着力维护消费者合法权益，依法查处损害消费者利益的行为。

同志们，邮政业正处在一个大有作为的战略机遇期，邮政市场监管任务艰巨，责任重大，极具挑战性。我们相信，在国家邮政局党组的正确领导下，在各级邮政管理部门的共同努力下，通过我们齐心协力，开拓进取，扎实工作，一定能够开创邮政市场监管工作新局面，为加快建成与小康社会相适应的现代邮政业做出新的贡献。

谢谢大家！

把握机遇　加快推动行业发展与繁荣

——国家邮政局副局长邢小江在2014中国(深圳)国际物流与交通运输博览会快递论坛大会开幕式上的讲话

2014年10月14日

各位来宾、各位朋友，女士们、先生们：

大家下午好！

很高兴前来参加中国(深圳)国际物流与交通运输博览会快递论坛大会。受国家邮政局局长马军胜委托，我谨代表国家邮政局向中国(深圳)国际物流与交通运输博览会快递论坛大会的召开表示热烈的祝贺！向莅临大会的各位领导、各界来宾、企业界以及媒体的朋友们表示诚挚的欢迎和衷心的感谢！

快递业是现代服务业的重要组成部分，对于带动电子商务、现代物流业发展，提升制造业竞争力，促进贸易和投资，推动经济增长具有重要的战略意义，在国家经济结构调整、发展方式转变和促进社会就业方面发挥着不可替代的作用。近年来，我国快递业保持了持续快速发展的良好态势。今年1－8月，完成快递业务量81.6亿件，同比增长52.7%，业务收入累计完成1230.4亿元，同比增长42.3%。快递最高日处理量突破6500万件，从业人员超过100万人，每年新增就业岗位10万以上，每天直接服务5000多万快递消费者。快递业在便利民众生活、服务社会生产和推动经济发展等方面，发挥着越来越重要的基础性作用。

中央、国务院领导十分关心快递业的发展。李克强总理在第八届夏季达沃斯论坛上阐述“中国经济的积极变化”时指出，“物流快递、电子商务等新产业、新商业模式迅速成长”，肯定了快递服务、电子商务的作用和所取得的成绩。就在刚刚过去的20天前(9月24日)，李克强总理主持召开国务院常务会议，明确表示快递是服务业的关键产业，是代替传统流通方式、刺激消费升级的现代产业，是物流领域的先导性、领军性产业。国务院常务会议要求全面开放国内包裹快递市场，让国内外快递企业同台竞争，并以此倒逼国内企业改善经营管理、提升服务水平，推动快递业成为现代服务业发展的“黑马”。这对快递业发展具有里程碑式的意义。

目前，我国经济社会发展长期向好的基本态势没有改变。基于网购的市场需求呈高速增长态势，快递、网购正在形成“相互推动、共同发展”的局面。用马军胜局长的话说，快递如同是火、网购如同是风，火借风势、风助火威，二者相互作用，相互促进，中国的网购和快递两大服务领域就这么风风火火地发展起来了。有资料预测，今年全国网购规模将超过2万亿元。这个规模在过去几年一直呈现增长的趋势：从2005年的200亿元到2006年的500亿元，再到2013年的1.86万亿元。在这个时间段内，快递的发展也呈现同样轨迹：从2006年邮政改革到2013年，快递年业务量分别为10亿、13亿、18亿、21亿、23亿、35亿、53亿、92亿件。在此期间，网购和快递发展的曲线是吻合的，而且这种吻合趋势还将持续下去。与此同时，跨境贸易电子商务也是风生水起，通过跨境电商模式出口的贸易量年均增速超过40%，2013年我国跨境电商交易额约3.1万亿元，其中50%由深圳出口，由此将催生庞大的国际快递业务市场。随着新型城镇化建设、消费需求释放、网络消费升级以及互联网技术发展，快递业迎来前所未有的发展机遇，产业规模和服务民生的普惠程度必将进一步提高，进入提质增效的崭新发展阶段。

面对产业发展新情况和新趋势，快递业要按照“抓改革、促发展、惠民生”的总体思路和“安全为基、发展为要、服务为上”的发展理念，紧紧扭住转型升级这个根本战略，在发展态势上保持续，在发展质量上下功夫，在服务水平上求效益，在安全运营上稳基础，全力推动行业提质增效。今年，国家邮政局正在大力推进快递“向下”“向西”“向外”工程，引导行业发展由“1+1”向“1+3”转变。鼓励快递下乡和向西发展，实施引进来和走出去相结合的发展战略，积极促进快递与制造业联动发展，继续强化快递对网络购物的支撑作用，着力解决快递末端服务瓶颈，并在行业安全监管、诚信体系建设、服务标准落实、自律机制建设、专业人才培养等方面出台了一系列政策。

在这样的背景下召开“中国(深圳)国际物流与交通运输博览会快递论坛大会”，就是要借力物博会这一大平台，统筹资源，凝聚智慧；就是要在全局和战略的高度，深入探讨快递业未来发展方向、创新模式和开放格局，加快推进快递服务与电子商务、跨境贸易、生产制造业和金融领域的战略合作；就是要以改革创新、主动开放的精神，激发快递业可持续发展的不竭动力，推动我国快递服务向现代化、国际化和市场化方向又好又快发展。

本次论坛形式简朴、内容丰富，研讨的主题囊括不同所有制快递企业的特色发展之路，涉及快递业与电商、跨境贸易、高端生产制造业等关联产业的协同发展，以及改进企业经营管理、提升服务水平等内容。这些内容既有现实性，更具前瞻性。我相信，通过本次论坛及各项配套活动的成功举办，将进一步促进快递与上下游的融合，创造产业发展新模式，营造新生态，引领新风向。更期待通过大家的共同努力，在产业发展规模、服务水平、创新能力和竞争实力上实现跨越，为全面建成与小康社会相适应的现代邮政业贡献力量。

最后，预祝本次论坛取得圆满成功。谢谢大家！

第二篇　发展概览

第一章　2014 年快递服务发展综述

2014 年是中国快递发展历程中极其不平凡的一年。“三向”工程扎实推进,“双 11”业务旺季服务连续四年平稳有序度过。在经济下行压力较大的情况下,快递业务连续 40 多个月保持同比 50% 以上的高位增长。快递业务量首次突破百亿大关,成为全球第一快递大国。全行业用实实在在的成绩,加快建设“与小康社会相适应的现代邮政业”,继续向邮政业“中国梦”扎实迈进。

一、行业影响力持续增强,快递发展迎来政策红利期

2014 年,快递业在国民经济中的基础性作用日益明显。我国快递市场继续呈高速发展态势,快递服务能力显著增强。快递业在加速流通、扩大内需、调整结构、吸纳就业、普惠民生等方面的基础性作用日益显现。2014 年我国快递业务量完成 139.6 亿件,最高日处理量超过 1 亿件,日均服务超过 7600 万人次,年人均快件使用量超过 10 件,网点人口密度和面积密度均比 2010 年提升了 1 倍,快递已成为现代社会生产生活不可或缺的组成部分。2014 年我国快递业直接吸纳就业超过 120 万人,支撑网购就业超过千万。带动工业品销售下乡 1600 亿元,推动出口近千亿元,支撑国内网购交易额突破 2 万亿元,快递发展社会经济效益日益显现。

2014 年,快递发展得到了党中央、国务院的重视。促进快递发展的内容首次被写入《政府工作报告》;国务院总理李克强一年之内两次视察快递企业、五次为快递发展“点赞”。年初李克强总理视察西安顺丰时指出“快递业是中国经济的‘黑马’”。9 月 24 日国务院常务会议对快递业进行了重新定位,提出“快递业是现代服务业的关键产业,是推动流通转型、促进消费升级的现代产业,是物流领域的先导产业”,国家对快递业未来发展寄予厚望。

2014 年,快递业迎来政策红利期,行业发展前所未有地吸引了新闻媒体聚焦。国务院先后印发《关于加快发展生产性服务业促进产业结构调整升级的指导意见》《物流业发展中长期规划(2014—2020 年)》和《关于促进内贸流通健康发展的若干意见》,为快递基础设施建设、产业协同发展、通关便利、车辆通行等提供政策支持。此外,国家层面全力推进出台促进快递业发展的指导意见,进一步夯实快递可持续发展的政策基础。省级以下邮政体制改革取得重要进展。全国 298 个市(地)邮政企业全部完成更名挂牌,义乌、顺德和常熟等县级邮政管理机构相继成立,邮政管理工作向下延伸。《人民日报》、新华社、中央电视台等主流媒体密集报道快递业发展,《经济日报》《中国交通报》刊发快递专版,《北京日报》《天津日报》《海南日报》等地方媒体多次报道快递发展。全年国家邮政局新闻宣传中心向主流媒体和行业媒体发布了 365 篇有关快递的新闻报道,极大地提升了行业影响力。

李克强总理眼中的快递

·2014 年 1 月 27 日,李克强在陕西视察西安顺丰,慰问快递员工时指出:“快递业关系经济民生,是中国经济的‘黑马’。”

·2014 年 3 月 5 日,李克强在第十二届全国人民代表大会第二次会议上作政府工作报告时指出,要促进物流配送、快递业和网络购物发展。充分释放十几亿人口蕴藏的巨大消费潜力。

·2014 年 9 月 10 日,李克强在第八届夏季达沃斯论坛上阐述中国经济积极变化时指出,物流快递、电子商务等新产业、新商业模式迅速成长。

·2014 年 9 月 24 日,李克强主持召开国务院常务会议,决定进一步开放国内快递市场。他特别指出:“很多国家已经认识到,Logistics(物流业)是带动整个经济发展、刺激消费的重要行业,而快递业是其中重要的‘领军者’。”“快递业搞活了,新的市场就激活了。”

·2014 年 11 月 19 日,李克强到访浙江义乌青岩刘村的中通快递网点时说,从小处说,你们不仅创造了就业岗位,也创造了新生活;从大处说,农村的东西送到城市去,城市的东西送到农村来,缩小了城乡差距。物流是现代经济核心之一,快递是物流重要组成部分,工作虽然很普通,但很关键。“你们的工作了不起!”

“9.24”国务院常务会议

国务院总理李克强 9 月 24 日主持召开国务院常务会议。会议决定,全面开放国内包裹快递市场,对符合许可条件的外资快递企业,按核定业务范围和经营地域发放经营许可。会议强调,要坚持放管结合,确保快递行业有序健康发展。一是完善经营许可程序,加强资质审核,简化手续,提高效率。二是推进快递与电子商务、制造业联动发展,与综合交通运输体系顺畅对接,支持解决城市快递车辆通行难等问题,保障寄递安全。三是鼓励快递企业兼并重组,完善和落实重组备案、外资并购审查等制度。加强代理和加盟企业管理,严肃查处非法经营、超范围经营、违规代理等行为。让快递这一朝阳产业更加红火,为刺激居民消费创造条件,便利广大商家和亿万群众。会议将快递业定位为现代服务业的关键产业,推动流通转型,促进消费升级的现代产业和物流领域的先导产业。

二、快递业务增速高位企稳,市场规模再创新高

2014 年,快递业继续保持高速增长,市场规模又创新高,业务量首次超越美国,成为全球第一快递大国。日均快件处理量 3825 万件,最高日处理量突破 1 亿件,人均快件使用量为 10.2 件。2010—2014 年,我国快递服务企业完成的业务量增长了近 5 倍,年均增长 56.3%,约为同期国内生产总值增速的 7 倍。在经济下行压力加大的情况下,我国快递业务量连续 4 年同比增速超过 50%。

快递企业旺季服务保障能力稳步提升,11 月 11 日至 16 日 6 天时间内,全行业共处理快件 5.4 亿件,同比增长 56%;最高日处理量达到 1.026 亿件,同比增长 57.8%,是日常处理量的 3.1 倍。在快递业务量陡增的情况下,全行业有效实施“错峰发货、均衡推进”的工作机制,齐心协力、奋力拼搏,努力保障了全网不瘫痪、重要节点不爆仓、主流媒体不曝光,圆满实现了“保畅通、保安全、保平稳”的目标,得到国务院领导的充分肯定。

（一）快递件量进入百亿时代，市场规模跃居世界第一

2014年快递行业发展呈现增长速度快中趋稳，产业结构不断优化，动力转换持续加快的特点。全年累计完成快递业务量首次突破百亿件大关，达到139.6亿件，同比增速为51.9%；快递业务收入累计完成2045.4亿元，同比增长41.9%，较上一年（36.6%）提高了5.3个百分点。其中，同城快递业务继续保持高位增长，同城业务收入累计完成265.9亿元，同比增长59.8%；异地快递业务增速企稳，异地业务收入累计完成1130.6亿元，同比增长36.4%；国际及港澳台业务收入累计完成315.9亿元，同比增长16.7%。

分季度来看，2014年各季度间快递量收规模持续增长，其中第四季度快递业务量完成46亿件，同比增长51.9%；实现快递收入635亿元，同比增长42.5%。从近年来各季度的业务规模增长情况看，第四季度的快递量收增速与其他季度相比提升较快，第四季度业务规模占全年的比重逐年提高。

分月度来看，快递业务量继续呈现逐月快速上升态势，同比增速基本保持在50%以上。2014年9月和11月连续突破12亿件和16亿件关口，持续刷新单月快递业务量新高。其中，11月单月快件量超过2008年全年总和（15.1亿件），快递业务收入突破220亿元，创快递业务当月收入最高水平。

2014年快递业务收入在邮政行业收入中的占比首次超过六成，达到63.9%，较上一年提高了7.3个百分点。这说明快递服务在邮政行业发展中发挥了重要的作用，快递服务经济、民生的能力和水平显著提升。2014年，全国快递业务量完成139.6亿件，实现业务收入2045.4亿元，按照全国人口总数13.6亿人计算，年人均快递使用量约为10.3件，是2008年的10倍；年人均快递费用支出为150.4元，是2008年的5倍。与上一年相比，人均使用快件量增长了3.5件，人均快递费用支出增加了43.6元（表2-1）。

表2-1　2008－2014年人均快递使用量和快递支出情况

年　　份	2008年	2009年	2010年	2011年	2012年	2013年	2014年
人均快递使用量（件）	1.1	1.4	1.7	2.7	4.2	6.8	10.3
人均快递支出情况（元）	30.8	35.9	42.9	56.3	77.9	106.0	150.4

（二）业务结构发生细微变化，同城业务比重继续提升

2014年，在网络购物、落地配等因素影响下，同城业务比重继续提升，业务份额持续增长。同城、异地、国际及港澳台快递业务收入分别占全部快递收入的13.0%、55.3%和15.4%；业务量分别占全部快递业务量的25.4%、72.3%和2.3%。

与上年同期相比，同城快递业务量较上一年（24.9%）提升了0.5个百分点，业务收入的比重上升1.5个百分点；异地快递业务量较上一年（72.2%）提升了0.1个百分点，业务收入的占比下降2.2个百分点；国际及港澳台业务量较上一年（2.9%）下滑了0.6个百分点，业务收入的比重下降了3.4个百分点。总体而言，同城业务比重继续提升，异地件所占比重稳定在七成左右，国际件所占比重逐年小幅下降。

（三）民营企业保持高速发展，市场份额首次超过八成

2014年民营快递企业继续保持高速发展，业务量累计完成119.5亿件，同比增长64.8%，业务收入累计实现1541亿元，同比增长58.3%。国有快递企业业务量和业务收入分别完成18.7亿件和300亿元，同比分别增长2.6%和2.9%；外资快递企业业务量和业务收入分别完成1.4亿件和204.2亿元，同比分别增长24.8%和15.8%。

民营快递企业市场份额持续上升，业务量占全部业务量的份额达85.6%，即每10件快件中有将近9件由民营企业进行收投，业务收入份额达

75.3%。这意味着，随着邮政体制改革的不断深化，发展政策环境的持续优化，解放了生产力，释放了企业的发展活力。民营快递企业顺应了改革发展的大势，把握住了国家经济结构调整、消费升级、内需旺盛的机遇，顺应生产、流通和消费方式转变，不断加大投入力度，加快标准化、信息化、自动化发展步伐，加快产品体系和服务方式创新，不断完善经营管理，服务能力显著提升，服务规模持续扩大。与2008年相比，民营企业快递业务量市场份额由41.4%猛增到85.6%，增长超过一倍；收入市场份额由26.8%激增到75.3%，增长接近3倍。而同期国有企业的市场份额由50%下降到15%左右。

（四）区域结构保持稳定，重点地区（城市）发展向好

2014年，东、中、西部地区快递业务收入的比重分别为82.8%、9.4%和7.8%，业务量比重分别为82.0%、10.6%和7.4%。与去年同期相比，东部地区快递业务收入比重下降了0.4个百分点，快递业务量比重上升了0.7个百分点；中部地区快递业务收入比重上升了0.2个百分点，快递业务量比重下降了0.2个百分点；西部地区快递业务收入比重上升了0.2个百分点，快递业务量比重下降了0.5个百分点。

珠三角、长三角、京津冀等重点经济区快递业务发展势头良好，增长速度较快。长三角地区快递量收同比分别增长55.8%和44.2%，所占比重分别为37.4%和40.9%，较2008年分别提高了3.7和4.9个百分点，居三大经济区之首；珠三角地区快递量收同比分别增长59.3%和37%，所占比重分别为24%和22.6%，较2008年分别提高了2.5和2.3个百分点；京津冀地区快递量收同比分别增长41.5%和52.2%，所占比重分别为11.3%和10.5%，较2008年分别下降了1.8和3.6个百分点。

2014年，快递业务量排名前十五位的城市，业务量合计占全国快递业务量的比重为62.6%。其中广州市以13.9亿件列首位，占全国快递业务量的一成，上海和北京位列第二、三位。快递业务收入排名前十五位的城市，业务收入合计占全国快递业务收入的比重为64.9%。其中上海市以361亿元列首位，占全部快递业务收入的比重为17.6%。

全国及各省（区、市）规模以上快递服务企业在2014年的业务量及同比增幅、业务收入及同比增幅情况（见附表2-1）。

（五）市场竞争加剧，主要快递企业品牌集中度下降

2014年，在全国27家主要快递品牌中，业务量累计排名前五位的企业依次是邮政速递物流（EMS）、圆通速递、申通快递、顺丰速运和中通快递，其业务量合计占全部快递业务量的比重为60.7%，较上年同期下降6个百分点，其中邮政速递物流（EMS）的份额为13%，较上年同期下降6.2个百分点，仍位列第一。

业务收入规模排名前五位的企业依次是顺丰速运、邮政速递物流（EMS）、圆通速递、中通快递和申通快递，其业务收入合计占全部快递业务收入的比重为59.4%，较上年同期下降4.5个百分点。其中，顺丰速运的份额为19.2%位列第一，邮政速递物流（EMS）的份额从去年同期的19.4%下降至今年的13.9%列第二位。顺丰速运在东部11个省份的收入规模均超过邮政速递物流（EMS）。

分专业看，2014年国内同城业务量市场份额最高的企业是京东（12.6%），国内异地业务量市场份额最高的企业是申通快递（14.9%），国际及港澳台业务量市场份额最高的企业是邮政速递物流（EMS）（36.5%）。

从快递品牌集中度指标来看，从2008年至今快递行业集中度持续下降，表明市场竞争程度不断提高。排名前八位的收入份额之和（CR8）从86.4%下降至77.9%。

三、快递服务能力持续提升

（一）快递企业基础能力建设迈上新台阶

2014年，主要快递企业顺应快递业务高速增

长及需求多样化的要求，纷纷加大装备、设施和技术投入，努力提升服务能力，为快递业务增长和服务质量提升打下良好基础。改扩建转运分拨中心185万平方米，新建扩建一批流水线，购置自动化、半自动化分拣设备，提高分拣处理能力。购买大批安检设备，加强快件安检。加大运输能力建设，形成公路、航空和铁路三种运输方式并重的格局。新增干线车辆1.2万台；快递专用货机达到67架，新增货机专用航线40余条、合作航线200余条；铁路运送快件模式取得新突破，沪深、京沪、京广线等3对6列电商快递专列相继开通运行，快件班列覆盖全国65个城市，日均运输能力达2000吨。冷链快递网络逐步建立，顺丰速运、邮政速递物流(EMS)等快递企业开始提供冷链快递服务，目前全国已有20多个城市开通冷链快递服务。新增从业人员20余万人，全国36万人获得各级快递职业技能鉴定证书，占全国快递从业人数的30%以上，快递服务队伍日益壮大，快递从业人员素质持续提升，一线收派服务能力稳步增强，服务质量逐步改善(表2-2)。

表2-2　近5年快递服务车辆保有量

年　份	快递服务车辆(万辆)
2010	6.6
2011	9.6
2012	12.1
2013	15.7
2014	17.8

2014年，全国主要快递企业基础设施建设情况见表2-3。

表2-3　2014年主要快递企业基础设施建设情况表

中国邮政速递物流(EMS)	新投产配置自动化工艺设备的速递邮件处理中心。引进全货运飞机，自主航空网已覆盖24个省(区、市)。干线运输新增大吨位汽车。邮政速递物流(EMS)在北京、福建莆田、湖南长沙等地新建扩建处理场地，华中(武汉)陆路邮件处理中心开工建设，安徽合肥邮政速递物流(EMS)集散中心新增一条全自动立体环线。　西藏邮政速递物流(EMS)开通阿里至拉萨、成都航空邮路
顺丰速运	顺丰航空机队自有全货机数量已达18架。顺丰在天津、安徽合肥、辽宁沈阳、江苏南京、湖北武汉新建扩建处理场地。新增长沙—杭州—石家庄—杭州—长沙、杭州—石家庄、深圳—合肥、南宁—深圳等货运航线和北京—广州货运专线
申通快递	申通快递在天津、湖南衡阳、常德、湖北武汉、福建宁德、江苏常州、内蒙古呼和浩特等地新建扩建处理场地，开通北京至广州货运专线，上海—广州、北京—深圳等铁路快运线路，兰州至乌鲁木齐汽运班线
圆通速递	圆通速递在湖南长沙、衡阳、金华、襄阳、甘肃兰州等地新建扩建处理场地，西北转运中心项目在陕西西咸新区空港新城主体落成封顶，开通了义乌至北京、广州，万州至昆明，襄阳至重庆、上海，哈尔滨至深圳，泸州至广州、北京、深圳、上海、西安等多条航线，与交运巴士举行合作签约仪式
中通快递	中通已购置土地2000余亩，已投入运营的拥有自主产权的转运中心13个，正在洽谈的土地及正在建设的项目占地共有1000余亩。中通在浙江杭州、上海浦东，河南漯河，湖南衡阳，浙江嘉兴，江苏苏州、泰州等地新的转运中心相继投产运营。中通航空基地在江苏无锡举行奠基仪式
韵达速递	韵达江苏总部基地项目占地60亩，投资3.5亿元；湖南韵达投入200余万元新增作业场地5500平方米，并引进作业流水线；韵达速递华南最大干线物流平台在东莞上线运行
天天快递	天天开通了无锡、南京分拨中心至成都、重庆直飞航线。武汉天天投入2000余万元，购置车辆16台，改造分拨流水线100多米，增加人员100多人，增设直营网点10个
百世汇通	汇通在安徽合肥、芜湖、蚌埠及黄山、六安、宿州等6市建成并投入使用分拨中心或分拨仓，场地面积达2.48万平方米
国通快递	无锡国通项目投资3亿元，占地66亩，计划打造电商服务中心、快件分拨中心和区域航空枢纽基地

(二)快递产业园区建设实现新突破

2014年,全国各地加快快递园区建设,快递发展的集聚效应正在逐步显现。大批产业集群初步形成,实现了资源、资本、人才和技术等方面的有效聚集。据不完全统计,截至2014年底,全国共有25个省(区、市)规划建成171个快递园区,其中63个已全部或部分投入运营,尚在规划建设中的快递园区108个。郑州、贵阳等全国性和区域性快递集散中心建设成效突出,吸纳了一批物流、电商、仓储、农产品加工企业入驻,为物流、资金流、信息流联动发展奠定了基础。苏南快递产业园被授予“全国快递产业集聚发展试验园区”称号。

(三)快递末端能力建设取得新进展

2014年,快递企业注重加强自有品牌末端网点建设,全国快递服务网点达到13.2万个,较上一年增长12.1%。网点密度改善明显,网点人口密度从2010年每10万人4.8个快递网点提升到2014年每10万人9.7个快递网点,网点面积密度从2010年每千平方公里6.7个快递网点提升至2014年每千平方公里13.8个网点。积极与连锁商业机构、便民服务设施、社区服务组织、机关学校管理部门以及专业第三方企业开展合作,创新末端投递方式。2014年,智能快件箱投入力度明显加大,全年投入使用智能快件箱达到1.5万个,使用智能快件箱派件量占到总业务量的1%。

四、快递服务网络进一步健全,均衡度持续改善

2014年,快递企业积极响应国家邮政局决策部署和号召,快递服务“向下、向西、向外”扎实推进,服务网络进一步健全。快递企业在巩固现有市场基础上,积极拓展农村、境外市场,发掘中西部市场潜力,快递服务网络均衡度持续改善,普惠程度进一步提升。

(一)快递下乡成效显著

服务农村成效显著。各快递企业积极创新传统流通渠道,保障了产品进城下乡双向流通,使广大农民享受到便捷顺畅的电商快递服务的同时,助力广大农民利用网络开拓市场、增加收入。截至2014年底,农村快递网点发展到近5万个,乡镇覆盖率提高到50%以上,全年农村快递包裹量超过20亿件,接近全国总量的1/6,带动工业品销售下乡1600亿元。

媒体视角——中国快递服务让年货从“田间”直达“舌尖”

(新华网 2015年2月9日)每年春节前,中国人都要忙着置办年货。与以往肩扛手提不同,许多中国人开始网上置办年货、发快递寄到千里之外。

严冬中的吉林查干湖以“最后的渔猎部落”的名号吸引着八方来客,湖中的鲜鱼也是年货市场上的热门商品。

2014年冬捕季,中通快递、韵达速递、顺丰速运等各大品牌快递企业陆续入驻查干湖渔场,比价格、比服务,激烈角逐冻鱼寄递市场。外地游客在渔场买了鱼马上就可以发快递,等人回到家,鱼也差不多到家了。

在查干湖调研冬捕快递服务的吉林省邮政管理局副局长魏遵红说,快递联盟与渔场合作的产销模式,为其他农产品做出了示范。

今年,位于广东梅州大埔县建材柚果合作社社长李先亮生意比往年红火了许多。以前,李先亮贩卖蜜柚都是在本土市场上现货买卖,如今他充分利用电商平台网上卖柚,将销路开辟到了全国。

春节前夕,当地韵达速递、百世汇通等各快递网点都堆满了寄往外地的蜜柚。据统计,每天通过快递销往各地的蜜柚达35吨以上。

一直以来，很多名优土特产品由于销售半径过小，一方面销路不佳，另一方面却让很多想买的人可望而不可即。自从国家邮政局推动“快递下乡”工程，通过鼓励快递企业创建农村网点、一张订单加一张快递单，实现从“田间”到“舌尖”直达，打通了整条产销链。

如今，四川的腊肉、湖北的莲藕、陕西的柿饼、浙江的海鲜，借力于快递服务、跨越了时空的限制，促进了消费和流通。

（二）快递西进迅速发力

西部快递服务网络建设力度加大。近年来，西部地区快递业发展迎来重要的战略机遇期，在经济社会快速发展的带动下，市场需求迅速增长，行业规模迅速扩大，服务能力迅速提升。西部地区快递网点覆盖率进一步扩大，达到20%～30%，快递服务范围已基本覆盖全部地级市，在县级地区覆盖率进一步增长，乡镇地区增长较快（表2-4）。区域间快递服务网络均衡度得到改善，快递在提升西部经济活跃度和繁荣地区经济方面开始发挥越来越多、越来越明显的作用。

表2-4　西部省（区、市）快递网络建设情况一览表

省（区、市）	快递网络建设情况
内蒙古	已有223处乡镇设有快递服务网点，快递网点覆盖率为34.8%，乡镇快递网点覆盖率同比增长112.38%
广西	依法取得快递业务经营许可的企业共达215家（已注销和停业的22家），正常营业的有193家，分支机构1156个。2014年县级乡镇新增快递服务企业及其分支机构239家，占48.58%
重庆	依法取得快递业务经营许可的企业达127家，各类快递企业分支机构929家。部分派出机构辖区已实现乡镇快件派送全覆盖；韵达速递、顺丰速运对部分乡镇实现派送到村
四川	依法取得快递业务经营许可的企业达407家，下属分支机构1982个。快递网络覆盖了全省21个市（州）、183个县（区、市）和部分乡镇
贵州	依法取得快递业务经营许可的企业达130家，许可企业分支机构1075家，涉及网络型快递品牌22个。快递企业已在全省设立了117处农村快递服务点
云南	依法取得快递业务经营许可证的企业达283家，分支机构累计达837余个。规模以上快递企业实现州市网络全覆盖，民营快递企业网点已设立到全省129个县，全省乡镇快递服务网点达到95个
西藏	全区经营快递业务的品牌有18个，共计135家快递企业经营网点
陕西	依法取得快递业务经营许可证的企业达318家，分支机构1100个。各主要品牌快递网络基本覆盖了全省所有地市和主要县市
甘肃	依法取得快递业务经营许可证的企业达110家，营业网点1800多个。规模以上快递企业网络能够覆盖全省所有的市（州）、县和部分乡（镇）。全省乡镇非公快递网点已经发展到267处，覆盖率达21%
青海	依法取得快递业务经营许可证的企业达30家，分支网点246个。快递网点已覆盖全省所有市州和34个县级行政单位
宁夏	依法取得快递业务经营许可证的企业达到109家，完成备案的快递企业分支机构共计204处。2014年宁夏全区新增快递网点41个，覆盖乡镇25个。银川市乡镇快递服务网点实现全覆盖
新疆	依法取得快递业务经营许可证的企业166家，设立的非法人分支机构1059家。快递经营网点已覆盖全区所有地州市、县（市）及部分乡镇、农牧团场

(三)向外发展稳步推进

2014年,快递"走出去"步伐加快,随着国务院办公厅《关于实施支持跨境电子商务零售出口有关政策意见》的落实,国内主要快递企业纷纷拓展境外市场,健全网络覆盖,寄递服务支撑跨境网购能力显著增强。邮政企业充分发挥主力军作用,国际小包和国际e邮宝日均突破140万件,推动出口近千亿元。顺丰速运、申通快递、韵达速递等快递企业加大"走出去"步伐,顺丰速运、韵达速递等加大在东南亚、欧美等地的布局,申通快递等与俄罗斯、日本等国快递企业加强合作(表2-5)。快递企业"走出去"步伐不断加快,在服务国家走出去战略、促进经济结构调整中开始发挥作用。

表2-5 快递"向外"工程进展情况

中国邮政	国际小包开通了中—哈—俄等4条专线渠道,国际"e邮宝"新开俄罗斯和法国路线,推出跨境电商保税进口模式,开通了美国中邮海外仓、中邮海外购业务。国际寄递业务完成收入同比增长44%
顺丰速运	开通美国、日本、韩国、新加坡、马来西亚、泰国、越南、澳大利亚等国家的快递服务。顺丰速运"优选国际"海购平台和顺丰海淘平台正式上线运营
申通快递	完成中国香港、中国台湾、韩国、澳洲、英国、美国、日本、俄罗斯的快递网络搭建;与荷兰邮政建立了初步合作,携手开拓欧洲市场
圆通速递	开通港澳台、东南亚、中亚和欧美快递专线,并开展中韩国际电子商务业务。"俄易邮"专线产品正式运营
韵达速递	美国服务中心正式运营,欧洲快递物流服务中心在德国成立。跨境电子商务平台——优递爱网上购物商城上线运行
百世汇通	开通全球国际快件业务,业务覆盖达全球200多个国家和地区,标志着百世汇通业务正式开拓到海外市场并和国际接轨
优速快递	开通了港台快递服务业务,并在美国、德国等地设立了分部

五、行业发展环境持续优化

2014年,全行业以"抓改革、促发展、惠民生"为主线,按照"安全为基,发展为要,服务为上"的工作思路,行业发展环境持续优化,继续快速、健康、安全发展。

(一)立法进程加速,邮政法律法规体系不断优化

2014年,国家邮政局深入开展邮政业立法工作。推动快递条例报请国务院审议、邮政行政执法监督办法颁布实施;国家邮政局先后出台了《无法投递又无法退回快件管理规定》《寄递服务用户个人信息安全管理规定》《邮政行业安全信息报告和处理规定》《快递业务经营许可注销管理规定》《经营快递业务的企业分支机构备案管理规定》《邮政业消费者申诉处理办法》等多部规范性文件。上述相关规章、规范性文件的陆续出台,有效地推动了邮政法律法规体系的自我更新和协调统一,对行业健康、持续发展具有重要促进作用。

地方立法持续有效推进。2014年,《安徽省邮政条例(草案)》《福建省促进快递行业发展办法》《湖北省邮政条例》《青海省邮政条例》《大连市邮政条例》《长春市邮政条例》等先后通过地方政府常务会议或地方人大常委会审议通过,《北京市快递安全管理办法》正式施行,省级邮政立法基本实现全覆盖;贵州、海南、河北也适应行业发展新形势,经地方人大常委会审议,先后对《贵州省邮政条例》《海南省邮政条例》《河北省邮政条例》进行修订(修改)(见附表2-2)。

在行业标准制订和科技创新方面,2014年编制完成了《邮政业标准体系》,启动了16项基础类、安全类和信息化类标准制订,发布了《快递专用电动三轮车技术要求》《快递业温室气体排放测量方法》行业标准并组织宣贯。积极推动邮政业

节能减排与绿色发展，天津等地新能源汽车推广应用取得突破。企业加大分拣自动化设备、先进运输装备以及 APP 应用等科技成果推广力度，生产效能不断提升。

(二)利好政策频出，产业协同发展进入新阶段

2014 年，快递业政策利好频出，行业“营改增”试点顺利，新旧税制整体上实现了平稳转换，做到了“应纳尽纳、应改尽改”。7 月 28 日，国务院印发《关于加快发展生产性服务业促进产业结构调整升级的指导意见》，提出以产业转型升级需求为导向，进一步加快生产性服务业发展，实现服务业与农业、工业等在更高水平上有机融合。意见要求，“建设开放式电子商务快递配送信息平台和社会化仓储设施网络，加快布局、规范建设快件处理中心和航空、陆运集散中心。鼓励对现有商业设施、邮政便民服务设施等的整合利用，加强共同配送末端网点建设，推动社区商业电子商务发展。不断完善电子商务标准体系和快递服务质量评价体系。推进农村电子商务发展，积极培育农产品电子商务，鼓励网上购销对接等多种交易方式”，快递行业从中获得了多方面利好政策支持。9 月 12 日，国务院印发《物流业发展中长期规划(2014—2020 年)》，部署加快现代物流业发展，建立和完善现代物流服务体系，提升物流业发展水平，为全面建成小康社会提供物流服务保障。9 月 24 日国务院常务会议决定全面开放国内包裹快递市场，加快形成统一开放、竞争有序的市场格局，并对邮政业提出新定位，为今后一个时期行业改革发展明确了目标、指明了方向。11 月 16 日，国务院办公厅出台《关于促进内贸流通健康发展的若干意见》，提出从推进现代流通方式发展、加强流通基础设施建设、深化流通领域改革创新、改善营商环境等方面加快发展内贸流通，以引导生产、扩大消费、吸纳就业、改善民生，进一步拉动经济增长。一系列政策的出台，为快递基础设施建设、产业协同发展、通关便利、车辆通行等提供政策支持。

2014 年，国家邮政局与财政部、商务部联合印发《关于开展电子商务与物流快递协同发展试点有关问题的通知》，由财政专项资金支持，在天津、石家庄、杭州、福州、贵阳开展试点，探索建立适合电子商务快速发展的快递管理和服务体系。落实国务院《社会信用体系建设规划纲要(2014 －2020 年)》，国家邮政局与多部门联合印发《关于加强我国物流业信用体系建设的指导意见》，全面部署物流业信用体系建设工作(见附表 2-3)。

在各省(区、市)邮政管理局的积极推动下，快递业的发展得到地方政府的重视，纷纷出台政策大力支持(见附表 2-4)。据不完全统计，2014 年，福建省政府印发《关于进一步加快电子商务发展的若干意见》《关于促进大中型物流企业发展的若干措施》《关于提升交通运输服务八条措施的通知》；广东省将邮政业发展主要任务纳入《推进珠三角一体化 2014 － 2015 年工作要点》和《推进珠江三角洲地区物流一体化行动计划》；山东省政府制定出台《山东省人民政府办公厅关于促进快递服务业健康发展的意见》，邮政、快递末端配送网络建设纳入《山东省人民政府关于加快现代流通业发展的意见》；《天津市快递物流园区规划》作为专项规划纳入天津市 2014 年度城乡规划编制计划；上海市《新一轮城市总体规划专项规划一览表》的 28 个专项规划中，首次列入“上海市邮政专项规划”，首次将快递业相关内容纳入上海市《关于促进本市生活性服务业发展的若干意见》《关于加快上海商业转型升级提高商业综合竞争力的若干意见》。上海市邮政管理局联合上海市商务委等 9 部门出台了《促进本市生活性服务业重点行业规范提升发展的实施意见》；四川省邮政管理局与省发改委等 12 部门联合出台《四川省物流园区发展规划》，与省委农工委、省商务厅联合出台《关于促进四川农村地区快递服务规范发展的指导意见》。

产业协同发展进入新阶段。各级邮政管理部门积极落实国务院办公厅有关文件精神，引导重

点快递企业加快建设适应电子商务和制造业发展的配送体系。代收货款、保价快件、验货签收等增值服务进一步推广,以促销活动联动和业务分流联动为主的业务协同机制进一步完善,济南、西安、长春、绵阳等地积极为飞机、汽车、电子等先进制造业提供多样化服务。与综合交通体系对接更加顺畅。高铁运送快件模式取得新突破,快件班列覆盖城市范围不断扩大,运输能力显著提升。自主航空运力持续增强,邮政速递物流(EMS)、顺丰速运加强机队建设,圆通航空机队正在组建,快递专用货机增至68架。河北、吉林、上海、福建、湖北、湖南、云南等地积极推动交邮业务合作,青海出台实施免收快递车辆公路通行费的政策。

六、快递服务评价体系日臻完善,服务质量稳步提升

2014年,以“服务满意度、时限准时率、用户申诉率”为主要指标的快递服务质量评价体系日臻完善,测试结果显示,消费者对快递服务质量的满意度持续提升。

(一)服务满意度稳步提升

2014年,快递服务满意度稳步提升,快递服务前后端差异进一步缩小,行业整体均衡性向好发展。

快递服务满意度继续关注50个重点城市服务水平较好的10家快递企业。共抽取样本60374个,样本精准度达99.6%。其中企业平均样本6037个,企业样本精度为98.7%;城市平均样本1207个,城市样本精度为97.2%。调查结果显示,2014年快递服务总体满意度得分为73.7分,较2013年提升1.0分,得分连续6年稳步提升。其中,公众满意度为78.4分,较2013年提升1.3分,对总体满意度的贡献度是0.65分;时测满意度为69.0分,较2013年提升0.7分,对总体满意度的贡献度是0.35分。2014年快递企业总体满意度排名和得分依次为:顺丰速运(83.9分)、邮政速递物流(EMS)(80.1分)、中通快递(74.7分)、圆通速递(74.1分)、韵达速递(72.5分)、申通快递(72.3分)、宅急送(71.9分)、百世汇通(69.5分)、天天快递(68.8分)和优速快递(68.4分)。顺丰速运、邮政速递物流(EMS)继续领跑第一梯队,中通快递、圆通速递、韵达速递、申通快递、宅急送稳居第二梯队,在75分至80分区间出现了断档,意味着快递企业梯队分化明显。

(二)时限准时率相对稳定

2014年,快递企业通过加大投入、强化管理、优化网络、整合运输资源,在业务量快速增长情况下继续保持时限准时率的相对稳定。

2014年下半年快递服务全程时限的均值为59.41小时,比上半年(57.58小时)延长1.83小时。10家品牌企业在“全程时限”指标中的表现依次为:顺丰速运、邮政速递物流(EMS)、圆通速递、中通快递、申通快递、宅急送、韵达速递、百世汇通、天天快递和优速快递。2014年下半年“国内异地快递服务时限72小时准时率”的均值为72.01%,比上半年(75.42%)下降3.41个百分点。10家品牌企业在“72小时准时率”指标中的表现依次为:顺丰速运、邮政速递物流(EMS)、中通快递、圆通速递、宅急送、申通快递、韵达速递、百世汇通、天天快递和优速快递。

分环节来看,寄出地处理环节平均时限为11.51小时,运输环节平均时限为35.16小时,寄达地处理环节平均时限为9.82小时,投递环节平均时限为2.92小时。分公里来看,1000公里以下平均时限为42.85小时,1000~2000公里平均时限为59.42小时,2000~3000公里平均时限为72.17小时,3000公里以上平均时限为79.07小时。

(三)用户申诉率方面有效申诉增幅放缓

2014年,快递业在业务量快速增长情况下,有效申诉量增幅明显放缓,大大低于2014年业务量的增幅。

2014年消费者申诉受理渠道进一步拓宽,开通邮政业消费者申诉微信平台,全国邮政业消费者申诉中心共受理消费者申诉71.9万件,同比增长86.2%,其中有效申诉23.9万件,同比增长

19.3%。为消费者挽回经济损失2749.3万元,同比增长31.6%,消费者申诉处理满意率达到96.0%。2014年共受理快递业务有效申诉23.5万件,同比增长19.7%。快递有效申诉率为16.84件/百万件,同比下降4.46件。

从企业表现看,企业间的服务差距较大。2014年国内重点快递企业有效申诉率最低的为4.6件/百万件,约是全国平均水平的四分之一,最高的为62.9件/百万件,约是全国平均水平的四倍,最好和最差企业之间的差距约为十四倍。

从申诉类型来看,延误、丢失、损毁和投递服务仍是消费者申诉的突出问题。2014年消费者申诉情况反映快递企业的突出问题主要是延误、投递服务、丢失、损毁,占比分别为43.4%、29.3%、15.8%和6.4%,其中延误类申诉占比较上年下降8%,另三类申诉占比都有所上升。

此外,各省(自治区、直辖市)邮政管理部门也进行了快递服务质量检测。北京、辽宁、江西、广西等组织开展本地快递服务满意度调查。江苏快递服务放心消费创建工作被省政府列入"30件百姓心中比较关注和比较满意的实事"。

七、培养方式多样化,行业人才队伍建设再结硕果

2014年,行业发展方式正从规模速度型转向质量效率型,要实现高效率、低成本、可持续,必须更多依靠人力资本和技术进步,依靠创新驱动,归根到底,关键在人才。在快递行业人才建设上,继续坚持"政府为主导、企业为主体、院校为支撑"的人才教育培养体系,加快实施快递"百千万人才工程",完善人才制度建设,大力推进校企合作,培养技能型人才和企业高管人才。

从2009年以来,累计鉴定52.4万人次,持证36.7万人次,为提升从业人员职业能力,配合快递经营许可工作提供了有力的服务和保障。2014年鉴定11.5万人次,持证7.6万人次,鉴定合格率为66.2%,同比增加1.2个百分点。全年新增高技能人才4217人次,比上一年增长22.4%,累计取得高级技能以上职业资格人员9713人次;推进建立5个邮政行业人才培养基地,全年新增42所合作院校,培训合作院校已达百所,在校生规模已超万人。

职鉴工作组织体系、技术支撑体系和队伍建设进一步加强。积极向人社部申请建立第四批邮政行业特有工种职业技能鉴定站,完成24个鉴定站鉴定许可证的换发工作。完成快递业务师鉴定培训教程、大纲和题库的编写建设工作;完成竞赛题库的调整补充工作;根据企业需求,编写出版了《快递业务员安全操作指导手册》;启动编写"快递业务百问"手册;行业职业资格网站正式上线,成为社会了解行业职业技能鉴定工作的重要窗口和行业交流的重要平台。

2014年组织开展了首次快递业务师职业技能鉴定试考工作,是邮政政企分开后邮政行业首次组织开展的技师等级的职业资格评价工作,对强化快递企业人力资源管理、促进高技能人才队伍建设具有深远意义。山东省作为试点省份,积极组织省内26家规模以上快递企业、8家合作院校的131名考生参加试考,最终有59名考生通过考试及综合评审,获得快递业务师国家职业资格证书。继山东省首次邮政行业职业技能竞赛后,江苏省、河南省和广东省加强与地方人社部门、工会组织等部门的沟通,争取政策和资金支持,联合举办本区域邮政行业职业技能竞赛。江苏徐州、常州、南通,湖北武汉,广东珠海,四川自贡等市(地)局,也分别组织本地职业技能竞赛,取得良好效果,逐步形成了一套具有行业特色,符合企业技能人才成长规律的选拔激励机制,营造了行业尊重人才、崇尚技能的环境氛围,快递行业、快递业务员的社会地位和公众信任度得到提升。

八、行业交流频繁,社会影响力显著提升

国家邮政局积极开展国际交流活动。先后出席亚太邮联邮政业务论坛、第五届全球邮政监管

对话、第七届国际邮政研讨会、中美快递条例立法研讨会等国际会议,分别与秘鲁、希腊、老挝、柬埔寨邮政管理部门签署关于加强邮政领域合作的谅解备忘录;成功组织第六届中日邮政对话会。参与世贸组织贸易政策审议及中韩、中澳等自贸区谈判,提出中美投资协定谈判邮政快递领域中方负面清单。成功举办2014两岸邮政发展研讨会,促进开通两岸海运快件业务,与港澳台邮政交流合作进一步深化。

2014年5月30日,“2014中国快递行业(国际)发展大会”在京召开。本次大会作为第三届京交会重要内容之一,以“诚信服务、融合发展、共享未来”为主题,借力京交会大平台,统筹发展资源,凝聚行业智慧,在全局和战略的高度,深入探讨快递业发展热点、关键和趋势,加快推进快递服务战略合作;以改革创新的精神,激发行业可持续发展的不竭动力,构建积极向上的价值观和行业文化,推动我国快递服务向现代化、国际化和市场化方向科学发展。

在当天举行的快递行业签约仪式上,签约项目涉及中国快递协会与航空运输、电子商务等行业协会和部分汽车制造企业的战略合作,合作将推动快递企业与航空、电子商务、新能源汽车等各方开展跨行业合作,并在航空货运代理危险品运输安全培训、快递专用车辆研究等方面展开深度合作。此外,中国快递企业进一步扩大走出去的步伐,据统计,到2013年获得国际快递业务经营许可的中国企业已达到371家,此次在会议现场,申通快递还与俄罗斯驿马快递签订了战略合作协议。主要品牌快递企业还与中国银联、菜鸟网络继续深度融合,达成进一步的合作,最终签约额达到500亿元,是上届的2.5倍。

2014年4月29日,历时一年多的中国梦·邮政情“寻找最美快递员”揭晓发布会在京举行,李元明、艾克帕尔·伊敏、马朝立高红娟夫妇等10名基层快递员和顺丰速运、泸州韵达等两个集体获得“最美快递员”殊荣,新华社、《人民日报》、中央人民广播电台、中央电视台“新闻联播”等主要媒体对活动给予了重点关注。新华社在第一时间对活动首先进行了报道,《人民日报》在要闻版、中央人民广播电台在全国新闻联播、中央电视台在新闻联播等重要版面和栏目均进行了报道。《光明日报》《经济日报》《工人日报》也用较大篇幅对活动内容进行了介绍。活动引起了社会的高度关注,截至4月30日中午,以“寻找最美快递员”为关键词,在百度上搜索到的信息多达1010000条。媒体普遍认为,“最美快递员”是传递亲情、友情、爱情的天使,他们淳朴、真诚、阳光的形象,体现了社会主义核心价值观的内涵,诠释了快递行业的核心价值理念。交通运输部部长杨传堂称赞他们体现了社会主义核心价值观的内涵,准确诠释了交通运输和邮政行业的核心价值理念,全面展示了邮政人、快递人的时代风采和精神风貌,是“连接用户的桥梁、传递美好的天使”。

九、细分市场产品日趋多元化

2014年,快递市场竞争加剧,主要快递品牌在深耕传统电商快递业务的同时,也不断拓展产品线,布局细分市场,快递服务产品种类日趋多元化。

顺丰速运成立了众多事业部,对组织架构进行调整以适应不断变化的市场需要,在地区层面也成立了新业务部,对集团各项新业务进行承接。4月,顺丰推出的“物流普运”,从快递跨界零担物流;5月,顺丰新一代门店“嘿客”重磅出击,开展线下O2O布局;9月,“顺丰冷运”品牌发布,发力冷链物流;“俄罗斯小包”“欧洲小包”“顺丰海淘”等产品相继问世,全面进军跨境电商领域。一些先期开展的新业务也变得更加成熟,顺丰优选、特色经济、顺银等业务都开展得更加深入和广泛,“顺丰服务”雏形开始显现。

申通快递立足国内、面向国际,加快发展。“向下”方面,花费人力、物力、财力投入快递下乡工程,进一步拓宽加密公司服务站点;“向西”方面，加大在中西部省份的投资力度，新建转运中心，扶持中西部网点经营发展；"向外"方面，国际业务增长迅速，2014 年相继开通了俄罗斯、日本、美国、澳大利亚等国快递专线，将申通快递的服务网络延伸至全球。申通快递围绕客户需求，不断拓宽产品业务，努力提供优质服务。推出了部分地区的24 小时件服务；推出了大部分省市的代收货款服务；推出了仓配一体化服务，在加快快件运输效率的同时，为客户提供更好的快递体验；紧跟市场发展趋势，为农村市场提供物流一体化的解决方案。

圆通速递在大力发展国内业务的同时，还将全球化的战略作为公司的重点发展战略之一。圆通速递与 CJ 大韩通运签署战略合作协议，推出中国大陆至韩国全境统一收费的快件服务，实现 72 小时内的门到门服务，共同合作开辟的"韩国线"；与俄 e 邮共同合作开辟俄罗斯件业务，全网试运行大陆至俄罗斯业务，出货口岸设在北京；与台湾统一速达在上海续签了战略合作协议，双方合作将进一步深化；与澳门国际机场专营股份有限公司签署了战略合作框架协议，意向书内容包括澳门国际机场多项业务合作方案、打造网上购物为基础的智慧城市发展、圆通速递华南业务发展、澳门国际机场发展对接等。

天天快递提供专业化的仓储、配送管理服务，将运输管理、仓库管理以及订单管理进行一体化整合，采用先进的 WMS 及 BOS 等信息系统，将运输管理、仓库管理以及订单管理进行一体化整合，针对客户需求订制个性化解决方案。利用北京、上海、东莞、成都、武汉、泉州六大电子商务仓，近十万平方米仓容，专为电子商务用户设计，商家只需提供订单数据，运货到指定仓，"仓配一体化"服务将为商家提供包括"卸货、质检、理货、拣货、包装、配送、跟单、信息推送"等一条龙服务。

百世汇通除了主营业务外，先后推出了淘宝推荐物流、特种快递、代收货款、保价服务代签回单、限时派送等业务。3 月，正式进军海外市场，开通全球国际快件业务，业务覆盖全球 200 多个国家和地区。7 月，正式入驻澳门。这是百世汇通在境外开设的第一个营业网点，其业务覆盖澳门全境。全峰快递出了提供标快服务、限时快件服务外，另向客户提供代收货款、贵重物品运输、生鲜速递等增值服务。

十、市场主体积极投身公益事业，彰显社会责任

积极投身社会公益事业，已经是快递企业常年坚持的回馈社会的举措。2014 年，顺丰公益的两大关键词是"助学"和"环保"。志愿者走访、夏令营、分享会、陪伴人、"一人一书桌"、顺丰 E 计划（电教室）、莲花希望小学等助学项目贯穿全年。顺丰第一批捐建的总计 5 所莲花希望小学全线竣工并投入使用，项目投资总金额超过 500 万元，同时顺丰公益基金会完成云南、贵州建校需求实地调研，与云南双江县、贵州天柱县签订 2 所顺丰莲花小学援建协议书、1 所顺丰莲花小学援建意向书，计划投入建校资金 671 万元。在公益环保方面，顺丰基金会与磨房网站合作开展了 9 场 LNT 培训；全网组织开展"清洁山野"活动，覆盖 12 个城市，参与人数 1023 人，派发户外环保手册 12000 余册，覆盖人群 15000 人次。顺丰基金会还向爱佑基金注资 500 万元，专项用于先天性心脏病患儿和白血病儿童治疗，截至 2014 年 12 月，项目共救助 95 名先天性心脏病、313 名白血病儿童。

申通快递携手鸿基金开展关爱留守儿童成长计划之"爱的背包"项目，为该项目免费寄递"爱的背包"。首批近 1 万个"爱的背包"须赶在开学前送到贫困地区孩子们的手中。8 月 22 日，"爱的背包"（每个背包重 15 公斤）乘坐申通"爱心专列"，从北京出发，分别前往甘肃平凉，张掖民乐，安徽颍东、阜南，新疆伊吾县等地区 160 余所学校。

2014 年，圆通速递鼎力支持的"苹果书屋"公益计划，由中国政法大学筹集到的书籍在北京打包、装袋，并通过圆通速递网络运送至山西和河南，希望能为增加孩子们的知识、开阔孩子们的眼

界贡献自己的一份力量；超强台风“威马逊”在海南文昌一带登陆，造成极大的影响，当得知“海南高尔夫行业首场大型赈灾义捐活动”第一批赈灾物资缺少运输车辆时，圆通速递海南区域积极响应，出动了6辆运输车组成的车队，将1000公斤大米、200多顶蚊帐、140桶食用油等物资，送到了文昌市的罗豆镇田心村和冯坡镇栽山村灾民手中；云南昭通市鲁甸县发生6.5级地震后，圆通速递立即启动应急预案，研究抗震救灾工作，8月5日至27日，圆通速递全网开通云南灾区赈灾救灾包裹免费运输服务。

韵达速递免费为彝良学子运输爱心物资。2014年3月，载着河南漯河网友捐赠的45件爱心包裹的韵达速递专车从韵达速递河南漯河公司出发，前往云南省昭通市彝良县海子乡某小学，这批爱心物资包括衣服、文具、体育用品、图书等，约700多公斤；12月，韵达速递情系日喀则，免费运输御寒冬衣参与“暖冬行动”。韵达速递青岛分拨中心免费运输御寒冬衣等慈善物资的车辆从青岛出发，前往西藏自治区日喀则市的偏远山区。该批物资包括过冬衣物、图书、文具等，共90件大包，约重2吨。

2014年3月，由阿里公益“天天正能量”联合百世汇通共同发起“爱不闲置，小小鞋盒大大惊喜”公益活动，通过百世汇通快递的免费寄递，为广西偏远山区的5000名留守儿童送去关爱和祝福；天天快递和浙江省青少年发展基金会、FM99.6电台、19楼空间、杭州麦壳麦粒儿童悦读之家联合举办的“快乐阅读·袋袋相传”公益活动正式启动，通过阅读传播知识、传递爱心；优速快递启动“关爱四川抗日老兵”公益活动，并捐赠十万关爱老兵公益款，再次递进“免费午餐”，捐赠五万元爱心资助款，所捐款将定向捐赠给河南省方城县柳河乡马家沟村小学，为该校学生提供免费午餐。

附表2-1 2014年全国各省(区、市)规模以上快递服务企业业务量和业务收入情况

单　位	快递业务量累计(万件)	同比增长(%)	快递收入累计(万元)	同比增长(%)
全国	1395925.3	51.9	20453586.2	41.9
北京	111011.9	35.7	1476107.9	57.4
天津	12404.2	42.3	250712.6	41.1
河北	34019.1	63.9	410725.8	42.2
山西	9130.4	2.9	103493.4	50.6
内蒙古	4363.6	53.7	103218.8	60.2
辽宁	16656.4	46.0	300127.3	32.1
吉林	6640.2	46.7	130649.0	49.3
黑龙江	7014.5	30.0	124136.3	24.0
上海	128366.1	35.1	3613060.4	40.3
江苏	148435.2	50.8	2010744.2	40.6
浙江	245744.8	73.1	2744402.5	52.7
安徽	23859.1	73.5	291488.9	49.4
福建	65417.3	46.9	810815.0	31.7
江西	15993.6	64.0	182151.1	40.3
山东	44685.0	42.4	670123.1	23.0
河南	29484.0	51.6	408429.9	54.1
湖北	33143.8	50.7	413805.5	44.9
湖南	22716.2	47.1	262122.8	33.8

续上表

单位	快递业务量累计（万件）	同比增长（%）	快递收入累计（万元）	同比增长（%）
广东	335555.9	59.3	4612533.2	37.0
广西	9055.4	34.3	155902.0	39.1
海南	2248.6	1.0	43190.6	53.8
重庆	13886.3	30.8	201060.0	46.8
四川	37941.8	55.5	479628.0	57.6
贵州	4669.1	59.3	98170.6	62.7
云南	8546.1	24.4	152401.0	44.7
西藏	484.3	27.8	17384.5	17.1
陕西	13762.3	44.1	179548.3	34.3
甘肃	2655.6	48.5	51198.0	25.5
青海	579.8	38.9	15442.2	29.7
宁夏	1514.1	55.6	33500.2	37.8
新疆	5940.5	16.7	107313.3	21.2

附表 2-2　2014 年全国部分省、市邮政立法情况

省(区、市)、市	日　期	事　件
贵州	2014 年 5 月 17 日	贵州省第十二届人民代表大会常务委员会第九次会议审议通过《贵州省邮政条例修正案》,自公布之日起施行
海南	2014 年 5 月 30 日	海南省第五届人民代表大会常务委员会第八次会议审议通过修改《海南省邮政条例》决定,自 2014 年 7 月 1 日起施行
河北	2014 年 5 月 30 日	河北省第十二届人民代表大会常务委员会第八次会议审议通过《河北省人民代表大会常务委员会关于修改部分法规的决定》,对《河北省邮政条例》进行了修改
湖北	2014 年 5 月 29 日	湖北省第十二届人民代表大会常务委员会第九次会议审议通过《湖北省邮政条例》,自 2014 年 8 月 1 日起施行
青海	2014 年 7 月 24 日	青海省第十二届人民代表大会常务委员会第十二次会议审议通过《青海省邮政条例》,自 2014 年 10 月 1 日起施行
深圳	2014 年 5 月 27 日	深圳市人民政府五届一百一十次常务会议审议通过《深圳市发展快递业管理规定》,自 2014 年 8 月 1 日起施行
大连	2014 年 9 月 26 日	2014 年 8 月 27 日大连市第十五届人民代表大会常务委员会第十三次会议审议通过《大连市邮政条例》,2014 年 9 月 26 日辽宁省第十二届人民代表大会常务委员会第十二次会议批准,自 2015 年 1 月 1 日施行
长春	2014 年 11 月 28 日	2014 年 8 月 29 日长春市第十四届人民代表大会常务委员会第十二次会议审议通过《长春市邮政条例》,2014 年 11 月 28 日吉林省第十二届人民代表大会常务委员会第十三次会议批准,自 2015 年 1 月 1 日起施行

附表 2-3　2014 年国家相关部门支持快递发展的部分政策文件

部　委	政策文件名称
国务院	《物流业发展中长期规划(2014－2020 年)》(国发〔2014〕42 号)
国务院	国务院总理李克强 9 月 24 日主持召开国务院常务会议,决定进一步开放国内快递市场、推动内外资公平有序竞争

续上表

部　委	政策文件名称
国务院办公厅	《关于促进内贸流通健康发展的若干意见》(国办发〔2014〕51 号)
中央综治办等 9 部门	《关于加强邮件、快递寄递安全管理工作的若干意见》(中综办〔2014〕24 号)
国家发展改革委	国家发展改革委关于印发《促进物流业发展三年行动计划(2014－2016 年)》的通知(发改经贸〔2014〕2827 号)
国家发展改革委、交通运输部、商务部、国家铁路局、中国民用航空局、国家邮政局、国家标准委	《关于我国物流业信用体系建设的指导意见》(发改运行〔2014〕2613 号)
财政部、商务部、国家邮政局	关于开展电子商务与物流快递协同发展试点有关问题的通知(财办建〔2014〕68)号
中国民用航空局、国家邮政局	《锂电池邮件航空运输管理办法》

附表 2-4　2014 年全国部分省(区、市)支持快递发展政策

省(区、市)	支持政策文件名称
天津	天津市人民政府办公厅转发市发展改革委关于促进快递服务业发展意见的通知(津政办发〔2014〕4 号)
	天津市人民政府关于印发天津市推进电子商务发展三年行动计划(2014－2016 年)的通知(津政发〔2014〕4 号)
	天津市人民政府办公厅转发市经济和信息化委拟定的天津市新一代信息服务产业发展行动方案(2014－2016 年)的通知(津政办发〔2014〕34 号)
	天津市人民政府办公厅转发市科委关于促进我市新能源汽车推广应用若干政策的通知(津政办发〔2014〕82 号)
	天津市人民政府办公厅关于转发市科委拟定的天津市新能源汽车推广应用实施方案(2013－2015 年)的通知(津政办发〔2014〕103 号)
	天津市财政局　天津市科学技术委员会关于印发天津市新能源汽车财政补贴管理办法的通知(津财建一〔2014〕11 号)
	天津市邮政管理局关于印发《天津市邮政快递机动车辆通行证管理办法》的通知(津邮管〔2014〕32 号)
河北	河北省交通运输厅　河北省邮政管理局关于推进交通运输和邮政业务合作发展的实施意见(冀交综运〔2014〕240 号)
山西	山西省人民政府关于印发山西省加快发展生产性服务业促进产业结构调整升级实施方案的通知(晋政发〔2014〕39 号)
	山西省快递营业网点标准化、分拣中心规范化和作业流程制度化建设指导意见(试行)(晋邮管〔2014〕70 号)
	关于印发快递企业“三化”标准的通知(晋邮管〔2014〕77 号)
辽宁	关于推进全省电子商务快递服务健康发展的意见(辽服发〔2014〕19 号)
	辽宁省交通厅、省邮政管理局关于推动道路水路运输业与邮政业合作发展的指导意见(辽交运发〔2014〕75 号)
吉林	吉林省人民政府办公厅关于支持跨境贸易电子商务零售出口加快发展的实施意见(吉政办发〔2014〕25 号)
	吉林省人民政府办公厅关于印发吉林省服务业发展三年行动计划的通知(吉政办发〔2014〕30 号)
	2014 年吉林省级服务业发展引导资金项目的通知(吉发改服务〔2014〕781 号)
	关于印发吉林省物流园区发展规划的通知(吉发改经贸联〔2014〕1037 号)
	关于做好吉林省高等院校校园快递服务管理工作的通知(吉邮管〔2014〕110 号)
上海	上海市人民政府关于促进本市生活性服务业发展的若干意见(沪府发〔2014〕59 号)
	上海市人民政府办公厅转发市商务委《关于加快上海商业转型升级提高商业综合竞争力的若干意见》的通知(沪府办发〔2014〕35 号)
	上海市交通委员会、上海市邮政管理局关于印发《上海市交通运输业和邮政业深化战略合作、促进融合发展的意见》的通知(沪交战〔2014〕943 号)
	《促进上海快递总部企业改革创新、转型升级、增效提质、开放融入的实施意见》沪邮管〔2014〕105 号
江苏	江苏省政府办公厅关于促进快递服务业健康发展的实施意见(苏政办发〔2014〕85 号)
	关于印发江苏省物流园区发展规划的通知(苏发改经贸发〔2014〕546 号)
	关于做好快递末端配送服务工作的实施意见(苏邮管〔2014〕110 号)

续上表

省(区、市)	支持政策文件名称
安徽	安徽省人民政府办公厅关于支持外贸稳增长调结构的实施意见(皖政办〔2014〕23 号)
	安徽省人民政府关于促进信息消费扩大内需的意见(皖政〔2014〕26 号)
	安徽省邮政管理局印发《关于优化快递业务经营许可审批流程的通知》(皖邮管〔2014〕89 号)
	安徽省邮政管理局出台《关于校园快递服务中心设立和运行的指导意见》(皖邮管〔2014〕116 号)
福建	福建省人民政府关于进一步加快电子商务发展的若干意见(闽政文〔2014〕157 号)
	福建省人民政府办公厅关于提升交通运输服务八条措施的通知(闽政办〔2014〕4 号)
	福建省人民政府办公厅转发省商务厅　省经信委关于促进大中型物流企业发展若干措施的通知(闽政办〔2014〕163 号)
江西	江西省发展改革委　江西省邮政管理局关于印发关于促进快递业健康发展的意见的通知(赣发改经贸〔2014〕1163 号)
山东	山东省人民政府关于加快现代流通业发展的意见(鲁政发〔2014〕3 号)
	山东省人民政府办公厅关于促进快递服务业健康发展的意见(鲁政办字〔2014〕89 号)
河南	河南省人民政府关于加快电子商务发展的若干意见(豫政〔2014〕11 号)
	河南省人民政府关于促进快递服务业发展的意见(豫政〔2014〕47 号)
	河南省人民政府办公厅关于印发河南省物流业发展三年行动计划的通知(豫政办〔2014〕82 号)
	河南省邮政管理局关于推进“快递下乡”工程的实施方案(试行)(豫邮管〔2014〕95 号)
湖北	湖北省交通运输厅　省邮政管理局关于加快推进全省道路水路运输业与邮政业融合发展的通知(鄂交运〔2014〕438 号)
	湖北省交通厅关于进一步贯彻落实《农村物流发展战略合作协议》邮管工作的通知(鄂交运〔2014〕713 号)
湖南	湖南省人民政府办公厅关于印发《湖南省现代服务业发展行动计划(2014－2017 年)的通知》(湘政办发〔2014〕47 号)
广东	广东省人民政府办公厅关于印发《推进珠三角一体化 2014－2015 年工作要点》的通知(粤办函〔2014〕467 号)
	广东省人民政府办公厅关于印发推进珠江三角洲地区物流一体化行动计划(2014－2020 年)的通知(粤办函〔2014〕525 号)
	关于印发《广东省快递企业诚信体系建设考核办法(试行)》的通知(粤邮管〔2014〕9 号)
	关于印发《规范快递行业加盟经营行为暂行规定(修订)》的通知(粤邮管〔2014〕73 号)
重庆	重庆市人民政府办公厅关于进一步做好《重庆市都市区邮政设施专项规划(2008－2020 年)》实施工作的通知(渝府办发〔2014〕10 号)
	重庆市政府办公厅关于印发重庆市新能源汽车推广应用工作方案(2013－2015)的通知(渝府办发〔2014〕143 号)
	重庆市人民政府办公厅关于促进网络零售产业发展重点工作分工及政策措施落实责任分解的通知(渝府办发〔2014〕20 号)
	重庆市商业委员会　重庆市邮政管理局印发关于促进快递服务与网络零售协同发展的意见的通知(渝商委发〔2014〕43 号)
	关于做好高等院校校园快递服务管理工作的通知(渝邮管〔2014〕63 号)
四川	四川省人民政府办公厅关于 2014 年全省服务业发展工作安排意见(川办函〔2014〕53 号)
	四川省人民政府办公厅关于印发四川省服务业发展四年行动计划(2014－2017 年)的通知(川办发〔2014〕31 号)
	四川省人民政府办公厅关于印发四川省五大新兴先导型服务业发展工作推进方案的通知(川办发〔2014〕90 号)
	四川省财政厅、商务厅《关于印发〈四川省电子商务进农村综合示范工作方案〉的通知》(川财建〔2014〕177 号)
	关于印发四川省物流园区发展规划的通知(川发改经贸〔2014〕918 号)
	四川省邮政管理局、省委农工委、省商务厅《关于促进四川农村地区快递服务规范发展的指导意见》(川邮管〔2014〕122 号)
贵州	贵州省人民政府关于加快商贸流通业改革发展的意见(黔府发〔2014〕10 号)
	贵州省人民政府关于加快现代服务业发展的意见(黔府发〔2014〕18 号)
	省经济和信息化委关于印发《贵州省鼓励民间资本投资重点领域清单(2014 年)》的通知(黔经信民营经济〔2014〕3 号)
	省发改委、商务厅等联合印发《贵州省进一步加快商贸物流发展做好配送工作的指导意见》(黔商发〔2014〕325 号)

续上表

省(区、市)	支持政策文件名称
海南	中共海南省委 海南省人民政府关于进一步加快发展服务业的若干意见(琼发〔2014〕2 号)
甘肃	甘肃省邮政管理局 甘肃省工业和信息化委员会关于推进快递服务制造业工作的实施意见(甘邮管发〔2014〕11 号)
	关于做好快递服务于电子商务发展的实施意见(甘邮管发〔2014〕68 号)
青海	青海省邮政管理局联合省交通运输厅下发《关于对我省部分快递企业运输车辆暂免公路通行费的通知》(青交运〔2014〕369 号)
宁夏	自治区人民政府办公厅关于印发加快推进银川市跨境电子商务试点工作方案的通知(宁政办发〔2014〕82 号)

第二章　2014年中国快递业十大事件

一、快递业首次进入政府工作报告　李克强总理两度视察快递网点

2014年全国两会上，政府工作报告首次提出要推动快递行业的发展。国务院总理李克强指出，要深化流通体制改革，清除妨碍全国统一市场的各种关卡，降低流通成本，促进物流配送、快递业和网络购物发展。充分释放十几亿人口蕴藏的巨大消费潜力。

一年间，李克强总理先后两次深入快递企业实地考察，五次点赞快递业在“搞活流通、拉动内需，增加社会就业”等方面的重要作用，肯定企业发展成绩，鼓励快递行业发展。国家的高度重视与政策的扶持开启了中国快递行业发展的新纪元。

二、国内包裹市场全面开放　倒逼国内快递转型升级

2014年9月24日，国务院总理李克强主持召开国务院常务会议，决定全面开放国内包裹快递市场，对符合许可条件的外资快递企业，按核定业务范围和经营地域发放经营许可。会议强调，要坚持放管结合，确保快递行业有序健康发展。自此我国快递业改革开放迈出重要一步，内外资快递企业将共同参与中国市场竞争，推动快递业成为现代服务业发展的“黑马”。

三、中国快递迎来“百亿时代”　市场规模跃居全球第一，最高日处理量超1亿件

2014年，全国快递服务企业累计业务量达到140亿件，快递业务收入完成2040亿元。这是我国快递年业务量首次突破百亿，并跃居世界第一。当年，我国成世界最大网络零售市场，快递服务3.61亿网购用户。“双11”期间，在11月11－16日6天时间里，全行业共处理快件5.4亿件，比去年同期增长56%；最高日处理量首次突破1亿件，达到1.026亿件，比去年同期增长57.8%。截至目前，中国快递业务量已经连续46个月保持50%以上速度增长，成为中国经济转型升级的重要引擎。

四、邮政业试点“营改增”　新旧税制实现平稳转换

自2014年起，邮政服务业被纳入营改增试点。新政策从税收角度对快递业进行了行业划分，快递企业按从事的收派服务与交通运输服务的划分，适用不同的税率。“营改增”试点实施以来，有效减轻了快递企业的税负，做到了“应纳尽纳、应改尽改”，基本实现了新旧税制平稳转换。业内普遍认为，“营改增”的实施，在推动行业转型升级、逐步降低快递税负以及规范财务管理制度三个方面发挥了积极作用。

五、国家邮政局启动“三向”工程　快递“下乡”“出海”成效显著

2014年1月6日，全国邮政管理工作会议提出推动快递企业“向下”“向西”“向外”拓展。快递下乡与西进工程开展以来，农村与中西部地区快递业务发展迅猛。快递服务全国乡镇平均覆盖率大幅度提升，已经接近50%，全年农村地区包裹数量达到20亿个，带动工业品销售下乡1600亿元。快递企业在助力广大农民利用网络打开市场、盘活渠道、增加收入等方面开始发挥更大的作用。在国际市场上，跨境快递业务量也创新高，借助“海淘”业务东风，“国家队”积极拓展业务范围和规模，民营企业也在保税区内和海外建仓布点，奋力开拓东南亚、日韩和北美等国际市场，共同开

启了快递企业海外发展元年。

六、国家邮政局加快简政放权　政府改革为快递业释放更多红利

2014年2月17日,国家邮政局对快递业务经营许可等现有9项审批进行公示,并在3月起正式实施快递业务经营许可变更审核流程优化方案,建立"绿色通道"制度等有效措施。同时,国家邮政局审议通过了《经营快递业务的企业分支机构备案管理规定》,将经营快递业务的企业分支机构备案职能下放到省级以下邮政管理机构,并简化了备案流程。政府持续的改革为快递业发展提供更多红利。

七、首趟电商快递班列开通　快递"大交通"格局初现

2014年7月1日凌晨,国内首趟电商班列申通快递沪深线开通,之后,顺丰速运、京东快递等电商专列也相继开通。铁路版图开通北京、上海、广州、深圳四地的3对6列"电商班列",改革成果惠及快递业。据了解,电商班列满载一次,运输量相当于62辆9.6米长的货车,或者36架波音737的运力,可载约22万件快件。继公路、航路运输后,其准时、安全、稳定的特性正在给快递业注入新鲜、强大的活力。我国快递企业的运输方式正在不断创新和优化,大交通体系和多式联运的格局也正逐步形成。

八、"最美快递员"揭晓　行业正能量感动全社会

2014年4月29日,历时一年的中国梦·邮政情"寻找最美快递员"活动揭晓发布会在北京举行,从154名被推荐接受公众票选的基层快递员中脱颖而出的50名"最美快递员"候选人悉数出席。最终,李元明、艾克帕尔·伊敏等10位个人和"顺丰8哥"、泸州韵达2个团体获得"最美快递员"称号。活动不仅在行业内影响深远,也将社会的目光更多地聚焦到快递领域,传播了行业正能量。

九、电商巨头接连上市　快递成重要推动力

2014年5月和9月,京东集团和阿里巴巴分别在美国纳斯达克与纽交所挂牌上市。分析人士认为,京东集团和阿里巴巴能成功上市,近年来电子商务及快递物流业高速发展是其重要推动力。美国《洛杉矶时报》在评价阿里巴巴的上市时表示,如果中国在过去的10年里没有形成8000多家快递公司,阿里巴巴绝对不可能达到今天的规模。就在此前的6月12日,阿里巴巴与中国邮政集团公司签署战略合作框架协议,宣布在物流、电商、信息安全等领域开展深度合作,合力建设中国智能物流骨干网。

十、快递助力O2O等新兴消费　"最后一公里"成竞逐热点

在移动互联思维冲击传统行业观念,把互联网作为工具、平台、思维乃至战略对接的O2O时代已经来临。快递"最后一公里"也从快递服务的一个环节,逐渐演变成一个服务于本地生活的全新生态圈。智能快件箱、校园共同配送、社区O2O门店、第三方代收平台竞相角逐这个千亿级别的新市场,有诱惑,更具挑战。

第三章　2014 年中国快递发展大事记

马凯副总理对邮政管理工作作重要批示

1 月 3 日，中共中央政治局委员、国务院副总理马凯对邮政管理工作作重要批示，充分肯定了邮政管理系统 2013 年的工作成绩，并对新一年邮政管理工作提出要求。马凯指出，2013 年，各级邮政管理部门认真贯彻党中央、国务院决策部署，开拓进取，扎实工作，在法规制度完善、基础设施建设、行业监督管理、安全监管应急、人才队伍建设等方面都取得新的进展，邮政普遍服务能力和运行效率进一步提升，为服务经济社会发展和民生改善做出了积极贡献。希望在新的一年里，邮政管理系统深入贯彻党的十八大和十八届二中、三中全会精神，进一步深化职能转变和自身改革，坚持“安全为基、发展为要、服务为上”，围绕提升服务质量、提高监管效能两个重点下工夫，团结聚力，务实创新，推动邮政事业改革发展取得新的更大成绩。

国家邮政局召开 2014 年全国邮政管理工作会议

1 月 6 日至 7 日，国家邮政局在北京召开 2014 年全国邮政管理工作会议和系统党风廉政建设工作会议。交通运输部部长杨传堂出席工作会议并做重要讲话。国家邮政局局长马军胜在会上作工作报告，全面回顾和总结了 2013 年邮政业发展情况和邮政管理工作情况，安排部署 2014 年主要工作，强调要继续实施“深化邮政改革创新，推动快递转型升级”两大战略，推动企业建立现代企业制度，积极探索邮政公共服务市场化机制，启动“快递下乡”、“快递西进”工程，将快递业务板块由“1 +1”向“1 +3”拓展。马军胜指出，新时期的邮政行业改革发展，要牢牢把握“提升服务质量，提高监管效能”两个重点，始终坚持“保护消费者权益和增进人民福祉”这个出发点和落脚点，并要求研究强化落实寄件人责任、验视责任以及渠道内部安全检查责任相结合的长效机制。

快递企业代表座谈会在京举行

1 月 6 日，国家邮政局在北京召开快递企业代表座谈会，中国邮政速递物流、民航快递、中外运空运、中铁快运、顺丰、申通、圆通、韵达、中通、百世汇通、宅急送、优速等重点快递企业代表，国家邮政局各相关司局、直属单位以及中国快递协会等有关负责人参加座谈。国家邮政局副局长刘君主持会议，国家邮政局副局长赵晓光出席会议。企业代表一致认为，报告中提出的快递“向下”、“向西”和“向外”拓展的战略，对快递发展具有重要指导意义。表示将尽快传达贯彻全国邮政管理工作会议精神，并结合会议通报的 2013 年快递服务满意度调查和 2013 年下半年时限准时率调查结果，进一步改进管理、提升服务和保障安全。同时，企业代表还围绕跨境寄递、“价格战”、安全生产风险管控等热点、焦点问题进行了充分交流和讨论。

中国快递协会召开二届二次理事(扩大)会

1 月 7 日，中国快递协会在北京召开二届二次理事(扩大)会暨 2014 年京交会快递服务板块推介会。交通运输部副部长、中国快递协会会长高宏峰，国家邮政局副局长刘君出席会议并讲话。中国快递协会副会长单位、理事单位、各省(区、市)快递协会有关负责同志参加了会议。会议听取和审议了中国快递协会常务副会长兼秘书长李惠德对换届选举以来的工作汇报及 2014 年的工作思路。协会有关部门负责同志分别就《中国快递协会2014－2017年发展规划(讨论稿)》和《第三届京交会快递服务板块活动方案(讨论稿)》进行了情况说明。会议期间,各省(区、市)快递协会负责人还进行了工作交流座谈。

简化快递经营许可变更流程

1月,国家邮政局审议并原则通过了《快递业务经营许可证变更审核流程优化方案(草案)》,并于2014年3月1日起正式施行。优化后的许可变更流程,可大大缩短许可变更时限,其中五项变更办理时限由原来的45天缩短到15天,提速1倍以上。方案明确邮政管理部门将建立超时通报制。还制定了"绿色通道"政策,对在遵守法律法规、许可地域覆盖、申诉率以及安全生产等方面符合要求的企业,简化分支机构地址变更手续,在审批中从简从快、全程跟踪。

邮政业"十二五"规划主要经济发展指标提前两年完成

国家邮政局审议并原则通过了《邮政业发展"十二五"规划中期评估报告》。报告显示,《邮政业发展"十二五"规划》实施进展顺利,行业发展成效显著。规划确定的目标和邮政业主要经济发展指标的实现情况整体达到预期进度。其中,大部分邮政业经济发展指标提前于2013年达到《规划》期末预期。规划提出的主要任务、工程和政策措施稳步推进,一些领域已经取得突破性进展。

马军胜局长会见美国德勤公司代表

1月8日,国家邮政局局长马军胜在京会见了来访的美国德勤公司邮政行业总监保罗·沃格尔一行。双方就中美两国邮政、快递市场,以及电子商务行业发展现状和未来趋势等问题交换了意见。

国家邮政局开展"规范清理"和"收寄验视"督导检查

1月6日至12日,国家邮政局市场监管司派出三个工作组,赴江苏、黑龙江、湖北、广西、云南、甘肃等6个省(区),就开展"规范和清理快递企业经营范围工作"和"落实收寄验视制度专项整治活动"进行督导检查。工作组先后到6省(区)共11个城市,了解了省、市两级邮政管理部门规范和清理快递企业经营范围工作、落实收寄验视制度专项整治活动开展情况,分别与当地重点快递企业负责人召开了座谈会,实地检查了企业分拨中心和收(投)网点的安全生产情况,通过调取监控录像、现场抽查等方式,对快递企业落实收寄验视制度情况进行了检查。赴湖北工作组还深入当地化工企业,专题调研化工企业的寄递服务需求以及相关安全措施等。

国家邮政局公布2013年邮政行业运行情况

1月15日,国家邮政局公布2013年邮政行业运行情况。邮政企业和全国规模以上快递服务企业业务收入(不包括邮政储蓄银行直接营业收入)累计完成2547.8亿元,同比增长28.6%;业务总量累计完成2725.1亿元,同比增长33.8%。全国规模以上快递服务企业业务量累计完成91.9亿件,同比增长61.6%;业务收入累计完成1441.7亿元,同比增长36.6%。其中,同城业务收入累计完成166.4亿元,同比增长51%;异地业务收入累计完成829亿元,同比增长30.5%;国际及港澳台业务收入累计完成270.7亿元,同比增长31.7%。

国家邮政局传达十八届中央纪委三次全会精神

1月16日,国家邮政局党组书记、局长马军胜主持召开局党组扩大会议,认真学习十八届中央纪委第三次全体会议精神。局党组成员、纪检组长解畅传达了习近平总书记在中央纪委三次全会上的重要讲话精神和王岐山同志的工作报告。马军胜强调,在认真学习中纪委三次全会精神和习总书记重要讲话精神的基础上,还要结合落实刚刚召开的全系统党风廉政建设工作会议精神,努力做好全系统的党风廉政建设和反腐败工作，为邮政行业的科学健康发展提供坚强保证。党组成员、副局长王梅出席会议。国家邮政局机关各司局、直属各单位主要负责同志参加会议。

国家邮政局部署2014年工作具体任务分工

1月16日，国家邮政局局长马军胜主持召开第2次局务会，审议并通过了《国家邮政局2014年工作任务目标分解安排建议》。会议就2014年全国邮政管理工作会议提出的全年工作任务中的14大项107项具体工作，进行了逐条逐项地分解，并把责任落实到每个具体单位。局领导解畅、王梅出席会议。国家邮政局机关各司局、直属各单位主要负责同志参加会议。

马军胜局长会见扬州市市长朱民阳一行

1月16日，国家邮政局局长马军胜在北京会见了扬州市市长朱民阳一行。双方就加强快递业与关联产业战略合作，促进快递产业转型升级等事宜交换了意见。扬州市将继续在国家邮政局的指导下，创新发展方式，推进快递物流、电子商务等产业发展。国家邮政局办公室（外事司）和市场监管司有关人员参加了会谈。

国家邮政局部署春运期间邮政、快递服务保障和安全生产工作

国家邮政局下发了《关于做好春运期间邮政、快递服务保障和安全生产工作的通知》，要求各省（区、市）邮政管理部门要加强组织领导，做好对邮政快递企业服务监管，依法查处损害消费者利益的行为，指导经营快递业务企业按照《春节假日期间快递服务指导规范》要求，合理安排人员值班，在每个开办业务的城市提供营业网点收件和指定区域派送快件，及时妥善处理已收寄快件，不得造成在收派网点、分拨中心的滚存和积压，通过网站和营业场所向社会公布春节期间快递服务安排，以更好地满足用户的服务需求。

中央一号文件提出完善农村物流服务体系

1月，中共中央、国务院印发了《关于全面深化农村改革加快推进农业现代化的若干意见》。意见提出，加强农产品市场体系建设。着力加强促进农产品公平交易和提高流通效率的制度建设，加快制定全国农产品市场发展规划，落实部门协调机制，加强以大型农产品批发市场为骨干、覆盖全国的市场流通网络建设，开展公益性农产品批发市场建设试点。健全大宗农产品期货交易品种体系。加快发展主产区大宗农产品现代化仓储物流设施，完善鲜活农产品冷链物流体系。支持产地小型农产品收集市场、集配中心建设。完善农村物流服务体系，推进农产品现代流通综合示范区创建，加快邮政系统服务“三农”综合平台建设。实施粮食收储、供应安全保障工程。启动农村流通设施和农产品批发市场信息化提升工程，加强农产品电子商务平台建设。加快清除农产品市场壁垒。

快递业务收入GDP占比逐年攀升

1月21日，国家统计局公布的最新数据显示，2013年国内生产总值（GDP）达到568845亿元，GDP增速为7.7%；第三产业占比提高到46.1%，首次超过第二产业。作为第三产业（服务业）的重要组成部分，邮政行业在GDP中的占比逐年攀升，成为拉动国民经济增长的积极力量，快递业务收入GDP占比已经实现“三连升”。

国家邮政局召开教育实践活动总结大会

1月24日，国家邮政局召开党的群众路线教育实践活动第一批总结暨第二批部署会议。中央第27督导组组长邢元敏出席，副组长钟攸平做重要讲话。国家邮政局党组书记、局长、局党的群众路线教育实践活动领导小组组长马军胜代表局党组对国家邮政局第一批教育实践活动进行总结，并对第二批活动进行部署。马军胜强调，要认真做好教育实践的后续工作，抓好整改落实，

加强制度执行，努力巩固活动成果，促进邮政行业科学健康发展。中央第27督导组全体成员，国家邮政局党组成员、副局长王梅、赵晓光、刘君出席会议。会议由局党组成员、纪检组长、局党的群众路线教育实践活动领导小组副组长解畅主持。

刘君副局长检查节前快递服务保障工作

1月24日晚，国家邮政局副局长刘君一行前往北京部分快递企业，刘君先后实地查看了圆通、宅急送、申通等企业新投入使用的转运中心，仔细了解转运中心建设、营运情况，详细询问最近一段时间快递业务量变化情况。刘君对企业能够坚持提供服务提出了表扬，对节日期间坚守在工作岗位的职工表达了慰问，同时对马上到来的春节服务保障工作提出三点要求。家邮政局市场监管司、北京市邮政管理局负责人陪同检查慰问。

李克强总理看望慰问快递一线员工

1月27日，中共中央政治局常委、国务院总理李克强来到位于西安市肖里村的西安顺丰速运有限公司看望慰问快递员工。李克强说，快递业关系经济民生，你们既是在运送商品，也是在传递亲友心意，给大家送去春节的温暖，把幸福快递到千家万户。快递业是中国经济的“黑马”，祝你们在马年快马加鞭、万马奔腾、马到成功！在慰问过程中，李克强还亲自给一个即将发出的快件贴上了面单，当了一次“快递员”，并且叮嘱要及时送到客户手中。国家邮政局党组连夜召开会议，认真学习领会李克强总理重要指示精神。大家一致认为：李克强总理对顺丰公司的视察和慰问，充分体现了党中央、国务院对邮政行业的亲切关怀和高度重视，是对全行业广大干部职工极大的激励和鼓舞。局党组要求全行业要倍加珍惜党中央、国务院的关怀和鼓励，将其转化为加快发展的强大动力，结合各地实际做好四方面工作。

国家邮政局召开第二批教育实践活动督导工作会议

2月13日，国家邮政局召开全系统第二批教育实践活动督导工作会议，国家邮政局党组成员、纪检组长、局党的群众路线教育实践活动领导小组副组长解畅出席会议并讲话，解畅强调，要坚持从严要求，对每一个环节都要督导到位、严格把关、突出重点。要督促和指导市地局在教育实践活动中做好重点工作。

《邮政业标准体系》获审议通过

2月13日，国家邮政局局长马军胜主持召开2014年第3次局长办公会，研究、审议并通过了《邮政业标准体系》。邮政业标准化体系由基础标准、安全标准、设施设备与用品标准、服务与管理标准以及信息化标准等五部分组成，是《邮政业“十二五”发展规划》中提出的将着力建立健全的标准化“三大体系”之一。马军胜指出，编制邮政业标准体系的目的在于充分发挥标准化对邮政业的规范、促进和支撑作用，将为行业整体发展目标的实现提供技术支撑和服务保障，对推动邮政业标准化工作跨越式发展意义重大。

刘君副局长会见美国联邦快递公司大中华区总裁陈嘉良

2月17日，国家邮政局副局长刘君在北京会见了美国联邦快递公司大中华区总裁陈嘉良。双方就联邦快递在华业务发展等问题交换了意见。刘君表示，快递业关系经济民生，服务质量和安全是快递企业长远发展的保障。肯定了联邦快递通过加强内部监管和与客户的协调，强化服务质量和安全的做法，希望双方加强交流，相互学习，共同促进中国快递市场的健康发展。陈嘉良表示，联邦快递感谢国家邮政局对公司在华各项业务发展的大力支持和指导，联邦快递将继续积极配合国家邮政局的工作，为中国快递市场的发展贡献力量。国家邮政局办公室(外事司)和市场监管司有关人员参加了会谈。

国家邮政局党组召开中心组(扩大)学习会

2月26日,国家邮政局党组书记、局长马军胜主持召开党组中心组(扩大)学习会,学习习近平总书记在党的十八届三中全会第二次全体会议上的讲话,和中共中央《党政领导干部选拔任用工作条例》,强调要提升行业改革的系统性和协调性,把发展成果通过改革惠及广大群众;要以学习宣传落实《党政领导干部选拔任用工作条例》为重要抓手,大力加强领导班子和干部队伍建设。局党组成员、纪检组长解畅出席,局党组成员、副局长赵晓光、刘君做了发言交流。

国家邮政局部署全国“两会”期间邮政、快递服务和安全工作

国家邮政局下发《关于做好全国“两会”期间邮政、快递服务和安全工作的通知》,要求各省(区、市)邮政管理部门切实加强领导,落实工作责任,细化各项措施,把服务与安全的各项工作要求落到实处,努力为“两会”提供优质、便捷、安全的邮政、快递服务。

2014年度邮政行业职业技能鉴定工作座谈会召开

2月27日,2014年度邮政行业职业技能鉴定工作座谈会在北京召开。会议回顾了2013年行业职业技能鉴定工作的主要情况,并对2014年重点工作进行了安排部署。国家邮政局副局长刘君出席会议并讲话。会议通报了2013年度邮政行业职业技能鉴定统计年报主要指标运行情况、邮政行业职业资格网建设情况,并对2013年度邮政行业职业技能鉴定工作先进单位和个人进行了表彰。与会代表还就“如何推进鉴定工作规模发展、等级优化、质量提高”“如何更好地调动合作院校的积极性”等重点问题进行了深入研讨。

王梅副局长率队赴江西调研邮政管理工作

2月26日至28日,国家邮政局副局长王梅一行赴江西南昌、吉安、九江,检查省以下邮政管理机构独立运行以来财务管理工作,实地调研空白乡镇邮政局所补建进展情况,召开办公会现场解决实际问题。王梅要求牢记“安全为基、发展为要、服务为上”十二字方针,按照国家邮政局党组抢前抓早做好全年工作的要求,细化任务目标,注重转方式提质效、转职能惠民生,加快各项工作的推动落实。在赣期间,王梅还听取了江西省邮政管理局工作汇报,与南昌局、九江局同志进行了座谈,就邮政业“十三五规划”预研和行业统计大调查听取意见建议。

《寄递服务用户个人信息安全管理规定》等获审议通过

2月28日,国家邮政局局长马军胜主持召开国家邮政局2014年第4次局长办公会,审议并原则通过了《寄递服务用户个人信息安全管理规定》《无法投递又无法退回快件管理规定》等规范性文件。马军胜指出,两个规范性文件的出台,对维护消费者权益,加强行业安全管理至关重要。并强调各级邮政管理部门要严格按照文件要求加强监管,要把文件的贯彻落实作为市地局抓履职、抓监管的重要内容。会议还审议并原则通过了《邮政行业安全信息报告及处理规定》。国家邮政局领导解畅、赵晓光、刘君等出席会议。

政府工作报告首提促进快递业发展

3月5日上午,国务院总理李克强在全国人大会议开幕会上作政府工作报告时指出,要深化流通体制改革,清除妨碍全国统一市场的各种关卡,降低流通成本,促进物流配送、快递业和网络购物发展。充分释放十几亿人口蕴藏的巨大消费潜力。这是快递业首次被写入政府工作报告。李克强总理在政府报告中两次直接提到“邮政”:在回

顾去年工作时指出，加强民航、水运、信息、邮政网络建设；在部署今年工作时指出，要推进税收制度改革，把“营改增”试点扩大到铁路运输、邮政服务、电信等行业。

韩长赋部长表示欢迎邮政快递企业发挥更大作用

3月6日，十二届全国人大二次会议召开的第二天，在以“扎实深化农村改革，加快发展现代农业”为主题的记者会上，农业部部长韩长赋回答《快递》杂志和《中国邮政快递报》记者提问时表示，在政策上，欢迎各方面的社会生产经营主体参加农产品流通，欢迎邮政、快递企业在农村物流配送中发挥更大的作用。

国家邮政局督导检查“两会”期间邮政行业安全工作

3月6日至7日，国家邮政局派出两个工作组分赴北京、天津、辽宁和山东开展全国“两会”期间集邮市场和邮政行业安全工作督导检查。此次督导检查主要是围绕国家邮政局之前下发的《关于做好全国“两会”期间邮政、快递服务和安全工作的通知》等有关文件精神，督促各级邮政管理部门切实履行监管职责，确保寄递渠道安全畅通与邮政行业和谐稳定，为全国“两会”的顺利召开创造良好的社会环境。工作组还深入邮政快递企业，了解企业针对全国“两会”期间寄递渠道安全保障工作措施，检查寄递企业安全管理情况，对个别企业存在的未配备相应的安全设备、未制定应急预案等违法违规问题当场责令整改。

我国成世界最大网络零售市场　快递支撑网购近万亿元

3月9日晚，在“两会”新闻中心组织的主题为“电子商务与快递服务协同发展”的网络访谈中，商务部电子商务和信息化司副司长张佩东说，测算显示，2013年我国电子商务交易总额超过10万亿元，其中网络零售交易额大约1.85万亿元，乐观估计已经超过美国。目前我国已成为世界上最大的网络零售市场。一起参加网络访谈的国家邮政局市场监管司副司长刘良一指出，在2013年网购形成的1.85万亿元市场规模中，有近1万亿元是来自快递的支撑和保障。在快递92亿件的业务量中，有超过60%是来自网购。

《无法投递又无法退回快件管理规定》自3月10日起施行

3月10日，国家邮政局发布的《无法投递又无法退回快件管理规定》开始施行。规定明确，快递企业在无着快件的保管和处理过程中，不得违法提供用户使用快递服务的信息。快递企业对无着快件实施开拆处理时，应当由两名以上工作人员共同进行，并采用技术手段对开拆全过程实行监控，监控资料保存不少于90天。

国家邮政局规范邮政市场行政执法案件案由

3月11日，国家邮政局市场监管司下发了《关于印发〈邮政市场行政执法案由规定（试行）〉的通知》，就贯彻落实《邮政市场行政执法案由规定（试行）》提出工作要求。通知要求，各级邮政管理部门要高度重视邮政市场行政执法案由，以案由为切入点加强案件的过程化管理，开展邮政市场执法规范化建设，切实提高执法效能。要认真学习规定有关内容，结合相关法律条文，领会每个案由适用的主体、情形等构成要件。要严格按照规定列明的案由开展案件处理工作。要遵照规定的体系和思路，认真梳理地方性法规、政府规章中的相关条款，按照高度概括、简洁明了的原则，形成案由报国家邮政局市场监管司备案后使用。

马军胜委员提案建议提速快递“最后一公里”

全国政协委员、国家邮政局局长马军胜在全国政协十二届二次会议提交提案，指出对于快递来说，最重要的就是突破“最后一公里”这个瓶颈。他建议住房和城市建设管理部门、民政管理部门应根据城市发展需要，将快递服务网络建设纳入城市规划和社区配套设施规划，将快递投递纳入社区综合服务平台范畴，将智能快件箱纳入社区、办公区和商业区工程统一规划，统筹设计，重点建设，以便于消费者灵活收取快件。对快递车辆通行难的问题，建议公安交通部门应尽快制定快递车辆进入城区的具体管理办法，核发快递车辆进城通行证，规范快递车辆通行。邮政管理部门应尽快制定《快递服务非机动车三轮车技术标准》，加强同有关部门的协同沟通，方便快递收派服务的开展。马军胜认为，快递在社区的派送问题已经逐步成为社会问题。他建议邮政管理部门会同有关部门研究制定快递末端网点管理办法，简化快递末端服务网点审批程序，实现快递末端投递网点备案制度。支持鼓励利用商业网点和社区便利店等服务设施提供快递收派服务。

国家邮政局召开一季度新闻通气会

3月12日，国家邮政局召开2014年一季度新闻通气会，国家邮政局普遍服务司司长王国栋、市场监管司司长王丰分别向媒体通报了近期在"规范发展、提升服务"方面的重点工作以及2013年有关工作的完成情况。通气会上，王国栋就国家邮政局颁布的《无法投递又无法退回邮件管理办法》进行了解读。王丰就《关于完善邮政业消费者申诉处理与市场监管工作衔接和联动机制的指导意见》进行了解读。

国家邮政局传达学习全国“两会”精神

3月13日，国家邮政局召开全体干部大会，全国政协委员、国家邮政局局长马军胜传达了刚刚闭幕的全国“两会”精神。局领导解畅、王梅、赵晓光、刘君出席大会。马军胜强调指出，贯彻落实全国“两会”精神，要和邮政行业发展实际结合起来，和落实全国邮政管理工作会议精神结合起来，和推进行业治理体系和治理能力现代化建设结合起来，不断推进邮政改革创新，推进快递转型升级，加快建设与小康社会适应的现代邮政业的进程。马军胜提出要重点做好的四项工作：一是抓好行业的改革工作，力求释放更多的红利；二是要抓好快递和网购的协调发展，努力降低流通成本；三是要抓好寄递渠道的安全监管，保障通信和信息安全；四是要按照“三严三实”的要求加强队伍建设。

国家邮政局就安全工作约谈申通公司

3月13日，就申通公司连续发生两起违规收寄化学品事件，国家邮政局约谈申通公司负责人。约谈会通报了3月2日山东滕州申通公司违规收寄危险化学品事件和3月10日上海金桥申通公司违规收寄化学品事件的相关情况，宣布了针对上述两个事件拟对申通公司做出的处理决定，并对事件后续处理和公司全网整改提出了意见和要求。

国家邮政局再度部署行业安全工作

3月14日，国家邮政局召开全系统电视电话会议，国家邮政局副局长刘君就进一步加强寄递渠道安全监管工作进行再动员、再部署、再要求。刘君强调，安全责任要坚持属地化原则，无论是企业还是管理部门都要守土有责，全国上下要形成横向和纵向的责任体系。为进一步加强行业安全监管，确保寄递渠道安全畅通，刘君提出三点要求：一是切实增强推动行业安全发展的责任感和紧迫感；二是以“抓铁有痕、踏石留印”狠劲抓好收寄验视制度落实；三是进一步加大行业安全监管执法力度。各级邮政管理部门要严把行业安全准入关口；要严格安全监管执法；要着力提高基层队伍执法能力。

快递业务师鉴定题库评审会在京召开

3月12日至14日，国家邮政局职业技能鉴定指导中心在北京组织召开快递业务师鉴定题库评审会。来自国家邮政局相关部门、部分省（市）邮政管理局、快递协会、快递企业和相关院校的专家学者以及编写组成员参加了会议。与会专家针对题库进行了认真审议，提出了具体修改意见建议。会议对下一步快递业务师鉴定培训指导手册的编写提出了具体要求，明确了工作进度。

国家邮政局部署 2014 年快递业务经营许可年度报告工作

3 月 18 日，国家邮政局于印发《关于开展 2014 年快递业务经营许可年度报告工作的通知》。根据《快递业务经营许可管理办法》和《快递业务经营许可年度报告规定》，结合中央关于加快政府职能转变、建设服务型政府的要求，通知对各省、自治区、直辖市参加年度报告的企业范围、工作时间、工作程序等进行了具体要求。通知强调，各省（区、市）邮政管理局要高度重视，认真组织，做好 2014 年年度报告相关工作。邮政管理部门也要强化服务，提高效率，改进年报审核方式，减少办理环节、提升行政服务水平和年度报告审核效率，缩短年度报告办理时限，切实减轻企业负担。

中央第十二巡回督导组到国家邮政局督导第二批教育实践活动

3 月 18 日，中央第十二巡回督导组来到国家邮政局，听取了局党组关于第二批教育实践活动工作的开展情况以及下一步工作安排。中央第十二巡回督导组组长邢元敏出席，副组长钟攸平讲话。国家邮政局党组书记、局长马军胜介绍情况，党组成员解畅、王梅、赵晓光、刘君出席。马军胜强调，邮政管理系统开展第二批教育实践活动，将重点处理好“虚与实”“上与下”“破与立”的关系三个关系。针对搞好国家邮政局系统第二批教育实践活动，钟攸平强调，各单位要扎实做好各环节工作，确保活动不虚不空不偏、不走过场。

国家邮政局部署行业首次统计专项大调查

3 月 19 日，国家邮政局召开全系统电视电话会议，动员部署邮政体制改革以来，全行业首次开展的大规模统计专项调查工作。国家邮政局副局长王梅出席会议并作重要讲话。王梅指出，开展这次专项调查，有利于夯实三级邮政管理基础，进一步形成完整的监管对象名录库、地理信息地址库和调查数据库；有利于更加全面、完整、准确地掌握日常数据信息，并对行业发展情况进行科学评估；有利于统计数据的真实性、完整性、准确性，为政府宏观管理和科学决策提供保障；有利于完善统计指标、改善统计制度、创新统计方法，进一步提高统计数据质量和统计工作的水平。会议明确了统计调查工作时间表和具体要求，还对把握好调查名录的整理确定、调查任务的组织培训、调查数据的真实准确及保密管理等四个关键环节，进行了具体安排。

《经营快递业务的企业分支机构备案管理规定》获审议通过

3 月 20 日，国家邮政局局长马军胜主持召开 2014 年第 5 次局长办公会，审议通过了《经营快递业务的企业分支机构备案管理规定》。国家邮政局领导解畅、王梅、刘君出席会议。马军胜表示，将经营快递业务的企业分支机构备案职能下放省级以下邮政管理机构，是国家邮政局深入贯彻十八届三中全会精神，简政放权，切实减轻企业负担的具体措施。管理办法明确了备案适用主体和备案管理部门，遵循便利高效的原则简化了备案流程，既有利于激发快递市场主体的活力，也有利于充分发挥属地管理优势，便于加强属地化监管。

马军胜局长会见日本邮政株式会社社长西室泰三

3 月 21 日，国家邮政局局长马军胜会见了来京出席“中国发展高层论坛”的日本邮政株式会社社长西室泰三。双方就中日两国邮政业改革和创新发展等问题进行了交流。马军胜对西室泰三一行访问国家邮政局表示欢迎，并就中国邮政业改革和行业管理体制情况做了介绍。西室泰三表示，面对网络普及和电子商务发展带来的挑战，日本邮政期待进一步改革，在传统配送服务的基础上，加强包裹快递和国际业务的创新力度，希望本次会晤成为中日两国邮政部门紧密合作的新开端。国家邮政局办公室（外事司）、政策法规司和日本驻华使馆有关人员参加了会谈。

海峡两岸邮政交流协会召开一届三次理事会议

3月24日，海峡两岸邮政交流协会一届三次常务理事会议和一届三次理事会议在陕西西安召开。会议审议通过了协会2013年财务报告，调整增选了协会理事、常务理事、副秘书长。协会副会长兼秘书长盛汇萍通报了协会2013年工作情况和2014重点工作安排。协会副会长、国家邮政局副局长赵晓光传达了中央对台工作会议精神，并就做好对台工作提出明确要求。协会会长、中国邮政集团公司党组书记张亚非出席会议并讲话。来自国家邮政局和中国邮政集团公司所属有关部门和企业的理事和代表参加了会议。

马军胜局长会见美国联邦快递集团公司董事长、总裁兼首席执行官施伟德

3月25日，国家邮政局局长马军胜会见了来京参加“中国发展高层论坛”的美国联邦快递集团公司董事长、总裁兼首席执行官施伟德。双方就中国快递市场和联邦快递在华业务发展等问题交换了意见。马军胜欢迎施伟德一行访问国家邮政局，对联邦快递长期以来为中国经济社会发展做出的贡献表示赞赏。感谢联邦快递将先进的快递服务理念、标准和管理经验带入中国，希望联邦快递在提升国内快递服务水平，引导行业发展方面发挥重要作用。施伟德感谢国家邮政局对联邦快递在华业务发展的推动。并表示，联邦快递多年来一直重视中国市场，将严格遵守中国的法律法规，做中国守法的企业公民，并在技术领域全力配合国家邮政局的工作。国家邮政局办公室（外事司）、政策法规司和市场监管司有关人员陪同会见。

解畅组长调研北京邮政业发展和行业管理工作

3月28日，国家邮政局纪检组长解畅一行在北京调研邮政业发展和行业管理工作情况，并深入东区、天竺邮政管理局实地考察区局运行情况。调研组在北京市邮政管理局深入听取了总体工作情况及党风廉政建设工作情况的汇报，对北京市邮政管理局近年来的工作给予了充分肯定，解畅强调，北京市邮政管理局要在当前全面深化改革之年，更新监管理念，加快职能转变，从三个方面深化体制机制改革：一是实现监管重心转变；二是不断创新监管机制，将维护消费者合法权益放在首位，保证群众诉求渠道的畅通，认真处理好用户申诉；三是加强廉政教育，提高廉洁意识。

2014年首次快递业务员全国职鉴统考顺利举行

3月29日，2014年首次快递业务员职业技能鉴定全国统考在25个省（区、市）同时开考。本次统考共有22775人参加，其中，初级鉴定参考人数为20551人，中级鉴定参考人数为1455人，高级鉴定参考人数为769人，在校生451人。本次统考共设考点105个，考场760个。广东、江苏、山东、河南、吉林、河北、新疆等六省（区）参考人数超过千人。省级以下邮政监管机构的设立为职鉴工作的开展提供了支撑，此次考试在市（地）设置考点80个，方便了考生就近参加考试，降低了企业成本。

2014年全国邮政市场监管工作会召开

4月1日至2日，2014年全国邮政市场监管工作会议在宁夏银川召开。国家邮政局副局长刘君要求，2014年邮政市场监管工作，必须坚持“安全为基、发展为要、服务为上、管理为本”，从四方面入手提升邮政市场监管效能，推动行业快速、健康、安全发展。一是强化“底线”和“红线”意识，

树立“安全为基”观念。二是坚持“发展为要”，推动快递企业转型升级、提质增效。三是通过诚信体系建设加强企业自律和社会监管，以“服务为上”，丰富企业发展的生命线。四是发挥政府监管、行业自律、社会监管三位一体的作用，坚持“管理为本”，加强邮政市场监管。

马军胜局长会见天津市副市长孙文魁

4月2日，国家邮政局局长马军胜在北京会见了天津市副市长孙文魁。双方就推进天津机场航空物流产业园区规划建设等问题进行了交流。马军胜指出，天津规划建设航空物流产业园区，将对承接首都物流压力疏解、促进京津冀协同发展具有重要意义，国家邮政局将高度重视，凝聚行业力量，与相关部门共同支持天津市推动规划落地，推动产业升级，进一步促进天津邮政、快递业蓬勃发展，更好地服务经济社会发展。孙文魁介绍了天津机场航空物流产业园区规划情况，表示将加快推进航空物流产业园区规划建设，打造北方国际物流中心，推动京津冀协同发展。他欢迎邮政快递企业入驻园区，共谋发展，共创未来。国家邮政局办公室、政策法规司、市场监管司和职鉴指导中心相关负责同志参加会见。

“寻找最美快递员”活动50名入围候选人公示

4月3日，中国梦·邮政情“寻找最美快递员”50名入围候选人在国家邮政局网站和《中国邮政快递报》同步公示。“寻找最美快递员”的推荐渠道既有各地邮政管理部门、快递企业，也有电商平台、行业和社会媒体、邮政业社会监督员和普通消费者。5个推荐渠道共推荐参评人选221位，经过初步筛选，有154位快递员上网接受票选。截止到2014年3月31日24时，共收到投票286.2万张。由国家邮政局办公室、市场监管司、机关党委、纪检监察局、新闻宣传中心、中国快递协会、中央媒体、电商、消费者和社会监督员等各方代表共15人组成的评审委员会，将按照评审流程最终评选出“最美快递员”个人和集体代表。

马军胜局长会见中华邮政公司董事长翁文祺

4月9日，国家邮政局局长马军胜在北京会见了中华邮政公司董事长翁文祺一行。马军胜表示，2008年两岸实现直接双向全面通邮以来，业务增长稳健。希望两岸邮政加快电子商务合作，不断拓宽业务领域，提升两岸邮政合作水平，为两岸民众的交往和经贸发展做出更加积极的贡献。中华邮政公司董事长翁文祺希望两岸邮政深化合作，发挥邮政品牌优势，提升两岸邮政合作品质，解决两岸邮政业务发展问题，为两岸民众提供更加优质的服务。办公室、政策法规司、普遍服务司、市场监管司和中国邮政集团公司等有关人员陪同会见。

万国邮联邮政经营理事会2014年年会在瑞士伯尔尼召开

3月31日至4月11日，万国邮联邮政经营理事会年在瑞士伯尔尼召开。中国代表团由国家邮政局、中国邮政集团公司、香港邮政署、澳门邮政局以及中国驻日内瓦代表团共同组成。本次会议主要围绕邮政运输与安全、海关通关、函件包裹终端费、邮政市场开发、. post邮政顶级域名、地址库的开发与应用、电子商务以及邮政金融业务等内容展开讨论。同时召开的行政理事会各工作组会议，主要讨论邮联改革、邮联法规修改、邮政战略规划、邮联财务管理等问题。会议期间，中国代表团还拜会了万国邮联国际局总局长侯赛因和副总局长克里瓦兹，转达了马军胜局长的友好问候。

国家邮政局发出通知要求严格加强邮政车辆管理

4月12日，中央电视台经济频道“[是真的吗]栏目”报道了社会上存在出租带有邮政专用标志车辆的现象。国家邮政局对此高度重视，4月13日专门向各地邮政管理局发出紧急通知，要求切实履行监督职责，加强对邮政专用标志车辆的执法检查，发现问题按照法律规定进行处理，并及时上报国家邮政局。国家邮政局还要求中国邮政集团公司，立即组织对电视节目报道的相关内容进行核实，查明情况。

国家邮政局召开2014年建议、提案交办会

4月15日，国家邮政局召开2014年全国人大代表建议和全国政协委员提案交办会，对2014年建议、提案的办理工作进行部署。国家邮政局党组书记、局长马军胜专门作出重要批示，要求各部门高度重视人大代表建议和政协委员提案办理工作，增强实效、改善服务，不断提高邮政管理工作水平。党组成员、副局长王梅出席会议并讲话。2014年国家邮政局共收到全国人大代表建议15件、全国政协委员提案12件。承办的建议、提案总量显著增长，快递领域的建议和提案首次超过了普遍服务。

国家邮政局召开政府信息公开工作座谈会

4月16日，国家邮政局召开政府信息公开工作座谈会，研究部署2014年政府信息公开工作，国家邮政局纪检组长解畅出席会议并讲话。会议学习传达了《国务院办公厅关于印发2014年政府信息公开工作要点的通知》精神，通报了国家邮政局2014年一季度政府信息公开工作情况。各司局讨论了《国家邮政局2014年政府信息公开工作要点》，对如何贯彻落实国务院文件精神、加强国家邮政局政府信息公开工作制度建设提出了意见和建议。

邮政系统两集体两个人荣获全国“六五”普法中期先进表彰

全国普及法律常识办公室下发了《关于通报表扬全国“六五”普法中期先进集体和先进个人的通知》，对在2013年“六五”普法中期活动中表现突出的集体和个人进行了表彰。国家邮政局政策法规司、上海市邮政公司荣获“六五”普法中期先进单位称号；国家邮政局政策法规司法规处处长赵雷、广东省邮政管理局政策法规处处长匡莉莎荣获先进个人称号。

马军胜局长就国家邮政局进一步深化整改落实提出四点要求

4月24日，国家邮政局召开党的群众路线教育实践活动整改落实情况汇报会，教育实践活动领导小组组长、局党组书记、局长马军胜传达了刘云山同志在部委企业高校深化整改工作座谈会上的讲话精神，要求各单位进一步端正思想认识，强化领导责任，突破重点难点，加强督导落实，进一步深化整改落实工作。马军胜强调，开展教育实践活动，解决问题是硬道理，整改落实最关键，群众满意是最高标准，群众受益是最终目标。他就国家邮政局深化整改落实工作，提出四点要求：一是要进一步端正思想认识；二是要进一步强化领导责任；三是要进一步突破重点难点；四是要进一步加强督导落实。

邮政行业首次统计专项调查布置培训会召开

4月24日，邮政行业第一次统计专项调查布置培训会在浙江杭州召开。国家邮政局政策法规司和全国各省局统计工作人员参会。会议详细解读了《关于开展邮政行业第一次统计专项调查的通知》，对开展专项调查工作的对象范围、调查内容、数据口径以及调查方式进行了部署，并要求按照布置培训阶段、调查实施阶段、数据审核阶段、汇总分析阶段开展专项调查工作。对邮政企业、快递服务企业调查的表式和涉及的指标，结合企业实际进行解析，确保数据采集的真实性和完整性。会议还对用于此次专项统计调查的信息系统进行了培训。

快递与电商协同发展座谈会召开

4月25日，电子商务与物流快递协同发展座

谈会在北京召开，商务部部长助理王炳南、国家邮政局副局长刘君出席会议，商务部电子商务司、国家邮政局市场监管司以及天津、河北、黑龙江、上海、江苏、浙江、福建、河南、湖北、贵州、陕西等11个省、市的商务和邮政管理部门负责人，部分电商、快递企业代表参加会议。座谈会上，与会各省市和企业代表围绕快递车辆城市通行、末端投递、园区建设、信息共享和跨境电商等热点难点“谈问题、析成因、谋对策”，对本地区电商与快递协同发展的现状，已经开展的促进工作、取得的成效、存在的困难以及接下来的工作计划进行了介绍。根据会议精神，两部局将积极推动地方政府整合资源，优化政策环境，创新管理方式，破除行业发展瓶颈，建立适合电商行业特点的物流快递管理体系。

马军胜要求进一步提高认识深入开展第二批教育实践活动

4月28日，国家邮政局党组书记、局长、局党的群众路线教育实践活动领导小组组长马军胜，局党组成员、纪检组长、局教育实践活动领导小组副组长解畅听取了湖北省邮政管理局、荆州市邮政管理局教育实践活动开展情况的汇报。马军胜要求各级邮政管理局继续加强学习，进一步提高思想认识，坚持开门纳谏，进一步聚焦“四风”，坚持立行立改，进一步强基固本，深入开展教育实践活动。

中职邮政通信管理专业教学标准通过邮政行指委内审

4月28日，全国邮政职业教育教学指导委员会在北京召开中职邮政通信管理专业教学标准内审会，来自教育部、国家邮政局、行业内企业、有关院校和协会的专家及标准编写组成员参加会议。国家邮政局人事司副司长储蔚主持内审会。新制定的教学标准主要包含增加快递专业内容；大幅增加实训、实习课时；突出行业安全教育三大特点。

中国梦·邮政情“寻找最美快递员”结果揭晓

4月29日，中国梦·邮政情“寻找最美快递员”揭晓发布会在京举行，10名基层快递员和2个快递员集体荣获“最美快递员”称号。国家邮政局局长、精神文明指导委员会主任马军胜，局纪检组长、精神文明指导委员会副主任解畅，副局长刘君，以及中央第十二巡回督导组、共青团中央、交通运输部、国防邮电工会有关领导出席发布会并为“最美快递员”颁奖。解畅为大会致辞，并希望全行业要以此次活动为契机，以“最美快递员”为榜样，模范践行行业核心价值理念，扎实推进行业文化建设和精神文明建设，不断增强企业发展的软实力，坚持守法经营，坚持诚信服务，积极开展文明创建活动，自觉承担社会责任。

杨传堂部长会见最美快递员

4月29日，交通运输部部长杨传堂会见了在中国梦·邮政情“寻找最美快递员”活动中当选的“最美快递员”，深情地称他们是“连接用户的桥梁、传递美好的天使”，勉励他们珍惜荣誉、谦虚谨慎，为快递业发展做出新的贡献。国家邮政局局长马军胜、纪检组长解畅参加会见。

快递行业青年文明号创建工作现场会召开

4月29日，共青团中央、交通运输部、国家邮政局在京召开快递行业青年文明号创建工作现场会。共青团中央书记处书记汪鸿雁，国家邮政局党组成员、纪检组长解畅出席活动并讲话。汪鸿雁表示，快递行业的青年文明号创建工作刚刚起步，未来还有很大的发展空间，相信快递行业的青年文明号创建活动一定能不断迈出新步伐，取得新成果，成为激励行业青年、建设行业文明的一面青春旗帜。解畅就快递行业深入开展青年文明号创建工作提出四点要求。活动现场举行了全国青年文明号示范创建集体的授牌仪式，8家快递企业一线集体荣获殊荣。

快递行业创建青年文明号活动启动

共青团中央、交通运输部、国家邮政局联合印发通知，决定在全国快递行业开展创建青年文明号活动。通知明确了快递行业青年文明号创建主体的基本条件、评选表彰工作规范，提出了建立活动组织机构、明确创建计划、健全制度规范、设计有形载体、弘扬品牌文化等五方面创建措施。通知还对创建工作提出了四点要求。

国家邮政局一集体、一个人荣获中央国家机关“五一”劳动奖状和奖章

4 月 29 日，中央国家机关工会联合会在北京人民大会堂召开表彰大会，向近 5 年来在中央国家机关改革发展稳定各项工作中，涌现出来的具有时代特色和机关特点的 80 个先进集体和 125 名先进个人，颁发中央国家机关“五一”劳动奖状和“五一”劳动奖章。国家邮政局邮政业消费者申诉受理中心荣获“五一”劳动奖状，国家邮政局市场监管司副司长刘良一荣获“五一”劳动奖章。

马军胜勉励邮政管理系统青年干部与祖国同行与事业共进

5 月 5 日，国家邮政局召开青年干部座谈会。国家邮政局党组书记、局长马军胜出席会议，勉励青年干部进一步坚定理想信念，提升自身素质，与祖国和人民同行，与邮政管理事业共进，在推进建设与小康社会相适应的现代邮政业中谱写青春乐章。作为纪念“五四”运动活动安排，5 月 4 日，国家邮政局机关团委还组织青年干部到中国邮政邮票博物馆参观，了解邮票发展历史，增强青年干部知识储备。

《快递业温室气体排放测量方法》审议通过

5 月 8 日，国家邮政局局长马军胜主持召开 2014 年第 7 次局长办公会，审议通过《快递业温室气体排放测量方法》和《快递业务经营许可注销管理规定》。国家邮政局领导王梅、赵晓光、刘君等出席会议。马军胜表示，环境保护是基本国策，节能减排是国家实施可持续发展战略的重要措施，在环境保护方面，快递业应当树立标杆，引导发展；积极探索，增进交流；了解政策，为我所用。

快递业务师鉴定题库大纲通过终审

5 月 7 日至 9 日，国家邮政局职业技能鉴定指导中心在京组织召开了快递业务师鉴定题库大纲终审会，快递业务师鉴定试题、考试大纲顺利通过终审。人力资源和社会保障部职业技能鉴定中心、邮政管理部门、快递协会、快递企业、职业院校的专家学者以及教材编写组参加了会议。人社部的专家对快递业务员四个等级的教材题库建设给予充分肯定和高度评价，认为题库内容符合国家职业技能鉴定考试技术规程相关要求，质量较高，针对性和实用性较强，一致同意通过终审。并针对“快递业务师鉴定考评工作实施办法”提出了意见建议。

国家邮政局部署亚信峰会期间寄递渠道安全保障工作

为切实做好亚信峰会期间寄递渠道安全保障工作，确保亚信峰会成功举办。5 月 13 日，国家邮政局向各省（区、市）发出通知，要求各级邮政管理部门充分认识做好亚信峰会期间寄递渠道安全保障工作的重要意义，进一步加强领导，强化监管，切实做好亚信峰会期间寄递渠道安全保障工作。自 5 月 15 日至 25 日期间，全国各地邮政企业、快递企业要对所有发往上海的邮件、快件逐件进行重点验视，提示用户如实填写快递运单，认真核实寄递物品的品名和数量，对于禁止寄递或者不能确认安全的物品坚决不予收寄。

国家邮政局召开快递条例立法系统内座谈会

5月12日至14日，国家邮政局在湖南召开第二次快递条例立法系统内座谈会，听取山西、吉林、上海、江苏、山东、湖南、广东、广西、贵州、宁夏、陕西等省(区、市)邮政管理局主要负责人对快递条例草案的意见和建议。国家邮政局副局长、快递条例立法工作领导小组副组长赵晓光出席会议。赵晓光强调，在下一步立法工作中要注意把握以下六个原则：一是要体现改革思想。二是要坚持健康可持续发展。三是要提高社会治理能力。四是要处理好与其他法律法规的关系。五是要体现行业特点。六是要做到可行、可信、能操作。

中央第十二巡回督导组在荆州市邮政管理局指导调研

5月14日，中央第十二巡回督导组到湖北省荆州市邮政管理系统指导调研，深入推进教育实践活动的开展。在当天下午举行的情况汇报会上，巡回督导组组长邢元敏同志做了重要讲话，强调群众离不开邮政行业，邮政行业更离不开群众，开展群众路线教育实践活动在邮政行业有着重要的特殊意义。在召开情况汇报会的同时，巡回督导组还分别组织了和荆州市邮政管理局机关干部，邮政企业、快递企业、电商企业代表，用户代表，社会监督员的个别访谈，听取他们对市局班子、领导的意见和建议。

国务院部署加快发展生产性服务业

5月14日，国务院常务会议部署加快生产性服务业重点和薄弱环节发展，以促进产业结构调整升级。李克强总理强调，要更多依靠市场机制和创新驱动，通过建设物流公共信息平台和货物配载中心，加快标准化设施应用，推进第三方物流与制造业联动发展等5个方面的工作，发展生产性服务，促进提升国民经济整体素质和竞争力。

国家邮政局学习贯彻习近平总书记系列重要讲话精神轮训班开班

5月15日，国家邮政局系统学习贯彻习近平总书记系列重要讲话精神轮训班在交通运输部党校开班。国家邮政局党组高度重视此次轮训，专门召开会议进行研究。局党组书记、局长马军胜要求，要认真组织好学习，注重效果，指导实践。局党组成员、副局长王梅出席开班仪式并作动员讲话。王梅强调，国家邮政局系统各级领导班子和广大党员干部要按照“真学真懂、真信真用、真抓真改”的要求，自觉加强学习，丰富学习形式，创新学习方法，推动学习常态化，确保学习贯彻工作取得实实在在的成效。

国家邮政局表彰2013年邮政行业统计工作先进企业

2013年，国家—省—市(地)三级统计工作管理体系正式运行，在各级邮政管理部门及全行业企业的共同努力下，三级统计工作体系衔接顺畅、运转高效，统计调查顺利开展，数据质量稳步提高，行业管理基础得到夯实，信息服务质量不断提升，为宏观决策发挥了重要的支撑保障作用。为表彰先进，依据《邮政行业统计管理办法》的相关规定，国家邮政局决定授予北京市邮政速递物流有限公司等150家企业“2013年邮政行业统计工作先进企业”荣誉称号。

国家邮政局审议通过《2013年快递市场监管报告》

5月19日，国家邮政局局长马军胜主持召开2014年第8次局长办公会，审议并通过《2013年快递市场监管报告》。报告图文并茂地展示了2013年快递市场发展和监管概况。国家邮政局副局长王梅、刘君、邢小江出席会议。马军胜表示，依据《市场监管报告制度》，从2011年开始，国家邮政局每年向社会公布快递市场监管情况，报告编制工作成为加强快递市场监管、传递行业运行信息、总结工作成效的重要手段，也成为权力规范运行、信息公开透明、社会监督到位的重要载体。

刘君副局长会见美国联合包裹公司国际公共政策高级副总裁莱斯莉·格里芬

5月19日下午，国家邮政局副局长刘君在北京会见了来访的美国联合包裹公司（UPS）国际公共政策高级副总裁莱斯莉·格里芬女士。双方就UPS在华业务发展问题交换了意见。刘君表示，中国快递业仍处于初级发展阶段，国家邮政局愿意与包括UPS在内的国内外市场主体共同努力，推动中国快递市场持续、健康发展。格里芬表示UPS重视与中国的合作，尊重国家邮政局对中国快递市场的监管，希望继续扩展在华业务，为中国消费者提供更好的服务。她赞赏国家邮政局简政放权的新举措，希望国家邮政局继续为推动中国快递市场开放和公平竞争做出努力。国家邮政局办公室（外事司）和市场监管司有关人员出席了会见。

2014年快递业务员鉴定第二次全国统考举行

5月24日，2014年快递业务员职业技能鉴定第二次全国统考在28个省（区、市）同时开考。此次统考共设考点118个，考场945个，其中89个考点设置在市（地），方便考生就近参加考试。此次统考共有28284人参加，其中，初级鉴定参考人数为23509人，中级鉴定参考人数为3621人，高级鉴定参考人数为1154人，在校生917人。参考人数超过千人的省份有浙江、江苏、北京、福建、山东、安徽、内蒙古等七省（区、市）。

解畅率团赴台湾邮政交流参访

5月26日，海峡两岸邮政交流协会顾问、国家邮政局纪检组长解畅率领的大陆邮政交流团在台湾参观访问的最后一站台湾高雄邮局进行座谈。此次交流参访的代表团由来自国家邮政局和北京、上海、浙江、江西、青海、新疆六省（区、市）的海峡两岸邮政交流协会理事和会员组成。在台期间，解畅团长会晤了中华邮政公司王昌总经理、陈宪着副总经理和中华邮政工会郑光明理事长，沟通了大陆筹备2014年两岸邮政发展研讨会的情况。代表团全体成员先后参观了台北邮局、阿里山邮局、高雄邮局，与台湾邮政管理部门、中华邮政公司同仁进行了业务交流座谈。

赵晓光副局长率团访问厄瓜多尔和秘鲁

5月25日至27日，第五届全球邮政监管对话会议在厄瓜多尔首都基多举行。应厄瓜多尔国家邮政管理局邀请，国家邮政局副局长赵晓光率中国代表团出席会议，并在会上做了“邮政普遍服务的未来”主旨发言。此前，应秘鲁交通和通信部邀请，赵晓光一行于5月21日至23日访问秘鲁，与秘鲁交通和通信部通信监管和国际事务总局罗伯托·奥尔蒂斯总局长就加强两国邮政领域交流与合作问题进行了磋商并签署备忘录。

王梅副局长参加京交会高峰会并参观快递服务展区

5月28日，由中华人民共和国商务部、北京市人民政府共同主办的第三届中国（北京）国际服务贸易交易会在京开幕。国家邮政局副局长王梅应邀参加中国（北京）国际服务贸易交易会高峰会。高峰会后，王梅来到北京国家会议中心，参观了快递服务展区。王梅充分肯定了参展快递企业在技术、产品、服务等方面的创新，希望企业持续奋进，不断提升服务能力和水平，为消费者提供优质快递服务，并利用好京交会这个展示平台，让公众和消费者深入了解快递品牌。她同时期望快递企业与金融、电商等上下游企业进一步加快融合发展。

刘君副局长率团出席第七届土耳其国际邮政研讨会

5月25日至28日，应土耳其邮政的邀请，国家邮政局副局长刘君率团于赴土耳其费特希耶出席了“第七届土耳其国际邮政研讨会”。共有来自亚洲、美洲、欧洲地中海地区、阿拉伯地区的40多个国家邮政管理部门、邮政企业和利益相关者的150多名代表出席了会议。刘君于5月26日上午就“促进快递服务与电子商务协同发展”做了主题演讲。会前,刘君还应希腊国家邮电委员会的邀请赴雅典会见了希腊国家邮电委员会副主席康斯坦提诺斯·戴利科斯托普罗斯博士。双方就邮政行业监管、行业立法、市场开放、邮政普遍服务、外国邮政经营者的准入及电子商务在双方市场的发展等情况进行了深入的交流,并签署了关于进一步加强两国邮政交流与合作的谅解备忘录。

快递行业发展大会召开 促成签约额超500亿元

5月30日,2014中国快递行业(国际)发展大会在北京召开。作为第三届京交会重要内容之一,大会以“诚信服务、融合发展、共享未来”为主题,举办了主题演讲和高峰对话,进行了中国快递服务战略合作签约,签约额超500亿元,多项合作对促进快递业与上下游行业融合发展、中国快递走向世界将起到重要的推动作用。国家邮政局局长马军胜、北京市副市长程红等出席见证签约仪式。国家邮政局副局长刘君为大会开幕致辞,中国快递协会会长高宏峰做闭幕讲话。

马军胜局长视察京交会快递服务展区

5月30日,国家邮政局局长马军胜在北京国际会议中心视察了快递服务展区,逐一参观了参展的近20家快递企业及关联企业,重点了解这些企业在京交会上展示的新业务、新技术,并详细询问了企业在发展和转型升级过程中遇到的新问题、新情况。马军胜勉励快递企业要充分发挥自身优势,坚定不移地加快“走出去”,进一步实现做大做强。他要求企业珍惜当前快递业良好的发展局面,主动研究和适应新税制,提升产品核心竞争力、提升客户服务质量。

杨传堂视察京交会快递展区

5月31日,交通运输部党组书记、部长杨传堂到北京国家会议中心,视察第三届中国(北京)国际服务贸易交易会(简称京交会)快递服务展区。他强调,要进一步深化交邮融合,推动快递业科学发展,更好地服务经济发展和民生改善。杨传堂还十分关心快递业与上下游产业融合发展的情况,并十分牵挂快递企业员工的收入情况。部党组成员、国家邮政局局长马军胜,北京市副市长张延昆等一同考察。

国家邮政局传达贯彻中央第二次新疆工作座谈会精神

6月3日,国家邮政局党组召开扩大会议,传达贯彻中央第二次新疆工作座谈会精神。党组书记、局长马军胜主持会议。他强调,要切实把思想和行动统一到中央治疆方略和部署要求上来,大力提升新疆邮政普遍服务均等化水平,全力推动新疆快递产业快速发展,切实加强寄递渠道安全监管,为新疆社会稳定和长治久安做出积极贡献。局党组全体成员,机关各司局主要负责同志参加会议。

刘君副局长赴中国邮政速递物流公司调研

6月5日,国家邮政局副局长刘君带队深入调研中国邮政速递物流公司,与企业领导及部门负责人座谈,了解企业发展态势和改革进程,倾听企业对行业管理的建议和意见,并指导企业进一步深入改革、乘势发展、转型升级。中国邮政集团公司副总经理康宁参加座谈,国家邮政局相关司局的负责同志一同调研,认真听取意见建议,并就有关方面的问题和企业进行了交流。

国家邮政局要求全系统进一步学习弘扬焦裕禄精神

6月6日,国家邮政局党组召开中心组(扩大)学习电视会议,邀请中共河南省委党校、河南行政学院党组成员、教育长尹书博教授为全系统党员干部做“深入学习总书记兰考重要讲话精神，努力做焦裕禄式的好党员、好干部”专题讲座。国家邮政局党组中心组全体成员，及全国邮政管理系统党员干部共1000多人参加会议。国家邮政局党组成员、纪检组长解畅在会上就全系统进一步学习弘扬焦裕禄精神提出四点要求。

《关于全面推进邮政行业文化建设的指导意见》审议通过

6月10日，《关于全面推进邮政行业文化建设的指导意见》通过国家邮政局局长办公会审议。这是国家邮政局落实教育实践活动整改方案关于加强制度建设的具体举措。会议由国家邮政局局长马军胜主持。马军胜指出，弘扬社会主义核心价值观，践行“诚信、服务、规范、共享”的邮政行业核心价值理念，全面推进邮政行业文化建设，增强行业文化软实力，必须把握四个要点：一是深入挖掘和传承邮政行业优秀传统文化，二是吸纳邮政企业、快递企业文化建设最新成果，三是拓展和创新邮政行业文化建设的载体与形式，四是培育行业领先、用户满意的服务品牌和服务产品。国家邮政局领导解畅、王梅、赵晓光、刘君、邢小江出席会议，局机关和直属单位相关负责人列席此次会议。

《快递专用电动三轮车技术要求》行业标准审议通过

6月10日，国家邮政局局长马军胜主持召开2014年第9次局长办公会，审议通过《快递专用电动三轮车技术要求》行业标准。马军胜表示，制定快递专用电动三轮车技术标准，是国家邮政局贯彻落实国务院关于促进物流业健康发展的指导意见、切实加强和改进城市配送管理工作的重要举措。标准的出台不仅可以为使用部门提供可靠的技术依据，还可以引导快递专用电动三轮车有序发展、规范运行，有利于改善快递服务形象，提高快递服务质量。国家邮政局领导解畅、王梅、赵晓光、刘君、邢小江等出席会议。

国务院常务会议讨论通过《物流业发展中长期规划》

6月11日，国务院总理李克强主持召开国务院常务会议，讨论通过了《物流业发展中长期规划》，确定了农产品物流、制造业物流与供应链管理、再生资源回收物流等12项重点工程，提出到2020年基本建立现代物流服务体系，提升物流业标准化、信息化、智能化、集约化水平，提高经济整体运行效率和效益。会议强调，当前建设现代物流体系要突出重点：一要着力降低物流成本；二要推动物流企业规模化；三要改善物流基础设施。会议还决定简化合并增值税特定一般纳税人征收率，减轻企业负担。

国家邮政局下放快递分支机构备案职能

国家邮政局出台的《经营快递业务的企业分支机构备案管理规定》正式实施，将经营快递业务的企业分支机构备案职能下放到省级以下邮政管理机构，并简化了备案流程。规定要求分支机构自取得营业执照之日起20日内到所在地邮政管理部门办理备案手续。备案提交材料合格的，邮政管理部门应当场办理备案手续，备案提交材料不符合要求的，应当场告知。快递企业分支机构已经报省（区、市）邮政管理机构办理过备案手续的，应在规定实施之日起三个月内，到分支机构所在地省级以下邮政管理机构重新办理备案手续。

民航局与国家邮政局联合发布《锂电池邮件航空运输管理办法》

中国民用航空局与国家邮政局联合发布了《锂电池邮件航空运输管理办法》，办法适用于邮政企业将锂电池邮件交付航空运输的活动。对我国锂电池邮件航空运输各环节的相关规范做了进一步明确。办法共计17条，主要内容包括邮政企业将锂电池邮件交付航空运输应当满足的条件、允许航空邮寄锂电池的条件、邮政企业控制危险品邮件进入航空运输的程序要求、邮政企业危险品航空运输培训大纲内容要求等。

钟攸平、马军胜参加指导荆州市邮政管理局党组专题民主生活会

6月13日，中央第十二巡回督导组参加指导了湖北省荆州市邮政管理局党组班子专题民主生活会，副组长钟攸平做了重要讲话，强调要以专题民主生活会为新的起点，坚持从严从实的要求，坚持问题导向，发扬认真务实精神，推动履职、促进提升，把第二批教育实践活动的开展不断推向深入。国家邮政局党组书记、局长马军胜在讲话中强调要摒弃"闯关"思想，把改进作风作为一项长期任务抓好抓实。

交通运输部第四届专家委员会成立

6月17日，交通运输部第四届专家委员会和第三届政策咨询小组成立大会在北京召开，交通运输部部党组书记、部长杨传堂出席会议并发表重要讲话。部第四届专家委员会共由98名专家组成，分设铁路、公路、水路、民航、邮政5个专业组，其中邮政组12名成员分别来自邮政管理部门、邮政和快递企业、行业协会、相关院校等，来源多样。辽宁省邮政管理局局长孙康受聘为部第四届专家委员会副主任兼邮政组组长。杨传堂为邮政等5个专业组组长颁发聘书。

邮政行业职业技能鉴定考务管理、财务管理培训班举办

6月19日，邮政行业职业技能鉴定考务管理、财务管理培训班在北京举办。来自全国29个省（区、市）邮政管理局、职鉴中心以及鉴定站的68名学员参加了此次培训。培训是应各省需求，针对考务管理和财务管理进行的专题业务进行的，来自国家邮政局办公室、山东省邮政行业职业技能鉴定中心和邮政行业职业技能鉴定站的相关负责同志就财务管理、鉴定站管理、考务工作流程及要求、考务管理系统使用等内容进行了详细讲解。还介绍了邮政行业职业资格网站建设和职业资格证书复核工作计划等情况。

赵晓光副局长会见泰国邮政代表团

6月23日，国家邮政局副局长赵晓光在北京会见了由泰国信息和通信技术部国际事务局执行局长威拉萨·吉迪瓦率领的泰国邮政代表团。赵晓光他充分肯定了中泰邮政官员互访机制对加深两国邮政部门相互了解、增进友谊、促进双边邮政业务发展起到的积极作用，对两国邮政部门在万国邮联和亚太邮联事务中的合作成效表示赞赏，希望在双方共同努力下，中泰邮政官员互访机制取得新的发展。威拉萨对多年来两国邮政领域交流取得的成果表示满意，希望双方继续加强各层面的接触，将更多交流经验应用于两国邮政发展的实践。访华期间，泰国邮政代表团将就中泰两国邮政市场发展和邮政普遍服务保障等议题分别与国家邮政局和中国邮政集团公司进行交流，并赴义乌考察中国电子商务发展情况。

国家邮政局申诉处理规定研讨会召开

6月24日，国家邮政局邮政业消费者申诉中心在湖南长沙召开申诉处理相关规定研讨会，讨论了《邮政业消费者申诉处理办法》和《邮政业消费者申诉处理规程》修订稿，并就市（地）邮政管理局开展申诉处理工作的相关问题展开了讨论。

国家邮政局新闻宣传中心获中央国家机关青年文明号

在各部门广泛发动、择优推荐的基础上，经过对候选集体的严格审核，并报中央国家机关工委同意，团工委决定，命名全国人大会议中心房务部等104个青年集体为"2013－2014年度中央国家机关青年文明号"，并要求获奖集体大力弘扬"敬

业、协作、创优、奉献”的精神内涵，立足本职岗位，争创一流业绩。在中央国家机关团工委公布了“2013－2014年度中央国家机关青年文明号”名单中，国家邮政局新闻宣传中心榜上有名。

国家邮政局举办2014年第一期年度行政执法培训

6月18日至24日，国家邮政局在湖北省武汉市举办了2014年第一期年度行政执法培训。在6月19日开班仪式上，国家邮政局赵晓光副局长做重要讲话。赵晓光指出，国家邮政局组织此次培训，希望大家能通过认真学习，切实提高法治意识，养成依法办事的习惯，在日常执法中做到于法有据、行权有规，既不越位，也不缺位，不断提高行政执法的能力和水平，真正做到严格规范公正文明执法。这次培训是邮政管理部门首次大规模的执法集中培训，共有270多人参加，学员主要是市（地）邮政管理局负责人、各省（区、市）邮政管理局以及国家邮政局各司局持有邮政行政执法证的人员。

全国首个县级邮政管理机构在义乌成立

6月26日，全国首个县级邮政管理机构义乌邮政管理局成立，国家邮政局局长马军胜为揭牌。义乌邮政管理局的揭牌成立，是县域邮政监管模式新的探索和实践，不仅是我国邮政体制改革的重要成果，也标志着我国邮政业完善县级邮政监管体制的工作进入了一个新的阶段。

国内首趟电商快递班列7月1日起运行于沪深间

首列电商快递班列于7月1日起正式在上海与深圳之间运行，随着全国铁路新运行图的实施正式运行，在北京、上海、广州、深圳四地间的另两对班列的开通时间也在加紧制定当中。此前，中国快递协会与中国铁路总公司密切合作，调查快递企业铁路货运的需求，并与中国铁路总公司进行了数次对接。中铁总公司积极响应，按照快递企业的需求，仅用不到两个月的时间，便在北京、上海、广州、深圳四地间，为快递业量身定制首批三对六列电商快递班列。

第二批教育实践活动局领导联系点民主生活会召开

6月24日至7月6日，国家邮政局党组成员解畅、王梅、赵晓光、刘君等同志，分别参加指导了第二批教育实践活动中各自联系点甘肃定西、宁夏石嘴山、浙江温州、四川广元等市邮政管理局党组专题民主生活会。中央第十二巡回督导组组长邢元敏以及中央党的群众路线教育实践活动领导小组办公室有关同志还专程参加指导了定西市邮政管理局的党组专题民主生活会。对于定西局的民主生活会，邢元敏强调要借鉴第一批活动的成功经验，抓好各项整改措施的落实。对中央已经确定的今年要重点解决的7个问题、对群众反映强烈的突出问题，不能等、不要拖，要加大整治力度，尽快办成几件具体实在的事情，让群众切实感受到活动带来新变化。参加指导市（地）局党组专题民主生活会期间，邢元敏还专程来到甘肃顺丰公司，对非公党建工作和快递进社区、快递和电商进一步整合发展进行了调研。局领导也借此机会，深入基层、深入企业进行广泛调研。

刘君会见美国UPS航空公司总裁布兰登·卡纳万

7月7日，国家邮政局副局长刘君在北京会见了来访的美国UPS航空公司总裁布兰登·卡纳万一行。刘君对布兰登·卡纳万就任UPS航空公司总裁表示祝贺，对其担任UPS亚太区总裁期间，为推动UPS在中国市场发展、提升服务水平所做的贡献表示赞赏，希望他履新后，继续关注中国快递市场的发展，为国家邮政局和UPS的友好合作做出新的贡献。布兰登·卡纳万表示,UPS在中国取得的成就离不开国家邮政局的大力支持。UPS愿意与国家邮政局继续保持良好的沟通与合作关系,更好地为中国经济社会发展服务。

两岸邮政召开发展研讨会

7月7日,2014两岸邮政发展研讨会在北京召开。此次会议主题为"深化合作、促进发展、共创双赢",旨在总结展示两岸邮政发展成果,并研究和探讨两岸电子商务与包裹快递市场发展未来、邮政业务合作拓展及邮政金融合作前景。交通运输部副部长冯正霖、国家邮政局局长马军胜、台湾邮政协会荣誉顾问王廷俊、中国邮政集团公司总经理李国华、中华邮政股份有限公司总经理王昌等出席开幕式并为大会致辞,海峡两岸关系协会常务副会长郑立中出席会议。国家邮政局副局长赵晓光主持开幕式并为闭幕式致辞。海关总署、国台办、海峡两岸关系协会、台湾邮政协会、中国邮政集团公司、中华邮政公司等有关领导和邮政业界专家出席会议。

快递业务师试考工作动员会召开

7月7日,邮政行业职业技能鉴定快递业务师试考工作动员会在山东济南召开,来自当地快递企业、合作院校的40余人参会。此次试考意味着全国快递业务员国家职业资格二级(技师)鉴定工作拉开序幕。会议详细介绍了快递业务师鉴定考评工作原则、流程和方式方法,并就试考相关工作进行总体部署。快递业务师鉴定考评在考核形式上更加注重考核技能人员在解决实际问题、组织协调、传帮带等方面的能力和水平。考评由理论知识考试、技能操作考核与综合评审三部分组成,前两项成绩均合格者可以参加综合评审,综合评审通过者获得快递业务师国家职业资格证书。

2014年《财富》世界500强出炉 中邮集团跃升至第168位

7月7日,2014《财富》世界500强出炉,美国零售业巨头沃尔玛超越荷兰皇家壳牌石油登顶,中石化、中石油位列三、四名,中国公司继续高歌猛进,上榜企业首度达到100家。中国邮政集团公司以589.646亿美元的营业收入位列第168位,较上一年劲升28位,位列上榜中国公司第29位。全球邮政快递领域共有8家企业上榜,依排名分别为日本邮政(23位)、德国邮政(110位)、美国邮政(134位)、中国邮政(168位)、联合包裹(182位)、联邦快递(236位)、意大利邮政(336位)、法国邮政(364位)。

马军胜局长会见美国德勤公司全球邮政和物流行业总监保罗·沃格尔

7月8日,国家邮政局局长马军胜在京会见了来访的美国德勤公司全球邮政和物流行业总监保罗·沃格尔。马军胜对德勤公司与国家邮政局发展研究中心合作合发布《中国快递行业发展报告2014》表示肯定,并就中国邮政快递和电子商务行业的发展情况与保罗·沃格尔进行了交流。

全国邮政管理局长座谈会召开

7月10日,全国邮政管理局长座谈会召开。国家邮政局局长马军胜在会上讲话,要求全系统开拓进取,务实创新,着力推进邮政行业持续健康发展,努力适应经济社会发展和人民群众生活需要。马军胜强调,邮政行业虽然保持持续快速发展势头,但存在的一些突出问题没有得到有效解决。邮政管理全系统要客观分析问题,正确研判形势,时刻保持清醒头脑和昂扬斗志,坚定不移地按照今年初制订的各项目标任务向前推进、抓紧落实。会议由国家邮政局纪检组长解畅主持,局领导王梅、赵晓光、刘君分别就完善省级以下邮政监管体制、空白乡镇邮政网点补建、邮政行业安全监管等工作进行了重点部署。

国家邮政局系统学习贯彻习近平总书记系列讲话精神轮训班(第二期)开班

7月10日,国家邮政局系统学习贯彻习近平总书记系列讲话精神轮训班(第二期)开班,国家邮政局党组书记、局长马军胜结合自身学习体会,及第一期轮训班的效果和反响,作了开班动员讲话,要求学员深入学习贯彻习近平总书记系列讲话精神,深读细研、学以致用,努力推动邮政业持续健康快速发展。马军胜强调,深入学习贯彻习近平总书记系列重要讲话精神,是在思想上、政治上、行动上同以习近平同志为总书记的党中央保持高度一致的重要前提,是激发党员干部群众奋进斗志和创造热情的动力之源,是进一步做好邮政管理工作、推进邮政业持续健康发展的迫切需要。局党组成员、纪检组长解畅主持开班仪式。局党组成员、副局长王梅、赵晓光、刘君出席开班仪式。来自国家局各司局负责人和全国31个省(区、市)邮政管理局局长参加第二期轮训。

马军胜局长会见瑞士邮政首席执行官苏珊娜·罗芙女士

7月11日,国家邮政局局长马军胜在京会见了来访的瑞士邮政首席执行官苏珊娜·罗芙女士。马军胜对苏珊娜·罗芙女士访华表示欢迎,并向客人介绍了中国邮政体制改革的思路、内容,以及邮政发展情况,希望中瑞两国邮政部门加强交流,推动各领域的合作。双方还就两国邮政、快递和电子商务的发展情况交换了意见。

国家邮政局召开第二季度新闻通气

7月14日,国家邮政局召开2014年第二季度新闻通气会,向媒体通报了2014年上半年邮政行业经济运行情况、快递服务满意度调查和时限准时率测试结果,并解读了近期发布的《快递专用电动三轮车技术要求》邮政行业标准。上半年,邮政行业继续保持较快的发展态势,快递服务满意度持续提升,全程时限均值进一步缩短。通气会由国家邮政局新闻宣传中心主任钟奇志主持。《人民日报》、新华社、《光明日报》、《经济日报》、中央人民广播电台、中央电视台、《工人日报》、《人民政协报》、《中国交通报》、《中国邮政快递报》、《快递》杂志等中央和行业媒体记者参加通气会。

国家邮政局要求做好青奥会邮政服务和寄递安全工作

7月15日,国家邮政局发出通知,要求各级邮政管理部门深刻领会习近平总书记关于“办好青奥盛会”的重要指示精神,确保寄递渠道安全畅通,圆满完成第二届夏季青年奥林匹克运动会各项服务保障任务。各省(区、市)邮政管理局要牢固树立全国“一盘棋”思想,指导邮政企业、快递企业采取有效措施保障邮件、快件及时、准确收投。要坚持“万无一失”的标准,严格抓好源头防范,督促邮政企业、快递企业认真落实收寄验视、安全检查、加盖验视章等制度措施,严把收寄关口,坚决将各类禁寄物品堵截在寄递渠道之外。充分发挥邮路安全“护城河”作用,上海、山东、安徽、江西、浙江等周边省(市)以及北京、广州、深圳、武汉等重点城市,要加大对发往南京的邮件、快件安全检查和抽查力度,对涉奥邮件、快件严格落实100%安检要求。同时,制订完善青奥会期间的专项应急预案,督促企业搞好人力、物资、车辆、场地及相关设备等应急准备,适时组织开展应急演练,确保一旦发生突发事件时,能够及时、有效处置,最大限度减少损失和影响。

马军胜局长主持分析行业经济运行特征

7月17日,国家邮政局局长马军胜主持召开国家邮政局2014年第11次局长办公会,分析上半年邮政行业经济运行情况,研究下半年业务发展趋势,部署提升行业服务质量、促进快递产业链协同发展等重点工作。马军胜强调，下半年，邮政管理系统要正确研判形势，客观分析问题，时刻保持清醒头脑，增强定力、激发干劲、主动作为，全力以赴完成年初制定的工作任务和目标。

国家邮政局要求进一步落实审批流程优化方案

7月21日，国家邮政局发布《关于贯彻落实〈《快递业务经营许可证》变更审核流程优化方案〉的通知》，要求各级邮政管理部门在许可审核中，特别是在企业分支机构设立申请审核中，要按照国家邮政局党组的要求，加快审核节奏，按时保质完成工作任务。要坚持提升服务与加强监管相结合，按照"一建两结合"的总体思路，采取形式审查与实地审查相结合的方式，对许可变更事项实行分项管理，简化办理流程；建立"绿色通道"制度，对达到方案要求的诚信企业，开辟许可审批绿色通道；严格执行一次性告知规定，申请材料不齐全或者不符合法定形式的，审核人员应一次告知申请人需要补正的全部内容。

邮政行业职业教育专题调研会召开

7月下旬，全国邮政职业教育教学指导委员会在上海召开了邮政行业职业教育专题调研会。会议学习了习近平总书记关于职业教育工作的重要批示和国务院《关于加快发展现代职业教育的决定》文件精神，并围绕邮政行业职业教育进行了充分探讨和交流。国家邮政局人事司副司长刘良一、上海市邮政管理局局长曾军山、邮政行指委部分委员、部分在沪快递企业总部负责人、国家邮政局职业技能鉴定指导中心及上海市快递协会代表等近30人参加了调研会。

马军胜局长会见美国联合包裹公司国际总裁吉姆·巴伯尔

7月21日，国家邮政局局长马军胜会见了来京参加第六轮中美工商领袖和前高官对话的美国联合包裹公司国际总裁吉姆·巴伯尔。双方就中国快递市场、跨境网购和联合包裹公司在华业务发展等问题交换了意见。国家邮政局办公室(外事司)和市场监管司有关人员陪同会见。

我国网购用户达3.32亿　快递服务升级成增长"助推器"

7月21日，中国互联网络信息中心(CNNIC)在京发布第34次《中国互联网络发展状况统计报告》。报告显示，截至2014年6月，中国网民规模达6.32亿；网络购物用户达3.32亿，较2013年底增加2962万人，半年增长率为9.8%；我国网民使用网购的比例首破50%，达到52.5%。报告将网购用户规模增长的原因归结为网络诚信改善、新消法实施、快递升级、移动支付、C2B等，并特别指出，电商平台和快递企业推出预约配送和当日送达等服务提升物流效率，物流服务的比拼已升级为配送精准度。

马军胜局长会见美国联邦快递公司首席运营官兼国际业务总裁邓博华

7月22日，国家邮政局局长马军胜会见了来京参加第六轮中美工商领袖和前高官对话的美国联邦快递公司首席运营官兼国际业务总裁邓博华。双方就中国快递市场和联邦快递公司在中国的业务发展情况等问题交换了意见。国家邮政局办公室(外事司)和市场监管司有关人员陪同会见。

国家邮政局部署青奥会寄递渠道安全保障工作

7月24日，国家邮政局在江苏南京召开部分省(市)南京青奥会邮路安保工作部署会，国家邮政局副局长刘君出席会议就做好青奥会期间寄递渠道安全保障工作进行专题部署，并率队检查涉奥场所邮政服务设施和南京邮区中心局邮件、快件集中安检工作措施落实情况，他要求邮政企业针对涉奥邮件、快件做好车辆、人员准备，落实特殊安全保障措施，确保安全。

国家邮政局等三部门通告加强南京青奥会期间寄递物品安全工作

7月28日，国家邮政局会同公安部、国家安全部联合发出通告，要求邮政企业、快递企业要严格执行《中华人民共和国邮政法》等国家有关法律法规和有关部门关于禁止、限制寄递物品的规定，采取有效措施，切实加强安全防范，确保寄递物品安全。要严格落实收寄验视制度，严把收寄关，对用户交寄的信件，必要时邮政企业可以要求用户开拆，检查其夹寄的其他物品，但不得检查信件内容；对用户交寄的除信件以外的邮件、快件，寄递企业要当面验视内件，确认安全并加盖收寄验视戳记后方可收寄；对国家明令禁止寄递的物品、不能确认安全的物品（如不明机电装置、粉末、装有不明气体或液体的密闭装置等）或用户拒绝验视的，寄递企业不予收寄。

马军胜局长会见胡亚东　希望深化合作推动建设铁路快递运输网络

7月29日，国家邮政局局长马军胜会见了中国铁路总公司副总经理胡亚东，就邮政业与铁路间的深入合作交换意见。希望铁路和邮政两个行业加大合作、深化合作，尽快形成覆盖长三角、珠三角、环渤海及中西部重点地区的铁路快递运输网络。双方还就快件安检、跨境网购快件运输等问题进行了探讨。胡亚东表示，中铁总公司将继续根据市场需求，进一步促进货运场站物流功能拓展升级，统筹科学利用铁路资源，促进快递与铁路的深度融合。中国快递协会会长高宏峰、国家邮政局副局长刘君、中国快递协会常务副会长兼秘书长李惠德一同参加会见。

国家邮政局召开会议进一步推进八项规定贯彻落实

7月30日，国家邮政局党组成员、纪检组长解畅主持召开会议，传达中央国家机关工委贯彻执行中央八项规定监督检查工作会精神，听取机关各司局、直属各单位贯彻落实中央八项规定精神和国务院“约法三章”情况汇报。解畅指出，各部门要认真学习领会、坚决贯彻中央关于加强作风建设的决策部署和习近平总书记系列重要讲话精神，抓住纠正“四风”和落实八项规定这个重点，着力解决当前突出问题，注重建立长效机制，努力推动作风建设取得新成效。

两岸海运快件首单运抵厦门

7月31日上午8:30，首批试运行的两岸海运快件集装箱货物顺利抵达厦门港。这批快件经过分拨、验放、清关，4小时内完成了货物下船至清关验放的全过程。两岸海运快件作为两岸“三通”中“通邮”的升级版，是进一步落实《海峡两岸邮政协议》及国家邮政局出台的《海峡两岸经济区快递服务发展规划（2011－2015）》迈出的关键一步。

国家邮政局部署快递业务经营许可工作

8月1日，国家邮政局召开电视电话会议，部署快递业务经营许可工作。国家局副局长刘君出席会议并讲话。刘君强调，国家局党组高度重视快递许可工作。快递许可是行业安全的屏障和行业可持续健康发展的保障。全系统要依照现有邮政法律体系和许可制度设计，认真贯彻、落实国家局简政放权的决策部署，有效务实、科学合理地提高服务效率和工作效能，更好地保障和服务行业发展。

国家邮政局要求有序做好云南鲁甸支援抗震救灾工作

8月3日，云南省昭通市鲁甸县发生6.5级地震，造成重大人员伤亡和经济损失，当地邮政企业、部分快递企业的生产场地、设备不同程度受损。国家邮政局根据国务院办公厅通知精神，向各省（区、市）邮政管理局、中国邮政集团公司，以及各主要快递企业发出通知，就有序做好邮政行业支援云南鲁甸地震灾区抗震救灾工作提出要求：一是抗震救灾工作坚持属地为主、分级负责；二是严格控制赴灾区人员；三是加强对寄递捐赠物品的组织管理。

国务院发文加快发展生产性服务业 快递转型升级再获利好

8月6日，《国务院关于加快发展生产性服务业促进产业结构调整升级的指导意见》出台，提出以产业转型升级需求为导向，进一步加快生产性服务业发展，实现服务业与农业、工业等在更高水平上有机融合。其中，快递行业获得了多方面利好政策支持。对此，国家邮政局局长马军胜批示指出，指导意见对加快快递产业结构调整、转型升级意义重大，要求相关部门抓紧研究，提出贯彻落实意见。

马军胜局长会见阿富汗通信和信息技术部副部长瓦哈布丁·萨达特

8月6日，国家邮政局局长马军胜会见了率团来华参加阿富汗高级邮政官员研修班的阿富汗通信和信息技术部副部长瓦哈布丁·萨达特，就两国邮政业发展情况进行交流，并共同签署两国邮政交流协议。马军胜表示，希望两国邮政业界以此次研修班为起点，进一步分享经验，加强交流合作，促进两国邮政行业的共同发展。萨达特表示，阿富汗通信和信息技术部将进一步推动两国在通信、邮政等领域的合作，并希望阿富汗邮政部门利用研修班这一平台，与中国同行加强交流，加快阿富汗邮政的转型发展。阿富汗驻华大使馆代表出席研修班开班仪式。

马军胜与青年邮政管理干部座谈

8月10日，国家邮政局党组书记、局长马军胜在广州和刚刚结束2014年赴亚太邮联培训活动回国的青年邮政管理干部座谈，座谈会上，12名学员作了发言，总结和回顾了学习情况，畅谈了自己的学习心得，结合邮政管理工作实践做了深刻的思考。听取了大家的发言后，马军胜从如何把握邮政行业发展趋势、如何看待我国邮政行业的改革、如何看待目前邮政管理工作中遇到的困惑和困难等三个方面，和学员们进行了探讨交流。马军胜强调，改革是行业发展的动力，创新是行业发展的抓手，从目前的结果看，邮政行业的发展取得的成效是有目共睹的。马军胜强调，行业发展中出现的各种各样问题需要解决，解决这些问题的过程，就是不断推进行业发展的过程，为此，邮政管理人员要不断提升业务素质和管理能力。

赵晓光副局长会见阿富汗高级邮政官员研修班代表团

8月11日，阿富汗高级邮政官员研修班在北京闭幕。国家邮政局副局长赵晓光会见了参加研修班的全体成员。赵晓光对本次研修班顺利结束和双方签署邮政交流协议表示希望双方以此为起点，进一步加强在国际邮政通信领域和国际邮政事务中的合作，为落实两国元首达成的建设丝绸之路经济带的战略构想做出贡献。阿富汗通信和信息部邮政总局长艾哈迈德·瓦伊德·维斯代表阿方表示，中国邮政行业改革和发展成就给代表团留下了深刻印象，为阿富汗邮政系统下一步的改革提供了很好的借鉴，希望双方未来能够在邮政方面开展更多的合作。

国家邮政局部署亚欧博览会期间寄递渠道安全监管工作

8月13日，国家邮政局针对将于9月1日至6日在新疆维吾尔自治区乌鲁木齐市召开的第四届中国—亚欧博览会，发出通知，为做好亚欧博览会期间寄递渠道安全监管工作，对有关工作进行部署。通知要求，各级邮政管理部门立足新疆发展与稳定大局，以及反恐防范新的形势，充分认识做好亚欧博览会期间寄递渠道安全监管工作的重要意义，进一步增强责任感与紧迫感，严防敌对势力和不法分子利用寄递渠道实施违法犯罪活动，确保亚欧博览会期间寄递渠道安全畅通。

消费者申诉微信平台开通

8 月中旬，国家邮政局正式推出邮政业消费者申诉微信平台，服务号为“yz12305”。新开通的消费者申诉微信平台主要具备的业务功能包括：进入“我要申诉”，消费者可提交对邮政企业或快递企业的申诉信息；进入“申诉查询”，输入手机号 + 邮件号码，可查询已申诉问题的处理情况；进入“企业客服”，可查找邮政企业和主要快递企业的客服电话及网址；进入“我要表扬”，可以提交对邮政管理部门处理申诉工作或对企业处理申诉和服务质量方面的建议或表扬。

国家邮政局就快递业务经营许可流程优化工作开展督导检查

8 月下旬，国家邮政局市场监管司组织调研组赴浙江、四川两省，就快递业务经营许可工作优化审核流程、提升审批效率等执行情况开展督导检查。调研组与有关省、市两级邮政管理部门进行了座谈，就审核流程优化、许可时限缩短、审批职权下放、“绿色通道”建立以及便民服务措施等问题进行了深入交流。调研组还就快递业务经营许可有关工作，听取了当地快递企业代表的意见和建议。

国家邮政局聚焦“四风”深入开展监督检查

8 月 22 日，中央纪委召开深入落实中央八项规定精神、持之以恒纠正“四风”工作电视电话会议后，国家邮政局纪检组监察局深入学习贯彻会议精神，认真落实监督责任，全面部署新一轮监督检查工作。国家邮政局纪检组监察局迅速组织 4 个工作组，拟从 9 月初至 10 月中旬，对 18 个省级邮政管理局及部分市（地）邮政管理局贯彻落实中央八项规定精神情况开展监督检查，并明确三个方面的检查内容：即政府采购、公务接待支出和执行津补贴发放规定、“小金库”自查自纠等情况；精简会议、文件、简报、清理领导干部超标办公用房、公车使用和管理情况；严禁公款请客、送礼等专项治理活动情况。

刘君副局长督导检查亚欧博览会邮路安保工作

8 月 25 日，国家邮政局会同国家安全部、国家反恐办在乌鲁木齐市召开第四届中国—亚欧博览会寄递渠道安全保障工作座谈会，国家邮政局副局长刘君出席会议就做好亚欧博览会期间寄递渠道安全保障工作进行专题部署。刘君一行还来到乌鲁木齐顺丰、韵达、中通等快递企业分拣中心，督导检查了快件验视、安检措施落实情况，要求企业要针对涉会快件做好车辆、人员准备，落实特殊安全保障措施，确保安全。

《邮政行业“十三五”规划编制工作方案》获审议通过

8 月 27 日，国家邮政局局长马军胜主持召开 2014 年第 13 次局长办公会，审议通过《邮政行业“十三五”规划编制工作方案》。马军胜指出，行业发展规划是对行业未来的整体考量和系统设计，是行业发展的行动方案。“十三五”规划编制工作要紧紧围绕加快建设与全面小康社会相适应的现代邮政业，提升邮政行业服务经济社会发展的能力与水平的总目标，准确把握我国经济社会发展的新态势和新趋势，遵循经济发展规律，突出发展重点，体现发展效果，推动行业健康发展。要适应经济发展“新常态”，提高运行效率和发展质量；要把握服务业占比不断提高的趋势，持续提高服务品质；要强化与快速发展的互联网相结合，全面提高行业发展水平。国家邮政局领导解畅、王梅、赵晓光、刘君、邢小江等出席会议。

政法司获中央国家机关“创建文明机关 争做人民满意公务员”先进集体荣誉称号

8月29日,中央国家机关践行社会主义核心价值观先进典型首场报告会暨第二届“创建文明机关争做人民满意公务员”先进集体表彰大会在北京召开。国家邮政局政策法规司获“创建文明机关争做人民满意公务员”活动先进集体荣誉称号。中央国家机关各部门相关负责人、集体代表、党员干部约1200人参加会议,国家邮政局机关党委负责人、获奖单位代表和党员代表共6人参加会议。

2014年快递业务员鉴定第三次全国统考举行

8月30日,2014年快递业务员职业技能鉴定第三次全国统考在25个省(区、市)同时举行。此次统考共设考点132个,其中省以下考点102个,考场891个,共有28160人报名参加考试。此次参考人数超过千人以上的省份有广东、浙江、河北、江苏、山东、福建、安徽、湖北等8省,其中广东参考人数为4608人。

第六届中日邮政政策对话会召开

9月2日,第六届中日邮政政策对话会在上海召开。国家邮政局派出七人代表团赴上海参加了此次会议。会上,双方首先对中日邮政政策对话会机制表示了肯定。双方均认为,随着全球化不断深入发展,中日邮政业界比以往任何时候,都更加重视邮政业的改革和升级。对话中,中日两国代表围绕改革创新和转型升级的主题,互相介绍了邮政改革最新进展、邮政普遍服务发展、跨境电子商务的发展现状等情况,交流了邮政应急管理方面的经验和做法,展望了跨境电子商务背景下寄递服务未来发展趋势,分享了有关的改革思路,展示了丰富的智慧和才华。日方承诺双方将于2015年在日本召开第七届中日邮政政策对话会。

全国邮政市场检查综合培训举行

9月1日至3日,国家邮政局市场监管司在青海西宁举办了全国邮政市场检查综合培训班。各省(区、市)邮政管理局、47个省级以下邮政管理机构市场监管工作相关负责人及国家邮政局邮政业消费者申诉中心有关人员参加了培训。培训期间,市场监管司通报了2014年上半年邮政市场执法检查工作开展情况。市场监管司还发放了调查问卷,征求学员对改进市场监管工作及培训工作的意见建议。

2014年快递物流电子商务论坛举行

9月4日,以“西部快递发展的机遇与挑战”为主题的快递物流电子商务论坛在贵州省贵阳市举行,国家邮政局政策法规司副司长金京华和贵州省邮政管理局局长宗永涛等出席会议并作主题发言。贵阳市委常委、副市长李作勋为会议致辞,中国快递协会副秘书长沙迪主持会议。此次论坛是2014年中国电子商务创新发展峰会的重要组成部分,峰会以“开放、创新、融合”为主题,围绕国家电子商务示范城市经验交流、快递物流、互联网金融、移动电子商务、电子商务立法、农产品电子商务、旅游电子商务等七大领域热点话题,展开深度讨论与对话。

中央第十二巡回督导组到山东临沂督导群众路线教育实践活动

9月3日至5日,中央第十二巡回督导组副组长钟攸平一行到山东临沂检查指导党的群众路线教育实践活动。9月4日,钟攸平一行首先听取了山东省邮政管理局党组书记、局长赵民和临沂市邮政管理局党组书记、局长王兆杰关于第二批党的群众路线教育实践活动开展情况汇报。钟攸平一行还与临沂EMS、申通、圆通等寄递企业代表和临沂局党员干部一起进行了深入座谈,逐一听取与会人员参加教育实践活动的心得体会，听取企业代表对邮政管理部门在监管实践活动中的意见和建议。钟攸平在听取了汇报与座谈后，对山东省邮政管理系统以及临沂局教育实践活动的开展情况给予充分肯定，并对下一步工作提出建议和要求。国家局党组成员、纪检组组长解畅对山东省邮政管理系统的群众路线教育实践活动的开展情况给予了充分肯定，并对继续搞好教育实践活动提出了指导意见和新的要求。

国家邮政局推动中国快递发展指数研究

9月10日，国家邮政局局长马军胜主持召开局长办公会，听取中国快递发展指数研究工作情况汇报。局领导解畅、王梅、赵晓光、邢小江出席会议。马军胜在讲话中指出，随着快递服务的持续快速发展，快递规模将日益扩大，发布中国快递发展指数的重要意义也将日益明显。为此要站位高，眼光远，瞄准方向，精心组织，科学研究，务必使中国快递发展指数成为行业发展的风向标，同时要使快递发展指数逐步纳入到国家有关部门的相关指数体系，为国民经济发展服务。

李克强在夏季达沃斯指出快递等新产业新商业模式迅速成长

9月10日，国务院总理李克强在第八届夏季达沃斯论坛上的致辞中表示："中国有信心、有能力、也有条件不断克服困难，实现今年经济社会发展的主要预期目标。"李克强说，中国经济的积极变化，不仅表现在就业增加和居民收入增长上，也体现在结构优化上。简政放权加上"定向减税"等财税金融措施，有力地支持了服务业和新兴业态等的发展。他特别指出，"上半年，物流快递、电子商务等新产业、新商业模式迅速成长。"

首批快递业务师职业鉴定考试举行

9月12日至13日，全国首次快递业务师职业技能鉴定试考在山东工程技师学院举行，来自山东快递企业的131名考生参加了快递业务师职业技能鉴定试考，这是我国在快递领域开展的首次企业高层次技能型人员鉴定考试。国家邮政局、14省（市）邮政管理局、职鉴中心、国内知名物流快递企业及全国部分院校的代表约60人现场观摩。

亚太邮联2014年执行理事会年会召开

9月15日至19日，亚洲太平洋邮政联盟2014年执行理事会年会在斯里兰卡科伦坡召开。国家邮政局、中国邮政集团公司、香港邮政署、澳门邮政局共同组成中国代表团出席了会议。斯里兰卡总统马欣达·拉贾帕克萨、斯里兰卡邮政服务部长库马拉通加、亚太邮联秘书长林洪亮、万国邮联国际局总局长侯赛因等出席开幕式并致辞。开幕式当天还举行了亚太邮联2014年执行理事会年会纪念邮票首发式。会议期间，中国代表团拜会了亚太邮联秘书长林洪亮，对其任职以来首次执理会的成功举办表示祝贺，并向出席本次会议的万国邮联国际局总局长侯赛因转达了国家邮政局马军胜局长的友好问候。

国家邮政局部署开展打击侵权假冒工作

9月中旬，国家邮政局向各省、自治区、直辖市邮政管理局印发通知，部署开展邮政行业打击侵权假冒工作。通知要求，各级邮政管理部门要加强组织领导，主动与地方打击侵权假冒工作领导小组办公室（打假办、"双打"办等）建立工作联系，健全工作机制，积极配合相关部门在邮政行业开展打击侵权假冒工作宣传、教育、培训、执法检查等相关工作。要加强对邮政企业、快递企业的宣传教育和督促指导，指导企业加强内部管理，诚信建设，严格落实收寄验视制度，防范侵权假冒商品进入寄递渠道。要鼓励企业举报寄递侵权假冒商品行为人。寄递企业要与电商企业签订协议，杜绝寄递侵权假冒商品行为；对相关部门公布的打击侵权假冒领域列入“黑名单”企业交寄的邮件、快件应予重点查验。

马军胜局长会见广东省揭阳市市长陈东

9月18日,国家邮政局局长马军胜在京会见了广东省揭阳市市长陈东一行。双方就加快电子商务快递发展、快递物流基地建设等问题进行了交流。马军胜表示,中央和地方政府的高度重视,为快递、电子商务的迅速成长营造了良好环境。揭阳市邮政业要在发展商务快件和国内网购快件市场的同时,积极开拓制造业快件和跨境网购快件市场,更好地服务地方经济社会发展。陈东介绍了揭阳市发展电子商务、打造“21世纪海上丝绸之路电商港”的设想,表示将加快推进仓储物流基地建设,引导快递产业集聚,推动跨境电商发展。国家邮政局办公室、市场监管司和中国快递协会有关负责同志参加会见。

国家邮政局部署规范使用快递电子运单

为规范电子运单的使用,保障用户合法权益,9月,国家邮政局专门就规范电子运单做出部署:一是规范电子运单条款。企业总部应对电子运单统一编码,并分配专门号段。打印后用于流转的电子运单,应当包含符合《快递服务》国家标准的完整信息。电子运单信息系统中应包含快递服务协议模块。二是规范电子运单的制作。纸张性质及打印质量应满足保存1年的要求。电子运单宜采用3联,不包含寄件人存根联的,在收寄快件时,企业应当向寄件人提供相应收寄证明,方便寄件人查询。三是规范电子运单管理及使用。电子运单信息系统应当具有提示用户阅读并确认接受快递服务协议条款的功能,并采取技术手段做好用户信息保密工作。电子档案保存期限应不少于2年。企业提供给用户的收寄证明或系统生成的电子数据记录可作为争议处理时重要的证据材料。

国家邮政局组团赴美进行快递服务研讨

9月17日至19日,应美国交通部邀请,国家邮政局副局长王梅一行5人就快递服务改革与发展赴美进行研讨。代表团先后就快递业管理体制、快递业经营范围、快递企业经营模式及低碳发展战略等多方面问题进行了深入研讨。期间,王梅会见了美交通部助理部长苏珊·德莫特女士;与联合包裹(UPS)、联邦快递(FedEx)两家企业专门座谈,充分沟通,与其他快递企业接触,了解其实际操作情况;深入企业生产经营一线,考察UPS安全培训中心、FedEx全球运营指挥转运中心以及美国邮政国际业务中心,与管理人员和一线员工认真交流。美方对此次研讨十分重视。美交通部对代表团所提问题予以积极回应。UPS和FedEx两家企业和美国邮政进行了充分准备,效果明显。

国家邮政局建立邮政市场重大违法案件挂牌督办制度

9月下旬,国家邮政局印发了《邮政市场行政执法重大案件督办工作制度(试行)》,对邮政市场重大违法案件实行挂牌督办。制度明确了督办的适用范围,即国家邮政局对违反邮政行业法律、法规、规章等有关规定,严重损害消费者合法权益、严重扰乱邮政市场秩序或造成重大社会影响的违法案件,提出明确要求,督促相应省(区、市)邮政管理局办理。规定了督办的工作流程,对督办的提出、审批及过程管控均做了具体的规定。制度对跨区域协作执法进行了明确和规范。健全完善了案件督办工作的监督考核机制。

国务院常务会议决定进一步开放国内快递市场

9月24日,国务院总理李克强主持召开国务院常务会议,会议认为,扩大全方位主动开放,打造内外资企业一视同仁、公平竞争的营商环境,是我国长期坚持的重大政策取向。依据我国加入世界贸易组织时的承诺,进一步放开国内市场,让国内外快递企业同台竞争,有利于倒逼国内企业改善经营管理、提升服务水平,使广大消费者有更多选择。会议决定,全面开放国内包裹快递市场,对符合许可条件的外资快递企业,按核定业务范围和经营地域发放经营许可。会议强调,要坚持放管结合,确保快递行业有序健康发展。

马军胜局长要求以改革促发展以开放促提升推动快递转型升级

9月24日,国家邮政局局长马军胜主持召开局党组会议,传达学习国务院常务会议精神,对落实会议要求进行部署。马军胜要求全系统认真学习贯彻落实会议精神,以开放促进整个行业发展水平的再提升。马军胜强调,学习贯彻会议精神,就要把思想统一到改革开放的认识上来。一是统一到会议对快递行业定位和愿景的认识上来,增强使命感、责任心、紧迫感;二是统一到会议做出的全面开放国内包裹快递市场的决策上来。通过开放形成倒逼机制,推动内资快递企业创新产品、提高效率、加强技改、改善服务,形成公平竞争,平等配置市场资源。三是统一到会议对今后邮政管理工作放管结合的要求上来,在做好转变职能、简政放权的基础上,要加强事中事后监管。局领导解畅、王梅、赵晓光、刘君、邢小江等出席会议。

《邮政行政执法信息公开规定》获审议通过

9月25日,国家邮政局局长马军胜主持召开2014年第15次局长办公会。会议审议并原则通过《邮政行政执法信息公开规定》。马军胜对规定制订工作给予充分肯定,对规定的重要意义给予高度评价。他指出,规定的制订是深入推进执法信息公开,加强邮政行政执法规范化建设,维护行政相对方的知情权和监督权重要表现,是促进邮政管理部门转变政府职能、加强事中事后管理的重要举措,是提高邮政行政执法水平和素质的重要途径。局领导解畅、王梅、赵晓光、邢小江等出席会议。

全国邮政管理部门安全监管培训举办

9月23日至25日,国家邮政局市场监管司在重庆举办全国邮政管理部门安全监管培训班。此次培训课程主要包括《邮政行业安全信息报告和处理规定》、新修订的《中华人民共和国安全生产法》解读、重大活动中寄递渠道安全监管工作、航空邮件与快件运输危险品安全管理等。培训班邀请了公安部、国家安全监管总局、中国民航局等部门的专家授课。培训期间,市场监管司发放了关于邮政行业安全监管工作存在问题和建议的调查问卷,并在培训总结阶段对学员所提问题进行了回应。

国家邮政局党组召开中心组(扩大)学习会专题学习习近平总书记两个重要讲话

9月26日,国家邮政局党组书记、局长马军胜主持召开局党组中心组(扩大)学习会,专题学习习近平总书记“6.30”重要讲话和在纪念邓小平同志诞辰110周年座谈会上的重要讲话。马军胜强调,要结合行业实际深入领会习总书记两个重要讲话的内涵实质,振奋精神,扎实工作,全力推进与小康社会相适应现代邮政业建设进程。要坚定信念,坚持改革,坚守发展,做好四方面工作:要强化发展意识,推动科学发展;要强化创新意识,推进改革开放;要强化群众意识,推动消费维权;要强化服务意识,推动作风转变。

国家邮政局部署国庆期间邮政行业安全监管工作

9月26日,国家邮政局下发《关于做好国庆节期间邮政行业安全监管工作的通知》,要求各级邮政管理部门精心安排部署,严格监督检查,认真履行安全监管职责,确保国庆节期间寄递渠道安全畅通和邮政行业的平稳运行。通知要求,各级邮政管理部门要集中力量,深入寄递企业开展安全生产检查,及时排查整治各类安全隐患;突出对邮件处理场所、快件分拨中心、营业网点、员工宿舍以及化学品寄递、运单信息管理等重点部位和重点环节的安全检查,督促企业严格落实视频监控、防火防盗、用水用电、应急疏散、警示标识以及邮(快)件运输车辆管理、职工安全教育等制度措施,严防发生重大安全生产事故。

国家邮政局动员部署邮政行业“十三五”规划编制工作

9月30日,国家邮政局召开邮政行业“十三五”规划编制工作电视电话会议。国家邮政局局长马军胜发表重要讲话,对规划编制工作进行了动员和部署。马军胜要求,要准确把握“十三五”时期邮政行业发展面临的形势,要围绕“一个目标、两个作用”,即建成与小康社会相适应的现代邮政业目标,充分发挥市场在资源配置中的决定性作用和更好发挥政府作用,进一步深化邮政改革和开放国内快递市场,转变邮政业发展方式,加快转型升级步伐,努力使邮政行业在发展规模、服务水平、创新能力和竞争实力上实现跨越。马军胜强调,要贯彻落实十八大、十八届二中、三中全会精神和“9.24”国务院常务会议精神,紧紧围绕建成与小康社会相适应的现代邮政业目标。局领导解畅、王梅、赵晓光等出席,局领导邢小江主持会议。

交通运输部和国家邮政局召开部局联席会议促进快递转型升级

9月30日,交通运输部部长杨传堂主持召开交通运输部和国家邮政局联席会议,就落实国务院常务会议精神,促进快递转型升级进行研究。杨传堂要求相关部门要提高认识,着力抓好快递发展规划、法制建设、安全监管等工作,进一步开放国内快递市场,确保快递业有序健康发展。国家邮政局局长马军胜就国内快递市场对外开放有关情况做了汇报。

国务院印发《物流业发展中长期规划(2014－2020年)》

10月,国务院印发《物流业发展中长期规划(2014－2020年)》,部署加快现代物流业发展,建立和完善现代物流服务体系,提升物流业发展水平,为全面建成小康社会提供物流服务保障。规划明确,要以着力降低物流成本、提升物流企业规模化集约化水平、加强物流基础设施网络建设为发展重点,大力提升物流社会化、专业化水平,进一步加强物流信息化建设,推进物流技术装备现代化,加强物流标准化建设,推进区域物流协调发展,积极推动国际物流发展,大力发展绿色物流,并提出了多式联运、物流园区、农产品物流、制造业物流与供应链管理等12项重点工程。

王昌顺副部长到国家邮政局进行立法调研

10月9日,交通运输部副部长王昌顺一行到国家邮政局,就《快递条例》《邮政执法监督办法》以及《邮政普遍服务监督管理办法》等条例、规章的立法工作,和国家邮政局局长马军胜、副局长王梅等进行调研座谈。王昌顺对国家邮政局的法治建设工作给予了充分肯定。他表示,交通运输部将积极支持国家邮政局依法依规地加强行业管理工作,加快立法步伐。在立法过程中,交通运输部法制部门和国家邮政局法制部门要做好相关法规的合法性和合理性审查工作。要和市场主体多沟通,听取他们的意见,争取使出台的法规符合行业实际情况,以有利于法规出台后更好地执行。马军胜表示,希望在立法工作中继续得到交通运输部的大力支持,国家邮政局将做好配合工作,共同促进邮政法制工作的开展。座谈会上,王梅介绍了国家邮政局法制工作情况。

国家邮政局强调做好快递旺季服务保障工作

10月10日,国家邮政局局长马军胜主持召开2014年第16次局长办公会,会议审议通过了

《2014 年快递业务旺季服务保障工作方案》。马军胜强调，各级邮政管理部门要进一步提高认识，把握重点，统一协调，全力做好快递旺季服务保障工作。会议认真分析了 2014 年快递业务旺季的特点，指出 2014 年旺季时间长于往年，从“双 11”持续到春节前夕，共计 104 天；旺季期间快递服务供需矛盾突出，末端揽投压力加剧，安全隐患依然存在。会议还明确了旺季服务保障工作原则以及各部门分工。

国家邮政局学习贯彻教育实践活动总结大会和中央民族工作会议精神

10 月 11 日，国家邮政局党组书记、局长马军胜主持召开党组会议，学习贯彻习近平总书记在党的群众路线教育实践活动总结大会上的重要讲话精神，传达学习中央民族工作会议暨国务院第六次全国民族团结进步表彰大会精神。马军胜就学习贯彻习近平总书记重要讲话精神，切实加强邮政管理部门党建工作，提出了三方面的要求：一是深入学习，深刻体会，将全系统的思想认识统一到总书记重要讲话精神上来；二是以总书记重要讲话精神为指导，全面推进全系统党员干部的作风建设；三是加强治本工作，全面推进全系统党员干部勤政廉政。局领导解畅、王梅、赵晓光、邢小江等出席会议。

国家邮政局召开党的群众路线教育实践活动总结大会

10 月 13 日，国家邮政局召开党的群众路线教育实践活动总结大会，贯彻习近平总书记重要讲话精神，总结全系统教育实践活动，巩固和拓展教育实践活动成果，全面部署加强党的作风建设推进从严治党。中央第十二巡回督导组组长邢元敏出席，副组长钟攸平讲话。国家邮政局党组书记、局长、局党的群众路线教育实践活动领导小组组长马军胜代表局党组对国家邮政局第二批教育实践活动进行总结，要求全系统各级党组织和党员干部进一步转变作风，狠抓落实，解决问题，推动发展，持之以恒地抓好作风建设，把从严治党的要求落到实处。中央第十二巡回督导组全体成员，国家邮政局党组成员、副局长王梅、赵晓光出席会议。会议由局党组成员、纪检组长、局教育实践活动领导小组副组长解畅主持。

邢小江副局长出席第九届“物博会”快递论坛

10 月 14 日，由交通运输部和深圳市政府联合主办的第九届中国（深圳）国际物流与交通运输博览会于深圳会展中心开幕，国家邮政局副局长邢小江陪同交通运输部副部长冯正霖、深圳市委书记王荣、深圳市市长许勤等领导出席了开幕式。广东省邮政管理局局长江明发等陪同参加有关活动。当天，邢小江参加了深圳市邮政管理局主办的快递论坛并发表讲话。邢小江强调，快递业要按照“抓改革、促发展、惠民生”的总体思路和“安全为基、发展为要、服务为上”的发展理念，紧紧抓住提质增效、转型升级这个根本，在发展态势上保持续，在发展质量上下功夫，在服务水平上求效益，在安全运营上稳基础，努力在产业发展规模、服务水平、创新能力和竞争实力上实现跨越。邢小江、江明发还会见了深圳市市长许勤、副市长吕锐锋，就促进《深圳市发展快递业管理规定》政策落地、解决深圳市邮政管理局办公用房、共同促进深圳市邮政行业发展交换了意见。

国家邮政局要求旺季服务“保畅通、保安全、保平稳”

10 月 15 日，国家邮政局召开电视电话会议，动员和部署 2014 年快递业务旺季服务保障工作。国家邮政局副局长刘君出席会议并讲话，要求全行业把旺季服务保障作为现阶段最重要的工作来开展，确保“全网不瘫痪、重要节点不爆仓”，努力实现“保畅通、保安全、保平稳”的目标。刘君要求全系统要集中力量，统一协调，形成合力。建立国家局、省局、市局三级联动和政府、协会、企业三维互动的保障机制，通过组织协调、信息互通、新闻宣传、安全运营等多种保障措施，集中力量，有效化解旺季压力，实现服务、安全齐头并重，全力保障快递业务旺季平稳运行。

国家邮政局召开第三季度行业经济运行分析会

10月17日，国家邮政局局长马军胜主持召开2014年第17次局长办公会，分析前三季度行业经济运行情况，研究下一步行业发展趋势，部署邮政深化改革、快递提质增效和旺季服务保障等重点工作。马军胜强调指出，行业发展仍然面临企业间产品同质化严重、低价劣质竞争愈演愈烈、邮政普遍服务业务处于低位运行、部分城市车辆通行难等一些焦点难点问题。为此，各级邮政管理部门要认清形势、主动作为，加强旺季服务保障工作力度，努力做好第四季度各项工作。国家邮政局副局长王梅出席会议。

我国快递年业务量首次突破百亿

根据国家邮政局统计，10月20日，全国快递服务企业累计业务量突破100亿件，我国快递年业务量首次突破百亿，在从“快递大国”向“快递强国”转变的道路上迈出了坚实的一步。

2014年度快递企业新闻宣传工作座谈会在沪召开

10月21日，2014年度快递企业新闻宣传工作座谈会在上海召开，国家邮政局副局长王梅出席会议并讲话。王梅强调，各快递企业要充分认识做好新闻宣传工作的重要性，准确把握其桥梁和纽带、窗口和平台、载体和手段等三大定位，充分发挥其导向、凝聚、激励、价值、传播等五大功能。会议对2014年度快递企业通联工作情况进行了介绍分析，对行业新闻宣传工作优秀企业进行了表彰，与会代表还就国家邮政局快递业务旺季新闻宣传方案、《中国邮政快递报》周二刊扩版和《快递》杂志下一步更贴近企业报道等情况进行了充分沟通和交流。会议期间，王梅还来到上海市青浦邮政管理局进行调研。上海市邮政管理局和国家邮政局市场监管司、新闻宣传中心相关人员，以及邮政速递物流、顺丰、申通、圆通、韵达、中通、百世汇通、天天、国通、宅急送、优速、速尔、快捷、全峰、德邦、增益、龙邦、苏宁、京东、FedEx、菜鸟网络等快递和电商企业代表共50余人参加会议。

国家邮政局传达学习贯彻党的十八届四中全会精神

10月24日，国家邮政局召开会议，传达学习贯彻党的十八届四中全会精神。局党组书记、局长马军胜主持会议，他要求邮政管理部门认真学习领会习近平总书记在党的十八届四中全会上的重要讲话精神和全会精神，尽快将思想认识统一到四中全会的重大部署和战略安排上来，扎实抓好党的建设，积极推进转型升级，加快建设法治政府，提高为民服务的水平。局党组成员、纪检组长解畅，党组成员、副局长赵晓光、刘君、邢小江参加会议。

三部局联合发文五城市率先试点　电商快递协同发展获中央财政支持

10月24日，商务部、国家邮政局在北京召开电子商务与物流快递协同发展试点工作部署会。财政部、商务部、国家邮政局联合下发了《关于开展电子商务与物流快递协同发展试点有关问题的通知》。财政部将划拨专项资金，帮助天津、石家庄、杭州、福州、贵阳5个试点城市推进电商快递协同发展工作。通知指出，试点工作的发展目标包括：在试点城市建立适合电子商务快速发展的物流快递管理制度和服务体系；将电商物流快递基础设施建设纳入城市总体规划，完善骨干节点和末端投递服务站点建设；建立完善配送车辆标准体系，实现配送车辆规范运营；建立从业人员服务和考核标准，完成对从业人员的培训和考核，全面实现持证上岗。

李克强主持召开国务院常务会议　决定创新重点领域投融资机制

10月24日，国务院总理李克强主持召开国务院常务会议，决定创新重点领域投融资机制、为社会有效投资拓展更大空间。会议要求，要大力创新融资方式，积极推广政府与社会资本合作(PPP)模式，使社会投资和政府投资相辅相成。优化政府投资方向，通过投资补助、基金注资、担保补贴、贷款贴息等，优先支持引入社会资本的项目。创新信贷服务，支持开展排污权、收费权、购买服务协议质(抵)押等担保贷款业务，探索利用工程供水、供热、发电、污水垃圾处理等预期收益质押贷款。采取信用担保、风险补偿、农业保险等方式，增强农业经营主体融资能力。发挥政策性金融作用，为重大工程提供长期稳定、低成本资金支持。发展股权和创业投资基金，鼓励民间资本发起设立产业投资基金，政府可通过认购基金份额等方式给予支持。支持重点领域建设项目开展股权和债券融资。让社会投资涓涓细流汇成促发展、增福祉的澎湃浪潮。

2014年快递业务员职业技能鉴定第四次全国统考举行

10月25日，2014年快递业务员职业技能鉴定第四次全国统考在29个省(区、市)同时举行。本次统考共设考点118个，其中省以下考点88个，考场722个，共有21653人报名考试。其中，初级技能鉴定考试人数为18074人，中级技能考试人数为2225人，高级技能考试人数为1354人(其中1313人为在校学生)。本次考试人数超过千人以上的省份有浙江、江苏、广东、安徽、福建等5省。

国家邮政局召开2014年第三次新闻发布会

10月27日，国家邮政局召开新闻发布会，会上，国家邮政局政策法规司副司长金京华通报了行业运行情况。国家邮政局市场监管司司长王丰在会上介绍了“双11”业务旺季保障工作情况。王丰还提醒广大消费者，旺季期间，陡增的快递业务量对于行业承载能力形成巨大挑战，部分城市的禁摩禁电、APEC会议期间外地牌照干支线班车无法进京等因素，也将影响并降低部分城市及地区“双11”期间客户体验。他请广大消费者及时关注快递企业网站和网点的有关提示，尽量错峰使用快递服务，并呼吁社会对因此造成的不便和时限延期给予理解。发布会由国家邮政局新闻宣传中心主任钟奇志主持。《人民日报》、新华社、《经济日报》、中央人民广播电台、中央电视台、《工人日报》、《人民政协报》、《中国交通报》、《中国邮政快递报》、《快递》杂志等中央和行业媒体记者参加发布会。

国家邮政局就快递服务质量问题约谈北京全峰快递有限责任公司

10月27日，国家邮政局约谈北京全峰快递有限责任公司相关负责人，就消费者申诉反映的该公司投递服务、快件延误、丢失短少等方面快递服务质量问题进行了告诫。国家邮政局重申了《快递市场管理办法》、《快递服务》国家标准等有关规定，要求该公司积极主动加强企业内部管理，严格快递服务质量管控，确保为人民群众提供符合国家标准的快递服务。

李克强主持召开国务院常务会议　部署推进消费扩大和升级促进经济提质增效

10月29日，国务院总理李克强主持召开国务院常务会议，部署推进消费扩大和升级，促进经济提质增效。会议要求重点推进6大领域消费。其中包括扩大移动互联网、物联网等信息消费，提升宽带速度，支持网购发展和农村电商配送。加快健康医疗、企业监管等大数据应用；促进绿色消费，推广节能产品，对建设城市停车、新能源汽车充电设施较多的给予奖励等。

全国人大财经委、国家邮政局开展电子商务法调研

10月27日至29日，全国人大财经委调研室副主任、全国人大电子商务法起草工作小组副组长施禹之同志在国家邮政局政策法规司有关同志的陪同下，赴上海开展电子商务法立法调研。调研组召开了座谈会，详细了解了快递业支撑电子商务发展情况，专门听取邮政管理部门、快递企业以及有关专家对电子商务与快递行业协同发展的意见和建议，广泛了解立法需求，就影响制约快递业支撑电子商务发展的问题进行了深入探讨，并实地考察了上海申通杨浦分公司和中通快递企业总部。施禹之在调研中强调，立法工作应当为快递业、电子商务产业这样的新型产业发展保驾护航。

全国邮政行业精神文明建设工作座谈会召开

10月29日至30日，全国邮政行业精神文明建设工作座谈会在天津召开。国家邮政局党组成员、精神文明建设指导委员会副主任解畅、中央文明办公室秘书局副局长钟声出席会议并讲话。中华全国总工会、中央国家机关工委有关同志参加会议。解畅对各单位的创建经验给予了充分肯定。她强调，要以此次会议为新起点，进一步凝聚共识，坚持久久为功，为加快实现"建设与小康社会相适应的现代邮政业"奋斗目标提供坚强的思想保障和精神支撑。钟声对邮政行业精神文明建设工作给予了充分肯定。他表示，邮政行业精神文明建设特点鲜明、成效明显。一是领导重视；二是群众参与；三是改革创新；四是创建工作制度化、规范化、常态化。国家邮政局机关相关司局、直属单位、各省(区、市)邮政管理部门相关负责人以及部分邮政、快递企业和京东集团代表参加会议。

马军胜与市(地)邮政管理局长座谈

10月30日，国家邮政局党组书记、局长马军胜在与参加第三期市(地)邮政管理局长领导能力培训班的学员座谈时表示，邮政行业正处于大发展上水平的重要机遇期，要牢牢把握这一有利时机，坚定信心，统筹谋划，开拓创新，不断推进行业持续健康发展。马军胜强调，党的十八届四中全会对加快建设社会主义法治国家做出了战略部署，要深刻认识全面推进依法治国的重大意义，运用法治思维和法治方式，加快推进法治邮政建设，提高行业法治意识，完善行业法规体系，不断促进治理能力的提升。马军胜对与会同志提出了四点希望：一是要切实负起责任；二是要加强学习实践；三是要抓好班子带好队伍，充分发挥队伍的整体战斗力；四是要坚持廉洁从政。

国家邮政局部署APEC会议期间进(出)京邮件、快件疏运工作

受11月3日至12日期间北京市6环内禁止普通货运车辆通行及单双号限行的临时政策影响，在此期间北京同城、进(出)北京，以及经北京转运的邮件、快件不能正常运行。为尽量减少邮件、快件时限延误，确保"双11"快递业务旺季的有序运营，国家邮政局印发《关于做好APEC会议期间进(出)京邮件、快件疏运安排的通知》。要求各企业总部加强内部指挥协调，做好并落实网络运营的指挥调度和疏运方案；要提前在全网发布进(出)京邮件、快件的收寄预警，有效控制到达北京的邮件、快件总量；要对外做好宣传解释工作，对内加强信息沟通和反馈，避免邮件、快件滚存；要尽量减轻北京经转运输的邮件、快件压力，增开临时直运线路，或调整至天津、河北等地进行转运；要认真执行收寄验视、安全检查等安全措施；要加强对北京地区一线服务人员的培训和后勤保障，部署替代交通工具，妥善做好同城及进(出)京邮件、快件的各环节服务。

刘君副局长在京督导APEC会议和“双11”快递业务高峰服务安全保障工作

10月30日，国家邮政局副局长刘君在北京市邮政管理局组织召开政企座谈研讨会，督导APEC会议和“双11”快递业务高峰期间服务安全保障工作。刘君强调，各单位要认清形势，科学预测，知己知彼，打好硬仗，全力做好服务安全保障工作。刘君要求重点从三方面抓好工作：一是要讲政治、顾大局，积极应对，确保行业平稳运行；二是要做好宣传和引导工作；三是要树立底线思维，强化属地责任，严把安全关口，严格执行收寄验视制度和安检制度，确保快递安全万无一失。

国家邮政局职业技能鉴定指导中心门户网站上线运行

2014年11月1日，国家邮政局职业技能鉴定指导中心门户网站(www.spbosta.org)正式上线运行。网站结合邮政行业职鉴工作实际，设置了中心概况、法律法规、新闻动态、职业技能鉴定、技能竞赛、人力资源服务、技能人才培养等9个一级菜单、26个二级菜单，整合了职鉴网上报名、考务管理、证书查询等7个在线系统，设置了教材征订、考前培训等在线咨询功能，链接了国家邮政局、各省邮政管理局官网及其他相关网站。

国家邮政局召开学习贯彻四中全会精神专题辅导会

11月3日，国家邮政局召开专题辅导会，邀请中国人民大学法学院教授、博士生导师杨建顺做题为《推进依法行政，建设法治政府》的专题辅导讲座。在两个半小时的讲座中，杨建顺从九个方面对四中全会《决定》绘就的依法行政和建设法治政府的体系蓝图做了详细解读，并从理论和实践两个维度，对依法行政的基本原则、基本要求、保障机制进行了阐述。国家邮政局领导马军胜、解畅、赵晓光出席会议。

马军胜局长检查首都邮政业APEC会议和“双11”期间寄递服务和安全保障工作情况

11月4日，国家邮政局局长马军胜深入首都部分重点快递企业、末端服务网点、支撑部门和邮政管理部门，检查寄递渠道服务和安全保障工作筹备情况。马军胜强调，APEC会议与“双11”两大活动的相互交织，给寄递渠道服务和安全工作带来了前所未有的压力和考验，首都邮政业已经进入临战状态，要狠抓各项准备工作的落实，将安全放在重中之重的位置，全力以赴、千方百计地确保各项工作万无一失。国家邮政局副局长邢小江同志参加检查。当天，马军胜还深入国家邮政局发展研究中心，检查了邮政业信息系统应对“双11”旺季的准备情况，并对做好有关工作提出了具体要求。

李克强主持召开国务院常务会　决定削减前置审批推行投资项目网上核准

11月5日，国务院总理李克强主持召开国务院常务会议，决定削减前置审批、推行投资项目网上核准，释放投资潜力、发展活力。会议决定：一是实行五个“一律”，更大程度方便企业投资；二是企业需要中介服务的，由企业自主选择；三是推行前置审批与项目核准“并联”办理，作为重要简政措施，加快办理速度；四是强化事中事后监管。会议要求，要建立投资项目建设信息在线报告等制度，并公开有关信息，形成中央与地方、政府与社会协同监督的合力，让企业在公平竞争市场中壮大做强。

国家邮政局召开2015年工作务虚会

11月5日至6日，国家邮政局在北京召开2015年工作务虚会，认真学习党的十八届四中全会精神，系统总结2014年工作情况，深入分析当前面临的形势和问题，全面谋划2015年工作思路、工作目标和工作任务。马军胜在发言中强调，要深刻认识全面推进依法治国的伟大意义，进一步加强依法治邮的建设进程，着力提升依法治邮的能力和水平，为全面建成与小康社会相适应的现代邮政业打下法治基础。要准确把握中央对经济新常态的科学判断和要求，结合国务院常务会议作出的全面开放国内快递市场的决策以及对邮政业的新定位，把握发展机遇，保持发展态势，着力推进行业创新发展、安全发展、优化结构、提质增效，为服务经济社会发展和保障改善民生做出更大贡献。局领导解畅、王梅、赵晓光、刘君、邢小江出席会议。

刘君副局长率工作组检查督导“双11”快递服务保障工作

11月8日至9日，国家邮政局副局长刘君率领工作组奔赴全国快递大省(市)浙江和上海，检查督导“双11”快递服务保障工作筹备情况。刘君强调，要提高认识、加强联动、明确职责、落实部署，确保关键区域和薄弱环节不出问题，全力以赴实现“不阻断、不爆仓”和“保畅通、保安全、保平稳”的目标，向党中央国务院和广大用户交上一份满意答卷。

马军胜局长会见前任全球信封联盟主席柏克莱

11月10日，国家邮政局局长马军胜在北京会见了前任全球信封联盟主席、美国兴德信封集团董事长柏克莱一行。双方就全球信函业务的发展趋势，中美两国信函业务在网络和新技术时代背景下的发展现状，以及邮政如何通过创新来促进传统业务的增长和开发新业务等问题交换了看法。国家邮政局办公室(外事司)和普遍服务司有关人员参加了会见。

第四章　2014年各省(区、市)快递发展大事记

北京市快递发展大事记

部署春运期间快递企业工作

1月17日,北京市邮政管理局组织召开会议,全面部署春运期间快递服务保障和安全生产工作。会议要求春运期间各快递企业合理安排人员,加强对分支机构和加盟企业的管理,确保节日期间服务网络正常运转,畅通投诉渠道,维护消费者合法权益;提高安全责任意识,切实加强安全管理,做好防火防灾工作,车辆电池充电时做好专人看护,确保不发生安全生产事故。

召开工作会部署年度工作

1月20日,北京市邮政管理局召开2014年工作会议。会议指出,2014年要重点实施"体制机制保障、快递园区建设和党建推进工程"。密切与市政府、市交通委等部门的工作联系,共同推进快递运能、快递进校园等工作,全力推进天竺快递园区建设和北京新机场快递园区规划。

市政府评定申通公司快递员葛明洋为烈士

2月7日,北京市政府召开常务会议,决定评定因勇救落水学生英勇牺牲的申通公司快递员葛明洋为烈士。会后,北京市邮政管理局迅速作出向葛明洋学习的决定,号召全市邮政行业人员向"葛明洋烈士"学习,学习他勇于救人的英雄事迹。学习他崇高忘我的牺牲精神。激励全市邮政行业人员为实现个人价值勇于奉献,为服务人民群众贡献力量,为首都邮政事业作出积极贡献。

部署"两会"期间快递服务与安保工作

2月26日,北京市邮政管理局组织召开全市快递企业会议,全面部署"两会"期间快递服务与安全保障工作,北京市各区邮政管理局全体人员和全市一百余家品牌快递企业主要负责人参加了会议。

《北京市快递安全管理办法》3月1日施行

3月1日,《北京市快递安全管理办法》正式施行。2月26日,北京市邮政管理局组织召开《北京市快递安全管理办法》宣贯动员会。进一步推进北京快递行业对办法的深入理解,督导快递企业做好首都快递安全保障工作。国家邮政局、市法制办、市交通委、市公安局、市工商局、市城管局、北京海关等部门,市快递协会以及全市120余家快递企业负责人参加了会议。北京电视台、《北京日报》等10家新闻媒体对会议情况进行了报道。

创新寄递渠道安全监管模式

北京市邮政管理局依托部门协作联动机制,与市公安局等部门密切配合,创新寄递渠道安全监管模式,开展联合执法检查,加大对快递企业收寄验视制度执行情况的监督。

召开2014年第一季度快递企业安全服务质量通报会

4月23日,北京市邮政管理局组织召开2014年第一季度快递企业安全服务质量通报会。会议对2013年北京快递服务满意度调查报告进行了

细致解读,通报了2014年一季度快递用户申诉、行业安全管理、行政执法检查等情况,并对下一阶段全市快递服务保障与安全生产工作进行了全面部署。会议还就全市快递电动三轮车整顿治理有关工作情况进行了通报,对快递企业规范车辆使用与管理提出了具体要求。

圆满完成2014年第一批快递业务员职鉴考试

5月24日,北京市2014年第一批快递业务员职业技能鉴定初、中级考试在北京邮电大学举行,来自全市39家快递企业的2231名快递业务员参加了本次考试。为保障考试工作如期顺利举行,北京市邮政管理局制定详细的考试实施方案、应急处置预案,采用“送培上门”方式进行了考前培训,并召开考试动员会和考前布置会。

强化首都寄递渠道反恐防范工作

5月28日,北京市邮政管理局联合北京市公安局、市国家安全局组织召开全市寄递渠道反恐防范工作会议,部署全市寄递渠道反恐防范重点工作,进一步强化寄递渠道反恐防范工作。北京市快递协会和全市110余家快递企业负责人参加了会议。

开展检查督导快递企业快件安检工作

6月4日至5日,北京市邮政管理局与市公安局、市国家全局组成联合检查组,在全市范围内开展了快递企业快件安检落实情况专项检查活动。联合检查组先后来到全市规模以上快递企业的分拨处理中心,督促企业认真落实各部门有关强化快件安检工作要求,保障各地进京快件和北京同城快件安全。

团市委开展快递行业企业青年发展状况调研

6月19日,北京团市委企业工作部副部长时萍带队到北京市邮政管理局对全市快递行业青年发展状况进行调研座谈。时萍表示,团市委将通过搭建平台、组织开展全市性青年岗位建功、青年文明号创建等形式,帮助快递企业团组织在企业文化引领、外部形象塑造以及个人价值观引领等方面发挥更加积极、有效的作用。

四项举措狠抓收寄验视制度落实

结合首都邮政业安全监管实际,北京市邮政管理局采取印发文件,明确工作要求,完善验视制度;召开安全会议,通报突出问题,强化责任意识;开展专项检查,强化验视执行,督促制度落实;依托部门协作,发挥联动机制,加大监管力度四项措施,加大安全监管力度,狠抓收寄验视制度落实。

部署青奥会期间邮政服务与寄递安全工作

8月1日,北京市邮政管理局组织召开全市快递企业会议,传达部署青奥会期间邮政服务与寄递安全工作。会议还通报了第二季度全市快递企业安全监管、服务质量、时限监测等情况。市快递协会对企业青年文明号创建工作进行了部署。各区邮政管理局、市快递协会、全市一百余家品牌快递企业主要负责人参加了会议。

启用市场监管信息管理系统

9月29日,北京邮政市场监管信息管理系统(三期)上线应用,实现了首都邮政市场监管工作的全过程信息化管理。该系统实现了市场监管系统的数据联通,适应三级机构建设,实现了快递市场、集邮市场、用品用具市场以及行政执法业务流程的信息化管理,完善了现场检查、日常管理以及查询统计等功能。

部署市邮政业“十三五”规划编制工作

10月22日,北京市邮政管理局召开规划专题会研究部署北京市邮政业“十三五”规划编制工作。会议结合北京邮政业“十三五”面临的新形势和规划前期预研课题的阶段性成果,提出了北京市邮政业发展“十三五”规划编制工作方案(意见稿),并作了说明。各参会部门就规划体系、规划主要任务、指导思想、工作进度等进行了充分讨论，并提出了意见和建议。

推进快递进校园

10月24日，北京市邮政管理局联合市教委、市商委在北京化工大学召开北京高校校园快递服务工作推进会。来自全市50余所高校、10余家品牌快递企业的相关负责人，北京日报、法制晚报、北京电视台等10余家地方主要新闻媒体参加会议。

督导检查APEC会议和“双11”期间寄递服务和安全保障工作

10月30日，国家邮政局副局长刘君在北京市邮政管理局组织召开政企座谈研讨会，督导APEC会议和“双11”快递业务高峰期间服务安全保障工作。11月4日，国家邮政局局长马军胜深入首都部分重点快递企业、末端服务网点、支撑部门和邮政管理部门，检查寄递渠道服务和安全保障工作筹备情况。

杨传堂部长视察北京快递企业揽投站点

11月13日傍晚，交通运输部部长杨传堂在国家邮政局局长马军胜陪同下，到北京邮政速递物流公司三里河揽投部、圆通公司和韵达公司位于西城区的揽投点视察并慰问基层员工。每到一处，杨部长都向企业负责人详细询问站点快件收投数量、派送能力、服务手段等情况。视察现场，杨部长还慰问了西区邮政管理局干部，并逐一了解基层邮政管理部门干部的基本情况。

国家邮政局和顺义区政府领导到天竺局调研

11月19日，国家邮政局副局长刘君和顺义区政府副区长林向阳到天竺邮政管理局调研指导快递行业发展工作。国家邮政局市场监管司、北京市邮政管理局、顺义区经信委、南法信镇政府等部门有关负责同志参与调研。

靳兵局长参加2014首届中国电子商务跨界产业峰会

12月4日，北京市邮政管理局局长靳兵受邀参加在京召开的2014首届中国电子商务跨界产业峰会，并就“电商与快递协同发展”做主题发言。靳兵向会议阐述了电商与快递协同发展的重要性，分析了当前协同发展面临的形势与存在的问题。峰会围绕电子商务、快递与电商物流、供应链、社区最后100米服务等热点主题展开研讨。

张延昆副市长表示全力支持行业发展

12月19日，北京市邮政管理局局长靳兵向市政府副市长张延昆做了专题汇报，张副市长对北京市邮政管理局带领行业克服社会放假、车辆限行、业务激增等重重困难，圆满完成APEC会议安全和服务保障工作目标给予了充分肯定，并表示今后要对行业发展给予更多关心与支持。

周正宇主任表示要统筹研究快递发展问题

12月26日，北京市邮政管理局局长靳兵会见北京市交通委员会主任周正宇，副主任王兆荣。周正宇强调，交通委有关部门要尽快研究制定我市货运规划，将快递规划纳入其中，从用户端加强对快递物流运输的分类管理；重点围绕京津冀一体化战略，规划快递分拨中心在全市不同区域的合理布局，综合统筹研究快递发展的有关问题，出台交通与邮政融合发展意见。

天津市快递发展大事记

出台促进快递服务业发展意见

1月7日，天津市政府办公厅转发了该市发展改革委《关于促进快递服务业发展的意见》。意见从鼓励快递企业购置新能源汽车及清洁能源汽车、规范快递车辆运营和管理、完善快件末端投递服务体系、促进快递服务业与电子商务协同发展、财政支持政策、税收优惠政策等九方面提出了具体举措。

召开天津2014年邮政管理工作会议

1月21日，天津市邮政管理局召开2014年邮政管理工作会议。会议传达了国务院副总理马凯重要批示、交通运输部部长杨传堂重要讲话、市主要领导重要批示和全国邮政管理工作会议精神，总结了2013年天津邮政管理工作情况，安排部署2014年主要工作。

刘君副局长春节前赴天津调研慰问

1月27日，春节前夕，国家邮政局副局长刘君赴天津调研邮政业发展情况，并亲切慰问邮政快递企业基层一线员工。在调研快递企业时，刘君指出，2014年国家邮政局提出了推动快递企业“向下”“向西”“向外”拓展的工作思路，天津市邮政管理局要继续先行先试，做好“快递下乡”工程建设，推进快递借助跨境电子商务发展“走出去”，推动快递转型升级。刘君还考察了滨海新区邮政快递智能包裹箱应用推广情况。

孙文魁副市长表示要促进市快递行业发展

天津市副市长孙文魁到天津西站邮政枢纽，视察春运期间邮政速递物流生产运营情况，慰问一线员工。孙文魁指出，天津市委、市政府十分重视市快递行业发展，市政府将搭建平台，促进快递物流与电子商务、大交通体系融合发展，加快建设天津快递物流园区。2月27日，天津市邮政管理局组织召开17家全国规模以上快递企业总部及天津分公司负责人座谈会，听取对建设天津快递物流园区的意见和建议，孙文魁出席会议并讲话。孙文魁表示，市政府将认真研究会议提出的意见建议，做好快递物流园区统筹规划，制定完善相关配套政策措施，抓好软环境建设。

开展快递市场联合执法检查

2月，天津市邮政管理局组织开展了快递市场联合执法检查活动，检查快递企业日常运营状况和实地核查快递业务经营许可情况，先后查看了飞康达天津分公司、百世汇通河东分部等快递企业。

天津出台落实中央一号文件实施意见

2月7日，天津市委、市政府出台了《关于贯彻落实〈中共中央、国务院关于全面深化农村改革加快推进农业现代化的若干意见〉的实施意见》，明确提出加强农产品市场体系建设，推进城乡基本公共服务均等化，包括建设农村现代物流网络，建立畅通高效、技术设备先进的农产品冷链物流体系，积极探索构筑与现代农业经营体系相匹配的农产品物流信息平台，加快邮政系统服务“三农”综合平台建设。完善农村商业网络体系，搞好便民超市，发展连锁配送，加强村邮站等公共服务平台建设。此外，还印发了任务分工方案。其中，明确由天津市邮政管理局与市商务委等部门做好相关工作。

《天津市新能源汽车推广应用实施方案》获通过

2月24日，天津市召开市政府第26次常务会议，审议并原则通过《天津市新能源汽车推广应用实施方案》。其中，邮政快递行业获利好政策。中央和天津市将拿出2亿资金，用于在邮政快递领域推广应用3380辆新能源汽车，配套建设3380个充电桩或充电接口。

出台《天津市推进电子商务发展三年行动计划（2014－2016年）》

3月，天津市政府出台《天津市推进电子商务发展三年行动计划（2014－2016年）》，快递服务与电子商务协同发展获多项政策利好。根据该计划，到2016年，天津将建成与万亿电子商务交易规模相匹配的快递物流体系，创建“分拨、仓储和物流一体化”服务模式。

联合市交港局推进交邮合作

3月29日，天津市邮政管理局与市交通港口局局领导带队，赴天津交通集团物流货运中心和交通职业学院调研座谈。座谈会上，与会人员就加快建设天津快递物流园区，推进双方在资源整合、业务联动、人才培养等方面沟通联系，进一步推动在大交通体制框架内各方合作事宜进行了交流，提出了建设性的意见建议，并决定尽快研究推动邮政管理部门、交通港口局与邮政企业签署战略合作框架协议有关事宜。

召开快递企业网点规范管理工作会

4月11日，天津市邮政管理局召开该市规模以上加盟制快递企业网点规范管理工作会，部署快递企业加盟网点行政许可及常态化管理工作。会议要求各快递企业要高度重视加盟网点规范管理工作，如期如实填报网点信息，按照有关规定，扎实做好快递经营许可有关工作。

召开快递市场监管工作座谈会

4月16日，天津市邮政管理局组织召开快递市场监管工作座谈会。会议对近期该市发生的邮政业行政案件中分歧较大的主体合法性问题进行了充分探讨，并初步达成一致意见。同时，各派出机构还就2014年市场监管工作设想进行交流，对创新快递业务经营许可模式等问题进行深入研究。

召开快递企业网点规范管理工作推进会

5月14日，天津市邮政管理局召开快递企业网点规范管理工作推进会。会议宣读了《天津市快递企业网点规范管理工作方案》，对下一阶段快递网点规范管理工作作出部署。根据方案，此次网点规范管理工作自2014年2月开始至7月底结束，共分调查摸底、宣传教育、整改落实、检查验收四个阶段。

快递协会举办首次快递企业专场招聘会

7月20日，天津市快递协会在天津人力资源发展促进中心举办首次快递企业专场招聘会。顺丰、申通、宅急送、圆通、中通、韵达、百世汇通、城际、苏宁等20余家品牌快递企业在现场布展招人。

实现快递网络乡镇全覆盖

7月，天津市政府办公厅信息简报刊发天津市实现快递网络乡镇全覆盖，阐述天津市积极引导快递企业“下乡进村”，使广大农民享受到和城市居民一样便捷快速的快递服务，邮政EMS、顺丰、微特派、城际四家快递企业在天津127个乡镇开办业务，实现快递网络乡镇全覆盖。

快递物流园区规划纳入年度城乡规划编制计划

7月，天津市人民政府办公厅转发该市规划局拟定的《天津市2014年度城乡规划编制计划》，明确将天津市快递物流园区规划纳入其中。此项规划是全国首个纳入省级地方政府城乡规划的快递物流园区规划，该项规划经地方政府审批后将在全市范围生效，地方政府将预留土地作为快递物流园区专门用地，为行业发展奠定坚实基础。

召开第二次快递市场监管工作座谈会

8月22日，天津市邮政管理局召开2014年第二次快递市场监管工作座谈会。会议强调，自9月15日起，天津市邮政管理局市场监管处将会同各派出机构开展联合执法检查，按照属地管理原则，严格依法依规对未完成快递企业网点规范管理整改工作的企业予以处罚。

津冀签署《交通一体化合作备忘录》

8月24日，天津市政府与河北省政府签署了《交通一体化合作备忘录》。备忘录首次提出要深入开展邮政合作，依托城市配送节点，促进交通、商贸、邮政、快递等物流资源的优化配置和融合发展，打造区域快递服务圈，积极推进“快递下乡”工程建设。

圆满完成达沃斯论坛期间寄递渠道安全保障工作

9月10日至12日，2014年夏季达沃斯论坛于天津举行，天津市邮政管理局提前安排部署、积极沟通协调、认真履行职责，会同相关部门，督促邮政、快递企业做好寄递渠道安全和邮政服务工作，圆满完成达沃斯论坛期间寄递渠道安全保障工作。

牵手天津联通开展行业监管信息化合作

9月29日，天津市邮政管理局与天津联通公司签订邮政快递行业监管信息化合作协议。根据协议内容，双方将投资建设邮政行业手机视频实时监控系统平台，实现邮政管理部门对快递企业分拣中心、分部及营业网点的实时监控。

新能源汽车推广应用取得突破性进展

截至10月22日，天津市邮政快递行业陆续投入使用新能源汽车35辆，购置并完成喷涂标识待上牌汽车20辆，完成正式签订购车合同200辆。此外，各企业上报认购意向数量已超过1000辆，该市邮政快递新能源汽车推广应用总体工作取得突破性进展。

邮政业发展“十三五”规划被列入市重点专项规划

11月，天津市政府印发《关于编制“十三五”规划和修编城市总体规划土地利用总体规划三个工作方案的通知》。其中，作为现代服务业的重要组成部分和惠及民生的新型服务业态，《天津市邮政业发展“十三五”规划》被列入市重点专项规划。

开展联合执法大检查

12月24日，天津市邮政管理局会同该市公安、国安等部门组成检查组到天津韵达总部及其南开区、北辰区加盟网点，实地开展安全生产联合执法大检查。检查组主要针对快递企业落实收寄验视制度、化学品寄递安全、消防及用电安全等方面开展了执法检查。

河北省快递发展大事记

快递配送点建设列入促进信息消费重点任务

1月，河北省政府印发了《河北省人民政府关于促进信息消费的实施意见》，明确了各项任务措施分工及时间进度。实施意见将支持邮政普遍服务和物流快递配送点建设列为重点任务措施，要求由河北省邮政管理局牵头、省发展改革委和各设区市政府配合，持续实施此项任务。

张庆伟省长对邮政工作作出重要指示

1月9日，河北省省长张庆伟在听取了邮政业改革发展和省以下邮政管理机构设置情况的汇报后，充分肯定了河北邮政工作，并作出重要指示。张庆伟指出，快递业务要抓紧跟上，要创造条件，鼓励大力发展。要坚决支持快递业务发展，抓紧形成有竞争力的品牌企业，并且要加强监管，吸引一些有实力的企业来河北投资，特别要扶持本地企业的发展。

高金浩厅长调研快递业务发展情况

1月13日，河北省交通运输厅厅长高金浩赴顺丰、韵达分拨中心进行了考察调研。河北省邮政管理局局长王跃、副局长魏水旺陪同调研。高金浩表示，省交通运输厅将一如既往大力支持邮政工作，深化行业合作，在大交通综合体系框架下推动行业共同发展。

河北顺丰被列为现代服务业百家领军企业

2月，河北省委办公厅、省政府办公厅印发了《关于实施“三个一百”领军企业工程的意见》，决定在现代服务业、战略性新兴产业和传统产业分别选择百家规模大、效益好、创新能力强、发展后劲足、辐射带动作用明显的重点企业，组织实施“三个一百”领军企业工程。河北顺丰速运有限公司被纳入河北省“三个一百”领军企业工程，成为省委省政府发展现代服务业重点扶持的对象。

组织市局一把手赴上海开展考察调研活动

3月19日，河北省邮政管理局局长王跃带领石家庄、承德、廊坊、沧州、衡水市邮政管理局以及省局市场监管处负责人赴上海开展考察调研。考察组与上海市邮政管理局和浦东、青浦、黄浦区局负责人进行了座谈。还前往UPS、顺丰、圆通、韵达转运中心开展了调研，和部分企业高管进行了座谈，详细了解了企业发展情况，并就企业在河北的发展现状、规划和政策需求进行了沟通。

办理省人大代表建议答复工作

4月，根据省政府办公厅交办安排，2014年河北省邮政管理局承办省人大代表建议1件（第1245号），即邢台代表团代表齐秀敏（河北齐心律师事务所主任、邢台市律师协会会长）关于建立健全快递行业市场准入制度的建议。河北省邮政管理局已对代表建议给予了答复意见，齐秀敏代表对答复表示满意。

唐山市成立快递行业协会

4月9日，唐山市快递协会成立大会召开，这标志着河北省第4家市级快递行业协会正式成立。大会审议通过了《唐山市快递行业协会章程》《唐山市快递行业协会选举办法》和《唐山市快递行业会费缴纳办法》，选举产生了协会第一届理事会理事、会长、副会长、秘书长。河北省邮政管理局、省快递行业协会、市民政局、市邮政管理局有关负责人以及32家企业代表，共60余人参加了大会。

王跃局长走访省民航发展建设领导小组办公室

4月18日，河北省邮政管理局局长王跃赴河北省民航发展建设领导小组办公室，与省民航办专职副主任、省交通运输厅副厅长王普清进行了座谈。王跃通报了邮政业发展情况，并与王普清就业内企业开通货运航线、建设临空转运中心事宜交换了意见。双方明确，近期将就临空快递园区建设和快递货运航线等问题召开政府、企业多方参加的协调会，推动民航业与邮政业的协同互利发展。

国家邮政局就快递货运车辆通行问题来河北调研

5月15日至16日，国家邮政局市场监管司副司长刘良一一行就全国政协委员“关于提高快递货运车辆城市通行便利的提案”(第4950号)来河北调研。调研组听取了河北省邮政管理局、石家庄市邮政管理局解决快递车辆通行问题的工作汇报。调研组还听取了部分快递企业在车辆通行方面的困难,并对有关问题给予了指导和答复。随后,调研组一行赴保定白沟就当地快递行业发展情况进行了调研。

王跃局长赴河北机场管理集团公司走访调研

为进一步加强合作沟通,促进快递服务发展,5月26日,河北省邮政管理局局长王跃一行赴河北机场管理集团有限公司进行了走访调研。双方就建立联系机制,加强信息交流和工作配合达成了共识。

《河北省邮政条例》部分修订

5月30日,河北省第十二届人民代表大会常务委员会第八次会议审议通过并公布了《河北省人民代表大会常务委员会关于修改部分法规的决定》,对《河北省邮政条例》进行了修改,删除了条例中有关“快递企业加盟合同备案”“跨省、自治区、直辖市经营或者经营国际快递业务的企业分支机构备案”条文内容。

杨汭副省长冀望省邮政业抓住京津冀协同契机

6月4日,河北省副省长杨汭专题听取了河北省邮政管理局关于省邮政业发展和邮政管理工作情况的汇报。他希望邮政管理部门把握京津冀协同发展的有利契机,加快行业发展,推进建立现代企业制度,做大做强企业。着力保障行业安全运行,提高服务质量,提升网络运行效率。

交邮合作实施意见出台

6月,河北省邮政管理局、河北省交通运输厅联合出台了《关于推进交通运输和邮政业务合作发展的实施意见》。意见以完善公共服务、促进交通运输企业和邮政、快递企业共赢发展为目标,要求不断强化企业的市场主体地位,充分发挥市场配置资源的决定性作用,最终资源共享、互利互惠。从推进资源优势互补、推进业务代办代理和推进农村物流发展三方面,对合作内容进行了明确,提出了具体保障措施。

顺丰专机项目“落户”河北

6月,顺丰专机落地项目成功“落户”河北。顺丰货运航班开通后,将在石家庄机场设点分拣分发,货物在机场落地后,通过顺丰的地面物流网络,直接送往消费者手中,河北、山西、江浙沪湘等地的航空快件递送时间将缩短半天。

召开上半年申诉情况分析会

6月11日,河北省邮政管理局组织召开上半年申诉情况分析会,总结了上半年全省申诉情况,通报了企业申诉率情况,对申诉处理过程中反射出的企业员工培训、管理规范、服务提升问题进行了分析说明。

顺丰专机“落户”河北石杭货运航线正式运营

8月12日凌晨3时50分,顺丰航空的货机运载着近10吨快件降落在石家庄机场,标志着顺丰航空运营的杭州至石家庄货运正班航线的正式运营。

优化快递业务经营许可证变更审核流程

9月,河北省邮政管理局出台了快递业务经营许可证变更审核流程优化方案。方案从摸清市场底数,开展专题培训,建立绿色通道,简化工作程序,加强行政管理五个方面对快递业务经营许可审核流程进行了优化。

邯郸市快递行业协会成立

9月23日,邯郸市快递行业协会成立,并召开第一次会员大会。河北省邮政管理局党组成员、人事处处长刘燕宏和市政府副秘书长丁向平共同为协会揭牌。会议通过了协会章程、选举办法、会费缴纳办法及财务管理制度，选举产生了会长、副会长、秘书长、常务理事和理事，通过了聘请名誉会长和顾问的决议。会上，快递企业代表宣读了行业自律倡议书。

召开旺季服务安全保障动员会议

10月28日，河北省邮政管理局组织各市局、驻石家庄主要快递企业和省级公司负责人召开全省邮政业旺季服务与安全保障工作动员部署会议，河北省邮政管理局副局长魏水旺就抓好关键环节和重点部位提出统一调度、信息系统支持、节点监控、宣传引导、上报下达、行业监管“六个强化”。

为快递企业运输车辆提供通行便利

11月，河北省启动了包括城市主城区机动车实行单双号限行在内最高级别空气质量保障措施，其中部分快递车辆进入市区受到限制。河北省邮政管理局迅速启动预警机制，同时向省政府汇报情况，省政府领导对此高度重视。河北省邮政管理局联合省公安厅交通管理局下发了《关于重污染天气启动机动车限行措施期间给予快递车辆通行便利的通知》。

快递协会被评为省5A级社会组织单位

河北省民政厅下发文件，河北省快递行业协会被评为5A级社会组织单位。

省政府出台文件促进物流发展

12月，河北省政府下发了《关于促进物流业加快发展的若干意见》，给邮政业在审批、用地、车辆通行等方面带来政策利好。意见还要求，各级各有关部门要高度重视物流业发展，进一步细化政策措施，共同推动省物流业健康快速发展。

山西省快递发展大事记

收寄验视专项整治活动取得阶段性成果

1月，在山西省邮政管理局的督促指导下，山西省各市局结合辖区实际情况，开展落实收寄验视制度专项整治活动，并取得了阶段性的成果。各市局共检查邮政企业22次，检查快递企业192次，要求整改安全隐患42处，对24家违规企业进行罚款，罚款总额达78000元。

大同局联合有关部门保障快递车辆便捷通行

1月6日，大同市邮政管理局与市交通运输局、公安交警支队联合印发《关于做好快递车辆便捷通行保障工作的通知》，为快递车辆的干线运输进出市区、市内转网和快件配送便捷通行提供政策支持。

临汾局联合相关部门推动电子商务发展

2月18日，临汾市邮政管理局联合市发改委、财政、农委、商务、人行、海关、国税、地税、工商、质监、林业、旅游等12个政府部门，印发《关于进一步促进电子商务健康快速发展有关工作的通知》，积极推进全市电子商务健康快速发展。

加强校企合作推进快递发展

3月29日，山西省邮政管理局局长秦红保深入山西交通职业技术学院，就加强校企合作，推进快递业发展事宜，与该院院长张文才和有关人员进行座谈，并达成共识，形成了初步意见。

推进邮政业融入综合交通运输体系

4月11日，山西省交通运输厅厅长李正印一行到山西省邮政管理局进行调研。李正印表示，将大力支持邮政行业发展，并指出要深入推进交通运输与邮政业的融合，促进共同发展。

开展快递企业安全生产考核评比

5月12日，山西省邮政管理局制定下发了《山西省快递业安全生产考核评比办法（试行）》，在全省重点快递企业中开展安全生产考核评比。办法规定，考核评比以年为周期，每年的7月15日和次年的1月15日前由各市局依据检查考核确定分值，最终得分为省局对各市各品牌进行汇总取平均值。考核内容包括安全生产工作目标、寄递渠道安全。同时，对安全生产控制指标，实行一票否决制。快递企业安全生产考核设立优秀集体和个人奖项，给予相应奖励；不合格企业将通报批评，并视情节，给予相应处罚。

秦红保局长深入快递企业调研

6月19日至20日，山西省邮政管理局局长秦红保先后深入中通、申通、韵达、汇通和宅急送快递企业山西分部，对快递企业安全生产、“三化”建设、快递下乡等工作开展调研。在与企业负责人的座谈中，秦红保详细了解了各个企业的生产状况、业务运行情况等，对企业的近期工作提出了明确要求。

推进快递企业“三化”工作

7月，山西省邮政管理局连续下发了《山西省快递营业网点标准化、分拣中心规范化和作业流程制度化建设指导意见（试行）》和《关于印发快递企业“三化”标准的通知》两个文件，将推进快递企业“三化”建设工作推向高潮。指导意见进一步明确了“三化”工作的指导思想、基本原则、工作目标和主要任务，明确了推进“三化”工作的政策措施和组织领导。

秦红保局长调研快递与电商融合发展

7月2日，山西省邮政管理局局长秦红保一行，深入山西最大的土特产品及鲜活农产品网络销售平台——山西贡天下电子商务有限公司进行调研。秦红保表示，希望电子商务能够与快递公司进一步加强合作，积极探索农业电子商务应用，开发更多更好的产品，服务好“三农”，服务好广大消费者。邮政管理部门下一步将联系商务、发改等部门，联合出台一些配套的好政策好措施，以更好地推进电子商务与快递服务的融合发展。

省人大财经委积极推进省邮政条例贯彻落实

7月4日，山西省邮政管理局局长秦红保向省人大财经委汇报了《山西省邮政条例》颁布后的实施情况，省人大财经委领导对邮政管理部门在贯彻落实条例上所做的工作和努力给予了高度评价，并委表示，将积极推进条例的落实工作，大力支持惠民生的邮政、快递业持续健康发展，为邮政、快递业创造宽松的发展环境。将选择部分地市对条例贯彻落实情况进行实地调研，切实解决条例的“落地”问题。

举办快递企业分支机构备案管理专题培训

7月11日，山西省邮政管理局举办快递企业分支机构备案管理培训会，培训会上详细解读了国家邮政局《经营快递业务的企业分支机构备案管理规定》，对备案程序及具体细节进行了认真的指导说明，对国家邮政局开发的分支机构备案管理功能模块及市局备案管理进行了操作演练。

召开全省快递企业“三化”建设推进现场会

8月29日，山西省快递企业“三化”建设推进现场会在运城召开。搭建平台，促进政企之间、企业之间相互交流、相互学习，有力推动全省快递“三化”建设工作的开展。

开展全省邮政业安全生产大检查

在寄递旺季即将来临之际，山西省邮政管理局在全省范围内开展为期半个月的邮政业安全生产大检查工作。此次检查从9月11日开始，9月

25日结束。检查由山西省邮政管理局统一安排部署，从各市局抽调人员组成4个检查组，分片深入全省11个地市及部分县（市）进行。

付建华副省长表示大力支持邮政业发展

10月23日，山西省委常委、副省长付建华与山西省邮政管理局局长秦红保进行了深入细致的交流。付建华表示，将大力支持邮政行业的发展。付建华要求，在加快行业发展的同时，一定要强化安全生产，加大安全监管力度，防范不法分子利用寄递渠道从事恐怖活动，威胁国家安全和社会公共安全，确保不出问题。

全面部署快递旺季服务保障工作

11月3日，山西省邮政管理局召开专题会议，研究部署全省快递旺季服务保障工作。会议要求高度重视、强化责任、实时监控、狠抓落实、宣传引导。会后，各市局积极响应，采取有效措施，迎接旺季服务保障“大考”。

省局领导带队督导“双11”服务保障工作

从11月11日起，山西省邮政管理局局长秦红保和副局长赵俊芝分别带队，深入山西省邮政、快递总部分拨中心现场，了解“双11”高峰期企业生产运行情况，督导企业做好旺季服务和安全保障工作，确保安全、平稳、顺畅。

举办年度快递企业申诉投诉培训会

12月15日，山西省邮政管理局申诉中心举办了2014年度快递企业申诉、投诉培训会。培训围绕《邮政业消费者申诉处理办法》，解读了相关细则，进一步明确了申诉处理要求，并结合申诉处理中所涉及的常见问题，以典型案例为题，具体深刻分析处理方式和办法。来自全省快递企业总部的相关负责人及申诉投诉处理人员共40余人参加了培训。

内蒙古自治区快递发展大事记

深入企业检查收寄验视制度执行情况

1月2日，内蒙古自治区邮政管理局局领导带队深入乌兰察布市和卓资山县快递企业及营业网点检查收寄验视制度执行情况。对检查中发现的不执行收寄验视制度，存在违法经营行为的快递企业，已要求乌兰察布市邮政管理局依法予以处罚。

吴邦柱副局长到通辽快递企业检查督导工作

5月4日，内蒙古自治区邮政管理局副局长吴邦柱到通辽，对通辽圆通、中通、申通、顺丰、韵达、EMS等生产规模较大的7家快递企业进行了检查督导。吴邦柱对各企业收寄验视执行情况进行了检查，并详细了解询问了快递企业的安全生产情况。

首批快递业务员职鉴考试顺利进行

5月24日，内蒙古自治区2014年首批快递业务员职业技能鉴定考试顺利开考，来自区内各企业、院校的1195名考生参加了考试。本批次考试在全区11个盟市设立了考点，新增了阿拉善盟考点，该考点的增设给该地区考生带来了极大方便，鉴定人数达123人，创阿拉善盟参与职鉴考试以来总人数的2倍之多。本批次考试还为海南省鉴定305人。

组织召开盟市局局长座谈会

7月21日至23日，内蒙古自治区邮政管理局在鄂尔多斯市以现场会形式召开全区盟市局局长座谈会，会议组织各盟市局局长观摩学习了鄂尔多斯快递园区服务平台建设和快递下乡综合服务站运营方式，传达学习了国家邮政局年中工作会议精神，局长张子旗总结了全区上半年邮政管理工作，对下半年重点工作进行了安排部署。

加大执法检查力度规范快递市场秩序

9月，内蒙古自治区邮政管理局结合国家邮政局部署的规范和清理快递企业经营范围和落实收寄验视制度专项整治活动，要求各盟(市)邮政管理局加大执法检查力度，依法查处存在问题的企业，取得良好成效。鄂尔多斯、巴彦淖尔、包头等6个盟(市)局分别对当地违反法律法规的快递企业进行了立案调查，并开出行政处罚单，对全区快递行业起到了警示教育的作用。

圆满完成第二批快递业务员职鉴考试

10月25日，内蒙古自治区2014年第二批快递业务员职业技能鉴定考试顺利开考，来自区内各快递企业的545名考生参加了考试。本批次考试在全区8个盟市设立了考点，共15个考场，给全区各盟市快递从业人员参加考试带来了极大方便。本批次为海南省组织职业技能鉴定考试296人。

部署全区快递业务旺季服务保障工作

11月4日，内蒙古自治区邮政管理局召开2014年全区快递业务旺季服务保障工作动员部署会。会议传达了国家邮政局"10·15"电视电话会议精神，分析了全区行业的发展形势和"双11"面临的挑战，确定了旺季服务保障工作目标。要求各快递企业要切实落实企业主体责任，严格履行服务承诺。要建立旺季应对机制，要保证员工队伍稳定。要建立信息报告制度。

召开旺季服务保障工作新闻媒体通气会

11月7日，内蒙古自治区邮政管理局召开了全区快递业务旺季服务保障工作新闻媒体通气会。内蒙古日报社、内蒙古电视台等12家新闻媒体参加了会议。会上，内蒙古自治区邮政管理局现场解答与会媒体提出的关于旺季期间业务量、邮政管理部门应对措施、快递企业服务能力、快递用户申诉渠道等问题。《内蒙古日报》、内蒙古电视台等自治区主要新闻媒体对快递业务旺季服务保障工作情况进行了报道。

张子旗局长带队深入快递企业督导旺季服务保障工作

11月13日，内蒙古自治区邮政管理局与呼和浩特市邮政管理局，组成两个督导组，分别由区局局长张子旗和副巡视员索聪明带队，深入邮政速递物流、顺丰、圆通、中通、申通、国通、韵达、天天等八家快递企业及分拣中心慰问一线员工，了解"双11"快件进出港量和生产运行情况以及企业运行压力和困难，并与部分企业进行座谈。

快递基建和快递下乡列入电子商务发展战略部署

12月17日，内蒙古自治区第37次政府常务会议专题研究《内蒙古自治区电子商务发展规划》和《内蒙古自治区加快电子商务发展若干政策规定》，对促进电子商务发展做出部署。同时将有力推动快递业与电商协同发展，促进内蒙古快递基础设施建设和快递服务网络"向下"延伸，满足农村牧区对快递服务的需求，进一步加快内蒙古快递业的发展。

辽宁省快递发展大事记

省政府提出加快快递物流等服务业发展

新年伊始，辽宁省政府提出了“实施加快辽宁服务业发展若干意见”，明确了邮政服务业四年发展计划，及相关部门责任和配套政策。时隔三天，辽宁省政府召开全省加快服务业发展工作会议，提出要推进电子商务跨越发展，加快邮政快递业发展。1月17日，辽宁省十二届人大二次会议上，政府工作报告出，全省各市要加快建设现代物流园区和交通物流基地，推进快递业服务升级。

开展节前寄递渠道安全检查

1月至2月，为确保节日期间寄递渠道安全生产，辽宁省邮政管理局由局领导带队，深入快递企业开展节前寄递渠道安全检查。重点检查企业收寄验视执行情况，实地检查作业现场防火、防盗、水电安全和行车安全等情况，以及节日期间快递运行安排。各市邮政管理局纷纷落实检查工作。

荣获全国邮政管理系统申诉处理工作先进集体称号

2013年，辽宁省邮政业消费者申诉中心共受理消费者申诉8462件，为消费者挽回经济损失32万余元。消费者对申诉处理的满意率为95.6%，高于全国3.5个百分点。经调解消费者申诉已全部及时处理。辽宁省邮政管理局申诉处理质量考核综合评分为98.9分，列全国第二位，荣获全国邮政管理系统申诉处理先进集体称号。辽宁省邮政业消费者申诉中心被授予省级“青年文明号”。

国家邮政局辽宁督导“两会”寄递渠道安保工作

3月7日，国家邮政局督导组到辽宁督导“两会”期间寄递渠道安全保卫工作。督导组听取了辽宁省邮政管理局关于“两会”寄递渠道安保等情况的汇报，检查走访了顺丰、圆通等重点快递企业。

启动交通运输与邮政合作发展

3月10日，辽宁省交通厅、省邮政管理局联合召开推动道路水路运输业与邮政业合作发展电视电话会议。辽宁省交通厅运输管理局与省邮政公司签订了《关于推动道路水路运输业与邮政业合作发展战略协议》，正式启动合作发展。会上，辽宁省邮政管理局宣读了《辽宁省交通厅　辽宁省邮政管理局关于推动道路水路运输业与邮政业合作发展的指导意见》。意见围绕以整合资源为基础，以改革创新为动力，拓宽交通与邮政业合作领域，增强电子商务服务能力。

申诉中心得“民心网”五星评价

3月5日，辽宁省纪委省监察厅“民心网”收到诉求人对辽宁省邮政管理局工作的满意留言。4月10日，辽宁省邮政管理局首次接到省纪委省监察厅民心网发来的纸质《民心网内参——五星件专报》，对辽宁省邮政管理局积极高效解决群众诉求问题，切实维护群众利益，为诉求人挽回近万元的经济损失，给予了高度赞扬。

提前完成省人大代表建议办理工作

4月25日，辽宁省邮政管理局提前完成了2014年省人大代表《关于在辽宁省推广便民智能邮箱（快递柜）的建议》和《关于修改〈辽宁省邮政条例〉的议案》两件主办建议的答复工作，代表对辽宁省邮政管理局的答复签署意见为“非常满意”和“满意”。

省政府加快服务业发展具体措施落地

5月15日，辽宁省服务业委联合省发改委、公安厅、财政厅、人社厅、交通厅、科技厅、国土厅、工商局、邮政管理局等九部门下发《关于推进全省电子商务快递服务健康发展的意见》。为加强组织协调。建立由省服务业委牵头,九部门共同推进的电子商务快递服务发展工作协调机制。明确由辽宁省邮政管理局牵头编制《辽宁省快递服务发展规划》,将快递服务园区建设纳入省内物流园区规划,享受供地、供水、供电、供暖等服务业发展相关政策。

葫芦岛顺丰 6 名快递员火中见真情

5 月 20 日,闻听邻居家着火了,平均年龄 20 岁左右的 6 名顺丰员工放下手中的工作,抄起店内的灭火器,直奔火场,进行了一场 10 分钟的激烈灭火战斗。事后,他们没喝邻居一口水。邻居说:“远亲不如近邻,患难时刻见真情啊!”

刘君副局长大连调研省以下邮政管理工作

6 月 13 日,国家邮政局副局长刘君到辽宁省大连市参加邮政安全工作座谈会并调研省以下邮政管理工作,强调要继续坚持邮政业服务地方经济、服务民生工作思路;继续履行行业监管职责,促进行业健康安全可持续发展;继续加强队伍建设和基础工作。调研期间,刘君听取了大连市邮政管理局工作汇报,对大连局突破重点、整体布局,创造性地开展工作,特别是在邮政快递联动发展、行业综合服务平台建设、快递进社区进校园和开展邮政地方立法等工作给予了充分肯定。

营口市政府出台促进快递服务发展实施意见

7 月 3 日,营口市政府办公室转发了营口市邮政管理局《关于促进快递服务发展的实施意见》。意见完整、系统地提出了营口市政府促进快服务发展的指导思想、基本原则、发展目标、政策措施和管理措施,细化了各相关部门的职责,明确了快递服务在营口经济发展中的地位,为业务发展提供了基础保障。

大连局核发全市首批快递车辆通行证

7 月 8 日,大连市邮政管理局举行了全市首批快递车辆通行证核发仪式,为市邮政速递物流、顺丰、申通等 14 家主要快递企业的 50 辆运输车辆核发了通行证。持有通行证的快递车辆可在早晚高峰禁行时段通行,并在市内主次干道享有临时停靠的便利。

召开推进快递服务标准化建设评定工作现场会

7 月 16 日,辽宁省邮政管理局在营口地区组织召开了全省推进快递服务标准化建设评定工作现场会。会议强调,要按照先行试点、分步实施、整体推进的原则,确保工作目标顺利完成。辽宁省邮政管理局分管局领导,各市邮政管理局分管局领导、业务处室负责人和辽宁省快递协会参加了会议,与会代表参观考察了营口地区快递服务标准化建设优秀网点。

省交通厅会同大连海事大学专家赴辽宁局调研

7 月 28 日,辽宁省交通厅会同大连海事大学专家赴辽宁省邮政管理局调研,为将邮政业纳入“十三五”综合交通运输体系规划收集资料。调研组采取座谈交流和资料收集等形式,听取了辽宁省邮政行业基本情况报告和全省快递服务发展情况汇报,了解了全省邮政业尤其是快递业的发展基本现状、存在的主要问题与矛盾,并着重询问“十三五”期间需要交通部门协调解决的快递物流园区和快递车辆通行难等问题。

交通运输部专家委员会邮政组在辽宁调研

7 月 30 日至 31 日,交通运输部专家委员会邮政组第三课题小组,在辽宁开展《关于快递服务车辆系列标准的思考与建议》调研工作。课题小组详细了解邮政快递企业车辆使用管理情况及存在问题,与重点快递企业负责人展开座谈,听取企业意见与建议。辽宁省邮政管理局局领导及相关部门、省快递协会负责同志和重点快递企业参加了此次调研活动。

开展化工类产品寄递安全隐患排查工作

8月，针对多起因非法寄递禁寄递危险化学品引起的安全生产事故，对寄递渠道安全畅通和人民群众生命财产安全造成严重危害这一状况，辽宁省邮政管理局组织开展化工类产品寄递安全隐患排查工作。辽宁省邮政管理局要求各市邮政管理局对本地化工生产销售企业开展调查，对快递企业开展专项检查，将违法寄递危险化学品纳入日常检查。

马军胜局长调研辽宁邮政业发展

9月11日至14日，国家邮政局局长马军胜一行到辽宁省沈阳、盘锦、营口等市，深入基层邮政网点、快递企业和邮政管理部门，调研邮政行业改革发展和行业生产经营情况。马军胜要求辽宁各级邮政管理部门紧紧抓住东北地区等老工业基地振兴战略实施的重要机遇期，充分利用辽宁的区位优势、产业优势和人才优势，继续夯实邮政服务基础，加快发展电子商务快递业务，积极营造新业态发展环境，推进行业转型升级提质增效，为辽宁经济社会发展和民生改善做出更大贡献。调研期间，马军胜分别视察了沈阳市、盘锦市、营口市邮政管理局，亲切看望慰问干部职工。

《大连市邮政条例》获省人大表决通过

《大连市邮政条例》于8月26日经大连市十五届人民代表大会常务委员会第十三次会议审议表决通过。9月26日，辽宁省人大常委会对《大连市邮政条例》进行表决，结果高票通过。并印发了《关于批准〈大连市邮政条例〉的通知》，通知指出，辽宁省第十二届人民代表大会常务委员会第十二次会议对大连市人民代表大会常务委员会报请省人民代表大会常务委员会批准的《大连市邮政条例》进行了审议，决定同意辽宁省人民代表大会法制委员会的审查意见，予以批准，由大连市人民代表大会常务委员会公布施行。

加快推进快递企业基层党组织建设

10月10日，根据中央、省委和国家邮政局党组有关要求和部署，为在辽宁邮政行业扎实落实党的十八大提出的关于加大非公有制经济组织党建工作力度的要求，辽宁省邮政管理局党组制定下发《关于加快推进快递企业基层党组织建设的通知》，指导、推进全省邮政行业基层党建工作。

国家邮政局申诉中心赴辽宁调研

10月10日，国家邮政局申诉中心赴辽宁调研指导申述工作。调研组听取了辽宁省邮政管理局申述工作汇报，对全省申述工作取得的成绩给予了充分肯定。随后，深入沈阳市邮政管理局了解基层申述情况，沈阳局向调研组汇报了申述工作开展情况，并对发挥申诉平台作用及申诉处理过程中存在的问题和困难与调研组进行了深入的探讨与交流。调研组结合申述工作具体案例对沈阳局工作中存在的问题提出了宝贵的意见和建议。

部署旺季安全生产落实旺季申诉工作

10月22日，辽宁省邮政管理局召开旺季服务保障暨旺季申诉工作部署会议。会议点明了2014快递业务旺季特点，分析了旺季生产形势，要求做好八项重点工作，加强旺季期间服务保障能力，确保实现“保畅通、保安全、保平稳”的旺季服务保障工作目标。还讲解了国家邮政局新修订的《邮政业消费者申诉处理办法》《邮政业消费者申诉处理规程》，分析总结了1－9月份申诉工作延伸到市邮政管理局以来出现的问题及今后的注意事项，提出旺季申诉工作要求。

筹建营口快件物流园区

11月，营口市邮政管理局与辽宁（营口）沿海产业基地管委会多次磋商，协调建设营口市快件物流园区。园区规划面积两万余平，一期已建成面积8000余平方米的封闭式作业场地，分为快递区和电商区。2015年至2017年免除企业租金，之后按照工业厂房租赁标准每月租金10元/平方米缴纳。园区建设得到主管市长、大连海关监管处、营口海关、营口检验检疫、营口快递行业协会的大力支持。

全国首家泳装跨境电子商务平台正式启动

11月11日上午11时，葫芦岛市兴城泳装跨境贸易电子商务平台启动仪式在兴城滨海经济区国际仓储物流中心隆重举行，这标志着全国第一家泳装跨境电子商务平台正式通关，通关当日，网上交易火爆，实现订单12509件。

刘君副局长赴辽宁督导旺季生产工作

11月14日，国家邮政局副局长刘君带领旺季快递服务工作检查督导组赴辽宁督导检查快递旺季生产工作。刘君在辽宁省邮政管理局局长刘彦辰的陪同下，深入企业一线，亲切慰问一线员工。检查督导组详细了解企业分拨操作情况，询问了企业“双11”旺季期间业务量变化，辽宁省速递物流与京东商城等电商合作情况。

全力推进“快递下乡”工程

12月22日，辽宁邮政管理局、省快递协会共同组织召开了“快递下乡”工作推进会，全面贯彻落实国家邮政局关于“快递下乡”工作部署，总结抚顺、营口、铁岭“快递下乡”试点成功经验，对全省“快递进乡镇”相关问题进行深入研讨、座谈。

吉林省快递发展大事记

长春快递园区建设获省、市两级政府支持

1月13日，吉林省副省长谷春立，省政府副秘书长、省长吉图战略实施领导小组办公室主任张宝田，长春市副市长白绪贵在听取吉林省邮政管理局、长春市邮政管理局关于建设长春快递园区工作汇报时表示，将积极支持长春快递园区建设。谷春立要求，邮政管理部门要与相关部门加强沟通协调，密切工作联系，加快推进长春快递园区建设，争取园区早日开工建设，早日建成投入使用；要站在长吉图开发开放战略的高度，将园区打造成为集电子商务、仓储、快递物流于一体的服务业基地。

收寄验视制度专项整治活动成效显著

截至2014年1月22日，吉林省各市、州邮政管理局围绕落实收寄验视制度专项整治活动，开展了一系列工作，成效显著。吉林局共对吉林地区96家快递企业进行了检查，下达整改通知9份，行政处罚2次。松原局制定了《松原市邮政行业收寄验视制度落实情况专项整治活动方案》《落实收寄验视制度自检自查情况表》和《邮政行业收寄验视制度知识测试题》，通过文件形式下发至企业。延边州局在企业自查的基础上，针对收寄验视和安全生产环节容易出现的问题细化成18个项目，并对全州邮政、快递企业开展了实地检查，共出动检查120人次，下发责令整改通知书3份。

慰问快递企业督导春节期间快递服务保障工作

1月23日，吉林省邮政管理局由局领导带队组成督导组，冒雪前往各快递企业。督导组每到一处都详细了解各企业节前网络运营、后勤保障、员工生产生活等情况，对各企业在人员安排、车辆调度、后勤保障等方面所做的充分准备给予了肯定，对坚守生产岗位的企业员工表示慰问。督导组还对各快递企业节前服务保障和安全生产工作提出三点要求。

部署年度全省邮政业人才队伍建设和职鉴工作

2月11日，吉林省邮政管理局召开会议，对2013年度全省邮政业人才队伍建设和职业技能鉴定工作进行回顾和总结，同时对2014年度全省邮政业人才队伍建设和职业技能鉴定工作进行动员部署。全省30余家规模以上快递企业负责人参加了会议。吉林省邮政管理局副局长魏遵红出席会议并对行业人才队伍建设提出三点要求。

快递业满意度成民生领域分数最高项

2月21日，长春市《新文化报》联合腾讯新闻推出大型策划"2014，我们在改变"，吉林省内网友可通过点击相关链接，对网页上提到的25个民生领域投票，从里面选出10个自己认为制度更人性、服务更亲民、改革更有诚意的领域，还可以留言评价。截至2月26日12时活动结束，84055名网友把满意票投给了快递，快递分数最高，成为最得网民心的民生领域。

搭建"吉林网姐"与快递企业合作平台

"吉林网姐"项目是吉林省妇联推出的一巾帼创业就业品牌。该项目2013年8月启动，免费举办了九期"吉林网姐"电子商务培训班，培训学员近千名，开办网店五百余家。3月16日，吉林省邮政管理局了解情况后，主动与吉林省妇联对接，积极促成了省妇联"吉林网姐"项目与长春市申通快递有限公司的合作。吉林省邮政管理局还将密切关注合作进展情况，继续引导更多的快递企业服务地方经济发展，支撑地方电子商务发展。

长春快递产业园项目正式签约

3月20日，长春市二道区政府举行招商引资推介会，会上，圆通速递、中通快递、申通快递三家快递企业与二道区政府就建设长春快递产业园项目正式签约。长春市副市长桂广礼以及省、市、区相关部门，吉林省邮政管理局、长春市邮政管理局的领导出席签约仪式。此次签约，标志着长春快递产业园项目建设正式启动。

长春发放首批快递车辆通行证

3月27日，长春市邮政管理局联合市交警支队向第一批通过审核的121辆快递车辆发放通行证。长春市公安局交通警察支队对全市快递企业负责人进行了交通安全培训，针对快递企业关注的交通热点问题，予以解答。

2014年首次职鉴考试顺利举行

3月29日，吉林省快递业务员职业技能鉴定考试顺利举行。来自全省快递企业和部分高职院校的1118名考生，在全省9个考点，38个考场，参加了快递业务员初、高级的职业技能鉴定考试。此次鉴定考试，为方便考生就近参考，吉林省邮政管理局在全省9个市都设置了考点，受到快递企业的普遍欢迎。

部署2014年快递业务经营许可年度报告工作

为顺利开展2014年快递业务经营许可年度报告工作，3月30日，吉林省邮政管理局印发了《关于开展2014年快递业务经营许可年度报告工作的通知》。通知按照国家邮政局工作部署，根据《快递业务经营许可管理办法》和《快递业务经营许可年度报告规定》，结合中央关于加快政府职能转变、建设服务型政府的要求，对各市、州参加年度报告的企业范围、工作时间、工作程序等内容进行了明确。

王永利局长调研"一网全城"项目

4月24日，吉林省邮政管理局局长王永利一行到吉林市统泰总部，专题调研"一网全城购物中心"电子商务平台与邮政速递物流合作进展情况。调研组先后参观了吉林市统泰一网全城电子商务有限公司办公场所，观看了公司制作的电视广告和招商宣传片，听取了统泰公司关于项目整体介绍和进展情况的汇报。吉林省邮政速递物流汇报了合作进展情况,表示已经成立项目组,全力保证线上商城和线下物流的成功对接,实现双方合作的平稳推进。

部署亚信峰会期间寄递渠道安全保障工作

5月14日,吉林省邮政管理局下发文件,部署全省亚信峰会期间寄递渠道安全保障工作。文件要求各市、州邮政管理局,进一步加强领导,强化监管,督促指导辖区内邮政快递企业严格执行邮政行业安全监管相关法律、法规和规定,严格落实收寄验视、安全检查等各项安全管理制度,全力保障亚信峰会期间的寄递安全。要求快递企业,对所有发往上海的快件逐件进行重点验视,提示用户如实填写快递运单,认真核实寄递物品的品名和数量,对于禁止寄递或者不能确认安全的物品坚决不予收寄。

搭建校企合作平台

5月29日,吉林省邮政管理局组织召开邮政行业人才培养校企合作座谈会。长春建设技工学校主要负责人及重点品牌快递企业负责人参加会议。吉林省邮政管理局表示将以此次合作为契机,进一步推动全省快递人才培养工作,使全省邮政业人才建设迈上新的台阶。

召开规范和清理快递企业经营范围第二阶段工作部署会议

5月29日,吉林省邮政管理局召开规范和清理快递企业经营范围第二阶段工作部署工作会议,下发了《吉林省规范和清理快递企业经营范围第二阶段工作方案》。方案明确,截至2014年年底,各市、州总部企业自有网络覆盖完成65%以上的工作目标,并确定拟直营城市名录;对品牌企业总部自有网络已覆盖的市、州,依法受理审核其加盟网点的许可申请,优化受理流程,缩短办理时限;对品牌企业总部自有网络未覆盖的市、州,不予受理审核其加盟网点的许可申请和加盟企业的增设分支机构变更申请。

认真办理省人大代表建议获肯定

6月11日,根据吉林省政府办公厅的交办安排,吉林省邮政管理局对承办的省人大代表提出的进一步健全并严格执行快递和物流市场准入制度,确立物流行业经营规则,整顿和规范市场秩序,加强行业管理的建议给予了答复意见,并进行面复,得到了代表的肯定。

出台支持跨境贸易电子商务零售出口加快发展的实施意见

6月24日,吉林省政府出台了《吉林省人民政府办公厅关于支持跨境贸易电子商务零售出口加快发展的实施意见》。意见涵盖多方位的支持邮政行业发展的内容。意见在支持邮政快递企业发展跨境业务的用地、税收、资金等方面做了相应的规定。

长春下发《关于推进快递服务制造业工作的指导意见》

7月1日,长春市邮政管理局与长春市工业和信息化局联合下发《关于推进快递服务制造业工作的指导意见》。意见结合长春实际情况,就丰富快递服务内涵,深化快递和制造业合作层次,推进快递服务制造业发展提出了要求。对推进快递服务制造业发展提出了具体工作措施。

将快递企业纳入省级服务业发展引导资金范畴

7月7日,吉林省发改委印发《2014年吉林省级服务业发展引导资金项目的通知》,将现代物流业列入省级服务业发展引导资金投向领域之一予以重点扶持。引导资金采取资金补助和贷款贴息两种方式。按照通知精神,吉林省邮政管理局与省政府相关部门协调沟通,积极为快递企业争取政策、资金支持,得到了相关部门的广泛认同。同时,吉林省邮政管理局组织召开会议,动员规模以上快递企业做好引导资金项目的申报工作，抓住大好时机，加快推进快递物流园区建设。

印发《服务业发展三年行动计划》推动电商、快递齐发展

7月30日，吉林省人民政府办公厅印发了《吉林省服务业发展三年行动计划》。计划明确，要强化科技支撑，鼓励物流企业采用自动和标准化物流设施和装备，整合现代物流信息和技术，建设区域性物流公共信息服务与应用平台；要培育新型业态，运用技术手段，加快发展电子商务、网络购物；要科学规划布局，在重要交通节点集中建设一批专业物流园区。

开展全省快递行业青年文明号创建工作

10月9日，吉林省邮政管理局联合共青团省委印发《关于在全省快递行业开展创建青年文明号活动的通知》，积极推动全省青年文明号创建工作。通知涵盖了活动的目的、基本条件、创建措施和命名认定等方面，并对全省快递行业精神文明创建工作提出了四点要求。吉林省邮政管理局还按照省创建青年文明号活动组委会的有关要求，结合全省快递行业发展实际，推荐6家优秀快递企业青年集体申报2014年度省级青年文明号。

指导企业做好冰雪天气下旺季服务保障

11月12日，吉林省四平、长春、辽源等地出现降雪天气，给正在全力奋战“双11”旺季高峰的快递企业和快递员们带来很大压力。为确保全省寄递渠道稳定畅通，吉林省快递业务旺季服务保障工作领导小组第一时间做出决策，要求各市、州局立即开展督导检查，及时掌握辖区寄递渠道运行状况，指导快递企业妥善应对恶劣天气带来的不利影响。

刘君副局长检查督导吉林省“双11”期间快递服务保障工作

11月13日，国家邮政局副局长刘君率领工作组赶赴进港快件激增又遭遇降雪天气的吉林省，检查督导“双11”快递服务保障工作开展情况，慰问坚守一线的邮政管理系统员工和快递企业员工。刘君一行还赴四平市开展检查调研。检查组先后视察了四平顺丰分拣中心、校园快递园区、蓝山英郡社区快件接转点等场所。

谷春立副省长视察快递企业旺季生产

11月13日，吉林省政府副省长谷春立赴邮政速递物流、顺丰、圆通等邮政快递企业快件分拨中心视察快递企业旺季服务保障和安全生产工作，慰问冒着低温坚守岗位辛勤工作的广大快递员工。谷春立表示，省政府将不遗余力，支持配合邮政管理部门依法履行职责，推动邮政业与地方产业融合向更广、更高层次迈进，为吉林实现富民强省、全面振兴目标贡献力量。

巴音朝鲁书记批示：建立完善与电商发展配套的快递服务体系

11月15日，吉林省邮政管理局向省委办公厅提交了《关于快递业支撑电子商务发展有关情况的报告》。报告准确阐述了全省快递业发展和快递协同电子商务发展的现状，深入分析了存在的问题和困难，结合实际提出了相关意见和建议，并将该报告纳入《省委办公厅关于吉林省电子商务发展有关情况的调研报告》中。吉林省委书记巴音朝鲁审阅报告并作出重要批示：“很好，请相关部门抓好推进工作，切实抓出成效。”

日处理快件量首次突破百万大关

11月15日，吉林省当天处理快件量达到103.4万件，同比增长66.79%。这是吉林省自有快递业务以来，快件日处理量首次突破100万件。

谷春立副省长表示全力支持行业发展

11月16日，吉林省副省长谷春立在听取吉林

省邮政管理局的专题汇报后，肯定了邮政管理局工作成效，并做了重要批示。同时，对行业发展过程中遇到的问题，谷春立表示，省政府一定会协调有关部门，尽最大努力予以解决，支持邮政业发展：一是支持省政府支持快递业发展意见的出台；二是支持快递服务农业及快递下乡；三是创新监管手段，加强安全监管。

推进高等院校校园快递服务管理工作

12月18日，吉林省邮政管理局与省教育厅联合下发了《关于做好吉林省高等院校校园快递服务管理工作的通知》。通知就解决快递服务“进校难”、搭建校园快递服务平台、加强高校快递服务管理等内容进行了细致的规定。

《长春市邮政条例》自2015年1月1日起施行

《长春市邮政条例》已于2014年8月29日由长春市第十四届人民代表大会常务委员会第十二次会议通过，于2014年11月28日经吉林省第十二届人民代表大会常务委员会第十三次会议批准，于2014年12月19日经长春市人民代表大会常务委员会对外公布，自2015年1月1日起施行。

王永利局长陪同隋忠诚副省长在京会见马军胜局长

12月23日，吉林省邮政管理局局长王永利陪同吉林省政府副省长隋忠诚，赴北京会见国家邮政局局长马军胜，双方就共同推进“快递下乡”更好地服务吉林“三农”发展等问题交换了意见。

黑龙江省快递发展大事记

开展行业安全检查

1月6日至7日，黑龙江省邮政管理局与省公安厅、省国家安全厅组成联合检查组，对哈尔滨市区多家快递企业贯彻落实收寄验视制度及企业安全生产情况进行督导检查。检查组实地检查了企业分拨中心、客服中心和员工宿舍的安全情况，消防、监控设施使用运转情况。同时，通过公安机关的便携式X光机对出口快件进行了实地抽查检测。对在检查中发现的问题和安全隐患给予纠正，并提出了整改意见。

国家邮政局督导组到哈尔滨检查督导

1月9日，国家邮政局督导组到哈尔滨检查督导“规范和清理快递企业经营范围”和“落实收寄验视制度专项整治活动”。哈尔滨市邮政管理局向督导组汇报了近期工作开展情况。督导组对哈尔滨局落实收寄验视制度专项整治活动所采取的一系列措施给予肯定，并对哈尔滨局如何加强收寄验视制度的检查提出了指导性建议。

牡丹江助力跨境电子商务发展

3月3日，海关总署批准牡丹江市为跨境贸易电子商务服务试点城市。牡丹江市邮政管理局第一时间与市商务局进行了沟通，并携重点快递企业与其对接。对接中，企业重点介绍公司的经营实力以及对韩日等国开展业务上的成功经验，并与商务局主管领导就货物运输方式、报关清关环节和通关周期等细节进行了深入交流，达成了初步意向。

部署行业首次统计专项调查工作

5月7日，黑龙江省邮政管理局召开统计专项调查培训会，对全省行业统计专项调查工作进行部署，各市(地)局负责统计工作人员参加会议。此次统计调查，黑龙江省邮政管理局根据国家邮政局统计调查方案，结合全省邮政管理工作实际，制定下发全省邮政统计调查实施方案，明确统计调查范围、时间节点、调查方式、调查内容等。

双鸭山局号召向见义勇为快递员吴海龙学习

5月12日，双鸭山市邮政管理局向全市邮政快递企业广泛宣传顺丰快递员吴海龙的事迹，表彰其救援受伤货车驾驶员、乘客，为抢救伤员赢得宝贵时间的见义勇为行为，号召双鸭山市邮政行业以吴海龙为楷模，学习他见义勇为，危难之时出手相助的高尚行为。

四家企业获全国邮政行业统计工作先进称号

5月9日，国家邮政局依据《邮政行业统计管理办法》的相关规定，授予北京市邮政速递物流有限公司等150家企业“2013年邮政行业统计工作先进企业”荣誉称号。黑龙江省邮政速递物流有限公司、黑龙江天天快递服务有限公司、黑龙江国通快递有限公司、哈尔滨市百福东方快运服务有限公司以上4家企业被国家局授予先进企业称号。

推动邮政行业融入对俄跨境业务

9月3日，黑龙江省邮政管理局与省商务厅联合召开“全省对俄跨境电商物流座谈会”，就全省的电子商务与快递服务业加速协同发展问题展开交流和讨论。省商务厅、省邮政管理局、省快递协会相关人员及省邮政公司、主要快递企业负责人参加调研座谈。

邢小江副局长到黑龙江调研指导

9月11日至12日，国家邮政局副局长邢小江一行到黑龙江调研指导邮政业工作。邢小江先后前往哈尔滨、绥化市邮政管理局实地指导工作，与哈尔滨局干部职工座谈。

鸡西建立快递企业员工“黑白名单”制度

9月23日，经鸡西市快递行业协会第三次理事会议讨论通过，在鸡西地区快递行业建立《快递企业员工“黑白名单”制度》。制度规定对于因盗窃、隐匿、开拆、扣压、毁弃邮件或因贪污、携款潜逃等违法行为被企业列入黑名单员工，五年内不得录用；对恶意跑槽三次以上（含三次）、损害企业利益和泄露企业内部机密的人员，列入白名单员工，各企业将永不录用。

传达贯彻马军胜对黑龙江局的重要指示精神

9月26日，黑龙江省邮政管理局党组书记、局长訾小春主持召开省局党组扩大会，传达贯彻国家邮政局党组书记、局长马军胜对黑龙江省邮政管理局工作的重要指示精神，并认真研究了落实执行意见。马军胜在黑龙江省邮政管理局主要领导调整任职前，对黑龙江省邮政管理局工作提出了加快发展、提升服务、安全管理、规划布局、沟通联系、队伍建设等六方面具体指示，马军胜的重要指示为黑龙江邮政业转型升级、加快发展指明了方向。

研究交邮融合发展

10月9日，黑龙江省邮政管理局局长訾小春与省交通运输厅厅长高学文共同探讨研究交通邮政融合发展。双方就依托县乡交通运输资源积极推动快递下乡工作，充分利用交通运输资源助力邮政行业发展对俄跨境电子商务业务等进一步深化交邮融合的六个方面进行了探讨。

部署快递业务旺季服务与安全保障工作

10月15日，黑龙江省邮政管理局召开专题会议，研究部署“双11”快递业务旺季服务保障工作。要求各市（地）邮政管理局组织企业做好快递业务旺季服务保障媒体宣传工作，向当地党委政府做好汇报，争取相关政府部门的支持。

落实快递服务企业安全生产主体责任

10月26日，黑龙江省邮政管理局制定印发

《快递服务企业安全生产主体责任的通知》。通知要求，邮政快递企业设立安全管理人员，落实安全责任；健全完善安全管理制度，保障安全生产投入；严格执行收寄验视盖章制度；强化日常检查；制订应急预案，建立值班制度。

共商黑龙江邮政业发展

10 月 31 日，黑龙江省邮政管理局局长訾小春与省发改委副主任郑大光共商黑龙江邮政业发展。双方就进一步推动快递业成为全省现代服务业发展的“黑马”，加快黑龙江邮政业发展进行了多方面的探讨。双方表示将进一步加强沟通协调，建立良好的工作机制，共同推动全省邮政业的快速发展。

訾小春局长接受省电台高端访谈

11 月 1 日，黑龙江省邮政管理局局长訾小春接受省电台“高端访谈”。訾小春就贯彻落实李克强总理在国务院常务会议上的讲话精神，引导企业做好“双 11”旺季服务保障，快递下乡等问题作了重点介绍。

召开“双 11”旺季生产服务保障新闻媒体通气会

11 月 7 日，黑龙江省邮政管理局、黑龙江省快递行业协会与哈尔滨市邮政管理局、哈尔滨市快递行业协会共同组织召开全省邮政业“双 11”旺季生产服务保障新闻媒体通气会。黑龙江省 13 家重点品牌网络型快递企业负责人以及当地主流媒体参加会议。

哈尔滨解决旺季快件配送车辆通行问题

11 月 11 日，经哈尔滨市邮政管理局与市公安交管局共同商定，在“双 11”期间，只要是快递企业从事快件投递业务用的两轮、三轮电动车，并且符合道路交通安全管理规定、车身前后悬挂明显的快递车辆标志牌、驾驶人员随身携带有快递从业人员证件三个基本条件，就允许其在城市通行。

多市邮政业“十三五”规划纳入市规划体系

12 月 1 日，绥化市邮政业“十三五”规划纳入市政府总体规划体系，并且将首次独立章节详述邮政业“十三五”规划内容。此外，鸡西市、齐齐哈尔市、大庆市也相继将邮政业发展“十三五”规划纳入城市总体规划体系。

邮（快）件寄递安全管理纳入省综治考评考核体系

12 月 16 日，黑龙江省社会治安综合治理委员会对黑龙江省邮政管理局在邮（快）件寄递安全管理工作方面的建议给予认同，同意将黑龙江邮（快）件寄递安全管理工作纳入 2014 年度全省综合治理考评考核体系。

上海市快递发展大事记

首批上海快递专用车成功交付

由上海市邮政管理局和上汽集团共同举办的“上海快递专用车首批交车仪式”成功举行。在各相关部门的共同推进下，上海快递专用车首批订单已经下线交付，并于 1 月 6 日起即可上路行驶营运。

上海快递车辆专用标识正式公布并使用

上海市邮政管理局于 1 月正式公布了上海快递专用车辆标识。该标识为一车一证，不得租借、涂改和转让，并统一贴于车辆前挡风玻璃右上方。符合要求的快递专用车辆具备该标识，可直接进入本市货运机动车限制通行区域，但不得在高架等禁止货运车通行的道路或路段行驶。

开展突击安全大检查行动

根据《上海市邮政管理局关于开展2014年春节前邮政行业服务保障和安全生产工作大检查实施方案》的要求，1月13日深夜，上海市邮政管理局采取“不发通知、不打招呼、不听汇报、不用陪同和接待、直奔基层、直插现场”方式，组织各派出邮政管理部门的三十余人，兵分多路前往上海市大型快递企业处理场所开展安全大检查，并依照本上海市邮政行业安全检查表对企业各项安全防范措施执行情况进行逐项核查。

商务部调研组赴顺丰速运（上海）调研

1月20日，由商务部各省市商务厅、商务处有关领导80人组成的商务部调研组，对作为全国现代服务业首批综合试点项目的顺丰速运上海区开展调研。调研组对顺丰速运（上海）浦东中转场全自动分拣项目进行了重点了解，并给出了较高评价。

中通快递员勇救落水女子

2月16日，中通快递上海川沙公司王路路等三名员工在派件途中，勇救一名不幸坠入河中的年轻女性，受到当地群众的高度称赞。整个救人过程持续了10多分钟，跳水救人的王路路顾不上湿透的身子和刺骨的寒冷，与同事三人直到把被救者抬上救护车才离开。

民营快递企业总部负责人就低价竞争进行座谈

3月5日，上海邮政管理局党局长曾军山与上海“通达系”民营快递企业总部负责人进行座谈，就遏制快递市场恶性低价格竞争行为以及上海市邮政管理局服务快递总部经济发展等方面的问题听取意见。

上海市邮政管理局纳入市电子商务联席会议成员

3月11日，由市商务委主持召开2014年上海市电子商务联席会议筹备会上，上海市邮政管理局等单位被新纳入成为上海市电子商务联席会议成员单位。

国家邮政局政策法规司来沪开展《快递条例》立法调研

3月12日至14日，国家邮政局政策法规司来沪开展《快递条例》立法调研工作，上海市邮政管理局政策法规处陪同到申通、圆通以及来两公司下属加盟网点进行了调研和座谈。本次立法调研的重点是快递公司总部和加盟网点之间的相关法律关系。通过现场座谈，国家邮政局政策法规处对快递公司总部与加盟网点的责任分担、费用收取、用户投诉、赔偿标准、安全保障等方面进行了全方面的了解，取得了大量的一手资料，为《快递条例》立法工作打下良好的基础。

吊销上海浦东金桥申通公司快递经营许可证

3月13日，上海市邮政管理局约谈上海申通快递有限公司负责人，宣布了对上海浦东金桥申通快递有限公司违法收寄危险化学品事件的处理决定：按照《中华人民共和国邮政法》第七十五条规定，吊销上海浦东金桥申通快递有限公司的快递业务经营许可证，并要求申通公司做好该事件的善后处理和全网安全问题的整改工作。

启动为期三个月的上海市邮政业安全专项整治行动

3月28日，上海市邮政管理局召开上海市邮政业安全专项整治行动动员大会。会议以“全覆盖、严管控、零容忍”为主题，就下一步加强安全监管措施、严格执法基准作了动员和部署，并宣讲了为期三个月的上海市邮政业安全专项整治行动方案。局长曾军山出席会议并讲话。

上海市快递行业协会被授予全市高技能人才培养基地称号

4月2日，上海市人力资源和社会保障局召开全市行业企业职业培训工作座谈会。会上举行了市高技能人才培养基地授牌仪式，上海市快递行业协会等9家单位被命名为第三批上海市高技能人才培养基地。未来，上海市快递行业职业技能鉴定工作将在培训费补贴、项目开发经费以及实训设施设备配套等方面获得更多的扶持。

上海快递业5人入选“最美快递员”

4月3日，中国梦·邮政情“寻找最美快递员”50名入围候选人在国家邮政局网站和《中国邮政快递报》同步公示。其中，上海有5名候选人入围，分别是百世汇通的李元明、中通的刘鹏、国通的蒲菲飞、中通的王路路、全峰的赵宏。

上海邮政正式开设“跨境邮”服务

上海邮政推出“跨境邮”服务，市民通过上海邮政电商平台——邮上海（www.postbuy.com.cn），即可在最快5天内收到价格实惠、质地保证的海外优质母婴产品。

促进快递总部企业发展

4月18日，上海市邮政管理局召开了《关于促进上海快递总部企业改革创新、转型升级、增效提质、开放融入的实施意见》意见征求暨行业文明创建工作会议。上海市邮政管理局局长曾军山、副局长刘宪民、副局长夏颐、政法处和市场处负责人、局创建办、快递协会负责人以及15家规模快递企业负责人、联络员参加了会议。

部署“亚信峰会”期间邮路安保工作

4月21日，上海市邮政管理局启动寄递渠道安全监管联席会议机制，邀请市公安局治安总队、反恐总队、市安监局、寄递物品安全监管办公室等单位在市局召开寄递渠道安全监管联席会议，研究和部署“亚信峰会”期间邮路安保工作。5月5日，上海局联合上海市寄递渠道安全监管领导小组共同召开亚信峰会邮路安保动员大会。会议就亚信峰会前以及会议期间的邮路安保工作进行了动员，并具体部署了《2014年亚信峰会邮路安保工作实施方案》。本市网络型规模以上快递企业相关责任人参会，会上举行了《亚信峰会寄递物品安全承诺书》签约仪式。

规范快递企业利用地铁运输快件

4月25日，上海市邮政管理局联合市交通委客运处（轨道交通处）、市公安局轨交总队治安支队召开“快递企业利用地铁运输快件”安全专题会议，本市主要利用地铁运输快件经营同城快递业务的全成、东方万邦、众通等十余家快递企业负责人参加会议。

邮政业专项规划首次纳入新一轮城市总体规划

5月初，上海市第六次规划土地工作会议全面部署了上海新一轮城市总体规划编制工作和国土资源管理工作。新一轮城市总体规划明确了市级层面认可的28个专项规划，并首次明确将专项规划编制与城市总体规划编制同步部署、同步推进、无缝衔接。该总体规划首次将“上海市邮政专项规划”作为市级28个专项规划之一，纳入《上海市新一轮城市总体规划专项规划一览表》。同时明确上海市邮政管理局作为该专项规划的行政牵头单位。在另一个市级专项规划“上海市物流货运发展规划”中，“快递行业发展相关要求”作为规划重点内容被列入其中，上海市邮政管理局被列为该专项规划的行政参加单位之一，确保“上海市物流货运发展规划”与“上海市邮政专项规划”内容衔接，协调发展。

杨雄市长要求邮政业不断提升产业附加值

6月5日，上海市市长杨雄调研市交通委员会，并听取了上海市交委副主任、市邮政管理局局长曾军山关于上海邮政业基本情况的汇报。杨雄充分肯定了上海邮政业的发展成就和邮政管理工作，要求邮政业在改革创新、转型升级中，认真加强结构研究，大力发展高端服务，提升产业附加值，严格加强行业管理。同时表示，市政府将继续支持市邮政管理局的工作，支持全市邮政业加快发展。

推进青浦“全国快递行业转型发展示范区”建设

6月5日，上海市邮政管理局和青浦区政府召开“上海市快递总部会议暨青浦区‘全国快递行业转型发展示范区’建设推进会议”专题协调会，上海市邮政管理局局长曾军山和青浦区副区长孙萍出席会议并讲话。副局长夏颐及市局相关部门负责人，青浦区经委、建交委、机管局等有关部门负责人参加会议。

市二中院发布运输物流商事纠纷审判白皮书

上海市第二中级人民法院发布了《2009－2013年运输物流商事纠纷审判白皮书》。市二中院从运输物流商事纠纷案件审判基本情况、运输物流商事纠纷的特点和反映的问题、规范运输物流业务，防范行业风险的对策建议三个方面，通报了该院2009年至2013年涉及运输物流纠纷案件的审理情况。

举行市交通运输业和邮政业融合发展首次工作对接会

6月6日，上海市交通运输业和邮政业融合发展首次工作对接会在上海市邮政管理局举行。会上，上海市邮政管理局与市交通委相关部门就规划衔接、政策支持、信息共享、联合执法、课题调研、快递车专用额度调整、搭建协调平台加强统筹协调工作方面达成了初步共识。

启动快递行业精神文明创建

6月16日，上海市文明办、上海市建交党委、上海市交通委、上海市邮政管理局联合召开全市快递行业精神文明创建工作动员大会，在全市快递行业启动开展精神文明创建活动。上海市邮政管理局局长曾军山在动员报告中阐述了创建活动在促进科学发展、服务小康社会、实现战略目标、保障服务安全、促进快递业转型升级等方面的意义，部署了上海市快递行业精神文明创建的各阶段目标任务。市快递行业协会负责人、快递企业代表分别作了表态发言，顺丰速运上海公司的员工代表在会上宣读了本市快递业“诚信服务”倡议书。

召开快递行业“诚信服务”专项活动新闻发布会

6月16日，上海市政府新闻办举行了“上海市快递行业‘诚信服务’专项活动”新闻发布会。上海市委宣传部副部长、市文明办主任燕爽和上海市交通委副主任、市邮政管理局局长曾军山介绍了上海快递行业开展精神文明创建工作和“诚信服务”专项活动的情况，并回答了记者提问。

上海国际航运中心建设年度报告专题介绍邮政业发展成果

上海市交通委编制的《上海国际航运中心建设年度报告(2013)》中专题报道了上海市邮政快递发展情况，以详实的数据展现了快递市场高速发展态势，重点介绍了上海市在保障邮政通信和信息安全、规范市场经营秩序、维护用户合法权益、优化行业发展环境、促进行业科学发展方面采取的重大措施和取得的良好效果。

研究部署交邮融合发展工作

7月15日，上海市交通委员会、上海市邮政管理局召开专题会议，研究部署交通邮政融合发展工作。上海市邮政管理局就交邮融合发展提出了措施建议，市交通委各相关部门都表示了支持融合发展的意见。

黄融副秘书长对上海邮政业工作作出指示

7月21日，上海市政府副秘书长黄融在听取了上海市邮政管理局局长曾军山对有关情况的汇报后,对上海邮政业工作作出重要指示。黄融表示,上海市政府将继续加大支持力度,积极帮助上海邮政管理局推动落实部市战略合作协议,建立促进快递业发展的合作机制,加快推进上海快递总部经济建设,共同促进上海邮政业持续快速健康发展。

启动市邮政业专项规划(2014－2040)编制工作

7月24日上午,上海市邮政管理局组织召开了上海市新一轮城市总体规划下市邮政业专项规划(2014－2040)编制工作启动会,上海市城市规划设计研究院介绍了《上海新一轮城市总体规划——上海市邮政系统专项规划》工作方案的主要内容,与会人员围绕工作方案展开讨论。

“全国快递行业转型发展示范区”建设推进会召开

7月25日,上海市邮政管理局和上海市青浦区人民政府联合召开“上海市快递总部会议暨青浦区‘全国快递行业转型发展示范区’建设推进会议”。会议旨在贯彻落实国家邮政局“改革创新、转型升级”要求和《关于加快推进上海快递总部经济建设与发展合作协议》。会上,上海市邮政管理局与青浦区人民政府签订了《关于加快建设青浦区“全国快递行业转型发展示范区”的合作协议》,下发了《上海市邮政管理局关于促进上海快递总部企业改革创新、转型升级、增效提质、开放融入的指导意见》《青浦区关于促进快递业健康发展的若干意见》。国家邮政局副局长刘君、上海市政府副秘书长黄融出席会议并发表讲话。

上海4家快递企业被认定为重点物流企业

经上海市交通委认定,45家企业被授予2014－2016年度上海市重点物流企业称号,其中圆通速递有限公司、顺丰速运集团(上海)速运有限公司、中外运-敦豪国际航空快件有限公司上海分公司、中铁快运有限公司上海分公司等4家快递企业名列其中。

成立促进邮政业发展联席会议机制

上海市人民政府办公厅于7月31日印发《上海市人民政府办公厅关于成立上海市促进邮政业发展联席会议的通知》,通知明确上海市促进邮政业发展联席会议的总召集人为副市长蒋卓庆,召集人为市政府副秘书长黄融、市交通委主任孙建平及市交通委副主任、市邮政管理局局长曾军山,成员为市发展改革委、市交通委、市经济信息化委等31家委办局分管负责人,办公室设在上海市邮政管理局。

全力做好云南鲁甸抗震救灾工作

8月3日16时30分,云南省昭通市鲁甸县发生6.5级地震,按照上海市邮政挂管理局要求,各快递企业立即采取有力措施,纷纷开通云南鲁甸抗震救灾绿色通道,全力保障抗震救灾物资及时安全运输,全力支援云南鲁甸抗震救灾工作,全力帮助灾区人民渡过难关。

鼓励快递服务上海商业转型升级文件出台

上海市政府办公厅转发了市商委《关于加快上海商业转型升级提高商业综合竞争力的若干意见》的通知,文中明确要推动发展以“网络终端＋网上商店＋快递配送”为核心的网络零售商业布局,通过培育新业态,发展新模式,搭建新平台,拓展新空间,促进国际大都市商业发展,力争到2017年底,上海市商品销售总额达到10万亿元,社会消费品零售总额达到1.2万亿元,电子商务交易额达到2.5万亿元。

快递业首次纳入上海市“智慧城市”建设

9月10日,《上海市推进智慧城市建设2014－2016年行动计划》正式对外发布。正式发布的行动计划中将快递业作为“智慧商务”的重要组成部分,明确提出：深化电子商务产业园区和示范基地建设，推动电子商务与物流、快递业的协调发展。构建快递业服务安全评估预警监管综合信息平台，创新行业服务方式和监管模式；鼓励规模快递企业创新应用，提升本市快递业信息化水平和快件末端投递智能化水平。快递业首次纳入上海市“智慧城市”建设范畴。

品牌快递企业均建立专职安全机构

上海市邮政管理局在为期三个月的安全专项整治行动的基础上，下发了《关于部分品牌快递企业设立专责安全机构的情况通报》，明确要求上海市规模以上品牌快递企业必须建立专职安全机构，全力做好本企业的安全管理工作。

出台《关于促进本市生活性服务业发展的若干意见》

9 月 19 日，上海市政府下发了《关于促进本市生活性服务业发展的若干意见》，将快递行业作为生活性服务业中的重要组成部分，从优化规划、落实财税扶持、加强统筹协调推进、拓宽完善投融资渠道、深化改革等方面提供了政策支持。

与民航华东管理局签署安全管理协议

10 月 9 日，上海市邮政管理局与民航华东管理局签署了《邮政与民航安全管理协议》，协议形成了管理部门的责任共同体，是切实保证航空货邮安全和提高运能的重要举措，标志着邮政与民航的协同发展又迈出了坚实的一步。

部署“双 11”旺季服务和安全保障工作

10 月 28 日，上海市邮政管理局召开快递业务旺季服务与安全保障工作动员大会，部署“双 11”旺季服务和安全保障工作。上海市邮政管理局局长曾军山作了书面讲话，副局长夏颐作了部署安排，局内各处室、管理局全体人员，沪上 25 家主要品牌的快递企业负责人及 200 多个加盟网点负责人出席了会议。

率先建立邮政市场行刑衔接机制

11 月 3 日，上海市邮政管理局、上海市公安局联合下发了《关于加强上海市邮政市场行政执法与刑事司法衔接配合工作若干问题的实施意见》，着力构建行政执法和刑事司法“无缝对接”体系，严厉打击邮政市场违法犯罪行为，在全国邮政管理系统率先建立了邮政市场行刑衔接机制。

督导旺季快递服务与安全保障工作

11 月 9 日，国家邮政局副局长刘君率领工作组赴上海检查督导“双 11”快递服务保障工作筹备情况，并组织召开在沪主要品牌快递企业督导会。11 月 10 日，上海市邮政管理局局长曾军山深入快递企业中心城区网点，检查督导“双 11”旺季备战情况。11 月 11 日深夜，上海市邮政管理局局长曾军山率队先后巡查了韵达、中通、圆通等快递企业，现场检查督导上海市各大快递企业旺季生产情况。

各大媒体集中关注“双 11”快递服务情况

为促进社会各界了解上海市“双 11”业务旺季快递服务与安全保障情况，上海市邮政管理局组织了“双 11”媒体一线行活动. 国家邮政局新闻宣传中心组织的《人民日报》、新华社、《经济日报》、中央电视台、《中国交通报》等中央媒体，《中国邮政快递报》、《快递》杂志等行业媒体，以及上海电视台、上海广播电台、新华社上海分社、《解放日报》等地方媒体近 20 名记者参加了此次活动。

开展快递行业青年文明号创建示范集体命名仪式

11 月中旬，上海市邮政管理局团委联合上海团市委青工部、市交通团工委组织开展了上海市快递行业青年文明号创建示范集体命名仪式。上海市交通委党组副书记、纪检组长蔡军及团市委相关领导向上海市邮政速递物流有限公司、上海圆通速递有限公司、中通快递股份有限公司等3家快递企业的青年文明号创建集体负责人颁发了快递行业青年文明号创建示范集体公示牌匾。

"上海快递总部企业评测指标体系"研究项目启动

12月3日,上海市邮政管理局召开"上海快递总部企业评测指标体系"研究项目启动会议。市政府研究中心和市交委港航发展研究中心专家、"四通一达"快递总部企业相关负责同志以及课题项目组成员参加了会议。

"上海快递客户端"项目验收

12月23日,上海市邮政管理局组织召开了"上海快递客户端"项目验收会。经过讨论,验收专家组一致认为:该系统实现了邮政管理局内部信息发送的移动政务应用和邮政快递行业相关的新闻资讯、行业舆情等信息发布,功能基本满足邮政管理内部业务工作需求,达到项目合同规定的内容,同意通过验收。

江苏省快递发展大事记

游庆仲厅长表示将加大对邮政的支持力度

1月15日,江苏省交通运输厅厅长游庆仲到江苏省邮政管理局视察,了解邮政管理工作情况,强调双方要建立一个常效的沟通机制,加强相关部门的对接,加大对邮政的支持力度,共同推进落实好马凯副总理、杨传堂部长、马军胜局长的批示和讲话精神。在谈到末端投递、邮政服务进社区、人才培训、建立监管信息平台等工作时,游庆仲提出了良好的意见建议,并表示将提供条件帮助解决相关困难。

发布实施首部市级快递服务发展规划

1月中旬,由南京市发改委和南京市邮政管理局牵头,会同南京邮电大学等相关单位编制完成的《南京市快递服务发展规划(2013－2015)》正式发布实施。该规划是江苏省首部市级快递服务发展规划。规划共分5个部分,在分析南京快递服务现状基础上,制定了指导思想和发展目标、主要任务、政策措施以及规划保障项目。

成立寄递渠道安全监管办公室

1月20日,江苏省邮政管理局会同省公安厅、国家安全厅、新闻出版局、通信管理局、南京海关、民航江苏安监局等六部门联合发文,成立江苏省寄递渠道安全监管办公室,加强全省寄递渠道的安全监管,共同维护寄递渠道安全畅通。

江苏省邮政管理局与无锡市政府签署合作协议

1月下旬,江苏省邮政管理局局长张水芳和无锡市人民政府市长汪泉签署《共同推进快递服务无锡经济社会转型发展战略合作框架协议》,此举开创了邮政业省地合作的先河。协议明确,双方将以快递业做大做强为目标,加快推进无锡快递集散基地的建设与发展;同时,充分发挥无锡的交通区位优势,建设苏南快递产业园,打造无锡快递服务的升级版。协议同时明确双方合作机制,成立合作协调工作小组,建立定期会商机制、信息通报和交流机制。

出台推动邮政便民服务进社区文件

1月28日，江苏省邮政管理局与省民政厅联合印发了《关于推进全省邮政便民服务进社区工作的意见》，提出了推进全省邮政便民服务进社区工作的目标、模式和要求，成立了省邮政便民服务进社区领导小组。意见明确由邮政快递企业负责专用设施配置和维护、信息化系统开发和安装、工作人员培训和业务指导；根据社区(村)具体需求和企业服务能力，社区可以提供快件代收与代投等各类邮政业便民服务，并由邮政快递企业根据邮政便民业务开展情况，与社区结算业务代办费用。

启动邮政业消费者申诉处理省市联动机制

2月12日，江苏省邮政管理局下发了《关于加强消费者申诉处理工作的通知》，启动申诉处理工作的省市两级联动机制，将邮政业消费者申诉处理平台延伸至市邮政管理局。

召开《江苏省邮政条例》(修订)颁布实施新闻通气会

3月1日，修订后的《江苏省邮政条例》正式颁布实施。2月28日，江苏省邮政管理局组织召开了新闻通气会。江苏卫视、《新华日报》、《南京日报》等当地主流媒体参加了新闻通气会。3月1日，众媒体纷纷对条例施行的内容进行了报道。

史和平副省长批示加快推进快递服务业发展

4月4日，江苏省副省长史和平就省委研究室《关于加快发展快递服务业发展的调研报告》作出批示，指出江苏省快递服务业的能力和水平不能充分满足电商发展的需要，必须加快改变提升，强调要从规划布局、政策扶持、规模骨干企业培育、快递企业网络联盟建立、服务水平提升等多个方面加快推进，指示相关部门抓紧研究政策意见，待条件成熟时以省政府名义发布，并召开专题会议部署推进。

推进院校与邮政行业深入合作

4月10日，江苏省邮政管理局与江苏经贸职业技术学院签订合作协议。双方合作内容包括：共同推进学历教育；学院充分发挥邮政行业职业技能鉴定站的功能，承担邮政行业职业技能鉴定及相关培训工作；在邮政行业相关科研课题、技术攻关项目上开展合作等。

实行企业安全生产管理人员持证上岗制度

4月28日，江苏省邮政管理局联合省安全监督管理局对南京地区70名快递企业主要负责人、安全生产管理员开展了安全生产持证上岗培训。江苏省邮政管理局决定，将企业主要负责人、安全生产管理人员持证上岗情况作为快递企业经营许可、经营许可年度报告、放心消费创建和车辆畅通工程等工作的审核项目。

全面启动新一轮快递服务放心消费创建工作

5月6日，江苏省邮政管理局召开全省快递服务工作暨放心消费创建表彰动员会议，表彰2013年度快递服务放心消费创建先进企业，全面启动2014年创建工作。会上，江苏省邮政管理局明确了新一轮创建工作的指导思想、目标要求和方法措施，积极推动放心消费标准化门店创建工作。

共商交邮深化合作事宜

5月28日，江苏省交通运输厅厅长游庆仲、副厅长李先友带队，专程来到江苏省邮政管理局，共商双方深化合作事宜，具体针对会前提出的加强“十三五”规划衔接、合力推进园区建设、合力构建城乡物流配送网络、协调落实快递车辆通行政策、合力提升县区快递市场监管效能、协助推进行业队伍建设等八个方面的议题进行磋商研究。江苏省邮政管理局局长张水芳，副局长孙安宁、陈京生及相关部门负责人参与会商。

出台《江苏省物流园区发展规划》

6月5日,江苏省邮政管理局与省发改委、经信委、国土厅、住建厅、交通厅等九部门联合出台《江苏省物流园区发展规划》,明确将电商快递园区纳入专业物流园区布局,在南京、无锡、苏州、淮安等地规划建设一批具备集中仓储、分拣处理、快速集散、统一配送、商品展示等服务功能的现代化电商快递园区。该规划期时限为2014年至2020年。

首届邮政行业职业技能大赛成功举行

6月7日至8日,由江苏省邮政管理局、省人社厅、省总工会联合举办的“EMS杯”江苏省首届邮政行业职业技能竞赛在江苏经贸学院举行。该赛事是江苏省2014年度十大技能比赛项目,是邮政体制改革以来江苏省邮政行业的第一次技术大比武。

开展违规收寄危险化学品专项整治行动

6月下旬,江苏省邮政管理局紧急下发通知,要求各市邮政管理部门切实加强寄递渠道安全监管,督促快递企业严格落实收寄验视制度,坚决杜绝和严厉打击违规收寄危险化学品的行为。对此,江苏省邮政管理局加强了以下四个方面工作,一是立即开展违规收寄危险化学品专项检查;二是加强特殊时期化学品收寄安全监管;三是严格落实企业安全生产主体责任;四是提高危险化学品事故应急处置能力。

王梅副局长视察扬州快递服务中心

7月2日,国家邮政局副局长王梅在扬州视察了该市末端寄递服务网点创新情况,重点察看了扬州快递服务中心运作模式与发展现状,对该市创新解决快(邮)件末端投递难的举措给予了充分肯定。

圆满完成青奥会邮路安保工作任务

南京青奥会期间,江苏省邮政管理局深入基层一线、靠前检查督促,以最高标准、最严要求和最实举措,确保了赛会期间邮路无一起安全事件发生。为确保青奥会期间邮路安全畅通,江苏省邮政管理局及早部署,成立了以一把手局长为组长、各市邮政管理局主要负责人为成员的领导小组。努力实现涉奥邮件、快件收寄验视率、落地安检率、运输安全率、投递安全率、申诉满意率“五个百分百”。

推进提升快递末端投递服务水平

江苏省邮政管理局制定下发了《关于提升快递末端投递服务水平的指导意见》,从加强企业自身能力建设、支持企业开展第三方合作模式、积极探索和推广智能投递等方面,为全省快递末端配送服务提供相关政策支持和操作要求。

全面推动快递行业青年文明号创建工作

9月29日,共青团江苏省委、江苏省邮政管理局联合印发了《关于在全省快递行业开展青年文明号创建活动的通知》,决定在全省快递行业开展创建青年文明号活动。通知强调,快递行业在开展青年文明号创建活动中要着力落实“五个一”的工作举措,即建立健全一套工作制度,着力营造一种创建氛围,科学组织一些团的活动,探索开展一次创新行动,有效实施一项公益项目。

出台《促进快递服务业健康发展的实施意见》

10月17日,江苏省人民政府办公厅正式印发《省政府办公厅关于促进快递服务业健康发展的实施意见》,意见明确了快递服务业在江苏经济发展中的地位和重要意义,完整、系统地提出了江苏省政府促进快递服务业发展的指导思想、发展目标和保障政策。

赴全省各地调研“双11”快递服务保障工作

“双11”期间,江苏省邮政管理局局长张水芳、副局长孙安宁、陈京生分赴全省各地调研邮政管理工作和快递旺季服务保障工作。张水芳深入盐城、宿迁，先后走访了江苏奥新新能源汽车有限公司、盐城电商快递产业园、沭阳县申通快递、天天快递、颜集镇堰下村淘宝网店等地，详细了解了快递电商融合发展情况以及快递企业的服务保障情况。孙安宁赴苏州、泰州、镇江、南京，深入当地邮政快递企业分拨中心检查“双11”旺季服务保障工作，重点了解企业在“双11”前后业务量增长情况，详细询问企业在人员、设备、车辆等方面的准备工作。陈京生赴扬州、南通，了解企业“双11”快递旺季保障措施及业务量收情况，要求企业强化安全生产意识，确保安全平稳有序。

出台推进快递服务进社区工作实施意见

11月24日，江苏省邮政管理局联合省民政厅出台了《关于推进快递服务进社区工作的实施意见》，在全国率先启动和规范快递服务进社区工作。根据意见，江苏省将在社区普遍设立具备快件代投功能的邮政便民服务窗口，鼓励有条件的社区与寄递服务企业合作建设快递服务中心为社区居民提供快件代收、代投、查询以及生鲜配送、电商网购等快递相关的便民服务，积极探索在社区设置具备快件投放功能的智能快件箱等自助服务设施。

常熟邮政管理局揭牌成立

11月26日，江苏省首个县级邮政管理机构——常熟邮政管理局正式揭牌成立，这是继浙江义乌、广东顺德之后，全国第三家县级邮政监管机构。江苏省邮政管理局局长张水芳、中共常熟市委书记惠建林共同揭牌。

邢小江副局长赴无锡、南通调研

12月3日至5日，国家邮政局副局长邢小江一行赴无锡、南通调研。在无锡，邢小江听取了无锡市邮政管理局工作汇报；会见了无锡市政府市长汪泉，就有关合作事宜达成共识；实地考察了苏南快递产业园，并代表国家邮政局授予园区“全国快递产业集聚试验园区”称号。在南通，邢小江一行实地考察了南通大学快递服务中心、中南世纪花城快递便民中心、海门申通八达快递公司、海门叠石桥国际家纺城，详细了解快递“三进”工程推进情况和快递电商协同发展状况。

省政府召开会议专题部署快递业发展工作

12月12日，江苏省政府专门召开促进全省快递服务业健康发展工作电视电话会议，江苏省副省长史和平出席会议并讲话。史和平在讲话中对全省快递业发展取得的成绩给予了充分肯定，分析了存在的问题，重点就如何贯彻落实《关于促进快递服务业健康发展的实施意见》，推动全省快递服务业进一步健康发展做出了详细部署。

浙江省快递发展大事记

“最美快递哥”当选“最美浙江人——2013年度浙江骄傲人物”

1月23日，“最美浙江人——2013年度浙江骄傲人物”颁奖典礼在杭州举行，勇救坠楼女童的顺丰速运浙江宁海分公司李顺辉等8名“最美快递哥”成功当选。

检查节前快递服务和安全保障工作

1月27日、29日，浙江省邮政管理局局长王文海带队督查在杭的部分快递企业，慰问坚守在一线的快递职工。王文海先后实地查看浙江顺丰速运、浙江圆通等企业的分拨中心，申通滨江、中通滨江等基层站点，仔细询问了企业的安全制度建设、人员教育培训、节日服务保障安排、员工的假期安排等情况。检查中，王文海传达了国务院总理李克强看望慰问快递一线员工时的讲话精神。

杭州将加快邮政业发展列入政府工作报告

3月，杭州市政府将“加快国际电子商务中心和中国快递示范城市建设，促进电子商务和快递服务融合发展”列入《2014年杭州市政府工作报告》，同时将“建立便民E邮站”纳入2014年市政府为人民群众办“十件实事”之一。

赵晓光副局长赴温州调研指导

4月14日至19日，国家邮政局副局长赵晓光带队先后深入温州顺丰、邮政速递物流、申通等快递公司以及邮政企业调研指导工作。在快递企业调研时，赵晓光实地查看了企业分拨中心等快件处理场所，详细了解快递业务量收、快件收派比例、收投车辆配置、“最后一公里”覆盖、人员福利待遇、企业价格竞争、安全保障措施等方面的情况。

“电子商务物流配套”课题组调研快递企业

5月12日，浙江省政协和长三角民营经济研究会联合调研项目《浙江电子商务物流配套研究》调研组在杭调研快递行业发展情况。调研组召集浙江省邮政速递、顺丰、申通等企业负责人参加座谈会，仔细听取了快递行业支持电子行业发展所开展的工作介绍，并就打造汇集全省海、陆、空、铁多事联运信息，建设一张支撑全省电子商务物流快递配套产业发展的仓储配送网络，如何提高“最后一公里”能力等内容进行座谈交流。

国家邮政局政策法规司赴杭调研智能快件箱

5月29日至30日，国家邮政局政策法规司智能快件箱标准实施调研组来杭州调研，走访了智能快件箱设立点，查看了智能快件箱设备的规格标准，并向社区物业管理单位了解用户和快递员的实际需求及意见建议。调研组还与智能快件箱的生产商和运营商、部分智能快件箱使用企业等相关单位进行了座谈，就智能快件箱的类标准执行等方面问题开展了广泛和深入的交流探讨。

马军胜局长到浙江调研跨境电子商务

6月26日至27日，国家邮政局局长马军胜到浙江深入义乌、金华和杭州调研跨境电子商务的发展情况，强调应充分发挥浙江制造业发达、商品货源丰富、商品交易活跃以及快递服务迅猛发展等优势，充分利用国家和省、市的有关扶持政策，做大做专跨境电子商务服务，使之成为经济发展转型升级的又一支撑点。

省政府出台加快发展信息经济指导意见

8月，浙江省政府出台了《关于加快发展信息经济的指导意见》。指导意见明确，要全面实施“电商换市”，促进电子商务在浙货销售、居民消费、农村发展等领域的广泛应用，创新跨境电子商务管理机制，推进电子口岸等数据平台整合。加强网络购物等信息消费应用示范，营造有利于扩大信息消费的政策环境。同时，省人民政府办公厅印发了《关于加快发展信息经济重点工作部门分工方案的通知》，明确了各有关部门职责分工。

王文海局长参加智慧物流(快递)高峰论坛

10月30日至11月2日，由浙江省人民政府指导，杭州市人民政府、浙江省商务厅主办，杭州市经信委承办的2014中国(杭州)国际电子商务博览会在杭州举办。10月31日，浙江省邮政管理局局长王文海应邀参加智慧物流(快递)高峰论坛并做了主题为《电商与智慧物流的融合并进》的主旨演讲。

快递指标单独列入经济运行与转型升级指标体系

11月，浙江省下发的全省经济运行与转型升级指标体系中，新增快递业一栏。这是浙江省首次将快递指标单独列入国民经济统计指标体系。

刘君副局长到浙督查“双11”快递服务保障工作

11月8日，国家邮政局副局长刘君率领工作组到浙江省检查督导“双11”快递服务保障工作筹备情况。刘君一行先后赴申通快递新运营的华东分拣中心，检查企业升级基础设施应对“双11”的情况，并在阿里巴巴杭州总部与相关负责人就电商、快递加强联动衔接举行工作座谈。

全天候检查督导“双11”服务保障工作

11月10日下午至晚上，浙江省邮政管理局局长王文海率队实地查看义乌邮政快递企业分拨中心，仔细询问了“双11”期间企业的安全制度建设、旺季服务保障车辆、人员安排等情况。11日，浙江省邮政管理局局长王文海、副局长詹永枢分别带队赴杭州各快递企业，实地检查“双11”期间快递服务保障和安全保障情况，并对做好快递一线员工“双11”期间的后勤保障等工作提出要求。11日晚，在浙江省邮政管理局安全监控中心，局领导驻点备勤，第一时间检查了解“双11”业务高峰期各快递企业运行情况。

省政府领导赴快递企业检查慰问

11月12日，浙江省政府党组副书记、省政府顾问王建满带队到杭州顺丰、申通等快递企业督导“双11”旺季服务保障工作，充分肯定了快递企业旺季服务保障的各项措施。王建满还专题听取了快递企业关于企业发展的相关设想和困难。王建满指出，省政府将一如既往地支持快递行业发展，共同应对行业发展中面临的困难与挑战，为行业发展提供有力支撑，不断提升行业发展的质量和效率。

安徽省快递发展大事记

组织快递服务质量媒体座谈会

3月11日，安徽省邮政管理局举办了新闻媒体与快递企业座谈会，通报全省快递服务质量情况，就如何促进快递行业发展、更好地为消费者服务进行了研讨。会议邀请了《安徽日报》、安徽电视台等8家新闻媒体以及部分在合肥的快递企业参加了座谈会。通过座谈，各新闻媒体表示要加大对快递行业的宣传，争取社会对快递行业更多的理解和支持。

方晓潜局长赴蚌埠市开展调研

3月26日，安徽省邮政管理局局长方晓潜一行赴蚌埠市开展快递物流园区和“快递下乡”专题调研。在徽商物流园区，方晓潜与当地政府、园区及徽商物流企业负责人进行座谈，了解了物流园区规划情况。在怀远县龙亢镇调研“快递下乡”时，方晓潜重点了解了快递企业乡镇布点情况，实地查看了各快递企业在乡镇的网点。

将快递建设纳入省促进信息消费扩大内需意见

4月，《安徽省人民政府关于促进信息消费扩大内需的意见》出台。该意见明确将快递服务列入“云计算服务创新工程”，支持建设交通、物流、快递等云计算应用服务示范项目，同时明确将“完善智能物流基础设施，支持农村、社区、学校的物流快递配送点建设”列入电子商务发展工程内容，从软、硬件两方面助力安徽快递网络建设，并将邮政管理局列为相应任务的负责部门。

两名快递员获"最美快递员"殊荣

由国家邮政局精神文明建设指导委员会办公室主办、国家邮政局新闻宣传中心承办、中国快递协会协办的为期一年的"寻找最美快递员"活动评选结果,于4月29日正式揭晓,10名基层快递员荣获"最美快递员"称号,其中安徽省阜阳市国通快递员"石头蛋"刘建军和合肥申通快递员王光成两人获此殊荣。

举办全省邮政业服务质量提升综合培训班

4月29日,安徽省邮政管理局举办全省邮政业服务质量提升综合培训班。培训班邀请国家邮政局邮政业消费者申诉中心主任李滨和北京零点调查公司专家授课。全省16个市邮政管理部门负责人和来自省邮政公司、省邮政速递物流、安徽顺丰、合肥申通等10家邮政快递企业相关人员近40人参加了培训。

合肥快递产业园挂牌成立

5月26日,合肥快递产业园在肥东县撮镇挂牌成立。该产业园建设面积约300亩,现有中通、申通、圆通等7家快递企业入驻经营,计划到2020年,引进快递企业12家。园区建成后,形成年处理1.8亿件,日处理量达80万件的建设规模。

召开全省邮政管理局长工作座谈会

7月21日,安徽省邮政管理局召开全省邮政管理局长工作座谈会。安徽省邮政管理局局长方晓潜总结了上半年邮政管理工作情况,分析了安徽邮政管理工作面临的形势和任务,对下半年重点任务进行了再部署、再推动。会议期间,淮北、阜阳、蚌埠、六安、马鞍山5市邮政管理局分别就行政执法、安全监管、快递末端服务等工作进行专题交流发言。

省政府审议通过《安徽省邮政条例(草案)》

8月14日,安徽省省长王学军主持召开省政府第33次常务会议,审议通过了《安徽省邮政条例(草案)》。安徽省政府法制办主任张杰对条例作了立法说明。王学军充分肯定了邮政地方立法的必要性,指出要提高对邮政立法工作重要性的认识,强化邮政行业安全监管措施,进一步完善快递发展立法内容。

召开全省寄递渠道治安管理视频会议

8月初,安徽省邮政管理局会同省公安厅等部门,通过公安视频会议系统,召开由各市县公安、安全和邮政管理系统及部分企业参加的全省寄递业治安管理工作会议,通报近期寄递渠道治安管理情况,重点部署青奥会、亚欧博览会期间全省寄递渠道安保工作。

优化再造快递业务经营许可流程

9月15日,安徽省邮政管理局印发《关于优化快递业务经营许可审批流程的通知》,采取发挥市邮政管理局就近服务作用、精简申请材料、压缩审批工作时限三项措施,对快递业务经营许可流程进行优化再造。方案实施后,安徽省内快递企业的许可、分支机构备案、年度报告等快递市场相关行政审批类管理事项将全部实现市内"一站式"办理。自受理之日起,省内快递业务经营许可审批时限将不超过15个工作日,许可证变更审批时限将不超过10个工作日。

开展寄递渠道安全专项整治活动

8月至9月,安徽省、市邮政管理部门通过检查收寄验视制度落实情况、复查安全隐患、督查重点区域重点环节等方式,组织开展了全省寄递渠道安全测试和集中执法活动。此次整治活动对邮政、邮政速递物流、顺丰速运、申通快递等10大品牌企业累计检查265次,立案查处安全违法案件20起,做出行政处罚19件,共处罚款12.3万元,责令11家快递企业停业整顿。

开展化学品寄递安全专项整治

四季度，安徽省、市邮政管理部门集中开展了一次以危险化学品为重点的化学品寄递安全专项整治活动。各市邮政管理局对辖区未下化学品生产、存储等情况进行摸排，与地方安监部门对接，对邮政、快递企业收寄化学品情况开展实地检查，确保紧寄危险化学品流入寄递渠道。

召开旺季服务保障工作动员部署会

10月16日，安徽省邮政管理局在合肥市举办了第六期全省邮政业安全生产培训班暨业务旺季服务保障工作动员部署会。市级及以上快递许可企业代表、各市邮政管理局市场监管工作负责人共180余人参加了培训。

第三批快递业务员职业技能鉴定顺利完成

10月25日，安徽省2014年第三批快递业务员职业技能鉴定在合肥等9市开考，全省111家快递企业及相关院校的1292考生参加了考试。截至此次考试，安徽省2014年共有3881人参加考试，其中在校生383人，提前完成年度鉴定计划。

开展旺季寄递服务及安全保障专项督导检查

11月4日至8日，安徽省邮政管理局副局长傅风潮一行，赴合肥、蚌埠、芜湖等地，对APEC会议和旺季期间寄递服务及安全保障工作开展专项督导检查。督导检查组深入各快递企业操作现场，实地检查了快递企业APEC会议期间安全制度执行情况以及旺季期间储备人员招募和培训、车辆外包和拓展处理场地等情况。现场检查后，傅风潮分别听取了合肥、蚌埠、芜湖三市局的专题汇报。

督查“双11”快递服务保障工作

11月13日至14日，安徽省邮政管理局局长方晓潜率队对合肥市邮政速递物流以及重点快递企业旺季服务保障工作进行督查。督查组在合肥快递产业园各快件分拨中心，现场了解了各企业扩充仓储空间、招聘工作人员、增配货运车辆和安装自动化分拣及传输设备等旺季服务保障应对措施，重点检查了生产组织调度、应急值守等情况。

推动校园快递服务中心建设

11月，安徽省邮政管理局出台《关于校园快递服务中心设立和运行的指导意见》，提出因地制宜，在全省范围内推进校园快递服务中心的设立和运行，明确资质要求和运行条件，提升校园快递服务品质，切实解决“快递围城”问题。

国家邮政局市场监管司来皖开展旺季生产调研

11月20日至21日，国家邮政局市场监管司安全监管处处长夏新东一行来安徽开展旺季安全生产督导调研。调研组在合肥、淮南两地，先后听取了两市邮政管理局旺季安全生产、服务保障市场监管工作及寄递安全保障的落实措施汇报，并深入快递企业生产现场，视察了“双11”后的快件处理情况，与邮政管理部门和邮政快递企业开展了座谈，对做好旺季期间安全生产工作进行指导，同时就制定中的《邮件快件收寄验视规定》《禁限寄物品寄递管理规定》两项规定草案广泛征求了意见。

召开全省邮政管理系统新闻宣传工作会议

12月20日，安徽省邮政管理局召开全省邮政管理系统新闻宣传工作会议。会议传达贯彻了邮政管理系统2014年度全国记者站工作会议精神，总结了2014年全省邮政管理系统新闻宣传工作基本情况，分析了存在的问题和不足，并全面部署了2015年全省行业新闻宣传工作。会议对2014年度全省邮政管理系统新闻宣传先进单位及个人进行了授牌表彰。阜阳等4个新闻宣传先进单位在会上作了新闻宣传工作经验交流。

基本完成第二阶段快递市场规范和清理工作

截至12月底，安徽省芜湖、蚌埠、阜阳、滁州、安庆、宣城、六安等7个快递企业经营范围规范和清理工作目标城市，共完成六大重点快递企业（"四通一达"和"天天快递"）设立直营机构40个，占目标任务的95%。各市邮政管理局加大执法检查力度，在规范分支机构设立、查处无证经营和超范围经营等方面取得明显成效。

福建省快递发展大事记

出台进一步扶持小微企业发展措施

1月1日，福建省政府印发《关于进一步扶持小微企业健康发展九条措施的通知》，提出推动小微企业上规模，减征或免征部分地方建设基金；加大小企业贷款风险补偿力度，支持小微企业发债融资，强化对小微企业的担保和融资支持；对小微企业免征管理类、登记类、证照类等行政事业性收费，减轻小微企业负担等内容，为快递行业的小微企业发展带来利好。

出台提升交通运输服务措施

1月9日，福建省人民政府办公厅印发《关于提升交通运输服务八条措施的通知》，明确提出统筹交通运输、邮政、商务等农村物流资源，积极发展农村物流节点，加快完善县、乡、村三级物流服务体系。促进邮政网点与速递物流、便民服务站点建设等方面加强合作，并鼓励闽台深化合作，提升"三通"服务水平，落实两岸服务贸易协议，加快平潭综合实验区对台邮件处理中心建设等。

邮政管理工作获省政府100万元专项资金支持

1月10日，经福建省政府研究，决定由福建省财政一次性安排专项资金100万元，用于支持邮政管理工作。该笔资金是福建省政府近年来首次给予邮政管理工作的专项经费。

召开2014年全省快递工作会议

1月16日，福建省邮政管理局组织召开2014年全省快递工作会议，全省九市（地）邮政管理局分管局领导及115家重点快递企业代表参加会议。会议传达了国务院副总理马凯对邮政管理工作作出的重要批示和全国邮政管理工作会议精神。福建省邮政管理局局长江明发总结了2013年全省快递市场监管工作情况，分析了快递行业发展形势，表扬了全省快递企业在服务能力提升方面所取得的成绩，明确了2014年工作思路，并作出五项工作部署。

张志南副省长批示充分肯定邮政管理工作

2月11日，福建省委常委、常务副省长张志南在福建省邮政管理局上报的《关于全省邮政管理工作情况的报告》上作出重要批示，感谢国家邮政局对福建工作的大力支持，感谢福建省邮政管理局对福建发展所作的贡献。批示要求认真贯彻落实全国邮政管理工作会议精神，推动福建邮政事业改革发展取得更大成绩。

促进快递行业与网络零售协同发展

2月27日，受福建省副省长郑晓松委托，副秘书长张金铸、王永礼主持专题会议，召集福州市政府、省公安厅、住建厅、商务厅、国土资源厅等部门，协调解决福建省邮政管理局提出的有关快递行业与网络零售协同发展有关问题。会后印发专题会议纪要，明确从快件处理中心等邮政设施规划建设、快递运输车辆通行与停靠、快递末端投递、快递与电子商务协同发展政策扶持、开展工作试点五个方面解决行业发展瓶颈问题，同时明确了各相关单位主要职责。

电商快递物流园区福州投入运营

4月3日，电商快递物流园区福建高速物流园落户福州并投入使用，该园区集快件分拨处理、电子商务仓储配送、快件安全监管为一体，能有效实现电子商务发货与快递分拨处理的无缝衔接，降低运输成本。规划用地360亩，是福州市重点项目，被交通运输部列为福建省“十二五”公路场站枢纽中心之一，被福建省经贸委列入“八个一”批物流园重点资金扶持项目，并得到了中央投资重点产业振兴和技术改造专项资金的扶持。

赵晓光副局长强调福建要继续发挥先行先试作用

4月20日，国家邮政局副局长赵晓光听取了福建省邮政管理局工作汇报，充分肯定成绩，高度赞扬福建近年来在政策支持和落地、邮政地方立法等方面发挥的先行先试作用。他要求福建继续做好邮政管理各项工作，持续提升邮政业服务地方经济发展和百姓民生的能力及水平。

“十二五”以来最大规模职鉴考试顺利开考

5月24日，福建省2014年第二批快递业务员职业技能鉴定考试顺利开考。本批次考试创造了“十二五”以来四个“最多”：一是考生人数最多，全省共2073人参加了考试；二是组织参与考试的院校数量最多，共7所院校组织学生参与考试；三是学生参加考试的人数最多，多达466名学生参与考试，学生占全省考生的比重达22%；四是考点设置数量最多，七个市（地）设置了考点。

厦门全国率先试点开展对台海运快件业务

6月20日，在厦门举行的第六届海峡论坛发布消息，海关总署同意厦门试点开展对台海运快件业务。这意味着，厦门作为大陆唯一对台海运快件业务试点城市。

推进“快递下乡”实施工作

6月23日，福建省邮政管理局针对顺丰、申通、圆通等七个快递品牌，在全省范围开展快递企业乡镇网点覆盖情况调研，畅通特色农副产品通过电子商务平台进入流通渠道，有效解决“城市工业品下乡难”，“农村农产品上市进城难”等问题。调研数据显示，七个品牌县（市、区）级覆盖率达到100%，乡镇覆盖率达到41.81%。根据调研情况，福建省邮政管理局提出多渠道推进“快递下乡”工程目标。

快递被纳入电子商务发展范畴同步支持

7月8日，福建省人民政府出台《关于进一步加快电子商务发展的若干意见》，从四个方面促进快递与电子商务协同发展。一是公安交通管理部门对由设区市以上邮政管理部门核定的城区快递运输车辆，应及时办理相关登记手续，并给予城区通行权和停靠权便利；二是加强社区（学校、机关单位）网络配送设施建设；三是对快递功能区项目建设，免征城市基础设施配套费；四是鼓励规模以上快递企业自建、租用仓储设施进行电子商务配送的，符合条件的分别享受省经济和信息化管理部门和省邮政管理部门有关奖励。

张志南副省长希冀快递行业保持快速健康发展势头

9月9日，福建省副省长张志南听取福建省邮政管理局工作汇报，充分肯定成绩，并希望推进福建快递行业持续快速健康发展。张志南表示,省政府将择机召开会议专题研究如何推动快递进一步发展问题。对于福建省邮政管理局提出的支持快递立法、解决省以下邮政管理机构办公业务用房以及其他事项,将协调有关部门逐一落实。

全面部署旺季生产服务保障工作

10月20日,福建省邮政管理局召开会议,动员和部署2014年快递业务旺季服务保障工作,会议要求各市邮政管理局认真履行好监管职责,通过组织协调、信息互通、新闻宣传、现场督导等多种保障措施,集中力量,有效化解行业旺季压力。各寄递企业要严格按照《快递业务旺季服务保障工作指南》,做好快递业务旺季的前期准备、运营和应急保障工作。会后,东南网、海峡导报等媒体对会议进行了报道,同时向广大消费者做出了消费提醒。

王丰局长深入龙岩培斜淘宝村调研

11月26日,福建省邮政管理局局长王丰深入龙岩市培斜淘宝村调研。调研组一行参观了淘宝村电商实体店、竹席加工厂等,了解了淘宝村网店数量、交易量、合作快递企业、快递业务量,以及"双11"期间业务量等情况,并与淘宝店主、大学生创业者、快递企业负责人、镇村干部共同探讨了如何依托快递下乡,做大做强农村电子商务,服务农村产业发展,促进农民就业和增收。

《福建省促进快递行业发展办法》列入省2015年一类立法计划

11月27日,福建省政府印发2015年立法计划,福建省邮政管理局报送的《福建省促进快递行业发展办法》列入省政府规章制定项目一类计划,定于2015年1月提交省政府常务会议审议。

邢小江副局长视察厦门末端投递情况

12月21日,国家邮政局副局长邢小江赴厦门调研,邢小江一行首先视察了位于厦门市邮政管理局的智能快件箱,了解其运行机制、收费情况、目前使用率及对快递企业的实际影响,探讨了智能快件箱推广过程中存在的问题,随后,又来到集美凤林嘉园社区,了解顺丰社区服务网点设置等情况。邢小江对快递末端服务的客户网络、服务理念及高科技信息技术的运用等提出指导性意见。

宁德申通获中央财政中小企业发展专项补助金

12月25日,宁德申通快递公司获得中央财政2014年中小企业发展专项资金服务体系项目补助,这是2014年福建省唯一一家快递企业获得该项目补助金。

江西省快递发展大事记

决定开展执法规范年活动

1月下旬,江西省邮政管理局党组提出,2014年在全省邮政管理系统开展"执法规范年"活动,从推进执法制度体系建设、加强执法培训、明确执法重点、落实执法监督等方面夯实执法工作基础,实现法治邮政建设目标。

共青团江西省快递行业协会工作委员会成立

1月22日,共青团江西省快递行业协会工作委员会第一次代表大会暨成立大会在南昌召开,经选举产生了由5人组成的团工委。共青团江西省委副书记伍复康、城市青年部部长汪剑莹,江西省邮政管理局副局长肖力健、市场监管处负责人出席会议，来自全省快递行业团员代表43人参加会议。

搭建三方联动平台促行业人才队伍建设

3月20日，江西省邮政管理局在南昌召开全省邮政行业教育培训暨职鉴工作会议，对江西省邮政行业教育培训和职鉴工作进行了部署。各院校分别介绍了各自与邮政行业相关专业教学方面的特色以及成功举办校企合作班的经验。11个市邮政管理局主要负责同志及人事干部、5个相关院校和驻昌15家品牌快递企业负责人及人力资源部门经理参加了会议。

省政府领导批示推动快递电商加快协同发展

4月8日，江西省委常委、常务副省长莫建成，副省长李贻煌在江西省邮政管理局报送的《关于加快推动我省快递业与电子商务协同发展的报告》上分别做出重要批示，要求江西省发展改革委牵头，各有关部门配合，进行专题调研，尽快出台相关政策支持推动江西快递业与电子商务加快协同发展。

牵手商务厅推动电商物流新发展

4月22日，江西省邮政管理局与省商务厅联合组织召开"全省电商物流工作座谈会"，省发改委、交通运输厅等部门领导，以及主要快递企业和电子商务企业负责人参加座谈。会议就全省电子商务与快递服务业加速协同发展问题展开交流和讨论，各企业提出目前行业发展存在的现实问题和需要的政策扶持，参会部门针对企业提出的困难和诉求进行解答，并介绍了最新的相关政策和举措，强调部门间通力协作，推动电商物流工作新发展。

开展"邮政业安全生产百日专项整治"活动

从6月20日至9月30日，江西省邮政管理局决定在全省组织开展邮政业安全生产百日专项整治活动。这次专项整治活动，是江西省邮政管理局为进一步落实全省邮政管理部门安全监管责任和各企业安全生产主体责任，深入推进"执法规范年"主题活动，维护发展全省邮政业安全生产良好局面的一项重大工作举措。

国家反恐怖工作检查组赴赣督导检查

7月5日至7日，国家反恐怖工作领导小组第十检查组由国家邮政局市场监管司副司长林虎带队，在江西省开展以寄递渠道为主的反恐怖工作督导检查活动。检查组对南昌市、景德镇市、九江市的邮政快递企业、车站、商业中心等重点单位进行了深入细微的检查，通过实地查看、调阅档案、现场询问等多种方式详细了解各单位反恐防暴工作措施。

成功举办全省快递企业业务知识竞赛

9月13日，江西省快递企业业务知识竞赛成功举行。由全省快递企业组建成的12支参赛团队进行了角逐。此次竞赛的内容包含了中华人民共和国邮政法、快递业务操作指导规范、快递市场管理办法等五个方面。竞赛形式一改往年单纯的答卷方式，为现场必答、抢答两种形式。

吉安市建成全省首个专业快递产业园

在吉安市邮政管理局的积极促成下，江西省建成首个专业快递产业园——吉安市快递产业园，且部分快递企业已经开始试运行。整个产业园占地约60余亩，室内分拨场地面积近20000平方米。

快递协会两家青年集体被命名青年文明号

9月10日，江西省创建青年文明号活动组委会决定：命名395个青年集体为2012－2013年度省级青年文明号，江西省快递协会两家青年集体——江西省圆通速递有限公司客服部、江西顺丰速运有限公司市场销售部获此殊荣，成为数极少的民营企业青年集体。

全国邮政规划工作培训会在井冈山举行

10月16日至18日，国家邮政局政策法规司在井冈山举行全国邮政规划工作培训会，各省(区、市)邮政管理局负责规划编制工作人员参加了培训。国家邮政局政策法规司在培训会上讲解了邮政业"十三五"规划编制安排和基本思路，解读了规划工作指南，探讨了邮政业发展形势。培训会邀请了国家发改委经济研究所专家进行了专题授课，还邀请部分省(市)邮政管理局交流了邮政规划工作经验并进行了分组讨论。

出台《关于促进快递业健康发展的意见》

11月4日，经江西省政府同意，江西省发改委联合江西省邮政管理局共同印发了《关于促进快递业健康发展的意见》。意见完整、系统地提出了促进江西省快递服务业发展的指导思想、发展目标和政策措施，重点提出要在加快快递物流集聚区建设、保障车辆便捷通行、完善终端服务体系、实施"快递下乡"、鼓励技术创新和运用、加大金融税收政策支持、支持人才培养、维护消费者权益、强化行业监管等九个方面着力加强基础保障工作。

召开"电商促销季"快递服务保障新闻通气会

11月7日，江西省邮政管理局举办新闻媒体通气会，就2014年"电商促销季"快递旺季服务保障工作，向新闻媒体进行通报。会议同时邀请部分驻昌主要快递企业负责人，就企业旺季生产准备情况进行了介绍，省内多家主流媒体参加了此次会议。提问环节，邮政管理部门及相关企业负责人，就部分热点问题，进行了现场答复，会后接受了部分媒体采访。

督导快递业务旺季服务保障工作

11月13日，江西省邮政管理局联合南昌市邮政管理局组成旺季服务保障工作督导组，对申通、中通、圆通等省内重点快递企业分拨中心"双11"旺季服务保障工作进行督导，并亲切慰问一线员工。督导组仔细询问了企业应对"双11"的具体举措，现场查看作业场地，对存在的不足提出改进建议。

山东省快递发展大事记

张超超副省长批示肯定邮政管理工作

1月9日，山东省副省长张超超听取山东省邮政管理局工作情况的汇报后，作出重要批示，充分肯定了2013年全省邮政管理工作，对下一步加快邮政事业改革发展提出明确要求。希望全省邮政管理部门在新的一年里再接再厉，认真贯彻落实党的十八届三中全会精神及习近平总书记视察山东重要讲话精神，大力发展现代邮政业，为加快经济文化强省建设做出新的更大贡献。

济南"最美快递哥"救人事迹引发强烈反响

济南邮政速递物流公司市中投递部的快递员罗光进，用自己的理性和爱心，救下了因一氧化碳中毒的一家三口生命，被周围的群众亲切的称为"最美快递哥"。从1月10日起，国家级、省级主流新闻媒体对罗光进先进事迹的报道多达百余条。1月14日，山东省邮政管理局发出通报表彰，号召全省邮政行业广大干部职工和全体从业人员向罗光进学习。1月21日，山东省邮政速递物流有限公司在济南召开授予罗光进同志优秀员工称号表彰会，决定按照相关规定将他转招为B类合同工，并颁发奖金。

全面分解部署2014年工作重点

1月26日，山东省邮政管理局召开局长办公会议，审议并原则通过《山东省邮政管理局2014年工作要点》。会上，就2014年全省邮政管理工作会议提出的全年工作任务中的4大项52小项具体工作，进行了逐一分解，并把责任落实到每个具体单位，明确了工作时限。

出台加快现代流通业发展意见

2月10日，山东省政府出台加快现代流通业发展的意见。意见明确打造一刻钟便民生活服务圈，推进便民消费进社区、便民服务进家庭“双进工程”，合理布局城乡社区便民店、邮政快递服务等日常生活必需的商业网点。

两名快递业务员荣获省技术能手称号

2月下旬，山东省人力资源和社会保障厅通报了2013年山东省技术能手名单，其中杭州百世网络山东分公司员工李艇、孙淑玲，因其在山东省首届邮政行业技能竞赛中的突出表现，荣获“山东省技术能手”荣誉称号。

部署落实收寄验视制度

3月初，山东省邮政管理局在全省范围内组织开展收寄验视专项检查活动，要求各市邮政管理局进一步加强对邮政快递企业的宣传教育，明确执行收寄验视制度是邮政快递企业的责任和义务，必须不打折扣、百分之百落实到位，并提出“三督促三检查”工作措施，确保收寄验视制度落实到位。

寄递车辆通行工作取得可喜成果

截至3月上旬，山东省寄递车辆通行工作已经取得阶段性成果。全省17市已有14个市邮政管理局与公安、交通等部门联合出台了车辆通行落地文件，就本地区邮政快递车辆通行问题提出政策措施。其中，泰安、济宁、枣庄、德州、聊城、日照、莱芜、临沂、淄博9个市局已完成第一批企业自有车辆通行证审核发放工作，累计发放车辆通行证774张，基本形成了遍地开花、形势大好的工作局面。

建立全省快递市场监管工作月报制度

自2014年1月起，山东省邮政管理局在全省建立了快递市场监管工作月报制度，要求各市邮政管理局从重点工作进展情况、日常检查执法情况、政策环境建设情况、监管成效等方面对快递市场监管工作定期梳理和总结，对重大案件、重要活动、创新举措及时整理和报告。为强化全省快递市场监管工作效能，山东省邮政管理局还制定了《山东省快递市场监管工作考核指标（征求意见稿）》，细化各项工作目标和量化考核指标，引导督促市局扎实深入开展快递市场监管工作。

青岛将快递业纳入国家城市配送试点支持范畴

4月9日，青岛市出台了《关于推进青岛国家城市共同配送试点工作的实施意见》，意见提出支持城市末端配送，选择有实力的末端配送企业整合有关快递业务，通过末端配送企业、电子商务企业与各类社区便利店合作，在邮件收发密集区建设公共自助提货柜、末端配送中心等方式，促进“网订店取”，末端整合便利店、物业公司、家政连锁店等新型业态，推动各类生活服务业态社区聚集化。

山东省邮政管理局与青岛市政府签署推进邮政业发展战略合作协议

4月11日，山东省邮政管理局和青岛市政府签署了《加快推进青岛市邮政业发展战略合作协议书》，提出依托青岛市产业优势、区位优势，建立促进邮政业发展的长期全面战略合作关系。协议书明确双方将在政策法规、发展规划、航运中心建设、区域中心经济、能力建设、行业管理、人才队伍建设等方面加强合作。

全面建立法律顾问制度

根据山东省邮政管理局印发的《关于建立法律顾问制度的通知》要求，各市邮政管理局聘请了一批具有一定专长的执业律师和律师事务所提供法律顾问服务。截至5月中旬，全省邮政管理系统法律顾问工作制度已经建立，实现全省17市局全覆盖。法律顾问服务涵盖了参与重大决策、重大项目的法律论证，解答法律咨询，审查合同文本，协助开展法制宣传教育工作，代理复议、诉讼、仲裁、调解等法律服务活动。

解畅组长调研山东邮政业发展和行业管理工作

5月28日至29日，国家邮政局纪检组长解畅在山东省调研邮政业发展和行业管理工作。在济南市邮政管理局，解畅和局机关干部职工进行了座谈，就全国邮政管理系统正在开展第二批教育实践活动，对济南局下一步工作提出了四点要求。5月29日，解畅先后来到顺丰速运、中通速递和圆通速递济南转运中心调研，并分别与相关快递企业负责人座谈。

促进快递服务业健康发展的意见出台

7月初，山东省政府办公厅印发《关于促进快递服务业健康发展的意见》。意见从加强规划编制、加大政策扶持、促进转型升级、推进协同发展、保障便捷通行、完善末端投递、强化人才支撑、严格市场监管、保障行业安全等九个方面明确了政策措施，对山东省快递服务业健康发展将产生重要的推动作用。

召开快递业务师试考工作动员会

7月7日，邮政行业职业技能鉴定快递业务师试考工作动员会在济南召开，会议详细介绍了快递业务师鉴定考评工作原则、流程和方式方法，并就试考相关工作进行总体部署，40余名快递企业、合作院校代表参会。快递业务师是在目前快递业务员初、中、高三个职业等级基础上，开展的更高技能水平的鉴定。此次试考标志着全国快递业务员国家职业资格二级（技师）鉴定工作拉开序幕。

启动全省邮政行业安全生产管理规范编制工作

9月中旬，山东省邮政管理局成立全省邮政行业安全生产管理规范编制指导小组，启动规范编制工作。《山东省邮政行业安全生产管理规范》将涵盖“安全生产标准化建设，企业安全生产主体责任，生产现场（场地）安全公示、图标、标识，邮政行业安全生产规章制度与企业安全文化建设，应急管理与处置流程，安全监管协调机制建设”等内容，着力构建符合全省邮政业发展实际的安全生产监管体系。

王梅副局长山东调研邮政管理和行业发展

10月22日至24日，国家邮政局副局长王梅在山东调研工作，先后来到济宁、泰安、济南等地，了解邮政管理工作和行业发展情况。调研过程中，王梅先后听取了济宁、泰安、济南三市邮政管理局和山东省邮政管理局的工作汇报，考察了位于济宁市的山东恒良物流快递中心、泰安市一个居民小区信报箱建设情况，分别会见了济宁市和泰安市市长，就促进两市邮政行业发展进行了交流。

邮政快递基建纳入《山东省新型城镇化规划（2014—2020）》

11月初，《山东省新型城镇化规划（2014—2020）》将邮政快递基础设施建设等相关内容纳入其中。具体内容：一是将邮政、快递网点纳入城市社区“一刻钟”服务圈建设；二是加快邮政物流服务“三农”综合平台建设，创建农产品现代流通综合示范区；三是加强农村邮政设施、快递服务设施建设；四是产城融合，配套建设包含邮政、快递、银行等多功能于一体的园区综合服务中心。

八家省级媒体聚焦滨州淘宝村电商快递协同发展

11 月 7 日，山东省邮政管理局新闻宣传中心邀请《大众日报》、《齐鲁晚报》、《济南日报》、齐鲁电视台等 8 家媒体，赴滨州博兴县湾头村、顾家村采访报道农村电商和快递服务业协同发展情况。滨州市邮政管理局、博兴县委宣传部负责同志参加活动。记者团一行先后了解了湾头村草柳编家庭网店经营模式以及快递行业对农村电商发展的影响，参观了顾家村老粗布市场并了解淘宝店主“双 11”准备情况。

加强“双 11”旺季服务专项督导检查

11 月 4 日至 7 日，山东省邮政管理局成立两个督导组，由局领导带队深入青岛、潍坊、烟台等重要节点城市，对顺丰速运、申通快递、圆通速递等重点企业重点网络的“双 11”备战情况进行督导检查。督导组听取了各市邮政管理局关于旺季服务保障工作的汇报，要求各市局采取有力措施，加强旺季期间各快递企业的运行情况监测，切实做好组织协调和监督检查工作。同时，深入各网络分拨中心一线进行夜查。

“快递行业人才培养”获国家级教学成果奖

在教育部公布的 2014 年国家级教学成果奖获奖项目名单上，山东省邮政行业高技能人才培养基地青岛酒店管理职业技术学院牵头完成的《“政企校”联盟模式下快递行业高技能人才培养的探索和实践》获评 2014 年国家级教学成果二等奖。

河南省快递发展大事记

省政府推动出台加快快递业发展指导意见

1 月 17 日，河南省副省长赵建才在全面听取河南省邮政管理局的工作汇报后，对全省邮政业发展取得的成效给予了高度肯定，并就进一步促进全省邮政业实现跨越式发展，召开专题会议。赵建才提出，要以省政府名义尽快出台加快河南省快递业发展指导意见，强调要充分发挥郑州航空港的引领作用，充分考虑邮政业作为和电信、铁路、公路一样的高成长性服务性产业的基础作用，把指导意见纳入整个郑州航空港经济区规划中，纳入地方的统计体系中。

丁平局长一行就高铁运输快件进行调研

1 月 22 日，围绕高铁运输快件这一主题，河南省邮政管理局局长丁平一行赴河南中原铁道物流有限公司进行专题调研。丁平一行实地察看了中原铁道物流有限公司的生产现场，重点对该公司在利用高铁运输快件的能力等方面进行了考察。同时，认真听取了其主要负责人关于公司基本情况及高铁物流项目发展情况的汇报，双方就在河南开展高铁运输快件等事项达成了初步共识。

申诉受理中心荣获先进集体称号

1 月 26 日，河南省邮政管理局邮政业消费者申诉受理中心被国家邮政局授予“2013 年度申诉处理工作先进集体”称号。一年来河南省邮政管理局邮政业消费者申诉受理中心先后开展走访用户、实寄测试、快递服务质量专项整治等活动；召开消费者、快递企业座谈会；建立申诉受理与市场监管工作衔接和联动机制等。全年共受理消费者申诉9015件，为消费者挽回经济损失90.25万元，消费者对申诉处理满意率达到93.10%。

圆满完成“快递服务质量专项整治活动”

截至3月中旬，河南省邮政管理局在全省范围内组织开展的为期5个月的“快递服务质量专项整治活动”圆满结束。本次活动共检查快递企业509家、出检1000余人次、下达整改通知27份、行政约谈快递企业负责人7次、责令企业填写履职报告5份、实施行政处罚5起，着力解决社会关注的快递服务质量问题，特别是快件末端投递、投诉受理和损失赔偿等问题。

开展快递企业经营资格全面核查专项整治活动

河南省邮政管理局决定从3月起，在全省开展为期4个月的快递企业经营资格全面核查专项整治活动。河南省邮政管理局将此次活动分为学习动员、全面核查、核实处理、回顾总结4个阶段，将涉及经营资格的违法违规问题，归纳为4项13个方面。专项活动要求各市邮政管理局将对企业违法违规行为进行梳理，根据其性质、危害、后果，以及企业整改情况对违反法律法规禁止性规定的，依法从严处理。

省政府召开企业代表座谈会

4月17日，河南省政府副秘书长刘世伟在省政府主持召开快递企业座谈会，河南省邮政管理局局长丁平出席会议，邮政速递物流、顺丰速运、宅急送、UPS、TNT、“四通一达”等重点品牌快递企业代表参加了座谈。刘世伟介绍了河南省政府对促进全省快递业发展的有关规划，强调要出台管用的政策，加强顶层设计，切实解决企业发展中遇到的难题，促进河南快递业做大做强。

国家邮政局第二巡回督导组河南督导教育实践活动

5月6日，国家邮政局党的群众路线教育实践活动第二巡回督导组组长刘英杰一行到河南督导党的群众路线教育实践活动。在听取了河南省邮政管理局局长丁平的报后，刘英杰对河南省邮政管理局教育实践活动的各项工作给予了充分肯定，并传达了当前中央、国家邮政局开展教育实践活动的部署要求，对下一步工作提出四点意见。督导组还深入郑州、洛阳、焦作三地分别与市（地）邮政管理局党员干部和快递企业代表座谈，广泛听取意见，指导地市局教育实践活动扎实开展。

编制法律法规政策汇编

5月10日，河南省邮政管理局编制完成《河南省邮政业法律法规政策汇编》并分发至各市邮政管理局。全套汇编分为三册，内容包括综合管理、普遍服务监督和邮政市场监管三大类，涵盖了邮政业法律体系、地方条例、行业标准、邮政业术语以及党政、财务、人事等行政管理制度，编印了地方政府相关部门关于减免邮政车辆通行费等文件，扩增了邮政行政执法人员行为规范等内容。

谢伏瞻省长强调促进河南快递业加快发展

5月13日，河南省省长谢伏瞻对促进河南快递业加快发展作出重要指示。谢伏瞻指出，河南发展快递业具有突出优势，快递业是河南三大国家战略规划实施的重要支撑，促进快递业加快发展与河南总体发展战略密切相关，也与河南做大服务业、建设高成长服务业大省的目标紧密契合。河南邮政管理部门在促进全省快递业发展方面做了大量卓有实效的工作，希望河南邮政管理部门继续做好相关工作，促进全省快递业实现又好又快发展。

部署“三化”建设工作

5月21日，河南省邮政管理局下发了《关于进一步推进快递营业场所标准化、分拨中心规范化、作业流程制度化建设工作的通知》，以“三化”建设为切入点，即快递营业场所标准化、分拨中心规范化、作业流程制度化，推进快递企业转型升级，提出了“三化”建设工作的目标，强调“三化”建设工作坚持政府监督指导、快递协会组织实施、快递企业积极参与的原则，委托省快递协会对创建工作进行评定。

《关于促进快递服务业发展的意见》出台

6月5日，河南省人民政府正式印发实施《关于促进快递服务业发展的意见》。意见完整、系统地提出了河南省政府促进快递服务业发展的指导思想、基本原则、中长期发展目标、主要任务和保障政策，明确了快递服务业在河南经济发展中的地位，为全省快递业发展提供了基础保障。

全面部署推进“快递下乡”工程

6月25日，河南省邮政管理局在前期深入调研的基础上，制定了《关于推进“快递下乡”工程的实施方案(试行)》。河南省邮政管理局提出了推进“快递下乡”工程的基本原则，确定了主要目标，同时制定了促进资源整合协同发展的五条具体措施：一是推动邮政企业与快递企业建立互惠共赢的合作关系；二是推动快递企业之间加强资源共享和业务协作；三是推动快递企业加强与当地有关单位的合作；四是推动快递业与交通运输业之间的沟通协作；五是积极推动快递行业与县乡政府部门的合作。

赵建才副省长高度重视《关于促进快递服务业发展的意见》落实

7月10日，河南省副省长赵建才与顺丰速运集团总裁王卫在深圳进行会谈，积极为河南快递业发展争取更多资源与支持。《河南省人民政府关于促进快递服务业发展的意见》明确提出“加快推进顺丰等电子商务产业园建设”，对顺丰速运在河南的发展给予高度重视。希望顺丰加大对河南的投入，共同推动快递业利用河南优势，实现健康快速发展。赵建才在意见出台过程中亲自抓、亲自过问，多次提出修改完善意见。意见出台后，对其落实工作身体力行，意见也得到了全省各级政府的重视。

召开2014年上半年快递服务质量通报分析会

7月29日，河南省邮政管理局召开2014年上半年快递服务质量通报分析会，各省辖市邮政管理局局长、副局长和市场监管部门负责人等40余人参加了会议。会议通报了2014年上半年全省邮政业消费者申诉情况和2014年上半年郑州市快递服务满意度情况，决定于8月至9月在全省组织开展“快递服务质量大检查活动”。

召开黄河金三角区域邮政业合作座谈会

7月31日，河南省邮政管理局联合陕西省邮政管理局、山西省邮政管理局在河南省三门峡市召开晋陕豫黄河金三角区域邮政业合作座谈会，三门峡、运城、临汾、渭南四市邮政管理局局长签署了晋陕豫黄河金三角区域邮政业合作框架协议。河南省邮政管理局局长丁平、陕西省邮政管理局局长李洛郑、山西省邮政管理局局长秦红保出席会议并作重要讲话。

免费寄递云南鲁甸地震灾区捐助快件

8月5日，在河南省邮政管理局的倡导下，邮政速递物流、顺丰速运、“四通一达”、宅急送、德邦等11家重点网络品牌快递企业迅速响应，主动承诺开通云南鲁甸地震灾区捐赠快件免费寄递通道，并向社会公布了热线电话，在全省快递业掀起“心系灾区快递传情”爱心活动热潮。省内主流媒体对此给予高度关注，并根据活动开展情况进行系列报道。

全国性快递集散交换中心子项目开工建设

8月18日，河南全国性快递集散交换中心宅急送华北分拨配送基地在郑州“快递物流.电子商务园区”正式开工建设。建筑面积共计22604平方米，是宅急送华北、西北地区陆运快件的集散交换枢纽，承担快件分拣转运、电子商务快件、仓储配送、华北区网络调度管理等功能，日处理快件能力20万件。

组织召开快递企业总部负责人座谈会

9月25日，河南省人民政府举办现代服务业开放合作洽谈会，当天下午，河南省邮政管理局邀请全国20余家快递企业总部主要负责人召开座谈会。河南省邮政管理局局长丁平、郑州航空港经济综合实验区管委会主任张延明出席会议，顺丰、“四通一达”、百世中铁快运、联邦快递、UPS、德邦物流、苏宁快递等快递企业以及河南省邮政公司、各快递企业河南总部主要负责人60余人参加了座谈会。期间，河南省人民政府副秘书长马刚与参会代表进行了亲切会晤。

签署快递服务业示范市建设战略合作协议

9月29日，河南省邮政管理局与漯河市人民政府签署战略合作协议并进行座谈。河南省邮政管理局局长丁平、漯河市市长曹存正出席活动并致辞。签字仪式后，申通、宅急送、圆通、中通等五家快递企业与漯河市城乡一体化示范区委员会签订了投资合作协议。

首届快递业务员职业技能竞赛成功举行

10月17日至19日，河南省首届快递员职业技能竞赛在河南交通职业技术学院举行，此次竞赛是邮政体制改革以来河南省邮政行业第一次技术型竞赛，来自全省16家快递企业的192名参赛队员参加了此次竞赛。比赛优胜者将按相关程序申报“河南省五一劳动奖章”“河南省快递技术能手”等荣誉称号。

国家邮政局综合调研组赴河南调研

10月15日至17日，国家邮政局办公室调研室副主任吴晓明一行赴河南省调研邮政行业发展情况并召开座谈会。调研组认真听取了各快递企业负责人的汇报，并就国家局有关政策和规划进行了讲解和指导。调研组还先后赴漯河快递物流园区、郑州国际物流园区、河南保税物流中心进行调研并座谈，详细了解河南各地相关情况。

开展“双11”快递业务旺季保障系列活动

11月7日，为确保全省“双11”快递业务旺季期间安全平稳，河南省邮政管理局局长丁平指示，开展“看、跟、谈、拍、发”等“双11”系列活动。“看”，邀请省政府副省长赵建才，省发展改革委、交通厅、商务厅等10余家省直有关单位负责人、省内重点媒体记者等组成40余人的体验组，于11月13日晚快递企业作业高峰时段进行现场指导、体验、采访活动；“跟”，主动联系媒体记者对快递员全天的收投工作进行跟踪体验采访；“谈”，召开媒体记者座谈会，全面介绍“双11”备战情况；“拍”，对各市邮政管理局、各快递企业进行“快递旺季随手拍”图片征集，汇总后编印全图册《快递信息》；“发”，于11月11日当天召开郑州市快递协会成立新闻发布会，让企业发声。

视频连线向杨传堂部长汇报旺季生产协调保障情况

11月13日晚，在河南省邮政管理局视频监控中心，河南省邮政管理局局长丁平通过视频连线，向交通运输部部长杨传堂汇报河南省快递旺季生产协调保障情况。视频连线中，丁平从四个方面向交通运输部部长杨传堂汇报了全省快递旺季生产协调保障情况。杨传堂对河南省邮政管理局快递旺季生产协调保障工作给予充分肯定，同时代表交通运输部和国家邮政局向奋战在一线的快递员工和管理人员表示慰问和感谢。

赵建才副省长连夜考察“双11”快递服务保障工作

11月13日晚20:00～23:00，河南省邮政管理局组织“双11”快递业务旺季现场考察、体验活动，河南省人民政府副省长赵建才、副秘书长马刚，省发展改革委、省交通厅、省商务厅、省、郑州海关、郑州铁路局等有关负责人，河南主流新闻媒体记者共50余人参加了活动。赵建才视察了邮政快递企业分拨中心，实地检查快递业务高峰期企业运营和安全保障情况，对企业运营管理、运行秩序和员工精神状态等方面进行了详细了解，充分肯定了河南快递企业旺季服务保障的各项措施。

推动邮政与交通深度合作

11月18日，河南省道路运输管理局副局长龚全武、郑州交通运输集团有限责任公司董事长赵军伟一行到河南省邮政管理局，就邮政与交通深度合作与河南省邮政管理局局长丁平进行座谈。经过沟通，双方主要就800公里以上1500公里以下的省际快件运输，通过交通与铁路部门合作，探索开通省际快件火车专列；省内快件，积极探索搭乘客车货仓、利用客运场站等形式进行运输、集散等内容达成了共识。

出台《新能源汽车在邮政快递行业推广应用的实施意见》

11月27日，河南省邮政管理局联合新乡市人民政府出台《新能源汽车在邮政快递行业推广应用的实施意见》。意见共分四部分共10条，从总体要求、主要任务、保障措施等方面提出加快新能源汽车在邮政快递行业推广应用的具体措施。

河南与顺丰速运签署电商综合服务基地建设合作意向书

12月3日，河南省委书记郭庚茂，省委副书记、省长谢伏瞻，副省长赵建才在郑州会见顺丰速运有限公司总裁王卫一行，并签署《河南省人民政府与顺丰速运有限公司关于电商综合服务基地建设的合作意向书》。河南省邮政管理局局长丁平参加了会见和签约仪式。

张大卫副主任对快递发展作重要批示

12月初，河南省人大常委会副主任张大卫在《河南省快递业发展情况调查报告》上批示，“河南快递的发展，确实关系着我省的结构调整升级，关系着服务业的提升和群众的创业就业”，批示指出快递发展的重要性，要求将快递发展摆在改革与发展的重要位置。张大卫要求，省发改委等省直单位、郑州市相关领导进一步关注快递业，积极支持快递业发展。

马朝立夫妇参加“感动中原十大年度人物评选活动”

12月11号，推过层层筛选，马朝立夫妇从近200名候选人中脱颖而出，入围“感动中原”十大年度人物候选人。“感动中原十大年度人物评选活动”由中共河南省委宣传部、河南省新闻出版广电局、河南日报报业集团主办，大河网和河南电视台承办，河南省邮政管理局积极组织“最美快递员”马朝立夫妇的书面材料，并拍摄纪录片，推荐他们参加评选活动。

湖北省快递发展大事记

许克振副省长批示肯定省邮政管理工作

1月14日，湖北省副省长许克振听取了湖北省邮政管理局工作汇报并作出批示，充分肯定2013年全省邮政行业取得的成绩，对邮政行业干部职工表示问候，同时希望新的一年全省邮政行业改革发展取得更大成绩。

马军胜局长赴荆州调研指导工作

3月26日至28日，国家邮政局局长马军胜赴第二批教育实践活动对口联系点荆州考察调研。3月26日晚，马军胜一行赶往湖北圆通速递有限公司荆州分拨中心生产一线，实地了解企业生产经营状况及规范操作制度、服务安全保障和快件收寄验视制度等情况。3月27日，马军胜一行马不停蹄，先后视察了荆州地区邮政企业，深入了解了该地区城乡邮政和快递业务经营、发展及管理情况。3月28日上午，马军胜参加了由荆州市邮政管理局组织的有邮政快递企业、用户代表及社会监督员参加的座谈会，听取大家对荆州局开展群众路线教育实践活动的意见和建议。随后，马军胜来到荆州局，听取该局群众路线教育实践活动开展情况的汇报，肯定了活动组织工作。

与湖北交通职业技术学院开展战略合作

4月4日，湖北省邮政管理局与湖北交通职业技术学院签署战略合作协议，根据协议，双方将在邮政行业人才教育培训、专业共建、校企深化合作、职业技能鉴定、技术服务、文化对接等领域加强交流与合作。此次协议的签署，双方搭建了有效的平台，为下一步双方共建邮政行业人才培养基地，实现行业与高校合作共赢、共谋发展，打下了基础。

出台明确加快快递配送网络建设文件

4月，湖北省政府出台《省人民政府关于大力推进电子商务发展的意见》，意见明确提出要完善物流配送服务体系。要加快建设适应电子商务发展的社会化物流体系。构建面向全国、覆盖全省市、州的城市快递配送网络，并逐步向县级城市、中心镇延伸。规范快递配送企业服务流程，提高快递配送速度和服务质量。大力培育专业化第三方物流龙头企业，推进共同配送体系建设，支持有条件的大型电子商务企业自建物流配送体系和物流基地。

《湖北省邮政条例》获审议通过

5月29日，湖北省十二届人大常委会第九次会议高票通过《湖北省邮政条例》，这是湖北省首部邮政业地方法规。条例的主要亮点体现在明确了全省两级邮政管理体制；强调了规划对邮政行业发展的引领；加大了政府对邮政普遍服务的扶持力度；突出了对快递服务发展的鼓励和支持；强化了安全、服务、统计在内的各项行业监管措施。

马军胜局长到宜昌荆州开展调研

6月12日至13日，在第二批教育实践活动联系点指导专题民主生活会的国家邮政局局长马军胜专程到宜昌市和荆州市，调研市地邮政管理工作及行业发展情况。调研期间，马军胜先后考察了邮政快递企业。在宜昌和荆州，马军胜先后来到宜昌邮政速递物流公司杨岔路旗舰店和荆州市邮政速递物流公司，了解企业运营情况，专题听取了湖北省邮政速递物流公司的发展情况汇报。马军胜还在宜昌主持召开了座谈会，听取了宜昌市邮政管理局的工作汇报，对市地邮政管理局今后的工作，提出了三点要求。

推进道路水路运输业与邮政业融合发展

7月7日，湖北省邮政管理局与省交通运输厅联合印发《关于加快推进全省道路水路运输业与邮政业融合发展的通知》。通知明确加强融合发展的主要内容：一是加强基础设施建设融合与对接；二是加强业务服务资源融合与对接；三是加强运营网络资源融合与对接；四是加强农村物流工作融合与对接。通知还明确要求各级交通运输、邮政管理部门要加强组织领导，争取当地政府对道路、水路运输业与邮政业融合发展的支持；支持道路、水路和邮政、快递企业本着“有偿、互惠、共赢”的原则合作发展。

许克振副省长希望邮政服务加强全覆盖

8月7日，在湖北省政府召开的全省综合交通发展研讨会上，湖北省副省长许克振提出，希望邮政行业加强邮政服务全覆盖工作，加强完善现代化的综合交通路网体系，助推综合交通发展。许克振特别强调，要着力提高邮政普遍服务能力和水平。以邮政网络为基础，因地制宜合理布局城乡配送基础设施，重点围绕电子商务发展，支持快递企业加快发展、加快转型，构建城乡物流体系。同时要加强快递与制造业协同发展等前沿课题研究，为行业持续发展打好基础。

襄阳市六家快递企业获100余万元专项资金奖励

10月，湖北省邮政速递物流有限公司襄阳分公司、湖北顺丰速运有限公司襄阳分公司等六家快递企业作为电子商务服务型单位共获得2014年市级电子商务发展专项资金奖励100余万。

八家单位共签农村物流发展战略合作协议

10月14日，湖北省邮政管理局、湖北日报传媒集团、省商务厅、省供销社及省邮政公司、省邮政速递物流有限公司、顺丰速运有限公司等八家单位在武汉签署湖北省《农村物流发展战略合作协议》，以共同推进湖北省农村物流发展。协议明确了加快建设农村物流基础设施，加快推进农村物流网络建设，搭建区域性农村物流供求信息服务平台，加快推进农村物流市场主体培育等合作的重点内容。

检查督导“双11”旺季服务保障工作

11月12日至13日，湖北省邮政管理局局长唐顺益，副局长刘忠民分别带队赴省内邮政速递物流、顺丰、申通、圆通、中通等快递企业检查督导“双11”旺季服务保障工作。检查督导组深入各快递企业操作现场，实地检查了“双11”期间各快递企业的安全制度建设、旺季服务保障车辆、人员安排等情况，查看了操作现场包裹的分拣情况，详细询问了各企业目前业务量变化情况和投递服务质量情况。检查督导组对各快递企业应对“双11”旺季保障所做的工作给予了肯定，并提出具体的要求。

推进全省邮政业安全生产标准化建设

11月21日，湖北省邮政管理局联合省安监局召开会议，动员部署全省邮政业安全生产标准化建设工作。会议安排部署湖北省邮政公司武汉分公司、湖北省邮政速递物流公司武汉分公司、湖北顺丰速递物流有限公司等三家企业试点安全生产标准化建设工作。在三家试点企业安全生产标准化达到二级(含二级)以上水平后，省安监局和省邮政管理局将其经验在全省邮政业推广实施。省安监局委托省安全生产技术协会负责并会同省快递行业协会建立联合工作机构及工作机制，承办企业安全生产标准化建设的活动组织、标准制定、试点工作以及评审核查工作。

湖南省快递发展大事记

张剑飞副省长强调发展邮政事业是政府的责任

1月10日，湖南省副省长张剑飞专题听取了湖南省邮政管理局党组的汇报，对湖南邮政管理工作给予充分肯定。张剑飞强调邮政是面向生活生产的基础产业，在通政、通民、通商中发挥重要作用，发展邮政是政府的责任。各级政府及有关部门要重视邮政行业的社会性、基础性，一如既往地支持邮政行业的发展，支持邮政管理部门依法履行职责。

马军胜局长在湖南调研并慰问基层员工

1月17日至19日，国家邮政局局长马军胜赴湖南视察指导，看望慰问邮政行业干部职工。1月17日晚，马军胜实地查看湖南顺丰速运快件分拨、仓储和投诉管理中心，详细了解业务发展、快递下乡、网络覆盖等情况，随后与企业负责人和部门员工交流座谈。1月18日，马军胜来到长沙市邮政管理局，看望慰问干部职工，听取汇报并进行座谈。之后，马军胜来到益阳看望慰问邮政快递企业一线员工。调研期间，马军胜听取了湖南省邮政管理局汇报及贯彻落实国家邮政局工作会议的措施。

省政府提出推进邮政快递与现代产业体系对接配套融合

2月10日，湖南省省长杜家毫在湖南省第十二届人民代表大会第三次会议作政府工作报告，强调要大力发展现代服务业，完善现代物流基础设施，发展第三方物流，引进国内外大型物流企业，促进现代交通、物流快递配送、电子商务体系和现代产业体系的对接、配套、融合。

四大国际快递公司来长沙考察

2月14日，四大国际快递公司DHL、UPS、FedEx、TNT考察团来长沙考察投资环境。长沙市政府主要负责人向考察团介绍了长沙市经济社会发展情况和物流产业。DHL、FedEx等公司介绍了在长沙增资扩产的计划。考察团还考察了金霞保税物流中心和长沙空港物流城。

国家邮政局第一巡回督导组来湖南督导教育实践活动

4月1日至4日，国家邮政局第一巡回督导组组长李庭中一行来湖南，对市州邮政管理部门第二批教育实践活动进行巡回督导。督导组听取湖南省邮政管理局教育实践活动开展情况汇报并与湖南省邮政管理局党组交换了意见，先后到长沙、益阳、岳阳市邮政管理局实地督导工作，通过会议座谈、检查台账等形式，深入了解湖南省邮政管理局第二批活动开展情况。督导组还在益阳召开座谈会，听取了邮政公司、快递企业、电商企业主要负责人和社会监督代表的意见建议。

五部门联动加强物流寄递业治安管理工作

湖南省邮政管理局联合省公安厅、省工商行政管理局、省交通运输厅、省商务厅制订了《关于进一步加强全省物流寄递业治安管理工作的意见》，意见对落实收寄验视制度、情况报告制度、寄件人信息登记和个人信息安全保障制度等做了相应强调，要求各相关部门依法监管，督促物流寄递企业落实主体责任，强化安全防范措施。意见同时明确物流寄递业治安管理工作由公安机关牵头，实施属地管理，纳入当地警务综合系统。

将邮政快递列入现代服务业重点培育产业

6月27日，湖南省人民政府下发的《湖南省现代服务业发展行动计划（2014－2017年）》，将邮政快递列入全省生产力战略布局，作为发展电子商务、现代物流的培育重点。计划强调要开展跨境电子商务试点，实施“湘品网上行”工程，融合涉农电商等线下资源。要求重点抓好长沙空港物流园，科学布局全省“公路港”，并设立物流发展专项引导资金，研究“营改增”过渡性财税扶持政策。

深入推进交邮合作

7月4日，湖南省邮政管理局与省交通运输厅召开座谈会，双方将共同促进农村网购和流通体系建设，深化拓展以面向农村为重点的物流合作，签订战略合作协议，商定成立联合推进机制，建立联席会议制度。通过选点推进，形成可复制的经验后向全省推广。会议还商讨了深化合作的领域，并就系统解决全省邮政快递车辆城市配送难题研究提出了措施。

顺丰第34架货机落地湖南

8月11日，顺丰第34架全货机从深圳飞抵湖南，这是顺丰第一架以长沙为始发站的快递全货机。顺丰开通的该航线为长沙—杭州—石家庄—杭州—长沙，货物在长沙黄花机场落地后，通过顺丰的地面快递网络，可将快件迅速直接送往消费者手中，湘、冀、江、浙、沪等地的航空快件递送时间将缩短半天，提升了湖南至华东方向和华北方向周边城市的运递时效。

岳阳出台车辆通行便利政策

10月15日，经报请岳阳市政府副市长丁阳云批示，岳阳市邮政管理局联合市交警支队、市道路运输管理局印发《岳阳市快递配送车辆管理办法》。办法规定对符合安全载货条件并持“快递作业证”的车辆，给予“不因载货而进行查扣和处罚”，“禁（限）行路段的上可以临时停车作业”，“因揽收、投递作业在公共停车场地上停靠20分钟内不予收费”等一系列保障政策。

开展旺季服务准备工作专项督导检查

11月3日起，湖南省邮政管理局组成3个督导小组，深入企业一线，了解企业旺季准备情况，督促企业抓紧人力、场地和运力储备，确保平稳度过旺季高峰。督导小组每到一处，都详细询问企业负责人相关工作准备情况，要求各企业提早做好临时人员招募培训，落实外包车辆，加快拓展场地建设，对设施设备及车辆情况开展全面自查，及时消除安全隐患，对企业员工开展动员教育和培训，保障员工生活作息。

周国繁局长督导快递企业旺季服务保障

11月11日深夜，湖南省邮政管理局局长周国繁深入顺丰、中通和申通长沙分拨中心生产现场，看望慰问一线工作人员，督导企业旺季服务保障工作。周国繁强调，各企业在快递业务旺季期间，要扎实做好几项工作：一是加强对业务量的监测，及时掌握每日进出港情况，督促输运和派送，做好调度与协调；二是保证员工起居生活，不能过度疲劳作业，不得克扣员工待遇；三是加强安全生产管理，排除安全隐患，努力实现保安全、保平稳、保畅通的目标。

省政府召开专题会议推动解决行业发展问题

11月18日，湖南省人民政府办公厅组织召开专题会议，讨论分析当前全省邮政业发展过程中存在的问题，研究制定一系列切实可行的解决办法和具体措施。湖南省政府副秘书长赵清云主持会议，湖南省邮政管理局局长周国繁出席会议并发言，省委宣传部、省发改委、省财政厅、省绩效办等17个相关单位负责人参加会议。

广东省快递发展大事记

召开快递企业诚信体系建设工作动员会

1月15日,广东省邮政管理局召开全系统电视电话会议,对全省快递企业诚信体系建设工作进行动员部署,会议对《广东省快递企业诚信体系建设考核办法(试行)》进行了解读,对诚信体系建设背景、内容、诚信考核指标、考核方式以及考核结果运用等进行了细致的讲解。会议要求快递企业确立诚信为核心经营理念,加强企业负责人在诚信文化建设的主导作用,切实采取行动,开展诚信体系建设。

开展快递企业营改增工作调研

1月16日至17日,广东省邮政管理局联合广州、深圳、东莞等市邮政管理局对部分重点快递企业营改增实施工作情况开展调研。调研选取了顺丰速运、申通快递、圆通速递、优速快递、联昊通等5家不同类型的快递企业,对公司业务情况、财务情况、税负情况及营改增应对措施进行了详细了解。广东省邮政管理局指出,邮政业实施营改增后,各相关快递企业要充分吃透政策内容,主动进行业务调整,借营改增试点实施之机,促进快递企业转型升级。

刘志庚副省长充分肯定2013广东邮政业工作

1月20日,广东省副省长刘志庚在广东省邮政管理局上报的《广东省邮政业2013年工作总结和2014年工作安排》上做出批示,充分肯定广东省邮政管理局在过去的一年,围绕中心,服务大局,工作扎实,成效明显。对于广东省邮政管理局2014年工作安排,刘志庚指出,广东省邮政管理局新的一年思路清晰,措施有力,望狠抓落实。

广州新增四家快递企业列为城市物流配送试点

2月,广州顺丰速运有限公司、广州市德邦物流服务有限公司、广东苏宁云商销售有限公司、广东新邦物流有限公司等四家企业成功获得广州市发展现代物流领导小组办公室批准,进入广州市城市物流配送第二批试点企业名单(共五家)。纳入到广州市城市物流配送试点企业后,企业的快递车辆可以根据便利、保障急需和控制总量的原则,按照配送(快递)车辆通行制度通行,有关政府部门在高峰时段将为其提供通行和停靠便利。

朱小丹省长充分肯定2013年全省邮政业工作

2月12日,广东省省长朱小丹在广东省邮政管理局2013年工作情况报告上作出重要批示,对广东省邮政管理局2013年工作予以充分肯定,指出广东省邮政管理局以三项重点工作牵引带动邮政业改革发展,在稳增长转方式促改革惠民生取得良好业绩,为全省经济社会持续稳定发展做出新贡献。

印发《规范快递行业加盟经营行为暂行规定(修订)》

4月22日,广东省邮政管理局印发了《规范快递行业加盟经营行为暂行规定(修订)》,从服务质量管控、安全生产管理、代收货款管理、分支机构备案等方面强化了总部企业对加盟人的管理职责;根据快递处理环节,区分了收寄禁寄物品总部企业和加盟人各自的法律责任。加盟规定还对因网络变更,加盟人权益维护问题,总部企业特殊情况下解除加盟关系问题,以及加盟关系终止后续事项处理等做了明确规定。

制定《广东省快递企业编码规范(暂行)》

4月23日,广东省邮政管理局制定并印发了《广东省快递企业编码规范(暂行)》,编码规范明确了编码工作的目的、适用范围和责任分工;确定了8级19个字符的编码方式,编码信息包括了经营品牌、网络规模、企业性质、分支机构序号、注册地、许可证编号等信息,具有系统性、唯一性、实用性等特点,能够准确反映辖区内快递企业区域分布、品牌构成、网络规模等信息。

郭伟聪派送员荣获全国“最美快递员”称号

4月29日上午,中国梦·邮政情“寻找最美快递员”揭晓发布会在京举行。中外运-敦豪东莞分公司派送员郭伟聪荣获全国“最美快递员”称号,成为广东省唯一获此殊荣的基层快递员,也是全国外资快递企业中唯一获选代表。

国家邮政局第一巡回督导组来广东指导调研

5月27日,国家邮政局第一巡回督导组组长李庭中一行到广东省邮政管理局指导调研。督导组详细了解了广东省邮政业改革发展工作情况、第一批教育实践活动“两方案一计划”落实情况以及第二批教育实践活动部署安排和活动进展情况,咨询查看了广东省邮政管理局教育实践活动开展以来的文件档案资料,对广东省邮政管理局严格按照中央和国家邮政局要求,扎实开展党的群众路线教育实践活动表示充分肯定。

《深圳市发展快递业管理规定》获审议通过

5月27日,深圳市政府五届第110次常务会议审议并原则通过了《深圳市发展快递业管理规定》,并以第268号市政府令的形式发布,在8月1日正式实施。深圳市成为全国首个对快递业立法的副省级城市。

开展快递下乡服务农村专题调研活动

6月12日至13日,广东省邮政管理局结合省快递行业发展研究项目,启动了快递下乡服务农村专题研究,赴阳江、江门两地实地调研快递企业农村业务发展情况。调研过程中,调研组组织两地市邮政管理局、快递企业、运输企业及其他相关企业召开了座谈会,对阳江市关于农村快递网点备案管理,以及江门市天天快递与江门日报合作开发农村业务等两种促进快递下乡的新形式进行了分析和探讨。调研组还深入到农村提供快递服务的网点进行了实地考察。

顺德邮政管理办公室成立

7月18日,继义乌邮政管理局成立之后,作为全国第二个县级邮政管理机构,顺德邮政管理办公室正式揭牌成立。广东省邮政管理局、佛山市政府和顺德区政府及有关部门的负责人,当地邮政快递企业代表共130余人参加成立揭牌仪式。

朱小丹省长会见马军胜局长

8月11日,广东省省长朱小丹在广州会见了国家邮政局局长马军胜一行,双方就共同促进广东省邮政行业发展交换了意见。广东省副省长刘志庚参加会见。在粤期间,马军胜调研了广东省邮政行业发展和邮政管理工作,先后在深圳、揭阳、梅州、广州、顺德等地,深入邮政、快递以及电商企业了解生产经营情况以及三级邮政管理体系建立以来市(地)局工作开展情况。

快递业协同发展纳入推进珠三角一体化工作要点

10月13日,广东省政府办公厅印发《推进珠三角一体化2014－2015年工作要点》,明确了包括物流等在内的十个重点领域的工作内容,其中快递业与制造业、电子商务协同发展纳入到物流方面内容,由省发改委牵头,省经信、交通、商务、质监、邮政主管部门共同配合开展相关工作。

邢小江副局长到广东调研指导邮政业工作

10月15日至17日，国家邮政局副局长邢小江一行到广东调研指导邮政业工作。在听取广东省邮政管理局工作汇报之后，邢小江先后前往江门、中山、东莞实地指导工作，与三地市邮政管理局干部职工座谈，详细了解行业统计专项调查、行业发展规划编制、行业监管执法工作等情况，参观了江门市邮政管理局移动执法系统，并实地调研相关邮政快递企业。

举办首届邮政行业职业技能竞赛

10月29日至31日，2014年广东省首届邮政行业职业技能竞赛在佛山举办。国家邮政局副局长邢小江、广东省政府副秘书长卢炳辉、广东省邮政管理局局长江明发等领导出席开幕式并现场指导观摩比赛。此次竞赛为2014年度广东省职业技能竞赛项目之一，共吸引了邮政物流速递有限公司、联邦快递和中外运-敦豪等17家实力较强、规模较大的品牌快递企业的职工代表队99名选手参加。来自省内外的观摩团和省内邮政系统的裁判团全程参与，活动总参与人数达到近300人。

推进珠江三角洲地区物流一体化行动计划

11月7日，广东省政府办公厅印发《推进珠江三角洲地区物流一体化行动计划（2014－2020年）》，部署推进珠三角物流一体化发展，构建珠三角现代物流体系相关工作。行动计划明确了工作总体要求和目标，提出要推进六个“物流一体化”，并分别明确了6项工作目标和19项落实措施。其中，广东省邮政管理局作为其中13项落实措施的配合实施单位，深入参与推进珠江三角洲地区物流一体化工作。

组织媒体采访“双11”旺季服务保障

11月9日，广东省邮政管理局组织省内主流媒体，集中采访快递企业“双11”备战情况。采访团先后实地采访了申通、顺丰、圆通、百世汇通等企业的网点、转运中心、分拨中心，深入操作场地一线，通过企业员工，全方位了解企业旺季准备情况。采访中，媒体就企业旺季业务量、人员车辆准备情况、旺季价格、快递服务应急保障、申诉投诉处理等热点问题进行了提问，各企业相关负责人详细回答了有关问题。

朱小丹省长充分肯定全省“双11”旺季工作成效

11月，广东省邮政管理局局长江明发就2014年广东“双11”快递旺季服务保障工作和当前快递业发展情况，向广东省省长朱小丹进行了专题汇报。听取汇报后，朱小丹批示指出广东“双11”快递业务业绩突出，名列全国前茅，充分体现了全系统适应新业态、创新物流方式取得的明显成效。对于广东省邮政管理局提出的建议省政府在组织领导、政策支持、资金扶持等方面予以更大帮助的请求，朱小丹明确表示，应予支持，并请省政府常务副省长和分管副省长牵头研究。

马军胜局长到江门调研移动执法系统

11月23日，国家邮政局局长马军胜到江门市邮政管理局进行调研，实地了解移动执法系统运行情况。调研期间，马军胜一行先后察看了江门局办公场地，与广东省邮政管理局和江门局工作人员进行了座谈，观看了移动执法系统的现场演示，详细了解了移动执法系统的开发原则、开发过程、主要功能及主要特点。

刘君督导检查广东寄递渠道禁毒工作

12月1日至5日，国家禁毒委委员、国家邮政局副局长刘君带领督导检查组一行到广东省督导检查禁毒工作。12月4日，检查组一行走访了顺丰速运天河区天平架点部，并在广东省邮政管理局召开了座谈会，专门听取了广东省邮政管理局以及广州、汕尾市邮政管理局禁毒工作情况汇报，并对寄递渠道禁毒工作中的重点难点问题进行了专题研究。

广西壮族自治区快递发展大事记

陈刚副主席到邮政管理局进行春节慰问

1月27日，广西壮族自治区政府副主席陈刚一行，来到广西壮族自治区邮政管理局，看望慰问了全体干部职工，并向大家致以新年的问候和祝福。在座谈会上，陈刚认真听取了广西壮族自治区邮政管理局局长梁勤的工作汇报，对过去一年广西邮政业所取得的成绩以及邮政管理部门的工作表示肯定，并就寄递渠道安全和行业改革发展问题提出两点希望。

举办全区快递服务企业营改增培训班

3月19日，广西壮族自治区邮政管理局联合自治区国家税务局在南宁举办了快递服务企业营改增培训班，全区170多家快递服务企业派代表参加了培训。区国税局从营改增中的消除重复征税、减轻小微企业负担、促进快递服务业发展等方面对营改增政策进行了解读，并对企业代表提出的快递企业靠购置固定资产等方式抵扣税费的机会不多、企业的实际税负增长、个别县市领取发票难等问题进行了现场答疑，并承诺将协调落实未能现场解决的问题。

圆满完成2014年首批快递业务员职鉴考试

3月29日，广西首批快递业务员职业技能鉴定考试圆满结束。来自全区69家快递企业的929名考生参加，其中初级考生896名，中级考生33名。此次鉴定设立了广西邮电技工学校和广西理工职业技术学校两个考点，共15个考场，这是自2010年开考以来首次在广西理工职业技术学校开设考点。此考点的设立提高了院校快递专业的认知度，同时调动了在校学生的积极性，为推进“双证书”打下了良好基础。

国家邮政局第二巡回督导组到广西进行督导

4月16日至19日，国家邮政局第二巡回督导组到广西督导党的群众路线教育实践活动。广西壮族自治区邮政管理局党组书记、局长梁勤向督导组进行了汇报。督导组给出了“总体工作扎实、有序，效果明显”的较高评价，并就第二批党的群众路线教育实践活动提出了四点要求。督导组还对南宁、防城港、钦州市邮政管理局的教育实践活动进行了督导检查，在南宁局和防城港局分别召开了机关干部职工座谈会和企业负责人座谈会，听取干部职工和企业的建议，对下一步开展教育实践活动提出了针对性的意见。

两家快递企业统计工作获得国家邮政局表彰

4月28日，依据《邮政行业统计管理办法》的相关规定，经各级邮政管理局结合全年统计工作实际评选推荐，国家邮政局决定授予全国150家企业“2013年邮政行业统计工作先进企业”荣誉称号，其中，广西区“广西顺丰速运有限公司”“田东盛誉快递有限责任公司(申通)”两家快递企业榜上有名。

参加快递业务员职业技能鉴定考试的在校生人数破百

5月24日，广西快递业务员职业技能鉴定考试在南宁举行。来自全区48家快递企业及院校的考生参加了考试，其中院校考生108人，这是自2010年广西快递业务员职业技能鉴定考试开考以来，院校学生参考人数首次突破百人。

启动“学习最美快递员争创青年文明号”活动

广西壮族自治区邮政管理局积极与自治区团委沟通联系,制定了《广西区快递行业青年文明号创建活动方案》,并于6月30日联合广西快递协会组织召开了全区快递行业“学习最美快递员,争创青年文明号”活动动员会。动员会观看了宣传“最美快递员”感人事迹的视频短片,并选派企业代表宣读了“学习最美快递员,争创青年文明号”倡议书。广西壮族自治区邮政管理局、南宁市邮政管理局、广西快递协会在邕会员单位60余人参加了会议。

签署《关于加强进出境邮寄和速递物品检疫合作备忘录》

8月8日,广西壮族自治区邮政管理局与区检验检疫局签署《关于加强进出境邮寄和速递物品检疫合作备忘录》,建立两部门间的沟通协调机制,在进出境邮件、快件安全检查和便利通行,检疫查验能力建设、国门生物安全宣传教育、突发事件处置等方面加强合作,为广西跨境电子商务发展提供安全保障。

鄂桂携手开通东盟物流直通车

9月,由湖北、广西两地交通运输部门携手打造的陆路“东盟物流直通车”成功开通。开通后货物将从武汉经长沙、衡阳、永州、桂林、南宁至凭祥口岸出境,直达越南、老挝、泰国等国家,全程仅需48小时至72小时,对实现多式联运具有重要意义。

邮航开通全货运航线

9月3日,中国邮政航空公司一架波音737全货机降落南宁机场,意味南宁—南昌—南京货运航线正式开通,广西11个市(不含梧州、贺州)寄往北京、天津、上海等国内56个主要城市的EMS标准快件实现次日投递到户,全国226个城市可以实现次日递或隔日上午递。

全力督导快递企业迎战“双11”

11月12日,广西壮族自治区邮政管理局领导对全局快递业务旺季保障工作情况进行检查指导,并对全区邮政市场监管开展业务旺季保障工作提出具体要求。同日,广西壮族自治区邮政管理局与南宁市邮政管理局组成联合检查组,对顺丰、圆通、天天等主要品牌快递企业设在南宁市内的分拨中心进行了督导检查,并通过抽检快件等方式,对各企业落实收寄验视情况进行检查。

5城开通跨省高铁快递

11月12日上午10时30分许,广西高铁快递业务开通后的“第一单”顺利送达。从11月1日起,广西开始高铁快递业务,南宁、柳州、桂林、柳州、北海、玉林5个城市的客户,只需拨打95572,就会有快递员上门办理。这5座城市开通的跨省高铁快递业务,将逐渐围辐射全国101个城市。

顺丰航空公司南宁—深圳全货机航线正式开通

12月26日,南宁—深圳全货机航线是继今年9月中邮航开通南宁—南昌—南京全货机航线后,南宁机场开通的第二条国内全货机航线。该航线由顺丰航空公司执飞,每班最大载重量14吨,计划每周执行5个班次,凌晨2:45从南宁吴圩国际机场起飞,3:50抵达深圳宝安国际机场。至此,南宁实现至长三角、珠三角地区的全货机航线全覆盖,航空物流网络更加完善。

海南省快递发展大事记

推进快递企业（非公有制企业）基层党组织建设

2月，海南省邮政管理局党组认真研究制定《关于推进海南省快递企业（非公有制企业）基层党组织建设工作的思路》，及时召开试点企业负责人及党务工作人员座谈会，通报工作思路、措施，并征求意见，推进全省邮政行业基层党建工作。

召开博鳌年会期间寄递服务安全保障工作会议

4月，博鳌亚洲论坛2014年年会期间寄递服务安全保障工作会议在琼海市召开，会议就博鳌年会期间寄递服务安全保障工作作出要求与布置。会上，琼海邮政管理局和各企业现场签订了《博鳌亚洲论坛2014年年会安全责任书》。海南省邮政管理局、国家安全、公安等部门、琼海邮政管理局和琼海市各邮政、快递企业负责人参加会议。

全省首家非公快递企业党支部成立

5月，海南省邮政管理局指导成立了海南省邮政行业首家非公快递企业党组织——中共海南红楼国通快递公司党支部，此举是加强全省邮政行业基层党建工作的一次有益探索，也是全省邮政管理系统党的群众路线教育实践活动的一个重大成果。海南省邮政管理局副局长陈凯在海南红楼国通快递公司党支部成立会议上，就做好和加强企业党建工作提出三点意见。

开展"双十万"禁毒宣传活动

6月，海南省邮政管理局开展邮政业"双十万"禁毒宣传活动，即"禁毒宣传十万人""禁毒检查快件十万件"，做好寄递渠道禁毒宣传，防范毒品通过寄递渠道流通。创新的禁毒宣传形式取得良好效果。

海口局争取市政府200万元资金支持市邮政业灾后重建

7月，海口市遭受超强台风"威马逊"的正面袭击，给全市邮政行业造成严重损失。海口市邮政管理局在海南省邮政管理局的指导下，第一时间深入受灾邮政快递企业察看灾情，慰问和指导企业，帮助企业不等不靠展开灾后自救恢复生产，并及时将全市邮政行业受灾情况向省局和市委市政府报告，同时加强与市政府及相关部门的沟通协调，争取到海口市救灾补助专项资金200万元。

印发全面推进海南省邮政行业文化建设指导意见

7月，海南省邮政管理局研究印发《关于全面推进海南省邮政行业文化建设的指导意见》，就全面推进全省邮政行业文化建设进行部署，进一步弘扬社会主义核心价值观，培育和践行邮政行业核心价值理念，充分发挥邮政行业文化的凝聚力、感召力和影响力，增强行业文化的软实力，加快建设与小康社会相适应的具有国际旅游岛特色的现代邮政业。

抗风救灾工作受到副省长批示肯定

海南省副省长陆俊华对海南省邮政管理局《关于积极抗击超强台风"威马逊"工作情况的报告》作出批示，充分肯定海南省邮政管理局抗风救灾工作。7月18日登陆海南文昌的超强台风"威马逊"使海南遭受巨大损失。海南省邮政管理系统以保障从业人员安全和用户权益不受损失为工作重心，采取有效措施将受灾损失降到最低。灾后第一时间由局领导带队赴受灾邮政快递企业查看慰问，指导救灾重建，与企业员工携手恢复生产。同时，争取海口市政府拨付受灾严重的海口市邮政设施修复补助资金200万元。

制订《海南省快递营业场所规范》

8月,海南省邮政管理局制订印发《海南省快递营业场所规范》,规范明确了快递营业场所的经营资质,对营业环境提出要求,强调安全与服务环节的管理,建立服务保障管理制度。规范进一步规范快递市场,提升快递行业形象,提高快递服务质量,促进快递行业健康发展。

邮政业纳入省鼓励类现代服务业产业指导目录

9月,经省政府同意并印发的《海南省现代服务业产业指导目录(鼓励类)》,把海南省邮政业纳入其中,涉及城市快件分拣中心、转运中心、集散中心、处理枢纽等快递处理设施建设、快件运输与交通运输网络融合技术开发等项目内容。目录要求各市县、各部门要对符合目录的重点项目,在行政审批、土地供应、要素供给、财政扶持等方面给予支持和倾斜。

吴铁砚局长接受国家邮政局网在线访谈

9月,海南省邮政管理局局长吴铁砚就“加强海南邮政业基础设施建设惠及民生,保障行业持续健康发展”接受国家邮政局网在线访谈,与广大网友进行在线交流,并现场解答网民提问。近90分钟的在线交流中,吴铁砚围绕海南省邮政业改革发展和邮政管理工作,就海南省邮政管理局创新管理手段推进海南省邮政业监管信息平台建设及智能快件箱建设、加强党建工作及干部队伍建设等情况进行全面解读。

召开快递服务专用新能源三轮车展示会

9月,海南省邮政管理局召开快递服务专用新能源三轮车展示会,解读了《快递专用电动三轮车技术要求》行业标准及政策,相关厂商介绍了海南快递服务专用新能源三轮车及GPS等技术要求,主要快递企业代表参观及试用了专用新能源三轮车。会上,海南省邮政管理局对符合要求的新能源三轮车发放了《邮政快递车辆通行证》共68张。海南省邮政管理局还因地制宜,在电动三轮车上增加了太阳能电池板,并制定了《海南省快递服务专用新能源三轮车管理办法(试行)》。

电子巡查全省快递业务旺季服务保障情况

11月,随着“双11”快递业务旺季服务高峰到来,为确保全省快递业务服务安全畅通、平稳运行,海南省邮政管理局局长吴铁砚、副局长陈凯带队加强督导巡查,利用海南省快递巡查系统实时巡查各邮政快递企业处理中心及其分支机构,第一时间掌握快递业处理情况。

海南西部局协调解决当地电动三轮车通行问题

11月,海南西部邮政管理局面对东方市公安、城管、工商、质监、交通等五部门联合整治电动三轮车的情况,迅速了解情况,及时与东方市委市政府、公安局等部门相关领导沟通协调,提出“当地政府予以支持由西部局颁发的临时快递通行证的快递专用电动三轮车通行,并于2015年5月后逐步推行企业快递车辆更新换代,实现规范化管理。”的方案,得到有关部门的支持,有效缓解东方市快递企业旺季期间通行难的问题。

省政府充分肯定海南快递业务旺季服务保障工作

12月,海南省副省长陆俊华就《海南省邮政管理局关于2014年“双11”快递业务旺季服务保障工作情况的报告》作出批示,充分肯定了海南省邮政管理局在2014年“双11”快递业务旺季服务保障工作,同时,对快递服务发展相关工作表示将给予政策支持。

全面开通快递企业视频巡查系统

12月,在海南省邮政管理局的统一部署下,接入各市(地)邮政管理局的快递视频巡查系统正式开通运行，全省所有已许可、备案的快递企业全部接入系统，各市（地）局实现了快递企业分拨场地实时电子监管。此举为寄递渠道安全工作提供了信息化保障，对加强企业验视制度的落实、旺季期间安全保障服务工作将起到重要支撑作用。

重庆市快递发展大事记

物流快递园区规划纳入城乡规划全覆盖计划

重庆市第四届城乡规划委员会第一次全体会议审议通过了《重庆市法定城乡规划全覆盖工作计划》，将《主城区物流快递园区及网点布局规划》纳入其中。规划确定由重庆市邮政管理局牵头，市规划局、市商委等市级相关部门和主城相关区政府配合编制，内容涉及物流快递园区的分区范围、规模、容量；合理布局物流快递园区用地及达到控制性详细规划深度等。

检查快递企业春节运营情况

2月7日，重庆市邮政管理局前往申通、中通、百世汇通等快递企业分拨中心及营业网点开展检查，实地查看了企业节日期间快件分拨、派送、存留、客户服务及安全生产相关情况，听取了企业负责人的工作汇报，了解节日期间值班安排情况，并亲切慰问了处于分拨派送岗位上的一线员工。

“快递下乡”工程覆盖逾3成街道乡镇

结合重庆市情，重庆市邮政管理局将推进实施“快递下乡”工程列为2014年的10项重点工作之一。通过市场监管与普遍服务的密切配合，有效利用农村邮政营业场所、供销社、超市等资源，成功引导快递企业在万州、黔江、涪陵、江津、永川、酉阳等区（县）街道乡镇布点实施328个“快递下乡”网点，覆盖了重庆逾3成的街道乡镇。

快递车辆获交管部门绿色通行证

4月1日起，重庆对在主城区上牌、三轴以下的载货汽车实施不同色度的通行证管理，所有持证车辆必须在限定的范围内错时通行。重庆市邮政管理局经多次协调，与交管部门达成一致意见，为快递企业的运输车辆核发与运输菜篮子鲜活物品、急救药品等涉及民生物品的货车同等级别的绿色通行证，享有货车在重庆主城区通行的最大便利，并为邮政速递物流、顺丰、申通等43家快递企业的运输车辆统一向交管部门办理了501张绿色通行证。

成功开发行政处罚信息系统

历时4个月，重庆市邮政管理局开发建成行政处罚信息系统并上线运行。该系统主要面向执法人员，模拟《邮政行政处罚程序规定》的流程设计。其中的远程案件受理实现了对派出机构执法时各类文书的远程审批，较好地缓解了当前派出机构由于执法主体资格限制不能独立对外实施行政处罚，需要往返重庆市邮政管理局获取审批以完成行政处罚程序的被动局面，极大地提高了行政执法时效，节约了行政执法成本。

调研“三通一达”企业总部

重庆市邮政管理局由局领导带队赴上海“三通一达”企业总部调研，深入了解快递企业发展状况和企业在转型升级过程中遇到的问题，倾听企业对行业管理的建议和意见。在与“三通一达”企业负责人交流后，重庆市邮政管理局从加快基础能力建设、推动政策落地、促进行业健康发展三方面，寄望企业总部能够继续给予重庆支持。

组建“虚拟团队”促进行业监管工作

重庆市邮政管理局出台《“虚拟团队”综合利用管理办法》，并成立重庆市邮政管理局“虚拟团队”领导小组。该办法将全局人员根据其专业所长和个人能力分类组合，采取集中与分散相结合的方式，将全局人员集中调度、综合利用。“虚拟团队”针对重庆市邮政管理局行使的主要职责组建常设团队，根据阶段性工作的需要，适时组建项目组完成任务。虚拟团队或项目组人员将优先享有公派学习培训机会。

召开全市快递服务旺季保障动员会

重庆市邮政管理局召开全市快递服务旺季保障动员会议，动员和部署2014年“双11”快递业务旺季服务监管和保障工作。市公安机关、市快递协会、各邮政监管派出机构、邮政企业、大型网络快递企业负责人出席会议，重庆6大主流媒体代表参会并予以报道。会上，市公安机关相关部门、市快递协会负责人均就发挥自身职能，做好2014年快递业务旺季保障与监管工作，实现“双11”旺季服务平稳畅通运行提出了意见和建议。

四川省快递发展大事记

召开全省邮政管理工作会议

1月14日至15日，四川省邮政管理局召开2014年全省邮政管理工作会议，会议认为，2013年全省邮政行业继续保持了较快发展，已初步形成以成都为中心，地级城市为节点，辐射全省县级城市和乡镇的快递服务体系。会议对2014年重点工作进行了安排部署，局机关处室负责人、各市州邮政管理局负责人参加会议。

省政府领导批示肯定省邮政业工作

1月28日至29日，四川省省长魏宏、副省长王宁分别就四川省邮政管理局关于2014年全国邮政管理工作会议精神及贯彻落实意见的报告作出批示，对省邮政业发展成绩给予肯定。其中，王宁在批示中希望四川省邮政管理局结合省委经济工作暨城镇化工作会议精神，对会议提出的“五个着力”一并加以贯彻落实，推动省邮政业取得新发展。

全省推广快递营业场所标准化建设

2月19日，宜宾市邮政管理局印发《宜宾市快递营业场所标准化建设指导意见(试行)》，在全市开展快递营业场所标准化建设，提升快递企业形象和影响力。省局及时总结并在全省推广。各市州局结合本地实际，进行标准化建设和改造，为全面落实快递营业场所国家标准奠定了基础。

召开2013年度快递旺季服务保障工作总结表彰会

3月12日，四川省邮政管理局在成都召开全省2013年度快递旺季服务保障工作总结表彰会，四川省快递协会参加会议。会议总结了2013年快递业务旺季期间服务安全保障工作，并对2014年全省快递行业发展提出了三点要求。经各快递企业评选推荐和评选委员会审核，全省31家单位和53名快递员分别获得了2013年度省快递旺季服务先进单位和优秀快递员荣誉称号。

各市(州)局借力支持政策推进快递服务发展

为贯彻落实四川省政府《关于促进电子商务健康快速发展的实施意见》，四川省邮政管理局及时将实施意见转发各市(州)邮政管理局,建立工作定期通报制度,要求各市(州)局积极向地方政府及相关部门汇报沟通,争取政策支持,优化行业发展环境。成都市邮政管理局落实并发放快递车辆专用标识证,绵阳市邮政管理局争取了市政府将快递产业园区建设纳入市物流园区规划,划拨300亩快递产业园区建设用地。南充市邮政管理局协调参与市政府出台《关于促进电子商务健康快速发展的实施意见》,将快递园区建设、快递车辆绿色通行、产业协同发展、快递政策支持纳入文件。

刘君副局长参加指导广元局民主生活会

6月24日,国家邮政局副局长刘君参加指导广元市邮政管理局党组班子专题民主生活会并讲话。广元局是刘君在第二批教育实践活动中的联系点,4月刘君专程到广元调研指导,随后又经常了解、指导活动开展,在此次会前他还认真审阅广元局对照检查材料,并与广元局党组班子成员分别谈心谈话。刘君对广元局专题民主生活会给予了充分肯定,并要求广元局在下一步的教育实践活动中要坚持五个"贯彻始终",不断巩固和扩大教育实践活动成果,确保活动善做善成。

开展全省快递市场监管工作培训

四川省邮政管理局举办了2014年全省快递市场监管工作培训班。培训班重点讲解了行业安全监管、收寄验视制度执行、经营快递业务的企业分支机构备案、快递业务经营许可证变更流程优化、快递市场行政处罚案件办理等内容。全省21个市(州)邮政管理局相关负责人共70余人参加了培训。

出台服务业发展推进方案促进快递发展

10月10日,四川省政府印发四川五大新兴先导型服务业发展工作推进方案,明确对电子商务、现代物流等五大新兴先导型服务业进行重点培育。其中,将快递发展作为促进服务业发展的重要内容加以推进。四川省邮政管理局分别成为电子商务业发展推进小组和现代物流业发展推进小组成员单位。

开展2014年快递业务旺季服务保障工作

10月16日,四川省邮政管理局贯彻落实国家邮政局2014年快递业务旺季服务动员部署电视电话会议精神,对快递业务旺季服务保障工作再作部署。各市州邮政管理局按照省全省2014年快递业务旺季服务保障工作方案,纷纷召开动员会,签订责任书,部署旺季服务保障工作。

召开快递业发展研讨会

10月28日,四川省邮政管理局牵头举办了四川省快递业发展研讨会。会议组织学习贯彻国务院常务会议精神,分析省快递行业发展形势和面临的挑战。会上,各部门从加强行业规划引领、规划快递物流园区、快递与电子商务等关联产业协同发展、加快修订《四川省邮政条例》等方面,为省快递行业在新形势下的发展提出了建议和措施。各参会企业负责人从快递车辆城市通行、企业用地需求、"快递下乡"、行业自律等方面提出了意见建议。省政府物流办、发改委、经信委、交通厅、商务厅、立法研究会、部分市(州)邮政管理局相关负责人以及省快递行业协会、省邮政速递物流、顺丰、圆通、韵达、中通、百世汇通、联邦快递等企业负责人参加研讨会。

督导快递业务旺季"三保"工作

11月11日,四川省邮政管理局联合成都市邮政管理局组成督导检查组,对品牌快递企业四川总部、大型分拨中心及一线快递营业网点开展专项检查。检查组深入快递企业分拨中心和营业网点,了解企业生产现场快件运转情况,查看企业生产设施、消防设备、监控视频等配备,并询问企业负责人旺季期间人力、运力、场地储备情况,要求各企业加强旺季高峰期的运营指挥调度,健全安全生产保障机制和突发事件应急预案,确保旺季期间寄递渠道畅通、网络运营稳定。

甘孜局开展"11·22"康定6.3级地震抗震救灾工作。

11月22日16时55分,四川省甘孜藏族自治州康定县发生6.3级地震。甘孜藏族自治州邮政管理局在国家邮政局和四川省邮政管理局指导下,成立邮政业抗震救援工作组,迅速开展邮政业灾情统计和应急救援工作,及时组织恢复运营,防止邮(快)件积压,全力保障行业运行安全畅通。

出台促进农村地区快递服务规范发展指导意见

12月22日,四川省邮政管理局会同省委农工委、省商务厅联合出台《关于促进四川农村地区快递服务规范发展的指导意见》,进一步规范农村地区快递市场经营秩序,推进快递"向下"发展。指导意见强调,各地政府要将快递服务"下乡"与幸福美丽新村建设结合起来,促进快递服务与现代农业融合发展。利用快递服务网络与电子商务平台,探索解决特色农产品销售和运输问题,助农增收,实现脱贫致富。各地政府可结合实际,对收寄、销售当地农产品的企业给予适当补贴。

贵州省快递发展大事记

王江平副省长批示肯定省邮政管理工作

1月18日,贵州省副省长王江平就贵州省邮政管理局工作报告作出批示,指出2013年全省邮政管理系统做了大量卓有成效的工作,促进了全省快递行业基础条件的改善。当前,物流快递和电子商务密切相关,对全省特色产业的规模化和偏远县城的就业带动不容忽视。同时,王江平在批示中要求,贵州省政府办公厅组织贵州省邮政管理局和省经信委开展一次调研,春节后召开专题会议,研究进一步推进省快递行业与电子商务协同发展的总体方案。

省政府领导表示积极支持省邮政业重点工作

2月13日,贵州省政府副秘书长陈革深入听取了贵州省邮政管理局关于国务院总理李克强视察西安顺丰情况和强化电子商务与快递融合发展等重点工作的汇报,表示将积极支持相关工作的开展。陈革指出,贵州省邮政管理部门要与省经信委等部门一起加强调研,结合实际出台政策,支持电商与快递联动发展。省政府"美丽乡村·四在农家"小康讯也将"快递下乡"纳入其中。邮政管理部门要做好方案,抓好落实,做好对快递、电商协调发展的短期计划方案和3至5年的长期规划。

推进现代邮政交通物流体系规划编制

2月18日,贵州省邮政管理局通过与省交通运输部门的工作联系协调机制,由局领导带队到省交通运输厅共商加快推进《贵州省现代邮政交通物流体系规划》编制工作。贵州省邮政管理局表示,希望加强沟通、落实人员、建立机制,共同协调推进现代邮政交通物流体系规划编制工作,实现交通运输与邮政资源优势互补。贵州省交通运输厅表示,将组织专项规划组,会同贵州省邮政管理局利用综合交通优势,突出行业特点,做好规划编制工作。

首次将行政审批资料受理权下放

2月24日,贵州省邮政管理局印发《关于在全省范围内为许可快递企业集中办理一次新增分支机构审批的通知》，首次将行政审批资料受理权下放市（州）邮政管理局。

王江平副省长调研督导“快递下乡”

3月12日至13日，贵州省副省长王江平带领相关省直部门负责人前往黔南州实地调研督查“快递下乡”等工作的推进情况。调研组深入乡镇，向当地群众了解用邮情况，在惠水县长田乡华创创业园区内，考察了韵达快递公司，鼓励企业做好创业园区的产业链接，服务地方经济发展，并听取了贵州省邮政管理局等部门的工作汇报。

贵州省快递物流园区项目签约仪式举行

3月14日，贵州省快递物流园区项目签约仪式在黔南州举行，这标志着贵州省首个专业化快递园区项目正式启动。园区一期项目占地约510亩，总投资近7亿元，总规划建筑面积30万平方米，计划2015年5月投入运营。距离贵阳龙洞堡机场仅10公里，有贵龙、厦蓉、贵新高速、201国道和在建的贵广高铁过境。省内邮政速递物流、圆通速递、申通快递、中通快递、天天快递等8家快递企业将入驻园区。

贵州省政府部门联合监管共抓邮政行业安全

5月7日，贵州省邮政管理局联合安监部门、公安部门和国家安全部门，组织全省9个市（州）邮政管理局的市场执法人员和90余家邮政快递企业负责人举办全省邮政市场监管培训会。培训会传达了国家邮政局市场监管工作会议精神，并从企业安全生产主体责任、寄递渠道治安管理、邮路寄递安全形势等涉及行业安全的多个方面进行了授课指导。贵州省邮政管理局还通过制定发现可疑邮件举报奖励办法、许可安全审查和培训前置等措施，进一步强化了与公安、国家安全等部门的联合工作机制。

邢小江副局长到贵州调研指导邮政业工作

8月5日至9日，国家邮政局副局长邢小江一行来到贵州，调研邮政业发展情况和市（州）邮政管理局组建以来工作开展情况。邢小江先后与贵州省邮政管理局以及遵义市、黔西南州邮政管理局干部职工座谈，认真听取基层同志的有关意见和建议，实地进行工作指导。邢小江对市（州）邮政管理部门能够在较短时间内打开工作局面予以充分肯定，勉励大家进一步转变观念、转换角色，立足执法一线，积极贴近市场和群众，抓好行业统计等基础性工作，加强事中事后监管，切实维护市场秩序，保护消费者合法权益。

省政府支持大数据下邮政快递等关联产业发展

8月8日，在贵州省政府常务会上，贵州省省长陈敏尔强调，省内各行各业要依托贵州大数据中心的建设，加快培育一批关联产业，加大对5张名片（烟、酒、茶、民族医药、特色食品特色产业）、6项行动（小康路、小康水、小康房、小康电、小康讯-邮政电信、小康寨基础设施建设）等支持。副省长王江平在会上通报了7月调研省内快递物流园区建设工作情况，肯定了依托信息化改造传统产业和快递改变生活的方式。

2014年快递物流电子商务论坛在贵阳举行

9月4日，以“西部快递发展的机遇与挑战”为主题的快递物流电子商务论坛在贵阳市举行，国家邮政局政策法规司副司长金京华和贵州省邮政管理局局长宗永涛等出席会议并做主题发言。贵阳市委常委、副市长李作勋为会议致辞。此次论坛是2014年中国电子商务创新发展峰会的重要组成部分，峰会围绕国家电子商务示范城市经验交流、快递物流、互联网金融、移动电子商务等七大领域热点话题，展开深度讨论与对话。

贵阳被确定为全国电子商务与物流快递协同发展试点城市

10月,国家财政部办公厅、国家商务部办公厅、国家邮政局办公室联合下发《关于开展电子商务与物流快递协同发展试点有关问题的通知》,贵阳市被确定为全国首批5个(西部地区唯一一个)电子商务与物流快递协同发展试点城市,并获中央财政给予定向扶持资金3000万元。

开展快递业务旺季服务保障动员

10月13日,贵州各级邮政管理机构在辖区内深入主要快递品牌企业,了解业务旺季前企业的准备情况。针对企业反映的业务量较往年同期增长明显的现象,贵州省邮政管理局于10月13日,召集各市(州)邮政管理局主要领导,召开快递业务旺季保障工作动员会。会议印发了全省2014年快递业务旺季服务保障工作方案和专项应对预案。会后,贵州省邮政管理局还对各市(州)贯彻落实情况进行现场督导检查。

贵州省双龙快递物流园区正式开始运营

11月5日,贵阳申通新快递有限公司正式搬入快递物流园区开工分拣,成为园区第一家入驻企业,标志着贵州省双龙快递物流园区正式开始运营。

深夜赴企业了解“双11”服务保障情况

11月11日,贵州省邮政管理局分组深夜赴企业了解“双11”服务保障情况。全省主要快递品牌分拣中心反馈的数据显示:11月10日至20日,各品牌累计快件处理量1160.5万件,较2013年同期增长91.2%,且快件处理量从14日至20日连续7天超百万件,峰值出现于11月17日,达到135.7万件。

通过省级新闻媒体加大行业宣传

12月9日,贵州省邮政管理局副局长陈向东参加贵州人民广播电台“阳光946”政风行风热线节目,接受主持人在线访谈,与听众互动,详细向听众介绍邮政业发展情况,介绍邮政管理部门职责及所做工作,让广大听众对邮政业及邮政管理部门有更进一步的了解。12月15日,陈向东又接受贵州省人民政府网在线访谈,以“加快邮政基础设施建设,促进邮政服务水平提升”为主题与网民朋友进行在线交流。

云南省快递发展大事记

荣获2013年度申诉处理工作先进集体称号

在2013年全国申诉处理质量考核综合考评中,云南省邮政管理局申诉处理工作综合评分全国排名第四,被国家邮政局授予2013年度申诉处理工作先进集体荣誉称号。2013年,云南省邮政管理局申诉中心共受理、处理消费者申诉、建议、咨询5515件,申诉处理率100%,为消费者挽回经济损失33.8万元,满意率为95.5%。

进一步加强行业安全监管工作

昆明“3·01”严重暴力恐怖案件发生后,国家邮政局局长马军胜要求云南省邮政管理局进一步加强监管主体的寄递验视和查堵;与公安、国安等部门保持密切沟通联系,确保寄递渠道安全运营。云南省委省政府也做出了一系列部署安排。按照中央、国家局和省委省政府的指示,云南省邮政管理局于3月2日至4日,连续召开紧急局务会议、行业邮政业寄递渠道反恐防范安全会议、省局机关全体干部职工大会，研究相关工作，布置行业安全防范工作，确保寄递渠道畅通。

16个州（市）局全部启动教育实践活动

2月25日至3月2日，由云南省邮政管理局局领导带队组成的两个督导组，赴16个州（市）邮政管理局开展督导工作。督导组全程参与所督导州（市）邮政管理局召开的第二批教育实践活动动员大会和座谈会，听取各州（市）党组主要负责人动员讲话和各局的活动方案宣讲，开展民主测评，详细解查看活动准备工作，传达中央、国家邮政局和省局党组有关精神及工作要求。并在座谈期间，与各局党员干部座谈交流，广泛听取干部职工对各局领导班子及开展活动的意见，征求各局对省局工作的意见建议。

邮航全货机航线落地昆明

3月21日上午，中国邮政航空公司波音737全货机降落在云南省昆明市长水国际机场，标志着昆明—南京—昆明航线正式开通。至此，云南寄往北京、天津、上海、南京、杭州等全国56个主要城市的EMS标准快递邮件可实现次日投递到户。

国家邮政局第二巡回督导组到云南督导

4月12日至15日，国家邮政局第二批党的群众路线教育实践活动第二巡回督导组一行，到云南开展巡回督导工作。12日，督导组组长刘英杰一行专题听取云南省邮政管理局党组关于开展教育实践活动的情况汇报。13日至15日，督导组深入昆明、大理、楚雄等三个州（市）邮政管理局督导工作。每到一处，督导组都认真听取工作汇报，广泛征求意见，查阅相关资料，真督实导诚恳帮助。

组织“南博会”安全防范和服务保障工作

6月2日，在昆明举办的第二届“南博会”召开前夕，云南省邮政管理局组织召开了“南博会”安全防范和服务保障动员部署会议，会议传达了省委、省政府相关会议精神，对云南省邮政管理系统做好南博会安全防范和服务保障工作进行安排布置，制定印发了《第2届中国—南亚博览会期间我省寄递渠道安全保障工作实施方案》和《关于做好南博会期间有关工作的通知》，并对其具体措施、规定和要求做了讲解和安排。

马军胜局长调研云南邮政业发展

6月21日至22日，国家邮政局局长马军胜到云南调研邮政管理工作和行业发展情况。马军胜先后深入云南邮政速递物流长水机场邮件处理中心和云南顺丰速运公司处理中心调研，并与企业职工代表进行座谈。马军胜在昆明市邮政管理局召开干部座谈会，听取了云南省邮政管理局和昆明局工作汇报，并对下一步工作提出三点期望。在滇期间，马军胜会见了云南省省长李纪恒和副省长丁绍祥，双方就云南邮政业改革和发展等事宜交换了意见。

赵和玉副局长到昭通调研“快递下乡”

7月2日至3日，云南省邮政管理局副局长赵和玉一行前往昭通市调研“快递下乡”情况。调研组听取了昭通市邮政管理局关于全市邮政监管工作及“快递下乡”相关情况的汇报，对昭通市“快递下乡”部分县级城市覆盖率超过60%表示充分肯定。调研组还深入大关县进行了实地调研。

积极开展鲁甸抗震救灾工作

8月3日，云南省昭通市鲁甸县发生6.5级地震，造成当地邮政企业、部分快递企业的生产场地、设备不同程度受损。地震发生后，国家邮政局局长马军胜第一时间电话了解情况，云南省邮政管理局局长李云山迅速组织了解灾情并指导抗震救灾工作。省局局务会议立即启动抗震救灾应急预案，指导各级开展救灾工作。地方邮政管理部门及行业主体迅速行动，紧急展开应急救援工作。

李云山局长赴普洱景谷地震灾区检查指导抗震救灾工作

10 月 21 日，受国家邮政局局长马军胜的重托，云南省邮政管理局局长、省邮政业抗震救灾领导小组组长李云山深入地震灾区景谷县永平镇，视察邮政企业受灾情况，看望慰问邮政职工，指导邮政业抗震救灾工作。李云山转达了马军胜对灾区邮政行业职工的亲切慰问，充分肯定了普洱市邮政管理局、市邮政分公司等行业主体在国家邮政局、省局和地方党委、政府的领导下，采取有效措施开展抗震救灾工作，同时就下一步邮政行业开展救灾工作提出具体要求。

编制普洱市城市快递物流园区建设规划

11 月，在前期普洱市政府将邮政业发展纳入地方政府“十三五”规划和全市综合交通运输体系规划后，普洱市邮政管理局编制了《普洱市城市快递物流园区建设规划(2013－2025)》，九个县区将分别在县城建设快递物流园区。

省交通运输厅到省局开展“十三五”规划调研

12 月 4 日，云南省交通运输厅总规划师张发春一行到云南省邮政管理局开展调研。座谈会上，调研组详细了解了邮政体制改革、改革前后邮政行业发展、当前邮政行业各类市场发展和市场格局等相关情况。云南省邮政管理局就邮政行业重大政策、重大工程或项目、云南省电子商务发展平台、“一路一带”中进出境快递物流的发展等项目进行了交流。调研组表示，将把邮政行业的相关规划内容纳入综合交通的发展规划中。

西藏自治区快递发展大事记

部署春节、藏历年期间邮政快递服务和安保工作

1 月 22 日，西藏自治区邮政管理局发出通知，对邮政快递服务保障和安全生产工作进行了部署。要求全区各市地邮政快递企业及时掌握本单位生产各环节运行动态，严格工作责任制，做好寄递渠道反恐防范工作，有效应对各类紧急突发情况，确保邮政、快递业实现“三不出”目标。

表彰邮政业知识竞赛获奖企业

2 月 21 日，西藏自治区快递行业协会对 2013 年举办的邮政业法律、法规、安全知识竞赛获奖的 8 家快递企业进行了表彰。该活动既是对全国邮政法制工作会议精神和“六五”普法工作要求的践行，又充分调动了广大快递从业人员学习法律知识、提升业务技能的积极性，为全区快递服务质量再上新台阶奠定了基础。

签订安全保障建设责任书

2 月 22 日，西藏自治区邮政管理局与各快递企业签订了《2014 年度安全保障建设责任书》，进一步明确了企业的安全主体责任，就 2014 年安全生产工作提出要求：要求各快递企业严格按照责任书的要求强化安全生产措施，完善管理机制，堵塞安全漏洞；进一步增强安全生产责任意识；进一步畅通消费者的投诉渠道。

山南局召开邮政快递车辆便捷通行协调会

3 月 14 日，西藏山南地区邮政管理局联合地

区交警支队召开了城区邮政快递运输车辆便捷通行协调会。会议就如何更好地保障山南地区邮政快递车辆便捷通行、规范邮政快递车辆行驶行为以及建立快递车辆通行证制度等问题进行了积极的讨论。在充分听取邮政、快递企业意见的基础上，山南局与交警部门达成一致意见，尽快制定邮政快递车辆临时停靠证制度，保障邮政快递车辆便捷通行。

召开提高安全防范意识专题会议

5 月 14 日，西藏自治区邮政管理局组织全区 18 家品牌企业负责人召开了关于“提高安全防范意识，做好快递服务保障工作”专题会议。此次会议以验视制度的执行情况、规范行业安全生产、做好快递服务保障为重点。

各市地积极部署开展行业首次统计专项调查

5 月 15 日，根据国家邮政局的统一部署，西藏自治区邮政管理局成立了统计专项调查领导小组，建立了区局统一领导，各处室协同配合，全区邮政管理部门分级负责的统计调查机制。拉萨市邮政管理局成立了由局长任组长的统计专项调查工作领导小组，与邮政快递企业建立了信息沟通平台；昌都市邮政管理局结合实际制订了统计调查实施方案；日喀则市邮政管理局召开专题会议，细化分工，研究制订四条统计调查线路。

极配合开展邮政业“营改增”试点工作

6 月下旬，为配合开展好邮政业“营改增”试点工作，西藏自治区邮政管理局认真学习贯彻国家邮政局召开的电视电话会议精神，充分认识邮政业“营改增”的重要意义。积极主动协调对接自治区财税部门，联合举办了邮政、快递企业负责人和财务人员培训班，进行座谈和现场答疑，解读具体的“营改增”政策，熟悉操作流程。积极向邮政快递企业了解“营改增”试点过程中存在的困难和问题。

召开全区快递行业年中安全生产工作座谈会

7 月 11 日，西藏自治区邮政管理局、西藏快递协会联合召开了全区年中安全生产工作座谈会。会议由与会企业负责人作交流发言，分别从不同侧面介绍了各自的经验做法、遇到的问题以及对下一步工作的建议。听取了企业对邮政管理工作提出的意见、建议，并对相关问题进行了答复，对安全生产中的重点、难度问题进行了研究。会议还就行业安全生产工作提出了具体要求。

荣获拉萨市“平安单位”称号

8 月 5 日，拉萨市综合治理委员会举行“平安单位”授牌仪式，西藏自治区邮政管理局荣获拉萨市“平安单位”荣誉称号，全区 30 多家中直单位仅 3 家获此殊荣，平安和谐成为西藏邮政行业又一张亮丽名片。

举办全区快递企业安全生产培训班

9 月 20 日至 22 日，西藏自治区邮政管理局举办了 2014 年全区快递企业安全生产培训班。区安全厅专家为与会人员重点宣讲了寄递安全的基础知识，通过剖析历年来重大安全事故案例，详细解释收寄验视过程中存在的不安全隐患、注意事项以及应急处理措施。西藏自治区邮政管理局就快递企业落实安全生产主体责任提出了 5 点要求，并组织全体参会人员进行了应急救援演练。全区 7 个市（地）快递企业负责人共 50 余人参加了培训。

驻村工作再上新台阶

11 月中旬，西藏自治区邮政管理局在荣获地区级优秀组织单位、自治区级优秀个人荣誉称号的基础上，认真贯彻落实区党委、政府作出的“3 + 2”驻村工作部署，选优配强驻村队员、扎实做好后勤保障，顺利完成了第三、四批驻村工作队轮换工作。

部署开展国家宪法日宣传教育活动

12月4日,为进一步开展好我国首个国家宪法日的相关活动,西藏自治区邮政管理局提前谋划,精心组织,通过在拉萨市中心设立宣传专栏,开展"弘扬宪法精神、建设法治邮政"主题宣传教育座谈会,组织动员行业干部职工参加"百家网站暨中国普法官方微博宪法知识竞赛活动"三项活动确保宣传教育效果。

陕西省快递发展大事记

名列申诉质量处理考核前三名

在国家邮政局申诉中心申诉质量处理考核的评比中,陕西省邮政业消费者申诉中心名列第三名,并被连续第二年被国家邮政局申诉中心授予"年度申诉处理工作先进集体"。2013年全年陕西省邮政业消费者申诉中心共处理4449件消费者申诉,处理准时率达到99.98%,消费者申诉处理满意率达到94.8%。

及时学习李克强总理视察西安顺丰时的重要指示精神

1月28日,陕西省邮政管理局组织全体干部职工及时学习国务院总理李克强视察西安顺丰时的重要指示精神。陕西省邮政管理局局长李洛郑强调,克强总理视察西安顺丰,既是企业的光荣与自豪,也是全国邮政监管系统和整个邮政业的大事喜事;要求全局干部职工倍加珍惜党中央、国务院的关怀和鼓励,将其转化为加快陕西邮政业发展的强大动力。

庄长兴副省长对省邮政管理工作做出批示

新春伊始,陕西省副省长庄长兴在2014年全省邮政管理工作会议报告《改革创新、提质增效,夯实邮政业服务"三个陕西"建设的发展基础》上亲笔批示。在此之前,庄长兴会见了陕西省邮政管理局书记申来安、局长李洛郑,就邮政公共服务和快递产业发展与地方经济社会发展的关系、深远意义和重要作用深入交谈,表示将尽快组织政府专题会议,将陕西邮政业改革创新发展的进程推向政府主导、协同推进的层面。

李洛郑局长带队考察咸阳北塬新城

3月4日,陕西省邮政管理局局长李洛郑带领邮政速递物流、顺丰、"四通一达"等14家重点快递企业负责人共赴咸阳市考察北塬新区开发规划和区位优势,与咸阳市政府合力推进邮政快递产业园建设。李洛郑带队实地查看北塬新城总体规划、区域功能设置和水电道路建设情况,考察两个预选址的地理位置、交通运转条件和配套设施建设的开发进展。陕西省邮政管理局、咸阳市政府和快递企业三方就邮政快递产业园项目进行了座谈。

西安天顺快递成立党支部

3月27日,西安天顺快递有限公司党支部成立正式成立,西安市邮政管理局机关党委有关代表宣读了《关于成立西安天顺快递有限公司党支部的批复》,并指导天顺公司依《党章》和《党基层组织选举工作暂行条例》选举产生了支部书记和支部委员。

王梅副局长对陕西邮政管理工作提出三点希望

4月9日,在陕西省邮政管理局机关全体干部大会上,国家邮政局副局长王梅宣读了国家邮政局党组通知,对陕西省邮政管理局近年来的工作和成绩表示肯定,并对陕西邮政管理工作提出三点希望:一是深入学习党的十八大和习近平总书记系列讲话精神；二是重点突出、统筹兼顾，抓好全年各项任务的落实；三是扎实开展好党的第二批教育实践活动，加强领导班子和干部队伍建设。

渭南市快递物流产业园破土动工

4月16日，渭南市快递物流产业园正式破土动工，包括圆通速递、韵达速递等市区6家规模以上快递企业将入驻产业园。按照规划，以渭南市快递物流产业园为核心的周边区域今后将作为渭南市最重要的快递集散中心。

启动“优秀快递员”评选活动

4月30日，陕西省快递行业协会出台文件，正式启动全省“优秀快递员”评选活动。评选对象为全省获得经营许可的快递企业一线快递从业人员。评选活动分为宣传争创、企业推荐、进行联评等步骤，省快递行业协会对获得“优秀快递员”的人员进行表彰奖励，对“优秀快递员”中事迹突出的，会陆续在相关报刊、杂志、网站等进行宣传。

娄勤俭省长就《陕西邮政业调研报告》做出批示

6月8日，陕西省省长娄勤俭就陕西省邮政管理局局长李洛郑提交的《陕西邮政业调研报告》做出重要批示。娄勤俭的重要批示对进一步推动陕西省邮政业科学快速发展具有重要意义，为进一步加强邮政管理工作指明了努力方向，提出了殷切期望。

李洛郑局长在西安顺丰2014年电商行业产品推介会上致辞

6月30日，陕西省邮政管理局局长李洛郑在顺丰2014年电商行业产品推介会上致辞，希望不断优化快递企业与制造业、电子商务、商贸流通业等共同形成的服务链和产业链及供应链，真正实现快递行业快速、健康、安全发展，真正实现快递行业和电子商务协同发展、共享繁荣、共创未来，为全面建成与小康社会相适应的现代邮政业贡献力量。

开展全省邮政行业第一次集中检查活动

7月7日至8月1日，陕西省邮政管理局组织开展全省邮政行业第一次集中检查活动，3个检查小组深入基层和企业，摸查全省邮政快递企业发展业情，为研究探索新形势下陕西邮政普遍服务和快递市场监管思路、发展决策提供丰富详实依据。

晋陕豫三省四市邮政业达成战略合作

7月31日，“晋陕豫黄河金三角区域邮政业合作座谈会和签字仪式”在河南三门峡召开，在河南、陕西、山西三省邮政管理局局长的见证下，三门峡，渭南，运城、临汾四市局局长在合作框架协议上郑重签字。至此，邮政行业为已经上升为国家战略的《晋陕豫黄河金三角区域合作规划》注入了新的内涵，一场跨越行政区划、打破市场壁垒的产业合作实践也正式开启。

国家邮政局调研组到渭南调研“快递下乡”

8月8日，国家邮政局市场监管司和发展研究中心联合调研组及陕西省邮政管理局市场监管处相关领导一行到渭南调研“快递下乡”行动的开展情况。调研组先后在华阴市华西镇的韵达速递、圆通速递、申通快递三个代理网点进行调研，每到一处，都详细了解该网点的业务量、业务收入、从业人员、车辆配备、成本支出等经营情况，并强调安全生产的重要性。

传达学习国务院常务会议精神

9月25日，陕西省邮政管理局局长李洛郑主持召开专题会议，传达学习国务院9月24日常务会议精神，对学习落实会议精神进行安排部署。李洛郑强调，全省邮政管理系统要认真学习领会国务院常务会议关于进一步开放国内快递市场、推动内外资公平有序竞争这一重大决策的重要意义和具体内涵，抢抓机遇，借势而上，积极作为，抓紧推动陕西省快递市场进一步转型升级、开放发展。

李洛郑局长汇报“双 11”快递业务旺季服务保障情况

11 月 13 日晚，陕西省邮政管理局局长李洛郑通过省邮政业信息监控平台现场联线，向交通运输部部长杨传堂和国家邮政局局长马军胜汇报了陕西省“双 11”快递服务监测情况和旺季生产协调保障情况。杨传堂代表交通运输部和国家邮政局向奋战在一线的快递员工和管理人员表示慰问和感谢，并希望他们在迎接即将到来的更大的业务量高峰，确保不爆仓、不瘫痪、不发生安全生产事故。

督导快递业务生产旺季服务保障工作

“双 11”期间，陕西省邮政管理局派出 3 个工作组，巡查全省快递服务保障措施和“三不”“四保”承诺落实情况。11 月 13 日晚，陕西省邮政管理局局长李洛郑、副局长康金官带领全省 10 个市局局长和相关工作人员夜巡西安申通快递、圆通速递西北管理区转运中心。李洛郑向快递企业一线员工传达了刚刚收到的杨传堂部长的慰问和指示，并强调陕西快递企业不但要齐心协力打好生产旺季服务保障这一仗，还要积极服务制造业，有效整合企业功能、谋划服务延伸，并逐渐融合产业链和服务链，增强自身的竞争力和可持续发展能力，加快转型升级步伐。

召开全省邮政管理系统新闻宣传工作会议

12 月 17 日，陕西省邮政管理局召开 2014 年全省邮政管理系统新闻宣传工作会议，传达国家邮政局副局长王梅在全国记者站工作会议上的讲话精神，总结 2014 年新闻宣传工作，部署 2015 年工作任务，并表彰新闻宣传工作先进集体、先进个人。国家邮政局新闻宣传中心派代表参会致辞并培训基层通讯员。

谋划“十三五”编制持续深化“交邮融合”

12 月 23 日，陕西省交通厅负责“十三五”规划编制工作的副厅长王省安、杨育生带领相关处室来陕西省邮政管理局座谈并表示，将把科学谋划“十三五”编制作为 2015 年的一项重点工作抓紧抓好，持续深化陕西“交邮融合”。座谈中，双方就交邮协同编制好“十三五”规划进行了充分的沟通和交流。

宝鸡市委提出扶持电商及小微企业发展意见

12 月 29 日，在宝鸡市委第十一届七次全会上，宝鸡市委提出了扶持电商及小微企业发展意见：一是加大工业园区建设，计划 2015 年建成标准化厂房 5 万平方米，并对 3 年内租用标准化厂房的入园快递及小微企业给予租金补贴；二是出台电子商务发展实施意见，扶持“岐宝汇”“关天之窗”等电商稳步快速发展，争创全国电子商务发展示范基地，力促全年实现电子商务交易额 160 亿元。

甘肃省快递发展大事记

联合开展寄递渠道安全生产专项整治

1 月初，甘肃省邮政管理局会同公安、安全部门召开联席会议，并联合下发《关于开展寄递渠道安全专项整治行动的通知》，要求在全省范围内开展针对收寄验视确保寄递渠道安全的专项整治行动，行动要求加强寄递渠道安全管理；寄递企业依法建立并严格执行邮件、快件收寄验视制度；进一步加强企业安全管理和治安防范设施建设；三部门加强协调沟通、信息共享，细化和明确职责分工，强化配合机制，充分发挥各自职能。

出台推动快递服务制造业实施意见

1月13日，甘肃省邮政管理局与省工业和信息化委员会联合出台了《关于推进快递服务制造业工作的实施意见》，明确提出要在技术密集型制造业、制造业规模化发展、制造业定制化生产、制造业国际化等6个重点领域推进快递服务制造业的发展。特别是要有效利用兰西城市群、丝绸之路经济带交汇叠加等特殊区位优势，带动快递业和制造业的融合和繁荣发展。

康军厅长表示要一如既往支持邮政行业发展

1月20日，甘肃省交通运输厅厅长康军在出席甘肃省邮政管理局召开的2014年全省邮政管理工作会议时表示，全省交通运输系统将一如既往地支持邮政行业的改革发展。康军充分肯定了2013年全省邮政管理工作，并结合全国、全省交通运输工作会议精神和甘肃省交通运输基础设施建设情况，从行业发展和交邮融合发展方面对全省邮政管理工作提出具体意见。

定西市政府下发通知全面推进快递服务发展

1月24日，定西市人民政府办公室下发《定西市人民政府办公室转发市邮政管理局关于加快全市邮政业发展实施意见的通知》，明确要求邮政管理部门和各县区人民政府要全面推进快递服务发展。

加强落实收寄验视制度

2月20日至28日，甘肃省邮政管理局组成收寄验视制度专项检查小组，深入全省14个地州市，对50多家快递企业进行了突击检查，对各企业的收寄验视章戳使用情况、收寄验视制度的执行情况以及进京进疆进藏实名制登记等情况进行了全面细致的检查。

解畅组长到甘肃调研群众路线教育实践活动

3月31日，国家邮政局纪检组组长解畅一行赴甘肃联系点调研群众路线教育实践活动。甘肃省邮政管理局党组书记张玉虎详细汇报了甘肃省情、全省邮政业概况和教育实践活动的开展情况，解畅分别就甘肃省邮政管理工作开展情况和甘肃省邮政管理局群众路线教育实践活动的开展提出具体要求。

与省商务厅签订战略合作框架协议

4月28日，淘宝网“特色中国—甘肃馆”正式上线启动。为推动甘肃省快递业与电商业的协同发展，甘肃省邮政管理局与省商务厅就快递业同电商业协同发展达成共识，签订了《甘肃省商务厅甘肃省邮政管理局战略合作框架协议》。协议约定，由甘肃省邮政管理局推荐信誉好、服务优的快递企业，向省商务厅推荐的淘宝网甘肃馆入馆商家提供快递服务支撑。淘宝网甘肃馆商家向客户寄递商品时，优先选用被推荐的快递企业。

陇南市政府下发促进快递业发展的意见

5月9日，陇南市政府办公室下发了《陇南市人民政府办公室关于促进快递业发展的意见》，要求甘肃省驻陇相关单位、市直相关部门及各县区人民政府要坚持市场行为和政府引导相结合、发展速度与服务质量相统一、服务能力与市场需求相匹配、技术应用与业务发展相适应的发展原则，认真落实九项重点措施，全力加快全市快递业发展。

召开快递企业标准化建设推进会议

5月23日，甘肃省快递协会二届三次代表大会暨快递企业标准化建设推进会议在金昌市召开。会议进行了审议并增选快递协会副会长和理事，会员单位签订《甘肃省快递自律公约》，向受表彰的甘肃省星级快递企业进行颁牌等议程。金昌市邮政管理局副局长李玉香介绍了快递企业标准化建设推进情况，受表彰企业代表介绍企业标准化建设情况。

国家邮政局市场行政执法调研组赴嘉峪关、酒泉调研

6月9日至12日，国家邮政局市场行政执法调研组一行到嘉峪关、酒泉调研邮政市场行政执法工作开展情况。调研组认真听取了两市市邮政管理局对全市上半年邮政市场行政执法工作开展情况，及下阶段重点工作安排汇报，详细查阅了执法案卷等基础资料和各类业务工作台账，还就《邮政市场行政办案人与当事人双向监督制度》等试行制度征求意见。对存在的不足和下一步的改进工作提出了希望和要求。

中央第十二巡回督导组参加指导定西局民主生活会

7月6日，中央第十二巡回督导组参加指导了甘肃省定西市邮政管理局党组专题民主生活会，巡回督导组组长邢元敏做了重要讲话，强调要进一步巩固扩大活动成果，推动教育实践活动健康深入开展。国家邮政局党组成员、纪检组长解畅在讲话中强调，要抓好各项工作落实，不断提高党员干部联系群众、服务群众的自觉性、主动性，以实际成效取信于民，促进全市邮政行业科学发展。

召开年中全省邮政管理工作座谈会

7月16日，甘肃省邮政管理系统召开全省邮政管理工作座谈会，甘肃省邮政管理局党组书记、局长张玉虎向各市州传达了全国邮政管理局局长座谈会精神，以及中央督导组和国家邮政局领导指导定西市邮政管理局党组专题民主生活会时的重要讲话精神，总结上半年工作，并就下半年工作做出五项重点部署。

启动创建青年文明号活动

8月21日，甘肃省邮政管理局与团省委、交通运输厅联合制定下发了《关于在全省快递行业开展创建青年文明号活动的通知》，标志着甘肃省快递行业创建青年文明号活动正式启动。通知明确了快递行业青年文明号创建主体的基本条件、评选表彰工作规范，提出了建立活动组织机构、明确创建计划、健全制度规范、设计有形载体、弘扬品牌文化等五方面创建措施。

召开新闻媒体座谈会

11月10日，甘肃省邮政管理局组织召开新闻媒体座谈会，新华社甘肃分社、中新社甘肃分社、《中国交通报》等10家主流媒体参加了会议。会议向与会媒体通报了甘肃省快递行业发展的制约因素、针对“双11”快递公司的重点应对措施、甘肃省邮政管理局的具体监管措施等事项，得到媒体的广泛关注。

协助运送总理爱心物资

11月22日，国务院总理李克强在义乌快递到青海省果洛州班玛县马克河乡寄宿制小学的爱心包裹从兰州转为陆运运送，甘肃省邮政管理局得知后，积极部署指导快递企业拟定运送方案，并协助接运快件。途径4000多米的高原地区，特派甘南藏族自治州邮政管理局藏族局长连夜陪同运送，及时将爱心包裹安全运送达。

多措并举确保旺季高峰平稳度过

在快递业务量较去年同期上涨50%的情况下，甘肃省邮政管理局多措并举确保了全省“双11”高峰平稳、有序度过。甘肃省邮政管理局及时总结经验：一是提前部署旺季保障工作，下发方案部署各市州邮政管理局和企业任务，签署旺季保障协议，明确各方责任；二是正确引导媒体报道方向；三是服务保障督导组督导检查扎实彻底。

获得“先进记者站”荣誉称号

11月27日至28日，在广西柳州召开全国邮政管理系统2014年度全国记者站工作会议上，甘肃省邮政管理局获“先进记者站”荣誉称号，从事省局新闻宣传工作的有关同志获“优秀通讯员”称号。

青海省快递发展大事记

总结党的群众路线教育实践活动

1 月 9 日，青海省邮政管理局召开党的群众路线教育实践活动总结会，对教育实践活动开展情况、取得的成效及存在的问题进行认真总结，对巩固和扩大教育实践活动成果进行部署。国家邮政局教育实践活动第六督导组全体成员出席会议，青海省邮政管理局机关全体干部职工参加会议。会议还就青海省邮政管理局教育实践活动开展情况组织了群众民主测评。会后，国家邮政局督导组一行深入西宁市邮政管理局就如何开展好市地一级邮政管理部门教育实践活动进行了调研和座谈。

召开 2014 年全省邮政管理工作会议

1 月 21 日至 22 日，青海省邮政管理局召开 2014 年全省邮政管理工作会议和邮政管理部门党风廉政建设工作会议。会前，青海副省长骆玉林听取了青海邮政管理局的工作汇报，并做了重要批示。会议传达学习了最新的批示、讲话和报告。青海省邮政管理局局长孙海伟全面总结 2013 年青海邮政管理工作，并从 7 个方面要求全省做好 2014 年邮政业改革发展和邮政管理部门党风廉政建设。会上，孙海伟还与各市州邮政管理局、机关各处室负责人签订了 2014 年度党风廉政建设责任书。

冯力虎副主任受邀做专题讲座

3 月 26 日上午，青海省人大财经委、青海省邮政管理局邀请国家邮政局发展研究中心副主任冯力虎在青海省人大报告厅做了一场题为“以邮政法制建设推动行业发展改革”的专题讲座。冯力虎围绕邮政地方立法的重要意义及全国各省区市开展邮政地方立法情况等五方面内容进行了详细深入的阐述和讲解，精辟分析了青海省邮政地方立法应该重点解决的问题，并对《青海省邮政条例（草案）》提出三点建议。

孙海伟局长专题调研快递电商协同发展

5 月 22 日，青海省邮政管理局局长孙海伟携西宁市邮政管理局、青海顺丰速运有限公司主要负责人到西宁市“西北特卖”淘宝网店的处理中心，就电子商务与快递服务协同发展问题进行专题调研。孙海伟一行实地考察了“西北特卖”淘宝网店的处理中心，重点了解该网店与青海顺丰等快递公司合作发展的现状及亟待解决的问题，并就电子商务和快递服务如何深化合作进行了座谈交流。

举办全省邮政业安全监管工作培训

5 月 22 日至 23 日，青海省邮政管理局举办 2014 年全省邮政业安全监管培训班，培训邀请了省安监局化工专家围绕“危险化学品的识别及处理办法”“危险化学品的安全隐患和问题”及“《危险化学品名录》相关规定”等内容，图文并茂地讲解了危险化学品流入寄递渠道的危害性以及落实验视制度的重要性。各市、自治州邮政管理局主管行业安全的局领导和业务口相关人员共 30 余人参加了培训。

《青海省邮政条例》出台

7 月 24 日，《青海省邮政条例》获得青海省十二届人大常委会第十二次会议通过，并决定于 10 月 1 日起施行。《青海省邮政条例》是青海省第一部关于邮政业的地方性法规。

国家邮政局教育实践活动第二巡回督导组莅临青海督导

7 月 22 日至 26 日，根据国家邮政局教育实践活动领导小组安排，国家邮政局第二巡回督导组来青海督导全省市(州)邮政管理局第二批教育实践活动。督导组组长刘英杰同志一行先后到青海省邮政管理局、西宁市邮政管理局、海北州邮政管理局就第一批教育实践活动“两方案、一计划”落实和第二批教育实践活动开展情况进行督导，并召开了部分邮政快递企业负责人座谈会和市州管局党员干部座谈会，察看了教育实践活动资料。

举办全省邮政系统新闻宣传工作培训班

8月18日至22日，青海省邮政管理局举办了为期一周的新闻宣传工作培训班。培训班特意邀请了多名活跃在新闻宣传一线、有着丰富新闻工作经验的“媒体人”担任授课讲师，内容丰富，贴近实际。来自各市、州邮政管理局、机关处室的30余名基层新闻工作者参加了全封闭学习和培训。

全国率先免收快递车辆公路通行费

青海省邮政管理局与青海省交通运输厅联合印发《关于对我省部分快递企业运输车辆暂免公路通行费的通知》，决定从2014年9月起，对首批29辆省内快递运输车辆免征公路通行费。青海成为全国首个实施免收快递车辆公路通行费的省份。根据青海省邮政管理局测算，此项政策执行下来，每年能为全省快递企业节省运输成本220余万元。

省直四部门赴海东联合检查

9月12日，青海省邮政管理局、省综治办、省公安厅、省工商局四部门组成联合检查组，赴海东市检查省综治办等8部门联合下发的《关于在全省开展寄递物流行业集中治理工作的指导意见》落实情况。检查组先后到平安圆通、顺丰、韵达等快递企业及海东市邮政公司，通过实寄测试、调取监控、查阅资料等方式，对企业安全制度建设及收寄验视制度的落实等情况进行了突击检查。

专项督查“双11”快递业务旺季服务保障工作

11月，青海省邮政管理局派出两个督导检查组，分别赴各寄递企业营业网点和分拨中心开展“双11”快递业务旺季专项监督检查。11月14日，青海省邮政管理局副局长赵群静、青海省快递协会会长宋海宁实地检查快递企业旺季生产运行情况，并慰问了奋战在一线的快递员工。16日，青海省邮政管理局与西宁市邮政管理局组成联合督查组，深入企业分拨处理中心，听取企业负责人关于应对旺季服务保障工作和应急保障工作情况的汇报，并提出具体要求。

总理爱心包裹送达青海藏区小学

国务院总理李克强的爱心包裹到达青海西宁后，青海省邮政管理局派出专车带路，连夜护送爱心包裹发往班玛县马可河乡寄宿制小学。两批爱心包裹分别于11月22日、23日抵达受助小学。

专题培训快递行业安全生产及客户服务质量

青海省邮政管理局举办快递行业安全生产及客户服务质量培训班，培训邀请了化工学领域专家、公安部门教授专门就化学品识别及紧急事故处理、渠道治安及反恐等内容进行授课。青海省邮政管理局还就本年度邮政业申诉受理情况作了总结，对热点问题进行了分析，对经典案例予以详细讲解。部分快递企业优秀客服代表就具体工作开展经验交流与分享。

宁夏回族自治区快递发展大事记

白雪山副主席表示大力支持邮政管理工作和行业发展

岁末年初，宁夏回族自治区政府副主席白雪山专题听取了宁夏回族自治区邮政管理局的工作汇报，并对自治区邮政管理局工作给予肯定，强调自治区政府十分关注邮政业的发展速度和发展潜力，将大力支持邮政管理工作和邮政业发展。宁夏回族自治区邮政管理局还提交了关于全区邮政业发展及行业监管情况的报告。白雪山同意自治区邮政管理局关于筹建宁夏快递物流园区和成立自治区邮政业发展改革领导小组等建议，表示要充分整合和利用宁夏正在建设的交通物流园区和已经建成的穆斯林产业园区资源，加快快递物流园区的规划和建设步伐。

召开2013年全区邮政管理工作会议

1月16日至17日，宁夏回族自治区邮政管理局在银川召开2014年全区邮政管理暨党风廉政建设工作会议。自治区交通运输厅、国家安全厅相关负责人应邀出席会议，自治区邮政管理局全体干部职工、5市邮政管理局科级以上干部、宁夏邮政公司、宁夏邮政速递物流公司以及各规模以上快递企业参加会议。会上，自治区邮政管理局局长李志炜与各市邮政管理局局长、区局机关各处室负责人现场签订了《2014年全区邮政管理系统党风廉政建设责任书》，与6家快递企业代表现场签订了《2014年度宁夏邮政业安全生及服务保障产责任书》。

白雪山副主席慰问自治区邮政管理局干部职工

1月22日，宁夏回族自治区政府副主席白雪山一行，到宁夏回族自治区邮政管理局看望慰问全局干部职工。白雪山充分肯定了自治区邮政管理局2013年的工作和为全区经济社会发展所做的积极贡献，表示自治区政府将会继续加大统筹协调力度，大力支持全区邮政管理工作和邮政行业发展。白雪山还对自治区邮政管理局2014年的工作提出三点希望和要求。

各市全部召开首次邮政管理工作会议

1月27日，按照宁夏回族自治区邮政管理局的部署要求，银川、石嘴山、吴忠、固原及中卫5市邮政管理局均组织召开了首次全市邮政管理工作会议暨机关党风廉政建设工作会议。5市会议均认真分析行业发展形势，全面总结了各市邮政管理局成立一年以来的各项工作，并安排部署2014年的主要工作任务。

快递车辆通行优惠政策全覆盖

2月12日，银川市邮政管理局联合银川市交警支队、银川市道路运输管理局印发了《银川市快递车辆通行管理暂行办法》。至此，宁夏5市邮政管理局全部与当地交警和道路运输管理部门联合出台了便捷快递车辆通行的管理办法，明确和细化了机动和非机动快递车辆便利通行的优惠政策，实现了快递车辆通行优惠政策在宁夏各市的全覆盖。

自治区邮政管理局与固原市政府共商促进邮政业发展

2月19日，宁夏回族自治区邮政管理局局长李志炜在固原会见了固原市副市长黄思明，双方就加强地方政府与邮政管理部门的沟通衔接、邮政行业服务能力提升、邮政普遍服务保障和快递业发展环境优化等问题深入交换了意见。

部署全国“两会”期间邮政快递服务安全保障工作

2月28日，宁夏自治区邮政管理局印发《关于做好全国“两会”期间邮政快递服务保障和安全生产的紧急通知》。通知提出四项要求：一是切实做好服务保障工作；二是全力确保寄递渠道安全畅通；三是妥善处理紧急突发事件；四是区、市两级邮政管理部门上下联动。

开展加强收寄验视制度落实情况“回头看”专项检查

3月25日，宁夏回族自治区邮政管理局组织开展全区邮政行业加强收寄验视制度落实情况“回头看”专项检查活动。专项检查采取了日常检查、突击检查、联合检查、调取监控录像记录、实寄实测等多种方式。各市邮政管理局还分别与当地公安、国家安全等部门开展联合检查和培训，并向社会公布了自治区邮路寄递物品安全监管工作领导小组印发的《快递企业员工发现报告可疑邮件奖励办法（试行）》和区、市两级邮路寄递物品安全监管工作领导小组办公室联系人及联系电话。

刘君副局长调研吴忠市快递发展

4月1日，国家邮政局副局长刘君到吴忠市调研快递发展情况。刘君听取了吴忠市邮政管理局对组建以来工作情况的汇报，对吴忠局在快递市场监管方面开展了大量富有前瞻性和针对性的工作表示肯定。在吴忠中通快递有限公司，刘君详细了解了企业网点布局、经营情况及进出口业务量的比例，要求企业严格执行收寄验视制度，鼓励快递企业向农村地区发展，满足基层群众用邮需求。

王梅副局长到石嘴山调研指导工作

4月10日，国家邮政局副局长王梅到第二批党的群众路线教育实践活动联系点石嘴山市邮政管理局调查指导工作。期间，王梅详细了解了石嘴山局组建以来的工作情况，以及开展学习教育、征求意见环节中的相关情况；认真阅看了教育实践活动会议记录、学习笔记等资料；听取了石嘴山邮政快递企业负责人和邮政特邀社会监督员对石嘴山局领导班子、党员领导干部“四风”问题以及行业发展等方面的意见和建议。6月26日，王梅参加指导了石嘴山局党组领导班子专题民主生活会。

推进快递电商协同发展和快递下乡

10月30日，宁夏回族自治区邮政管理局联合自治区通信管理局、自治区商务厅、自治区电子商务协会、自治区快递协会等单位召开了促进快递业与电子商务协同发展、推进全区民营“快递下乡”工作座谈会。座谈会深入讨论了促进全区快递与电子商务协同发展和民营快递下乡的政策、措施和阶段性工作、责任分工等内容，并就主要工作内容达成一致意见。

王雁飞调研快递物流企业安全管理工作

10月31日，宁夏回族自治区党委常委、政法委书记王雁飞一行，调研宁夏快递物流企业安全管理工作。王雁飞一行深入顺丰、圆通等企业进行实地调研，详细询问了企业发展运营情况。并在宁夏邮政管理局召开座谈会，听取了宁夏回族自治区邮政管理局局长李志炜对宁夏邮政业整体发展及安全管理情况的汇报。针对自治区邮政管理局提出的困难和问题，王雁飞当即表示将积极协调有关领导和部门逐步加以解决。

对五市局2014年工作进行综合调研和测评

11月6日至9日，宁夏自治区邮政管理局局长李志炜带领机关各处室负责人组成调研组，深入全区五市邮政管理局对2014年工作进行综合调研和测评。调研组严格对照《宁夏邮政管理系统各市局2014年度目标管理考核办法》和《考核细则及评分标准》，从开展党的群众路线教育实践活动、市场监管工作、政策法规工作等10大类86项123条测评指标，对市局进行了全面测评。同时，还结合“双11”快递业务旺季服务保障工作，对5市快递企业进行了实地调研和检查指导。

开展快递业务旺季夜间检查工作

11月14日，宁夏回族自治区邮政管理局局长李志炜带队，对宁夏快递企业总部及分拨中心进行了夜间突击检查。检查组主要检查了各企业旺季服务保障工作的安排部署、安全规定落实、生产经营、应急制度等相关情况，要求各企业负责人保持良好工作势头，确保“双11”的安全、平稳运行，切实维护用户权益。

快递业与电子商务协同发展取得初步成效

12月28日，宁夏回族自治区邮政管理局在推动全区快递业与电子商务协同发展上取得了初步成效：一是将快递业发展纳入“十三五”规划；二是自治区交通运输厅、商务厅表示将全力推进宁夏交通物流园、自治区电子商务物流基地的建设；三是自治区商务厅已通过2014年现代物流业发展专项资金给智能快递柜推广项目80万元的资金支持；自治区财政厅同意宁夏快递企业可按照《宁夏回族自治区调整优化服务业结构服务业发展升级版的财政政策》中相关规定，享受有关补贴政策；四是自治区出台《关于加快发展现代职业教育的意见》；五是宁夏机场公司同意增加相关设施设备，建设航空货物仓储区，满足“绿色通道”需要。

新疆维吾尔自治区快递发展大事记

联合开展春节前安全生产工作专项检查

1月22日，新疆维吾尔自治区邮政管理局联合自治区公安厅治安总队开展春节前安全生产专项检查。联合检查组重点检查企业安全生产各项措施是否落实、应急管理制度是否完备、收寄验视制度执行是否严格等情况，通过现场调查、调阅监控录像等方式，对快递企业春节前安全生产情况进行全面督导。

强化2014年申诉工作

1月28日，新疆维吾尔自治区邮政管理局下发《关于进一步强化全疆消费者申诉处理工作的通知》，要求各相关单位和部门切实采取有效措施，督导企业加强服务和安全管理工作，各地州市邮政管理局局要紧密结合第二批党的群众路线教育实践活动，把问题列为专项教育整改落实的重要问题，认真研究和整改。通知还提出四点强化申诉工作的重要举措。自治区邮政管理局局长董党生做出重要批示。

部署加强寄递渠道安全检查

3月1日21时许，云南昆明火车站广场暴力恐怖袭击事件后。新疆维吾尔自治区邮政管理局迅速下发《关于切实加强寄递渠道安全检查工作的紧急通知》，组织全区邮政管理部门部署开展寄递渠道安全检查工作。

董党生局长带队检查收寄验视制度落实情况

3月25日，新疆维吾尔自治区邮政管理局局长董党生带队，对乌鲁木齐申通、宅急送、天天快递、快捷等快递企业营业网点落实收寄验视制度情况进行检查。检查组通过试寄包裹的方式，各营业网点收寄验视制度执行情况进行摸底。对不执行收寄验视制度的企业，检查组当场采集相关证据，并明确依法予以处理。

部署2014年全区寄递渠道安全监管工作

4月14日，新疆维吾尔自治区邮政管理局组织召开2014年全区寄递渠道安全监管工作电视电话会议。自治区邮政管理局局长董党生深入分析了寄递渠道安全监管所面临的严峻形势，明确要求各地州市邮政管理局进一步提高认识，切实抓好收寄验视制度的落实，加大处罚和考核力度，不断完善寄递渠道安全监管机制。董党生还就进一步加强寄递渠道安全监管，严格落实收寄验视制度，提出三点要求。

开展落实收寄验视制度专项整治活动

4月23日，新疆维吾尔自治区邮政管理局下发通知，集中四月左右的时间，在全区范围内组织开展落实收寄验视制度专项整治活动。通过活动，集中查处一批不执行收寄验视制度、违规收寄禁寄物品及存在其他严重安全隐患的企业，确保验视制度百分百落实。自治区邮政管理局对各地州市管局落实收寄验视制度专项整治活动进行督导检查，检查结果记入年度绩效考核。辖区寄递渠道出现重大安全事件的，将追究领导及相关人员责任。

共青团喀什地区邮政管理局召开第一次团代会

4月30日，喀什地区邮政管理局组织召开共青团喀什地区邮政管理局第一次团员代表大会，通过民主选举，产生了共青团喀什地区邮政管理局委员会委员5名，其中，邮政管理局委员2名，各快递企业委员3名。共青团喀什地区委员会副书记郭帅出席会议，并对共青团工作提出了意见和建议。

参加自治区交通系统首届"服务礼仪"大赛

5月20日至21日，新疆维吾尔自治区交通运输行业优质服务礼仪大赛在乌鲁木齐举行，新疆维吾尔自治区邮政管理局选派了新疆邮政公司、新疆顺丰速运有限公司以及新疆江南申通物流有限公司3支代表队代表新疆邮政行业参加此次大赛，分别获得了邮政服务类别一等奖、二等奖、优胜奖的优异成绩，并得到大赛组委会的一致好评。

紧急部署应对"5·22"暴力恐怖事件

5月22日7时50分许，乌鲁木齐市沙依巴克区公园北街早市发生严重暴力恐怖案件，案发后，新疆维吾尔自治区邮政管理局第一时间安排专人了解邮政快递企业营业场所安全情况和员工人身安全情况，密切关注邮路是否受到影响，并于5月22日下午组织召开紧急会议，迅速对新疆邮政行业维稳工作做出安排和部署。

启动邮政行业"安全生产月"活动

6月初，新疆维吾尔自治区邮政管理局召开专题会议，研究部署全区邮政管理系统2014年"安全生产月"活动工作，下发《关于做好"安全生产月"期间新疆邮政行业安全生产宣传教育工作的通知》。收悉通知后，各地州市邮政管理局结合自身工作实际，通过召开活动动员部署会、举办现场咨询活动等形式，迅速启动辖区邮政行业"安全生产"活动。

董党生局长视察巴州快递便民服务点

6月27日，新疆维吾尔自治区邮政管理局局长董党生一行视察了巴州孔雀社区快递便民服务站。董党生现场听取了巴州社区快递便民服务站的设立过程，询问了便民服务站运作方式，肯定了社区快递便民服务站的首创之举。

完成"最美快递员"艾克帕尔·伊敏在疆宣传计划对接和部署

7月31日，国家邮政局机关党委常务副书记张云峰一行，就"最美快递员"艾克帕尔·伊敏先进事迹宣传事宜与新疆维吾尔自治区自治区党委宣传部副部长成立新进行洽谈，向中国邮政速递物流股份有限公司、新疆维吾尔自治区邮政管理局、新疆邮政速递物流有限公司等单位做出部署。

会议对宣传内容挖掘、宣传时间安排以及宣传队伍组建等内容做出明确安排。

国家邮政局第二巡回督导组莅临新疆调研督导

7月26日至30日，国家邮政局第二巡回督导组组长刘英杰一行深入新疆开展教育实践活动巡回督导工作。督导组历时5天，行程2500余公里，现场听取了新疆维吾尔自治区邮政管理局和昌吉州、阿勒泰地区、吐鲁番地区等地州市邮政管理局的专题汇报，参加了乌鲁木齐市邮政管理局专题民主生活会，检查了各局局容局貌及相关文件档案和活动资料，并做重要工作指导。刘英杰代表督导组充分肯定了新疆邮政管理系统教育实践活动开展情况。

国家邮政局、安全部、反恐办来疆指导第四届中国—亚欧博览会寄递渠道安全保障工作

8月25日，新疆维吾尔自治区邮政管理局在乌鲁木齐市召开第四届中国—亚欧博览会寄递渠道安全保障工作座谈会，对博览会期间寄递渠道安保工作进行再动员、再部署。国家邮政局副局长刘君，国家邮政局市场司副司长林虎，国家安全部、国家反恐办、自治区国家安全厅、自治区公安厅反恐总队相关领导出席会议并讲话。

与昌吉市政府签订推进快递服务框架协议

9月2日，第四届中国欧亚经济论坛国际博览会暨昌吉市分会场招商引资项目推介会在昌吉市召开，新疆维吾尔自治区邮政管理局副局长安长来一行应邀出席会议，并就加快推进昌吉快递服务发展与昌吉市人民政府签订《关于加快推进快递服务昌吉经济社会转型发展战略合作框架协议》。双方在框架协议中就政策规划、品牌培育、快递电商融合发展、产业园区建设、国际快件转运中心建设、交通运输配套设施建设等方面达成共识。

董党生局长实地考察新疆快递电商产业园规划用地

9月4日，为确保新疆首个大型快递电商产业园建设项目顺利实施，新疆维吾尔自治区邮政管理局局长董党生带队深入昌吉州实地考察新疆快递电商产业园规划用地。董党生在考察中要求，昌吉回族自治州邮政管理局要在自治区邮政管理局与昌吉市政府框架协议范围内发挥好作用，引导各快递企业立足于新疆快递产业和企业自身长远发展，用好、用足昌吉市提供的各项优惠政策，推动产业园建设项目尽快落地。

召开地州市局长座谈会部署重点工作

10月16日，新疆维吾尔自治区邮政管理局召集全区14个地州市邮政管理局局长召开座谈会，就教育实践活动收尾、快递业务旺季服务保障等重点工作做出安排部署。会上，自治区邮政管理局局长董党生传达了国家邮政局局长马军胜在《关于上报第四届中国—亚欧博览会寄递渠道安全保障工作总结的报告》上批示。自治区邮政管理局副局长安长来在会上全文宣读了《2014年业务旺季服务保障工作方案》。

夜查快递企业“双11”服务保障工作

11月18日晚，新疆维吾尔自治区邮政管理局副局长安长来带队夜间检查乌鲁木齐地区主要快递企业“双十一”服务保障工作。现场查看了企业进出港快件操作情况，详细了解企业近期快件进出港业务量增长数据，进一步掌握企业应对“双11”高峰在人员、车辆、设备配备方面所作的工作。

应急处置协调解决企业旺季服务燃眉之急

12月12日，新疆维吾尔自治区邮政管理局及时启动2次突发事件应急预案，成功化解了可能造成快递网点爆仓快递企业和分拨中心停电引起的重大快递服务阻断事故。

深入乡镇团场实地调研指导快递下乡

12月24日，新疆维吾尔自治区邮政管理局副局长安长来一行专程赴农八师（石河子）北泉镇、147团等乡镇团场调研快递下乡服务情况，与当地圆通、韵达、天天快、申通等网点和部分代投点负责人进行现场沟通，就如何在乡镇团场做好快递最后一公里服务进行了积极探讨，并提出具体工作意见。

第三篇　发展环境

第一章　2014年快递市场监管和安全监管情况

2014年是邮政管理系统深入贯彻落实党的十八届三中、四中全会精神，全面深化改革的开局之年，也是锐意改革、积极进取，不断推动行业发展迈上新台阶的关键之年。截至2014年底，省级以下邮政管理部门达到360个（含3个县级邮政管理部门），经各级邮政管理部门许可经营快递业务的企业共12428家。

一、2014年快递市场监管情况

（一）着力推进法治邮政建设，加强快递市场监管

一是邮政法律法规体系不断完善。邮政立法科学化、民主化水平日渐提高，法规、规章的针对性、及时性、系统性不断增强。2014年，国家邮政局推动快递条例报请国务院审议、邮政行政执法监督办法颁布实施，加快修订邮政普遍服务监督管理办法。先后出台了《无法投递又无法退回邮件管理办法》《无法投递又无法退回快件管理规定》《寄递服务用户个人信息安全管理规定》《邮政行业安全信息报告和处理规定》《快递业务经营许可注销管理规定》《经营快递业务的企业分支机构备案管理规定》《国家邮政局政府信息公开工作办法》、《邮政业消费者申诉处理办法》8个规范性文件，出台数量是邮政政企分开以来最多的一年。在地方立法方面得到持续推进，2014年，安徽、福建、湖北、青海、大连、长春等省、市先后通过地方立法，制定当地邮政条例，省级邮政立法基本实现全覆盖；贵州省、海南省、河北省也适应行业发展新形势，经地方人大常委会审议，先后对已经施行的邮政条例进行修订（修改），为加强市场监管和依法行政奠定了坚实的基础。在邮政业标准制订和科技创新方面，编制完成了《邮政业标准体系》，启动了16项基础类、安全类和信息化类标准制订工作，发布了《快递专用电动三轮车技术要求》《快递业温室气体排放测量方法》行业标准并组织宣贯。

上述相关规章、规范性文件的陆续出台，有效地推动了邮政法律法规体系的自我更新和协调统一，对行业健康、持续发展具有重要影响。邮政业法规体系进一步完善，行业立法的引领和推动作用逐步发挥。

《快递条例》的立法意义和作用

快递条例立法是邮政体制改革以来，继邮政法修订后行业又一项里程碑工作，是贯彻落实邮政法、完善邮政法律法规体系的重要立法举措。对于促进快递健康发展、加强快递市场管理、壮大快递服务实体、维护消费者合法权益、适应经济社会发展、推动行业转型升级、加快邮政管理部门职能转变、建成与小康社会相适应的现代邮政业具有重大意义。

快递条例将成为引领、促进、保障邮政行业发展的有效保证，成为快递服务上台阶和健康发展的有效保障；立法更加注重法律的实际效果，特别是在保护消费者合法权益、维护市场秩序方面的作用，

世界近在咫尺
行业触手可及

《快递》杂志 &《中国邮政快递报》

中国邮政速递物流
CHINA POSTAL EXPRESS & LOGISTICS

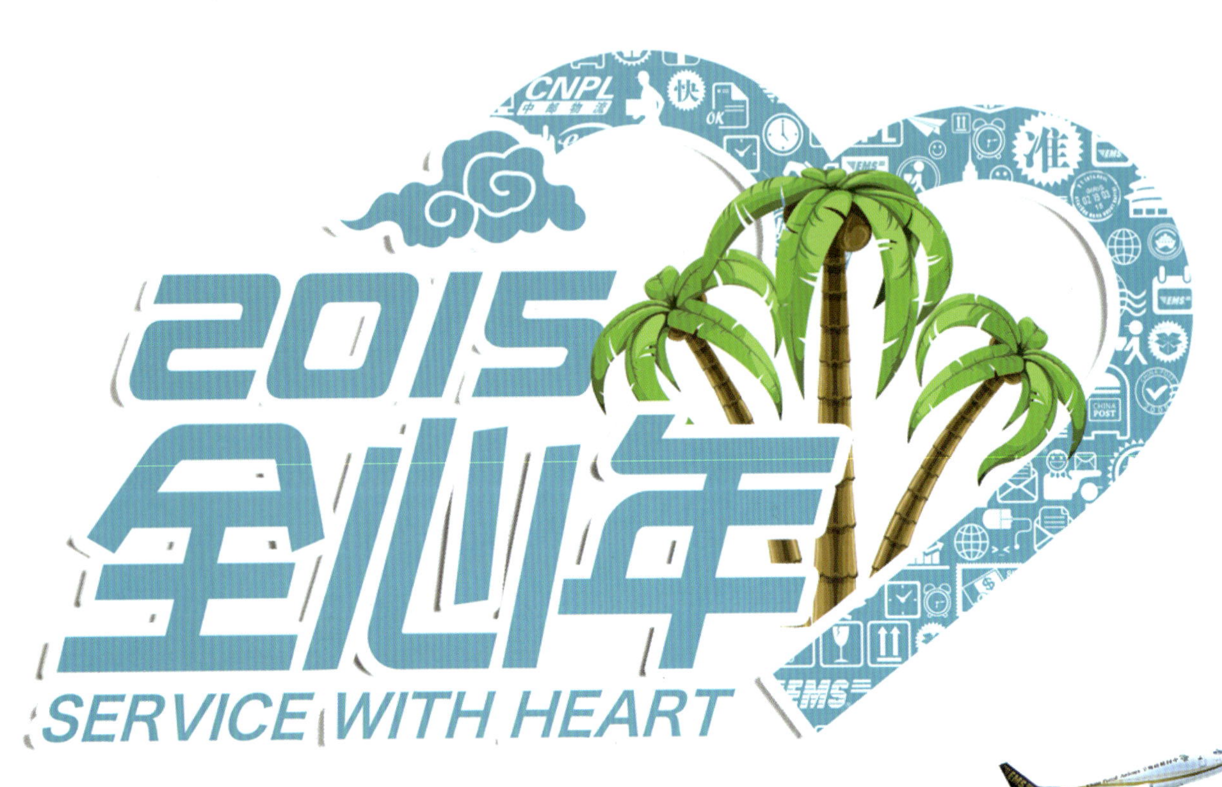
2015
全心年
SERVICE WITH HEART
CNPL
EMS

跨越22

申通创业路，我们走过风
的青春年华，走过灿若黄
二十二年，我们有过哭，
路，在脚下延伸。我们还
不管风雨再不再来。
这就是我们的故事，让历

1993年，申通快递前身“神通综合服务部”在杭州诞生

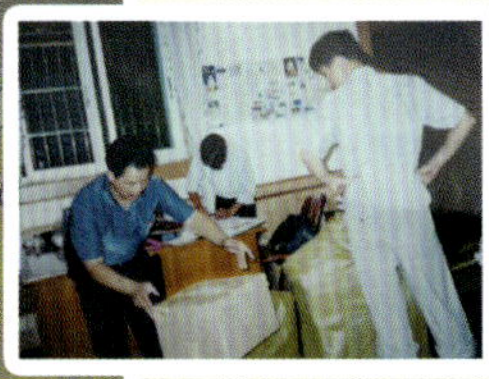

1997年，注册“上海盛彤”发力布局全国网络

20
收

1996年，穿梭浙沪间，追寻创业梦

1998年，注册“STO”

上海赵重公路1888号

021-603

一路同行

；走过泥泞，走过坎坷；走过豪情满怀

季节。

有过快乐，有过忧伤；

程，不管是布满荆棘还是开满鲜花，也

让后辈铭记！

全网营业

亿元

2007年，申通快递有限公司正式成立

2013年，服务网点及门店达8000余家

2006年，网点数增至800家

2010年，江浙沪地区实现派送无盲区

2014年，双十一单日高峰3050万件，再次刷新历史

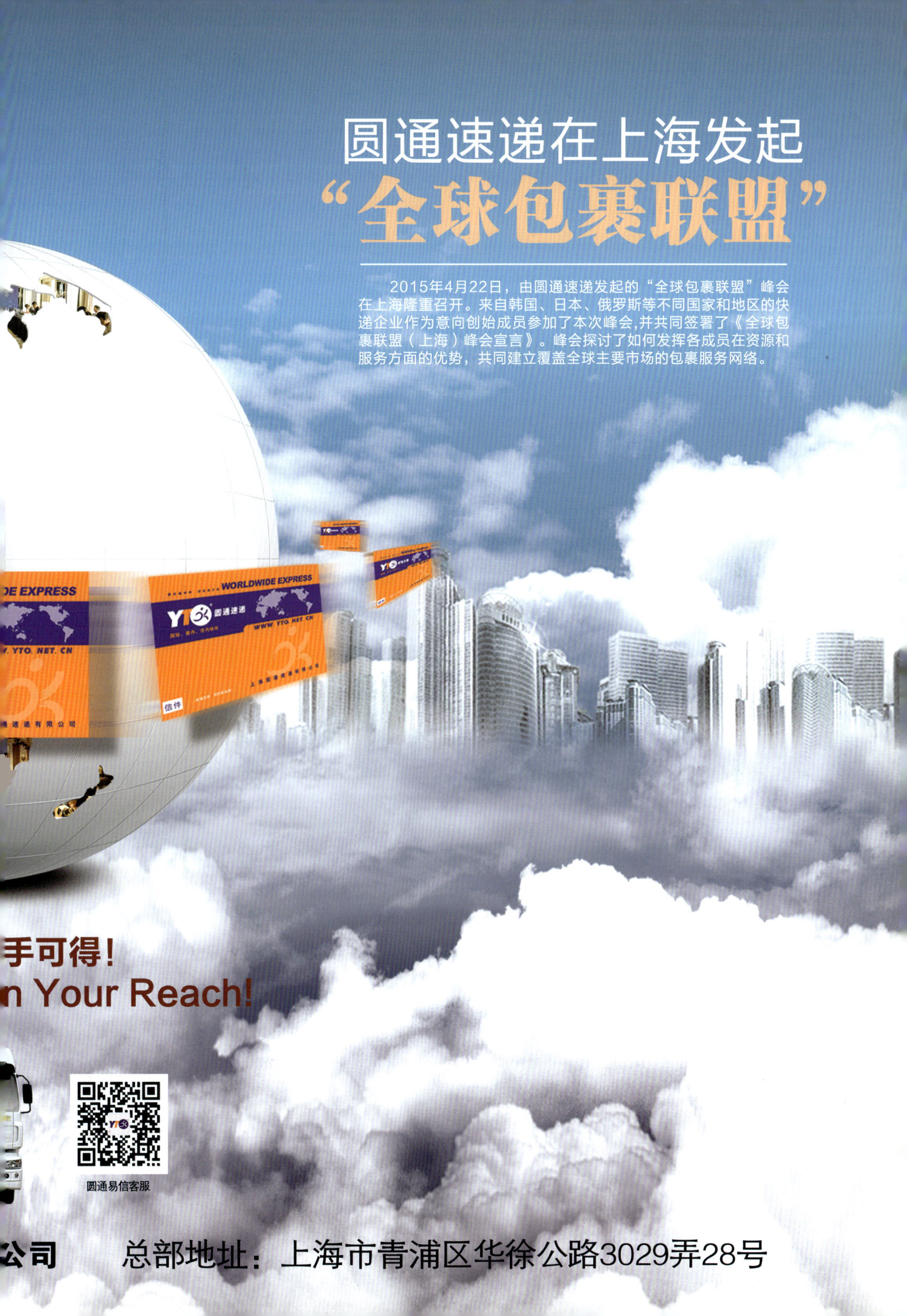

圆通速递在上海发起
“全球包裹联盟”
2015年4月22日，由圆通速递发起的“全球包裹联盟”峰会在上海隆重召开。来自韩国、日本、俄罗斯等不同国家和地区的快递企业作为意向创始成员参加了本次峰会,并共同签署了《全球包裹联盟（上海）峰会宣言》。峰会探讨了如何发挥各成员在资源和服务方面的优势，共同建立覆盖全球主要市场的包裹服务网络。
DE EXPRESS
WORLDWIDE EXPRESS
圆通速递
WWW. YTO. NET. CN
信件
手可得!
n Your Reach!
圆通易信客服
公司
总部地址：上海市青浦区华徐公路3029弄28号

Fast Express
快捷快递
每个人都会成长
快捷必会成功
EVERYONE GROWS UP
FASTEXPRESS WILL SUCCEED
2017
2016
2015
2014
2013
2012
1997
天道酬勤。2014年，快捷快递进一步加强基础设施建设，加快主营业务发展，全面开展管理提升活动，全力提高网络的服务能力和服务质量，业务量与业务收入都呈现出向上良好势头，客户满意度得到了显著提升。快捷快递以优质的网络和贴心的服务赢得了客户的高度认同。
上海快捷快递有限公司 网址：WWW.KJKD.COM 全国服务热线：4008 333 666

福来
吉祥物
Feng lion
全峰吉祥物闪亮登场
邀您共享有爱的快递
全峰快递
QUANFENG EXPRESS
全峰，有爱的快递。
4001 000 001
www.qfkd.com.cn

结合快递行业特点，充分考虑各类市场主体的利益，促进有效公平合理的竞争，有利于激发行业发展内生动力、有利于企业搞活、有利于市场充分竞争。

通过条例的制定推进政府职能和作风转变，条例条文加强了过程监管、事后监管等各种监管手段的综合运用，引导企业加强行为规范、提升服务能力；群策群力，注重调动邮政全系统和全行业的集体智慧，积极鼓励各方面参与到行业立法工作中来。

二是邮政行政执法建设制度化规范化不断推进。2014年，国家邮政局陆续发布《邮政市场行政执法案件案由规定（试行）》《邮政市场行政执法重大案件督办工作制度（试行）》《邮政行政执法信息公开规定》，加强案件过程化管理，提高案件查办效率，加大对违法违规行为的信息公示力度，建立重大案件督办工作制度。编印《邮政市场监管文件汇编（第一卷）》，作为全国一线邮政市场监管工作人员的学习参考。深入开展邮政行业普法宣传，进一步增强依法行政意识，提高行政执法水平。同时，继续加大执法能力培训。启动《邮政市场行政执法培训精品课件》工作，先后组织许可管理信息系统和行政执法管理系统应用，市场检查和邮政管理部门安全监管等系列培训，切实提高市场监管人员能力素质。开展全国第二批邮政行政执法资格考试及颁证工作，依法开展行政复议，行政执法能力有效提升。各省、市邮政管理局也探索和加强本地邮政执法能力建设（表3-1）。

表3-1 全国部分省（区、市）邮政行政执法能力建设情况

河北	廊坊、承德局自筹自建了视频监控系统，充分利用液晶电视、PC端和手持移动终端等多种设备，对企业分拨中心现场情况进行实时视频监控
上海	上海局执法大队已形成"快递企业分拨中心执法检查行动流程图""执法大队议事制度""执法大队约谈制度细则""执法大队纪律守则"等一系列配套的规章制度
江苏	徐州、镇江等局为执法人员配备执法记录仪，同步采集办案现场相关情况。镇江局与镇江市交通运输局运输管理处联合开发邮政行政处罚信息管理系统。徐州局通过案前限制裁量权、理清办案思路，案后检查办案流程、复核办案程序等方式，建立案件质量考评制度等，不断推进执法流程标准化
江西	江西局制定了《全省邮政管理系统"执法规范年"活动实施方案》，先后制定下发了《行政执法责任制》等规范行政执法的规章制度。南昌、吉安局制定典型案件通报制度、行政执法案件集体讨论制度、邮政行业负责人约谈机制等规范性制度。上饶局整理印制《执法人员工作手册》；九江市局整理汇编执法案例，并印制《邮政行业安全工作规范选编》；吉安局聘用法律专业人士，组织建立法律专家顾问小组
海南	海南局推进海南邮政业行政执法信息平台
陕西	陕西局印发《陕西省邮政市场监管工作考核表（试行）》，加大对各市局市场监管工作的考核力度，在西安市10家重点快递企业分拨中心安装高清监控设备。榆林局研究制定《榆林市邮政行政执法检查制度》和《榆林市邮政行政执法人员禁令》，进一步规范和指导邮政执法工作。整理印制《陕西省邮政管理行政执法手册》

三是依法开展邮政市场监管。依法开展事中事后监管，综合运用执法、约谈等多种监管方式，规范市场秩序，净化市场环境。

加大执法检查力度。2014年，全年各级邮政管理部门共开展执法检查7万次，累计检查单位3.2万个，出检17万人次，出检天数6801天，查处违法违规行为1.9万起，下达行政处罚决定2178份，共处罚款1092.4万元，上述指标同比增长均超过100%。截至2014年底，全国94%的地（市）邮政管理部门已经实施行政处罚。邮政行政执法管理系统正式上线运行，移动执法设备投入使用，执法信息化手段进一步加强。行政执法工作全面铺开，有效地规范了快递市场经营秩序，优化了行业发展环境，维护了广大用户的合法权益。

各级邮政管理部门创新快递企业监管方式，建立完善约谈制度，推动快递企业行业安全主体责任的落实及快递市场的规范经营。2014年，国家邮政局就规范清理工作约谈"四通一达"、天天快递等六家加盟制企业总部，就连续发生两起违规收寄化学品事件约谈申通，就快递服务质量问题约谈全峰。

江苏局就申诉处理不及时以及服务、安全中存在其他问题约谈港中能达、宅急送、优速快递、全峰快递、百世汇通。福建局就规范和清理工作进度较慢约谈百世汇通、韵达速递、天天快递。

（二）着力推进改革创新，促进行业快速发展

一是持续改善和优化发展环境。邮政业“十三五”规划编制工作全面启动。“十三五”规划体系包括 1 部总规划、3 部专项规划、3 部区域快递服务规划、31 部省（区、市）邮政业发展规划和 332 部市（地）邮政业发展规划。快递业发展战略、发展形势和趋势、快递行业监管、交邮融合、转型升级、安全体系、信息化建设等前期研究基本完成，各类规划编制工作正在同步推进中。

各地邮政管理部门积极落实国家邮政局规划编制工作要求，推动邮政业发展规划与地方国民经济和社会发展、综合交通运输发展及相关产业发展规划的紧密衔接，积极争取地方政府对邮政业基础设施建设的政策、资金等支持，推动邮政行业纳入地方规划体系（表 3-2）。

表 3-2　全国部分省（区、市）邮政规划编制及衔接情况

天津	《天津市邮政业发展“十三五”规划》被列为市重点专项规划。《天津市快递物流园区规划》作为专项规划被纳入《天津市 2014 年度城乡规划编制计划》，该规划是全国首个纳入省级地方政府的快递物流园区专项规划
上海	上海市邮政专项规划被纳入《上海新一轮城市总体规划专项议题》
江苏	快递被明确写入《江苏交通现代化规划纲要》；南京局会同市发改委共同发布《南京市快递服务业发展规划（2013 — 2015 年）》；宿迁局与运管部门协商签订《关于构建现代快递服务市场体系合作框架协议》
山东	山东省委、省政府发布的《山东省新型城镇化规划（2014 — 2020）》和《山东省农村新型社区和新农村发展规划（2014 — 2030 年）》已经将邮政、快递基础设施建设等相关内容纳入其中。青岛市政府今年正式将邮政业发展规划纳入地方经济社会发展“十三五”规划编制范畴，将快递业纳入国家城市配送试点支持范畴
湖南	省政府《湖南省现代服务业发展行动计划（2014 — 2017 年）》将邮政快递列为重点培育产业
海南	海南省邮政业被纳入《海南省现代服务业产业指导目录（鼓励类）》
四川	成都局推动将快递业纳入《成都市现代物流产业发展规划》体系，享受相关物流业发展支持政策

利于行业发展的政策增多，扶持力度加大。财政部、商务部、国家邮政局联合下发《关于开展电子商务与物流快递协同发展试点有关问题的通知》，决定在天津、石家庄、杭州、福州、贵阳等 5 个城市开展电子商务与物流快递协同发展试点并给予中央财政资金支持，解决制约快递服务“最后一公里”的瓶颈问题，促进电子商务与物流快递协同发展。各地邮政管理部门落实国家层面出台的各项政策，积极争取地方政府支持，协调相关部门出台百余项促进快递业发展的扶持政策，解决快递车辆通行、快递企业用地困难等发展难题，推进交邮合作，促进快递与电子商务协同发展，进一步优化了行业发展的政策环境。

持续完善标准体系。2014 年，国家邮政局出台《邮政业标准体系》，建立以基础、安全、设施设备和用品、服务与管理以及信息化五大类标准为框架的邮政业标准体系，充分发挥标准化对邮政业的规范、促进和支撑作用，为行业整体发展提供技术支撑和服务保障。出台《快递专用电动三轮车技术要求》行业标准，提出车辆标准化管理理念。发布《快递业温室气体排放测量方法》，为邮政行业开展温室气体的测量、评估等工作提供科学依据。开展《邮政业从业企业标准化工作指南》和《快递营业场所设计基本要求》等 16 项标准编制工作，引导企业加强标准化建设，提升服务质量和水平。

国际交流合作进一步深入。积极参加万国邮联理事会系列会议、亚太邮联邮政业务论坛、第七届国际邮政研讨会、中美快递条例立法研讨会等国际会议，分别与秘鲁、希腊、老挝、柬埔寨邮政管理部门签署关于加强邮政领域合作的谅解备忘录，成功举办阿富汗高级邮政管理人员培训班和第六届中日邮政政策对话会议。积极开展与各国邮政快递企业的高层对话。促进开通两岸海运快件业务。通过加强国际交流，为我国快递拓展更

广阔的市场空间。

中国快递协会推动行业间合作的成效较为明显。加强与中国航空运输协会、中国民用机场协会、中国铁路总公司、澳门民航学会等部门的交流与合作，积极推动实施“上机上铁”工程。5月30日，成功组织快递企业参加第三届中国（北京）服务贸易交易会，举办2014年中国快递行业（国际）发展大会，促进了快递业合作领域的不断扩大，实现了快递与电子商务、制造业、金融业等产业的战略合作，签约额达到上届的2.5倍。促成中俄、中德的战略合作。推动中国银联的快递供应链综合服务平台升级。促成快递企业与广州荣邦深化合作，利用银联供应链平台，推动快递企业升级产品及服务，增强市场竞争力，降低行业风险。

二是积极推动和落实简政放权。有效落实职权下放。2014年，国家邮政局积极推进职权下放，市（地）邮政管理局专有职权和主要行使职权基本下放到位，执法重心实现下沉。印发《经营快递业务的企业分支机构备案管理规定》，将分支机构备案职能下放至市（地）邮政管理局，监管职权重心进一步向基层倾斜。

快递许可流程逐步优化。国家邮政局印发《快递业务经营许可变更审核流程优化方案》，形成“一建两结合”的思路，即建立诚信企业“绿色通道”，形式审查与实地核查相结合、提升服务与加强监管相结合。全年各级邮政管理部门共发放许可证1473件，受理6780家企业的变更申请，涉及变更事项9176项，核准3127家，涉及变更事项7550项。国家邮政局变更事项平均用时由45天缩短至25天，“绿色通道”企业办理时限缩短为18天；省级邮政管理部门变更事项平均用时缩短至21.5天，“绿色通道”企业办理时限缩短为16.7天。

快递许可实现闭环管理。印发《快递业务经营许可注销管理规定》，建立快递经营主体退出机制。2014年，星晨急便、鑫飞鸿等172家企业经营许可资质被依法注销，许可证闭环管理体系基本形成。

三是有序推进和落实对外开放。2014年9月，国务院召开常务会议决定全面开放国内包裹快递市场，对符合许可条件的外资快递企业，按核定业务范围和经营地域发放经营许可；同时要求坚持放管结合，确保快递行业有序健康发展，让这一朝阳产业更加红火。国务院常务会议的决定，为促进快递业发展上台阶奠定了坚实的基础。2014年，国家邮政局批准联邦快递公司新增10个城市的经营地域。至此联邦快递公司国内快递业务经营地域已覆盖全国68个城市，联合包裹公司经营地域已覆盖33个城市。批准雅玛多（中国）运输有限公司、欧西爱司物流（上海）有限公司、嘉里大通物流有限公司等三家外资企业经营国内快递业务。统一开放、竞争有序的市场体系正在加快形成。

四是大力推进快递“三向”工程。启动快递“向下、向西、向外”工程。推动快递企业加快农村和中西部的网络布局及基础设施建设。各地邮政管理部门因地制宜，注重快递业与地方经济融合，与相关行业协同发展（表3-3）。

各级邮政管理部门积极引导快递企业加强中西部、农村地区自营网点建设，提高网点的覆盖率和稳定性，实现市、县基本覆盖。鼓励快递企业采用快递企业间合作、与邮政企业合作、与物流企业合作、与交通运输企业合作、与农村公共服务平台合作等方式开展快递业务。为快递企业与各类农业合作社、农业现代化企业、农副产品深加工企业和农村电子商务企业的合作牵线搭桥。

表3-3　全国部分省（区、市）推进“快递下乡”举措列表

内蒙古	《内蒙古自治区加快电子商务发展若干政策规定》将加强快递基础设施建设和推进快递下乡内容纳入其中
吉林	国家邮政局和吉林省人民政府就共同推进“快递下乡”更好地服务吉林“三农”发展等问题交换了意见。吉林局出台推进“快递下乡”工程指导意见，联合省农委拟定并向省政府报送《关于加快推进吉林省快递下乡合作协议》和《吉林省支持快递下乡扶持政策》，积极探索推动“快递下乡”

续上表

江西	宜春局以铜鼓县为试点，整合当地快递品牌资源，推进“公司＋服务中心＋快递超市”的快递同业合作经营发展模式。新余局以分宜县实现村邮站全覆盖为平台，搭载快件下乡，快件投递到村
福建	泉州局实施邮政快递综合便民驿站工程，尝试通过邮政代办点、客运班车、便利店搭载快递服务，推动引导快递企业下乡布点。龙岩局做好“福建淘宝第一村”培斜村快递物流支撑服务，三明局支持快递企业与客运企业合作
四川	四川局与省委农村工作委员会、商务厅联合出台《关于促进四川农村地区快递服务规范发展的指导意见》，将“快递下乡”纳入《四川省电子商务进农村综合示范工作方案》支持范围。内江局通过推行“PPP(公共私营合作制)模式”、搭建农村快递信息资源共享平台、引进第三方物流与生产企业、乡镇、村组服务站点开展合作等多项举措，积极推进“快递下乡”工程
陕西	铜川局引导快递企业在农副产品产销区设立临时服务网点。榆林局促成吴堡挂面等特色产品与快递合作开拓市场。汉中局鼓励邮政、快递企业合作共赢，支持快递企业进驻村邮站，并实现了新增乡镇快递服务网点100个的预期目标。安康局引导快递企业在人口密集的乡镇增设营业厅或便民服务部，新增乡镇快递网点61个。渭南局推动快递企业借助农村物流企业网络优势向乡镇布局
新疆	开展“快递下乡、进团场”工程，鼓励、支持申通快递、圆通速递、韵达速递、中通快递等主要快递企业在乡镇、团场设立分公司、营业部等分支机构

实施“向外”战略，带动外向经济发展。鼓励支持国内重点快递企业开拓海外市场，通过自建、合作、并购等方式建设跨境网络，服务跨境电子商务发展。各地邮政管理部门加强与海关、检验检疫等部门的工作联系，探索建立国际快件监管协调机制，为跨境快件的发展营造良好环境。

五是强化行业人才培养。快递人才培养合作机制逐步形成。深入推进人才强邮战略，扎实开展“百千万人才工程”，深化政校合作、校企合作，加快建立政府主导、行业指导、院校企业双主体的人才教育培养体系（表3-4）。推进建立5个邮政行业人才培养基地，全年新增合作院校42所，快递专业（方向）在校生规模已达万余人，其中80%以上的毕业生就业于快递企业，为快递行业转型升级、提质增效提供了人才支撑。

快递职鉴工作取得新进展。职业技能鉴定规模保持平稳发展，2014年，全国快递业务员职业技能鉴定工作顺利推进，共组织全国统考5次，鉴定11.5万人次，通过考试持证7.62万人次，行业深入实施国家职业资格证书制度，推动技能人才队伍建设打下坚实基础。逐步完善技能人才鉴定评价体系，快递业务师教材出版发行，快递业务师鉴定考评试点顺利完成。组织编写《快递业务员安全指导手册》，指导企业安全生产培训。邮政行业职业资格网站正式上线，为行业各级职鉴管理机构、合作院校、快递企业搭建工作交流平台。

表3-4　全国部分省(区、市)人才合作培养情况

内蒙古	内蒙古局引导合作院校设立快递从业人员职业技能培训基地，有针对性地培养适应快递行业生产、管理和服务需要的专门人才
江苏	江苏局与江苏经贸职业技术学院签订合作协议，共同推进快递行业学历教育；与省人社厅、省总工会联合举办“EMS杯”江苏省首届邮政行业职业技能竞赛
浙江	浙江局联合浙江大学举办四期浙江省快递企业中高层领导素质提升研修班。浙江邮电职业技术学院被确定为全国邮政职业教育教学指导委员会秘书处
安徽	推动安徽交通职业职业学院将《快递业务概论》《快递业务操作与管理》两门课程纳入物流专业教学计划，并完成《基于快递职业技能鉴定的物流管理专业快递实训室建设》等3项省级一般课题研究
福建	厦门局成立邮政行业校企合作服务中心，首期高职快递试验班开班。泉州局快递人才培养基地揭牌，组织首届快递行业人才专场招聘会。莆田局通过推动建立校园快递实训中心、校企共建学生实习基地，促进产教融合发展
山东	山东局建立省级邮政行业人才培养基地5个，市级邮政行业人才培养基地9个。上海圆通公司在淄博职业学院首创“圆通校园客服中心”。中通快递公司与莱芜职业技术学院设立首个快递订单班。2014年新增设8所合作院校，目前全省已有24所合作院校
贵州	贵阳局积极推动中通快递与贵阳市职业技术学院达成合作意向，建立学生就业实习基地

(三)着力推进科学调控,提高服务质量水平

一是不断规范经营服务行为。规范清理快递企业经营范围。继续贯彻落实《关于贯彻实施快递市场管理办法加强快递经营活动管理的通知》,对照快递企业许可的业务范围和地域范围开展规范清理,及时纠正超范围经营问题。截至2014年底,6家主要加盟企业在176个目标城市自有网络覆盖完成率达73%,经营地域由清理规范前的平均覆盖24个城市提高到平均覆盖97个城市。

扎实推进标准化建设工作。推动落实邮政业国家标准和行业标准,坚持政府监督指导、快递协会组织实施、快递企业积极参与,努力实现营业网点标准化、分拣中心规范化和作业流程制度化,推动快递企业转型升级(表3-5)。

表3-5 全国部分省(区、市)快递业标准化建设情况

辽宁	辽宁局印发快递服务标准化建设评定工作方案,并要求各市局结合本地实际,制定本地区快递服务标准化建设评定方案。在营口召开标准化建设现场会,推进标准化建设评定工作
吉林	吉林局召开推进快递企业落实《快递服务》国家标准部署会议。委托省快递行业协会,对《快递服务》标准化建设企业进行复查和验收工作;开展了全省标准化示范网点评比工作
江西	吉安局按照"尊重品牌特色,鼓励个性创新"原则,采用"以点带面,逐步推进"方式,分阶段完成快递企业营业场所标准化建设
河南	组织开展"三化"建设和品牌快递企业作业流程制度化验收,目前全省标准化营业网点达到1238处,其中形象营业网点161处,规范化分拨中心达到99处,"三化"建设总体达标率72.94%,圆满完成70%的年度目标
四川	南充局分批开展快递营业场所标准化建设,已经建成23个标准化营业网点。凉山局对全州快递营业场所建设作出总体安排,将全州快递营业网点逐步建成三种不同层次的快递营业场所
陕西	陕西局制定下发《快递企业品牌形象示范店建设指导意见》《快递营业及内部处理场所建设标准实施细则》以及《快递企业工作指导手册》,推进快递服务标准化、规范化发展
宁夏	宁夏吴忠局试点快递业标准化建设,引导吴忠市中通速运有限公司开展标准化建设,建成一个标准化门店,并制订印发《吴忠市快递行业标准化建设指导意见》

二是不断强化服务质量监督。继续开展快递服务满意度调查和时限测试。通过问卷调查、系统抽样和实地测试等方式,继续在全国50个重点城市开展快递服务满意度调查和快递服务时限测试,调查和测试结果引起社会广泛关注。《人民日报》、新华网、中新网等主流媒体专题报道。北京、辽宁、吉林、安徽、甘肃、江西、广西、陕西、贵州、青海等地邮政管理部门均通过各种形式开展本地区服务质量与寄递时限测试,并及时通报相关企业,督促企业提高服务水平。

消费维权成效显著。加强消费者申诉处理工作,完善邮政业消费者申诉受理与市场监管工作衔接和联动机制,建立申诉信息公开化制度和消费者申诉情况通告制度,完善申诉处理系统,开通微信申诉平台,拓宽申诉渠道。2014年,消费者通过申诉共挽回经济损失2749.3万元。消费者对邮政管理部门处理申诉满意率为96.0%,对企业处理结果满意率为93.7%。新开通的微信申诉平台受到了消费者的广泛关注,仅4个月时间关注人数已超过3万。

三是不断提高市场监测水平。统计制度更加健全。三级统计范围由按年调整改为按季度调整,纳入统计范围的机构达到2.6万家,较去年增加一倍,统计数据细分到县(市)一级,统计精度进一步提升。行业首次统计专项调查顺利完成,调查覆盖全部企业和营业网点,完成调查的机构达到4.7万家,摸清了行业基础情况。统计制度的进一步健全,为开展行业评估,调整行业发展政策提供了坚实的数据基础。

监测体系逐步形成。定期开展行业经济运行分析,不断提升管理部门对整个行业发展的分析、判断和管理能力。开展《中国快递发展指数》研

究，通过对中国快递的发展规模、发展普及、发展趋势、发展质量进行全面的、连续的、系统的、长期的观察，科学评估快递未来发展趋势，为政府提供决策支撑，为企业提供行业发展风向标。委托中国快递协会开展快递企业快件成本和价格监测，引导行业合理定价。通过开展行业评估，准确把握行业发展现状，科学预判行业发展趋势，为推动行业科学发展、健康发展奠定坚实基础。

四是不断加强旺季服务保障。旺季保障更加有力。继续发挥“错峰发货、均衡推进”的核心机制，加强上游分流和下游疏导，三级邮政管理部门上下联动，建立政府、协会、企业三维互动的保障机制。“双11”期间快递业务量增长了56%，最高日处理量首次突破了1亿件。在业务量迅猛增长的情况下，全行业圆满完成“保畅通、保安全、保平稳”的目标，受到社会各界的高度评价。国务院总理李克强批示：“希望快递行业再接再厉，主动适应新业态、新模式发展的要求，继续提升服务能力和竞争水平”。

五是不断提升行业服务形象。行业精神文明建设成效显著。2014年，快递业在全国范围内开展青年文明号创建工作，8家快递企业一线集体荣获全国青年文明号殊荣。中国梦·邮政情“寻找最美快递员”评选活动影响广泛，共获得网民投票286.2万张，10名基层快递员与2个快递集体荣获“最美快递员”称号，交通运输部杨传堂部长亲切接见最美快递员，并称赞他们是“连接用户的桥梁、传递美好的天使”。

行业诚信建设扎实推进。2014年快递行业诚信体系建设初具雏形。国家邮政局与国家发展改革委、交通运输部商务部、国家铁路局、中国民用航空局、国家标准委等部门联合印发了《关于我国物流业信用体系建设的指导意见》，就推进物流业信用体系建设进行全面部署。加大诚信系统信息化建设投入，建立覆盖全行业的征信系统，通过建立领导机构、强化顶层设计、健全规章制度等措施，落实信用信息的科学、充分、合理使用。起草《快递行业信用体系建设工作方案》，运用信息公示、信息共享、信用约束等手段，整合执法检查、消费者申诉、信访举报等信息资源，构建邮政市场主体信用公示体系。上海、江西、广东以及多个地（市）局纷纷出台加强快递业诚信体系建设的文件，开展快递业诚信体系建设活动。

行业宣传成绩突出。2014年，行业主流平台着力推进行业形象宣传，《中国邮政快递报》共出版51期，刊发文章逾4000篇，发行量同比增长40%；《快递》杂志的品牌效应显成效，发行量同比增长超过50%；国家邮政局官方网站在2014年政府网站绩效评估中位列15个部管局第1位、72个国务院部委办局第21位。各省（区、市）行业宣传工作也取得了新进展（表3-6）。

表3-6 全国部分省（区、市）行业宣传工作情况列表

北京	APEC会议及“双11”业务高峰期间，《北京日报》《法制晚报》《中国邮政快递报》等平面媒体和经济观察网、网易新闻等网络媒体共发布稿件34篇，集中宣传报道APEC会议及“双11”业务高峰期间的邮政行业新闻；北京电视台针对“双11”快递业务旺季进行了2次专题报道
天津	接受天津电视台、天津电台、《天津日报》《每日新报》、北方网、《今晚报》等地方媒体采访20余次，做客行风坐标等栏目12次，在10余家地方媒体发布各类信息100余篇
吉林	参加了由省政府纠风办与吉林新闻综合广播联合策划的“2014阳光吉林行”政风行风热线走基层系列节目之《倾听》。5月份由吉林局领导带队参加了省政府纠风办、省广播电台、《城市晚报》联合制作的“政风行风热线”直播活动。邀请《吉林日报》《新文化报》《城市晚报》和吉林电视台都市频道对我省“双11”情况进行宣传采访
上海	在宣传平台建设方面不断创新，委托新华社上海分社合作开发“上海快递客户端”项目

续上表

福建	福州局结合快递网点普查开展“送法进企业”活动。南平局与南平电视台合制节目《快递员的一天》。厦门局邀请媒体参加邮政行业服务发展座谈会
山东	充分利用《山东邮政管理》平面媒体平台开展宣传。临沂、聊城2个市局成立了新闻宣传中心,17个市局全部建立了由市局工作人员、社会监督员、法律顾问、地方主流媒体记者和企业宣传负责人等组成的记者站
海南	利用《海南日报》、海南省人大官网、海南省广播电视台《政风行风热线》等广播媒体开展《海南省邮政条例》宣贯工作
广西	与北海市电视台合作,以“记录快递业务员平凡的一天”为主题,对北海韵达快递员工一天的工作生活进行跟踪拍摄
重庆	“双11”期间邀请《重庆晨报》《重庆商报》《重庆晚报》《重庆时报》《重庆日报》及华龙网六大主流媒体代表参会并予以报道
云南	在《大理日报》邮政园地宣传平台的基础上,加强与大理文化的合作,完善大理州局门户网站、大理州局信息平台、“大理邮政管理”微信公众平台三大宣传平台。世界邮政日期间,德宏局走进“德宏热线”新闻直播间;西双版纳州广播电视台对版纳州快递行业发展进行系列报道
宁夏	联合自治区党委宣传部召开旺季服务保障新闻通气会,旺季期间邀请新华社宁夏分社、《宁夏日报》、宁夏新闻网、《华兴时报》、《银川日报》、新消息报等新闻媒体共对快递服务报道30余次

二、2014年邮政行业安全监管情况

(一)进一步健全安全监管体系

一是安全监管机构建设取得突破。经中央编办批复,国家邮政局邮政业安全中心成功组建。12月26日,国家邮政局邮政业安全中心挂牌,邮政业安全监管又一重大战略布局正式“落地”。安全中心主要负责邮政行业安全监管信息系统的建设、管理和维护,参与邮政行业安全监管和应急管理相关研究、行业运行安全监测和应急处置等工作,行业安全监管能力进一步提升。该中心是全国邮政业安全监管和应急管理的基础服务部门、技术支撑部门、规制保障部门。组建邮政业安全中心,是国家邮政局一项具有里程碑意义的战略部署和工作决策,有利于全面提升和加强邮政行业的安全监管。

二是部际安全监管机制正式建立。2014年9月28日,国家邮政局与中央综治办、公安部、交通运输部、国家安全部、海关总署、国家工商总局、国家铁路局、中国民用航空局等部门联合印发《关于加强邮件、快件寄递安全管理工作的若干意见》(中综办〔2014〕24号),全面部署安全监管工作,合力推进寄递渠道安全监管综合治理和属地化管理,加速建立以部门协作、齐抓共管为特点的寄递安全管理新机制,为安全监管工作提供了坚实的机制保障。11月下旬,九部门成立寄递渠道安全管理领导小组,并于12月19日在京召开了领导小组第一次会议。

三是安全监管制度体系逐步完善。启动安全监管“绿盾”工程,开展寄递实名制试点工作,出台《寄递服务用户个人信息安全管理规定》和《邮政行业安全信息报告和处理规定》,开展《禁寄物品指导目录及处理办法》修订、《收寄验视管理制度》等专题项目研究。各级邮政管理部门坚持安全为基,着力加强快递安全监管,出台快件安检、收寄验视、快递业安全生产、协同开展邮路安全监管等一系列安全监管制度,有效保障了快递业安全有序发展(表3-7)。组织开展安全监管工作培训,改善执法装备,采购移动执法检测设备,提升安全监管能力。国家邮政局与中国民航局联合发布了《锂电池邮件航空运输管理办法》,对锂电池邮件航空运输各环节的相关规范做了进一步明确。

表 3-7　全国部分省(区、市)安全监管制度建设情况列表

北京	北京局联合市公安局、市国家安全局先后出台《北京市快件安检实施暂行办法》《北京市开展快递行业联合执法检查工作方案》等配套规范性文件，完善安全监管协作机制，强化安全规定落实
山西	山西局下发《山西省快递业安全生产考核评比办法》
辽宁	辽宁局印发《辽宁省邮政行业企业安全生产主体责任规定》，与省安全厅联合下发《关于进一步加强邮路安全监管协作配合工作的通知》，与省安监局联合下发《关于全面推进交通运输、电力、邮政、电信、城市公共事业和索道行业企业安全生产标准化建设的指导意见》。
黑龙江	黑龙江局制定了《黑龙江省快递行业安全生产主体责任规定》
上海	上海局印发《上海市邮政业‘安全为基’三年行动计划》《关于进一步加强上海邮政业安全监管工作的意见》《关于上海市邮政业服务安全信用体系建设的若干意见》《上海市邮政业安全监管工作责任分工方案》《上海邮政业安全事故吊销快递业务经营许可证处置基准》《寄递企业安全防范工作规定(试行)》《上海市邮政业安全事故报告和调查处理办法(试行)》；修订《上海市邮政业突发事件应急预案》，制订《上海市邮政管理局邮政业服务安全事件防范处置规程》，联合市公安局、市国安局下发了《寄递企业安全防范工作规定(试行)》
江苏	江苏局印发《江苏邮政行业企业安全主体责任规定》，会同省公安厅、国家安全厅、新闻出版局等六部门联合印发《关于成立江苏省寄递渠道安全监管办公室的通知》；联合省安全生产监督管理局、省公安厅下发了《关于严禁通过寄递渠道寄递危化品的通知》等。由南京市政府批准，南京局联合国安局、公安局发布《关于开展寄递渠道收寄验视专项治理工作的通告》；南京局印发了《南京市邮路寄递安全保证应急预案(试行)》
浙江	浙江局下发《关于全省邮政行业加强安全生产促进安全发展的实施意见》《关于进一步加强邮路安全监管的通知》，与省公安厅联合下发《关于严格落实收寄验视制度进一步规范寄递企业收寄行为的通知》，与省公安厅、省国安厅三部门联合发布《关于落实收寄验视制度确保寄递渠道安全的通告》，研究制定并下发了《浙江省邮政业突发事件应急预案》
福建	福建局与省公安厅联合下发《关于进一步加强寄递业安全管理工作的通知》，督促企业落实收寄验视制度
江西	江西局与公安、国安部门联合下发《关于开展寄递渠道反恐工作的通知》，萍乡局制定《邮政快递企业安全生产管理体系建设实施方案》，健全安全生产管理体系
山东	济南局会同有关部门制定《济南市快递运单集中销毁监管实施办法》，威海局联合当地保密局出台《关于规范寄递服务信息安全工作的通知》
湖南	湖南局联合省公安厅、省工商行政管理局、省交通运输厅、省商务厅制订了《关于进一步加强全省物流寄递业治安管理工作的意见》
广西	广西局与广西区检验检疫局签署《关于加强进出境邮寄和速递物品检疫合作备忘录》
海南	海南局会同省禁毒委等九部门联合印发了《关于进一步加强物流及寄递渠道堵截毒品工作的通知》，印发了《海南省邮政和快递企业安全生产主体责任规定的通知》
云南	云南局组织制定了《云南省邮政业反恐维稳工作实施方案》
陕西	陕西局制定下发《关于建立健全企业安全管理机制的通知》，编制《安全生产管理规章制度汇编》，各市局纷纷与市公安、国家安全等部门联合下发《关于建立寄递渠道安全检查联合工作机制的通知》，正式建立寄递渠道安全检查联合工作机制
甘肃	甘肃局进一步修改完善《甘肃省邮政业突发事件应急预案》，制定《寄递服务个人信息安全管理规定》
新疆	新疆局制订并印发《化学品寄递安全专项整治活动实施方案》

(二)确保联合监管常态运行

一是与国家安全部联合建立省以下邮路安全监管的联合机制,与公安部、海关总署、民航局等部门就邮政业治安管理和信息安全、寄递渠道禁毒、打击侵犯知识产权和制售假冒伪劣商品、航空邮件安检和锂电池邮件航空运输等问题加强协作。各地邮政管理局加大与当地公安、国安、综治、交通运输、海关、民航等部门合作,共同开展寄递渠道安全治理工作。

二是积极配合公安、国家安全、安监、质检、海关、新闻出版等部门,开展寄递渠道信息安全、反恐、禁毒、扫黄打非和侵权假冒等工作。组织开展了危险涉毒物品寄递安全专项整治活动,对安全承诺书签订情况、收寄验视制度落实情况和应急防护措施落实情况等进行了专项清理整治,加大对违规收寄涉毒涉爆涉恐危险物品企业的惩处力度。

三是进一步强化信息安全。国家邮政局制定了《寄递服务用户个人信息安全管理规定》《邮政行业安全信息报告和处理规定》,增强了寄递企业保密意识,规范了行业安全信息报告和处理工作行为。督促行业加强数据安全管理和网络安全管理,防止泄密事件发生。

四是高度重视反恐怖工作。各地邮政管理部门按照《寄递渠道反恐怖防范工作标准》要求,建立属地为主、条块结合的反恐怖应急管理机制,构建了纵向到底、横向到边的反恐怖工作责任体系,健全了应急处置力量体系,有效实现对反恐怖应急处突任务的全覆盖。

五是扎实开展禁毒工作。各地邮政管理部门始终将行业禁毒工作纳入安全监管重要范畴,加强邮政业禁毒防范能力建设。严格落实收寄验视制度,推动实施寄递实名制。强化用户禁寄义务,实现邮政行业禁毒工作源头防治的工作目标。加强电子商务领域涉毒物品源头管控,避免通过寄递渠道购买、转运毒品和制毒原料及工具。开展危险涉毒物品寄递安全专项整治活动。提高禁毒工作信息化水平,部门联动共同推动禁毒工作。

六是开展扫黄打非工作。通过开展专项行动,加大对非法出版物和反动宣传品、非法宗教出版物的查堵力度,开展校园周边出版物市场专项整治活动,净化校园。2014 年,各级邮政管理部门共抽查快递场所近 3 万处,有效查堵非法出版物通过寄递渠道传播。新疆局在亚欧博览会期间,对全部出港快件实施 100% 过机安检。江苏局在青奥会期间,要求杜绝包括政治性非法出版物在内的禁寄物品进入寄递渠道。四川广元局、湖北鄂州局、湖北襄阳局、安徽阜阳局与当地“扫黄打非”部门开展联合检查。经过专项整治和检查,有效净化了寄递渠道。

七是开展打击侵权假冒行为专项活动。重点配合开展打击互联网领域侵权假冒工作以及农村和城乡结合部市场假冒伪劣专项整治。在广东、福建、浙江等 10 个地区重点清理整顿代收货款业务中寄递假劣食品药品违法行为,各地邮政管理部门积极配合相关部门,治理互联网领域侵权假冒多发环节和药品、可制爆化工产品等重点商品交易行为,查处销售商违法违规改变包装和品名、进出口侵权假冒日用消费品、化妆品和电器产品等违法行为,取得良好效果。

(三)进一步强化安全保障

一是大力推进专项整治。开展落实收寄验视制度专项整治活动。按照国家邮政局关于开展落实收寄验视制度专项整治活动的工作要求,各地邮政管理部门联合公安、国家安全、海关等部门,通过日常检查、突击检查、联合检查、明察暗访、调取监控录像记录等多种方式开展了专项整治活动。督促企业落实安全主体责任,加强对人员的教育、培训和管理,提高从业人员的安全意识和防范能力,完善相关制度和安全管理责任。对于检查中发现的快递企业不执行收寄验视制度,或者违反规定收寄禁限寄物品的行为进行了严厉查处。开展化学品寄递安全专项整治工作。2014 年 10 月国家邮政局下发《国家邮政局关于开展化学品寄递安全专项整治活动的通知》，对邮政行业化学品寄递安全专项整治活动进行了专门部署。截至2014年底，各地邮政管理部门共查处违法违规行为1121次，及时果断处置成都西部中通违规收寄危险化学品事件，有效规范了化学品寄递。

二是圆满完成应急保障。有效保障重大活动顺利进行。积极做好"春运"、"两会"、北京APEC会议、上海亚信峰会、南京青奥会、天津夏季达沃斯论坛、新疆第四届中国－亚欧博览会等重大活动期间寄递渠道的安全保障工作，为重大活动的顺利进行提供了坚实保障。妥善应对突发事件。先后处理申通快递化学品导致航班备降、邮政航空公司邮件在浦东机场地面仓库起火事件，协调处置汇强、港中能达快递网络运行阻断和广西南宁中通经营纠纷事件；有效应对新疆于田地震、超强台风"威马逊"、云南鲁甸地震等突发事件。

三是有序推进寄递实名制。按照"积极、稳妥、有序"原则，分阶段逐步推进寄递实名制。2014年，开展了寄递实名制法律和政策方面的可行性研究，制订推行方案，为寄递实名制的推进打下基础。

（四）进一步提升监管信息化水平

2014年，国家邮政局扎实推进邮政业安全监管信息系统（三期）建设，实现全国31个省（区、市）和357个地（市）邮政管理部门系统共享。初步搭建起国、省、市三级联动的视频监控体系，有效提高快递企业监管的实时、可视及联动响应能力。北京、上海等17个省级邮政管理部门，宁波、深圳等13个地（市）级邮政管理部门开展监控平台和视频系统建设，目前已经接入了260多个企业转运中心的视频影像。各级邮政管理部门对安监信息系统的应用大大增强，安全监管信息化建设逐级延伸，监管信息化水平得到进一步提升（表3-8）。

表3-8　全国部分省（区、市）信息化建设情况

天津	天津局与电信运营商合作建设手机视频实时监控系统，可以实时监控快递企业分拣中心、快递网点，提高行业监管效率，提升管理部门信息化水平
河北	河北局将符合条件的九家企业监控视频接入管局，按期完成了安监视频系统建设工作。廊坊、承德局自筹自建了视频监控系统，利用液晶电视、PC端和手持移动终端等多种设备，对企业分拨中心现场情况进行实时视频监控
上海	上海局积极配合国家局做好安监系统三期建设，协助做好机房和视频监控中心的装修改造工作，目前已接入10家品牌快递企业视频系统，可实现实时跟踪监控
江苏	连云港局利用"监控云系统"，使全市快递企业分拣中心的设备联网，所有邮件、快件分拣处理现场实现全年365天、每日24小时全天候实时远程监控
浙江	浙江全省50家快递分拨中心远程在线监控系统正式投入使用
福建	福州局积极探索"制度＋科技"的监管模式，构建"收寄验视监管、快递配送车辆监管、分拨处理中心网点视频监控和信息安全监管"四位一体的邮政行业安全监管系统。泉州局建设泉州市快递服务网点分布电子地图，涵盖全市60多家法人企业及近400个分支网点，实现网点定位、信息展示、查询筛选、汇总统计等功能；扩容快递车辆GPS系统，增加车辆运行分析等功能，实现信息化监管。福建全省接入邮政业远程视频监控平台的快件处理中心、快递企业及下属分支机构、营业网点共120个
山东	济南、青岛2市建立视频监控系统，包括各大品牌快递企业在内的16家企业已纳入监控范围
湖北	湖北省10家快递分拨中心视频监控系统已正常投入使用
广西	广西局安监视频系统接入顺丰、申通两家企业。桂林、梧州、柳州、来宾、贺州、河池、崇左、北海、防城港等9个市局的邮路安全监控平台先后上线试运行，陆续接入辖区内各主要寄递企业分拨中心的监控视频
海南	海南局推进快递企业监管视频应用系统，截至2014年底共接入邮政、快递企业处理中心及其分支机构视频监控达263个
宁夏	吴忠市建立视频监控系统，辖区内各县（市、区）的各大品牌快递企业及绝大部分快递营业网点已纳入监控范围

第二章 2014年市(地)邮政管理工作综述

2014年是全面贯彻落实党的十八大和党的十八届二中、三中全会精神的重要一年,也是全面深化改革推动邮政行业发展再上新台阶的关键一年。各市(地)邮政管理局、派出机构组建两年多来,在国家邮政局和各省(区、市)邮政管理局的坚强领导下,务实创新、开拓进取,行业发展环境得到了进一步改善,行业管理效能得到了有效发挥,工作渠道进一步顺畅,管理基础不断夯实,队伍建设持续加强,初步形成了一支基本适应工作需要的行业监管队伍。

一、夯基础,打造一支有战斗力的队伍

2014年,各市(地)邮政管理局在2013年良好开局的基础上,继续结合本地实际,通过多种形式加强队伍建设,各项工作推进取得了一定成效。福建省泉州市邮政管理局创新建设"三个载体",即开展"心系群众、执政为民"主题教育、"四下基层、帮困解忧"主题实践和"边学边查边改"立项分解活动,努力打造"三个平台"即创建服务群众平台、立体式宣传平台和信息化建设平台。两级督导组对泉州市邮政管理局开展党的群众路线教育实践活动给予"有声有色,有形有效,落地生根"的评价。漳州市邮政管理局开展"党的群众路线教育实践活动",通过开展"一听二看三讲四论五学",逐步锻炼造就一支坐着能写、站着能说、下去能做的队伍。

广西壮族自治区河池市邮政管理局以一篇公文出现的问题,组织全体党员、干部通过这个典型事例分析为切入点,以"四风"、"五化"、"六病"现象彻底对照检查自己,把自己作为局中人摆进去,找准问题实质,深挖思想根源,从中吸取教训,举一反三,引以为戒,不断改进工作作风、提高业务知识和专业技能。

黑龙江省绥化市邮政管理局在队伍建设方面,制订了《绥化市邮政管理局干部提拔调整工作方案》《绥化市邮政管理局选拔培养后备干部实施办法》,充分发扬民主,提拔培养德才兼备的干部。同时,本着"打造专业型"人才的理念,注重锻炼提升各岗位人才的专业技能,达到在各自工作领域技艺精湛的目的。

为进一步提升基层邮政管理部门管理水平,2014年10月,国家邮政局在北京举办了第三期市(地)邮政管理局长领导能力培训班。国家邮政局局长马军胜要求,要在认真梳理两年来市(地)邮政管理工作的基础上,结合"十三五"规划的预研,对照四中全会精神和中央对经济新常态的判断和要求,正确把握行业发展的形势和特点,积极有效地开展工作,使行业管理工作的思路更加符合实际情况、行业运转模式更加符合客观需要、向社会引导的服务和产品更加接地气。他对市(地)邮政管理局局长提出了四点希望:一是要切实负起责任。邮政行业进入快速发展的新时期,新业态层出不穷,新形势新任务对邮政管理工作提出了新的要求,要尽快转变思想观念,不断增强责任意识,自觉把推动行业发展作为最大任务,把服务行业发展作为最大职责,创造性地开展工作。二是要加强学习实践。树立终身学习的理念,坚持把学习作为一种政治责任,作为自我发展的第一需要,作为履行邮政管理职责的前提条件。要在学习的同时加强实践,深入基层、深入实际、深入群众,稳步推进管理工作的开展。三是要抓好班子带好队伍,充分发挥队伍的整体战斗力。要持之以恒地抓好作风建设,坚持工作高标准、严要求,坚持业绩导向,讲求实效,切实把各项工作做细做实。四是要坚持廉洁从政。要把邮政管理事业看得更重一些,不断强化廉政意识,贯彻中央八项规

定，执行国家局党组的有关规定，树立邮政干部为民、务实、清廉的良好形象。

二、促落地，营造行业良好发展环境

2014 年，市（地）邮政管理局在承继上一年全面摸底、建章立制，规范工作流程的基础上，密切联系地方政府，加强与相关部门的沟通协调，出台文件，推动国家邮政局与相关部委，省局与相关厅局促进快递行业发展的政策落地。

福建省厦门市邮政管理局与其他部门共同促成《厦门市现代服务业综合试点扶持资金使用和项目管理办法》正式出台，为厦门市邮政速递物流分公司顺利申请到扩建项目工程款 1000 万元用于设备投入、场地改造等；将快递企业纳入物流优惠政策适用范畴，被认定为市级重点物流企业的邮件（快件）运输车辆，在厦门市行政区内的道路车辆通行年费按现行标准的 50% 征收；促成市发改委牵头召开协调会，提出要加大对邮政业的扶持力度，引导支持邮政业务发展，降低财税扶持门槛，减轻“营改增”对邮政业的影响等。

泉州市邮政管理局推动出台包括《泉州市人民政府关于促进快递服务业发展的意见》《泉州市人民政府关于加快邮政业发展的专题会议纪要》等在内的关于促进快递服务发展、推动校企合作、建设快件绿色通道和快递产业园、争取跨境快件发展资金、试点推广智能快件箱等 10 余份政策性文件。此外，泉州市政府正式成立推进快递服务业发展工作协调组，市政府常务副市长林伯前任组长，市政府副秘书长林琪伟、泉州局局长高黎明任副组长，市直 32 个部门分管领导任成员，加强日常联络、政策落实和联合执法等工作。

三明市邮政管理局联合高校组织开展快递行业市场综合调研，向地方政府建言献策并争取利好政策。三明市委、市政府相继出台《关于促进电子商务发展的若干意见》，明确指出电子商务企业包括物流快递等为电子商务服务的配套企业，同等适用《意见》中各项扶持政策，在资金、税收、人才职鉴等方面给予优惠，支持快递与电商协同发展；出台《电子商务产业发展规划（2014 — 2018）》，将“全市电子商务仓储快递一体化物流园”列入近三年重点项目；出台《关于进一步加快推进三明科学发展跨越发展的实施意见》，支持城市商业配送、快递分拨等重点物流领域建设。

黑龙江省绥化市邮政管理局与商务局联合开展工作，促进快递企业与电商企业、中小企业合作。一是搭建电商与快递企业合作平台；二是支持鼓励快递企业加入中小企业平台，利用各自的资源优势，加快网络集约化建设；三是协同商务局积极争取省商务厅对绥化市对俄跨境业务发展的支持政策，促进快递企业与跨境电商企业协同发展，服务地方经济发展大局。

辽宁省营口市邮政管理局推动市政府办公室转发《关于促进快递行业发展的实施意见》。根据《实施意见》，营口市成立由市政府领导任组长，市发改委、公安局、财政局、住建委、邮政管理局等相关部门为成员的推进快递行业发展工作领导小组，明确各成员单位的职责分工，要求加强部门协同，形成整体合力，及时协调解决快递行业发展过程中遇到的问题。

安徽省阜阳市政府印发《关于加快发展电子商务的实施意见》，出台多项政策加快推进电子商务发展，提出要“加强快递物流园区建设，打造皖西北公路、高铁、航空无缝转运枢纽，构建现代快递物流产业聚集区”，并明确责任单位为阜阳市邮政管理局。

浙江省湖州市出台了《湖州市人民政府关于加快电子商务发展的实施意见》，明确提出要在政策、资金上大力支持邮政业进社区和快递物流园区建设。《意见》明确支持邮政、快递企业进社区建设便民服务点，切实解决电子商务终端配送“最后 100 米”投递问题，鼓励物流企业进社区开设 O2O 便利店；突出支持快递物流园区建设，引进、支持一批国内外先进的快递物流企业到湖州设立区域分拨中心。《意见》还明确，计划用三年时间，到2016年建成600个村级电子商务服务点，在全市计划建成180个E邮站(柜)。

三、抓发展，推动“快递下乡”等向纵深拓展

2014年全国邮政管理工作会议提出推动快递服务“向西”“向下”“向外”拓展，将快递业务板块从“1+1”向“1+3”延伸。各市(地)邮政管理局顺应行业发展大势，按照国家局的部署，结合本地实际，因地制宜开展工作，推动“快递下乡”等工程向纵深拓展，取得了积极成果。

在福建省厦门市政府牵头下，厦门市邮政管理局与市商务局、厦门海关等部门共同推动对台海运快件试行。7月31日厦台海运快件第一单从台湾台中港出发顺利抵达厦门邮轮码头，到港后，该批快件货物经过快速分拨、快速验放、快速清关，实现了4小时内完成货物下船至清关验放的全过程。这标志着两岸新型快速物流通路的打开，以海运快件取代航空投递，改变了两岸传统快速通路(航空)，在时效和航空相差不大的情况下，不仅运载量大幅提升，成本也大大降低，更有快、中、慢船三种方式满足不同的运输需求，也成为厦门发展跨境电商的一个新起点。

江西省九江市邮政管理局派出工作组深入各县乡镇调查快递网点建设及经营情况，从快递网点数量、快递网点经营性质、2013年快递网点进出件量、运营和发展等方面征求意见建议，积极推动快递企业向县域以下地区拓展，促进农村电子商务和网购发展，服务农村、农民和农业。

重庆市永川邮政管理局积极与永川区交通运输局协调，达成共识，以交邮合作方式，推动“快递下乡”工作。永川局将引导快递企业与客运企业合作，利用客运班车货仓运输快件，实现资源整合，提高运输效率，降低企业快件运输成本。同时，与路政、运管等相关部门加强协作，齐抓共管，确保下乡邮路安全畅通。

四川省自贡市邮政管理局与市商务局等部门沟通协商，决定因地制宜采取三项措施，推进全市快递行业与农村电子商务协同发展。一是推进“三下乡”普惠民生工程，通过实施“快递下乡”“电商下乡”“邮政下乡”(村邮站)，多渠道促进快递服务与电子商务深度融合，解决广大乡镇配送终端“最后一公里”投递问题。二是着力建立同城快递配送体系，促进快递服务和电子商务纵向延伸，在推进“城市商品下乡”的同时，大力发展“农村农产品进城”。三是鼓励快递协会与电子商务协会合作，整合资源优势，促进相互发展，更好地推动产业结构调整和企业转型升级，不断扩大农村快递网络覆盖率，为农村电子商务发展提供支撑。

陕西省汉中市邮政管理局组织全市各主要快递企业负责人进行座谈，深入听取各企业关于“快递下乡”工程实施的建议和落实规划，鼓励各快递企业积极参与汉中“三市”建设，参与本地旅游产品的开发，在土特产、旅游产品点建立收寄代理点，加强与地方服务业的协同发展。

江苏省无锡市邮政管理局积极推动无锡顺丰、韵达等快递企业与无锡阳山镇政府合作，深入推进“快递下乡”，为阳山水蜜桃种植基地的生鲜产品提供冷链配送，进一步提升快递服务水平，助力地方经济发展。

浙江省舟山市邮政管理局督导市邮政分公司，充分利用邮政服务平台，发挥其分布广、功能多、网络覆盖全的优势，探索建设农村邮政代投中心，助推“快递下乡”。舟山邮政分公司与舟山百世汇通快递达成合作意向，并在普陀小岛开展试点业务。

四、抓安全，为行业健康有序发展护航

安全与发展同等重要，管行业就要管安全，这是市(地)邮政管理局组建以来，一直坚守的原则。各市(地)邮政管理局在省局的指导下，积极争取地方政府的支持，建立寄递渠道安全领导小组，由分管市领导出任领导小组组长，牵头协调各相关单位，形成依靠各部门合力保障寄递渠道安全的

良性互动局面。

福建省福州市邮政管理局积极探索“制度+科技”监管模式，引入信息化监控手段，构建集“收寄验视监管、快递配送车辆监管、分拨处理中心网点视频监控和信息安全监管”“四位一体”的邮政业安全监管系统，形成“收寄、运输、分拨、投递”全链条监控体系。

漳州市邮政管理局健全安全责任制和各项安全管理制度，完善多部门联合工作机制，加强应急管理体系建设。落实“五严十抓”，开展“安全生产年”系列活动，防患未然，确保全市邮政业全年零事故。“五严”即严准入、严执法、严监管、严处罚和严问责。“十抓”：第一，落实企业主体责任。第二，逐层签“军令状”。第三，督促企业配备安全专职人员。第四，建立行业安全监管台账。第五，帮助企业建立安全运营台账。第六，健全安全保障制度。第七，及时发布“危险化学品生产企业、储存企业、剧毒品经营企业”名录到各寄递企业。第八，开展快递业安全生产应急演练。第九，督促企业开展安全生产自查自纠。第十，开展联合执法、明察暗访。

河北省张家口市邮政管理局立足于“打基础、管长远”推进行业健康快速发展的工作思路，先后以委托核查、日常检查等活动为契机，启动了行业安全生产百日检查活动。全年以来，共下基层检查178人次，处罚快递企业及分支机构6家，进一步整顿了快递市场，规范了各企业经营行为。全局解答受理用户用邮需求申诉案件106起，申诉案件均已妥善处理，消费者对申诉处理满意率实现100%。

内蒙古自治区乌海市邮政管理局提出按照“四加强”要求，推进行业安全工作取得新突破。一是加强检查力度。将日常检查和专项检查、部门检查和联合检查、明查和暗访相结合，定期和不定期的开展拉网式检查或对重点企业进行检查。二是加强企业整改力度。检查中对企业存在的安全问题，凡是可以现场整改的，监督企业立即整改，暂时无法整改的要求企业限期整改。三是加强跟踪复查力度。整改期限结束后，及时对企业整改情况跟踪复查，确保有整改要求就有跟踪复查，形成安全监管工作闭环。四是加大处罚力度。对不重视安全工作、未按照安全生产要求落实保障措施和限期内未完成整改的企业，将依法从严处罚。

吉林省长春市邮政管理局与市公安局建立全市寄递渠道治安管理协调机制，共同做好寄递渠道反恐工作。双方主要从三方面开展工作：一是对邮政、快递企业开展反恐安全培训。要求企业增强防范意识，认真查找寄递渠道安全漏洞和薄弱环节，落实人防、物防、技防等常态防范措施，提高寄递渠道反恐安全防范工作能力。二是开展企业收寄验视执行情况检查。收寄验视是排除安全隐患的重要关口，各企业要提示用户如实填写邮（快）件运单，认真核实寄递物品品名和数量，切实保障寄递渠道安全。三是组织企业开展反恐应急演练。各企业要严格按照培训内容，积极应对，妥善处理，按时上报，不断提高应急反应能力。

四川省内江市邮政管理局为强化全市快递业应急处突工作，提高应对突发事件的能力，成立了内江市主城区、隆昌县、威远县、资中县4支快递业应急处突志愿者队伍。志愿者队伍对志愿者进行注册登记，定期开展志愿者培训；承担积压快件疏散、旺季服务资源调配、快递业突发事件安全事故处置等任务。应急处突志愿者队根据信息研判，对可能成为突发事件的，或接到市邮政管理局指令，启动应急运行机制。最大程度地预防和减少快递业突发事件及其造成的损害，确保寄递渠道安全畅通。

五、战旺季，基层快递网点服务能力大幅提升

在2014年11月11日至16日短短6天时间内，全行业共处理快件5.4亿件，同比增长56%；最高日处理量达到1.026亿件，同比增长57.8%，是日常处理量的3.1倍。各市（地）邮政管理局在

上年经验的基础上，早部署、早准备，在快递业务量陡增的情况下，督促快递企业和电商企业切实实施“错峰发货、均衡推进”的工作机制，圆满实现了“保畅通、保安全、保平稳”的目标。

在县域消费百强县的榜单中始终稳居第二的浙江义乌，“双11”当天快递业务总量超过370万票，其中发件量达到355万票。义乌邮政EMS调集了130名工人轮班作业，为网店提供仓配服务。12日上午即累计发货近10万单；义乌申通分拨中心常规日处理能力是120万件，11日当天，揽收处理快件为127万件。

“双11”当天，泉州市规模以上快递企业收件量251万件，其中泉州邮政EMS、顺丰、圆通、申通、中通等5家快递企业揽收量均突破30万件，达到2013年日均收件量的5.8倍。百世汇通泉州分公司在“双11”前夕，将出港件的操作搬迁至1.2万平方米的新场地，原8000平方米的老场地则用于进港件的操作。“双11”期间，500位员工分为早、中、晚三班倒作业。除此之外，还与泉州大型电商企业合作，推出了“直发车”服务。

11月12日，“双11”第二天，厦门市收件量达88.6万件，较11日增长0.82万件，比去年同期增长7.3%；派件量达39.04万件，较11日增长10.2万件，比去年同期增长34.6%。收派件总量达127.64万件，连续两日突破百万件大关。为妥善处理激增的快件，保障企业平稳、安全运营，厦门市邮政管理局加大巡查力度，每天派出两个巡查小组，对重点快递企业开展巡查。巡查工作一直从上午8时持续到凌晨。

从11月13日开始，四川成都进港到达的快件量开始激增，预示快递高峰期即将到来，成都市邮政管理局与市重点快递企业进行了多伦分析预测和形势研判，推出四项举措。一是要求各企业根据总部发布的快递流量、流向情况，进一步强化“错峰发货、均衡推进”机制，积极协调争取上游电商延长发货期，适时启用储备的分拣场地、车辆和人员，确保快递网络畅通；二是协调“速递易”、E-BOX两家智能快递柜营运企业，在用户收货短信提示中，增加“双11快递量大、请及时提货”等信息，提高智能快递柜使用率和快递投递效率，缓解“最后100米”末端投递压力；三是会同相关部门加强联动督导，在快递量暴增的情况下，确保“安全生产不放松、市场秩序不混乱、服务质量不降低”。加强对各大分拨中心的视频实时监控，实现“可视、可控”目标；四是通过网站、新闻媒体、企业QQ群，及时发布“双11”快递服务提示信息，希望和呼吁广大消费者对旺季期间快递行业给予理解和支持，对快递员的辛勤劳动给予更多配合和关爱。

部分市(地)邮政管理局2014年工作亮点及特色举措

市(地)	工作亮点及特色举措
泉州	建设启用快递安全远程视频监控系统，在全国率先建成快递服务车辆GPS监控信息系统
三明	联合快递行业协会创建快递企业“巡回课堂”制度，依托有条件的企业建立“巡回课堂临时授课点”，定期进企业开展法律法规及安全生产知识授课，将安全教育培训搬进各企业生产现场
福州	率先对市区所辖16个品牌快递企业共259个营业展开网点普查，结合“普查、调研、群众路线意见征求意见、安全检查”四张表于一体，全面掌握快递企业“许可备案、服务能力、标准化建设、车辆管理、职业技能鉴定”等情况
大兴安岭	历时一个月制作完成了全区邮政企业、快递企业网点分布图。分布图选用企业自身的标识和鲜明的颜色，直观清晰地展现了辖区内50余处普服网点和30多家快递企业网点的分布情况，并利用百度地图添加标识的方法完成了电子分布图
绍兴	推行快递营业网点“纳轨”承诺制，加强对快递企业许可及分支机构备案后的事中事后监管
温州	温州市邮政管理局以“宣法规、办实事、优服务、促发展”为主题，在全市范围内开展“集中一百天时间，进驻一百家企业，办理一百项备案”的“三百行动”

续上表

市(地)	工作亮点及特色举措
运城	运城市邮政管理局在对辖区内申请办理分支机构备案手续的快递企业进行实地核查工作中,逐步探索出“核查+培训”的监管模式,并取得了一定实效
扬州	扬州市邮政管理局的推动下,扬州市首批17家快递服务中心集中签约,正式成立运营
南京	启动快递基层站点管理年活动。一是做好站点备案登记,二是开展快递站点标准化建设,三是开展站点经理人轮训,四是开展联合监督检查,五是开展标准化站点评选
宁德	成立局行政执法案件审议委员会,加强对行政执法案件的规范化审查,实现行政执法和案件办理“零复议、零诉讼”
宜昌	推动交邮合作“农村货运班线”助力邮政快递服务。秭归县邮政、快递企业与秭归华维物流有限公司签订了战略合作协议。根据协议,华维物流有限公司承运秭归县城区至乡镇的邮(快)件,实现了邮政快递与交通运输的优势互补和资源共享

第三章　快递法律规章及规范性文件

(2014 年修订或颁布)

邮政行政执法监督办法

中华人民共和国交通运输部令

2014 年第 18 号

《邮政行政执法监督办法》已于 2014 年 11 月 20 日经第 13 次部务会议通过,现予公布,自 2015 年 1 月 1 日起施行。

部长　杨传堂

2014 年 12 月 7 日

第一章　总　则

第一条　为加强邮政行政执法监督,及时查处和纠正邮政行政执法中的违法、不当和不作为行为,保证邮政法律、法规及规章的正确实施,维护公民、法人和其他组织的合法权益,制定本办法。

第二条　国务院邮政管理部门和省、自治区、直辖市邮政管理机构对本级内部执法机构和下级邮政管理部门的行政执法实施监督适用本办法。

第三条　邮政行政执法监督工作应当坚持教育与惩处、监督检查与改进工作相结合,遵循依法、客观、公正、公开和有错必纠的原则。

第四条　调查处理邮政行政执法中的违法、不当和不作为行为,应当做到事实清楚、证据确凿、手续完备、程序合法、定性准确、处理恰当。

第五条　公民、法人或者其他组织对邮政管理部门违法、不当和不作为的具体行政行为,可以依法申请行政复议或者提起行政诉讼,有权向邮政管理部门举报。因邮政管理部门的具体行政行为损害其合法权益的,可以依法要求行政赔偿。

第六条　国务院邮政管理部门应当对在邮政行政执法监督工作中作出突出成绩的单位和个人给予表彰。

第二章　监督机构及其职责

第七条　国务院邮政管理部门和省、自治区、直辖市邮政管理机构的法制工作机构(以下简称邮政行政执法监督机构)具体负责组织邮政行政执法监督工作,并协助监察部门实施责任追究。

国务院邮政管理部门和省、自治区、直辖市邮政管理机构的执法机构具体承担邮政行政执法业务指导和督促工作。

第八条　邮政行政执法监督机构承担以下职责:

(一)负责制订邮政行政执法监督工作制度;

(二)监督检查邮政管理部门的行政执法情况,并对存在的问题提出意见和建议;

(三)查处举报和监督检查发现的违法、不当和不作为行为,实施行政执法通报制度;

(四)负责邮政行政执法和监督人员的资格管

理工作；

（五）定期报告监督工作情况；

（六）配合监察部门追究邮政管理部门及其行政执法人员的行政执法责任；

（七）办理上级机关交办的行政执法监督事项；

（八）法律、法规规定的其他行政执法监督职责。

第九条 国务院邮政管理部门和省、自治区、直辖市邮政管理机构应当配备行政执法监督人员。

行政执法监督人员应当持有国务院邮政管理部门颁发的邮政行政执法监督证件。

第三章 监督范围和方式

第十条 邮政行政执法监督的范围包括下列事项：

（一）邮政法律、法规、规章和规范性文件执行情况；

（二）行政执法主体、行政执法程序是否合法；

（三）行政处罚、行政许可、行政强制等具体行政行为是否合法、适当；

（四）行政执法文书使用是否合法、规范；

（五）行政执法中是否存在不作为、滥用职权、玩忽职守、越权执法等行为；

（六）行政复议和行政应诉情况；

（七）行政执法责任制的落实情况；

（八）执法风纪遵守情况；

（九）其他应当监督检查的情况。

第十一条 实行行政执法检查制度。邮政行政执法监督机构采用明查与暗访、综合检查与专项检查、常规检查与突击检查等方式，定期或者不定期组织对同级执法机构和下级邮政管理部门执法情况进行检查。

第十二条 实行行政执法工作情况年度报告制度。下级邮政管理部门应当将行政执法上一年度工作情况，在每年三月十五日前向上一级邮政管理部门书面报告。

行政执法年度报告，包括执法制度和执法队伍建设，行政许可、行政强制、行政处罚以及落实行政执法责任制情况，执法中存在的问题和改进的措施等事项。

第十三条 行政处罚、行政许可、行政强制等行政执法活动应当依照法定程序进行，形成的检查记录、证据材料、执法文书等应当按照规定的标准进行收集、整理、立卷、归档，并按照档案管理规定实行集中统一管理。

第十四条 实行行政执法案卷评查制度。邮政行政执法监督机构应当定期组织对下级邮政管理部门和同级执法机构的行政处罚、行政许可、行政强制等行政执法进行案卷评查，对评查发现的问题，应当及时纠正。

第十五条 实行规范行政处罚裁量权制度。邮政管理部门应当依法制定行政处罚裁量基准和适用规则，定期对规范行政处罚裁量权工作情况开展评估。

第十六条 公民、法人或者其他组织认为邮政管理部门的行政执法行为违法、不当或者存在不作为的，可以向邮政管理部门举报。

第十七条 实行行政执法通报制度。对于查处的违法、不当和不作为案件，在邮政管理部门内部予以通报。

第十八条 实行行政执法案例指导制度。国务院邮政管理部门法制工作机构应当定期组织发布具有典型性或者指导意义的案例，为完善裁量基准和指导行政执法提供参照。

第十九条 实行行政执法责任制度。各级邮政管理部门应当梳理执法依据，根据执法岗位配置情况，分解执法职责，确定执法责任，规范执法程序。

各级邮政管理部门应当将梳理确认后的行政执法主体、行政执法依据、行政执法职责、行政执法岗位、行政执法程序、监督举报方式等向社会公布。

上级邮政管理部门对下级邮政管理部门定期开展邮政行政执法评议考核，并予以公布。具体办法由国务院邮政管理部门制定。

第二十条 实行行政执法人员资格制度。邮政行政执法人员从事行政执法工作，应当取得国务院邮政管理部门颁发的邮政行政执法证件。具体办法由国务院邮政管理部门规定。

第二十一条 实行行政执法案件信息公开制度。各级邮政管理部门应当按照国务院邮政管理部门规定向社会公开行政执法案件信息。

第二十二条 实行行政执法风纪监督制度。各级邮政管理部门对行政执法人员遵守执法纪律情况和着装、仪容、风纪、举止、执法用语规范情况进行监督。

第二十三条 邮政管理部门应当建立健全网上邮政行政执法监督系统和行政权力事项动态管理系统，运用信息化手段对行政执法行为实施监督。

第四章 监督程序和处理

第二十四条 邮政行政执法监督机构应当根据邮政法律、法规、规章和规范性文件的实施情况，制定邮政行政执法监督计划和工作方案，确定监督检查的目的、对象、要求、内容、时间、方法和步骤等。

第二十五条 对国家权力机关、人民政府或者上级邮政管理部门交办的行政执法监督事项，邮政管理部门应当依照本办法组织专项邮政行政执法监督检查并报告结果。

邮政管理部门可以根据公民、法人或者其他组织的举报和新闻媒体反映的情况，依照本办法适时组织专项邮政行政执法监督检查。

第二十六条 开展行政执法监督调查活动时，应当有两名以上行政执法监督人员，并出示邮政行政执法监督证件。

第二十七条 行政执法监督事项涉及国家秘密、商业秘密的，应当依法履行保密义务。

第二十八条 邮政行政执法监督机构在监督检查中发现或者受理举报后认为下级邮政管理部门、同级执法机构的行政执法行为涉嫌违法、不当或者存在不作为的，应当自发现或者受理举报之日起七日内立案调查，或者由国务院邮政管理部门指令省、自治区、直辖市邮政管理机构调查。

第二十九条 调查处理工作应当在立案之日起两个月内完成，情节复杂或者有其他特殊原因的，经本级邮政管理部门负责人批准可以适当延长时间，但最长不得超过三个月。

第三十条 国务院邮政管理部门和省、自治区、直辖市邮政管理机构作出监督处理决定前，应当告知被监督的邮政管理部门、行政执法人员作出决定的事实、理由、依据和依法享有的权利，并充分听取被监督的邮政管理部门、行政执法人员的陈述和申辩。

第三十一条 国务院邮政管理部门和省、自治区、直辖市邮政管理机构作出行政执法监督处理决定，应当制作《邮政行政执法监督处理决定书》。

《邮政行政执法监督处理决定书》应当载明以下内容：

（一）被监督的邮政管理部门的名称；

（二）认定的事实和理由；

（三）处理的决定和依据；

（四）执行处理决定的方式和期限；

（五）作出处理决定的邮政管理部门名称和日期，并加盖印章。

第三十二条 指令省、自治区、直辖市邮政管理机构调查的，应当制作《邮政行政执法监督调查处理通知书》。省、自治区、直辖市邮政管理机构应当在收到《邮政行政执法监督调查处理通知书》之日起七日内立案调查，自作出处理决定之日起十日内将处理结果报上级邮政管理部门。

第三十三条 邮政行政执法监督机构实施行政执法监督，可以采取以下措施：

（一）询问邮政管理部门负责人及其行政执法人员，询问行政相对人或者其他知情人，并制作笔录；

（二）查阅和复制行政执法案卷、账目、票据和凭证；

（三）以拍照、录音、录像、抽样等方式收集证据；

（四）暂扣行政执法证件；

（五）听取汇报，召开座谈会、论证会；

（六）暂扣、封存可以证明存在违法或者不当行政执法行为的文书及其他有关材料；

（七）责令被监督的单位和人员在案件调查期间不得转移或者擅自处理涉案财物。

第三十四条 邮政行政执法监督人员在执行监督任务，开展调查活动时，被检查、调查单位和个人应当主动接受并予以配合。

第三十五条 被监督的邮政管理部门有下列情形之一的，应当责令其限期履行：

（一）违法决定终止行政处罚调查的；

（二）违法决定终止执行行政处罚决定的；

（三）无正当理由不履行法定职责的；

（四）无正当理由拖延履行法定职责的。

第三十六条 具体行政执法行为有下列情形之一的，应当责令被监督的邮政管理部门以书面形式予以补正或者更正：

（一）未说明理由且事后补充说明理由，当事人、利害关系人没有异议的；

（二）文字表述错误或者计算错误的；

（三）未载明决定作出日期的；

（四）程序存在其他瑕疵，但未对公民、法人和其他组织合法权益造成影响的；

（五）需要补正或者更正的其他情形。

第三十七条 具体行政执法行为有下列情形之一的，应当撤销：

（一）主要事实不清、证据不足的；

（二）适用依据错误的；

（三）违反法定程序的，但可以补正或者更正的除外；

（四）超越或者滥用职权的；

（五）具体行政行为明显不当的；

（六）法律、法规规定的其他应当撤销的情形。

第三十八条 撤销具体行政执法行为，不适用以下情形：

（一）撤销可能对公共利益造成重大损害的；

（二）法律、法规规定的其他不予撤销的情形。

行政执法行为不予撤销的，被监督的邮政管理部门应当自行采取补救措施。

第三十九条 具体行政执法行为有下列情形之一的，应当确认违法：

（一）不履行法定职责，且责令其履行已无实际意义的；

（二）行政执法行为违法，但不具有可撤销内容的；

（三）行政执法行为违法，依法不予撤销的；

（四）其他应当确认违法的情形。

第四十条 国务院邮政管理部门和省、自治区、直辖市邮政管理机构决定撤销或者确认具体行政执法行为违法的，可以责令被监督的邮政管理部门在一定期限内重新作出具体行政行为。

第四十一条 被监督的邮政管理部门对行政执法监督处理决定不服的，可以在收到处理决定之日起三十日内向作出处理决定的邮政管理部门申请复查。

作出处理决定的邮政管理部门应当在收到复查申请之日起十五日内作出复查决定。

第四十二条 行政执法监督过程中，行政相对人对具体行政行为申请行政复议或者提起行政诉讼的，应当中止行政执法监督程序。待行政复议或者行政诉讼结束后，再行恢复行政执法监督程序。

第五章 行政执法责任追究

第四十三条 本办法所称行政执法过错责任，是指邮政管理部门的工作人员在行政执法过程中，因故意或者重大过失，违法执法、不当执法或者不履行法定职责，给国家或者行政相对人的利益造成损害的行为应当承担的责任。

第四十四条 区分以下情况，确定行政执法过错责任人：

（一）直接做出过错行为的工作人员是行政执

法过错责任人,经审核、批准做出的,审核人、批准人同为过错责任人;

(二)因具体工作人员隐瞒事实、隐匿证据或者提供虚假情况等行为造成审核人、批准人的审核、批准失误或者不当的,具体工作人员是行政执法过错责任人;

(三)因审核人的故意行为造成批准人失误或者不当的,审核人是行政执法过错责任人;

(四)审核人变更具体工作人员的正确意见,批准人批准该审核意见,出现行政执法过错的,审核人、批准人是行政执法过错责任人;

(五)批准人变更具体工作人员和审核人的正确意见,出现行政执法过错的,批准人是行政执法过错责任人;

(六)集体讨论决定而导致的行政执法过错,决策人为行政执法过错主要责任人,参加讨论的其他人员为次要责任人,提出并坚持正确意见的人员不承担责任;

(七)因不作为发生行政执法过错的,根据岗位责任确定行政执法过错责任人。

第四十五条 对行政执法过错行为不及时报告、虚报、瞒报甚至包庇、纵容的,邮政管理部门主要负责人应当承担责任。

第四十六条 因行政复议机关的有关人员过错造成行政复议案件认定事实错误、适用法律不当的,行政复议机关的有关人员承担行政执法过错责任。

第四十七条 追究行政执法过错责任,主要采取以下方式:

(一)责令书面检查;

(二)通报批评;

(三)暂扣或者吊销行政执法证件或者调离行政执法工作岗位;

(四)警告、记过、记大过、降级、撤职、开除等行政处分;

(五)因故意或者重大过失的行政执法过错引起行政赔偿的,承担全部或者部分赔偿责任;

(六)涉嫌犯罪的,移送司法机关处理。

以上所列行政执法过错责任追究方式,可视情节单独或者合并使用。

第四十八条 有下列情形之一的,可以从轻、减轻或者免除过错行为人的行政执法过错责任:

(一)行政执法过错行为情节轻微,未造成不良影响的;

(二)因无法预见的客观因素导致过错行为人的行政执法过错的;

(三)过错行为人在其过错行为被监督检查发现前主动承认错误,或者在过错行为发生后能主动纠正进行补救的。

第四十九条 有下列情形之一的,应当从重处理:

(一)不配合有关部门调查,或者阻挠行政执法过错责任追究的;

(二)对举报人、控告人或者案件调查人员进行打击报复的;

(三)一年内发生两次行政执法过错的;

(四)执法过程中有索贿受贿、敲诈勒索、徇私舞弊等行为的;

(五)因行政执法过错给他人造成严重损害,或者造成严重不良影响的。

第五十条 国务院邮政管理部门和省、自治区、直辖市邮政管理机构作出行政执法监督处理决定后,由其邮政行政执法监督机构将案卷移送本级内部监察部门。监察部门根据本办法第四十三条至第四十九条的规定确定行政执法过错责任人,并依照《中华人民共和国行政监察法》《中华人民共和国公务员法》等有关规定给予行政处分。

第六章 法律责任

第五十一条 邮政管理部门及其执法机构有下列情形之一的,责令限期改正,并视情况予以通报批评;情节严重或者拒不改正的,对单位负责人和直接责任人依法给予行政处分:

（一）未按规定执行行政执法工作情况年度报告制度的；

（二）安排不具备行政执法资格的人员从事行政执法活动的；

（三）拒绝、阻挠行政执法监督或者拒不执行行政执法监督处理决定的；

（四）不按照上级邮政管理部门部署组织实施行政执法监督检查的；

（五）未按规定建立和实行行政执法案卷评查制度的；

（六）不执行行政执法责任制的；

（七）违法拒绝受理举报或者对举报查处不力的；

（八）法律、法规规定的其他情形。

第五十二条 发现行政执法人员有下列行为之一的，可暂扣、吊销其行政执法证件，给予批评教育、离岗培训、调离执法岗位等处理，并依法给予行政处分；涉嫌构成犯罪的，移送司法机关依法追究刑事责任：

（一）使用无效行政执法证件或者私印、伪造、变造行政执法证件的；

（二）将行政执法证件交给他人使用的；

（三）未出具财政部门统一制发的专用票据的；

（四）非法收费或者截留、坐支、私分罚没财物的；

（五）擅自使用罚没物品或者由于管理不善致使罚没物品严重受损或者灭失的；

（六）法律、法规、规章和国务院邮政管理部门规定的其他情形。

第五十三条 邮政行政执法行为对公民、法人或者其他组织的合法权益造成损害，经邮政行政执法监督程序确认违法的，邮政管理部门应当依法给予行政赔偿。

邮政管理部门赔偿后，应当依照《中华人民共和国国家赔偿法》的规定向行政执法过错人员追偿。

第五十四条 国务院邮政管理部门和省、自治区、直辖市邮政管理机构在实施行政执法监督过程中，发现下级邮政管理部门和本级内部执法机构的行政执法行为违法、不当或者行政不作为较多的，或者行政执法评议考核结果满意度较低的，可以约谈该邮政管理部门或者内部执法机构的负责人。

第五十五条 邮政行政执法监督机构及其行政执法监督人员有下列情形之一的，由本级邮政管理部门对邮政行政执法监督机构给予通报批评，对有关责任人员依法给予行政处分；涉嫌犯罪的，移送司法机关依法处理：

（一）利用行政执法监督为个人谋取私利的；

（二）失职或者越权，造成严重后果的；

（三）拒不履行法定职责的；

（四）涂改、转借行政执法监督证件的；

（五）有其他违法行为的。

第七章 附 则

第五十六条 本办法自2015年1月1日起实施。

国家邮政局关于印发《无法投递又无法退回快件管理规定》的通知

国邮发〔2014〕44号

各省、自治区、直辖市邮政管理局：

《无法投递又无法退回快件管理规定》于2014年2月28日经国家邮政局2014年第4次局长办公会议审议通过，现印发给你们，请遵照执行。

国家邮政局

2014年3月10日

无法投递又无法退回快件管理规定

第一条 为保护公民通信自由和通信秘密，维护用户合法权益，根据《中华人民共和国邮政法》《快递市场管理办法》等法律、规章，制定本规定。

第二条 快递企业寄递的无法投递又无法退回快件的核实、保管及处理适用本规定。法律、行政法规另有规定的除外。

第三条 快递企业对无法投递的快件，应当退回寄件人。

快件无法投递的情形包括：

（一）收件人通讯地址和联系方式不详或错误；

（二）收件人死亡，且无合法权利继承人或代收人；

（三）收件人拒收快件或者拒付应付的费用；

（四）快件保管期届满收件人仍未领取；

（五）其他原因导致快件无法投递。

第四条 快递企业对快件无法投递，且具有下列情形之一的，作为无法投递又无法退回快件处理：

（一）寄件人通讯地址和联系方式不详或错误；

（二）寄件人声明放弃；

（三）快件退回后寄件人拒收或者拒付应付的费用；

（四）快件保管期届满寄件人仍未领取。

第五条 国务院邮政管理部门负责本规定在全国范围内的监督施行。省、自治区、直辖市邮政管理机构负责本规定在本行政区域的监督施行。按照国务院规定设立的省级以下邮政管理机构负责本规定在本辖区的监督施行。

国务院邮政管理部门和省、自治区、直辖市邮政管理机构以及省级以下邮政管理机构（以下统称邮政管理部门）应当监督快递企业遵循公开、公平、公正的原则，处理无法投递又无法退回快件，保障用户的合法权益。

第六条 快递企业应当建立管理制度，加强对无法投递又无法退回快件的管理，建立有关台账记录无法投递又无法退回快件的核实、保管和处理情况，并将处理情况纳入快递业务经营许可年度报告。

第七条 快递企业应当安排专门场地对无法投递又无法退回快件进行保管，保管期限自无法投递又无法退回快件登记之日起不少于一年。

快递企业对不宜长期保存或发生泄漏造成污染的无法投递又无法退回快件，应当拍照并注明快件情形，参照《禁寄物品指导目录及处理办法》进行处理。

第八条 快递企业对无法投递又无法退回快件的保管期限尚未届满，且依照快递服务合同约定应当提供查询服务的，用户出具相关交寄证明进行查询并核实的，应当予以投递或退回，资费应当按照双方签订的快递服务合同执行。

对于前款规定所列情形，快递企业已按照本规定第七条第二款进行应急处理的，应当在用户查询时向其提供书面说明。

快递服务合同约定的快件查询期限届满，快递企业不再向用户提供查询服务。

第九条 快递企业在无法投递又无法退回快件的保管和处理过程中，不得违法提供用户使用快递服务的信息。

第十条 快递企业对无法投递又无法退回的信件，应当填写销毁信件申请表，经所在地邮政管理部门核准后，在邮政管理部门监督下销毁。

除信件以外的无法投递又无法退回快件，保管期届满无人认领的，由快递企业依据管理制度进行开拆处理，不宜保存的物品除外。

第十一条 快递企业对无法投递又无法退回快件实施开拆处理时，应当由两名以上工作人员共同进行，并采用技术手段对开拆全过程实行监控，监控资料保存时间不少于九十日。

实施开拆处理的工作人员，应当对快件的外包装和快件内的物品进行拍照，并对快件内的物品名称、性质、重量、特征等进行详细登记。

快递企业能从拆出的物品中寻找到收件人或寄件人信息的，应继续尝试投递或退回。

第十二条 快递企业应当建立无法投递又无法退回快件的认领信息平台，将本规定第十一条第二款开拆快件所登记的相关信息进行公示，公示时间不少于三十日。

第十三条 快递企业在处理无法投递又无法退回快件时，发现货币和相关物品，按下列规定处理：

（一）人民币现金，金银饰品和外币兑换的人民币现金，国内现行有效邮票销售所得价款，以及其他各类可变卖物品交当地相关部门收购（变卖）所得价款，扣除无法投递又无法退回快件的处理费用和应付快递服务费用后，按照政府非税收入管理和国库集中收缴管理有关规定，上缴中央国库。

（二）存款单、存折、银行票据凭证应送交签发该单证的银行业金融机构的法人机构或外资银行的境内主报告行处理。

（三）户口迁移证、护照、居民身份证和其他证书、证件应送交证件制作机构或证件签发机构处理。

（四）其他不能变卖的物品，以及第（二）、第（三）项中因签发该单证或证书的机构撤销、调整而无法送交的单证或者证书，根据具体情况依法处理。

（五）对其中依法需要没收或者销毁的物品，应当立即向有关部门报告，并配合有关部门进行处理。

第十四条 快递企业对以慈善、救灾等公益目的进行捐献、捐赠形成的快件，出现本规定所列无法投递又无法退回情形时，报所在地邮政管理部门协调转交当地有关部门处理。

第十五条 快递企业依照本规定处理无法投递又无法退回快件或转交有关部门处理时，应当做好处理、交接记录。

第十六条 快递企业处理无法投递又无法退回快件的费用包括保管费用、销毁费用以及变卖交易费用等。

第十七条 快递企业对无法投递又无法退回的进境国际快件，应当依照《中华人民共和国海关法》的规定，送交有关部门处理。

第十八条 邮政管理部门应当对快递企业执行本规定的情况进行监督检查，检查结果纳入快递市场年度监管报告。

第十九条 本规定自发布之日起施行。

国家邮政局关于印发《寄递服务用户个人信息安全管理规定》和《邮政行业安全信息报告和处理规定》的通知

国邮发〔2014〕52号

各省、自治区、直辖市邮政管理局：

《寄递服务用户个人信息安全管理规定》和《邮政行业安全信息报告和处理规定》于2014年2月28日经国家邮政局2014年第4次局长办公会议审议通过，现印发给你们，请遵照执行。

国家邮政局

2014年3月19日

寄递服务用户个人信息安全管理规定

第一章 总 则

第一条 为加强邮政行业寄递服务用户个人信息安全管理，保护用户合法权益，维护邮政通信与信息安全，促进邮政行业健康发展，根据《中华人民共和国邮政法》《全国人大常委会关于加强网络信息保护的规定》《邮政行业安全监督管理办法》等法律、行政法规和有关规定，制定本规定。

第二条 在中华人民共和国境内经营和使用寄递服务涉及用户个人信息安全的活动以及相关监督管理工作，适用本规定。

第三条 本规定所称寄递服务用户个人信息（以下简称寄递用户信息），是指用户在使用寄递服务过程中的个人信息，包括寄（收）件人的姓名、地址、身份证件号码、电话号码、单位名称，以及寄递详情单号、时间、物品明细等内容。

第四条 寄递用户信息安全监督管理坚持安全第一、预防为主、综合治理的方针，保障用户个人信息安全。

第五条 国务院邮政管理部门负责全国邮政行业寄递用户信息安全监督管理工作。

省、自治区、直辖市邮政管理机构负责本行政区域内的邮政行业寄递用户信息安全监督管理工作。

按照国务院规定设立的省级以下邮政管理机构负责本辖区的邮政行业寄递用户信息安全监督管理工作。

国务院邮政管理部门和省、自治区、直辖市邮政管理机构以及省级以下邮政管理机构，统称为邮政管理部门。

第六条 邮政管理部门应当与有关部门相互配合，健全寄递用户信息安全保障机制，维护寄递用户信息安全。

第七条 邮政企业、快递企业及其从业人员应当遵守国家有关信息安全管理的规定及本规定，防止寄递用户信息泄露、丢失。

第二章 一般规定

第八条 邮政企业、快递企业应当建立健全寄递用户信息安全保障制度和措施，明确企业内部各部门、岗位的安全责任，加强寄递用户信息安全管理和安全责任考核。

第九条 以加盟方式经营快递业务企业应当在加盟协议中订立寄递用户信息安全保障条款，明确被加盟人与加盟人的安全责任。加盟人发生信息安全事故时，被加盟人应当依法承担相应安全管理责任。

第十条 邮政企业、快递企业应当与其从业人员签订寄递用户信息保密协议，明确保密义务和违约责任。

第十一条 邮政企业、快递企业应当组织从业人员进行寄递用户信息安全保护相关知识、技能培训，加强职业道德教育，不断提高从业人员的法制观念和责任意识。

第十二条 邮政企业、快递企业应当建立寄递用户信息安全投诉处理机制，公布有效联系方式，接受并及时处理有关投诉。

第十三条 邮政企业、快递企业受网络购物、电视购物和邮购等经营者委托提供寄递服务的，在与委托方签订协议时，应当订立寄递用户信息安全保障条款，明确信息使用范围和方式、信息交换安全保护措施、信息泄露责任划分等内容。

第十四条 邮政企业、快递企业委托第三方录入寄递用户信息的，应当确认其具有信息安全保障能力，并订立信息安全保障条款，明确责任划分。第三方发生信息安全事故导致寄递用户信息泄露、丢失的，邮政企业、快递企业应当依法承担相应责任。

第十五条 未经法律明确授权或者用户书面同意，邮政企业、快递企业及其从业人员不得将其掌握的寄递用户信息提供给任何单位或者个人。

第十六条 公安机关、国家安全机关或者检察机关的工作人员依照法律规定程序调阅、检查寄递详情单实物及电子信息档案，邮政企业、快递企业应当配合，并对有关情况予以保密。

第十七条 邮政企业、快递企业应当建立寄递用户信息安全应急处置机制。对于突发的寄递用户信息安全事故，应当立即采取补救措施，按照规定报告邮政管理部门，并配合邮政管理部门和相关部门的调查处理工作，不得迟报、漏报、谎报、瞒报。

第三章 寄递详情单实物信息安全管理

第十八条 邮政企业、快递企业应当加强寄递详情单管理，对空白寄递详情单发放情况进行登记，对号段进行全程跟踪，形成跟踪记录。

第十九条 邮政企业、快递企业应当加强营业场所、处理场所管理，严禁无关人员进出邮件（快件）处理、存放场地，严禁无关人员接触、翻阅邮件（快件），防止寄递详情单实物信息（以下简称实物信息）在处理过程中泄露。

第二十条 邮政企业、快递企业应当优化寄递处理流程，减少接触实物信息的处理环节和操作人员。

第二十一条 邮政企业、快递企业应当采用有效技术手段，防止实物信息在寄递过程中泄露。

第二十二条 邮政企业、快递企业应当配备符合国家标准的安全监控设备，安排具有专门技术和技能的人员，对收寄、分拣、运输、投递等环节的实物信息处理进行安全监控。

第二十三条 邮政企业、快递企业应当建立健全寄递详情单实物档案管理制度，实行集中封闭管理，确定集中存放地，及时回收寄递详情单妥善保管。设立、变更集中存放地，应当及时报告所在地邮政管理部门。

第二十四条 邮政企业、快递企业应当对寄递详情单实物档案集中存放地设专人管理，采取必要的安全防护措施，确保存储安全。

第二十五条 邮政企业、快递企业应当建立并严格执行寄递详情单实物档案查询管理制度。内部人员因工作需要查阅档案时，应当确保档案完整无损，并做好查阅登记，不得私自携带离开存放地。

第二十六条 寄递详情单实物档案应当按照国家相关标准规定的期限保存。保存期满后，由企业进行集中销毁，做好销毁记录，严禁丢弃或者贩卖。

第二十七条 邮政企业、快递企业应当对实物信息安全保障情况进行定期自查，记录自查情况，及时消除自查中发现的信息安全隐患。

第四章 寄递详情单电子信息安全管理

第二十八条 邮政企业、快递企业应当按照国家规定,加强寄递服务用户信息相关信息系统和网络设施的安全管理。

第二十九条 邮政企业、快递企业信息系统的网络架构应当符合国家信息安全管理规定,合理划分安全区域,实现各安全区域之间有效隔离,并具有防范、监控和阻断来自内部和外部网络攻击破坏的能力。

第三十条 邮政企业、快递企业应当配备必要的防病毒软件、硬件,确保信息系统和网络具有防范计算机病毒的能力,防止恶意代码破坏信息系统和网络,避免信息泄露或者被篡改。

第三十一条 邮政企业、快递企业构建信息系统和网络,应当避免使用信息系统和网络供应商提供的默认密码、安全参数,并对通过开放公共网络传输的寄递用户信息采取加密措施,严格审查并监控对信息系统、网络设备的远程访问。

第三十二条 邮政企业、快递企业在采购计算机软件、硬件产品或者技术服务时,应当与供应商签订保密协议,明确其安全责任,以及在发生信息安全事件时配合邮政管理部门和相关部门调查的义务。

第三十三条 邮政企业、快递企业应当建立信息系统安全内部审计制度,定期开展内部审计,对发现的问题及时整改。

第三十四条 邮政企业、快递企业应当加强信息系统及网络的权限管理,基于权限最小化和权限分离原则,向从业人员分配满足工作需要的最小操作权限和可访问的最小信息范围。

邮政企业、快递企业应当加强对信息系统和数据库的管理,使网络管理人员仅具有进行信息系统、数据库、网络运行维护和优化的权限。网络管理人员的维护操作须经安全管理员授权,并受到安全审计员的监控和审计。

第三十五条 邮政企业、快递企业应当加强信息系统密码管理,使用高安全级别密码策略,定期更换密码,禁止将密码透露给无关人员。

第三十六条 邮政企业、快递企业应当加强寄递用户电子信息的存储安全管理,包括:

(一)使用独立物理区域存储寄递用户信息,禁止非授权人员进出该区域;

(二)采用加密方式存储寄递用户信息;

(三)确保安全使用、保管和处置存有寄递用户信息的计算机、移动设备和移动存储介质。明确管理数据存储设备、介质的负责人,建立设备、介质使用和借用登记制度,限制设备输出接口的使用。存储设备和介质报废的,应当及时删除其中的寄递用户信息数据,并销毁硬件。

第三十七条 邮政企业、快递企业应当加强寄递用户信息的应用安全管理,对所有批量导出、复制、销毁用户个人信息的操作进行审查,并采取防泄密措施,同时记录进行操作的人员、时间、地点和事项,留作信息安全审计依据。

第三十八条 邮政企业、快递企业应当加强对离岗人员的信息安全审计,及时删除或者禁用离岗人员系统账户。

第三十九条 邮政企业、快递企业应当制定本企业与市场相关主体的信息系统安全互联技术规则,对存储寄递服务信息的信息系统实行接入审查,定期进行安全风险评估。

第五章 监督管理

第四十条 邮政管理部门依法履行下列职责:

(一)制定保障寄递用户信息安全的政策、制度和相关标准,并监督实施;

(二)监督、指导邮政企业、快递企业落实信息安全责任制,督促企业加强寄递用户信息安全管理;

(三)对寄递用户信息安全进行监测、预警和应急管理;

(四)监督、指导邮政企业、快递企业开展寄递用户信息安全宣传教育和培训;

(五)依法对邮政企业、快递企业实施寄递用户信息安全监督检查;

（六）组织调查或者参与调查寄递用户信息安全事故，依法查处违反寄递用户信息安全管理规定的行为；

（七）法律、行政法规和规章规定的其他职责。

第四十一条 邮政管理部门应当加强邮政行业寄递用户信息安全管理制度和知识的宣传，强化邮政企业、快递企业及其从业人员的信息安全管理意识，提高用户对个人信息安全保护的认识。

第四十二条 邮政管理部门应当加强邮政行业寄递用户信息安全运行的监测预警，建立信息管理体系，收集、分析与信息安全有关的各类信息。

下级邮政管理部门应当及时向上一级邮政管理部门报告邮政行业寄递用户信息安全情况，并根据需要通报工业和信息化、通信管理、公安、国家安全、商务和工商行政管理等相关部门。

第四十三条 邮政管理部门应当对邮政企业、快递企业建立和执行寄递用户信息安全管理制度，规范从业人员信息安全保护行为，防范信息安全风险等情况进行检查。

第四十四条 邮政管理部门发现邮政企业、快递企业存在违反寄递用户信息安全管理规定，妨害或者可能妨害寄递用户信息安全的，应当依法进行调查处理。违法行为涉及其他部门管理职权的，邮政管理部门应当会同有关部门对涉案邮政企业、快递企业进行调查处理。

第四十五条 邮政管理部门应当加强对邮政企业、快递企业及其从业人员遵守本规定情况的监督检查。

第四十六条 邮政企业、快递企业拒不配合寄递用户信息安全监督检查的，依照《中华人民共和国邮政法》第七十七条的规定予以处罚。

第四十七条 邮政企业、快递企业及其从业人员因泄露寄递用户信息对用户造成损失的，应当依法予以赔偿。

第四十八条 邮政企业、快递企业及其从业人员违法提供寄递用户信息，尚未构成犯罪的，依照《中华人民共和国邮政法》第七十六条的规定予以处罚。构成犯罪的，移送司法机关追究刑事责任。

第四十九条 任何单位和个人有权向邮政管理部门举报违反本规定的行为。邮政管理部门接到举报后，应当依法及时处理。

第五十条 邮政管理部门可以在行业内通报邮政企业、快递企业违反寄递用户信息安全管理规定行为、信息安全事件，以及对有关责任人员进行处理的情况。必要时可以向社会公布上述信息，但涉及国家秘密、商业秘密和个人隐私的除外。

第五十一条 邮政管理部门及其工作人员对在履行职责过程中知悉的寄递用户信息应当保密，不得泄露、篡改或者损毁，不得出售或者非法向他人提供。

第五十二条 邮政管理部门工作人员在寄递用户信息安全监督管理工作中滥用职权、玩忽职守、徇私舞弊，依照《邮政行业安全监督管理办法》第五十五条的规定予以处理。

第六章　附　则

第五十三条 本规定自发布之日起施行。

邮政行业安全信息报告和处理规定

第一章　总　则

第一条 为规范邮政行业安全信息报告和处理工作，根据《中华人民共和国邮政法》《中华人民共和国突发事件应对法》《中华人民共和国安全生产法》《生产安全事故报告和调查处理条例》《邮政行业安全监督管理办法》等法律、行政法规和有关规定，制定本规定。

第二条 本规定所称应当报告和处理的安全信息，是指邮政行业突发事件信息和邮政企业、快递企业日常生产经营中与安全有关的运营信息。

邮政管理部门、邮政企业、快递企业报告和处理安全信息,适用本规定。

第三条 邮政行业安全信息报告和处理工作应当按照"渠道畅通、反应迅速、协调联动、科学有序"的工作要求,实现安全信息报告和处理的规范化。

第四条 安全信息的报告应当及时、准确和完整,任何单位和个人不得迟报、漏报、谎报或者瞒报;信息的处理应当遵循快速高效、协同配合、分级负责的原则。

第五条 邮政管理部门、邮政企业、快递企业应当完善安全信息报告和处理制度,畅通信息报送渠道,健全安全信息报告和处理工作体系,确保及时报告和处理有关安全信息。

邮政企业、快递企业应当确定专门机构和专门的安全信息员负责安全信息的收集、报告和处理工作。设立、变更安全信息员,应当第一时间报所在地省级以下邮政管理机构备案。

邮政管理部门应当指定人员负责安全信息的受理和报告工作,人员或者联系方式变更的,应当及时通报邮政企业、快递企业,并报告上级邮政管理部门。

第六条 邮政管理部门、邮政企业、快递企业应当加强安全信息报告和处理的宣传培训,增强有关人员的责任意识,提高安全信息报告和处理能力。

第七条 邮政管理部门应当收集、统计、分析与行业安全运行有关的信息,及时向邮政企业、快递企业发出安全预警。

邮政企业、快递企业应当加强日常生产经营的安全监测和信息分析,完善监测网络,明确监测项目,建立健全安全信息数据库,并按邮政管理部门要求报送安全信息。

第八条 安全信息应当以书面形式报告。以传真、电子邮件等方式报出信息后,应当进行电话确认。

情况紧急时,应当先用电话等方式快报,随后补报书面材料。

第二章 安全信息类别

第九条 本规定所称邮政行业突发事件信息是指《国家邮政业突发事件应急预案》(以下简称邮政业应急预案)列举的事件信息,主要包括:

(一)因气象灾害、地震灾害、地质灾害、生物灾害和森林草原火灾等自然灾害,造成或者可能造成人员伤亡,大量邮件或者快件积压、丢失、损毁,其他财产损失,信息系统瘫痪,企业生产经营中断或者寄递服务阻断;

(二)因各类有毒害性化学品泄漏、环境污染和生态破坏等事故灾难,造成或者可能造成人员伤亡,大量邮件或者快件积压、丢失、损毁,其他财产损失,信息系统瘫痪,企业生产经营中断或者寄递服务阻断;

(三)因传染病疫情、群体性不明原因疾病、食品安全、职业危害和动物疫情等公共卫生事件,造成或者可能造成人员伤亡,大量邮件或者快件积压、丢失、损毁,其他财产损失,信息系统瘫痪,企业生产经营中断或者寄递服务阻断;

(四)因恐怖袭击事件、民族宗教事件、经济安全事件、涉外突发事件和群体性事件造成或者可能造成人员伤亡,大量邮件或者快件积压、丢失、损毁,其他财产损失,信息系统瘫痪,企业生产经营中断或者寄递服务阻断;

(五)因企业不正当竞争、经营权纠纷、兼并重组、破产倒闭等行业安全风险,以及火灾等生产安全事故、设施和设备故障、交通运输事故,造成或者可能造成人员伤亡,大量邮件或者快件积压,财产损失,企业生产经营中断或者寄递服务阻断;

(六)其他对寄递渠道安全畅通构成威胁、造成影响的突发事件信息。

第十条 本规定所称邮政企业、快递企业日常生产经营中与安全有关的运营信息(以下简称日常安全信息)主要包括:

(一)寄递过程中发现枪支弹药、毒品、非法出版物等禁寄物品；

（二）用户使用寄递服务的信息遭非法泄露；

（三）邮件、快件被盗窃、非法扣留、冒领、私自开拆、隐匿、毁弃，或者运送邮件、快件的车辆被非法拦截、强登、扒乘；

（四）邮政企业、快递企业负责人或者安全管理人员变更；

（五）邮政企业、快递企业主要负责人因违法行为被有关部门立案调查；

（六）邮政企业、快递企业因违反安全监管规定或者因其他违法行为被有关部门查处；

（七）邮政企业、快递企业因安全管理工作成效突出受到有关部门表彰；

（八）邮政企业、快递企业发现重大安全隐患自身难以排除；

（九）其他日常生产经营中与安全有关的重要运营信息。

第十一条 邮政企业、快递企业应当对日常安全信息进行分析、判断，发生或者可能发生突发事件的，按照突发事件信息报告处理。

第三章 突发事件信息的报告和处理

第十二条 国家邮政业突发事件应急工作办公室（以下简称国家邮政业应急办公室）负责全国邮政行业特别重大突发事件（Ⅰ级）信息的接收、报告和处理，以及日常接警值班工作；国务院邮政管理部门值班室同时承担信息的接收工作。

省、自治区、直辖市邮政管理机构和省级以下邮政管理机构负责本辖区邮政行业突发事件信息的接收、报告和处理工作。

第十三条 邮政企业、快递企业和邮政管理部门应当实行特殊时期二十四小时值班制度，接收、核实、报告、跟踪有关突发事件信息，并按照职责权限承担或者参与事件的处置。

第十四条 邮政企业、快递企业发生突发事件，符合下列情形之一的，应当在一小时内向突发事件发生地的省级以下邮政管理机构报告，并视情况依法向公安、国家安全、海关、交通运输、安全生产监督管理等相关部门报告：

（一）本企业人员死亡或者失踪一人以上，或者重伤三人以上；

（二）邮件、快件一次丢失、损毁一百件以上，或者积压一千件以上；

（三）邮件、快件、现金、车辆、邮资凭证等财物经济损失严重；

（四）邮寄爆炸物、生物病原体、生物毒素、有毒害性化学品、放射性物品等，在寄递过程中发生爆炸、泄漏；

（五）邮件处理中心、快件分拨中心内发生重大事故，生产经营中断；

（六）邮政企业、快递企业生产经营场所遭到围堵，导致生产经营中断或者寄递服务阻断；

（七）其他可能严重影响寄递渠道畅通的情形。

第十五条 邮政企业、快递企业发生突发事件，属于本规定第十四条所列情形之外的，应当在二小时内向突发事件发生地的省级以下邮政管理机构报告，并视情况依法向公安、国家安全、海关、交通运输、安全生产监督管理等相关部门报告。

第十六条 邮政企业、快递企业依照邮政业应急预案，对可能构成重大突发事件（Ⅱ级）的，可以直接向所在地省、自治区、直辖市邮政管理机构报告，对可能构成特别重大突发事件（Ⅰ级）的，可以直接向国务院邮政管理部门报告。

第十七条 报告突发事件信息，应当包括下列内容：

（一）报告单位的名称、地址及联系人、联系方式等基本情况；

（二）信息来源以及事件发生时间、地点、起因、性质和基本过程；

（三）已经造成或者可能造成的伤亡人数（包括失踪、涉险的人数）、邮件或者快件的损失情况、生产经营中断或者寄递服务阻断情况以及初步估计的直接经济损失；

（四）已经采取的措施和可能发展的趋势；

（五）其他应当报告的情况。

使用电话等方式快报，应当包括下列内容：

（一）报告单位的名称、地址及联系人、联系方式；

（二）信息来源以及事件发生时间、地点；

（三）已经造成或者可能造成的损失情况。

第十八条　突发事件具体情况暂时不清楚的，负责报告的单位可以先报概况，随后补报全面情况。

突发事件信息报告后出现新情况的，负责报告的单位应当及时续报。

第十九条　突发事件发生地省级以下邮政管理机构接到突发事件信息报告后，应当尽快开展研判。依照邮政业应急预案，对可能构成特别重大突发事件（Ⅰ级）、重大突发事件（Ⅱ级）的，应当在一小时内报告省、自治区、直辖市邮政管理机构；对可能构成较大突发事件（Ⅲ级）的，应当在二小时内报告省、自治区、直辖市邮政管理机构。

第二十条　省、自治区、直辖市邮政管理机构接到突发事件信息报告后，应当尽快组织研判，依照邮政业应急预案，对可能构成特别重大突发事件（Ⅰ级）、重大突发事件（Ⅱ级）的，应当在一小时内报告国务院邮政管理部门。

第二十一条　国家邮政业应急办公室接到突发事件信息报告后，应当立即组织研判，依照邮政业应急预案，对可能构成特别重大突发事件（Ⅰ级）、重大突发事件（Ⅱ级）的，应当迅速按照规定程序报分管局领导。分管局领导认为构成特别重大突发事件（Ⅰ级）的，应当在一小时内报国家邮政业应急领导小组。

国务院邮政管理部门值班室接到突发事件信息报告后，应当第一时间转交国家邮政业应急办公室。

第二十二条　国家邮政业应急领导小组经研判确定构成特别重大突发事件（Ⅰ级）的，应当立即报告国务院和交通运输部，并通报国务院有关部门。向国务院报告特别重大突发事件（Ⅰ级）的时间，自突发事件发生最迟不得超过四小时。

报国务院的“值班信息”通过国务院政府信息网报送；报交通运输部及通报相关部门的“值班信息”应当采取传真或者电子邮件等方式。

第二十三条　邮政管理部门、邮政企业、快递企业在报告和处理突发事件的同时，应当依照应急预案立即开展应急处置工作。

第二十四条　国家邮政业应急办公室负责组织特别重大突发事件（Ⅰ级）的应急处置工作；每日至少向国家邮政业应急领导小组报告一次处置工作情况。重要信息及时续报国务院和交通运输部。

省、自治区、直辖市邮政管理机构负责重大突发事件（Ⅱ级）的应急处置工作，每日至少向国家邮政业应急办公室报告一次处置工作情况。

省级以下邮政管理机构负责较大突发事件（Ⅲ级）和一般突发事件（Ⅳ级）的应急处置工作，应当及时向省、自治区、直辖市邮政管理机构报告处置工作情况。

第二十五条　国家邮政业应急领导小组对邮政行业突发事件处置工作作出指示或者批示的，国家邮政业应急办公室应当及时向有关单位传达。

第二十六条　负责突发事件处置工作的邮政管理部门应当在突发事件发生之日起六十日内，将有关工作总结报告上一级邮政管理部门。

国家邮政业应急办公室将工作总结报告国家邮政业应急领导小组，并按照应急领导小组的要求报交通运输部。

第二十七条　邮政行业预警启动和应急响应信息的报告和处理依照邮政业应急预案执行。

第四章　日常安全信息的报告和处理

第二十八条　对下列安全信息，邮政企业、快递企业应当在第一时间报告所在地省级以下邮政管理机构，并视情况依法报告当地公安、安全生产监督管理等部门：

（一）寄递过程中发现枪支弹药、毒品、非法出

版物等禁寄物品;

(二)用户使用寄递服务的信息遭非法泄露;

(三)邮件、快件被盗窃、非法扣留、冒领、私自开拆、隐匿、毁弃,情况严重;

(四)运送邮件、快件的车辆被非法拦截、强登、扒乘,情况严重;

(五)发现重大安全隐患。

第二十九条 省级以下邮政管理机构接到本规定第二十八条所列信息报告后,应当立即核实有关情况,并与公安、安全生产监督管理等部门共同做好处置工作。对存在下列情形之一的,应当在收到信息报告后二小时内报省、自治区、直辖市邮政管理机构:

(一)寄递过程中发现枪支弹药、易燃易爆品等危及公共安全的禁寄物品;

(二)用户使用寄递服务的信息遭非法泄露五百条以上;

(三)邮件、快件被盗窃、非法扣留一百件以上,或者邮件、快件被冒领、私自开拆、隐匿、毁弃五十件以上;

(四)运送邮件、快件的车辆被非法拦截、强登、扒乘二辆以上;

(五)重大安全隐患没有及时排除。

第三十条 省、自治区、直辖市邮政管理机构接到本规定第二十九条所列信息报告后,应当指导安全信息涉及的省级以下邮政管理机构做好处置工作,并于处置工作结束后将有关情况报告国务院邮政管理部门。

对于事关重大并且确实超出省、自治区、直辖市邮政管理机构处理能力的,应当及时报告国务院邮政管理部门。

第三十一条 国务院邮政管理部门接到省、自治区、直辖市邮政管理机构信息报告后,应当协调公安、安全生产监督管理等部门妥善处理。

第三十二条 有下列情形之一的,邮政企业、快递企业应当在情形发生之日起三日内,向所在地省级以下邮政管理机构报告:

(一)邮政企业、快递企业负责人或者安全管理人员变更;

(二)邮政企业、快递企业主要负责人被有关部门立案调查;

(三)邮政企业、快递企业因违反安全监管规定或者因其他违法行为被有关部门查处。

第三十三条 邮政管理部门接到本规定第三十二条所列信息报告后,应当对有关情况进行核查;事关重大,可能影响行业稳定的,应当及时上报。

第三十四条 邮政企业、快递企业应当分类汇总本单位安全信息,报告所在地省级以下邮政管理机构,于每年7月10日前报送半年汇总表,于每年1月10日前报送上一年的年度汇总表。

第三十五条 省级以下邮政管理机构应当分类汇总本辖区安全信息,报告省、自治区、直辖市邮政管理机构,于每年7月15日前报送半年汇总表,于每年1月15日前报送上一年的年度汇总表。

省、自治区、直辖市邮政管理机构应当分类汇总本辖区安全信息,报告国务院邮政管理部门,于每年7月25日前报送半年汇总表,于每年1月25日前报送上一年的年度汇总表。

必要时,上级邮政管理部门可以要求下级邮政管理部门随时报告安全信息。

第五章 监督检查

第三十六条 邮政管理部门应当利用消费者申诉热线、媒体报道、市场检查、企业报告等多种手段和渠道,获取行业安全信息并及时处理。

第三十七条 邮政管理部门应当依法对邮政企业、快递企业建立健全安全信息报告和处理制度、安全预警监测、应急救援、从业人员安全教育培训等相关情况进行监督检查。

第三十八条 邮政管理部门应当对安全信息报告和处理工作中作出突出贡献的单位和个人给予表彰、奖励。

第三十九条 邮政管理部门应当定期向全行业通报监督检查情况;对检查发现的问题,及时约谈有关单位和人员，责令其整改，监督其落实。

对涉及公共安全和广大用户合法权益的安全信息，应当依照有关规定适时向社会公布。

第四十条 邮政企业、快递企业未按本规定报告和处理安全信息的，邮政管理部门应当依照《邮政行业安全监督管理办法》第五十条的规定予以处罚。

第四十一条 邮政管理部门未按规定及时报告处理行业安全信息的，上级邮政管理部门应当责令改正，可以给予通报，并可以对有关责任人员给予行政处分。

第四十二条 有关单位和人员迟报、漏报、谎报、瞒报事故的，依照《中华人民共和国安全生产法》、《生产安全事故报告和调查处理条例》相关规定处理。

第六章 附 则

第四十三条 本规定所称的迟报、漏报、谎报和瞒报，依照下列情形认定：

（一）报告安全信息、事件或者事故的时间超过规定时限的，属于迟报；

（二）因过失对应当上报的安全信息、事件或者事故发生的时间、地点、类别、伤亡人数、直接经济损失等内容遗漏未报的，属于漏报；

（三）故意不如实报告事件或者事故发生的时间、地点、类别、伤亡人数、直接经济损失等有关内容的，属于谎报；

（四）故意隐瞒已经发生的事件或者事故，经有关部门查证属实的，属于瞒报。

第四十四条 本规定有关数量的规定中，所称“以上”包括本数，“以下”不包括本数；关于日期的规定均为自然日。

第四十五条 本规定自发布之日起施行。

附件一 企业安全信息半年（年度）汇总表

附件二 邮政管理部门安全信息半年（年度）汇总表

附件一

（××企业）**安全信息半年（年度）汇总表**

（20××年××月××日—20××年××月××日）

企业名称		注册地址	
安全信息员		电话	
法人代表		电话	
信息类别	基本情况	简要说明	
人员死亡	（ ）人		
人员受伤	（ ）人		
邮件快件丢失	（ ）件		
邮件快件损毁	（ ）件		
邮件快件积压	（ ）件		
发现禁寄品	（ ）件		
信息泄露	（ ）条		
财产损失	（ ）元		
培训情况	（ ）人次		
获奖情况	（ ）次		
主要负责人变更情况			
安全管理人员变更情况			
重大安全隐患整改情况			
企业或人员违法违规情况			
重大安全事件			
其他安全信息			

附件二

（××邮政管理局）辖区安全信息半年（年度）汇总表

（20××年××月××日—20××年××月××日）

安全信息员		电话	
辖区企业数量		从业人员数量	
信息类别	基本情况	简要说明	
人员死亡	（　　）人		
人员受伤	（　　）人		
邮件快件丢失	（　　）件		
邮件快件损毁	（　　）件		
邮件快件积压	（　　）件		
发现禁寄品	（　　）件		
信息泄露	（　　）条		
财产损失	（　　）元		
培训情况	（　　）人次		
获奖情况	（　　）次		
主要负责人变更情况			
安全管理人员变更情况			
重大安全隐患整改情况			
辖区企业违法违规情况			
辖区重大安全事件			
其他安全信息			

国家邮政局关于印发《经营快递业务的企业分支机构备案管理规定》的通知

国邮发〔2014〕54号

各省、自治区、直辖市邮政管理局：

为规范经营快递业务的企业分支机构备案工作，特制定印发《经营快递业务的企业分支机构备案管理规定》，自2014年6月1日起施行。请各有关单位认真遵照执行，遇有问题及时报告。

国家邮政局

2014年3月26日

经营快递业务的企业分支机构备案管理规定

第一条　为规范经营快递业务的企业分支机构备案工作，完善快递业务经营许可管理制度，根据《快递市场管理办法》和《快递业务经营许可管理办法》制定本规定。

第二条　办理经营快递业务的企业分支机构备案手续，适用本规定。

经营快递业务的企业分支机构，是指依法取得快递业务经营许可的企业设立的，经营快递业务的分公司、营业部等非法人分支机构。

第三条 省级以下邮政管理机构在国务院邮政管理部门和省、自治区、直辖市邮政管理机构的指导下，负责本辖区经营快递业务的企业分支机构备案的管理工作。

国务院邮政管理部门和省、自治区、直辖市邮政管理机构以及按照国务院规定设立的省级以下邮政管理机构统称邮政管理部门。

第四条 邮政管理部门实施备案管理，应当遵循公开、公平、公正以及便利高效的原则。

第五条 经营快递业务的企业分支机构应当依照《快递市场管理办法》和《快递业务经营许可管理办法》的规定，自取得营业执照之日起二十日内到所在地邮政管理部门办理备案手续。

第六条 办理经营快递业务的企业分支机构备案手续，应当提交以下材料：

(一)分支机构备案登记表(一式两份)；

(二)企业法人的快递业务经营许可证(副本)及所附分支机构名录复印件；

(三)分支机构营业执照(副本)复印件；

(四)分支机构负责人身份证明复印件；

(五)法律、行政法规规定的其他材料。

分支机构备案登记表通过邮政管理部门网站在线填写，打印两份，签章后提交。

分支机构备案手续可以由企业法人办理，也可以由企业分支机构自行办理。

第七条 备案提交材料符合要求的，分支机构所在地邮政管理部门应当当场办理备案手续，备案提交材料不符合要求的，应当当场告知。

第八条 备案登记表应当如实、准确填写，分支机构所在地邮政管理部门对审核通过的备案登记表加盖备案专用章存档一份，企业分支机构留存一份。

第九条 备案事项发生变更的，应当更新备案登记表信息，报所在地邮政管理部门办理变更手续。企业分支机构名称、营业场所、经营范围发生变更的，应当同时提交企业法人快递业务经营许可证(副本)、分支机构名录及分支机构营业执照(副本)复印件；分支机构负责人变更的，应当提交分支机构名录、分支机构负责人身份证明复印件。

企业分支机构备案事项变更，可以按季度集中办理。

第十条 经营快递业务的企业分支机构撤销的，由企业法人报许可机关并向分支机构所在地邮政管理部门交回备案登记表。

第十一条 邮政管理部门依法对经营快递业务的企业及其分支机构进行监督检查，有关单位和个人应当予以配合。

第十二条 经营快递业务的企业分支机构未依法办理备案的，依照《快递业务经营许可管理办法》第三十一条规定予以处罚。

第十三条 本规定实施前，已经报省、自治区、直辖市邮政管理机构办理备案手续的，应当自本规定实施之日起三个月内，到分支机构所在地省级以下邮政管理机构办理备案。

第十四条 本规定自 2014 年 6 月 1 日起施行。

附件

经营快递业务的企业分支机构备案登记表

备案登记表编号：________

<table>
<tr><td colspan="6">企 业 法 人 信 息</td></tr>
<tr><td colspan="2">企业名称</td><td colspan="4"></td></tr>
<tr><td colspan="2">快递业务经营许可证号</td><td colspan="4"></td></tr>
<tr><td colspan="2" rowspan="2">经营品牌</td><td colspan="2">□自主品牌</td><td colspan="2"></td></tr>
<tr><td colspan="2">□加盟/代理品牌</td><td colspan="2"></td></tr>
<tr><td colspan="2">法定代表人</td><td colspan="4"></td></tr>
<tr><td colspan="2">注册地址</td><td colspan="4"></td></tr>
<tr><td colspan="2">通信地址</td><td colspan="4"></td></tr>
<tr><td colspan="2">邮政编码</td><td colspan="2"></td><td>联系电话</td><td></td></tr>
<tr><td colspan="6">分支机构信息</td></tr>
<tr><td rowspan="10">备案事项</td><td colspan="2">分支机构名称</td><td colspan="3"></td></tr>
<tr><td colspan="2">分支机构编号</td><td colspan="3"></td></tr>
<tr><td colspan="2">分支机构类型</td><td colspan="3">□分公司　□营业部</td></tr>
<tr><td colspan="2">业务范围</td><td colspan="3"></td></tr>
<tr><td colspan="2">营业场所</td><td colspan="3"></td></tr>
<tr><td colspan="2">通信地址</td><td colspan="3"></td></tr>
<tr><td colspan="2">邮政编码</td><td></td><td>联系电话</td><td></td></tr>
<tr><td colspan="2">营业执照号</td><td colspan="3"></td></tr>
<tr><td rowspan="2">负责人信息</td><td>姓名</td><td></td><td>联系电话</td><td></td></tr>
<tr><td>证件类型</td><td></td><td>证件号码</td><td></td></tr>
<tr><td colspan="4">填表人对备案信息的真实性承担责任。
负责人签字：
年　月　日</td><td colspan="2">邮政管理部门公章
年　月　日</td></tr>
</table>

填表说明：

1. 填表人应当如实、准确填写备案登记表，并对备案信息的真实性承担责任。
2. 备案登记表应当在线填写，打印后交邮政管理部门办理备案手续。
3. 备案表编号和分支机构编号由邮政管理部门填写。
4. 企业法人信息栏中“经营品牌”的填报说明：

(1)经营快递业务的企业及其设立的控股公司，以自主品牌经营快递业务的，在“自主品牌”一栏处打√，并填写品牌名称；

(2)以加盟或代理方式经营其他企业品牌的企业法人，在“加盟或代理品牌”一栏处打√，并填写品牌名称；

(3)既经营自主品牌，又以加盟或代理方式经营其他企业品牌的企业法人，在“自有品牌”和“加盟或代理品牌”栏目处同时打√，并分别填写品牌名称。

5. 分支机构信息栏中的“营业执照号”应填写营业执照（副本）的15位注册号。
6. 登记表一式两份，完成备案后分支机构所在地邮政管理部门存档一份，企业分支机构留存一份。
7. 负责人签名处请使用黑色或蓝黑色钢笔或签字笔，请勿使用圆珠笔。

国家邮政局关于印发《快递业务经营许可注销管理规定》的通知

国邮发〔2014〕97号

各省、自治区、直辖市邮政管理局：

《快递业务经营许可注销管理规定》已经国家邮政局2014年第7次局长办公会议审议通过，现印发给你们，请遵照执行。

国家邮政局

2014年5月20日

快递业务经营许可注销管理规定

第一章　总　则

第一条　为促进快递市场健康有序发展，完善快递业务经营许可管理制度，规范快递业务经营许可注销管理，根据《中华人民共和国行政许可法》《中华人民共和国邮政法》《快递市场管理办法》《快递业务经营许可管理办法》等法律、规章，制定本规定。

第二条　实施快递业务经营许可注销管理，适用本规定。

本规定所称快递业务经营许可注销，是指快递业务经营许可被依法撤回、撤销，快递业务经营许可证被依法吊销，或快递业务经营许可存在其他法定情形被依法终止，邮政管理部门办理许可注销手续。

第三条　国务院邮政管理部门和省、自治区、直辖市邮政管理机构以及按照国务院规定设立的省级以下邮政管理机构（以下统称邮政管理部门）负责快递业务经营许可注销管理工作。

第四条　快递业务经营许可注销管理，应当遵循公开、公平、公正的原则。

第二章　注销的适用

第五条　有下列情形之一的，邮政管理部门依法注销快递业务经营许可：

（一）快递业务经营许可证有效期届满未延续的；

（二）企业法人资格依法终止的；

（三）连续六个月未营业的；

（四）快递业务经营许可证有效期内停止经营的；

（五）快递业务经营许可依法被撤销、撤回，或者快递业务经营许可证被依法吊销的；

（六）法律、行政法规规定的其他情形。

第六条　本规定所称快递业务经营许可证有效期届满未延续，包括下列情形：

（一）未在快递业务经营许可证有效期届满三十日前向颁发许可证的邮政管理部门提出换领许可证申请的；

（二）在法定期限内向颁发许可证的邮政管理部门提出换领许可证申请，经审查申请企业不符合延续条件，作出不予换领决定的；

（三）法律、行政法规规定的其他情形。

第七条　本规定所称企业法人资格依法终止，是指经营快递业务的企业发生解散、破产等情形，导致企业法人主体资格终止。

第八条　本规定所称连续六个月未营业，包括下列情形：

（一）申请人取得快递业务经营许可后，无正当理由超过六个月未经营快递业务的；

（二）申请人取得快递业务经营许可后，超过六个月未完成工商登记手续的；

（三）取得快递业务经营许可的企业，连续六个月未按许可范围开展快递业务，且未按规定书面报告邮政管理部门的；

（四）法律、行政法规规定的其他情形。

第九条　本规定所称快递业务经营许可证有效期内停止经营，包括下列情形：

（一）经营快递业务的企业在许可有效期内终止经营，交回快递业务经营许可证的；

（二）取得快递业务经营许可的企业，连续两年未提交快递业务经营许可年度报告书，经邮政管理部门通告仍未提交，并按照其快递业务经营许可证载明的注册地址无法联络的；

（三）法律、行政法规规定的其他情形。

第十条　本规定所称快递业务经营许可被依法撤销，包括下列情形：

（一）邮政管理部门工作人员滥用职权、玩忽职守作出准予快递业务经营许可决定的；

（二）邮政管理部门及工作人员超越法定职权作出准予快递业务经营许可决定的；

（三）邮政管理部门违反法定程序作出准予快递业务经营许可决定的；

（四）对不具备申请资格或者不符合法定条件的申请人准予快递业务经营许可决定的；

（五）依法可以撤销快递业务经营许可的其他情形。

被许可人以欺骗、贿赂等不正当手段取得快递业务经营许可的，应当予以撤销。

依照前两款的规定撤销快递业务经营许可，可能对公共利益造成重大损害的，不予撤销。

第十一条　本规定所称快递业务经营许可依法被撤回，包括下列情形：

（一）快递业务经营许可依据的法律、法规、规章修改或者废止的；

（二）准予快递业务经营许可所依据的客观情况发生重大变化的；

（三）依法应当撤回快递业务经营许可的其他情形。

第十二条　本规定所称快递业务经营许可证被依法吊销，包括下列情形：

（一）经营由邮政企业专营的信件寄递业务或者寄递国家机关公文，依照《中华人民共和国邮政法》第七十二条吊销快递业务经营许可证的；

（二）违反《中华人民共和国邮政法》第五十一条第二款的规定，经营信件的国内快递业务，依照《中华人民共和国邮政法》第七十二条吊销快递业务经营许可证的；

（三）不建立或者不执行收件验视制度，或者违反法律、行政法规以及国务院和国务院有关部门关于禁止寄递或者限制寄递物品的规定收寄快件，依照《中华人民共和国邮政法》第七十五条吊销快递业务经营许可证的；

（四）违法提供用户使用快递服务的信息，依照《中华人民共和国邮政法》第七十六条吊销快递业务经营许可证的；

（五）拒绝、阻碍依法实施的监督检查，依照《中华人民共和国邮政法》第七十七条吊销快递业务经营许可证的；

（六）在经营活动中有危害国家安全行为，依照《中华人民共和国邮政法》第七十八条吊销快递业务经营许可证的；

（七）法律、行政法规规定的依法应当吊销快递业务经营许可证的其他情形。

第三章　注销程序

第十三条　快递业务经营许可的注销手续由颁发许可证的邮政管理部门办理。

国务院邮政管理部门负责办理跨省、自治区、直辖市经营或者经营国际快递业务许可的注销手续。省、自治区、直辖市邮政管理机构负责办理本行政区域范围内快递业务经营许可的注销手续。

按照国务院规定设立的省级以下邮政管理机构负责本辖区日常检查，发现经营快递业务的企业存在本规定第五条所列情形的，应当及时进行调查取证，并报上一级邮政管理部门。

第十四条 符合本规定第五条第(一)项、第(二)项、第(三)项、第(五)项和第九条第(二)项情形的，颁发许可证的邮政管理部门应当启动快递业务经营许可注销程序，开展调查取证，填写快递业务经营许可注销审核表，提出拟注销被许可人名单，并在邮政管理部门政府网站上进行公示，公示期不少于十五日。

公示期内无异议的，由颁发许可证的邮政管理部门办理注销手续。公示期内被许可人提出陈述和申辩的，邮政管理部门应当进行核实；被许可人提出的陈述和申辩成立的，应当予以采纳。

第十五条 符合本规定第九条第(一)项情形的，被许可人在终止经营后三十日内，应当向颁发许可证的邮政管理部门申请注销快递业务经营许可，并提交以下材料：

(一)法定代表人签字并加盖申请企业公章的快递业务经营许可注销申请书和快递业务经营许可注销登记表；

(二)法定代表人身份证原件及复印件，如需代理人办理的，提供代理人身份证原件及复印件以及法定代表人签字的授权委托书原件，以上文件均需加盖申请企业公章；

(三)快递业务经营许可证原件正本及所有副本(含所有分支机构名录)；

(四)终止经营快递业务的书面报告；

(五)按照国务院邮政管理部门的规定妥善处理尚未投递的快件的书面证明；

(六)国务院邮政管理部门规定的其他材料。

未按照前款规定在终止经营后三十日内提出快递业务经营许可注销申请的，颁发许可证的邮政管理部门按照本规定第十四条办理注销手续。

第十六条 颁发许可证的邮政管理部门按照本规定进行调查取证时，被许可人经营地域范围内的邮政管理部门应当协助核查，并在快递业务经营许可注销审核表上签署意见。

第十七条 颁发许可证的邮政管理部门办理注销手续，应当填写快递业务经营许可注销登记表，并在邮政管理部门政府网站上公告注销，公告应包括注销的被许可人名单、事项等。

第十八条 颁发许可证的邮政管理部门对交回的快递业务经营许可证原件及副本加盖注销专用章，并负责注销档案资料的收集、归档。

第四章 监督管理

第十九条 停止经营快递业务，未书面告知邮政管理部门并交回快递业务经营许可证，或者未按照国务院邮政管理部门的规定妥善处理尚未投递的快件的，邮政管理部门应当依照《中华人民共和国邮政法》第七十三条处理。

第二十条 快递业务经营许可被注销后，仍继续经营快递业务的，邮政管理部门应当依照《中华人民共和国邮政法》第七十二条处理。

第二十一条 违反《中华人民共和国邮政法》规定被吊销快递业务经营许可证的，自快递业务经营许可证被吊销之日起三年内，不得申请经营快递业务。

第二十二条 公民、法人和其他组织发现邮政管理部门的工作人员在办理快递业务经营许可注销时有违法行为的，有权向邮政管理部门举报，接到举报的邮政管理部门应当及时核实、处理。

第五章 附 则

第二十三条 邮政管理部门依法办理快递业务经营许可注销，应当使用国务院邮政管理部门制定的统一格式的文书。

第二十四条 本规定自2014年6月1日起施行。

国家邮政局关于印发《邮政业消费者申诉处理办法》的通知

国邮发〔2014〕160 号

各省、自治区、直辖市邮政管理局：

现将修订后的《邮政业消费者申诉处理办法》印发给你们，请认真遵照执行。

国家邮政局

2014 年 8 月 27 日

邮政业消费者申诉处理办法

第一章　总　则

第一条　为了维护邮政业消费者的合法权益，依法公正处理消费者申诉，促进邮政业服务质量提高，根据《中华人民共和国邮政法》等有关法律、法规，制定本办法。

第二条　消费者按照《中华人民共和国邮政法》第六十五条的规定对邮政企业和快递企业服务质量提出申诉，以及邮政业消费者申诉中心对申诉进行处理，适用本办法。

第三条　申诉处理应当以事实为依据，以法律为准绳，坚持合法、公正、合理的原则。

第四条　邮政业消费者申诉中心对消费者的申诉实行调解制度。

第五条　邮政业消费者申诉中心及其人员对履职过程中知悉的国家秘密、商业秘密负有保密义务。

第二章　受　理

第六条　邮政业消费者申诉专用电话为“12305”（省会区号-12305）。消费者可以通过电话或者登陆国家邮政局和各省、自治区、直辖市邮政管理局网站申诉，也可以采用微信、书信或者传真形式申诉。

消费者向市（地）邮政管理局提出申诉的方式，由各省、自治区、直辖市邮政管理局根据实际情况确定。

第七条　在受理消费者申诉的工作时间，邮政业消费者申诉中心应当有专人值守“12305”申诉电话，保证消费者申诉渠道畅通。

各级邮政管理部门应当在本单位门户网站公示受理消费者申诉的工作时间。如“12305”申诉电话因故暂停，还应当公示暂停原因、暂停时间和应急措施。

第八条　消费者申诉受理范围：

（一）邮政企业经营的邮政业务服务质量问题，具体包括：邮件（信件、包裹、印刷品）寄递，报刊订阅、零售、投递，邮政汇兑，集邮票品预订、销售，其他依托邮政网络办理的业务（不包括邮政储蓄）；

（二）经营快递业务企业的快递业务服务质量问题。

第九条　消费者申诉应当符合下列条件：

（一）申诉事项属于本办法第八条规定的消费者申诉受理范围；

（二）申诉人是与申诉事件有直接利害关系的当事人（寄件人或者收件人以及寄件人、收件人的委托人）；

（三）有明确的被申诉人和具体的事实根据；

（四）申诉事项向邮政企业、快递企业投诉后7日内未得到答复或者对企业处理和答复不满意，或者邮政企业、快递企业投诉渠道不畅通，投诉无人受理；

（五）未就同一事项向邮政管理部门进行过申诉，或者已申诉过的事项有新增内容；

（六）申诉事项发生于与邮政企业、快递企业产生服务争议或者交寄邮件、快件之日起一年之内；

（七）申诉事项未经人民法院、仲裁机构受理或者处理。

第十条 邮政业消费者申诉中心应当及时受理消费者申诉。消费者采取电话方式申诉，应当及时接听，并告知申诉人处理流程与时限。消费者采取网上、书信、传真形式申诉，应当于两个工作日内处理。

对于不符合申诉条件的申诉，应当告知申诉人不予受理的理由。对于符合申诉条件的申诉，受理后应当及时将申诉内容转被申诉企业或者相关部门处理。网上受理的申诉，转办同时回复申诉人申诉受理情况及处理时限。以书信、传真等形式受理的申诉，于七个工作日内告知申诉人受理情况。

第十一条 国家邮政局邮政业消费者申诉中心受理的申诉按照属地管理的原则转给相关省、自治区、直辖市邮政管理局邮政业消费者申诉中心办理。

第十二条 邮政业消费者申诉中心应当将消费者的举报、表扬、批评、建议等相关问题于两个工作日内转给相关部门处理。

第三章 处 理

第十三条 邮政业消费者申诉中心处理消费者申诉的主要依据包括：

（一）《中华人民共和国邮政法》《中华人民共和国合同法》《中华人民共和国消费者权益保护法》等有关邮政业的法律、法规、规章；

（二）邮政业国家标准、行业标准；

（三）邮政管理部门规范性文件；

（四）消费者与企业签订的书面合同（邮件详情单、快递运单）；

（五）企业对外公布的有关承诺。

第十四条 被申诉企业收到邮政业消费者申诉中心转办的申诉后应当按照以下情形妥善处理：

（一）对确认企业负有责任的申诉，应当依法赔偿消费者损失或者向消费者致歉；

（二）企业在处理收件人申诉中涉及赔偿问题应当赔偿寄件人的，由企业负责联系寄件人按规定理赔；

（三）对确认企业无责的申诉，应当将企业无责理由与申诉人沟通并解释；

（四）企业内部以及企业之间责任划分，由企业自行处理，不得相互推诿，不能影响消费者诉求的解决。

第十五条 被申诉企业应当按照如下要求，自收到转办申诉之日起十五日内向转办申诉的邮政业消费者申诉中心答复处理结果：

（一）答复内容应当包括调查结果、企业责任，与申诉人达成的处理意见、赔偿金额或者解释与道歉情况以及申诉人对处理意见是否满意等；

（二）经调查，认为对于申诉内容无需承担责任的，应当在答复时说明详细情况和无责理由，并提供运单底单、通话录音、视频等相关证据；

（三）消费者在同一申诉中提出多项诉求的，企业应当逐一答复处理情况；

（四）消费者申诉内容涉及企业新开办业务的，企业应当提供新开办业务的法律依据或者完整处理规则。

企业未按照申诉内容正面答复，或者未按规定提供无责证据的，视为企业同意申诉内容；企业未逐一答复消费者提出的多项诉求处理情况的，对企业未答复部分视为企业同意申诉内容。

企业收到转办申诉十五日内尚未处理完毕的，应当于到期日前一天向转办申诉的邮政业消费者申诉中心答复处理进展情况、与申诉人协商结果等。延期答复的，应当在到期日后五日内答复处理结果。

第十六条 全国网络型企业应当建立内部协调处理机制，当地企业不能确定责任单位的申诉，由当地企业转企业总部或者相关地区企业处理，企业内部处理完毕后，由首次接到转办申诉的企业将处理结果答复邮政业消费者申诉中心。

第十七条 邮政业消费者申诉中心收到企业对申诉处理结果的答复后，应当于三个工作日内回访消费者，核实企业处理情况并征询消费者对申诉处理是否满意。

第十八条 邮政业消费者申诉中心回访申诉人时，如申诉人提出新的申诉内容，作为新的申诉转企业处理。

第十九条 邮政业消费者申诉中心回访消费者后，符合下列条件的，可以作结案处理：

（一）企业的处理符合双方当事人的约定或者相关规定；

（二）企业的答复与回访消费者实际处理情况相符；

（三）企业责任单位明确。

回访消费者，初次联系无果的，应当隔四个小时后再次联系，仍无法联系的可作结案处理。

第二十条 邮政业消费者申诉中心回访消费者或者经过调查，有下列情形之一的，应当要求企业重新处理并于五日内重新答复处理结果：

（一）企业的处理不符合双方当事人的约定或者相关规定；

（二）消费者反映企业实际处理情况与企业答复不符；

（三）企业未确定责任单位或者相互推诿。

第二十一条 邮政业消费者申诉中心收到企业再次答复后应当再次回访消费者核实情况后结案。

第二十二条 同一申诉，转办企业处理三次后仍不符合结案条件则不再转办，邮政业消费者申诉中心根据申诉内容作结案处理。

第二十三条 邮政业消费者申诉中心应当自接到消费者申诉之日起三十日内向消费者作出答复。

第二十四条 企业对邮政业消费者申诉中心的申诉处理结果有异议时，应当于申诉结案之日起五日内向转办申诉的邮政业消费者申诉中心提出，如企业未在规定时间内提出视为企业无异议。

第四章 调 查

第二十五条 邮政业消费者申诉中心在处理申诉过程中可以向申诉人、被申诉人了解情况。经当事人同意，可以召集有关当事人进行调查。

第二十六条 调查人员可行使下列权利：

（一）向当事人和有关人员询问申诉情况；

（二）要求有关单位和个人提供相关材料和证明；

（三）查阅、复制与申诉内容有关的材料等。

第二十七条 调查时，调查人员不得少于两人，应当出示有效证件和有关证明，并制作调查笔录。

第二十八条 被调查人员应当如实回答调查人员的询问，必要时提供相关证据。

第二十九条 需要对有关邮（快）件、物品进行检测或者鉴定的，被申诉企业应当予以配合。

第三十条 调查人员依法公正地行使调查权，不得与申诉人、被申诉人及其他相关人员发生直接或者间接利益关系。

第五章 调 解

第三十一条 满足下列情形的，邮政业消费者申诉中心可以组织双方当事人进行调解：

（一）申诉事项属于本办法第八条规定的消费者申诉受理范围；

（二）申诉人与被申诉人已经就申诉事项进行

协商，但未能和解的；

（三）申诉人与被申诉人同意由邮政业消费者申诉中心进行调解的。

第三十二条 邮政业消费者申诉中心就当事人所争议的事项进行调解，以电话或者网上调解为主。

第三十三条 邮政业消费者申诉中心调解无效的或者消费者对调解结果不满意的，争议双方可依法通过提起诉讼或者申请仲裁等方式解决纠纷。

第六章 监督管理

第三十四条 国家邮政局和各省、自治区、直辖市邮政管理局应当定期向社会通告邮政业消费者申诉情况。

第三十五条 邮政业消费者申诉中心应当督办企业及时妥善处理申诉。对于发生虚假答复、拒不按规定处理、逾期处理等问题的企业，邮政管理部门应当依法予以处罚。

第三十六条 根据消费者申诉情况，对存在下列情形的企业，邮政管理部门应当约谈相关企业负责人，责令企业限期整改并提交整改报告：

（一）持续三个月百万件快件有效申诉三十件以上且排名前三的；

（二）百万件快件有效申诉数量环比增加十件以上的；

（三）消费者对企业申诉处理结果满意率持续较低的；

（四）同一申诉邮政管理部门转办企业处理三次后仍不符合结案条件较多的；

（五）侵害消费者合法权益问题较多的；

（六）其他需要约谈的情形。

第三十七条 申诉事项反映企业有严重侵害消费者利益等违法行为，或者在申诉受理中发现的消费者申诉数量骤增等市场异常现象的，邮政业消费者申诉中心应当及时报告本级邮政管理部门相关内设监管机构。

第七章 附 则

第三十八条 本办法自2014年9月1日起施行。国家邮政局2011年6月24日发布的《邮政业消费者申诉处理办法》（国邮发〔2011〕116号）同时废止。

第四章　快递发展相关规划

国务院关于印发物流业发展中长期规划（2014—2020年）的通知

国发〔2014〕42号

各省、自治区、直辖市人民政府，国务院各部委、各直属机构：

现将《物流业发展中长期规划（2014—2020年）》印发给你们，请认真贯彻执行。

国务院

2014年9月12日

物流业发展中长期规划（2014—2020年）

物流业是融合运输、仓储、货代、信息等产业的复合型服务业，是支撑国民经济发展的基础性、战略性产业。加快发展现代物流业，对于促进产业结构调整、转变发展方式、提高国民经济竞争力和建设生态文明具有重要意义。为促进物流业健康发展，根据党的十八大、十八届三中全会精神和《中华人民共和国国民经济和社会发展第十二个五年规划纲要》《服务业发展“十二五”规划》等，制定本规划。规划期为2014—2020年。

一、发展现状与面临的形势

（一）发展现状。

“十一五”特别是国务院印发《物流业调整和振兴规划》以来，我国物流业保持较快增长，服务能力显著提升，基础设施条件和政策环境明显改善，现代产业体系初步形成，物流业已成为国民经济的重要组成部分。

产业规模快速增长。全国社会物流总额2013年达到197.8万亿元，比2005年增长3.1倍，按可比价格计算，年均增长11.5%。物流业增加值2013年达到3.9万亿元，比2005年增长2.2倍，年均增长11.1%，物流业增加值占国内生产总值的比重由2005年的6.6%提高到2013年的6.8%，占服务业增加值的比重达到14.8%。物流业吸纳就业人数快速增加，从业人员从2005年的1780万人增长到2013年的2890万人，年均增长6.2%。

服务能力显著提升。物流企业资产重组和资源整合步伐进一步加快，形成了一批所有制多元化、服务网络化和管理现代化的物流企业。传统运输业、仓储业加速向现代物流业转型，制造业物流、商贸物流、电子商务物流和国际物流等领域专业化、社会化服务能力显著增强，服务水平不断提升，现代物流服务体系初步建立。

技术装备条件明显改善。信息技术广泛应用，大多数物流企业建立了管理信息系统，物流信息平台建设快速推进。物联网、云计算等现代信息技术开始应用,装卸搬运、分拣包装、加工配送等专用物流装备和智能标签、跟踪追溯、路径优化等技术迅速推广。

基础设施网络日趋完善。截至2013年底,全国铁路营业里程10.3万公里,其中高速铁路1.1万公里;全国公路总里程达到435.6万公里,其中高速公路10.45万公里;内河航道通航里程12.59万公里,其中三级及以上高等级航道1.02万公里;全国港口拥有万吨级及以上泊位2001个,其中沿海港口1607个、内河港口394个;全国民用运输机场193个。2012年全国营业性库房面积约13亿平方米,各种类型的物流园区754个。

发展环境不断优化。"十二五"规划纲要明确提出"大力发展现代物流业"。国务院印发《物流业调整和振兴规划》,并制定出台了促进物流业健康发展的政策措施。有关部门和地方政府出台了一系列专项规划和配套措施。社会物流统计制度日趋完善,标准化工作有序推进,人才培养工作进一步加强,物流科技、学术理论研究及产学研合作不断深入。

总体上看,我国物流业已步入转型升级的新阶段。但是,物流业发展总体水平还不高,发展方式比较粗放。主要表现为:一是物流成本高、效率低。2013年全社会物流总费用与国内生产总值的比率高达18%,高于发达国家水平1倍左右,也显著高于巴西、印度等发展中国家的水平。二是条块分割严重,阻碍物流业发展的体制机制障碍仍未打破。企业自营物流比重高,物流企业规模小,先进技术难以推广,物流标准难以统一,迂回运输、资源浪费的问题突出。三是基础设施相对滞后,不能满足现代物流发展的要求。现代化仓储、多式联运转运等设施仍显不足,布局合理、功能完善的物流园区体系尚未建立,高效、顺畅、便捷的综合交通运输网络尚不健全,物流基础设施之间不衔接、不配套问题比较突出。四是政策法规体系还不够完善,市场秩序不够规范。已经出台的一些政策措施有待进一步落实,一些地方针对物流企业的乱收费、乱罚款问题突出。信用体系建设滞后,物流业从业人员整体素质有待进一步提升。

(二)面临的形势。

当前,经济全球化趋势深入发展,网络信息技术革命带动新技术、新业态不断涌现,物流业发展面临的机遇与挑战并存。伴随全面深化改革,工业化、信息化、新型城镇化和农业现代化进程持续推进,产业结构调整和居民消费升级步伐不断加快,我国物流业发展空间越来越广阔。

物流需求快速增长。农业现代化对大宗农产品物流和鲜活农产品冷链物流的需求不断增长。新型工业化要求加快建立规模化、现代化的制造业物流服务体系。居民消费升级以及新型城镇化步伐加快,迫切需要建立更加完善、便捷、高效、安全的消费品物流配送体系。此外,电子商务、网络消费等新兴业态快速发展,快递物流等需求也将继续快速增长。

新技术、新管理不断出现。信息技术和供应链管理不断发展并在物流业得到广泛运用,为广大生产流通企业提供了越来越低成本、高效率、多样化、精益化的物流服务,推动制造业专注核心业务和商贸业优化内部分工,以新技术、新管理为核心的现代物流体系日益形成。随着城乡居民消费能力的增强和消费方式的逐步转变,全社会物流服务能力和效率持续提升,物流成本进一步降低、流通效率明显提高,物流业市场竞争加剧。

资源环境约束日益加强。随着社会物流规模的快速扩大、能源消耗和环境污染形势的加重、城市交通压力的加大,传统的物流运作模式已难以为继。按照建设生态文明的要求,必须加快运用先进运营管理理念,不断提高信息化、标准化和自动化水平,促进一体化运作和网络化经营,大力发展绿色物流,推动节能减排,切实降低能耗、减少排放、缓解交通压力。

国际竞争日趋激烈。随着国际产业转移步伐

不断加快和服务贸易快速发展，全球采购、全球生产和全球销售的物流发展模式正在日益形成，迫切要求我国形成一批深入参与国际分工、具有国际竞争力的跨国物流企业，畅通与主要贸易伙伴、周边国家便捷高效的国际物流大通道，形成具有全球影响力的国际物流中心，以应对日益激烈的全球物流企业竞争。

二、总体要求

（一）指导思想。

以邓小平理论、“三个代表”重要思想、科学发展观为指导，深入贯彻党的十八大和十八届二中、三中全会精神，全面落实党中央、国务院各项决策部署，按照加快转变发展方式、建设生态文明的要求，适应信息技术发展的新趋势，以提高物流效率、降低物流成本、减轻资源和环境压力为重点，以市场为导向，以改革开放为动力，以先进技术为支撑，积极营造有利于现代物流业发展的政策环境，着力建立和完善现代物流服务体系，加快提升物流业发展水平，促进产业结构调整和经济提质增效升级，增强国民经济竞争力，为全面建成小康社会提供物流服务保障。

（二）主要原则。

市场运作，政府引导。使市场在资源配置中起决定性作用和更好发挥政府作用，强化企业的市场主体地位，积极发挥政府在战略、规划、政策、标准等方面的引导作用。

优化结构，提升水平。加快传统物流业转型升级，建立和完善社会化、专业化的物流服务体系，大力发展第三方物流。形成一批具有较强竞争力的现代物流企业，扭转“小、散、弱”的发展格局，提升产业规模和发展水平。

创新驱动，协同发展。加快关键技术装备的研发应用，提升物流业信息化和智能化水平，创新运作管理模式，提高供应链管理和物流服务水平，形成物流业与制造业、商贸业、金融业协同发展的新优势。

节能减排，绿色环保。鼓励采用节能环保的技术、装备，提高物流运作的组织化、网络化水平，降低物流业的总体能耗和污染物排放水平。

完善标准，提高效率。推动物流业技术标准体系建设，加强一体化运作，实现物流作业各环节、各种物流设施设备以及物流信息的衔接配套，促进物流服务体系高效运转。

深化改革，整合资源。深化物流业管理体制改革，进一步简政放权，打破行业、部门和地区分割，反对垄断和不正当竞争，统筹城市和乡村、国际和国内物流体系建设，建立有利于资源整合和优化配置的体制机制。

（三）发展目标。

到2020年，基本建立布局合理、技术先进、便捷高效、绿色环保、安全有序的现代物流服务体系。

物流的社会化、专业化水平进一步提升。物流业增加值年均增长8%左右，物流业增加值占国内生产总值的比重达到7.5%左右。第三方物流比重明显提高。新的物流装备、技术广泛应用。

物流企业竞争力显著增强。一体化运作、网络化经营能力进一步提高，信息化和供应链管理水平明显提升，形成一批具有国际竞争力的大型综合物流企业集团和物流服务品牌。

物流基础设施及运作方式衔接更加顺畅。物流园区网络体系布局更加合理，多式联运、甩挂运输、共同配送等现代物流运作方式保持较快发展，物流集聚发展的效益进一步显现。

物流整体运行效率显著提高。全社会物流总费用与国内生产总值的比率由2013年的18%下降到16%左右，物流业对国民经济的支撑和保障能力进一步增强。

三、发展重点

（一）着力降低物流成本。

打破条块分割和地区封锁，减少行政干预，清理和废除妨碍全国统一市场和公平竞争的各种规定和做法,建立统一开放、竞争有序的全国物流服务市场。进一步优化通行环境,加强和规范收费公路管理,保障车辆便捷高效通行,积极采取有力措施,切实加大对公路乱收费、乱罚款的清理整顿力度,减少不必要的收费点,全面推进全国主要高速公路不停车收费系统建设。加快推进联通国内、国际主要经济区域的物流通道建设,大力发展多式联运,努力形成京沪、京广、欧亚大陆桥、中欧铁路大通道、长江黄金水道等若干条货畅其流、经济便捷的跨区域物流大通道。

(二)着力提升物流企业规模化、集约化水平。

鼓励物流企业通过参股控股、兼并重组、协作联盟等方式做大做强,形成一批技术水平先进、主营业务突出、核心竞争力强的大型现代物流企业集团,通过规模化经营提高物流服务的一体化、网络化水平,形成大小物流企业共同发展的良好态势。鼓励运输、仓储等传统物流企业向上下游延伸服务,推进物流业与其他产业互动融合,协同发展。鼓励物流企业与制造企业深化战略合作,建立与新型工业化发展相适应的制造业物流服务体系,形成一批具有全球采购、全球配送能力的供应链服务商。鼓励商贸物流企业提高配送的规模化和协同化水平,加快电子商务物流发展,建立快速便捷的城乡配送物流体系。支持快递业整合资源,与民航、铁路、公路等运输行业联动发展,加快形成一批具有国际竞争力的大型快递企业,构建覆盖城乡的快递物流服务体系。支持航空货运企业兼并重组、做强做大,提高物流综合服务能力。充分发挥邮政的网络、信息和服务优势,深入推动邮政与电子商务企业的战略合作,发展电商小包等新型邮政业务。进一步完善邮政基础设施网络,鼓励各地邮政企业因地制宜地发展农村邮政物流服务,推动农资下乡和农产品进城。

(三)着力加强物流基础设施网络建设。

推进综合交通运输体系建设,合理规划布局物流基础设施,完善综合运输通道和交通枢纽节点布局,构建便捷、高效的物流基础设施网络,促进多种运输方式顺畅衔接和高效中转,提升物流体系综合能力。优化航空货运网络布局,加快国内航空货运转运中心、连接国际重要航空货运中心的大型货运枢纽建设。推进"港站一体化",实现铁路货运站与港口码头无缝衔接。完善物流转运设施,提高货物换装的便捷性和兼容性。加快煤炭外运、"北粮南运"、粮食仓储等重要基础设施建设,解决突出的运输"卡脖子"问题。加强物流园区规划布局,进一步明确功能定位,整合和规范现有园区,节约、集约用地,提高资源利用效率和管理水平。在大中城市和制造业基地周边加强现代化配送中心规划,在城市社区和村镇布局建设共同配送末端网点,优化城市商业区和大型社区物流基础设施的布局建设,形成层级合理、规模适当、需求匹配的物流仓储配送网络。进一步完善应急物流基础设施,积极有效应对突发自然灾害、公共卫生事件以及重大安全事故。

四、主要任务

(一)大力提升物流社会化、专业化水平。

鼓励制造企业分离外包物流业务,促进企业内部物流需求社会化。优化制造业、商贸业集聚区物流资源配置,构建中小微企业公共物流服务平台,提供社会化物流服务。着力发展第三方物流,引导传统仓储、运输、国际货代、快递等企业采用现代物流管理理念和技术装备,提高服务能力;支持从制造企业内部剥离出来的物流企业发挥专业化、精益化服务优势,积极为社会提供公共物流服务。鼓励物流企业功能整合和业务创新,不断提升专业化服务水平,积极发展定制化物流服务,满足日益增长的个性化物流需求。进一步优化物流组织模式,积极发展共同配送、统一配送,提高多式联运比重。

(二)进一步加强物流信息化建设。

加强北斗导航、物联网、云计算、大数据、移动互联等先进信息技术在物流领域的应用。加快企业物流信息系统建设,发挥核心物流企业整合能力，打通物流信息链，实现物流信息全程可追踪。加快物流公共信息平台建设，积极推进全社会物流信息资源的开发利用，支持运输配载、跟踪追溯、库存监控等有实际需求、具备可持续发展前景的物流信息平台发展，鼓励各类平台创新运营服务模式。进一步推进交通运输物流公共信息平台发展，整合铁路、公路、水路、民航、邮政、海关、检验检疫等信息资源，促进物流信息与公共服务信息有效对接，鼓励区域间和行业内的物流平台信息共享，实现互联互通。

（三）推进物流技术装备现代化。

加强物流核心技术和装备研发，推动关键技术装备产业化，鼓励物流企业采用先进适用技术和装备。加快食品冷链、医药、烟草、机械、汽车、干散货、危险化学品等专业物流装备的研发，提升物流装备的专业化水平。积极发展标准化、厢式化、专业化的公路货运车辆，逐步淘汰栏板式货车。推广铁路重载运输技术装备，积极发展铁路特种、专用货车以及高铁快件等运输技术装备，加强物流安全检测技术与装备的研发和推广应用。吸收引进国际先进物流技术，提高物流技术自主创新能力。

（四）加强物流标准化建设。

加紧编制并组织实施物流标准中长期规划，完善物流标准体系。按照重点突出、结构合理、层次分明、科学适用、基本满足发展需要的要求，完善国家物流标准体系框架，加强通用基础类、公共类、服务类及专业类物流标准的制定工作，形成一批对全国物流业发展和服务水平提升有重大促进作用的物流标准。注重物流标准与其他产业标准以及国际物流标准的衔接，科学划分推荐性和强制性物流标准，加大物流标准的实施力度，努力提升物流服务、物流枢纽、物流设施设备的标准化运作水平。调动企业在标准制修订工作中的积极性，推进重点物流企业参与专业领域物流技术标准和管理标准的制定和标准化试点工作。加强物流标准的培训宣传和推广应用。

（五）推进区域物流协调发展。

落实国家区域发展整体战略和产业布局调整优化的要求，继续发挥全国性物流节点城市和区域性物流节点城市的辐射带动作用，推动区域物流协调发展。按照建设丝绸之路经济带、海上丝绸之路、长江经济带等重大战略规划要求，加快推进重点物流区域和联通国际国内的物流通道建设，重点打造面向中亚、南亚、西亚的战略物流枢纽及面向东盟的陆海联运、江海联运节点和重要航空港，建立省际和跨国合作机制，促进物流基础设施互联互通和信息资源共享。东部地区要适应居民消费加快升级、制造业转型、内外贸一体化的趋势，进一步提升商贸物流、制造业物流和国际物流的服务能力，探索国际国内物流一体化运作模式。按照推动京津冀协同发展、环渤海区域合作和发展等要求，加快商贸物流业一体化进程。中部地区要发挥承东启西、贯通南北的区位优势，加强与沿海、沿边地区合作，加快陆港、航空口岸建设，构建服务于产业转移、资源输送和南北区域合作的物流通道和枢纽。西部地区要结合推进丝绸之路经济带建设，打造物流通道，改善区域物流条件，积极发展具有特色优势的农产品、矿产品等大宗商品物流产业。东北地区要加快构建东北亚沿边物流带，形成面向俄罗斯、连接东北亚及欧洲的物流大通道，重点推进制造业物流和粮食等大宗资源型商品物流发展。物流节点城市是区域物流发展的重要枢纽，要根据产业特点、发展水平、设施状况、市场需求、功能定位等，加强物流基础设施的规划布局，改善产业发展环境。

（六）积极推动国际物流发展。

加强枢纽港口、机场、铁路、公路等各类口岸物流基础设施建设。以重点开发开放试验区为先导，结合发展边境贸易，加强与周边国家和地区的跨境物流体系和走廊建设，加快物流基础设施互联互通，形成一批国际货运枢纽，增强进出口货物集散能力。加强境内外口岸、内陆与沿海、沿边口岸的战略合作，推动海关特殊监管区域、国际陆港、口岸等协调发展，提高国际物流便利化水平。建立口岸物流联检联动机制，进一步提高通关效率。积极构建服务于全球贸易和营销网络、跨境电子商务的物流支撑体系，为国内企业“走出去”和开展全球业务提供物流服务保障。支持优势物流企业加强联合，构建国际物流服务网络，打造具有国际竞争力的跨国物流企业。

（七）大力发展绿色物流。

优化运输结构，合理配置各类运输方式，提高铁路和水路运输比重，促进节能减排。大力发展甩挂运输、共同配送、统一配送等先进的物流组织模式，提高储运工具的信息化水平，减少返空、迂回运输。鼓励采用低能耗、低排放运输工具和节能型绿色仓储设施，推广集装单元化技术。借鉴国际先进经验，完善能耗和排放监测、检测认证制度，加快建立绿色物流评估标准和认证体系。加强危险品水运管理，最大限度减少环境事故。鼓励包装重复使用和回收再利用，提高托盘等标准化器具和包装物的循环利用水平，构建低环境负荷的循环物流系统。大力发展回收物流，鼓励生产者、再生资源回收利用企业联合开展废旧产品回收。推广应用铁路散堆装货物运输抑尘技术。

五、重点工程

（一）多式联运工程。

加快多式联运设施建设，构建能力匹配的集疏运通道，配备现代化的中转设施，建立多式联运信息平台。完善港口的铁路、公路集疏运设施，提升临港铁路场站和港站后方通道能力。推进铁路专用线建设，发挥铁路集装箱中心站作用，推进内陆城市和港口的集装箱场站建设。构建与铁路、机场和公路货运站能力匹配的公路集疏运网络系统。发展海铁联运、铁水联运、公铁联运、陆空联运，加快推进大宗散货水铁联运、集装箱多式联运，积极发展干支直达和江海直达等船舶运输组织方式，探索构建以半挂车为标准荷载单元的铁路驮背运输、水路滚装运输等多式联运体系。

（二）物流园区工程。

在严格符合土地利用总体规划、城市总体规划的前提下，按照节约、集约用地的原则，在重要的物流节点城市加快整合与合理布局物流园区，推进物流园区水、电、路、通讯设施和多式联运设施建设，加快现代化立体仓库和信息平台建设，完善周边公路、铁路配套，推广使用甩挂运输等先进运输方式和智能化管理技术，完善物流园区管理体制，提升管理和服务水平。结合区位特点和物流需求，发展货运枢纽型、生产服务型、商贸服务型、口岸服务型和综合服务型物流园区，以及农产品、农资、钢铁、煤炭、汽车、医药、出版物、冷链、危险货物运输、快递等专业类物流园区，发挥物流园区的示范带动作用。

（三）农产品物流工程。

加大粮食仓储设施建设和维修改造力度，满足粮食收储需要。引进先进粮食仓储设备和技术，切实改善粮食仓储条件。积极推进粮食现代物流设施建设，发展粮食储、运、装、卸“四散化”和多式联运，开通从东北入关的铁路散粮列车和散粮集装箱班列，加强粮食产区的收纳和发放设施、南方销区的铁路和港口散粮接卸设施建设，解决“北粮南运”运输“卡脖子”问题。推进棉花运输装卸机械化、仓储现代化、管理信息化，加强主要产销区的物流节点及铁路专用线建设，支持企业开展纺织配棉配送服务。加强“南糖北运”及产地的运输、仓储等物流设施建设。加强鲜活农产品冷链物流设施建设，支持“南菜北运”和大宗鲜活农产品产地预冷、初加工、冷藏保鲜、冷链运输等设施设备建设，形成重点品种农产品物流集散中心，提升批发市场等重要节点的冷链设施水平，完善冷链物流网络。

（四）制造业物流与供应链管理工程。

支持建设与制造业企业紧密配套、有效衔接的仓储配送设施和物流信息平台，鼓励各类产业聚集区域和功能区配套建设公共外仓，引进第三方物流企业。鼓励传统运输、仓储企业向供应链上下游延伸服务，建设第三方供应链管理平台，为制造业企业提供供应链计划、采购物流、入厂物流、交付物流、回收物流、供应链金融以及信息追溯等集成服务。加快发展具有供应链设计、咨询管理能力的专业物流企业，着力提升面向制造业企业的供应链管理服务水平。

（五）资源型产品物流工程。

依托煤炭、石油、铁矿石等重要产品的生产基地和市场，加快资源型产品物流集散中心和物流通道建设。推进晋陕蒙（西）宁甘、内蒙古东部、新疆等煤炭外运重点通道建设，重点建设环渤海等大型煤炭储配基地和重点煤炭物流节点。统筹油气进口运输通道和国内储运体系建设，加快跨区域、与周边国家和地区紧密连接的油气运输通道建设，加强油气码头建设，鼓励发展油船、液化天然气船，加强铁矿石等重要矿产品港口（口岸）物流设施建设。

（六）城乡物流配送工程。

加快完善城乡配送网络体系，统筹规划、合理布局物流园区、配送中心、末端配送网点等三级配送节点，搭建城市配送公共服务平台，积极推进县、乡、村消费品和农资配送网络体系建设。进一步发挥邮政及供销合作社的网络和服务优势，加强农村邮政网点、村邮站、“三农”服务站等邮政终端设施建设，促进农村地区商品的双向流通。推进城市绿色货运配送体系建设，完善城市配送车辆标准和通行管控措施，鼓励节能环保车辆在城市配送中的推广应用。加快现代物流示范城市的配送体系发展，建设服务连锁经营企业和网络销售企业的跨区域配送中心。发展智能物流基础设施，支持农村、社区、学校的物流快递公共取送点建设。鼓励交通、邮政、商贸、供销、出版物销售等开展联盟合作，整合利用现有物流资源，进一步完善存储、转运、停靠、卸货等基础设施，加强服务网络建设，提高共同配送能力。

（七）电子商务物流工程。

适应电子商务快速发展需求，编制全国电子商务物流发展规划，结合国家电子商务示范城市、示范基地、物流园区、商业设施等建设，整合配送资源，构建电子商务物流服务平台和配送网络。建成一批区域性仓储配送基地，吸引制造商、电商、快递和零担物流公司、第三方服务公司入驻，提高物流配送效率和专业化服务水平。探索利用高铁资源，发展高铁快件运输。结合推进跨境贸易电子商务试点，完善一批快递转运中心。

（八）物流标准化工程。

重点推进物流技术、信息、服务、运输、货代、仓储、粮食等农产品及加工食品、医药、汽车、家电、电子商务、邮政（含快递）、冷链、应急等物流标准的制修订工作，积极着手开展钢铁、机械、煤炭、铁矿石、石油石化、建材、棉花等大宗产品物流标准的研究制订工作。支持仓储和转运设施、运输工具、停靠和卸货站点的标准化建设和改造，制定公路货运标准化电子货单，推广托盘、集装箱、集装袋等标准化设施设备，建立全国托盘共用体系，推进管理软件接口标准化，全面推广甩挂运输试点经验。开展物流服务认证试点工作，推进物流领域检验检测体系建设，支持物流企业开展质量、环境和职业健康安全管理体系认证。

（九）物流信息平台工程。

整合现有物流信息服务平台资源，形成跨行业和区域的智能物流信息公共服务平台。加强综合运输信息、物流资源交易、电子口岸和大宗商品交易等平台建设，促进各类平台之间的互联互通和信息共享。鼓励龙头物流企业搭建面向中小物流企业的物流信息服务平台，促进货源、车源和物流服务等信息的高效匹配，有效降低货车空驶率。以统一物品编码体系为依托，建设衔接企业、消费者与政府部门的第三方公共服务平台，提供物流信息标准查询、对接服务。建设智能物流信息平台，形成集物流信息发布、在线交易、数据交换、跟踪追溯、智能分析等功能为一体的物流信息服务中心。加快推进国家交通运输物流公共信息平台建设，依托东北亚物流信息服务网络等已有平台，开展物流信息化国际合作。

(十)物流新技术开发应用工程。

支持货物跟踪定位、无线射频识别、可视化技术、移动信息服务、智能交通和位置服务等关键技术攻关,研发推广高性能货物搬运设备和快速分拣技术,加强沿海和内河船型、商用车运输等重要运输技术的研发应用。完善物品编码体系,推动条码和智能标签等标识技术、自动识别技术以及电子数据交换技术的广泛应用。推广物流信息编码、物流信息采集、物流载体跟踪、自动化控制、管理决策支持、信息交换与共享等领域的物流信息技术。鼓励新一代移动通信、道路交通信息通讯系统、自动导引车辆、不停车收费系统以及托盘等集装单元化技术普及。推动北斗导航、物联网、云计算、大数据、移动互联等技术在产品可追溯、在线调度管理、全自动物流配送、智能配货等领域的应用。

(十一)再生资源回收物流工程。

加快建立再生资源回收物流体系,重点推动包装物、废旧电器电子产品等生活废弃物和报废工程机械、农作物秸秆、消费品加工中产生的边角废料等有使用价值废弃物的回收物流发展。加大废弃物回收物流处理设施的投资力度,加快建设一批回收物流中心,提高回收物品的收集、分拣、加工、搬运、仓储、包装、维修等管理水平,实现废弃物的妥善处置、循环利用、无害环保。

(十二)应急物流工程。

建立统一协调、反应迅捷、运行有序、高效可靠的应急物流体系,建设集满足多种应急需要为一体的物流中心,形成一批具有较强应急物流运作能力的骨干物流企业。加强应急仓储、中转、配送设施建设,提升应急物流设施设备的标准化和现代化水平,提高应急物流效率和应急保障能力。建立和完善应急物流信息系统,规范协调调度程序,优化信息流程、业务流程和管理流程,推进应急生产、流通、储备、运输环节的信息化建设和应急信息交换、数据共享。

六、保障措施

(一)深化改革开放。

加快推进物流管理体制改革,完善各层级的物流政策综合协调机制,进一步发挥全国现代物流工作部际联席会议作用。按照简政放权、深化行政审批制度改革的要求,建立公平透明的市场准入标准,进一步放宽对物流企业资质的行政许可和审批条件,改进审批管理方式。落实物流企业设立非法人分支机构的相关政策,鼓励物流企业开展跨区域网络化经营。引导企业改革“大而全”“小而全”的物流运作模式,制定支持企业分离外包物流业务和加快发展第三方物流的措施,充分整合利用社会物流资源,提高规模化水平。加强与主要贸易对象国及台港澳等地区的政策协调和物流合作,推动国内物流企业与国际先进物流企业合作交流,支持物流企业“走出去”。做好物流业外资并购安全审查工作,扩大商贸物流、电子商务领域的对外开放。

(二)完善法规制度。

尽快从国民经济行业分类、产业统计、工商注册及税目设立等方面明确物流业类别,进一步明确物流业的产业地位。健全物流业法律法规体系,抓紧研究制修订物流业安全监管、交通运输管理和仓储管理等相关法律法规或部门规章,开展综合性法律的立法准备工作,在此基础上择机研究制订物流业促进方面的法律法规。

(三)规范市场秩序。

加强对物流市场的监督管理,完善物流企业和从业人员信用记录,纳入国家统一的信用信息平台。增强企业诚信意识,建立跨地区、跨行业的联合惩戒机制,加大对失信行为的惩戒力度。加强物流信息安全管理,禁止泄露转卖客户信息。加强物流服务质量满意度监测,开展安全、诚信、优质服务创建活动。鼓励企业整合资源、加强协作,提高物流市场集中度和集约化运作水平,减少低水平无序竞争。加强对物流业市场竞争行为的监督检查，依法查处不正当竞争和垄断行为。

（四）加强安全监管。

加强对物流企业的安全管理，督促物流企业切实履行安全主体责任，严格执行国家强制标准，保证运输装备产品的一致性。加强对物流车辆和设施设备的检验检测，确保车辆安全性符合国家规定、设施设备处于良好状态。禁止超载运输，规范超限运输。危险货物运输要强化企业经理人员安全管理职责和车辆动态监控。加大安全生产经费投入，及时排查整改安全隐患。加大物流业贯彻落实国家信息安全等级保护制度力度，按照国家信息安全等级保护管理规范和技术标准要求同步实施物流信息平台安全建设，提高网络安全保障能力。建立健全物流安全监管信息共享机制，物流信息平台及物流企业信息系统要按照统一技术标准建设共享信息的技术接口。道路、铁路、民航、航运、邮政部门要进一步规范货物收运、收寄流程，进一步落实货物安全检查责任，采取严格的货物安全检查措施并增加开箱检查频次，加大对瞒报货物品名行为的查处力度，严防普通货物中夹带违禁品和危险品。推广使用技术手段对集装箱和货运物品进行探测查验，提高对违禁品和危险品的发现能力。加大宣传教育力度，曝光违法违规托运和夹带违禁品、危险品的典型案件和查处结果，增强公众守法意识。

（五）完善扶持政策。

加大土地等政策支持力度，着力降低物流成本。落实和完善支持物流业发展的用地政策，依法供应物流用地，积极支持利用工业企业旧厂房、仓库和存量土地资源建设物流设施或者提供物流服务，涉及原划拨土地使用权转让或者租赁的，应按规定办理土地有偿使用手续。认真落实物流业相关税收优惠政策。研究完善支持物流企业做强做大的扶持政策，培育一批网络化、规模化发展的大型物流企业。严格执行鲜活农产品运输“绿色通道”政策。研究配送车辆进入城区作业的相关政策，完善城市配送车辆通行管控措施。完善物流标准化工作体系，建立相关部门、行业组织和标准技术归口单位的协调沟通机制。

（六）拓宽投资融资渠道。

多渠道增加对物流业的投入，鼓励民间资本进入物流领域。引导银行业金融机构加大对物流企业的信贷支持，针对物流企业特点推动金融产品创新，推动发展新型融资方式，为物流业发展提供更便利的融资服务。支持符合条件的物流企业通过发行公司债券、非金融企业债务融资工具、企业债券和上市等多种方式拓宽融资渠道。继续通过政府投资对物流业重点领域和薄弱环节予以支持。

（七）加强统计工作。

提高物流业统计工作水平，明确物流业统计的基本概念，强化物流统计理论和方法研究，科学划分物流业统计的行业类别，完善物流业统计制度和评价指标体系，促进物流统计台账和会计核算科目建设，做好社会物流总额和社会物流成本等指标的调查统计工作，及时准确反映物流业的发展规模和运行效率；构建组织体系完善、调查方法科学、技术手段先进、队伍素质优良的现代物流统计体系，推动各省（区、市）全面开展物流统计工作，进一步提高物流统计数据质量和工作水平，为政府宏观管理和企业经营决策提供参考依据。

（八）强化理论研究和人才培养。

加强物流领域理论研究，完善我国现代物流业理论体系，积极推进产学研用结合。着力完善物流学科体系和专业人才培养体系，以提高实践能力为重点，按照现代职业教育体系建设要求，探索形成高等学校、中等职业学校与有关部门、科研院所、行业协会和企业联合培养人才的新模式。完善在职人员培训体系，鼓励培养物流业高层次经营管理人才，积极开展职业培训，提高物流业从业人员业务素质。

（九）发挥行业协会作用。

要更好地发挥行业协会的桥梁和纽带作用，做好调查研究、技术推广、标准制订和宣传推广、信息统计、咨询服务、人才培养、理论研究、国际合作等方面的工作。鼓励行业协会健全和完善各项行业基础性工作，积极推动行业规范自律和诚信体系建设，推动行业健康发展。

七、组织实施

各地区、各部门要充分认识促进物流业健康发展的重大意义，采取有力措施，确保各项政策落到实处、见到实效。地方各级人民政府要加强组织领导，完善协调机制，结合本地实际抓紧制定具体落实方案，及时将实施过程中出现的新情况、新问题报送发展改革委和交通运输部、商务部等有关部门。国务院各有关部门要加强沟通，密切配合，根据职责分工完善各项配套政策措施。发展改革委要加强统筹协调，会同有关部门研究制定促进物流业发展三年行动计划，明确工作安排及时间进度，并做好督促检查和跟踪分析，重大问题及时报告。

第五章　快递标准

《邮政业标准体系》

该文件于2014年2月由国家邮政局发布。

详见网址 http://www.spb.gov.cn/zcfg/bz/bzml/yzxybz/201402/P020140227488895265494.pdf

《快递业温室气体排放测量方法》

该标准于2014年5月9日由国家邮政局发布,于2014年10月1日起实施。

详见网址 http://www.spb.gov.cn/zcfg/bz/bzml/yzxybz/201303/W020140708403191712305.pdf

《快递专用电动三轮车技术要求》

该标准于2014年6月18日由国家邮政局发布,于2014年9月1日起实施。

详见网址 http://www.spb.gov.cn/zcfg/bz/bzml/yzxybz/201303/W020140708403191583270.pdf

第六章 快递政策

国务院关于加快发展生产性服务业促进产业结构调整升级的指导意见

国发〔2014〕26号

各省、自治区、直辖市人民政府，国务院各部委、各直属机构：

国务院高度重视服务业发展。近年来陆续出台了家庭、养老、健康、文化创意等生活性服务业发展指导意见，服务供给规模和质量水平明显提高。与此同时，生产性服务业发展相对滞后、水平不高、结构不合理等问题突出，亟待加快发展。生产性服务业涉及农业、工业等产业的多个环节，具有专业性强、创新活跃、产业融合度高、带动作用显著等特点，是全球产业竞争的战略制高点。加快发展生产性服务业，是向结构调整要动力、促进经济稳定增长的重大措施，既可以有效激发内需潜力、带动扩大社会就业、持续改善人民生活，也有利于引领产业向价值链高端提升。为加快重点领域生产性服务业发展，进一步推动产业结构调整升级，现提出以下意见：

一、总体要求

（一）指导思想。

以邓小平理论、"三个代表"重要思想、科学发展观为指导，深入贯彻党的十八大和十八届二中、三中全会精神，全面落实党中央、国务院各项决策部署，科学规划布局，放宽市场准入，完善行业标准，创造环境条件，加快生产性服务业创新发展，实现服务业与农业、工业等在更高水平上有机融合，推动我国产业结构优化调整，促进经济提质增效升级。

（二）基本原则。

坚持市场主导。处理好政府和市场的关系，使市场在资源配置中起决定性作用和更好发挥政府作用，鼓励和支持各种所有制企业根据市场需求，积极发展生产性服务业。

坚持突出重点。以显著提升产业发展整体素质和产品附加值为重点，围绕全产业链的整合优化，充分发挥生产性服务业在研发设计、流程优化、市场营销、物流配送、节能降耗等方面的引领带动作用。

坚持创新驱动。建立与国际接轨的专业化生产性服务业体系，推动云计算、大数据、物联网等在生产性服务业的应用，鼓励企业开展科技创新、产品创新、管理创新、市场创新和商业模式创新，发展新兴生产性服务业态。

坚持集聚发展。适应中国特色新型工业化、信息化、城镇化、农业现代化发展趋势，深入实施区域发展总体战略和主体功能区战略，因地制宜引导生产性服务业在中心城市、制造业集中区域、现代农业产业基地以及有条件的城镇等区域集聚，实现规模效益和特色发展。

二、发展导向

以产业转型升级需求为导向，进一步加快生产性服务业发展，引导企业进一步打破"大而全"

"小而全"的格局，分离和外包非核心业务，向价值链高端延伸，促进我国产业逐步由生产制造型向生产服务型转变。

（一）鼓励企业向价值链高端发展。

鼓励农业企业和涉农服务机构重点围绕提高科技创新和推广应用能力，加快推进现代种业发展，完善农副产品流通体系。鼓励有能力的工业企业重点围绕提高研发创新和系统集成能力，发展市场调研、产品设计、技术开发、工程总包和系统控制等业务。加快发展专业化设计及相关定制、加工服务，建立健全重大技术装备第三方认证制度。促进专利技术运用和创新成果转化，健全研发设计、试验验证、运行维护和技术产品标准等体系。重点围绕市场营销和品牌服务，发展现代销售体系，增强产业链上下游企业协同能力。强化期货、现货交易平台功能。鼓励分期付款等消费金融服务方式。推进仓储物流、维修维护和回收利用等专业服务的发展。

（二）推进农业生产和工业制造现代化。

搭建各类农业生产服务平台，加强政策法律咨询、市场信息、病虫害防治、测土配方施肥、种养过程监控等服务。健全农业生产资料配送网络，鼓励开展农机跨区作业、承包作业、机具租赁和维修服务。推进面向产业集群和中小企业的基础工艺、基础材料、基础元器件研发和系统集成以及生产、检测、计量等专业化公共服务平台建设，鼓励开展工程项目、工业设计、产品技术研发和检验检测、工艺诊断、流程优化再造、技能培训等服务外包，整合优化生产服务系统。发展技术支持和设备监理、保养、维修、改造、备品备件等专业化服务，提高设备运行质量。鼓励制造业与相关产业协同处置工业"三废"及社会废弃物，发展节能减排投融资、清洁生产审核及咨询等节能环保服务。

（三）加快生产制造与信息技术服务融合。

支持农业生产的信息技术服务创新和应用，发展农作物良种繁育、农业生产动态监测、环境监控等信息技术服务，建立健全农产品质量安全可追溯体系。鼓励将数字技术和智能制造技术广泛应用于产品设计和制造过程，丰富产品功能，提高产品性能。运用互联网、大数据等信息技术，积极发展定制生产，满足多样化、个性化消费需求。促进智能终端与应用服务相融合、数字产品与内容服务相结合，推动产品创新，拓展服务领域。发展服务于产业集群的电子商务、数字内容、数据托管、技术推广、管理咨询等服务平台，提高资源配置效率。

三、主要任务

现阶段，我国生产性服务业重点发展研发设计、第三方物流、融资租赁、信息技术服务、节能环保服务、检验检测认证、电子商务、商务咨询、服务外包、售后服务、人力资源服务和品牌建设。

（一）研发设计。

积极开展研发设计服务，加强新材料、新产品、新工艺的研发和推广应用。大力发展工业设计，培育企业品牌、丰富产品品种、提高附加值。促进工业设计向高端综合设计服务转变。支持研发体现中国文化要素的设计产品。整合现有资源，发挥企业创新主体作用，推进产学研用合作，加快创新成果产业化步伐。鼓励建立专业化、开放型的工业设计企业和工业设计服务中心，促进工业企业与工业设计企业合作。完善知识产权交易和中介服务体系，发展研发设计交易市场。开展面向生产性服务业企业的知识产权培训、专利运营、分析评议、专利代理和专利预警等服务。建立主要由市场评价创新成果的机制，加快研发设计创新转化为现实生产力。

（二）第三方物流。

优化物流企业供应链管理服务，提高物流企业配送的信息化、智能化、精准化水平，推广企业零库存管理等现代企业管理模式。加强核心技术开发，发展连锁配送等现代经营方式，重点推进云计算、物联网、北斗导航及地理信息等技术在物流智能化管理方面的应用。引导企业剥离物流业务，积极发展专业化、社会化的大型物流企业。完善物流建设和服务标准，引导物流设施资源集聚集约发展，培育一批具有较强服务能力的生产服务型物流园区和配送中心。加强综合性、专业性物流公共信息平台和货物配载中心建设，衔接货物信息，匹配运载工具，提高物流企业运输工具利用效率，降低运输车辆空驶率。提高物流行业标准化设施、设备和器具应用水平以及托盘标准化水平。继续推进制造业与物流业联动发展示范工作和快递服务制造业工作，加强仓储、冷链物流服务。大力发展铁水联运、江海直达、滚装运输、道路货物甩挂运输等运输方式，推进货运汽车（挂车）、列车标准国际化。优化城市配送网络，鼓励统一配送和共同配送。推动城市配送车辆标准化、标识化，建立健全配送车辆运力调控机制，完善配送车辆便利通行措施。在关系民生的农产品、药品、快速消费品等重点领域开展标准化托盘循环共用示范试点。完善农村物流服务体系，加强产销衔接，扩大农超对接规模，加快农产品批发和零售市场改造升级，拓展农产品加工服务。

（三）融资租赁。

建立完善融资租赁业运营服务和管理信息系统，丰富租赁方式，提升专业水平，形成融资渠道多样、集约发展、监管有效、法律体系健全的融资租赁服务体系。大力推广大型制造设备、施工设备、运输工具、生产线等融资租赁服务，鼓励融资租赁企业支持中小微企业发展。引导企业利用融资租赁方式，进行设备更新和技术改造。鼓励采用融资租赁方式开拓国际市场。紧密联系产业需求，积极开展租赁业务创新和制度创新，拓展厂商租赁的业务范围。引导租赁服务企业加强与商业银行、保险、信托等金融机构合作，充分利用境外资金，多渠道拓展融资空间，实现规模化经营。建设程序标准化、管理规范化、运转高效的租赁物与二手设备流通市场，建立和完善租赁物公示、查询系统和融资租赁资产退出机制。加快研究制定融资租赁行业的法律法规。充分发挥行业协会作用，加强信用体系建设和行业自律。建立系统性行业风险防范机制，以及融资租赁业统计制度和评价指标体系。

（四）信息技术服务。

发展涉及网络新应用的信息技术服务，积极运用云计算、物联网等信息技术，推动制造业的智能化、柔性化和服务化，促进定制生产等模式创新发展。加快面向工业重点行业的知识库建设，创新面向专业领域的信息服务方式，提升服务能力。加强相关软件研发，提高信息技术咨询设计、集成实施、运行维护、测试评估和信息安全服务水平，面向工业行业应用提供系统解决方案，促进工业生产业务流程再造和优化。推动工业企业与软件提供商、信息服务提供商联合提升企业生产经营管理全过程的数字化水平。支持工业企业所属信息服务机构面向行业和社会提供专业化服务。加快农村互联网基础设施建设，推进信息进村入户。

（五）节能环保服务。

健全节能环保法规和标准体系，增强节能环保指标的刚性约束，严格落实奖惩措施。大力发展节能减排投融资、能源审计、清洁生产审核、工程咨询、节能环保产品认证、节能评估等第三方节能环保服务体系。规范引导建材、冶金、能源企业协同开展城市及产业废弃物的资源化处理，建立交易市场。鼓励结合改善环境质量和治理污染的需要，开展环保服务活动。发展系统设计、成套设备、工程施工、调试运行和维护管理等环保服务总承包。鼓励大型重点用能单位依托自身技术优势和管理经验，开展专业化节能环保服务。推广合同能源管理，建设"一站式"合同能源管理综合服务平台，积极探索节能量市场化交易。建设再生资源回收体系和废弃物逆向物流交易平台。积极发展再制造专业技术服务，建立再制造旧件回收、产品营销、溯源等信息化管理系统。推行环境污染第三方治理。

（六）检验检测认证。

加快发展第三方检验检测认证服务，鼓励不

同所有制检验检测认证机构平等参与市场竞争，不断增强权威性和公信力，为提高产品质量提供有力的支持保障服务。加强计量、检测技术、检测装备研发等基础能力建设，发展面向设计开发、生产制造、售后服务全过程的分析、测试、计量、检验等服务。建设一批国家产业计量测试中心，构建国家产业计量测试服务体系。加强先进重大装备、新材料、新能源汽车等领域的第三方检验检测服务，加快发展药品检验检测、医疗器械检验、进出口检验检疫、农产品质量安全检验检测、食品安全检验检测等服务，发展在线检测，完善检验检测认证服务体系。开拓电子商务等服务认证领域。优化资源配置，引导检验检测认证机构集聚发展，推进整合业务相同或相近的检验检测认证机构。积极参与制定国际检验检测标准，开展检验检测认证结果和技术能力国际互认。培育一批技术能力强、服务水平高、规模效益好、具有一定国际影响力的检验检测认证集团。加大生产性服务业标准的推广应用力度，深化国家级服务业标准化试点。

（七）电子商务。

深化大中型企业电子商务应用，促进大宗原材料网上交易、工业产品网上定制、上下游关联企业业务协同发展，创新组织结构和经营模式。引导小微企业依托第三方电子商务服务平台开展业务。抓紧研究制定鼓励电子商务创新发展的意见。深化电子商务服务集成创新。加快并规范集交易、电子认证、在线支付、物流、信用评估等服务于一体的第三方电子商务综合服务平台发展。加快推进适应电子合同、电子发票和电子签名发展的制度建设。建设开放式电子商务快递配送信息平台和社会化仓储设施网络，加快布局、规范建设快件处理中心和航空、陆运集散中心。鼓励对现有商业设施、邮政便民服务设施等的整合利用，加强共同配送末端网点建设，推动社区商业电子商务发展。深入推进国家电子商务示范城市、示范基地和示范企业建设，发展电子商务可信交易保障、交易纠纷处理等服务。建立健全促进电子商务发展的工作保障机制。加强网络基础设施建设和电子商务信用体系、统计监测体系建设，不断完善电子商务标准体系和快递服务质量评价体系。推进农村电子商务发展，积极培育农产品电子商务，鼓励网上购销对接等多种交易方式。支持面向跨境贸易的多语种电子商务平台建设、服务创新和应用推广。积极发展移动电子商务，推动移动电子商务应用向工业生产经营和生产性服务业领域延伸。

（八）商务咨询。

提升商务咨询服务专业化、规模化、网络化水平。引导商务咨询企业以促进产业转型升级为重点，大力发展战略规划、营销策划、市场调查、管理咨询等提升产业发展素质的咨询服务，积极发展资产评估、会计、审计、税务、勘察设计、工程咨询等专业咨询服务。发展信息技术咨询服务，开展咨询设计、集成实施、运行维护、测试评估、应用系统解决方案和信息安全服务。加强知识产权咨询服务，发展检索、分析、数据加工等基础服务，培育知识产权转化、投融资等市场化服务。重视培育品牌和商誉，发展无形资产、信用等评估服务。抓紧研究制定咨询服务业发展指导意见。依法健全商务咨询服务的职业评价制度和信用管理体系，加强执业培训和行业自律。开展多种形式的国际合作，推动商务咨询服务国际化发展。

（九）服务外包。

把握全球服务外包发展新趋势，积极承接国际离岸服务外包业务，大力培育在岸服务外包市场。抓紧研究制定在岸与离岸服务外包协调发展政策。适应生产性服务业社会化、专业化发展要求，鼓励服务外包，促进企业突出核心业务、优化生产流程、创新组织结构、提高质量和效率。引导社会资本积极发展信息技术外包、业务流程外包和知识流程外包服务业务，为产业转型升级提供支撑。鼓励政府机构和事业单位购买专业化服务，加强管理创新。支持企业购买专业化服务，构建数字化服务平台，实现包括产品设计、工艺流程、生产规划、生产制造和售后服务在内的全过程管理。

（十）售后服务。

鼓励企业将售后服务作为开拓市场、提高竞争力的重要途径，增强服务功能，健全服务网络，提升服务质量，完善服务体系。完善产品“三包”制度，推动发展产品配送、安装调试、以旧换新等售后服务，积极运用互联网、物联网、大数据等信息技术，发展远程检测诊断、运营维护、技术支持等售后服务新业态。大力发展专业维护维修服务，加快技术研发与应用，促进维护维修服务业务和服务模式创新，鼓励开展设备监理、维护、修理和运行等全生命周期服务。积极发展专业化、社会化的第三方维护维修服务，支持具备条件的工业企业内设机构向专业维护维修公司转变。完善售后服务标准，加强售后服务专业队伍建设，健全售后服务认证制度和质量监测体系，不断提高用户满意度。

（十一）人力资源服务和品牌建设。

以产业引导、政策扶持和环境营造为重点，推进人力资源服务创新，大力开发能满足不同层次、不同群体需求的各类人力资源服务产品。提高人力资源服务水平，促进人力资源服务供求对接，引导各类企业通过专业化的人力资源服务提升人力资源管理开发和使用水平，提升劳动者素质和人力资源配置效率。加快形成一批具有国际竞争力的综合型、专业型人力资源服务机构。统筹利用高等院校、科研院所、职业院校、社会培训机构和企业等各种培训资源，强化生产性服务业所需的创新型、应用型、复合型、技术技能型人才开发培训。加快推广中关村科技园区股权激励试点经验，调动科研人员创新进取的积极性。营造尊重人才、有利于优秀人才脱颖而出和充分发挥作用的社会环境。鼓励具有自主知识产权的知识创新、技术创新和模式创新，积极创建知名品牌，增强独特文化特质，以品牌引领消费，带动生产制造，推动形成具有中国特色的品牌价值评价机制。

四、政策措施

从深化改革开放、完善财税政策、强化金融创新、有效供给土地、健全价格机制和加强基础工作等方面，为生产性服务业发展创造良好环境，最大限度地激发企业和市场活力。

（一）进一步扩大开放。

进一步放开生产性服务业领域市场准入，营造公平竞争环境，不得对社会资本设置歧视性障碍，鼓励社会资本以多种方式发展生产性服务业。进一步减少生产性服务业重点领域前置审批和资质认定项目，由先证后照改为先照后证，加快落实注册资本认缴登记制。允许社会资本参与应用型技术研发机构市场化改革。鼓励社会资本参与国家服务业综合改革试点。

引导外资企业来华设立生产性服务业企业、各类功能性总部和分支机构、研发中心、营运基地等。统一内外资法律法规，推进生产性服务业领域有序开放，放开建筑设计、会计审计、商贸物流、电子商务等服务业领域外资准入限制。加快研究制定服务业进一步扩大开放的政策措施，对已经明确的扩大开放要求，要抓紧落实配套措施。探索对外商投资实行准入前国民待遇加负面清单的管理模式。发挥中国（上海）自由贸易试验区在服务业领域先行先试的作用。加强与香港、澳门、台湾地区的服务业合作，加快推进深圳前海、珠海横琴、广州南沙与港澳地区，福建厦门、平潭和江苏昆山与台湾地区的服务业合作试点。

鼓励有条件的企业依托现有产品贸易优势，在境外设立分支机构，大力拓展生产性服务业发展空间。简化境外投资审批程序，进一步提高生产性服务业境外投资的便利化程度。鼓励企业利用电子商务开拓国际营销渠道，积极研究为符合条件的电子商务企业、快递企业提供便利通关措施。加快跨境电子商务通关试点建设。鼓励设立境外投资贸易服务机构，做好境外投资需求的规模、领域和国别研究，提供对外投资准确信息，为企业“走出去”提供咨询服务。

（二）完善财税政策。

尽快将营业税改征增值税试点扩大到服务业全领域。根据生产性服务业产业融合度高的特点，完善促进生产性服务业的税收政策。研发设计、检验检测认证、节能环保等科技型、创新型生产性服务业企业，可申请认定为高新技术企业，享受15%的企业所得税优惠税率。研究适时扩大生产性服务业服务产品出口退税政策范围，制定产品退税目录和具体管理办法。

中央财政和地方财政在各自事权和支出责任范围内，重点支持公共基础设施、市场诚信体系、标准体系建设以及公共服务平台等服务业发展薄弱环节建设，探索完善财政资金投入方式，提高资金使用效率，推动建立统一开放、规范竞争的服务业市场体系。鼓励开发区、产业集群、现代农业产业基地、服务业集聚区和发展示范区积极建设重大服务平台。积极研究自主创新产品首次应用政策，增加对研发设计成果应用的支持。完善政府采购办法，逐步加大政府向社会力量购买服务的力度，凡适合社会力量承担的，都可以通过委托、承包、采购等方式交给社会力量承担。研究制定政府向社会力量购买服务的指导性目录，明确政府购买的服务种类、性质和内容。

（三）创新金融服务。

鼓励商业银行按照风险可控、商业可持续原则，开发适合生产性服务业特点的各类金融产品和服务，积极发展商圈融资、供应链融资等融资方式。支持节能环保服务项目以预期收益质押获得贷款。研究制定利用知识产权质押、仓单质押、信用保险保单质押、股权质押、商业保理等多种方式融资的可行措施。建立生产性服务业重点领域企业信贷风险补偿机制。完善动产抵（质）押登记公示体系，建立健全动产押品管理公司监管制度。支持符合条件的生产性服务业企业通过银行间债券市场发行非金融企业债券融资工具融资，拓宽企业融资渠道。支持商业银行发行专项金融债券，服务小微企业。根据研发、设计、应用的阶段特征和需求，建立完善相应的融资支持体系和产品。搭建方便快捷的融资平台，支持符合条件的生产性服务业企业上市融资、发行债券。对符合条件的中小企业信用担保机构提供担保服务实行免征营业税政策。鼓励融资性担保机构扩大生产性服务业企业担保业务规模。

（四）完善土地和价格政策。

合理安排生产性服务业用地，促进节约集约发展。鼓励工业企业利用自有工业用地兴办促进企业转型升级的自营生产性服务业，经依法批准，对提高自有工业用地容积率用于自营生产性服务业的工业企业，可按新用途办理相关手续。选择具备条件的城市和国家服务业综合改革试点区域，鼓励通过对城镇低效用地的改造发展生产性服务业。加强对服务业发展示范区促进生产性服务业发展与土地利用工作的协同指导。

建立完善主要以市场决定价格的生产性服务业价格形成机制，规范服务价格。建立科学合理的生产性服务业企业贷款定价机制，加大对生产性服务业重点领域企业的支持力度。加快落实生产性服务业用电、用水、用气与工业同价。对工业企业分离出的非核心业务，在水、气方面实行与原企业相同的价格政策。符合条件的生产性服务业重点领域企业，可申请参与电力用户与发电企业直接交易试点。加强对生产性服务业重点领域违规收费项目的清理和监督检查。

（五）加强知识产权保护和人才队伍建设。

鼓励生产性服务业企业创造自主知识产权，加强对服务模式、服务内容等创新的保护。加快数字版权保护技术研发，推进国家版权监管平台建设。扩大知识产权基础信息资源共享范围，促进知识产权协同创新。加强知识产权执法，加大对侵犯知识产权和制售假冒伪劣商品的打击力度，维护市场秩序，保护创新积极性。加强政府引导，及时发布各类人才需求导向等信息。支持生产性服务业创新团队培养，建立创新发展服务平台。研究促进设计、创意人才队伍建设的措施办法，鼓励创新型人才发展。建设大型专业人才服务平台，增强人才供需衔接。

（六）建立健全统计制度。

以国民经济行业分类为基础，抓紧研究制定生产性服务业及重点领域统计分类，完善相关统计制度和指标体系，明确各有关部门相关统计任务。建立健全有关部门信息共享机制，逐步形成年度、季度信息发布机制。

各地区、各部门要充分认识发展生产性服务业的重大意义，把加快发展生产性服务业作为转变经济发展方式、调整产业结构的重要任务，采取有力措施，确保各项政策落到实处、见到实效。地方各级人民政府要加强组织领导，结合本地实际进一步研究制定扶持生产性服务业发展的政策措施。国务院各有关部门要密切协作配合，抓紧制定各项配套政策和落实政策措施分工的具体措施，营造促进生产性服务业发展的良好环境。发展改革委要加强统筹协调，会同有关部门对本意见落实情况进行督促检查和跟踪分析，每半年向国务院报告一次落实情况，重大问题及时报告。

在推进生产性服务业加快发展的同时，要围绕人民群众的迫切需要，继续大力发展生活性服务业，落实和完善生活性服务业支持政策，拓展新领域，不断丰富健康、家庭、养老等服务产品供给；发展新业态，不断提高网络购物、远程教育、旅游等服务层次水平；培育新热点，不断扩大文化创意、数字家庭、信息消费等消费市场规模，做到生产性服务业与生活性服务业并重、现代服务业与传统服务业并举，切实把服务业打造成经济社会可持续发展的新引擎。

附件：政策措施分工表

国务院

2014 年 7 月 28 日

附件

政策措施分工表

序号	工 作 任 务	负 责 部 门
1	进一步放开生产性服务业领域市场准入，营造公平竞争环境，不得对社会资本设置歧视性障碍，鼓励社会资本以多种方式发展生产性服务业	发展改革委、商务部会同有关部门
2	进一步减少生产性服务业重点领域前置审批和资质认定项目，由先证后照改为先照后证，加快落实注册资本认缴登记制	工商总局、中央编办会同有关部门
3	加快研究制定服务业进一步扩大开放的政策措施，对已经明确的扩大开放要求，要抓紧落实配套措施	发展改革委、商务部会同有关部门
4	进一步提高生产性服务业境外投资的便利化程度	发展改革委、商务部会同有关部门
5	加快跨境电子商务通关试点建设	海关总署、发展改革委、商务部、质检总局会同有关部门
6	尽快将营业税改征增值税试点扩大到服务业全领域。根据生产性服务业产业融合度高的特点，完善促进生产性服务业的税收政策	财政部、税务总局
7	研究适时扩大生产性服务业服务产品出口退税政策范围，制定产品退税目录和具体管理办法	财政部、税务总局、发展改革委
8	完善政府采购办法，逐步加大政府向社会力量购买服务的力度，凡适合社会力量承担的，都可以通过委托、承包、采购等方式交给社会力量承担。研究制定政府向社会力量购买服务的指导性目录，明确政府购买的服务种类、性质和内容	财政部
9	研究制定利用知识产权质押、仓单质押、信用保险保单质押、股权质押、商业保理等多种方式融资的可行措施	人民银行、银监会、财政部、保监会、知识产权局、版权局、商务部、工商总局等

续上表

序号	工　作　任　务	负 责 部 门
10	支持符合条件的生产性服务业企业上市融资、发行债券	证监会、发展改革委、人民银行
11	鼓励融资性担保机构扩大生产性服务业企业担保业务规模	银监会、发展改革委、工业和信息化部、财政部等
12	鼓励工业企业利用自有工业用地兴办促进企业转型升级的自营生产性服务业，经依法批准，对提高自有工业用地容积率用于自营生产性服务业的工业企业，可按新用途办理相关手续	发展改革委、工业和信息化部、住房城乡建设部、国土资源部
13	选择具备条件的城市和国家服务业综合改革试点区域，鼓励通过对城镇低效用地的改造发展生产性服务业。加强对服务业发展示范区促进生产性服务业发展与土地利用工作的协同指导	国土资源部、住房城乡建设部、发展改革委
14	支持生产性服务业创新团队培养	发展改革委、人力资源社会保障部
15	抓紧研究制定生产性服务业及重点领域统计分类，完善相关统计制度和指标体系，明确各有关部门相关统计任务。建立健全有关部门信息共享机制，逐步形成年度、季度信息发布机制	统计局、发展改革委、工业和信息化部会同有关部门

国务院办公厅关于促进内贸流通健康发展的若干意见

国办发〔2014〕51号

各省、自治区、直辖市人民政府，国务院各部委、各直属机构：

近年来，我国国内贸易稳定发展，现代流通方式快速推进，流通产业的基础性和先导性作用不断增强。在当前稳增长促改革调结构惠民生防风险的关键时期，加快发展内贸流通，对于引导生产、扩大消费、吸纳就业、改善民生，进一步拉动经济增长具有重要意义，经国务院批准，现提出如下意见：

一、推进现代流通方式发展

（一）规范促进电子商务发展。进一步拓展网络消费领域，加快推进中小城市电子商务发展，支持电子商务企业向农村延伸业务，推动居民生活服务、休闲娱乐、旅游、金融等领域电子商务应用。在保障数据管理安全的基础上，推进商务领域大数据公共信息服务平台建设。促进线上线下融合发展，推广“网订店取”、“网订店送”等新型配送模式。加快推进电子发票应用，完善电子会计凭证报销、登记入账及归档保管等配套措施。落实《注册资本登记制度改革方案》，完善市场主体住所（经营场所）管理。在控制风险基础上鼓励支付产品创新，营造商业银行和支付机构等支付服务主体平等竞争环境，促进网络支付健康发展。

（二）加快发展物流配送。加强物流标准化建设，加快推进以托盘标准化为突破口的物流标准化试点；加强物流信息化建设，打造一批跨区域物流综合信息服务平台；提高物流社会化水平，支持大型连锁零售企业向社会提供第三方物流服务，开展商贸物流城市共同配送试点，推广统一配送、共同配送等模式；提高物流专业化水平，支持电子商务与物流快递协同发展，大力发展冷链物流，支持农产品预冷、加工、储存、运输、配送等设施建设，形成若干重要农产品冷链物流集散中心。推动城市配送车辆统一标识管理，保障运送生鲜食品、主食制品、药品等车辆便利通行。允许符合标准的非机动快递车辆从事社区配送。支持商贸物流园区、仓储企业转型升级，经认定为高新技术企业的第三方物流和物流信息平台企业，依法享受高新技术企业相关优惠政策。

（三）大力发展连锁经营。以电子商务、信息化及物流配送为依托，推进发展直营连锁，规范发展特许连锁，引导发展自愿连锁。支持连锁经营企业建设直采基地和信息系统，提升自愿连锁服务机构联合采购、统一分销、共同配送能力，引导便利店等业态进社区、进农村，规范和拓展其代收费、代收货等便民服务功能。鼓励超市、便利店、机场等相关场所依法依规发展便民餐点。

二、加强流通基础设施建设

（四）推进商品市场转型升级。加快商品批发市场转型升级，推动专业化提升和精细化改进，拓展商品展示、研发设计、品牌孵化、回收处理等功能，带动产业集群发展。制订全国公益性批发市场发展规划，统筹公益性市场建设，加快形成不同层级、布局合理、便民惠民的公益性市场体系。探索采取设立农产品流通产业发展基金等模式，培育一批全国和区域公益性农产品批发市场。支持全国农产品跨区域流通骨干网络建设，完善产销衔接体系。落实和完善农产品批发市场、农贸市场城镇土地使用税和房产税政策。城区商品批发市场异地搬迁改造，政府收回原国有建设用地使用权后，可采取协议出让方式安排商品批发市场用地。通过加强市场周边道路、停车位、公交停靠站点等交通基础设施规划建设，优化客货运交通组织等有效措施，切实解决城市物流配送存在的通行难、停车难、卸货难等问题。

（五）增加居民生活服务设施投入。优化社区商业网点、公共服务设施的规划布局和业态配置，鼓励建设集社区菜市场、便利店、快餐店、配送站、再生资源回收点及健康、养老、看护等大众化服务网点于一体的社区综合服务中心。将农村市场流通体系建设纳入城镇化规划，培育一批集零售、餐饮、文化、生活、配送等于一体的多功能乡镇商贸中心。整合各类社会资源，建设公益性家政服务网络中心和服务人员供给基地，培育一批员工制家政服务企业，健全养老护小型家政服务人员培训体系，扩大家政服务供给。加快生活性服务业营改增步伐，合理设置生活性服务业增值税税率，加大小微企业增值税和营业税的政策支持力度，进一步促进生活性服务业小微企业发展。尽快完善银行卡刷卡手续费定价机制，取消刷卡手续费行业分类，进一步从总体上降低餐饮业刷卡手续费支出。落实好新建社区商业和综合服务设施面积占社区总建筑面积比例不低于10%的政策。

（六）推进绿色循环消费设施建设。大力推广绿色低碳节能设备设施，推动节能技术改造，在具备条件的企业推广分布式光伏发电，试点夹层玻璃光伏组件等新材料产品应用，培育一批集节能改造、节能产品销售和废弃物回收于一体的绿色市场、商场和饭店。推广绿色低碳采购，支持流通企业与绿色低碳商品生产企业（基地）对接，打造绿色低碳供应链。支持淘汰老旧汽车，加大黄标车淘汰力度，促进报废汽车回收拆解体系建设，推进报废汽车资源综合利用。

三、深化流通领域改革创新

（七）支持流通企业做大做强。推动优势流通企业利用参股、控股、联合、兼并、合资、合作等方式，做大做强，形成若干具有国际竞争力的大型零售商、批发商、物流服务商。加快推进流通企业兼并重组审批制度改革，依法做好流通企业经营者集中反垄断审查工作。鼓励和引导金融机构加大对流通企业兼并重组的金融支持力度，支持商业银行扩大对兼并重组商贸企业综合授信额度。推进流通企业股权多元化改革，鼓励各类投资者参与国有流通企业改制重组，鼓励和吸引民间资本进入，进一步提高利用外资的质量和水平，推进混合所有制发展。

（八）增强中小商贸流通企业发展活力。加快推进中小商贸流通企业公共服务平台建设，整合利用社会服务力量，为中小商贸流通企业提供质优价惠的信息咨询、创业辅导、市场拓展、电子商务应用、特许经营推广、企业融资、品牌建设等服务，力争用三年时间初步形成覆盖全国的服务网络。落实小微企业融资支持政策，推动商业银行开发符合商贸流通行业特点的融资产品，在充分把控行业和产业链风险的基础上，发展商圈融资、供应链融资，完善小微商贸流通企业融资环境。

（九）推进内外贸融合发展。拓展国内商品市场对外贸易功能，借鉴国际贸易通行标准、规则和方式，在总结试点经验的基础上，适当扩大市场采购贸易方式的试点范围，打造一批布局合理、功能完善、管理规范、辐射面广的内外贸结合市场。鼓励具备条件的流通企业“走出去”，建立海外营销、物流及售后服务网络，鼓励外贸企业建立国内营销渠道，拓展国内市场，打造一批实力雄厚、竞争力强、内外贸一体化经营的跨国企业。

四、着力改善营商环境

（十）减少行政审批，减轻企业税费负担。加快推进行政审批制度改革，系统评估和清理涉及内贸流通领域的行政审批、备案等事项，最大限度取消和下放。对按照法律、行政法规和国家有关政策规定设立的涉企行政事业性收费、政府性基金和实施政府定价或指导价的经营服务性收费，实行目录清单管理，不断完善公示制度。加大对违规设立行政事业性收费的查处力度，坚决制止各类乱收费、乱罚款和摊派等行为。进一步推进工商用电同价。鼓励大型商贸企业参与电力直接交易。在有条件的地区开展试点，允许商业用户选择执行行业平均电价或峰谷分时电价。

（十一）创造公平竞争的市场环境。着力破除各类市场壁垒，不得滥用行政权力制定含有排除、限定竞争内容的规定，不得限定或者变相限定单位或者个人经营、购买、使用行政机关指定的经营者提供的商品，取消针对外地企业、产品和服务设定歧视性收费项目、实行歧视性收费标准或者规定歧视性价格等歧视性政策，落实跨地区经营企业总分支机构汇总纳税政策。抓紧研究完善零售商、供应商公平交易行为规范及相关制度，强化日常监管，健全举报投诉办理和违法行为曝光机制，严肃查处违法违规行为。充分发挥市场机制作用，建立和完善符合我国国情和现阶段发展要求的农产品价格和市场调控机制。建立维护全国市场统一开放、竞争有序的长效机制，推进法治化营商环境建设。

（十二）加大市场整治力度。集中开展重点商品、重点领域专项整治行动，完善网络商品的监督抽查、风险监测、源头追溯、质量担保、损害赔偿、联合办案等制度，依法惩治侵权假冒违法行为，促进电子商务健康发展，切实保护消费者合法权益。积极推进侵权假冒行政处罚案件信息公开，建立案件曝光平台。强化对农村市场和网络商品交易的监管。加强行政执法与刑事司法衔接，建立部门间、区域间信息共享和执法协作机制。

（十三）加快推进商务信用建设。建立和完善国内贸易企业信用信息记录和披露制度，依法发布失信企业“黑名单”，营造诚信文化氛围。推动建立健全覆盖线上网络和线下实体店消费的信用评价机制。支持第三方机构开展具有信誉搜索、同类对比等功能的综合评价；鼓励行业组织开展以信用记录为基础的第三方专业评价；引导企业开展商品质量、服务水平、购物环境等内容的消费体验评价。

五、加强组织领导

（十四）加快推进政策落实。各部门要加强协调配合，按照分工要求，切实负起责任，根据本意见抓紧制定贯彻落实工作方案，明确时限要求，确保政策落实到位。地方各级人民政府要根据形势需要和本地实际，统筹协调，落实责任，出台有针对性的配套措施，加大保障力度，形成政策合力。

附件：重点任务分工及进度安排

国务院办公厅

2014 年 10 月 24 日

附件

重点任务分工及进度安排

序号	工作任务	负责部门	时间进度
1	进一步拓展网络消费领域，加快推进中小城市电子商务发展，支持电子商务企业向农村延伸业务，推动居民生活服务、休闲娱乐、旅游、金融等领域电子商务应用。在保障数据管理安全的基础上，推进商务领域大数据公共信息服务平台建设。促进线上线下融合发展，推广“网订店取”“网订店送”等新型配送模式	商务部、发展改革委、工业和信息化部、农业部、供销合作总社等(列第一位者为牵头部门，下同)	持续实施
2	加快推进电子发票应用，完善电子会计凭证报销、登记入账及归档保管等配套措施	财政部、发展改革委、税务总局等	持续实施
3	加强物流标准化、信息化建设，提高物流社会化、专业化水平。允许符合标准的非机动快递车辆从事社区配送。鼓励超市、便利店、机场等相关场所依法依规发展便民餐点	商务部、发展改革委、公安部、财政部、住房城乡建设部、交通运输部、邮政局、食品药品监管总局等	持续实施
4	支持商贸物流园区、仓储企业转型升级，经认定为高新技术企业的第三方物流和物流信息平台企业，依法享受高新技术企业相关优惠政策	科技部、发展改革委、财政部、商务部、税务总局等	持续实施
5	推动城市配送车辆统一标识管理，保障运送生鲜食品、主食制品、药品等车辆便利通行	交通运输部、工业和信息化部、商务部、邮政局等	2014年底前启动
6	制订全国公益性批发市场发展规划，统筹公益性市场建设，加快形成不同层级、布局合理、便民惠民的公益性市场体系	商务部、财政部、发展改革委、国土资源部、住房城乡建设部、环境保护部等	持续实施
7	探索采取设立农产品流通产业发展基金等模式，培育一批全国和区域公益性农产品批发市场。支持全国农产品跨区域流通骨干网络建设，完善产销衔接体系。落实和完善农产品批发市场、农贸市场城镇土地使用税和房产税政策	财政部、发展改革委、商务部、农业部、税务总局、供销合作总社等	2014年底前启动
8	城区商品批发市场异地搬迁改造，政府收回原国有建设用地使用权后，可采取协议出让方式安排商品批发市场用地	国土资源部、商务部、住房城乡建设部等	持续实施
9	通过加强市场周边道路、停车位、公交停靠站点等交通基础设施规划建设，优化客货运交通组织等有效措施，切实解决城市物流配送存在的通行难、停车难、卸货难等问题	住房城乡建设部、公安部、交通运输部等	持续实施
10	加快生活性服务业营改增步伐，合理设置生活性服务业增值税税率，加大小微企业增值税和营业税的政策支持力度，进一步促进生活性服务业小微企业发展	财政部、税务总局	2014年底前启动
11	尽快完善银行卡刷卡手续费定价机制，取消刷卡手续费行业分类，进一步从总体上降低餐饮业刷卡手续费支出	发展改革委、人民银行	2014年底前启动
12	拓展国内商品市场对外贸易功能，借鉴国际贸易通行标准、规则和方式，在总结试点经验的基础上，适当扩大市场采购贸易方式的试点范围，打造一批布局合理、功能完善、管理规范、辐射面广的内外贸结合市场	商务部、发展改革委、财政部、人民银行、海关总署、税务总局、工商总局、质检总局、外汇局等	2014年底前启动
13	进一步推进工商用电同价。鼓励大型商贸企业参与电力直接交易。在有条件的地区开展试点，允许商业用户选择执行行业平均电价或峰谷分时电价	发展改革委、商务部等	2014年底前启动
14	着力破除各类市场壁垒，不得滥用行政权力制定含有排除、限定竞争内容的规定，不得限定或者变相限定单位或者个人经营、购买、使用行政机关指定的经营者提供的商品，取消针对外地企业、产品和服务设定歧视性收费项目、实行歧视性收费标准或者规定歧视性价格等歧视性政策，落实跨地区经营企业总分支机构汇总纳税政策	发展改革委、财政部、商务部、税务总局、工商总局等	持续实施
15	抓紧研究完善零售商、供应商公平交易行为规范及相关制度，强化日常监管，健全举报投诉办理和违法行为曝光机制，严肃查处违法违规行为。集中开展重点商品、重点领域专项整治行动。强化对农村市场和网络商品交易的监管。加强行政执法与刑事司法衔接	商务部、法制办、工商总局、质检总局等	持续实施
16	推动建立健全覆盖线上网络和线下实体店消费的信用评价机制	商务部等	2014年底前启动

中央综治办　公安部　交通运输部　国家邮政局　国家安全部　海关总署　国家工商行政管理总局　国家铁路局　中国民用航空局关于加强邮件、快件寄递安全管理工作的若干意见

中综办〔2014〕24号

各省(区、市)综治办、公安厅(局)、交通运输厅(局、委)、邮政管理局、国家安全厅(局)、工商行政管理局,各直属海关,各地区铁路监督管理局,民航各地区管理局,新疆生产建设兵团综治办、公安局、交通局、国家安全局:

为加强对邮件、快件寄递的安全管理工作,认真履行监管职责,切实保障邮件、快件寄递安全,根据《中华人民共和国邮政法》等法律法规,提出以下工作意见。

一、完善邮件、快件寄递安全管理制度

(一)完善禁寄物品清单制度。修订《禁寄物品指导目录及处理办法(试行)》,根据不同运输方式,出台全面详细的禁寄物品名录,并向社会公布,增强用户安全用邮意识。

(二)建立特殊物品寄递安全管理制度。对禁寄物品以外的液态化学品、酒类、工艺刀具、锂电池等特殊物品的寄递,国家邮政管理部门要会同有关部门设置高于快递业务经营许可标准的安全准入条件,在包装、物理隔离、运输等方面提出更高标准要求,实行分类处理、严格监管。

(三)逐步实行寄递实名制。对在重点时期、或者寄往重要区域、特殊场所的邮件、快件实行实名收寄。2016年后,实行全行业的实名收寄,除信件、已有安全保障机制的协议客户快递、通过自助邮局(智能快件箱)等交寄的邮件、快件外,一律要求寄件人出具有效身份证件并登记相关身份信息后方可收寄。期间,邮政管理部门应加强对实名寄递制度的研究,制订规范的操作流程,为全面实行实名寄递制度奠定基础。

(四)完善收寄验视制度。明确不同种类物品的验视方法、验视标准,要求寄递企业对收寄的邮件、快件100%实行先"验视"后"封箱"制度,在邮件、快件上加盖收寄验视戳记或在《快递运单》上设置收寄验视签字栏并签名。

(五)完善寄递服务信息登记制度。实行邮件、快件统一码号资源管理。制定寄递服务信息登记标准,修改、完善《邮政市场监管信息系统数据管理办法》,规范寄递渠道信息登记,保障用户个人信息安全。

(六)出台各项行业安全标准。制订收寄、分拣、储存、运输、投递等各环节安全操作标准,以及安全检查设备、信息管理系统等人防物防技防建设标准,并纳入快递企业业务经营许可准入机制。

(七)建立违规寄递处罚警示制度。寄递企业在收寄验视之前,应提醒寄件人核实寄递物品是否属于禁寄物品,并在营业场所、邮件详情单、《快递运单》上明示寄件人违法寄递的法律责任。

二、加强邮件、快件安全检查

(八)落实安检制度和措施。寄递企业应严格执行各项安全检查制度,配备符合国家标准或行业标准的收寄验视手持设备和X光机对邮件、快件进行安检。2016年后,寄递企业应在处理场所安排具有专门技术的人员对邮件、快件100%通过X光机进行安检,相关安全检查资料应保存30天以上。寄递企业应对寄往重点地区、重点部位的邮件、快件进行集中安全检查,对可疑邮件、快件

进行重点查验。

三、加强邮件、快件寄递安全防范能力建设

(九)完善安全防范设施。寄递企业应加强安全防范设施建设。在邮件、快件收寄、分拣、运输、投递等营业场所、处理场地安装监控设备,确保全天24小时运转,监控资料保存时间不少于30天。邮件、快件收寄、分拣、运输、投递环节要有专人负责,全程落实封闭上锁、跟踪定位、品牌标识等技术手段,严防邮件、快件被“调包”、夹塞禁寄物品或邮件、快件丢失。

(十)强化科技支撑。邮政管理部门会同有关部门研制集第二代居民身份证识别、寄递物品品名及禁寄物品清单、收寄地址、电话号码录入等功能为一体、方便携带的信息采集终端设备,研发邮件、快件面单信息自动识别、图文转化等先进技术,建立分类管理和拓展应用的综合信息平台。

(十一)实施信息化管理。寄递企业应实行寄递业务流程全程计算机管理,并预留安全监管数据接口,实现对邮件、快件的全程跟踪和实时查询,确保寄递物品来源可追溯、责任能倒查、违法受查究。寄递企业要在信息系统建设和日常管理维护中,严格落实国家有关法律法规和国家信息安全等级防护管理制度要求,确保寄递信息网络安全。

(十二)加强从业人员管理与培训。寄递企业应建立从业人员实名档案,对录用从业人员进行背景审查,寄递企业所在地公安机关、国家安全机关要配合做好相关工作。加强对从业人员的安全教育和培训,保证从业人员具备作业所需要的特别是不同运输方式载运危险品所必需的安全知识和技能。

四、治理安全隐患,严厉打击利用邮件、快件寄递实施的各种违法犯罪活动

(十三)严格执法检查。邮政管理、公安、国家安全等部门应加大对邮件、快件寄递安全管理执法检查力度,建立健全联合执法机制,全面检查寄递企业执行法律法规和落实安全保障制度的情况,坚决查处违法违规行为,堵塞安全管理漏洞。

(十四)深入开展安全隐患排查整治活动。要坚持预防为主,以隐患排查整治为重点,建立健全安全隐患排查整治机制。对各类安全隐患,要逐一通报、跟踪治理,对重大隐患要及时停业整顿。要充分运用警示、诫勉谈话、挂牌督办、黄牌警告、处分建议等政策手段,有效推动治理整改工作。对因安全管理属地责任或部门监管责任不落实、措施不到位而引发严重影响社会治安稳定重特大案(事)件的地区或部门,实行一票否决权制。

(十五)坚持依法打击。各部门要加强协调配合,完善情报信息收集研判和共享机制,及时掌握邮件、快件寄递违法犯罪活动情况并向公安、国家安全机关通报。建立举报奖励制度和舆情收集机制,及时核查处置媒体曝光和群众举报线索。对各类违法犯罪活动,要逐件溯源查实各环节经手人员和寄件人。完善违法寄递惩处办法,进一步强化寄件人安全保障义务,加大对违法寄递行为查究力度。寄件人在邮件、快件中藏匿、夹带或者故意交寄禁止寄递或者限制寄递物品,构成违反治安管理行为的,由公安机关依法予以治安管理处罚。适时开展打击利用邮件、快件寄递实施违法犯罪专项行动,对重大违法犯罪案件进行联合督办。加强邮件、快件寄递安全应急管理能力建设,强化应急演练,做好事故应急处置。

五、健全邮件、快件寄递安全管理责任体系

(十六)坚持“谁主管、谁负责”,依法落实各部门职责。邮政管理部门负责邮政行业安全生产监管,负责邮政行业运行安全的监测、预警和应急管理,保障邮政通信与信息安全。公安、国家安全、海关等部门按照在维护国家安全和社会稳定

中的职责分工，主动加强监督管理、依法打击各种违法犯罪活动。交通运输部门依法对道路运输企业的安检工作进行监督检查。工商行政管理部门按照部门职责依法对寄递企业进行监督管理。铁路监管部门依法对铁路运输企业的安检工作进行监督检查。民航行政监管部门依法对民航企业开展的安检工作进行监督检查。综治部门发挥调查研究、组织协调、督导检查、考评、推动等职能作用，积极推动邮件、快件寄递安全管理工作齐抓共管。

（十七）坚持“单位负责”，落实寄递企业安全主体责任。寄递企业是邮件、快件寄递安全主体责任单位，其法定代表人是本单位第一责任人。寄递企业要树立安全与发展并重理念，强化内部管理和自查自纠，建立健全各项安全检查制度，层层落实收寄、分拣、运输、投递等各环节安全检查责任和措施，建立隐患排查、登记、报告、整改、销号闭环管理制度，实施全员、全过程、全方位的安全防范和隐患排查治理。

（十八）坚持“属地管理”，落实邮件、快件寄递安全管理属地责任。推动各地按照《安全生产法》等法律法规规定和社会治安综合治理等相关要求，认真履行安全监管职责，将邮件、快件寄递安全管理作为平安建设的重要内容，纳入综治工作（平安建设）考评体系，将存在的突出安全问题纳入社会治安重点地区和治安突出问题排查整治范围，加强组织领导，注重统筹规划，完善协调机制，确保安全管理工作的属地责任有效落实。

（十九）坚持“责任追究”，严格落实责任追究制度。要在明确各方面安全管理责任的基础上，加大安全责任事故查处力度，通过责任倒查，有效落实各方面安全管理责任。各有关部门对违法违规企业要严格查处，依法督促整改、给予行政处罚；企业负责人、直接负责人或其他从业人员有构成违反治安管理行为的，应当依法予以治安管理处罚；构成犯罪的，依法追究刑事责任。各有关部门工作人员在监督管理工作中失职渎职、滥用职权、玩忽职守、徇私舞弊，构成犯罪的，依法追究刑事责任；尚不构成犯罪的，依法给予处分。

六、加强组织协调与监督保障

（二十）加强统筹协调。建立由综治、公安、交通运输、邮政管理、国家安全、海关、工商、民航、铁路等部门参加的部际安全管理领导小组，办公室设在国家邮政局，统筹协调指导邮件、快件寄递安全管理工作。有关部门要按照职能分工，各负其责、密切配合，形成工作合力。各地要逐级建立相应的工作协调机制。已经建立的部门间协作配合机制要进一步强化并切实发挥作用。

（二十一）健全机构队伍。加强主管部门及其他相关部门安全监管执法力量建设。各级邮政管理部门应建立健全安全监管与执法机构，配置专职人员，完善执法装备与设备。探索以政府购买服务为主的多方筹资渠道，进一步充实安全检查专兼职力量。公安机关可根据需要，在重点寄递企业设立警务室。督促寄递企业设置安全保障机构，配备专职安全员，规模较大企业配备注册安全工程师，并将安全保障机构设置和安全人员配备情况报邮政管理部门备案。

（二十二）注重宣传培训。积极开展安全管理执法人员培训，提高依法监管的能力和水平。加强从业人员资格证书管理。深入开展邮件、快件寄递安全法律法规和可疑邮件、快件特征及识别方法宣传，加强警示教育，不断强化和提高寄递从业人员和社会用户的安全意识、防范意识、责任意识和法律意识。

中央综治办　公安部　交通运输部
国家邮政局　国家安全部　海关总署
国家工商行政管理总局　国家铁路局
中国民用航空局
2014 年 9 月 26 日

财政部 商务部 国家邮政局关于开展电子商务与物流快递协同发展试点有关问题的通知

财办建〔2014〕68 号

天津、河北、浙江、福建、贵州省财政厅(局)、商务主管部门、邮政管理局:

为贯彻落实《国务院关于深化流通体制改革加快流通产业发展的意见》(国发〔2012〕39 号)和《国务院关于促进信息消费扩大内需的若干意见》(国发〔2012〕32 号)精神,解决制约电子商务发展的瓶颈问题,促进电子商务与物流快递协同发展,充分发挥电子商务在拉动内需、吸纳就业、推动经济可持续发展等方面的重要作用,财政部、商务部、国家邮政局决定,2014 年在天津、石家庄、杭州、福州、贵州等 5 个城市开展电子商务与物流快递协同发展试点。现将有关事项通知如下:

一、总体思路

已建立适合电子商务快递发展的物流快递管理和服务体系为目标,以政策集成为手段,发挥地方政府统筹协调的优势,探索政策创新和制度创新,推进管理方式改革,破除行业发展瓶颈,形成可落地、可复制、可推广的政策和发展模式,在全国推广。

二、基本原则

(一)市场主导、政府引导。充分发挥市场机制在电子商务与物流快递协同发展中的决定性作用,突出企业的主体地位,政府重在创造条件、理顺机制和政策协调。

(二)统筹规划、创新发展。将电子商务与物流快递协同发展作为现代市场流通体系建设的重要引擎和城镇化建设的重要产业支撑,统筹规划;积极推进监管机制创新,全面提升城市综合管理水平。

(三)因地制宜、突出特色。结合试点城市各自的发展水平和人文环境,因地制宜,探索适合本地电子商务和物流快递发展的路径,形成各具特色的发展模式。

三、发展目标

通过试点,在试点城市建立起适合电子商务快速发展的物流快递管理制度和服务体系;将电商物流快递基础设施建设纳入城市总体规划,完善骨干节点和末端投递服务站点建设;建立完善配送车辆标准体系,实现配送车辆规范运营;建立从业人员服务和考核标准,完成对从业人员的培训和考核,全面实现持证上岗。

四、试点内容

(一)重点任务

1. 统筹规划基础设施建设。将电商物流快递需求纳入城市总体规划,完善通道与节点布局,保障城市配送基础设施建设用地,合理布局大型物流中心、分拨中心、“仓配一体化”的快件处理中心的建设。

2. 推行运营车辆规范化。统一城市配送车辆标准、标识管理,消除非标车辆运营,鼓励快递企业使用新能源和清洁能源车辆,加强民生保障车辆通行停靠、新能源汽车充电等配套基础设施建设。逐步规范改造末端配送车辆,鼓励使用轻、微型封闭式货车。

3. 解决末端配送难题。支持邮政、快递企业按照《快递营业场所技术规范》建设标准化营业网点,引导连锁商业机构、社区服务组织参与建设快递末端投递综合服务点,在试点城市推动“网订店取”、智能快递箱等电商物流配送经营模式创新。

4. 加强从业人员基本技能培训。加强行业标准规范建设，推动国家标准、行业标准的宣传贯彻和执行，支持行业协会、企业对从业人员的基本技能、职业操守和综合素质培训，推行持证上岗制度。

5. 鼓励电商企业与物流快递企业合作。鼓励电商企业和快递企业对接系统建设，统一信息交换和数据接口标准，发挥信息平台在运力调整、交通引导、供给调解和市场服务等方面的作用。

（二）中央财政资金支持重点

1. 支持建设改造城市电商物流快递公益性基础设施。

2. 支持建设城市电商物流快递公益性信息服务系统。

3. 对邮政等大型物流快递企业按规定更新改造末端配送车辆给予适当补助。

五、工作程序

（一）财政部、商务部、国家邮政局综合考虑电子商务及物流快递发展状况、工作基础及区域平衡等因素确定示范城市，并印发工作通知。财政部下达中央补助资金。

（二）试点城市所在省份财政部门会同商务主管部门、邮政管理部门，按照有关工作要求及下达的资金额度，组织试点城市制订试点工作实施方案。方案应明确试点工作的总体思路、工作目标、配套政策及资金安排意见。试点方案应于中央财政资金下达3个月内报财政部、商务部、国家邮政局备案。

（三）试点城市商务主管部门、邮政管理部门会同财政部门按照方案组织实施。试点城市所在省份商务主管部门、邮政管理部门会同财政部门按程序开展项目验收及监督检查，并及时报送试点进展情况和年度工作总结。商务部、财政部、国家邮政局将对试点情况进行绩效评估，并适时开展工作检查。

六、工作要求

（一）落实组织保障

试点城市人民政府是试点工作的责任主体，要成立由城市主要领导挂帅，财政、商务、邮政管理部门牵头，交通运输、城市规划、公安等相关部门参与的试点工作领导小组，建立部门间责任清晰、统筹协调、运行高效的工作磋商和落实机制。领导小组主要负责协调、决策试点工作中的重大事项，检查指导工作落实。

（二）科学编制试点工作方案

试点城市要结合本地区经济发展特点、电子商务发展水平和物流快递配送存在的主要问题，制定切实可行的试点工作方案。明确工作目标、重点、步骤，明确保障措施和落实机制，充分调动政府和社会资源。编制方案要充分调研、广泛听取各部门意见，突出系统性、整体性、协同性。

（三）加大政策支持和制度创新

试点城市要勇于破除现有管理体制对电商物流快递的束缚，努力创造有利于电商物流快递繁荣发展的政策体制环境，研究出台支持试点的本地化、差别化政策，提供规划、土地、金融等政策保障；加大政府在基础设施和公共服务上的投入，鼓励引导企业经营模式创新，激发出市场主体的活力和创造性。

（四）加强试点工作的绩效管理

省级财政部门要会同商务、邮政管理部门建立完善的资金与项目管理制度，加强对试点项目的动态监管，保证财政资金安全。要加强工作环节的督促检查和跟踪问效，做好跟踪、总结、交流和宣传工作，保证试点工作取得实效。

财政部办公厅
商务部办公厅
国家邮政局办公室
2014年9月23日

国家发展改革委 交通运输部 商务部 国家铁路局 中国民用航空局 国家邮政局 国家标准管理委员会 关于我国物流业信用体系建设的指导意见

发改运行〔2014〕2613号

各省、自治区、直辖市及计划单列市发展改革委、经信委(工信委)、交通运输厅(局)、商务厅(局)、质量技术监督局、邮政管理局,各地区铁路监督管理局,民航各地区管理局:

物流业信用体系建设是社会信用体系建设的重要组成部分,是发挥市场在物流资源配置中的决定性作用和强化市场监管的重要基础。为全面贯彻党的十八大、十八届三中全会精神,深入落实《社会信用体系建设规划纲要(2014－2020年)》,提高我国物流业的诚信意识和信用水平,规范市场竞争秩序,实现健康可持续发展,现提出以下意见。

一、充分认识物流业信用体系建设的重要意义

近些年,我国物流业取得了长足发展,但组织化程度依然较低,市场主体“小、散、乱”现象较为突出,部分企业经营管理不规范,违法违规违约现象时有发生,破坏了公平、公正的市场竞争秩序,影响了物流业的健康可持续发展,社会对物流业诚信的认可度总体偏低。建立健全物流业信用体系,可以有效约束和规范企业的经营行为,营造公平竞争、诚信经营的市场环境;有利于建立统一开放、竞争有序的现代物流市场体系,发挥市场在物流资源配置中的决定性作用和更好地发挥政府作用,促进物流业加快转型升级;对于降低社会物流成本,提高物流效率,提升经济运行的质量和效益具有重要意义。

二、加强物流信用服务机构培育和监管

各级政府相关部门要加大对信用服务机构的培育力度,努力营造良好的发展环境,加快形成一批功能互补、规范经营、公平竞争、公正独立的物流信用服务机构。大力引导物流信用服务机构加强自身信用建设,强化内部控制和约束机制建设,明确行为准则和服务规范,坚持公正性和独立性,提升自身公信力。要切实加强物流信用服务机构监管,建立严格的准入与退出机制,制订监管办法,明确监管责任,加强规范管理。

三、推进信用记录建设和共享

大力推进信用记录建设。运输、公安、商务、工商、海关、质检、税务等相关部门要健全信用信息采集机制,在本部门管理信息系统的基础上,及时、准确地记录各类物流企业的基础信息和信用记录,在保障信息安全的前提下向社会信用服务机构有序开放。同时,鼓励社会信用服务机构、行业协会结合物流业实际,发挥自身优势,加强信用记录建设,逐步形成覆盖物流业所有法人单位和个体经营者的信用信息档案。

推动信用信息的整合共享。各地区要对本地区各相关部门的物流信用信息进行整合,建立信用信息交换共享机制,按照共享目录和统一标准,及时交换共享,形成统一的信用信息共享平台。依托国家统一的信用信息共享交换平台,逐步实现全国物流信用信息的互通和共享,消除“信息孤岛”,确保信用信息及时、全面、准确、详实、安全,

使物流企业的信用状况透明、可核查，让守信行为得到褒扬，让失信行为无处藏身。信用记录依法应当向社会公开的，要及时公开，并为社会查询提供便利。

四、积极推动信用记录应用

推动物流业信用记录在全社会的广泛应用。积极支持信用服务机构根据物流业特点，对物流信用信息进行深度开发，创新信用产品，满足市场多层次、多样化和专业化的物流信用服务需求。物流相关政府部门要带头在履职过程中使用信用记录和信用报告。同时，要采取措施，引导市场和社会广泛应用信用记录和信用报告，通过宣传、教育、培训、辅导等方式，不断强化信用风险防范意识，逐步形成使用信用记录和信用报告的习惯和机制。

利用信用记录建立企业分类监管制度。针对运输、仓储、代理等不同行业和不同运输方式分别制订信用考核标准，逐步建立行业管理部门和社会信用评价机构相结合，具有监督、申诉和复核机制的综合考核评价体系。根据信用评价结果的差别，对物流行业实行分类监管，有效建立警示企业预警机制、失信企业惩戒机制和严重失信企业淘汰机制，对守信企业实行“绿色通道”，将失信企业列为日常监督、重点监测或抽查的重点，增强监管的针对性和有效性，降低事中事后监管成本。

五、构建守信激励和失信惩戒机制

加强对守信物流企业的激励。运用媒体加大对守信行为的宣传力度，提高守信企业的市场信誉。政府部门和行业协会在市场监管和行业服务过程中，将企业信用作为重要考量因素，对诚实守信者在资质审核、资金支持、物流企业分类评估、行业评优评先等方面给予优先考虑和支持，政府采购要优先购买诚信企业的产品和服务。

建立多种类型互为补充的惩戒机制。推动形成司法性、行政性、行业性、市场性惩戒，对违规失信的物流企业及个体经营者，采取多渠道、多形式、多主体的惩戒方式，实施联合惩戒，提高失信成本，使其“一处失信、处处受限”。强化司法性、行政性惩戒，加强执法部门之间的协调和信息共享，建立联合惩戒方式，对违规失信企业，依法在行政许可、项目核准、信贷投放等方面予以惩戒，将严重失信主体列入行业“黑名单”，直至取消经营资质，吊销营业执照。物流行业组织要制订行业自律规则，对严重失信的行业会员进行业内通报、谴责或剥夺会员资格，形成行业性惩戒。完善失信信息记录、信用报告和披露制度，对严重和多次失信的企业和个体经营者，予以披露和曝光，使失信者在市场交易中受到制约，降低市场竞争力，发挥好市场惩戒的作用。

六、建立完善物流信用法律法规和标准

大力推动相关法律法规的制修订，使物流信用信息采集、查询、披露、应用、共享、信息安全和主体权益保护等有法可依。根据物流行业特点和政府监管需要，研究制订物流行业信用信息采集分类共享、物流业信用评价指标体系、物流企业诚信管理体系等标准，形成物流业信用建设的标准体系。

七、加强企业诚信制度建设

引导企业加强诚信制度建设。引导物流企业树立诚信经营理念，在生产经营、安全管理、财务管理和劳动用工管理等各环节强化企业自律。督促企业加强信用管理制度建设，设计科学的信用管理流程，落实岗位信用主体责任，建立职工守信褒奖、失信惩戒机制和职工诚信考核评价与自查自纠改进制度，强化企业员工的诚信意识，营造良好的诚信氛围。

八、积极推动形成行业诚信文化

加强物流业诚信文化建设。借助不同类型媒

体,采用多种形式,向物流从业者广泛普及与诚信有关的法律法规知识,宣传物流业诚信规范和相关政策,引导企业主动践行诚信经营理念,自觉抵制各类失信行为,鼓励监督举报失信行为,形成崇尚诚信、践行诚信的行业风尚,提升物流业诚信文化软实力。

九、大力推进政务诚信建设

转变政府职能,坚持依法行政。进一步转变物流管理职能和管理方式,逐步减少和取消前置性审批,加强事中事后监管,建立权力清单制度。大力推进政务公开,提高政府部门拟订物流业相关法律法规、规划、政策的透明度,拓宽公众参与渠道,加强对权力运行的社会监督和约束。在运输、仓储、配送、代理等物流各相关领域,探索改革"以罚代管"的监管方式,整合减少执法主体,统一执法标准,规范执法行为,做到有法必依、执法必严、违法必究,坚决杜绝乱收费、乱罚款现象。进一步细化相关法律法规,完善规章制度,减少执法的自由裁量权。

推动政府部门守信践诺。各级政府相关部门要切实落实《物流业发展中长期规划(2014－2020年)》等相关规划和政策,探索开展实施成效的后评价工作。对依法与企业签订的物流相关合同和作出的政策承诺要认真履约和兑现,提高政府执行力和公信力。要积极营造公平竞争、统一开放的市场环境,不得滥用行政权力设置市场壁垒和地方保护措施。

十、充分发挥行业协会作用

鼓励物流行业协会积极参与物流业信用体系建设,在信用信息采集、评估、标准制订等方面发挥更大作用。行业协会要积极指导和组织会员单位加强企业信用制度建设,协助政府部门推进物流业信用分类监管工作。要主动开展诚信宣传、教育和交流活动,组织信用建设方面的培训,培养物流从业者的诚信意识,树立一批诚实守信、管理规范、积极履行社会责任、自觉接受社会监督的诚信示范企业。

十一、开展专业物流领域信用建设试点

选择冷链物流、危险品物流、汽车物流等条件相对成熟的物流领域开展信用建设试点,探索信用信息采集分类、信息共享、联合惩戒、分类监管和行业诚信自律等内容,推行信用报告制度,通过专业物流领域的试点为全面推进物流信用体系建设积累经验,形成以点带面的示范效应。

十二、加强物流信用体系建设的组织协调

物流业信用体系建设涉及面广,需要社会多方面的广泛参与和积极配合。要充分发挥全国现代物流工作部际联席会议的作用,积极协调各相关部门各负其责,相互配合,统筹研究推进物流业信用体系建设的各项基础工作,推动物流相关部门加强本行业的信用建设,及时研究解决存在的突出困难和问题。各地政府部门要高度重视,加强统筹,协同推进本地区物流业信用体系建设。

国家发展改革委
交通运输部
商务部
国家铁路局
中国民用航空局
国家邮政局
国家标准委
2014 年 11 月 18 日

国家邮政局关于印发《快递业务经营许可证》变更审核流程优化方案的通知

国邮发〔2014〕3 号

各省、自治区、直辖市邮政管理局：

为深入推进行政审批制度改革，切实减轻企业负担，特制定印发《〈快递业务经营许可证〉变更审核流程优化方案》，自 2014 年 3 月 1 日起施行。请有关单位认真遵照执行，遇有问题及时报告。

国家邮政局

2014 年 1 月 8 日

《快递业务经营许可证》变更审核流程优化方案

为深入贯彻落实中央关于加快政府职能转变、建设服务型政府的要求，本着依法行政、简政高效的原则，进一步完善和优化《快递业务经营许可证》变更审核流程，特制定本方案。

一、现状分析

随着快递市场的迅猛发展，快递网络不断延伸，企业申请变更频繁，变更基数逐年增大，变更工作已成为事关企业网络发展的关键因素，成为许可常态化管理的重要内容。

（一）变更基数大

2012 年，全国共收到变更申请 1548 件，涉及变更事项 5558 项，其中国家局处理变更事项 2235 项；2013 年，全国共收到变更申请 4448 件，涉及变更事项 7949 项，其中国家局处理变更事项 2885 项。

（二）变更事项集中

《快递业务经营许可证》变更事项共九大项十二小项，具体包括：企业名称、注册地址、法定代表人、注册资本、企业类型、股权关系、经营范围、经营地域和分支机构等。其中，分支机构变更还包括名称、地址、增设和撤销变更。从国家局统计的变更材料来看，申请分支机构变更的占变更总数的近 90%，企业名称、注册资本变更的，仅占变更总数的 3%。分支机构变更频繁说明，快递网络迅速扩张，也侧面反映了市场迅猛发展和企业转型升级的态势。

（三）变更联动性强

《快递业务经营许可证》变更时会多项变更同时发生。企业类型、经营范围和经营地域的变更属联动变更。分支机构的增设或撤销会联动经营地域的变更，股权关系的改变可能联动经营范围以及企业类型的变更。股权关系、分支机构的变更往往涉及企业兼并重组，需要特别关注、严格把关。

（四）存在问题

从企业反馈来看，目前的主要问题集中在程序复杂，办理时限过长。一是企业提交的变更申请多为一批次多事项，材料邮寄、补正耗时过长。二是邮政管理部门对每项变更均要实地核查，涉及地区多，反馈时间长短不一。对实地核查中未达到要求的，进行督促整改，造成整体核查时限长。三是许可管理信息系统部分功能尚不完善，有待进一步升级改造。

按照现行规定,《快递业务经营许可证》每项变更在流程上均需实地核查,邮政管理部门人手少、核查任务重,企业"减负"呼声强烈,优化《快递业务经营许可证》变更流程势在必行。

二、指导思想

以党的群众路线方针政策为指导,以科学合理的研究手段为依托,优化《快递业务经营许可证》变更审核流程,减轻企业负担,激发企业活力,更好地发挥政府作用,加强市场监管,提高工作效率,为企业提供规范、便捷、高效的服务。

三、基本原则

(一)依法行政,优化流程。在法律、法规、规章的范围内,优化许可变更流程,缩短许可变更时限。

(二)简化手续,分类管理。对变更事项和许可企业实施分类管理,实行形式审查与实地审查相结合的原则。

(三)协调配合,统一高效。根据变更办理要求,各级邮政管理部门有序开展审核工作,按时限完成相关工作,保障变更审核工作的顺利进行。

四、具体措施

(一)简化变更手续

对许可变更事项实行分项管理,采取形式审查与实地审查相结合的审核方式。书面材料仍按照《快递业务经营许可证变更办理指南》(国邮发〔2011〕50号)规定提交。

对以下七项变更事项采取形式审查:

(1)法定代表人变更;

(2)注册资本变更;

(3)企业类型变更;

(4)经营范围变更;

(5)经营地域变更;

(6)分支机构名称变更;

(7)撤销分支机构。

对以下四项变更事项采取形式审查与实地审查相结合的方式:

(1)企业名称变更。因兼并重组、股权关系变更等引起的,实地审查。变更受理机关应当向属地邮政管理部门通报情况,征求意见;

(2)股权关系变更。涉及控股股东变化、引入外资、外资增资等情形的,实地审查。变更受理机关应当向属地邮政管理部门通报情况,征求意见;

(3)增设分支机构。原则上实地核查。下文所称"双证"企业,凭变更后的省内许可证,直接向国家局申请国际许可证变更,国家局不再组织实地核查;

(4)分支机构地址变更。原则上实地核查。下文所称"绿色通道"企业采取形式审查;"双证"企业,凭变更后的省内许可证,直接向国家局申请国际许可证变更。

(二)优化"双证"企业变更流程

对于同时拥有省内许可和国家局许可的"双证"企业,在办理分支机构增设和分支机构地址变更时,可先向省(区、市)局提出变更申请,并凭核准变更后的省内许可证,直接向国家局申办国际快递业务许可证变更,国家局不再实地核查。

(三)建立"绿色通道"

制定"绿色通道"制度,对许可企业采取分类管理。对在遵守法律法规、许可地域覆盖、申诉率以及安全生产等方面符合要求的企业,实施"绿色通道"政策。对进入"绿色通道"的企业,简化分支机构地址变更手续,采取形式审查,从简从快。

"绿色通道"企业应当符合下列条件:

(1)上一年度《快递业务经营许可证》变更、年报材料完整、准确,核查无重大出入,连续两年第一批通过经营许可年度报告审核的;

(2)跨省(区、市)范围经营快递业务的企业,许可经营地域覆盖全国2/3以上地级市的;省(区、市)范围内经营快递业务的企业,许可经营地域覆盖2/3以上地级市的;

(3)根据邮政管理部门发布的邮政业消费者申诉情况的通告,上一年度月均申诉率低于全国平均水平的；

(4)上一年度无重大安全质量事故的。

(四)完善保障措施

进一步完善许可管理信息系统。各级邮政管理部门审核的许可证变更事项统一登入“快递业务经营许可管理信息系统”，利用系统监控许可证变更事项的审核流程与时限，确保办结时限。

五、提升服务与加强监管相结合

建立超时通报制度。明确变更事项的办理时限，对审核所涉部门未按时反馈审核结果的，将予通报。各省(区、市)局的实地核查应于15个工作日内完成，通过许可管理信息系统反馈后，应及时以传真或邮寄方式上报审核意见。遇到特殊情况，在规定期限内不能办结的，应及时报告，依法延长办理时限。

严格执行一次性告知规定。对办理变更事项所涉及的申报条件、申请材料、办事程序、承诺时限等公开、明示。申请材料不齐全或者不符合法定形式的，一次告知申请人需要补正的全部内容。

在提升服务，优化流程的同时，对重要事项的变更，加大监管力度。企业类型、经营范围、经营地域属联动变更事项，在形式审查之前，应严格把关相关变更事项的审核。对因合作、收购、股权置换等方式引起许可事项变更的，以及上一年度快递经营活动中存在违法问题的企业，邮政管理部门应根据情况，重点关注，实地核查。

附件：

《快递业务经营许可证》变更流程优化方案一览表

序号	事项名称	审核方式		优化后审核要求	办理时限		
					原规定	优化后	
		原规定	优化后			形式审查	实地审查
1	企业名称	实地审查	实地审查或形式审查	因兼并重组、股权关系变更等引起的，实地审查。变更受理机关应当向属地邮政管理部门通报情况，征求意见	30日	15日	30日，其中核查15日
2	注册地址	实地审查	实地审查	按原审核要求	30日		30日，其中核查15日
3	法定代表人	实地审查	实地审查	不再组织实地核查	30日	15日	
4	注册资本	实地审查	实地审查	不再组织实地核查	30日	15日	
5	企业类型	实地审查	实地审查	不再组织实地核查	45日	15日	
6	股权关系	实地审查	实地审查或形式审查	涉及控股股东变化、引入外资、外资增资等情形的，实地审查。变更受理机关应当向属地邮政管理部门通报情况，征求意见	45日	15日	30日，其中核查15日
7	经营范围	实地审查	实地审查	不再组织实地核查	45日	15日	
8	经营地域	实地审查	实地审查	不再组织实地核查	45日	15日	
9	分支机构变更　名称	实地审查	实地审查	不再组织实地核查	45日	15日	
	分支机构变更　增设	实地审查	实地审查与形式审查结合	原则上实地核查。对双证企业，凭变更后的省(区、市)市范围内经营的许可证，直接向国家邮政局申请办理经营国际快递业务的许可证变更	45日	15日	30日，其中核查15日
	分支机构变更　地址	实地审查	实地审查与形式审查结合	原则上实地核查。“绿色通道”企业采取形式审查，对双证企业，凭变更后的省(区、市)范围内经营的许可证，向国家邮政局申请办理分支机构注册地址变更手续	45日	15日	30日，其中核查15日
	分支机构变更　撤销	实地审查	实地审查	不再组织实地核查	45日	15日	

注：《快递业务经营许可证》变更事项共9大项12小项，变更流程优化后7项由实地审查改为形式审查，4项由实地审查改为实地审查与形式审查相结合。同时，为符合条件的企业建立绿色通道，对重点事项严格要求、加强监管。形式审查的办理时限15日，实地审查与形式审查相结合的最长办理时限不超过实地审查时限。

第七章 重要快递政策及规范性文件解读

《邮政行政执法监督办法》解读

为加强邮政行政执法监督，及时查处和纠正邮政行政执法中的违法、不当和不作为行为，国家邮政局组织起草了《邮政行政执法监督办法》，现已通过交通运输部审议，于2014年12月7日颁布，自2015年1月1日起施行。现将有关情况做一介绍，以利于学习贯彻。

一、立法必要性

加强行政执法监督是落实党中央、国务院有关要求的重要举措。十八届四中全会审议通过的《中共中央关于全面推进依法治国若干重大问题的决定》，明确提出要坚决纠正不作为、乱作为，坚决惩处失职、渎职。要全面落实行政执法责任制，加强执法监督。当前，建成与小康社会相适应的现代邮政业进入了关键时期。邮政管理部门行政执法工作仍然存在一些问题，与十八届四中全会的精神和现代邮政业的需求还不完全相适应。2012年底，马军胜局长作出了关于加强执法的批示。本办法的制定是落实这一批示实施三阶段工作的重要一环。这三阶段包括：一是在执法一线，实现全员持证上岗；二是骨干培训，夯实人才基础；三是量化监督，保证执法质量。第三阶段基础性工作就是制定本办法。行政执法是“执行法”，行政执法监督更多的是侧重于“执好法”。通过制定本办法，为执法监督夯实制度基础，严格杜绝邮政行政执法中的违法、不当和不作为行为，保证邮政法律、法规及规章的正确实施，真正做到“法定职权必须为”“法无授权不可为”，确保不越位、不错位、不缺位。

二、主要起草思路

行政执法监督，须紧密联系邮政管理部门工作实际，按照层次性、全面性和实效性的原则，切实针对实践中邮政行政执法存在的突出问题和制度建设的薄弱环节。办法的主要起草思路是：

（一）明确层级监督和内部监督

结合邮政管理部门以中央垂直为主的管理体制，划定层级监督和内部监督，一并纳入邮政行政执法监督体系。邮政行政执法监督既包括国务院邮政管理部门和省、自治区、直辖市邮政管理机构对本级内部执法机构的监督，也包括上级邮政管理部门对下级邮政管理部门的监督。

（二）区分业务指导和执法监督

按照国务院有关文件精神，借鉴其他部门做法，将执法监督的主体确定为法制工作机构，并与执法机构的业务指导相区分。上级执法机构对下级执法机构的具体业务指导和督促不属于执法监督内容。

（三）聚焦具体行政行为，有针对性的设置不同的监督方式

考虑到实践中邮政管理部门具体行政行为常发易见、量大面广，办法将监督对象聚焦在具体行政行为，规定执法检查、案卷评查等不同的监督方式，细化了监督程序和责任追究，重在管用、有效、抓实处。

（四）厘清外部责任和内部责任

行政执法行为的外部责任，主要是指对行政相对人实施具体行政行为的责任后果及处理，具体表现形式有更正、撤销违法行政行为或者重新做出具体行政行为。行政执法行为的内部责任，

主要是邮政管理部门工作人员的责任承担，具体表现为过错责任人的确定和责任追究。办法针对不同的责任类型制定了不同的监督处理方式，确保过错责任追究到位。

（五）突出行业实际和部门特点

根据邮政法的规定，邮政管理部门对邮政普遍服务和邮政市场实施监督管理。对不同的监管对象监管方式也有差异。邮政管理部门在行政执法上有其特色。因此，在执法监督上，既有与其他部门共性的执法监督事项，也有其突出特点。为解决执法工作中存在的不作为和乱作为问题，办法有针对性地对这些执法薄弱环节作了制度设计。如细化不作为的不同表现形式，明确规定在执法监督中发现违法决定终止行政处罚调查、执行行政处罚决定等情形，要责令限期履行。

三、主要内容

办法共七章五十六条。总则和附则明确规定了立法目的、适用范围、基本原则等内容。核心部分为以下五方面内容：

一是监督机构及其职责。规定国务院邮政管理部门和省、自治区、直辖市邮政管理机构的法制工作机构具体负责组织邮政行政执法监督工作，明确界定其职责，并规定其协助监察部门实施责任追究的程序性要求，实现了执法监督和行政处分的有效衔接。

二是监督范围和方式。明确监督范围，将行政执法主体和程序是否合法、行政执法责任制的落实情况等事项作为重点监督内容，规定了执法检查、行政执法年度报告、案卷评查和行政执法案件信息公开制度等多种监督方式。为切实发挥警示作用，要求对于查处的违法、不当和不作为案件，在邮政管理部门内予以通报。

三是监督程序和处理。规定了立案、调查处理等主要程序，并对被检查、调查单位和人员提出了监督协助义务。针对违法、不当和不作为等问题，规定了责令履行、责令补正与更正、撤销等处理决定。

四是行政执法责任追究。借鉴其他部门的有效做法，规定了过错责任人确定原则和责任追究方式，并考虑实际操作的具体情况，规定了从轻、减轻、免除以及从重处理的情形，为监察部门实施责任追究厘清了法律和事实依据。

五是法律责任。针对不同的违法主体、违法行为，设定相应的法律责任，从执法机构、执法人员和监督机构、监督人员角度分别区分了多种违法类型，界定有差别的违法后果，形成完整的责任追究体系。

《无法投递又无法退回快件管理规定》解读

给无法投递又无法退回快件（以下简称“无着快件”）一个准确的定义，也给它们设置一套规范的处理程序。2月28日，国家邮政局局长马军胜主持召开2014年第4次局长办公会，审议并原则通过了《无法投递又无法退回快件管理规定》（以下简称《规定》）等规范性文件。

《规定》规范了无着快件的法律内涵，对无着快件的处理等诸多问题做出了详细规定。国家邮政局市场监管司司长王丰表示：“近年来，随着快递业务的快速发展，无着快件的处理问题日渐突出。社会舆论广泛关注无着快件的规范管理，对无着快件的处理工作进行具体规范，已成为行业管理的当务之急。”王丰说：“《规定》将进一步规范快递企业关于无着快件的处理，保障消费者在寄递服务中的权益。”

定身份　安个家

曾被媒体揭露的有快递企业私卖无着快件的情形，不仅对快递行业形象造成负面影响，由此产生的信息泄露、财物丢失,也引发了关于如何保护用户合法权益的话题讨论。“规范无着快件的处理,首先要解决的问题就是如何认定无着快件。在此基础上,才能做到让企业公开透明,让消费者放心满意。”王丰表示。

《规定》首次明确了无着快件的法律内涵。《规定》首先明确了快件无法投递的情形,包括“收件人通讯地址和联系方式不详或错误;收件人死亡,且无合法权利继承人或代收人;收件人拒收快件或者拒付应付的费用;快件保管期届满收件人仍未领取;其他原因导致快件无法投递”,并指出“快递企业对无法投递的快件,应当退回寄件人”。

《规定》接着明确,快递企业对快件无法投递,且具有“寄件人通讯地址和联系方式不详或错误”“寄件人声明放弃”“快件退回后寄件人拒收或者拒付应付的费用”“快件保管期届满寄件人仍未领取”等情形之一的,作为无法投递又无法退回快件(无着快件)处理。

“最重要的是把无着快件保管好、处理好,给它们‘安个家’。”王丰说。《规定》指出,快递企业应当安排专门场地对无着快件进行保管,且保管时间不少于一年;在保管期间内,用户进行查询并出具相关证明予以核实的,快递企业应投递或退回;对不宜长期保存或发生泄漏造成污染的无着快件,快递企业应拍照并注明快件情形,参照《禁寄物品指导目录及处理办法》进行处理,并在用户查询时,提供书面说明。

保管期届满后,对于无着信件和无着快件(除信件外)分别给予销毁和开拆处理。销毁信件时,快递企业应当填写销毁无着信件申请表,经所在地邮政管理部门核准,在其监督下销毁;对无人认领的无着快件开拆处理时,应由两名以上工作人员共同进行,并对开拆全过程实行监控,监控资料保存时间不少于九十日;对开拆快件的外包装和快件内的物品进行拍照,对物品名称、性质、重量、特征等进行详细登记和公示;如果能从拆出物品中寻找到收件人或寄件人信息的,应继续尝试投递或退回。

《规定》要求快递企业对无着快件进行开拆处理时,需对开拆全过程实行监控。对于处理过程中发现的货币和相关物品等,《规定》要求,应将货币兑换为人民币,变卖物品后所得价钱,扣除处理费用和应付快递服务费用后,上缴中央国库;证件应送到制作机构或证件签发机构处理。

广征集　汇民意

“在这次出台的规定中,保护用户合法权益是最基本的指导思想。真正体现和落实对用户快件的所有权的尊重和保护,是《规定》的出发点和落脚点。”王丰说。

国家邮政局市场监管司高度重视《规定》起草工作,严格按照规范性文件制定程序,精心组织落实。“在专题调研环节,我们集中走访天津市、湖北省、四川省邮政管理部门,专题调研快递企业总部3家,快递企业省级公司5家,分别召开部分省级邮政管理部门专题研讨会和部分品牌快递企业专题研讨会。”王丰介绍说。

“我们先后向各省(区、市)邮政管理部门、主要快递企业开展了意见征求活动,并通过国家邮政局网站向社会公开征求意见。对于有利于保障用户合法权益的意见,我们予以重点采纳。”王丰表示。

王丰举例说,《规定》采纳建议,把监控资料保存时间由三十日修改到不少于九十日,因为监控对于开拆过程是否依法依规进行的证明力最强,有利于维护用户和企业双方的权益;规定“从拆出的物品中寻找收件人或寄件人信息的,应继续尝试投递或退回”,尽最大可能减少无着快件给用户带来的损失。

“无着快件从哪里来、到哪里去,管理、销毁、开拆、上缴,每个环节都要给它们‘建立档案’,做到公开透明,有据可查。”王丰强调。《规定》在制度方面对快递企业提出要求:快递企业应当建立有关台账记录无法投递又无法退回快件的核实、保管和处理情况,并将处理情况纳入快递业务经营许可年度报告。快递企业应当建立无着快件的认领信息平台，对于开拆快件所登记的相关信息，快递企业要进行公示，且公示时间不少于三十日。

另外，《规定》将此前《快递服务》国家标准规定的无着快件的保管期限由六个月延长至一年，与《快递服务》国家标准规定的查询期限保持一致，在制度上为用户查询、认领快件提供了保障。

关于用户普遍关注的寄递信息泄露问题，《规定》明确指出，快递企业在无着快件的保管和处理过程中，不得违法提供用户使用快递服务的信息。

明权责　少干预

"政府提出简政放权，所以企业依法处理是《规定》出台的基本原则，企业和用户在民事法律规范框架内可以解决争议的，政府不主动干预。"王丰说。

厘清政府和市场关系，充分尊重企业自主行为，充分发挥市场作用，不进行过多干涉，是《规定》的一个新亮点。《规定》指出，由于快递企业是无着快件的认定、保管和处理的责任主体，所以政府部门鼓励企业发挥有益的经验，只有在"涉及到用户的通信秘密或者其他重要权利"时，政府才进行指导规范；在企业处理过程中，存在行业普遍侵害可能，或者涉及公共利益的情形时，邮政管理部门才依法进行监督管理，必要时要对企业具体行为进行干预。

《规定》从兼顾效率与公平的角度出发，在让用户满意的同时，也注重保护企业合法权益，对于企业保管、处分快件而产生的成本，进行了相应的制度设计。

"《规定》的出台经过了充分的调查研究和意见征求，汇集了各界意见，下一步将加强贯彻和落实，切实做到保护用户合法权益，让无着快件不再成为大家的担心件和烦心件。"王丰强调。

《寄递服务用户个人信息安全管理规定》解读

当快递运单及其所包含的用户信息被不法分子利用，成为快递发展面临的新的安全问题，我们怎么办？2月28日审议并原则通过的《寄递服务用户个人信息安全管理规定》（以下简称《规定》），从制度上对寄递用户个人信息安全管理进行了规范明确，做到使用、管理、查询有依据，坚决向信息泄漏说"不"。

完整的信息安全保护框架

"寄递服务用户个人信息包括了寄（收）件人的姓名、地址、电话号码、单位名称等用户基本信息，以及寄递单号、时间、物品明细等用户使用寄递服务衍生的信息。"国家邮政局市场监管司副司长林虎介绍说，在首先界定了寄递服务用户个人信息有哪些的基础上，《规定》明确了信息安全监督管理坚持"安全第一、预防为主、综合治理"的方针，用六章53条内容，规范信息安全管理，保障用户个人信息安全，保护公民合法权益。

其中，第一章总则部分明确了制定《规定》的目的、适用范围、个人信息界定、监管方针、各级邮政管理部门以及企业责任；第二章一般规定概要说明了对寄递企业在保障个人信息安全方面的共性要求；第三、四章分别从用户个人信息的纸质载体和电子载体两方面作出相关制度规定；第五章规定了用户信息安全的监督管理。

"《规定》针对寄递企业不同经营体制、管理模式和内部处理方式，明确了其与经营各方对寄递用户信息安全责任的划分。"林虎介绍说。《规定》提出："加盟制快递企业应当在加盟协议中设立寄递用户信息安全保障条款，明确被加盟人与加盟人的安全责任关系。对于加盟人出现的信息安全事故,被加盟人应承担相应的安全管理责任。”同时,《规定》要求寄递企业应与从业人员签订寄递用户信息保密协议,明确保密义务和违约责任,并对其进行相关知识、技能的培训。《规定》还就快递企业与经营各方的信息安全作出了规定,以全方位保护寄递用户信息。

鼓励企业应用技术减少风险

“鼓励企业优化流程并采用技术手段减少用户信息泄露风险,是《规定》一大亮点。”林虎表示。《规定》鼓励寄递企业优化寄递处理流程,减少接触实物信息的处理环节和操作人员;鼓励寄递企业采用技术手段,防止信息在寄递过程中被窃取、泄露;要求寄递企业配备符合国家标准的安全监控设备,安排具备专门技术和技能的人员,对收寄、分拣、运输、投递等环节的实物信息处理进行安全监控。

此外,《规定》还针对寄递企业不同工作流程分别提出了相应的用户信息保护要求:要求寄递企业加强空白寄递详情单的发放跟踪;加强对营业场所、处理场所的管理;及时回收寄递详情单并妥善保管;纸质详情单在保存期满后要集中销毁,并做好销毁记录。

“如果寄递企业及其从业人员违法泄露寄递用户信息,将要承担相应法律责任。”林虎表示。《规定》规定了寄递企业及其从业人员因泄露寄递用户信息对用户造成损失的,应当依法予以赔偿;属于从业人员违法泄露寄递用户信息造成损失的,寄递企业应当依法进行赔偿,并向从业人员追责。

林虎特别提到,寄递企业及其从业人员违法提供寄递用户信息,尚未构成犯罪的,依照《邮政法》第七十六条规定予以处罚;构成犯罪的,移送司法机关追究刑事责任。

《邮政行业安全信息报告及处理规定》解读

给安全信息报告建立一条便捷、通畅、有序的快车道,促进邮政行业安全发展。2月28日,《邮政行业安全信息报告及处理规定》(以下简称《规定》)经国家邮政局2014年第4次局长办公会审议并原则通过。“《规定》主要是为了解决邮政行业安全信息报告及处理的有关问题,即哪些信息应当报告,谁是信息报告的主体,信息报告应采取什么形式,履行什么程序,接收信息后应如何处理,未按照规定报告信息应承担何种责任等。”国家邮政局市场监管司副司长林虎表示。

信息要准确

林虎表示,《规定》所称应报告及处理的安全信息是指邮政行业突发事件信息和邮政企业、快递企业日常生产经营中与安全有关的运营信息。

其中,突发事件信息主要指因自然灾害、事故灾难、公共卫生事件、公共安全事件、行业安全风险以及生产安全事故等,造成或可能造成人员伤亡,大量邮件或快件积压,财产损失,企业生产经营中断和寄递服务阻塞。

日常安全信息主要包括:寄递中发现枪支弹药、毒品、非法出版物等禁寄物品;用户信息遭非法泄漏;邮件、快件被盗窃毁弃等,或者运送邮件、快件的车辆被非法拦截、强登、扒乘;邮政企业、快递企业(简称企业)负责人或安全管理人变更;企业及主要负责人因违法行为或者违反安全监管规定被立案调查;企业发现重大安全隐患自身难以排除的及其他与安全有关的重要运营信息。

“安全信息的处理应当遵循快速高效、协同配合、分级负责的原则,不得迟报、漏报、谎报、瞒报。”林虎表示。

报告应迅速

“及时”、“第一时间”,对于这些《规定》中多次出现的时间词，林虎表示："安全无小事，企业是报告安全信息的第一站，源头反应迅速，报告通道才能畅通向上，最大可能减少损失。"

《规定》强调，企业应确定专门机构负责安全信息报告工作，设立、变更安全信息员应第一时间报所在地邮政管理机构备案。

报告形式应采用书面或电子邮件等形式并进行电话确认；报告内容应包括：单位名称、地址及联系人、联系方式等；信息来源及发生时间、地点、起因、性质及基本过程；伤亡人数，邮件、快件经济损失；已采取措施和发展趋势等。

《规定》特别要求，企业和邮政管理部门实行特殊时期24小时值班制度。以下突发事件信息要1小时内向发生地的省级以下邮政管理机构报告：企业人员死亡或者失踪一人以上，或重伤三人以上；邮件、快件丢失、损毁100件以上，或积压1000件以上；邮寄爆炸物等危险品，寄递中发生爆炸、泄漏；企业发生重大事故，生产经营中断等情况。

林虎特别指出，企业依照《国家邮政业突发事件应急预案》，对可能构成重大突发事件（Ⅱ级）的，可以直接向所在地省（区、市）邮政管理机构报告，对可能构成特别重大突发事件（Ⅰ级）的，可以直接向国家邮政局报告。

处理要果断

"接到报告后，各级邮政管理部门要核实情况，采取措施，果断处理。"林虎说。

《规定》严格指出，市（地）邮政管理机构接报告后，要尽快研判，对Ⅰ级、Ⅱ级事件在1小时内报告省级邮政管理机构；省级邮政管理机构接报告后，Ⅰ级、Ⅱ级事件在1小时内报告国家邮政局；国家邮政局应急办接报告后，按程序报分管局领导，对Ⅰ级事件要在1小时内报国家邮政业应急领导小组；应急领导小组立即报告交通运输部和国务院，自事件发生最迟不超过4小时。

《规定》还要求企业对安全信息进行汇总，邮政管理部门对行业信息进行日常监测，及时发出安全预警，建立长效预警机制。

国家邮政局进一步"放权"　简化快递企业分支机构备案流程

——《经营快递业务的企业分支机构备案管理规定》解读

为了贯彻十八届三中全会精神，简政放权，切实减轻企业负担，近日，国家邮政局印发了《经营快递业务的企业分支机构备案管理规定》，决定将经营快递业务的企业分支机构备案职能下放到省级以下邮政管理机构，并简化了备案流程。该规定于6月1日起正式实施，主要内容包括立法目的和依据，适用范围和管理部门，备案内容和流程，备案监督检查等共计14条。

作为快递企业的"四肢"，分支机构承载着快递企业经营快递业务的实际功能，是快递经营活动的实际发生场所。加强对分支机构的监督管理，全方位推行分支机构备案工作，对完善许可全流程闭环管理具有重要意义。

此次发布的规定明确指出，"分支机构"是指依法取得快递业务经营许可的企业设立的经营快递业务的分公司、营业部等非法人分支机构。据了解，规定中的备案主体定位于非法人分支机构，子公司以及加盟企业均属于独立法人企业，需要单独取得许可。对于经营快递业务的企业与之合作的超市、便利店等末端投递网点，国家邮政局将专门出台有关管理规定予以规范。

为充分发挥属地管理的优势，加强属地化监管，规定明确将经营快递业务的企业分支机构备案职能下放省级以下邮政管理机构，要求分支机构自取得营业执照之日起 20 日内到所在地邮政管理部门办理备案手续。同时，规定秉持便利高效的原则，尽可能地简化了备案流程和相关提交材料内容，明确要求备案提交材料合格的，邮政管理部门应当场办理备案手续，备案提交材料不符合要求的，应当场告知。

优胜劣汰 进退有据

——《快递业务经营许可注销管理规定》解读

快递企业经营许可证在什么情况下会被注销、注销后如何办理相关手续，关系到快递企业经营市场的公平竞争、有序统一。近日，国家邮政局出台《快递业务经营许可注销管理规定》（以下简称《规定》），为快递业务经营许可的“退出”明确了方向和路径。

“快递业发展已进入新阶段，建立有进入、有退出，实现优胜劣汰的竞争体系是市场管理面临的主要任务。目前，关于快递经营许可的准入制度有《快递市场管理办法》《快递业务经营许可管理办法》等相关规定，形成了比较全面的管理框架，但在许可退出管理方面，存在办理注销手续无章可循的现实困难，出台《规定》是当务之急。”国家邮政局市场监管司司长王丰说。

“退出”有据：分类适用有章可循

与快递市场全面的“准入”制度相比，快递业务经营许可注销管理则略显“捉襟见肘”，一是对“注销”没有明确的界定，二是缺乏完善的退出机制。《规定》开章明义，首先解决的就是这两个基础问题，明确了快递业务经营许可注销管理的内涵，并对注销情形作出了详细说明。

所谓“快递业务经营许可注销”，是指快递业务经营许可被依法撤回、撤销，快递业务经营许可证被依法吊销，或快递业务经营许可存在其他法定情形被依法终止，邮政管理部门办理许可注销手续。

《规定》明确，有下列情形之一的，管理部门可依法注销快递业务经营许可：快递业务经营许可证有效期届满未延续；企业法人资格依法终止；连续六个月未营业；快递业务经营许可证有效期内停止经营；快递业务经营许可依法被撤销、撤回，或被依法吊销；法律、行政法规规定的其他情形。

具体来说，有效期届满未延续包括未在快递业务经营许可证有效期届满三十日前向管理部门提出换领申请；或提出申请，管理部门作出不予换领决定。企业法人资格依法终止，指经营快递业务的企业发生解散、破产等情形，导致企业法人主体资格终止。连续六个月未营业，指取得快递业务经营许可后，无正当理由超过六个月未经营快递业务；或未完成工商设立登记或者变更登记手续；未按许可范围开展快递业务，且未按规定书面报告邮政管理部门的。有效期内停止经营，包括在许可有效期内终止经营，交回许可证；连续两年未提交经营许可年度报告书，经邮政管理部门通告仍未提交的，并按照其注册地址无法联络。法律、行政法规规定的其他情形。

而被依法撤销则包括下列情形：邮政管理部门工作人员滥用职权、玩忽职守或超越法定职权、违反法定程序作出准予快递业务经营许可决定的；对不具备申请资格或者不符合法定条件的申请人作出准予快递业务经营许可决定的。

对于经营由邮政企业专营的信件寄递业务或者寄递国家机关公文；外资快递企业投资经营信件的国内快递业务；不建立或者不执行收件验视制度，或者违反法律、行政法规以及国务院和国务院有关部门关于禁止寄递或者限制寄递物品的规定收寄快件；违法提供用户使用快递服务的信息；拒绝、阻碍依法实施的监督检查；在经营活动中危害国家安全等行为，都严格依照《邮政法》，依法吊销许可证，自吊销之日起三年内不得申请经营快递业务。

“退出”有序：制度公示确保公正

“建立拟注销企业公示制度，强调公示期内对当事企业合法权益的保护，体现公平公正，是《规定》出台的指导思想之一。”王丰介绍说。

《规定》明确了国家邮政局、省级邮政管理部门和省级以下邮政监管机构在办理许可注销工作中的不同权限，并对具体注销管理工作中需要涉及多个邮政管理部门的情形进行了制度安排。

注销程序中，邮政管理部门注销和企业主动申请注销的程序也各有不同。

颁发许可证的邮政管理部门启动快递业务经营许可注销程序时，应开展调查取证，填写注销审核表，提出“拟注销被许可人名单，并在邮政管理部门政府网站上进行公示，公示期不少于十五日”。公示期内，被许可人提出陈述和申辩的，邮政管理部门应当进行核实；被许可人提出的陈述和申辩成立的，应当予以采纳。

如企业主动申请注销许可，应提交法定代表人签字和加盖企业公章的注销申请书和登记表；法定代表人身份证原件及复印件；如代理人办理，提供代理人身份证原件及复印件以及法定代表人签字的授权委托书原件，并加盖企业公章；许可证原件正本及所有副本；终止经营快递业务的书面报告；按照国务院邮政管理部门的规定妥善处理尚未投递的快件的书面证明。

《规定》在监督管理章节强调，停止经营快递业务，未书面告知邮政管理部门并交回快递业务经营许可证，或者未按照国务院邮政管理部门的规定妥善处理尚未投递的快件的，邮政管理部门应当依照《中华人民共和国邮政法》第七十三条处理。快递业务经营许可被注销后，仍继续经营快递业务的，邮政管理部门应当依照《中华人民共和国邮政法》第七十二条处理。

链接

《中华人民共和国邮政法》部分相关条款

第七十二条　未取得快递业务经营许可经营快递业务，或者邮政企业以外的单位或者个人经营由邮政企业专营的信件寄递业务或者寄递国家机关公文的，由邮政管理部门或者工商行政管理部门责令改正，没收违法所得，并处五万元以上十万元以下的罚款；情节严重的，并处十万元以上二十万元以下的罚款；对快递企业，还可以责令停业整顿直至吊销其快递业务经营许可证。

违反本法第五十一条第二款的规定，经营信件的国内快递业务的，依照前款规定处罚。

第七十三条　快递企业有下列行为之一的，由邮政管理部门责令改正，可以处一万元以下的罚款；情节严重的，处一万元以上五万元以下的罚款，并可以责令停业整顿：

（一）设立分支机构、合并、分立，未向邮政管理部门备案的；

（二）未在信件封套的显著位置标注信件字样的；

（三）将信件打包后作为包裹寄递的；

（四）停止经营快递业务，未书面告知邮政管理部门并交回快递业务经营许可证，或者未按照国务院邮政管理部门的规定妥善处理尚未投递的快件的。

《邮政业消费者申诉处理办法》解读

国家邮政局新修订的《邮政业消费者申诉处理办法》(以下简称新《办法》)已于9月1日起施行。新《办法》向社会公开了邮政管理部门受理消费者申诉处理程序、申诉处理依据、各环节处理时限,告知广大消费者申诉方式、申诉范围、申诉条件、处理全程时限,提出企业规范处理申诉的具体要求。

新《办法》紧紧围绕为邮政业消费者维权创造便利条件为切入点,在原《办法》的基础上,进一步细化相关条款,新《办法》的出台将更加有力地维护邮政业消费者的利益,指导邮政管理部门处理申诉案件,规范企业处理申诉,促进企业提高服务质量。新《办法》具有以下几方面特点:

一是明晰申诉处理原则,实行调解制度。

新《办法》第三条规定:"申诉处理应当以事实为依据,以法律为准绳,坚持合法、公正、合理的原则。"邮政管理部门处理申诉,根据消费者申诉的内容进行调查,以事实为依据,按照相关法律法规、管理办法、服务标准确定企业责任,坚持依法依规、公正合理。第四条规定:"邮政业消费者申诉中心对消费者的申诉实行调解制度。"邮政管理部门督促企业解决消费者所申诉的问题,要求企业按照相关规定对消费者的损失进行赔偿,在企业和消费者之间进行认真调解,维护消费者的合法权益。

二是拓宽申诉渠道,方便消费者维权。

新《办法》第六条规定,邮政业消费者申诉专用电话为"12305"(省会区号-12305)。消费者可以通过电话或者登陆国家邮政局和各省、自治区、直辖市邮政管理局网站申诉,也可以采用微信、书信或者传真形式申诉。新《办法》主动适应移动互联网消费者大量增长的现状,开辟了微信申诉渠道,为邮政业消费者提供了一个方便、快捷的维权途径。目前,消费者除了可以利用申诉电话、申诉网站等传统方式申诉外,还可以通过微信平台进行申诉,服务号为"yz12305"。

三是明确申诉受理范围和条件,引导消费者先投诉后申诉。

新《办法》第八条规定:"消费者申诉受理范围:(一)邮政企业经营的邮政业务服务质量问题,具体包括:邮件(信件、包裹、印刷品)寄递,报刊订阅、零售、投递,邮政汇兑,集邮票品预订、销售,其他依托邮政网络办理的业务(不包括邮政储蓄);(二)经营快递业务企业的快递业务服务质量问题。"消费者无论遇到邮政企业服务质量问题还是快递业务服务质量问题,都可以向邮政管理部门进行申诉。

第九条规定:"消费者申诉应当符合下列条件:(一)申诉事项属于本办法第八条规定的消费者申诉受理范围;(二)申诉人是与申诉事件有直接利害关系的当事人(寄件人或者收件人以及寄件人、收件人的委托人);(三)有明确的被申诉人和具体的事实根据;(四)申诉事项向邮政企业、快递企业投诉后7日内未得到答复或者对企业处理和答复不满意,或者邮政企业、快递企业投诉渠道不畅通,投诉无人受理;(五)未就同一事项向邮政管理部门进行过申诉,或者已申诉过的事项有新增内容;(六)申诉事项发生于与邮政企业、快递企业产生服务争议或者交寄邮件、快件之日起一年之内;(七)申诉事项未经人民法院、仲裁机构受理或者处理。"消费者遇到邮政或快递服务问题,应当首先向企业进行投诉,投诉后对企业的处理结果不满意,再向邮政管理部门申诉。

四是严格规定各环节处理时限,提高申诉处理效率。

新《办法》通过详细规定每一申诉环节、每一种申诉途径的具体处理时限，提高申诉处理效率。

在受理环节，第十条规定，邮政业消费者申诉中心应当及时受理消费者申诉。消费者采取电话方式申诉，应当及时接听，并告知申诉人处理流程与时限。消费者采取网上、书信、传真形式申诉，应当于两个工作日内处理。以书信、传真等形式受理的申诉，于七个工作日内告知申诉人受理情况。

在处理环节，第十五条规定，被申诉企业应当自收到转办申诉之日起十五日内向转办申诉的邮政业消费者申诉中心答复处理结果。第二十条规定，邮政业消费者申诉中心回访消费者或者经过调查，企业处理不符合规定的，应当要求企业重新处理并于五日内重新答复处理结果。

在回访环节，第十七条规定："邮政业消费者申诉中心收到企业对申诉处理结果的答复后，应当于三个工作日内回访消费者，核实企业处理情况并征询消费者对申诉处理是否满意。"第十九条规定："回访消费者，初次联系无果的，应当隔四个小时后再次联系，仍无法联系的可作结案处理。"

在申诉处理全程时限方面，第二十三条规定："邮政业消费者申诉中心应当自接到消费者申诉之日起三十日内向消费者作出答复。"

在消费者反映其他问题的处理方面，第十二条规定："邮政业消费者申诉中心应当将消费者的举报、表扬、批评、建议等相关问题于两个工作日内转给相关部门处理。"

新《办法》细化了申诉每一个处理环节的最长处理时间，通过对企业客服人员及邮政管理部门工作人员申诉处理工作进行严格的时限规定，避免推诿拖沓情况的出现，保证消费者的申诉诉求及时得到解决。

五是提出企业处理申诉具体要求，确定首问负责制，避免推诿扯皮。

在企业处理申诉的要求方面，新《办法》第十四条规定："被申诉企业收到邮政业消费者申诉中心转办的申诉后应当按照以下情形妥善处理：(一)对确认企业负有责任的申诉，应当依法赔偿消费者损失或者向消费者致歉；(二)企业在处理收件人申诉中涉及赔偿问题应当赔偿寄件人的，由企业负责联系寄件人按规定理赔；(三)对确认企业无责的申诉，应当将企业无责理由与申诉人沟通并解释；(四)企业内部以及企业之间责任划分，由企业自行处理，不得相互推诿，不能影响消费者诉求的解决。"第十五条规定了企业答复邮政业消费者申诉中心的具体要求。

在避免企业推诿扯皮方面，新《办法》第十六条规定："全国网络型企业应当建立内部协调处理机制，当地企业不能确定责任单位的申诉，由当地企业转企业总部或者相关地区企业处理，企业内部处理完毕后，由首次接到转办申诉的企业将处理结果答复邮政业消费者申诉中心。"第二十二条规定："同一申诉，转办企业处理三次后仍不符合结案条件则不再转办，邮政业消费者申诉中心根据申诉内容作结案处理。"通过明确首次接到转办申诉的企业具有回复申诉中心的义务，避免了收件网点、派件网点或转运中心责任不清晰时各方推脱责任情况的发生。此外，通过限定邮政管理部门与企业之间申诉案件的转办次数，促使企业提高申诉处理质量，加强内部沟通协调，提高处理效率。

六是加大对企业的监管力度，促进企业提高服务质量。

新《办法》完善了申诉工作与市场监管工作的联动机制，明确规定邮政管理部门应当定期向社会发布消费者申诉情况通告，规定了邮政管理部门应当约谈相关企业负责人的条件，能够更加有力地促进企业提高服务质量。

第三十四条规定："国家邮政局和各省、自治区、直辖市邮政管理局应当定期向社会通告邮政业消费者申诉情况。"第三十六条规定："根据消费者申诉情况，对存在下列情形的企业，邮政管理部门应当约谈相关企业负责人，责令企业限期整改并提交整改报告：(一)持续三个月百万件快件有效申诉三十件以上且排名前三的；(二)百万件快件有效申诉数量环比增加十件以上的；(三)消费者对企业申诉处理结果满意率持续较低的；（四）同一申诉邮政管理部门转办企业处理三次后仍不符合结案条件较多的；（五）侵害消费者合法权益问题较多的；（六）其他需要约谈的情形。”第三十七条规定：“申诉事项反映企业有严重侵害消费者利益等违法行为，或者在申诉受理中发现的消费者申诉数量骤增等市场异常现象的，邮政业消费者申诉中心应当及时报告本级邮政管理部门相关内设监管机构。”

新《办法》加强了对企业处理申诉的监管力度，规定如企业发生虚假答复、拒不按规定处理、逾期处理等问题时，邮政管理部门应当依法予以处罚，督促企业提高申诉处理质量，维护消费者合法权益。

熟悉的配方　不一样的味道

——趣解《物流业发展中长期规划（2014－2020年）》中的“二十六道风味”

10月4日，国务院发布《物流业发展中长期规划（2014－2020年）》（以下简称《规划》）。《规划》是国家给的宏观指引，无论定位，还是愿景，抑或扶持举措，都是极好的，但关键还得看执行和配套。快递业如何借力《规划》谋划发展？第一要义就是如何从“熟悉的配方”中，读出“不一样的味道”。从此次发布的《规划》看，涉及快递业的内容之多、范围之广，堪称“史无前例”。对此，本刊特意梳理出了《规划》中急需快递业关注的“二十六道风味”。

Ambition（雄心）

到2020年，基本建立布局合理、技术先进、便捷高效、绿色环保、安全有序的现代物流服务体系。

Basic infrastructure（基础设施）

加快现代物流示范城市的配送体系发展，建设服务连锁经营企业和网络销售企业的跨区域配送中心。发展智能物流基础设施，支持农村、社区、学校的物流快递公共取送点建设。鼓励交通、邮政、商贸、供销、出版物销售等开展联盟合作，整合利用现有物流资源，进一步完善存储、转运、停靠、卸货等基础设施，加强服务网络建设，提高共同配送能力。

Cost（成本）

着力降低物流成本。到2020年，全社会物流总费用与国内生产总值的比率由2013年的18%下降到16%左右。

Data mining（大数据应用）

鼓励龙头物流企业搭建面向中小物流企业的物流信息服务平台，促进货源、车源和物流服务等信息的高效匹配，有效降低货车空驶率。建设智能物流信息平台，形成集物流信息发布、在线交易、数据交换、跟踪追溯、智能分析等功能于一体的物流信息服务中心。

E-commerce（电子商务）

适应电子商务快速发展需求，编制全国电子商务物流发展规划，结合国家电子商务示范城市、示范基地、物流园区、商业设施等建设，整合配送资源，构建电子商务物流服务平台和配送网络。

Facility（设备）

积极发展标准化、厢式化、专业化的公路货运车辆，逐步淘汰栏板式货车。推广铁路重载运输技术装备，积极发展铁路特种、专用货车以及高铁快件等运输技术装备，加强物流安全检测技术与装备的研发和推广应用。

Glocal（全球化与本土化相结合）

支持快递业整合资源，与民航、铁路、公路等运输行业联动发展，加快形成一批具有国际竞争力的大型快递企业，构建覆盖城乡的快递物流服务体系。积极构建服务于全球贸易和营销网络、跨境电子商务的物流支撑体系，为国内企业“走出去”和开展全球业务提供物流服务保障。

High-speedrail（高铁）

探索利用高铁资源，发展高铁快件运输。

Informatization（信息化）

加强北0斗导航、物联网、云计算、大数据、移动互联等先进信息技术在物流领域的应用。加快企业物流信息系统建设，发挥核心物流企业整合能力，打通物流信息链，实现物流信息全程可追踪。

Jet（喷气式飞机）

支持航空货运企业兼并重组、做强做大，提高物流综合服务能力。

Keyword（关键词）

以提高物流效率、降低物流成本、减轻资源和环境压力为重点，以市场为导向，以改革开放为动力，以先进技术为支撑。

Less than carload（零担）

建成一批区域性仓储配送基地，吸引制造商、电商、快递和零担物流公司、第三方服务公司入驻，提高物流配送效率和专业化服务水平。

Manufacturing（制造业）

支持建设与制造业企业紧密配套、有效衔接的仓储配送设施和物流信息平台，鼓励各类产业聚集区域和功能区配套建设公共外仓，引进第三方物流企业。

New target（新愿景）

物流的社会化、专业化水平进一步提升。物流企业竞争力显著增强。物流基础设施及运作方式衔接更加顺畅。物流整体运行效率显著提高。

Operation（运作方式）

到2020年，物流运作方式衔接更加顺畅。多式联运、甩挂运输、共同配送等现代物流运作方式保持较快发展。发展海铁联运、铁水联运、公铁联运、陆空联运，探索构建以半挂车为标准荷载单元的铁路驮背运输、水路滚装运输等多式联运体系。

Problem（问题）

一是物流成本高、效率低。二是条块分割严重，阻碍物流业发展的体制机制障碍仍未打破。三是基础设施相对滞后，不能满足现代物流发展的要求。四是政策法规体系还不够完善，市场秩序不够规范。

Quickly（快速）

居民消费升级以及新型城镇化步伐加快，迫切需要建立更加完善、便捷、高效、安全的消费品物流配送体系。此外，电子商务、网络消费等新兴业态快速发展，快递物流等需求将继续快速增长。

Region（区域）

加快推进联通国内、国际主要经济区域的物流通道建设，大力发展多式联运，努力形成京沪、京广、欧亚大陆桥、中欧铁路大通道、长江黄金水道等若干条货畅其流、经济便捷的跨区域物流大通道。

Security（安全）

道路、铁路、民航、航运、邮政部门要进一步规范货物收运、收寄流程，进一步落实货物安全检查责任，采取严格的货物安全检查措施并增加开箱检查频次，加大对瞒报货物品名行为的查处力度，严防普通货物中夹带违禁品和危险品。

Technology（技术）

支持货物跟踪定位、无线射频识别、可视化技术、移动信息服务、智能交通和位置服务等关键技术攻关，研发推广高性能货物搬运设备和快速分拣技术。

Unique（独一无二的，个性化）

鼓励物流企业功能整合和业务创新，不断提升专业化服务水平，积极发展定制化物流服务，满足日益增长的个性化物流需求。

Village（农村，快递下乡）

加快完善城乡配送网络体系，统筹规划、合理布局物流园区、配送中心、末端配送网点等三级配送节点，搭建城市配送公共服务平台，积极推进县、乡、村消费品和农资配送网络体系建设。

Win-win（共赢，协同发展）

创新驱动，协同发展。加快关键技术装备的研发应用，提升物流业信息化和智能化水平，创新运作管理模式，提高供应链管理和物流服务水平，形成物流业与制造业、商贸业、金融业协同发展的新优势。

X-factor（未知因素，新业态）

当前，经济全球化趋势深入发展，网络信息技术革命带动新技术、新业态不断涌现，物流业发展面临的机遇与挑战并存。

Yankee（“美国人”，国际竞争）

国际竞争日趋激烈。随着国际产业转移步伐不断加快和服务贸易快速发展，全球采购、全球生产和全球销售的物流发展模式正在日益形成，迫切要求我国形成一批深入参与国际分工、具有国际竞争力的跨国物流企业。

Zero（新起点，更高远）

深化改革，整合资源。深化物流业管理体制改革，进一步简政放权，打破行业、部门和地区分割，反对垄断和不正当竞争，统筹城市和乡村、国际和国内物流体系建设，建立有利于资源整合和优化配置的体制机制。

第八章　部分省(区、市)、市(地)关于快递服务的政策法规

贵州省邮政条例

(2010年11月30日贵州省第十一届人民代表大会常务委员会第十九次会议通过　根据2012年3月30日贵州省第十一届人民代表大会常务委员会第二十七次会议通过的《关于修改部分地方性法规的决定》第一次修正　根据2014年5月17日贵州省第十二届人民代表大会常务委员会第九次会议通过的《贵州省邮政条例修正案》第二次修正)

第一章　总　则

第一条　为了保障邮政普遍服务,加强对邮政市场的监督管理,维护邮政通信与信息安全,保护通信自由和通信秘密,保护用户合法权益,促进邮政业健康发展,适应经济社会发展和人民生活需要,根据《中华人民共和国邮政法》和有关法律、法规的规定,结合本省实际,制定本条例。

第二条　本条例适用于本省行政区域内的邮政设施建设、邮政服务与保障、邮政市场监督管理及其相关活动。

第三条　省邮政管理部门负责对本省行政区域内的邮政普遍服务和邮政市场实施监督管理。

按照国务院规定设立的省级以下邮政管理机构负责对本辖区的邮政普遍服务和邮政市场实施监督管理。

县级以上人民政府发展改革、公安、国家安全、交通运输、工商行政管理、住房和城乡建设、城市管理等部门和海关应当在各自职责范围内做好邮政监督管理有关工作。

第四条　县级以上人民政府应当将邮政事业纳入国民经济和社会发展规划,将邮政设施、快递园区布局和建设纳入土地利用总体规划、城乡规划、综合交通运输体系规划,促进邮政事业与当地经济、社会协调发展。

第五条　邮政企业按照国家规定承担提供邮政普遍服务和邮政特殊服务的义务。

邮政企业应当加强服务质量管理,完善安全保障措施,为用户提供迅速、准确、安全、方便的服务。

第六条　通信自由和通信秘密受法律保护。除因国家安全或者追查刑事犯罪的需要,由公安机关、国家安全机关或者检察机关依照法律规定的程序对通信进行检查外,任何组织或者个人不得以任何理由侵犯公民的通信自由和通信秘密。

除法律规定外,任何组织或者个人不得以任何理由检查、扣留邮件和汇款。

第七条　国务院规定范围内的信件寄递业务,由邮政企业专营。

第八条　任何单位或者个人不得损毁邮政设施或者影响邮政设施的正常使用,并有权制止、举报破坏邮政设施、危害邮件安全和通信畅通的行为。

第二章　邮政设施

第九条　邮政设施的布局和建设应当满足保

障邮政普遍服务的需要。

邮政管理部门应当根据基本公共服务均等化的要求,按照国家邮政普遍服务标准组织制定邮政设施建设专项规划。

各级人民政府应当对提供邮政普遍服务的邮政设施建设给予支持,重点扶持农村边远地区和少数民族聚居地区邮政设施建设。

第十条 建设城市新区、独立工矿区、开发区、住宅区或者对旧城区进行改建,应当统一规划、同步建设配套的邮政普遍服务设施。城乡规划部门在组织审查修建性详细规划时,应当征求邮政管理部门意见,对未按照国家有关规范要求设置邮政普遍服务设施的,不予通过。

邮政企业应当按照城乡规划部门批准的规划配套建设邮政普遍服务网点。

按照批准的规划修建的邮政设施,不得改变其使用性质。

第十一条 机关、企业事业单位应当设置接收邮件的场所。

建设城镇居民楼,建设单位应当依法设置信报箱,并进行验收。信报箱的验收资料,应当自工程竣工验收合格之日起15日内报所在地市、州邮政管理部门备案。

已建成使用的城镇居民楼未设置信报箱的,产权人可以补设和明确方便投递的接收邮件场所。

物业服务单位应当为邮件、快件投递提供必要协助。

第十二条 县级以上人民政府应当采取措施,支持在农村地区设置村邮站。村邮站可以单独设置,也可以与农村其他公共服务设施共建。未设置村邮站的农村地区,由村民委员会明确接收邮件的场所。

第十三条 因建设需要拆除邮政服务网点或者其他邮政设施,应当事先与当地邮政企业协商,在保证邮政通信正常进行的情况下,将邮政设施原址新建或者迁至方便群众用邮的地方另建,所需费用由拆除人承担。

第十四条 城乡单位、住宅区、街道、村落的地址牌,应当标明所在地的邮政编码。地名地址发生变更的,地名管理机构应当及时通知邮政企业。

第三章 邮政服务

第十五条 邮政企业应当按照国家规定依法公示资费标准和服务标准等服务内容。

第十六条 邮政企业应当按照国家有关规定制定突发事件具体应急预案。发生服务阻断时,邮政企业应当按照应急预案及时采取应急处置措施,并向当地人民政府、邮政管理部门报告。

邮政企业应当配合人民政府和有关部门做好所在地邮政服务突发事件的应急救援和处置工作。

第十七条 邮政企业应当按照国家邮政普遍服务标准设置提供邮政普遍服务的网点,并按照国家邮政普遍服务标准提供服务。

在乡、镇人民政府所在地应当设置提供邮政普遍服务的邮政营业网点。

第十八条 邮政企业寄递邮件,应当符合邮政管理部门规定的寄递时限和服务规范。国务院邮政管理部门对省内寄递时限和服务规范未作规定的,由省人民政府规定。

乡、镇人民政府所在地邮政营业网点每周营业时间不得少于五天且逢赶集日应当营业。

邮政企业应当按照国家规定将汇款通知单送达收款人;收款人在规定期限内提出兑付要求的,应当及时足额兑付。

第十九条 单位收发人员、邮件代收点和村民委员会指定的邮件代收人接收邮政企业投交的邮件时,应当当场核对,并对所接收的邮件负有保护、及时传递和保密的义务,不得私拆、隐匿、毁弃邮件或者撕揭邮票;对接收的给据邮件应当签收。

机关、企业事业单位、住宅小区管理单位收发人员对无法转交或者误收的邮件,应当及时通知邮政企业，由邮政企业依法处理。

第二十条 新设立的单位需要邮政服务的，当地邮政企业或者其分支机构应当为其办理投递登记手续。对具备邮件投递条件的，当地邮政企业或者其分支机构应当自办理投递登记手续之日起7日内开始提供投递服务；对不具备投递条件的，可以协商邮件投递地址。

单位用户更改名称、变更地址的，应当及时书面通知当地邮政企业或者其分支机构，或者办理邮件改寄新址手续。

第二十一条 用户对交寄的给据邮件和交汇的汇款，可以在国家规定时间内持据向收寄、收汇的邮政企业查询。邮政企业应当按照国家规定期限将查询结果告知查询人，查询人要求出具书面查询结果的，应当出具。

邮政企业造成给据邮件丢失、损毁、内件短少的，应当采取补救措施，依法予以赔偿。

第二十二条 用户交寄的邮件应当清楚、准确填写姓名、地址和邮政编码，使用的信封、明信片应当符合国家标准或者邮政行业标准。

第二十三条 邮政企业及其从业人员不得有下列行为：

（一）私拆、隐匿、毁弃、盗窃邮件，贪污、侵占、挪用用户款项；

（二）故意延误寄递邮件；

（三）拒绝办理依法应当办理的邮政业务；

（四）擅自中止提供邮政服务；

（五）强迫用户使用邮政业务；

（六）拒绝用户使用有效邮资凭证交寄邮件；

（七）转让、出租、出借邮政专用车辆、邮政专用标志、邮政专用品；

（八）违法泄漏或者向他人提供用户使用邮政服务的信息；

（九）利用带有邮政专用标志的邮政车、船从事邮件运递以外的经营性活动；

（十）擅自变更邮政业务收费标准或者增加收费项目；

（十一）违反法律、法规的其他行为。

第二十四条 邮政企业应当在营业场所设置意见箱（簿），公布服务质量监督电话，接受用户对邮政服务质量的监督。对于用户的投诉、举报和批评意见，应当在邮政管理部门规定的时限内及时处理。

邮政企业从业人员应当遵守职业规范，诚信文明服务。

第四章　保障措施

第二十五条 各级人民政府及其有关部门应当采取措施，支持邮政企业提供邮政普遍服务。

第二十六条 符合国家《划拨用地目录》所列的邮政设施项目，建设用地由有批准权的人民政府批准后按照城市基础设施和公益设施用地依法划拨，免征城市基础设施建设配套费。

第二十七条 各级人民政府和有关部门应当按照国家和省的有关规定在城市居民社区、乡镇、村的邮政服务机构设置公益性岗位。

第二十八条 邮政企业应当在机场、车站、城市街道、广场、公园、高等院校等公共场所按照城市规划设置邮筒、邮政报刊亭等邮政公共服务设施。

邮筒和占地5平方米以内的邮政报刊亭免收城市道路占用费。

第二十九条 带有邮政专用标志的运邮车辆通过收费公路、桥梁时，减缴车辆通行费。

邮政企业带有邮政专用标志的运邮车辆无需办理道路运输营运证。

第三十条 带有邮政专用标志的车辆运递邮件，确需通过公安机关交通管理部门划定的禁行路段，经公安机关交通管理部门同意，在确保安全畅通的前提下，可以通行。

邮政企业的运邮专用车辆运递邮件和快递企业快件运输专用车辆运递快件时，确需在禁止停车的地点停车的，经公安机关交通管理部门同意，在确保安全畅通的情况下，可以临时停车。

第三十一条 邮政企业可以在所在地县级以

上工商行政管理机关统一办理本企业所属各营业网点的注册登记、变更、年检等手续。

第三十二条 机场、码头、较大的车站应当为邮政企业提供装卸、转运邮件作业场所和邮政车辆出入通道，其专用场所、通道基建费用由邮政企业承担。

第五章 快递业务

第三十三条 在本省行政区域内经营快递业务，应当依法取得国务院邮政管理部门或者省邮政管理部门颁发的《快递业务经营许可证》，办理相关手续并接受邮政管理部门和有关部门的监督管理；未经许可，任何单位和个人不得在本省行政区域内经营快递业务。

省邮政管理部门在审查快递业务经营许可申请时，应当征求同级国家安全机关等部门的意见。

第三十四条 县级以上人民政府应当鼓励和引导快递企业培养高素质人才，采用先进技术，利用优势交通运输资源，促进企业规模化、品牌化、网络化经营和发展。

已在国务院邮政管理部门或者本省邮政管理部门取得《快递业务经营许可证》的企业，在本省设立、撤销分支机构的，应当按照有关规定向邮政管理部门备案。

第三十五条 快递企业不得擅自中断或者停止提供快递服务。如确需临时歇业的，应当提前7日向邮政管理部门书面报告，同时在营业场所及有关媒体上公告，并及时妥善处置未处理的快件。

第三十六条 快递企业提供的详情单应当在显著位置标明影响用户权益的相关内容。

第三十七条 邮政管理部门和有关部门可以要求经营国际快递业务的企业或者分支机构提供报关数据。

第三十八条 快递企业不得经营由邮政企业专营的信件寄递业务，不得寄递国家机关公文。

第三十九条 本条例第六条关于邮件的规定，适用于快件；本条例第十六条、第十八条第一款、第二十三条 第一项、第二项、第三项、第四项、第五项、第八项、第十项、第二十四条关于邮政企业及其从业人员的规定，适用于快递企业及其从业人员。

第四十条 快递企业快件运输专用车辆应当在显著位置悬挂或者张贴邮政管理部门制发的快件运输专用车辆标志牌。

封闭式的小型货车或者小型客车作为快递企业快件运输专用车辆的，经公安机关交通管理部门、交通运输部门道路运输管理机构同意，运递快件时，可以通过城市限行路段。

快件运输专用车辆不得用于运递快件以外的其他用途。

第四十一条 快递企业应当建立快递运单实物及电子数据档案管理制度，采取技术措施确保用户使用快递服务的信息安全。

第四十二条 鼓励机关、企业事业单位、学校、住宅区、较大的商业区、旅游景区等通过设置快件集中服务点、自助服务终端等形式，为快件收寄和投递提供便利和安全保障。

第六章 监督检查

第四十三条 邮政管理部门根据履行监督管理职责的需要，可以建立邮政企业和快递企业诚信记录档案，要求邮政企业和快递企业或者其分支机构报告有关服务、经营情况，邮政企业和快递企业或者其分支机构应当如实报告。

第四十四条 信封、明信片、邮包封装盒和信报箱等邮政用品用具，应当依照国家标准或者邮政行业标准生产，并经省邮政管理部门监制。

邮政和快递企业不得向用户销售未经邮政管理部门监制的邮政用品用具。

第四十五条 邮政管理部门和工商行政管理部门按照各自职责对集邮票品经营活动实施监督管理。

第四十六条 任何单位或者个人不得有下列行为：

（一）交寄、夹寄国家规定禁止寄递的物品；

（二）未经批准仿印邮票图案；

（三）伪造、变造邮资凭证；

（四）擅自使用邮政专用名称，伪造或者冒用邮政专用标志、专用工具、专用品，伪造或者冒用快递专用车辆标志牌；

（五）损毁或者擅自迁移邮筒、邮政报刊亭、信报箱、邮政编码牌等邮政设施，擅自开启和封闭邮筒、信报箱；

（六）非法检查、截留邮件或者非法拦截、检查、扣留运邮车辆，妨碍邮政企业生产经营活动；

（七）向邮筒、信报箱内投掷杂物、污物；

（八）法律、法规禁止的其他行为。

第四十七条　邮政管理部门应当对邮政企业和快递企业的有关寄递业务和服务质量实行监督管理，健全邮政普遍服务和快递服务质量用户申诉制度和举报查处制度；按照法定程序对邮政、快递企业涉嫌违反邮政法律、法规的行为进行查处，维护用户利益和邮政市场秩序。

第四十八条　邮政管理部门进行监督检查时，可以采取下列措施：

（一）进入邮政企业、快递企业或者涉嫌发生违反本条例活动的其他场所实施现场检查；

（二）向有关单位和个人了解情况；

（三）查阅、复制有关文件、资料凭证；

（四）经邮政管理部门负责人批准，查封与违反本条例活动有关的场所，扣押用于违反本条例活动的运输工具以及相关物品，对信件以外的涉嫌夹带禁止寄递或者限制寄递物品的邮件、快件开拆检查；

（五）法律、法规赋予的其他职权。

第四十九条　邮政管理部门及其执法人员应当遵守国家法律、法规，维护当事人的合法权益，恪守职责，持证上岗，公正执法；对在监督检查过程中知悉的个人隐私和商业秘密负有保密义务。

第七章　法律责任

第五十条　违反本条例第十条第三款规定的，由城乡规划部门或者邮政管理部门责令改正，有违法所得的，没收违法所得，并可处以违法所得1倍以上2倍以下的罚款；没有违法所得的，可以处以5000元以上2万元以下罚款。

第五十一条　建设单位未按照国家规定的标准设置城镇居民楼信报箱的，由邮政管理部门责令限期改正；逾期未改正的，由邮政管理部门指定其他单位设置信报箱，所需费用由建设单位承担，邮政管理部门可以处以所需费用1倍以上2倍以下的罚款。

建设单位未进行居民楼信报箱竣工验收，或者未向邮政管理部门报备信报箱竣工验收资料的，由邮政管理部门责令限期改正；逾期未改正的，邮政管理部门可以处以1000元以上5000元以下罚款。

第五十二条　邮政企业违反本条例第十八条规定的，由邮政管理部门责令改正，可以处以1万元以下罚款；情节严重的，处以1万元以上5万元以下罚款；对直接负责的主管人员和其他直接责任人员给予处分。

快递企业违反本条例第十八条第一款规定的，由邮政管理部门责令改正，可以处以1万元以下罚款；情节严重的，处以1万元以上5万元以下罚款。

第五十三条　邮政企业、快递企业或者其从业人员有本条例第二十三条第二项、第三项、第四项、第五项行为的，邮政企业及其从业人员有本条例第二十三条第六项行为的，由邮政管理部门责令改正，拒不改正的，对邮政企业、快递企业可以处以1万元以下罚款；情节严重的，处以1万元以上5万元以下罚款。

邮政企业及其从业人员有本条例第二十三条第七项、第九项行为的，由邮政管理部门责令改正，没收违法所得，对邮政企业并可处以2万元以下罚款；情节严重的，并可处以2万元以上10万元以下罚款。

邮政企业、快递企业及其从业人员有第二十

三条第八项行为尚不构成犯罪的，由邮政管理部门责令改正，没收违法所得，对邮政企业、快递企业并处以1万元以上5万元以下罚款；对快递企业，邮政管理部门可以责令停业整顿直至吊销其《快递业务经营许可证》。

第五十四条 企业在申请办理经营快递业务许可、备案、变更等手续时，隐瞒有关情况或者提供虚假材料的，处以1万元以上3万元以下罚款；以欺骗、贿赂等不正当手段取得经营许可的，邮政管理部门依法撤销经营许可。

第五十五条 伪造、涂改、冒用、租借、买卖和转让《快递业务经营许可证》，情节轻微的，责令改正；情节严重或者拒不改正的，邮政管理部门可以处以1万元以上3万元以下罚款。

第五十六条 违反本条例第三十五条规定的，由邮政管理部门责令限期改正；逾期不改正的，可以处以5000元以上2万元以下罚款。

第五十七条 快递企业违反本条例第四十一条规定的，由邮政管理部门责令改正；拒不改正的，处以3000元以上1万元以下罚款。

第五十八条 邮政企业和快递企业违反本条例第四十四条第二款规定的，由邮政管理部门责令改正；拒不改正的，处以1万元以下罚款。

第五十九条 有本条例第四十六条第二项、第三项、第四项行为的，由邮政管理部门没收违法所得和非法财物，并可处以500元以上5000元以下罚款；情节严重，尚不构成犯罪的，由邮政管理部门处以5000元以上3万元以下罚款。

有本条例第四十六条第五项、第六项、第七项行为的，依法给予治安管理处罚。

第六十条 拒绝、阻碍邮政管理部门及其工作人员依法履行监督检查或者调查职责，拒不提供或者提供虚假资料的，由邮政管理部门责令改正；拒不改正的，可以给予警告，并处以1万元以上3万元以下罚款。

第六十一条 违反本条例规定的其他违法行为，按照有关法律、法规的规定处罚。

第六十二条 邮政管理部门工作人员违反本条例规定，在监督管理工作中滥用职权、玩忽职守、徇私舞弊，尚不构成犯罪的，依法给予处分。

第八章 附 则

第六十三条 本条例自2011年3月1日起施行。2003年11月22日贵州省第十届人民代表大会常务委员会第五次会议通过的《贵州省邮政条例》同时废止。

湖北省邮政条例

（2014年5月29日湖北省第十二届人民代表大会常务委员会第九次会议通过）

第一章 总 则

第一条 为了保障邮政普遍服务，规范和促进快递服务发展，维护邮政通信与信息安全，保护通信自由、通信秘密和用户合法权益，加强对邮政市场的监督管理，根据《中华人民共和国邮政法》和有关法律、行政法规，结合本省实际，制定本条例。

第二条 本省行政区域内邮政业规划、建设、服务和监督管理活动，适用本条例。

第三条 省邮政管理部门负责全省邮政普遍服务和邮政市场的监督管理工作。

市（州）邮政管理部门负责本辖区邮政普遍服务和邮政市场的监督管理工作。直管市、神农架林区的邮政普遍服务和邮政市场的监督管理工作，由省邮政管理部门负责。

县级以上人民政府有关部门依照各自职责，共同做好邮政管理相关工作。

第四条 邮政普遍服务是国家保障的重要公益性服务。各级人民政府及有关部门应当对邮政普遍服务和特殊服务给予财政扶持和政策优惠，重点扶持农村和交通不便地区的邮政普遍服务和特殊服务。

快递服务是现代服务业的重要组成部分。各级人民政府应当制定和完善相关政策和措施，鼓励、促进和规范快递服务发展。

邮政企业、快递企业应当加强服务质量管理，提高服务水平，为用户提供迅速、准确、安全、方便的服务。

第五条 邮政管理部门、公安机关、国家安全机关和海关应当相互配合，建立健全安全保障机制，加强对邮政通信和信息安全的监督管理，确保邮政通信与信息安全。

邮政企业、快递企业应当遵守国家有关安全管理规定，完善安全保障制度和措施，保障寄递安全，并为相关部门依法履行职责提供便利。

第二章 规划与建设

第六条 县级以上人民政府应当将邮政业发展纳入国民经济和社会发展规划，按照统筹安排、合理布局的原则，将邮政、快递基础设施的布局和建设纳入土地利用总体规划、城乡规划、综合交通运输体系规划，保障邮政业与当地经济社会协调发展。

邮政管理部门应当根据邮政业发展规划和邮政普遍服务标准，会同发展改革、城乡规划、国土资源等部门编制包括邮政营业场所、邮件处理场所等在内的邮政设施专项规划，经本级人民政府批准后依法纳入相应的城乡规划。

城乡规划主管部门编制控制性详细规划，应当按照邮政设施专项规划的要求，对邮政营业场所和邮件处理场所进行规划控制。

第七条 建设城市新区、独立工矿区、开发区、商贸区、城镇住宅区或者对旧城区进行改造，应当同时规划和建设配套的邮政设施。城市建成区已有的邮政设施不能满足邮政普遍服务要求的，应当改建、扩建或者重建。

城乡规划主管部门在组织审查修建性详细规划时，对未按照规划要求设置邮政普遍服务设施的，应当要求建设单位改正。

第八条 邮政企业应当按照城乡规划、邮政普遍服务标准设置邮政营业场所、邮政报刊亭、邮筒（箱）等邮政设施。

提供邮政普遍服务的邮政设施用地由县级以上人民政府按照城市基础设施用地和公益事业用地依法划拨，免征城市基础设施配套费和其他费用。邮政报刊亭、邮筒（箱）和其他邮政服务设施免缴城市道路占用费。

建设单位配套建设的邮政普遍服务场所，属于设置面积标准范围内的，供应价格标准由建设主管部门会同国土资源、房屋行政管理、邮政管理部门按照支持和保障邮政普遍服务的原则制定，具体供应价格由邮政企业与建设单位协商确定。

依法取得的划拨土地和依照前款规定配套建设的邮政普遍服务场所，不得擅自转让或者改变用途。

第九条 较大的车站、机场、港口、宾馆、高等院校、社区、商贸区、旅游区等公共场所应当设置邮政普遍服务的场所，并根据需要设置快递服务营业场所或者自助快递服务设施，其管理单位应当为邮政企业、快递企业在收寄、装卸、转运、投递邮件、快件等方面提供便利，并在场地租用方面提供优惠。

第十条 机关、企事业单位和城镇住宅区、商用写字楼的产权人或者物业管理单位，应当在适当位置设置接收邮件的场所，提供接收快件的场地或者服务设施。因故未设置邮件接收场所、未提供接收快件的场地或者服务设施的，应当允许统一着装并佩戴标识的邮政企业、快递企业从业人员和车辆进入为用户提供服务,不得收取费用。

第十一条 新建、改建、扩建城镇居民楼、住宅区的建设单位应当按照国家规定的标准设置信报箱,并与建设项目主体工程同步规划、设计、施工和验收,所需费用纳入建设项目总预算。对未设置信报箱或者设置的信报箱不符合标准的建设项目,不予办理竣工验收手续。

已建成使用的城镇旧居民楼和住宅区未配置信报箱或者配置的信报箱不符合国家标准的,所在地人民政府应当依法根据实际安排资金补建或者改造。

信报箱的维修和更换,保修期内由建设单位负责。超过保修期的,纳入住宅共用设施设备进行维修和更换,所需费用依法从住宅专项维修资金中支付;没有住宅专项维修资金的,由信报箱所有人负责维修和更换。

第十二条 农村地区提供邮政普遍服务的邮政设施建设应当纳入当地镇、乡和村庄规划。

县级以上人民政府应当统筹村级公共资源,扶持农村地区邮政设施建设,将村邮站与农村公共服务平台相结合,明确村邮站建设以及运营的责任主体,经费纳入农村公益服务范畴,由各级财政合理负担。

邮政企业应当对村邮站提供业务支持和指导,并与村邮站签订邮件接收、转投协议。邮政企业委托村邮站代办邮政普遍服务和特殊服务以外业务的,应当与村邮站签订协议,支付代办费。

第十三条 因公共利益需要依法征收邮政营业场所或者邮件处理场所的,房屋征收部门应当事先与邮政企业协商。根据控制性详细规划和邮政普遍服务标准需要继续在原区域设置上述场所的,应当按照方便用邮、不少于原有面积的原则重新设置,所需费用由作出房屋征收决定的人民政府承担。

重建的邮政营业场所、邮件处理场所在交付使用前,房屋征收部门应当安排过渡场所。房屋征收部门未作出妥善安排前,不得征收。邮政企业应当采取相应措施,保证过渡期间邮政普遍服务正常进行。

第三章 邮政普遍服务和特殊服务

第十四条 省邮政管理部门应当根据国家标准和本省经济社会发展需要,制定本省邮政服务规范。

邮政企业应当按照国家规定的业务范围、服务标准和资费标准,为用户持续提供邮政普遍服务,提高邮政普遍服务水平。

邮政企业应当对信件、单件重量不超过五千克的印刷品、单件重量不超过十千克的包裹的寄递以及邮政汇兑提供邮政普遍服务。

邮政企业按照国家规定办理机要通信、国家规定报刊的发行,以及义务兵平常信函、盲人读物和革命烈士遗物的免费寄递等特殊服务业务。

第十五条 邮政企业应当在其营业场所按照国家规定开办所有种类的邮政普遍服务业务,公布其服务种类、营业时间、资费标准、邮件和汇款的查询及损失赔偿办法、禁止或者限制寄递的物品范围、邮件封装用品价格以及对其服务质量的投诉办法,并提供邮政编码查询服务。

邮政企业应当在邮筒(箱)上标明开筒(箱)的频次和时间,按时开取。

第十六条 邮政企业对用户交寄的邮件,应当按照规定的服务标准,及时、准确、安全投递。

本省同一城市市区内互寄的信件,应当在2日内完成投递;本省市州人民政府所在地城市间互寄的信件,应当在3日内完成投递;本省同一市州的市县间互寄的信件,应当在5日内完成投递;本省不同市州的市县间互寄的信件,应当在7日内完成投递。

城市邮件的投递频次应当每天不少于1次;乡、镇人民政府所在地邮件的投递频次应当每周不少于5次;村民委员会所在地邮件的投递频次应当每周不少于3次。

交通不便的边远地区邮件,按照邮政管理部

门规定的时限、频次投递。

第十七条 用户交寄邮件，应当清楚、准确地填写收件人姓名、地址和邮政编码，使用符合国家标准的信封，交寄包裹应当符合规定的封装规格和封装要求。

第十八条 邮政企业采取按址投递或者与用户协商的其他方式投递邮件的，物业服务企业应当为邮政企业投递邮件提供便利。

物业服务合同有代收、代转邮件约定或者物业服务企业与业主有书面或者口头约定的，物业服务企业应当为业主代收、代转邮件。

第十九条 单位收发人员和邮件代收人接收邮政企业投交的邮件时，应当当面核对，签收给据邮件，并对所接收的邮件负有保护和及时传递的责任，不得私拆、隐匿、毁弃邮件或者撕揭邮票。

单位收发人员、邮件代收人、收件人对无法转交或者误收的邮件，应当及时通知邮政企业收回。

第二十条 经省邮政管理部门和省交通运输主管部门核定的带有邮政专用标志的邮政普遍服务邮运车辆免予办理道路运输证，通过本省收费的公路、桥梁、隧道时，免缴通行费。

带有邮政专用标志的车辆运输、投递邮件时，确需通过禁行路线或者确需在禁止停车地段停车的，经公安机关交通管理部门同意，在确保交通安全的前提下，可以通行或者临时停靠作业。

带有邮政专用标志的车辆不得出租、出借或者用于其他活动。

第二十一条 带有邮政专用标志的车辆在运输、投递邮件途中发生道路交通安全违法行为或者交通事故的，公安机关交通管理部门应当及时处理并协助保护邮件安全。对于一般道路交通安全违法行为或者轻微交通事故，可以适用简易程序处理后先放行，待完成运输、投递任务后，再行处理；发生严重道路交通安全违法行为或者重大交通事故不能放行时，应当立即通知邮政企业，并协助及时转运邮件。

第二十二条 邮政企业及其工作人员不得实施下列行为：

（一）私拆、隐匿、毁弃、盗窃邮件；

（二）无故积压邮件、汇款；

（三）撕揭邮票；

（四）无故拒绝、拖延、中断应当为用户办理的邮政服务；

（五）擅自变更邮政普遍服务和特殊服务收费标准或者增加收费项目；

（六）强迫、误导或者限定用户使用指定的业务，向用户搭售商品、服务或者附加其他不合理条件；

（七）野蛮分拣，以抛扔、踩踏或者其他危险方法处理邮件；

（八）法律、法规禁止的其他行为。

第二十三条 县级以上人民政府应当对邮政普遍服务和特殊服务提供财政专项资金予以扶持。

邮政企业应当按照规定使用财政专项资金，专款专用，不得挪作他用，并接受财政部门和邮政管理部门的监督检查。

第四章　快递业务

第二十四条 县级以上人民政府应当将快递服务纳入现代服务业和现代物流业发展规划，制定和完善有关促进快递服务发展的政策措施，支持快递企业发展。

第二十五条 经营快递业务应当依法取得邮政管理部门颁发的快递业务经营许可证，并依法办理工商注册登记。未经许可，任何单位和个人不得经营快递业务。

快递企业设立分支机构或者合并、分立的，应当按照国家规定向邮政管理部门备案。

本条例所称快递企业，包括经营快递业务的邮政企业。

第二十六条 以加盟方式经营快递业务的企业，应当取得快递业务经营许可证，签订加盟经营合同。

被加盟人应当在服务标准、服务质量、经营行为、运营安全、业务流程、用户投诉、损失赔偿等方面对加盟人实行统一管理,向用户提供统一的跟踪查询和投诉处理服务,对加盟人给用户造成的损失依法承担连带责任。

加盟人应当遵守共同的服务约定,使用统一的商标、商号、快递服务运单和收费标准。

第二十七条 快递企业提供的快递服务应当符合快递服务国家标准,并遵守其公开的服务承诺。鼓励快递企业制定和采用高于国家标准的企业标准。

第二十八条 快递企业收寄快件应当使用符合国家标准的快递运单。快递运单应当在显著位置注明企业赔偿责任等影响用户权益的内容,并符合《中华人民共和国合同法》有关格式合同的规定。

快递企业收寄快件前,应当提醒寄件人阅读快递运单的服务合同条款,指导寄件人规范填写快递运单,并建议寄件人对贵重物品购买保价或者保险服务。

寄件人应当如实、正确、完整地填写相关信息,核对无误后在快递运单相应位置签字确认。

第二十九条 快递企业应当在承诺时限内将快件投递到约定的收件地址和收件人或者收件人指定的代收人。

快递企业投递快件时,应当告知收件人当面验收。快件外包装完好的,由收件人签字确认。投递的快件注明为易碎品及外包装出现明显破损等异常情况的,快递企业应当告知收件人先验收内件再签收。快递企业与寄件人另有约定的除外。

第三十条 快递企业接受网络购物、电视购物和邮购等经营者的委托提供快递服务的,应当与经营者签订合同,明确快件投递时验收环节的权利义务。

网络购物、电视购物和邮购等经营者应当以显著方式提醒收件人注意快件验收的具体程序和要求。

第三十一条 快递企业从业人员中取得快递业务员国家职业资格证书的比例应当不低于国家规定。快递企业应当对从业人员进行职业道德教育和职业技能培训,鼓励快递从业人员取得相应的国家职业资格证书。

第三十二条 快递企业应当妥善应对快递业务高峰期,做好业务量监测,加强网络统筹调度,及时向社会发布服务提示,认真处理用户投诉。

第三十三条 快递企业在经营许可期内不得擅自中断、停止经营快递业务。确需临时歇业的,应当提前15日向所在地的邮政管理部门书面报告,同时在营业场所及有关媒体上公告。终止经营快递业务的,还应当交回快递业务经营许可证并办理注销手续。

快递企业在中断、停止经营快递业务之前,对尚未投递的快件,应当按照国务院邮政管理部门的规定妥善处理。

第三十四条 省邮政管理部门和公安机关交通管理部门根据国家规定,结合本省实际对用于快递运输、投递的车辆在车型、车身标识等方面制定相应的规范。快递企业提供快递服务的专用车辆应当符合国家和本省的规定,并喷涂标识。

对带有标识的快递运输、投递车辆,公安机关交通管理部门及其他有关部门应当根据城市交通状况,采取多种措施,在确保安全的前提下,为快递车辆的通行、停靠提供便利。

第三十五条 本条例第十八条、第二十条第二款、第二十一条以及第二十二条第(一)、(四)、(六)、(七)项关于邮政企业、邮件和邮政车辆的规定,适用于快递企业、快件和快递车辆。

第五章 安全保障

第三十六条 公民的通信自由和通信秘密受法律保护。

除法律另有规定或者经用户书面同意外,任何组织和个人不得检查、扣留邮件、快件;邮件、快件被非法扣留的，邮政管理部门、公安机关应当责令扣件人及时放行邮件、快件。

第三十七条 邮政企业、快递企业应当保护用户的信息安全和通信秘密，确保所掌握的用户使用邮政服务、快递业务的相关信息不被窃取、泄露。未经法律明确授权或者用户书面同意，邮政企业、快递企业不得将用户使用邮政服务、快递业务的相关信息提供给任何组织或者个人，国家有关机关依法行使职权的除外。

邮政企业、快递企业应当建立快递运单实物及电子数据档案管理制度，采取技术措施确保用户信息安全。快递运单的实物保存和电子档案保存应当满足快递服务标准规定的档案保管期限。保管期满后，按照规定集中销毁或者删除。

第三十八条 邮政企业、快递企业应当建立邮件、快件处理场所安全管理制度，完善安全生产条件，落实安全防范措施，防范各类安全生产事故。

第三十九条 用户交寄和邮政企业、快递企业收寄邮件、快件，应当遵守国家关于禁止寄递或者限制寄递物品的规定。

邮政企业、快递企业对不能确定安全性的可疑物品，应当要求用户出具相关部门的安全证明。用户不能出具安全证明的，不予收寄。

邮政企业、快递企业应当对收寄的信件以外的邮件、快件依法进行验视，对符合寄递规定的加盖验视专用章或者专门标识。

邮政企业、快递企业在转运、投递邮件、快件过程中，发现有国家禁止寄递或者限制寄递物品的，应当按照有关规定，采取妥善措施进行处理，并及时报告有关部门。

第四十条 根据国家规定需要寄件人出具身份证明或者提供有关书面凭证的，邮政企业、快递企业应当要求其出示有效身份证件或者提供有关书面凭证，核对无误后方可收寄。

第四十一条 邮政企业、快递企业应当建立健全重大突发事件应急机制，制定突发事件应急预案，加强应急队伍建设和物资、技术、经费保障，并报邮政管理部门备案。

遇重大突发事件时，邮政企业、快递企业应当立即启动应急预案，采取有效处置措施保障人员安全和邮件、快件安全，并在1小时内向邮政管理部门和有关部门报告。遇重大服务阻断时，应当及时告知用户。

第四十二条 为应对突发事件，县级以上人民政府和邮政管理部门可以调集和征用有关邮政企业、快递企业的人员、物资及车辆、场地和相关设备，并依法给予补偿。邮政企业、快递企业应当配合。

第四十三条 邮政管理部门、公安机关、国家安全机关和海关应当加强邮政行业安全管理制度和安全知识的宣传，提高从业人员的安全意识、安全操作技能，增强公众使用寄递服务的安全意识。

第六章 监督管理

第四十四条 邮政管理部门应当建立健全监督检查制度，加强对邮政普遍服务和邮政市场的监督检查，依法查处违反邮政法律、法规的行为。

邮政管理部门发现邮政企业、快递企业存在安全隐患、服务质量问题、明显异常经营活动等情况，应当约谈其负责人，责令其进行整改。

第四十五条 邮政管理部门应当建立邮政普遍服务质量社会监督评价体系，对邮政普遍服务质量进行监督并向社会公布。

邮政管理部门应当建立以公众满意度、时限准时率和用户申诉率为主要内容的快递服务质量评价体系，定期、适时组织评估快递行业服务水平和质量，并向社会公布。

第四十六条 邮政企业、快递企业应当在规定期限内如实向邮政管理部门报送有关经营情况、服务质量自查情况和统计资料，并及时报告重大事故和重大服务质量问题。

第四十七条 邮政企业、快递企业应当建立和完善服务质量管理制度，向社会公布监督投诉电话、信箱,接受用户监督。对用户的举报和投诉,应当及时受理,并自受理之日起10日内答复用户。

用户对于邮政企业、快递企业处理结果不满意的,可以向邮政管理部门进行申诉。邮政管理部门应当及时依法处理,自接到申诉之日起30日内作出答复。

被申诉企业对邮政管理部门转办的申诉应当及时、妥善处理,自收到转办申诉之日起15日内向邮政管理部门答复处理结果。

第四十八条 邮政企业撤销提供邮政普遍服务的邮政营业场所(含代办网点)或者停止、限制办理邮政普遍服务业务,应当经所在地邮政管理部门批准并公告。

邮政管理部门作出审批决定前,应当征求所在地乡镇人民政府或者街道办事处以及用户的意见;涉及重大公共利益需要听证的,应当向社会公告并举行听证。

第四十九条 邮政行业社会团体应当自觉接受邮政管理部门的监督管理,加强行业自律,引导企业依法、诚信经营,维护企业和用户的合法权益,促进邮政业健康发展。

第七章 法律责任

第五十条 违反本条例规定的行为,法律、行政法规已有处罚规定的,从其规定。

第五十一条 邮政企业违反本条例第八条第四款规定,擅自转让或者改变划拨土地和配套建设的邮政营业场所、邮件处理场所用途的,由邮政管理部门责令限期改正;逾期未改正的,由县级以上人民政府城乡规划、国土资源等相关行政主管部门依法处理。

第五十二条 邮政企业、快递企业违反本条例第二十二条、第二十七条规定,有下列行为之一的,由邮政管理部门责令改正,处2000元以上1万元以下罚款;情节严重的,处1万元以上3万元以下罚款:

(一)无故积压邮件、快件和汇款;

(二)强迫、误导或者限定用户使用指定的业务,向用户搭售商品、服务或者附加其他不合理条件;

(三)野蛮分拣,以抛扔、踩踏或者其他危险方法处理邮件、快件;

(四)服务不符合国家标准,损害用户利益。

第五十三条 邮政企业、快递企业违反本条例第三十七条第二款规定,未按照标准保管快递运单、电子档案和保管期满后未按照规定集中销毁或者删除的,由邮政管理部门责令改正,处3000元以上1万元以下罚款;情节严重的,处1万元以上5万元以下罚款。

第五十四条 邮政企业、快递企业违反本条例第三十九条第三款规定,未加盖验视专用章或者专门标识的,由邮政管理部门给予警告,责令限期改正;逾期未改正的,处5000元以上2万元以下罚款。

第五十五条 邮政企业、快递企业违反本条例第四十六条规定,未按照规定报送有关情况、资料的,由邮政管理部门给予警告,责令限期改正;逾期未改正的,处1000元以上5000元以下罚款。

第五十六条 邮政企业、快递企业违反本条例第四十七条规定,未在规定的时限内妥善处理用户投诉和邮政管理部门转办的申诉的,由邮政管理部门给予警告,责令限期改正;逾期未改正的,处3000元以上1万元以下罚款。

第五十七条 邮政管理部门工作人员在监督管理工作中有下列行为之一,尚不构成犯罪的,由所在单位或者有关部门给予行政处分:

(一)泄露监督检查中知悉的商业秘密的;

(二)滥用职权、玩忽职守、徇私舞弊的;

(三)违反法定程序实施监督检查的;

(四)其他不依法履行监督管理职责的。

第八章 附 则

第五十八条 本条例自2014年8月1日起施行。

海南省邮政条例

（2011年11月30日海南省第四届人民代表大会常务委员会第二十六次会议通过　根据2014年5月30日海南省第五届人民代表大会常务委员会第八次会议《关于修改〈海南省邮政条例〉的决定》修正）

第一章　总　则

第一条　为保障邮政普遍服务，规范邮政市场秩序，保护邮政通信与信息安全，维护用户、邮政企业和快递企业的合法权益，促进邮政业健康发展，根据《中华人民共和国邮政法》等法律、行政法规的规定，结合本省实际，制定本条例。

第二条　省邮政管理部门负责本省行政区域内的邮政普遍服务和邮政市场的监督管理工作。

按照国务院及省人民政府规定设立的省级以下邮政管理机构负责对本辖区内的邮政普遍服务和邮政市场实施监督管理。

县级以上人民政府发展和改革、公安、国家安全、财政、国土、规划、建设、交通运输、商务、工商、税务、物价等部门应当依照各自职责，协同做好邮政监督管理工作。

第三条　邮政是国家重要的社会公用事业。邮政普遍服务是国家基本公共服务的重要组成部分。

省和市、县、自治县人民政府及其所属部门应当采取有效措施，在规划、建设、用地、财政、交通等方面给予必要的政策优惠，支持邮政企业提供邮政普遍服务，推进邮政物流服务农业、农村、农民的网络建设，扶持快递园区建设。

第四条　省人民政府应当将邮政事业纳入本省国民经济和社会发展规划，组织编制和实施邮政发展专项规划。邮政发展专项规划应当与土地利用总体规划、城乡规划衔接。

邮政管理部门应当会同有关行政主管部门，根据邮政发展专项规划编制城乡邮政设施、快递园区布局和建设的规划和计划，并监督、检查规划和计划的执行情况。

市、县、自治县人民政府城乡规划部门编制控制性详细规划时，应当按照邮政普遍服务标准明确邮件处理场所、邮政营业场所等邮政设施的位置和规模。

农村地区提供邮政普遍服务的邮政设施建设应当纳入乡镇和村庄建设规划。

第五条　公民、法人和其他组织应当保护邮政设施，维护邮政通信安全和畅通，对破坏邮政设施和危害邮政安全的行为有权制止和向邮政管理、国家安全、公安等有关部门举报。

第二章　普遍服务

第六条　邮政企业应当按照国家和本省规定的服务标准和资费标准，对信件、单件重量不超过5千克的印刷品、单件重量不超过10千克的包裹的寄递以及邮政汇兑提供邮政普遍服务。

邮政企业应当按照国家规定办理机要通信、国家规定报刊的发行，以及义务兵平常信函、盲人读物和革命烈士遗物的免费寄递等特殊服务业务。

第七条　省邮政管理部门可以根据本省经济和社会发展实际，对交通不便的边远地区的邮政营业时间和投递频次、乡镇政府所在地以外农村地区的邮政营业时间和投递频次、本省行政区域范围内邮件互寄时限等方面制定地方标准，但地方标准不得低于国家标准。

第八条　省邮政管理部门负责制定地址要素

与邮政编码组合的通用邮政地址格式标准，组织、指导邮政企业开发邮政地址系统信息库。

地名主管部门及相关部门应当在设置的街道名称牌和门牌上附注邮政编码；地名和门牌发生变更的，应当及时通知邮政企业。

邮政企业应当在邮政营业场所免费为用户提供邮政编码查询服务。

第九条 邮政企业应当按照国家规定的不同服务地区的主要人口聚集区平均服务半径或者服务人口的要求，设置提供邮政普遍服务的营业场所。提供邮政普遍服务的邮政营业场所应当办齐本条例第六条第一款规定的业务种类。

邮政企业设置、撤销邮政营业场所，应当事先书面告知省邮政管理部门；撤销提供邮政普遍服务的邮政营业场所，应当报经省邮政管理部门批准，并予以公告。

邮政企业将邮政自办营业场所改为代办营业场所，应当报经省邮政管理部门批准，并不得停办原来已经办理的邮政普遍服务业务。具体审批办法，由省邮政管理部门另行制定。

第十条 邮政企业委托单位或者个人代办邮政普遍服务业务，应当签订代办协议。代办邮政普遍服务业务的单位或者个人，应当具备国家和本省规定的条件，执行邮政普遍服务的规定和资费、服务标准。

邮政企业应当加强对代办营业场所邮政普遍服务质量的管理，并对邮政普遍服务质量负责。

第十一条 邮政企业应当在营业场所显著位置设置“中国邮政”标识，公示营业时间、业务范围、资费标准、服务标准、业务单据书写式样、邮件和汇款的查询及损失赔偿办法、关于禁止寄递或者限制寄递物品的规定，以及用户对其服务质量的投诉办法。

邮政企业应当在邮政信箱(筒)上标明开箱的频次和时间，并按照标明的频次和时间开启邮政信箱(筒)。

第十二条 用户交寄邮件，应当遵守禁止和限制寄递物品的相关规定，不得交寄、夹寄带爆炸性、易燃性、腐蚀性、放射性、毒害性、传染病病原体等危险物品以及法律、法规规定禁止寄递的其他物品。

用户交寄邮件应当符合国家规定的封装规格、书写格式，使用标准信封和符合规定的邮资凭证，正确书写收件人姓名、地址和邮政编码。

用户交寄邮件不符合国家规定的，邮政企业不予收寄；已投入邮政信箱(筒)的，由邮政企业退回寄件人；无法退回寄件人的，按无着邮件处理。

第十三条 邮政企业应当制定突发事件应急预案，建立突发事件应急机制。发生重大服务阻断时，邮政企业应当及时向当地人民政府和邮政管理部门报告并配合做好应急救援和处置工作。

发生公共卫生事件、自然灾害等重大突发事件的，经省人民政府同意，由省邮政管理部门报请国务院邮政管理部门发布禁止寄递、限制寄递物品的通告。

第十四条 新设立的企业、事业单位或者新建居民住宅区，应当由单位或者住宅小区管理单位到当地邮政企业或者分支机构办理邮件投递登记手续；不办理邮件投递登记手续的，邮政企业应通知单位限期办理。邮政企业应当公布登记地点和电话号码。

单位更改名称、收件人变更地址，应当事先通知当地邮政企业或者分支机构，也可以办理邮件改寄新址手续。

具备下列按址投递条件的，邮政企业应当自办理邮件投递登记手续之日起7日内安排投递：

(一)有地名管理部门统一编制的门牌号码；

(二)有确定的用户名称和固定地址；

(三)已设置接收邮件的信报箱或者接收邮件的场所；

(四)具备邮政车辆和邮政从业人员的通行条件；

(五)按规定需要办理中外文名称登记的，已办妥手续。

不具备按址投递条件的用户，可与邮政企业协商，由邮政企业将邮件投递到双方商定的接收邮件的场所。邮政企业可以根据单位和个人的需求，在营业、投递场所设置用户租用的邮政专用信箱。

第十五条 邮政企业应当按照国家规定的投递频次和深度投递邮件，采取按址投递、用户领取或者与用户协商的其他方式投递邮件。邮政从业人员为用户提供到户服务时应当佩戴邮政专用标识和工号牌。

收件地址为单位地址的邮件，应当投递到单位设在地面层的收发室或者其他接收邮件的场所。收件地址为住宅，设有信报箱的，应当投递到信报箱；没有信报箱的，可投交收发（传达）室或物业服务管理机构的办公场所；没有设信报箱、收发（传达）室和物业服务管理机构的，可投递到与用户协商的指定位置。

乡镇人民政府所在地邮件投递深度等同于城市投递深度。其他农村地区邮件应当投递到村邮站、村（居）民委员会或者其他接收邮件的场所。

第十六条 机关、团体、企业事业单位和住宅区物业服务企业应当为邮政企业投递邮件提供便利，在楼房地面层或者物业管理区域主出入口处设置收发室、信报箱或者指定其他接收邮件的场所，准许邮递人员及车辆进入管理区域为用户提供邮政普遍服务，并免收停车费。

收发室、物业服务企业、村邮站、村委会或者其他接收邮件场所应有人员接收邮件。接收邮件的人员应当当面核对、签收，并妥善保管和及时传递邮件。发现错投和无法投递的邮件，应当批注原因并及时通知邮政企业收回。

任何人不得私拆、隐匿、毁弃、盗窃他人的邮件或者撕揭邮票。

第十七条 邮政企业在寄递处理邮件过程中，发生丢失、损毁、内件短少，或者邮件收发人员和邮件代收人造成给据邮件丢失、损毁或者内件短少的，应当依照邮政法律、法规的规定，采取补救措施或者予以赔偿。

承运邮件的铁路、公路、民航等运输单位在保管或者运输途中，发生邮件丢失、损毁、内件短少的，除邮件本身原因或者不可抗力外，承运单位应当依照法律规定或者合同约定承担赔偿责任。

第十八条 邮政企业及其从业人员不得有下列行为：

（一）冒领用户邮件、汇款；

（二）强迫用户使用高资费业务或者购买指定物品；

（三）擅自改变资费标准或者增加收费项目；

（四）不履行已公开作出的承诺或者进行虚假宣传；

（五）刁难用户或者对投诉用户进行打击报复；

（六）故意延误邮件传递时间；

（七）拒绝办理依法应当办理的邮政业务；

（八）违法提供用户使用邮政业务的信息资料；

（九）利用带有邮政专用标志的车辆从事邮件运递以外的经营性活动，或者转让、出租、出借带有邮政专用标志的车辆；

（十）转让、出借、出租邮政日戳、邮资机、邮袋、邮政业务单据、邮政夹钳等邮政专用品，或者用于其他用途；

（十一）法律、法规禁止的其他行为。

第十九条 邮政企业应当建立和完善邮政普遍服务质量自查机制，并定期将自查结果报送邮政管理部门。邮政管理部门应当组织对邮政普遍服务质量进行评价，并将质量评价情况向社会公布。

邮政企业应当公布服务、监督电话，提供查询服务，接受用户对邮政服务质量的监督。

对用户的投诉，邮政企业应当自接到投诉之日起 20 个工作日内将处理结果答复用户。用户对处理结果不满意或者邮政企业在规定期限内不答复的，可以向邮政管理部门申诉；邮政管理部门应当自接到申诉之日起20个工作日内将处理结果答复用户。

第三章 保障措施

第二十条 国家给予邮政企业用于邮政普遍服务和特殊服务的补贴资金，邮政企业应当将其使用计划报送省财政部门、省邮政管理部门备案，并接受省财政、审计和邮政管理部门的监督。

第二十一条 县级以上人民政府对承担邮政普遍服务义务的邮政企业，应当给予必要的财力、物力扶持和其他政策优惠。

财政、发展和改革、审计、邮政管理等相关部门应当加强对资金使用情况的监督。

第二十二条 县级以上人民政府应当按照基本公共服务均等化的要求，扶持农村地区的邮政设施建设，加强对村邮站的投入和建设，提高农村邮政普遍服务水平。

市、县、自治县人民政府应当指导村民委员会确定村邮站的场所和村邮员，按照国家和本省有关规定，通过政府购买服务的方式提供农村邮政普遍服务，并加强对服务提供全过程的跟踪监督和对服务成果的检查验收。

政府购买农村邮政普遍服务所需资金纳入省和市、县、自治县财政预算。村邮站日常运行维护费用纳入市、县、自治县财政预算。

邮政企业应当支持或者配合村民委员会在农村地区逐步设置村邮站或者其他接收邮件的场所，并与村邮站签订邮件接收、转投协议，由村邮站负责邮件的接收和妥投。村邮站代办其他邮政业务的，邮政企业应当按照规定支付代办人员酬金。

第二十三条 建设城市新区、开发区、高校区、旅游度假区、工业园区、城镇社区或者旧城区改造，应当同时配套安排邮政普遍服务的邮政营业场所和邮件处理场所，具体位置和面积由有关部门与邮政企业协商确定。

重点旅游景区景点，较大的车站、机场、港口、高等院校和宾馆等地点，应当设置提供邮政普遍服务的邮政营业场所。

第二十四条 邮政企业提供邮政普遍服务的邮政设施用地，符合划拨条件的，由市、县、自治县人民政府依法划拨，免征城市基础设施配套费。

邮政企业已取得的邮政设施用地，未经依法批准，不得擅自改变土地用途。

第二十五条 邮政企业应当按照城乡建设规划在城市街道、广场、公园、旅游景区景点等公共场所设置邮政信箱（筒）、报刊亭等邮政设施，经当地人民政府批准后，免缴城市道路占用费等费用。

第二十六条 任何单位和个人不得擅自拆除、迁移邮政设施。因城市建设需要征收邮政营业场所或者邮件处理场所的，应当事先与当地邮政企业协商，在保证邮政通信正常进行的情况下，按照就近安置、方便用邮的原则，作出妥善安排。

第二十七条 新建、改建、扩建的住宅区、居民住宅楼，建设单位应当在便于投递的位置设置信报箱。信报箱的建设应当纳入建设工程统一规划，并与主体工程同步设计、同步施工、同步验收，所需费用纳入建设成本。

本条例实施前已建成并投入使用的城镇居民住宅楼未设置信报箱的，产权人或者其委托的物业服务企业应当补建。已破损的信报箱，产权人或者其委托的物业服务企业应当及时维修或者更新。信报箱的补建、维修和更新纳入住宅专项维修资金的使用范围。

鼓励利用社会资金设置、维修和更新信报箱。

第二十八条 民航、海运、公路、铁路等运输企业对提供邮政普遍服务的邮政企业交运的邮件，应当保证邮件安全，优先安排运输，并在运费方面给予优惠。

机场、港口、车站应当妥善安排邮件装卸的固定场所和出入通道。

第二十九条 邮政企业运递邮件的专用车辆报省邮政管理部门核定后，按照规定喷涂邮政专用标志色和邮政专用标识，由省人民政府决定减收或者免收柴油车车辆通行附加费。

带有邮政专用标志的车辆和执行投递任务的邮政从业人员通过渡口、检查站时，有关方面应当优先放行。

带有邮政专用标志的车辆，确需通过禁行路段或者在禁止停车的地点停车的，经公安机关交通管理部门同意，在不影响交通安全的前提下，可以通行或者停车；在运递邮件过程中发生轻微交通事故时，交通民警应当适用简易程序处理后优先放行；发生重大交通事故不能当场放行的，交通民警应当及时通知邮政企业，协助现场保护邮件安全和转运邮件。

禁止任何单位或者个人非法检查、截留邮件，或者非法检查、扣押、拦截带有邮政专用标志的车辆。

第三十条 任何单位和个人不得有下列行为：

（一）擅自拆除、迁移、损毁邮政信箱（筒）、邮政报刊亭、信报箱等邮政设施；

（二）私自开启、封闭邮政信箱（筒）或者向邮政信箱（筒）内投放易燃、易爆、腐蚀、带有毒性病菌等危险性物品或者其他杂物；

（三）在邮政营业场所门前通道或者邮政信箱（筒）、邮政报刊亭、信报箱等邮政设施周围设摊、堆物；

（四）法律、法规禁止的其他行为。

第四章 市场管理

第三十一条 在本省行政区域内经营快递业务，应当依法取得快递业务经营许可。

快递企业设立分支机构的，应当自取得营业执照之日起20日内向邮政管理部门办理备案手续；撤销分支机构的，应当书面告知邮政管理部门。

已取得快递业务经营许可的企业，应当在取得快递业务经营许可证之日起6个月内开办快递业务，超过时限未开业的，由颁证机关收回快递业务经营许可证。

中止或者终止办理快递业务的，应当提前15日书面告知邮政管理部门，在营业场所及本省主要媒体和政府网站上公告，并按照有关规定妥善处理未投递的快件。

第三十二条 以商业特许经营方式经营快递业务的，特许人与被特许人应当以书面形式订立特许经营合同。被特许人应当依法取得快递业务经营许可证方可经营。

第三十三条 快递企业应当按照《快递业务经营许可证》的许可范围和有效期限经营快递业务，并按照国家规定的快递服务标准向用户提供快递服务。

快递企业不得将快递业务交由未取得快递经营许可的企业或者个人经营。

快递企业应当对从业人员进行职业技能培训和职业道德教育，规范其从业行为。快递从业人员收派快件时，应当佩证上岗。

本条例第十三条、第十九条第二、三款关于邮政企业及其从业人员的规定，适用于快递企业及其从业人员。

第三十四条 快递企业应当加强快递服务网络的建设和管理，保障快递服务网络的安全和畅通，接受邮政管理部门、国家安全机关等相关部门的监督，并为其提供必要的工作条件。

第三十五条 快递企业接受网络销售、电视购物和邮购等经营者委托提供快递服务的，应当要求委托方提供经营资质，与其签订快递服务和安全保障协议，并报邮政管理部门备案。

第三十六条 快递企业应当在营业场所公示或者以其他方式向社会公布其服务种类、服务价格、营业时间、运递时限等服务承诺，并向省邮政管理部门备案。公开的服务承诺视为合同条款。

第三十七条 快递企业提供的快递运单应当符合《中华人民共和国合同法》关于合同格式条款的规定，在显著位置注明时限、保价及赔偿条款等保障用户权益的相关内容。

快递企业收取快件时，应当当面向用户告知运递时限、保价及赔偿等内容。

用户交寄物品应当遵守本条例第十二条第一款的规定并签字确认。

第三十八条 邮政企业、快递企业应当配备符合国家标准的安全检查设备和视频监控设备，安排具备专门技术和技能的人员对邮件、快件进行安全检查，对物品收寄和邮件、快件处理过程进行影像记录，影像记录保存时间不得少于30天。

邮政企业、快递企业应当在用户在场的情况下，当面验视交寄物品，检查是否属于国家禁止或者限制寄递的物品，以及物品的名称、类别、数量等是否与寄递详情单所填写的内容一致，禁止违反国家有关规定收寄禁止寄递物品或者限制寄递物品。

依照国家规定需要寄件人提供有关书面凭证或者出具身份证明的，邮政企业、快递企业应当要求寄件人提供凭证原件或者出示有效身份证件，核对无误后，方可收寄。

用户拒绝验视、拒不如实填写寄递详情单、拒不提供相应书面凭证或者不按照规定出示有效身份证件的，邮政企业、快递企业不予收寄。

第三十九条 快递企业投递快件应当向快件收件人或者其委托的代收人当面送达，但是符合快递服务标准规定的自取情形除外。

快递业务员投递快件时，应当告知收件人或者其委托的代收人当面验收快件。当事人对验收快件有约定的，从其约定。

第四十条 快递企业运递快件的专用车辆报省邮政管理部门核定后，按照规定喷涂快递企业专用标志。

带有快递专用标志的车辆在城区运递快件，确需通过禁行路段或者在禁止停车的地点停车的，经公安机关交通管理部门同意，在不影响交通安全的前提下，可以通行或者停车。

第四十一条 快递企业及其从业人员不得实施下列行为：

（一）违反国家规定，寄递禁止寄递的物品，或者未按规定寄递限制寄递的物品；

（二）相互串通操纵市场价格，损害其他快递企业或者用户的合法权益；

（三）冒用他人名称、商标标识和企业标识，扰乱市场经营秩序；

（四）私自开拆、隐匿、毁弃、扣留、盗窃用户快件；

（五）违法泄露在从事快递服务过程中知悉的用户信息；

（六）法律、法规禁止的其他行为。

第四十二条 快递企业应当按照规定，妥善保存经营单据和电子信息，定期向省邮政管理部门提交统计报表、年度报告书等资料，并及时报告重大通信事故或者重大服务质量问题。

邮政企业、快递企业应当按规定与邮政管理部门的信息管理系统联网。

第四十三条 邮政管理部门应当加强对快递市场的监督管理，定期组织对快递服务质量进行评价，并及时在本省主要媒体和政府网站向社会公告监督检查和评价的情况。公告的内容包括快递业务经营许可证的颁发、变更、吊销、注销情况，快递企业的违法经营行为及其诚信记录、用户投诉信息等。

第四十四条 任何单位和个人不得实施下列扰乱集邮市场经营秩序的行为：

（一）在发行日前销售邮资凭证；

（二）低于面值或售价销售邮资凭证；

（三）擅自从事集邮票品的进出口业务；

（四）擅自开办集邮票品集中交易市场；

（五）非法印制、倒卖、伪造或者变造集邮票品；

（六）经营国家禁止流通的集邮票品；

（七）法律、法规禁止的其他行为。

第四十五条 生产邮政用品用具应当符合国家标准或者行业标准。生产企业应当按照规定到邮政管理部门办理生产监制证书。

任何单位和个人不得冒用他人监制证号生产

或者销售不符合国家标准或者行业标准的邮政用品用具。

第五章　法律责任

第四十六条　邮政企业违反本条例规定，有下列行为之一的，由邮政管理部门责令改正，可以处5000元以上2万元以下的罚款；情节严重的，处2万元以上10万元以下的罚款；对直接负责的主管人员和其他直接责任人员给予处分：

（一）未经省邮政管理部门批准，邮政企业擅自撤销提供邮政普遍服务的营业场所或者将邮政自办营业场所改为代办营业场所；

（二）提供邮政普遍服务的邮政营业场所未办齐本条例第六条第一款规定的业务种类。

第四十七条　代办邮政普遍服务业务的单位和个人，提供的邮政普遍服务不符合邮政普遍服务的规定和资费、服务标准的，由邮政管理部门责令邮政企业改正，可以对邮政企业处5000元以上1万元以下的罚款；逾期不改正的，责令撤销委托，并处1万元以上5万元以下的罚款；对直接负责的主管人员和其他直接责任人员给予处分。

第四十八条　邮政企业对符合按址投递条件的用户拒绝办理邮件投递登记手续，或者不按规定时限安排投递的，由邮政管理部门责令改正，可以处1万元以下的罚款；情节严重的，处1万元以上5万元以下的罚款；对直接负责的主管人员和其他直接责任人员给予处分。

第四十九条　用户在邮件、快件中夹带禁止寄递或者限制寄递的物品，尚不构成犯罪的，依法给予治安管理处罚，造成人身伤害或者财产损失的，依法承担赔偿责任。

第五十条　邮政企业从业人员违反本条例第十八条第五、七、八、十项规定的，快递企业从业人员违反本条例第四十一条第五项规定的，由邮政管理部门责令改正，有违法所得的，没收违法所得，并处1000元以上5000元以下的罚款；情节严重的，处5000元以上1万元以下的罚款；构成犯罪的，依法追究刑事责任。

第五十一条　建设单位违反本条例规定，未设置信报箱或者设置未达到国家标准的，由邮政管理部门责令限期改正；逾期未改正的，由邮政管理部门指定其他单位设置信报箱，所需费用由建设单位承担，并可以处所需费用1倍以上2倍以下的罚款。

第五十二条　违反本条例规定，擅自拆除、迁移邮政设施的，由邮政管理部门责令恢复原状，可以处2000元以上1万元以下的罚款。

第五十三条　邮政企业、快递企业违反本条例第三十八条第一、二、三款规定的，由邮政管理部门责令改正，并处1万元以上3万元以下的罚款；对邮政企业直接负责的主管人员和其他直接责任人员给予处分；逾期不改正的，对快递企业，可以责令停业整顿直至吊销其快递业务经营许可证。

第五十四条　违反本条例规定，邮政企业、快递企业未经核准，擅自在车辆上喷涂专用标志的，由邮政管理部门责令改正，逾期不改正的，处5000元以上2万元以下的罚款；情节严重的，处2万元以上5万元以下的罚款。

第五十五条　快递企业违反本条例规定，有下列行为之一的，由邮政管理部门责令改正，可以处1万元以下的罚款；情节严重的，处1万元以上5万元以下的罚款，并可以责令停业整顿：

（一）中止或者终止办理快递业务未事先书面告知邮政管理部门，或者未按照规定妥善处理未投递的快件的；

（二）将快递业务交由未取得快递经营许可的企业或者个人经营的；

（三）接受无合法经营资质委托方的委托提供快递服务的。

第五十六条　快递企业违反本条例规定，未将快递服务和安全保障协议报邮政管理部门备案的，由邮政管理部门责令改正，可以处1000元以上5000元以下的罚款。

第五十七条　快递企业冒用他人名称、商标标识和企业标识，扰乱市场经营秩序的，由工商行政管理部门依法处罚；情节严重的，由邮政管理部门依法吊销快递业务经营许可证；构成犯罪的，依法追究刑事责任。

第五十八条 快递企业违反本条例规定，未按规定向邮政管理部门报送统计报表、年度报告书等资料的，由邮政管理部门责令改正，可以处3000元以上1万元以下的罚款；情节严重的，处1万元以上3万元以下的罚款。

邮政企业、快递企业违反本条例规定，未按规定与邮政管理部门的信息管理系统联网，由邮政管理部门责令限期改正，可以处1000元以上1万元以下的罚款；逾期不改正的，处1万元以上3万元以下的罚款；对快递企业，还可以责令停业整顿。

第五十九条 违反本条例第四十四条规定的，由邮政管理部门给予警告；情节严重的，处5000元以上3万元以下的罚款；构成犯罪的，依法追究刑事责任。

第六十条 违反本条例规定，未经监制生产邮政用品用具，或者冒用他人监制证号生产邮政用品用具的，由邮政管理部门责令其停止生产、销售和使用，处3000元以上1万元以下的罚款；有违法所得的，没收违法所得，并处1万元以上5万元以下的罚款。

第六十一条 邮政企业、快递企业违反本条例规定，未按规定向社会公布其服务种类、营业时间、运递时限等服务承诺、提供查询，或者未按规定处理用户投诉的，由邮政管理部门责令限期改正；逾期不改正的，处5000元以上2万元以下的罚款。

第六十二条 邮政管理部门及其工作人员在监督管理工作中有下列行为之一的，由其上一级部门责令改正，并对直接负责的主管人员和其他直接责任人员依法给予处分；构成犯罪的，依法追究刑事责任：

（一）不依法批准或公告邮政企业撤销邮政普遍服务营业场所的；

（二）不依法核定邮政企业运递邮件或快递企业运递快件的专用车辆的；

（三）不依法颁发快递业务经营许可证的；

（四）不依法处理和答复用户申诉的；

（五）不依法履行收寄验视等安全监管职责的；

（六）其他滥用职权、徇私舞弊、玩忽职守的行为。

第六十三条 违反本条例规定其他行为，《中华人民共和国邮政法》及其他法律、法规中已有处罚规定的，从其规定；构成治安管理处罚的，按照《中华人民共和国治安管理处罚法》予以处罚；构成犯罪的，依法追究刑事责任。

第六章　附　则

第六十四条 本条例具体应用中的问题由省人民政府负责解释。

第六十五条 本条例自2012年1月1日起施行。

青海省邮政条例

（2014年7月24日青海省第十二届人民代表大会常务委员会第十二次会议通过）

第一章　总　则

第一条 为了保障邮政普遍服务，加强对邮政市场的监督管理，维护邮政通信与信息安全，保护通信自由和通信秘密，保护用户合法权益，促进邮政业健康发展，根据《中华人民共和国邮政法》和有关法律、行政法规，结合本省实际，制定本条例。

第二条 本省行政区域内邮政业的规划、建设、服务、安全保障和监督管理，适用本条例。

第三条 省邮政管理部门负责全省邮政普遍服务和邮政市场的监督管理。市、州邮政管理部门负责本行政区域的邮政普遍服务和邮政市场的监督管理。

县级以上人民政府有关部门按照各自职责，做好邮政管理相关工作。

第四条 邮政管理部门对邮政市场实施监督管理，应当遵循公开、公平、公正以及鼓励竞争、促进发展的原则。

第五条 各级人民政府应当对提供邮政普遍服务的邮政企业给予扶持和政策支持，促进邮政普遍服务可持续发展。

各级人民政府应当鼓励和支持快递企业发展，提升快递服务水平，满足社会公众对快递业务的需求。

第六条 邮政企业、快递企业应当加强服务质量管理，完善安全保障措施，为用户提供迅速、准确、安全、方便的服务。

第七条 任何单位和个人都有保护邮政设施，维护邮政通信安全和畅通的义务，并有权制止、举报破坏邮政设施和危害邮政通信安全的行为。

第二章 规划建设

第八条 县级以上人民政府应当将邮政业纳入国民经济和社会发展规划，加强邮政、快递基础设施建设，保障邮政业与当地经济社会协调发展。

省邮政管理部门应当会同省发展改革、住房城乡建设、国土资源等部门组织编制全省邮政设施建设专项规划。市、州邮政管理部门应当会同市、州、县人民政府发展改革、住房城乡建设、国土资源等部门组织编制市、州、县的邮政设施建设专项规划。

县级以上人民政府应当将邮政设施建设专项规划纳入城乡规划及土地利用总体规划。编制修建性详细规划时，应当根据邮政设施建设专项规划和邮政普遍服务标准，明确邮政设施布局。

第九条 各级人民政府应当对提供邮政普遍服务的邮政设施建设给予支持，重点扶持边远农村牧区邮政设施建设。

建设城市新区、商业区、开发区、独立工矿区、住宅区或者进行旧城区改造，应当同时建设配套的邮政服务网点、邮筒（箱）、邮政报刊亭等提供邮政普遍服务的邮政设施。已有的邮政设施不能满足邮政普遍服务要求的，应当进行扩建或者重建。

第十条 提供邮政普遍服务的邮政营业场所、邮件处理场所等邮政设施建设用地，符合国家划拨用地目录的，由县级以上人民政府依法划拨。

按照规划建设的提供邮政普遍服务的邮政营业场所、邮件处理场所等设施、用房，免征城市基础设施配套费。

按照规划要求建设配套的邮政普遍服务设施，由政府投资建设的，邮政企业按照相关规定使用；由政府委托其他方建设的，邮政企业以建筑安装成本价购买或者优先租用。

依法取得的划拨土地和依照前款规定配套建设的邮政普遍服务场所，不得擅自转让或者改变用途。

第十一条 火车站、机场、长途汽车站应当根据需要设置提供邮政普遍服务的邮政营业场所，并为邮政企业装卸、转运邮件及邮政车辆出入提供必要的通道。

高等院校、大型厂矿、大型社区、风景名胜区等单位应当为邮政企业提供办理邮政普遍服务业务的场所。

邮政企业应当根据邮政设施建设专项规划、邮政设施布局，在城市街道、广场、公园等公共场所设置邮筒（箱）、邮政报刊亭等邮政设施。在公共场所设置邮政设施，免交城市道路占用费等相关费用。

第十二条 城镇新建、改建、扩建住宅小区,建设单位应当按照行业标准,设置与户数相应的信报箱,与建筑工程同时设计、施工和验收,并与建筑工程同时投入使用。建设单位组织住宅建筑工程竣工验收时,应当通知邮政管理部门或者邮政管理部门委托的单位参加。建设单位未按照国家规定的标准设置信报箱的,由邮政管理部门责令限期改正;逾期未改正的,由邮政管理部门指定其他单位设置信报箱,所需费用由该居民住宅楼的建设单位承担。

已建成使用的城镇居民住宅楼未设置信报箱的,由该居民住宅楼产权人或者其委托的物业服务企业按照标准设置。

信报箱的维护和更换,由城镇居民住宅楼的产权人或者其委托的物业服务企业负责。

第十三条 机关、团体、企业事业单位、住宅小区物业服务企业应当设置接收邮件的场所,为邮政企业、快递企业投递提供便利,不得收取费用。

第十四条 各级人民政府应当按照城乡公共服务均等化的要求,支持邮政企业在乡镇设置提供邮政普遍服务的邮政营业场所,在行政村设置村邮站或者其他接收邮件的场所,提高农村牧区邮政普遍服务水平。

邮政企业应当对村邮站提供业务支持和指导,与村邮站签订邮件接收、转投协议,并按照协议约定支付相应费用。

第十五条 邮件处理场所和快件处理场所的设计、建设和改造,应当符合国家安全机关和海关依法履行职责的要求。

因城市改造等确需征收、拆迁邮政设施的,规划主管部门应当重新规划设置,建设单位应当与邮政企业协商,按照就近安置、方便用邮、不降低邮政普遍服务水平、不少于原有面积的原则,先安置后搬迁,所需费用由征收、拆迁单位承担。

第十六条 邮政企业设置邮政营业场所或者变更营业场所地址的,应当事先书面告知邮政管理部门。

邮政企业撤销提供邮政普遍服务的邮政营业场所,应当经邮政管理部门批准并在当地公告。

第十七条 地名管理部门设置单位、住宅区、街道、村落的地址牌,应当标明所在地的邮政编码。邮政企业应当协助提供相应地段的邮政编码。

地名地址发生变更的,地名管理部门应当及时通知邮政企业。

第三章 邮政服务

第十八条 邮政企业按照国家规定承担提供邮政普遍服务和特殊服务的义务。

邮政企业应当按照国家规定的普遍服务标准提供邮政普遍服务,向社会公布提供邮政普遍服务的营业网点名称、地址、联系方式等信息。

邮政企业应当在营业场所设置用户书写服务台,并在明显位置公示或者以电子显示屏等其他方式公布其服务种类、营业时间、业务单据书写式样、资费标准、服务标准、邮件和汇款的查询、损失赔偿办法以及用户对其服务质量的投诉办法。

邮筒(箱)应当标明开取时间和频次,邮政企业应当按照规定的时限开启邮筒(箱)。

邮政企业对用户交寄的邮件,应当按照国家规定的寄递时限和服务规范投递。

第十九条 提供邮政普遍服务的邮政营业场所在城市每周的营业时间应当不少于六天,投递邮件每天至少一次;在乡、镇人民政府所在地每周的营业时间应当不少于五天,投递邮件每周至少五次;在村民委员会所在地或者村邮站投递邮件每周至少二次。在乡、镇人民政府所在地及农村地区逢赶集日应当营业。

在交通不便的边远地区,按照国务院邮政管理部门制定的标准执行。

第二十条 用户交寄邮件,应当使用标准的信封或者封装品、有效的邮资凭证,并在信封或者封装品规定位置清楚、准确地填写收件人姓名、地址、邮政编码；对需要填写内件数量、名称和保价的，用户应当据实填写和签名确认。

用户对交寄的给据邮件和交汇的汇款，可以在国家规定时间内持据向收寄、收汇的邮政企业查询。邮政企业应当按照国家规定的期限提供免费查询服务，并将查询结果以书面或者其他方式通知查询人。

第二十一条 新建小区、新设单位，由产权人或者管理者到所在地邮政企业办理用户通邮手续。

邮政企业应当自受理用户办理通邮之日起十日内安排投递。暂不具备通邮条件的，邮政企业应当与用户协商并签订协议，将邮件投递至协议确定的已通邮的邮件代收点或者信报箱。

用户变更名称、邮件投递地址的，应当在变更前十日内书面通知邮政企业。

第二十二条 邮件收发人员和邮件代收人接收邮政企业投递邮件时，应当当面核对，签收给据邮件，并履行保管和及时传递的义务；无法传递的，应当及时告知邮政企业收回。

邮政企业、邮件收发人员和邮件代收人造成给据邮件丢失、损毁或者内件短少的，应当依照法律、法规规定或者签订的协议采取补救措施或者承担赔偿责任。

第二十三条 邮政企业可以根据用户要求，与用户签订邮政普遍服务的延伸服务协议，提供延伸服务。但不得强迫用户使用延伸服务。

第二十四条 邮政企业停止办理或者限制办理邮政普遍服务和特殊服务业务，应当经邮政管理部门批准。因不可抗力或者其他特殊原因暂时停止办理或者限制办理的，邮政企业应当及时公告，采取补救措施，并向邮政管理部门报告。

第二十五条 邮政企业及其从业人员不得有下列行为：

（一）收寄禁止寄递或者限制寄递的邮件；

（二）擅自变更邮政普遍服务收费标准或者增加收费项目，强迫、误导用户使用高资费邮政业务；

（三）无故拒绝、拖延、中断邮政服务；

（四）违法向他人提供用户信息和用户使用邮政业务的信息；

（五）出租、出借和出售带有邮政专用标志的车辆或者利用带有邮政专用标志的车辆从事邮件运递以外的活动；

（六）冒领、扣压用户汇款或者强迫用户将汇款转为储蓄；

（七）强行搭售邮品、搭载其他服务项目及商品或者强迫订阅报刊杂志等；

（八）限定用户对信件、印刷品和包裹等邮件的资费支付方式；

（九）转让、出租、出借邮政专用品；

（十）采取抛扔、踢踹等方式野蛮分拣邮件；

（十一）法律、法规禁止的其他行为。

第四章 快递服务

第二十六条 在本省范围内经营快递业务的，应当依法取得快递业务经营许可，并按照许可的范围、有效期限经营。未经许可，任何单位和个人不得经营快递业务。

申请快递业务经营许可，应当向省邮政管理部门提出申请，省邮政管理部门自受理申请之日起四十五日内进行审查，作出批准或者不予批准的决定。予以批准的，颁发快递业务经营许可证；不予批准的，书面通知申请人并说明理由。

邮政管理部门审查快递业务经营许可的申请，应当考虑国家安全等因素，并征求有关部门的意见。

快递业务经营许可事项发生变更的，应当报省邮政管理部门办理许可变更手续。

第二十七条 经营快递业务的企业设立分支机构或者合并、分立的，应当向邮政管理部门备案。

第二十八条 以加盟方式经营快递业务的，

被加盟人与加盟人都应当取得快递业务经营许可。被加盟人与加盟人应当签订书面协议约定双方权利义务，明确用户合法权益发生损害后的赔偿责任，并向邮政管理部门备案。

参与加盟经营的企业应当遵守共同的服务约定，使用统一的商标、商号、快递服务运单和收费标准，统一提供用户查询和投诉处理服务。

第二十九条 任何单位和个人不得伪造、涂改、冒用、租借、倒卖和非法转让快递业务经营许可证。

第三十条 经营快递业务的企业不得擅自中断或者停止提供快递业务。确需临时歇业或者停止经营的，应当提前五日向邮政管理部门书面报告，在营业场所或者有关媒体上公告，并按照规定及时妥善处理未投递的快件。停止经营快递业务后应当在五日内交回快递业务经营许可证。

第三十一条 经营快递业务的企业应当在营业场所公示其服务种类、服务时限、服务价格、损失赔偿、营业时间、投诉处理等服务承诺事项。

经营快递业务的企业收取快件时，应当在快递运单详细填写快件的重量、资费等信息，并在显著位置注明时限、保价及赔偿条款等保障用户权益的内容。

用户应当正确填写收寄人的姓名、地址、电话及所寄物品的品名和数量，同时在相应位置签字确认。

第三十二条 经营快递业务的企业及其从业人员不得有下列行为：

（一）收寄禁止寄递或者限制寄递的快件；

（二）相互串通操纵市场价格，损害其他经营快递业务的企业和用户的合法权益；

（三）冒用他人名称、商标标识和企业标识，扰乱市场经营秩序；

（四）违法提供从事快递服务过程中知悉的用户信息；

（五）采取抛扔、踢踹等方式野蛮分拣快件；

（六）扣留、倒卖、盗窃快件；

（七）法律、法规禁止的其他行为。

第五章 安全保障

第三十三条 邮政管理、公安、国家安全、安全生产监督和海关等部门应当相互配合，健全寄递渠道安全保障机制，建立邮政通信与信息安全的监督管理工作数据库。邮政企业、快递企业应当及时完整地录入并提供邮政通信与信息安全监督管理相关工作数据。

有关部门和单位的工作人员不得泄露在监督管理工作中知悉的国家秘密、商业秘密和个人隐私。

第三十四条 邮政管理部门应当加强行业安全监管，健全突发事件应急机制，制定邮政业突发事件应急预案，组织邮政企业、快递企业开展突发事件应急演练。

邮政企业、快递企业应当制定本单位的突发事件应急预案。

发生突发事件应当立即启动相应的应急预案，邮政企业、快递企业按照国家有关规定向邮政管理部门如实报告，同时报告当地政府和相关部门，并应当及时告知用户。不得隐瞒不报、谎报或者拖延不报。

第三十五条 邮政企业、快递企业应当建立邮件、快件处理场所安全管理制度。

邮政企业、快递企业应当按照有关规定，在邮件、快件营业场所和处理场所安装安全监控设备。安全监控设备应当保持全天二十四小时运转，保存连续完整的监控资料，保存时间不得少于三十日。

第三十六条 邮政企业、快递企业及其从业人员应当严格执行验视制度，不得收寄有下列情形之一的邮件、快件：

（一）用户拒绝开拆验视交寄的邮件、快件的；

（二）交寄、夹寄国家规定禁止寄递或者限制寄递物品的；

（三）对不能确定安全性的可疑物品，用户不能出具相关部门安全证明的；

（四）法律、法规规定的其他情形。

邮政企业、快递企业发现禁寄限寄物品，应当及时报告邮政管理、公安、国家安全、海关等有关部门。

第三十七条 经营快递业务的企业接受网络购物、电视购物和邮购等经营者委托提供快递服务的，应当与委托方签订安全保障协议，并向邮政管理部门备案。

第三十八条 经省邮政管理部门和省交通运输主管部门核定，带有邮政专用标志的邮政普遍服务运邮车辆，免交公路、桥梁、隧道通行费。

经公安机关交通管理部门同意，带有邮政、快递专用标志的车辆运递邮件、快件时，在确保安全的前提下，可以在禁行路段、禁停地点通行或者停车。

邮政、快递专用车辆在运递途中违章，公安机关交通管理部门应当记录后放行，待其完成运递任务后再行处理。发生交通事故的，公安机关交通管理部门应当协助保护车载邮件和快件，并通知企业及时转送邮件和快件。

第三十九条 任何单位和个人不得有下列行为：

（一）扰乱邮政、快递企业营业场所和邮件、快件处理场所正常秩序；

（二）冒用邮政企业、快递企业名义，或者伪造、冒用邮政和快递专用标志；

（三）妨碍邮政、快递企业从业人员收寄、运输和投递邮件、快件；

（四）非法拦截、强登、扒乘运递邮件和快件的专用车辆；

（五）法律、法规禁止的其他行为。

第六章 监督管理

第四十条 邮政管理部门应当建立健全监督检查制度，加强对邮政普遍服务和邮政市场的监督检查，会同财政、审计部门对邮政企业使用邮政普遍服务、特殊服务补贴资金实施监督，及时受理用户的申诉、举报，依法查处违反邮政法律、法规的行为。

第四十一条 邮政管理部门依法履行监督管理职责，可以采取下列监督检查措施：

（一）进入邮政企业、快递企业、集邮票品集中交易市场、邮政用品用具生产企业或者涉嫌违反邮政法律、法规活动的其他场所实施现场检查；

（二）向有关单位和个人了解情况；

（三）查阅、复制有关文件、资料、凭证；

（四）要求邮政企业、快递企业提供财务会计报表、统计报表、注册会计师出具的审计报告等文件资料；

（五）经邮政管理部门负责人批准，查封与违法活动有关的场所，扣押用于违法活动的运输工具以及相关物品，对信件以外的涉嫌夹带禁止寄递或者限制寄递物品的邮件、快件开拆检查；

（六）按照国家规定，对邮政、快递生产作业场所实行监控。

第四十二条 邮政管理部门依法进行监督检查时，监督检查人员不得少于两人，并应当出示执法证件。有关单位和个人应当配合监督检查，不得拒绝、拖延、阻碍。

第四十三条 邮政管理部门根据履行监督管理职责的需要，可以要求邮政企业和快递企业或者其分支机构报告有关经营情况，邮政企业和快递企业或者其分支机构应当如实报告，不得隐匿、销毁、转移原始资料。

第四十四条 邮政企业和快递企业应当建立和完善服务质量管理制度，设置用户监督信箱、公布监督电话号码，接受社会和用户对服务质量的监督。

邮政企业和快递企业接到用户投诉，应当自接到投诉之日起十五日内，将处理结果答复用户。

用户对邮政企业、快递企业投诉处理结果不满意的，可以向邮政管理部门申诉，邮政管理部门应当自收到申诉之日起三十日内予以答复。

邮政企业、快递企业对邮政管理部门转办的用户申诉,应当及时、妥善处理,自收到转办申诉之日起十五日内向邮政管理部门答复处理结果。

第四十五条 邮政管理部门应当建立邮政普遍服务、快递服务质量社会监督网络,聘请社会监督员对邮政普遍服务、快递服务质量进行监督。

邮政管理部门应当建立邮政普遍服务质量和快递服务质量评价体系,对邮政企业、快递企业的服务质量进行年度评价,并向社会公布。

第四十六条 邮政管理部门应当按照国家规定,指导本地区职业技能鉴定机构开展邮政企业、快递企业特有工种职业技能鉴定工作,提高从业人员的素质和技能。

第四十七条 邮政管理部门负责邮政用品用具的监督管理。生产邮政用品用具的企业应当办理生产监制证。任何单位和个人不得擅自生产邮政用品用具,不得冒用、盗用生产监制证书;不得销售和使用未经监制的邮政用品用具。

第四十八条 邮政管理部门负责集邮票品经营活动的监督管理。未经邮政管理部门依法许可,任何单位和个人不得开办集邮票品集中交易市场。

第四十九条 邮政行业相关协会应当依照法律、法规及其章程,制定行业规范,加强行业自律,为企业提供信息、培训等方面的服务,促进邮政业的健康发展。

邮政管理部门应当加强对邮政行业相关协会的指导。

第七章 法律责任

第五十条 违反本条例规定的行为,法律、行政法规已规定法律责任的,从其规定。

第五十一条 邮政管理部门和其他有关行政管理部门的工作人员有下列行为之一的,依法给予处分;构成犯罪的,依法追究刑事责任:

(一)超越或者滥用职权审批快递业务经营许可的;

(二)不履行或者不依法履行邮政市场监督管理职责的;

(三)泄露监督管理工作中知悉的商业秘密;

(四)不依法受理、处理申诉或者举报的;

(五)其他滥用职权、徇私舞弊、玩忽职守的行为。

第五十二条 违反本条例第十条第四款规定,擅自转让或者改变划拨土地和配套建设的邮政营业场所、邮件处理场所用途的,由县级以上人民政府国土资源、住房城乡建设等相关部门依法处理。

第五十三条 违反本条例第十八条第三款和第三十一条第一款规定,邮政企业、快递企业未按照要求公示、公布、标明有关内容的,由邮政管理部门责令限期改正;逾期未改正的,处二千元以上一万元以下罚款。

第五十四条 违反本条例第二十一条规定,邮政企业对具备投递邮件条件的用户不按规定时限安排投递的,由邮政管理部门责令限期改正;逾期未改正的,可以处三千元以上一万元以下罚款。

第五十五条 违反本条例第二十五条第四项、第三十二条第四项规定,邮政企业、快递企业违法提供用户使用邮政服务或者快递服务的信息,尚不构成犯罪的,由邮政管理部门责令改正,没收违法所得,并处一万元以上三万元以下罚款;情节严重的,处三万元以上五万元以下罚款;对邮政企业直接负责的主管人员和其他直接责任人员给予处分;对快递企业,可以责令停业整顿直至吊销其快递业务经营许可证。

邮政企业、快递企业从业人员有前款规定的违法行为,尚不构成犯罪的,由邮政管理部门责令改正,没收违法所得,并处五千元以上一万元以下罚款。

第五十六条 违反本条例第二十六条第四款、第二十七条、第二十八条第一款、第三十七条规定,未按照要求办理许可变更手续或者未向邮政管理部门备案的,可以处三千元以上一万元以下罚款;

情节严重的,处一万元以上五万元以下罚款。

第五十七条 违反本条例第三十条规定,经营快递业务的企业擅自中断或者停止提供快递服务的,由邮政管理部门责令改正;逾期未改正的,可以处三千元以上一万元以下罚款;情节严重的,处一万元以上五万元以下罚款。

第五十八条 违反本条例第二十五条第十项、第三十二条第五项规定,邮政企业、快递企业野蛮分拣邮件、快件的,由邮政管理部门责令改正,可以处三千元以上二万元以下罚款。

第五十九条 违反本条例第三十五条第二款规定,邮政企业、快递企业未在邮件、快件营业场所和处理场所安装安全监控设备,或者监控资料保存不连续完整的,由邮政管理部门责令改正;逾期未改正的,可以处三千元以上一万元以下罚款。

第六十条 违反本条例第四十三条规定,未按照邮政管理部门的要求如实报告,隐匿、销毁、转移原始资料的,由邮政管理部门责令限期改正;逾期未改正的,可以处三千元以上一万元以下罚款;情节严重的,处一万元以上三万元以下罚款。

第六十一条 违反本条例第四十四条第二款、第四款规定,未在规定时限内妥善处理用户投诉和邮政管理部门转办的申诉的,由邮政管理部门责令改正;逾期未改正的,可以处五千元以下罚款。

第八章 附 则

第六十二条 本条例所称邮政普遍服务,是指邮政企业按照国家规定的业务范围、服务标准和资费标准,为中华人民共和国境内所有用户持续提供的邮政服务。

本条例所称特殊服务,是指邮政企业按照国家规定办理机要通信、国家规定报刊的发行,以及义务兵平常信函、盲人读物和革命烈士遗物的免费寄递等服务。

第六十三条 邮政企业按照国家规定办理特殊服务业务,适用本条例关于邮政普遍服务业务的规定。

第六十四条 本条例自2014年10月1日起施行。

大连市邮政条例

(2014年8月27日大连市第十五届人民代表大会常务委员会第十三次会议通过 2014年9月26日辽宁省第十二届人民代表大会常务委员会第十二次会议批准)

第一章 总 则

第一条 为了保障邮政普遍服务,加强对邮政市场的监督管理,维护邮政通信与信息安全,保护通信自由和通信秘密,保护用户合法权益,促进本市邮政业健康发展,适应经济社会发展和人民生活需要,根据《中华人民共和国邮政法》等有关法律、法规,结合本市实际,制定本条例。

第二条 本市行政区域内邮政业的规划、建设、服务和监督管理,适用本条例。

第三条 市邮政管理部门负责对本市行政区域内的邮政普遍服务和邮政市场实施监督管理。

市及区(市)县人民政府有关部门按照各自职责,做好促进邮政业发展的相关工作。

具有行政管理职能的市人民政府派出机构依据授权,做好促进邮政业发展的相关工作。

第四条 市及区(市)县人民政府应当将邮政业纳入国民经济和社会发展规划,支持邮政企业提供邮政普遍服务,并给予政策和资金支持,鼓励、支持快递企业发展。

市及区(市)县人民政府应当促进邮政公共服务平台建设。鼓励、支持邮政业资源整合,与相关产业建立合作发展机制。

第五条 市邮政管理部门对邮政市场实施监督管理,应当遵循公开、公平、公正以及鼓励竞争、促进发展的原则。

第六条 邮政企业、快递企业应当加强服务质量管理,遵守服务承诺,为用户提供迅速、准确、安全、方便的服务。

第七条 市邮政管理部门应当与国家安全机关、公安机关和海关相互配合,健全安全保障机制,加强对邮政通信与信息安全的监督管理,保障邮政通信与信息安全。

第二章 规划与建设

第八条 市邮政管理部门负责组织编制本市邮政业设施专项规划,报市人民政府批准后纳入城市总体规划。

邮政业设施专项规划应当明确邮政营业场所、邮件和快件处理场所、邮筒(箱)、邮政报刊亭等设施的位置和面积要求,并确定快递园区的用地面积和建设规模。

编制城市、镇的控制性详细规划,应当依据有关国家规定,合理设置邮政业设施。

第九条 建设非营利性邮政设施,建设用地按照国家有关法律、法规的规定予以划拨,并按有关规定减免城市基础设施配套费。

第十条 建设城市新区、住宅区、经济开发区(先导区)以及旧城区的改造,应当按照国家规定建设配套的提供邮政普遍服务的邮政设施。邮政设施应当与建设主体工程同时设计、同时施工、同时验收。

较大的车站、机场、港口、旅游景区、宾馆和大专院校,应当设置提供邮政普遍服务的邮政营业场所,并为快递服务提供便利。

第十一条 新建、改建、扩建城镇居民住宅应当按照国家标准设置接收邮件的信报箱。建设工程竣工验收时,应当进行信报箱安装的专项验收。建设单位组织验收时,市邮政管理部门应当参加对信报箱安装的验收。未按规定设置信报箱的,由建设单位负责按照标准补建,所需费用由建设单位承担。

信报箱的维修和更换,由城镇居民住宅的产权单位或者物业服务单位负责,所需费用由产权单位或者产权人承担。

城镇老旧居民楼未设置信报箱的,由市人民政府负责组织补建。

第十二条 邮政企业应当按照国家规定的标准和城市规划的要求设置邮政营业场所、邮政报刊亭、邮筒等邮政设施,有关单位和个人应当给予支持。

邮政企业设置邮筒免收城市道路占用费。

第十三条 新建、改建、扩建机场、车站、港口,应当明确快递功能区的位置和规模,统筹规划快递基础设施建设。

鼓励机场、车站、港口对快递企业交运的快件提供快速安检、配载、交接等便利。

第十四条 市及区(市)县人民政府应当加强对村邮站的投入和建设,重点扶持海岛地区、边远地区村邮站建设。

乡(镇)人民政府应当组织村民委员会设立村邮站或者其他接收邮件的场所,承担本辖区内邮件接收和投递。倡导和鼓励村集体经济适当投入村邮站建设。邮政企业应当按照有关规定加大对村邮站建设的投入,并对村邮站提供业务指导。

第十五条 鼓励大专院校与经营快递业务的企业开展校企合作,通过开办校园快递、设置自助服务终端等形式,为师生提供规范有序、方便快捷的服务。

第十六条 鼓励机关、企业事业单位、大专院校、较大的宾馆、住宅区、商业区按照国家标准建设智能寄递终端。

第三章　邮政服务

第十七条　邮政企业停止办理或者限制办理邮政普遍服务和特殊服务业务，应当向市邮政管理部门提出申请；市邮政管理部门在收到申请之日起二十日内作出批准或者不予批准的决定。邮政企业应当至迟在正式停业前三日向社会公告。

因不可抗力或者其他特殊原因暂时停止办理或者限制办理的，邮政企业应当及时公告，采取相应的补救措施，并在二十四小时内向市邮政管理部门报告。不可抗力或者其他特殊原因消除后，应当立即恢复办理邮政业务。

第十八条　机关、企事业单位、住宅小区物业服务单位等应当为邮政企业投递提供便利，不得收取任何费用。

未能给邮政企业投递提供便利的住宅小区，由其物业服务单位负责邮件的接收和传递。

第十九条　邮政企业应当将带有邮政专用标志的车辆向市邮政管理部门备案，带有邮政专用标志的车辆，在城镇区域内停车场临时作业按规定免收停车费。

第二十条　邮政企业应当依法建立并执行邮件收寄验视制度。收寄物品经验视合格后，加盖收寄验视章。

邮政企业应当按规定收寄限制寄递的物品，不得收寄禁止寄递的物品。

第二十一条　邮政企业及其从业人员不得有下列行为：

（一）故意延误投递邮件；

（二）限定或者指定用户使用高资费邮政业务或者搭售其他商品；

（三）转让、出借、出租带有邮政专用标志的车辆；

（四）擅自改变邮政设施使用用途；

（五）法律、法规禁止的其他行为。

第二十二条　任何单位和个人不得私自开拆、隐匿、毁弃他人邮件。

除法律另有规定外，邮政企业及其从业人员不得将经营过程中获悉的寄件人、收件人的名址、证件号码、电话号码及服务内容、数量、时间等信息提供给任何组织或者个人。

第二十三条　邮政企业应当建立服务投诉制度。对用户的投诉，应当及时处理，并在接到投诉之日起三十日内答复用户。

第四章　快递服务

第二十四条　在本市范围内经营快递业务的企业，应当依法取得快递业务经营许可，并在工商注册登记之日起二十日内到市邮政管理部门备案。

市邮政管理部门应当定期向社会公布本市取得快递业务经营许可的企业名录。

第二十五条　以加盟方式经营快递业务的，被加盟人和加盟人应当在取得快递业务经营许可后订立书面协议，明确双方权利义务，加盟人应当自协议签订之日起十五日内到市邮政管理部门备案。

第二十六条　快递企业临时性停止经营快递业务的，应当至迟于停业前七日书面报告市邮政管理部门，同时通过企业营业场所、企业网站、新闻媒体等途径向社会公布。对尚未投递的快件，应当按照服务承诺妥善投递。

第二十七条　快递企业应当按照快递服务标准，规范快递业务经营活动。不得踩踏、抛扔快件，不得在露天场地堆放和分拣快件。

快递企业从业人员收寄、投递作业时应当穿着具有企业专用标识的服装，并佩戴工号牌或者胸卡。

第二十八条　快递企业在收寄快件填写快递运单前，应当提醒寄件人阅读快递运单的服务合同条款，如实填写相关信息。

鼓励对快递物品实行保价或者保险服务。

第二十九条　快递企业应当建立快递运单实物和电子数据档案留存制度。

快递运单实物留存期限不得少于一年，相应的电子档案保存期限不应少于二年。

第三十条 快递企业从业人员投递快件，应当告知收件人或者代收人当面验收。快件外包装完好的，由收件人或者代收人签收。投递的快件注明为易碎品及外包装出现明显破损的，快递企业从业人员应当告知收件人或者代收人先验收内件再签收，如果发现内件短少、损毁或者与运单不符时，收件人或者代收人可以拒绝签收，并在运单上注明原因、时间，签署姓名。

第三十一条 快递企业的车辆取得道路运输证件后，快递企业可以向市邮政管理部门申请办理快递服务专用标识。

公安机关对取得快递服务专用标识的快递车辆发放专用通行证件，在确保安全的前提下，允许其按公安机关交通管理部门指定的路线和时间，在限行路段或者禁停地点临时通行和停车。

第三十二条 快递企业应当在快件营业场所和处理场所安装安全监控设备，对收寄、分拣、运输、投递等环节实行安全监控，防止快件在寄递过程中短少、丢失、损毁。

安全监控设备应当全天二十四小时运转。监控资料保存时间不得少于三十日。

第三十三条 经营快递业务的企业应当对其从业人员加强法制教育、职业道德教育和业务技能培训，未经教育和培训的从业人员，不得上岗作业。

第三十四条 本条例第十八条第一款、第二十条、第二十二条第二款关于邮政企业的规定适用于快递企业，第二十一条第一项的规定适用于快件投递。

第五章 监督管理

第三十五条 市邮政管理部门应当建立对邮政企业和快递企业的服务质量测评体系，每年定期将测评结果向社会公布。

第三十六条 邮政企业、快递企业应当按照国家有关规定，定期向市邮政管理部门报送统计资料。

邮政企业、快递企业应当为接入市邮政管理部门的信息管理系统预留相应的数据接口，并按规定与市邮政管理部门的信息管理系统联网。

第三十七条 市邮政管理部门工作人员对监督管理过程中获悉的商业秘密，负有保密责任。

第三十八条 市邮政管理部门依法处理用户对邮政企业、快递企业服务质量提出的申诉，并自接到申诉之日起三十日内作出答复。

邮政企业、快递企业应当配合市邮政管理部门处理用户申诉。

第三十九条 市邮政管理部门应当依法制定突发事件应急预案，并定期组织开展突发事件应急演练。

邮政企业、快递企业应当按照国家规定建立突发事件应急机制，制定本企业安全应急预案，发生重大服务阻断、安全事故等情形，应当在一小时内向所在区（市）县人民政府和邮政管理部门报告。

第六章 法律责任

第四十条 邮政企业提供的邮政普遍服务不符合邮政普遍服务标准的，由市邮政管理部门责令限期改正，可以处一万元以下的罚款；情节严重的，处一万元以上五万元以下的罚款。

第四十一条 快递企业经营快递业务不符合快递服务标准，由市邮政管理部门责令改正，严重损害用户利益的，处五千元以上三万元以下的罚款。

第四十二条 违反本条例第十七条规定，邮政企业未经市邮政管理部门批准，停止办理或者限制办理普遍服务业务和特殊服务业务的，或者撤销提供邮政普遍服务的邮政营业场所的，由市邮政管理部门责令限期改正，可以处二万元以下的罚款；情节严重的，处二万元以上十万元以下的罚款。

第四十三条 违反本条例第二十一条第二项

规定，限定或者指定用户使用高资费邮政业务或者搭售其他商品的，由市邮政管理部门责令限期改正，可以处一万元以下的罚款；情节严重的，处一万元以上五万元以下的罚款。

第四十四条 违反本条例第二十二条第二款规定，邮政企业、快递企业违法使用在服务过程中知悉的用户信息，尚不构成犯罪的，由市邮政管理部门责令改正，没收违法所得，并处一万元以上五万元以下的罚款；对快递企业，市邮政管理部门还可以责令停业整顿。

邮政企业、快递企业从业人员有前款规定的违法行为，尚不构成犯罪的，由市邮政管理部门责令改正，没收违法所得，并处五千元以上一万元以下的罚款。

第四十五条 市邮政管理部门工作人员在监督管理过程中滥用职权、玩忽职守、徇私舞弊，构成犯罪的，依法追究刑事责任；尚不构成犯罪的，依法给予行政处分。

第七章 附 则

第四十六条 本条例自 2015 年 1 月 1 日施行。

长春市邮政条例

（2014 年 8 月 29 日长春市第十四届人民代表大会常务委员会第十二次会议审议通过 2014 年 11 月 28 日吉林省第十二届人民代表大会常务委员会第十三次会议批准）

第一章 总 则

第一条 为了保障邮政普遍服务，加强对邮政市场的监督管理，保护用户合法权益，促进邮政业健康发展，根据有关法律法规，结合本市实际，制定本条例。

第二条 本市行政区域内邮政业的规划、建设、服务、保障及其监督管理，适用本条例。

第三条 市邮政管理部门负责本市行政区域内邮政普遍服务和邮政市场的监督管理工作。

市有关部门应当按照各自职责，依法做好促进邮政业发展的相关工作。

第四条 市、县（市）区以及乡（镇）人民政府应当支持邮政企业提供邮政普遍服务，扶持农村地区邮政设施建设，并给予政策和资金支持。

市人民政府组织建设专业快递园区，对入驻园区快递企业给予土地使用、融资信贷、信息服务等政策支持。

第二章 规划建设

第五条 市邮政管理部门负责本市行政区域内邮政业发展规划的编制、发布等工作。

第六条 市、县（市）区人民政府应当将邮政业发展规划纳入本行政区域国民经济和社会发展规划，并与城乡规划和土地利用规划相衔接。

市交通主管部门应当将邮政运输网络建设规划纳入地方综合交通运输体系发展规划。

第七条 邮政设施的布局和建设应当满足保障邮政普遍服务的需要。

邮政设施的设置应当符合国家标准，并与本市经济社会发展相适应。

第八条 建设城市新区、开发区、工业园区时，各级政府应当建设配套的提供邮政普遍服务的邮政设施。

建设商业区、旅游景区、住宅区、高等院校校区或者改建旧城区时，建设单位应当建设配套的提供邮政普遍服务的邮政设施。

第九条 乡(镇)人民政府应当组织村民委员会设置村邮站或者其他接收邮件的场所,承担本辖区内的邮件接收和投递。

村邮站或者其他接收邮件的场所及其工作人员由村民委员会与邮政企业协商确定。

乡(镇)人民政府可以根据当地实际,对村邮站或者其他接收邮件的场所及其工作人员给予适当补助。

第十条 设置邮政企业、快递企业的营业场所和处理场所,应当符合国家标准。

邮政企业、快递企业的分拨中心应当配置安全检测设备。

邮政企业、快递企业应当安装符合标准的视频监控系统,覆盖收寄、分拣、储存等环节,保证监控设备二十四小时实时监控,监控资料保存时间不得少于三十日。

第十一条 邮政企业撤销提供邮政普遍服务的营业场所,应当经过邮政管理部门批准;变更邮政营业场所,应当事先书面告知邮政管理部门。

邮政企业停止办理和限制办理邮政普遍服务和特殊服务,应当经邮政管理部门批准。

第十二条 新建城镇居民楼的信报箱应当由建设单位按照国家规定的标准设置,并纳入建筑工程统一规划、设计、施工和验收,与建筑工程同时投入使用。

已建成的城镇居民楼未设置信报箱的,由所有权人或者所有权人委托的物业服务企业负责补建;已破损的信报箱,所有权人或者所有权人委托的物业服务企业应当及时维修或者更换,所需费用由委托人承担。所有权人不明的城镇居民楼,信报箱的补建、维修或者更换由当地人民政府负责实施。

市、县(市)区人民政府实施“老旧散”小区改造,应当将城镇居民楼的信报箱补建纳入改造规划,并安排资金补建。

第十三条 鼓励快递企业及其他企业在高等院校、商业区等区域,设置符合邮政行业标准的智能快件箱等自助服务设施。

使用智能快件箱等自助服务设施投递快件,应当事先征得用户同意,并确保快件安全和用户的信息安全,保障消费者按照服务约定验视签收的权利。

第十四条 因城乡建设需要征收邮政营业场所、邮件处理场所的,城乡规划主管部门应当按照保证邮政普遍服务正常进行、方便群众使用和不降低邮政普遍服务标准的原则,对邮政营业场所、邮件处理场所的重新设置作出安排;未作出安排的,不得征收。

邮政企业设置邮筒等便民的邮政服务设施,相关部门应当给予支持。因城市建设等原因需要迁移邮筒等邮政便民服务设施的,应当就近重建或者及时恢复。

邮政营业场所或者邮件处理场所、邮筒重新设置前,邮政企业应当采取措施,保证邮政普遍服务正常进行。

第三章 寄递服务

第十五条 邮政企业应当按照国家规定的业务范围、邮政普遍服务标准和资费标准,为所有用户持续提供邮政服务。

快递企业应当按照国家快递服务标准为用户提供快递服务。

第十六条 邮政企业、快递企业应当在其营业场所公示或者以其他方式公布以下内容:

(一)营业时间、服务种类、服务范围、服务标准、资费标准;

(二)禁止寄递或者限制寄递物品的名录和处理办法;

(三)邮件、快件和汇款的查询及损失赔偿办法;

(四)用户对其服务质量的投诉办法;

(五)其他需要公示、公布的内容。

第十七条 邮政企业和快递企业应当依法建

立并执行邮件、快件收寄验视制度。邮政企业、快递企业和用户应当遵守国家禁止寄递和限制寄递物品的规定，不得违法寄递国家禁止寄递和限制寄递物品。

对用户交寄的信件，发现可能有夹寄禁止寄递或者限制寄递物品的，邮政企业、快递企业可以要求用户开拆，进行验视，但不得检查信件内容。用户拒绝开拆的，邮政企业、快递企业不予收寄。

对信件以外的邮件、快件，邮政企业、快递企业收寄时应当当场验视内件，并加盖收寄验视戳记。用户拒绝验视的，邮政企业、快递企业不予收寄。

第十八条 邮政企业应当按照国家规定，采取按址投递、用户领取或者与用户协商等方式投递邮件。

第十九条 快递企业可以与连锁商业机构、社区、学校以及专业第三方企业签订合作协议开展投递服务合作。以合作协议形式开展投递服务的快递企业应当征得用户同意，提前告知用户选择合作投递服务时可能发生的单独费用。

快递企业无法以合作协议形式投递或者用户拒绝以合作协议形式投递的，应当与用户协商在指定地点、指定时间提供快递服务。

快递企业不得将代收货款快件委托合作方代为投递。

第二十条 邮政企业、快递企业及其从业人员不得实施下列行为：

（一）私自开拆、隐匿、毁弃、盗窃邮件、快件；

（二）无故拒绝、拖延、中断邮政业务、快递业务；

（三）擅自增加收费项目，强迫、误导用户使用高资费邮政业务；

（四）强行搭售商品或者强迫订阅报纸杂志等；

（五）法律、法规禁止的其他行为。

第四章 监督管理

第二十一条 市邮政管理部门应当建立信息管理系统，邮政企业、快递企业应当将视频监控、跟踪查询等信息与信息管理系统联网，为安全监管和公众服务提供数据和信息。

第二十二条 市邮政管理部门根据履行监督管理职责的需要，可以要求邮政企业、快递企业定期报送相关经营信息。

第二十三条 市邮政管理部门应当按照国家规定对邮政企业使用各级人民政府提供的邮政普遍服务、特殊服务补贴资金情况进行监督。

第二十四条 市邮政管理部门以及邮政企业、快递企业应当加强安全管理，制定突发事件应急预案，建立应急管理工作机制。

发生自然灾害、安全事故、疾病疫情和恐怖袭击等突发事件时，邮政企业、快递企业应当立即启动应急预案，采取必要的应急措施，确保邮件、快件安全，并及时向当地人民政府和邮政管理部门报告，并及时告知用户。

第二十五条 邮政专用车辆应当喷涂邮政专用标志色和“中国邮政”标志。

邮政企业不得利用邮政专用车辆从事邮件运递以外的经营性活动。不得以出租等方式允许其他单位或者个人使用带有邮政专用标志的车辆。

快递企业使用的车辆应当符合本市道路交通运输和货物运输的技术规范和要求，并采用统一的快递运输专用标志。

第二十六条 邮政专用车辆运递邮件，确需通过公安机关交通管理部门划定的禁行路段或者确需在禁止停车的地点停车的，经公安机关交通管理部门同意，在确保安全的前提下，可以通行或者停车。

快递车辆确因快递服务需要，在不影响交通安全畅通的前提下可以临时停车，完成快递服务后应当立即驶离。

第二十七条 机关、企事业单位、物业服务单位、村（居）民委员会等，应当为邮政企业、快递企业投递邮件、快件提供通行、临时停车、派送等便利，并应当减免相关费用。

第二十八条 除法律另有规定外，邮政企业、快递企业及其从业人员不得向任何单位或者个人泄露用户使用邮政服务、快递服务的信息。

第二十九条 邮政企业、快递企业应当向社会公布投诉电话，设置监督信箱、电子邮箱，配备专人负责受理投诉，并自受理之日起十日内答复用户。

邮政企业、快递企业与用户发生纠纷时，依照相关法律法规处理。

第五章 法律责任

第三十条 违反本条例第十二条第一款规定，建设单位未按照国家规定的标准设置信报箱的，由市邮政管理部门责令限期改正；逾期未改正的，由市邮政管理部门指定其他单位设置信报箱，所需费用由该居民楼的建设单位承担。

第三十一条 违反本条例第十五条第一款规定，邮政企业提供邮政普遍服务不符合邮政普遍服务标准的，由市邮政管理部门责令改正，可以处一万元以下的罚款；情节严重的，处一万元以上五万元以下的罚款；对直接负责的主管人员和其他直接责任人员给予处分。

违反本条例第十五条第二款规定，快递企业提供快递服务违反快递服务标准，严重损害用户利益的，由市邮政管理部门责令改正，处五千元以上三万元以下的罚款。

第三十二条 违反本条例第十七条第一款规定，邮政企业、快递企业不建立或者不执行收寄验视制度，或者违反法律、行政法规以及国务院和国务院有关部门关于禁止寄递或者限制寄递物品的规定收寄邮件、快件的，对邮政企业直接负责的主管人员和其他直接责任人员给予处分；对快递企业，市邮政管理部门可以责令停业整顿直至吊销其快递业务经营许可证。

违反本条例第十七条第三款规定，邮政企业、快递企业未按照规定加盖收寄验视戳记的，由市邮政管理部门责令改正，处二千元以上五千元以下的罚款。

第三十三条 违反本条例第二十条第(一)项规定，私自开拆、隐匿、毁弃、盗窃邮件、快件，尚不构成犯罪的，依法给予治安管理处罚。

违反本条例第二十条第(二)项、第(三)项、第(四)项规定的，由邮政管理部门责令改正，可以处三千元以上一万元以下罚款；情节严重的，处一万元以上五万元以下罚款。

第三十四条 违反本条例第二十二条规定，邮政企业、快递企业未定期报送相关经营信息的，由市邮政管理部门责令改正，可以处五千元以下罚款；逾期未改正的，处五千元以上一万元以下的罚款。

第三十五条 违反本条例第二十五条第二款规定，邮政企业利用邮政专用车辆从事邮件运递以外的经营性活动，或者以出租等方式允许其他单位或者个人使用带有邮政专用标志的车辆的，由市邮政管理部门责令改正，没收违法所得，可以并处二万元以下的罚款；情节严重的，并处二万元以上十万元以下的罚款；对直接负责的主管人员和其他直接责任人员给予处分。

第三十六条 违反本条例第二十八条规定，邮政企业、快递企业违法泄露用户使用邮政服务或者快递服务信息，尚不构成犯罪的，由市邮政管理部门责令改正，没收违法所得，并处一万元以上五万元以下的罚款；对邮政企业直接负责的主管人员和其他直接责任人员给予处分；对快递企业，邮政管理部门可以责令停业整顿直至吊销其快递业务经营许可证。

邮政企业、快递企业从业人员有前款规定的违法行为，由市邮政管理部门责令改正，没收违法所得，并处五千元以上一万元以下的罚款。构成犯罪的，依法追究刑事责任。

第三十七条 市邮政管理部门工作人员滥用职权、玩忽职守、徇私舞弊的，依法追究责任。

第六章 附 则

第三十八条 本条例下列用语的含义：

邮政企业，是指中国邮政集团公司及其提供

邮政服务的全资企业、控股企业。

快递企业，是指经营快递业务的企业。

邮政普遍服务，是指按照国家规定的资费和服务标准，为中华人民共和国境内的所有用户提供信件、单件重量不超过五千克的印刷品、单件重量不超过十千克的包裹的寄递以及邮政汇兑等基本邮政服务。

邮政特殊服务，是指邮政企业按照国家规定办理机要通信、国家规定报刊的发行，以及义务兵平常信函、盲人读物和革命烈士遗物的免费寄递等特殊服务业务。

寄递，是指将信件、包裹、印刷品等物品按照封装上的名址递送给特定个人或者单位的活动，包括收寄、分拣、运输、投递等环节。

快递，是指在承诺的时限内快速完成的寄递活动。

邮件，是指邮政企业寄递的信件、包裹、汇款通知、报刊和其他印刷品等。

快件，是指快递企业递送的信件、包裹、印刷品等。

信件，是指信函、明信片。信函是指以套封形式按照名址递送给特定个人或者单位的缄封的信息载体，不包括书籍、报纸、期刊等。

邮政设施，是指用于提供邮政服务的邮政营业场所、邮件处理场所、邮筒（箱）、邮政报刊亭、信报箱等。

邮件处理场所，是指邮政企业专门用于邮件分拣、封发、储存、交换、转运、投递等活动的场所。

第三十九条 本条例自2015年1月1日起施行。

深圳市发展快递业管理规定

（2014年5月27日深圳市人民政府第五届第一百一十次常务会议审议通过）

第一章 总 则

第一条 为促进快递业健康发展，加强快递行业管理，规范快递服务行为，保护企业和用户的合法权益，根据《中华人民共和国邮政法》及有关法律、法规、规章的规定，结合本市实际，制定本规定。

第二条 本市行政区域内快递业发展、扶持及快递经营、管理，适用本规定。本规定未作规定的，依照相关法律、法规、规章的规定执行。

本规定所称快递企业是指经营快递业务的邮政企业和其他快递企业。

第三条 市、区人民政府及相关部门应当将快递服务的设施布局和建设纳入城市发展总体规划和综合交通规划，对快递企业在土地使用、设施建设、科技应用、金融税收、车辆通行、人才政策等方面给予支持和政策优惠，促进快递业与经济社会协调发展。

第四条 市交通运输部门负责统筹本市快递业发展规划，市邮政管理部门负责实施本市快递业的发展规划和监督管理等工作。

发展改革、规划国土、经贸信息、住房建设、市场监管、人力资源、财政、公安、文化以及国家安全、检验检疫和海关等部门，应当按照各自职责依法做好快递业的相关管理工作。

第五条 市邮政管理部门应当会同市交通运输、市场监管、公安、文化、国家安全等部门开展联合检查和执法，共同维护快递业稳定、安全、有序发展。

市邮政管理部门应当推进快递业诚信体系建设，实施快递企业分类管理，建立信用信息系统。

第六条 快递行业协会组织应当依照法律法规及其章程规定，制定快递行业规范，加强行业自律，维护会员的合法权益，依照有关规定承接政府职能转移或者委托的业务，提高快递企业的经营管理水平和从业人员的业务素质。

第二章 支持措施

第七条 市规划国土部门在制定近期建设与土地利用规划年度实施计划时，应当统筹考虑快递企业用地需求，合理安排用地指标。在建设项目规划管理中，结合《深圳市城市规划标准与准则》的有关规定，适当安排快递企业用房。

支持将工业区旧厂房、仓库、闲置土地和存量土地资源用于发展快递服务业，建设快递产业园。

第八条 市规划国土部门在制定城市商业区、住宅区、工业区、高等院校、大型公共活动场地和公共交通设施等建设项目规划时，在修建性详细规划中应当合理安排快递服务所需的停车和装卸用地，并加强对规划实施的监督。

第九条 鼓励快递企业的总部或者区域总部落户本市，符合条件的可以按照规定享受本市总部经济的相关政策。

第十条 市财政部门会同市交通运输部门统筹安排现代物流业发展专项资金用于支持快递服务业发展。具体管理办法由市财政部门会同市交通运输、邮政管理部门制定。

第十一条 市财政、规划国土、人力资源、科技、金融等部门应当在财政、土地、人才、技术、金融等方面支持快递业与电子商务、金融业的融合发展，推动建设电商快递信息共享平台。

第十二条 市邮政管理部门应当配合海关、检验检疫等部门完善跨境贸易电子商务快件(邮件)管理，完善跨境快递服务通关环境。

鼓励深港两地快递业合作发展，规划国土、住房建设等部门应当在各自职责范围内支持快递企业建设深港快件(邮件)分拣中心、服务场所。

第十三条 市公安机关交通管理部门应当根据车辆通行情况及快递服务需求，合理确定快递服务车辆的通行区域和时段，在确保道路交通安全和畅通的情况下，给予快递服务车辆临时停车和通行便利。

市邮政管理部门应当会同市公安机关交通管理部门制定利用非机动车从事快件(邮件)收投业务的相关规范和管理办法。

第十四条 车站、机场、口岸等单位的安检机构应当对快件(邮件)实行分类管理、优先查验，提高检验效率，确保快件(邮件)传递畅通。

第十五条 机关、学校和企事业单位的办公场所，以及商业楼宇、住宅区、工业区等封闭管理场所的物业服务单位，应当为快递服务提供通行、临时停车、派送等便利。

具备条件的物业服务单位可以设立快递服务场所和收投快件(邮件)的自助服务设备。

第十六条 市人力资源管理部门应当将快递业务员职业技能培训纳入管理，对参加本市相关部门及机构组织的快递业务员职业技能鉴定且符合条件的企业和个人，按照本市相关规定给予补贴。

第三章 经营主体

第十七条 已取得商事主体资格的法人企业经营快递业务的，应当依法取得快递业务经营许可，并在经营许可范围内从事相关经营活动。未经许可，任何公民、法人或者其他组织不得经营快递业务。

快递企业分支机构的名称、负责人、地址等事项发生变更的，应当依法办理营业执照变更手续，并在完成变更手续之日起20日内，报市邮政管理部门备案。

第十八条 以加盟方式经营快递业务的，被加盟人与加盟人均应当取得快递业务经营许可，加盟不得超越被加盟人的经营许可范围。

以加盟方式经营快递业务的，加盟人在申请办理《快递业务经营许可证》时，应当提供双方签订的真实、有效的加盟协议，以及被加盟人上一级机构的授权书或者其他证明材料。加盟人应当按照加盟协议约定，依法经营，不得利用被加盟品牌从事违法活动。

被加盟人对加盟人负有管理责任，应当在服务质量、服务规范、服务价格、业务用品、安全生产、投诉赔偿、申诉处理等方面实行统一管理。

第十九条 快递企业可以与机关、学校、企事业单位以及商业楼宇、住宅区、工业区等的收发室、物业服务单位协商代为收投快件(邮件)；未能提供代为收投服务的，快递企业应当与用户协商在指定地方、指定时间提供收投服务。

第二十条 总部或者区域总部在本市的快递企业，可以委托连锁商业机构等第三方代办收投快件(邮件)服务，委托事项限于快递服务末端直接面对用户的收投服务。委托代办收投服务的，委托人应当与被委托人签订委托合同，明确约定双方权利义务及收投快件(邮件)的规范。

委托人应当在合同签订之日起30日内，报市邮政管理部门备案。被委托人应当在营业场所明显位置张贴备案证明。

委托人应当加强被委托人在服务质量、服务规范、服务价格、业务用品、业务培训、运行安全、用户投诉、损失赔偿等方面的监督管理。

委托人对被委托人造成的快件(邮件)延误、丢失、短少、毁损以及其他损害用户利益等行为承担责任，委托人可以依法或者按照约定向被委托人进行追偿。

第二十一条 快递企业在许可的经营区域范围内，设置仅用于快件(邮件)临时配载、装卸、理货、保管等内部配套作业的小型临时中转场所，且不对外开展现场收件或者为社会提供服务的，无需办理商事登记，应当在设置之日起20日内，报市邮政管理部门备案。

第二十二条 快递企业停止经营快递业务的，应当提前30日书面告知市邮政管理部门，按照规定办理有关手续，通过营业服务场所、企业网站或者其他方式向社会公告，并及时妥善处理尚未投递的快件(邮件)。

第二十三条 快递企业应当按照国家关于职业技能鉴定的规定，加强快递从业人员职业技能培训，组织符合条件的快递从业人员参加职业技能鉴定。

第四章 快递服务

第二十四条 快递企业应当执行《快递服务》邮政行业标准，推进服务质量体系建设，创新快递服务方式，建立标准化、信息化、自动化的服务平台。快递企业提高服务标准的，应当将服务标准和服务承诺向社会公告。

快递企业应当建立网络运营管理、业务操作(处理)流程、服务质量监督管理、查询投诉处理、安全生产管理、突发事件应急预案等制度。

第二十五条 快递企业在分拣、运输、收投快件(邮件)时，应当按照《快递服务》邮政行业标准的相关规定操作，不得野蛮作业，严禁抛扔、踩踏、坐压或者以其他方式造成快件(邮件)损毁。

第二十六条 快递企业应当为快递收派员提供工号牌和有效工作证件，并要求快递收派员提供服务时统一佩带。快递收派员在提供快递服务时应当文明服务，礼貌用语。快递企业可以为快递收派员提供具有本企业标识的工作服装。

第二十七条 快递企业应当及时、妥善处理用户对快递服务提出的投诉。用户对处理结果不满意的，可以按照相关规定向市邮政管理部门申诉。

快递企业对市邮政管理部门转办的用户申诉，应当及时与申诉人沟通，妥善处理，并自收到转办申诉之日起15日内向市邮政管理部门答复处理结果。

第二十八条 在快递服务过程中，快件(邮件)发生延误、丢失、损毁或者内件不相符的，快递企业应当按照与用户的约定，依法予以赔偿。

快递企业与用户之间未对赔偿事项进行约定

的,对购买保价的快件(邮件),按照保价金额赔偿;对未购买保价的快件(邮件),按照《中华人民共和国邮政法》《中华人民共和国合同法》等相关法律规定赔偿。

鼓励快递企业建立预赔机制,在事实清楚、责任明确的情况下,快速为用户理赔。

第二十九条 在重要节日前后或者大型电商平台促销活动等快递业务高峰期,快递企业应当制定快递业务高峰期应急预案,加强业务量监测预警和信息沟通,合理调配资源。发生重大网络阻断、服务严重受阻等情形的,应当在24小时内向社会公告,并向市邮政管理部门和其他有关部门报告。

第三十条 快递企业的服务时间、服务地点、服务范围、服务方式、投递时限、查询投诉方式等发生变更的,应当提前3日通过营业服务场所、企业网站以及其他方式向社会公告,同时说明原因及有关处理办法。

第五章 快递安全

第三十一条 快递企业及其委托代办收投服务的单位应当建立并执行快件(邮件)收寄验视制度。快递企业及其委托代办收投服务的单位应当在寄件人在场的情况下,当面验视交寄物品,检查是否属于国家禁止或者限制寄递物品,是否与快递运单所填写的内容一致。

法律、法规、规章规定需要寄件人提供有关书面凭证或者出示身份证明的,快递企业及其委托代办收投服务的单位应当要求寄件人提供凭证原件或者有效身份证件,核对无误后,方可收寄。

寄件人交寄快件(邮件)应当如实、准确填写快递运单,准确标注快件(邮件)的名称、类别、数量等,遵守国家关于禁止寄递或者限制寄递物品的规定,不得通过寄递渠道危害国家安全、公共安全以及公民、法人和其他组织的合法权益。

第三十二条 快递企业在已经收寄的快件(邮件)中发现国家禁止寄递的物品的,应当立即停止转发和投递,并按照规定报告市邮政管理部门、公安机关、国家安全机关以及相关行政管理部门。

进出境快件(邮件)中夹带禁止进出境或者限制进出境的物品的,由海关、检验检疫等部门依法处理。

第三十三条 快递企业应当对收寄、分拣、运输、投递等环节实行监控,并对快递经营场所进行24小时实时视频监控,监控资料保存时间不少于30日。

快递企业应当按照国家标准和邮政管理部门的要求提供数据共享接口,为安全监管及公众服务提供实时数据和信息。

第三十四条 快递企业应当依法保护用户信息的安全和通信秘密,确保用户信息不被窃取、泄露。

快递企业不得以转让、贩卖、销售等方式泄露用户信息。因泄露用户信息对用户造成损失的,应当依法予以赔偿。

快递企业从业人员违法泄露用户信息造成损失的,快递企业应当依法进行赔偿。

第三十五条 快递企业应当建立禁毒、反恐、打击非法出版物等安全防范制度,快件(邮件)分拣中心应当配备符合国家标准的安全检查设备,安排具备专门技术和技能的人员对快件(邮件)进行安全检查。

快递企业应当配合公安、检察和国家安全等机关依法检查、扣留有关快件(邮件),提供相关用户用邮信息,并对有关情况予以保密。

第三十六条 快递企业设置快件(邮件)处理场所,应当事先征询市邮政管理部门及有关部门意见,并按照国家有关规定预留相关工作场地,其设计和建设应当符合国家安全机关和海关依法履行职责的要求。

第三十七条 有下列情形之一的,市公安机关接到报案后,应当及时受理并依法处理:

(一)私自开拆、隐匿、毁弃或者非法扣留、扣

查他人快件(邮件)的;

(二)以围堵、拦截、聚众闹事等形式,扰乱快递服务场所正常秩序的;

(三)非法拦截、强登、扒乘快件(邮件)运输车辆的;

(四)盗窃、冒领、倒卖快件(邮件)的;

(五)倒卖快递信息的;

(六)利用快递进行诈骗犯罪的;

(七)挪用、侵占、盗窃业务款和代收货款的;

(八)其他影响快递服务的违法行为。

因前款规定情形造成快件(邮件)滞留的,公安机关应当在不影响案件调查取证的前提下,先行采取措施督促快递企业将滞留快件(邮件)转发或者投递,再依法对涉案人员进行处理;市邮政管理部门应当协调做好快件(邮件)的及时转运工作。

公安机关根据案件侦查需要,对特定物品、场所进行勘验检查的,快递企业应当予以配合。

第六章　法律责任

第三十八条　快递企业违反本规定第十七条第二款、第二十一条规定,未向市邮政管理部门备案的,由市邮政管理部门责令改正,并处5000元罚款。

第三十九条　快递企业违反本规定第十八条第三款、第二十条第三款规定,被加盟人对加盟人或者委托人对被委托人监管不到位,损害用户利益的,由市邮政管理部门责令改正,并处10000元罚款;情节严重的,处30000元罚款。

第四十条　快递企业违反本规定第二十条第二款规定,未向市邮政管理部门备案的,由市邮政管理部门责令改正,并处10000元罚款。

第四十一条　快递企业违反本规定第二十二条规定,未及时书面告知市邮政管理部门并按照规定办理有关手续,或者未按照规定及时妥善处理尚未投递的快件(邮件)的,由市邮政管理部门处10000元罚款;情节严重的,处30000元罚款。

第四十二条　快递企业违反本规定第二十五条规定,损害用户利益的,由市邮政管理部门责令限期改正;逾期未改正的,处10000元罚款;情节严重的,处30000元罚款。

第四十三条　快递企业违反本规定第二十六条规定,未督促快递收派员按规定佩戴工号牌和有效工作证件的,由市邮政管理部门责令限期改正;逾期未改正的,处5000元罚款。

第四十四条　快递企业违反本规定第二十九条、第三十条规定,未及时向邮政管理部门报告或者向社会公告的,由市邮政管理部门责令限期改正;逾期未改正的,处5000元罚款。

第四十五条　快递企业及其委托代办收投服务的单位违反本规定第三十一条第一款规定,未建立收寄验视制度的,由市邮政管理部门责令改正,并处10000元罚款;未执行收寄验视制度的,由市邮政管理部门责令改正,并处5000元罚款;情节严重的,处30000元罚款。

快递企业及其委托代办收投服务的单位违反本规定第三十一条第二款规定,未按照规定核对证件的,由市邮政管理部门责令改正,并处10000元罚款。

寄件人违反本规定第三十一条第三款规定,交寄危害国家安全、公共安全等危险物品的,依照《中华人民共和国治安管理处罚法》及有关法律、法规处罚;涉嫌犯罪的,依法移送司法机关处理。寄件人违反该规定,给快递企业或者公民、法人、其他组织造成损害的,依法承担赔偿责任。

第四十六条　快递企业违反本规定第三十二条规定,未停止转发和投递禁止寄递物品的,由市邮政管理部门处10000元罚款;涉嫌犯罪的,依法移送司法机关处理。

快递企业违反该规定,给公民、法人和其他组织造成人身伤害或者财产损失的,依法承担赔偿责任。

第四十七条　快递企业违反本规定第三十四条规定,违法泄露用户信息的,由市邮政管理部门责令改正,没收违法所得,并处50000元罚款;情节严重的,依法责令停业整顿或者吊销快递业务经营许可证;涉嫌犯罪的,依法移送司法机关处理。

快递企业从业人员有前款规定的违法行为的,由市邮政管理部门责令改正,没收违法所得,并处5000元罚款;涉嫌犯罪的,依法移送司法机关处理。

第四十八条 快递企业违反本规定及相关法律、法规、规章规定,受到市邮政管理部门或者有关行政管理部门依法处罚的,市邮政管理部门应当将其违法信息纳入相关信用信息系统,供单位和个人查询。

第四十九条 市邮政管理部门工作人员在监督管理工作中,滥用职权、玩忽职守、徇私舞弊的,由上级主管机关依法给予处分;涉嫌犯罪的,依法追究刑事责任。

第七章 附 则

第五十条 本规定第十七条第二款、第二十条第二款、第二十一条规定的备案,备案人按照规定要求报送备案,且报送的材料齐全的,市邮政管理部门应当当场出具书面备案回执。具体办法由市邮政管理部门另行制定。

第五十一条 本规定自2014年8月1日起施行。

无锡市快递管理办法

(2014年9月22日无锡市人民政府第33次常务会议审议通过)

第一章 总 则

第一条 为了加强快递管理,保障快递安全,保护用户合法权益,促进快递行业健康发展,根据《中华人民共和国邮政法》、《江苏省邮政条例》等法律法规,结合本市实际,制定本办法。

第二条 本市行政区域内从事快递业务以及相关保障、服务、安全和监督管理,适用本办法。

第三条 快递服务是现代服务业的重要组成部分。

市、市(县)、区人民政府应当制定、完善快递业发展政策,引导、扶持快递业发展,提升快递服务水平,促进产业联动,满足经济社会需要。

第四条 市邮政管理部门负责本市行政区域内快递业务的监督管理工作。

市邮政管理部门可以委托市(县)相关部门,具体负责本辖区内快递业务的监督管理工作。

发展和改革、经济和信息化、商务、国家安全、公安、工商、国土资源、建设、城乡规划、住房保障和房产管理、交通运输、海关、出入境检验检疫等部门,应当按照各自职责,共同做好快递业务管理的相关工作。

第五条 鼓励经营快递业务的企业应用现代信息、自动化、物联网等技术,开展技术改造和创新,高效利用交通运输资源,降低能源消耗,发展低碳快递。

第六条 快递行业协会应当依照法律法规及其章程规定,制定快递行业规范,加强行业自律,为经营快递业务的企业提供信息、培训等服务,促进快递行业的健康发展。

第二章 促进与保障

第七条 市、市(县)、区人民政府应当将快递业发展纳入国民经济和社会发展总体规划,将快递服务设施布局纳入土地利用总体规划、城乡规划和综合交通运输体系规划，保障快递业与经济社会发展相适应。

市邮政管理部门应当编制快递业发展规划，并会同城乡规划、国土资源等部门编制包括快递园区、快件处理场所、城乡快递服务网点等在内的快递服务设施专项规划；快递业发展规划、快递服务设施专项规划经本级人民政府批准后实施。

第八条 市人民政府设立的现代服务业发展引导资金，应当为快递业发展提供支持。

第九条 市、市（县）、区人民政府应当支持快递服务设施建设，统筹考虑快递投资项目用地需求，合理安排用地指标。

鼓励将工业旧厂房、仓库和存量土地资源用于快递业发展，涉及原划拨土地使用权转让或者用途改变的，经批准可以采取协议出让方式办理用地手续。

第十条 鼓励经营快递业务的企业总部或者区域总部落户本市；符合条件的，按照规定享受本市总部经济的相关政策。

第十一条 苏南快递产业园等快递园区应当根据园区规划，建立健全运行管理机制，完善园区功能，推动快递产业集聚发展。

第十二条 鼓励有条件的工业园区、住宅区、商业区为设置快递服务网点提供便利。

鼓励利用城市配送网络、邮政网点、村邮站、城市社区工作站、农村服务中心、便利店等提供快递服务。

引导经营快递业务的企业利用城乡客运班车、客运场站等开展快递下乡便民服务。

第十三条 机场应当设置快件监管中心，建立快速安检、配载、装卸、交接、运输通道，为快件快速通行、通关提供便利。

第十四条 新建住宅区应当设置与其规模相适应的快递服务场所。

旧住宅区整治改造时具备条件的，应当将快递服务场所设置纳入提升性项目，满足居民对快递服务的需求。

第十五条 鼓励在机关、企业事业单位、高等院校、车站、机场、住宅区、商业区等场所设置符合国家《智能快件箱》标准的公共智能快件箱。

市、市（县）、区人民政府应当支持公共智能快件箱的投放，并提供必要的便利和安全保障。

第十六条 公安交通管理、城市管理部门应当在确保安全和不影响通行的前提下，为快递服务车辆通行、停靠等提供便利；经营快递业务的企业不得利用快递服务车辆从事快件运递以外的经营性活动。

市邮政管理部门应当会同公安、交通运输等部门参照省有关规定制定快递服务车辆管理办法。

经营快递业务的企业收投快件使用的非机动车，应当按照市邮政管理部门的要求统一标识。

第十七条 机关、企业事业单位、住宅区、商业区、学校以及其他封闭管理的场所，应当为快递服务提供通行、临时停车、派送等便利。

快递收派员无法按址当面投交快件，经收件人同意交由物业服务企业或者单位收发室代收的，物业服务企业或者单位收发室应当代收、代转。

第三章　快递服务

第十八条 经营快递业务的企业应当推进服务质量体系建设，加强快递服务质量管理，完善安全保障措施，为用户提供迅速、准确、安全、方便的快递服务。

经营快递业务的企业提供的快递服务应当符合快递服务国家标准，鼓励提供高于国家标准的快递服务。

第十九条 经营快递业务的企业应当在其营业场所公示服务种类、服务时限、服务价格、损失赔偿、投诉处理等服务承诺事项；服务承诺事项发生变更的，应当及时发布提示公告。

经营快递业务的企业提供上门取件服务的，应当在承诺或者约定的时限内完成；不能按照约定时限上门取件的，应当及时告知用户。

第二十条 经营快递业务的企业在收寄快件时，应当遵守下列规定：

（一）指导寄件人如实填写快递运单；

（二）提示寄件人是否选择保价或者保险业务；

（三）当场核对内件物品性质等运单信息；

（四）告知寄件人收费标准、赔偿方式以及其他注意事项；

（五）准确标注内件物品重量、资费等内容。

第二十一条 经营快递业务的企业应当按照快递服务标准分拣快件，不得在露天场地堆放、分拣快件，不得野蛮分拣快件。

第二十二条 经营快递业务的企业应当在承诺的时限内将快件投递到约定的收件地址和收件人，收件人本人无法签收的，经收件人同意，可以由收件人指定的其他人代为签收。

因收件人或者代收人原因，经两次免费投递后尚未投交的快件，仍需投递的，经营快递业务的企业可以收取额外费用，但应当事先告知收费标准。

第二十三条 收件人或者代收人应当对包装完好、重量相符的快件予以签收。

快件注明为易碎品以及外包装出现明显破损等异常情况的，收件人或者代收人有权要求当面开拆验收。

对内件短少、损毁或者与运单不符的快件，快递收派员应当在快递运单上注明情况，并由收件人或者代收人和快递收派员共同签字；收件人或者代收人拒绝签字的，快递收派员应当予以注明。

经营快递业务的企业与寄件人另有约定的，从其约定。

第二十四条 代收货款的快件，收件人可以先验收内件再签收付款；验收时，可以检查内件外观，清点内件数量，但不能对内件进行试用。

第二十五条 快件发生延误、丢失、损毁或者内件与运单不符的，经营快递业务的企业应当按照与用户的约定依法予以赔偿。

经营快递业务的企业与用户对赔偿事项未约定的，对购买保价的快件，按照保价金额赔偿；对未购买保价的快件，按照《中华人民共和国邮政法》、《中华人民共和国合同法》等法律规定赔偿。

第二十六条 经营快递业务的企业对于无法投递又无法退回的快件，应当按照国务院邮政管理部门《无法投递又无法退回快件管理规定》处理。

第二十七条 快递收派员在收寄、投递过程中，应当穿着具有企业统一标识的服装，并佩戴工号牌、胸卡或者其他能够证明其工作身份的有效证件。

第二十八条 经营快递业务的企业在经营许可期内不得擅自停止提供快递服务。

临时停止或者暂停提供快递服务的，经营快递业务的企业应当向市邮政管理部门和其他有关部门报告，妥善处理未投递的快件，并及时向社会公告。

第二十九条 经营快递业务的企业应当妥善应对快递业务高峰期，制定快递业务应急预案，做好业务量监测，加强服务网络统筹调度，避免造成快件积压，并及时向社会发布服务提示，处理用户投诉。

第三十条 经营快递业务的企业应当按照市邮政管理部门规定的项目收集、统计、分析运营信息，确保有关数据的真实、完整，并按时向市邮政管理部门报送。

第三十一条 提供快件代收、代转等快递末端公共服务的，应当具备与其服务相适应的场所、人员以及设备，并接受市邮政管理部门的监督管理。

第四章 安全管理

第三十二条 邮政管理、国家安全、公安、海关、出入境检验检疫等部门应当建立健全快递安全保障机制，确保寄递渠道安全和信息安全。

第三十三条 经营快递业务的企业应当遵守安全生产法律法规，加强安全生产管理，建立健全安全生产责任制度，完善安全生产条件，确保生产安全。

第三十四条 经营快递业务的企业应当建立、完善从业人员管理和教育培训制度，及时、准确、完整地保存从业人员个人信用信息。

第三十五条 经营快递业务的企业应当依法保护用户的信息安全和通信秘密，除法律明确规定或者用户书面同意外，经营快递业务的企业及其从业人员不得将用户使用快递业务的信息提供给任何单位或者个人。

第三十六条 经营快递业务的企业设置快件处理场所，应当事先征询市邮政管理部门以及有关部门意见，并按照国家规定配备安全检查设备、预留工作场地，其设计和建设应当符合国家安全机关、海关依法履行职责的要求。

第三十七条 经营快递业务的企业应当依法建立并执行收寄验视制度。

收寄快件时，对信件以外的快件，应当当面验视内件，符合寄递规定的，应当当场封装并加盖收寄验视戳记；用户拒绝验视的，不予收寄。

第三十八条 寄件人交寄快件应当遵守国家禁止寄递或者限制寄递物品的规定，不得危害国家安全、公共安全以及公民、法人和其他组织的合法权益。

第三十九条 国务院邮政管理部门规定寄件人需要出具身份证明的，经营快递业务的企业应当要求其出示有效身份证件；依照国家规定需要寄件人提供有关书面凭证的，应当要求其提供凭证原件，核对无误后方可收寄。

经营快递业务的企业收寄已出具安全证明的物品时，应当如实记录收寄物品的名称、规格、数量、重量、收寄时间、寄件人和收件人名址等内容；记录保存期限不少于一年。

第四十条 经营快递业务的企业接受网络购物、电视购物和邮购等经营者委托提供快递服务的，应当遵守邮政管理部门的规定，与委托方签订安全保障协议。

第四十一条 经营快递业务的企业发现收寄的快件中有国家禁止寄递物品的，不得继续转发和投递。

对于依法应当没收、销毁的物品或者不能判定其安全性质的物品，经营快递业务的企业应当立即向邮政管理、公安、国家安全等部门报告，并配合处理。

对已经收寄但不需要没收、销毁的禁止寄递物品以及一同查处的禁止寄递物品之外的物品，经营快递业务的企业应当与寄件人或者收件人取得联系，妥善处理。

第四十二条 经营快递业务的企业应当建立快递运单实物以及电子档案管理制度，采取技术措施确保用户信息安全。

快递运单的实物保存和电子档案保存应当满足快递服务标准规定的档案保管期限；保存期满后，按照规定集中销毁或者删除。

第五章 监督管理

第四十三条 市邮政管理部门应当建立快递行业信用评价体系，指导快递行业协会实行企业信用分类管理和公示制度。

快递行业协会应当引导经营快递业务的企业建立完备的自律管理制度，强化经营快递业务的企业对服务质量、消费维权、诚信经营的评价机制。

第四十四条 市邮政管理部门应当建立快递服务质量社会监督网络，聘请社会监督员对快递服务质量进行监督。

第四十五条 市邮政管理部门应当建立和完善快递市场监管体系，规范和优化行政审批程序，加大市场监管力度，提高行政监管效能。

第四十六条 市邮政管理部门应当依法履行监督管理职责，可以采取下列监督检查措施：

（一）进入有关场所进行检查；

(二)查阅、复制有关文件、资料、凭证;

(三)约谈有关单位和人员;

(四)按照行政强制措施实施程序,查封与违法活动有关的场所,扣押用于违法活动的运输工具以及相关物品;

(五)经市邮政管理部门负责人批准,对信件以外的涉嫌夹带禁止寄递或者限制寄递物品的快件开拆检查。

第四十七条 市邮政管理部门工作人员应当按照法定程序进行监督检查,并对监督检查过程中知悉的技术秘密和商业秘密予以保密。

市邮政管理部门工作人员实施监督检查,应当出示执法证件,并由两名以上工作人员共同进行。

被检查单位及其有关人员应当予以配合,不得拒绝、阻碍。

第四十八条 市邮政管理部门应当建立快递服务申诉制度,依法及时处理用户提出的申诉,并自收到申诉之日起三十日内作出答复。

第六章 法律责任

第四十九条 违反本办法第十六条第一款规定,经营快递业务的企业利用快递服务车辆从事快件运递以外的经营性活动的,由市邮政管理部门责令改正,处一万元以上三万元以下的罚款。

第五十条 违反本办法第二十一条规定,经营快递业务的企业在露天场地堆放、分拣快件或者野蛮分拣快件的,由市邮政管理部门责令改正,处五千元以上一万元以下罚款;情节严重的,处一万元以上三万元以下罚款。

第五十一条 违反本办法第三十条规定,经营快递业务的企业未按照规定收集、统计、分析运营信息,报送有关数据的,由市邮政管理部门责令限期改正,可以处一千元以上五千元以下的罚款;逾期未改正的,处一万元以上三万元以下的罚款。

第五十二条 违反本办法第三十七条第二款规定,经营快递业务的企业收寄快件时,未加盖收寄验视戳记的,由市邮政管理部门处一千元以上五千元以下的罚款。

第五十三条 违反本办法第四十一条第一款规定,经营快递业务的企业发现收寄的快件中有国家禁止寄递物品,继续转发和投递的,由市邮政管理部门处一万元以上三万元以下罚款;造成损失的,依法承担赔偿责任。

第五十四条 违反本办法规定,法律法规已规定处罚的,从其规定。

第五十五条 市邮政管理部门及其工作人员在快递管理工作中玩忽职守、滥用职权、徇私舞弊的,由其所在单位或者上级行政主管部门、监察机关依法给予行政处分;构成犯罪的,依法追究刑事责任。

第七章 附 则

第五十六条 本办法自2015年1月1日起施行。

2014年全国部分市(地)关于快递服务发展的政策文件

市(地)	政策文件名称
长春	长春市邮政管理局与长春市工业和信息化局联合下发《关于推进快递服务制造业工作的指导意见》(长邮管联〔2014〕4号)
营口	营口市人民政府办公室转发市邮政管理局关于促进快递业发展实施意见的通知(营政办发〔2014〕30号)
青岛	青岛市商务局关于印发《青岛市城市配送物流发展规划》的通知(青商字〔2014〕107号)
新乡	河南省邮政管理局联合新乡市人民政府出台《新能源汽车在邮政快递行业推广应用的实施意见》(豫邮管联〔2014〕8号)
苏州	关于促进苏州市快递业健康发展的指导意见(苏府办〔2014〕105号)
宁波	市政府印发《关于推进我市快递业健康快速发展的实施意见》(甬政发〔2014〕90号)
湖州	关于印发《湖州市快递配送车辆规范管理实施办法》的通知(湖邮管〔2014〕30号)

续上表

市(地)	政策文件名称
丽水	丽水市人民政府办公室关于加快推进快递行业健康发展的实施意见(丽政办发〔2014〕148 号)
绍兴	绍兴市人民政府办公室关于加快推进我市快递行业持续健康发展的实施意见(绍政办发〔2014〕116 号)
襄阳	襄阳市邮政管理局联合市交通运输局、市工商行政管理局、市住房保障和房屋管理局、市城市管理执法局、市公安局交通警察支队等五部门联合下发的《关于保障我市邮政快递企业运输车辆便捷通行的通知》(襄邮管〔2014〕23 号)
	襄阳市人民政府办公室《加快现代邮政业发展的若干意见》(襄政办函〔2014〕58 号)
宜昌	宜昌市快递企业诚信体系建设的实施意见(宜邮管〔2014〕16 号)
眉山	眉山市人民政府办公室《关于加快电子商务发展的实施意见》(眉府办发〔2014〕58 号)
凉山州	《关于印发 2014 年全州服务业发展工作要点的通知》(凉府办函〔2014〕142 号)
泸州	《泸州市邮政管理局〈关于印发泸州市邮政行业新能源汽车推广应用工作实施方案〉的通知》(泸邮管〔2014〕42 号)
南充	市公安局交警支队、市城管执法局、市运管局联合印发《关于保障快递服务车辆“绿色通行”的通知》(南邮管发〔2014〕13 号)
攀枝花	攀枝花市公安局攀枝花市邮政管理局印发《关于保障邮政快递企业服务车辆便捷通行的通知》(攀邮管〔2014〕40 号)
德阳	德阳市邮政管理局和德阳市公安局交警支队联合印发《德阳市邮政管理局　德阳市公安局交警支队关于保障快递运输车辆便捷通行的通知》(德邮管〔2014〕21 号)
宜宾	宜宾市邮政管理局关于印发《宜宾市快递营业场所标准化建设指导意见(试行)》的通知(宜邮管〔2014〕10 号)
铜仁	铜仁市人民政府关于支持快递服务业加快发展的实施意见(铜府发〔2014〕5 号)
	关于印发《铜仁市快递本土产品出铜财政奖补管理办法》的通知(铜财建〔2014〕3 号)
黔东南	州人民政府办公室关于印发黔东南州加快快递行业发展实施方案的通知(黔东南府办发〔2014〕7 号)
遵义	遵义市人民政府办公室印发《遵义市加快推进快递行业发展责任分工方案》(遵义市府办发〔2014〕18 号)
毕节	毕节市人民政府《关于实施毕节市“四在农家 · 美丽乡村”基础设施建设六项行动计划的意见》(毕府发〔2014〕2 号)
陇南	陇南市人民政府办公室关于促进快递业发展的意见(陇政办发〔2014〕54 号)

第四篇　发展数据

第一章　行业发展数据

2014 年邮政行业运行情况

2014 年,邮政企业和全国快递服务企业业务收入(不包括邮政储蓄银行直接营业收入)累计完成 3203.3 亿元,同比增长 25.7%;业务总量累计完成 3696.1 亿元,同比增长 35.6%(图 4-1)。

12 月份,全行业业务收入完成 317.5 亿元,同比增长 30.9%;业务总量完成 403.2 亿元,同比增长 39.2%。

2014 年,邮政函件业务累计完成 56.1 亿件,同比下降 11.2%;包裹业务累计完成 6024.2 万件,同比下降 13.0%;报纸业务累计完成 191.1 亿份,同比下降 1.6%;杂志业务累计完成 10.8 亿份,同比下降 5.4%;汇兑业务累计完成 1.3 亿笔,同比下降 27.4%。

2014 年,全国快递服务企业业务量累计完成 139.6 亿件,同比增长 51.9%;业务收入累计完成 2045.4 亿元,同比增长 41.9%。其中,同城业务收入累计完成 265.9 亿元,同比增长 59.8%;异地业务收入累计完成 1130.6 亿元,同比增长 36.4%;国际及港澳台业务收入累计完成 315.9 亿元,同比增长 16.7%(图 4-2)。

12 月份,快递业务量完成 16.4 亿件,同比增长 53.1%;业务收入完成 224.6 亿元,同比增长 44.4%。

2014 年,同城、异地、国际及港澳台快递业务收入分别占全部快递收入的 13.0%、55.3% 和 15.4%(图 4-3);业务量分别占全部快递业务量的 25.4%、72.3% 和 2.3%(图 4-4)。与去年同期相比,同城快递业务收入的比重上升 1.5 个百分点,异地快递业务收入的比重下降 2.2 个百分点,国际及港澳台业务收入的比重下降了 3.4 个百分点。

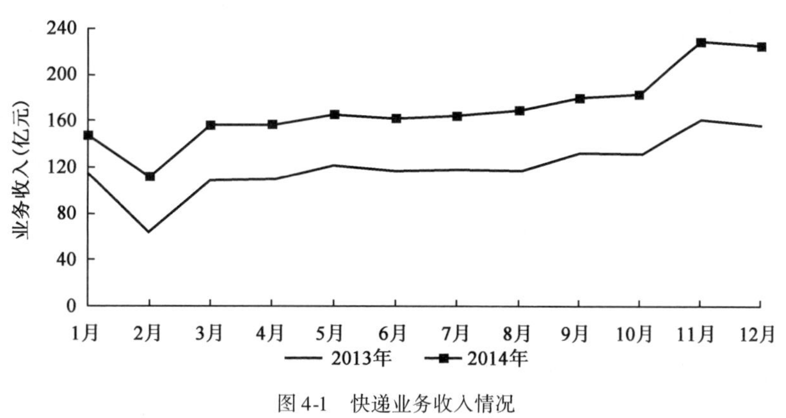

图 4-1　快递业务收入情况

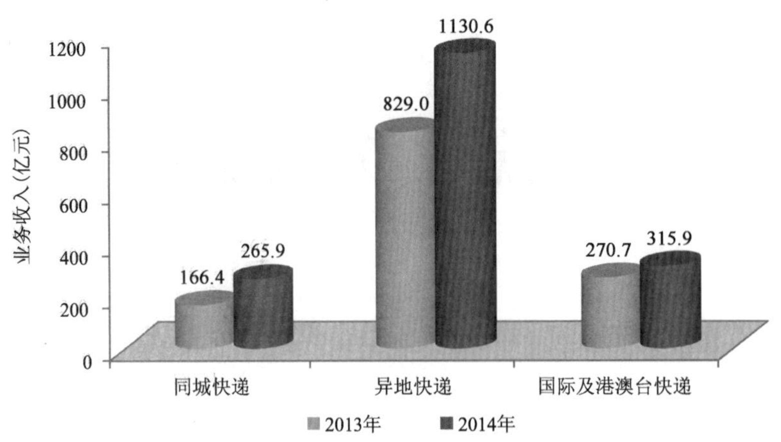

图 4-2 分专业快递业务收入比较

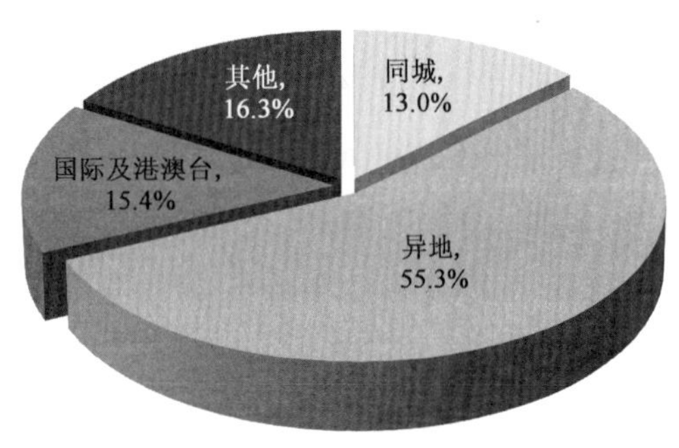

图 4-3 快递业务收入结构

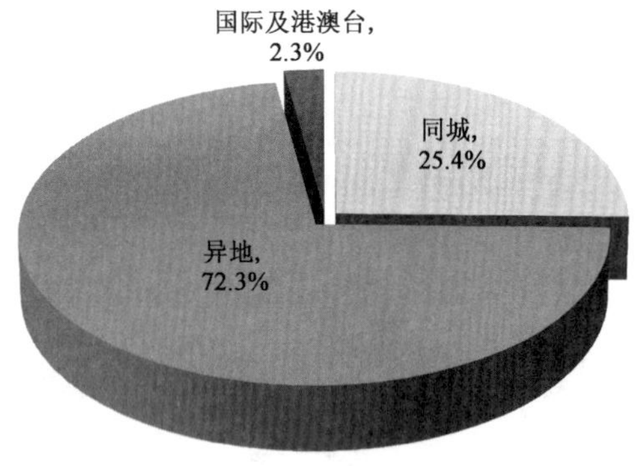

图 4-4 快递业务量结构图

2014 年，东、中、西部地区快递业务收入的比重分别为 82.8%、9.4% 和 7.8%（图 4-5）；业务量比重分别为 82.0%、10.6% 和 7.4%（图 4-6）。与去年同期相比，东部地区快递业务收入比重下降了 0.4 个百分点，快递业务量比重上升了 0.7 个百分点；中部地区快递业务收入比重上升了 0.2 个百分点，快递业务量比重下降了 0.2 个百分点；西部地区快递业务收入比重上升了 0.2 个百分点，快递业务量比重下降了 0.5 个百分点。

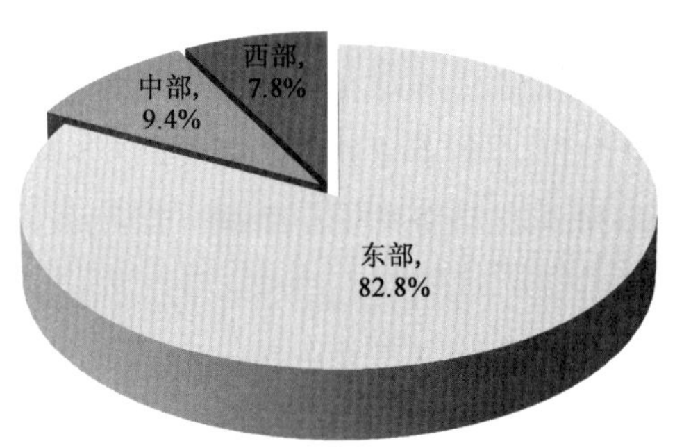

图 4-5 地区快递业务收入结构图

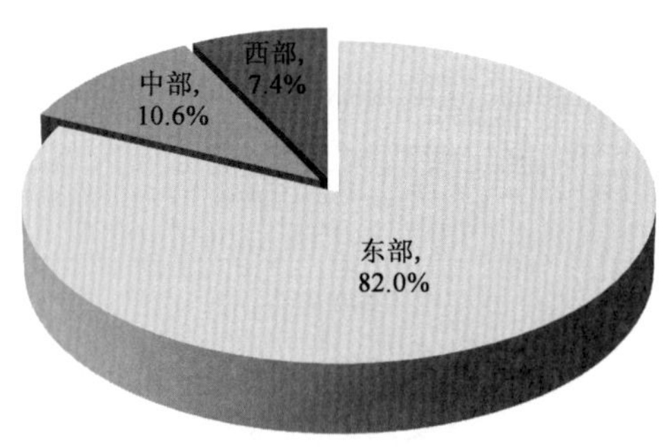

图 4-6 地区快递业务量结构图

2014 年，快递服务品牌集中度指数 CR8 为 77.9，较 1－11 月份下降了 0.1。

2014 年全国邮政行业发展情况见表 4-1。

表 4-1 2014 年全国邮政行业发展情况

指标名称	单位	12 月份		比去年同期增长(%)	
		累计	当月	累计	当月
一、邮政行业业务收入	亿元	3203.3	317.5	25.7	30.9
其中:快递业务收入	亿元	2045.4	224.6	41.9	44.4
二、邮政行业业务总量	亿元	3696.1	403.2	35.6	39.2
其中:函件	万件	560983.3	39407.5	-11.2	-16.0
包裹	万件	6024.2	615.1	-13.0	-16.9
快递	万件	1395925.3	163681.1	51.9	53.1
订销报纸累计数	万份	1910938.6	162996.0	-1.6	0.4
订销杂志累计数	万份	107516.8	8740.2	-5.4	0.8
汇兑	万笔	12928.0	905.1	-27.4	-38.1

注:邮政行业业务收入中未包括邮政储蓄银行直接营业收入。

2014 年分省快递服务企业业务量和业务收入情况见表 4-2。

表 4-2 2014 年分省快递服务企业业务量和业务收入情况

单位	快递业务量累计(万件)	同比增长(%)	快递收入累计(万元)	同比增长(%)
全国	1395925.3	51.9	20453586.2	41.9
北京	111011.9	35.7	1476107.9	57.4
天津	12404.2	42.3	250712.6	41.1
河北	34019.1	63.9	410725.8	42.2
山西	9130.4	2.9	103493.4	50.6
内蒙古	4363.6	53.7	103218.8	60.2
辽宁	16656.4	46.0	300127.3	32.1
吉林	6640.2	46.7	130649.0	49.3
黑龙江	7014.5	30.0	124136.3	24.0
上海	128366.1	35.1	3613060.4	40.3
江苏	148435.2	50.8	2010744.2	40.6
浙江	245744.8	73.1	2744402.5	52.7
安徽	23859.1	73.5	291488.9	49.4
福建	65417.3	46.9	810815.0	31.7
江西	15993.6	64.0	182151.1	40.3
山东	44685.0	42.4	670123.1	23.0
河南	29484.0	51.6	408429.9	54.1
湖北	33143.8	50.7	413805.5	44.9
湖南	22716.2	47.1	262122.8	33.8
广东	335555.9	59.3	4612533.2	37.0
广西	9055.4	34.3	155902.0	39.1
海南	2248.6	1.0	43190.6	53.8
重庆	13886.3	30.8	201060.0	46.8
四川	37941.8	55.5	479628.0	57.6

续上表

单　位	快递业务量累计（万件）	同比增长（%）	快递收入累计（万元）	同比增长（%）
贵州	4669.1	59.3	98170.6	62.7
云南	8546.1	24.4	152401.0	44.7
西藏	484.3	27.8	17384.5	17.1
陕西	13762.3	44.1	179548.3	34.3
甘肃	2655.6	48.5	51198.0	25.5
青海	579.8	38.9	15442.2	29.7
宁夏	1514.1	55.6	33500.2	37.8
新疆	5940.5	16.7	107313.3	21.2

2014年快递业务量前50位城市情况见表4-3。

表4-3　2014年快递业务量前50位城市情况

排名	城市	快递业务量累计(万件)	排名	城市	快递业务量累计(万件)
1	广州	139031.4	26	厦门	11064.1
2	上海	128366.1	27	西安	10679.1
3	北京	111011.9	28	青岛	10482.3
4	深圳	95255.3	29	合肥	10189.6
5	杭州	84562.8	30	石家庄	9989.1
6	金华(义乌)	61153.9	31	绍兴	9421.0
7	东莞	46399.4	32	中山	9236.5
8	苏州	36942.6	33	南通	8850.8
9	成都	30422.8	34	南昌	8251.8
10	南京	28391.4	35	常州	7972.7
11	泉州	25938.9	36	湖州	7477.2
12	武汉	24719.0	37	扬州	7290.2
13	温州	21682.8	38	沈阳	7144.8
14	宁波	21112.4	39	汕头	7103.9
15	台州	18553.1	40	太原	6685.2
16	无锡	18502.9	41	莆田	6531.4
17	宿迁	18083.8	42	昆明	6283.8
18	郑州	16193.9	43	保定	5827.4
19	嘉兴	14491.2	44	廊坊	5707.2
20	福州	14318.3	45	惠州	5398.1
21	佛山	13924.9	46	徐州	4826.1
22	重庆	13886.3	47	南宁	4702.4
23	长沙	13469.6	48	乌鲁木齐	4641.1
24	天津	12404.2	49	哈尔滨	4624.1
25	济南	11255.0	50	大连	4410.6

2014 年快递业务收入前 50 位城市情况见表 4-4。

表 4-4 2014 年快递业务收入前 50 位城市情况

排名	城市	快递业务收入累计(万元)	排名	城市	快递业务收入累计(万元)
1	上海	3613060.4	26	长沙	165977.5
2	深圳	1686716.0	27	济南	143128.9
3	广州	1597317.0	28	西安	134305.9
4	北京	1476107.9	29	石家庄	133466.9
5	杭州	1022279.0	30	中山	126758.1
6	苏州	629164.9	31	合肥	126552.5
7	东莞	584426.6	32	常州	124065.9
8	金华(义乌)	531847.3	33	绍兴	119573.9
9	南京	411668.5	34	沈阳	117005.6
10	成都	351228.1	35	南通	113909.3
11	宁波	305038.5	36	昆明	109968.7
12	武汉	300821.0	37	大连	103713.1
13	泉州	263512.1	38	南昌	89087.6
14	天津	250712.6	39	惠州	83677.1
15	温州	247885.4	40	莆田	82540.9
16	郑州	232626.9	41	长春	79180.5
17	宿迁	216512.6	42	哈尔滨	77987.0
18	无锡	208896.4	43	南宁	76313.1
19	青岛	206574.2	44	湖州	71658.1
20	重庆	201060.0	45	珠海	69919.8
21	嘉兴	199361.8	46	乌鲁木齐	64676.0
22	佛山	196094.8	47	保定	64085.5
23	厦门	192977.7	48	扬州	63881.7
24	台州	174364.6	49	烟台	58196.4
25	福州	173093.2	50	太原	58022.5

2014 年邮政行业发展统计公报

2014 年,邮政全行业坚持中央稳中求进的总基调,切实贯彻国务院常务会议决策部署,进一步深化改革,扩大市场开放,加快转型升级步伐,推进城乡普惠进程,服务生产流通和消费,便利广大民众和亿万商家,持续释放了改革红利。邮政行业发展呈现增长速度快中趋稳,产业结构不断优化,动力转换持续加快的特点,邮政业服务经济社会发展的基础性作用进一步增强,行业的影响力持续扩大。

一、业务发展情况

全年邮政行业业务总量完成 3696.1 亿元,同比增长 35.6%。全年邮政行业业务收入(不包括邮政储蓄银行直接营业收入)完成 3203.3 亿元,同比增长25.7%。

2008－2014年邮政全行业业务发展情况见图4-7、图4-8。

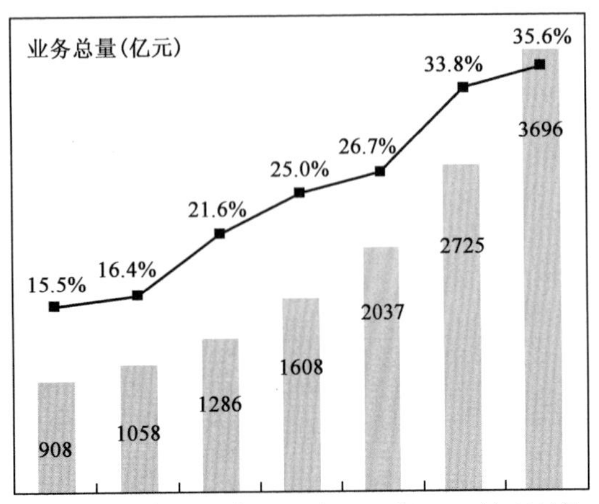

图4-7　2008－2014年邮政业务总量

注：各年邮政行业业务总量均按2010年不变价格调整计算。

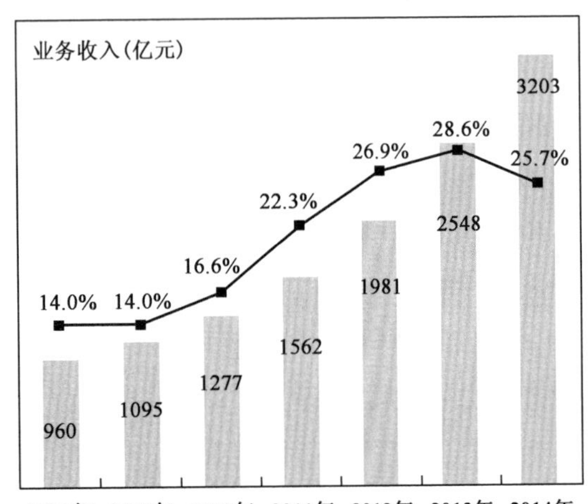

图4-8　2008－2014年邮政业务收入

（一）邮政普遍服务业务

函件业务持续下滑。全年函件业务量完成56.1亿件，同比下降11.5%。

包裹业务同比下降。全年包裹业务量完成6024万件，同比下降13.0%。

报刊业务小幅下降。全年订销报纸业务完成191.2亿份，同比下降1.6%。全年订销杂志业务完成10.8亿份，同比下降5.4%。

汇兑业务大幅下降。全年汇兑业务完成1.3亿笔，同比下降32.4%。

（二）快递业务

快递业务快速增长。全年快递服务企业业务量完成139.6亿件，同比增长51.9%；快递业务收入完成2045.4亿元，同比增长41.9%。

2008－2014年快递业务发展情况见图4-9、图4-10。

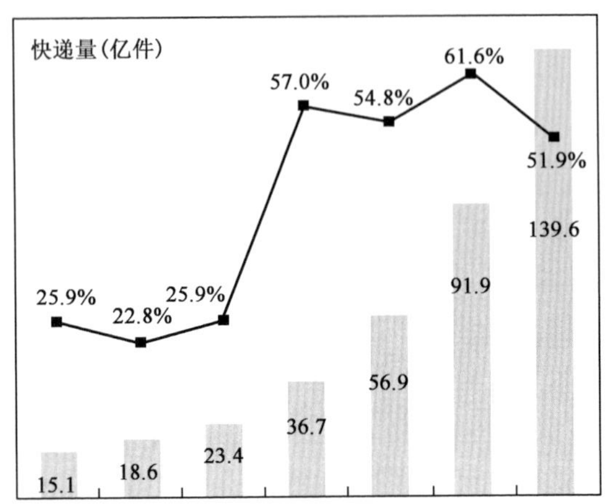

图4-9　2008－2014年快递业务量

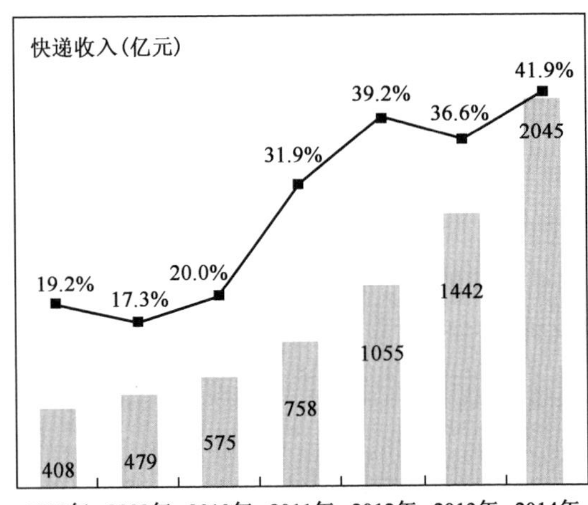

图4-10　2008－2014年快递业务收入

快递业务收入在行业中占比继续提升。快递业务收入占行业总收入的比重为63.9%，比上年提高7.3个百分点。

同城快递业务增势强劲。全年同城快递业务量完成35.5亿件，同比增长55.1%；实现业务收入265.9亿元，同比增长59.8%。

异地快递业务快速增长。全年异地快递业务量完成100.9亿件，同比增长52.0%；实现业务收入1130.6亿元,同比增长36.4%。

国际及港澳台快递业务稳定增长。全年国际及港澳台快递业务量完成3.3亿件,同比增长24.7%;实现业务收入315.9亿元,同比增长16.7%。

同城快递业务占比上升。同城、异地、国际及港澳台快递业务量占全部比例分别为25.4%、72.3%和2.3%,业务收入占全部比例分别为13.0%、55.3%和15.4%。与上年相比,同城快递业务比例继续上升。

东、中、西部市场占比基本稳定。全年东部地区完成快递业务量114.5亿件,同比增长53.2%;实现业务收入1694.3亿元,同比增长41.3%。中部地区完成快递业务量14.8亿件,同比增长49.2%;实现业务收入191.6亿元,同比增长44.3%。西部地区完成快递业务量10.3亿件,同比增长42.4%;实现业务收入159.5亿元,同比增长45.3%。东、中、西部地区快递业务量比重分别为82.0%、10.6%和7.4%,快递业务收入比重分别为82.8%、9.4%和7.8%。

民营快递企业持续快速发展。全年国有快递企业业务量完成18.7亿件,实现业务收入300亿元;民营快递企业业务量完成119.5亿件,实现业务收入1541亿元;外资快递企业业务量完成1.4亿件,实现业务收入204.2亿元。国有、民营、外资快递企业业务量市场份额分别为13.4%、85.6%和1.0%,业务收入市场份额分别为14.7%、75.3%和10.0%,与上年相比,民营快递企业市场份额持续提升。

快递业务量排名前五位的省份依次是广东、浙江、江苏、上海和北京,其快递业务量合计占全部快递业务量的比重达到69.4%。快递业务收入排名前五位的省份依次是广东、上海、浙江、江苏和北京,其快递业务收入合计占全部快递业务收入的比重达到70.7%。

快递业务量排名前十五位的城市依次是广州、上海、北京、深圳、杭州、金华(义乌)、东莞、苏州、成都、南京、泉州、武汉、温州、宁波和台州,其快递业务量合计占全部快递业务量的比重达到62.6%。

2014年快递业务量前15名城市情况见图4-11。

快递业务收入排名前十五位的城市依次是上海、深圳、广州、北京、杭州、苏州、东莞、金华(义乌)、南京、成都、宁波、武汉、泉州、天津和温州,其快递业务收入合计占全部快递业务收入的比重达到64.9%。

2014年快递业务收入前15名城市情况见图4-12。

快递市场集中度下降。全年快递服务品牌集中度指数CR8为77.9,较上年下降2.1。

二、通信能力和服务水平

(一)机构设备

全行业拥有各类营业网点13.8万处,比上年

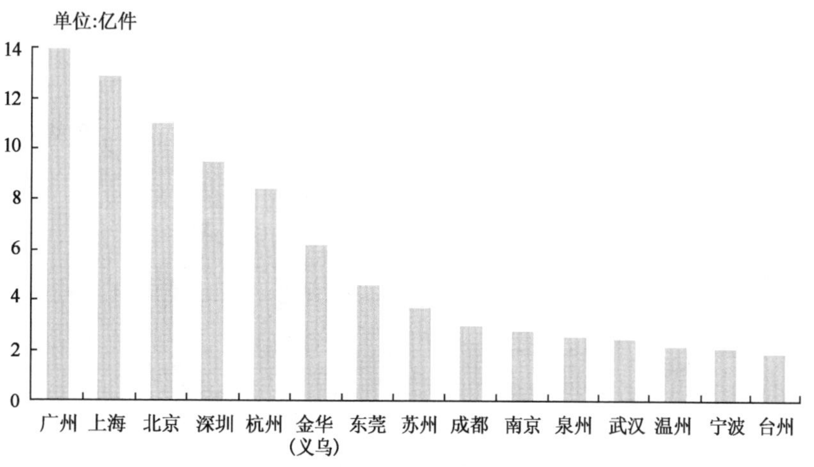

图4-11 2014年快递业务量前15名城市情况

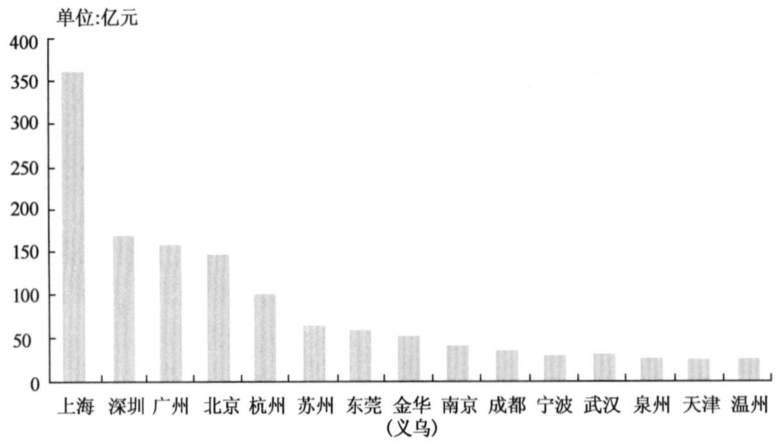

图4-12　2014年快递业务收入前15名城市情况

末增长10.4%，设在农村的有4.4万处。其中，快递服务营业网点13.2万处，比上年末增长12.1%。全国拥有邮政信筒信箱14.2万个，比上年末减少4308个。全国拥有邮政报刊亭总数2.8万处，比上年末减少3817处。

全行业拥有国内快递专用货机67架，比上年末增加13架。全行业拥有各类汽车23万辆，比上年末增长10.9%，其中快递服务汽车17.8万辆，比上年末增长13.2%。

快递服务企业拥有计算机35.7万台，比上年末增长22.1%；手持终端57.1万台，比上年末增长28.7%。

（二）通信网路

全国邮政邮路总条数2.3万条，比上年末增加707条。邮路总长度（单程）630.6万公里，比上年末增加40.8万公里。全国邮政农村投递路线9.1万条，比上年末减少170条；农村投递路线长度（单程）377.6万公里，比上年末增加3.1万公里。全国邮政城市投递路线5.8万条，比上年末增加3284条；城市投递路线长度（单程）143.5万公里，比上年末增加15.3万公里。全国快递服务网路条数14万条，比上年末增长33.4%；快递服务网路长度（单程）3071.8万公里，比上年末增长35.2%。

（三）服务能力

全行业平均每一营业网点服务面积为69.8平方公里；平均每一营业网点服务人口为1万人。邮政城区每日平均投递2次，农村每周平均投递5次。人均函件量为4.1件，每百人订有报刊量为10.9份。年人均快递使用量为10.2件。年人均用邮支出234.2元，年人均快递支出149.5元。

2008－2014年人均用邮支出、快递使用量和快递支出情况见图4-13。

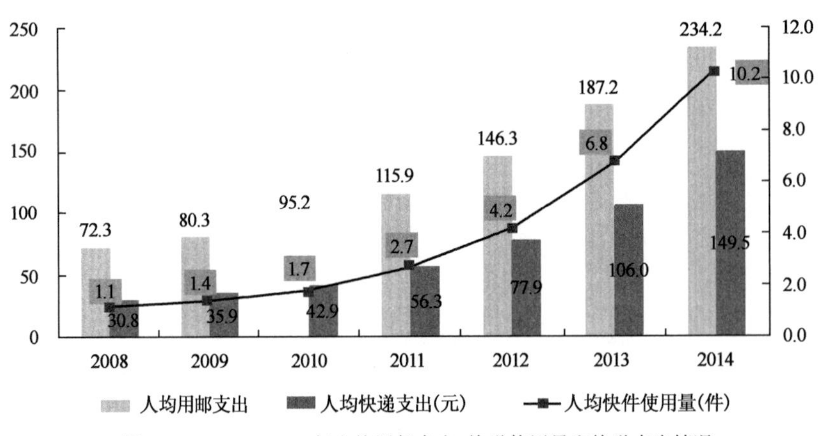

图4-13　2008－2014年人均用邮支出、快递使用量和快递支出情况

说明：

1. 本公报中邮政普遍服务业务、通信能力和服务水平有关数据来自年报，其他数据为月报统计数据。

2. 各项统计数据未包括香港和澳门特别行政区及台湾省。

3. 部分数据因四舍五入的原因，存在着与分项合计不等的情况。

4. 邮政行业业务总量按2010年不变价格计算。

5. 全国人口数据来自国家统计局《2014年国民经济和社会发展统计公报》。

第二章　2014年中国快递发展指数报告

一、背景及作用

研究和发布中国快递发展指数是我国快递市场发展的必然要求。我国快递业经过多年高速增长,业务量规模已跃居世界首位,然而仅通过单一的快递业务量收数据,难以对行业整体的发展状况进行科学判断,急需对快递关联数据进行分类整理,整合出有价值的专业信息。研究和发布中国快递发展指数是提高行业影响力的重要途径。随着我国快递市场规模的扩大和快递服务能力的增强,快递已渗透到社会经济、生产生活的各个领域,行业影响力持续增强,李克强总理五次为快递业点赞,引发了社会各界的高度关注。研究和发布中国快递发展指数是政府宏观调控的重要手段。党的十八届三中全会提出“切实转变政府职能,创新行政管理方式,要健全宏观调控体系,提高科学管理的水平。”通过中国快递发展指数能够为政府宏观调控提供决策依据,科学引导行业发展。

中国快递发展指数具有五个方面的作用:一是对行业发展状况进行科学评估。我国快递业经过多年高速发展,需要一个综合、连续、系统的发展指数来客观反映一定时期的快递发展水平,对快递发展状况、服务质量进行科学评估。二是对行业发展趋势进行预测预警。中国快递发展指数是先行指标,它能够在系统梳理我国快递在一定时期内的发展变化情况的基础上,对行业未来发展趋势进行预测预警。三是对行业区域发展均衡程度进行科学测度。中国快递发展指数不仅能够衡量快递在不同区域间的发展差异,也能够衡量快递与国民经济的协调程度。四是为政府宏观决策提供重要参考。通过中国快递发展指数可以了解行业发展现状,把握行业发展趋势,及时发现发展中存在的问题,为政府部门在制定战略、规划、政策、标准等方面提供参考依据。五是作为反映宏观经济运行的“晴雨表”。快递业是现代服务业的重要组成部分,中国快递发展指数不仅能够作为现代服务业的重要测度指标,也在一定程度上能够反映宏观经济的活跃程度。

二、中国快递发展指数指标体系

中国快递发展指数(China Express Development Index,简称CEDI)是基于中国快递发展的基本特征、规律,对一定时期中国快递发展程度的量化评价,是反映我国快递发展规模、服务质量、发展普及和发展趋势的综合指数。中国快递发展指数旨在全面反映快递行业发展水平,体现快递市场运行变化,昭示快递未来发展态势,并在此基础上为政府制定规划、出台政策提供参考依据,为社会各界了解中国快递发展水平提供信息支持。

中国快递发展指数以2010年为基期,基期设定为100。指数指标体系包括发展规模指数、服务质量指数、发展普及指数和发展趋势指数等四个方面,共4个一级指标,9个二级指标,11个三级指标。

中国快递发展指数指标体系见表4-5。

表4-5　中国快递发展指数指标体系

一级指标	指标释义	二级指标	三级指标
发展规模指数(A_1)	由2个二级指标构成,反映快递行业发展规模	业务量(B_1)	业务量(C_1)
		业务收入(B_2)	业务收入(C_2)

续上表

一级指标	指标释义	二级指标	三级指标
服务质量指数(A_2)	由3个二级指标构成,反映快递行业服务质量	快递服务满意度(B_3)	快递服务满意度(C_3)
		时限准时率(B_4)	72小时准时率(C_4)
		用户申诉率(B_5)	有效申诉率(C_5)
发展普及指数(A_3)	由2个二级指标构成,反映快递服务普及程度和成长水平	网点密度(B_6)	网点面积密度(C_6)
			网点人口密度(C_7)
		快递深度(B_7)	快递深度(C_8)
发展趋势指数(A_4)	由2个二级指标构成,预示行业未来发展趋势	业务增长预期(B_8)	业务量增长率(C_9)
			业务收入增长率(C_{10})
		经理人预期(B_9)	经理人预期(C_{11})

三、中国快递发展指数——2014年度指数解读

2014年中国快递发展指数(CEDI)为282.4,比2013年增长70.8。2010－2014年,指数增速持续保持高位,年均增速达29.6%,2014年为近五年来第二高增速。

从中国快递发展指数一级指标来看,发展规模指数高速增长,服务质量指数稳中向好,发展普及指数保持增长,发展趋势指数趋于稳定。在四个一级指标中,仅发展规模指数高于总指数,行业处在规模高速增长期。

2014年,中国快递业继续保持了持续快速发展的良好态势,行业服务能力、服务水平稳步提高,普及范围进一步扩展,社会影响力全面提升,在加快流通、扩大内需、调整结构、促进就业、普惠民生中发挥了重要作用,成为中国经济的一匹"黑马"。

2010－2014年中国快递发展指数见表4-6、图4-14。2010－2014年中国快递发展指数分项指数对比情况见图4-15。

表4-6 2010－2014年中国快递发展指数

年份	发展规模指数	服务质量指数	发展普及指数	发展趋势指数	中国快递发展指数
2010	39.00	31.00	20.00	10.00	100.0
2011	57.7	27.5	23.0	11.54	119.8
2012	86.5	26.5	28.0	15.19	156.2
2013	133.3	27.2	36.3	14.84	211.6
2014	198.9	27.6	41.1	14.84	282.4

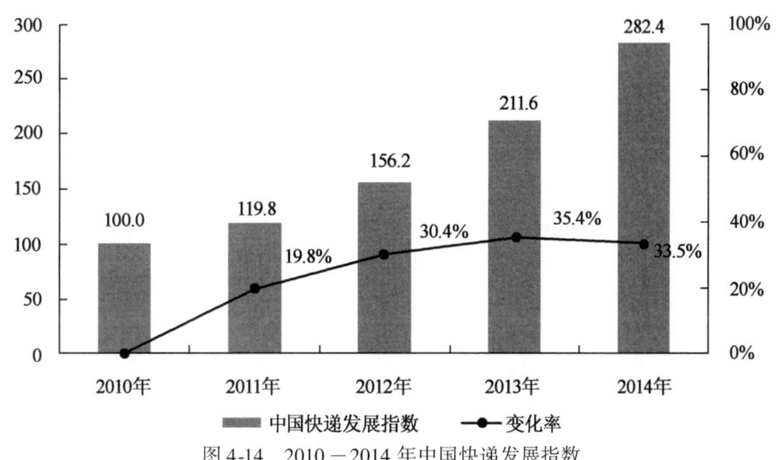

图4-14 2010－2014年中国快递发展指数

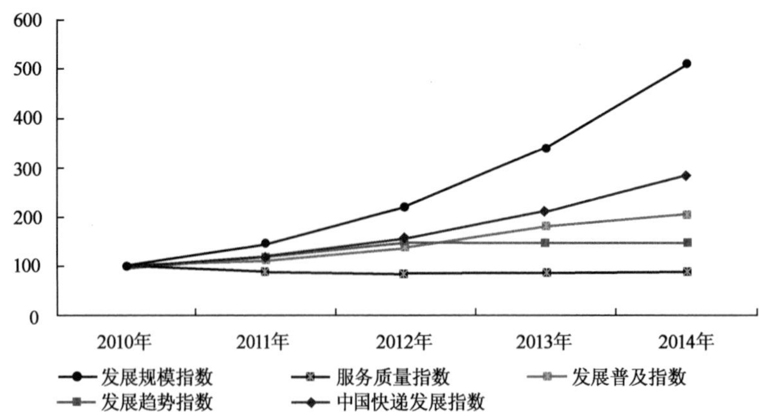

图 4-15　2010－2014 年中国快递发展指数分项指数对比

(一)发展规模指数

2014 年,中国快递发展指数发展规模指数为 510.0,比 2013 年增长 168.3。2010－2014 年指数年均增速为 50.3%,是同期国内生产总值增速的 6 倍以上。从指数变化率来看,在经历 3 年加速增长后,指数增速于 2014 年出现企稳迹象。

2010－2014 年发展规模指数见图 4-16。

从二级指标来看,在业务量方面,2010－2014 年我国快递业务量年均增长率 56.3%,约为同期国内生产总值增长率的 7 倍。2014 年我国规模以上快递企业累计完成业务量 139.6 亿件,日均快件处理量超过 3800 万件,最高日处理量突破 1 亿件,业务量规模跃居世界首位。

2010－2014 年我国快递业务量变动情况见图 4-17。

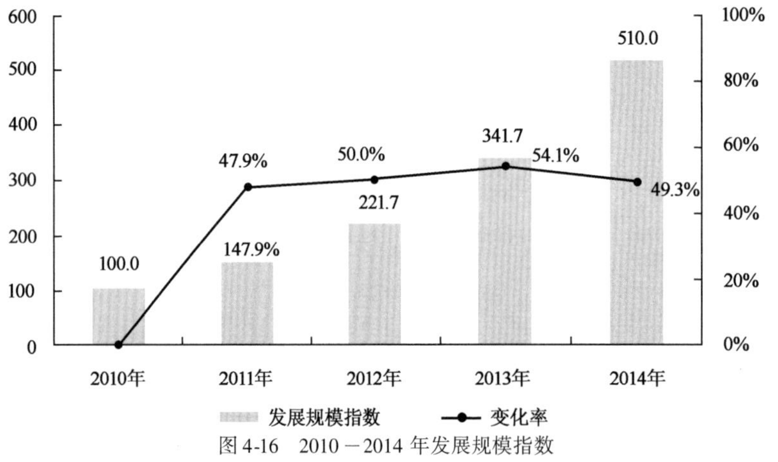

图 4-16　2010－2014 年发展规模指数

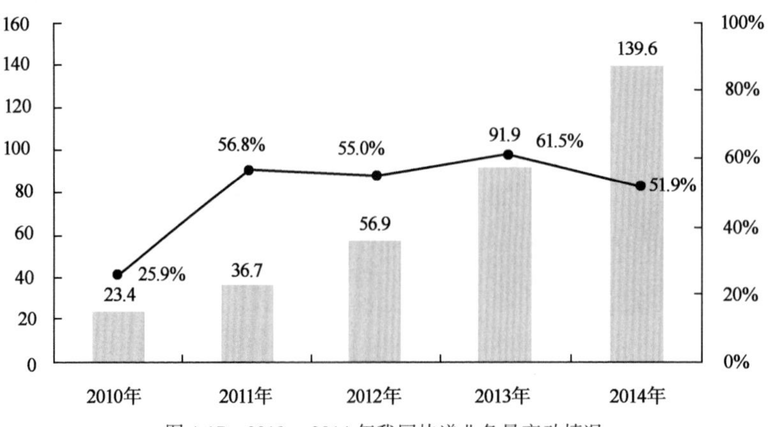

图 4-17　2010－2014 年我国快递业务量变动情况

在业务收入方面,2010－2014年我国快递业务收入年均增长率为37.4%,约为同期国内生产总值增长率的4.6倍。2014年我国规模以上快递企业累计完成业务收入突破2000亿元,7个快递品牌收入超过100亿元,业务收入规模创历史新高。业务收入市场集中度指数CR8为77.9%,同比下降2.1%,市场竞争激烈程度进一步加剧。

2010－2014年,我国快递业务收入变动情况见图4-18;快递业务收入增速与国内生产总值及服务业增速比较情况见图4-19。

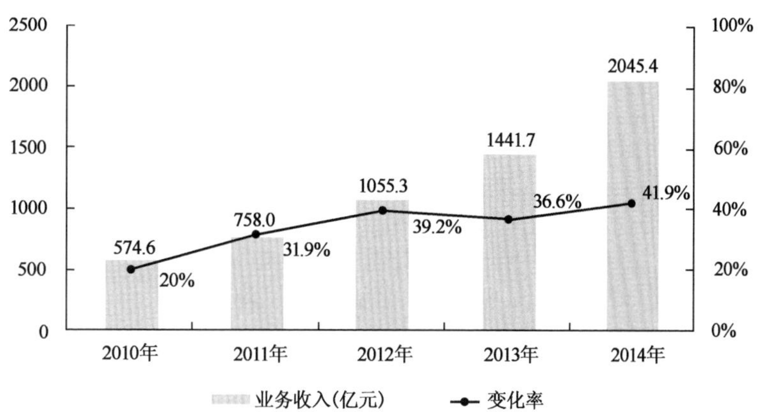

图4-18 2010－2014年我国快递业务收入变动情况

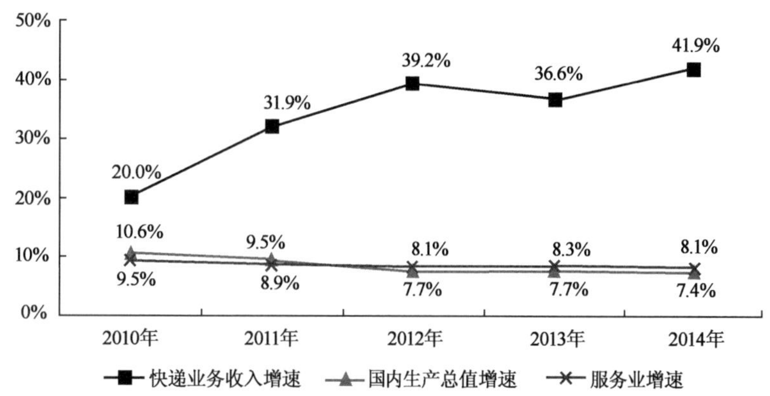

图4-19 2010－2014年我国快递业务收入增速与国内生产总值及服务业增速比较

通过业务量收增速对比发现,业务量增长率为业务收入增长率的1.5倍以上,反映出行业发展当中存在的深层次问题。一方面,行业平均价格持续下降。其中:同城件平均价格从2010年7.7元/件降至2014年7.5元/件,国内异地件平均价格从2010年18.8元/件降至2014年的11.2元/件,国际及港澳台件平均价格从2010年138元/件降至2014年96.7元/件,快递平均价格的下调影响了行业的利润空间;另一方面,快递对网络购物的依赖加剧了快递企业间在低层次产品上的同质化竞争,网络购物所产生的快件量现已占全国快递业务量的六成以上,部分快递品牌占比更高,甚至达八成以上。快递业微利运营和同质化竞争一定程度上制约着行业的可持续发展。

(二)服务质量指数

2014年,中国快递发展指数服务质量指数为89.2,比2013年增长1.5。2011－2014年我国快递服务质量相对稳定,在88上下波动。对于一个业务规模年均增速超过50%的行业,服务质量能够保持相对稳定,并从2013年起出现改善迹象,表明快递业的高速增长是一种良性的增长。

2010－2014年服务质量指数见图4-20。

从二级指标来看,在快递服务满意度方面,快递服务满意度持续提升，从2010年的，68.7分提升至2014年73.7分，年均提高1分以上。

2010－2014年我国快递服务满意度变动情况见图4-21。

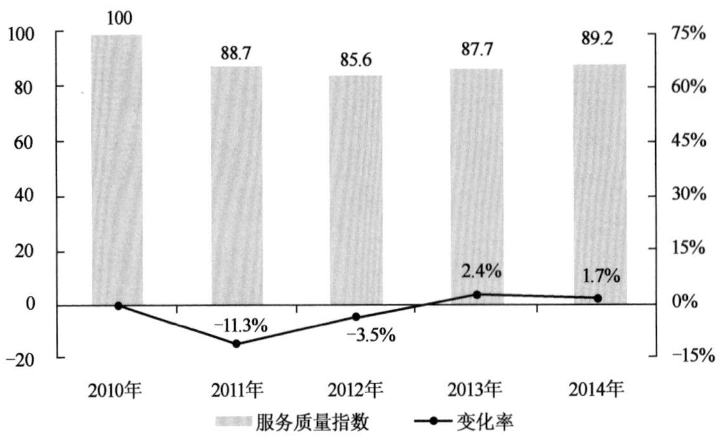

图4-20　2010－2014年服务质量指数

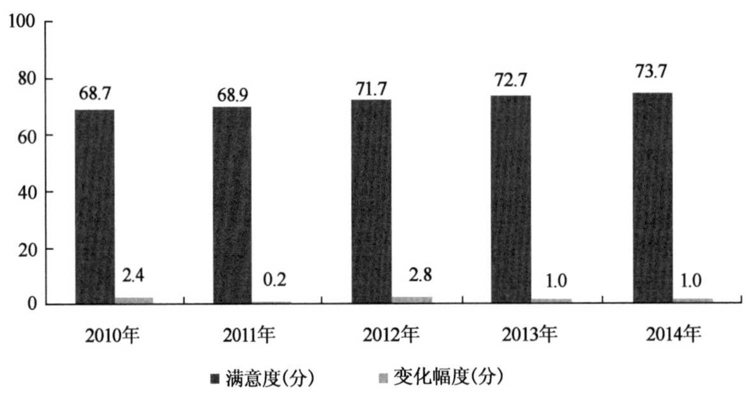

图4-21　2010－2014年我国快递服务满意度变动情况

在时限准时率方面，快递服务72小时准时率保持相对稳定，在75%左右小幅波动。

2010－2014年我国快递服务72小时准时率变动情况见图4-22。

在用户申诉率方面，用户有效申诉率在2010年至2012年曾一度出现快速攀升，但随着近年来快递服务能力不断增强和旺季服务保障工作的有序开展，自2013年起用户有效申诉率出现下降的趋势。

2010－2014年我国快递服务有效申诉率变动情况见图4-23。

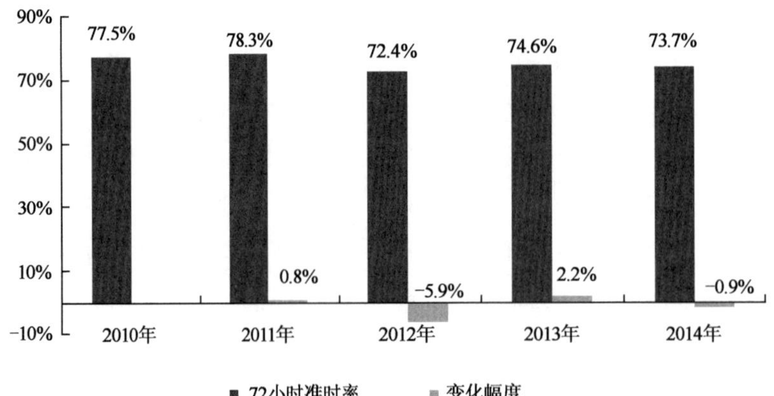

图4-22　2010－2014年我国快递服务72小时准时率变动情况

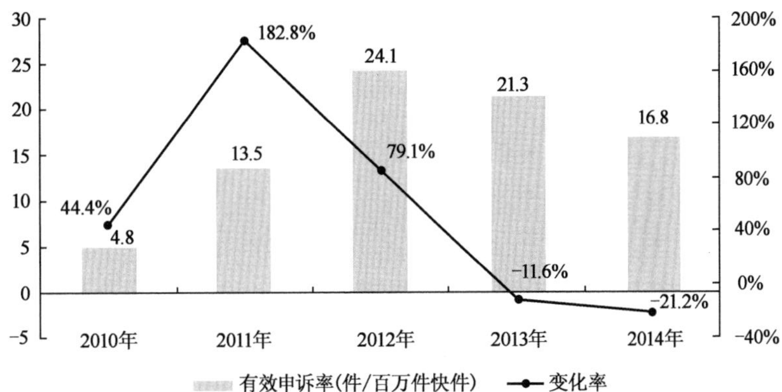

图 4-23　2010－2014 年我国快递服务有效申诉率变动情况

快递服务质量稳中向好，主要是四个方面因素共同作用的结果：一是行业管理部门的积极引导。邮政管理部门建立了以“快递服务满意度、时限准时率、有效申诉率”为核心的快递服务质量评价体系和覆盖快递生命周期的系列标准，定期对快递服务质量进行监测，并对外公布监测结果，积极引导快递企业改善服务质量。二是快递企业的扩大再生产和服务能力的持续增强。快递从业人员从 2010 年 54.2 万人增长至 2014 年 120 多万人，汽车数量从 2010 年 7 万辆增长至 2014 年 16.9 万辆，服务网点数量从 2010 年 6.4 万处增长至 2014 年 12.5 万处，快递专用货机数量从 2010 年 32 架增长至 2014 年 68 架，持续投入极大增强了全行业的服务能力，有力保障了快递服务质量的稳定。三是高新技术在快递领域的推广应用。自动化分拣、互联网信息技术、车辆运输跟踪定位等技术逐步推广，第三方支付、移动支付等支付手段的广泛应用，我国快递服务应用技术向信息化、集成化和自动化发展的步伐加快。四是人才教育培养体系加速形成，快递从业人员素质得到普遍提升。截至 2014 年底，快递合作院校达 143 所，快递专业（方向）在校生规模已达 1 万多人，其中 80% 以上的毕业生就业于快递企业。2010－2014 年间，共有 30 多万人获得各级快递职业技能鉴定证书，占全国快递从业人数的 30% 以上，快递从业人员素质提升为快递服务质量的稳定提供了保障。

（三）发展普及指数

2014 年，中国快递发展指数发展普及指数为 205.4，比 2013 年增长 24。2010－2014 年发展普及指数年均增速为 19.7%，发展普及指数在经历 3 年加速增长后首次出现增速放缓，快递在服务社会经济和普惠民生方面的作用日益显现。

2010－2014 发展普及指数见图 4-24。

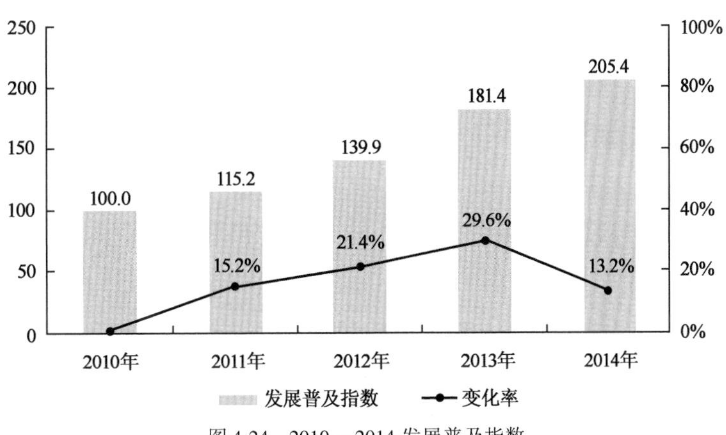

图 4-24　2010－2014 发展普及指数

从二级指标来看，在网点密度方面，网点人口密度从2010年每10万人4.8个快递网点，改善到2014年每10万人9.1个快递网点，网点面积密度从2010年每千平方公里1个快递网点，改善至2014年每千平方公里13个网点。2014年快递服务网络覆盖所有地级市，乡镇快递覆盖率达到50%，农村快递网点近5万个，农村快递包裹量超过20亿件，快递服务农村取得新成效，普惠民生的基础性作用逐步显现。

2010－2014年，我国快递服务网点人口密度变动情况见图4-25；快递服务网点面积密度变动情况见图4-26。

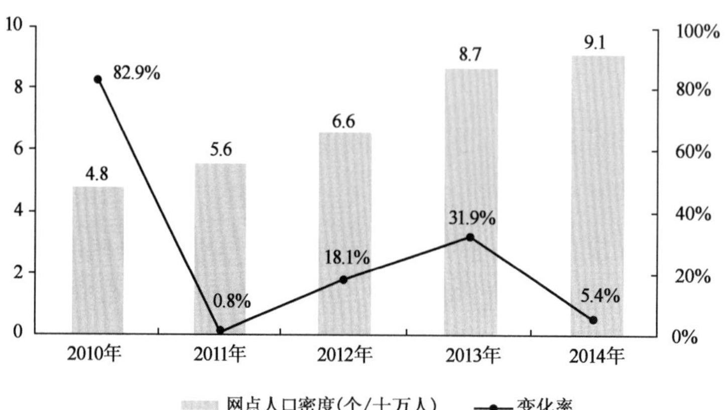

图4-25　2010－2014年我国快递服务网点人口密度变动情况

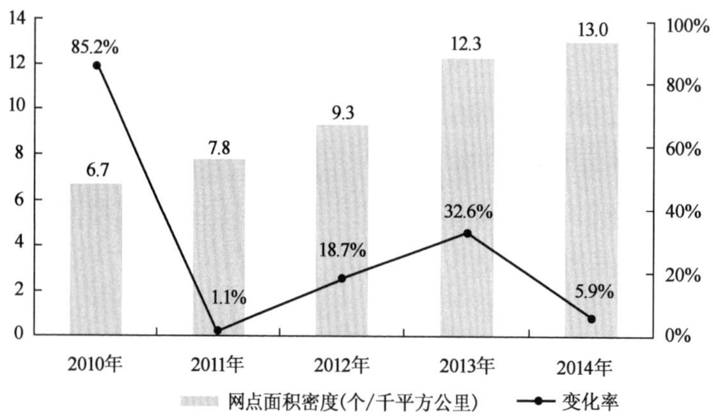

图4-26　2010－2014年我国快递服务网点面积密度变动情况

在快递深度方面，快递业务收入占国内生产总值的比重从2010年1.4‰提高至2014年3.2‰，提高1.8‰。

随着快递服务网络的拓展和服务能力的增强，快递业的社会经济效益日益显现。其中：人均快件使用量从2010年1.7件提高至2014年10.2件，增长近5倍；人均快递费用支出从2010年42.9元增加至2014年149.5元，增长近2.5倍；快递日均服务人次从2010年1260万人次增加至2014年的7649万人次，增长5.1倍；2014年支撑的网络购物额超过2万多亿元，占社会消费品零售总额的7%以上。国务院常务会议提出"快递业是现代服务业的关键产业，是推动流通方式转型、促进消费升级的现代产业，是物流领域的先导产业"的产业新定位，充分肯定了快递业在现代服务业乃至宏观经济中的重要作用。

2010－2014年我国快递深度变化情况见图4-27。

（四）发展趋势指数

2014年，中国快递发展指数发展趋势指数为148.4，与2013年持平。2010－2012年发展趋势指数增速提升，2012－2014年增速平稳。

2010－2014年中国快递发展指数发展趋势指数见图4-28。

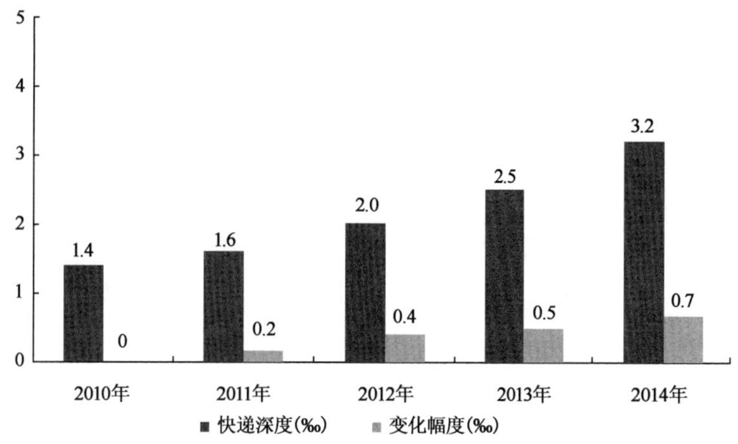

图 4-27 2010－2014 年我国快递深度变化情况

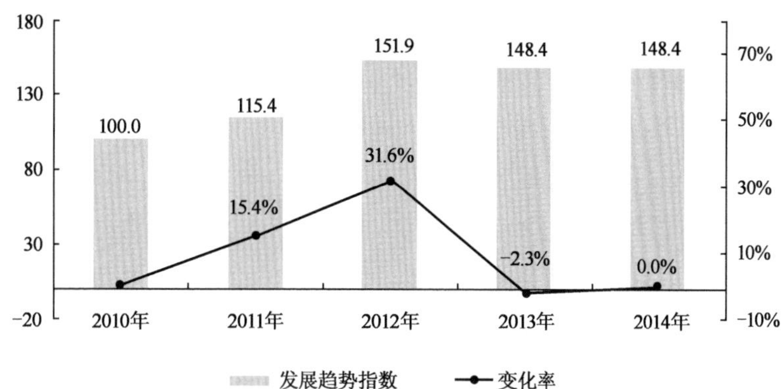

图 4-28 2010－2014 年中国快递发展指数发展趋势指数

在业务增长预期方面，预计 2015 年，我国快递业务量完成 196 亿件，同比增长 40%。我国快递业务收入完成 2650 亿元，同比增长 30%。

在经理人预期方面，93.8% 的职业经理人对本品牌 2015 年业务增长持乐观态度，100% 的职业经理人对整个快递业 2015 年业务增长持乐观态度。

对本品牌和对快递业 2015 年预期见图 4-29、图 4-30。

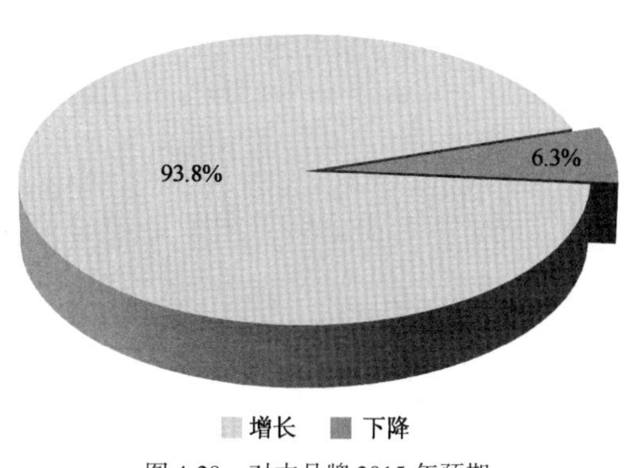

图 4-29 对本品牌 2015 年预期

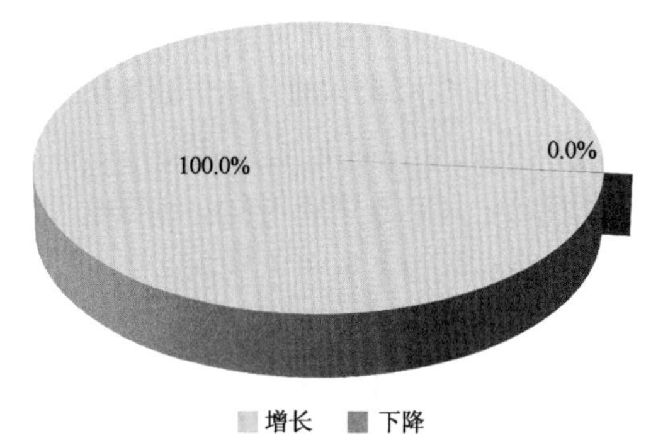

图 4-30 对快递业 2015 年预期

从近 5 年快递发展状况来看，我国快递业增长动力依然强劲，我国快递仍处在高速增长期。2015 年，受我国经济下行压力持续加大、电子商务法律法规的健全加速电子商务理性发展及快递业规模基数不断扩大等多重因素影响，快递业增长速度将有所放缓。随着“四个全面”推进和“一带一路”、京津冀协同发展、长江经济带和新型城镇化等战略实施，我国快递业将迎来新的增长机遇。

附件

中国快递发展指数指标释义

(1)发展规模指数(A1):由业务量和业务收入2个二级指标构成,通过业务量、业务收入反映全国及各省(区、市)快递市场总体规模,发展规模指数的波动反映全国及各省(区、市)快递市场整体规模的相对变化。

业务量(B1):指由本企业完成最终投递环节的快递业务数量,反映快递市场需求变动情况,可以折射整个经济(消费)的活跃程度。快递业务量=国内同城快递业务量+国内异地快递业量+港澳台快递业务量+国际快递业务量。

业务收入(B2):指企业从事快递业务取得的收入,反映快递企业业务收入的变动情况,反映行业的效益状况。快递业务收入=国内同城快递业务收入+国内异地快递业务收入+港澳台快递业务收入+国际快递业务收入+其他快递业务收入。

(2)服务质量指数(A2):利用快递体验数据和客观监测数据来评估全国及各省(区、市)快递行业服务水平,由快递服务满意度、时限准时率、用户申诉率3个二级指标构成。快递业是国家基础性、公共性、服务性行业,与生产生活和消费者利益密切相关,其服务质量直接反映行业内各企业经营管理水平,集中体现市场服务水准。根据现有快递服务质量评价体系,从三个维度测评快递服务质量,其中,快递服务满意度基于用户体验给出主观综合评价,时限准时率客观反映时间效用在快递服务质量中的重要作用,有效申诉率展示质量缺陷带给用户的负面影响。

快递服务满意度(B3):描述快递用户对快递服务的整体感受,并根据快递业务特点,通过对快递业务受理、揽收、投递、售后服务等维度测评用户的满意程度。

时限准时率(B4):体现快递服务的突出特征,考察快递服务72小时内完成快递服务的比率,体现快递服务的时间效率,是快递服务一致性、可靠性的标志,72小时准时率的变化反映行业服务质量的波动。

用户申诉率(B5):为服务质量负面评价指标,概括快递用户对服务质量的负面评价,用户有效申诉率的上升或下降反映服务质量降低或改善的程度。

(3)发展普及指数(A3):由网点密度和快递深度2个二级指标构成,考察全国及各省(区、市)快递服务市场的普及程度和成长水平,衡量行业满足社会生产生活需要的程度,反映行业总体服务供给能力。

网点密度(B6):由网点人口密度和网点面积密度2个三级指标构成,以全国及各省(区、市)每万人拥有的快递服务网点数和每平方公里快递服务网点数考察快递行业的服务供给能力。快递服务是典型的门到门快递服务,约束服务供给能力的最大挑战来自“最先一公里”的揽收服务和“最后一公里”的投递服务,取决于快递网点的辐射半径与辐射能力。网点布局是快递企业投资重点,也是快递服务能力的重要体现。网点人口密度反映快递服务的可得性,网点面积密度体现快递服务的覆盖能力,两者的提升意味着行业总体投资规模的扩张,表明快递服务供给能力的增强。

快递深度(B7):通过快递规模占经济总体规模的比重反映行业发展与地区经济发展的适应程度。快递发展水平与国民经济发展水平息息相关,快递服务需求随地区经济发展而增长,快递深度水平的变化反映快递行业发展满足当地经济发展的程度。

(4)发展趋势指数(A4):由业务增长预期和经理人预期指数2个二级指标构成,采用定性与定量方法相结合的指标构建方式,预示未来一段时间行业发展走势。

业务增长预期(B8):由业务量增长率和业务

收入增长率 2 个三级指标构成。利用业务量和业务收入历史数据建立定量分析的预测模型,可预测快递业务增长率和业务收入增长率,预测行业未来发展趋势。

经理人预期指数(B9):是业内人士对市场走向的主观预期,涵盖业务量收、利润、从业人员、价格、成本、投资等指标,通过“经理人调查问卷”获取快递经理人对行业未来一段时间景气程度的判断,反映经理人对行业发展的信心和预期,并以此预估行业未来发展态势,为决策者提供预警信息。

第三章　快递服务满意度及时限准时率数据

国家邮政局关于2014年上半年快递服务满意度调查结果的通告

为持续改善快递服务质量，促进行业健康有序发展，国家邮政局委托零点研究咨询集团对2014年上半年的快递服务满意度进行了调查。现将有关情况通告如下。

一、基本情况

2014年上半年快递服务满意度调查范围覆盖50个城市，包括全部省会城市、直辖市以及快递业务量较大的部分城市，具体包括：北京、天津、石家庄、太原、沈阳、大连、哈尔滨、上海、南京、苏州、杭州、合肥、福州、厦门、南昌、济南、青岛、郑州、武汉、长沙、广州、深圳、重庆、成都、昆明、西安、兰州、乌鲁木齐、宁波、呼和浩特、长春、南宁、海口、贵阳、拉萨、西宁、银川、珠海、汕头、无锡、常州、扬州、徐州、金华、绍兴、温州、泉州、东莞、佛山和中山市。调查的快递企业为2013年国内快递业务总量排名前10且服务水平较好的品牌，包括：中国邮政速递物流、圆通速递、申通快递、顺丰速运、韵达速递、中通快递、百世汇通、天天快递、宅急送快运和优速快递。调查采用计算机辅助电话访问和快件时限查询；其中，电话访问由上半年使用过快递服务的用户对受理、揽收、投递和售后4个快递服务主要环节及13项基本指标进行满意度测评，共获得有效样本30281个。

二、调查结果

调查显示，2014年上半年快递服务总体满意度为73.8分，较2013年增加1.1分，快递服务水平稳步提升。其中，公众满意度为78.0分，较2013年提升0.9分，对总体满意度的贡献度为0.45分；时测满意度为69.6分，较2013年提升1.3分，对总体满意度的贡献度为0.65分。

品牌总体满意度得分排名依次为：顺丰速运、中国邮政速递物流、中通快递、圆通速递、申通快递、韵达速递、宅急送快运、百世汇通、优速快递和天天快递。其中，2家企业总体满意度得分超过80分、6家得分在70至75分之间、2家得分低于70分。

公众满意度方面，受理环节满意度得分为78.3分，较2013年下降；揽收和售后环节满意度得分为84.3分和70.1分，与2013年基本持平；投递环节满意度首次突破80分，达到81.4分，较2013年提升明显。

在受理环节，普通电话受理满意度为86.0分，较2013年有所提升；客服热线受理满意度为69.9分，较2013年下降。表现较好的企业有申通快递、优速快递、顺丰速运、中国邮政速递物流。用户评价反映出，目前尚需加强统一客服热线受理能力，改善电话接通、下单操作和话务员服务态度等问题。

在揽收环节，揽收服务满意度表现最佳，得分为87.6分；快递费用的满意度为77.3分，明显低于该环节中其他指标，表明用户对于快递价格较为敏感。揽收环节表现较好的企业有百世汇通、天天快递、优速快递、顺丰速运。

在投递环节，送达质量满意度表现最佳，得分为85.6分；投递证实、送达时限满意度分别为72.5分、78.1分，均较2013年明显提升。投递环节表现较好的企业有顺丰速运、中国邮政速递物流、中通快递。

在售后环节，查询服务满意度表现最佳，得分为 81.9 分，是该环节中提升最显著的指标；投诉服务仍是整体评价中得分最低指标，仅 50.3 分，与 2013 年基本持平，投诉服务质量仍待改善。售后环节表现较好的企业有顺丰速运、中通快递、百世汇通。

消费者选择快递品牌时考虑的主要因素依次为时效（占比 25.2%）、价格（占比 23.6%）和安全（占比 14.8%）；安全首次超越服务态度成为消费者考虑的第三大因素。

从消费者反映的问题件类型及投诉快递企业的原因看，确保快递服务时限仍是目前服务质量改进中的主要方向；因服务态度和投递服务不佳导致的投诉比例较 2013 年有所上升，反映出快递企业应加强一线人员服务培训，提高软性服务水平。

从消费者对新兴快递服务方式的评价看，使用过手机客户端或微信下单、智能快递柜收取快件服务的消费者对新兴方式评价均较高，满意度得分分别为 83.9 分、84.1 分。

从地区服务情况来看，多数地区公众满意度提升明显，尤其华北、西北地区提升显著，区域间服务差距有所缩小。消费者对寄往三、四线城市快件的服务满意度较高，得分为 76.9 分，表明当前快递服务网络布局能够满足用户对于基层服务的需要。

调查还显示，2014 上半年快递行业口碑总体向好，行业公众形象稳步提升；服务前后端差距有所缩小，改善主要来源于投递时限的缩短；区域间服务差距有所缩小，快递行业服务均衡性得到增强。

国家邮政局关于 2014 年快递服务满意度调查结果的通告

为持续改善快递服务质量，促进行业健康有序发展，国家邮政局委托专业第三方于 2014 年第二季度和第四季度对快递服务满意度进行了调查。现将有关情况通告如下。

一、基本情况

2014 年快递服务满意度调查范围覆盖全部省会城市、直辖市以及快递业务量较大的 19 个城市，具体包括：北京、天津、石家庄、太原、沈阳、大连、哈尔滨、上海、南京、苏州、杭州、合肥、福州、厦门、南昌、济南、青岛、郑州、武汉、长沙、广州、深圳、重庆、成都、昆明、西安、兰州、乌鲁木齐、宁波、呼和浩特、长春、南宁、海口、贵阳、拉萨、西宁、银川、珠海、汕头、无锡、常州、扬州、徐州、金华、绍兴、温州、泉州、东莞、佛山和中山。调查的快递企业为 2013 年国内快递业务总量排名前 10 且服务水平较好的品牌，包括：中国邮政速递物流、圆通速递、申通快递、顺丰速运、韵达速递、中通快递、百世汇通、天天快递、宅急送快运和优速快递。调查采用计算机辅助电话访问和快件时限查询；其中，电话访问由 2014 年使用过快递服务的用户对受理、揽收、投递和售后 4 个快递服务环节及 13 项基本指标进行满意度测评，共获得有效样本 60374 个。

二、调查结果

调查显示，用户对于快递行业的服务品质基本认可，快递服务总体满意度得分连续 6 年稳步提升，2014 年总体得分为 73.7 分，较 2013 年提升 1.0 分。其中，公众满意度为 78.4 分，较 2013 年提升 1.3 分，对总体满意度的贡献度是 0.65 分；时测满意度为 69.0 分，较 2013 年提升 0.7 分，对总体满意度的贡献度是 0.35 分。

快递企业总体满意度排名和得分依次为：顺

丰速运(83.9 分)、中国邮政速递物流(80.1 分)、中通快递(74.7 分)、圆通速递(74.1 分)、韵达速递(72.5 分)、申通快递(72.3 分)、宅急送快运(71.9 分)、百世汇通(69.5 分)、天天快递(68.8 分)和优速快递(68.4 分)。其中,中国邮政速递物流、中通快递提升较为明显。

公众满意度方面,在涉及评价的 4 项二级指标中,受理环节满意度有所下降,得分为 83.2 分,较 2013 年下降 2.0 分;揽收环节满意度得分为 84.6 分,与 2013 年基本持平;用户评价显示,快递服务后端环节改善较为明显,投递和售后环节满意度得分分别为 79.2 分、73.0 分,较 2013 年分别提升 2.9 分、2.0 分。

在涉及评价的 13 项 3 级指标中,用户满意度较高的项目是:揽收员服务、送达质量、揽收质量、普通电话受理、上门时限、查询和派件员服务。满意度增长较快的项目是:投递证实、送达时限、查询和快递费用。满意度有所降低的项目是:统一客服热线受理和揽收质量。

在受理环节,普通电话受理满意度为 84.9 分,较 2013 年下降 1.0 分;统一客服热线受理满意度为 77.7 分,在所有评价指标中下降幅度最大(-4.3 分),亟待改进。表现较好的企业有:顺丰速运、优速快递、宅急送快运。用户评价反映出,快递企业在统一客服热线的受理能力、下单便捷性和话务员业务规范性等方面仍待加强。

在揽收环节,揽收员服务满意度得分为 87.9 分,在所有评价指标中满意度表现最佳,是快递服务中的优势环节;快递费用的满意度得分为 77.5 分,较 2013 年提升 2.6 分,表明用户较为认可现有价格水平。揽收环节表现较好的企业有:百世汇通、顺丰速运、天天快递。

在投递环节,送达质量满意度表现最佳,得分为 85.9 分;其中送达时限和投递证实满意度得分较 2013 年有明显提升。投递环节表现较好的企业有:顺丰速运、中国邮政速递物流、中通快递。

在售后环节,查询服务满意度表现最好,得分为 82.9 分,同时也是该环节提升最显著的指标;投诉服务满意度得分较低,仅 50.9 分,但较 2013 年提升 1.4 分。售后环节表现较好的企业有:顺丰速运、中通快递、百世汇通。用户评价表明,快递企业仍需进一步改进投诉服务。

消费者选择快递品牌时考虑的主要因素依次为“时效”(占比 26.4%)、“价格”(占比 22.7%)和“服务”(占比 14.4%)。连续 6 年的监测显示,用户对以上三个因素的关注度近 4 年来始终排名前三位,用户使用快递服务时的选择标准已经基本形成。

从消费者反映的问题件类型及投诉原因看,确保快件准时送达仍是快递服务目前的主要改进方向;因投递服务投诉的比例较 2013 年有所上升,反映出企业应改善末端服务,提高软性服务水平。

从消费者对新兴快递服务方式的评价看,使用过手机客户端或微信下单、智能快件箱收取快件的消费者对其服务评价均较高,满意度得分分别为 84.2 分、80.1 分,新兴服务方式得到公众认可,发展潜力较大。

调查结果显示,2014 年快递公众满意度得分居前十五位的城市是:大连、长春、呼和浩特、徐州、太原、哈尔滨、天津、西宁、扬州、济南、乌鲁木齐、常州、兰州、青岛和石家庄。与 2013 年相比,大连、长春、呼和浩特、徐州、太原、扬州、济南、常州和石家庄继续保持在前十五位,哈尔滨、天津、西宁、乌鲁木齐、兰州和青岛首次进入前十五位。进步幅度排名前五的城市是:西宁、温州、厦门、宁波和杭州。消费者对寄往三、四线城市快件的服务满意度较高,得分为 77.3 分,显示出“快递西进”、“快递下乡”工程较好地满足了用户需要。

调查还显示,2014 年快递行业口碑得到增强,用户口碑阻力指数由 2013 年的 0.59 下降到 2014 年的 0.25,行业总体正面口碑多于负面口碑,部分企业如顺丰、中通、申通具有良好的口碑效应;快递行业的公众形象稳步提升,公众对快递服务的总体期望趋于理性平稳，快递服务前后端差异进一步缩小，行业整体均衡性向好发展。

国家邮政局关于2014年上半年重点地区快递服务时限准时率测试结果的通告

为提升快递服务水平，促进行业健康发展，国家邮政局委托北京国邮科讯科技发展有限公司开展了2014年上半年重点地区快递服务时限准时率测试工作。现将有关情况通告如下。

一、基本情况

本次快递服务时限准时率测试范围覆盖50个城市，包括全部省会城市、直辖市以及快递业务量较大的部分城市，具体包括：北京、天津、石家庄、太原、沈阳、大连、哈尔滨、上海、南京、苏州、杭州、合肥、福州、厦门、南昌、济南、青岛、郑州、武汉、长沙、广州、深圳、重庆、成都、昆明、西安、兰州、乌鲁木齐、宁波、呼和浩特、长春、南宁、海口、贵阳、拉萨、西宁、银川、珠海、汕头、无锡、常州、扬州、徐州、金华、绍兴、温州、泉州、东莞、佛山和中山市。测试对象为2013年国内快递业务总量排名前10且服务水平较好的品牌，包括：中国邮政速递物流、圆通速递、申通快递、顺丰速运、韵达速递、中通快递、百世汇通、天天快递、宅急送快运和优速快递。测试方式为通过邮政监管信息系统进行抽样测试和实际寄递测试：其中，系统抽样测试获得有效样本60万件，实际寄递测试获得有效样本5880件。

二、测试结果

1. 2014年上半年快递服务全程时限（以下简称“全程时限”）的均值为57.58小时，比2013下半年缩短0.6小时。10家品牌企业在“全程时限”指标中的表现依次为：顺丰速运、中国邮政速递物流、圆通速递、中通快递、申通快递、韵达速递、宅急送快运、百世汇通、天天快递和优速快递。

2014年上半年“国内异地快递服务时限72小时准时率”（以下简称“72小时准时率”）的均值为75.4%，比2013下半年提高1.5个百分点。10家品牌企业在“72小时准时率”指标中的表现依次为：中国邮政速递物流、顺丰速运、中通快递、圆通速递、申通快递、宅急送快运、百世汇通、韵达速递、天天快递和优速快递。

2. 分环节时限

测试数据显示，寄出地处理环节平均时限11.81小时，运输环节平均时限32.37小时，寄达地处理环节平均时限10.68小时，投递环节平均时限2.72小时。

品牌企业分环节时限排名见表4-7。

表4-7 品牌企业分环节时限排名

品牌企业	寄出地处理环节	运输环节	寄达地处理环节	投递环节
中国邮政速递物流	1	1	3	3
顺丰速运	2	2	1	1
申通快递	5	6	5	8
圆通速递	7	3	7	6
韵达速递	9	7	6	5
中通快递	6	5	4	2
百世汇通	10	10	2	9
宅急送快运	3	4	10	4
天天快递	8	9	9	7
优速快递	4	8	8	10

3. 不同寄送距离时限

测试数据显示，1000公里以下平均时限44.96小时，1000～2000公里平均时限60.79小时，2000～3000公里平均时限70.84小时，3000公里以上平均时限73.92小时。

品牌企业分里程时限排名见表4-8。

4. 分区域时限

全程时限方面，东部平均时限54.44小时，中部平均时限58.29小时，西部平均时限69.30小时；72小时准时率方面，东部、中部、西部分别为79.60%、79.25%和63.21%。

（注：分区域时限是以寄达地划分区域，分析寄往该区域内快件的全程时限水平。）

表4-8　品牌企业分里程时限排名

品牌企业	1000公里以下	1000～2000公里	2000～3000公里	3000公里以上
中国邮政速递物流	2	2	2	2
顺丰速运	1	1	1	1
申通快递	5	5	4	5
圆通速递	4	3	3	3
韵达速递	8	6	6	4
中通快递	3	4	5	6
百世汇通	10	10	8	7
宅急送快运	6	7	7	8
天天快递	7	8	9	9
优速快递	9	9	10	10

国家邮政局关于2014年下半年重点地区快递服务时限准时率测试结果的通告

为提升快递服务水平，促进行业健康发展，国家邮政局委托专业第三方开展了2014年下半年重点地区快递服务时限准时率测试工作。现将有关情况通告如下。

一、基本情况

本次快递服务时限准时率测试范围覆盖50个城市，包括全部省会城市、直辖市以及快递业务量较大的部分城市，具体包括：北京、天津、石家庄、太原、沈阳、大连、哈尔滨、上海、南京、苏州、杭州、合肥、福州、厦门、南昌、济南、青岛、郑州、武汉、长沙、广州、深圳、重庆、成都、昆明、西安、兰州、乌鲁木齐、宁波、呼和浩特、长春、南宁、海口、贵阳、拉萨、西宁、银川、珠海、汕头、无锡、常州、扬州、徐州、金华、绍兴、温州、泉州、东莞、佛山和中山。测试对象为2013年国内快递业务总量排名前10且服务水平较好的品牌，包括：中国邮政速递物流、圆通速递、申通快递、顺丰速运、韵达速递、中通快递、百世汇通、天天快递、宅急送快运和优速快递。测试方式为系统抽样测试和实际寄递测试：其中，系统抽样测试获得有效样本60万件，实际寄递测试获得有效样本5580件。

二、测试结果

1. 2014年下半年快递服务全程时限（以下简称“全程时限”）的均值为59.41小时，比上半年延长1.83小时。10家品牌企业在“全程时限”指标中的表现依次为：顺丰速运、中国邮政速递物流、圆通速递、中通快递、申通快递、宅急送快运、韵达速递、百世汇通、天天快递和优速快递。

2014年下半年"国内异地快递服务时限72小时准时率"(以下简称"72小时准时率")的均值为72.01%,比上半年下降3.41个百分点。10家品牌企业在"72小时准时率"指标中的表现依次为:顺丰速运、中国邮政速递物流、中通快递、圆通速递、宅急送快运、申通快递、韵达速递、百世汇通、天天快递和优速快递。

按不同寄送距离观测,与上半年相比,寄送距离在2000公里以下(业务量占比超过2/3)的快件全程时限有所缩短,寄送距离在3000公里以内(业务量占比接近90%)的快件的72小时准时率得到改善。

2. 分环节时限

测试数据显示,寄出地处理环节平均时限为11.51小时,运输环节平均时限为35.16小时,寄达地处理环节平均时限为9.82小时,投递环节平均时限为2.92小时。

品牌企业分环节时限排名见表4-9。

表4-9 品牌企业分环节时限排名

品牌企业	寄出地处理环节	运输环节	寄达地处理环节	投递环节
顺丰速运	1	1	1	2
中国邮政速递物流	2	2	3	1
圆通速递	3	3	7	8
中通快递	6	4	6	4
申通快递	5	6	2	10
宅急送快运	4	5	8	3
韵达速递	7	7	4	5
百世汇通	8	10	5	7
天天快递	9	8	10	6
优速快递	10	9	9	9

3. 不同寄送距离时限

测试数据显示,1000公里以下平均时限为42.85小时,1000~2000公里平均时限为59.42小时,2000~3000公里平均时限为72.17小时,3000公里以上平均时限为79.07小时。

品牌企业分里程时限排名见表4-10。

4. 分区域时限(以寄达地划分区域,分析寄往该区域内快件的全程时限水平)

全程时限方面,东部平均时限为54.25小时,中部平均时限为60.27小时,西部平均时限为72.61小时;72小时准时率方面,东部、中部、西部分别为77.41%、70.82%和52.32%。

表4-10 品牌企业分里程时限排名

品牌企业	1000公里以下	1000~2000公里	2000~3000公里	3000公里以上
顺丰速运	1	1	2	2
中国邮政速递物流	2	2	1	1
圆通速递	4	4	3	3
中通快递	3	3	4	5
申通快递	5	5	5	7
宅急送快运	6	7	7	4
韵达速递	7	6	6	6
百世汇通	8	8	8	8
天天快递	9	9	9	9
优速快递	10	10	10	10

第四章　邮政业消费者申诉情况通告

2014 年 1 月邮政业消费者申诉情况的通告

1 月，国家邮政局和各省（区、市）邮政管理局通过“12305”邮政行业消费者申诉电话和申诉网站共受理消费者申诉 71076 件。申诉中涉及邮政服务问题的 2622 件，占总申诉量的 3.7%；涉及快递业务问题 68454 件，占总申诉量的 96.3%。已处理申诉中有效申诉（确定企业责任的）28971 件，同比增长 8.4%，增幅下降 135.6 个百分点。有效申诉中涉及邮政服务问题的 608 件，占有效申诉量的 2.1%；涉及快递业务问题的 28363 件，占有效申诉量的 97.9%。经调解消费者申诉已全部妥善处理，为消费者挽回经济损失 278.8 万元，同比增长 27.1%，消费者对申诉处理满意率 93.7%，同比增加 3.5 个百分点。

一、邮政服务申诉情况

1 月，受理消费者关于邮政服务问题的有效申诉 608 件，环比增长 31.9%，同比增长 14.5%，同比增幅下降 206 个百分点（图 4-31、表 4-11、图4-32）。

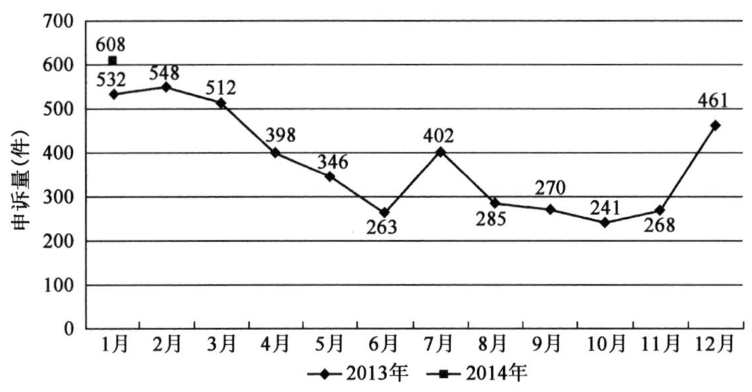

图 4-31　2014 年与 2013 年各月邮政有效申诉数量

表 4-11　2014 年 1 月消费者申诉的邮政服务主要问题及所占比例统计

序号	申诉问题			申诉件数	占比例(%)	环比增长(%)	同比增长(%)
1	投递服务	包件	127	232	38.2	47.8	-7.9
		函件	88				
		报刊	2				
		其他	15				
2	邮件延误	包件	137	194	31.9	2.6	20.5
		函件	47				
		汇兑	2				
		其他	8				
3	邮件丢失短少	包件	80	104	17.1	46.5	108.0
		函件	21				
		其他	3				

续上表

<table>
<tr><th>序号</th><th colspan="3">申诉问题</th><th>申诉件数</th><th>占比例(%)</th><th>环比增长(%)</th><th>同比增长(%)</th></tr>
<tr><td rowspan="5">4</td><td rowspan="5">收寄服务</td><td>包件</td><td>21</td><td rowspan="5">38</td><td rowspan="5">6.3</td><td rowspan="5">40.7</td><td rowspan="5">-9.5</td></tr>
<tr><td>函件</td><td>13</td></tr>
<tr><td>报刊</td><td>1</td></tr>
<tr><td>集邮</td><td>1</td></tr>
<tr><td>其他</td><td>2</td></tr>
<tr><td rowspan="2">5</td><td rowspan="2">违规收费</td><td>包件</td><td>22</td><td rowspan="2">23</td><td rowspan="2">3.8</td><td rowspan="2">228.6</td><td rowspan="2">76.9</td></tr>
<tr><td>函件</td><td>1</td></tr>
<tr><td rowspan="3">6</td><td rowspan="3">邮件损毁</td><td>包件</td><td>13</td><td rowspan="3">16</td><td rowspan="3">2.6</td><td rowspan="3">77.8</td><td rowspan="3">166.7</td></tr>
<tr><td>函件</td><td>2</td></tr>
<tr><td>其他</td><td>1</td></tr>
<tr><td>7</td><td colspan="3">其他</td><td>1</td><td>0.2</td><td>0.0</td><td>-85.7</td></tr>
<tr><td>合计</td><td colspan="3">—</td><td>608</td><td>100</td><td>31.9</td><td>14.5</td></tr>
</table>

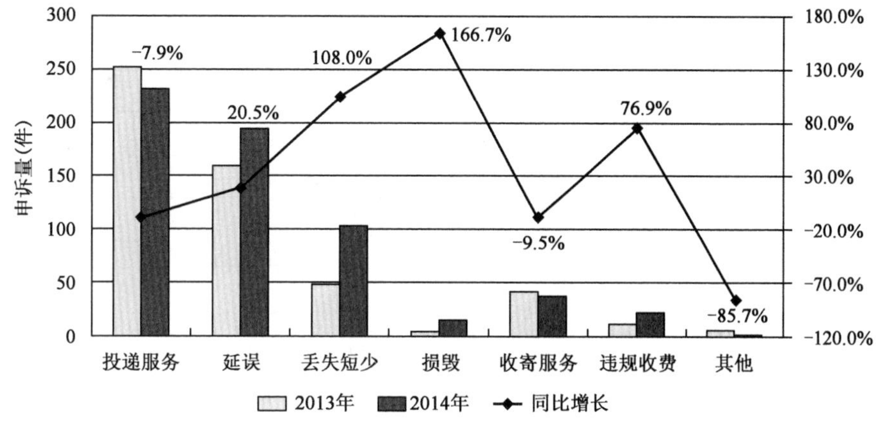

图 4-32 2014 年 1 月邮政业务申诉问题同比增长情况

二、快递业务申诉情况

(一)消费者申诉的主要问题

1 月,受理消费者关于快递业务的有效申诉 28363 件,环比增长 21.4%,同比增长 8.2%,同比增幅下降 134.6 个百分点(图 4-33、表 4-12、图 4-34)。

表 4-12 2014 年 1 月消费者申诉快递业务的主要问题及所占比例统计

序号	申诉问题	申诉件数	占比例(%)	环比增长(%)	同比增长(%)
1	快件延误	13417	47.3	3.0	29.0
2	投递服务	7176	25.3	39.0	-15.5
3	快件丢失短少	5203	18.3	55.5	5.0
4	快件损毁	1280	4.5	45.6	-3.5
5	收寄服务	681	2.4	28.7	15.8
6	代收货款	273	1	42.2	44.4
7	违规收费	153	0.5	13.3	-6.1
8	其他问题	180	0.6	127.8	111.8
合计	—	28363	100	21.4	8.2

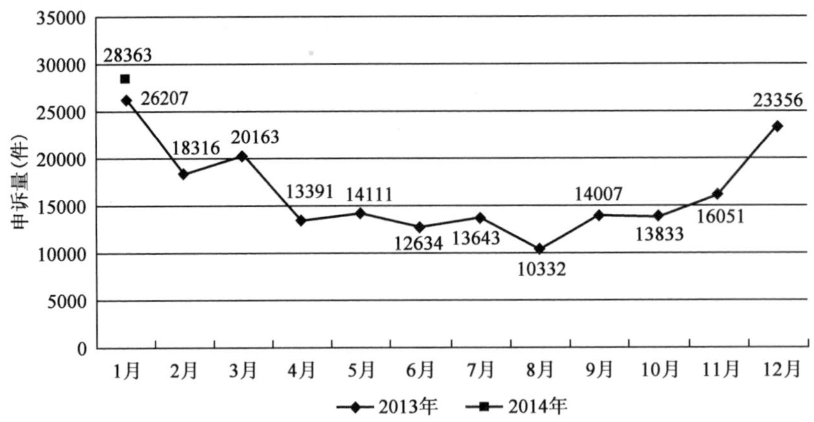

图4-33　2014年与2013年各月快递有效申诉数量

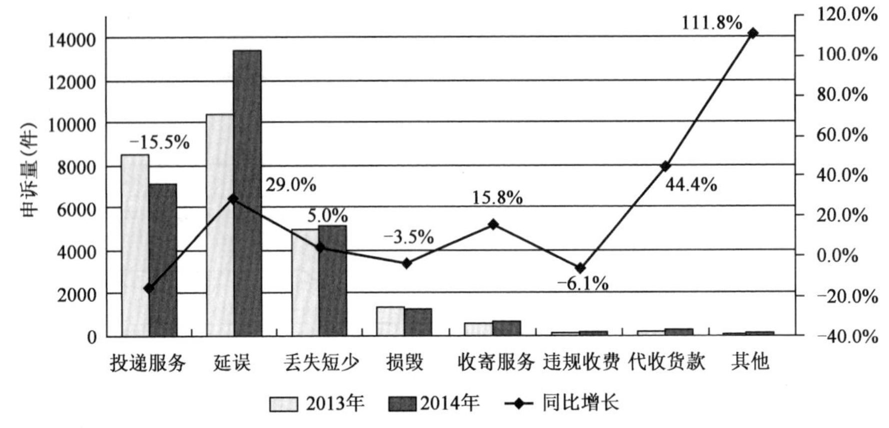

图4-34　2014年1月快递业务申诉问题同比增长情况

（二）消费者对快递企业申诉情况

1月，消费者对47家快递企业进行了有效申诉，全国快递业务平均百万件快件有效申诉31.9件，环比增加10.1件，同比减少6.1件（表4-13）。

2014年1月，快递企业对省（区、市）邮政管理局转办的申诉未能按规定时限回复的有63件，同比减少299件（表4-14）。

表4-13　2014年1月主要快递企业申诉率统计（单位：件有效申诉/百万件快件）

企业名称	2014年1月申诉率	其　中			2013年1月申诉率	同比
		延误申诉率	丢失申诉率	投递服务申诉率		
全峰快递	224.5	104.9	58.9	38.7	—	—
港中能达	118.0	59.5	16.9	30.3	58.6	↑
快捷速递	104.2	38.6	18.2	27.7	—	—
韵达速递	75.6	40.2	14.5	16.4	76.9	↓
天天快递	67.5	33.1	13.7	15.3	90.3	↓
宅急送快运	56.6	24.8	7.4	18.8	84.8	↓
速尔快递	52.8	14.5	10.4	16.3	36.1	↑
苏宁易购	37.2	29.6	1.0	5.9	—	—
申通快递	35.7	12.4	7.6	10.9	57.4	↓
中通快递	33.5	14.0	7.4	9.4	40.7	↓
国通快递	32.7	17.2	4.4	7.7	93.4	↓

续上表

企业名称	2014年1月申诉率	其中			2013年1月申诉率	同比
		延误申诉率	丢失申诉率	投递服务申诉率		
圆通速递	32.0	13.8	7.3	8.6	36.6	↓
百世汇通	31.8	18.8	4.7	6.4	51.1	↓
优速快递	26.2	8.9	4.3	8.0	56.5	↓
中国邮政速递物流	22.2	12.5	2.5	5.8	25.9	↓
如风达	22.1	13.1	0.0	7.9	—	—
TNT	12.9	1.6	4.8	0.0	10.5	↑
UPS	7.6	1.3	0.0	5.1	6.2	↑
顺丰速运	5.7	2.2	0.3	1.9	6.2	↓
民航快递	5.1	5.1	0.0	0.0	2.3	↑
全一快递	4.9	0.0	0.5	2.7	10.3	↓
FedEx	2.5	0.0	0.8	1.2	2.8	↓
DHL	2.0	0.0	0.0	0.7	2.9	↓
京东	0.7	0.3	0.1	0.3	—	—

表4-14 2014年1月快递企业对申诉未能按时回复统计

公司名称	北京	河北	上海	江苏	浙江	福建	山东	湖南	广东	海南	重庆	贵州	陕西	合计
中国邮政	0	1	0	0	1	0	0	6	0	2	0	1	0	11
全峰快递	0	0	0	1	3	0	1	0	4	0	0	0	0	9
港中能达	2	0	1	3	0	0	0	2	0	0	0	0	0	8
优速快递	0	0	0	0	0	1	0	1	3	0	0	0	0	5
TNT	0	0	1	2	0	2	0	0	0	0	0	0	0	5
中通快递	0	0	0	0	0	0	0	0	3	0	1	0	0	4
中国邮政速递物流	0	0	0	0	0	0	0	3	0	0	0	0	0	3
德邦物流	0	1	0	0	0	0	0	0	0	0	1	0	0	2
苏宁易购	0	0	0	0	0	0	1	0	0	0	0	0	1	2
宅急送快运	0	0	0	0	0	0	0	1	0	0	0	0	0	1
韵达速递	0	0	0	0	0	0	0	0	0	0	0	1	0	1
国通快递	0	0	0	0	0	0	0	0	0	0	1	0	0	1
快捷快递	0	0	0	0	0	0	0	0	0	0	0	1	0	1
创一快递	0	0	0	0	0	0	0	1	0	0	0	0	0	1
其他	0	0	0	1	0	1	0	0	5	0	2	0	0	9
合计	2	2	2	7	4	4	2	14	15	2	5	3	1	63

三、消费者申诉区域分布情况

1月，各省(区、市)邮政服务申诉率见表4-15。

表4-15 2014年1月各省(区、市)邮政服务申诉率(单位:件有效申诉/千万件进出口邮件)

地区	邮政服务申诉量(件)	其中有效申诉(件)	申诉率	邮政服务申诉率中		
				延误申诉率	丢失申诉率	投递服务申诉率
新疆	132	45	11.24	5.75	1.50	4.00

续上表

地区	邮政服务申诉量（件）	其中有效申诉（件）	申诉率	邮政服务申诉率中		
				延误申诉率	丢失申诉率	投递服务申诉率
海南	32	14	8.58	4.29	3.06	1.23
云南	100	38	8.44	2.22	1.11	4.44
贵州	73	30	8.38	3.63	1.12	3.07
陕西	82	27	6.03	3.13	1.56	1.34
湖南	116	39	5.86	1.95	1.05	2.56
甘肃	48	14	4.99	2.14	1.43	1.07
湖北	146	36	4.85	0.94	1.48	2.15
宁夏	11	4	4.37	0.00	3.28	1.09
西藏	8	4	4.30	0.00	2.15	0.00
北京	205	50	3.98	0.96	0.24	2.15
内蒙古	52	12	3.94	0.99	1.31	1.31
天津	57	8	3.33	1.25	1.66	0.00
广东	301	45	2.81	0.69	0.50	1.12
河北	113	28	2.72	0.58	0.10	1.55
江苏	177	55	2.56	0.93	0.14	0.47
青海	5	2	2.53	1.27	0.00	1.27
江西	50	13	2.45	0.94	0.19	1.32
黑龙江	38	12	2.21	0.92	0.18	1.11
吉林	29	6	2.08	0.00	1.39	0.69
山西	49	11	1.96	0.18	0.36	1.25
重庆	35	6	1.77	0.00	0.59	0.59
浙江	194	30	1.35	0.49	0.13	0.49
安徽	38	10	1.29	0.13	0.13	0.78
山东	113	17	1.18	0.55	0.21	0.28
上海	109	21	1.17	0.34	0.11	0.34
河南	77	12	0.86	0.22	0.22	0.29
四川	63	8	0.86	0.32	0.00	0.54
福建	89	6	0.62	0.10	0.51	0.00
辽宁	51	3	0.55	0.00	0.00	0.55
广西	29	2	0.54	0.27	0.00	0.27

1月，各省（区、市）快递业务申诉率见表4-16。

表4-16　2014年1月各省（区、市）快递业务申诉率（单位：件有效申诉/百万件进出口快件）

地区	快递业务量（万件）	快递业务申诉量（件）	快递有效申诉（件）	申诉率	快递业务申诉率中		
					延误申诉率	丢失申诉率	投递服务申诉率
新疆	785.7	880	445	56.6	25.8	9.3	19.5
西藏	60.7	74	31	51.1	23.1	9.9	13.2
山东	5804.6	5017	2276	39.2	22.2	6.6	7.1
甘肃	658.8	503	234	35.5	19.7	5.3	8.5
云南	1957	1258	684	35.0	19.1	4.8	8.4

续上表

地区	快递业务量（万件）	快递业务申诉量（件）	快递有效申诉（件）	申诉率	快递业务申诉率中		
					延误申诉率	丢失申诉率	投递服务申诉率
天津	1914.2	1314	525	27.4	16.8	3.9	5.0
青海	159.3	86	42	26.4	14.4	2.5	5.7
贵州	1155.4	619	273	23.6	11.4	4.2	6.6
广西	1589.1	687	367	23.1	12.3	3.0	4.7
广东	29714.7	15606	6455	21.7	10.0	4.5	5.3
内蒙古	1074.8	601	227	21.1	9.4	2.0	8.4
湖北	3650.1	2218	761	20.9	10.9	3.1	4.8
宁夏	265.9	116	55	20.7	8.3	5.3	4.9
辽宁	2776.8	1284	537	19.3	9.7	3.2	4.9
海南	815.5	352	156	19.1	10.2	2.5	4.5
黑龙江	1430.1	765	268	18.7	8.0	3.7	4.8
吉林	1241.5	598	223	18.0	10.7	2.1	4.0
河北	4007.4	1778	677	16.9	8.0	2.7	4.6
重庆	2174.9	836	362	16.6	8.1	3.6	3.3
陕西	2248.6	958	371	16.5	6.9	2.8	4.9
福建	7307.9	2850	1146	15.7	8.1	2.7	3.5
北京	13418.2	5017	2098	15.6	6.9	2.9	4.3
安徽	3502	1351	541	15.4	5.7	2.8	5.0
四川	5221.3	2000	769	14.7	8.4	2.3	2.8
湖南	3659.1	1279	528	14.4	6.3	2.5	4.3
河南	4186.8	1519	589	14.1	5.8	2.3	4.8
山西	1919	756	260	13.6	5.4	2.1	4.6
江苏	19618.5	6528	2627	13.4	5.7	2.7	3.8
江西	3352.6	888	422	12.6	6.4	1.8	3.3
浙江	21984.3	6339	2693	12.3	5.1	2.6	3.2
上海	15245.4	4377	1721	11.3	5.4	2.1	3.0

2014年2月邮政业消费者申诉情况的通告

2月，国家邮政局和各省（区、市）邮政管理局通过“12305”邮政行业消费者申诉电话和申诉网站共受理消费者申诉39340件。申诉中涉及邮政服务问题的1579件，占总申诉量的4%；涉及快递业务问题37761件，占总申诉量的96%。已处理申诉中有效申诉（确定企业责任的）13658件，同比下降27.6%。有效申诉中涉及邮政服务问题的301件，占有效申诉量的2.2%；涉及快递业务问题的13357件，占有效申诉量的97.8%。经调解消费者申诉已全部妥善处理，为消费者挽回经济损失104.5万元，消费者对申诉处理满意率92.9%，同比增加1.5个百分点。

一、邮政服务申诉情况

2月，受理消费者关于邮政服务问题的有效申诉301件，环比下降50.5%，同比下降45.1%（图4-35、表4-17、图4-36）。

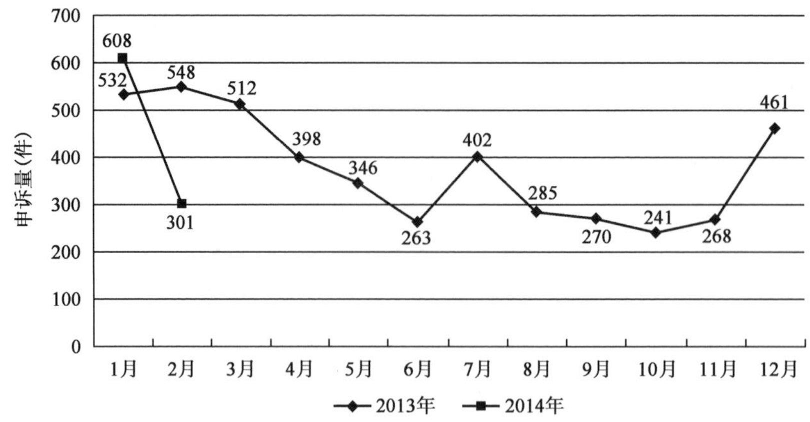

图4-35　2014 年与 2013 年各月邮政有效申诉数量

表 4-17　2 月消费者申诉的邮政服务主要问题及所占比例统计

序号	申诉问题		申诉件数		占比例(%)	环比增长(%)	同比增长(%)
1	投递服务	包件	54	123	40.9	-47.0	-53.4
		函件	60				
		报刊	4				
		汇兑	1				
		其他	4				
2	邮件延误	包件	68	103	34.2	-46.9	-46.4
		函件	22				
		汇兑	3				
		其他	10				
3	邮件丢失短少	包件	25	36	12.0	-65.4	-18.2
		函件	11				
4	收寄服务	包件	14	24	8.0	-36.8	-11.1
		函件	9				
		集邮	1				
5	邮件损毁	包件	6	7	2.3	-56.3	133.3
		其他	1				
6	违规收费	包件	2	2	0.7	-91.3	-77.8
7	其他		6		2	500	-33.3
合计	—		301		100	-50.5	-45.1

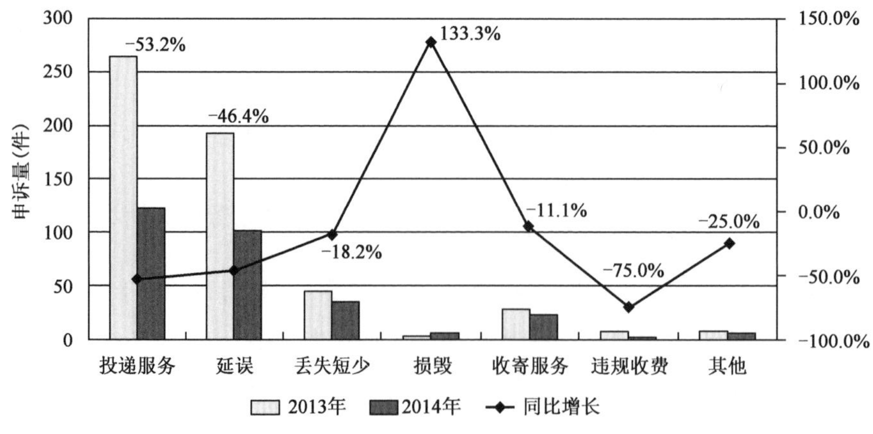

图4-36　2014 年 2 月邮政业务申诉问题同比增长情况

二、快递业务申诉情况

(一)消费者申诉的主要问题

2月,受理消费者关于快递业务的有效申诉13357件,环比下降52.9%,同比下降27.1%(图4-37、表4-18、图4-38)。

(二)消费者对快递企业申诉情况

2月,消费者对43家快递企业进行了有效申诉,全国快递业务平均百万件快件有效申诉19.4件,环比下降12.5件,同比下降32.2件(表4-19)。

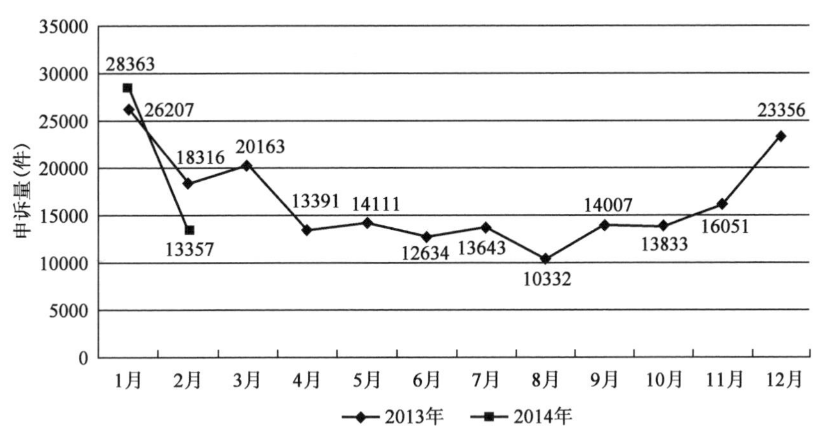

图4-37 2014年与2013年各月快递有效申诉数量

表4-18 2014年2月消费者申诉快递业务的主要问题及所占比例统计

序号	申诉问题	申诉件数	占比例(%)	环比增长(%)	同比增长(%)
1	快件延误	6963	52.1	-48.1	-5.4
2	投递服务	3209	24.0	-55.3	-46.9
3	快件丢失短少	2082	15.6	-60.0	-36.2
4	快件损毁	490	3.7	-61.7	-43.1
5	收寄服务	336	2.5	-50.7	-30.4
6	代收货款	108	0.8	-60.4	-27.0
7	违规收费	59	0.4	-61.4	-50.8
8	其他问题	110	0.8	-38.9	168.3
合计	—	13357	100	-52.9	-27.1

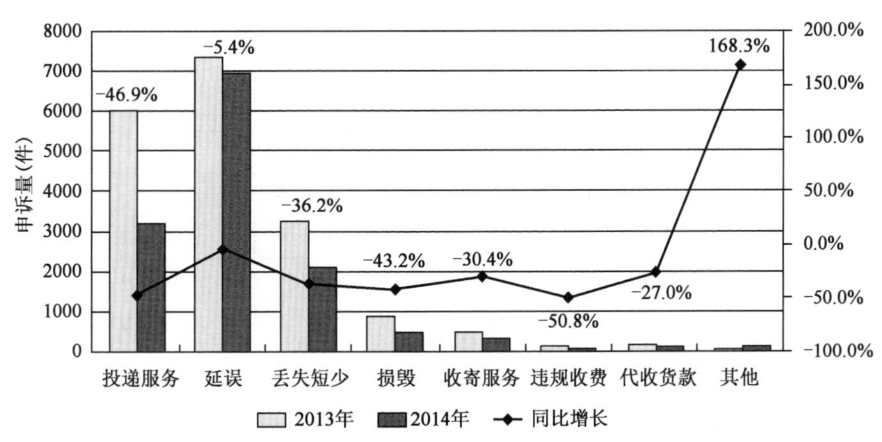

图4-38 2014年2月快递业务申诉问题同比增长情况

表 4-19　2014 年 2 月主要快递企业申诉率统计(单位:件有效申诉/百万件快件)

企业名称	2014 年 2 月申诉率	其　中			2013 年 2 月申诉率	同比
		延误申诉率	丢失申诉率	投递服务申诉率		
全峰快递	92.42	42.97	24.89	14.93	—	—
港中能达	60.61	26.07	16.91	11.28	83.8	↓
快捷快递	40.09	21.00	5.35	8.4	—	—
天天快递	39.50	21.96	7.53	8.02	112.1	↓
宅急送快运	37.94	18.40	3.59	9.63	176.3	↓
申通快递	24.68	10.74	4.17	7.60	73.8	↓
百世汇通	24.13	13.03	3.84	5.81	101.8	↓
中外运－空运	23.81	23.81	0.00	0.00	0.00	↑
速尔快递	22.07	6.51	3.98	6.51	42.9	↓
中国邮政速递物流	20.61	12.38	1.75	5.45	32.0	↓
韵达速递	19.13	9.36	4.72	3.77	144.0	↓
国通快递	18.84	11.83	1.50	3.69	71.5	↓
中通快递	18.01	8.50	3.33	4.69	66.3	↓
如风达	17.35	15.25	0.00	2.10	—	—
优速快递	15.06	6.41	2.45	3.67	68.2	↓
圆通速递	13.99	8.35	2.16	2.79	47.5	↓
顺丰速运	13.02	7.01	0.66	3.41	26.2	↓
苏宁易购	6.72	4.32	0.0	1.44	—	—
UPS	4.39	2.19	0.0	1.10	2.1	↑
全一快递	3.60	1.44	0.0	0.0	18.9	↓
DHL	2.67	1.33	0.67	0.67	2.1	↑
京东	1.26	0.76	0.09	0.31	—	—
FedEx	1.21	0.61	0.00	0.61	1.6	↓

2014 年 2 月,快递企业对省(区、市)邮政管理局转办的申诉未能按规定时限回复的有 505 件,同比减少 443 件(表 4-20)。

表 4-20　2014 年 2 月快递企业对申诉未能按时回复统计

公司名称	河北	山西	黑龙江	上海	江苏	浙江	福建	江西	山东	湖北	湖南	广东	海南	重庆	四川	贵州	云南	陕西	甘肃	合计
百世汇通	1	2	10	53	87	36	44	0	0	19	2	46	2	1	7	4	13	1	1	329
宅急送快运	0	0	0	8	17	0	0	0	0	0	1	0	0	0	0	0	0	0	0	26
中通快递	0	1	1	0	0	0	0	0	0	0	0	0	0	12	8	0	0	1	0	24
港中能达	2	0	0	1	2	3	4	0	3	0	0	0	0	4	0	0	0	0	0	19
全峰快递	0	0	0	1	3	0	2	0	2	0	0	5	0	1	0	0	1	2	0	17
优速快递	0	0	1	1	1	2	1	0	1	2	0	0	0	0	0	0	1	4	0	14
申通快递	0	0	0	0	0	0	0	0	0	5	0	0	1	8	0	0	0	0	0	14
中国邮政	3	0	0	0	0	0	0	0	0	9	0	0	0	0	0	0	0	0	0	12
韵达速递	0	4	0	0	0	0	0	0	0	0	1	0	1	0	0	0	0	0	0	5
快捷快递	0	0	0	0	0	1	0	1	0	2	0	0	0	0	1	0	0	0	0	5
飞康达	0	0	0	0	0	0	4	0	0	0	0	0	0	0	0	0	0	0	0	4

续上表

公司名称	河北	山西	黑龙江	上海	江苏	浙江	福建	江西	山东	湖北	湖南	广东	海南	重庆	四川	贵州	云南	陕西	甘肃	合计
速尔快递	0	0	0	0	0	0	0	0	0	3	0	0	0	0	0	0	0	0	0	3
德邦物流	0	0	0	0	1	0	0	0	0	1	0	0	0	0	0	0	0	0	0	2
顺丰速运	1	0	0	0	0	0	0	0	0	0	0	0	0	0	0	0	0	0	0	1
全一快递	0	0	0	0	0	0	0	0	0	0	0	0	0	1	0	0	0	0	0	1
国通快递	0	0	0	0	0	0	0	0	0	0	0	0	0	1	0	0	0	0	0	1
佳吉快运	0	0	0	1	0	0	0	0	0	0	0	0	0	0	0	0	0	0	0	1
其他	0	0	0	0	0	0	2	0	4	0	0	3	0	11	6	1	0	0	0	27
合计	7	7	12	65	111	42	57	1	10	41	4	54	4	39	22	5	15	8	1	505

三、消费者申诉区域分布情况

2 月,各省(区、市)邮政服务申诉率见表 4-21。

表 4-21 2014 年 2 月各省(区、市)邮政服务申诉率(单位:件有效申诉/千万件进出口邮件)

地区	邮政服务申诉量(件)	其中有效申诉(件)	申诉率	邮政服务申诉率中		
				延误申诉率	丢失申诉率	投递服务申诉率
湖北	132	47	7.76	3.30	0.50	3.47
海南	21	10	7.50	5.25	0.00	1.50
宁夏	10	4	5.31	0.00	0.00	5.31
湖南	78	27	4.85	1.80	0.54	2.34
陕西	52	13	3.62	2.50	0.28	0.83
贵州	42	9	3.09	0.69	0.34	1.72
新疆	40	10	2.99	0.60	0.90	1.20
云南	46	10	2.60	0.52	0.00	1.82
北京	113	23	2.36	0.72	0.10	1.23
内蒙古	28	6	2.34	0.00	0.39	1.17
天津	32	6	2.09	0.35	1.40	0.35
辽宁	37	9	1.65	1.10	0.18	0.18
甘肃	33	4	1.62	0.00	0.00	1.62
青海	2	1	1.56	0.00	0.00	1.56
浙江	92	25	1.47	0.29	0.35	0.41
河北	85	12	1.28	0.11	0.21	0.64
黑龙江	15	5	1.15	0.69	0.23	0.23
江西	30	5	1.12	0.45	0.00	0.67
山西	26	5	1.04	0.63	0.00	0.42
广东	192	13	1.04	0.24	0.24	0.32
广西	20	3	0.97	0.00	0.32	0.32
江苏	77	16	0.83	0.42	0.10	0.16
上海	72	12	0.74	0.37	0.06	0.12
安徽	30	4	0.65	0.00	0.00	0.32
山东	66	8	0.64	0.24	0.16	0.24

续上表

地区	邮政服务申诉量（件）	其中有效申诉（件）	申诉率	邮政服务申诉率中		
				延误申诉率	丢失申诉率	投递服务申诉率
四川	76	6	0.64	0.11	0.00	0.32
吉林	14	1	0.44	0.00	0.00	0.44
福建	57	3	0.37	0.00	0.00	0.25
重庆	20	1	0.36	0.00	0.00	0.36
河南	41	3	0.28	0.18	0.00	0.09
西藏	0	0	0.00	0.00	0.00	0.00
合计	1579	301	1.54	0.53	0.18	0.63

2月，各省（区、市）快递业务申诉率见表4-22。

表4-22　2014年2月各省（区、市）快递业务申诉率（单位：件有效申诉/百万件进出口快件）

地区	快递业务量（万件）	快递业务申诉量（件）	快递有效申诉（件）	申诉率	快递业务申诉率中		
					延误申诉率	丢失申诉率	投递服务申诉率
新疆	576.5	405	177	30.7	13.7	5.9	8.3
贵州	851.5	462	214	25.1	14.6	2.0	7.2
西藏	34.1	39	13	21.8	13.4	0.0	6.7
甘肃	445.9	280	95	21.3	12.1	3.8	4.3
山西	846.9	474	177	20.9	9.8	2.1	7.7
山东	4494.6	2189	897	20.0	10.6	3.8	4.2
青海	90.7	35	16	17.6	7.7	3.3	6.6
湖南	2293.4	908	336	14.6	9.4	2.0	2.2
湖北	1642.8	1443	450	14.6	8.5	2.0	3.0
安徽	2263.2	856	297	13.1	6.4	2.2	3.2
云南	1344.7	461	175	13.0	6.8	1.8	3.3
天津	1562.8	647	203	13.0	7.8	2.3	2.4
北京	10556	3526	1292	12.2	7.9	1.3	2.3
吉林	911.9	318	111	12.2	8.2	1.6	1.5
内蒙古	686.4	210	82	11.9	6.4	1.6	2.9
广西	1214.7	371	140	11.5	6.3	1.5	2.4
河北	3039.7	935	349	11.5	6.3	1.5	2.6
辽宁	2149.9	714	243	11.3	5.9	1.5	2.9
陕西	1738.5	551	194	11.2	4.8	2.4	2.7
宁夏	180.4	62	20	11.1	4.4	2.2	2.8
福建	5117.9	1479	565	11.0	5.5	1.9	2.7
重庆	1720.2	479	181	10.5	5.9	1.6	2.0
江苏	13668	3877	1401	10.3	4.2	2.0	3.0
河南	3155.6	903	319	10.1	5.2	1.2	3.2
黑龙江	1051.1	372	101	9.6	5.1	1.6	1.9
上海	12446	3703	1188	9.6	5.8	1.2	2.1
广东	23284.1	6585	2187	9.4	4.1	1.5	2.8
浙江	14848.4	3821	1329	8.9	4.4	1.7	2.1
四川	4177.4	1019	368	8.8	5.0	1.3	1.6

续上表

地区	快递业务量（万件）	快递业务申诉量（件）	快递有效申诉（件）	申诉率	快递业务申诉率中		
					延误申诉率	丢失申诉率	投递服务申诉率
江西	1924.6	464	164	8.5	5.1	1.2	1.7
海南	2029.9	173	73	3.6	2.0	0.3	0.8
合计	121809.4	37761	13357	11.0	5.7	1.7	2.6

2014 年 3 月邮政业消费者申诉情况的通告

3 月，国家邮政局和各省（区、市）邮政管理局通过“12305”邮政行业消费者申诉电话和申诉网站共受理消费者申诉 50920 件。申诉中涉及邮政服务问题的 2088 件，占总申诉量的 4.1%；涉及快递业务问题 48832 件，占总申诉量的 95.9%。已处理申诉中有效申诉（确定企业责任的）18317 件，同比下降 11.4%。有效申诉中涉及邮政服务问题的 333 件，占有效申诉量的 1.8%；涉及快递业务问题的 17984 件，占有效申诉量的 98.2%。经调解消费者申诉已全部妥善处理，为消费者挽回经济损失 223 万元，消费者对邮政管理部门申诉处理工作满意率为 96.6%，对企业申诉处理结果满意率为 93.7%。

一、邮政服务申诉情况

3 月，受理消费者关于邮政服务问题的有效申诉 333 件，环比增长 10.6%，同比下降 35%（图 4-39、表 4-23、图 4-40）。

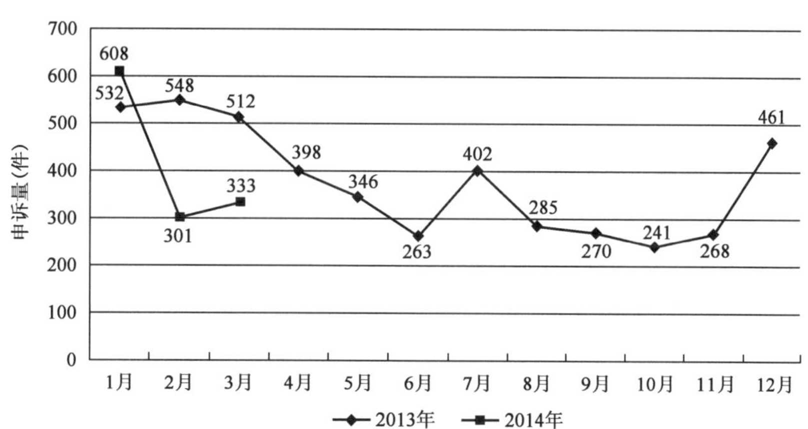

图 4-39 2014 年与 2013 年各月邮政有效申诉数量

表 4-23 3 月消费者申诉的邮政服务主要问题及所占比例统计

序号	申诉问题			申诉件数	占比例（%）	环比增长（%）	同比增长（%）
1	投递服务	函件	107	154	46.2	25.2	-46.2
		包件	39				
		报刊	5				
		其他	3				
2	邮件延误	包件	45	89	26.7	-13.6	-32.1
		函件	40				
		报刊	3				
		其他	1				

续上表

序号	申诉问题		申诉件数		占比例(%)	环比增长(%)	同比增长(%)
3	邮件丢失短少	包件	32	55	16.5	52.8	48.6
		函件	21				
		其他	2				
4	收寄服务	函件	13	24	7.2	0.0	-29.4
		包件	11				
5	邮件损毁	包件	4	6	1.8	-14.3	-45.5
		函件	2				
6	其他		5		1.5	-16.7	-16.7
合计	—		333		100	10.6	-35.0

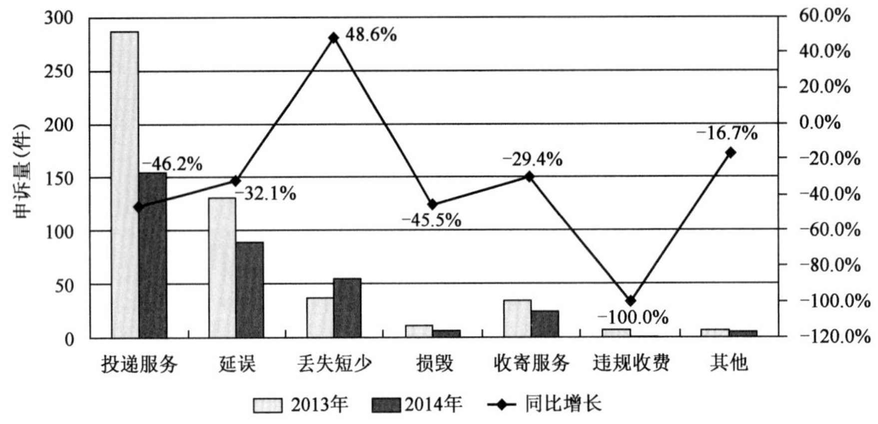

图4-40　2014年3月邮政业务申诉问题同比增长情况

二、快递业务申诉情况

(一)消费者申诉的主要问题

3月,受理消费者关于快递业务的有效申诉17984件,环比增长34.6%,同比下降10.8%(图4-41、表4-24、图4-42)。

(二)消费者对快递企业申诉情况

3月,消费者对54家快递企业进行了有效申诉,全国快递业务平均百万件快件有效申诉17.5件,环比下降1.9件,同比下降12.6件(表4-25)。

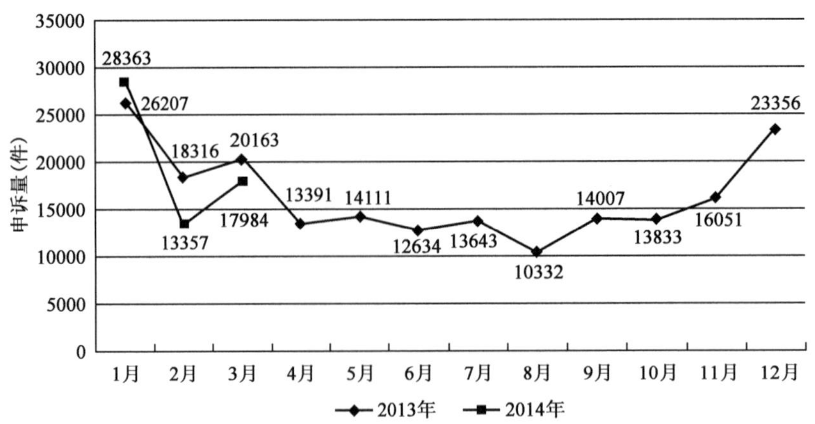

图4-41　2014年与2013年各月快递有效申诉数量

表 4-24 2014 年 3 月消费者申诉快递业务的主要问题及所占比例统计

序号	申诉问题	申诉件数	占比例(%)	环比增长(%)	同比增长(%)
1	快件延误	7323	40.7	5.2	-10.0
2	投递服务	5542	30.8	72.7	-9.0
3	快件丢失短少	3061	17	47	-13.9
4	快件损毁	953	5.3	94.5	-19.0
5	收寄服务	541	3.0	61	-27.7
6	代收货款	221	1.2	104.6	-20.8
7	违规收费	157	0.9	166.1	12.9
8	其他问题	186	1.0	69.1	481.3
合计	—	17984	100	34.6	-10.8

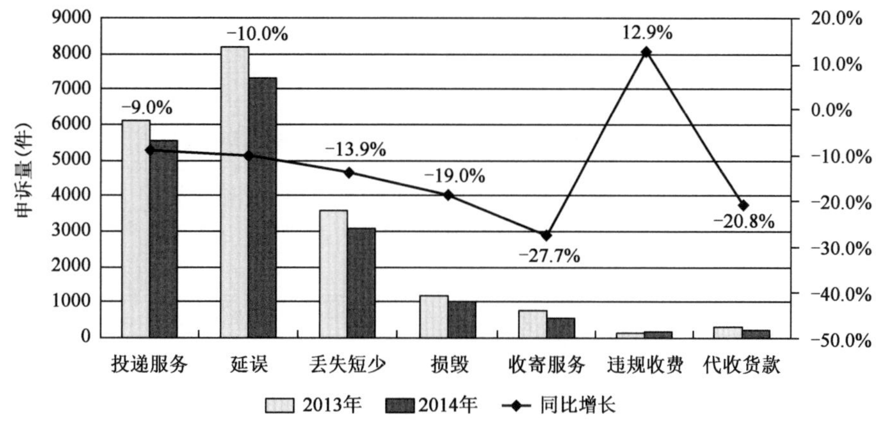

图 4-42 2014 年 3 月快递业务申诉问题同比增长情况

表 4-25 2014 年 3 月主要快递企业申诉率统计(单位:件有效申诉/百万件快件)

企业名称	2014 年 3 月申诉率	其中			2013 年 3 月申诉率	同比
		延误申诉率	丢失申诉率	投递服务申诉率		
快捷快递	91.56	32.80	19.13	23.92	—	—
全峰快递	84.71	29.11	20.77	18.41	—	—
如风达	59.19	36.58	1.64	19.32	—	—
港中能达	46.67	18.89	10.00	11.67	49.6	↓
宅急送快运	37.77	18.36	3.95	9.88	50.5	↓
速尔快递	33.56	5.70	5.70	11.63	48.2	↓
韵达速递	29.91	15.60	4.58	7.96	31.3	↓
天天快递	28.50	13.63	5.36	7.13	55.5	↓
百世汇通	25.86	12.39	4.74	6.70	111.4	↓
申通快递	22.59	6.81	4.51	8.24	46.0	↓
国通快递	21.90	8.98	3.34	6.76	83.8	↓
优速快递	20.31	8.12	3.07	6.09	54.3	↓
中国邮政速递物流	17.76	8.26	2.09	5.88	20.3	↓
中外运-空运	14.93	14.93	0.00	0.00	11.6	↑
中通快递	12.29	2.98	2.76	4.34	34.6	↓
圆通速递	9.91	3.77	1.65	3.63	22.2	↓
TNT	5.92	1.97	0.00	1.97	8.5	↓
顺丰速运	4.07	1.05	0.41	1.65	11.9	↓

续上表

企业名称	2014 年 3 月申诉率	其　中			2013 年 3 月申诉率	同比
		延误申诉率	丢失申诉率	投递服务申诉率		
全一快递	2.96	0.49	1.48	0.00	9.0	↓
苏宁易购	2.69	1.92	0.00	0.38	—	—
FedEx	2.40	0.40	0.00	0.40	3.8	↓
民航快递	2.19	0.00	2.19	0.00	2.4	↓
UPS	1.20	0.00	0.00	0.40	4.3	↓
世纪卓越	1.06	0.00	1.06	0.00	—	—
京东	0.70	0.30	0.07	0.30	—	—
递四方	0.39	0.00	0.39	0.00	—	—

2014 年 3 月，快递企业对省（区、市）邮政管理局转办的申诉未能按规定时限回复的有 71 件，同比减少 243 件（表 4-26）。

表 4-26　2014 年 3 月快递企业对申诉未能按时回复统计

公司名称	北京	河北	山西	黑龙江	上海	江苏	浙江	福建	湖北	湖南	广西	重庆	四川	贵州	合计
优速快递	0	1	0	0	1	4	10	5	1	3	1	0	2	0	28
港中能达	1	3	0	0	2	0	5	2	1	0	0	0	0	0	14
中国邮政	0	4	0	0	1	0	0	0	0	0	0	1	0	1	7
中通快递	0	0	0	0	1	0	1	1	0	0	0	0	1	0	4
申通快递	0	0	0	0	0	0	0	0	0	0	0	0	3	0	3
百世汇通	0	0	0	0	0	2	0	0	0	0	0	0	0	0	2
中国邮政速递物流	0	1	0	0	0	0	0	0	0	0	0	0	0	0	1
宅急送快运	0	0	0	0	0	0	0	0	0	0	0	0	0	1	1
韵达速递	0	0	0	0	0	0	0	0	0	0	0	0	0	1	1
其他	0	0	1	4	0	0	1	0	3	0	0	0	1	0	10
合计	1	9	1	4	5	6	17	8	5	3	1	1	7	3	71

三、消费者申诉区域分布情况

3 月，各省（区、市）邮政服务申诉率见表 4-27。

表 4-27　2014 年 3 月各省（区、市）邮政服务申诉率（单位：件有效申诉/千万件进出口邮件）

地区	邮政服务申诉量（件）	其中有效申诉（件）	申诉率	邮政服务申诉率中		
				延误申诉率	丢失申诉率	投递服务申诉率
贵州	63	24	6.07	1.77	0.76	3.54
新疆	62	19	4.63	1.71	0.49	1.95
河北	104	46	4.30	0.19	0.37	2.62
海南	13	7	4.19	1.80	0.00	1.80
湖北	125	30	4.14	1.79	0.97	1.10
甘肃	32	10	3.46	1.38	1.04	1.04
宁夏	9	3	3.43	1.14	0.00	2.28
湖南	92	23	3.38	1.91	0.59	0.88

续上表

地区	邮政服务申诉量（件）	其中有效申诉（件）	申诉率	邮政服务申诉率中		
				延误申诉率	丢失申诉率	投递服务申诉率
内蒙古	36	7	2.22	0.32	0.32	1.58
北京	184	27	2.12	0.39	0.16	1.34
广西	27	8	2.03	0.25	0.51	0.76
安徽	39	14	1.86	0.00	0.53	1.06
陕西	51	8	1.77	0.66	0.44	0.44
云南	68	9	1.69	0.56	0.38	0.56
广东	239	20	1.44	0.29	0.14	0.86
江西	52	7	1.29	0.18	0.00	0.92
天津	47	3	1.18	0.39	0.79	0.00
山西	48	5	0.89	0.18	0.00	0.53
黑龙江	26	4	0.76	0.00	0.19	0.57
四川	58	6	0.73	0.12	0.36	0.24
吉林	21	2	0.66	0.00	0.33	0.33
浙江	162	14	0.64	0.18	0.09	0.27
上海	100	10	0.55	0.22	0.06	0.22
重庆	38	2	0.54	0.27	0.27	0.00
辽宁	56	3	0.49	0.00	0.16	0.33
福建	86	4	0.47	0.12	0.00	0.12
江苏	118	9	0.41	0.14	0.18	0.09
山东	77	5	0.31	0.19	0.06	0.06
河南	50	4	0.30	0.15	0.00	0.15
西藏	3	0	0.00	0.00	0.00	0.00
青海	2	0	0.00	0.00	0.00	0.00

3 月，各省（区、市）快递业务申诉率见表 4-28。

表 4-28 2014 年 3 月各省（区、市）快递业务申诉率（单位：件有效申诉/百万件进出口快件）

地区	快递业务量（万件）	快递业务申诉量（件）	快递有效申诉（件）	申诉率	快递业务申诉率中		
					延误申诉率	丢失申诉率	投递服务申诉率
西藏	69.6	59	27	38.8	30.2	1.4	7.2
新疆	960.7	526	242	25.2	10.4	3.8	9.6
甘肃	854.3	437	155	18.1	9.8	2.5	4.8
贵州	1552.2	551	272	17.5	7.7	2.5	6.1
青海	175.9	79	28	15.9	3.4	3.4	6.8
北京	12749.8	4203	1923	15.1	8.1	2.5	3.4
天津	2561.7	1060	358	14.0	7.4	1.8	3.5
云南	2528.1	874	352	13.9	6.1	1.1	4.0
内蒙古	1126.5	394	156	13.9	6.2	1.4	4.8
山东	7218.5	2743	979	13.6	5.3	2.7	3.7
海南	750.2	255	98	13.1	5.3	1.6	3.7

续上表

地区	快递业务量（万件）	快递业务申诉量（件）	快递有效申诉（件）	申诉率	快递业务申诉率中		
					延误申诉率	丢失申诉率	投递服务申诉率
河北	4778.8	1636	620	13.0	7.0	1.8	2.6
宁夏	363.8	108	39	10.7	3.0	2.5	3.8
安徽	3897.2	1139	411	10.6	4.1	2.0	3.0
江苏	19548.6	5002	2024	10.4	2.9	1.9	4.3
江西	2621.7	663	265	10.1	4.4	1.9	3.0
湖南	3828.3	1060	377	9.9	4.9	1.3	2.6
广东	36347.9	9916	3434	9.4	3.4	1.6	3.1
湖北	5894	1955	536	9.1	4.4	1.1	2.6
黑龙江	1744.5	574	158	9.1	4.6	1.4	2.0
福建	8732.2	1859	732	8.4	3.3	1.8	2.2
陕西	2783.5	653	230	8.3	2.5	1.6	3.2
辽宁	3325	820	268	8.1	3.2	1.0	2.5
上海	17038.2	3290	1330	7.8	3.6	1.1	2.5
重庆	2772.2	634	215	7.8	3.0	1.7	1.9
广西	1932.7	467	146	7.6	2.1	1.8	2.5
山西	2111.5	471	150	7.1	2.1	1.1	3.5
河南	5363.4	1123	358	6.7	2.6	1.0	2.4
吉林	1610.3	378	107	6.6	3.2	1.1	1.5
四川	6388.2	1290	419	6.6	2.8	1.0	1.9
浙江	26010.1	4613	1575	6.1	2.2	1.3	1.9

2014 年 4 月邮政业消费者申诉情况的通告

4 月，国家邮政局和各省（区、市）邮政管理局通过“12305”邮政行业消费者申诉电话和申诉网站共受理消费者申诉 39451 件。申诉中涉及邮政服务问题的 1676 件，占总申诉量的 4.2%；涉及快递业务问题 37775 件，占总申诉量的 95.8%。已处理申诉中有效申诉（确定企业责任的）11795 件，同比下降 14.5%。有效申诉中涉及邮政服务问题的 299 件，占有效申诉量的 2.5%；涉及快递业务问题的 11496 件，占有效申诉量的 97.5%。经调解消费者申诉已全部妥善处理，为消费者挽回经济损失 199.3 万元，消费者对邮政管理部门申诉处理工作满意率为 96%，对企业申诉处理结果满意率为 92.8%。

一、邮政服务申诉情况

4 月，受理消费者关于邮政服务问题的有效申诉 299 件，环比下降 10.2%，同比下降 24.9%（图 4-43、表 4-29、图 4-44）。

二、快递业务申诉情况

（一）消费者申诉的主要问题

4 月，受理消费者关于快递业务的有效申诉 11496 件，环比下降 36.1%，同比下降 14.2%（图 4-45、表 4-30、图 4-46）。

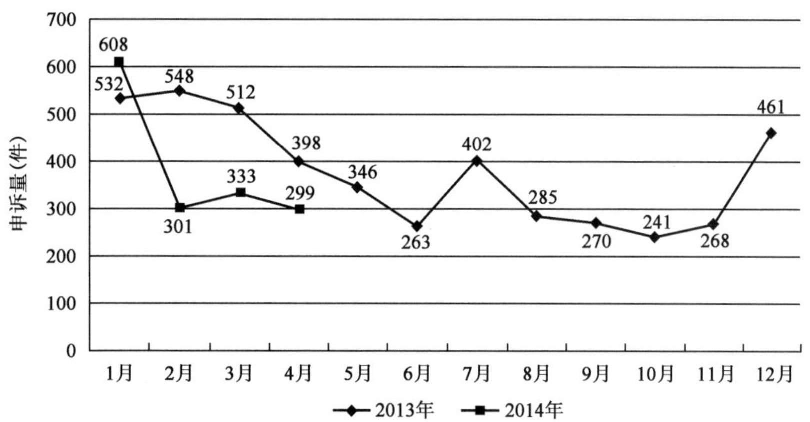

图4-43 2014年与2013年各月邮政有效申诉数量

表4-29 4月消费者申诉的邮政服务主要问题及所占比例统计

<table>
<tr><th>序号</th><th colspan="2">申诉问题</th><th colspan="2">申诉件数</th><th>占比例(%)</th><th>环比增长(%)</th><th>同比增长(%)</th></tr>
<tr><td rowspan="6">1</td><td rowspan="6">投递服务</td><td>函件</td><td>99</td><td rowspan="6">154</td><td rowspan="6">51.5</td><td rowspan="6">0.0</td><td rowspan="6">-27.0</td></tr>
<tr><td>包件</td><td>42</td></tr>
<tr><td>报刊</td><td>7</td></tr>
<tr><td>汇兑</td><td>1</td></tr>
<tr><td>集邮</td><td>1</td></tr>
<tr><td>其他</td><td>4</td></tr>
<tr><td rowspan="3">2</td><td rowspan="3">邮件丢失短少</td><td>函件</td><td>32</td><td rowspan="3">58</td><td rowspan="3">19.4</td><td rowspan="3">5.5</td><td rowspan="3">-1.7</td></tr>
<tr><td>包件</td><td>24</td></tr>
<tr><td>报刊</td><td>2</td></tr>
<tr><td rowspan="4">3</td><td rowspan="4">邮件延误</td><td>包件</td><td>31</td><td rowspan="4">57</td><td rowspan="4">19.1</td><td rowspan="4">-36.0</td><td rowspan="4">-38.7</td></tr>
<tr><td>函件</td><td>23</td></tr>
<tr><td>报刊</td><td>2</td></tr>
<tr><td>其他</td><td>1</td></tr>
<tr><td rowspan="4">4</td><td rowspan="4">收寄服务</td><td>包件</td><td>10</td><td rowspan="4">22</td><td rowspan="4">7.4</td><td rowspan="4">-8.3</td><td rowspan="4">22.2</td></tr>
<tr><td>函件</td><td>9</td></tr>
<tr><td>报刊</td><td>1</td></tr>
<tr><td>其他</td><td>2</td></tr>
<tr><td rowspan="2">5</td><td rowspan="2">邮件损毁</td><td>包件</td><td>4</td><td rowspan="2">7</td><td rowspan="2">2.3</td><td rowspan="2">16.7</td><td rowspan="2">0.0</td></tr>
<tr><td>函件</td><td>3</td></tr>
<tr><td>6</td><td>违规收费</td><td>包件</td><td colspan="2">1</td><td>0.3</td><td>100</td><td>-75.0</td></tr>
<tr><td>合计</td><td colspan="2">—</td><td colspan="2">299</td><td>100</td><td>-10.2</td><td>-24.9</td></tr>
</table>

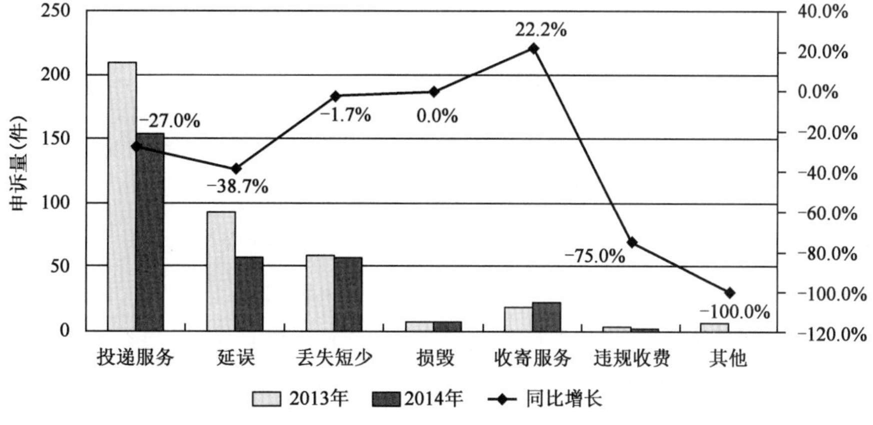

图4-44 2014年4月邮政业务申诉问题同比增长情况

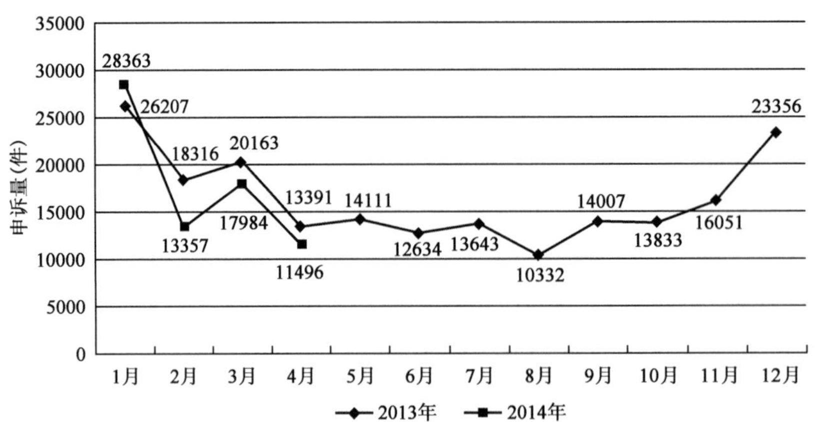

图 4-45　2014 年与 2013 年各月快递有效申诉数量

表 4-30　4 月消费者申诉快递业务的主要问题及所占比例统计

序号	申诉问题	申诉件数	占比例(%)	环比增长(%)	同比增长(%)
1	投递服务	4485	39.0	-19.1	8.5
2	快件延误	3244	28.2	-55.7	-35.9
3	快件丢失短少	1957	17.0	-36.1	-16.7
4	快件损毁	916	8.0	-3.9	-12.5
5	收寄服务	525	4.6	-3.0	11.9
6	违规收费	130	1.1	-17.2	-12.2
7	代收货款	126	1.1	-43	-10.0
8	其他问题	113	1.0	-39.2	151.1
合计	—	11496	100	-36.1	-14.2

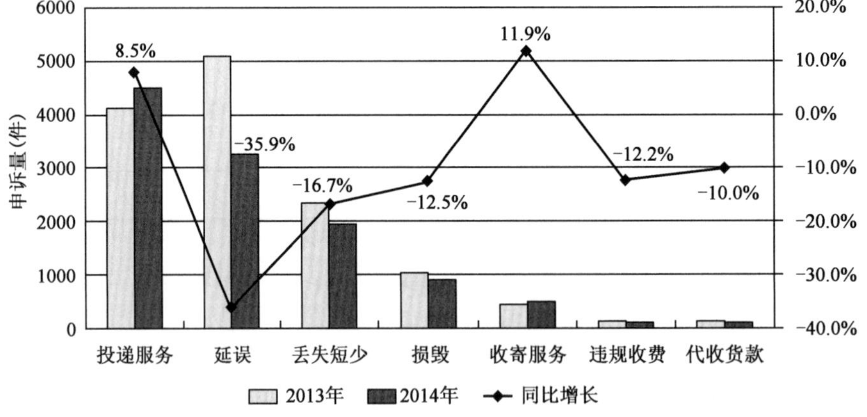

图 4-46　2014 年 4 月快递业务申诉问题同比增长情况

(二)消费者对快递企业申诉情况

4 月,消费者对 55 家快递企业进行了有效申诉,全国快递业务平均百万件快件有效申诉 10.9 件,环比下降 6.6 件,同比下降 9.3 件(表 4-31)。

2014 年 4 月,快递企业对省(区、市)邮政管理局转办的申诉未能按规定时限回复的有 30 件,同比减少 75 件(表 4-32)。

表 4-31 2014 年 4 月主要快递企业申诉率统计(单位:件有效申诉/百万件快件)

企业名称	2014 年 4 月申诉率	其中			2013 年 4 月申诉率	同比
		延误申诉率	丢失申诉率	投递服务申诉率		
快捷快递	59.35	16.25	9.28	17.90	—	—
中外运－空运	56.34	28.17	—	14.08	—	—
港中能达	55.95	15.61	19.52	14.31	32.5	↑
全峰快递	42.28	12.19	8.24	14.61	—	—
速尔快递	28.67	4.97	2.71	12.42	39.1	↓
宅急送快运	22.93	7.78	2.49	8.57	45.5	↓
申通快递	20.75	4.51	4.54	8.35	34.7	↓
优速快递	18.84	5.10	2.88	5.97	28	↓
国通快递	14.18	4.52	2.49	4.48	56.5	↓
中国邮政速递物流	13.54	5.31	1.77	5.13	14.2	↓
百世汇通	12.41	4.51	2.33	3.93	54	↓
天天快递	11.67	4.11	1.95	4.86	32.8	↓
如风达	10.53	4.05	—	6.48	—	—
韵达速递	10.19	3.35	1.47	4.03	23.8	↓
中通快递	9.84	1.76	2.06	4.36	26.7	↓
全一快递	5.89	0.98	0.98	1.47	6.6	↓
TNT	4.68	—	—	—	4.8	↓
圆通速递	4.25	0.73	0.57	2.18	14.1	↓
顺丰速运	3.69	1.14	0.30	1.39	5.1	↓
FedEx	2.81	0.80	—	1.20	3.1	↓
DHL	0.75	—	—	0.38	2.2	↓
京东	0.65	0.34	0.08	0.15	—	—
苏宁易购	0.65	0.65	—	—	—	—
世纪卓越	0.49	—	—	0.49	—	—
UPS	0.40	0.40	—	—	4.2	↓

表 4-32 2014 年 4 月快递企业对申诉未能按时回复统计

公司名称	北京	河北	上海	浙江	福建	湖北	湖南	四川	贵州	宁夏	合计
港中能达	0	0	1	1	3	0	1	0	0	0	6
中国邮政	0	1	0	0	0	3	0	0	1	0	5
优速快递	0	0	0	0	0	0	3	0	0	0	3
宅急送快运	0	0	0	0	0	0	0	0	2	0	2
申通快递	0	0	0	0	0	0	0	2	0	0	2
韵达速递	0	0	0	0	0	0	0	0	2	0	2
中通快递	1	0	0	0	0	0	0	0	0	0	1
百世汇通	0	0	0	0	0	0	0	0	0	1	1
国通快递	0	0	0	0	0	0	0	0	0	1	1
飞康达	0	1	0	0	0	0	0	0	0	0	1
其他	0	0	0	0	0	1	0	1	0	4	6
合计	1	2	1	1	3	4	4	3	5	6	30

三、消费者申诉区域分布情况

4 月，各省（区、市）邮政服务申诉率见表 4-33。

表 4-33　2014 年 4 月各省（区、市）邮政服务申诉率（单位：件有效申诉/千万件进出口邮件）

地区	邮政服务申诉量（件）	其中有效申诉（件）	申诉率	邮政服务申诉率中		
				延误申诉率	丢失申诉率	投递服务申诉率
海南	20	9	5.55	1.23	0.62	3.08
贵州	31	17	4.41	1.04	1.82	1.56
宁夏	7	4	4.41	0.00	1.10	3.31
内蒙古	29	13	4.14	0.32	0.96	2.55
云南	75	17	3.80	0.67	0.22	2.68
北京	156	42	3.54	0.51	0.93	2.11
新疆	56	14	3.43	0.98	0.00	2.45
甘肃	32	7	2.54	0.72	0.36	1.45
黑龙江	36	9	1.90	0.21	0.21	1.06
陕西	36	8	1.80	0.00	0.45	0.67
山西	34	9	1.68	0.00	0.56	1.12
湖南	68	11	1.67	0.46	0.46	0.61
广东	228	23	1.61	0.63	0.28	0.70
江西	35	8	1.55	0.58	0.00	0.97
湖北	82	10	1.45	0.00	0.00	1.30
河北	61	15	1.44	0.48	0.00	0.48
广西	23	5	1.41	0.57	0.28	0.28
辽宁	52	8	1.29	0.16	0.48	0.48
西藏	7	1	1.17	0.00	0.00	0.00
浙江	107	18	0.85	0.00	0.33	0.24
天津	34	2	0.85	0.00	0.00	0.85
四川	46	7	0.78	0.22	0.11	0.45
上海	113	12	0.66	0.06	0.06	0.44
重庆	19	2	0.59	0.00	0.00	0.59
河南	46	7	0.55	0.24	0.08	0.24
福建	71	4	0.51	0.13	0.13	0.26
江苏	77	10	0.49	0.15	0.15	0.15
安徽	32	3	0.41	0.00	0.14	0.14
山东	45	4	0.29	0.07	0.07	0.00
吉林	17	0	0.00	0.00	0.00	0.00
青海	1	0	0.00	0.00	0.00	0.00

4月,各省(区、市)快递业务申诉率见表4-34。

表4-34 2014年4月各省(区、市)快递业务申诉率(单位:件有效申诉/百万件进出口快件)

地区	快递业务量(万件)	快递业务申诉量(件)	快递有效申诉(件)	申诉率	快递业务申诉率中		
					延误申诉率	丢失申诉率	投递服务申诉率
西藏	89.3	49	18	20.2	7.8	1.1	10.1
新疆	1080.4	409	173	16.0	4.5	2.6	7.6
海南	607.6	191	85	14.0	5.9	0.7	4.4
云南	2361.8	582	278	11.8	4.0	1.3	4.1
宁夏	381.3	110	44	11.5	2.4	1.6	5.0
甘肃	836.5	286	94	11.2	4.8	1.5	3.6
青海	190.5	60	19	10.0	3.7	0.0	4.7
山东	7057.6	2045	650	9.2	2.4	1.6	3.3
天津	2293.3	758	204	8.9	3.6	1.2	3.4
内蒙古	1238.5	308	107	8.6	1.9	0.9	4.3
贵州	1658.7	394	139	8.4	3.2	1.1	3.1
湖南	3940.3	887	312	7.9	3.3	1.2	2.4
安徽	4246.1	857	301	7.1	1.7	1.4	2.8
山西	2083.1	403	140	6.7	2.6	0.6	2.8
陕西	2869.1	589	192	6.7	2.1	1.0	3.0
北京	13392.2	2598	892	6.7	2.0	1.1	2.7
河北	5044.2	1036	333	6.6	2.1	1.0	2.4
湖北	5748.1	1254	366	6.4	2.4	0.8	2.2
广西	2003.5	470	126	6.3	2.4	0.9	1.9
河南	5165.1	1032	322	6.2	1.6	1.2	2.4
黑龙江	1732.3	412	107	6.2	2.6	1.0	1.7
福建	8583.6	1478	528	6.2	1.7	1.2	1.9
广东	39594.9	8770	2409	6.1	1.4	1.2	2.5
江苏	19642.4	3750	1167	5.9	1.0	1.0	3.0
吉林	1637.8	280	96	5.9	2.7	1.0	1.5
江西	2727.1	540	158	5.8	1.8	0.8	2.6
辽宁	3447.5	790	197	5.7	1.9	0.9	1.9
重庆	2750	499	138	5.0	2.3	0.9	1.2
上海	16874.4	2489	708	4.2	1.2	0.8	1.8
四川	6707.6	1145	278	4.1	1.6	0.5	1.5
浙江	27226.6	3304	915	3.4	0.8	0.7	1.2

2014年5月邮政业消费者申诉情况的通告

5月，国家邮政局和各省（区、市）邮政管理局通过“12305”邮政行业消费者申诉电话和申诉网站共受理消费者申诉44492件。申诉中涉及邮政服务问题的1675件，占总申诉量的3.8%；涉及快递业务问题42817件，占总申诉量的96.2%。已处理申诉中有效申诉（确定企业责任的）13115件，同比下降9.3%。有效申诉中涉及邮政服务问题的276件，占有效申诉量的2.1%；涉及快递业务问题的12839件，占有效申诉量的97.9%。经调解消费者申诉已全部妥善处理，为消费者挽回经济损失312.4万元，消费者对邮政管理部门申诉处理工作满意率为95.7%，对企业申诉处理结果满意率为92.3%。

一、邮政服务申诉情况

5月，受理消费者关于邮政服务问题的有效申诉276件，环比下降7.7%，同比下降20.2%（图4-47、表4-35、图4-48）。

二、快递业务申诉情况

（一）消费者申诉的主要问题

5月，受理消费者关于快递业务的有效申诉12839件，环比增长11.7%，同比下降9.0%（图4-49、表4-36、图4-50）。

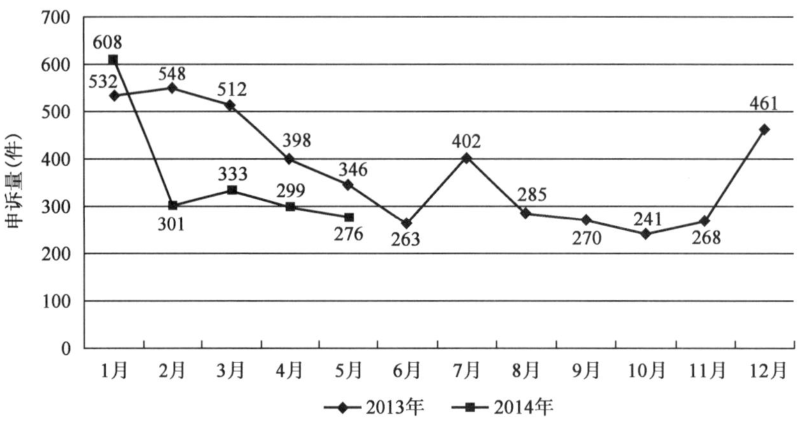

图4-47　2014年与2013年各月邮政有效申诉数量

表4-35　5月消费者申诉的邮政服务主要问题及所占比例统计

序号	申诉问题		申诉件数		占比例（%）	环比增长（%）	同比增长（%）
1	投递服务	函件	93	147	53.3	-4.5	-27.6
		包件	49				
		报刊	2				
		集邮	1				
		其他	2				
2	邮件丢失短少	包件	38	55	19.9	-5.2	61.8
		函件	16				
		报刊	1				
3	邮件延误	包件	24	44	15.9	-22.8	-34.3
		函件	17				
		汇兑	1				
		其他	2				

续上表

序号	申诉问题			申诉件数	占比例(%)	环比增长(%)	同比增长(%)
4	收寄服务	包件	16	18	6.5	-18.2	-25.0
		报刊	1				
		其他	1				
5	邮件损毁	包件	5	7	2.5	0.0	-12.5
		函件	1				
		报刊	1				
6	违规收费	函件		3	1.1	200	-25.0
7	其他			2	0.7	200	-66.7
合计	—			276	100	-7.7	-20.2

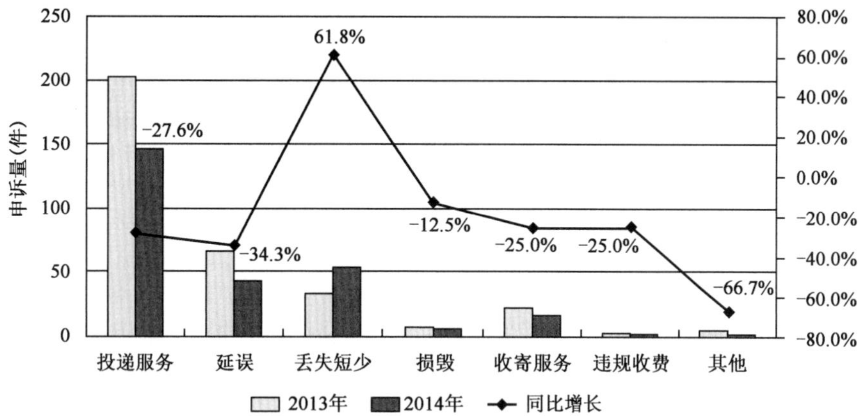

图4-48 2014年5月邮政业务申诉问题同比增长情况

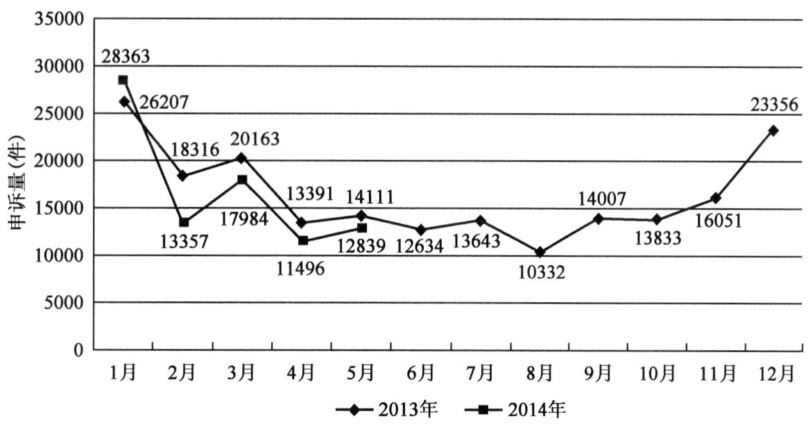

图4-49 2014年与2013年各月快递有效申诉数量

表4-36 5月消费者申诉快递业务的主要问题及所占比例统计

序号	申诉问题	申诉件数	占比例(%)	环比增长(%)	同比增长(%)
1	投递服务	4832	37.6	7.7	23.1
2	快件延误	4004	31.2	23.4	-34.2
3	快件丢失短少	1998	15.6	2.1	-1.7
4	快件损毁	975	7.6	6.4	-9.8
5	收寄服务	633	4.9	20.6	9.1

续上表

序号	申诉问题	申诉件数	占比例(%)	环比增长(%)	同比增长(%)
6	代收货款	225	1.8	78.6	116.3
7	违规收费	107	0.8	-17.7	-62.2
8	其他问题	65	0.5	-42.5	160
合计	—	12839	100	11.7	-9.0

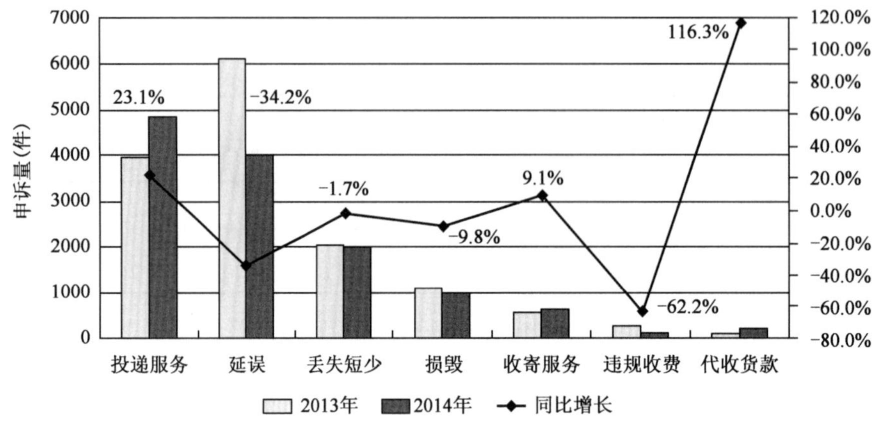

图4-50　2014年5月快递业务申诉问题同比增长情况

（二）消费者对快递企业申诉情况

5月，消费者对57家快递企业进行了有效申诉，全国快递业务平均百万件快件有效申诉11.5件，环比增加0.6件，同比减少7.5件（表4-37）。

2014年5月，快递企业对省（区、市）邮政管理局转办的申诉未能按规定时限回复的有11件，同比减少30件（表4-38）。

表4-37　2014年5月主要快递企业申诉率统计（单位：件有效申诉/百万件快件）

企业名称	2014年5月申诉率	其中			2013年5月申诉率	同比
		延误申诉率	丢失申诉率	投递服务申诉率		
全峰快递	55.98	19.96	13.54	15.95	—	—
港中能达	44.38	3.47	15.26	15.26	64.8	↓
速尔快递	26.79	5.40	5.83	8.64	45.4	↓
申通快递	21.07	5.54	3.99	8.08	30.7	↓
国通快递	20.64	8.27	3.37	5.84	39.4	↓
快捷快递	18.76	4.88	2.78	3.52	—	—
天天快递	17.22	6.96	2.39	6.25	27.8	↓
百世汇通	15.23	5.31	2.53	5.02	53.9	↓
宅急送快运	14.45	4.76	1.26	5.78	29.6	↓
中国邮政速递物流	13.87	5.58	1.53	5.45	14.1	↓
优速快递	12.48	3.04	1.81	4.93	30.7	↓
韵达速递	11.68	4.29	1.55	4.59	22.6	↓
中通快递	8.04	1.49	1.59	3.55	23.7	↓
全一快递	5.98	1.49	0.50	1.99	12.5	↓
TNT	5.36	—	—	—	3.7	↑
顺丰速运	5.29	1.43	0.35	2.17	4.8	↑

续上表

企业名称	2014年5月申诉率	其中			2013年5月申诉率	同比
		延误申诉率	丢失申诉率	投递服务申诉率		
圆通速递	4.25	1.09	0.58	1.94	11.5	↓
如风达	3.04	0.43		2.61	—	—
FedEx	2.85	0.41	0.41	2.03	2.8	↑
UPS	2.84	—	—	2.13	2.8	↑
民航快递	2.69	—		2.69	—	—
京东	1.12	0.45	0.03	0.58	—	—
世纪卓越	1.00	—	1.00	—	—	—
DHL	0.37	—	—	0.37	2.2	↓

表4-38　2014年5月快递企业对申诉未能按时回复统计

公司名称	河北	湖北	湖南	广西	宁夏	新疆	合计
优速快递	0	0	4	0	0	0	4
中国邮政	1	0	0	0	0	1	2
中通快递	0	0	0	1	0	1	2
国通快递	0	0	0	0	1	0	1
如风达	0	1	0	0	0	0	1
其他	0	1	0	0	0	0	1
合计	1	2	4	1	1	2	11

三、消费者申诉区域分布情况

5月,各省(区、市)邮政服务申诉率见表4-39。

表4-39　2014年5月各省(区、市)邮政服务申诉率(单位:件有效申诉/千万件进出口邮件)

地区	邮政服务申诉量(件)	其中有效申诉(件)	申诉率	邮政服务申诉率中		
				延误申诉率	丢失申诉率	投递服务申诉率
海南	28	13	7.93	1.22	1.83	3.05
青海	16	3	3.67	0.00	0.00	3.67
甘肃	30	10	3.56	0.00	0.71	2.85
北京	115	47	3.49	0.67	0.89	1.85
云南	56	15	3.24	0.43	0.43	2.16
贵州	33	11	3.02	0.27	0.00	2.74
新疆	56	10	2.42	0.97	0.48	0.97
宁夏	10	2	2.27	1.14	0.00	1.14
天津	41	5	2.19	0.44	0.00	0.88
陕西	70	9	2.03	0.45	0.68	0.68
内蒙古	24	6	1.85	0.00	0.62	0.93
广东	239	26	1.84	0.28	0.43	0.78
湖南	52	12	1.80	0.30	0.45	0.75
辽宁	36	9	1.58	0.00	0.18	0.70
河北	54	16	1.45	0.18	0.00	1.09

续上表

地区	邮政服务申诉量（件）	其中有效申诉（件）	申诉率	邮政服务申诉率中		
				延误申诉率	丢失申诉率	投递服务申诉率
黑龙江	30	7	1.45	1.04	0.00	0.21
湖北	52	8	1.15	0.00	0.14	0.86
河南	65	14	1.13	0.00	0.24	0.89
广西	23	4	1.05	0.26	0.00	0.78
安徽	38	8	1.02	0.26	0.13	0.51
吉林	18	2	0.71	0.35	0.00	0.35
四川	64	6	0.64	0.00	0.21	0.32
浙江	111	12	0.56	0.00	0.42	0.14
上海	114	9	0.50	0.17	0.06	0.17
山西	21	2	0.37	0.00	0.00	0.19
山东	62	5	0.36	0.07	0.07	0.14
福建	80	2	0.25	0.00	0.00	0.25
江西	39	1	0.19	0.19	0.00	0.00
江苏	84	2	0.09	0.00	0.05	0.05
重庆	11	0	0.00	0.00	0.00	0.00
西藏	3	0	0.00	0.00	0.00	0.00

5 月，各省（区、市）快递业务申诉率见表 4-40。

表 4-40　2014 年 5 月各省（区、市）快递业务申诉率（单位：件有效申诉/百万件进出口快件）

地区	快递业务量（万件）	快递业务申诉量（件）	快递有效申诉（件）	申诉率	快递业务申诉率中		
					延误申诉率	丢失申诉率	投递服务申诉率
新疆	915	336	125	13.7	4.3	3.5	5.0
天津	2484.1	1016	283	11.4	5.3	1.0	4.0
海南	661.4	186	73	11.0	4.8	1.4	2.7
山东	7610.8	2721	821	10.8	3.7	1.2	3.9
西藏	95.3	38	10	10.5	7.3	1.0	1.0
云南	2271.9	575	231	10.2	3.8	1.4	3.5
青海	192.3	52	19	9.9	3.1	1.0	4.2
广西	2130.6	567	206	9.7	4.8	0.8	2.7
内蒙古	1206.8	304	101	8.4	2.7	1.3	3.2
贵州	1756.9	356	141	8.0	2.7	1.6	3.0
甘肃	939.3	219	74	7.9	2.2	0.8	3.8
宁夏	397.7	96	30	7.5	2.8	2.0	1.8
广东	41317.7	10294	3047	7.4	1.8	1.3	2.9
北京	14684.9	3011	1056	7.2	2.7	1.2	2.4
湖南	4197.5	903	296	7.1	2.4	0.6	2.5
河北	5311	1190	372	7.0	2.3	0.7	2.9
黑龙江	1836.4	498	121	6.6	3.4	0.7	1.6
江苏	21124.8	4046	1322	6.3	1.7	1.0	2.4

续上表

地区	快递业务量（万件）	快递业务申诉量（件）	快递有效申诉（件）	申诉率	快递业务申诉率中		
					延误申诉率	丢失申诉率	投递服务申诉率
江西	2836.1	603	176	6.2	2.2	1.0	2.1
福建	9646.8	1816	566	5.9	1.9	1.2	2.0
山西	2183.3	483	128	5.9	2.7	0.6	2.0
河南	5649.4	1333	329	5.8	1.8	0.7	2.5
安徽	4302.6	969	248	5.8	1.3	0.7	2.8
辽宁	3615.2	797	207	5.7	2.3	0.8	2.0
陕西	3070.2	642	174	5.7	1.7	0.6	2.7
湖北	5886.6	1238	310	5.3	2.0	0.6	2.0
吉林	1735.4	278	87	5.0	1.7	1.3	1.4
重庆	3031.5	482	146	4.8	1.7	0.7	1.5
四川	6703.8	1184	319	4.8	1.9	0.7	1.6
上海	19808	2660	815	4.1	1.2	0.6	1.9
浙江	29204.8	3924	1006	3.4	0.9	0.7	1.4

2014 年 6 月邮政业消费者申诉情况的通告

6 月，国家邮政局和各省（区、市）邮政管理局通过“12305”邮政行业消费者申诉电话和申诉网站共受理消费者申诉 47984 件。申诉中涉及邮政服务问题的 1623 件，占总申诉量的 3.4%；涉及快递业务问题 46361 件，占总申诉量的 96.6%。已处理申诉中有效申诉（确定企业责任的）15081 件，同比增长 16.9%。有效申诉中涉及邮政服务问题的 276 件，占有效申诉量的 1.8%；涉及快递业务问题的 14805 件，占有效申诉量的 98.2%。经调解消费者申诉已全部妥善处理，为消费者挽回经济损失 210.3 万元，消费者对邮政管理部门申诉处理工作满意率为 96.2%，对企业申诉处理结果满意率为 93.1%。

一、邮政服务申诉情况

6 月，受理消费者关于邮政服务问题的有效申诉 276 件，环比持平，同比增长 4.9%（图 4-51、表 4-41、图 4-52）。

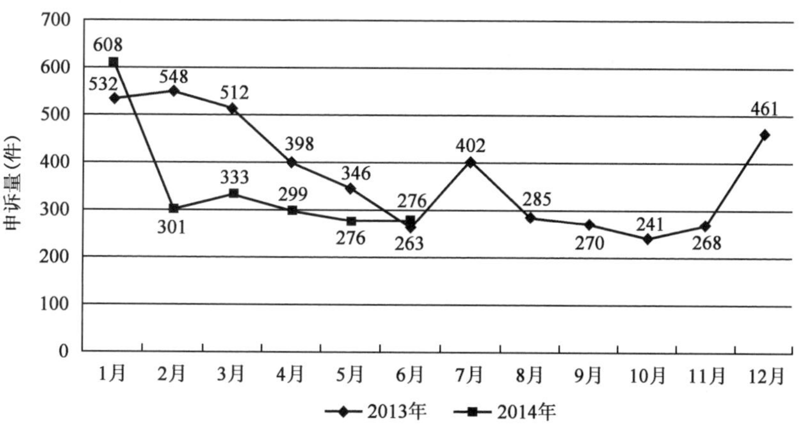

图 4-51　2014 年与 2013 年各月邮政有效申诉数量

表 4-41　6 月消费者申诉的邮政服务主要问题及所占比例统计

序号	申诉问题		申诉件数		占比例(%)	环比增长(%)	同比增长(%)
1	投递服务	函件	75	116	42.0	-21.1	-1.7
		包件	36				
		报刊	4				
		汇兑	1				
2	邮件丢失短少	包件	37	60	21.7	9.1	93.5
		函件	18				
		报刊	3				
		汇兑	1				
		其他	1				
3	邮件延误	包件	32	58	21.0	31.8	-23.7
		函件	23				
		报刊	2				
		其他	1				
4	收寄服务	包件	18	27	9.8	50.0	28.6
		函件	8				
		其他	1				
5	违规收费	包件	6	7	2.5	133.3	250.0
		函件	1				
6	邮件损毁	函件	5	6	2.2	-14.3	-53.8
		包件	1				
7	其他		2		0.7	0.0	0.0
合计	—		276		100	0.0	4.9

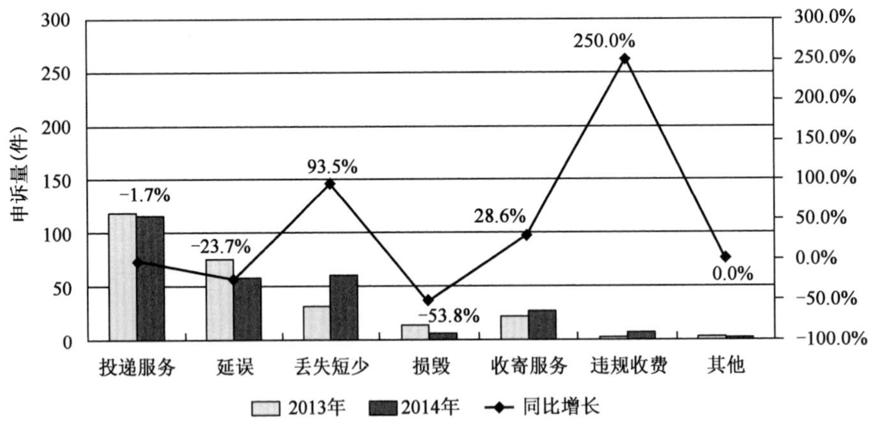

图 4-52　2014 年 6 月邮政业务申诉问题同比增长情况

二、快递业务申诉情况

(一)消费者申诉的主要问题

6 月,受理消费者关于快递业务的有效申诉 14805 件,环比增长 15.3%,同比增长 17.2%(图 4-53、表 4-42、图 4-54)。

(二)消费者对快递企业申诉情况

6 月,消费者对 57 家快递企业进行了有效申诉,全国快递业务平均百万件快件有效申诉 13.1 件,环比增加 2.6 件,同比减少 4.4 件(表 4-43)。

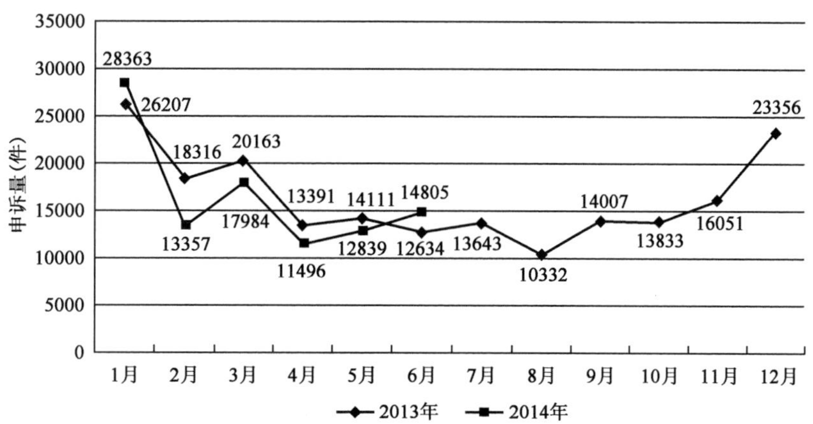

图4-53 2014年与2013年各月快递有效申诉数量

表4-42 6月消费者申诉快递业务的主要问题及所占比例统计

序号	申诉问题	申诉件数	占比例(%)	环比增长(%)	同比增长(%)
1	投递服务	5854	39.5	21.2	60.2
2	快件延误	4121	27.8	2.9	-21.8
3	快件丢失短少	2461	16.6	23.2	41.2
4	快件损毁	1273	8.6	30.6	20.2
5	收寄服务	664	4.5	4.9	51.6
6	代收货款	161	1.1	-28.4	-35.1
7	违规收费	136	0.9	27.1	-31.7
8	其他问题	135	0.9	107.7	610.5
合计	—	14805	100	15.3	17.2

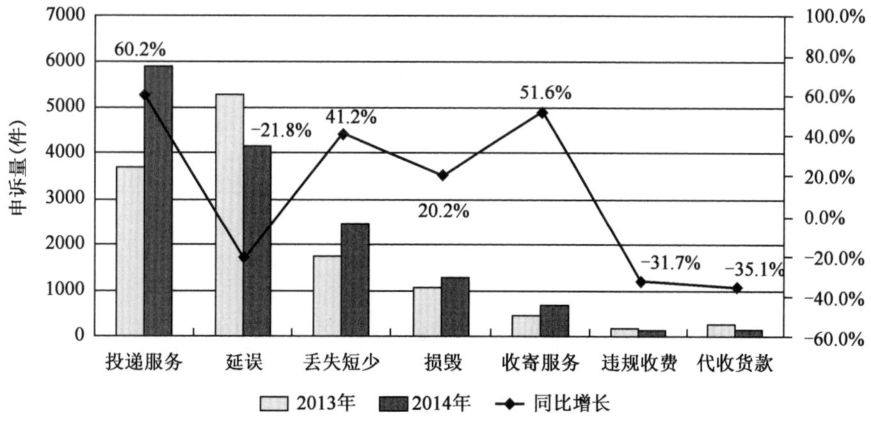

图4-54 2014年6月快递业务申诉问题同比增长情况

表4-43 2014年6月主要快递企业申诉率(单位:件有效申诉/百万件快件)

企业名称	2014年6月申诉率	其中			2013年6月申诉率	同比
		延误申诉率	丢失申诉率	投递服务申诉率		
全峰快递	51.95	17.76	7.64	16.62	—	—
港中能达	46.51	4.93	13.39	20.44	23.4	↑
申通快递	28.01	6.71	5.14	11.59	27.3	↑

续上表

企业名称	2014年6月申诉率	其中			2013年6月申诉率	同比
		延误申诉率	丢失申诉率	投递服务申诉率		
国通快递	21.82	8.99	2.95	7.09	30.3	↓
快捷快递	21.65	5.90	2.33	8.59	—	—
速尔快递	21.38	2.64	2.86	10.58	35.2	↓
天天快递	20.92	6.97	3.83	8.26	30.2	↓
韵达速递	16.31	4.93	2.65	6.56	20.9	↓
优速快递	16.27	2.79	1.96	6.70	41.5	↓
百世汇通	16.19	5.69	3.42	5.10	34.3	↓
宅急送快运	14.48	4.04	1.60	6.29	34.6	↓
中外运－空运	13.89	13.89	—	—	—	—
TNT	11.52	—	—	5.76	7.8	↑
中国邮政速递物流	10.48	3.94	1.18	4.25	12.7	↓
中通快递	9.72	1.42	1.99	4.35	22.8	↓
如风达	7.61	2.38	1.43	3.33	—	—
顺丰速运	6.68	1.64	0.53	2.63	5.3	↑
圆通速递	6.17	1.37	1.52	2.30	10.2	↓
UPS	5.31	—	—	3.03	2.6	↑
全一快递	4.61	1.02	0.51	2.05	10.4	↓
世纪卓越	1.67	0.56	—	1.12	—	—
京东	1.52	0.78	0.05	0.61	—	—
FedEx	0.76	0.38	—	0.38	2.6	↓
DHL	0.76	—	0.38	0.38	2.8	↓
递四方	0.34	—	0.34	—	—	—

2014年6月，快递企业对省(区、市)邮政管理局转办的申诉未能按规定时限回复的有11件，同比减少20件(表4-44)。

表4-44　2014年6月快递企业对申诉未能按时回复统计

公司名称	湖南	四川	云南	陕西	新疆	合计
中国邮政	2	0	0	1	0	3
顺丰速运	3	0	0	0	0	3
京东	0	1	1	0	0	2
申通快递	0	1	0	0	0	1
中通快递	0	0	0	0	1	1
其他	0	0	0	0	1	1
合计	5	2	1	1	2	11

三、消费者申诉区域分布情况

6月,各省(区、市)邮政服务申诉率见表4-45。

表4-45 2014年6月各省(区、市)邮政服务申诉率(单位:件有效申诉/千万件进出口邮件)

地区	邮政服务申诉量(件)	其中有效申诉(件)	申诉率	邮政服务申诉率中		
				延误申诉率	丢失申诉率	投递服务申诉率
北京	155	62	5.08	0.90	0.82	2.37
青海	14	4	4.99	3.74	0.00	1.25
陕西	55	20	4.49	0.67	1.35	1.80
海南	18	7	4.44	1.27	0.00	1.90
贵州	38	13	3.10	0.72	1.19	1.19
湖南	56	16	2.44	1.07	0.91	0.30
宁夏	4	2	2.40	1.20	0.00	1.20
西藏	6	2	2.36	0.00	2.36	0.00
云南	58	14	2.12	0.00	0.61	1.36
甘肃	13	5	1.77	0.35	0.35	1.06
新疆	46	7	1.74	0.74	0.25	0.74
吉林	16	5	1.71	0.68	0.00	1.02
山西	49	8	1.54	0.19	0.38	0.77
广东	209	20	1.41	0.35	0.28	0.57
广西	18	4	1.03	0.00	0.52	0.26
内蒙古	32	3	0.95	0.32	0.00	0.32
四川	54	8	0.86	0.11	0.11	0.21
河北	62	9	0.84	0.19	0.09	0.56
江苏	92	14	0.68	0.29	0.00	0.19
安徽	32	5	0.65	0.13	0.13	0.39
湖北	61	4	0.58	0.00	0.15	0.44
江西	39	3	0.58	0.19	0.00	0.38
浙江	123	12	0.55	0.00	0.05	0.18
山东	91	8	0.54	0.07	0.27	0.20
辽宁	45	4	0.53	0.00	0.13	0.40
上海	79	8	0.44	0.06	0.17	0.17
福建	64	3	0.37	0.00	0.24	0.12
天津	20	1	0.35	0.00	0.35	0.00
河南	46	4	0.32	0.08	0.08	0.08
黑龙江	15	1	0.18	0.18	0.00	0.00
重庆	13	0	0.00	0.00	0.00	0.00

6 月，各省（区、市）快递业务申诉率见表 4-46。

表 4-46　2014 年 6 月各省（区、市）快递业务申诉率（单位：件有效申诉/百万件进出口快件）

地区	快递进出口量（万件）	快递业务申诉量（件）	其中有效申诉（件）	申诉率	快递业务申诉率中		
					延误申诉率	丢失申诉率	投递服务申诉率
新疆	1055.7	355	131	12.4	3.5	2.4	5.6
山东	7609.5	3134	933	12.3	4.3	1.3	4.4
海南	637.8	182	73	11.4	2.8	2.3	3.3
云南	2269.4	655	233	10.3	3.8	1.3	3.6
西藏	106.5	41	11	10.3	4.7	2.8	2.8
天津	2397.4	901	228	9.5	3.1	1.0	4.2
广东	41378.9	11001	3811	9.2	2.0	1.7	4.0
贵州	1749.2	478	157	9.0	2.8	0.9	4.2
山西	2099.8	489	172	8.2	2.7	1.0	3.6
湖南	4168.9	1087	339	8.1	2.6	1.1	2.4
江西	2835.1	685	227	8.0	2.7	0.9	3.4
北京	17879.2	3283	1378	7.7	2.5	1.4	2.6
河北	5577.1	1294	415	7.4	2.3	0.9	3.1
甘肃	923.4	252	67	7.3	2.5	1.2	2.6
宁夏	395	78	29	7.3	2.0	0.8	4.1
安徽	4384.7	1039	317	7.2	1.7	1.4	2.7
青海	193.7	41	14	7.2	3.6	0.0	2.6
河南	5418.3	1229	375	6.9	2.8	1.1	2.0
福建	9164.5	1933	627	6.8	1.6	1.5	2.5
江苏	21071.2	4484	1415	6.7	1.7	1.2	2.9
陕西	3345.8	748	222	6.6	1.6	1.4	2.7
广西	2138.9	486	142	6.6	2.1	1.0	2.3
辽宁	3761.8	927	245	6.5	1.7	0.9	2.5
内蒙古	1240.8	271	77	6.2	1.7	1.0	2.5
吉林	1794.5	361	110	6.1	2.5	0.4	2.6
湖北	6013.4	1534	361	6.0	1.8	0.8	2.1
四川	6930.8	1379	402	5.8	2.5	0.8	1.8
上海	16123.4	2942	909	5.6	1.5	0.8	2.7
重庆	3030.8	608	163	5.4	2.0	1.0	1.5
黑龙江	1944.2	437	105	5.4	1.9	0.9	2.0
浙江	29268	4027	1117	3.8	0.9	0.7	1.5

2014 年 7 月邮政业消费者申诉情况的通告

7 月，国家邮政局和各省（区、市）邮政管理局通过“12305”邮政行业消费者申诉电话和申诉网站共受理消费者申诉 53883 件。申诉中涉及邮政服务问题的 2016 件，占总申诉量的 3.7%；涉及快递业务问题的 51867 件，占总申诉量的 96.3%。已处理申诉中有效申诉（确定企业责任的）16341 件，同比增长 16.3%。有效申诉中涉及邮政服务问题的 343 件，占有效申诉量的 2.1%；涉及快递业务问题的 15998 件，占有效申诉量的 97.9%。经调解消费者申诉已全部妥善处理，为消费者挽回经济损失 190.6 万元，消费者对邮政管理部门申诉处理工作满意率为 95.9%，对企业申诉处理结果满意率为 93.3%。

一、邮政服务申诉情况

7 月，受理消费者关于邮政服务问题的有效申诉343 件，环比增长 24.3%，同比下降 14.7%（图 4-55、表 4-47、图 4-56）。

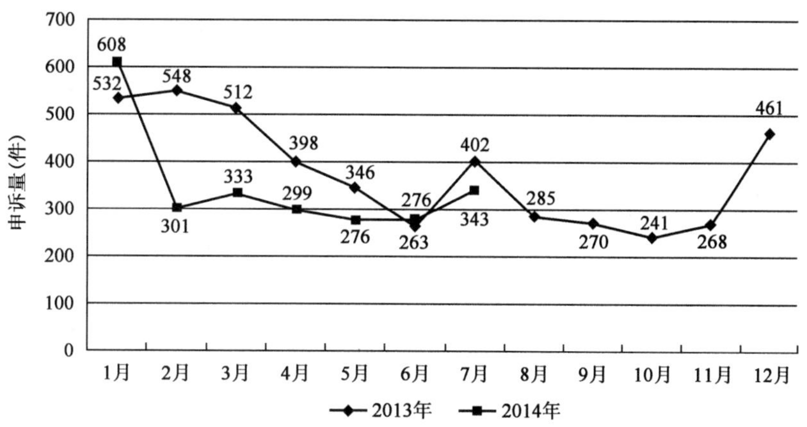

图 4-55　2014 年与 2013 年各月邮政有效申诉数量

表 4-47　7 月消费者申诉的邮政服务主要问题及所占比例统计

序号	申诉问题		申诉件数		占比例（%）	环比增长（%）	同比增长（%）
1	投递服务	函件	106	182	53.1	56.9	17.4
		包件	65				
		报刊	3				
		集邮	1				
		其他	7				
2	邮件延误	包件	34	67	19.5	15.5	-55.9
		函件	31				
		其他	2				
3	邮件丢失短少	包件	30	52	15.2	-13.3	8.3
		函件	22				
4	收寄服务	函件	14	28	8.2	3.7	3.7
		包件	13				
		其他	1				
5	邮件损毁	包件	7	10	2.9	66.7	-28.6
		函件	3				
6	违规收费	包件	3	4	1.2	-42.9	-33.3
		函件	1				
合计	—		343		100.0	24.3	-14.7

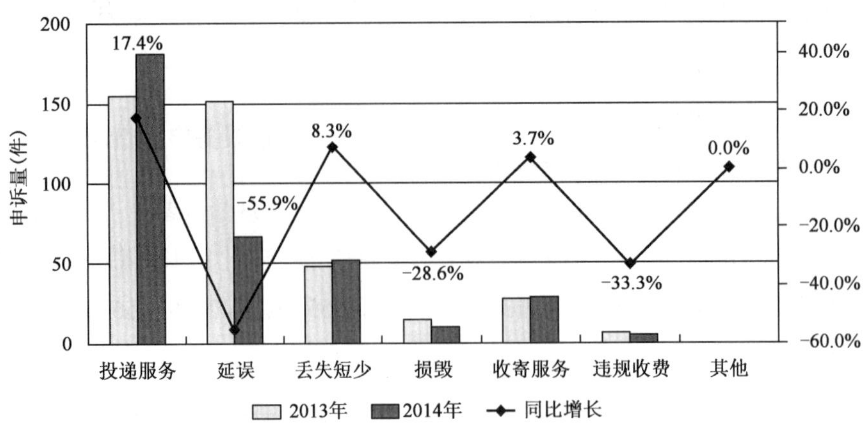

图4-56　2014年7月邮政业务申诉问题同比增长情况

二、快递业务申诉情况

（一）消费者申诉的主要问题

7月，受理消费者关于快递业务的有效申诉15998件，环比增长8.1%，同比增长17.3%（图4-57、表4-48、图4-58）。

（二）消费者对快递企业申诉情况

7月，消费者对57家快递企业进行了有效申诉，全国快递业务平均百万件快件有效申诉14.4件，环比增加1.3件，同比减少3.8件（表4-49）。

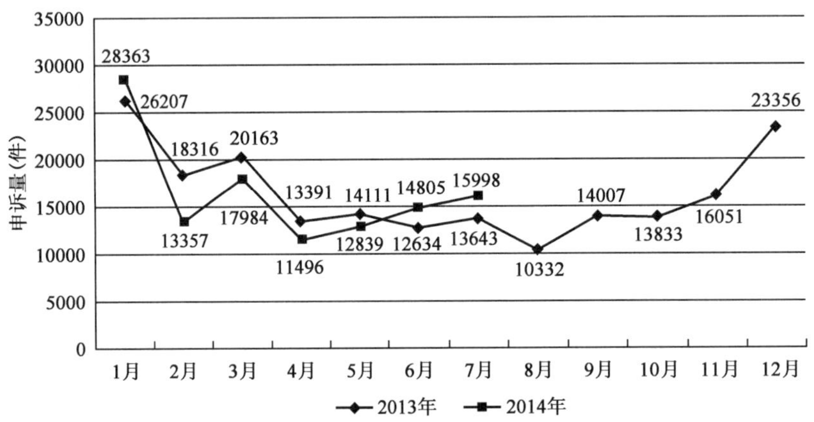

图4-57　2014年与2013年各月快递有效申诉数量

表4-48　7月消费者申诉快递业务的主要问题及所占比例统计

序号	申诉问题	申诉件数	占比例(%)	环比增长(%)	同比增长(%)
1	投递服务	6683	41.8	14.2	62.2
2	快件延误	3780	23.6	-8.3	-27.4
3	快件丢失短少	2603	16.3	5.8	25.0
4	快件损毁	1569	9.8	23.3	15.1
5	收寄服务	848	5.3	27.7	86.8
6	违规收费	173	1.1	27.2	53.1
7	代收货款	132	0.8	-18.0	-51.8
8	其他问题	210	1.3	55.6	650.0
合计	—	15998	100	8.1	17.3

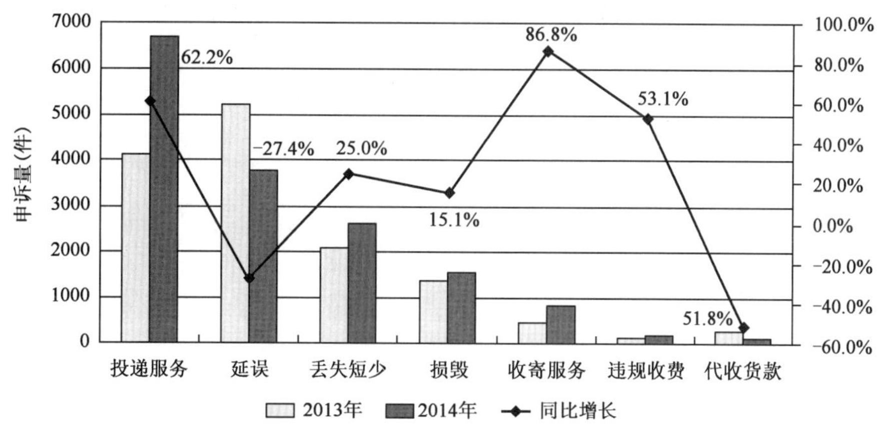

图 4-58 2014 年 7 月快递业务申诉问题同比增长情况

表 4-49 2014 年 7 月主要快递企业申诉率(单位:件有效申诉/百万件快件)

企业名称	2014 年 7 月申诉率	其中			2013 年 7 月申诉率	同比
		延误申诉率	丢失申诉率	投递服务申诉率		
港中能达	65.70	3.34	14.48	33.41	37.3	↑
全峰快递	52.50	13.82	10.70	18.72	—	—
申通快递	32.46	5.73	6.29	15.03	25.5	↑
快捷快递	28.38	6.47	4.41	10.29	—	—
速尔快递	27.32	3.60	3.18	12.29	39.9	↓
优速快递	22.07	3.37	2.39	8.29	46.9	↓
宅急送快运	19.10	5.20	1.87	7.68	49.1	↓
国通快递	19.08	5.66	3.03	7.77	33.0	↓
韵达速递	18.71	5.43	3.55	6.88	21.7	↓
中国邮政速递物流	14.62	5.44	1.40	5.99	14.1	↑
天天快递	14.51	3.50	1.93	6.40	33.4	↓
百世汇通	13.59	3.19	2.72	5.56	18.5	↓
中通快递	10.23	1.37	2.04	4.40	21.4	↓
如风达	8.51	4.03	—	4.48	—	—
全一快递	7.00	0.93	0.47	3.27	6.2	↑
UPS	6.68	0.74	0.74	2.97	2.8	↑
TNT	6.39	—	—	1.60	—	—
顺丰速运	6.04	1.39	0.52	2.31	6.1	↓
圆通速递	5.67	1.27	0.92	2.50	9.6	↓
DHL	2.66	0.38	—	1.14	2.1	↑
京东	1.99	0.74	0.28	0.80	—	—
FedEx	1.52	0.38	0.38	0.38	3.4	↓
苏宁易购	0.29	—	—	0.29	—	—

2014 年 7 月,快递企业对省(区、市)邮政管理局转办的申诉未能按规定时限回复的有 23 件,同比增长 7 件(表 4-50)。

表 4-50　2014 年 7 月快递企业对申诉未能按时回复统计

公司名称	山西	江苏	安徽	湖北	湖南	广西	四川	贵州	陕西	甘肃	新疆	合计
中国邮政	1	0	0	0	0	0	0	1	2	0	2	6
韵达速递	0	0	0	0	0	0	0	5	0	0	1	6
申通快递	0	0	1	0	0	0	2	0	0	0	0	3
优速快递	0	1	0	0	2	0	0	0	0	0	0	3
中国邮政速递物流	0	0	0	0	0	1	0	0	0	0	0	1
速尔快递	0	0	0	1	0	0	0	0	0	0	0	1
DHL	0	1	0	0	0	0	0	0	0	0	0	1
其他	0	0	0	0	0	0	1	0	0	1	0	2
合计	1	2	1	1	2	1	3	6	2	1	3	23

2014 年 8 月邮政业消费者申诉情况的通告

一、总体情况

2014 年 8 月，国家邮政局和各省（区、市）邮政管理局通过“12305”邮政行业消费者申诉电话和申诉网站共受理消费者申诉 42606 件。申诉中涉及邮政服务问题的 1467 件，占总申诉量的 3.4%；涉及快递业务问题的 41139 件，占总申诉量的 96.6%。已处理申诉中有效申诉（确定企业责任的）13006 件，同比增长 22.5%。有效申诉中涉及邮政服务问题的 253 件，占有效申诉量的 1.9%；涉及快递业务问题的 12753 件，占有效申诉量的 98.1%。经调解消费者申诉已全部妥善处理，为消费者挽回经济损失 171.4 万元，消费者对邮政管理部门申诉处理工作满意率为 95.5%，对企业申诉处理结果满意率为 93.4%（表 4-51）。

表 4-51　2014 年 8 月消费者对主要企业申诉处理结果满意率统计

序号	企业名称	申诉处理结果满意率（%）
1	中国邮政	96.3
2	速尔快递	95.4
3	圆通速递	95.3
4	中通快递	95.3
5	顺丰速运	94.5
6	快捷快递	94.2
7	中国邮政速递物流	94.1
8	宅急送快运	93.6

续上表

序号	企业名称	申诉处理结果满意率（%）
9	申通快递	93.6
10	韵达速递	92.7
11	国通快递	92.0
12	优速快递	91.4
13	全峰快递	91.1
14	天天快递	90.9
15	百世汇通	90.8
16	京东	81.3
17	港中能达	76.2
全国平均		93.4

2014 年 8 月，企业对邮政管理部门转办的申诉未能按规定时限回复的有 21 件，同比增加 10 件（表 4-52）。

表 4-52　2014 年 8 月快递企业对申诉未能按时回复统计

企业名称	上海	湖北	湖南	广西	海南	四川	贵州	新疆	合计
中国邮政	1	1	0	1	2	0	1	0	6
中通快递	0	0	0	0	0	0	5	0	5
申通快递	0	0	0	0	0	0	0	4	4
中国邮政速递物流	0	0	1	0	0	0	0	0	1
顺丰速运	0	0	0	0	0	0	0	1	1
其他	1	0	0	1	0	1	0	1	4
合计	2	1	1	2	2	1	6	6	21

二、邮政服务申诉情况

2014 年 8 月,受理消费者关于邮政服务问题的有效申诉 253 件,环比下降 26.2%,同比下降 11.2%(图 4-59、表 4-53、图 4-60)。

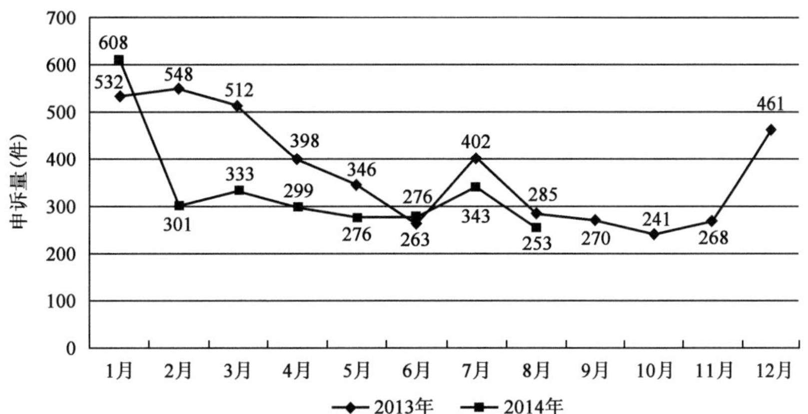

图 4-59 2014 年与 2013 年各月邮政有效申诉数量

表 4-53 8 月消费者申诉的邮政服务主要问题及所占比例统计

<table>
<tr><th>序号</th><th colspan="2">申诉问题</th><th colspan="2">申诉件数</th><th>占比例(%)</th><th>环比增长(%)</th><th>同比增长(%)</th></tr>
<tr><td rowspan="3">1</td><td rowspan="3">投递服务</td><td>函件</td><td>71</td><td rowspan="3">109</td><td rowspan="3">43.1</td><td rowspan="3">-40.1</td><td rowspan="3">-26.4</td></tr>
<tr><td>包件</td><td>37</td></tr>
<tr><td>集邮</td><td>1</td></tr>
<tr><td rowspan="2">2</td><td rowspan="2">邮件延误</td><td>函件</td><td>40</td><td rowspan="2">62</td><td rowspan="2">24.5</td><td rowspan="2">-7.5</td><td rowspan="2">3.3</td></tr>
<tr><td>包件</td><td>22</td></tr>
<tr><td rowspan="3">3</td><td rowspan="3">邮件丢失短少</td><td>包件</td><td>30</td><td rowspan="3">52</td><td rowspan="3">20.6</td><td rowspan="3">0.0</td><td rowspan="3">0.0</td></tr>
<tr><td>函件</td><td>21</td></tr>
<tr><td>报刊</td><td>1</td></tr>
<tr><td rowspan="2">4</td><td rowspan="2">收寄服务</td><td>包件</td><td>11</td><td rowspan="2">15</td><td rowspan="2">5.9</td><td rowspan="2">-46.4</td><td rowspan="2">0.0</td></tr>
<tr><td>函件</td><td>4</td></tr>
<tr><td rowspan="2">5</td><td rowspan="2">邮件损毁</td><td>包件</td><td>4</td><td rowspan="2">8</td><td rowspan="2">3.2</td><td rowspan="2">-20.0</td><td rowspan="2">14.3</td></tr>
<tr><td>函件</td><td>4</td></tr>
<tr><td>6</td><td>违规收费</td><td>包件</td><td>3</td><td>3</td><td>1.2</td><td>-25.0</td><td>0.0</td></tr>
<tr><td>7</td><td colspan="2">其他</td><td colspan="2">4</td><td>1.6</td><td>400.0</td><td>400.0</td></tr>
<tr><td>合计</td><td colspan="2">—</td><td colspan="2">253</td><td>100.0</td><td>-26.2</td><td>-11.2</td></tr>
</table>

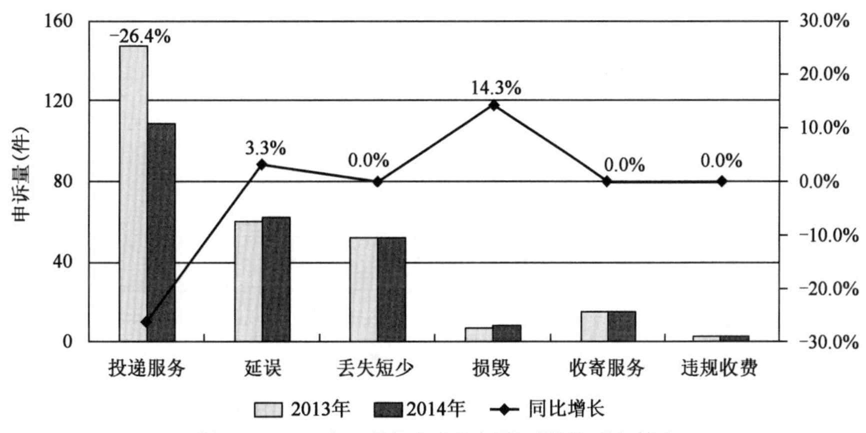

图 4-60 2014 年 8 月邮政业务申诉问题同比增长情况

三、快递业务申诉情况

（一）消费者申诉的主要问题

2014 年 8 月，受理消费者关于快递业务的有效申诉 12753 件，环比下降 20.3%，同比增长 23.4%（图 4-61、表 4-54、图 4-62）。

（二）消费者对快递企业申诉情况

2014 年 8 月，消费者对 59 家快递企业进行了有效申诉，全国快递业务平均百万件快件有效申诉 11.2 件，环比减少 3.2 件，同比减少 2.5 件（表 4-55）。

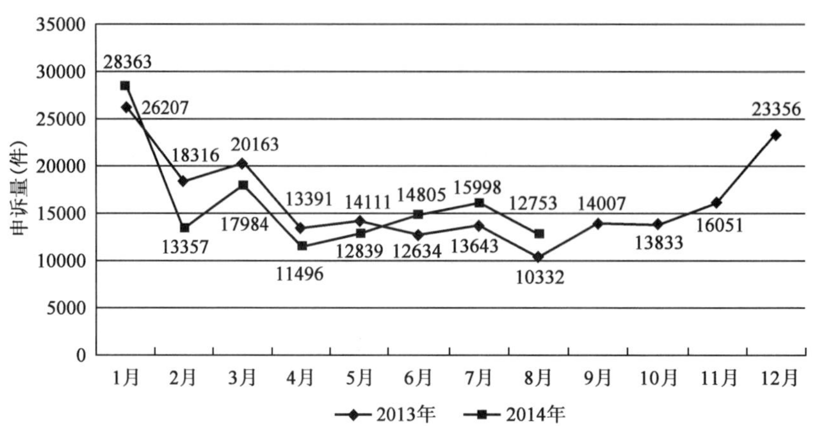

图 4-61　2014 年与 2013 年各月快递有效申诉数量

表 4-54　8 月消费者申诉快递业务的主要问题及所占比例统计

序　号	申诉问题	申诉件数	占比例(%)	环比增长(%)	同比增长(%)
1	投递服务	5742	45.0	-14.1	72.1
2	快件延误	2729	21.4	-27.8	-22.4
3	快件丢失短少	2135	16.7	-18.0	21.7
4	快件损毁	1220	9.6	-22.2	11.3
5	收寄服务	565	4.4	-33.4	63.3
6	代收货款	166	1.3	25.8	-2.4
7	违规收费	134	1.0	-22.5	44.1
8	其他问题	62	0.5	-70.5	181.8
合计	—	12753	100	-20.3	23.4

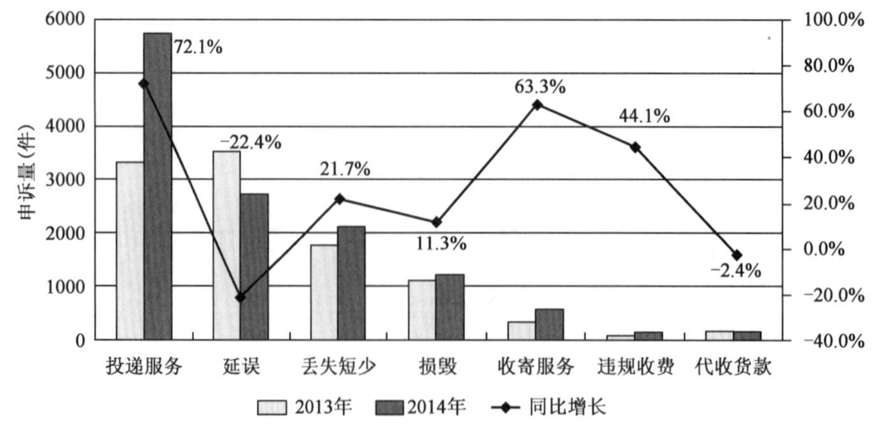

图 4-62　2014 年 8 月快递业务申诉问题同比增长情况

表 4-55 2014 年 8 月主要快递企业申诉率(单位:件有效申诉/百万件快件)

企业名称	2014 年 8 月申诉率	其中			2013 年 8 月申诉率	同比
		延误申诉率	丢失申诉率	投递服务申诉率		
全峰快递	39.05	9.40	7.93	13.02	—	—
港中能达	29.08	3.09	12.38	9.90	37.4	↓
申通快递	26.16	4.11	5.01	12.93	18.1	↑
优速快递	21.36	2.30	3.24	7.77	41.4	↓
速尔快递	19.69	2.09	2.93	8.59	34.7	↓
国通快递	16.65	4.60	2.89	6.79	24.9	↓
快捷快递	14.88	3.97	2.13	5.55	—	—
中外运-空运	14.08	14.08	—	—	—	—
宅急送快运	13.46	2.88	1.65	5.52	29.3	↓
韵达速递	12.78	3.19	2.28	5.55	14.1	↓
天天快递	12.27	3.28	1.92	5.42	26.1	↓
中国邮政速递物流	11.50	3.76	1.38	5.31	12.4	↓
百世汇通	11.44	3.14	2.33	4.63	17.9	↓
UPS	9.33	1.56	—	7.00	2.1	↑
如风达	7.75	0.97	2.42	4.36	—	—
中通快递	6.98	0.74	1.24	3.43	10.9	↓
圆通速递	4.62	0.79	0.76	2.25	8.4	↓
顺丰速运	4.05	0.93	0.30	1.69	3.7	↑
TNT	4.05	2.02	—	2.02	2.1	↑
FedEx	3.97	0.40	—	1.19	2.5	↑
全一快递	3.27	0.47	—	1.87	6.8	↓
DHL	1.18	0.39	0.39	0.39	2.2	↓
京东	0.83	0.25	0.09	0.49	—	—
递四方	0.61	—	—	0.30	—	—
世纪卓越	0.48	—	—	0.48	—	—
苏宁易购	0.34	0.11	—	0.23	—	—

2014 年 9 月邮政业消费者申诉情况的通告

一、总体情况

2014 年 9 月,国家邮政局和各省(区、市)邮政管理局通过"12305"邮政行业消费者申诉电话和申诉网站共受理消费者申诉 62805 件。申诉中涉及邮政服务问题的 1912 件,占总申诉量的 3.0%;涉及快递业务问题的 60893 件,占总申诉量的 97.0%。已处理申诉中有效申诉(确定企业责任的)19885 件,同比增长 39.3%。有效申诉中涉及邮政服务问题的 367 件,占有效申诉量的 1.8%;涉及快递业务问题的 19518 件,占有效申诉量的 98.2%。经调解消费者申诉已全部妥善处理,为消费者挽回经济损失 211.1 万元,消费者对邮政管理部门申诉处理工作满意率为 96.2%,对企业申诉处理结果满意率为 94.0%(表 4-56)。

表 4-56　2014 年 9 月消费者对主要企业申诉处理结果满意率统计

序号	企业名称	申诉处理结果满意率(%)
1	港中能达	100.0
2	圆通速递	96.5
3	百世汇通	95.6
4	中国邮政速递物流	95.0
5	韵达速递	94.9
6	京东	94.6
7	优速快递	94.4
8	顺丰速运	94.3
9	申通快递	93.7
10	中国邮政	93.6
11	宅急送快运	93.6
12	中通快递	93.5
13	全峰快递	92.4
14	速尔快递	91.9
15	国通快递	91.6
16	天天快递	91.4
17	快捷快递	91.2
全国平均		94.0

2014 年 9 月，企业对邮政管理部门转办的申诉未能按规定时限回复的有 29 件，同比增加 11 件（表 4-57）。

表 4-57　2014 年 9 月快递企业对申诉未能按时回复统计

企业名称	北京	上海	浙江	福建	江西	山东	湖南	重庆	四川	贵州	宁夏	合计
中国邮政	0	0	0	1	2	0	2	0	0	3	0	8
申通快递	1	0	3	0	0	0	1	0	1	0	0	6
优速快递	0	0	1	0	0	0	0	0	0	0	1	2
中国邮政速递物流	0	0	0	0	0	1	0	0	0	0	0	1
韵达速递	0	0	1	0	0	0	0	0	0	0	0	1
京东	0	0	0	0	0	0	1	0	0	0	0	1
UPS	0	0	1	0	0	0	0	0	0	0	0	1
其他	0	2	0	5	0	0	0	2	0	0	0	9
合计	1	2	6	6	2	1	4	2	1	3	1	29

二、邮政服务申诉情况

2014 年 9 月，受理消费者关于邮政服务问题的有效申诉 367 件，环比增长 45.1%，同比增长 35.9%（图 4-63、表 4-58、图 4-64）。

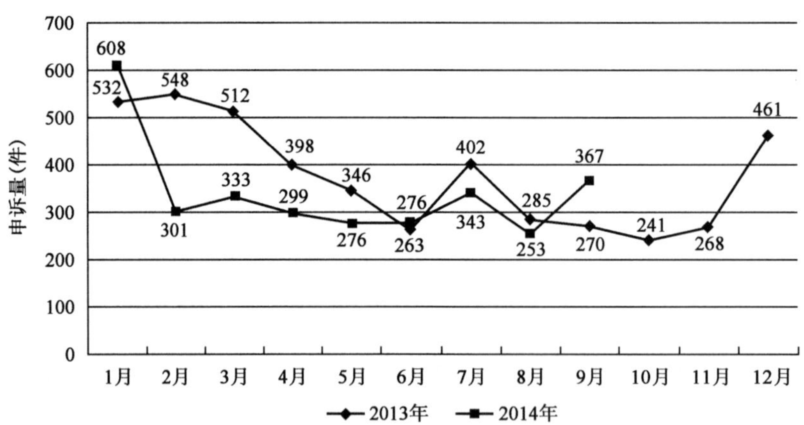

图 4-63　2014 年与 2013 年各月邮政有效申诉数量

表 4-58　9 月消费者申诉的邮政服务主要问题及所占比例统计

序号	申诉问题		申诉件数		占比例(%)	环比增长(%)	同比增长(%)
1	投递服务	函件	112	179	48.8	64.2	44.4
		包件	58				
		报刊	2				
		汇兑	1				
		其他	6				

续上表

序号	申诉问题		申诉件数		占比例(%)	环比增长(%)	同比增长(%)
2	邮件延误	函件	40	84	22.9	35.5	12.0
		包件	37				
		其他	7				
3	邮件丢失短少	包件	25	42	11.4	-19.2	20.0
		函件	16				
		报刊	1				
4	收寄服务	包件	14	26	7.1	73.3	52.9
		函件	10				
		集邮	1				
		其他	1				
5	邮件损毁	函件	20	26	7.1	225.0	136.4
		包件	6				
6	违规收费	函件	1		0.3	-66.7	-75.0
7	其他		9		2.5	125.0	125.0
合计	—		367		100.0	45.1	35.9

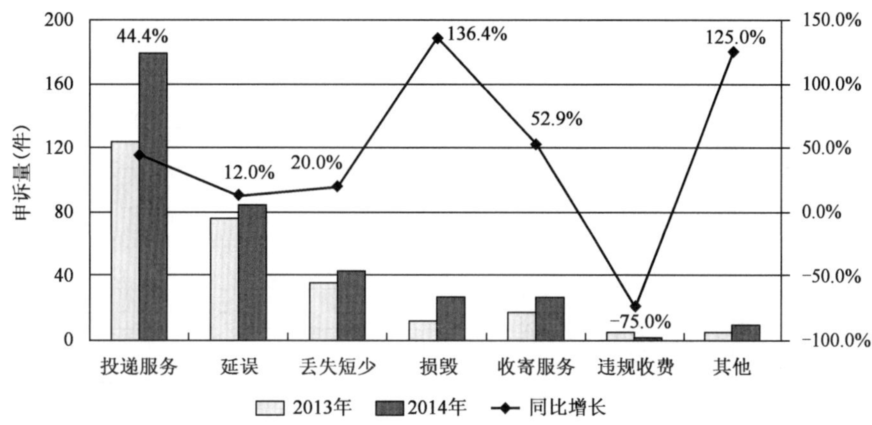

图4-64 2014年9月邮政业务申诉问题同比增长情况

三、快递业务申诉情况

(一)消费者申诉的主要问题

2014年9月,受理消费者关于快递业务的有效申诉19518件,环比增长53.0%,同比增长39.3%(图4-65、表4-59、图4-66)。

(二)消费者对快递企业申诉情况

2014年9月,消费者对58家快递企业进行了有效申诉,全国快递业务平均百万件快件有效申诉15.9件,环比增加4.7件,同比减少0.8件(表4-60)。

表4-59 9月消费者申诉快递业务的主要问题及所占比例统计

序 号	申诉问题	申诉件数	占比例(%)	环比增长(%)	同比增长(%)
1	投递服务	7736	39.6	34.7	86.7
2	快件延误	6019	30.8	120.6	-8.4
3	快件丢失短少	2933	15.0	37.4	70.0
4	快件损毁	1672	8.6	37.0	66.4

续上表

序　号	申诉问题	申诉件数	占比例(%)	环比增长(%)	同比增长(%)
5	收寄服务	742	3.8	31.3	92.2
6	代收货款	163	0.8	-1.8	150.8
7	违规收费	154	0.8	14.9	46.7
8	其他问题	99	0.5	59.7	1000
合计	—	19518	100	53.0	39.3

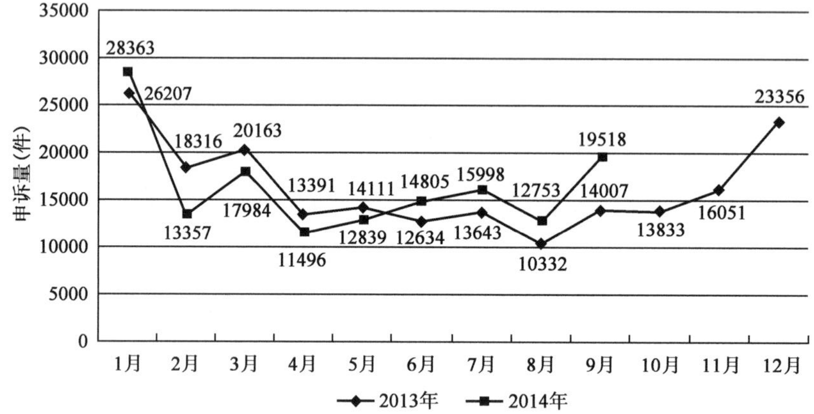

图 4-65　2014 年与 2013 年各月快递有效申诉数量

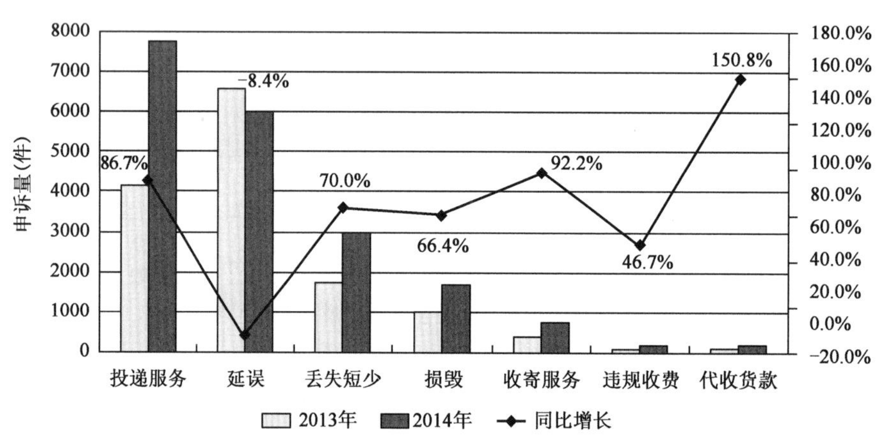

图 4-66　2014 年 9 月快递业务申诉问题同比增长情况

表 4-60　2014 年 9 月主要快递企业申诉率(单位:件有效申诉/百万件快件)

企业名称	2014 年 9 月申诉率	其　中			2013 年 9 月申诉率	同比
		延误申诉率	丢失申诉率	投递服务申诉率		
全峰快递	67.58	22.73	9.31	22.58	—	—
申通快递	35.35	9.27	5.40	15.68	16.2	↑
速尔快递	29.34	4.33	2.95	14.38	46.9	↓
韵达速递	26.58	10.09	4.33	9.16	30.6	↓
优速快递	22.50	5.52	3.66	7.43	53.8	↓
百世汇通	19.94	8.29	3.70	5.98	19.0	↑
天天快递	19.93	7.41	3.55	7.32	32.7	↓
快捷快递	17.53	4.66	2.26	7.26	—	—

续上表

企业名称	2014年9月申诉率	其中			2013年9月申诉率	同比
		延误申诉率	丢失申诉率	投递服务申诉率		
国通快递	16.98	5.24	2.13	7.09	33.1	↓
宅急送快运	15.52	3.85	1.85	6.55	26.8	↓
港中能达	14.89	0.65	1.94	11.00	30.7	↓
中国邮政速递物流	11.55	3.84	1.36	5.11	13.4	↓
如风达	9.69	3.88	0.48	4.36	—	—
中通快递	8.47	1.58	1.60	3.69	12.3	↓
全一快递	7.62	0.95	0.95	4.76	8.4	↓
UPS	6.90	0.46	—	5.52	2.0	↑
圆通速递	6.50	2.09	0.87	2.62	9.2	↓
顺丰速运	5.68	1.72	0.54	2.25	4.2	↑
TNT	5.29	1.76	—	1.76	5.9	↓
DHL	2.79	—	—	0.70	1.8	↑
世纪卓越	1.48	—	—	1.48	—	—
FedEx	1.46	—	—	0.37	2.6	↓
苏宁易购	1.23	0.62	—	0.41	—	—
京东	0.97	0.41	0.12	0.26	—	—

2014年10月邮政业消费者申诉情况的通告

一、总体情况

2014年10月,国家邮政局和各省(区、市)邮政管理局通过“12305”邮政行业消费者申诉电话和申诉网站共受理消费者申诉62889件。申诉中涉及邮政服务问题的2021件,占总申诉量的3.2%;涉及快递业务问题的60868件,占总申诉量的96.8%。已处理申诉中有效申诉(确定企业责任的)21469件,同比增长52.5%。有效申诉中涉及邮政服务问题的344件,占有效申诉量的1.6%;涉及快递业务问题的21125件,占有效申诉量的98.4%。经调解消费者申诉已全部妥善处理,为消费者挽回经济损失204万元,消费者对邮政管理部门申诉处理工作满意率为96.2%,对企业申诉处理结果满意率为93.9%(表4-61)。

2014年10月,企业对邮政管理部门转办的申诉未能按规定时限回复的有94件,同比增加62件(表4-62)。

表4-61 2014年10月消费者对主要企业申诉处理结果满意率统计

序号	企业名称	申诉处理结果满意率(%)
1	圆通速递	96.1
2	宅急送快运	95.9
3	中通快递	95.0
4	中国邮政	94.9
5	国通快递	94.8

续上表

序　号	企 业 名 称	申诉处理结果满意率(%)
6	申通快递	94.3
7	百世汇通	94.3
8	天天快递	93.3
9	中国邮政速递物流	93.2
10	韵达速递	93.2
11	顺丰速运	92.2
12	速尔快递	92.1
13	全峰快递	91.7
14	快捷快递	91.7
15	优速快递	91.5
16	港中能达	85.7
全国平均		93.9

表 4-62　2014 年 10 月快递企业对申诉未能按时回复统计

企业名称	北京	河北	吉林	黑龙江	上海	浙江	福建	河南	湖北	湖南	广东	广西	海南	重庆	四川	宁夏	新疆	合计
中国邮政	0	0	3	0	0	0	1	0	1	0	0	0	0	0	15	1	0	21
优速快递	3	3	0	0	0	0	1	1	0	1	3	1	0	2	0	0	0	15
申通快递	0	0	0	0	0	0	0	0	0	0	0	0	3	0	8	0	0	11
韵达速递	0	0	0	0	0	1	0	0	0	0	0	0	0	0	8	0	2	11
中通快递	0	0	0	0	0	0	0	0	0	0	0	0	0	1	0	0	3	4
宅急送快运	0	2	0	0	0	0	0	0	0	0	0	0	0	0	0	0	0	2
FedEx	0	0	0	0	1	0	0	0	1	0	0	0	0	0	0	0	0	2
百世汇通	0	0	0	0	0	1	0	0	0	0	0	0	0	0	0	0	0	1
速尔快递	0	0	0	0	0	0	0	0	1	0	0	0	0	0	0	0	0	1
全峰快递	0	1	0	0	0	0	0	0	0	0	0	0	0	0	0	0	0	1
京东	0	0	0	0	0	0	0	0	0	0	0	0	1	0	0	0	0	1
龙邦	0	0	0	0	0	1	0	0	0	0	0	0	0	0	0	0	0	1
其他	2	0	0	0	0	0	0	0	0	0	14	0	0	0	6	0	1	23
合计	5	6	3	0	1	3	2	1	3	1	17	1	4	3	37	1	6	94

二、邮政服务申诉情况

2014 年 10 月，受理消费者关于邮政服务问题的有效申诉 344 件，环比下降 6.3%，同比增长 42.7%（图 4-67、表 4-63、图 4-68）。

三、快递业务申诉情况

（一）消费者申诉的主要问题

2014 年 10 月，受理消费者关于快递业务的有效申诉 21125 件，环比增长 8.2%，同比增长 52.7%（图 4-69、表 4-64、图 4-70）。

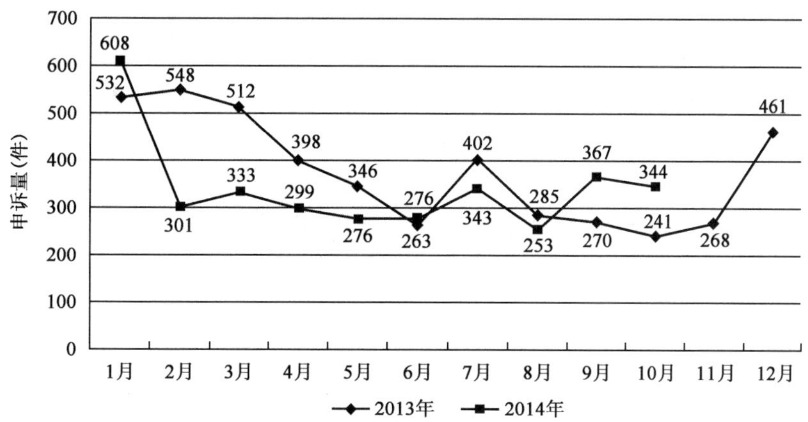

图 4-67 2014 年与 2013 年各月邮政有效申诉数量

表 4-63 10 月消费者申诉的邮政服务主要问题及所占比例统计

序号	申诉问题		申诉件数		占比例(%)	环比增长(%)	同比增长(%)
1	投递服务	函件	172	210	61.0	17.3	82.6
		包件	35				
		报刊	2				
		其他	1				
2	邮件延误	函件	30	61	17.7	-27.4	-12.9
		包件	25				
		汇兑	1				
		其他	5				
3	邮件丢失短少	包件	26	44	12.8	4.8	29.4
		函件	16				
		其他	2				
4	收寄服务	函件	9	17	4.9	-34.6	21.4
		包件	7				
		其他	1				
5	邮件损毁	包件	8	11	3.2	-57.7	266.7
		函件	3				
6	其他		1		0.3	-88.9	-50.0
合计	—		344		100.0	-6.3	42.7

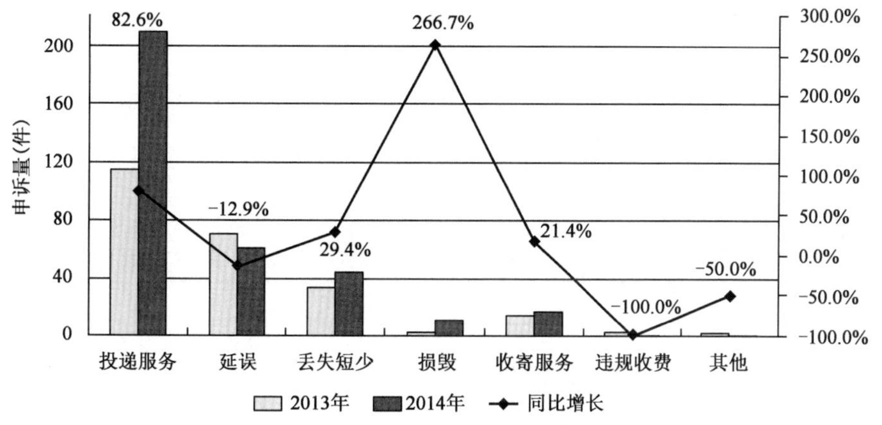

图 4-68 2014 年 10 月邮政业务申诉问题同比增长情况

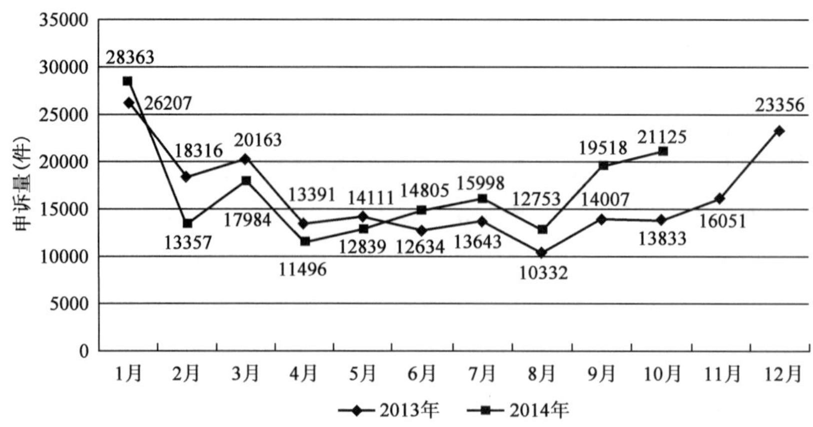

图4-69　2014年与2013年各月快递有效申诉数量

表4-64　10月消费者申诉快递业务的主要问题及所占比例统计

序　号	申诉问题	申诉件数	占比例(%)	环比增长(%)	同比增长(%)
1	投递服务	8081	38.3	4.5	96.8
2	快件延误	6602	31.3	9.7	3.1
3	快件丢失短少	3851	18.2	31.3	100.3
4	快件损毁	1595	7.6	-4.6	91.5
5	收寄服务	654	3.1	-11.9	70.8
6	违规收费	162	0.8	5.2	92.9
7	代收货款	105	0.5	-35.6	18.0
8	其他问题	75	0.4	-24.2	525.0
合计	—	21125	100	8.2	52.7

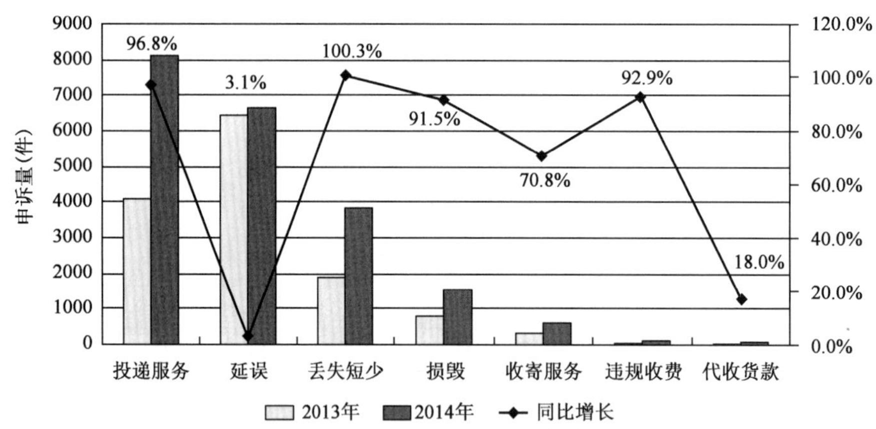

图4-70　2014年10月快递业务申诉问题同比增长情况

(二)消费者对快递企业申诉情况

2014年10月,消费者对58家快递企业进行了有效申诉,全国快递业务平均百万件快件有效申诉16.4件,环比增加0.6件,同比增加0.2件(表4-65)。

表4-65　2014年10月主要快递企业申诉率(单位:件有效申诉/百万件快件)

企业名称	2014年10月申诉率	其　中			2013年10月申诉率	同比
		延误申诉率	丢失申诉率	投递服务申诉率		
全峰快递	61.51	20.11	12.83	20.77	—	—
申通快递	44.54	11.95	8.41	19.10	17.1	↑

续上表

企业名称	2014年10月申诉率	其中			2013年10月申诉率	同比
		延误申诉率	丢失申诉率	投递服务申诉率		
速尔	27.74	6.68	4.05	8.30	39.3	↓
优速	23.51	6.60	4.04	8.27	38.9	↓
百世汇通	22.86	9.87	4.44	6.36	27.0	↓
天天	22.41	8.25	3.87	8.40	40.9	↓
韵达快运	20.88	7.69	4.05	7.01	18.3	↑
国通	18.48	6.42	2.97	7.33	32.9	↓
快捷速递	14.94	5.36	2.40	4.98	—	—
宅急送	13.23	4.55	1.61	4.66	31.7	↓
UPS	8.42	2.34	0.47	4.21	1.0	↑
圆通速递	7.81	2.10	1.39	3.27	12.4	↓
邮政快递(EMS)	7.79	3.09	1.30	2.79	11.0	↓
中通速递	7.36	1.52	1.38	3.27	13.9	↓
港中能达	7.01	0.64	3.18	1.91	25.5	↓
如风达	5.77	2.10		3.15	—	—
TNT	5.71	1.14	1.14	3.43	5.0	↑
FedEx	4.16	0.42		1.25	1.9	↑
全一快递	3.57	1.02	0.51	1.02	6.6	↓
顺丰速运	3.17	0.78	0.39	1.28	3.7	↓
世纪卓越	2.19	1.09		1.09	—	—
递四方	1.05		0.53	0.53	—	—
DHL	1.01	0.34		0.67	0.4	↑
京东	0.63	0.14	0.09	0.34	—	—
苏宁易购	0.18	—	—	0.18	—	—

2014年11月邮政业消费者申诉情况的通告

一、总体情况

2014年11月,国家邮政局和各省(区、市)邮政管理局通过"12305"邮政行业消费者申诉电话和申诉网站共受理消费者申诉88770件。申诉中涉及邮政服务问题的2715件,占总申诉量的3.1%;涉及快递业务问题的86055件,占总申诉量的96.9%。已处理申诉中有效申诉(确定企业责任的)21423件,同比增长31.2%。有效申诉中涉及邮政服务问题的389件,占有效申诉量的1.8%;涉及快递业务问题的21034件,占有效申诉量的98.2%。经调解消费者申诉已全部妥善处理,为消费者挽回经济损失227.5万元,消费者对邮政管理部门申诉处理工作满意率为95.6%,对企业申诉处理结果满意率为93.2%(表4-66)。

表4-66 2014年11月消费者对主要企业申诉处理结果满意率统计

序号	企业名称	申诉处理结果满意率%
1	速尔快递	97.0
2	圆通速递	95.2
3	国通快递	95.2
4	中通快递	94.7

续上表

序号	企业名称	申诉处理结果满意率%
5	韵达速递	93.8
6	快捷快递	93.8
7	中国邮政速递物流	93.6
8	百世汇通	93.4
9	顺丰速运	92.6
10	中国邮政	92.5
11	申通快递	92.5
12	宅急送快运	91.9
13	天天快递	91.7
14	优速快递	91.1
15	全峰快递	90.0
全国平均		93.2

2014 年 11 月，企业对邮政管理部门转办的申诉未能按规定时限回复的有 40 件，同比减少 8 件（表 4-67）。

二、邮政服务申诉情况

2014 年 11 月，受理消费者关于邮政服务问题的有效申诉 389 件，环比增长 13.1%，同比增长 46.2%（图 4-71、表 4-68、图 4-72）。

表 4-67　2014 年 11 月快递企业对申诉未能按时回复统计

企业名称	北京	河北	内蒙古	黑龙江	上海	浙江	安徽	湖南	广东	广西	重庆	四川	新疆	合计
韵达速递		3				2					4		4	13
京东				1				4		3				8
中国邮政											1		2	3
世纪卓越					1			2						3
百世汇通					1				1					2
优速快递	1						1							2
全峰快递									1		1			2
中国邮政速递物流										1				1
顺丰速运											1			1
民航快递			1											1
其他	1								2			1		4
合计	2	3	1	1	2	2	1	6	4	4	7	1	6	40

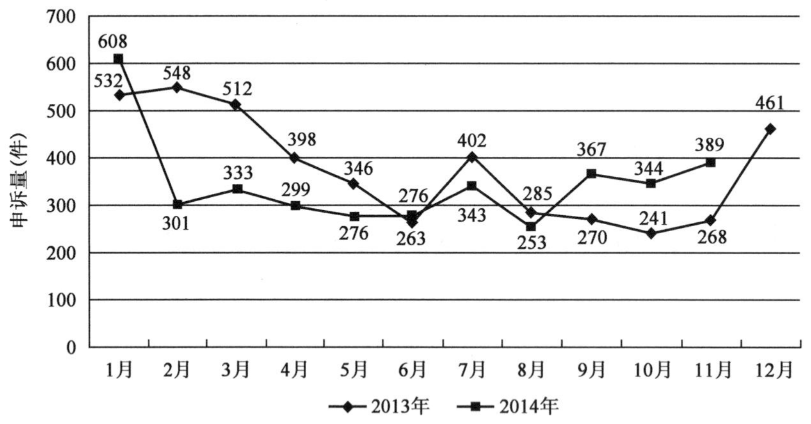

图 4-71　2014 年与 2013 年各月邮政有效申诉数量

表 4-68　11 月消费者申诉的邮政服务主要问题及所占比例统计

<table>
<tr><th>序号</th><th colspan="2">申诉问题</th><th colspan="2">申诉件数</th><th>占比例（%）</th><th>环比增长（%）</th><th>同比增长（%）</th></tr>
<tr><td rowspan="5">1</td><td rowspan="5">投递服务</td><td>函件</td><td>177</td><td rowspan="5">208</td><td rowspan="5">53.5</td><td rowspan="5">-1.0</td><td rowspan="5">92.6</td></tr>
<tr><td>包件</td><td>25</td></tr>
<tr><td>集邮</td><td>4</td></tr>
<tr><td>报刊</td><td>1</td></tr>
<tr><td>其他</td><td>1</td></tr>
</table>

续上表

序号	申诉问题		申诉件数		占比例(%)	环比增长(%)	同比增长(%)
2	邮件延误	函件	47	81	20.8	32.8	-14.7
		包件	32				
		集邮	1				
		其他	1				
3	邮件丢失短少	包件	27	52	13.4	18.2	30.0
		函件	23				
		报刊	2				
4	收寄服务	函件	23	34	8.7	100.0	161.5
		包件	8				
		集邮	2				
		其他	1				
5	邮件损毁	包件	4	6	1.5	-45.5	20.0
		函件	2				
6	违规收费	函件	1		0.3	100.0	-66.7
7	其他		7		1.8	600.0	250.0
合计	—		389		100.0	13.1	46.2

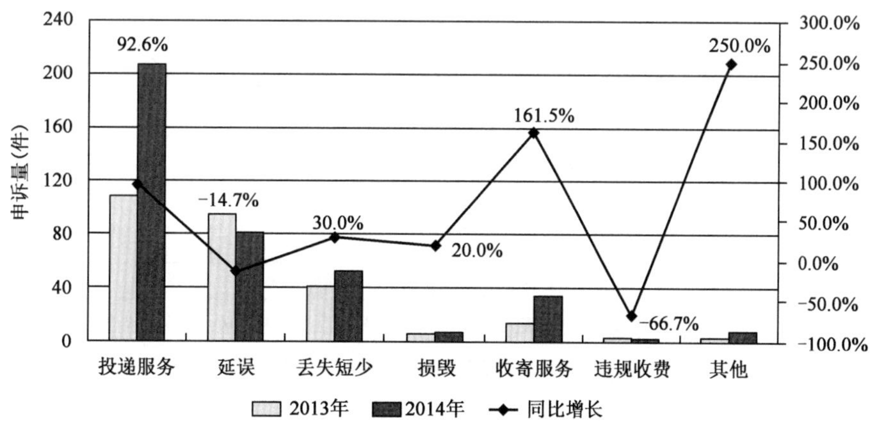

图 4-72 2014 年 11 月邮政业务申诉问题同比增长情况

三、快递业务申诉情况

(一)消费者申诉的主要问题

2014 年 11 月,受理消费者关于快递业务的有效申诉 21034 件,环比下降 0.4%,同比增长 31%(图 4-73、表 4-69、图 4-74)。

(二)消费者对快递企业申诉情况

2014 年 11 月,消费者对 58 家快递企业进行了有效申诉,全国快递业务平均百万件快件有效申诉 12.8 件,环比减少 3.6 件,同比减少 2 件(表 4-70)。

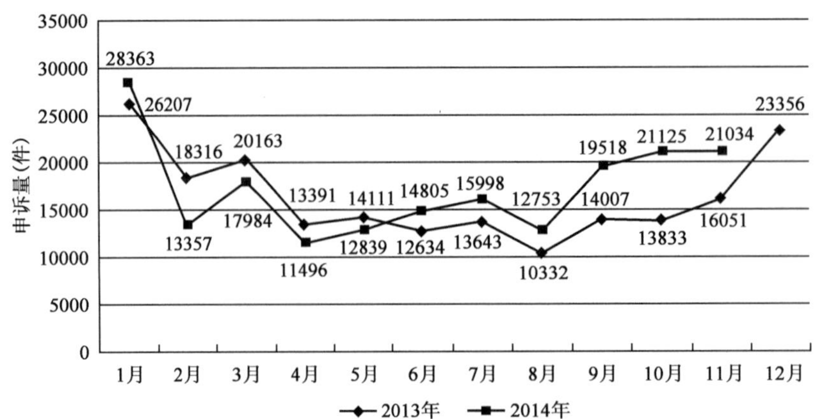

图4-73　2014年与2013年各月快递有效申诉数量

表4-69　11月消费者申诉快递业务的主要问题及所占比例统计

序　号	申诉问题	申诉件数	占比例(%)	环比增长(%)	同比增长(%)
1	投递服务	7822	37.2	-3.2	85.9
2	快件延误	6737	32.0	2.0	-17.0
3	快件丢失短少	3743	17.8	-2.8	71.1
4	快件损毁	1473	7.0	-7.6	76.4
5	收寄服务	722	3.4	10.4	82.3
6	代收货款	283	1.4	169.5	91.2
7	违规收费	154	0.7	-4.9	41.3
8	其他问题	100	0.5	33.3	88.7
合计	—	21034	100	-0.4	31.0

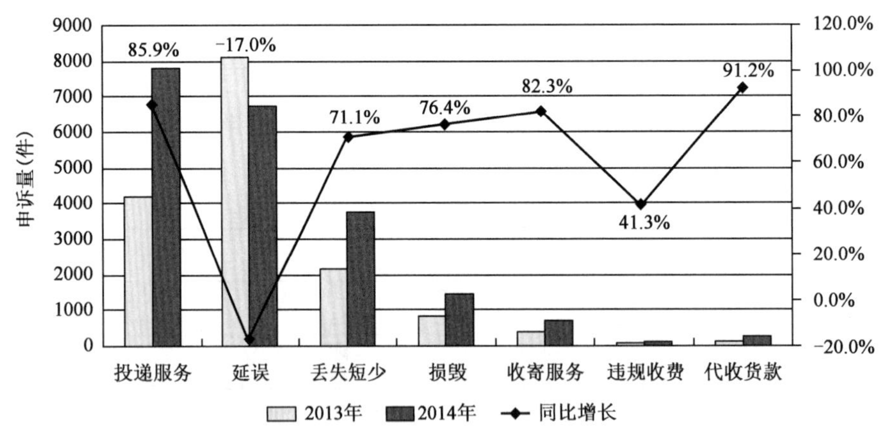

图4-74　2014年11月快递业务申诉问题同比增长情况

表4-70　2014年11月主要快递企业申诉率(单位:件有效申诉/百万件快件)

企业名称	2014年11月申诉率	其中			2013年11月申诉率	同比
		延误申诉率	丢失申诉率	投递服务申诉率		
全峰快递	34.93	9.58	7.14	12.50	—	—
申通快递	34.24	11.08	6.13	12.99	18.2	↑
优速快递	21.61	6.02	2.84	8.39	10.7	↑
国通快递	17.32	6.37	3.09	6.37	20.0	↓

续上表

企业名称	2014年11月申诉率	其中			2013年11月申诉率	同比
		延误申诉率	丢失申诉率	投递服务申诉率		
速尔快递	17.25	2.77	2.16	7.24	38.1	↓
百世汇通	15.66	5.06	4.04	4.82	12.3	↑
天天快递	14.64	4.46	2.45	5.94	29.3	↓
韵达速递	14.16	4.43	2.95	5.12	24.4	↓
快捷快递	10.14	3.33	1.38	3.70	—	—
宅急送快运	9.01	2.31	1.73	3.49	20.7	↓
中国邮政速递物流	8.92	3.41	1.47	3.30	13.7	↓
圆通速递	8.29	3.27	1.10	2.99	11.7	↓
中通快递	7.83	2.11	1.34	3.43	10.1	↓
UPS	7.83	2.80	1.68	2.80	2.2	↑
世纪卓越	5.27	0.48	0.96	2.39	—	—
如风达	4.71	—	0.94	2.83	—	—
FedEx	3.87	0.39	—	1.93	2.7	↑
全一快递	2.63	0.44	—	1.75	5.2	↓
民航快递	2.47	—	—	—	4.6	↓
顺丰速运	1.81	0.59	0.15	0.71	3.3	↓
DHL	1.47	0.29	—	1.17	0.7	↑
港中能达	1.20	0.40	0.80	—	29.3	↓
京东	1.10	0.55	0.11	0.39	—	—
苏宁易购	0.74	0.12	—	0.50	—	—

2014年12月邮政业消费者申诉情况的通告

一、总体情况

2014年12月,国家邮政局和各省(区、市)邮政管理局通过“12305”邮政行业消费者申诉电话和申诉网站共受理消费者申诉114969件。申诉中涉及邮政服务问题的3766件,占总申诉量的3.3%;涉及快递业务问题的111203件,占总申诉量的96.7%。已处理申诉中有效申诉(确定企业责任的)46285件,同比增长94.3%。有效申诉中涉及邮政服务问题的860件,占有效申诉量的1.9%;涉及快递业务问题的45425件,占有效申诉量的98.1%。经调解消费者申诉已全部妥善处理,为消费者挽回经济损失416.5万元,消费者对邮政管理部门申诉处理工作满意率为96.7%,对企业申诉处理结果满意率为94.8%(表4-71)。

表4-71 2014年12月消费者对主要企业申诉处理结果满意率统计

序号	企业名称	申诉处理结果满意率(%)
1	如风达	97.4
2	宅急送快运	96.3
3	圆通速递	96.0
4	百世汇通	95.9
5	中通快递	95.6
6	申通快递	95.4
7	中国邮政速递物流	95.2
8	中国邮政	95.0
9	国通快递	94.7
10	韵达速递	94.0
11	速尔快递	93.1

续上表

序号	企业名称	申诉处理结果满意率(%)
12	优速快递	93.1
13	天天快递	91.2
14	顺丰速运	90.5
15	全峰快递	90.3
16	快捷快递	90.3
全国平均		94.8

2014 年共受理消费者申诉 71.9 万件,同比增长 86.2%,其中有效申诉 23.9 万件,同比增长 19.3%。为消费者挽回经济损失 2749.3 万元,同比增长 31.6%。

2014 年 12 月,企业对邮政管理部门转办的申诉未能按规定时限回复的有 53 件,同比增加 8 件(表 4-72)。

表 4-72　2014 年 12 月快递企业对申诉未能按时回复统计

企业名称	北京	山西	内蒙	黑龙江	上海	浙江	福建	山东	湖南	广东	广西	四川	贵州	云南	新疆	合计
韵达速递		1							2				6			9
中国邮政	2	1	1										1			5
中通快递						1		1			1				2	5
优速快递			1		1				2		1					5
中国邮政速递物流											1		1			2
申通快递						1										1
全峰快递						1										1
快捷快递							1									1
京东												1				1
苏宁易购				1												1
其他										4	14			4		22
合计	2	2	2	1	1	3	1	1	4	4	17	1	8	4	2	53

二、邮政服务申诉情况

2014 年 12 月,受理消费者关于邮政服务问题的有效申诉 860 件,环比增长 121.1%,同比增长 86.6%(图 4-75、表 4-73、图 4-76)。

2014 年共受理邮政服务有效申诉 4649 件,同比增长 2.8%。

2014 年邮政投递服务问题、邮件丢失短少、损毁、收寄服务问题的有效申诉数量同比增加,邮件延误、违规收费问题的有效申诉数量同比下降(表 4-74)。

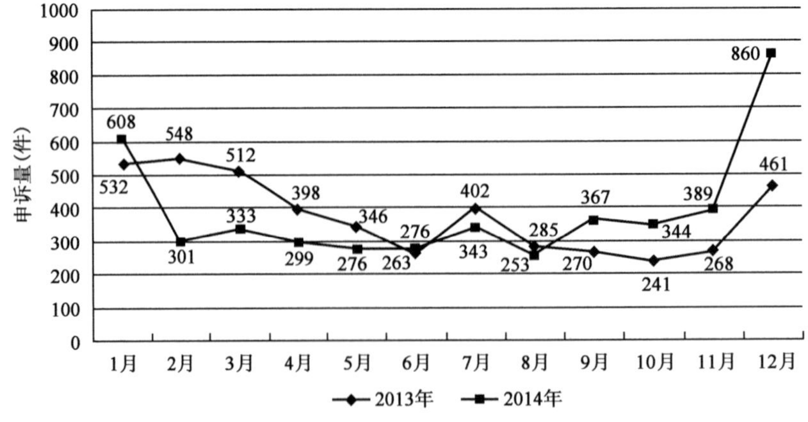

图 4-75　2014 年与 2013 年各月邮政有效申诉数量

表 4-73 12 月消费者申诉的邮政服务主要问题及所占比例统计

序号	申诉问题		申诉件数		占比例(%)	环比增长(%)	同比增长(%)
1	投递服务	函件	345	415	48.3	99.5	164.3
		包件	61				
		集邮	1				
		报刊	1				
		汇兑	1				
		其他	6				
2	邮件延误	函件	171	232	27.0	186.4	22.8
		包件	61				
3	邮件丢失短少	函件	83	135	15.7	159.6	90.1
		包件	51				
		报刊	1				
4	收寄服务	包件	17	31	3.6	-8.8	14.8
		函件	12				
		集邮	1				
		其他	1				
5	邮件损毁	函件	16	23	2.7	283.3	155.6
		包件	7				
6	违规收费	函件	13	14	1.6	1300.0	100.0
		包件	1				
7	其他		10		1.2	42.9	900.0
合计	—		860		100.0	121.1	86.6

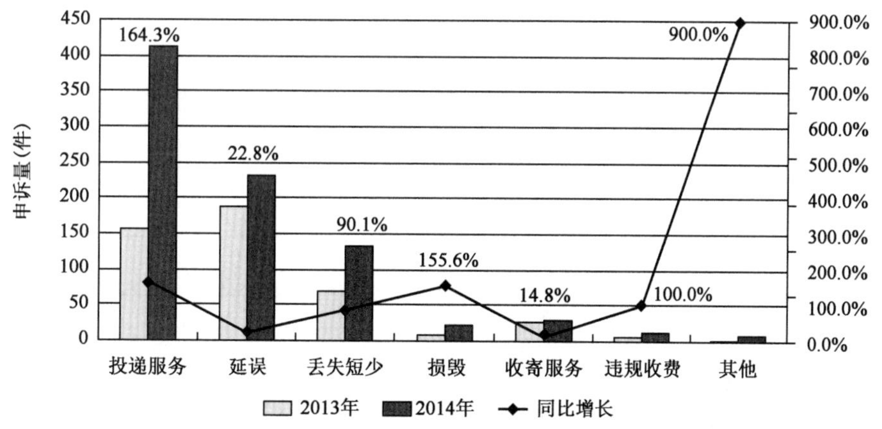

图 4-76 2014 年 12 月邮政业务申诉问题同比增长情况

表 4-74 邮政服务有效申诉问题 2014 年与 2013 年比较

申诉问题	投递服务	延误	丢失短少	损毁	收寄服务	违规收费	其他	合计
2014 年(件)	2229	1132	745	133	304	59	47	4649
问题占比例(%)	47.9	24.3	16.0	2.9	6.5	1.3	1.0	100.0
2013 年(件)	2141	1361	535	97	279	65	45	4523
问题占比例(%)	47.3	30.1	11.8	2.1	6.2	1.4	1.0	100.0
同比增加(件)	88	-229	210	36	25	-6	2	126
同比增长(%)	4.1	-16.8	39.3	37.1	9.0	-9.2	4.4	2.8

三、快递业务申诉情况

（一）消费者申诉的主要问题

2014 年 12 月，受理消费者关于快递业务的有效申诉 45425 件，环比增长 116%，同比增长 94.5%（图 4-77、表 4-75、图 4-78）。

2014 年共受理快递业务有效申诉 23.5 万件，同比增长 19.7%。

2014 年快递投递服务问题、快件丢失短少、损毁及收寄服务问题的有效申诉数量同比增幅较大，快件延误的有效申诉数量同比下降（表 4-76）。

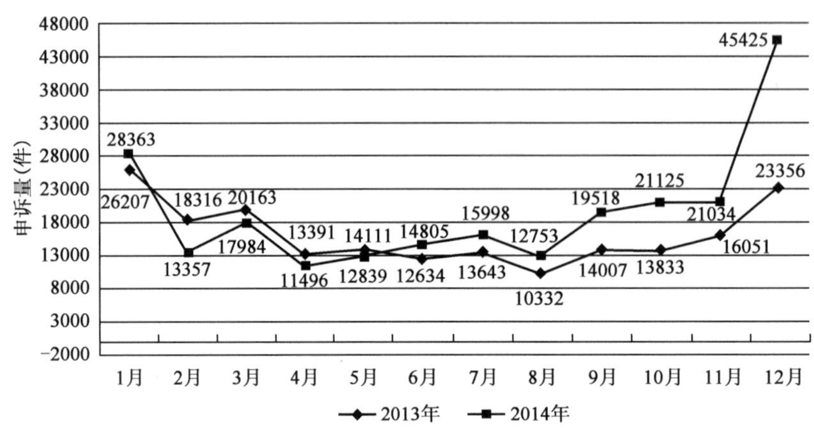

图 4-77　2014 年与 2013 年各月快递有效申诉数量

表 4-75　12 月消费者申诉快递业务的主要问题及所占比例统计

序　号	申诉问题	申诉件数	占比例(%)	环比增长(%)	同比增长(%)
1	快件延误	18049	39.7	167.9	38.5
2	投递服务	15026	33.1	92.1	191.0
3	快件丢失短少	8652	19.0	131.2	158.5
4	快件损毁	2135	4.7	44.9	142.9
5	收寄服务	1058	2.3	46.5	100.0
6	违规收费	262	0.6	70.1	94.1
7	代收货款	112	0.3	-60.4	-41.7
8	其他问题	131	0.3	31.0	65.8
合计	—	45425	100.0	116.0	94.5

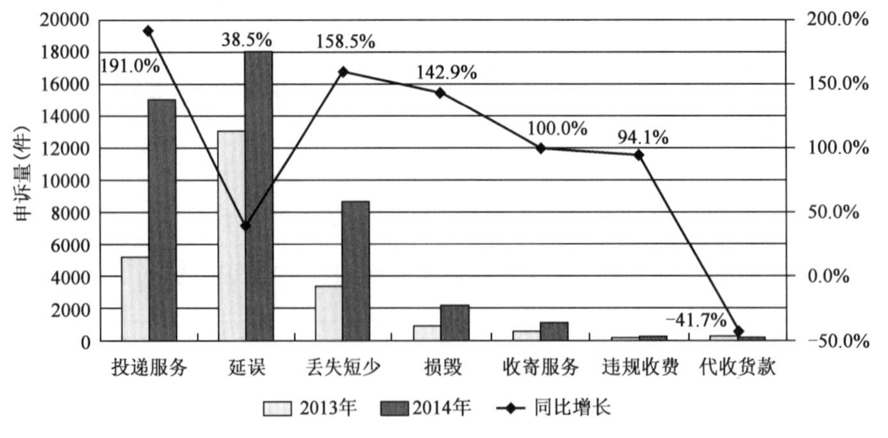

图 4-78　2014 年 12 月快递业务申诉问题同比增长情况

表 4-76 快递业务有效申诉问题 2014 年与 2013 年比较

申诉问题	投递服务	延误	丢失短少	损毁	收寄服务	违规收费	代收货款	其他	合计
2014 年(件)	82188	82988	40679	15551	7969	1781	2075	1466	234697
问题占比例(%)	35.0	35.4	17.3	6.6	3.4	0.8	0.9	0.6	100.0
2013 年(件)	57412	85164	30921	12562	5800	1691	2046	450	196046
问题占比例(%)	29.3	43.4	15.8	6.4	3.0	0.9	1.0	0.2	100.0
同比增加(件)	24776	-2176	9758	2989	2169	90	29	1016	38651
同比增长(%)	43.2	-2.6	31.6	23.8	37.4	5.3	1.4	225.8	19.7

(二)消费者对快递企业申诉情况

2014 年 12 月,消费者对 58 家快递企业进行了有效申诉,全国快递业务平均百万件快件有效申诉 27.8 件,环比增加 15 件,同比增加 6 件(表 4-77)。

表 4-77 2014 年 12 月主要快递企业申诉率(单位:件有效申诉/百万件快件)

企业名称	2014 年 12 月申诉率	其中			2013 年 12 月申诉率	同比
		延误申诉率	丢失申诉率	投递服务申诉率		
申通快递	110.66	49.33	19.70	34.61	25.46	↑
全峰快递	79.29	22.42	18.58	29.96	—	—
国通快递	42.38	19.92	6.82	12.47	31.91	↑
优速快递	32.35	11.58	5.17	10.59	11.73	↑
速尔快递	25.31	3.50	3.66	12.49	24.74	↑
快捷快递	23.79	7.88	4.20	9.03	—	—
天天快递	23.36	8.13	4.82	8.42	38.77	↓
韵达速递	20.47	7.02	4.49	7.00	25.80	↓
圆通速递	20.42	8.20	3.90	6.99	19.29	↑
百世汇通	17.17	5.93	4.05	5.68	15.05	↑
如风达	14.50	7.04	0.41	7.04	—	—
宅急送快运	13.72	4.39	1.73	5.69	33.85	↓
中通快递	13.40	3.18	3.38	5.22	16.89	↓
中国邮政速递物流	13.31	5.69	2.47	4.18	31.63	↓
中外运-空运	10.99	10.99	—	—	14.29	↓
UPS	5.51	1.65	1.10	1.65	3.60	↑
全一快递	4.71	1.18	0.79	1.18	5.03	↓
DHL	3.49	0.58	0.29	2.33	0.35	↑
世纪卓越	3.31	0.83	—	2.48	—	—
TNT	2.74	2.74	—	—	3.30	↓
递四方	2.58	—	2.58	—	—	—
京东	2.08	0.49	0.38	0.97	—	—
顺丰速运	1.89	0.48	0.26	0.73	3.80	↓
FedEx	1.70	—	0.34	0.34	3.26	↓
苏宁易购	0.84	0.24	—	0.48	—	—

第五篇　人才建设

第一章　2014 年快递人才队伍建设概述

当前和今后一个时期，我国经济发展进入新常态，这是中央站在全局高度，深刻分析我国基本国情和发展阶段作出的科学判断。从邮政行业来看，行业发展方式正从规模速度型转向质量效率型，要实现高效率、低成本、可持续，必须更多依靠人力资本和技术进步，依靠创新驱动，归根到底，关键在人才。在此背景下，主动适应新常态、新变化，找准新形势下邮政行业人才队伍建设的着力点，谋划好今后一个时期的工作，是行业人才发展的重中之重。

2014 年，作为邮政行业的管理部门，国家邮政局认真执行中央干部人事管理方针政策，加强干部选拔任用工作，加大干部教育培训力度，加快邮政业人才培养。在快递行业人才建设上，继续坚持“政府为主导、企业为主体、院校为支撑”的人才教育培养体系，加快实施快递“百千万人才工程”，完善人才制度建设，大力推进校企合作，培养技能型人才和企业高管人才。2014 年，邮政行业职业技能鉴定工作，围绕中心、服务大局，坚持稳中求进，把握工作规律，拓宽工作思路，创新方式方法，以促进高质量职业技能鉴定工作为宗旨，推进鉴定工作有序开展、质量提高、结构优化，夯实职业技能鉴定基础管理，创造了新的亮点、积累了新的经验，各项工作取得较好成效，为行业深入实施国家职业资格证书制度，推动技能人才队伍建设打下坚实基础。2014 年鉴定 11.5 万人次，持证 7.6 万人次，吉林、宁夏、安徽、福建、天津、河南、海南、甘肃、广西、江苏、云南、辽宁、山东等 13 个省(区、市)完成年度鉴定计划。

随着市场竞争的加剧，越来越多的快递企业开始意识到人才对企业发展的重要性，各企业的人才队伍建设意识逐渐增强。2014 年，快递企业在加快规范发展、转型升级中，通过各具特色的人才培养举措，全面加强自身人才队伍建设。快递企业多管齐下，通过多渠道引进人才、培养人才、留住人才、用好人才，建立并完善了人才招聘机制，逐步理顺和完善了人才培训管理体系，在校企合作在企业人才培训发挥的作用越来越大，员工的权益也进一步得到了保障。

2014 年，面对行业发展的新形势，院校在快递人才培养方面也继续发挥着重要的作用。截至 2014 年年底，邮政行业合作院校已达 143 所，其中 2014 年新增合作院校 43 所。目前，全国 30 个省均有合作院校，特别是山东实现合作院校地市全覆盖。合作院校的拓展，为行业技能人才培养、职业培训、开展鉴定提供了有力的组织保障。院校在服务行业、服务企业发展方面的能力也逐步提高，有些合作院校专门建立了快递人才培养基地，有针对性地培养适应快递行业生产、管理和服务需要的专门人才。

第二章 2014 年快递“百千万人才工程”进展

143 所、4.49 万人次、9713 人次，这分别是“快递百千万人才工程”中合作院校、专业技术人员、高技能人才的最新数据。按照“十二五”规划，“快递百千万人才工程”规划所设定的目标——建设百所快递专业人才培养基地（院校），千人以上快递专业技术人才队伍，万名高层次技能型快递专业人才队伍。从数据对比来看，“百”和“千”已经远超目标，只有“万”还需再添一把力。

首先来看“百”。截至 2014 年年底，邮政行业合作院校已达 143 所，其中本科 24 所，高职 67 所，中专 31 所，普通技工院校 2 所，技师学院 19 所。其中有 21 个鉴定站建立在院校，有 28 所院校开设快递专业（方向），在校生达万人以上，80% 以上的毕业生服务于快递企业。

作为国内最早开设邮政快递专业的院校，山东工程技师学院在 2009 年开设邮政快递专业并当年招生，目前该专业在校生 486 人。建设电子商务模拟和物流综合实训中心，利用寒暑假选派教师到快递企业顶岗锻炼，与百世汇通山东分公司、山东 D 速、顺丰济南分公司等开展联合招生、订单培养、企业实训等多种形式的合作，探索校企合作专业共建模式，这些都是院校培养人才的手段和方式。

再看“千”。快递专业技术人才 4.49 万人次。快递专业技术人才由各省按照国家统一报表要求进行上报，主要涉及参加国家以及地方政府组织的专业技术类社会考试，获得专业技术人才资格的快递从业人员，已远远超过“十二五”规划要求。

最后看“万”。截至 2014 年年底，累计取得高级技能以上职业资格人员 9713 人。2014 全年新增 4217 人次，比 2013 年增长 22.4%。

这一方面得益于技能人才评价体系的逐步完善，同时也与人才选拔激励机制的逐步形成密切相关。继山东省首次邮政行业职业技能竞赛后，江苏、河南、广东 3 省分别举办本区域职业技能竞赛，参赛人员 707 名。同时，徐州、武汉、珠海等市（地）局也积极开展竞赛活动。2014 年在地市以下设立考点 419 个，不仅节省了企业参考成本，同时也为行业技能人才培养注入了新活力。地市局工作局面的逐步打开，为职鉴工作向下延伸起到了显著效果。

以职鉴考试为例，山东济宁将从业人员参加培训和鉴定情况纳入地方政府诚信体系建设内容，鼓励企业将职业资格证书与员工津贴挂钩，促进员工提高职业技能。淄博加强考前培训，并启动“千人轮训”工程，全面提高快递从业人员素质。广东揭阳争取地方政府支持，把快递业务员培训纳入市政府人才培训计划，进行免费培训。

在促进校企合作方面，地市局也在积极探索。比如福建厦门成立了首个地市邮政行业校企合作工作机构——厦门市邮政行业校企合作服务中心，明确职责定位，制定培养方案，形成“学校教育教学 + 企业教学实习 + 顶岗实践 + 就业”的校企全程合作培养人才的模式，实现校、企、学生共赢；莆田市通过推动建立校园快递实训中心、校企共建学生实习基地，让快递走进校园、学生走进企业，增强相互了解，深化相互合作，促进产教融合发展。

第三章　2014 年职鉴工作进展

2014 年,是全面深化改革推动行业发展的关键之年,也是邮政行业职业技能鉴定工作开拓创新再上新台阶的关键之年。国家邮政局职业技能鉴定指导中心以党的十八大和十八届三中全会精神为指导,以加强行业技能人才队伍职业化建设为中心,以鉴定考试、技能竞赛和信息技术等工作为抓手,进一步推进鉴定组织体系完善,推进鉴定工作规模发展、等级优化、质量提高,为邮政行业科学健康发展提供人才保障和支撑。

一、职鉴工作体系建设再上新台阶

进一步加强职鉴工作组织体系、技术支撑体系和队伍建设,打牢基础,提升服务能力。向人社部积极申请建立第四批邮政行业特有工种职业技能鉴定站,完成 24 个鉴定站鉴定许可证的换发工作。组织完成快递业务师鉴定培训教程、大纲和题库的编写建设工作。完成竞赛题库调整补充工作。根据企业需求,编写出版了《快递业务员安全操作指导手册》,并启动编写"快递业务百问"手册。加强信息化建设工作,行业职业资格网站正式上线,成为社会了解行业职鉴工作的重要窗口和行业交流的重要平台,为提高工作效率,发挥很好作用。组织完成《邮政行业职业技能鉴定工作文件汇编》整理工作,为更好开展工作提供政策依据和指导。加强基础管理工作,开展邮政行业职业技能鉴定财务专项检查,严肃财经纪律,保证工作顺利开展。举办考务、财务管理培训班,提高业务能力,聘任 75 位同志为第一批行业快递培训师,为鉴定培训、教材编写、举办竞赛等工作提供技术指导和服务。

二、快递高技能人才评价选拔工作取得新突破

2014 年全年新增高技能人才 4217 人次,比上年增长 22.4%,累计取得高级技能以上职业资格人员 9713 人次。特别是快递业务师鉴定试考工作的开展,是政企分开后邮政行业首次组织开展的技师等级的职业资格评价工作。山东作为试点省份,积极组织省内 26 家规模以上快递企业、8 所合作院校 131 名考生参加试考,有 59 名考生通过考试和综合评审,获得了快递业务师国家职业资格证书。继山东省首次邮政行业职业技能竞赛后,江苏、河南、广东 3 省管局高度重视,联合举办本区域邮政行业职业技能竞赛,共有 707 名人员参加竞赛,17 名同志获得省级技术能手,1 名同志获得省级五一劳动奖章,6 名同志获得省级五一创新能手,50 名同志获得省级快递技术能手,16 名同志晋升为快递业务师,70 名同志晋升高一等级职业资格。同时,部分地市管局积极开展竞赛活动,江苏徐州、常州、南通、宿迁,湖北武汉,广东珠海,四川自贡分别组织本地职业技能竞赛,取得良好效果。

三、发挥院校优势,服务行业发展能力显著提升

2014 年,各省结合本地发展实际,深入院校企业进行调研,了解掌握人才发展现状和企业院校需求,有针对性地选择合作院校,积累资源。全年新增合作院校 43 所,全国 30 个省均有合作院校。截至 2013 年底,邮政行业合作院校已达 143 所,其中本科 24 所,高职 67 所,中专 31 所,普通技工院校 2 所,技师学院 19 所。其中 21 所鉴定站在院校建立,有 28 所院校开设快递专业(方向),在校生达万人以上,80% 以上的毕业生服务于快递企业,发挥重要作用。各省积极探索,拓宽思路,大胆尝试,通过建立行业人才培养基地、签订战略合

作协议，委托院校开展项目研究等方式，逐步形成了适合本地区发展的行业技能人才培养模式，使院校服务行业、服务企业发展的能力逐步提高，优势作用得到有效释放，进一步满足了企业需求，形成了互利共赢的良好局面。

四、积极探索，省以下职鉴工作开创新局面

2014 年，各省中心加强指导，地(市)局高度重视职鉴工作和行业技能人才培养，将其作为推进本地行业发展的有力抓手和切入点，因地制宜，积极组织开展职鉴考试，促进校企合作，探索建立地市级职鉴工作机构，明确专兼职负责人员，作为职鉴工作的“新生力量”，工作有激情，有办法，有效果，逐步打开工作局面，职鉴工作向下延伸效果显著。在职鉴考试方面，全年地市以下设立考点 419 个，节省了企业参考成本，受到企业欢迎。

五、增强法律意识，不断优化可持续发展的环境

2014 年，职鉴工作更加注重发挥法规政策的支撑作用和“源头效应”，增强法律意识，国家邮政局中心、省中心和地市管局积极参与相关法规制定，可持续发展环境得到进一步改善。积极参与法规政策制定。一年来国家邮政局中心紧密跟踪国家邮政局开展的“快递条例”立法工作，提出意见建议，积极参与国家邮政局组织起草的“关于促进快递业发展的若干意见”和“关于加快发展邮政行业职业教育的意见”的修改建议工作，争取为后续工作开展提供更为有力的法律政策依据，更好地服务行业发展。推进邮政业职业分类体系建设，为促进行业人才队伍建设和职业能力提升奠定基础。

第四章　2014 年职鉴数据统计情况

2014 年,邮政行业职业技能鉴定工作围绕中心,服务大局,积极组织,稳步实施,结构优化,质量提升,总体运行良好。全年共安排 5 批次考试,鉴定总量达 11.52 万人次,合格 7.62 万人次,合格率为 66.2%。吉林、宁夏、安徽、福建、天津、河南、海南、甘肃、广西、江苏、云南、辽宁、山东等 13 个省超计划完成年度鉴定目标,鉴定总量前 10 位的是:浙江[1,2]、广东[2,1]、江苏[3,3]、山东[4,7]、福建[5,6]、河北[6,9]、上海[7,4]、安徽[8,12]、河南[9,11]、吉林[10,23]。(注:括号中,前者数字表示鉴定量排名名次,后者为快递业务量排名名次)

一、总体情况

1. 鉴定总量

2014 年,鉴定 115246 人次,同比减少 8.7%。其中初级 98483 人次,中级 10991 人次,高级 5576 人次,业务师 196 人次(表 5-1、图 5-1)。

表 5-1　2013 年、2014 年分等级鉴定情况比较

年份	合计			初级		中级		高级		业务师	
	鉴定人次	合格人次	合格率	鉴定人次	合格人次	鉴定人次	合格人次	鉴定人次	合格人次	鉴定人次	合格人次
2013	126186	82059	65.0%	108122	69650	13263	8970	4801	3439	6	6
2014	115246	76243	66.2%	98483	64573	10991	7453	5576	4136	196	81
同比	-8.7%	-7.1%	1.2%	-8.9%	-7.3%	-17.1%	-16.9%	16.1%	20.3%	—	—

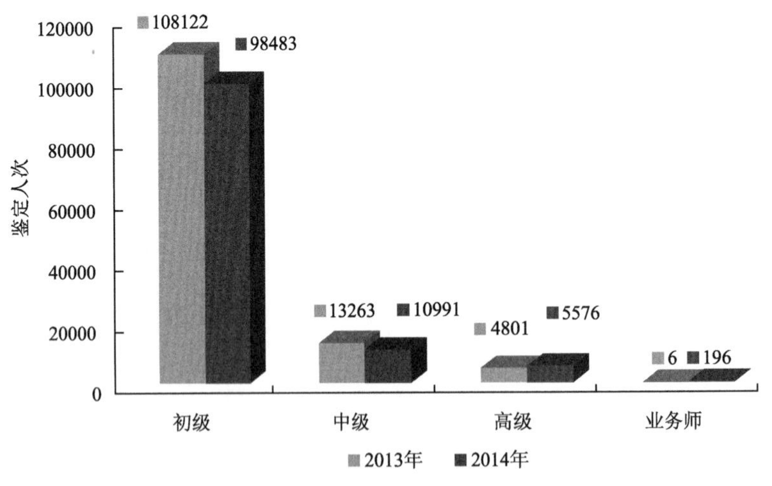

图 5-1　2013 年、2014 年分等级鉴定总量比较

2. 持证总量

2014 年,鉴定合格 76243 人次,其中初级 64573 人次,中级 7453 人次,高级 4136 人次,业务师 81 人。高级以上技能鉴定取得较大进展,当年持证 4217 人,同比增加 22.4%(图 5-2)。

3. 鉴定合格率

2014 年鉴定合格率为 66.2%,同比增加 1.2个百分点,基本保持稳定。其中,初、中、高级及以上合格率水平较 2013 年均略有上升(图 5-3)。

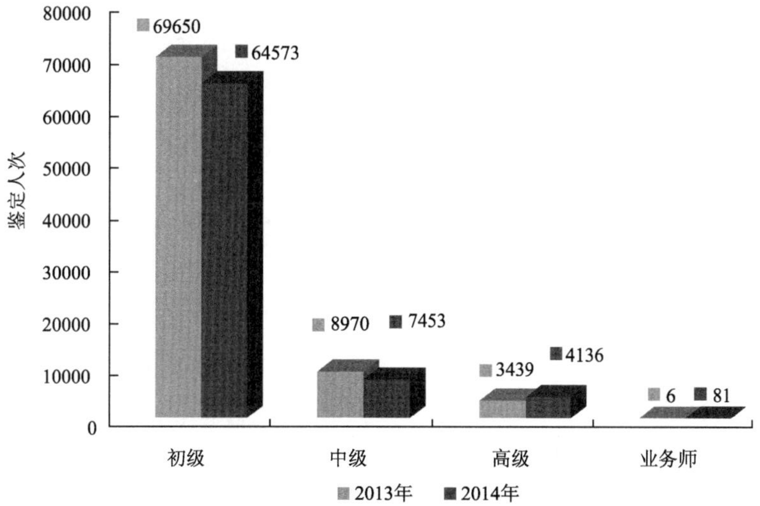

图 5-2 2013 年、2014 年分等级持证总量比较

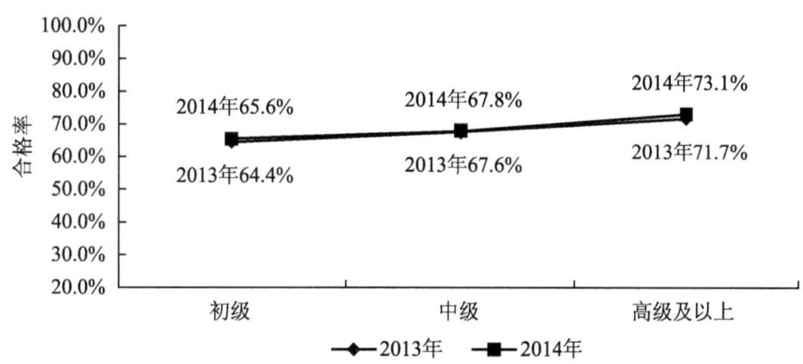

图 5-3 2013 年、2014 年鉴定合格率比较

二、鉴定结构情况

1. 鉴定总量等级结构

2014 年，初、中、高级、业务师鉴定总量占比分别为 85.5%、9.5%、4.8%、0.2%，高级及以上合计占 5.0%，同比增加 1.2 个百分点（图 5-4）。

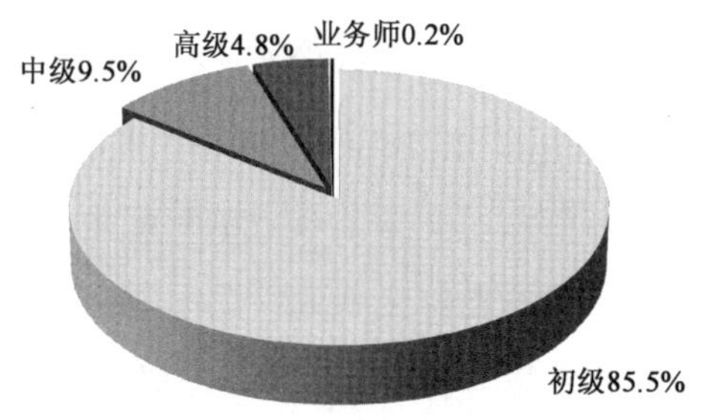

图 5-4 鉴定总量等级结构

2. 持证总量等级结构

2014 年，初、中、高级、业务师持证总量占比分别为 84.7%、9.8%、5.4%、0.1%，高级及以上合计占 5.5%，同比增加 1.3 个百分点（图 5-5）。

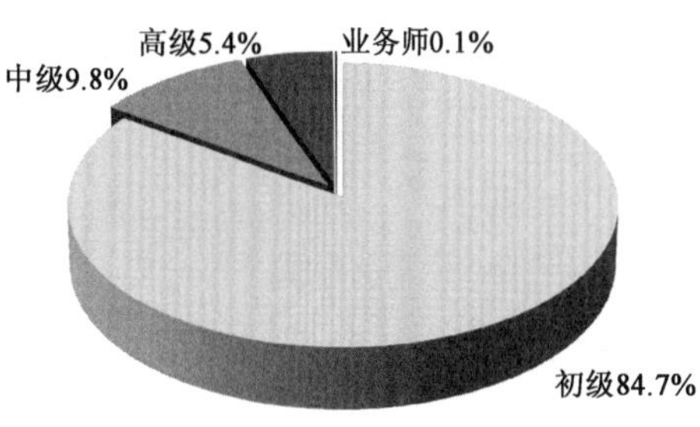

图 5-5 持证总量等级结构

3. 鉴定单位类别

2014 年鉴定总量中，企业 111026 人次，占比 96.3%，院校 4220 人次，同比增加 101%（图 5-6）。院校参加鉴定的省份由去年的 19 省增加到 21 省，

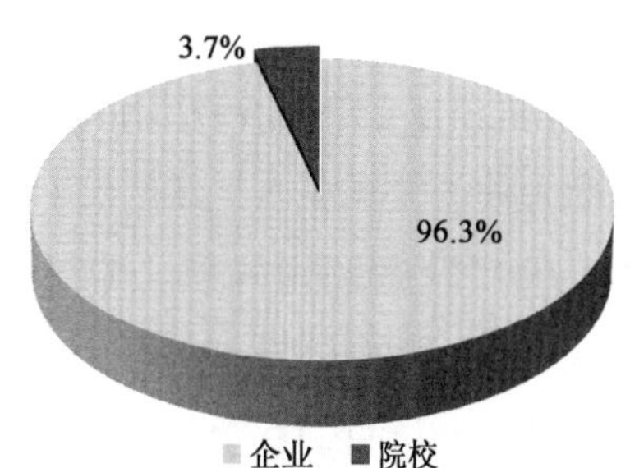

图 5-6 鉴定单位类别结构

前10位的是:山东、福建、安徽、江苏、云南、辽宁、甘肃、浙江、广西、重庆。山东和福建明显高于其他省份(图5-7)。截至2014年底,全国合作院校累计143所,其中,山东26所,福建24所。

企业、院校鉴定合格率比较如图5-8所示。从图5-8中可以看出,院校鉴定的中高级合格率明显高于企业人员,初级合格率差别不大。

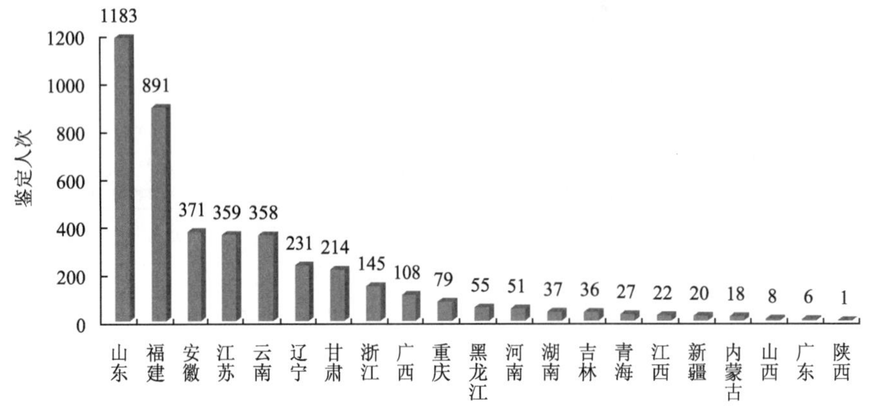

图5-7 各省动员院校参加鉴定情况

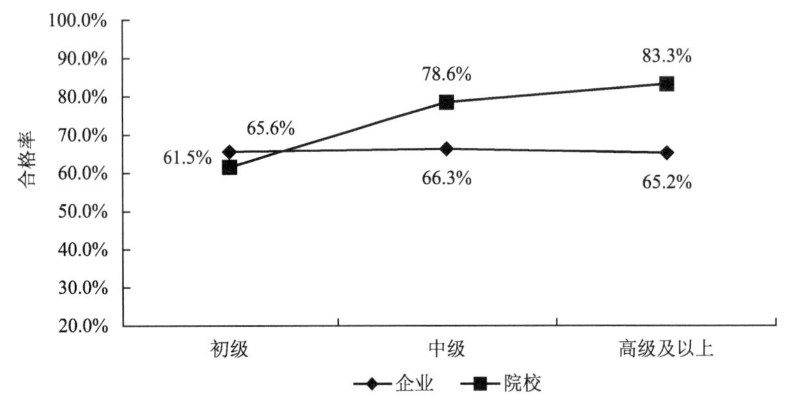

图5-8 企业、院校鉴定合格率比较

三、规模企业当年参加鉴定情况

依据各省报送数据,对26家规模以上快递企业2014年参加鉴定人员数进行了汇总。

1.规模企业参加鉴定比例(图5-9)

从图5-9中可以看出,2014年,顺丰速运、中通快递、申通快递、圆通速递、韵达速递、百世汇通所占鉴定比例较高,合计占比61.6%。此外,其他快递品牌(非规模以上快递企业)占比21.9%。

2.规模企业一线从业人员比例(图5-10)

从图5-10可以看出,2014年,一线从业人员中,顺丰速运、申通快递、圆通速递、中通快递、韵达速递占比例较高,合计占比66.9%。需要注意的是,在一线从业人员中,其他快递品牌仅占7.9%。

四、鉴定总量与地区业务量匹配情况

1.分省鉴定情况(图5-11)

2014年,鉴定总量较高(>5000人次)的省(市)有浙江、广东、江苏、山东、福建、河北、上海,主要分布在快递业务量较大的东部地区(各省鉴定明细详见附表)。

2.鉴定量与快递业务量匹配情况

绝对水平看,如图5-12所示,2014年快递业务总量140亿件,同比增加51.9%,鉴定工作也迎来了快速发展期,总体上各省的鉴定量与本省快递业务总量发展是相匹配发展的。立柱的高低反应了快递业务的发展水平。

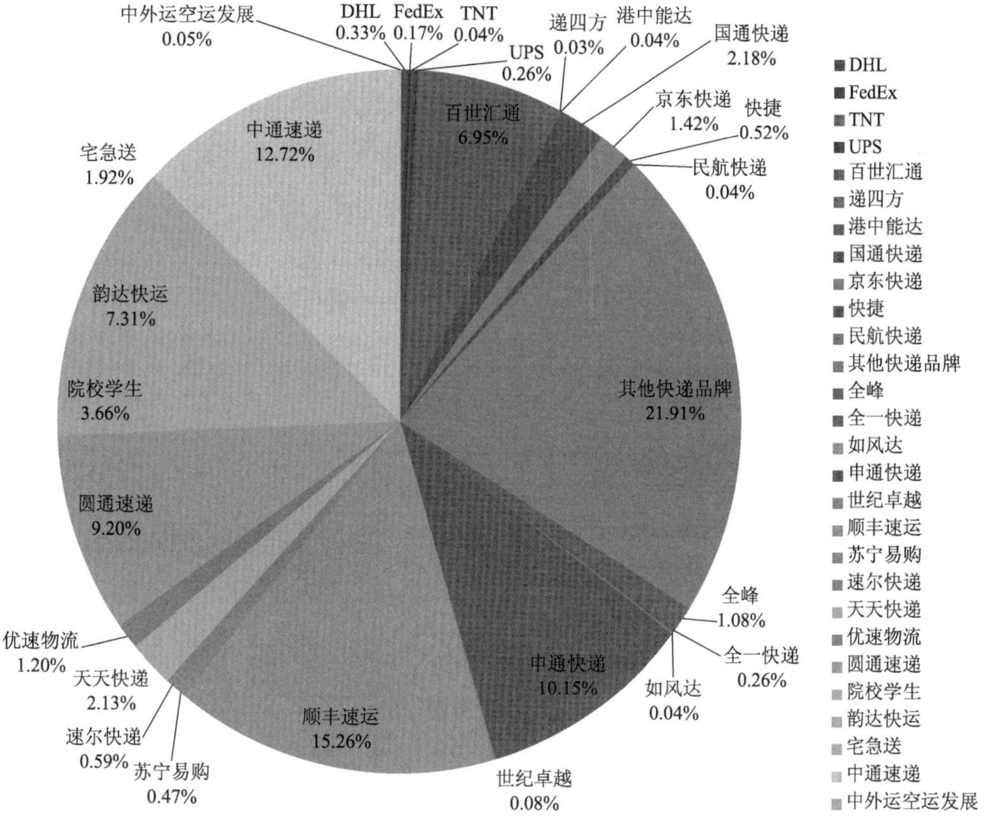

图 5-9 规模企业参加鉴定比例

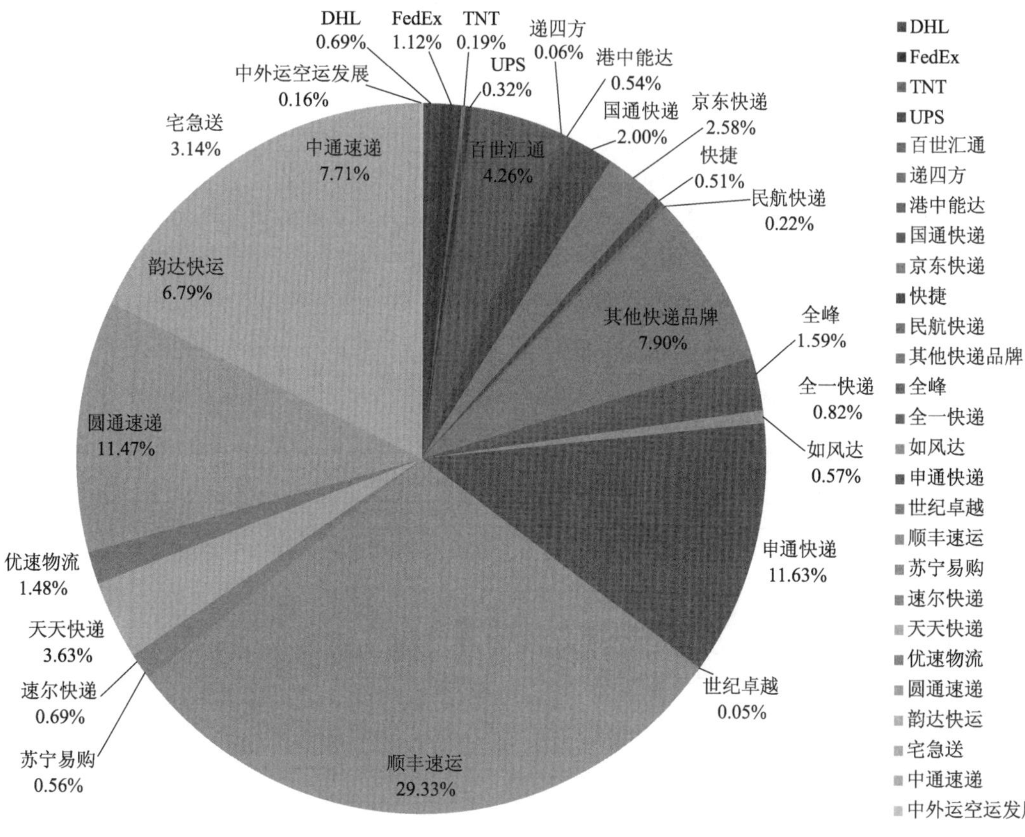

图 5-10 规模企业一线从业人员比例

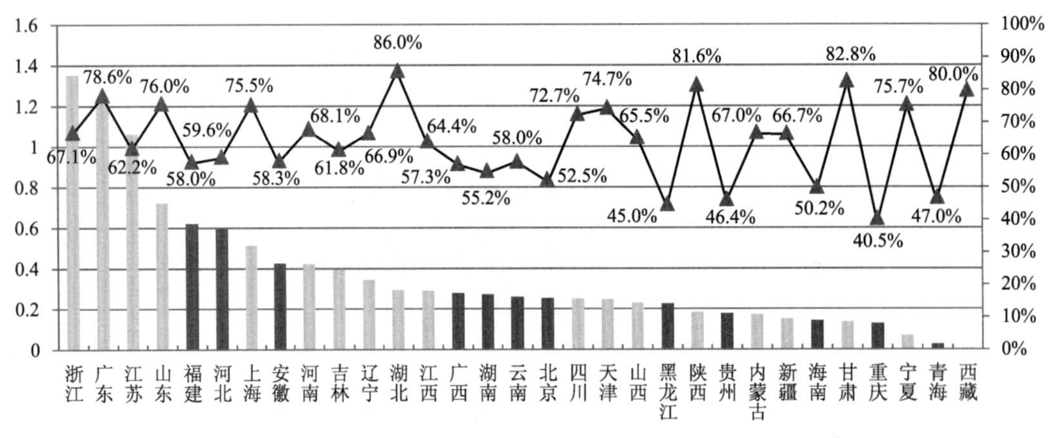

图 5-11　各省鉴定总量及合格率(按鉴定总量排序)

注:立柱表示该省份鉴定合格率低于60%。

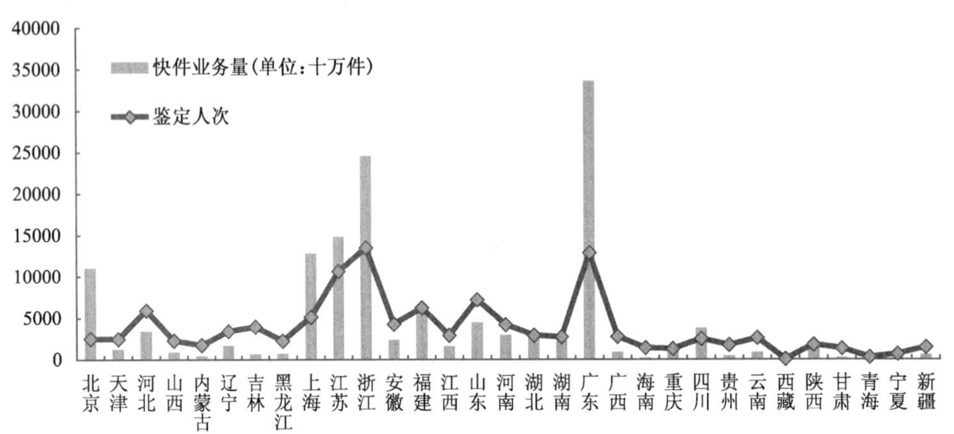

图 5-12　各省鉴定总量与快递业务量绝对量匹配情况

相对水平看,如图 5-13 所示,立柱的长短反映了各省鉴定总量与快递业务量相对排名的匹配情况。立柱越长,说明鉴定量排名与业务量排名差距越大,反之,说明差距越小。深灰色立柱表示鉴定量排名高于业务量排名,立柱底端表示快递业务量排名,顶端表示鉴定量排名,顶部越高表示鉴

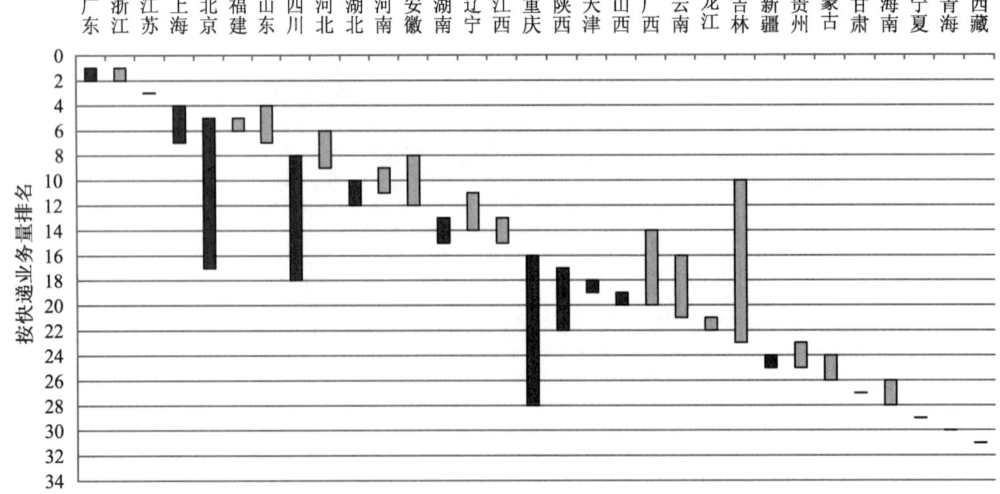

图 5-13　各省鉴定总量与快递业务量相对量匹配情况

定总量排名越高；浅灰色立柱表示鉴定量排名低于业务量排名，立柱顶端表示快递业务量排名，底端表示鉴定量排名，越低表示鉴定总量排名越低；线段表示鉴定量排名等于业务量排名。

五、鉴定计划、合作院校、鉴定站情况

1. 鉴定计划完成情况

2014 年，全国快递业务员鉴定总量完成年度鉴定计划的 85.4%，13 省份完成年度鉴定计划，分别是吉林、宁夏、安徽、福建、天津、河南、海南、甘肃、广西、江苏、云南、辽宁、山东（图 5-14）。

2. 合作院校、鉴定站情况

2014 年，全国新增合作院校 43 所，总计达到 143 所。其中，本科类 24 所，大专高职类 67 所、技工类院校 21 所；开设快递专业（方向）院校 28 所。（表 5-2）

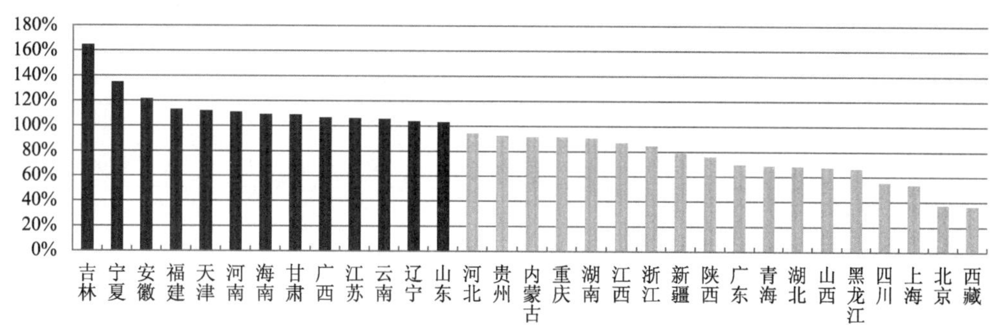

图 5-14　各省鉴定目标完成情况

表 5-2　各省合作院校、鉴定站建设情况

序号	省　份	年末合作院校数	年末鉴定站数	序号	省　份	年末合作院校数	年末鉴定站数	序号	省　份	年末合作院校数	年末鉴定站数
1	全国	143	33	12	浙江	9	1	23	重庆	4	1
2	北京	2	1	13	安徽	9	2	24	四川	6	0
3	天津	2	1	14	福建	24	1	25	贵州	1	1
4	河北	8	1	15	江西	2	1	26	云南	2	1
5	山西	2	1	16	山东	26	3	27	西藏	0	0
6	内蒙古	1	1	17	河南	2	1	28	陕西	1	1
7	辽宁	13	1	18	湖北	3	0	29	甘肃	1	1
8	吉林	6	1	19	湖南	1	1	30	青海	1	1
9	黑龙江	1	1	20	广东	3	3	31	宁夏	1	0
10	上海	1	2	21	广西	2	1	32	新疆	1	1
11	江苏	7	2	22	海南	1	0				

注：2013 年末全国合作院校 100 所。

六、附表

附表 5-1　2014 年分等级鉴定完成情况（单位：人次）

序号	省份	初级	中级	高级	业务师	合计	鉴定计划	完成情况（%）
1	北京	2170	341	10	—	2521	6800	37.1
2	天津	2368	59	42	—	2469	2200	112.2
3	河北	5615	228	99	—	5942	6300	94.3
4	山西	1837	355	99	—	2291	3400	67.4
5	内蒙古	1416	315	9	—	1740	1900	91.6

续上表

序号	省份	初级	中级	高级	业务师	合计	鉴定计划	完成情况(%)
6	辽宁	2897	157	374	—	3428	3300	103.9
7	吉林	3275	360	304	—	3939	2400	164.1
8	黑龙江	2065	173	24	—	2262	3400	66.5
9	上海	2951	1374	818	—	5143	9600	53.6
10	江苏	9220	1094	301	14	10629	10000	106.3
11	浙江	12021	1169	336	—	13526	16000	84.5
12	安徽	3633	261	365	—	4259	3500	121.7
13	福建	4778	940	502	—	6220	5500	113.1
14	江西	2248	591	65	—	2904	3340	86.9
15	山东	4941	770	1386	131	7228	7000	103.3
16	河南	3306	554	326	36	4222	3800	111.1
17	湖北	2632	192	107	—	2931	4300	68.2
18	湖南	2548	113	59	—	2720	3000	90.7
19	广东	12145	575	130	15	12865	18500	69.5
20	广西	2405	353	13	—	2771	2600	106.6
21	海南	1301	108	12	—	1421	1300	109.3
22	重庆	1172	40	66	—	1278	1400	91.3
23	四川	2389	89	23	—	2501	4500	55.6
24	贵州	1658	87	11	—	1756	1900	92.4
25	云南	2397	179	12	—	2588	2450	105.6
26	西藏	55	—	—	—	55	150	36.7
27	陕西	1773	30	22	—	1825	2400	76.0
28	甘肃	1043	310	9	—	1362	1250	109.0
29	青海	254	27	—	—	281	410	68.5
30	宁夏	597	77	—	—	674	500	134.8
31	新疆	1373	70	52	—	1495	1900	78.7
总计		98483	10991	5576	196	115246	135000	85.4

附表 5-2　2014 年快递业务员鉴定情况（按鉴定量排序）

序号	省份	鉴定人次	合格人次	合格率(%)
1	浙江	13526	9070	67.1
2	广东	12865	10107	78.6
3	江苏	10629	6614	62.2
4	山东	7228	5493	76.0
5	福建	6220	3610	58.0
6	河北	5942	3356	56.5
7	上海	5143	3934	76.5
8	安徽	4259	2484	58.3
9	河南	4222	2876	68.1
10	吉林	3939	2407	61.1
11	辽宁	3428	2293	66.9

续上表

序号	省份	鉴定人次	合格人次	合格率(%)
12	湖北	2931	2520	86.0
13	江西	2904	1869	64.4
14	广西	2771	1588	57.3
15	湖南	2720	1501	55.2
16	云南	2588	1501	58.0
17	北京	2521	1324	52.5
18	四川	2501	1817	72.7
19	天津	2469	1845	74.7
20	山西	2291	1501	65.5
21	黑龙江	2262	1017	45.0
22	陕西	1825	1487	81.5
23	贵州	1756	815	46.4
24	内蒙古	1740	1173	67.4
25	新疆	1495	997	66.7
26	海南	1421	713	50.2
27	甘肃	1362	1128	82.8
28	重庆	1278	517	40.5
29	宁夏	674	510	75.7
30	青海	281	132	47.0
31	西藏	55	44	80.0
总计		115246	76243	66.2

附表 5-3 2009－2014 年快递业务员鉴定情况(按鉴定量排序)

序号	省份	鉴定人次	合格人次	合格率(%)
1	广东	94577	73844	78.1
2	浙江	57895	42446	73.3
3	江苏	44107	26108	59.2
4	上海	38494	30005	77.9
5	山东	29784	22670	76.1
6	北京	24872	17600	70.8
7	福建	22355	15100	67.5
8	河北	19415	12282	63.3
9	河南	14913	9943	66.7
10	四川	14378	10428	72.5
11	湖北	13429	11346	84.5
12	安徽	13293	8242	62.0
13	辽宁	12415	9514	76.6
14	江西	11266	7319	65.0
15	湖南	10939	6205	56.7
16	吉林	10794	7164	66.4
17	天津	10457	6708	64.1

续上表

序号	省份	鉴定人次	合格人次	合格率(%)
18	黑龙江	9924	4970	50.1
19	广西	9870	5722	58.0
20	山西	9317	6257	67.2
21	云南	8110	4916	60.6
22	陕西	7949	6022	75.8
23	新疆	6402	3667	57.3
24	内蒙古	6150	3767	61.3
25	重庆	5767	3721	64.5
26	贵州	5461	3326	60.9
27	海南	4566	2364	51.8
28	甘肃	4167	3233	77.6
29	宁夏	2073	1542	74.4
30	青海	1184	792	66.9
31	西藏	330	258	78.2
总计		524653	367481	70.0

附表 5-4　2014 年各省快递服务企业业务量和业务收入情况表(按业务量排序)

序号	省份	快递业务量累计(万件)	同比增长(%)	快递收入累计(万元)	同比增长(%)
1	广东	335555.9	59.3	4612533	37
2	浙江	245744.8	73.1	2744403	52.7
3	江苏	148435.2	50.8	2010744	40.6
4	上海	128366.1	35.1	3613060	40.3
5	北京	111011.9	35.7	1476108	57.4
6	福建	65417.3	46.9	810815	31.7
7	山东	44685	42.4	670123.1	23
8	四川	37941.8	55.5	479628	57.6
9	河北	34019.1	63.9	410725.8	42.2
10	湖北	33143.8	50.7	413805.5	44.9
11	河南	29484	51.6	408429.9	54.1
12	安徽	23859.1	73.5	291488.9	49.4
13	湖南	22716.2	47.1	262122.8	33.8
14	辽宁	16656.4	46	300127.3	32.1
15	江西	15993.6	64	182151.1	40.3
16	重庆	13886.3	30.8	201060	46.8
17	陕西	13762.3	44.1	179548.3	34.3
18	天津	12404.2	42.3	250712.6	41.1
19	山西	9130.4	2.9	103493.4	50.6
20	广西	9055.4	34.3	155902	39.1
21	云南	8546.1	24.4	152401	44.7
22	黑龙江	7014.5	30	124136.3	24
23	吉林	6640.2	46.7	130649	49.3

续上表

序号	省份	快递业务量累计(万件)	同比增长(%)	快递收入累计(万元)	同比增长(%)
24	新疆	5940.5	16.7	107313.3	21.2
25	贵州	4669.1	59.3	98170.6	62.7
26	内蒙古	4363.6	53.7	103218.8	60.2
27	甘肃	2655.6	48.5	51198	25.5
28	海南	2248.6	1	43190.6	53.8
29	宁夏	1514.1	55.6	33500.2	37.8
30	青海	579.8	38.9	15442.2	29.7
31	西藏	484.3	27.8	17384.5	17.1
全国		1395925.3	51.9	20453586.2	41.9

第五章　企业人才培养特色举措

2014年，在经济下行压力较大的情况下，全行业坚持稳中求进的工作总基调，坚持安全为基、发展为要、服务为上，保持了持续快速发展的良好态势。在转型升级加速发展的过程中，各快递企业也深刻地认识到，人才是企业最宝贵的战略资源，是企业的生命之源。这一年，各主要快递企业结合自身特点，通过特色举措，全面推进快递人才的培养。

一、中国邮政速递物流：规范用工管理，加强职业技能鉴定

人才是企业最宝贵的战略资源。中国邮政速递物流始终贯彻人才强企战略，不断加强选才、育才、用才、留才机制建设，加大对一线揽投人员的培养，进一步优化揽投队伍结构，有力地提升了一线揽投人员的业务知识和技能水平。

中国邮政速递物流认真贯彻劳务派遣暂行规定，规范用工管理，劳务用工占总从业人员的比例大幅下降。此外，在强化员工和领导力培训方面也取得了较好的效果。中国邮政速递物流不断加强员工职业技能鉴定工作，全国操作人员持证率有所增加。

二、顺丰速运：选、育、用、留"四管齐下"

在人才招聘上，顺丰一直坚持公开、公平、公正的用人原则，积极引进各类优秀人才。2014年，顺丰深入开展校企合作，与全国100所高校建立"顺丰班"合作模式，实现地区人才队伍定向培养；在全国30所高校建立"顺丰奖学金"项目，帮助贫困大学生完成学业，并提供实习及工作机会；与北京外国语大学校、对外经济贸易大学建立国际班培养模式，储备国际人才；在100多所高校开展校园招聘活动，吸引各类优秀人才加入顺丰。

在人才底盘建设方面，搭建了以领导力、基础能力、岗族能力为核心的能力体系，明确了公司对各类人员的能力要求。这为人才的选、育、用、留等一系列人才管理工作的开展打下了坚实基础。基于能力体系，重新构建了任职资格体系。新体系以认证标准为评价依据，通过能力举证的方式，实现对员工能力的评价，并最终促进员工能力提升。

在人才培育上，顺丰2014年推出了在职干部的"领导力·越计划""领导力之剑计划"项目，储备干部的"领导力·锐计划""丰云计划""赢领未来"等项目，在公司内部大力开展领导力发展与人才开发工作，积极提升各岗位的胜任力与人才准备度。此外启动高管"锐鹰"计划，推动高管的跨国学习与交流，拓展国际视野；同时，加大国际人才培养及派遣工作，积极探索国际人才培养之道。

2014年，顺丰通过人才队伍搭建、重视员工发展与培养、针对群体性需求研究、制定保有分析模型以及人员合理投入等方面多举措留人，全年员工流失率同比环比均呈下降趋势，保留人员质量得到进一步提升。

此外，顺丰积极组织员工参与国内快递业务员职业技能鉴定认证，2014年全网络共计有18055人通过快递业务员职业技能鉴定认证并获得相应资格。

三、圆通速递：打造"领先"育才模式

2014年，圆通加快建立领先、可持续的育才模式，从而提高一线员工的专业技能，以及管理者的职业精神和现代企业管理能力，打造圆通特有的人才队伍建设通道，为圆通输送认同圆通价值观的各层级、各专业人才。

圆通通过劳务中介、员工介绍、招聘会、网站招聘、贴招聘广告或登报等招聘渠道,加大校企合作、军企合作力度引进学生和部队退伍军人,筛选了一些有潜力、有活力、有上进心、有责任心、敬职敬业的员工加入圆通团队,采取以薪留人和用心留人并举的方式来吸引和留住人才。

圆通着重推出"蛟龙工程"人才培养项目。该项目由"新龙""潜龙""飞龙"和"蛟龙"五大子项目组成,受益人覆盖了全网新入职的管培生、储备干部、储备经理、储备总监及储备事业部经理和副经理。2014 年 2 月,圆通举办蛟龙工程——首届"潜龙""飞龙"项目培训启动会暨信息技术中心专场培训活动,旨在全面构建学习型组织,更好更快地开展圆通信息技术人才梯队建设。

同时,圆通先后与二十多所学校达成合作意向,签订了校企合作协议,共建顶岗实习基地、培训实训基地、岗前培训、在岗培训等,培养出适合公司发展的合格技能性人才。2014 年,圆通在为员工提供免费入职培训和岗位技能及能力提高培训等方面的经费投入达到百万元。

四、申通快递:引进来、用得好、留得住

2014 年,申通大力实施人才引进工程,不断优化人才发展环境,切实做到"引进来、用得好、留得住",从而有效助力公司经营发展。2014 年公司与全国各地对口院校建立联系,不定期对成都、长沙、西安、吉林等 30 多所合作院校和意向合作院校进行走访,并预定毕业生。同时在部分学校组建了申通快递订单班,开展课程讲座。通过校企交流,全年共招聘客服人员近 200 人,储备干部近 30 名。

申通人力资源部先后制定并下发了《申通快递绩效考核管理制度》《申通快递荣誉激励管理制度》《申通快递职务薪酬管理制度》《申通快递全员福利管理制度》《申通快递培训管理制度》五大工作制度,不仅建立了公开、公平、公正的竞争机制,更为提升人力资源管理效率、助力企业经营发展奠定了良好的人才基础。同时,申通积极组织员工参加快递业务员职业技能鉴定考试,仅公司直属转运中心就有 601 人次参加(初级 490 人,高级 111 人),其中初级通过 392 人,通过率为 80%,高级通过 80 人,通过率为 73%,有力的保障了相关单位快递业务的正常开展。

五、韵达速递:德才兼备,主动创新

韵达坚持"德才兼备,主动创新"的人才观,以"保姆计划、储备机制、击鼓传花、带 2 接班"为路径,构建引进与培养相结合的人才发展机制,为韵达持续发展创造最大的价值。

韵达与国内多所高校联合办学,先后与浙江商业职业技术学院合作成立韵达学院,针对公司中层管理干部进行培训,为公司的快速发展提供专业人才支撑。此外,还与清华大学工业工程系达成人才委托培训协议,联合举办清华大学工业工程系"快递业高级管理人才研修班——韵达班"。

在人员培训方面,韵达以"通过战略落地、文化融合、能力提升,致力企业目标达成"为宗旨,通过"半工半训、理论 + 实践、军训 + 培训"的方式,建立了覆盖总部、各大区、各分拨中心和网点的培训体制机制,夯实基础培训,深化全职业生涯培训管理体系,努力实现打造学习型组织目标。

在发展中,韵达始终坚持"诚信、服务、规范、共享"——"4S"邮政行业核心价值理念,构建并正在形成以"求实进取、以人为本"为核心价值观的韵达文化体系,努力以"传递速度与快乐"的工作作风,旨在通过安全、快捷的服务,传爱心、送温暖、更便利,致力于实现"成为受人尊敬、值得信赖、服务更好"的一流快递公司的企业愿景。

六、中通快递:打造和谐共赢的团队文化

人才是第一生产力,是企业发展最宝贵的战略资源。中通在快速发展的过程中深刻地认识

到，当前快递市场已经全面展开了从产品到服务、从技术到管理等的激烈竞争，而产品、服务、技术、管理等竞争的核心和实质，归根结底都是人才的竞争。

中通不断健全人才建设机制，着力打造和谐共赢的团队文化。全体中通人积极践行“用我们的产品，造就更多人的幸福”的企业使命，一体化迈进，共创中通发展平台，共享网络发展成果。让每一位员工在中通大家庭里享有“健康的身体，快乐的工作，幸福的生活”是中通快递前行的不竭动力。

七、百世汇通：投资于人和技术

百世汇通坚持“投资于人和技术”的经营理念，以转型发展为动力，以人才培养为核心，实施“以人为本，人才强企”发展战略，狠抓人才队伍建设和创新人才培养这两个基础性工程，做实人才工作大文章，打造人才培养大品牌。经过努力，公司初步建立起了一个与企业发展和人力资源管理相配套的培训管理体系，努力加快国际性强企的建设进程。

强化人员培训。在人员培训上，2014 年，整理完善了区域培训管理体系，线上线下交错举行，采取线上集中课程学习、全时语音网络培训和线下分批、分地区、分项目多种培训方式。在培训主题上，分为新开站点培训、新员工培训、KPI 考核培训、站点管理人员培训等，培训的内容包含服务类、奖惩类、管理提升类等方面，使培训做到有重点、有计划、常规化。2014 全年共举办 741 个新开站点培训，4385 个 KPI 站点培训，合计培训 847 次，参训近 5 万人次。通过加强企业内部人员的培养，实现了人才队伍建设的均衡可持续发展。

加大人才引进力度。百世汇通主要有两条途径来引进人员：一是通过专业的人才服务中介机构为公司提供高级的管理人才。二是校企深度合作，百世汇通已与安徽师范大学、武汉轻工大学、江西旅游商贸学院、江西城市科技学院、浙江公路技师学院等 30 余所高校及职业院校开展校企合作机制，同 10 余所职业院校开展订单、定向培养等方式的高素质技能型人才培养。同时，专门成立校企合作办公室，成立校企合作专项小组，建立百世汇通人才孵化基地，与学校开展校企深度融合，共同设置人才培养方案，将学生纳入百世人才蓄水池，把学生培养嵌入百世人才培养及晋升体系。构建在线学习系统，打通企业同学校课程的联系，共同保证双方“双师型”师资队伍建设，共同保证校企合作顺利开展。

八、优速快递：不拘一格降人才

优速是一家年轻的创新型企业快企业，一贯重视科学研究及人才培养。优速快递在发展过程中认识到，人才是第一生产力，是企业发展的战略资源和企业竞争的核心因素；企业从管理上、产品服务上、基础设施建设上及技术支持上的竞争，归根结底是都是人才的竞争。

2014 年，优速继续加大人才引进工作，坚持不拘一格降人才原则。目前，公司建立了商学院，形成了完善的培训体系，免费为员工提供多样化的培训学习机会，让员工深入了解各部门工作；对于新晋员工，商学院安排统一培训，让新同事了解企业文化及发展历史，以便日后更好发挥自己、服务企业，更重要的能全方位、多层次的提高员工职业素养，为客户提供更好的服务；同时，公司为员工提供良好的学习平台及广阔的升职空间，积极组织员工专业技能鉴定考试，推行持证上岗制度，打造一批有活力、有上进心、有责任心、有强大潜力的专业快递队伍。

九、天天快递：引进与培养双管齐下

在人才招聘方面，2014 年“双 11”前夕，天天储备转运中心员工 3000 人，储备“最后一公里”投递人员 8000 人，先后同河北保定职业技术学院、江西赣州华坚科技职业学校、江西青年职业学院、浙江湖州职业技术学院、浙江商业职业技术学院等几十所高校展开校企合作,在重点合作院校成立“天天快递班”,储备了大量的高素质人才,为公司的快速发展奠定了基础。

在人才培养方面,2014 年天天组织多期新员工培训,开展“天狼计划”和“天鹰计划”储备人才专项培训,为公司各部门定向培养和输送人才;积极组织客服、加盟商、文员等相关业务培训及心理疏导和职业规划指导培训;多次举行管理层团队与沟通培训;全网 2014 年培训项目总计 7563 个,培训 784217 人次。此外,天天积极组织员工参与快递业务员职业技能鉴定认证考试,全网 2014 年共计 1013 人参加快递业务员职业技能鉴定认证并获取相应资格。

天天重视人才的提升,为员工制定在职期间职业生涯规划,实施人才培养战略,通过内部竞聘上岗选拔人才,健全完善公司人才管理方案与培养机制,并实施和不断完善《天天快递人才梯队建设管理办法》,为公司发展提供坚实的人才保障,对全网管理干部实施统一管理,减少核心人才流失。

十、龙邦物流:知识+创新,培养新时代员工

龙邦引入现代化的运营管理模式,聚集了一大批优秀的物流行业精英,为专业的管理人才、技术人才提供广阔的发展机会。龙邦重视培养、选拔和重用各层级、各岗位的优秀人员,不仅要培养吃苦耐劳、拼搏进取的模范,更要培养具有思想观念新、业务水平高,具有知识型、创新型特色的新时代员工。敢于启用新人,应用新人,从基层岗位选拔出优秀的年轻人,建设有闯劲、有思想、有能力的管理队伍,成为龙邦发展的有力保障。

坚持“德才兼备,主动创新,用人唯贤”的原则。构建引进与培养相结合的人才机制,在选人、育人、用人、留人等方面不拘一格,形式多样。在选人方面,从学历、考核以及遵守公司规章制度的角度通过测评进行人才选拔;在育人方面,实行接班人制度,要求接班人随相关负责人参加常规会议、拜访客户、参与重大决策;在用人方面,坚持“适才适岗,为员工提供没有天花板的舞台,每个人都有成长的机会”的用人之道;在留人方面,一是待遇留人,如工资、福利、休假等;二是精神留人,如开展优秀员工评选、文体活动拓展等。

完善培训机制,开展业务评比,充分调动员工的积极性与创造性。设立岗前培训、岗位轮调、专职培训、拓展训练等,特别是在业务素质的培训上,按照工种岗位不同,轻重缓急不同,以及员工掌握工作标准、业务素质程度不同等,区别不同情况,从实际出发,采取灵活多样的形式,开展各工种、各岗位的业务技能培训、业务技能比武等,同时积极参加邮政管理局组织的快递业务员职业技能考试。

加强教育引导,增强奉献意识,完善激励措施。深化龙邦企业文化宣传,经常不断围绕员工思想状况开展调研,研究分析,有针对性地深入开展主题教育。如通过企业发展前景、员工福利教育,引导员工与企业同心同德,共创未来;通过理想、奉献教育,引导教育职工,只有依靠“立足岗位奉献,促进企业发展”才能实现人生价值,回报社会。

十一、快捷快递:最好的培养就是使用人才

快捷坚持“精强主业、多元发展”的发展思路,积极实施人才强企战略,以“打造成一个让员工幸福、客户满意、社会尊重的快递企业”为目标,多年来始终抓住人才这个企业发展之源,把握住吸引、培养、用好这三个环节,不断深化人才工程建设,以人才领先实现管理领先,变人才优势为企业发展优势,从而为企业持续高效发展提供了强大的人才保证和智力支撑。

高层次引进人才。公司注重引进具有多年快递行业从业管理经验的资深经理人担任公司分管

副总裁等高管职位,同时加强校企合作,到知名院校开专场招聘会,吸引优秀大学生来企业,以增加人才的厚度。目前公司已拥有各类管理人员三百多名。初步实现了公司在人才队伍上“扩大总量,改善结构,提高素质”的目标。

高素质培养人才。我们在基层管理骨干和业务人员中,采取“走出去、请进来”的培训方法,对2000多人进行了业务知识、管理水平等多个层面的系统培养,2014年投入培训费用50多万元。

高效益使用人才。公司始终坚持“最好的培养就是使用”的理念,让青年人才在实际岗位上压担子、挑大梁、露一手,使一大批有开拓力和创新力的青年人才脱颖而出;加强储备干部换岗轮岗,多岗锻炼,使后备干部的适应能力和业务水平得到了增强;以竞赛为载体,扩大成才机会。通过系列劳动竞赛的开展,公司员工的技能水平得到很大提高。

十二、国通快递:人才建设的“四化”法则

企业文化是核心,企业战略是前提,人力资源是保障。2014年,国通在人才建设方面积累了许多宝贵经验和心得。

人才选择要遵循优选化。要坚持从自主培训和好中选优为主,适当引进成熟性人才的原则,着重点放在员工素质提升上,并引入竞争机制。营造公正、公平、公开氛围,坚持选人用人的正确导向,达到“使用一个人,激励一群人,培养一批人”的效果。

人才培养需要专业化。快递企业岗位多,专业分工较细。人才岗位专业化较突出,亟需培养一批专业的“带头人”要鼓励和引导那些关键岗位的专业管理人才,承担起“言传身教”“培养新人”的意识。使各岗位人员不断积累经验,提高专业知识水准,降低成本,提高工作效率。

人才准备要前瞻化。企业发展需要人才,对人才需求多样化、专业化,需要专业技术人才,懂管理、懂经营、懂分析的管理经营人才,还需要一般的管理人才。这就要求在人才培养和人才引进上具有超前意识,立足企业实际,按照专业相近能力适合的原则,把有开发潜力的人员安置到相应岗位,通过实践技能培训,使他们尽快进入角色,适应岗位需要,从而确保岗位工作的稳定性和连续性。

人才评价要标准效益化。只要员工尽职尽责,完成好本岗位的工作任务,都是企业需要的人才。为此,在识才上要不唯学历、资历,只看重能力。在用人上,倡导“德为前提、能为本位、绩效评优”,打造人尽其才的企业环境,全力做好人才评价标准的效益化。一方面要准确、客观地评价人才;另一方面要充分发挥员工的积极性主动性和创造性,促使他们积极工作,以人才价值的最大化促进企业效益的最大化。

第六篇　市场主体

中国邮政速递物流股份有限公司

2014 年,面对复杂多变的行业形势和竞争环境,中国邮政速递物流股份有限公司(以下简称“中国邮政速递物流”)按照中国邮政的总体部署,加快改革创新,推进转型升级,企业的运行质量、服务品质、管理效能、品牌影响力稳步提升,业务发展取得了新的成效。

一、主动应对市场变化,深化体制机制改革

面对行业形势,从自身长远发展战略考虑,公司全面启动了体制改革,架构由目前的母子体制转变成总分体制;扁平并优化了公司各级机构设置,精简并规范了管理人员配备,进一步提升了管理效率;完善绩效考核机制,进一步创造更加公平合理的薪酬分配机制,逐步释放国企体制活力,增强了发展后劲。

二、创新营销经营模式,加快业务市场拓展

以客户和市场需求为导向,统筹业务规划和策略,强化营销创新。

(一)持续推进营销体系建设

进一步扩大全国专业团队和平台营销队伍,优化客户开发和维护的分类、分等、分级制度,努力开展营销平台转型、探索和实施新型营销模式,更好地支撑了业务发展。

(二)进一步加大大客户开发力度

与多家政务类大客户和行业巨头签署了战略合作协议,深化了与平台和 B2C 大客户的合作发展渠道。与知名 IT 企业开展深度合作,项目收入连续翻番。此外,还与多家大客户签署总对总合作协议,有效延伸了增值服务领域。

(三)稳步拓展标准快件重点市场

采取积极措施,推动省际航空件和重点城市自营互寄业务快速增长。重点推进“三进工程”,取得明显成效。适应细分市场,不断推出特色产品、新产品,特惠箱封、贵品和预付费卡等服务受到用户欢迎。“极速鲜——源产地直通车”平台也初步搭建。

(四)进一步推广电商仓配一体化服务模式

源头仓开发成效明显,客户数增长迅猛。合同物流业务新增一批千万元级新客户,现有大客户的合作范围也进一步拓宽,规模客户数量持续增加,精益化管理水平不断提高,损益状况明显改善。

(五)加快完成跨境电商产品布局

香港快递业务和美国路向的中邮海外仓、海外购业务正式开办。跨境电商综合服务平台在多家口岸正式上线运行。在多个城市推进的保税进口模式,规范了进口商业快件的运行。与多家国际、国内知名电商企业开展了业务合作或平台对接,跨境电商注册卖家实现翻番。数十场跨境电商专项推介会的成功举办,扩大了中国邮政速递物流在跨境电商市场的影响力。

三、优化能力布局,增强核心竞争实力

以提升服务质量为核心,加大在运输网、信息

网的投入,增强揽投和仓储能力,全面提升公司核心竞争能力。

(一)持续提升网络能力

新增多架全货运飞机,开通多条新航线,自主航空网建设得到加强,日运能大幅增长。陆运网进一步优化,运行效率和效益有所提升。揽投网标准化建设正式启动。国际网运调度机制初步建立,国际网络运能较大提升。

(二)逐步夯实信息化基础

新的技术组织体系设计基本完成,信息化管理制度进一步完善,适应业务需要的作业体系、垂直一体的揽收、订单及客服调度体系初步建立,实现了生产全环节的可视、可控。同时,还全面推广应用报账系统和统一资金管理平台,强化了成本管控和欠费管理,促进了财务精益化管理。

(三)进一步提高生产作业标准化规范化程度

全面实施国内速递邮件分拣封发改革,压缩了一批省际分拣封发局,缩短了邮件处理时限。推进处理中心生产作业标准化试点和 PDA 移动作业,优化南京集散中心生产作业流程,重点邮航通达城市邮件的进口投递质量明显提升。

(四)加快推进仓储和处理中心建设

编制完成了处理能力建设总体方案。多个主要节点城市标准化处理中心陆续建成投产,并配备全自动化分拣设备,处理、仓储场地面积和日处理能力大幅提升。

四、加大运营监管,稳步提升服务质量

以改善客户体验、提升服务水平为核心,强化质量监控,重塑服务品牌。

(一)建立并落实了时限质量管控的一系列制度,全面推广应用了时限管理系统,时限质量全面提升

在国家邮政局公布的重点地区快递服务时限准时率测试报告中,EMS 的全程时限、分环节时限名列前茅。

(二)建立了多维度的运营质量监控指标评价体系

启动提升速递物流服务质量专项活动,提升了邮件时限稳定性、客户服务质量和邮件安全质量。多措并举,加大了保障邮件收寄安全和治理邮件丢失的力度。根据国家邮政局公布的 2014 年度快递服务满意度报告,EMS 的客户满意度居行业领先地位。

(三)不断丰富客服渠道

优化了客户查询界面,清晰展示邮件逐环节传递信息,大幅降低客户投诉。

(四)建立问题邮件快速解决体系,迅速提升处理水平

细化各类协议客户的主动客服模式。加快省际邮件理赔速度,提升了客户满意度。

五、强化总部管控,提高运营效率

以提升管理效能为抓手,增强总部的集中管控能力和水平。

(一)进一步加大全网集中管控力度

建立了全网统一的市场研究体系和资费政策,加强了行业研究和案例推广。对“双 11”等重大行业活动,实行全网经营、运行、服务工作的统一指挥调度,强化服务调度和时效管控,赢得媒体和电商买家点赞。

(二)不断强化财务管理

完善成本费用、财务综合评价指标体系,推行全网资源集中采购,大幅节约重点成本费用。积极开展税收筹划,减少“营改增”影响,确保合理的税负水平。实行全网资金集中管理调配,节省了大量财务费用。

(三)持续加强人力资源管理

贯彻劳务派遣暂行规定,规范用工管理,劳务用工占总从业人员的比例大幅下降。强化员工和领导力培训,取得较好效果。加强职业技能鉴定,全国操作人员持证率有所增加。

(四)全面推进经济责任、财务收支、建设项目审计和内部控制工作

对重大工程建设项目开展全过程跟踪审计,防止超付工程款,遏制高估冒算。有效防范招投标及合同风险,确保了投资效益的最大化。

2015年,中国邮政速递物流将继续在加快发展、改善服务、提升效益、提升品牌影响力上下功夫,不断增强自身能力,提高服务质量和客户满意度,为中国物流业和快递业的发展尽最大努力,为国民经济和社会发展做出更多更大贡献。

顺丰速运有限公司

一、基础建设

2014年,顺丰速运有限公司(以下简称“顺丰”)成立21周年,是顺丰创新变革最多的一年。

这一年,顺丰开始大力进军B2C业务;

这一年,顺丰成立多个新事业部,开拓了众多新型业务领域;

这一年,顺丰开始从单一传统快递服务商转型为综合物流解决方案服务商。

(一)业务网络

2014年,全国的服务范围总共扩展了12个地级市、416个县区,已建成13000多个营业网点,覆盖了中国大陆31个省、自治区和直辖市,300多个大中城市及2500个县区。

海外市场,新开通蒙古国。当前一共开通美国、日本、韩国、新加坡、马来西亚、澳大利亚、越南、泰国、蒙古、港澳台等国家和地区的快递服务。

(二)分拨中心

中国大陆地区,顺丰已建立六大分拣分拨中心,华北、华东、华南还配备自动分拣系统。目前,顺丰拥有350多个中转场,其中上海、北京、深圳、杭州等城市都配备了自动分拣系统,其他全部实现半自动流水线分拣。

(三)信息化建设

顺丰是国内首家拥有在线集中式移动终端服务系统的企业,所有收派人员均配备了高科技手持终端设备。领先的信息化管理网络,在国内快递行业唯一实现了快件全生命周期管理,并依托移动、在线互联和大数据等技术实现服务“云端化”。同时,为有效保障快件安全性,顺丰相继研发了快件全生命周期管理、大客户线上对接、资源调度和监控等多个智能系统。

重点研究与突破的技术有:自动分拣技术,3年内实现自主研制,达到国际先进水平;智能储物柜,提供7×24的完全自助式快件收派服务;无人驾驶、装载,实现场院内的货物自动装载和车辆调度;无人机,建立网点之间(尤其是偏远网点)的小批量急件低空运载支线;车联网,车人物实现统一的管理。

重点信息系统分别包括:营运核心信息系统、客户核心信息系统、呼叫中心系统、HHT手持终端系统、分拣支持系统、时效管理系统、物流与供应链管理平台、企业服务平台、通关管理系统和运力管理系统。

(四)呼叫中心

顺丰在中国(含港澳台地区)设有15个独立呼叫中心,实现7000坐席,平均每日120万话务量,人工服务从早上8时至凌晨,自助服务24小时不间断。

2014年10月,顺丰拓宽了服务渠道,成立在线客服团队和电话销售团队,在线客服团队为顺丰的线上服务请求提供一站式多媒体智能服务,实现300座席;电话销售团队为顺丰高端客户提供新产品(服务)营销、时令产品销售和客户经理服务,坐席规模120人。

(五)运输能力

2014年,顺丰共计投入全货机37架,运能同比增长15.1%;铁路年运输量增长114.9%。截至2014年年底,顺丰拥有营运车24000多辆。

二、业务发展

顺丰公司一向秉承“以市场为导向,以客户为核心”的经营宗旨,致力于为客户创造价值,通过物流、信息流和资金流的整合与创新,依托科技创新和多元化产业延伸,助力企业发展、创享优质生活。2014年,顺丰持续提升原优势产品服务质量,并不断孵化与研发新产品、新服务来满足不同客群,针对商务、电商、个人客户的不同需求,提供差异化、多元化的服务,同时为食品、医药、汽配、金融保险等不同行业客户开发出一系列客制化行业解决方案,并提供金融以及一站式供应链解决方案等专业服务。客户可以通过顺丰新版官网、手机客户端、微信公众号、顺丰服务指南等多个渠道进行了解和选择,极大地提升了客户的便利性。

针对电子商务行业多样性和个性化的物流需求,顺丰为电商商家和消费者打造专属产品及多种增值服务,为用户提供创新的物流体验。2014年面向市场推出:(1)“电商惠系列”产品——明确时效区隔,满足不同商家;(2)“分仓备货”产品——大幅降低商家物流成本并优化时效;(3)“保时达”、“退换货”、“买卖保”等多项增值服务——提升消费者购物体验;(4)“Powered by SF 顺丰服务保障”——携手优质电商商家及平台共同打造服务形象,提升电商行业整体服务水平,完善消费者网购体验。

与此同时,顺丰依托强大的物流优势,为个人客户提供更好的生活服务,打造顺丰优质生活体验。2014 年顺丰成立“嘿客”。嘿客定位于“社区生活服务管家”,主张以社区用户的需求为服务核心,不断探索用户的需求,为社区用户提供更多区域化、专业化的服务与优质产品。通过整合渠道资源,为顾客提供更灵活、更贴心、更智能化的线下社区服务体验。此外,随着海外购物需求的不断增长,顺丰还推出海购丰运以及顺丰海淘,致力于为客户提供足不出户、购遍全球优质商品的购物体验。

三、人才队伍

(一)在人才招聘上,顺丰一直坚持公开、公平、公正用人原则,积极引进各类优秀人才。

2014 年,顺丰深入开展校企合作工作,与全国100 所高校建立“顺丰班”合作模式,实现地区人才队伍定向培养;在全国 30 所高校建立“顺丰奖学金”项目,帮助贫困大学生完成学业,并提供实习及工作机会;与北京外国语大学校、对外经济贸易大学建立国际班培养模式,储备国际人才;在100 多所高校开展校园招聘活动,吸引各类优秀人才加入顺丰。

(二)在人才底盘建设方面,搭建了以领导力、基础能力、岗族能力为核心的能力体系。

明确了公司对各类人员的能力要求,为人才的选、育、用、留等一系列人才管理工作打下了坚实的基础。基于能力体系,重新构建了任职资格体系。新体系以认证标准为评价依据,通过能力举证的方式,实现对员工能力的评价,并最终促进员工能力提升。

在人才培育上,顺丰 2014 年推出了在职干部的“领导力 · 越计划”、“领导力之剑计划”项目,储备干部的“领导力 · 锐计划”、“丰云计划”、“赢领未来”等项目,在公司内部大力开展领导力发展与人才开发工作,积极提升各岗位的胜任力与人才准备度。此外启动高管“锐鹰”计划,推动高管的跨国学习与交流,拓展国际视野;同时,加大国际人才培养及派遣工作,积极摸索国际人才培养之道。

2014 年,顺丰通过人才队伍搭建、重视员工发展与培养、针对群体性需求研究、制定保有分析模型以及人员合理投入等方面举措留人,全年员工流失率同比环比均呈下降趋势,保留人员质量得到进一步提升。

此外,顺丰积极组织员工参与国内快递业务员职业技能鉴定认证,全网络 2014 年共计 18055人通过快递业务员职业技能鉴定认证并获得相应资格。

四、社区责任

2014 年,顺丰公益主要有两大关键词:“助学”“环保”。不过,顺丰公益行动不仅仅只有助学与环保。这一年,顺丰公益投入慈善事业共计1800 万元,并且做了一个大动作,那就是向爱佑基金注资500万元，专项于先天性心脏病患儿和白血病患儿童治疗，截止2014年12月，项目共救助95名先天性心脏病、313名白血病患病儿童。

这一年，顺丰公益还有如下行动：

1. 顺丰莲花助学项目在甘肃省、安徽省、吉林省、江西省、广西壮族自治区、贵州省、云南省、湖南省资助955名贫困学生；顺丰凉山爱心班项目在凉山州资助410名失依儿童。

2. 顺丰捐建红崖沟顺丰莲花小学、杨家湾顺丰莲花小学、马家岘顺丰莲花小学全部竣工投入使用，项目投资总额达527万元。

3. 顺丰公益基金会完成云南、贵州建校需求调研，签订2所顺丰莲花小学援建意向书，计划投资671万元。

4. 顺丰共计为贫困山区捐赠桌椅2895套，投入34万元。

5. 顺丰先后在西藏、江西和广西投入53万元，建立顺丰电教室。

6. 为151名升入大学的顺丰受助学生加入莲花助学"反哺"奖学金计划，将其升学后利用寒暑假在顺丰勤工俭学赚来的部分薪资捐出，用于贫困奖学。

7. 顺丰与关心下一代基金会童萌基金合作，捐款16万元为甘肃两所学校购买艺术器材。

8. 顺丰公益基金会与磨房网站合作开展9场LNT(Leave No Trace)；开展"清洁山野"活动，覆盖12个城市，参与者1023人；派发户外环保手册12000余册，覆盖人群15000人次。

9. 顺丰为鲁甸地震灾区捐赠13万元救灾物资，为中华慈善总会、宣明会、壹基金等公益机构免费运输震后救援物资113吨，运费合计59万元。

五、企业荣誉

2014年，顺丰荣获以下荣誉：

1. 获中国物流与采购联合会评为5A物流企业

2. 获深圳市交通运输委评为深圳重点物流企业

3. 获中国交通运输协会、物流时代周刊杂志社评为中国物流最佳雇主企业

4. 获国家邮政局评为邮政业统计工作先进企业

5. 获深圳市宝安区人民政府评为年度纳税百强企业

六、企业大事记

1. 国务院总理李克强到顺丰看望慰问快递工作，并称快递业是中国经济的"黑马"，关系着经济民生；

2. 顺丰布局O2O，首批518家"嘿客"店全国范围开业；

3. 顺丰京沪电商专列正式开通，京广电商专业同时开通；

4. 顺丰冷运在上海发布"顺丰冷运"品牌；

5. 顺丰速运发力跨境电商，进口方面推出"海购丰运"和"全球顺"，出口方面推出"欧洲小包"、"俄罗斯小包"以及"天猫集运"等服务；

6. 顺丰开通"樱桃航班"后，再开通"宁波—台北桃园"航线，实现国内民营快递企业自有全货机两岸首航；

7. 顺丰推出第三方支付平台"顺手付"。

申通快递有限公司

22 载艰苦创业,22 载不懈追求,申通快递有限公司(以下简称“申通快递”)现已发展成为拥有 20 万名员工,集快递、电子商务服务商为一体的大型企业集团,市场占有率、服务质量、综合实力稳居中国快递行业“第一梯队”。

一、基础建设

2014 年,申通快递进一步加大基础设施建设力度,全年新建转运中心 7 个,改、扩建 20 个,目前转运中心场地面积达 40 万平方米,比 2013 年增加 10 万平方米,增长 33.3%。

2014 年,申通快递网络的广度和深度得到进一步加强,全年新开独立网点 179 家,按时保质保量地完成了序时任务,截至 2014 年年底,全网网达 1370 家,同比增长 17%;全网新增乡镇 1598 个,超额完成 1200 个的计划指标;新增“三进”工作达标站点 8849 家,进一步强化提升了末端网络服务能力。

在加强企业基础建设的同时,申通快递紧跟市场消费和发展趋势,以信息化技术为抓手,以项目建设为支撑,不断提升企业的信息化保障水平。2014 年 7 月,申通快递核心业务系统规划完成;8 月,菜鸟电子面单项目上线,路由预报系统上线;9 月,对接 30 家 ERP 厂商,全面推广电子面单;10 月,启动巴枪平台项目,车辆管理系统上线;11 月,业务系统经受“双 11”考验,旺季高峰平稳度过;到件签收时效系统上线。

二、业务发展

申通快递立足国内、面向国际,加快发展:“向下”,花费人力、物力、财力投入快递下乡工程,进一步拓宽加密公司服务站点;“向西”,加大在中西部省份的投资力度,新建转运中心,扶持中西部网点经营发展;“向外”,国际业务增长迅速,2014 年相继开通了俄罗斯、日本、美国、澳大利亚等国快递专线,将申通快递的服务网络延伸至全球。

申通快递围绕客户需求,不断拓宽产品业务,努力提供优质服务。推出了部分地区的 24 小时件服务;推出了大部分省市的代收货款服务;推出了仓配一体化服务,在加快快件运输效率的同时,为客户提供更好的快递体验;紧跟市场发展趋势,为农村市场提供物流一体化的解决方案。

2014 年,申通快递全网完成快递总量 24 亿件,同比增长 50%,市场占有率达 17.1%,业务规模继续位居行业首位。

三、人才建设

2014 年,申通快递大力实施人才引进工程,不断优化人才发展环境,切实做到“引进来、用得好、留得住”,从而有效助力公司经营发展。2014 年公司与全国各地对口院校建立联系,不定期对成都、长沙、西安、吉林等 30 多所合作院校和意向合作院校进行走访,并预定毕业生。同时在部分学校组建了申通快递订单班,开展课程讲座。通过校企交流,全年共招聘客服人员近 200 人,储备干部近 30 名。

人力资源部先后制定、下发《申通快递绩效考核管理制度》《申通快递荣誉激励管理制度》《申通快递职务薪酬管理制度》《申通快递全员福利管理制度》《申通快递培训管理制度》五大工作制度,不仅建立了公开、公平、公正的竞争机制,更为提升人力资源管理效率、助力企业经营发展奠定了良好的人才基础。

同时,申通快递积极组织员工参加快递业务员职业技能鉴定考试,仅公司直属转运中心就有 601 人次参加(初级 490 人次,高级 111 人次),其中初级通过392人，通过率为80%，高级通过80人，通过率为73%，有力的保障了相关单位快递业务的正常开展。

四、企业荣誉

2014年1月，申通快递获“2013年度上海市青浦区纳税百强企业”荣誉称号；

2014年2月，申通快递获第二届慈善之星；

2014年2月，申通快递被青浦区重固镇人民政府授予“2013年度重固镇纳税明星”称号；

2014年3月，申通快递被评为中国品牌诚信100强；

2014年4月，申通快递获2013－2014年度中国电商物流大奖用户满意度金奖；

2014年5月，被评为上海跨境电子商务行业协会会员单位。

五、慈善公益

2014年，申通快递携手鸿基金开展关爱留守儿童成长计划之“爱的背包”项目，为该项目免费寄递“爱的背包”。首批近1万个“爱的背包”须赶在开学前送到贫困地区孩子们的手中。8月22日，“爱的背包”（每个背包重15公斤）乘坐申通快递“爱心专列”，从北京出发，分别前往甘肃平凉，张掖民乐，安徽颍东、阜南，新疆伊吾县等地区160余所学校。据了解，该项目前后共6期，完成全部运输工作将花费大量人力、物力、财力。对该项目的鼎力支持，彰显了申通快递的社会责任和无私情怀。

六、企业大事记

2014年1月10日，申通快递华东分拨中心扩建项目正式开工，一期10月建成使用。扩建项目占地102亩，总投资达3.5亿元，2015年可实现快件分拨2.65亿件/年，年营业收入将达到5亿元。

2014年3月21日，申通快递华中转运中心暨武汉申通快递乔迁庆典圆满谢幕。该项目总投资八千多万元，新转运中心占地三万多平方米，每天处理快件量八十多万件。

2014年4月29日上午，中国梦·邮政情“寻找最美快递员”揭晓发布会在北京国家邮电会议中心举行，申通快递葛明洋、王光成从50名入围候选人中脱颖而出荣获“最美快递员”荣誉称号。国家邮政局局长、精神文明指导委员会主任马军胜，局纪检组长、精神文明指导委员会副主任解畅，副局长刘君，以及中央第十二巡回督导组、共青团中央、交通运输部、国防邮电工会有关领导出席发布会并为“最美快递员”颁奖。申通快递战略副总裁周珺出席会议，并作为企业代表参加了交通运输部党组书记、部长杨传堂的会见。

2014年5月上旬，申通快递与中铁合作试运行“沪深”快递专列，开创民营快递与铁路合作之先河。

2014年5月30日，2014中国快递行业（国际）发展大会在北京国家会议中心召开。申通快递运营副总裁熊大海出席高峰对话，各参加单位围绕“打造新经济模式，促进快递产业链融合发展”为议题，展开积极讨论。

2014年6月1日下午，第三届京交会完美收官。申通快递董事长陈德军与俄罗斯驿马快递签订了战略合作协议。

2014年7月1日凌晨1点，中国快递协会常务副会长兼秘书长李惠德、行业发展部主任张玉洲、上海市邮政管理副局长夏颐等领导一行来到上海闵行货运站，视察申通快递在沪深首班电商快递专列正式运营情况。

2014年7月21日至22日，申通快递东北大区和西北大区授牌仪式先后在长春和西安两地隆重举行，标志申通快递片区管理由五大区转变为七大区，进一步加强全网管理水平。

2014年8月1日，申通快递再次宣布“京广”快递专列正式开通，同步开通北京直达珠三角的“京珠急件”服务，这意味着消费者从北京寄出的快件将会在21个小时内抵达珠三角。

2014年8月22日，首批近1万个“爱的背包”乘坐申通快递“爱心专列”，从北京出发，分别前往甘肃平凉、张掖民乐、安徽颍东、阜南、新疆伊吾县等地区160余所学校。

2014年9月30日，申通快递第一届运动会顺利落下帷幕。共计10个比赛项目，来自总公司16个部门的200多名员工参加了比赛。

2014年10月21日，国家邮政局主持召开的“2014年快递企业宣传工作座谈会”在上海召开。申通快递同时荣获2014年度行业新闻宣传工作“卓越创新奖”、“突出贡献奖”两项大奖。

2014天猫“双11”购物狂欢节，申通快递全网订单量达到3050万件，平均每小时产生超过120万个订单。

2014年12月17日，申通国际快递版图增加“日本”站。申通快递日本专线的正式运营，标志着申通快递国际将以日本为基点，逐步实现申通快递国际网络覆盖亚洲其他国家的宏伟蓝图。截至目前，申通国际快递版图已经完成中国香港、中国台湾、美国、日本、俄罗斯的快递网络搭建，同时韩国、澳洲、英国也将于2015年实现运营。

圆通速递有限公司

上海圆通速递有限公司(以下简称“圆通速递”)创建于2000年5月28日,是一家集速递、电子商务于一体的国内大型知名快递品牌企业。历经近十余载艰苦创业,现已经跨越式发展成为中国快递行业领导品牌之一。

2014年是圆通速递超越之路的“落地年”,更迎来“领先”战略的开启年。年初,圆通速递董事长喻渭蛟提出圆通速递核心价值观——领先,以“四个支点”推动“六大领域”的领先,即以“速度、责任、诚信、共赢”推动“企业文化、战略规划、信息技术、成本管控、营销模式和市场占有率、育才及团队”这六个领域的领先。

公司现拥有8大管理区、72个转运中心,遍布全国12500余配送网点,15万名员工,县级以上城市覆盖率达93%,航空运输通达93个机场,航线覆盖城市103个,开通航线数量高达773个,7架飞机(包括自购两架),陆路运送收派车辆3万多辆,全网中心场地总面积达120万平方米,固定资产总额超10亿元。

2014年,经过全体圆通人的共同努力,紧紧围绕企业所制定的各项发展目标,全网完成快件业务量达到21亿件,每天的业务量超过800万票,单日揽收件量再创历史新高,达2500万件,营业产值更达到240亿元,同时,客户总体满意度74.6分,高于行业平均水平。

2010年年底,成立上海圆通蛟龙投资发展(集团)有限公司,标志着圆通速递向集团化迈出了更加坚实的一步。2014年1月,圆通速递被国家标准化管理委员会授予“2013年度国家级服务业标准化试点单位”,成为我国快递行业内首个总部承担国家级服务标准化试点项目的快递企业。

一、基础建设

(一)网络建设

为不断夯实管理基础,规范生产运营,2014年,圆通速递基础设施投资数十亿元,并持续开展基础建设整改活动,优化快递环境发展,全面提升企业的管理能力和经营水平。

2014年1月,中国最南端城市——海南三沙市圆通速递有限公司正式营业,圆通速递的网络覆盖率、服务质量和市场占有率是圆通速递成为领先品牌的重要标志。

2014年1月2日,圆通速递华东管理区总部项目奠基仪式在杭州萧山空港新城·南阳街道隆重举行。杭州市萧山区四套班子领导、圆通蛟龙集团董事长喻渭蛟等出席了项目奠基仪式。“圆通速递华东管理区总部项目”是圆通速递在杭州投资建设的四个重大项目之一,总投资10亿元,计划用地约200亩,总建筑面积近16万平方米,主要用于华东管理区总部办公大楼及转运中心的建设。

2014年1月8日,圆通速递石家庄转运中心搬迁工作正式开始。1月9日,圆通速递河北区域及石家庄转运中心按计划圆满完成搬迁并正式投入使用。

2014年5月15日,圆通速递西北转运中心项目在陕西西咸新区空港新城主体落成封顶,2012年西洽会期间,该项目进入陕西。项目占地126亩,总投资约3亿元。项目建成后预计日处理件达60万件,年货流量达1.5亿件,并至少带动超过3000个的就业岗位。

2014年6月29日,山东管理区新场地建设项目封顶庆典隆重举行。项目一期占地面50余亩地,建筑面积近3万8千平方米,投资款达1.6亿元,分为包装分拣车间、货运信息中心及办公楼三个主体建筑。

2014 年 8 月 21 日,圆通速递西南管理区自贡转运中心正式运营。自贡转运中心东邻重庆、西接昆明,南接贵阳、广州,北毗成都。场地操作面积达 1200 平方米,宿舍 600 平方米,门前停车位 1400 平方米,中心工作人员 80 余人。

2014 年 11 月 24 日至 25 日,圆通速递总部网络管理中心网点建设部召开了关于第一批门店建设工作总结会议。为期 36 天的第一批门店施工建设自 10 月 11 日开始,11 月 15 日结束。此次共建设 42 家门店(2 家店中店),覆盖 13 个省区,17 家施工单位、6 家道具厂商、4 家字牌厂商参与了此次门店建设。

2014 年 12 月 31 日,圆通速递香港分公司新址正式开业。新办事处及新操作场地皆属自置物业,是圆通速递走向国际化的一个重要里程碑。依托香港分公司,圆通速递将于 2015 年 3 月份启动青岛—香港—浦东全货机航线。

(二)信息化建设

作为网络型快递企业,提高科技含量推进企业信息化建设至关重要,关系到一个企业的长远发展。圆通速递从 2004 年 2 月要求全面实施安装宽带及操作软件,进行“网上查询”、“网上办公”以来,一直致力于打造圆通速递全国网络的“中枢神经”。

2014 年 3 月 1 日,圆通速递开通 95554 客户服务热线和 95554 短信查询服务。手机用户、固话用户可直接拨打 95554 热线,即可进入人工服务(含下单、查询、投诉建议)。短信查件用户可发送运单号至 95554,同一条信息内单号最多不超过 5 个。

2014 年 7 月,圆通速递官方微信账号推出人工客服功能,用户可通过该功能在微信上与会卖萌的客服完成各类问题的咨询。

2014 年 9 月 18 日,圆通速递与百度宣布,双方正式建立基于大数据和 LBS 平台的合作伙伴关系,共同发掘快递行业的大数据价值,携手推进快递信息系统的智能化应用。10 月,圆通速递百度轻应用已正式上线,是快递行业中第一个上线轻应用的企业。

2014 年 12 月,圆通速递手机 QQ 生活服务号正式上线,主要为客户提供在线和语音两大功能。“YTO 圆通速递”是首个通过音视频能力达到可视化操作的生活服务试点账号。

2014 年 12 月,圆通速递携手百度,点亮“阿拉丁”。此次阿拉丁的应用,使得用户在百度搜索“圆通”时不仅实现和同行相同的快件、网点和运价查询功能,还可享受在线寄件下单和召唤客服等更多优质化服务。

十余年来,圆通速递始终秉承“客户要求,圆通使命”的服务宗旨,不断开拓创新,始终坚持以市场为导向,紧紧围绕客户需求,不断推出服务产品。圆通速递成立了专业调研队伍,对全国各区域快递市场进行了深入的调查研究,对快件结构进行了分析,准确、及时地掌握了市场信息,为公司产品的开发与推广以及营运政策的制定提供了依据。

(三)运输体系建设

圆通速递的发展战略是以航空为主、汽运和铁运为辅。截至目前,圆通速递拥有全货机 7 架(2 架自购),国内航空合作机场 93 个,开通航线 1006 条,运输量达 14 万吨;全网各类运输车辆 3.2 万余辆,已开通运输干线 490 条;与国内 80 余铁路线开展合作,开通了深圳至上海、北京至广州对开的动车专列。

(四)人才建设和培养

激烈的市场竞争,归根结底是人才的竞争,2014 年是圆通速递超越之路落地年,更是“领先”战略开启年,其中特别强调育才和团队要领先。公司董事会要求尽快建立领先可持续的圆通速递育才体系,从而提高一线员工的专业技能和管理者的职业精神和现代企业管理能力，最终打造圆通速递自己的人才队伍建设通道，为圆通速递输送认同圆通速递价值观的各层级、各专业人才。

圆通速递利用劳务中介、员工介绍、招聘会、网站招聘、贴招聘广告或登报等招聘渠道，加大校企合作、军企合作力度引进学生和部队退伍军人，筛选一些有潜力、有活力、有上进心、有责任心、敬职敬业的员工加入圆通速递团队，采取以薪留人和用心留人并举的方式来吸引和留住人才。

战略转型后，圆通速递着重推出“蛟龙工程”人才培养项目。由“新龙”、“潜龙”、“飞龙”和“蛟龙”五大子项目组成，受益人覆盖了全网新入职的管培生、储备干部、储备经理、储备总监及储备事业部经理和副经理。如2014年2月13日，圆通速递举办蛟龙工程——首届“潜龙”、“飞龙”项目培训启动会暨信息技术中心专场培训活动，旨在全面构建学习型组织，更好更快地开展圆通速递信息技术人才梯队建设。启动会上，信息技术中心参与人才梯队培训的人员还现场签订了承诺书。

同时，圆通速递先后与二十多所学校达成合作意向，签订了校企合作协议，共建顶岗实习基地、培训实训基地、岗前培训、在岗培训等，培养出适合公司发展的合格技能性人才。

2014年5月8日至10日，为期三天的“浙江大学圆通学院第一期现代企业管理高级研修班第三次培训”圆满结束。

2014年10月9日，圆通速递与南京邮电大学达成合作协议，圆通速递总裁相峰、南京邮电大学校长杨震等出席了签约仪式。根据协议，圆通速递将在南邮设立“圆通蛟龙奖学金”，用以资助、奖励优秀在校生。

2014年10月24日，圆通速递校园客服实训中心揭牌仪式在山东淄博举行。相峰出席了揭牌仪式。客服实训中心的成立，很好地满足了企业人才培养和学生学习实践需求，开启了快递行业校企合作的新模式。

2014年8月28日至29日，2014年第三届全网转运中心业务大练兵总决赛在上海举行。比赛分两天进行，28日为理论知识考核（业务知识和中转关系知识），29日为实操技能比赛（缝拆包、建包和收件扫描比赛）。经过两天的激烈比赛，最终评出并颁发各单项一、二、三等奖和综合名次，以及组织一、二、三等奖等奖项。

2014年，圆通速递有限公司为员工提供免费的入职培训和岗位技能及能力提高培训，各种培训方面的经费达到百万元。

二、业务发展

圆通速递在大力发展国内业务的同时，还将全球化的战略作为公司的重点发展战略之一。

2014年4月9日，圆通速递与CJ大韩通运签署战略合作协议，推出中国大陆至韩国全境统一收费的快件服务，实现72小时内的门到门服务，共同合作开辟的“韩国线”，计划6月1日起全网开通大陆至韩国业务。

2014年7月，圆通速递与俄e邮共同合作开辟俄罗斯件业务，全网试运行大陆至俄罗斯业务，出货口岸设在北京，此举标志着圆通速递在拓展国际业务方面又迈出了坚实的一步。

2014年8月20日，圆通速递与台湾统一速达在上海举行两岸跨境速递续签仪式。圆通速递总裁相峰、台湾统一速达总经理陈介山分别代表双方公司续签了战略合作协议。这意味着双方合作将进一步深化。

2014年10月28日，圆通速递与澳门国际机场专营股份有限公司签署了战略合作框架协议。此次意向书内容包括澳门国际机场多项业务合作方案、打造网上购物为基础的智慧城市发展、圆通速递华南业务发展、澳门国际机场发展对接等。

此前，圆通速递便已开通东南亚、中亚、欧美及澳洲等国际快递，同时，包括中国香港、中国台湾、中国澳门等多个地区的进出口快递业务，为客户提供全方位、领先的供应链解决方案,积极建立以合作共赢为目的的国际快递"大联盟",最终让消费者实现"全球购物"便利化、快捷化。

同时,为了不断提升末端派送能力,提升快件时效,满足日益增长的消费者需求。2014 年 10 月 17 日,圆通速递与交运巴士举行项目合作签约仪式,互补业务空白,共用操作平台,扩大客户群体。

据圆通速递信息管理系统数据显示,2014 年 11 月 11 日 00 点到 11 日 14 点整,圆通速递全网络业务量成功突破 1000 万件。截至 11 月 11 日 20 点,圆通速递全网络业务量突破 2000 万件。截至 11 月 11 日 24 点整,圆通速递当日全网络业务量达 2532.6 万件,成功揽收 1600 万件。

三、营销策略

2014 年,圆通速递在先行战略的引导下,不断通过对企业内外环境进行深度调研,对调研数据进行科学性研究与论证,找到适合企业阶段性发展且符合差异化竞争原则的营销战略,并迅速完成后期营销战略落地的相关工作。

2014 年 9 月 4 日,圆通速递华北管理区与北青"社区驿站"举行店中店合作签约仪式。本次为首次合作,选取了位于北京区域内的 45 个社区驿站入驻圆通店中店,店中店形象按照总公司最新的门店形象设计标准安装,至 2014 年年底,陆续铺设 200 个社区驿站圆通店中店。

2014 年 9 月 25 日,圆通速递与小麦公社在圆通速递华北管理区正式签署战略合作协议,借力小麦公社在北京高校校园现有的资源,推进圆通速递入驻各大高校。圆通速递与小麦公社的合作,进一步加深圆通速递在各大高校内的影响力,提升圆通速递品牌形象。

2014 年 10 月 11 日,圆通速递与家有购物战略合作协议签约仪式在北京举行,圆通速递董事长喻渭蛟、执行副总裁杨新伟,家有购物集团总裁黄剑平等出席签约仪式。圆通速递将依托全国性的网络布局,以及领先的信息化工作平台,为家有购物提供覆盖全国的 COD 服务,并为家有购物提供多项定制化服务。

四、转型升级

2014 年是圆通速递超越之路落地年,更是"领先"战略开启年。2014 年 4 月 1 日,圆通蛟龙投资集团旗下电商平台"一城一品"网正式上线,由圆通蛟龙投资集团旗下上海圆通新龙电子商务有限公司倾力打造,以各地名优特产和农产品为主营商品的网购电商平台,依托圆通速递强大的网络资源和行业优势,秉承圆通集团的服务理念,及其庞大的客户群体和在全国完善而强大的速递物流优势,力求用物流缩短供应链,减少中间流通环节,为消费者提供更多优质低价、地道美味的商品,致力于成为用户购买优质、安全的地方名优特产和农产品的首选平台。对此,圆通速递集团后模式雏形显现。

2014 年 8 月 5 日,中国民用航空局关于"拟批准圆通货运航空有限公司的筹建"通过公示阶段,圆通速递有了筹建航空货运公司的资格。

五、社会责任

圆通速递不断取得行业突破的同时,饮水思源,正常自觉的回报社会,积极承担社会责任,热心参加公益事业,把圆通人的精神播撒到全国的每一个角落,行力所能及之事。

2014 年 5 月 29 日 15 时,山东省威海市仙姑顶风景区发生一起严重的森林火灾,火线达到 7 公里,火情持续了三天三夜,造成严重的生态灾难。5 月 31 日,威海圆通速递公司积极联系民政局,了解到在一线奋力救火武警官兵急需的物资,第一时间将满载着圆通人爱心的水和衣物运送到民政局指定的地点。

由圆通速递鼎力支持的"苹果书屋"公益计划自 2011 年运行顺利。2014 年 7 月 12 日由中国政法大学筹集到的书籍在北京打包、装袋,并分别于

7月15日、7月18日通过圆通速递网络运送至山西和河南，希望能为增加孩子们的知识、开阔孩子们的眼界贡献自己的一份力量。

2014年7月18日，超强台风“威马逊”在海南文昌一带登陆，造成极大的影响。7月26日，当得知“海南高尔夫行业首场大型赈灾义捐活动”第一批赈灾物资缺少运输车辆时，圆通速递海南区域积极响应，出动了6辆运输车组成的车队，将1000公斤大米、200多顶蚊帐、140桶食用油等物资，送到了文昌市的罗豆镇田心村和冯坡镇栽山村灾民手中。

2014年8月1日，由圆通速递上海转运中心免费承运的一批爱心物资，从上海顺利出发，运往河南洛阳孟津、新安等贫困山区。该批爱心物资系上海荣泰健康科技公司党支部、团支部联合乐思汇志愿者联盟历经2个月筹备募得，包括图书4000多册、爱心书包和学习用品1000套、祝福卡100套。为确保爱心物资安全、及时送达，圆通速递上海转运中心特别安排了专线车辆运输，力求在第一时间交由河南当地的公益社团组织。

2014年8月3日，云南昭通市鲁甸县发生6.5级地震后，圆通速递立即启动应急预案，研究抗震救灾工作。8月5日至27日，圆通速递全网开通云南灾区赈灾救灾包裹免费运输服务。

2014年9月1日，“一盒月饼一样浓情，心系西部温暖中秋”活动发车仪式正式启动。为确保4万只爱心月饼安全、及时送达，圆通速递安排了航空和专线车辆运输。圆通速递免费寄递月饼，以爱心接力的方式，向西藏日喀则、青海果洛、贵州遵义的青少年献上一份爱心，同时向上海援藏、援疆同志在沪的231名家属送上节日的问候。

2014年11月18日，由上海市青年企业家协会与青年报社联合主办的“青春献爱心，呵护暖人心”——2014冬日关护行动启动暨关怀礼包发车仪式在上海顺利举行，圆通速递将兵分两路把“关怀礼包”送抵西藏日喀则和新疆喀什，为在那里辛勤工作的援建人员送上一份暖心的呵护。

圆通速递西南管理区相关领导得知成都市高新区合作街道一名44岁的残疾人志愿者钟德洪(励志老板)筹集到冬季保暖物资350公斤，急需运输到四川省甘孜州色达县。圆通速递西南管理区立即联系了当地圆通速递高新区分公司经理全大勇，让其组织免费运输该批御寒物资。2014年11月24日，西南管理区成都转运中心第一时间将该批物资中转到色达县。

2014年12月，由中宏保险和随手公益基金联合举办的2014年主题公益活动“WE公益·衣暖童心”在全国51个城市全面开展，圆通速递免费运送此次公益活动募捐到的爱心物资，同时还将根据网点覆盖情况，为随手公益发往偏远地区提供一定的支持。

六、企业荣誉

在国家邮政局和各省市邮政管理局的关心、支持和推动下，在广大客户以及社会各界人士帮助下，圆通速递得到了跨越式发展的同时，成绩斐然且屡获殊荣。

2014年1月，圆通速递被国家标准化管理委员会授予“2013年度国家级服务业标准化试点单位”，成为我国快递行业内首个总部承担国家级服务标准化试点项目的快递企业；

2014年1月，圆通速递被上海市道路交通安全工作联席会议办公室、上海市公安局交通警察总队联合授予“2013年度上海市安全行车先进集体”；

2014年1月，圆通速递被上海市青浦区人民政府授予“2013年度上海市青浦区纳税百强企业”、“地方财力总量贡献奖”、“行业领军企业”三项荣誉称号；

2014年1月，圆通速递被上海市商业联合会、上海市企业信用互助协会、上海市竞争力研究中心授予“2013年度上海市场诚信经营先进单位”；

2014年2月,圆通速递被上海市青浦区华新镇人民政府授予"慈善大爱情暖华新"2013年慈善募捐贡献奖;

2014年2月,圆通速递被上海现代服务业联合会授予"2013年度突出贡献奖"荣誉称号;

2014年2月,圆通速递荣获由上海市总工会授予的"上海市模范职工之家"称号;

2014年3月,圆通速递被青浦区消费者权益保护委员会、青浦区精神文明建设委员会办公室授予"青浦区2013年度消费维权诚信单位";

2014年3月,圆通速递荣获中国质量检验协会授予"全国质量和服务诚信优秀企业"称号;

2014年3月,圆通速递客服中心被上海总工会授予"第五届上海市五一巾帼奖";

2014年3月,圆通速递被共青团上海市委员会授予2013年度"上海五四红旗团支部";

2014年5月,圆通速度被上海市交通委员会、上海市交通运输行业协会授予"上海市重点道路货运物流企业";

2014年6月,2014浙商全国500强排行榜重磅发布,圆通速递名列第49位;

2014年6月,圆通速递董事长喻渭蛟获交通运输部批准,当选"交通运输部第四届专家委员会邮政组成员";

2014年8月,圆通速递被上海市城市公众满意度调查活动办公室授予"2013年度上海城市公众满意企业";

2014年9月,圆通速递被中国交通运输协会快运分会授予"中国快运物流示范基地";

2014年9月,圆通速递荣获"中国快运物流最佳雇主企业";

2014年9月,圆通速递董事长喻渭蛟被中共桐庐县委、桐庐县人民政府授予"桐庐首届'杰出桐商'"荣誉称号;

2014年9月,圆通速递入选"2014年达沃斯论坛全球成长型企业";

2014年9月,圆通速递被中国电子商务文化节组委会授予"2014中国电子商务百强企业";

2014年9月,圆通速递被中国电子商务物流企业联盟授予"2014年中国电子商务仓储服务二十强";

2014年10月,圆通速递网络学院被中国在线学习大会授予"博奥奖－优秀学习管理系统应用奖";

2014年10月,圆通速递被国家邮政局新闻宣传中心授予"2014年度行业新闻宣传工作突出贡献奖";

2014年12月,圆通速递喻渭蛟董事长被中共上海市委统战部、上海市人力资源和社会保障局、上海市工商业联合会联合授予"第四届上海市优秀中心特色社会主义事业建设者"。

七、企业大事记

2014年3月1日,圆通速递开通95554客户服务热线和95554短信查询服务。手机用户、固话用户可直接拨打95554热线,即可进入人工服务(含下单、查询、投诉建议)。短信查件用户可发送运单号至95554,同一条信息内单号最多不超过5个。

2014年4月1日,圆通蛟龙投资集团旗下电商平台"一城一品"网正式上线。一城一品网是由圆通蛟龙投资集团旗下上海圆通新龙电子商务有限公司倾力打造,以各地名优特产和农产品为主营商品的网购电商平台,依托圆通速递强大的集团资源和行业优势,秉承圆通集团的服务理念,及其庞大的客户群体和在全国完善而强大的速递物流优势,力求用物流缩短供应链,减少中间流通环节,为消费者提供更多优质低价、地道美味的商品,致力于成为用户购买优质、安全的地方名优特产和农产品的首选平台。

2014年4月9日,圆通速递与CJ大韩通运签署战略合作协议,推出中国大陆至韩国全境统一收费的快件服务，实现72小时内的门到门服务，共同合作开辟的“韩国线”。6月1日起全网开通大陆至韩国业务，优惠期间对网点公司价格是首重35元/0.5千克，续重12元/0.5千克、时效是2-3工作日、韩国全境派送，无其他超区附加费。

2014年7月，圆通速递官方微信账号推出人工客服功能，用户可通过该功能在微信上与会卖萌的客服完成各类问题的咨询。目前，微信自定义菜单中已经上线了人工客服板块，点击进入后，客服即会响应，回答与快件相关的询问。经过测试，人工客服只能以文字的方式进行对答。

为拓展圆通速递海外市场，圆通速递与俄e邮共同合作开辟俄罗斯件业务，7月起，全网试运行大陆至俄罗斯业务，出货口岸设在北京，此举标志着圆通速递在拓展国际业务方面又迈出了坚实的一步。

2014年9月18日，圆通速递与百度宣布，双方正式建立基于大数据和LBS平台的合作伙伴关系，共同发掘快递行业的大数据价值，携手推进快递信息系统的智能化应用。双方此次合作具体包括快件自动化分拣合作、业务电子围栏合作、实时快递、行车路线优化以及快递行业消费者分析等方面。未来双方还可能共同推动在支付、团购等方面的合作。

2014年10月，圆通速递百度轻应用已正式上线，是快递行业中第一个上线轻应用的企业。这是圆通速递与百度在9月宣布双方正式建立基于大数据和LBS平台的合作伙伴关系后，携手推进快递信息系统智能化应用的又一具体表现。

2014年12月，圆通速递手机QQ生活服务号正式上线，主要为客户提供在线和语音两大功能。“YTO圆通速递”是首个通过音视频能力达到可视化操作的生活服务试点账号。其发起方式多样，用户除了在生活服务号窗口开启外，还可以扫描快递单号或二维码，可直接进入通话状态，并进入可视化的操作界面。

2014年12月，圆通速递携手百度，点亮“阿拉丁”。此次阿拉丁的应用，使得用户在百度搜索“圆通”时不仅实现和同行相同的快件、网点和运价查询功能，还可享受在线寄件下单和召唤客服等更多优质化服务。此外用户通过百度页面扫描二维码还可以安装圆通速递APP，在手机上完成各种特色订阅服务。

上海韵达货运有限公司

上海韵达货运有限公司(以下简称“韵达速递”)创立于1999年8月,总部在中国上海,通过大中华地区网络和美国、德国及整个欧洲地区网络的15万余名员工为海内外客户提供快递、电商配送、仓储等服务。

韵达速递秉承“通过安全、快捷的服务,传爱心、送温暖、更便利”的企业使命,致力于实现“成为受人尊敬、值得信赖、服务更好的一流快递公司”的企业愿景。

韵达速递现为中国快递协会副会长单位、上海市快递行业协会副会长单位。

一、基础建设

(一)服务网络

韵达速递在全国建设了50000余家营业网点(包括公司、服务部、分部、合作门店),并在全网络推广标准门店,方便客户寄递快件。

(二)分拨能力

韵达速递在全国设立了50余个枢纽分拨中心,在各分拨中心安装了能够进行全天候、全方位进行快件安全监控的视频监控系统,实时监控各分拨中心的快件操作、分拨和转运情况,确保快件分拨转运安全和时效。全网络每个分拨中心,均全部安装了机械化分拨、操作流水线,提高了快件分拨操作质量和效率。

(三)运载能力

韵达速递拥有强大的地面运输能力和优势。

1.陆路运输:截至2014年12月,韵达速递全网开通了3000余条陆运线路(包括主干线、支干线、卡班物流线路和网点直发线路等)。为了确保快件和车辆安全,韵达速递全网络为每台车辆安装了集车辆跟踪、路线规划、信息查询、话务指挥和应急处置等功能为一体的GPS卫星定位系统。

2.航空运输:韵达速递在全国各省会城市、航空城市设立航空部,通过与各大航空公司开展战略合作,根据客户需求,采取灵活多样的合作方式,设立航空直发线路800余条,满足客户对时效快件的寄递需求。

(四)科技应用

韵达速递自主研发了先进的快件运营信息管理系统,通过官方网站提供客户自助服务、QQ在线咨询等服务,开通手机客户端服务、微信公众号(服务号)(可提供咨询、查询、下单等服务),并在全网络快递员中统一投入使用手持终端设备,实现了快件操作与信息采集的同步和快件运营信息的实时传递,方便了客户即时查询、咨询,为实现快件全程全网运营提供了支撑,也实现了对快件全生命周期的管控。

同时,韵达速递与国际知名企业合作,开发并应用了SAP系统,实现了商务智能、客户关系管理及供应链管理以及可持续性。

(五)售后服务

韵达速递总部设立了全国客户服务中心,并在全国3个区域(上海、北京、成都)设立了区域呼叫中心,在全网络所有分拨中心网点设立了客户服务部,已于2012年6月开通全国统一客户服务热线:400-821-6789,为客户提供查询、咨询及其他业务受理服务。

二、业务发展

(一)业务量收

2014年,韵达速递全网络递送快件约16亿件,单日最高峰业务量超过2058万件。

(二)服务范围

韵达速递在全国31个省(区、市)及港澳台地区设立了服务网点,服务范围覆盖3200余个县级以上城市。在长三角、珠三角和京津冀地区，韵达速递的网络已经延伸至乡镇、农村。2014 年下半年开通了美国、德国及整个欧洲地区的快递服务网络，将服务网络延伸至海外。

（三）服务产品

在产品上，韵达速递为客户提供了以同城区域当天件、国内次晨达件、国内次日达件、国内隔日达和电子商务快件为核心的服务产品体系，同时还为客户提供到付、代收货款、签单返还、保价、短信提醒和仓储服务等增值服务。

（四）服务质量

服务质量是韵达速递常抓不懈的一项工作。在售后服务方面，实行前台受理与后台处理分开，定期开展内部测评与检查，并通过登门拜访、问卷调查、电话回访以及邀请第三方专业知名调查公司开展客户满意度调查等形式倾听客户意见，了解客户满意度情况，并根据客户满意度情况制定改善和提升计划，持续提高客户满意度，提高韵达速递品牌美誉度。同时，为了更好地为客户提供售后服务，韵达速递于 2014 年 7 月推出一项针对全网络的客服自助共享平台——“微笑计划”，通过系统智能实现针对客户服务的全闭环使用及管理。

（五）品牌建设

韵达速递十分重视品牌建设工作，将品牌建设放在韵达速递战略发展的高度来抓，开展了一系列旨在提高韵达速递品牌知名度和美誉度的工作。

韵达速递在完成韵达商标注册的同时，加快推进韵达速递品牌建设步伐。韵达速递建设了企业 CIS 系统，统一了车身广告、员工工作服、服务用语和电话彩铃。同时，韵达速递在活动推广、电视推广、纸媒推广、网络推广和户外广告推广等方面开展了一系列旨在提高韵达速递品牌知名度和美誉度的品牌宣传活动。

三、人才队伍

（一）人才建设

韵达速递坚持“德才兼备，主动创新”的人才观，聚焦以“保姆计划、储备机制、击鼓传花、带 2 接班”为路径，构建引进与培养相结合的人才发展机制，实现通过搭建队伍、形成机制，为韵达速递持续发展创造最大价值的使命。

人才发展机制具体表现为：“保姆计划”，融合个人素养与组织文化，确保人才能入职、上岗及达标；“储备机制”，满足一线员工作业需求、关键岗位匹配需求、管理干部发展需求之间的平衡；“击鼓传花”，强化人才对集团战略落地的承接，能力、意愿、贡献的对等，资源配置与使用价值的复盘；“带 2 接班”，旨在通过“选（软硬资格兼顾）、带（三随三代）、育（修身育人）、评（信仰、管理、业务）、任（顶岗接替）、管”（对接保姆计划），打造能向上接替、向内纵深、向外轮岗的核心管理层继任者。

同时，韵达速递与国内多所高校联合办学，先后与浙江商业职业技术学院合作成立韵达学院，针对公司中层管理干部进行培训，为公司的快速发展提供专业人才支撑。并与清华大学工业工程系达成人才委托培训协议，联合举办清华大学工业工程系“快递业高级管理人才研修班——韵达班”。

（二）人员培训

人员培训方面，韵达速递以“通过战略落地、文化融合、能力提升，致力企业目标达成”为宗旨，坚持践行“向上、活力、乐群、高效”的基本理念，通过“半工半训、理论 + 实践、军训 + 培训”的方式，建立了覆盖总部、各大区、各分拨中心和网点的培训体制机制，夯实基础培训，深化全职业生涯培训管理体系，努力实现打造学习型组织目标。

（三）文化建设

韵达速递在发展中，坚持“诚信、服务、规范、共享”——“4S”邮政行业核心价值理念，构建并正在形成以“求实进取、以人为本”为核心价值观的韵达文化体系，践行以“时效保障、创造价值，忠于职守、创造价值，群策群力、创造价值”为主要内容的经营理念，努力以“传递速度与快乐”的工作作风，旨在通过安全、快捷的服务，传爱心、送温暖、更便利，致力于实现成为受人尊敬、值得信赖、服务更好的一流快递公司的企业愿景。

四、转型升级

(一)“快递下乡”和便民服务持续推进

韵达速递响应国家邮政局提出的支持鼓励利用社会设施提供快递末端服务的号召，按照国家邮政局“快递下乡”工作要求，相继展开全国范围内的“快递下乡”和便民服务工作。持续扩大网络覆盖面，方便全社会和每一个人，为广大客户提供更优质的服务。

1.2014年3月，韵达速递与万科物业“幸福驿站”宣布开启战略合作，在全国范围内的近400个万科小区推广快递便民服务。

2.2014年3月，韵达速递安徽省阜阳公司与阜阳华联超市、扬州宏信龙超市开展业务合作，在安徽省阜阳地区设立56个快递便民服务站。与此同时，由韵达速递牵头合作的115家快递便民服务站“安家”江苏省扬州、江都、仪征、高邮和宝应等地区。

3.2014年5月，韵达速递与小小超市在浙江宁海签订合作协议，宣布将通过小小超市遍布在宁海、象山等地的40余家连锁店合作，为宁海、象山地区的客户提供更为便捷的快件收派服务。

4.2014年12月，韵达速递与浙江省邮政公司杭州市分公司在杭州签署战略合作协议，宣布正式开启“e邮站”项目战略合作，利用遍布杭州的近900家“e邮站”，共同解决快件最后100米投递问题。

(二)O2O业务稳步推进

韵达速递发力国内终端服务能力提升，开启O2O合作新模式。方便广大市民随时收件和寄件，保证快件“最后一公里”的投递和揽收质量，让更加便利、贴心、周到的“一站式”服务深入末端，融入市民的日常生活。

1.2014年7月26日，韵达速递与浙江有加利连锁超市在浙江义乌举办战略合作签约仪式，宣布与有加利超市遍布在义乌地区的近200家连锁店开展合作，开启O2O合作新模式。

2.2014年8月15日，韵达速递在辽宁省大连宣布正式进军东北O2O。韵达速递此举着眼于打造未来全新的快递服务与上下游产业之间的新的合作模式。

(三)进军国际市场

作为正在谋求走出国门、走向全球的韵达速递，不但开启了国际化发展步伐，并同时启用跨境电子商务“一单到底”的业务模式，逐步形成企业物流业务的全链路化。

1.2014年5月7日上午，中国·杭州跨境贸易电子商务进口业务启动暨产业园开园仪式在杭州举行。韵达速递携手中外运进入跨境电子商务领域。

2.美国当地时间2014年6月18日下午2时30分，韵达速递美国服务中心在纽约宣布正式运营，并召开了记者会。韵达速递美国服务中心的正式运营，标志着韵达速递向国际化发展迈出了实质步伐，有利于韵达速递实现“立足中国，走向全球”战略目标和“便利于全世界和全社会每一个人”的服务理念。

3.当地时间2014年11月5日上午，韵达速递欧洲快递物流服务中心在德国黑森州举办开业庆典，标志着韵达速递正式扎根欧洲，逐步向欧洲其他国家和主要城市辐射，进一步满足和支持中欧之间日益增长的跨境电子商务贸易的需求。

五、社会责任

2014年3月，韵达速递免费为彝良学子运输爱心物资。载着河南漯河网友捐赠的45件爱心包裹的韵达速递专车从韵达速递河南漯河公司出发，前往云南省昭通市彝良县海子乡某小学。这批爱心物资包括衣服、文具、体育用品、图书等，约700多公斤。

2014年5月，韵达速递甘肃白银公司“六一”

前夕慰问福利院儿童。甘肃白银公司的员工们在公司负责人的带领下，前往甘肃省白银市白银区强湾乡某社会福利院，看望住在福利院的儿童们，并带去了衣物、牛奶和日常生活用品等价值上万元的爱心物资。

2014 年 6 月，韵达速递甘肃嘉峪关公司作为爱心企业代表，在嘉峪关市邮政管理局的号召下，参加了由嘉峪关市特殊教育学校举办的“关心支持特殊教育，为特殊儿童美好中国梦奠基”的主题活动。韵达速递甘肃嘉峪关公司负责人参观了特殊教育学校，慰问了特殊教育学校的学子，观看了特殊教育学校儿童班级的亲子演出。

2014 年 6 月，韵达速递大连分拨中心携手慈善团体免费运输爱心捐赠物资。

2014 年 6 月，韵达速递河北衡水公司慰问红军老战士送上 18 辆轮椅车。

2014 年 6 月，韵达速递甘肃省嘉峪关公司携手嘉峪关市某公益机构将一批爱心物资免费运输到岷县灾区岷阳二小。

2014 年 7 月，韵达速递总部通过 2014 年高考四川省文科第一名唐旭奕同学的父亲唐德明，向唐旭奕同学送上万元慰问金，韵达速递四川省绵阳公司在得知此事后，也向唐旭奕同学送上了 2000 元慰问金。

2014 年 8 月，韵达速递首批爱心物资募集到位并将运往鲁甸灾区。韵达速递云南省公司组织韵达速递昆明分拨中心和云南省各网点捐赠的首批爱心物资已经募集到位，该批物资包含 400 余箱矿泉水、300 余箱方便面和 100 余箱毛巾等，韵达速递安排专车将物资送往地震灾区，并由韵达速递云南省公司派出的工作人员现场发放至灾区群众手中。

2014 年 8 月，韵达速递近 1000 箱爱心物资送达云南省鲁甸新冲小学。

2014 年 8 月，由韵达速递宁波分拨中心为云南鲁甸灾区组织募捐的爱心物资募集到位，该批物资包含干净的衣服、鞋子、袜子等衣物，总重量约一吨左右，安排专车于 8 月 19 日运往鲁甸地震灾区，并由相关负责人现场发放至灾区群众手中。

2014 年 8 月，韵达速递第三批爱心物资送抵云南鲁甸地震灾区。

2014 年 12 月，韵达速递情系日喀则，免费运输御寒冬衣参与“暖冬行动”。韵达速递青岛分拨中心免费运输御寒冬衣等慈善物资的车辆从青岛出发，前往西藏自治区日喀则市的偏远山区。该批物资包括过冬衣物、图书、文具等，共 90 件大包，约重 2 吨。

2014 年 12 月，韵达介休公司与当地团委第二次签订扶贫协议。2014 年 12 月 12 日，韵达速递山西介休公司负责人任涛与山西省介休市团委续签“2015 年扶贫捐助协议”，让“每送达一件快递，捐赠人民币一角；每发出一件快递，捐赠人民币五角”的承诺继续下去，让更多的人感受到韵达人的大爱与温暖。此前 2013 年，介休公司已捐赠近 7 万元。

六、企业荣誉

2014 年 1 月 24 日，韵达速递（上海韵达货运有限公司）被上海市青浦区人民政府授予“2013 年度上海市青浦区纳税百强企业”称号。

2014 年 3 月 25 日，韵达速递荣获“2013 年度极具价值电商服务机构”称号。

2014 年 4 月，韵达速递 5 名快递员入围“中国梦 · 邮政情寻找最美快递员”候选人公示名单。

2014 年 4 月 29 日，韵达速递四川泸州公司吕寒、刘炼等韵达速递员集体荣获“最美快递员”称号。

2014 年 4 月 29 日，韵达速递客服中心被授予“快递行业青年文明号”荣誉称号。

2014 年 5 月 30 日，韵达速递荣获“企业连锁经营模式创新大奖”。

2014 年 7 月 4 日，韵达速递天津公司快递员李长顺获“天津最美快递员”称号。

2014 年 10 月，韵达速递荣获“2014 年度行业新闻宣传工作突出贡献奖”。

七、企业大事记

2014年4月24日，为了切实践行“传爱心，送温暖，更便利”的企业使命，弘扬正气，为韵达速递的改革发展积聚更多的正能量，经总部研究决定，在全网推行“日行一善”微公益活动。

2014年4月25日，韵达速递微信公众平台服务功能正式上线，由订阅号正式切换为服务号，在以往仅有群发消息功能的基础上，新增了自助服务、了解韵达速递、服务评价三大板块服务功能。

2014年5月20日起，韵达速递首次尝试在韵达速递官网、移动互联网平台同步推出“韵达2014年上半年客户满意度调查”。

2014年5月22日至23日，作为国内唯一一家参展的快递品牌企业，韵达速递亮相在上海举行的“首届中国跨境网购(进口)峰会暨展览2014”。

2014年6月17日至18日，韵达速递在上海总部举办校企合作交流会。来自全国各地60余所高校的招生办负责人、物流系主任、经管系主任等领导参加了交流会。会上，双方就学生就业、用人标准、福利待遇、实习基地和订单培养等相关内容进行了深入谈讨。

美国当地时间2014年6月18日下午2时30分，韵达速递美国服务中心在纽约宣布正式运营。

2014年7月，推出一项针对全网络的客服自助共享平台——“微笑计划”，通过系统智能实现针对客户服务的全闭环使用及管理。

2014年9月24日，韵达速递连夜召开会议，专题学习国务院常务会议精神。韵达速递董事长兼总裁、副董事长兼高级副总裁、常务副总裁、分管副总裁和总部各部门负责人参加了会议。

2014年10月11日，由中国快递协会主办、韵达速递承办的2014年“双11”快递服务动员会在上海召开，总结2013年“双11”成功经验，部署2014年“双11”相关工作。

2014年10月14日，韵达速递在东莞宣布，其华南地区最大的干线物流平台正式上线运行，该平台设在位于东莞的韵达速递物流园区内，立足东莞和广东，辐射全国。

2014年11月2日，韵达速递在华南地区最大的干线第三方综合物流平台——韵达物流园盛大开园。

当地时间2014年11月5日上午，韵达速递欧洲快递物流服务中心在德国黑森州举办开业庆典，标志着韵达速递正式扎根欧洲。

2014年11月11日，截至当晚23时59分59秒，韵达速递全网络业务量达到2058万件。

中通快递股份有限公司

2014年，在经济下行压力较大的情况下，快递行业保持了持续快速发展的良好态势。这一年，中通快递股份有限公司（以下简称“中通快递”）全网再一次实现了历史性的飞跃，业务量再创新高；这一年，客户满意度、快件时限率和百万件申诉率都居全行业前三甲，全网服务质量进一步提升；这一年，中通快递市场占有率、网络稳定性、基础设施建设、企业文化和品牌影响力都有了长足的进步，一体化、信息化、规范化等工作稳步推进，为中通快递网络实施“稳、强、远”的发展战略打下了良好基础。

一、业务发展

（一）发展速度

2014年，中通快递全网发件量19.17亿件，较2013年上升了7.9亿件，增幅70%，高于行业增长率18%；行业占比提高1.5个百分点，增幅高于行业同规模的快递公司，且运作平稳，具备承接更大业务的能力。

（二）运营能力

2014年“双11”连续三天日处理量超1700万件（其中，日最高快件量超2000万件），业务量不断攀升的同时，网络运行也越来越平稳有序，基本未发生快件严重滞留现象，中通快递网络整体的运营能力明显提升。

（三）服务质量

依据国家邮政局公布的数据，中通快递2014年客户满意度、快件时限率、百万件申诉率均位列前三甲。在快件量迅猛增长的前提下，行业服务质量稳步提升，中通快递的成绩更加突出：中通快递客户满意度从2011年第十名、2012年第七名、2013年第六名，跃居到2014年的第三名；自2014年下半年开始中通快递有效申诉率降至百万分之10以下，名次从2010年的第七名上升至2014年的第三名。依据菜鸟数据，中通快递服务时限率也处于行业前列。整体上讲，2014年中通快递在业务量保持较快增长的前提下，服务质量进步明显。

二、基础建设

（一）网络建设

2014年，中通快递全网从业人员达15万人，取得快递从业资格证的人数占比明显增加；服务网点9385个，省级及直辖市网点覆盖率100%，地级市网点覆盖率为98.8%，现已开通2712个县（全国共2853个县），县级网点覆盖率95.06%；乡镇网点范围逐步扩大。

（二）中心建设

2014年，分拨中心数量达到65个，操作场地面积超百万平方米；自建投产的分拨中心4个，建筑面积18万平方米，在建项目8个，建筑面积近50万平方米。到目前为止，中通快递全网拥有自主产权的分拨中心有11个，总面积达50万平方米。截至2014年年底，中通快递在全国已购地1900余亩，正在洽谈中的土地1100亩。

（三）运输能力

2014年，全网运输服务车辆达到20000余辆，其中主干线网络班车2300辆；全网航空出港城市36个，出港航线300余条，目的地城市50多个。

三、企业管理

2014年，中通快递的网络管理能力进一步加强。直营许可工作基本完成，强化了中通快递网络直营化进度和依法经营的力度；网络政策的及时调整、信息技术的研发推广，提高了网络运营能力；仲裁、客服、呼叫中心一体化工作的开展及条例流程的优化,有效提升了服务水平;业务重组与法人结构重组全面展开,“营改增”政策在快递业的落地实施,强化了企业的财务管理;全网培训力度的加大,提高了员工的综合素质;企业管理的重心从注重结果管理向过程管理和结果管理并重的方向转变,企业管理的能力得到有效提升。

四、转型升级

(一)信息化建设持续推进

中通快递的信息化建设一直本着实用、简便的思路,为中通快递的稳健发展起到了举足轻重的作用。2013 年,中通快递强调了“信息化强企”的战略,通过一年的努力取得了一定的成绩,逐步建立了拥有自主产权的正规的研发团队;2014 年,中通快递完成了自主产权中天业务系统基础模块的开发上线,覆盖了全网 60% 的用户;短信、吉信、查询、订单管理、物料管理、快递管家、电子面单、海外项目、微客服等很多模块的先后上线,为 2015 年实现全面业务系统自主化奠定了较好的基础。

(二)一体化工作取得新突破

2014 年,中通快递网络股份改制工作不断深入,全网基本完成转运环节的直营化。随着黑龙江、河北、重庆、贵州、云南等省会公司并入总部,全网主要的省会公司基本全部实现了总部全资控股,中通快递网络一体化进程有了新进展,网络一体化格局基本形成。

五、慈善公益

成立“中通快递慈善互助基金会”,为企业、社会特困家庭及云南鲁甸地震灾区捐助善款超千万元。

六、企业荣誉

2014 年 1 月 24 日,中通快递荣获上海市青浦区政府授予的“2013 年度上海市青浦区纳税百强企业”称号。此次活动根据 2013 年上海市青浦区政府出台的《青浦区纳税百强企业优秀企业评选办法(试行)》文件,通过对 2013 年度各企业的纳税总量以及特色贡献等逐一审核,最终公开、公正的评选出了纳税百强企业,其中有 26 家企业纳税总额超亿元,中通快递进入纳税 20 强之列。

2014 年 4 月 29 日,快递行业青年文明号创建工作现场会在北京隆重举行。中通快递客服中心荣获共青团中央、交通运输部、国家邮政局联合授予的“青年文明号”荣誉称号,中通人马朝立夫妇荣获“最美快递人”称号并受到中国交通运输部杨传堂部长的亲切接见与慰问。共青团中央书记处书记汪鸿雁、国家邮政局纪检组长解畅等领导出席现场会并为获奖代表颁奖。

2014 年 10 月 21 日,中通快递荣获 2014 年度行业新闻宣传工作“卓越创新奖”和“突出贡献奖”等两大奖项。

2014 年 10 月 22 日,以“凝聚杭商力量、共促杭州发展”为主题的 2014 世界杭商大会隆重开幕。中通快递董事长赖梅松荣获 2014 世界杭商“青年领军人物”荣誉称号。

2014 年 12 月 7 日,中通快递荣获 2014 年上海市青浦区企业职工篮球联赛亚军。

2014 年 12 月 13 日至 14 日,第四届中国服务贸易年会在中国(上海)自由贸易试验区举行。中通快递荣获“2014 服务业新业态最具成长性企业”荣誉称号,也是我国快递行业唯一当选的“2014 服务业新业态最具成长性企业”。

七、企业大事记

2014 年 2 月 27 日,以“抓细节、重落实、强监督、稳发展”为主题的中通快递 2014 年全国网络工作会议在上海隆重举行。赖梅松董事长在会上指出,全网要以改革创新、转型升级为主线,以推动中通快递从做大规模向做强实力转变为中心,以“向下、向西、向外”发展为重点,抓细节、重落实、强监督、稳发展,为民族快递和社会经济发展做出更大的贡献。

2014 年 5 月 28 日,第三届中国(北京)国际服务贸易交易会在北京开幕，中通快递以“中国梦、中通梦”为展台设计主题盛装亮相。10月14日，中通快递受邀参加第九届中国(深圳)国际物流与交通运输博览会，并推出中通快递“售后宝”及电子面单等产品，引来国内外客户的竞争关注与洽谈。近年来，中通快递积极参与各类行业、国际盛会，并以良好的品牌文化和服务形象获得了行业领导和广大客户的一致认可。

2014年9月25日，电视剧《重生丽人》开机发布会在中通快递华北管理区隆重举行，影片由当红演员张译、李小璐主演，并融入时下流行的快递元素。此前，中通快递还曾在电视剧《我爱男闺蜜》中成功进行品牌植入，让中通快递及广大快递基层员工朴实、诚信、敬业的形象深入人心，极大地传递了快递行业正能量。

为推进中通快递网络持续稳定发展，实现企业“稳、强、远”的整体发展战略，自2014年10月中旬浙江杭州新转运中心投入使用以来，中通快递先后有上海浦东，河南漯河，湖南衡阳，浙江嘉兴，江苏苏州、泰州等地新的转运中心投产运营，全面开启了中通快递网络发展的新篇章。

2014年11月9日至10日，2014年APEC工商领导人峰会在国家会议中心举行，中通快递副总裁王吉雷作为快递行业代表受邀参加本次峰会。会议期间，王吉雷副总裁与中国工商界代表积极互动，与区域经济体领导人深入对话，阐述中国企业和企业家对APEC合作的立场观点，展示了中国企业和快递行业在国际舞台上的新形象。

截至2014年11月11日13时58分，中通快递全网业务量突破1000万件；至当日22时，全网业务量突破2000万件。

2014年11月19日，李克强总理视察中通快递义乌青岩刘网点，并为快递行业点赞。他说，从小处说，你们不仅创造了就业岗位，也创造了新生活；从大处说，农村的东西送到城市去，城市的东西送到农村来，缩小了城乡差距。物流是现代经济核心之一，快递是物流重要组成部分，工作虽然很普通，但很关键。“你们的工作了不起！”

2014年，国家邮政局局长马军胜，副局长刘君、邢小江，中国快递协会会长高宏峰、常务副会长兼秘书长李惠德，上海市邮政管理局局长曾军山以及多个省市邮政管理局领导先后莅临中通快递视察指导工作，并对中通快递所做的各项工作给予了充分肯定。

百世网络技术有限公司(百世汇通)

百世汇通是百世网络旗下的著名快递品牌，是一家在国内率先运用信息化手段探索快递行业转型升级之路的大型快递企业。公司秉承“用户满意、客户成功”的服务理念，为广大用户提供优质服务。

2014年是百世汇通发展史上具有重要里程碑意义的一年。这一年全体百世人齐心谋转型，奋力促跨越，取得了令人鼓舞、催人奋进的新成就。

截至2014年12月底，百世汇通拥有各级服务网点13000多个、分拨中心(含分拨仓)203个、全网省际、省内班车线路1400多条，超过10万人的专业速递团队为千家万户提供全年无休的速递服务。目前公司综合实力位居全国快递企业前列。

2014年，百世汇通在以下几个方面保持行业领先地位：

(1)全年快件业务量增速高于行业平均增速；

(2)在国家邮政局全国“最美快递员”评比中，百世汇通业务员名列前茅；

(3)在全国快递企业中率先实现O2O业务。

一、基础建设

2014年，百世汇通的基础设施建设得到明显加强，对网络的支撑能力得到提高，公司服务水平迈上新台阶。

(一)分拨中心和分拨仓建设

截至2014年12月，百世汇通拥有分拨中心和分拨仓203个，操作场地面积104万平方米。全年大规模新建、扩建分拨转运中心(分拨仓)106个，扩建分拨面积20.8万平方米，场地面积增幅35%，完成了杭州、金华、泉州、重庆、广州、深圳、北京和成都等大型分拨场地的搬迁工作。全年流水线改造32个，苏州分拨上线了第一套百世自主研发的自动分拣流水线系统。全国新增爬坡机、伸缩机500台，分拣流水线3.5万米，同比增长53%。

(二)网点建设

百世汇通拥有一、二级服务网点13000个，同比增加了73%。在积极增加服务网点的前提下，公司花大力气推进网络的优化工作，全面提升基层网点服务能力和综合竞争力。一是加快中心城市和重要网点的直营进程，直营城市达187个，同比增加130%，直营点部达120家，同比增加400%。二是网络覆盖率大幅提升，现网络继续向内陆偏远的乡镇和村组纵深发展。三是实施网络的标准化建设，截止12月底，VI标准化建设全国一级站点已经100%通过验收，C网末端代理点完成6000余家。全网共实现3万名快递员的智能手机APP装载，远超预期1万人的装载目标。

(三)客服系统建设

百世汇通客服中心建立了三大业务板块：一是系统方面，实现CRM系统全网100%的覆盖率和MINI呼叫中心全国25个省市的上线。特别是CRM系统，它实现了客户与站点，客户与总部，站点与总部之间的无缝对接，为客户信息一体化处置奠定了基础。二是业务方面，全面建立了服务反馈体系，全国客服热线接通率达96%，全国各省MINI呼叫中心热线接通率达97%以上；全年微信平台接通率均在97%以上；全年消费者有效申诉率同比下降42%，满意度达95%。三是项目方面，搭建主动服务平台，由总部客服中心对接“阿里巴巴”，成功搭建了商家与快递之间快速有效的沟通协作的平台；搭建济南呼叫中心平台，由总部客服中心与院校合作，总部派员给学生专业培训，然后由学生上岗实操呼叫中心作业，此合作不仅为学生提供了就业实习的机会，同时也实现了呼叫中心用人需求的快速补充。

（四）信息化系统建设

强大的信息技术研发能力是百世汇通最有力的竞争优势，自收购之日起，百世汇通始终致力于信息技术领域的研发与创新，每年都有自行研发的创新产品推出，不断实现企业快递网络的信息化和智能化，有力提高了企业在网络科技时代的市场竞争力。

2014 年，公司信息化建设发展更是得到普及和深化。9 月，苏州分拨中心上线了第一套百世研发人员自主研发的自动分拣流水线系统，小件处理能力到达 7200 件/小时，错分率不到十万分之一。同时开发并应用了业务员手机 APP，打通了企业物流信息系统与手机末端的信息通路，实现了信息互动。其他还有百世汇通微信公众服务号、微信电子面单打印一体机、智能快递柜等，这一切都强力支持了百世汇通业务的飞速增长，为打造智慧快递网络打下了良好基础。

（五）运输体系建设

截至 2014 年年底，公司共有全网省际、省内公路运输班车线路 1400 多条，全年新增汽运班车线路 164 条，新增挂车线路 12 条，调整线路 183 条。铁路运输方面也在去年基础上有一定发展，总货量为每天 15 吨。在发展陆运的基础上，公司积极发展航空运输，航空线路已达 163 条。目前一个以公路为主，铁路、航空为辅，贯穿东西、连接南北、辐射全国的快件运输网络已经形成。

二、业务发展

2014 年，百世汇通的快递业绩迎来了大幅增长，业务总量创下新高，业务结构得到持续优化。

（一）量质齐增

2014 年全网业务量同比增长 128%，增速高于行业平均增速，日最高出件 900 万单，是 2013 年日最高出件量的 2.5 倍。

（二）产品创新

一批具有市场竞争力的个性化产品先后推出，除了主营业务外，先后推出了淘宝推荐物流、特种快递、代收货款、保价服务代签回单、限时派送等业务。

（三）开拓国际市场

2014 年 3 月，正式进军海外市场，开通全球国际快件业务，业务覆盖全球 200 多个国家和地区。7 月，正式入驻澳门。这是百世汇通在境外开设的第一个营业网点，其业务覆盖澳门全境。百世汇通澳门网点的开设标志着公司境外业务拓展进入全新的里程碑。

三、人才建设和培养

百世汇通坚持“投资于人和技术”的经营理念，以转型发展为动力，以人才培养为核心，实施“以人为本，人才强企”发展战略，狠抓人才队伍建设和创新人才培养这两个基础性工程，做实人才工作大文章，打造人才培养大品牌。经过努力，公司初步建立起了一个与企业发展和人力资源管理相配套的培训管理体系，努力加快国际性强企的建设进程。

（一）人员培训

在人员培训上，2014 年，整理完善了区域培训管理体系，线上线下交错举行，采取线上集中课程学习、全时语音网络培训和线下分批、分地区、分项目多种培训方式。

在培训主题上，分为新开站点培训、新员工培训、KPI 考核培训、站点管理人员培训等，培训的内容包含服务类、奖惩类、管理提升类等方面，使培训做到有重点、有计划、常规化。

2014 全年共举办 741 个新开站点培训，4385 个 KPI 站点培训，合计培训 847 次，参训近 5 万人次。通过加强企业内部人员的培养，实现了人才队伍建设的均衡可持续发展。

（二）人才引进

百世汇通主要有两条途径来引进人员：

一是通过专业的人才服务中介机构为公司提供高级的管理人才。

二是校企深度合作，百世汇通已与安徽师范大学、武汉轻工大学、江西旅游商贸学院、江西城市科技学院、浙江公路技师学院等30余所高校及职业院校开展校企合作机制，同10余所职业院校开展订单、定向培养等方式的高素质技能型人才培养。同时，专门成立校企合作办公室，成立校企合作专项小组，建立百世汇通人才孵化基地，与学校开展校企深度融合，共同设置人才培养方案，将学生纳入百世人才蓄水池，把学生培养嵌入百世人才培养及晋升体系。构建在线学习系统，打通企业同学校课程的联系，共同保证双方“双师型”师资队伍建设，共同保证校企合作顺利开展。

四、营销策略

2014年，百世汇通的营销策划注重多样性、互动性、体验性，使百世汇通的品牌更具有知名度，更深入人心。

为了让消费者更多地了解百世汇通在百世集团旗下百世供应链和百世快运业务支持下形成的三网融合而提供的“仓、配、送”一站式特色服务，“双11”期间，公司陆续开放了北京、上海、广州、深圳、杭州等8个城市的智慧云仓，通过网络报名的形式，举行免费观仓活动。

公司与著名女装品牌拉夏贝尔开展O2O合作，此活动既可以为客户的线上订单提供线下门店调换货服务，也可以为客户的线下订单提供快递派送寄递服务，同时还推出订单门店当日送达业务。

针对用户最关心的包裹安全和速度，公司推出“大红袋保护计划”，在“双11”期间进行了快递换装试水，先后有800万个快递包裹换上红色包装，此包装袋不仅更加的牢固和结实，还能使用户在众多包裹中一眼就认出自己被安全送达的包裹。

同时百世汇通积极参与百世公益发起的“狂欢益起来”公益活动，对“双11”当天产生的单量每一单捐赠一份爱心给壹基金“海洋天堂”项目关爱自闭症儿童。该活动联合了40余家包括中粮、3M、联合利华、李宁等在内的国内外知名品牌联动参与。公益元素的加入到购物狂欢，让消费变得更加有意义。

2014年世界杯期间，百世汇通推出“百般爱你，世界杯”活动，受到消费者的强烈关注，至活动结束吸引了近20万网友参与互动，为近百万的消费者传递了祝福和欢乐。

此外还有创国内定制化企业邮局先河的阿里巴巴西溪园区的百世镖局、微信下单、微信客服等便民服务，快递员评价体系也正逐步建立和成熟。

五、转型升级

百世汇通依靠百世实验室的科技带动、百世云仓联动、百世快运互动的“三轮驱动”，把信息化建设作为企业转型升级的主攻方向，技术驱动力领先于行业内同类快递公司。

2014年，公司借助集团平台，将百世供应链的云仓业务和快递、快运的网络进行三网融合，实现了“云仓+优派”的物流模式，为客户提供专业的一站式服务，这种创新的商业模式和重构社会化物流的服务体系推出后受到了社会一致好评。

同时，公司发挥自身的技术优势和拥有众多大品牌客户的优势，在业内首创以互联网为载体的线上线下互动的O2O经营模式，尝试传统实体店和互联网相互“接轨”的派送服务，掀开了行业涉足O2O的新篇章。

公司的“末端风暴分拣技术”结合大数据的运用，成功替代了传统的人工分拣。“末端风暴分拣技术”通过对数亿条历史数据分析，自动建立了送件地址到派送网点的映射规则。分拣人员只需在分拣流程中通过扫描条码提示，将特定地址的快件分发到指定网点。这项技术有效提升了工作效率。

六、企业文化

百世汇通充分运用自办报刊、网络、简报等载体,大力开展企业文化进分公司、进基层、进班组、进现场、进岗位活动,将企业文化基本价值理念纳入到对员工的教育中,落实在员工行为准则里,树立“我是百世人”的意识。注重把“客户为尊、百世一家、乐为人先、诚信不渝、坚守责任”的企业核心价值观全面融入到企业建设、安全生产、营销服务、人力资源等各个环节中,不断强化企业文化的渗透力,实现了核心价值观与公司发展战略的高度统一。

公司设有外网、微博、微信,SNS讨论组等新兴媒体和企业内刊、部门报纸等传统媒体传播渠道。这些自办媒体贴近工作、贴近生活,成为员工交流工作经验、了解行业动态、展示个人才华的重要平台,深受员工的喜爱。

公司设置内网、企业邮箱等内部沟通渠道。内网着重报道企业的最新动态、人事安排、组织架构等员工关注的内容;内网通讯录清晰地显示了管理层的电话及邮箱,以便员工和管理人员及时沟通,上情下达。

总部和全网各分公司均开设有“百世大学”、“百世讲坛”等培训,每月一期,请来社会著名人士授课,开拓员工视野,丰富员工的业余生活。每逢节假日总部和各分公司都会举办活动,如元宵灯谜会、端午包粽子比赛或龙舟比赛、七夕相亲会、中秋赏月会等活动,让每一位员工都能在百世大家庭中感受到百世家人的关怀。各分公司还根据各自的环境条件,举办摄影、长跑、郊游、游泳、羽毛球、乒乓球、书法、绘画等比赛活动。

公司通过企业文化的建设,加深了领导与员工、员工与员工之间的相互沟通和理解,不断构筑有利于内部和谐的思想感情基础,做到了吸引人、留住人、用好人,增强了企业的凝聚力、向心力和综合竞争力。

七、社会责任

2014年3月,由阿里公益“天天正能量”联合“百世汇通快递”共同发起“爱不闲置,小小鞋盒大大惊喜”公益活动,通过百世汇通快递的免费寄递,为广西偏远山区的5000名留守儿童送去关爱和祝福。

2014年7月,百世汇通无偿运输救援物资抵达文昌,帮助受灾地区抵御台风的侵害。

2014年8月,百世汇通到敬老院“献爱心、送温暖”,为敬老院全体孤寡老人献上一份爱心。

2014年8月,百世汇通无偿运输救援物资帮助云南鲁甸抗击地震灾害。

2014年9月,百世汇通等六家企业共同携手开展了以“关爱山区贫困学生”为主题的捐赠活动。

2014年11月,“大红袋保护计划”,每一个用百世汇通红色快递包装送达的包裹,都会有一份爱心通过百世公益捐赠到壹基金组织,用于帮助自闭症孩子。最后通过与外部品牌企业联合的“狂欢益起来”活动,捐赠给壹基金以10万元善款用于“海洋天堂计划”关爱自闭症儿童。

八、企业荣誉

百世汇通李元明荣登“最美快递员”榜首。

百世汇通快递员黄伟入选“中国好人榜”候选人名单。

百世汇通60人次获天猫“明星快递员”。

百世汇通获得青奥会寄递渠道安全保障先进集体。

百世汇通浙江分公司总经理荣获全国交通运输行业文明职工标兵荣誉称号。

湖南分公司被评湖南省邮管局评为2014年度优秀企业称号。

入选2014年中国物流与采购信息化优秀案列。

以行业第一的增长速度,被国家邮管局和菜鸟网络评选为2014年度最具成长性快递企业。

荣获上海市“2014年度邮路信息安全专项工作先进集体”称号。

九、企业大事记

2014 年 1 月 17 日,“百世一家,同道共赢”——百世汇通 2014 年全国网络大会隆重召开。

2014 年 3 月 26 日,百世汇通微信服务平台下单功能正式上线。

2014 年 3 月,与阿里公益“天天正能量”共同发起“爱不闲置,小小鞋盒大大惊喜”公益活动。

2014 年 4 月 7 日,百世汇通 24 小时智能快递柜在北京、上海试点运行。

2014 年 4 月 28 日,百世汇通李元明荣登国家邮政局评选全国“最美快递员”榜首。

2014 年 5 月 28 日,百世汇通应邀参加第三届中国(北京)国际服务贸易交易会,现场活动“百般爱你世界杯”受追捧。

2014 年 6 月 1 日,百世汇通入驻阿里集团西溪园区小邮局。

2014 年 7 月,百世汇通快递员黄伟入选“中国好人榜”候选人名单。

2014 年 7 月,百世汇通正式入驻澳门拓境外业务。

2014 年 9 月 9 日,阿里巴巴在美国正式启动 IPO 路演,百世汇通作为唯一物流伙伴助力其 IPO 路演的全球推介。

2014 年 9 月,自主研发的自动分拣流水线系统上线,小件处理能力到达 7200 件/小时,错分率不到十万分之一。

2014 年 10 月,中国重汽首批 50 辆 M5G 天然气厢车交付使用,开启了清洁能源车辆的率先使用。

2014 年 10 月,阿里巴巴西溪园区百世镖局开业,创国内定制化企业邮局先河。

2014 年 11 月,百世汇通开展“大红袋保护计划”,将 800 万大红袋包装的包裹传递给消费者,期间每个包裹将由百世公益代消费者捐赠一份爱心给壹基金“海洋天堂计划”关爱自闭症儿童。

“双 11”期间,在业内首创以传统实体店和互联网线上线下互动的 O2O 经营模式,掀开 O2O 运营新篇章。

天天快递有限公司

2014年,天天快递有限公司(以下简称“天天快递”)已经走过了20年的发展历程,站在新的历史发展节点上,天天快递不断优化产业结构,创新经济发展模式,完善三大运营保障体系,加大基础设施建设步伐,加强信息化系统的研发和升级,加快实现与电商平台的无障碍数据对接,全力扩展网络覆盖面,实现“向西”、“向下”、“向外”发展的总体战略目标,将改革创新作为公司发展常态逐步推进。

一、基础建设

(一)业务网络

2014年,天天快递网点数量达9000多个,一级加盟商近700家,网络遍布300多个地级市和2400多个县(含县级市、区),基本覆盖发达地区县级以上城市,辐射全国大部分的地级市。现已实现江浙沪无盲区派送,形成了以长江三角洲、珠江三角洲、环渤海地区为重点区域的快递网络布局。

(二)分拨中心

2014年,天天快递已建立了东北、华北、华中、华东、华南等多个大型分拨中心,截至2014年12月,天天快递共拥有大型分拨中心53个,分布于全国重点城市,布局合理的分拨中心,先进的运营模式,实现货物全天候运输,为客户提供安全、快捷、便利的快递服务。

(三)信息化建设

2014年,天天快递加大对信息化系统的建设力度,投入巨资完成对新型小型机的安装、调试、部署建设,大大提高了系统的日承载量。对PDA进行更新升级,实现PDA智能分拣。

(四)呼叫中心

天天快递在全国设有700多个独立呼叫中心,实现近3000坐席,平均每天45万的话务量,自动服务24小时不间断,为客户提供货物查询、在线下单、业务查询、服务投诉等服务。

(五)运输能力

2014年,全网拥有班车20000辆以上,线路总计近300条,航空线路较2013年增加了50多条。

二、业务发展

天天快递在“向西”、“向下”、“向外”发展的总体战略目标的指导下,立足国内,面向国际,主要经营同城快递、国内异地快递,并提供代收货款、到付服务、保价服务等增值服务。

提供专业化的仓储、配送管理服务,将运输管理、仓库管理以及订单管理进行一体化整合,采用先进的WMS及BOS等信息系统,将运输管理、仓库管理以及订单管理进行一体化整合,针对客户需求订制个性化解决方案。

利用北京、上海、东莞、成都、武汉、泉州六大电子商务仓,近十万平方米仓容,专为电子商务用户设计,商家只需提供订单数据,运货到指定仓,“仓配一体化”服务将为商家提供包括“卸货、质检、理货、拣货、包装、配送、跟单、信息推送”等一条龙服务。

三、人才队伍

(一)人才招聘

在2014年“双11”前夕,天天快递储备转运中心员工3000人,储备“最后一公里”投递人员8000人,先后同河北保定职业技术学院、江西赣州华坚科技职业学校、江西青年职业学院、浙江湖州职业技术学院、浙江商业职业技术学院等几十所高校展开校企合作,在重点合作院校成立“天天快递班”,给公司储备了大量的高素质人才,为公司的快速发展奠定了基础。

（二）人才培养

2014年，组织多期新员工培训，开展“天狼计划”和“天鹰计划”储备人才专项培训，为公司各部门定向培养和输送人才；积极组织客服、加盟商、文员等相关业务培训及心理疏导和职业规划指导培训；多次举行管理层团队与沟通培训；全网2014年培训项目总计7563个，培训784217人次。此外，天天快递积极组织员工参与快递业务员职业技能鉴定认证考试，全网2014年共计1013人参加快递业务员职业技能鉴定认证并获取相应资格。

天天快递重视人才的提升，为员工制定在职期间职业生涯规划，实施人才培养战略，通过内部竞聘上岗选拔人才，健全完善公司人才管理方案与培养机制，并实施和不断完善《天天快递人才梯队建设管理办法》，为公司发展提供坚实的人才保障，对全网管理干部实施统一管理，减少核心人才流失。

四、社会责任

2014年3月16日，天天快递湖北理事会及华中区管中心领导赶到麻城，向遇到困难的麻城公司伸出援助之手。

2014年3月30日，天天快递浙江台州黄岩公司派件员勇救落水儿童，引起巨大的社会反响。

2014年4月26日，天天快递董事长奚春阳带领公司管理团队到建德玉泉寺进行义工活动。

2014年5月22日，由天天快递和浙江省青少年发展基金会、FM99.6电台、19楼空间、杭州麦壳麦粒儿童悦读之家联合举办的“快乐阅读·袋袋相传”公益活动正式启动，通过阅读传播知识、传递爱心。

2014年7月11日，天天快递为身患重病的泰州分拨员工王强送上关怀和祝福，以及帮扶基金20000元。

2014年11月22日，天天快递北京公司五棵松站点李佳豪派送快件过程中帮助心脏病发作的刘小萍女士顺利送医，由于救助及时，刘女士身体恢复健康，事件发生后，刘女士送上锦旗表示感谢。

2014年12月17日，由浙江省阳光教育基金会、FM93交通之声、《钱江晚报》、滴水公益联合主办的“爱在后备箱——梦中的点滴甘泉阳光背包”公益教学活动将募集到的数百个学生书包运往甘肃，天天快递主动承担了此次任务，免费运输。

五、企业荣誉

2014年2月9日，杭州市公安局为天天快递董事长奚春阳颁发2013年度治安一等荣誉奖章。

2014年9月，被评为全国质量诚信优秀典型企业。

2014年12月，天天快递云南昭通公司荣获昭通市2014年邮政业务统计考核得分第一名。

六、企业大事记

2014年1月7日，天天快递旗下电商分公司杭州天天电子商务有限公司与意大利阿尔皮纳袋鼠战略合作签约仪式。

2014年1月7日，在天天快递总部的组织下，优秀员工关爱旅游活动正式展开。来自全国各网点的35名优秀员工，带着他们的家人先后抵达杭州，享受公司提供的“杭州经典休闲三日游”福利活动，并与总部成员共同参加2014年迎新年会。

2014年1月9日，天天快递2014年迎新年会在杭州举行。天天快递董事长奚春阳偕夫人陈小英女士、全体领导人员及部分领导家属、总部五百余名员工、来全国各地的一线优秀员工及其家属在这里欢聚，共同为新春干杯。

2014年1月14日，天天快递董事长奚春阳做客新华社深度访谈栏目《高端访谈》，以其对快递业的了解，就整个行业的发展现状、存在问题、未来趋势等话题接受采访。

2014年1月25日，天天快递公开服务保障承诺，春节期间全力保障快件的正常运转及派送，在社会上收到良好的口碑评价。

2014年2月22日至23日，天天快递在浙江杭州召开主题为“加强内部管理，提高市场竞争力”的全国理事会二届一次会议，并顺利完成理事会改选工作，此次会议为加强内部体系建设，提高市场竞争力指明了方向。

2014年3月28日，在奚春阳董事长的关怀与指示下，“打造中国最具影响力的快递企业——天天快递2014年度卓越团队内训”第一次活动在浙江杭州顺利展开。

2014年4月30日，天天快递召开主题为“思路决定出路，市场不能等待”的全国理事会二届二次会议暨江浙沪皖主要城市经理工作会议，旨在为迎接快递行业迅速发展的挑战，加强网络布局和政策调控，增强公司的抗压能力。

2014年5月1日，天天快递网络商学院一期工程建设完成并正式上线试运营。

2014年5月9日，中国连锁经营协会负责人及上海嘉定区领导至天天快递总部考察交流，双方就天天快递大客户资源战略合作及天天快递建立全国物流基地进行了深入的探讨和交流。

2014年5月12日下午，浙江省政协、长三角（浙江）民营经济研究会联合调研组莅临天天快递，展开电子商务物流配套研究。

2014年5月19日，天天快递成立并开放“员工之家”图书室及电影室。

2014年5月28日，天天快递召开京津冀地区网络大会，董事长奚春阳强调要注重品牌意识。

2014年5月28日至6月1日，天天快递参展第三届中国（北京）国际服务贸易交易会圆满闭幕，展会中，天天快递以崭新的姿态、丰富完善的产品、热情周到的态度、细致体贴的服务亮相本届京交会，赢得了各方的关注和高度评价。

2014年6月4日，天天快递苏浙皖服务质量工作会议上，董事长奚春阳进一步指出：服务质量和服务时效是快递行业的生命线。

2014年6月18日，天天快递与保定职业技术学院举行校企合作签约仪式暨揭牌仪式，此举是天天快递在人才储备战略实施中的又一大举措。

2014年7月9日，广西壮族自治区公安厅各局领导、浙江省公安厅主要领导一行莅临天天快递调研考察。

2014年8月15日，由河南省商丘市城乡一体化示范区党工委书记倪玉民率领的商丘市考察团、杭州市邮政管理局党组书记兼局长赵武等领导一行莅临天天快递总部视察指导工作。

2014年8月27日，由浙江省快递行业协会副会长兼秘书长杨世忠、山东省快递协会秘书长马光华率领的考察团莅临天天快递视察指导工作，对天天快递的发展及对杭州市的经济所做出的贡献表示肯定。

2014年8月28日至29日，天天快递召开主题为“敢于亮剑　挑战未来”的2014年网络大会暨高峰誓师大会，来自总部及全国各地网点公司代表的近千人参加了此次大会，此次大会为下半年天天快递的运营及即将到来的“双11”、“双12”做好了准备，吹响了号角。

2014年9月3日，由国家邮政局政策法规司标准处副处长蒋辰率领的国家邮政局考察团及交通部水运院李继春、浙江省邮政管理局市场监管司陈源泉处长等领导一行莅临天天快递杭州集散中心进行调研。

2014年10月2日，天天快递对信息系统进行全面升级，使日承载量跃升800万票。

2014年10月18日，天天快递云南公司与泰国美都国际物流公司就展开合作进行了友好会谈。

2014年11月1日，原交通部副部长、现中国快递协会会长高宏峰，中国快递协会常务副会长兼秘书长李惠德，浙江省邮政管理局局长王文海等领导一行莅临天天快递视察指导工作。

2014年11月11日，浙江省邮政管理局局长王文海等领导一行莅临天天快递，对“双11”工作开展情况进行视察调研。

红楼(上海)快递有限公司(国通快递)

2012年,拥有雄厚资金实力的中国红楼集团正式跻身快递行业,迅速创建“国通快递”品牌。截至2014年年底,国通快递已经是一家立足上海、网络覆盖全国、设备配置完善、服务态度优良、人员配备全面、战略布局精准的大型快递企业。两年多来,国通快递先后投入数十亿资金,建成50多个大型分拨中心,网络已覆盖全国32个省、市、自治区和特别行政区,形成以长三角、珠三角、环渤海为重点,服务遍布全国的快递网络布局。客户群体遍及电子商务、制造业、高科技IT业、零售业等多个产业领域,经营范围囊括国内快递、物流配送和仓配一体化等多种类服务,为客户提供国内当日达、次晨达、次日达、隔日达等产品项目,另设有运费到付、电子商务配送、签单返回等增值服务。国通快递还将根据市场需求开拓更多的服务业务。

一、业务发展

历经两年多的梳理整合与快速发展,国通快递在红楼集团雄厚资金投入和强有力的支持下,基础建设、制度建设和人才建设等方方面面均日趋完善,网络建设更是有了实质性的飞跃。目前,国通快递全网从业人员已趋近6万人,网点数量更增至5000多个(覆盖全国一、二、三线城市与乡、镇、村,基本实现无盲区派送),各级分拨与转运中心数量暴增至百余个,网络快递车辆每年均有显著增长,每日为客户护送票件数逐年递增。2014年,国通快递全网日均、月均业务量分别突破70万件、2000万件大关。

二、基础建设

2014年,国通快递网络高速发展,软(硬)件能力飞速提升。集团斥资数十亿资金,先后在上海、杭州、潍坊、淮安、无锡、虎门、南通、长沙、南京、泰州、兰州等地购买土地千余亩,建设打造集办公、仓储、分拨为一体的物流基地50余处,地、市级转运中心更逾百余处。目前,网络已覆盖全国32个省、市、自治区、特别行政区,网点数量超5000家,快递车辆近万辆,航运线路上千条,日处理能力已达300万件。

2014年也是国通快递信息化大投入大建设的一年,2014年年初,国通快递与东华软件公司正式签订了合作协议,共同研发新一代国通快递快件操作管理系统,经过一年的紧张工作,“新系统”已经完成了需求调研、系统设计和系统开发工作,正在有序地开展系统测试和培训准备工作。新系统机房和设备也在2014年年底正式上线,新机房达到国家电信5星级标准,投入多台高性能服务器和存储设备,能够满足新系统未来2到3年的发展。

除了新系统以外,2014年,国通快递还投资建设了微信服务平台、智能监控预警系统、全网派送区域电子地图绘制系统、人资管理系统、超区件管理系统、电子面单管理系统、金蝶财务系统等信息化建设,整体信息化投入数亿元。随着这些系统建设完成和投入使用,逐步提高了国通快递整体信息化水平,提高了国通快递管理规范化水平,提高了国通快递各环节工作效率,为国通快递未来发展打下了坚实的基础。

三、人才建设

企业文化是核心,企业战略是前提,人力资源是保障。在经过科学的战略规划和文化固化后,辅之以良好的人才结构,三者结合才会共同构建企业的核心竞争力。成功的企业之所以成功,关键在于能否秉持坚强的意志,坚持正确的信念和原则；关键在于能否运用文化的感召力凝聚众多人才，实现共同的梦想；关键在于企业能否用自己的智慧创造丰盛的精神家园。2014 年，国通快递在人才建设方面同样积累了许多宝贵经验和心得。

（一）人才选择要遵循优选化

要坚持从自主培训和好中选优为主，适当引进成熟性人才的原则，着重点放在员工素质提升上，并引入竞争机制。营造公正、公平、公开氛围，坚持选人用人的正确导向，达到“使用一个人，激励一群人，培养一批人”的效果。

（二）人才培养需要专业化

快递企业岗位多，专业分工较细。人才岗位专业化较突出，亟需培养一批专业的“带头人”要鼓励和引导那些关键岗位的专业管理人才，承担起“言传身教”“培养新人”的意识。使各岗位人员不断积累经验，提高专业知识水准，降低成本，提高工作效率。

（三）人才准备要前瞻化

企业发展需要人才，对人才需求多样化、专业化，需要专业技术人才，懂管理、懂经营、懂分析的管理经营人才，还需要一般的管理人才。这就要求在人才培养和人才引进上具有超前意识，立足企业实际，按照专业相近能力适合的原则，把有开发潜力的人员安置到相应岗位，通过实践技能培训，使他们尽快进入角色，适应岗位需要，从而确保岗位工作的稳定性和连续性。

（四）人才评价要标准效益化

只要员工尽职尽责，完成好本岗位的工作任务，都是企业需要的人才。为此，在识才上要不唯学历、资历，只看重能力。在用人上，倡导“德为前提、能为本位、绩效评优”，打造人尽其才的企业环境，全力做好人才评价标准的效益化。一方面要准确、客观地评价人才；另一方面要充分发挥员工的积极性主动性和创造性，促使他们积极工作，以人才价值的最大化促进企业效益的最大化。

四、社会责任

作为一家有社会责任感的企业，作为一个以“为民服务，和谐万家”为企业宗旨的企业，国通快递在 2014 年，面对各种天灾人祸多次伸出援手，表明国通快递作为一家有社会责任感的企业，一直都在以实际行动和拳拳爱心来履行自己对社会的承诺，承担社会责任和义务。

2014 年 6 月 6 日，国通快递为松江区车墩镇 2014 年“阳光慈善—奉献爱心”慈善募捐活动捐善款 2 万元。

2014 年 7 月 5 日的杭州公交车纵火案，导致多名乘客严重受伤，伤员每天需血量 10000CC 救助。国通快递浙江公司知悉血库告急后，积极组织员工前往无偿献血，为伤患送一份温情，为伤者送上祈福，为生命喝彩加油。

2014 年 8 月 3 日，云南省昭通市鲁甸县发生 6.5 级地震，震源深度 12 公里。灾难无情，人间有爱。国通快递在第一时间发出《关于号召向云南鲁甸地震灾区救助的通知》。8 月 7 日，满载灾区急缺的食品、帐篷、彩条布、药品等首批捐赠物资紧急运往云南鲁甸县人民医院等急需物资的地区。

2014 年 11 月 24 日，北京市东城区天坛街道东半壁店社区的叔叔阿姨、大爷大妈们为西藏那曲中学的 40 多名孤儿捐赠了一匹崭新的御寒衣物，送去温暖和关爱。该社区内国通快递公司的工作人员闻知此事，第一时间上报公司总部，以最快的速度无偿把这批物资送到孩子们的手中。《人民日报》对此善举进行了报道。

2014 年 12 月 20 日，由“李连杰壹基金”公益组织所发起的“2014 救助贫困孤寡儿童温暖包捐助”活动在安徽境内正式启动，国通快递安徽公司全程参与捐助活动，赢得各方赞誉。

五、企业荣誉

2014 年 4 月，甘肃红楼国通快递有限公司荣获甘肃省邮政管理局“2013 年度旺季服务保障先进单位”称号。

2014 年 4 月,国通快递员“石头蛋”被评为“最美快递员”,并受到交通运输部党组书记、部长杨传堂等领导的亲切接见。另有两名国通快递员工入选最美快递员 50 强。

2014 年 9 月,在山西省快递行业协会举办的全省第三届快递员业务技能练功比武大赛上,首次参赛的山西国通快递代表队通过顽强拼搏最终取得了团体第三名的好成绩,并从山西省快递行业协会领导手里接过奖杯、获奖证书和奖金。

2014 年 11 月 14 日晚 9 点 30 分,中央电视台(2 套)财经频道“经济半小时”栏目对广东省揭阳市电子商务发展情况进行了分析报道,报道伊始,播出了对广东红楼国通快递有限公司揭阳分拨中心现场采访的内容。国通快递作为揭阳地区唯一快递企业接受采访并被播出,是国通快递莫大的荣誉。

2014 年,国通快递吉林公司评为“吉林省 2014 年快递业务员职业技能鉴定工作集体三等奖”、员工肖显鹏同志被授予“2014 年吉林省快递业务员职业技能鉴定先进工作者”荣誉称号。

2014 年,施美南、马松松、杨志刚三名国通快递员工在 2014 年度上海市快递行业精神文明建设工作中表现突出,喜获表彰。

六、企业大事记

2014 年 3 月 17 日至 18 日,国通快递在上海松江开元名都大酒店召开了主题为“狠抓服务质量,确保网络稳定”的 2014 年工作大会。会议着重阐述了服务质量的重要性、存在的问题和解决措施,标准化开展工作思路、要求,经营责任制考核,平台建设等,着重讨论了各项经营策略、确保网络稳定办法等问题。

2014 年 4 月 28 日,国通快递广东虎门分拨中心内外洋溢着一片喜庆、欢乐、和谐的气氛。东莞虎门大宁分拨中心正式乔迁至占地 108 亩的东莞虎门沙角分拨中心。该中心是目前国通快递最大、设施最先进的分拨中心。地处东莞虎门沙角广深沿江高速出口附近,距离深圳宝安机场仅 20 分钟车程,地理位置十分优越。

2014 年 5 月 8 日,上海市邮政管理局局长曾军山、松江区邮政管理局副局长陈非一行莅临国通快递总部调研指导工作。

2014 年 5 月 17 日,国通快递在上海旗山大酒店 4 楼会议厅隆重召开“国通快递网络研究会”成立大会。在这次大会上,一向敢为天下先的国通快递,此次又走在行业的前头,率先在行业内成立了旨在起到内部智库与桥梁作用的组织“国通快递网络研究会”,这无疑是国通快递发展史上的一件大事,标志着国通快递的广大网点有了和总部正式沟通的组织、渠道和桥梁。

2014 年 8 月 14 日,上海市邮政管理局副局长、纪检组长、上海市快递行业精神文明创建办主任刘宪民一行莅临国通快递,调研指导上海市快递行业精神文明创建工作。上海市邮政管理局市场监管处高镇海处长陪同指导。会上刘副局长一行就国通快递参加精神文明创建工作给予具体指导并提出建议。

2014 年 9 月 12 日,由上海市快递行业精神文明创建办公室举办的上海市快递企业精神文明创建联络员、信息员培训班在青浦区朱家角镇景苑宾馆正式开班。国通快递等 13 家总部在上海的快递企业的联络员和信息员,共同参加了此次培训活动。

2014 年 9 月 25 日,国通快递管理层领导、各中心副总监级别及以上干部在总部召开紧急办公会议,传达学习国务院总理李克强 9 月 24 日主持召开的国务院常务会议精神。与会领导普遍认为形势严峻,时不我待,国通快递应顺应形势,拿出应对之策。

2014 年 10 月,为完成国通快递全网(除西藏)网络车布局,降低全网到达新疆快件及新疆出疆快件成本,提高时效,国通快递新疆公司在国通快递总部的指导关心下,正式开通西安至新疆的双向网络班车，为国通快递贯彻“向西向下”的战略打下了坚实的基础。

2014 年 11 月 12 日深夜 11 时，上海市邮政管理局局长曾军山、市场监管处处长周德刚一行莅临国通快递总部指导“双 11”快递业务旺季服务保障工作，了解“双 11”业务高峰期企业运行情况。对国通快递在应对“双 11”高峰所做的筹备工作给予充分肯定，特别强调在高峰运行期间要加强安全保障，要把确保“双 11”期间寄递渠道安全作为首要任务，同时要提升派送效率，保障服务质量，提高消费者满意度。

2014 年“双 11”期间，国通快递当日票件达到 200 万。从 2013 年“双 11”的 100 万票件，到 2014 年“双 11”的 200 万票件，国通快递又一次刷新了记录，创造了历史，又一次站在企业发展巅峰，实现了新的突破。

全峰快递集团

全峰快递集团(以下简称"全峰快递")成立于2010年11月18日,正式运营于2011年7月16日,是一家主要经营国内快递及相关业务的服务型企业。被业内及媒体评价为"中国快递行业黑马"。全峰快递自成立以来,一直致力成为"行业发展的时代先锋",并以整合国内快递资源打造民族快递新品牌,塑造承载快递文化为奋斗目标。从此,全峰快递开启了于中国物流业大浪潮中的一步步历程,为了积极参与中国市场经济的建设与发展,全峰快递通过多年探索沉淀,取精用宏、扬长避短,总结了以往民营快递企业的利弊,以全新的理念和发展思路,秉承"高目标、高起点、高标准"原则,立足华北、华东、华南三大局域网,斥巨资打造面向全国发展的快递品牌。

在2011年中国国际物流节上,全峰快递品牌荣获"2011 中国物流品牌价值百强企业"大奖;2012 年荣获中国电商物流大奖"最具成长性企业"、"中国快运50强"、"中国电子商务物流示范单位"、"2012 年度中国电子商务物流诚信企业"大奖;2013 年荣获"2013 年中国物流快运示范基地"、"2013 年中国行业物流最佳企业"、"2013 年中国物流行业品牌价值百强企业"、"2013 中国电子商务物流服务五十强"、"2013 中国电子商务物流服务质量奖"、"2013 中国电子商务物流年度人物"大奖;2014 年荣获"2014 中国快运物流示范基地"、"2014 中国快运物流最具竞争力企业"、2014 中国十大竞争力物流企业"、"2014 中国物流业品牌价值百强企业"、"电子商务物流服务最具成长力企业"、"中国电子商务物流服务五十强"两项大奖、京东与拍拍网2014年度物流特殊贡献奖。

全峰快递在发展过程中,致力于爱心公益行动,现已成为快递行业爱心公益行动领军力量。

2012 年 8 月 31 日,全峰快递助力"8.31 天津 800 只猫"救助行动;11 月,全峰快递集团携手腾讯"新年新衣"为贫困儿童送温暖;12 月,全峰快递响应"心系四川阿坝藏族羌族少数民族学生"大型募捐义卖活动;

2013 年,全峰快递发起"地球一小时,我做绿V客"活动;4 月,首家发起"雅安地震爱心包裹"绿色通道;6 月,携手中国乡村儿童"大病医保"公益基金共同推动爱心公益行动;12 月,携手新浪微公益发起"关爱流浪猫益起来"活动,为北京、上海流浪猫捐赠过冬口粮。

2014 年 6 月,全峰快递携手淘宝,组织参与湖南"转手爱"爱心活动,免费运输爱心物资一万件;同时,全峰快递全程呵护"爱心企业贵州助学行",免费运输 10 万册书籍支援公益行动;10 月,全峰集团携手大爱清尘公益基金发起"为爱奔跑"挑战北京国际马拉松;11 月,全峰快递启动"关爱大别山贫困学生"行动,免费运输上万件衣物及书籍。

一、公司发展

公司注册资金 5498.6985 万元人民币,各种专业技术人员 40000 余人,总公司拥有 11000 平方米现代化厂房和 10000 平方米的集办公、研发、信息中心为一体的综合办公楼,专业快递服务车辆 6000 余辆。目前全峰快递公司全国的基层网点数目已经达到 4000 余个,各主要省份及城市均已完成优质覆盖。目前全峰快递超过八百条省际铁路专线的运输优先保障合作,全国共有 2500 余条省际、省内等陆运专线,全国网点覆盖范围内市航城市开通航空航线,针对网点建设方面全国高标准、统一化、规范化的服务网点建设布局,无论是网点形象或是网点功能,以及战略部署等方面都为全峰快递集团更好的为客户提供优质服务,提升服务品质，塑造全峰快递品牌形象奠定了夯实基础。

全峰快递是一家创新型的现代化企业，一贯重视科学研究，技术开发及人才培养的企业，注重服务质量和客户体验的企业。全峰快递在全国建有多处分公司，针对分公司人才方面采取两种手段，一种为总部输出，一种为当地培养，通过系统性的培训，向全国各地输出优质人才。全峰快递或通过当地培养的方式广纳人才，并通过当地建设分拨中心等方式带动当地经济的发展和进步。目前全峰快递全国共建设有63个分拨中心，通过缜密的分拨中心建设，并将随着时间的推移将来会加大分拨中心建设的步伐，推动网络的快速建设和发展。

二、产品服务

全峰快递经营的主要产品有：全峰标快服务，限时快件服务；另向客户提供代收货款，贵重物品运输、生鲜速递等增值服务。全峰人追求过程完美、结果完美的原则，秉承"诚信、安全、贴心、负责"的服务理念，通过与客户深度沟通，全面解析客户实际需要，与客户共同进退，用真诚的热心、无限的动力促进客户的发展与成功。为了深入中国物流业大潮中并期望做出突出贡献的全峰快递，通过一系列的市场调研和钻研，结合中国市场的需要，将广大客户的需要放在第一位，通过系统性的分配和采集终端客户的需求，针对客户的需求拓展服务，通过360°X24h全国专业服务体系，确保优质优量的服务客户。同时全峰快递永远"以客户的价值观为导向，以客户满意度为标准"，客户是全峰快递生存的依据、发展的基础和价值实现之所在，全峰快递对待客户服务，始终贯彻客户至上的思想。"思客户之所思，想客户之所想"是全峰人义不容辞的责任和态度。

三、资本市场

2013年全峰快递开启快递行业资本融资大旗。截至目前，全峰快递获得鹏康投资、力鼎资本、真金投资、景林资产、睿庆资本、云锋基金等多家机构注资，并获得诸多资本机构的一致好评和肯定。

四、企业荣誉

2014年3月22日，全峰快递斩获亚马逊KPI年度综合排名第一；

9月19日，全峰快递获"中国快运物流示范基地"、"中国快运物流最具竞争力企业"、"副会长单位"三项中国快运物流发展大会大奖；

2014年10月23日，全峰快递获得"2014中国十大竞争力物流企业"、"2014中国物流业品牌价值百强企业"两项大奖；

2014年12月19日，全峰快递中国电子商务与物流企业家年会豪取三项大奖："电子商务物流服务最具成长力企业"、"中国电子商务物流服务五十强"两项大奖，全峰快递集团副总裁刘伟先生荣膺"2014中国电子商务物流新锐人物奖"；

2014年12月26日，全峰快递获得京东与拍拍网2014年度物流特殊贡献奖。

五、社会责任

2014年6月16日，湖南"转手爱"爱心活动全峰快递免费运输爱心物资一万件；

2014年6月26日，全峰快递免费运输10万册书籍呵护爱心企业贵州助学行；

2014年10月19日，"为爱奔跑"全峰集团携手大爱清尘公益基金挑战北京国际马拉松；

2014年11月17日，全峰快递集团免费运输衣物及书籍上万件至大别山关爱贫困学生。

上海快捷快递有限公司

上海快捷快递有限公司(以下简称“快捷快递”)是中国快递协会理事会第二届理事单位,成立于1997年10月,注册资金3000万元,总部位于上海青浦。

一、基础建设

基础设施是公司核心竞争力的重要物质保障。在满足当前业务需求下,做好发展规划,加强基础设施建设是保障公司长远发展和未来竞争优势,提升网络整体竞争优势,实现网络对市场发展的有力支撑。在2013年的基础上,2014年,快捷快递继续围绕加强基建建设,并取得重要进展:

(一)苏闽大型一级转运中心的开工建设

2014年,快捷快递江苏淮安转运中心、福建区管理中心(含办公大楼及福建中转中心)相继开工建设。其中,淮安转运中心占地60亩,投资4000万元;福建中心占地80亩,投资6000万元。两大项目的投资总额超过1亿元,建成后全网络的一级中转中心得到进一步优化升级,中转分拣能力大幅提高,为网络的正常运行奠定了坚实基础。

快捷快递新总部基地工程建设稳步推进。2014年3月,新总部基地工程正式动工兴建,全年工程进度按计划稳步推进,预计2015年5月投入启用。

(二)添购车辆,增强全网运力

为满足全网不断增长的快件运力需求,快捷快递投入4000多万元,购买运输车辆共138辆,大大提升了全网快件的运输能力,网络运输时效得到进一步巩固和提高。

(三)信息化建设大力推进

顺利完成快捷快递官网改版升级,成功实现新旧ERP系统的切换,并使新的ERP系统在“双11”的高峰顺利通过了压力的考验;变更原有全国统一客户服务电话为4008333666,并确保了线路畅通;此外,根据公司发展实际,构建物料进销存系统的初步框架,启动企业邮箱和即时通讯软件,大力推进与菜鸟网服务系统的对接。

(四)实施网络整治,巩固发展基础

随着快递行业竞争力加强,快捷快递网络优势不够明显,在新形势下,公司形成了以客户满意度为导向,逐步提升网络质量为网络工作的重点工作,通过客户热点投诉和网络布局建设投入以及优化工程的安排,扩充加盟(服务)网点数量,优化网络布局等,切实加强了快捷快递网络竞争优势。

按照快捷快递统一安排,加速提升网络能力,实施网络整治工程,是发展的重要基础。在全力做好中转直营的同时,快捷快递总部对加盟商制定严格的加盟准入制度,明晰管理权责,理顺加盟经营关系,把加盟管理落到实处,切实增强公司总部对各中心的管理和控制。通过统筹兼顾,优化网络资源配置,全面提升网络一体化运行效率,整体规模效益得到最大限度发挥。

目前,公司已拥有员工50000余人,服务网点3800多个,规模型的快件处理中心83个,服务范围已覆盖到全国各地;公司自有运输、派送车辆10000多辆。

二、业务发展

目前,快捷快递的服务项目类型主要有国内快递、物流配送,提供“门到门”服务和同城件、省内件、省外件、香港件、澳门件与台湾件。同时,积极开展电子商务配送、代收货款、代签回单、报价服务等增值业务。

2014年,公司全力提高网络的服务能力和服务质量,加快主营业务发展,加强基础设施建设,

全面开展管理提升活动，公司业务稳中有进，业务量与业务收入都呈现向上良好势头。

2014年年底，公司日均业务量从年初的20万票、重量798吨跃升至80万票、重量增至2000吨。“双11”期间，快捷快递日处理量更是突破100万件，刷新了公司成立以来的历史记录，成功迈入“百万俱乐部”。营业额利润（即扭亏转盈）由年初的收入2403万，年末12月收入合计8312万元，公司全年资金实现自给自足。

2014年，公司的服务质量稳步上升，客户满意率得到了显著提升。2014年底，《快递》杂志“菜鸟观察”栏目评选的快递业“金包裹”系列奖中，快捷快递获评“末端派送最优企业”，这正是快捷快递以最好的服务态度、专业的技术和细致无忧的服务赢得客户认同的高度评价。

三、文化建设

2014年，快捷快递梳理各项管理制度、规范和工作标准，建立健全规章制度为主线，以部门建设凝聚团队力量，结合各项业务开展，强化日常基础管理，开展各类文娱活动对员工进行关爱。借助公司文化宣传工具，多种形式，宣传公司的方针政策、弘扬进取文化、务实文化、和谐文化，为公司特色文化注入新的内涵，为企业发展注入持久活力。通过在全网评选“最美快捷人”，在公司内部传递正能量；2014年12月，公司参与协拍以我国最后一个通公路少数民族独龙族为题材的电影《独龙车站》，在行业内引起广泛关注。

坚持管理集中化、规范化、信息化的原则，营造统一规范的工作氛围，使规范化成为惯例，支撑执行力的提升。安全管理实行领导责任制，各部门领导为第一责任人，各部门积极配合，做到齐抓共管落实到个人，借安全生产大检查、旺季保障工作之机，公司开展消防安全知识培训演练、禁限品知识培训、交通安全培训等安全活动，增强员工安全意识。不定期组织公司性全面检查劳动纪律、现场安全隐患，开展自查自纠，做到有问题早发现、早预防、早处理。一年来，公司经营发展秩序井然，员工精神饱满，积极向上，思想稳定，没有违法、违纪行为发生。

四、人才建设

快捷快递坚持“精强主业、多元发展”的发展思路，积极实施人才强企战略，以“打造成一个让员工幸福、客户满意、社会尊重的快递企业”为目标，多年来始终抓住人才这个企业发展之源，把握住吸引、培养、用好这三个环节，不断深化人才工程建设，以人才领先实现管理领先，变人才优势为企业发展优势，从而为企业持续高效发展提供了强大的人才保证和智力支撑。

高层次引进人才。公司注重引进具有多年快递行业从业管理经验的资深经理人担任公司分管副总裁等高管职位，同时加强校企合作，到知名院校开专场招聘会，吸引优秀大学生来企业，以增加人才的厚度。目前公司已拥有各类管理人员三百多名。初步实现了公司在人才队伍上“扩大总量，改善结构，提高素质”的目标。

高素质培养人才。我们在基层管理骨干和业务人员中，采取“走出去、请进来”的培训方法，对2000多人进行了业务知识、管理水平等多个层面的系统培养，2014年投入培训费用50多万元。

高效益使用人才。公司始终坚持“最好的培养就是使用”的理念，让青年人才在实际岗位上压担子、挑大梁、露一手，使一大批有开拓力和创新力的青年人才脱颖而出；加强储备干部换岗轮岗，多岗锻炼，使后备干部的适应能力和业务水平得到了增强；以竞赛为载体，扩大成才机会。通过系列劳动竞赛的开展，公司员工的技能水平得到很大提高。

五、社会责任

快捷快递在不断努力为社会大众提供快递服务的同时，坚持不懈地致力于慈善事业和社会公益活动，履行企业社会责任，当好“企业公民”，为社会和企业的长远发展和进步贡献力量。

在公司,多位公司高管长期致力于捐资助学公益事业,联系帮助贫困优秀学生走入高等学校,改变人生际遇。三次为公司患病贫困员工捐款达21万多元。同年8月,快捷快递全网为云南鲁甸地震爱心捐款50万余元,免费运送抗震救灾物资。

公司积极导绿色生活践行低碳环保。大力推广OA面单和电子面单业务,倡导客户使用环保的自动业务系统,减少纸质凭证的使用,降低碳排放;倡议员工在日常工作生活中保持低碳理念,全面落实节水、节电、节能等相关措施。快捷快递一系列创新举措,从内到外,将低碳经济落在了实处,充分体现了践行低碳、促进环保的公益功德。

六、企业荣誉

近几年来,在国家邮政局等各级主管部门的领导下,在行业协会的关心指导下,快捷快递出色地完成了邮政经营生产和改革发展的各项任务,受到了上级有关部门和行业组织的充分肯定,并取得了多项荣誉称号:

2014年年底,《快递》杂志“菜鸟观察”栏目评选的快递业“金包裹”系列奖中,快捷快递获评“末端派送最优企业”;

2014年2月,快捷快递被中国电子商务物流企业联盟评为“2013年度中国电子商务物流服务五十强”;

2013年12月,快捷快递被中国电子商务物流企业联盟评为“2013年度中国电子商务COD配送服务十强”、“2013年度中国电子商务物流服务五十强”;

2013年12月,快捷快递被青浦区城市交通运输管理所评为“2013年度青浦区道路货运行业先进集体”;

2013年10月,快捷快递被中国绿色物流发展联盟评为“中国绿色物流先锋企业”;

2013年7月,快捷快递被中华海峡两岸企业交流协会推选为“理事长单位”,公司董事长吴传龙担任协会副理事长;

2013年6月,快捷快递被中国快递协会评为“第二届京交会优秀组织单位”。

优速快递有限公司

优速快递有限公司(以下简称“优速快递”)创建于2009年11月1日,总部坐落在上海,是一家面向全国、港澳台及欧美、东南亚、俄罗斯等部分国家和地区的服务商;同时,优速快递又是一家为企业、电商及所有用户提供全方位的快递物流综合服务的服务商。

2014年,是优速快递关键性的一年,优速人凭借顽强、执著奋斗的精神,成功跻身全国快递前十强。优速快递在崛起和发展的同时,时刻不忘尽一个企业的社会责任和义务,坚持做一个有爱心的快递企业。

一、基础建设

(一)分拨中心、运输体系建设

优速快递经过全网共同努力,在全国各省会城市及其他大中城市建立直营一、二级分拨中心80余个,拥有营业网点近4000家,员工50000余人,运输、派送车辆8800多台,网路运输覆盖全国一、二、三级城市,逐渐辐射到镇、乡、村。日均转运投递超过50万单(60万件)。2014年,扩大规模的分拨中心,分拣速度全面升级,操作面积更是得到大幅度提升,能够承受更迅猛的货量承载吞吐量,保障了快递运营服务质量。

(二)网点建设

优速快递拥有营业网点近4000家,公司在做好网点管理、服务的同时,狠抓网点时效质量关,做好快递派送“最后一公里”末端环节,让客户真正体验到快递服务。其次,加大力度拓展网络覆盖率,继续向内陆偏远地区乡镇及村落纵深度发展。优速快递坚持推行网络站点优胜劣汰考核制度,全面把控服务质量,保障快递品质。

(三)信息化建设

优速快递自主研发了优速信息综合管理平台,涵盖营运核心乾坤系统、业务系统、金融平台资金结算系统、400呼叫中心客服系统、无线手持终端、GPS跟踪系统、网点业务管理系统,推出网页下单、微信下单、QQ在线客户咨询等新智能客户端,具备完善的快件接单、扫描、信息实时跟踪查询、网点结算、中心监管等功能,真正实现物流、资金流、信息流一体化操作管理。

(四)人才建设

优速快递是一家年轻的创新型企业快企业,一贯重视科学研究及人才培养。优速快递在发展过程中认识到,人才是第一生产力,是企业发展的战略资源和企业竞争的核心因素;企业从管理上、产品服务上、基础设施建设上及技术支持上的竞争,归根结底是都是人才的竞争。

2014年,优速快递继续加大人才引进工作,坚持不拘一格降人才原则。目前,公司建立了商学院,形成了完善的培训体系,免费为员工提供多样化的培训学习机会,让员工深入了解各部门工作;对于新晋员工,商学院安排统一培训,让新同事了解企业文化及发展历史,以便日后更好发挥自己、服务企业,更重要的能全方位、多层次的提高员工职业素养,为客户提供更好的服务;同时,公司为员工提供良好的学习平台及广阔的升职空间,积极组织员工专业技能鉴定考试,推行持证上岗制度,打造一批有活力、有上进心、有责任心、有强大潜力的专业快递队伍。

二、业务发展

五年来,优速快递本着“优化华南、打造华东、铸就华北、根植中国、走向世界”发展战略,坚持用“两个拳头”打开两个市场,快速发展电子商务网购业务,继续巩固传统快递、快运业务。2014年,优速快递业务取得了突破性的增长,业务总量再创新高，全年业务量相比往年同比增长幅度大，在电子商务狂欢节“双11”、“双12”期间，更是迎来快递业电商业务货量高峰。

目前优速快递业务主要定位于速运提供单件50公斤以内，单票300公斤以内的快件门到门服务，以商务快运、商务快递及电商小件快递业务为主，兼容B2B、B2C、C2C、O2O四类客户需求，在这基础上，开通高时效快递服务；企业特色服务涵盖仓配一体化、全国代收货款、到付、签收回单等业务。2014年，成功开通中俄专线、美中专线国际快递服务，为优速快递进步一发展海外事业奠定了基础。

三、营销策略

优速快递自成立以来，一直秉承“一路呵护所托”核心服务理念，向消费者作出了从“厚值企业诚信意识、自律诚信经营行为、争当行业诚信标杆、深化诚信共赢理念”的郑重承诺。坚持把消费者的满意度作为公司制定各项战略围绕的重点，引用现代化技术信息设备，保障客户服务质量。

针对国内客户，提供面向各大、中城市的半日达、次日达、隔日达等多种服务产品。在保持原有业务基础上，深入快速发展电子商务网购业务，建立仓储配送，为企业提供一体化的物流服务，帮助企业降低成本，提升管理，保障时效；扩大经营范围，改革创新，致力建造快递生态圈。

针对国际市场，2014年，优速快递开通中俄专线，中俄专线业务采取北京航空直发俄罗斯运输时效、携手俄罗斯快递联盟全程递送、海关绿色快速通关三大保障，打造高时效的国际快递专线。年底，优速快递推出美中专线国际快递业务项目，为广大客户了更便利的美中快递体验。

2014年，优速快递作为崛起的“年轻”的快递公司，积极专研新兴事物开发，并灵活运用客户服务中区，推出终端APP运用，并在全国推广出去，让用户享受更时尚、快捷的快递服务；另外开通微信服务平台，利用智能微信平台，为客户提供轻松的物流跟踪、平台下单取件、在线客服服务，并第一时间发布企业动态，让客户及时了解企业最新资讯及相关活动。

四、转型升级

2014年，国家邮政局提出了快递“向西、向下、向外”的发展战略，优速快递也借此契机加快了转型升级步伐。在硬件方面，优速快递在全国重点城市的转运中心将陆续实现升级改造，仓配业务有序推进；在软件方面，企业投资自主研发的信息化系统“乾坤”已上线运营，有效提高了财务、人事、运输、配送等各个环节的工作效率。

优速快递致力于解决“最后一公里”问题。优速快递与上海几百家社区达成合作协议，在小区大门悬挂“优速服务站”标识，由物业管理人员负责收派快件，有效缓解了快递“进社区难”问题。

优速快递成功启动跨境电商战略。快速成长的跨境电商市场，让国内快递企业发现了新的利润增长点，纷纷加快了涉足国际电商步伐。优速快递的跨境电商业务已经起步，并制定了相关战略方案，力争在在海外市场份额上进一步扩大规模。

五、社会责任

感恩社会，回馈社会。优速快递在自身不断发展的同时，始终肩负着崇高的社会使命，积极投入到社会的公益事业当中去，以实际行动传递社会真情。优速快递始终认为，一个用心呵护所托、一个有爱心、有社会责任感的企业才能在激烈市场环境下走的更远，在未来发展战略中，优速快递始终会关注“公益、慈善”活动，做一个充满正能量的爱心企业。

2014年4月，优速快递启动“关爱四川抗日老兵”公益活动，并捐赠十万关爱老兵公益款。

2014年8月，优速快递全力支援鲁甸抗震救灾，提供物资捐助。

2014年12月，优速快递组织捐款，资助尿毒症员工唐兵。

2014年，优速快递按市场价格收购即将烂掉的11吨胡萝卜，为农户解决了燃眉之急。

2014年，优速快递包装盒上印上"免费午餐"公益广告，将快递当作新媒体，向社会传播正能量。

2014年，优速快递爱心再次递进"免费午餐"，捐赠五万元爱心资助款，所捐款将定向捐赠给河南省方城县柳河乡马家沟村小学，为该校学生提供免费午餐。

六、企业大事件

2014年1月1日，优速快递总部乔迁庆典总结表彰大会隆重举行，标志着优速快递成功扎根中国经济发展中心上海。

2014年1月，优速快递成功拍下无锡新区2万余平方米的土地，并希望将其打造成为长三角地区的重要中转枢纽。

2014年1月23日，新版官方网站成功改版上线。改版后的新官网以蓝色、橙色为主色调；页面凸显简洁明快的风格；网站的栏目划分更加清晰；内容更加丰富；功能上更强调"为客户提供便捷、贴心的服务"。

2014年4月4日起，优速快递正式推出"网上营业厅"客户在线自助服务功能，为客户提供包括在线下单、批量下单、订单查询等多种功能为一体的"一站式"在线服务。

2014年4月，优速快递启动"关爱四川抗日老兵"公益活动，助力公益事业，传递人间真情。

2014年4月，优速快递信件袋印上马伊琍为孩子盛饭照，宣传"免费午餐公益"活动，线下传播正能量。

2014年8月12日，优速快递北京区网点与全家便利店的合作正式上线，并取得圆满成功，合作将涉及跨境快递、门店合作、终端配送等多种类型，高度整合双方资源。

2014年11月，优速快递在电商"双11"期间，7省货量打破记录，再创新高。

2014年12月，优速快递开通俄罗斯专线，进一步拓展了国际领域，推进国际步伐的发展。

七、企业荣誉

在杭州市邮政管理局召开的"2014年度旺季服务保障先进单位表彰大会"上，杭州优速快递公司被授予"2014年度旺季服务保障单位"荣誉称号。

南京优速快递荣获2014年度"寄递服务信息安全奖"荣誉。

2014年1月，优速快递获得"引领中国快递行业发展10强品牌"荣誉。

2014年3月，优速快递被中国电子商务物流企业联盟授予"副会长单位"。

2014年10月，优速快递获得"2014年度行业新闻宣传工作突出贡献奖"。

2014年12月30日，在首届成都市快递行业协会大会上，过全体参会行业代表不计名投票选举，成都优速快递有限公司全票通过，当选为首届成都市快递行业协会理事单位。

速尔快递有限公司

速尔快递有限公司(以下简称“速尔快递”)是友和道通集团旗下全资子公司,2005 年诞生于广东省深圳市,拥有注册商标“UNI-TOP 速尔快递”。UNI-TOP 速尔快递品牌以“企业件 + 零担快递”的产品定位,围绕 3-50 公斤核心重量段,在核心客户群体定位及重量段定位方面成为商务件领域的一枝独秀,为全国企业客户提供更快、更好、更安全的快递服务。

作为大型快递品牌企业,诚信是速尔快递最大的核心竞争力。全国标准化的转运中心建设,科学合理的路由规划设计,内部规范的快件操作体系,24 小时封闭式的实时监控,投资千万元自主研发的“雅典娜”管理系统、手机 APP 快件处理及微信公共信息管理平台,推出的 GPRS 手持终端及详情单图像采集传输技术,随时倾听和响应客户需要,确保每一份快件的时效和安全。

一、基础建设

(一)集团化的体系支撑

友和道通集团全资控股速尔快递品牌,为速尔快递的管理模式、基础设施、信息技术、人力资源、发展资金提供全方位的支持,是速尔快递持续、快速、健康、稳定发展的坚强后盾。目前集团全产业链的商务模式带来的协同优势正不断体现,自主航空、物流园基地建设等平台建设产生的联动效应将赋予速尔品牌更广阔的发展空间。

(二)多元化的运输平台

自主航空与四通八达的卡车航班塑造了“天地合一”的立体化营运网络。庞大的数字化营运体系在运价管理、运力整合、产品研发、服务时效、安全保障等方面提供了强大的信心保证。

(三)精准化的产品定位

在电商与物流之间,速尔快递精准地选择了以“企业件 + 零担快递”商务件为主体的产品定位,在核心客户群体定位和公斤段定位方面填补了市场空白,这是速尔快递独树一帜的支撑点,已经在市场形成了强烈的品牌效应。目前速尔快递客户 90% 为企业客户,货物类别主要以原材料、半成品等为主,在 B2B 市场已经有举足轻重的影响力。

(四)个性化的信息技术

速尔快递拥有行业中自主的“雅典娜”管理系统,是全国 4 家拥有自主研发信息系统的快递企业之一,在加盟体系中是唯一一家。速尔品牌的信息技术系统由三部分组成:中心版本、站点管理系统版本、APP 版本。将根据网点和客户的个性化需求提供各种信息延伸服务,比如开发大客户接口,为全国网点搭建 4001589888 服务专线等产品和服务。旨在提升网点市场竞争力的同时加强总部对网点的高效管控能力。

(五)规范化的管控体系

已建立合理优化的内部组织架构,九大职能部门实力雄厚,对分公司实行垂直管理。形成了规范的作业流程,现场建立严格的质量监管防线。企业内部实现了无纸化办公,资金总部集中支付,财务管理方面风险很小。全国转运中心一线员工全部实行了绩效考核,自 2013 年推行以来,在编制控制和稳定员工方面效果显著。

(六)营运、网络系统

1. 自主航空。速尔快递投资母体——友和道通集团于 2011 年 1 月获得中国民用航空局颁发的《航空承运人运行合格证》,主营国际、国内航空货运和相关配套服务,成为中国第一家通过 4 架波音 B747-200 大型远程全货机、7 架空客 A300 短程飞机运营国际、国内航线的民营航空公司。

2. 陆运车队。全部采用瑞典沃尔沃厢式挂车承运,全程 GPS 定位,保障快件时效和安全。

3. 网络系统。发展方针:“立足华南、发展华东、拓展华北,、振兴华中、托起西南”。

全国各大中城市拥有 60 多个货物转运中心和 2000 多个专业的配送网点(包括西藏拉萨等偏远地区),上万辆省际干线、支线运输车辆,百万吨年吞吐能力。全国地市级以上城市和发达地区县级以上城市,基本实现了派送无盲区,形成了完善、流畅的快件收派业务体系。

(七)转运中心

速尔快递全国拥有 60 多个货物转运中心。

无锡空港物流园:2014 年 12 月 23 日正式开工建设,总占地面积达 62000 平方米,投资人民币 5 亿元,建成后将成为江苏无锡空港产业园内规模最大、设施最齐全的园区之一。

上海转运中心:2012 年 5 月 13 日正式落成,集办公、操作于一体,占地面积达到 100 亩。

烟台物流园:2011 年 5 月正式落成,总投资 1000 万美元。园区位于烟台开发区保税港区内,占地面积 70 亩,建筑面积 24000 余平方米。

武汉转运中心:2012 年 9 月建设完成,占地面积 10000 平方米。

杭州海宁中心:2013 年 10 月乔迁新址,占地面积 70 亩,建筑面积达 32500 平方米。

虎门转运中心:2009 年虎门操作中心 A 仓落成,占地面织 2 万多平方米;2012 年虎门操作中心 B 仓落成,占地面积 5000 多平方米。

二、业务发展

为最大限度满足不同客户日益增长的时效和服务需求,总部建立现代化的数字营运中心,培育优秀的产品研发团队,通过航空口岸与战略性陆运枢纽的无缝衔接,不断优化当日达、次晨达、次日达、隔日达、定时达产品。同时提供代收货款、签单返回增值服务。

为提高产品核心竞争力和服务能力,友和道通集团通过自主航空资源为速尔快递品牌注入了新的活力。集团先后引进波音 747 远程飞机四架,开拓速尔快递跨境业务。同时引进空客 A300 七架,执飞国内重要航空口岸,为进一步做大、做强当日达、次晨达、次日达产品奠定了坚实的基础。

速尔快递倾心塑造企业诚信文化体系建设,坚持“共创、共赢、共享”理念,让合作伙伴与企业实现同成长、共发展。

内诚于心、外信于人。未来,速尔快递将继续与诚信同行,通过培育优秀的人才管理团队,不断强化信息技术建设,以服务质量为核心,以产品研发为根本,为缔造高效、便捷的美好生活不懈努力。

广东龙邦物流有限公司

广东龙邦物流有限公司(以下简称“龙邦物流”)成立于2002年,注册资金1000万人民币,是一家经政府批准的、合法经营的民营快递企业。公司在虎门设立了网络管理中心,公司网址:www.lbex.com.cn,服务热线:0769-85249999。

一、基本情况

龙邦物流现有员工5000余人(含加盟网点),拥有货运卡车1000余辆,广东省现有加盟网点300多个,珠三角地区覆盖到村镇无盲区派送,全省县级城市无盲区覆盖。虎门中心分拨操作场面积20000平方米,配备先进流水线装置,日处理快件能力20万件以上。目前,广东省每日中转分拨总量达15万件,1500多吨。

龙邦物流经历13年多的发展,注重科技信息化建设。应用K8系统,实现“客户收货、配载运输、门到门、签收上传”等全程跟踪服务,各业务环节全部电脑化操作。龙邦物流设有呼叫中心,通过K8系统和内部IMO联络平台处理每日快件查询、信息跟踪等客户服务,实现了收件调度、快件查询、问题件处理、服务质量监控、网点事务管理等全方位多功能服务。

龙邦物流通过拥有自主知识产权的物流信息系统,将货物在途管理、车辆管理、客户信息交互平台、在线跟踪等功能进行整合,运用PDA条码扫描技术对所有进出港货物进行电子数据管理,利用GPS全球定位系统对运输车辆进行24小时全方位跟踪,货物在途信息实时掌握,为客户提供全方位、高品质的综合物流服务。

二、业务发展

多年来,龙邦物流以现代物流理念为客户提供贴近市场、贴近需求的高标准物流服务,以专业动作保证货物的安全仓储和快递流通,遵循严格的质量标准,将“快递路由最优、收派时效最短、货物转运最安全、快递物流成本最低”作为服务目标,形成了具有龙邦物流特色的4H服务体系(高品质、高速度、高效率、高满意度),赢得了众多企业的信赖。

龙邦物流凭借多年的诚信服务和专业服务能力,目前拥有企业客户15万余家,客户群体遍及电子产品、医药产业、高科技IT产业、货代产业、贸易公司、电子商务、进出口制造等多个领域,并成为京东商城、天猫商城、1号店等电子商务企业的指定服务商。

龙邦物流推出时效件、代收货款业务、广东至全国快运业务等,整合相关航空资源,开发航空业务,挖掘客户需求,推出次晨达、次日达等不同产品,满足不同客户的期许。龙邦物流推广业务员手持终端,提升快件派送整体时效,完善客户服务体验。

龙邦物流自2002年成立以来,以“多元化智能物流第一品牌”为企业愿景,将互联网信息技术和传统物流服务相结合,创导科技化、现代化、信息化的物流新模式,为广大客户提供国内标准化快递、COD配送、仓储管理服务,始终以科学、规范、永续的方式开展各项业务,成为具有长久稳定发展前景、可持续竞争力的快递企业和物流品牌,打造行业最值得信赖的创富与事业平台。

三、品牌建设

(一)企业愿景

打造基于互联网技术的物流网络平台,打造多元化智能物流第一品牌。

(二)企业使命

创导一站式、多元化智能物流新模式,创造快捷、轻松、简单的生活体验。

（三）企业核心价值观

学习、超越、创造、共享。

（四）4H 服务体系

高品质（high-quality）、高速度（high-speed）、高效率（high-efficiency）、高满意度（high-satisfaction）。

（五）品牌传播理念

更安全、更快捷、更准确。

四、人才建设

龙邦物流引入现代化的运营管理模式，聚集了一大批优秀的物流行业精英，为专业的管理人才、技术人才提供广阔的发展机会。具体主要表现在以下几个方面：

（一）坚持“德才兼备，主动创新，用人唯贤”的原则

构建引进与培养相结合的人才机制，在选人、育人、用人、留人等方面不拘一格，形式多样。在选人方面，从学历、考核以及遵守公司规章制度的角度通过测评进行人才选拔；在育人方面，实行接班人制度，要求接班人随相关负责人参加常规会议、拜访客户、参与重大决策；在用人方面，坚持“适才适岗，为员工提供没有天花板的舞台，每个人都有成长的机会”的用人之道；在留人方面，一是待遇留人，如工资、福利、休假等；二是精神留人，如开展优秀员工评选、文体活动拓展等。

（二）完善培训机制，开展业务评比，充分调动员工的积极性与创造性

设立岗前培训、岗位轮调、专职培训、拓展训练等，特别是在业务素质的培训上，按照工种岗位不同，轻重缓急不同，以及员工掌握工作标准、业务素质程度不同等，区别不同情况，从实际出发，采取灵活多样的形式，开展各工种、各岗位的业务技能培训、业务技能比武等，同时积极参加邮政管理局组织的快递业务员职业技能考试。

（三）加强教育引导，增强奉献意识，完善激励措施

深化龙邦物流企业文化宣传，经常不断围绕员工思想状况开展调研，研究分析，有针对性地深入开展主题教育。如通过企业发展前景、员工福利教育，引导员工与企业同心同德，共创未来；通过理想、奉献教育，引导教育职工，只有依靠“立足岗位奉献，促进企业发展”才能实现人生价值，回报社会。

重视培养、选拔和重用各层级、各岗位的优秀人员，不仅要培养吃苦耐劳、拼搏进取的模范，更要培养具有思想观念新、业务水平高，具有知识型、创新型特色的新时代员工。

敢于启用新人，应用新人，从基层岗位选拔出优秀的年轻人，建设有闯劲、有思想、有能力的管理队伍，成为龙邦物流发展的有力保障。

五、发展模式

灵活采取“中心直营 + 地市区加盟 + 代理合作”的模式，整合行业内优质资源，快速壮大。与加盟商在互惠互利的前提下，深入市场，精耕细作，持续挖掘市场潜力，打造和发挥品牌影响力。

在融合电商、企业物流、同城商务快递、落地配等市场优势的基础上，确立独具龙邦物流特色的服务产品体系，为客户提供仓、运、配一体化物流服务，逐步赢得广大客户的认可和信赖，在物流服务领域拥有越来越多的市场份额，发挥主流企业的正能量作用，带给客户更贴心的服务体验。

六、成长历程

2002 年 10 月，广东龙邦物流有限公司正式成立；

2008 年 5 月，在东莞市支援 5.12 汶川大地震抗震救灾捐赠活动中，弘扬“一方有难，八方支援”的民族精神，情系灾区，奉献爱心，慷慨解囊，积极

捐款捐物；

2009 年 12 月，龙邦物流获颁《快递服务标准》达标企业；

2010 年 1 月，龙邦物流获颁《快递业务经营许可证》；

2010 年 1 月，龙邦物流成为广东省快递行业协会理事成员；

2010 年 12 月，龙邦物流被评为“中国区域性民营快递前十强企业”；

2010 年 12 月，龙邦物流董事长李军庆荣获“2010 年度中国区域性民营快递十大杰出 CEO”。

加运美速递服务有限公司

2005 年 5 月,加运美速递服务有限公司(以下简称“加运美”)在广东省东莞市虎门成立,是一家经工商认证,具有快递经营许可证的民营企业,主要从事广东省内及港澳台地区的包裹、货物速递服务,是一家区域性的快递网络公司。公司总部设在广东省东莞市虎门镇,总部占地面积 15000 多平方米,拥有东莞和广州 2 个分拨处理中心,共有加盟网点 248 个、干线运输车辆 120 多台、整个网络快递从业人员 4000 多名。2010 年 5 月,加运美在虎门召开品牌升级发布会,正式拉开了重组序幕。

目前,加运美拥有一整套先进的快件运转管理系统,覆盖广东省及港澳台地区的运营网络,强大的车辆资源,最高效的实时分拨,全面实现点、线、面的合理统一和同步协作,使快件周转时效一直处于在本区域行业中领先地位,在使用安全、快速的箱式货车保证安全运输的同时,还采用 GPS 全球定位系统,并对所有干线车辆安装上高清摄影装置,随时跟踪车辆运行位置,可随时查询快件的中转状态,PDA 货物标签扫描,使卸车、入库、装车、翻货的流程更加清晰快捷。

加运美的网管体系及网点加盟流程,网点规划建设,提升网点揽件、派件质量为一体,可有效保证快件派送最后一公里的服务质量,实现快件全网、全程管控。当前,加运美已经全面覆盖了广东省及港澳台地区的所有村镇。

加运美的行政、员工、采购、信息、客服、企划等职能管理部门,为运营和网管体系的正常运转保驾护航,并采用在线客服查询、电话客服查询、手机 APP 查询等,让客户可以随时随地进行快件咨询、投诉、查询、下单等。

2014 年,加运美共完成快件 1842 万件,代收货款 20 多亿元。

五年内,加运美服务有限公司将在广东省内陆续建成 5 个自动化分拨中心,运输车辆单线直发到每个镇的加盟网点。将向客户承诺:在整个网络中“中午发件,下午必到;下午发件,次日上午必到”。

加运美服务有限公司将继续秉承“天道酬勤”的发展理念和“客户就是上帝”的服务宗旨,扎根广东省,面向全国,走向世界。

平安达腾飞快递有限公司

平安达腾飞快递有限公司(以下简称“平安达腾飞快递”)成立于2002年11月01日,是一家集上门取件、运输、中转、仓储配送、快递快运、整车零担和信息服务于一体的现代化综合性物流企业。

一、基础建设

经过十多年的努力,服务网络现已覆盖港、澳、台、珠三角及国内部分大、中城市,并且业务区及网络正在飞速拓展。总公司处于珠三角物流分拨中心——东莞市虎门区,另在香港、广东省各大城市成立了1个一级、12个二级分拨中心和500多个完善的快递运输网络分公司。

公司的发展一直以客户需求为宗旨,实现了全方位的电脑化管理,以国际ISO质量标准体系为准则,在内部管理中贯彻团结、拼搏、求实、创新的企业文化。平安达腾飞快递拥有一支经过严格培训,有着丰富的快递业务知识和实际操作经验的团队,加上完善的快递运输网络,秉承诚信、务实、开拓、勤勉的理念,为广大客户提供专业和高品质的快递服务。

二、业务发展

平安达腾飞快递自2002年成立以来,始终专注于服务质量的提升,不断满足市场的需求,每年都投入巨资完善由公司统一管理的自有服务网络:从蜗居东莞,到立足珠三角,到覆盖珠三角全境无盲区,再到扩展至香港、台湾,澳门。

平安达腾飞快递成立以来,经过公司的不断努力,在2010年将公司的货场由原来的3000平方米扩大到目前一级、二级分拨场地总面积30000多平方米,现在每天的业务量可达到6万多票9万多件。平安达腾飞快递在财务方面已做到对冲后当天将货款返还给站点,站点在2天内将货款返还给客户,每天经过公司的货款量超1800万元。其中在广东省手表配件行业中,公司收件量占比达70%,并且很少出现内损以及遗失,得到了邮政管理部门和广大客户的认可。

三、未来规划

平安达腾飞快递经过十多年的风风雨雨,已奠定了很结实的基础。公司最主要是立足广东省,稳步拓展全国网的宗旨。未来的计划方针是:在广东省内实现所有县级以上城区的地方没有盲区,全省能到的地方开通代收货款业务,同时在现有的快递网络中分出一个物流网络专线,实行大货分流,提高时效。公司的产品结构正在从过去手表配件业已扩大到汽车配件,从汽车配件扩大到轮胎业及服装业。2015年,公司目标是连锁产业要占现有件量的50%以上,完成目标后,公司在原有基础上再向华东、华北发展。

第七篇　各地纵览

北京市快递市场发展及管理情况

一、快递市场总体发展情况

2014，在国家邮政局和北京市委、市政府的正确领导下，北京市邮政管理局统筹保安全、提质量、稳增长、促改革，坚持“全局一盘棋、工作一体化”的核心理念，着力优化行业发展环境，全力保障APEC会议、新中国成立65周年等重大活动期间首都邮政行业安全稳定，推动两个“全国首创”落地实施，有效构建了“以安全促发展，以规范提服务”的北京法治邮政监管体系。

2014年全市快递企业业务量累计完成111011.9万件，同比增长35.7%。其中，同城34005.9万件，同比增长59.1%；异地75754.9万件，同比增长27.5%；国际及港澳台1251.1万件，同比增长22.8%。同城、异地、国际及港澳台快递业务量分别占全部快递业务量的30.6%、68.2%和1.1%。快递企业业务收入累计达到1476107.9万元，同比增长57.4%。其中，同城294527.5万元，同比增长95.2%；异地799459.2万元，同比增长42.2%；国际及港澳台235183.7万元，同比增长63.6%；其他146937.5万元，同比增长80.9%。同城、异地、国际及港澳台快递业务收入分别占全部快递收入的19.95%、54.16%和15.93%。与2013年同期相比，同城快递业务收入的比重上升了3.87个百分点，异地快递业务收入的比重下降了5.77个百分点，国际及港澳台业务快递收入的比重上升了0.61个百分点(表7-1、表7-2)。

表7-1　2014年北京市快递企业业务量情况

2014年累计(万件)	同比增长(%)	同城累计(万件)	同比增长(%)	异地累计(万件)	同比增长(%)	国际及港澳台累计(万件)	同比增长(%)
111011.9	35.7	34005.9	59.1	75754.9	27.5	1251.1	22.8

表7-2　2014年北京市快递企业业务收入情况

2014年累计(万元)	同比增长(%)	同城累计(万元)	同比增长(%)	异地累计(万元)	同比增长(%)	国际及港澳台累计(万元)	同比增长(%)	其他收入累计(万元)	同比增长(%)
1476107.9	57.4	294527.5	95.2	799459.2	42.2	235183.7	63.6	146937.5	80.9

2014年，北京市邮政管理局共对66家申请企业做出准予许可决定，对12家企业做出不予许可决定，办理快递企业分支机构备案122次，办理许可证变更77次，依法注销4家企业的快递业务经营许可证。受国家邮政局委托核查快递企业29家。审核通过年度报告343家。

二、行业管理工作及主要成效

持续优化行业发展环境。北京市邮政管理局推动出台《北京市快递安全管理办法》，这一全国首个针对快递安全的地方政府规章为首都邮政行业寄递渠道安全监管提供了有力抓手。组织开展北京邮政业“十三五”规划预研中关于《与首都地位相适应的现代邮政业》《快递服务转型升级》等课题研究。研究出台《规划工作指导意见》，指导各派出机构做好行业规划与所属区县经济社会发展规划的衔接工作。

抓好重大活动期间行业安全服务保障工作。 2014年APEC会议、新中国成立65周年庆典、十八届四中全会等多项重大活动在北京举行。特别是APEC会议与“双11”高峰时间叠加，行业运行面临前所未有的挑战。北京市邮政管理局主动应对，层层动员，从组织领导、责任分工、安全巡检、服务督导、应急值守、联动机制等六个方面提出20项强化措施。

在北京市邮政管理局的督促指导下，各快递企业结合实际，采取了行之有效的措施妥善应对业务高峰。2014年“双11”期间(11月8日至19日)全市15家规模以上快递企业收件量4300万件，派送量3580万件，11月11日单日峰值达到近1500万件，同比增长40%。为做好APEC会议的邮政专项服务工作，北京市邮政管理局会同市公安局、市国家安全局联合印发《2014年APEC期间会场及代表工作人员住地寄递渠道安全工作方案》，组织召开APEC专项邮政服务工作协调会，部署了APEC会议邮政专项服务与快件统一归口代投工作。中共中央政治局委员、中央书记处书记、中宣部部长刘奇葆和北京市市长王安顺先后到驻会临时邮局视察，对邮政企业各项服务工作给予充分肯定。国家邮政局领导和北京市政府张延昆副市长对北京邮政行业在APEC会议期间做出的安全服务保障成绩给予充分肯定，北京市邮政管理局在全国邮政管理系统工作会上做经验介绍。

圆满完成快递进校园、新能源车更新等重点任务。 北京市邮政管理局携手北京市教委建立联合工作机制，深入高校实地调研，持续推动快递进校园工作，与市教委、市商委组织召开高校快递服务试点经验推广会，进一步推动北京地区打造“服务规范化、流程标准化、企业特色化”的校园快递服务；克服新能源车更新工作协调部门多、配套方案落实难等困难，争取资金补贴和充电设施配备政策，与邮政企业磋商制定邮政电动汽车更换计划和充电桩设施布局方案，保证了新能源汽车更新工作顺利启动；在北京市城市环境综合整治年，加大力度整顿市民举报企业露天分拣作业、非法占道经营等问题，全年处置举报核查28起，向相关快递企业总部通报19起；认真配合市政府交通秩序清理整顿工作开展快递电动三轮车问题研究，研究制定《北京市快递行业电动三轮车替换工作方案》，为保障快递企业运营秩序争取有利发展环境。

创新监管模式，筑牢行业安全监管基石。 北京市邮政管理局以多种形式开展多频次、高密度的行业安全检查工作，先后组织全市收寄验视执行情况、快件时限测试、快递企业快件安检落实情况、化学品收寄情况等13项专项检查，指导各派出机构与辖区公安部门建立联合检查机制；开发建设《邮政业基础信息地理管理系统》《邮政市场监管信息系统》《邮政业安全监管信息系统平台》和《邮政业舆情监测系统》等信息化项目，努力打造基础信息空间化管理、行政执法流程化管理、行业动态视频化监控、行业舆情快速响应的应用体系；制定邮政业突发事件应急预案，组织邮政快递企业开展反恐演练，有效处置了北京中通大盈物流有限公司下属企业违规收寄危险化学品、北京国通快递公司发现疑似炮弹、汇强公司资金链断裂造成快件积压等近20起安全突发事件。

履职能力明显增强。 北京市邮政管理局开展规范清理快递企业经营范围活动，申通、圆通、韵达、汇通、天天、中通等6家快递企业的直营网络已覆盖全市。充实申诉中心力量，全年全市邮政业消费者申诉中心共受理消费者申诉5.3万件，比去年同期增加2.8万件，其中有效申诉2.06万件，与上年同期相比增加5274件，均得到及时妥善处理。市、区两级全年共检查邮政快递企业及其分支机构2000余次,出检人数超过4000人次,约谈快递企业51家,发出《责令改正通知书》165份,实施行政处罚35起,共计罚款7.9万元,停业整顿快递企业3家,吊销快递许可证1个。圆满完成行业统计专项调查工作,全市统计调查对象达到777家,新增147家。制定《北京市邮政行业统计工作月度考核办法》,推动提升全局统计工作水平,北京市邮政管理局在各省局月度考核中连续排名第一位。

三、各派出机构主要管理工作概况

东区局完成北京市邮政业“十二五”规划在东城、朝阳、通州的落地衔接以及“十三五”规划预研。开发“寄递渠道安全监管移动终端系统”并投入使用,基本实现了执法程序规范化、调查取证图像化、文书打印现场化、法律法规调阅和企业信息查询实时化。

南区局完成《新机场快递园区专项规划》编制,启动《新机场快递园区布局规划》编制工作。自主研发的行业监管信息系统计算机应用软件可实现市场监管信息的动态管理和跟踪,为提升安全监管效能起到了良好的辅助作用。

天竺局完成北京天竺快递园区建设方案提请顺义区政府研究。

天津市快递市场发展及管理情况

一、快递市场总体发展情况

2014年,是天津市邮政业发展的重要一年,中央和天津市委市政府高度重视邮政工作,国务院总理李克强指出快递业是中国经济的一匹“黑马”,市委代理书记、市长黄兴国、副市长孙文魁对邮政业改革发展多次做出重要批示。全系统认真学习贯彻9.24国务院常务会议精神,根据国家邮政局、市委市政府的决策部署,紧紧抓住京津冀协同发展战略机遇期,围绕全局重点工作,坚持安全为基,发展为要,服务为上,以改革促发展,以发展惠民生,推动快递物流园区建设,推进快递与电子商务协同发展,推广邮政业综合服务平台建设,融入地方经济社会发展,各项工作稳步推进,保持了持续快速发展的良好态势。

2014年,全市快递企业业务量累计完成12404.2万件,同比增长42.3%。其中,同城3217.6万件,同比增长33.7%;异地8968.0万件,同比增长46.2%;国际及港澳台业务量累计完成218.6万件,同比增长22.0%。快递企业业务收入累计达到250712.6万元,同比增长41.1%。其中,同城28249.9万元,同比增长33.3%;异地145794.5万元,同比增长32.0%;国际及港澳台40700.1万元,同比增长15.0%;其他35968.1万元,同比增长239.2%(表7-3、表7-4)。

表7-3　2014年天津市快递企业业务量情况

2014年累计(万件)	同比增长(%)	同城累计(万件)	同比增长(%)	异地累计(万件)	同比增长(%)	国际及港澳台累计(万件)	同比增长(%)
12404.2	42.3	3217.6	33.7	8968.0	46.2	218.6	22.0

表7-4　2014年天津市快递企业业务收入情况

2014年累计(万元)	同比增长(%)	同城累计(万元)	同比增长(%)	异地累计(万元)	同比增长(%)	国际及港澳台累计(万元)	同比增长(%)	其他收入累计(万元)	同比增长(%)
250712.6	41.1	28249.9	33.3	145794.5	32.0	40700.1	15.0	35968.1	239.2

全市邮政业消费者申诉中心共受理消费者申诉4864件，为用户挽回直接经济损失28.5万元，申诉处理满意率达到93.7%。全年开展快递业务员职业技能鉴定2339人次，超额完成全年鉴定计划。

二、行业管理工作及主要成效

行业发展环境进一步优化。2014年10月，财政部、商务部、国家邮政局联合发文，决定在天津等5个城市开展电子商务与物流快递协同发展试点。作为首批试点城市，天津可获得国家5000万元专项资金支持。天津市邮政管理局认真贯彻市政府《关于促进快递服务业发展的意见》，智能快件箱推广安装取得新突破，在市政协、市纪委、市商务委、市交通运输委等6个政府机关安装，受到政府部门的肯定。牵头起草《天津市邮政业综合服务平台建设推广实施方案》并征求相关部门意见。指导各快递企业加大"快递下乡"力度，EMS、顺丰、韵达等14家快递企业在天津市乡镇实现网络全覆盖。中通、韵达等企业区域分拨中心已在空港开工建设。EMS在东疆港试点跨境电子商务贸易，取得初步进展。与武清区政府签订战略合作框架协议，进一步推进武清电子商务快递物流园建设。起草《天津市快递服务与网络零售协同发展指导意见》和《跨境电子商务快递企业管理办法》。完成快递行业诚信服务网、电商与快递企业信息对接公共服务平台方案。认真落实《天津市新能源汽车推广应用实施方案》，积极在邮政快递领域推广应用新能源汽车，争取车辆通行便利政策。天津市邮政快递企业共意向认购新能源汽车1200余辆，协议认购300余辆，到货并上路运行近120辆。

提前预研规划立法工作。天津市政府法制办、市人大法工委、财经委听取天津市邮政管理局立法进展汇报，同意将《天津市邮政条例》变更为《天津市快递条例》。天津市邮政管理局开展立法调研论证，完善《天津市快递条例》草稿，形成调研报告。制定市邮政业发展"十三五"规划编制工作方案，成立规划编制领导小组。主动与市发改委进行沟通协调，将《天津市邮政业发展"十三五"规划》列为市重点专项规划。提前完成邮政行业第一次统计专项调查工作。《天津市快递物流园区规划》作为专项规划纳入市2014年度城乡规划编制计划，该规划是全国邮政管理系统首个纳入省级地方政府的快递物流园区专项规划。组织天津邮政行政执法专业考试。建立行政处罚案件审核制度。全面梳理执法依据，明确"权力清单"。

逐步推进行业改革。天津市邮政管理局建立快递业务经营许可"绿色通道"制度，优化许可流程，实行形式审查与实地审查相结合，许可变更及备案平均用时明显缩短，位于全国前列。全年共发放经营快递业务许可证75件。天津市邮政业"营改增"工作实现平稳转换。

紧抓行业安全生产。天津市邮政管理局会同市快递协会制作以收寄验视制度为主要内容的邮政行业安全生产培训宣传片，建立完善安全监管工作长效机制。印发快递企业突发事件应急预案示范样本，指导快递企业做好突发事件应急处置工作。圆满完成北京APEC会议、天津夏季达沃斯论坛、南京青奥会等重大活动期间寄递服务和安全保障工作。与电信运营商合作建设手机视频实时监控系统，实现实时监控快递企业分拣中心、快递网点，提升安全监管信息化水平。全年共举办安全专项培训班6次，培训快递从业人员1000余人次，发放寄递安全培训材料2300余份。

持续提升快递服务设施能力。2014年，天津改扩建快件分拨处理中心10万余平方米，新增车辆1700余台、从业人员4000余人。在市领导的直接关心下，推动市公安交管部门将快递机动车辆纳入邮政专用车辆范畴，全年共为邮政快递车辆核发专用通行证2087张，一定程度上缓解货车市内禁行以及尾号限行对快递派送不利的问题。在市交通运输委的大力支持下，优化了快递车辆办理道路运营手续。积极与院校、物业、超市及专业第三方合作，全年投入使用智能快件箱600余组，有效格口超过1.8万个，末端能力建设明显改善。

冷链快递模式在多个企业开始运行。

不断强化邮政市场监管力度。天津市邮政管理局认真开展规范和清理快递企业无证经营、超范围经营专项行动，组织开展天津市快递企业网点规范管理工作。通过前期调查摸底，全面掌握我市快递企业网点数量、取得资质等情况。采取多种举措，保障快递旺季服务工作。召开规模以上快递企业旺季服务工作座谈会和快递业务旺季服务保障动员部署会，制定快递业务旺季保障工作方案，天津市邮政管理局领导亲赴生产一线，督导各企业做好旺季服务保障和安全生产工作。

推动快递"向下""向外"工程成效显现。天津市邮政管理局推进快递在农村地区网络覆盖，农村快递市场发展迅猛，全市农村地区快递包裹量近1800万件，占全年快递包裹量约15%。积极创新传统流通渠道，农民享受到了便捷顺畅的电商快递服务，邮政业在助力广大农民利用网络打开市场、增加收入等方面效果明显。快递助推电子商务成效突出，支撑全年天津市网购交易额突破300亿元，占社会消费品零售总额比重超过6%。

三、各派出机构主要管理工作概况

和平邮政管理局圆满完成对辖区快递网点的全国第一次专项数据统计普查工作。完成对群众投诉大洋快递，申通快递，天天快递等几家快递网点的处理工作，以及协助解决微特派，国通两家公司快件被扣留的纠纷工作。对41家申请经营快递业务的许可证企业进行实地核查工作。

武清邮政管理局在2014上半年，促成了天津局与天津地方政府签订的第一份战略合作框架协议。对绫志、亚马逊、唯品会、阿里巴巴等电商企业多方走访调研，积极促成电商企业自办配送体系，纳入快递物流管理范围。

静海邮政管理局认真开展快递业务经营许可实地核查和年度报告审核工作，完成30家快递企业经营许可实地核查、37家快递企业年度报告实地核查工作；针对新能源汽车产能不足等问题及时向辖区区县政府争取治理缓冲期，会同各区县政府制定《静海县邮政快递企业机动三轮车综合治理实施方案》和《西青区邮政快递企业机动三轮车综合治理实施方案》。此项工作得到静海县、西青区政府的认可，并获得静海县政府拨付的快递企业机动三轮车改造专项资金5万元，解决了辖区邮政快递车辆通行难题。

滨海邮政管理局积极配合推动空港经济区航空快递物流园区和东疆港跨境快递物流园区规划建设。利用行业资源优势，协助引进11家全国联网快递企业，总投资超过30亿元。与成都我来啦网格信息技术有限公司和天津慧科电子有限公司开展合作，在机关办公楼、商务写字楼、高校园区、居民小区，大力协调推广应用。采取"夜校"的形式，分区域对辖区所有快递企业负责人和从业人员进行了八期培训考核，共培训近千余人次。对揭发违法收寄危险化学品的行为实行建立奖励机制。并与辖区129家邮政快递企业签订了《严禁收寄危险化学品保证书》。滨海局还与区政府、公安交管部门紧密联系，制定《滨海新区邮政快递投递车辆规范管理方案》，对辖区邮政快递投递三轮车实行统一车型、统一标识、持证通行，受到快递企业的一致好评。

河北省快递市场发展及管理情况

一、快递行业总体发展情况

2014年，河北省快递业务快速增长，全省快递企业业务量累计完成34019.1万件，排名由全国第10位提升到第9位，同比增长63.9%，位居全国第四。其中,同城4096.8万件,同比增长60.4%;异地29774.5万件,同比增长64.8%;国际及港澳台147.8万件,同比增长14.0%。同城、异地、国际及港澳台快递业务量分别占全部快递业务量的12.04%、87.53%和0.43%。与去年同期相比,同城快递业务量的比重下降0.26个百分点,异地快递业务量的比重上升0.46个百分点,国际及港澳台业务量的比重下降了0.19个百分点。

快递企业业务收入累计达到410725.8万元,同比增长42.2%。其中,同城32147.8万元,同比增长52.1%;异地328625.7万元,同比增长41.4%;国际及港澳台20138.7万元,同比增长6.0%。其他29813.6万元,同比增长83.4%。同城、异地、国际及港澳台快递业务收入分别占全部快递收入的7.83%、80.01%和4.90%(表7-5、表7-6)。

表7-5 2014年河北省快递企业业务量情况

2014年累计(万件)	同比增长(%)	同城累计(万件)	同比增长(%)	异地累计(万件)	同比增长(%)	国际及港澳台累计(万件)	同比增长(%)
34019.1	63.9	4096.8	60.4	29774.5	64.8	147.8	14.0

表7-6 2014年河北省快递企业业务收入情况

2014年累计(万元)	同比增长(%)	同城累计(万元)	同比增长(%)	异地累计(万元)	同比增长(%)	国际及港澳台累计(万元)	同比增长(%)	其他收入累计(万元)	同比增长(%)
410725.8	42.2	32147.8	52.1	328625.7	41.4	20138.7	6.0	29813.6	83.4

与2013年同期相比,同城快递业务收入的比重上升0.51个百分点,异地快递业务收入的比重下降了0.46个百分点,国际及港澳台业务收入的比重下降了1.67个百分点。石家庄、保定、廊坊快递业务量进入全国城市前50名。顺利完成"双11""双12"等旺季快递服务保障工作,全省未出现暴仓、积压事件。推进快递下乡工程成效明显。全省主要企业末端网点已达4468家,其中乡镇及以下网点达到2362家,占比达到52.9%。县级及以下网点的业务量、业务收入占比分别达到43.2%、41.7%。

截至2014年底,河北省新增企业及分支机构1041家,是2013年底企业总量的1.27倍。参加职鉴考试的快递员近6000名,列全国第六位。全年全省邮政业消费者申诉中心共受理消费者申诉19367件,处理有效申诉6133件,为消费者挽回经济损失35.97万元,消费者满意率95.3%,同比上升1.9个百分点。

二、行业管理工作及主要成效

发展环境进一步优化。河北省省长张庆伟在"两会"期间听取邮政业发展情况汇报,给予充分肯定,并作出重要指示。分管省领导5次听取汇报,对行业发展表示肯定支持,并帮助协调解决重点难点问题。河北省邮政管理局新加入了省委农村工作领导小组,参与了对先进县(市)工作评比考核。积极融入京津冀协同发展战略,在京冀"6+1"合作中,被省政府列为"共同推进物流业协同发展""交通一体化合作备忘录"责任单位;在津冀"4+1"合作中,被列为"共同推进邮政快递业健康发展"主办单位。河北省邮政管理局与交通厅联合印发了交邮合作发展实施意见。配合省人大完成《河北省邮政条例》修订工作,与部委规章修订内容实现衔接。启动了全省邮政行业"十三五"规划编制工作。河北省快递行业协会被评为5A级社会组织。

安全监管不断加强。河北省委省政府对寄递渠道安全高度重视,督促督办。河北省邮政管理局向省委领导专题书面报告,多次与省政法委、省暑办、省维稳办进行汇报沟通,与安全相关部门反复协调。成立了河北省邮政管理局安全监管工作领导小组,印发了《加强行业安全监管工作实施方案》,与各企业签订了安全生产责任状。顺利完成北戴河暑期邮路安保工作。两次启动应急预案,迅速处置突发事件。完成了元旦、春节、“两会”、APEC会议、“双11”服务旺季等重要时期寄递渠道安全保障工作。对全省220余名企业法人代表进行了安全知识培训。9家重点品牌企业监控视频接入省局。全年没有出现一起较大的责任性安全事故和服务热点事件。

行政执法全面强化。河北省邮政管理局建立了执法办案情况通报制度，按季度印发全省执法通报，并把执法办案情况作为对市邮政管理局工作的考核内容。省市开展了多层次执法培训，共举办了8期培训。建立完善快递市场主体退出机制，依法注销双通、畅速、远见等3家企业经营许可资质。开展了为期1个月落实收寄验视制度和40天的寄递渠道安全专项整治行动。全年开展市场执法检查2922次，下发整改通知书435份，办结行政处罚案件121个，罚款77.6万元，市场秩序得到明显净化和规范。通过坚决执法，实现了执法常态化，锻炼了队伍，规范了市场，树立了监管权威。

职能转变步伐加快。河北省邮政管理局编制了行政权力清单，对许可审批事项进行清理。成立行政服务中心，实行一个窗口受理全部审批备案事项，并实行受理与办理事权分开。制定了《快递业务经营许可证变更审核流程优化方案》，开通快递许可“绿色通道”。快递许可变更平均办理时间由上年的45天缩短为19天。组队走访了上海快递企业总部，积极推介京津冀协同发展和首都第二机场建设带给河北的发展契机，征求总部企业对河北邮政管理工作的意见建议。积极申报协调，将顺丰公司列入河北省服务业领军企业范围，享受相应政策支持。就顺丰货机落地石家庄，积极走访省发改委、省民航办和机场集团，帮助企业争取补贴资金。积极协调交管部门定期发放通行证，使企业黄牌车通行问题得到妥善解决。联合省交管部门印发了《关于重污染天气启动机动车限行措施期间给予快递车辆通行便利的通知》。

三、各市（地）主要管理工作概况

石家庄市被财政部、商务部、国家邮政局列为电子商务与物流快递协同发展试点城市。承德、秦皇岛、唐山、沧州就交邮合作印发了文件。各市对邮政业重视程度明显提高。市领导作出肯定性批示34次，开展邮政业调研16次。其中邢台、廊坊市领导批示均达5次，承德、衡水市委书记调研邮政工作。各市全年共印发37个文件支持邮政业发展。各市邮政管理局加入地方工作领导小组53个，与发改、公安、建设、工商、交管、新闻出版等部门联合开展行动32次。唐山、衡水、邯郸、张家口快递协会成立，市级快递协会达到7家。各市局积极开展企业安全知识培训，共培训企业负责人1100余人次。廊坊、承德局启用视频监控系统，对企业分拨中心现场实时监控。石家庄局把快递三轮车纳入民生车辆保障范围，实施“四统一”管理，妥善解决通行问题的做法，得到了国家邮政局局长马军胜批示肯定。各市借鉴石家庄的做法，较好解决了车辆通行问题。唐山、保定局作为申诉中心试点，共处理申诉1676件，消费者满意率达到97.8%。

山西省快递市场发展及管理情况

一、快递市场总体发展情况

2014年，山西省快递市场继续保持良好发展态势。全省快递企业业务量累计完成9130.4万件，同比增长2.9%。其中，同城653.3万件，同比增长13.4%；异地8461.6万件，同比增长2.2%；国际及港澳台15.5万件，同比增长9.4%。同城、异地、国际及港澳台业务量分别占全部业务量的7.16%、92.67%、0.17%。最高日处理量突破130

万件,创历史新高。快递企业业务收入累计达到103493.4万元,首次突破10亿元,同比增长50.6%。其中,同城5859.7万元,同比增长20.7%;异地75591.5万元,同比增长32.9%;国际及港澳台3376.2万元,同比增长7.2%;其他18666.1万元,同比增长386.0%。同城、异地、国际及港澳台和其他收入分别占全部快递业务收入的5.66%、73.04%、3.26%、18.04%(表7-7、表7-8)。

表7-7 2014年山西省快递企业业务量情况

2014年累计(万件)	同比增长(%)	同城累计(万件)	同比增长(%)	异地累计(万件)	同比增长(%)	国际及港澳台累计(万件)	同比增长(%)
9130.4	2.9	653.3	13.4	8461.6	2.2	15.5	9.4

表7-8 2014年山西省快递企业业务收入情况

2014年累计(万元)	同比增长(%)	同城累计(万元)	同比增长(%)	异地累计(万元)	同比增长(%)	国际及港澳台累计(万元)	同比增长(%)	其他收入累计(万元)	同比增长(%)
103493.4	50.6	5859.7	20.7	75591.5	32.9	3376.2	7.2	18666.1	386.0

全年全省邮政业消费者申诉中心共受理有效申诉2252件,为用户挽回经济损失21.6万元,消费者满意度为94.3%。全省许可备案企业达到916家,其中许可155家、备案761家。全年共组织快递业务员职业技能鉴定考试4批次,累计参加人员2291人,全省快递持证从业人员达6257人,占全部从业人员的28%。全省快递乡镇网点覆盖率达51%。

二、行业管理工作及主要成效

行业法律法规不断落实。山西省邮政管理局多次向省政府分管领导汇报工作,向省人大财经委、省政府法制办提交《山西省邮政条例》修改意见。与省人大开展条例贯彻落实情况执法调研,形成调研报告递交省政府,促使省政府督办地方政府和有关部门,就落实条例有关规定提出可行性意见。协调省发改委、省住建厅、省道路运输管理局,就落实条例中快递车辆通行等规定出台具体意见。省政府分管领导对省邮政管理工作和行业发展情况给予充分肯定。

行业发展得到广泛关注。山西省政府印发《山西省加快发展生产性服务业促进产业结构调整升级的实施方案》,将发展现代物流和电子商务列为重点内容,明确邮政管理部门为主要负责单位。快递业作为省政府重点督办落实项目每季度进行专项汇报。山西省邮政管理局成为全省跨境贸易电子商务发展联席会议成员单位。快递业首次纳入全省地方邮政志的编撰。顺丰、中通、天天等快递企业省级分拨中心先后扩建搬迁新址。

服务型政府建设持续加强。山西省邮政管理局出台《山西省邮政营业场所备案管理办法(暂行)》,企业办理行政审批手续得到极大方便。开展全省邮政行业首次统计专项调查,调查企业2550家,其中统计系统内743家,新增企业和营业网点数1807家。统计工作全国排名前列,被评为全省统计工作先进单位。积极促成了晋陕豫黄河金三角三省四市邮政业达成战略合作。

行业发展秩序不断规范。山西省邮政管理局规范和清理快递企业经营范围,完成太原韵达和圆通、吕梁韵达非法经营清理整顿工作,着力推进百世汇通、申通、天天等品牌直营化工作,并取得实质性成效。持续开展快递、邮政用品用具、集邮市场检查,“三个市场”共检查1069次,检查单位658个,下达行政处罚决定62份,处罚金额24.8万元。研究出台快递“三化”建设《指导意见》和《标准》,制定“三化”建设评定办法。在8月份召开了全省快递“三化”建设现场推进会,进一步加快了“三化”建设的步伐。协调规模以上快递企业召开座谈会,鼓励其加快向乡镇、农村布局网络、建设基础设施,提高网络覆盖率和稳定性,全省快递乡镇网点覆盖率由年初的8%提高到51%。

依法履职能力不断提升。9月份,山西省邮政管理局抽调市邮政管理局局相关人员组成四个检查组，分别对市局履行行业安全监管职责和企业落实安全生产主体责任情况进行检查。共检查邮政快递企业邮件（快件）处理中心 110 处，营业网点 154 处，对存在问题的企业下达整改通知，督促其尽快整改；对存在严重安全隐患的 10 家企业进行了处罚。行业安全责任意识得到提高，安全生产规章制度不断完善，安全隐患排查力度不断加大，通道式 X 光安检机等先进设备逐步应用。山西省邮政管理局被省政府评为安全生产先进单位。

行业人才队伍建设不断加强。山西省邮政管理局制定出台《教育培训管理办法》。采取专项培训、集中轮训、以会代培、执法交叉检查等多种方式，交流学习体会，共享学习成果。全年共组织各类大型培训 20 余次，参训人员达 400 余人次，全员百分百参加了培训。全省还选派人员参加了国家邮政局组织的各类培训。持续组织好快递职业技能鉴定工作；推进院企合作，加快相关专业或方向的设置，探索多元化人才培养模式；督促企业推行持证上岗，推动企业开展职业道德、安全知识等培训。快递协会组织的技能比武大赛成功举办。

三、各市（地）主要管理工作概况

各市邮政管理局积极向地方党委、人大、政府汇报工作，邀请人大代表及有关部门领导深入行业进行调研，并就快递物流园区建设、快递车辆进城等问题寻求解决途径，得到广泛支持。

太原局鼓励党员干部到企业中当学生，熟悉生产流程，明确监管重点，通过实践提高履职能力，收到良好效果。阳泉市委书记深入邮政快递企业实地解决问题并要求相关部门加强对邮政业的支持。临汾局组织辖区内省、市（区）人大代表赴快递企业实地调研，破解行业发展难点问题。朔州局探索新模式，联系社区发挥第三方作用打破快递进社区瓶颈；晋中局深入大学城，协调校方开辟专门场地解决快递进校园难题等做法，获得群众好评。运城局发动企业试点先行三化建设，高标准严要求，为全面推进起到了示范作用。晋城局采取有效措施引导企业积极下乡设点，全市快递乡镇网点覆盖率达 70%。大同局、吕梁局、长治局、忻州局联合消防部门在企业中开展消防应急演练，提高了企业突发事件应急处理能力。

内蒙古自治区快递市场发展及管理情况

一、快递市场总体发展情况

2014 年，内蒙古自治区邮政行业保持了平稳较快发展。全区快递企业业务量累计完成 4363.6 万件，同比增长 53.7%。其中，同城 430.2 万件，同比增长 69.4%；异地 3921.7 万件，同比增长52.3%；国际及港澳台 11.7 万件，同比增长 23.5%。同城、异地、国际及港澳台快递业务量分别占全部快递业务量的 9.86%、89.87% 和 0.27%。快递企业业务收入累计达到 103218.8 万元，同比增长 60.2%。其中，同城 5575.2 万元，同比增长 35.2%；异地 80669.9 万元，同比增长 46.7%；国际及港澳台 2105.8 万元，同比增长 2.4%；其他 14868.0 万元，同比增长 357.8%。同城、异地、国际及港澳台快递业务收入分别占全部快递收入的 5.4%、78.15% 和 2.04%。快递服务满意度稳步提升（表 7-9、表 7-10）。

表 7-9　2014 年内蒙古自治区快递企业业务量情况

2014 年累计（万件）	同比增长（%）	同城累计（万件）	同比增长（%）	异地累计（万件）	同比增长（%）	国际及港澳台累计（万件）	同比增长（%）
4363.6	53.7	430.2	69.4	3921.7	52.3	11.7	23.5

表 7-10 2014 年内蒙古自治区快递企业业务收入情况

2014 年累计（万元）	同比增长（%）	同城累计（万元）	同比增长（%）	异地累计（万元）	同比增长（%）	国际及港澳台累计（万元）	同比增长（%）	其他收入累计（万元）	同比增长（%）
103218.8	60.2	5575.2	35.2	80669.9	46.7	2105.8	2.4	14868.0	357.8

全年全区邮政业消费者申诉中心共受理有效申诉 1574 件，为消费者挽回经济损失 17.8 万元，邮政业消费者申诉处理满意率达到 97.5%，圆满完成了各项任务目标。截至 2014 年底，全区 641 个乡镇苏木中已有 223 个乡镇苏木设立了快递服务网点，快递网点覆盖率为 34.8%。

二、行业管理工作及主要成效

行业改革任务有效落实。内蒙古自治区邮政管理局建立快递业务经营许可“绿色通道”制度，优化许可备案流程，实行形式审查与实地核查相结合，许可变更及备案平均用时显著缩短。盟市邮政管理局专有职权和主要行使职权基本下放到位，实现了执法重心下沉。行业营改增工作顺利，新旧税制整体上实现了平稳转换，做到了“应纳尽纳、应改尽改”。

发展环境不断改善。内蒙古自治区邮政管理局大力推动邮政业发展政策出台。将“加强邮政系统服务‘三农三牧’综合平台建设”“加强农村牧区邮政基础设施建设”纳入自治区党委政府全面深化农村牧区改革加快推进农牧业现代化的实施意见中；在《自治区电子商务发展规划》和《加快电子商务发展若干政策规定》中写入加强快递基础设施建设和促进“快递下乡”等内容。经争取将“推动农村牧区快递基础设施建设和快递服务向苏木乡镇、嘎查村延伸，促进农村牧区邮政快递服务与电商协同发展。”写入自治区党委 2015 年 1 号文件。成立了领导小组和办公室，编制了自治区邮政业“十三五”规划编制方案，与自治区发改委等有关部门进行了沟通协调，就与自治区“十三五”规划提出初步衔接建议。举办“3·15”国际消费者权益日宣传活动。开展旺季生产宣传报道。充分利用报纸、网络、广播电视等媒体加强行业法律法规标准及行业发展形势宣传。推动企业加大分拣自动化设备等科技成果使用力度，扩容和升级改造查询系统、生产作业管理系统，生产效能不断提升。

设施建设持续加强。2014 年各快递企业改扩建处理中心 30 余处，增加作业场地 3 万多平方米、网运车辆 150 台以上，增加了快递专用货机线路和合作航线，新增从业人员 3000 余人。全区发放快递车辆通行证 1141 张。加大对企业在苏木乡镇、校园、社区、工业园区等设立末端服务网点的支持力度。积极与院校、物业、超市及专业第三方合作，探索智能快件箱建设有效途径。冷链快递服务稳步发展。

履职能力显著增强。内蒙古自治区邮政管理局下发了对盟市邮政管理局市场执法的指导意见和执法依据，明确市场监督检查工作制度，建立重大案件督办工作制度。组织参加全国第二批邮政行政执法资格考试。分别分区域举办了市场监管专项培训。开展了“规范市场秩序，提升快递服务水平”等专项执法活动，重点打击消费者反映强烈的违法违规问题。认真开展快递企业经营范围规范与清理第二阶段工作，加大对超范围经营的查处力度，规模以上企业直营机构增加 18 处。规范快递电子面单使用。严格执行快递市场年度监管报告制度。全年共检查快递企业及分支机构 1158 家，约谈企业负责人 57 人次，立案处罚快递企业违法违规案件 78 起，罚款 31.38 万元。实行申诉受理情况周汇总月通报制度，建立快递申诉与市场监管联动机制和快递申诉与盟市邮政管理局联动机制。

安全监管与应急能力扎实提升。内蒙古自治区邮政管理局采取多种方式深入生产一线，对全区邮政快递企业安全生产情况进行了全面彻底的检查。对全区化工生产和销售企业的原料、产品运输渠道进行了摸底调查。积极开展专项整治，强力推行收寄验视章制度，要求所有快递企业均要加盖收寄验视章；加强寄递服务信息安全管理，加大个人信息保护力度。严格执行邮政业安全信息报告制度。印发了《快递服务企业安全生产主体责任规定》，明确了快递服务企业安全生产主体责任。全年各级邮政管理部门分别分层次对企业开展安全培训42次。在"双11"业务量同比增长60%的情况下，全行业齐心协力奋力拼搏，圆满实现了"保畅通、保安全、保平稳"目标。成功保障"春运"、"两会"和"亚信峰会"等重大活动期间的寄递安全。配合公安、国家安全、安监、质检、海关、新闻出版等部门开展寄递渠道信息安全、反恐、禁毒、扫黄打非等工作，开展联合执法检查71次，区局连续四年被评为自治区"扫黄打非"先进集体。

干部和人才队伍建设不断加强。通过招录、转任、调任等有效途径，盟市邮政管理局后续人员补充工作基本完成。截至2014年底，全区盟市邮政管理局干部到位115人，到位率为98.3%，名列全国前茅。开展了超职数配备干部、领导干部在企业兼职任职和副处级以上"裸官"3项重点整治工作。2014年参加全国邮政系统内培训处级干部25人次，科级干部26人次；利用地方资源培训处级干部21人次；全区邮政系统各类专业培训175人次。组织全区各企业、院校的1738名考生参加了全国职鉴统考，同时受海南省局委托组织1297人参加了考试。

三、各市（地）主要管理工作情况

2014年，各盟市邮政管理局争取地方支持效果明显。巴彦淖尔市政府成立了巴彦淖尔市促进邮政业发展协调领导小组，明确了成员单位职责。呼伦贝尔市政府工作报告中提出，要大力发展电子商务、快递配送等新型消费业态，市快递行业发展内容首次被纳入市政府工作报告。锡林郭勒盟行署出台了关于进一步加强锡林郭勒盟邮政行业管理工作的意见。巴彦淖尔市局将市发改委、商务局和交通运输局纳入行业规划编制工作领导小组。各地加快推进快递园区建设，鄂尔多斯市、乌兰察布市和赤峰市3处快递园区已投入运营。鄂尔多斯市还在"快递下乡"工作中取得较大突破。全市7旗2区49个乡镇中已有79个快递服务站点投入运营，实现了快递服务网络乡镇全覆盖。

辽宁省快递市场发展及管理情况

一、快递市场总体发展情况

2014年，辽宁省快递业务继续加速发展。全省快递企业业务量累计完成16656.4万件，同比增长46.0%。其中，同城3768.9万件，同比增长70.1%，异地12655.9万件，同比增长41.4%，国际及港澳台231.6万件，同比增长-4.3%。快递企业业务收入累计达到300127.3万元，同比增长32.1%。其中，同城37785.2万元，同比增长73.6%，异地188583.8万元，同比增长23.1%，国际及港澳台42908.9万元，同比增长-1.4%，其他30849.4万元，同比增长251.7%（表7-11、表7-12）。

表7-11　2014年辽宁省快递企业业务量情况

2014年累计（万件）	同比增长（%）	同城累计（万件）	同比增长（%）	异地累计（万件）	同比增长（%）	国际及港澳台累计（万件）	同比增长（%）
16656.4	46.0	3768.9	70.1	12655.9	41.4	231.6	-4.3

表 7-12　2014 年辽宁省快递企业业务收入情况

2014 年累计（万元）	同比增长（%）	同城累计（万元）	同比增长（%）	异地累计（万元）	同比增长（%）	国际及港澳台累计（万元）	同比增长（%）	其他收入累计（万元）	同比增长（%）
300127.3	32.1	37785.2	73.6	188583.8	23.1	42908.9	-1.4	30849.4	251.7

邮政快递服务满意度稳步提升，全年全省邮政业消费者申诉中心共受理消费者申诉 15170 件，为消费者挽回经济损失 56 万元，邮政业消费者申诉处理满意率达到 98.3%，消费者对邮政管理部门满意率及对企业的满意率均高于全国平均水平，辽宁省邮政管理局被民心网授予“亲民单位”称号。截至 2014 年底，全省许可快递企业 447 家，服务网点 1941 处。全省累计持证上岗快递员人数 9515 人，占从业人员的 49.9%。其中初级 8596 人、中级 331 人、高级 588 人。

二、行业管理工作及主要成效

完善政策法规体系。辽宁省邮政管理局发布《辽宁省邮政行政执法责任制》。《大连市邮政条例》作为全国首部新制定的市级邮政条例已正式颁布施行。辽宁邮政业“十二五”规划各项任务目标得到有效落实，“十三五”规划编制工作全面启动，沈阳城市邮政基础设施规划布局建设稳步推进，大连市中心城区邮政业规划编制工作基本完成。与服务业委等 10 部门联合出台《关于推进全省电子商务快递服务健康发展的意见》，明确了快递服务园区建设纳入省内物流园区规划，享受供地、供水、供电、供暖等服务业发展相关政策，在快递企业车辆通行、分支机构登记、用工等方面给予扶持。结合交通厅下发的《打造“一带一路”综合交通运输走廊建设工作方案》，提出融入国家“一带一路”发展战略工作目标，明确推动产业合作发展的工作措施：支持沈阳、大连等城市快递企业向民航企业争取开放国际货运航空资源；鼓励快递、铁路企业加强合作，推动发展铁路快件运输技术装备；开通高铁快件专列，加开电商快递班列；推进快递与航空、铁路绿色通道建设和快件可追踪体系建设；优化快件运递安检流程，实现快件运输的无缝衔接。

融合社会资源促快递转型升级。辽宁省邮政管理局积极推动快递终端服务能力水平的提升，推广第三方配送模式，全力扶持校企合作、社区物业代办、设立快递自提柜、便利店代投等快递末端配送形式。沈阳航空航天大学、沈阳师范大学、沈阳工程学院、大连铁道学院等全省多家高校建立了综合配送服务中心。顺丰速运、京东商城在沈阳、大连等市设置智能快件柜。将推进“村邮站”建设与快递服务“向下”拓展相结合，引入快递企业参与“村邮站”建设运营，通过企业自建网点、开展多品牌共建、代办等形式，提高农村地区快递服务网络的覆盖率和稳定性。快递服务延伸到 773 个乡镇，覆盖率由年初的 40% 提高到 76.3%。结合《关于推进全省电子商务快递服务健康发展的意见》，加强地方物流园区建设步伐。

规范市场发展秩序。辽宁省邮政管理局推行收寄邮件（快件）加盖验视章制度。联合省安全厅下发《关于进一步加强邮路安全监管协作配合工作的通知》，强化寄递渠道安全监管协作机制。深入开展收寄验视制度专项整治活动，加强对化工类产品寄递渠道安全监管，严防危险化学品流入寄递渠道。印发《辽宁省邮政行业企业安全生产主体责任规定》，明确企业安全生产主体责任。通过开展多方协作，确保两节、两会、亚信峰会、青奥会、亚欧博览会等重点时段寄递渠道安全。充分利用现代化信息技术手段，推进安全监管监控平台建设，提高安全管理信息化水平。进一步贯彻落实《快递市场管理办法》，下发快递服务标准化建设评定工作方案，组织开展快递服务标准化建设评定工作，提升快递服务能力水平。

加强基础建设。辽宁省邮政管理局按照属地管理原则，推进全省快递企业基层党组织建设，在三个市邮政管理局开展了快递企业党组织建设试点。积极推进市一级快递协会组建工作，大连、抚顺、本溪、丹东、锦州、营口、阜新、铁岭、朝阳、盘锦、葫芦岛等市快递协会相继组建。印发《关于加强各市邮政管理局领导班子建设指导意见》《开展2014年度各市领导班子建设情况考核工作的通知》，加强市局领导班子建设和考核工作。开展学习贯彻十八大和习近平总书记系列重要讲话精神轮训，组织市局领导班子成员参加领导能力培训。严格按照《党政领导干部选拔任用条例》补充市局领导班子成员。完成市局公务员考录工作，各市局到岗公务员122人，到位率达到89.7%。积极推动校企合作试点工作，辽宁职业学院与沈阳申通快递公司设立了快递企业“冠名班”，为企业定向培养人才。稳步推进快递业务员职业技能鉴定工作，服务企业就近安排考点，组织3300余名快递员参加职业鉴定考试，超额完成全年鉴定计划。

三、各市（地）主要管理工作概况

沈阳市快递车辆专用标识正式启用；沈阳市服务业发展专项资金管理暂行办法、沈阳市促进电子商务发展若干措施等文件，明确了关于沈阳市园区建设的补贴、贴息、资金奖励政策，鼓励和引导自建园区的快递企业积极对接政府扶持政策。大连市下发的《关于做好我市快递车辆通行保障的通知》有效解决了大连城区快递车辆通行难题；在新机场规划建设约350亩的快递园区，有10家骨干企业达成进驻意向。营口市人民政府办公室转发市邮政管理局关于促进快递业发展的实施意见，为行业发展提供有力政策保障；市快递服务标准化工作得到国家邮政局领导充分肯定；营口市产业基地快件物流中心项目2015年一季度投产。抚顺、本溪市依托“交邮合作”，在交通物流产业园中建设快递产业园，解决快递企业分拨用地问题。计划投资两亿元的盘锦市顺丰电商物流园项目正式签约。大连、营口、丹东、铁岭等市搭建多家快递企业进校园、进社区综合配送服务平台。

吉林省快递市场发展及管理情况

一、快递市场总体发展情况

2014年，吉林省快递业继续保持持续健康发展的良好态势，全省快递企业业务量累计完成6640.2万件，同比增长46.7%，最高日处理快件量首次突破百万件大关。其中，同城767.8万件，同比增长20.3%；异地5827.6万件，同比增长52.1%；国际及港澳台44.9万件，同比增长－21.3%。快递企业业务收入累计达到130649.0万元，同比增长49.3%，首次超过了全国平均水平。其中，同城7806.4万元，同比增长20.4%；异地89972.8万元，同比增长35.5%；国际及港澳台9634.2万元，同比增长0.0%；其他23235.6万元，同比增长361.8%。快递服务满意度稳步提升（表7-13、表7-14）。

表7-13　2014年吉林省快递企业业务量情况

2014年累计（万件）	同比增长（%）	同城累计（万件）	同比增长（%）	异地累计（万件）	同比增长（%）	国际及港澳台累计（万件）	同比增长（%）
6640.2	46.7	767.8	20.3	5827.6	52.1	44.9	－21.3

表 7-14 2014 年吉林省快递企业业务收入情况

2014 年累计（万元）	同比增长（%）	同城累计（万元）	同比增长（%）	异地累计（万元）	同比增长（%）	国际及港澳台累计(万元)	同比增长（%）	其他收入累计(万元)	同比增长（%）
130649.0	49.3	7806.4	20.4	89972.8	35.5	9634.2	0.0	23235.6	361.8

全年全省邮政业消费者申诉中心共受理申诉5507 件。其中,有效申诉 1727 件,为消费者挽回经济损失 22.6 万元,消费者对申诉处理满意率为97.3%。截至 2014 年底,许可企业累计达到 227 家,分支机构累计达到 705 家,完成许可变更 80 份,审核许可年度报告 186 份。全年共开展快递业务员职业技能鉴定 3939 人,完成鉴定任务的164.5%,排名全国第一。圆满完成了全年各项目标任务。

二、行业管理工作及主要成效

发展环境持续优化。吉林省邮政管理局印发《吉林省邮政业发展“十三五”规划编制工作方案》,开展“十三五”规划前期重大问题研究,启动全省邮政行业“十三五”规划编制工作。圆满完成人大代表建议办理工作,开展建议办理“回头看”活动,办复率、面复率、满意率均达到 100%。开展邮政业“营改增”政策落实情况调研,新旧税制整体上实现了平稳转换。出台推进“快递下乡”工程指导意见,联合省农委拟定并向省政府报送《关于加快推进吉林省快递下乡合作协议》和《吉林省支持快递下乡扶持政策》,积极探索推动快递下乡,提升末端投递能力,全年共有 296 个乡镇设立快递网点 616 个。快递车辆便捷通行政策在各市、州局相继落地实施,有 7 个市、州局已经完成通行证的审核发放工作,全省累计发放通行证 632 张。开展大学校园快递服务情况调研。联合省教育厅下发《关于做好吉林省高等院校校园快递服务管理工作的通知》,积极推进邮政和快递服务进社区、进校园试点。

产业协同成效显著。吉林省邮政管理局全面推进交邮合作,推动邮政企业与公路客运企业和快递企业,分别在客票配送、客运代运报刊、客运站搭载邮政便民服务站、邮政乡镇网点代收和转存快递货款等方面实现合作。开展珲春市国际邮路运行情况调研,通过向省政府报送国际邮路建设计划,协调企业增加邮车频次、开通国际汽车邮路、向跨境电商企业颁发许可以及协调企业入驻保税区等方式,为开展跨境电商创造条件。向省政府报送《快递支撑电子商务发展有关情况的报告》,建议通过项目协调、搭建平台、合作推进的方式,促进快递与电子商务协同发展。积极促成省妇联“吉林网姐”项目与申通快递合作;“一网全城购物中心”电子商务平台与邮政 EMS 合作;长春市青年电商集聚园区和圆通等快递企业合作。吉林大米馆、吉林淘宝馆相继开业,“顺丰优选”初步尝试,延边淘宝园一期正式运营,积极引导快递企业探索电商快递一体化经营模式,实现吉林名优特产品“走出去”,快递服务“三农”成功起航。

基础设施逐步完善。吉林省邮政管理局深入贯彻落实《全国物流园区发展规划》,通过沟通协调、实地调研以及召开项目座谈会、协调会、推进会等方式,引导企业入驻长春市快递产业园区,圆通速递、中通快递、申通快递 3 家快递企业已经签订合同,正式入驻长春快递产业园,2015 年底投入使用。

履职能力不断增强。吉林省邮政管理局加大快递、集邮、邮政用品用具市场执法检查频率,强化动态监管,共开展市场执法检查 2773 次,检查单位 1288 家,下达责令整改通知 210 份,做出行政处罚决定 25 次,罚金 5.4 万元。优化快递许可和许可变更审核流程,缩短受理时限,方便企业办事,依法做好快递业务经营许可受理审核工作,共发放许可证 40 个。开展全省快递营业场所规范化、标准化示范评比,有序推进快递企业落实《快递服务》国家标准工作,联合省快递协会开展快递企业达标复查和验收工作，指导企业开展标准化建设。开展第二阶段规范和清理快递企业经营范围专项整治，6 家快递企业设立直营机构 28 个。加大对无证经营、超范围经营快递业务等违法违规行为的查处力度，辽源、通化、白城、白山等市邮政管理局对快递企业设立分支机构未备案等违法行为进行了处罚。在“双 11”业务量同比增长 80% 的情况下，圆满实现了“保畅通、保安全、保平稳”目标，得到省政府领导的充分肯定。采取经验交流，实地模拟等方式，加强邮政市场监管行政执法培训，规范邮政行政执法行为，提升邮政市场监管行政执法水平。制定申诉受理管理规定，加强调研指导，明确工作职责，优化工作流程。各市、州局通过电话受理、来信来访等多种形式，积极做好投诉维权工作，有效维护了消费者合法权益。

安全监管扎实推进。吉林省邮政管理局采取积极有效措施，全力做好旺季生产、重大节日活动期间寄递渠道安全保障和安全生产工作，确保全省寄递渠道安全畅通。修订完善《吉林省邮政业突发事件应急预案》。举办全省邮政业消防应急演练。依法指导和现场监督无着快件的处理和销毁。加强汛期、冰雪、地震等突发事件安全应急管理。联合公安、国家安全、工商、商务、工信、海关、安监等部门成立吉林省寄递渠道治安管理协调小组和寄递服务信息安全监管协调小组。督促较大快递企业购置安检设备，完善企业安检设施。对出口邮件、快件实现安检全覆盖。组织开展安全生产突击检查和收寄验视制度专项整治活动。组织开展“扫黄打非”专项行动，严防非法出版物和侵权假冒商品通过邮政寄递渠道传播。增补成为省打击侵权假冒工作领导小组成员单位。

内控体系有序运行。提升领导班子应对重大事件、处理重大问题、解决复杂矛盾的能力和水平，强化领导干部的整体素质和作风建设。完善公务员基础管理工作。严格管控机构编制。召开全系统青年干部座谈会。健全完善公务员轮训长效工作机制，组织全系统 60 余名科级以上干部，分 7 期参加省委党校举办的专题培训班；举办法律法规、行政执法、综合管理等各类业务培训班 20 余期，组织参加国家邮政局和省直工委举办的各类专题培训。加强行业技能人才队伍建设，全面实施快递业务员各等级技能鉴定工作。制定全省邮政行业统计工作月度考核办法，建立省，市、州邮政管理局统计信息及时对外发布制度，健全月、季邮政行业运行情况通报和分析会议制度，完成全省邮政行业第一次统计专项调查。扎实推进行业基层党建工作，组织召开快递企业党员代表大会，成立快递企业基层党组织，非公快递企业党建工作取得突破。开展快递行业省级青年文明号创建活动，6 家快递企业被命名为 2014 年度“吉林省青年文明号”。组织邮政快递企业及用户参加“2014 阳光吉林行”政风行风热线走基层系列节目之《倾听》，以及政风行风热线直播节目，树立了邮政行业良好形象。

三、各市（地）主要管理工作概况

各市、州邮政管理局结合本地实际修订完善了本地区突发事件应急预案并报省局备案；通过制定工作预案、成立领导小组、现场督导检查等方式，加强应急部署，确保了寄递渠道安全通畅和从业人员生命安全；分别与当地政府相关部门建立了寄递渠道安全保障和安全监管联动工作机制，并开展联合执法检查；组织开展了邮政快递企业安全生产专项执法检查等一系列专项行动；分别通过举办培训、安全测试、现场督导、联合检查、专项检查、突击检查、调研慰问、应急演练等多种形式，深入一线督促企业落实安全制度，妥善处理行业突发事件，开展隐患排查，加强收寄验视，严格值班值守，并均与快递企业签订安全责任书；联合工商局、消费者协会等部门，利用消费者权益日、法制宣传日，广泛开展邮政法律法规宣传咨询和“六五”普法活动；通过召开合作推进会、协调地方政府和交通部门下发文件等形式，为促进邮政业发展提供政策支持。

《长春市邮政条例》顺利通过省、市人大常委会审议并公布施行。四平市局推动建立吉林师范大学校园快递园区,成为集合邮政EMS、顺丰、“四通一达”等9家快递企业的快递综合服务平台,为全校5万余名师生和教职员工提供服务,日均揽收1500件,投递5000件,成为破解校园投递难题、提升快递末端“最后一百米”服务的有效举措,得到国家邮政局的肯定;成立电商创业园区,引进快递企业入驻,鼓励青年学生在网上创业;开展快递从业人员持证率专项检查;先后获得全省青年志愿服务先进集体、四平市青年文明号等荣誉称号。吉林、通化市局将应急管理工作纳入地方政府管理体系。辽源、延边、吉林等市局先后推动地方政府建立支持邮政业发展工作协调联动机制、宣传贯彻落实《邮政法》《吉林省邮政条例》工作协调机制以及促进邮政业健康安全发展政策措施。延边、白城等市局被授予吉林省“扫黄打非”先进集体,长春市局被授予长春市“扫黄打非”先进集体。吉林市局市场监管科被省政府授予“全省服务业跨越式发展奖先进单位”荣誉称号。

黑龙江省快递市场发展及管理情况

一、快递市场总体发展情况

2014年,黑龙江全省快递企业业务量累计完成7014.5万件,全国排名第22位,同比增长30.0%。其中,同城1065.4万件,同比增长34.6%;异地5919.8万件,同比增长29.3%;国际及港澳台29.4万件,同比增长20.1%。同城、异地、国际及港澳台快递业务量分别占全部快递业务量的15.19%、84.39%和0.42%。快递企业业务收入累计达到124136.3万元,全国排名第22位,同比增长24.0%。其中,同城9946.5万元,同比增长52.0%;异地94943.5万元,同比增长12.1%;国际及港澳台6746.0万元,同比增长30.5%;其他12500.3万元,同比增长236.0%。同城、异地、国际及港澳台快递业务收入分别占全部快递收入的7.98%、76.47%和5.4%。与2013年同期相比,同城快递业务收入的比重上升1.45个百分点,异地快递业务收入的比重下降8.12个百分点,国际及港澳台业务收入的比重上升0.24个百分点。快递服务满意度稳步提升(表7-15、表7-16)。

表7-15 2014年黑龙江省快递企业业务量情况

2014年累计(万件)	同比增长(%)	同城累计(万件)	同比增长(%)	异地累计(万件)	同比增长(%)	国际及港澳台累计(万件)	同比增长(%)
7014.5	30.0	1065.4	34.6	5919.8	29.3	29.4	20.1

表7-16 2014年黑龙江省快递企业业务收入情况

2014年累计(万元)	同比增长(%)	同城累计(万元)	同比增长(%)	异地累计(万元)	同比增长(%)	国际及港澳台累计(万元)	同比增长(%)	其他收入累计(万元)	同比增长(%)
124136.3	24.0	9946.5	52.0	94943.5	12.1	6746.0	30.5	12500.3	236.0

全年全省邮政业消费者申诉中心共受理有效申述1962件,为消费者挽回经济损失23.9亿元,邮政管理部门申诉处理工作满意率96.2%,企业结果满意率92.6%,圆满完成了全年目标任务。

2014年“双11”期间,全省快递企业业务量累计完成1295.9万件,较去年同期增长116.16%,其中出口265.1万件,同比增长97.95%,进口1030.8万件,同比增长121.39%。

截至2014年底,发放快递业务经营许可18家,累计222家;核发分支机构220家,累计612

家;注销许可2家,累计59家。2014年获得国家快递业务经营许可3家,累计8家。国家邮政局办理许可在省局备案7家,分支机构41家,累计59家。全省通过快递许可制度的有效实施,基本构建了由国有、民营、外资及混合所有制组成的多元化市场主体。

2014年,黑龙江对俄跨境业务顺利开展。全年对俄国际小包1231.78万件,2240.6吨,跨境出口贸易货值达11.2亿元,完成业务收入2.7亿元。从哈尔滨对俄国际邮路发运跨境电商小包货量占全国30%。哈尔滨稳居全国电商小包跨境贸易零售出口额第一位。

二、行业管理工作及主要成效

行业环境明显改善。黑龙江省邮政管理局成立了黑龙江省邮政业"十三五"规划编制工作领导小组,与多个部门开展《黑龙江省邮政业"十三五"规划》编制衔接工作。大庆、绥化市政府已将邮政业发展纳入城市总体规划。全省邮政行业积极落实"营改增"政策,营改增试点工作进展基本顺利。黑龙江省邮政管理局积极与省交警总队和省道路运输局沟通,协商解决车辆通行证办理问题,为16家快递企业办理了494个邮政业车辆通行证。积极支持对俄跨境电子商务寄递服务发展,省邮政公司和省邮政速递物流有限公司已开展对俄跨境业务,建立了邮件、快件的直封关系。黑龙江省邮政海关出口监管仓库获准在黑河设立,该仓库集仓储、报关、退税等功能于一体,为知名电商企业入驻黑河提供条件。

基础设施不断完善。黑龙江省邮政管理局加快推进快递园区建设。着手制定"三化"标准,以提高快递企业生产作业效率,增强营业网点优质服务意识,提高消费者满意度。加快农村网络布局和设施建设,快递服务网络均衡度持续改善。召开13家省重点品牌网络型快递企业座谈会,简化乡镇营业网点办理手续,支持各企业"向下"发展。

行政执法逐步规范。黑龙江省邮政管理局全面落实下放和明确邮政管理部门层级职权的要求,市(地)邮政管理局专有职权和主要行使职权基本下放到位,实现了执法重心下沉。出台《黑龙江省邮政行政执法重大案件督办工作制度》,规范全省邮政行政执法案件督办工作,提高案件办理效率。

市场监管能力增强。黑龙江省邮政管理局深入开展规范和清理快递企业经营范围第二阶段工作,规模以上企业直营地域范围不断扩大。认真宣贯《快递市场管理办法》,开展快递业务经营许可规范清理专项整治。加大对各市(地)快递企业执法检查力度,全省共立案32起,罚款金额23.6万元,涉及中通、申通、汇通等10余家快递企业。省12305消费者申诉中心组织申诉率较高的快递企业人员直接面对消费者,面对面解决消费者申诉问题,维护消费者合法权益。对快递企业的处理情况100%进行回访。优化许可备案流程,通过实行形式审查与实地核查相结合,许可变更及备案平均用时显著缩短。召开专题会议安排部署"双11""双12"旺季和暴风雪天气快递服务和安全工作,下发工作方案和应对暴雪天气紧急通知,发布消费提示,组成三个督导组深入重点品牌企业和各市(地)邮政管理局,分片夜查企业分拣中心,推动企业加强能力建设和运行管理。充分发挥媒体引导作用,落实生产安全等各项安全防范措施。同时联合省快递协会在暴风雪期间对14家品牌快递企业基层一线进行了走访慰问。

安全监管扎实推进。黑龙江省邮政管理局与省公安、安全部门组成联合督导组,对邮政快递企业运行情况开展督导检查,及时纠正了企业在安全生产方面存在的问题和隐患。出台《黑龙江省邮件、快件寄递安全管理工作实施方案》,纳入黑龙江省综治考评考核体系。组织企业做好重大活动期间寄递渠道安全保障工作,加强"两会”“春运”“亚信峰会”“青奥会”和“亚欧博览会”期间安全工作督导检查，确保全省邮政行业安全平稳运行。组织开展全省性安全生产大检查3次。开展专项整治活动，组织开展落实收寄验视制度，严厉打击侵权假冒行为。下发开展快递详情单专项整治活动方案，部署具体工作内容和要求。省、市邮政管理局修订完善邮政业突发事件应急预案，全省突发事件应急体系初步建成。建立市(地)邮政反恐工作联络制度。加强防火安全工作检查部署。省局制定下发了《快递服务企业安全生产主体责任》，明确企业安全生产管理工作重点。深入推进安全监管信息化建设。

综合管理持续增强。黑龙江省邮政管理局加强领导干部选拔任用与交流，出台了《全省邮政管理系统干部交流工作实施办法》，完成了市(地)邮政管理局7名中层干部的配备工作。组织招录了11名公务员。相继完成了省局处室和部分市(地)局班子补充调整工作。完成了2012、2013年度新录用公务员试用期满考核及任职定级工作。举办了全省邮政普遍服务和市场监管行政执法、许可分支机构备案、安全监管培训班。组织了四次职鉴考试，共有2262人参加考试。组织市(地)局开展第一次统计专项调查和统计工作培训，形成完整的监管对象名录库、地理信息地址库和调查数据库。通过省局、各市(地)局积极与当地政府等相关部门沟通协调，13个市(地)局的办公用房全部得到解决。省、市快递行业协会积极深入快递企业调研，帮助企业解决问题，及时传递企业诉求，督促企业做好各项工作，切实发挥了服务、协调、自律职能。省快递行业协会开展全省快递行业“最佳、优秀揽收、投递员”活动。

三、各市(地)主要管理工作概况

各市(地)邮政管理局在黑龙江省邮政管理局的指导下，全部启动“十三五”规划编制工作；通过“交邮合作”“快邮合作”“政企合作”等多种方式和手段，服务农村、农业，落实便民政策和措施，为农民提供便捷顺畅的电商快递服务，快递下乡网点已达400余处，乡镇覆盖率达43.7%；加强与交通运输、公安、国安等部门联合，成立寄递渠道安全领导小组及办公室，建立联席会议制度；采取多种形式开展快递市场安全检查，出检1000余人次。

哈尔滨局出台《快递企业营业部建设标准》。黑河局积极引导邮政企业利用国际邮路服务跨境电商开展对俄跨境物流业务，已过境70余车船次，实现贸易额达5000余万元。鸡西局出台《关于推进实施快件收寄加盖验视章管理的指导意见》和《鸡西市快递企业标准化经营规范》，下发了《关于规范快递企业分支机构设置的通知》，制定了《鸡西市全区快递营业网点名录》。牡丹江局与相关部门积极沟通，为中通快递争取分拣中心和办公场所700余平方米；开展了第一届“最美快递员”评选工作。伊春局出台《伊春市快递企业营业场所标准化建设工作实施方案》，开展了“感动行业，情动你我”十佳模范快递员评选活动。佳木斯局联合市交通局完成了电商快递物流园区选址工作。大兴安岭局开展“收寄验视活动月”，制定收寄验视制度，使用实名验视章。齐齐哈尔局优化许可证变更审核流程，实行经营许可变更一次性告知制度。七台河市将邮政行业安全监管工作纳入《七台河市安全生产责任体系建设实施意见》。鹤岗局开展了“双十佳”快递员评选活动。牡丹江、鸡西、绥化制定了邮政行业车辆通行管理办法。哈尔滨、齐齐哈尔、牡丹江、双鸭山、伊春局、黑河、绥化、大兴安岭8个市局组织快递企业集中销毁过期快递详情单10余吨。齐齐哈尔、牡丹江、双鸭山、绥化局搭建远程视频监控平台。

上海市快递市场发展及管理情况

一、快递市场总体发展情况

2014 年，是上海邮政业的基准建设年，全市快递企业业务量累计完成 128366.1 万件，同比增长 35.1%，首次实现月均业务量超亿件。其中，同城 46673.0 万件，同比增长 39.5%；异地 76902.4 万件，同比增长 36.2%；国际及港澳台 4790.7 万件，同比增长 -5.6%。同城、异地、国际及港澳台快递业务量分别占全部快递业务量的 36.4%、59.9%和 3.7%。快递企业业务收入累计达到 3613060.4 万元，同比增长 40.3%。其中，同城 374884.6 万元，同比增长 46.0%；异地 1001960.6 万元，同比增长 28.3%；国际及港澳台 417749.8 万元，同比增长 -17.9%；其他 1818465.4 万元，同比增长 76.7%。同城、异地、国际及港澳台快递业务收入分别占全部快递收入的 10.4%、27.7%和 11.6%（表 7-17、表 7-18）。

表 7-17　2014 年上海市快递企业业务量情况

2014 年累计（万件）	同比增长（%）	同城累计（万件）	同比增长（%）	异地累计（万件）	同比增长（%）	国际及港澳台累计（万件）	同比增长（%）
128366.1	35.1	46673.0	39.5	76902.4	36.2	4790.7	-5.6

表 7-18　2014 年上海市快递企业业务收入情况

2014 年累计（万元）	同比增长（%）	同城累计（万元）	同比增长（%）	异地累计（万元）	同比增长（%）	国际及港澳台累计（万元）	同比增长（%）	其他收入累计（万元）	同比增长（%）
3613060.4	40.3	374884.6	46.0	1001960.6	28.3	417749.8	-17.9	1818465.4	76.7

与 2013 年相比，同城快递业务收入的比重上升 0.4 个百分点，异地快递业务收入的比重下降 2.6 个百分点，国际及港澳台业务收入的比重下降了 8.2 个百分点。“双 11”期间，仅全市 9 家规模以上快递企业的日件量就达到 1187 万件峰值。

2014 年，全市快递业务发展呈现出新的发展局面，快递业务量收增幅差距缩小，首次实现业务收入增幅超过业务量增幅，在行业收入中的占比达到 88%，较上年同期提高了 5.2 个百分点，尤其是民营快递企业市场份额显著提升，总部经济效应日益强化，市场集中度、经营效益和劳动效率稳步提高，服务能力得到提升。上海保持着全国网上购物快递市场份额前例的优势，全市年人均快递使用量 53 件，为全国平均水平的 5 倍；年人均快递支出 753 元，是全国平均水平的 6 倍。驻沪各大快递总部企业都在着手股份制改造和上市筹备，加大新装备、新技术和新项目的研发投入，加速产业链拓展升级，加快职业经理人和专业人才队伍培育，全行业对标发展、比拼领先，已经形成你追我赶之势。2014 年新增营业网点 1061 个，汽车 3589 辆，从业人员 42683 人，快递业务员职业鉴定合格人数 3934 人。

上海市邮政管理局全年执法检查 1474 次，出检 2148 人次，检查单位 888 家，查处违法违规行为 343 起，下达整改通知 304 份，做出行政处罚 39 起，吊销许可证 2 份，处罚金 21.2 万元。全年全市邮政业消费者申诉中心共受理邮政业消费者申诉 46864 件，为用户挽回经济损失约 177 万元。

二、行业管理工作及主要成效

2014 年，在国家邮政局和上海市委、市政府的坚强领导下，在上海市交通委的指导帮助下，上海市邮政业紧紧围绕国家邮政局、上海市委、市政府和上海市交通委的年度工作部署，按照“稳中求进”的工作总基调，坚持安全为基、发展为要、服务为上的总方针，坚持抓总、总抓，着眼于思想建业、法制建业、行动建业、组织建业和文化建业，重点抓了基调建树、基线建制、基础建扩、基准建立、基点建筑、基本建设、基石建造，全年完成40余项工作任务，取得明显工作成效。

基调建树、谋定战略规划。2014年一开年，上海市邮政管理局提出了2014－2020年抓好“五条主线”下的四性契合、四维空间与四大战役的总体战略，即：增进市场自发性、企业自觉性、行业自律性、政府调控性的高度契合，拓展以工促市、以农拓市、以商旺市、以技兴市的发展空间，打好改革创新、转型升级、增效提质、开放融入四大战役，总的着眼点是稳中求进，保持上海邮政业在全国的影响和地位，当好全国邮政业改革开放和科学发展的先行者和排头兵，探索建立具有国际大都市特点的邮政业监管体系。积极推动规划融入，在《上海市新一轮城市总体规划专项规划一览表》的28个专项规划中，首次列入“上海市邮政专项规划”。在“上海市物流货运发展规划”中，把“快递行业发展相关要求”列入了规划重点内容。积极推动2014年上海市“9＋1”邮政配套设施项目建设任务，参与并主持了上海青浦新城、浦东新区临港地区、上海金融产业服务基地邮政系统专业规划评审。组织开展“上海快递业发展”主题征文活动，启动“上海快递总部企业评测指标体系”研究。

基线建制、落实法律规范。上海市邮政管理局积极推动上海市人大就《上海市实施〈中华人民共和国邮政法〉办法》落实情况开展执法检查。组织对《上海市实施〈中华人民共和国邮政法〉办法》贯彻落实情况进行评估，形成的评估报告受到国家邮政局领导的充分肯定。联合上海市公安局出台《关于加强邮政市场行政执法与刑事司法衔接配合工作若干问题的实施意见》，在全国邮政管理系统率先建立邮政市场行刑衔接机制。配合上海市公安局制定《重点单位重要部位安全技术防范系统要求　第19部分：寄递单位》（DB 31/329.19—2014），联合发文予以贯彻落实。联合上海市公安局、上海市国安局下发《寄递企业安全防范工作规定（试行）》。制定《上海市邮政业服务与安全监督管理办法》，并同步开展制定地方条例和政府规章的相关工作。建立规范性文件审查机制，局里聘请常年法律顾问，编制《上海市邮政管理行政执法手册》。

基础建扩、强化政策帮扶。上海市邮政管理局主动向上海市委、市政府汇报工作，广泛走访地方政府职能部门，实现了行业发展帮扶政策诸多零的突破：首次将邮政业纳入上海市服务业发展引导资金申报范围，首次将邮件、快件寄递安全管理工作纳入上海市综治工作考评体系，首次将快递服务纳入政府采购项目，首次颁布实施快递经营场所安全技术防范上海市地方标准，首次将快递业信息化建设和新技术应用纳入上海市信息化发展专项资金申报范围和上海市智慧城市建设范畴，首次将快递指标纳入了上海国际航运中心建设指标体系、上海市综合货运指标体系和上海市楼宇经济评价指标体系。首次公布上海快递车辆专用标识，集中采购欧Ⅳ排放快递车辆693辆，实现快递车辆凭标识进入限制通行区域。首次将快递业相关内容纳入上海市《关于促进本市生活性服务业发展的若干意见》、《关于加快上海商业转型升级提高商业综合竞争力的若干意见》。联合上海市商务委等9部门出台了《促进本市生活性服务业重点行业规范提升发展的实施意见》。上海市快递行业协会获评为市人力资源和社会保障局命名的市高技能人才培养基地，在培训费补贴、项目开发经费以及实训设施设备配套等方面收获更多扶持。

基准建立、管控服务安全。上海市邮政管理局印发《上海市邮政业“安全为基”三年行动计划》《关于进一步加强上海邮政业安全监管工作的意见》《关于上海市邮政业服务安全信用体系建设的若干意见》《上海市邮政业安全监管工作责任分工方案》《上海邮政业安全事故吊销快递业务经营许可证处置基准》《寄递企业安全防范工作规定（试行）》《上海市邮政业安全事故报告和调查处理办法（试行）》和《上海市邮政业安全培训大纲》，制定《上海市邮政行业安全专项整治行动方案》，开展为期三个月的寄递安全专项整治行动，从“备案、验视、处罚、禁业、控防、联动、问责、警示”八个方面实施最严格执法。联合工商、税务、统计、人社、公安和国安等部门，启动为期两年的快递业综合治理行动。修订《上海市邮政业突发事件应急预案》，制定《上海市邮政管理局邮政业服务安全事件防范处置规程》，妥善处理汇强快递上海网络、港中能达上海网络停运和百世汇通网点扣件事件，及时叫停“人人快递”，及时果断、依法吊销了违规收寄禁寄物品的上海浦东金桥申通公司快递业务经营许可证。试点开展网格化社会监督和违法违规企业负责人强制培训。制定《上海市邮政管理局政府信息公开工作办法》，每月将行政处罚结果和各企业申诉情况在局网站和平面媒体公示，局领导年度两次上线上海市政风行风热线，解决群众实际问题。

基点建筑、构建聚合平台。经上海市政府批准，2014 年 7 月正式建立“上海市促进邮政业发展联席会议”。上海市邮政管理局主要负责人实现了在上海市交通委党、政双兼职，交邮双方在规划互编、政策互补、资源共享、执法互动、企业互联、信息互通等六大方面联署会议纪要，联发《关于上海市交通运输业和邮政业深化战略合作、促进融合发展的意见》，与民航华东管理局签署《邮政与民航安全管理协议》。联合上海市青浦区召开“上海市快递总部会议暨青浦区‘全国快递行业转型发展示范区’建设推进会议”，青浦区出台高含金量的支持快递业发展的文件，上海市邮政管理局印发《促进上海快递总部企业改革创新、转型升级、增效提质、开放融入的实施意见》，双方签署加快青浦区“全国快递行业转型发展示范区”建设的合作协议。上海市邮政管理局增补为“上海市电子商务联席会议机制”成员单位、“上海新一轮城市总体规划编制工作领导小组”成员单位，与上海自贸区管委会就邮政业加入自贸区监管信息共享平台达成对接，国际快件中转集拼政策松绑。

基本建设、严格行政管理。上海市邮政管理局制定印发《上海市邮政管理局关于提高行政治理能力的意见》，组织全局公务员轮训。建立领导干部联系制度和调研制度。成立局资讯中心、财务委、党群办、快递总部工作协调办、交邮融合协调办、执法大队等机构，全面整合有生力量。制定印发《党员领导干部密切联系群众工作制度》。建立退休干部党支部，成立局联合团委，与团市委、上海交通团工委联合发文推进青年文明号活动。组织快递企业党组织建设情况问卷调查，制定印发《关于加强上海非公快递企业党群工作的指导意见》。围绕处置申通金桥公司违规收寄禁寄物品事件，组织行政效能专项督查。组织 8 名青年干部上下交流和新进公务员轮岗，建立“传帮带”的干部培养机制。组织青年干部“六项技能”大赛和处级干部交流论坛，开展读书交流活动，编印《青年干部书面作文汇编》。组织局、处和科级后备干部推荐工作，形成后备人选名单。加强行业人才队伍建设，在全市快递行业开展党外代表人士和优秀人才专项调研遴选，指导和推荐行业先进企业和个人参与国家“万人计划”、上海市“千人计划”、“浦江人才计划”等专项人才选拔；接受 5143 名快递业务员职鉴考试报名，4455 名快递人员参加了理论和实操的考试。

基石建造、开展文明创建。2014 年 6 月，上海市邮政管理局联合上海市文明办、市建设交通党委，正式启动上海市快递行业精神文明创建工作，计划在第一个三年内确保快递总部企业及规模以上企业实现规范服务达标，有条件的快递企业建成上海市文明单位，第二个三年内建成上海市规范服务达标先进行业，最终实现建成上海市文明行业的目标。精神文明创建工作，受到国家局和有关方面充分肯定。

三、各派出机构主要管理工作概况

各邮政派出机构在上海市邮政管理局党组领导下，围绕中心，服务大局，紧紧围绕“五条主线”总体目标任务，谋篇布局，构建格局，各项工作取得新进展，呈现出不同的亮点：

浦东邮政管理局

一是积极推动地方融合发展，搭建快递产业服务自贸区发展整体框架。与自贸区管委会对口部门建立起了协调机制；开展电子商务与快递发展调研，上报两篇调研报告受到上级认可并转国家局和上海市政府；推动邮政监管信息融入自贸区信息共享大平台取得了实质性的进展。

二是严肃执法，敢于亮剑，铁腕整治市场秩序，保障行业安全、群众用邮。一手狠抓安全整治，严守安全“红线”，对原浦东金桥申通快递公司的违法事实进行全面调查取证和立案侦查，并对其依法进行了关停处罚。一手狠抓普服违规查处，保障居民基本用邮权，依法对德平路邮政网点违规停办业务一案开展调查，对涉案企业依法予以立案处罚。

三是守土尽责、高效协调，有效保障亚信峰会邮路安全畅通。按照国家局、上海市委市政府要求，对辖区行业展开高频次、高要求、高压力执法检查、宣传警示，启动应急保障机制，全天候值守，全面保障了亚信峰会的邮路畅通安全。

黄浦邮政管理局

一是组建社会监督员队伍，探索试行辖区网格化社会监督模式。完成辖区第一批近30人社会监督员的面试和基础资料收集工作，并举行聘任仪式，颁发聘书；制定《上海市黄浦邮政管理局网格化管理办法》，明确社会监督员的职责权限，规范工作流程，完善工作制度；在“双11”业务旺季前开展首次培训，加强行业法律法规的宣贯，强调监督重点内容和信息报送流程。

二是开展辖区首次应急演练。制定《上海市黄浦邮政管理局邮政业突发事件应急预案》，设立黄浦局邮政业突发事件应急工作领导小组和办公室，落实各项安全防范和应急处置措施。组织开展安全保障应急演练，对演练中暴露出的问题和不足进行了深刻剖析，提出具体解决方案，提高辖区邮政业突发事件的应急处置能力。

三是举办首期辖区快递企业安全生产培训班。12月18日至19日，黄浦局举办了为期两天的首期快递企业安全生产培训班。辖区相关快递企业负责人30余人参加了培训。

四是充分利用3.15消费者权益日，积极推动“双轮驱动”。主动对接辖区各消保委，在“3.15消费者权益日”当天兵分三路，分别在所辖黄浦区、长宁区、虹口区组织开展宣传服务活动，曾军山局长亲临活动现场并以嘉宾身份参加了“虹口区金融消费者权益保护站”揭牌仪式。

宝山邮政管理局

一是坚持依法行政，健全联动联控机制。以强化落实收寄验视制度为重点，先后联合宝山区文化执法大队、闸北公安分局、宝山公安分局等执法单位，对辖区内快递企业开展“拉网式”排查。其中，处理的麦力公司在未获得相关经营许可的情况下擅自在全国进行招商加盟，为全国该案由首例，宝山局对其进行了严肃处理。

二是加强党建联建，完善基层党建格局。坚持将推进党组织建设与提高机关服务效能、积极做好服务基层相结合，扎扎实实把党建联建工作深入推进，深化党建联建项目。努力扩大党建组织覆盖面和工作覆盖面，通过党建联建平台与辖区各区县加强互动、整合资源，积极融入并促进辖区经济社会发展，拓展党建联建内容，不断完善基层党建新格局。

三是创新管理模式，探索网格化先行先试。宝山局计划会同辖区网格化管理中心，继续探索邮政业与地方工作对接模式，不断创新邮政管理方法，加快提升邮政行业现代化发展水平，助推行业监管工作再上新台阶。

松江邮政管理局

一是完成了"最后一公里""快递进校区"的调研，拟发《上海市松江区邮政业服务"进政区、进园区、进商区、进校区、进小区、进景区、进郊区"的指导意见》，并开展多项有效的探索。

二是积极推进第三方"进校区"项目的协调工作，会同松江区房管局等政府部门组织召开辖区内重点物业公司和快递企业协调会议多次。拟定了关于物业公司和快递公司之间进小区的投递协议，对第三方投递模式达成共识。鼓励和支持邮政、快递企业及社会资金，投入快递服务末端智能快件箱等自助服务设施建设并推广使用。

青浦邮政管理局

一是实现双轮驱动。成立"快递业发展协调领导小组"，落实好区级联席会议制度。推进青浦区快递业成为全区支柱性产业之一，积极开展了快递产业"十三五"规划编制工作，青浦区政府出台了《关于促进快递业健康发展的若干意见》，这是迄今为止青浦区唯一一个针对单个产业出台的专项政策文件，有效推进了区内快递业的发展壮大。

二是提升行业监管水平。与属地公安、质检、工商、税务等政府部门开展联合执法、在地区公安网格化管理平台中加入快递元素，完善属地化监管机制，形成纵向到底、横向到边的安全维稳管控体系。联合区安监局下发《关于进一步加强青浦区疑似危险化学品收寄管理工作的通知》，从交寄、收寄、培训和应急处理等环节全面规范了疑似危险化学品的寄递工作。与公安局联合下发了《关于进一步加强青浦区邮政快递业安全和稳定管理工作的通知》，明确行业安全管理"一岗双责"制度、落实安全管理措施、构建安全维稳属地管理机制。运用国家局开发的邮政业安全监管信息系统（监控各企业实时快件流量）和视频监控信息系统（通过视频监控分拨中心实时情况），做好"双11"、"双12"等运营高峰时段的时时监控，发挥好青浦邮政管理局前沿哨、指挥所的作用。

三是扎实开展精神文明创建。结合快递企业总部聚集的特点，培育区级文明企业，为争创市级文明企业做好基础工作。充分发挥党支部的战斗堡垒作用。2014 年 6 月，青浦局被上海市城乡建设和交通工作委员会评为上海市建设交通系统"先进基层党组织"。

奉贤邮政管理局

一是建设末端投递示范，创新"最后一公里"服务模式。为整合末端投递资源，创新"最后一公里"服务模式，引导辖区快递企业创新服务模式实现转型升级和提质增效。从 2013 年下半年起，我们指导金山辖区相关快递企业合作共建末端门店，整合资源打造"快递超市"，打通"最后一公里"，破解末端投递难题。同时纳入行业监管范畴，规范末端门店的建设配置和服务标准统一，强化服务意识，提升行业窗口形象，并形成可复制、可推广的一种模式。目前金山区已有 14 家末端门店投入运营，统一悬挂店牌，统一张贴服务标准和业务流程，统一配备人员和计算机操作系统。

二是试行安全量化分级管理，创新行业管理方式。为了对辖区企业安全与服务实施分类分级管理，借鉴交通部门的诚信指标体系，设计并制订了《奉贤局快递行业安全与服务量化分级管理评分表》，内容涉及规范经营、安全生产、服务保障、社会评价等四大类、13 项共计 28 个指标。针对 2014 年全年各类检查数据，对辖区快递企业按照评分表实施打分评定，同步纳入信息管理系统中，系统自动排名，根据评分结果，形成量化分级，并公开公布评分结果。对于排名较后的快递企业，作为下一年度日常监管的重点对象。

江苏省快递市场发展及管理情况

一、快递市场总体发展情况

2014年,江苏省快递业保持了持续快速发展态势。全年共核准新设快递业务企业78个、分支机构599个,变更申请331项,注销许可企业6个。申通快递、圆通速递、中通快递、韵达速递、百世汇通、天天快递等六个主要品牌直营性机构已覆盖全省全部13个地级市。

全年全省快递企业业务量累计完成148435.2万件,同比增长50.8%;快递企业业务收入累计达到2010744.2万元,同比增长40.6%。其中,同城快递业务量收完成48641.1万件和388410.3万元,同比增长93.1%和110.1%;异地快递业务量收完成97047.5万件和1154124.5万元,同比增长36.3%和31.6%;国际及港澳台快递业务量收完成2746.6万件和334624.5万元,同比增长35.5%和15.9%(表7-19、表7-20)。

表7-19 2014年江苏省快递企业业务量情况

2014年累计(万件)	同比增长(%)	同城累计(万件)	同比增长(%)	异地累计(万件)	同比增长(%)	国际及港澳台累计(万件)	同比增长(%)
148435.2	50.8	48641.1	93.1	97047.5	36.3	2746.6	35.5

表7-20 2014年江苏省快递企业业务收入情况

2014年累计(万元)	同比增长(%)	同城累计(万元)	同比增长(%)	异地累计(万元)	同比增长(%)	国际及港澳台累计(万元)	同比增长(%)	其他收入累计(万元)	同比增长(%)
2010744.2	40.6	388410.3	110.1	1154124.5	31.6	334624.5	15.9	133585.0	68.8

同城、异地、国际及港澳台快递业务收入分别占全部快递收入的19.3%、57.4%和16.6%;业务量分别占全部快递业务量的32.8%、65.4%和1.8%。和2013年同期相比,同城快递业务收入的比重上升6.4个百分点,异地快递业务收入的比重下降了3.9个百分点,国际及港澳台业务收入的比重下降了3.6个百分点。快递业务量收分别位居全国第三位和第四位。日均快递业务量达到406.7万件,年人均快递业务量突破18件。

2014年全省邮政市场共开展执法检查2306次,纠正和查处违法违规行为579起,下达整改通知书342份,下达行政处罚71笔,罚款金额44.6万元,责令停产停业2家。全年申诉中心共处理消费者申诉近7.4万件,其中有效申诉2.66万件,同比增长44.1%,共为消费者挽回经济损失近300万元。消费者对申诉处理的满意度为96.6%。

截至2014年底,全省共设立院校快递服务网点226个,建立社区快递服务中心364个,企业共设立便民服务点1278个,智能快件箱投放数量达3658组。同时,各地积极引导企业使用绿色环保运输工具,南京、盐城、淮安积极开展新能源车末端配送推广工作,共计已有120辆新能源车投入使用。全年共为企业办理新标识证513张,年检691张,注销521张,全省现有统一标识证车辆5860辆。

二、行业管理工作及主要成效

行业发展环境进一步优化。全省联动宣贯《江苏省邮政条例》。省政府印发了《关于促进快递服务业健康发展的实施意见》,并召开会议推动该意见的贯彻落实,史和平副省长到会讲话,提出具体要求。市邮政管理局法规建设初见成效。江苏省邮政管理局完成对省、市两级邮政管理部门的职权梳理，编制印发《省、市两级邮政管理部门职权划分表》。组织做好法制培训和法制宣传教育工作。完成省《邮政行政执法手册》编写工作，指导市局依法行政。与九部门联合出台了《江苏省物流园区发展规划》，明确将电商快递园区纳入专业物流园区布局。

行业基础设施建设迈出新步伐。江苏省邮政管理局与民政厅联合印发邮政便民服务社区和快递服务进社区两个工作意见。据初步统计，全省邮政便民服务已进入2031个社区（其中城市社区512个、农村社区1519个）。苏南快递产业园区发展形势喜人，主要品牌企业相继入驻；园区提供国际快件业务监管服务，成为我省目前唯一正式运营的国际快件监管中心，并获批"全国快递产业集聚发展试验园区"称号。苏中快递产业园区在泰州挂牌成立，成为我省第二个快递产业园区。县域的建湖快递园区亦已启动。全省实施了快递末端投递服务水平提升工程。省局联合省商务厅、住建厅、教育厅印发了《关于做好快递末端配送服务工作的实施意见》，省快递协会也与省房产协会联合下发文件，并召开现场推进会和研讨会。

行业监管力度进一步强化。全省上下联动，齐心协力，特别是南京局全力以赴，以最高标准、最严要求和最实举措，共同圆满完成青奥寄递渠道安保工作。专项整治活动成效显著。开展收寄验视及违规收寄危险化学品专项整治工作。安全管理制度得以落实。制定《快递服务企业安全生产主体责任规定》，明确企业安全生产的主体责任。实行企业安全生产管理人员持证上岗制度，目前共培训750余人，颁发安全资格证书700余份。圆满完成"双11"快递服务旺季保障工作。配合公安、安全等部门开展寄递渠道安全监管工作。严肃处理国通违法收寄危化品泄漏、妥善处置南京申通从业人员违法扣押快件等行业突发事件，确保行业安全平稳发展。制定下发《规范快递市场经营主体工作指导意见》。依法开展行政许可工作，优化许可证变更流程，缩短许可变更时限，简化变更手续。完成第二阶段快递企业经营范围规范清理工作。完成省局视频监控中心建设，并通过项目评审组初验，同时完成南京、无锡、苏州、南通等4个地市级以及40家企业视频监控设备接入工作。

行业服务水平进一步提升。江苏省邮政管理局联合省放心消费创建办持续推进全省快递行业放心消费创建工作。截至2013年底，全省受表彰放心消费企业数量达100家。在快递业务经营许可年度报告和车辆统一标识工作中建立绿色通道制度，试行对放心消费示范企业给予集中审核、优先办理的支持政策。启动申诉处理工作省市两级联动机制，并对各市邮政业申诉处理工作人员进行实岗培训。完善申诉与市场监管的衔接和联动机制，对申诉受理中发现存在重大服务问题的企业采取约谈、通报、责令整改等措施。顺利完成"113"行动计划。省局与省人社厅、省总工会联合举办了全省首届邮政行业职业技能竞赛，取得了预期效果。圆满完成万人快递员技能鉴定任务。继续会同省快递协会、南京邮电大学强化快递企业中高管人员培训，全年培训快递企业中高管人员313人，顺利完成企业中高管培训目标。与江苏经贸学院签订了人才培养战略合作协议，与省交通所属职业院校加强对接，为下一步拓宽合作领域奠定基础。进一步推动了职业院校参加快递员鉴定，新增14所院校加入快递员鉴定行列，院校鉴定人数达358人。

行业综合管理能力建设稳步推进。江苏省邮政管理局重点抓好习近平总书记系列讲话精神的专题培训；学习贯彻新修订的《党政领导干部选拔任用工作条例》，对全省邮政管理系统领导干部、人事干部和机关人员开展分层专题培训；组织全系统处以上领导干部完成个人有关事项报告工作；开展本系统机构编制超职数配备的自查工作；加强市局领导班子建设；继续选配市局部门领导；

出台全系统新录用公务员实习锻炼制度，镇江、盐城、扬州等9个市局已开展实习锻炼。完成2013年度公务员年度考核工作，全省评选出优秀公务员22名。全省首个县级邮政监管机构常熟邮政管理局于2014年11月26日挂牌成立。海门、新沂邮政管理局也将挂牌成立。江苏省邮政业安全中心批复成立。省局创新邮政管理机制的经验在全国邮政管理工作会上进行了交流。完成行业普查专项统计工作。荣膺"江苏省部门统计示范点"，9个市局获得"江苏省部门统计规范化建设达标示范单位"荣誉称号。组织做好重要活动、重点工作的宣传工作。特别在"双11"期间，全省各局主动与地方媒体沟通联系，注重营造行业良好的舆论氛围。省局记者站及时引导各局开展信息宣传工作，被国家邮政局新闻中心评为2014年度先进记者站。

三、各市(地)主要管理工作概况

南京局着手开展了《南京市邮政条例》的修订工作。无锡出台了《无锡市快递市场管理办法》。徐州邮政业发展相关内容首次写入市政府工作报告；"快递服务放心消费创建"工程被列入市政府2014年度为民办实事工程；快递业纳入"智慧徐州"总体规划；徐州市政府将快递行业远程监控项目纳入政府投资项目，拟拨付专项资金60万元。盐城局推动将邮政便民服务点建设写入市政府工作报告；盐城快递服务业集聚区建设、智能快件箱推广等发展项目被列为2014年政府重点工程项目，快递业务量首次被纳入盐城市国民经济和社会发展统计报表，成为重要的经济指标；"盐城电商快递产业园"项目被盐城市政府列为2014年盐城市服务业重点工程项目，盐城市市长先后两次批示，要求"加快推进快递产业园建设"。常州局被纳入地方国民经济核算等6个专门委员会成员单位。连云港局通过微信公众平台为快递企业服务。镇江局率先在全省开发邮政行政处罚信息管理系统。

各地因地制宜，在邮政服务进社区、快递服务进社区、快递进校园、设立智能快件箱以及末端网点标准化建设等方面开展了有益探索，扬州、无锡、常州等地的良好做法有效推广，全省快递末端投递难题逐步破解。扬州、淮安、宿迁等局联合民政部门启动了本地区的邮政服务进社区工作，泰州、扬州、徐州、苏州等局积极组织开展了邮政服务进社区示范点建设。

浙江省快递市场发展及管理情况

一、快递市场总体发展情况

2014年，浙江省快递企业业务量累计完成245744.8万件，同比增长73.1%。其中，同城53601.4万件，同比增长65.7%；异地188253.0万件，同比增长75.6%；国际及港澳台3890.5万件，同比增长62.5%。同城、异地、国际及港澳台快递业务量分别占全部快递业务量的21.8%、76.6%和1.6%。快递企业业务收入累计达到2744402.5万元，同比增长52.7%。其中，同城299695.7万元，同比增长52.6%；异地1748174.1万元，同比增长51.9%；国际及港澳台389900.7万元，同比增长23.3%；其他306632.0万元，同比增长128.2%。同城、异地、国际及港澳台快递业务收入和其他快递业务收入分别占全部快递收入的10.9%、63.7%、14.2%和11.2%。与2013年同期相比，同城快递业务收入的比重持平，异地快递业务收入的比重下降了0.3个百分点，国际及港澳台业务收入的比重下降了3.4个百分点(表7-21、表7-22)。

表 7-21　2014 年浙江省快递企业业务量情况

2014 年累计（万件）	同比增长（%）	同城累计（万件）	同比增长（%）	异地累计（万件）	同比增长（%）	国际及港澳台累计（万件）	同比增长（%）
245744.8	73.1	53601.4	65.7	188253.0	75.6	3890.5	62.5

表 7-22　2014 年浙江省快递企业业务收入情况

2014 年累计（万元）	同比增长（%）	同城累计（万元）	同比增长（%）	异地累计（万元）	同比增长（%）	国际及港澳台累计（万元）	同比增长（%）	其他收入累计（万元）	同比增长（%）
2744402.5	52.7	299695.7	52.6	1748174.1	51.9	389900.7	23.3	306632.0	128.2

2014 年，全省新许可快递企业 126 家，注销企业 9 家，新设分支机构 764 家，约谈 77 家快递企业的法定代表人，全省已有 1210 家企业获得我省颁发的快递业务经营许可证。申通快递、圆通速递、百世汇通已经完成了全省 11 个市的经营地域全覆盖。

全年全省共出动执法人员执法检查 9358 人次，检查企业 4677 家次，下发整改通知书 785 份，立案查处违法行为 185 起，共处罚款 105 万元。

截至 2014 年底，全省邮政业消费者申诉中心共受理消费者申诉 67722 件，经调解消费者申诉已全部妥善处理，为消费者挽回经济损失 186.19 万元，消费者对申诉处理满意率为 91.7%。组织快递业务员职业技能鉴定五次，鉴定人数为 13526 人，其中初级工鉴定 12021 人，中级工鉴定 1169 人，高级工鉴定 336 人，总数居全国之首。

二、行业管理工作及主要成效

邮政改革实现新突破。全国首个县级邮政管理机构在义乌挂牌成立。浙江省邮政管理局年初率先下发了《关于优化快递业务经营许可及年报审核工作的通知》，将快递业务经营许可证变更的受理、初审以及年报的受理、审核权限下放市局。对纳入省局“绿色通道”的 8 家企业的许可证变更及年报审核手续从简从快。及时下发《关于进一步做好行政审批相关工作的通知》。各市局结合本地实际，设立市级“绿色通道”企业，进一步简化程序，提高效率，得到企业的好评。

发展环境打开新局面。浙江省邮政管理局推动省政府出台支持快递业健康发展扶持政策，《关于促进全省快递服务业健康发展的意见》即将完成修订和完善，由省政府办公厅正式发文。省局通过向有关领导和部门提出意见建议，经争取，快递指标已经单独列入浙江省经济运行与转型升级指标体系。

依法行政迈出新步伐。浙江省邮政管理局组织协调省法制办对全省新调任、录用的 39 名未取得省政府行政执法资格的人员开展行政执法综合知识培训和单独的行政执法资格考试，参考人员已全部获得顺利通过。组织开展全省行政执法案卷“互查互评互学”活动，加强办案的交流学习。完成全省邮政行业第一次统计专项调查工作，共审核快递服务网点 3348 个，其中新增快递网点 1892 个。推动快递企业开展标准化建设项目，2014 年申通、中通、汇通等企业均有新的信息化、标准化的分拨中心投入运营。部署开展“共筑诚信　你我同行”行业宣传和“增强全民法治观念　服务全面深化改革”主题法制宣传活动，营造安全用邮的社会氛围，进一步提升行政执法人员的法治思维和依法行政能力。

监管能力得到新提升。浙江省邮政管理局组织 11 个市邮政管理局完成年报的接收、审核和分支机构备案工作，做好分支机构备案工作的专题培训及日常指导工作。加强寄递渠道安全监管，与省公安厅联合下发《关于严格落实收寄验视制度进一步规范寄递企业收寄行为的通知》，与省公安厅、省国安厅三部门联合发布《关于落实收寄验视制度确保寄递渠道安全的通告》，与省安监局联合下发《关于严禁通过寄递渠道交寄危险化学品的通知》。制定出台《关于全省邮政行业加强安全生产促进安全发展的实施意见》《关于进一步加强邮路安全监管的通知》,修订《浙江省邮政业突发事件应急预案》。完成2014年全国两会、亚信峰会、南京青奥会、亚太经合组织会议等重大活动期间的邮路安保工作,强化“双11”“双12”期间寄递渠道监管和服务,妥善处理个别企业发生的寄递化学品泄漏事件、网络阻断等突发事件。深入开展规范和清理快递企业经营范围第二阶段工作。部署完成全省50个视频监控接入点,为全国之首。

队伍建设展现新活力。浙江省邮政管理局指导、审核市邮政管理局完成内设机构领导干部补充工作,开展省内干部交流,鼓励年轻干部到基层锻炼。完成2015年度国家公务员招考的计划编制、资格审查工作,共计资格审查1616人。注重行业管理和职业技能提升,申报宁波副省级城市设立职鉴中心。联合浙江大学举办四期“浙江省快递企业中高层领导素质提升研修班”。发挥职鉴中心和行业协会作用,鼓励企业推行全员持证上岗,推动企业开展对员工进行职业道德、业务技能、安全知识培训。

三、各市(地)主要管理工作概况

各市邮政管理局积极推动邮政行业扶持政策落地,宁波、温州、绍兴、丽水市政府相继出台加快推进快递行业健康发展的实施意见。金华市成立了推进邮政业发展工作领导小组。温州市政府出台网络经济企业房租补助办法,解决企业用地及租金价格高的问题。湖州局联合市运管局推动快递业纳入市财政扶持范围,在行政许可“绿色通道”、快递车辆便利通行等方面予以优惠。杭州、台州出台实施快递车辆规范管理办法,衢州局落实了快递电动车牌照问题,并帮助企业完成快递电动车投保项目。舟山局的《舟山群岛新区邮政、快递服务发展规划》被纳入《浙江舟山群岛新区交通物流发展规划》。

在确保行业平稳运行方方面。嘉兴局认真开展世界互联网大会寄递安保和服务工作,获得市领导批示肯定。义乌局由分管市领导牵头,联合国安、公安、安监、市场监管、行政执法等部门建立行业安全社会化治理的常态化机制。

安徽省快递市场发展及管理情况

一、快递市场总体发展情况

2014年,在安徽省委、省政府的大力支持下,全省快递企业业务量累计完成23859.1万件,同比增长73.5%,增速排名全国第一。其中,同城4332.7万件,同比增长110.8%;异地19375.9万件,同比增长67.0%;国际及港澳台150.5万件,同比增长54.8%。同城、异地、国际及港澳台快递业务量分别占全部快递业务量的18.16%、81.21%和0.63%。快递企业业务收入累计达到291488.9万元,同比增长49.4%。其中,同城28652.4万元,同比增长59.2%;异地219024.1万元,同比增长40.6%;国际及港澳台20349.1万元,同比增长34.8%。其他23463.2万元,同比增长281.0%。同城、异地、国际及港澳台快递业务收入分别占全部快递收入的9.85%、75.13%和6.96%(表7-23、表7-24)。

表7-23 2014年安徽省快递企业业务量情况

2014年累计(万件)	同比增长(%)	同城累计(万件)	同比增长(%)	异地累计(万件)	同比增长(%)	国际及港澳台累计(万件)	同比增长(%)
23859.1	73.5	4332.7	110.8	19375.9	67.0	150.5	54.8

表7-24　2014年安徽省快递企业业务收入情况

2014年累计（万元）	同比增长（%）	同城累计（万元）	同比增长（%）	异地累计（万元）	同比增长（%）	国际及港澳台累计(万元)	同比增长（%）	其他收入累计(万元)	同比增长（%）
291488.9	49.4	28652.4	59.2	219024.1	40.6	20349.1	34.8	23463.2	281.0

与2013年同期相比，同城快递业务收入的比重上升0.62个百分点，异地快递业务收入的比重下降了4.73个百分点，国际及港澳台业务收入的比重下降了0.78个百分点。

皖北、皖中、皖南地区快递业务收入的比重分别为18.68%、57.47%和23.85%，业务量比重分别为20.21%、56.16%和23.63%。与2013年同期相比，皖北地区快递业务收入比重上升了1.15个百分点，快递业务量比重下降了0.28个百分点；皖中地区快递业务收入比重下降了2.78个百分点，快递业务量比重与上期持平；皖南地区快递业务收入比重上升了1.63个百分点，快递业务量比重上升了0.28个百分点。

2014年前三季度全省快递企业业务量和业务收入已“双超”2013年全年水平。全年快递业务量、业务收入分居全国第12、13位，在中部六省位居第3位。“双11”期间，连续两天出现全省快件出站量大于进站量的结构性变化，快递企业总体效益不断提升、电子商务企业数量和规模不断扩大，快递与电子商务协同发展成效明显。

2014年全国“两会”前夕，腾讯网联合全国34家最具影响力的媒体，评选变化最显著、改革最有效的行业，安徽省25个行业中快递业好评率最高，成为安徽网民最满意行业。

截至2014年底，全省现有快递企业319家，分支机构949个，较2013年年底增加快递企业50家，新增分支机构730个。全省申通快递、圆通速递、中通快递、百世汇通、韵达速递、天天快递等六家品牌快递企业直营工作完成95.24%，位居全国第五位。

全年全省邮政业消费者申诉中心累计处理各类有效申诉5606件，涉及快递服务的5531件，占有效申诉量的98.7%。经调解，为消费者挽回经济损失65万余元。全年组织完成3次全省快递业务员职业技能鉴定考试，设合肥、蚌埠、芜湖、安庆、六安等多个考点，共计4259人报名，2484人考试合格。职业鉴定完成国家邮政局任务的122%，位列全国第五。

二、行业管理工作及主要成效

地方立法工作取得实质性进展。《安徽省邮政条例(草案)》经省政府常务会议讨论通过，提交至省人大常委会审议。在条例议案中，对快递基础设施规划、快递发展政策保障、快递服务车辆通行、快件末端投递保障、智能快件箱自助服务设施、城市小区住宅信报箱建设、企业收寄验视的法律责任等邮政业发展有关问题均做出了明确可行的规定。

邮政体制改革持续深化。安徽省邮政管理局印发了《安徽省邮政行业“十三五”规划编制工作方案》，明确工作步骤和任务，成立编制工作领导小组和工作小组，并邀请专家对市局开展省情和规划编制实务培训。淮南、池州、宣城、马鞍山等市局也启动了规划编制工作。优化快递业务经营许可审批流程，精简申请材料，大幅压缩审批工作时限，切实提高运行效率。安徽省快递企业的许可、分支机构备案、年度报告等快递市场相关行政审批类管理事项已全部实现市内“一站式”办理，省内快递业务经营许可审批时限由40个工作日压缩为15个工作日，快递业务许可事项变更由30-45个工作日压缩为10个工作日。2014年1月1日，安徽省邮政业“营改增”试点成功上线运行，省市两级邮政管理部门加大与税务部门对接协调力度，全力配合落实试点政策。

快递车辆通行问题有所改善。全省16个市均以市政府文件或多部门联合文件形式，出台了快递车辆市区便利通行保障文件。初步解决了符合标准的快递机动车辆进城难、通行难的问题。但快递电动三轮车等非机动车辆因为城市交通管理等原因被禁限行，通行问题得到根本解决仍需努力。

跨境电商寄递服务开始破冰。安徽省邮政管理局对跨境电商寄递服务的发展情况开展了专题调研，提出促进跨境电商寄递服务的相关建议。2014 年 3 月，安徽省首家跨境贸易电商产业集聚区安徽（蜀山）跨境电子商务产业园在合肥开建。7 月，省政府出台了《关于支持外贸稳增长调结构的实施意见》，提出推进跨境电商发展的具体实施意见。年底，首批邮包从安徽（蜀山）跨境电子商务产业园监管仓顺利通关，运往美国、加拿大等欧美国家。监管仓由省邮政公司运营，2 家电商公司成为首批通关企业。

交邮融合发展再上台阶。2014 年 4 月起，合肥被列为 20 个首批开通高铁快递业务的城市之一，全国首家高铁快递呼叫中心已经落户合肥。12 月，顺丰速运开通了合肥新桥机场快递全货机航线，合肥机场正式迈入快递全货机时代；中外运空运公司将在合肥空港经济示范区投资建设标准化航空物流仓库，并拟申请设立国际邮件互换中心。合肥"陆铁空"立体快件运输体系基本形成，安徽省在各大快递品牌网络布局中的地位日益凸显。

不断提升市场管理成效。安徽省邮政管理局印发《安徽省规范和清理快递企业经营范围第二阶段工作方案》。建立并执行市场监管执法季度通报制度，督促指导市邮政管理局提升依法行政能力。2014 年，全省共开展快递、集邮、用品用具三类邮政市场执法检查 4282 次，下达整改通知 118 份，作出行政处罚决定 96 起，罚款 56.89 万元。将消费者申诉事项与市场监管工作衔接，并规范了办理流程。

不断强化行业安全监管。安徽省邮政管理局举办了第六期全省邮政行业安全生产培训班，各市邮政管理局也分别组织行业安全生产知识综合培训或专项培训，指导企业掌握禁寄物品的鉴别和处理方法，提高企业安全管理水平和员工安全防范能力。分别以化学品寄递安全和落实收寄验视制度情况为重点，组织开展 2 次全省性寄递渠道安全专项整治行动，整治行动期间共立案查处违法行为 20 件，出具责令改正通知书 74 份，对 11 家快递企业作出了责令停业整顿决定。强化省、市两级寄递渠道治安管理协调小组、邮路安全监管领导小组部门联动作用，3 次会同省公安厅、省国家安全厅召开协调会议，分析寄递渠道治安管理形势，通报寄递渠道治安管理情况及典型案例。全年通过联动机制在寄递渠道发现涉枪、涉暴恐、涉毒等犯罪案件线索 21 起，立破案件 5 起，抓获罪犯 22 名。寄递渠道安全管理的协作部门范围和协作内容进一步扩大，省局成为省打击侵权假冒工作领导小组成员单位，建立起省市两级邮政业"双打"专项活动和化学品寄递安全保障联动工作机制。顺利完成全国"两会"、亚信峰会、南京青奥会、亚欧博览会等国家重大活动期间邮路安保工作。结合实际部署全省业务旺季保障工作，对旺季期间快递服务的处理环节、末端投递、投诉处理等方面提出了具体要求。在"双 11"业务量同比增长 75.1% 的情况下，圆满完成了"保畅通、保安全、保平稳""全网不瘫痪、重要节点不爆仓"的目标。

持续推进邮政管理队伍和行业人才队伍建设。安徽省邮政管理局制定印发年度培训计划，并充分借助地方资源开展干部培训，组织部分市邮政管理局局长和机关处室负责人参加省直机关处级干部学习习近平总书记系列讲话精神轮训班。各市局也积极参加当地政府组织的各类学习培训。全年省局共举办监管业务培训和行政管理工作培训 11 期。贯彻落实新的《党政领导干部选拔任用条例》，严格按程序组织完成了省局机关干部补编任用工作，并指导市局有序开展内设机构领导干部补充配备工作。顺利完成公务员招录和转正定级工作。改进和完善干部考核制度，研究制定了《市邮政管理局领导班子和领导干部年度考核办法（试行）》，提高领导班子成员的绩效意识。全省已发展8所高职合作院校、2所中职合作院校，分布于合肥、安庆、淮南、六安、滁州、铜陵、马鞍山、池州、宿州等市。全省已有8个市组建了快递协会。

三、各市（地）主要管理工作概况

在增强行业发展保障政策方，淮北、蚌埠、阜阳市政府先后出台加快或推进邮政业发展的实施意见；蚌埠、六安、安庆、亳州市政府工作报告中明确提出鼓励支持邮政业和快递发展；池州、黄山、蚌埠等市成立市邮政管理工作领导小组，均由分管副市长任组长；淮南市政府审议通过《淮南市邮政设施专项规划》，并将专项规划纳入2014年度全市规划；安庆、宣城等市政府出台促进快递业发展的奖励政策；合肥、芜湖、六安、安庆等市政府出台文件支持电子商务与快递协同发展；宿州市将邮政管理部门纳入市推进交通商贸物流发展领导小组，促进邮政业与交通商贸物流融合发展。

在持续加码快递基础能力建设方面，各市积极引导快递企业改善发展条件，推进快递物流园区建设。2014年5月，合肥快递产业园挂牌成立，中通快递、申通快递、圆通速递等7家品牌快递企业入驻园区经营。六安市快递物流园已落户六安产业转移集中示范园区，一期项目已有3家企业与园区管委会签订建设协议。池州市将快递物流园区建设纳入2014年全市重点工作，出台了快递物流业专项建设规划，明确了快递（电商）物流园区选址等问题；淮北市政府将快递配送中心建设纳入了物流园区统一规划；马鞍山快递产业园区一期工程建设完成，快递企业已入园经营；阜阳、安庆市快递电商物流园合作项目已启动建设。快递下乡工程有序推进。推动企业加快农村网络布局，向下延伸服务，带动城乡商贸流通。六安、合肥、淮北等市快递乡镇网点已实现全覆盖。

在不断创新快递服务末端平台建设方面，各地积极探索快递服务平台建设模式，大力提升末端投递水平。六安局联合市房产局启动城区居民小区物业代收快件试点工作，6个试点小区日均代收快件400多件，受到小区居民和物业管理单位的普遍欢迎。池州等市多个大专院校的快递服务中心已相继设立，快递业务运行平稳。蚌埠市将快递投递点纳入社区商业便民服务中心，目前已建成130个投递点。智能快件箱在合肥市100多个小区、写字楼安装并投入使用。合肥局积极与市商务局等政府相关部门共同研究搭建跨境电商与快递融合发展平台，并成为跨境电子商务工作联席会议成员单位。

在进一步深化产业链和服务链融合方面，部分市局正积极研究出台服务政策。滁州局拟定了《滁州市快递服务制造业发展实施方案》，已报市政府审批。合肥局与市经信委拟联合出台《关于推进快递服务制造业工作的指导意见》，采取措施引导快递服务技术密集型制造业、服务中小制造企业。

在推进监管信息公开和开展快递企业价格公示规范方面，蚌埠局在网站上公示2014年行政处罚信息，包括被处罚单位的名称、存在的违法行为、作出的处罚决定、处罚文号等相关信息。淮南等市局开通微信、短信平台公众服务，不定期向从业人员和消费者发布监管动态和安全提示，推进了监管服务公开化、信息化、便民化。合肥局联合市物价局开展快递企业价格公示规范工作，下发通知明确规定企业要将价格进行公示，并要求快递员持价格公示卡上岗。亳州、宿州2市也相继将快递员纳入全市技能培训补贴范畴，予以政府补贴支持。

在推动精神文明建设方面，在首届全国“最美快递员”评选中，安徽省两名快递员获得殊荣。安徽省邮政管理局组织发起“向石头蛋、王光成二位同志学习，争当最美邮政人”的学习宣传活动。省内多家报刊、网站均以显著版面、醒目标题，对安徽最美快递员事迹进行了宣传报道。宣城局联合市总工会开展“十佳快递投递员”评选活动。芜湖等市局通过组织快递员开展文明创建集体倡议签名活动、参加志愿服务等形式,号召快递企业参与公益和文明创建活动,不断提升行业形象。淮南、黄山、亳州等市局获得市级“文明单位”称号。

福建省快递市场发展及管理情况

一、快递市场总体发展情况

2014年,福建省快递企业业务量累计完成65417.3万件,同比增长46.9%。其中,同城、异地、国际及港澳台快递企业业务量分别完成9490.3万件、54599.9万件、1327.1万件,分别同比增长39.2%、47.9%、65.3%。快递企业业务收入累计达到810815.0万元,同比增长31.7%。其中,同城、异地、国际及港澳台、其他业务收入分别完成72121.4万元、551314.0万元、131307.1万元、56072.4万元,分别同比增长39.0%、27.6%、21.8%、136.2%。同城、异地、国际及港澳台快递企业业务量分别占全部快递业务量的14.51%、83.46%和2.03%;业务收入分别占全部快递收入的8.89%、68%和16.19%(表7-25、表7-26)。

表7-25 2014年福建省快递企业业务量情况

2014年累计(万件)	同比增长(%)	同城累计(万件)	同比增长(%)	异地累计(万件)	同比增长(%)	国际及港澳台累计(万件)	同比增长(%)
65417.3	46.9	9490.3	39.2	54599.9	47.9	1327.1	65.3

表7-26 2014年福建省快递企业业务收入情况

2014年累计(万元)	同比增长(%)	同城累计(万元)	同比增长(%)	异地累计(万元)	同比增长(%)	国际及港澳台累计(万元)	同比增长(%)	其他收入累计(万元)	同比增长(%)
810815.0	31.7	72121.4	39.0	551314.0	27.6%	131307.1	21.8	56072.4	136.2

与2013年同期相比,同城快递业务收入的比重上升0.46个百分点,异地快递业务收入的比重下降2.21个百分点,国际及港澳台业务收入的比重下降了1.32个百分点。

全年颁发快递业务经营许可证65本,办理变更526项/次。全省共有1289家快递企业及网点取得合法经营资质。全省快递服务网点县(市、区)级覆盖率100%,乡镇覆盖率42%(全省行政区划中乡镇总量928个)。全年改(扩)建转运分拨中心15万平方米,新增干线运输车辆100余部、快件揽投车辆230部、从业人员5000余人,增加流水线等自动化分拣设备超过5000米。投放智能快件箱860多组,格口数超过3.9万个,日均派件量2.6万件。快递服务公众满意度77.4分,同比增加2.1分。申诉处理满意率93.4%,同比增长1.8个百分点。

全年鉴定快递业务员6159人,合作院校23家,其中10所院校开设快递专业(方向)课程,共为企业输送毕业生404人,“双11”期间940人/次服务企业,缓解旺季人员紧缺难题。

多项工作领跑全国,完成100%的目标。快递企业经营范围规范和清理100%完成,邮政业首次统计专项调查100%完成,全国领先。全国首部以促进快递行业发展为主旨的省级地方立法《福建省促进快递行业发展办法》经省政府常务会议通过。寄递渠道安全形势总体平稳,全年无重大安全责任事故。新闻宣传考核量化指标全国第二。全年职业技能鉴定规模全国第三,合作院校数量全国第二。

二、行业管理工作及主要成效

发展环境进一步改善。福建省政府日益重视邮政工作，给予100万元工作奖励经费。省政府召开专题会议，研究促进快递与网络零售协同发展。印发《关于进一步加快电子商务发展的若干意见》《关于促进大中型物流企业发展的若干措施》《关于提升交通运输服务八条措施的通知》等，明确行业利好政策。营改增试点平稳推进。《福州市人民政府办公厅关于促进福州市邮政行业发展的实施意见》《泉州市人民政府关于促进快递服务业发展的意见》《龙岩市人民政府关于促进邮政快递行业健康发展的意见》相继出台。县级机构成立取得突破，晋江邮政管理局的组建在人员编制及资金配套等方面获得支持。福建省邮政管理局推动《福建省促进快递行业发展办法》出台。启动“十三五”规划编制。按照省政府物流业发展中长期规划和分工，做好落地衔接。

安全监管得到强化。福建省邮政管理局联合多部门转发九部委《关于加强邮件、快件寄递安全管理工作的若干意见》，建立安全监管协作机制。印发《关于落实企业安全生产主体责任的通知》，获国家邮政局肯定。建立邮政监管信息报告与通报制度。强化与公安部门协作，开展寄递企业违规收寄禁寄物品典型案例倒查和交叉检查。完善全省邮政业远程视频监控平台，扩大覆盖范围，共接入快件处理中心、快递企业及下属分支机构、营业网点120家。

宽严相济推进依法行政。福建省邮政管理局印发执法检查工作指导意见，编制安全生产检查表，制定重大案件督办制度，尝试典型案例分析讲评。全年执法检查2064次，同比增加155%；检查单位807个，同比增加87%。查处违法违规行为645次，同比增加249%；下达整改通知书271份，同比增加721%。全年立案76起，累计罚没收入61万元。进一步缩短审批时限，快递许可审批流程得到优化，开辟诚信企业许可变更“绿色通道”。印发工商登记制度改革后续市场监管工作实施办法。做好消费者申诉处理和统计工作。

快递“向下”“向外”工程成果明显。福建省邮政管理局探索乡镇邮政网点、乡镇客运站等公共设施搭载快递业务，多渠道实现快递“下乡”。省交通运输厅鼓励航运企业为两岸邮件、快件运输服务。省台办推动涉台邮路和对台跨境电商发展。平潭综合实验区启动跨境电商试点。以国际e邮宝、国际小包等为代表的一系列针对跨境电商的产品市场份额超过60%。

快递企业瓶颈难题逐步缓解。各地累计发放通行证264本。企业用地更加宽松。福州高速物流园、漳浦电商创业园、石狮灵秀电商园、南平闽北物流园等陆续入驻快递企业。企业用工更加专业。职业技能鉴定考点设置实现地市全覆盖，增设武夷山和福安两个县级考点。

促进行业协调发展效果进一步凸显。福建省邮政管理局开展青春建功中国梦、文明餐桌、捐赠爱心红书袋、义务植树等系列活动。全省5家非公快递企业成立党组织(即福州飞远、厦门顺丰和鹭申通、泉州韵达和顺丰)。学习贯彻新《干部任用条例》，就干部任免报审、报备工作、非领导职务设置、干部因私护照管理等出台相关制度。完成市局领导干部选拔调整，正、副局长全部到位。开展机构编制核查，清理超职数配备干部和领导违规兼职等。完成《公务员信息管理系统》数据库建设。开展案卷评查，制定规范行政执法案卷指导意见。发放国家邮政局第二批执法资格证，22人全部顺利通过考试，全省共有100人取得国家邮政局执法证件，70人取得省政府执法证件。获评全国邮政管理系统先进记者站。《快递》杂志“样板间”栏目报道福建扶持快递行业发展举措，《中国邮政快递报》专题调研智能快件箱、快递旺季服务保障等情况。举办新闻宣传培训班。开通官方微信平台，发布行业资讯、消费提示、申诉及行业发展情况等，开展满意度调查。

三、各市(地)主要管理工作概况

福州市邮政设施专项规划获财政60万元支持并纳入城市总体规划及控制性详规;《福州市促进邮政业发展办法》进入征求意见阶段。福州快递末端网点建设获财政50万元支持;福州局探索"制度+科技"监管模式;联合交警部门解决200部快递货车市区便捷通行问题;成功创建末端投递公共服务平台,顺利实现"人工为主、智能为辅""8+24"全天候末端投递服务;率先在全省实现智能快件箱"三进"工程试点建设,率先在福州市直机关东部办公区建成全市首个"易栈公共投递平台";与闽江学院等4所高等院校签订战略合作协议,促成福建经济学校建立快递业务员实训基地。

修订后的《厦门市邮政设施专项规划》审议通过,财政支持邮政立法、规划编制等项目近80万元;《厦门市促进快递市场发展若干规定》列入2015年规章立法正式项目;厦门免征邮政企业全年城镇土地使用税、房产税600余万元,财政拨付EMS现代服务业专项资金1000万元,智能快件箱列入"为民办实事"项目并获资金支持;厦门实现村村通快递;率先试点对台海运快件业务,配合商务局推动象屿跨境电商园区建设,举办全国首届快递与电商合作论坛、海峡两岸快递与产业合作论坛;电动(三轮)车挂牌通行,纳入重点物流企业范畴的厦门快递企业享受车辆过路过桥费减半优惠;成立校企合作服务中心,举办首期高职快递试验班;全面推行企业安全员制度,邮路安全(反恐)联合监管成效明显。

泉州局推动出台《泉州市人民政府关于促进快递服务业发展的意见》等在内的10余份政策性文件;快递产业园项目被纳入市政府重点项目调度范围,被写入市政府工作报告;启动建设综合便民服务驿站,智能快件箱进驻市行政中心以及近100个住宅小区,快递服务网点县(市)覆盖率100%,乡镇覆盖率超过95%;提升快递发展规划内容纳入《泉州新型城镇化规划(2014—2020年)》;率先开发快递服务网点分布电子地图,扩容快递车辆GPS系统;联合海关、检验检疫部门出台跨境快件便利通关政策,加快建设国际快件监管中心;组建校企合作委员会,建立快递人才培养基地并组织专场招聘会。

漳州局与福建DPK公司合作,扶持其成为全市首批第三方末端配送代表企业,与投放智能快件箱互为补充,逐步打通快递服务"最后一公里";积极推动实现易维通、漳浦电商园、佰马城、海峡物流电商城、漳州味水仙花生鲜电商等多家电商快递园区资源整合,与"漳州味"名优特产品的推广营销相得益彰,共同助力快递业发展;提供鉴定费和教材鼓励学生参与等级考试。

《三明市电子商务产业发展规划(2014—2018年)》将"全市电子商务仓储快递一体化物流园"列入近三年拟实施的重点项目;三明局积极争取优惠政策,市政府出台《关于促进电子商务发展的若干意见》,快递作为电子商务服务的配套企业,同等享有资金、税收、人才优惠;出台《实施意见》明确支持城市商业配送、快递分拨等重点物流领域建设;联合公安、安监开展化学品寄递安全监管;鼓励跨境电商回乡创业,发挥邮政国际包裹优势,初步建成以"速卖通"为依托的跨境电商山区模式;分等分级奖励快递业务员职业资格认证。

南平将邮政业"十三五"规划、快递园区布局及安全监控平台建设等纳入财政统筹,并给予50万元支持;建立闽北快递人才培养基地。

莆田局优化行业发展环境,促进市政府出台四份文件对邮政业发展提出扶持措施;莆田电动(三轮)车挂牌通行;《莆田邮政快递报》成功创办。龙岩局制定出台《关于进一步加强邮政快递市场监督管理的意见》以及配套的实施办法和指导意见等规范性文件。福州、泉州、龙岩相继出台促进邮政快递业发展意见。福州、厦门、漳州、宁德、南平等局创建市级文明单位。漳州、莆田等局建立系统台账,强化安全邮政建设。莆田、泉州、宁德等局开展快递末端服务网点备案试点。泉州、龙岩、三明等局积极服务淘宝村(镇)快递物流发展。厦门、泉州、莆田等局建立邮政业宣传报道组。泉州、宁德、福州等局相继创办“手机报”。

江西省快递市场发展及管理情况

一、快递市场总体发展情况

2014年,江西省快递企业业务量累计完成15993.6万件,提前一年超额实现行业“十二五”规划目标,全国排名第15位,较上年度前进2位;同比增长64.0%,增幅全国排名第3。其中,同城2016.1万件,同比增长56.5%;异地13930.9万件,同比增长65.2%;国际及港澳台46.6万件,同比增长47.0%。快递企业业务收入累计达到182151.1万元,全国排名第17位,较上年度前进1位,同比增长40.3%。其中,同城14749.8万元,同比增长50.4%;异地140457.1万元,同比增长29.8%;国际及港澳台6560.5万元,同比增长25.9%;其他20383.7万元,同比增长211.0%(表7-27、表7-28)。

表7-27　2014年江西省快递企业业务量情况

2014年累计(万件)	同比增长(%)	同城累计(万件)	同比增长(%)	异地累计(万件)	同比增长(%)	国际及港澳台累计(万件)	同比增长(%)
15993.6	64.0	2016.1	56.5	13930.9	65.2	46.6	47.0

表7-28　2014年江西省快递企业业务收入情况

2014年累计(万元)	同比增长(%)	同城累计(万元)	同比增长(%)	异地累计(万元)	同比增长(%)	国际及港澳台累计(万元)	同比增长(%)	其他收入累计(万元)	同比增长(%)
182151.1	40.3	14749.8	50.4	140457.1	29.8	6560.5	25.9	20383.7	211.0

截至2014年底,全省取得快递业务经营许可和备案的有32个品牌、426家独立法人企业、1035处分支机构,行业从业人员超过5万人。其中,2014年新增快递企业158家,同比增长95%;新增快递企业分支机构446家,同比增长34%。有国有、民营、外资以及混合制等多类快递企业,市场活力不断增加,市场竞争日趋激烈。

快递服务满意度连续三年稳步提升。全年全省邮政业消费者申诉中心共受理申诉11471件,有效申诉3829件,为消费者挽回经济损失42万余元消费者对企业处理满意度96.1分,对管理部门处理满意度97.3分。全年行政执法立案191件,处罚187件,处罚金额达64.07万元。共组织开展4个批次的快递业务员职业技能鉴定统考,共有2904人报考,全年合格人数1869人。

快递企业已在全省788个乡镇设点1314处,从业人员2100余人,乡镇快递覆盖率已达55%,较上年同期提高28%。全年农村收投快件量已突破2000万件,较上年同期实现翻番。

二、行业管理工作及主要成效

依法行政和履职能力明显增强。全省邮政管理系统通过开展“执法规范年”活动,行政执法制度进一步完善,规范执法意识进一步增强,行政执法案件的数量和质量进一步提升,邮政市场经营秩序进一步规范,活动取得丰硕成果。江西省邮政管理局先后出台《行政执法责任制》《行政执法责任制评议考核办法》《行政执法案卷评查办法》《行政执法案卷评查实施标准》。邀请兄弟省局政策法规部门专家对抽查的行政执法案卷进行评查打分,11份案卷被评为优秀案卷。组织开展“执法规范年”活动考核评比,南昌等五个市局被评为先进单位。组建全省邮政管理系统法律顾问小组。举办全省市场监管行政执法培训班和邮政行业安全监管培训班，邀请河南省邮政管理局法律专家就行政执法操作实务进行授课。先后派出两批共17人次参加国家邮政局组织的行政执法培训。制定专项执法方案，对全年快递市场执法工作进行整体规划和重点部署。加大市场经营秩序整治力度，超进度完成规范清理经营许可年度工作目标。与公安机关和安监部门建立协作机制，开展寄递渠道安全大检查和落实收寄验视制度专项整治活动，切实防范危险品流入寄递渠道。加强邮政市场执法监管力度，提升办案效能，实现执法重心下移。

行业发展环境持续改善。江西省发改委联合江西省邮政管理局共同印发《关于促进快递业健康发展的意见》，完整、系统地提出了促进江西省快递服务业发展的指导思想、发展目标和政策措施。各市局积极向当地政府汇报推动意见的落地实施。南昌、鹰潭、吉安等市政府已相继召开有关会议，研究贯彻落实的具体政策措施。解决快递企业用地难问题。探索快递下乡新思路，组织开展县以下快递网点调查。江西省邮政管理局联合省教育厅抓好省政协相关提案的落实，解决快递进校园热点、难点问题。各市局加强与公安交警和公路运输管理部门沟通，持续推进快递车辆通行管理，加快新能源汽车的推广应用。优化经营快递业务许可审批流程，建立审批“绿色通道”制度，快递许可审批时限由原来45天缩短至30天内，事项变更由原来30天缩短至15天以内。快递业务经营许可证变更审核增加7项形式审查，时限由原来30天缩短至10天以内。成立全省邮政业“十三五”规划编制领导小组和工作组，印发编制工作方案，组织各市局参加国家邮政局规划编制培训班。与各级地方政府沟通协调，力争将行业规划纳入地方规划发布。与第三方编制单位展开合作，着手研究“十三五”规划前期重大课题。

安全监管能力与应急能力稳步提升。省市两级成立行业安全监管工作领导小组，由主要领导任组长。江西省邮政管理局开展全省邮政业统计专项大调查工作，深入邮政快递企业实地采集相关数据。建立全省市场监管工作季报制度，及时掌握全省监管动态；建立年度申诉处理工作总结表彰机制，规范与激励并举，提升申诉处理水平。全面推广快件收寄验视章制度，邮件、快件收寄验视率较上年总体提高20%。联合省、市安监部门举办行业安全培训班，进一步明晰企业的安全生产主体责任和管理部门的监管责任。会同省综治办、公安、交通等部门起草《关于加强邮件、快件寄递安全管理工作的若干意见》的落实措施。联合省公安厅、国家安全厅，顺利迎接国家反恐怖工作领导小组第十检查组赴赣督导检查。开展邮政行业安全生产百日专项整治活动，对邮政快递企业执行收寄验视制度和安全生产进行全面检查；落实快递企业生产一线人员签订寄递安全责任书1898份。召开全省快递业务旺季服务保障工作会议，全面部署快递业务旺季服务保障工作，签订旺季保障工作责任书。举办新闻媒体通气会，通报旺季服务保障工作安排。监测快件转运中心业务量数据，督导检查快递分拨中心运行情况和末端网点投递情况。妥善处理用户申诉。宣贯《邮政行业安全信息报告和处理规定》，建立政企之间、业务部门之间的信息互通机制。通过指导快递协会制定自律公约，开展行业发展调研等活动，为企业间沟通和协调搭建良好平台。组织聘请社会监督员94人，监督快递网点519个，社会监督达到443人次，反馈问题152个，提出可行性建议10条。通过发挥寄递渠道安全协作机制作用、强调收寄验视制度、加强对一线从业人员安全生产培训、畅通安全信息报告渠道，妥善处置“汇强”快递网络运行突发事件、顺利化解全国两会期间“暴恐”威胁等一系列突发事件。全年累计妥善处理各类行业应急突发事件15起。

干部和人才队伍建设持续加强。江西省邮政管理局先后组织九江等4个市邮政管理局相关人员转入工作和上饶市局1个人员的转出工作，补充5名公务员。指导市局完成16名市局内设机构领导试用期满转正考察的工作。完成公务员年度考核、工资年报统计、公务员年报系统统计、“一报告两评议”等人事基础工作。编制省局全年教育培训计划。协调南昌市公务员局，将5名新录用公务员纳入南昌市直属单位公务员培训。推动校企合作，送考上门，鼓励职业院校在校学生、退役士兵参加职鉴考试，为行业储备人才。

行业精神文明建设扎实推进。江西省邮政管理局组织“最美快递员”评选活动，传播正能量，树立新形象。召开首次全省邮政业精神文明建设工作会，联合团省委推动全省快递企业“青年文明号”创建工作。全行业精神文明建设取得丰硕成果，涌现出一大批先进集体和先进个人。省局荣获“省直机关文明单位”称号；南昌、吉安、景德镇、新余等局被评为市级文明单位；江西圆通速递有限公司客服部、江西顺丰速运有限公司市场销售部被评为2012－2013年度省级“青年文明号”。

三、各市(地)主要管理工作概况

2014年，各市邮政管理局通过印制《执法人员工作手册》、组织案件讨论学习会、开展行政处罚程序集中学习和讨论、组织“每周一讲”等干部自讲、自学、自评等多种方法和途径，加强邮政法律法规培训学习，全面提升依法行政能力和水平。对已纳入行业统计范围的所有1259个快递营业网点完成实地入户信息采集工作，并对458家新设立或未备案企业采集了地理位置及相关图片信息。

在快递物流园区建设方面，吉安局促成快递企业与祥和物流园合作，以两年免租金、停车场免费使用的优惠政策建成江西省首个专业快递产业园，已投入使用。上饶局推动由第三方承建的快递电商物流园一期工程已交付使用；南昌、新余、鹰潭快递园区用地指标已得到当地政府批准。

在推动快递下乡方面，宜春局以铜鼓县为试点，整合当地快递品牌资源，以快递同业合作经营发展模式，实现全县9个乡镇快递服务全覆盖。新余局以分宜县实现村邮站全覆盖为平台，快件全部实现投递到村。九江局推动星子县加快形成快递业与羽绒业联动发展，支持共青城市建立电商仓储物流中心建设。

在快递服务末端体系建设方面，九江、宜春、景德镇、新余、萍乡等局指导企业在高校设立运营门店和快件智能投递箱，创新快递进校园服务模式。南昌局选取部分高校、居民小区、工业园区和乡镇试点，加快快递末端共同配送体系建设。宜春、新余、南昌局联合房管部门、物业协会共同推进快递进社区。赣州局联合市商务局批准两家快递企业开展城市共同配送试点工作。

在化解快递服务车辆通行难题方面，南昌、九江、吉安、抚州等局全年累计发放多批次快递服务车辆通行证共计266张。九江局争取到电动三轮与摩托快递车辆城区通行给予免禁行、免查处政策，核发首批20张通行证。南昌局获批的首批新能源汽车交付快递企业试用，并与市发改委对接，对新能源汽车充电桩建设分布进行规划。新余局争取交通部节能减排资金，加快快递投递车辆的升级改造。

在加强寄递服务信息安全保障方面，鹰潭、新余局牵头建立寄递渠道可疑信息报告奖励制度，制订可疑信息甄别、上报、处理及具体奖励措施。南昌、吉安、鹰潭等局出台快件详情单统一销毁制度，组织快递企业集中销毁详情单3批次，合计10.74吨。

山东省快递市场发展及管理情况

一、快递市场总体发展情况

2014年，山东快递企业业务量累计完成44685.0万件，同比增长42.4%。同城8283.4万件，同比增长42.3%；异地35589.5万件，同比增长43.4%；国际及港澳台812.1万件，同比增长11.8%。快递企业业务收入累计达到670123.1万元，同比增长23.0%。其中，同城65084.0万元，同比增长26.2%；异地441582.6万元，同比增长24.8%；国际及港澳台112054.0万元，同比增长1.7%；其他51402.5万元，同比增长75.0%（表7-29、表7-30）。

表7-29 2014年山东省快递企业业务量情况

2014年累计（万件）	同比增长（%）	同城累计（万件）	同比增长（%）	异地累计（万件）	同比增长（%）	国际及港澳台累计（万件）	同比增长（%）
44685.0	42.4	8283.4	42.3	35589.5	43.4	812.1	11.8

表7-30 2014年山东省快递企业业务收入情况

2014年累计（万元）	同比增长（%）	同城累计（万元）	同比增长（%）	异地累计（万元）	同比增长（%）	国际及港澳台累计（万元）	同比增长（%）	其他收入累计（万元）	同比增长（%）
670123.1	23.0	65084.0	26.2	441582.6	24.8	112054.0	1.7	51402.5	75.0

全省具备经营快递业务资格的法人企业及分支机构达1500家，比上年增加319家。全年全省邮政业消费者申诉中心共受理申诉4.5万件，为用户挽回经济损失183万元，邮政业消费者申诉处理满意率达到96%。

全年共鉴定快递业务员7228人次，累计鉴定29784人次，鉴定合格22670人次。作为全国邮政行业业务师鉴定试点省份，组织省内26家规模以上快递企业、8所合作院校共131名考生参加试考，71名考生通过了理论知识考试、技能操作考核。行业人才培养基地建设初具规模，全省快递人才培养合作院校达26所。其中，省级邮政行业人才培养基地5个，市级邮政行业人才培养基地10个。

二、行业管理工作及主要成效

多措并举，强力助推行业转型升级。山东省邮政管理局积极争取省政府制定出台《山东省人民政府办公厅关于促进快递服务业健康发展的意见》，填补了山东省扶持快递业发展政策的空白。推动将邮政、快递末端配送网络建设纳入《山东省人民政府关于加快现代流通业发展的意见》，列入一刻钟便民生活服务圈建设范畴。与青岛市政府签署加快邮政业发展战略合作协议，建立合作联席会议制度。主动加强与有关部门的沟通，推动将快递基础设施建设、邮政和快递服务网点布局等内容纳入《山东省新型城镇化规化（2014－2020）》《山东省农村新型社区和新农村发展规划（2014－2030年）》。召开全省邮政业规划编制工作动员会，全面启动山东省邮政业“十三五”规划编制工作，与省发改委宏观经济研究院签订规划委托协议。加强对市局的规划编制指导，组织开展规划知识培训。多渠道推进快递园区建设，引导快递企业积聚发展。组织赴江苏等先进省份考察学习。引导快递企业“向下”布局，提高网络覆盖率。引导企业加快智能快件箱布放和使用，全省共建设投放1000余处智能快件箱，临沂市直机关快递服务站投入使用。据不完全调查，全省各主要民营控股快递网络县级网点已基本实现全覆盖，乡（镇）网点覆盖率达到70%以上。省内特色农副产品，借助电商模式和快递业务实现热销。全省17个市、129个县（区、市）实现交邮合作。

加强快递企业党组织建设，全省已建立快递企业基层组织12个，党员数量达150余人。加强快递企业团组织建设。职业技能鉴定工作有序开展，校企合作模式不断创新。中通与莱芜职业技术学院联合开办快递职业经理"订单班"，上海圆通在淄博职业学院，投资150万元建立全国首家校园快递客服实训中心，青岛酒店管理职业技术学院《"政企校"联盟模式下快递行业高技能人才培养的探索和实践》荣获教育部"国家级教学成果"二等奖。

坚守底线，全力保障行业安全发展。山东省邮政管理局认真落实山东省省长郭树清关于建立邮政行业安全监管系统预防措施和应急办法的重要批示精神，积极争取和推动将《山东省寄递安全管理办法》列入2014年省政府规章一类立法项目。启动了全省邮政行业安全生产管理规范编制工作。严格落实企业主体责任。督促寄递企业建立健全安全生产组织管理体系，落实安全生产规章制度、安全生产教育培训、事故报告和应急救援等安全生产主体责任。在全省组织开展收寄验视、危化品寄递、信息安全、行业安全生产及隐患排查等系列专项检查整治活动，加强行业安全监管协作配合。转发落实中央九部门关于加强邮件、快件寄递安全管理工作的若干意见，实现省、市两级邮政行业安全监管协调机制全覆盖，积极探索安全监管新模式。完成了省局和济南、青岛局行业安全监控中心建设，16家主要品牌企业纳入监控范围。召开全省快递行业组织工作推进会，省、市快递协会联合签发全国首个快递行业《安全服务倡议书》，省快递协会设立"服务质量监督委员会"、"安全工作委员会"等专门工作机构。健全省、市两级邮政行业突发事件应急预案，所有市局均完成快递企业应急预案备案和安全信息员备案工作。加强行业突发事件应急演练，各市局分别联合市政府应急办、公安、安监、消防等部门，组织企业开展演练。圆满完成亚信峰会、南京青奥会、中国－亚欧博览会、APEC峰会、"双11"快递业务旺季服务保障等重大活动期间寄递服务安全保障工作。

依法行政，推动行业规范有序发展。山东省邮政管理局配合省人大开展专项执法检查。省人大执法检查组委托未检查的各市人大自行检查，并提交了执法检查报告。积极探索在全省建立政府法律顾问制度，实现省局和17市局全覆盖。制定《山东省快递业务经营许可流程规定》，建立快递业务经营许可"绿色通道"制度，优化许可备案流程，许可变更及备案平均用时显著缩短。全面落实国家邮政局下放邮政管理部门层级职权的要求，实现执法重心下移。切实发挥行政复议监督作用，共受理和办理行政复议案件6起。制定实施财务管理、行业统计等考核办法，依法规范行政行为，提升履职能力。邮政市场方面，全省共开展检查、指导和服务活动2286次，检查单位1038家次，纠正和查处违法违规行为567起，下达整改通知书77份，下达行政处罚94份，罚款71.2万元，依法暂扣违法物品数量29件。对"人人快递网"依法进行了查处。

强化监管，持续提升行业服务水平。通过抓地区、抓企业、抓网络，开展济南、青岛、潍坊等重点区域服务质量专项整治，约谈申诉问题突出企业，督促服务问题突出网络限时整改。加快申诉工作向市局延伸，完成了市局邮政业申诉中心组建工作。联合团省委、省快递协会部署开展全省快递行业青年文明号创建活动。向团省委推荐10个基层单位申报"省级青年文明号"。济南、烟台、威海、泰安、聊城、潍坊、济宁、淄博、临沂等9个市，共有42个快递企业优秀集体被命名表彰为"市级青年文明号"。抓好典型选树推广，强化榜样示范。涌现出"最美快递哥"罗光进，"举被哥"郭清磊、李勇伟、张志刚，省局申诉中心合力顺丰90分钟寄递"救命快件"等一批典型事迹。

夯实基础，不断提高综合保障能力。全省快递车辆城区通行问题基本解决，16个局累计核发

"绿色通行证"1605 张。建立健全干部管理制度，开展多层次、多类型干部培训，加大青年干部交流力度，优化干部队伍结构，激发干事创业活力。首次选派市局主要负责同志参加省直机关党校进修。加强行业统计工作，着力提高统计质量，组织开展第一次行业统计专项调查，省局连续两年被省统计局授予"全省部门统计工作先进单位"荣誉称号。加强与省内外主流媒体交流沟通，编发《山东邮政管理》27 期。开发舆情监测软件，加强舆情监测预警，舆论引导和媒体应对能力大幅提升。

三、各市（地）主要管理工作概况

各市党委、政府对邮政业发展高度重视，《山东省人民政府办公厅关于促进快递服务业健康发展的意见》出台后，各市政府领导纷纷批示，要求结合各地实际加速政策落地，济宁、泰安、枣庄、菏泽、聊城市政府已制定出台具体落实意见。济宁市政府还印发了《济宁市邮政业三年行动计划（2014－2016 年）》，济宁局为寄递企业争取到460 万元服务业发展专项资金；菏泽市政府成立由市领导任组长的支持邮政业发展领导小组；泰安市委《领导参阅》刊发了《关于加快发展快递新兴服务业的调研报告》；青岛市将快递业纳入青岛国家城市配送试点支持范畴，争取扶持资金 910 万元；枣庄市将邮政业发展纳入全市服务业考核；淄博市将邮政业纳入全市服务业发展重点行业；威海局《关于加快推进全市邮政业发展壮大的报告》获市政府主要领导批示肯定，相关建议转有关部门研究办理。

各市局与邮政快递企业签定了安全生产责任书以及快递业务旺季服务和安全保障工作责任书，采取定期培训或轮训等方式加大对企业安全生产管理人员的培训考核。威海、青岛等局开展为企业送法上门活动。济南局试点建立了快递生产经营场所安全公示制度；认真履行政府监管责任。

在规划编制方面，青岛市将邮政业"十三五"规划纳入地方经济社会发展规划编制范畴，青岛局成为市"十三五"规划编制工作联席会议成员单位。邮政业务总量增长率作为服务业发展考核指标首次被纳入青岛市国民经济核算指标调度范围；泰安市安排专项资金编制全市邮政设施专项规划、快递物流园区选址规划和快递产业发展规划。淄博、青岛局已与有关高校和研究机构签订规划编制委托协议。

在促进融合发展方面，济宁、聊城、临沂、淄博、泰安等局在推进快递园区建设上进行了探索尝试。潍坊顺丰斥资 3.6 亿元建设电商产业园。滨州局联合相关部门出台促进快递电商协同发展意见。济宁交运集团依托乡镇交管所建设快递驿站。

在健全组织保障方面，济南、泰安、威海、聊城等局建立市级邮政行业团工委，将行业团建纳入地方团市委"非公组织团建"工作格局，促进青年成长交流、岗位成才，塑造服务品牌。创新人才培养模式，造就高素质人才队伍。

在建设安全法制和健全监管责任体系方面，东营局制定了《东营市邮政管理局行政处罚裁量基准》。威海、青岛等局开展为企业送法上门活动。济南局试点建立了快递生产经营场所安全公示制度；认真履行政府监管责任。聊城、滨州、青岛、济南等局联合市安监部门发文加强化学品寄递安全工作，德州等局推行网格化监管模式，莱芜局通过购买社会服务开展寄递企业安全评估；强化科技支撑。济宁局试点建立从业人员诚信管理信息系统和卫星定位系统；发挥行业自律作用。济南、枣庄、济宁、潍坊等局共对 4 家快递企业做出停业整顿行政处罚。淄博建立快递企业应急互助组织。

在加强快递服务质量管控和行业精神文明建设方面，泰安、淄博、日照、菏泽等局推进快递企业标准化建设，较好促进了服务水平提升。济南、青岛、淄博、枣庄、东营、烟台、潍坊、济宁、泰安、临沂、德州、聊城、滨州等 13 个市局获得"市级（市直)文明单位(机关)"荣誉称号,聊城局获"聊城市群众满意文明行业"荣誉称号。济宁局联合市文明办、济宁日报社开展了全市邮政业"十佳邮递员、十佳快递员、十佳文明窗口"和"文明服务之星"评选活动。枣庄局联合枣庄日报社、大众网、市快递协会开展"2014 年快递旺季服务最佳企业和服务明星"评选活动。淄博局创办《淄博快递手机报》,聊城、临沂局组建新闻宣传机构。

河南省快递市场发展及管理情况

一、快递市场总体发展情况

2014 年,河南省快递企业业务量累计完成 29484.0 万件,同比增长 51.6%,与全国平均增幅水平略低,占全国快递业务量的 2.1%,排名全国第 11 位。其中,同城 5031.5 万件,同比增长 27.7%,增幅仅为全国平均水平的一半;异地 24003.7 万件,同比增长 57.6%;国际及港澳台 448.9万件,同比增长 62.7%。异地、国际及港澳台快件的增长都跑赢了全国平均水平。快递企业业务收入累计达到 408429.9 万元,同比增长 54.1%,超出全国平均增幅 12.2 个百分点,占全国快递企业业务收入的 2%,排名全国第 11 位。快递业务收入在整个邮政行业总收入中的比重,从 2011 年的 19%,上升至 33%。其中,同城 37398.5 万元,同比增长 17.3%;异地 276473.4 万元,同比增长 34.5%;国际及港澳台 22984.8 万元,同比增长 41.4%;其他 71573.2 万元,同比增长 529.4%。同城及异地快递业务收入增幅均低于全国平均水平,国际及港澳台快递和其他收入均远远高于全国平均增幅(表 7-31、表 7-32)。

表 7-31　2014 年河南省快递企业业务量情况

2014 年累计(万件)	同比增长(%)	同城累计(万件)	同比增长(%)	异地累计(万件)	同比增长(%)	国际及港澳台累计(万件)	同比增长(%)
29484.0	51.6	5031.5	27.7	24003.7	57.6	448.9	62.7

表 7-32　2014 年河南省快递企业业务收入情况

2014 年累计(万元)	同比增长(%)	同城累计(万元)	同比增长(%)	异地累计(万元)	同比增长(%)	国际及港澳台累计(万元)	同比增长(%)	其他收入累计(万元)	同比增长(%)
408429.9	54.1	37398.5	17.3	276473.4	34.5	22984.8	41.4	71573.2	529.4

全省全年完成电子商务快件 10150 万件,占整个快递业务量的 34.4%。全年完成快递投递量 3.89 亿件,超过全省快件出口总量 9500 万件,河南省快递进、出口比例达到 1.3∶1。"双 11"期间,全省网上交易额突破 20 亿元,比 2013 年同期增长超过 50%,在阿里旗下平台交易额排名第 10 位;承担电子商务快件服务的主要快递企业进、出、转口业务量达3081 万件,其中出件1062 万件,比去年同期增长 77%;进件 1226 万件,比 2013 年同期增长 53%。快件业务量峰值达 557 万件,出件量高达 161 万件,进件量达 241 万件,是平时业务量的 2 倍多。全省新增分拨人员和一线派送人员 1 万余人、干线运输车辆 1500 台、分拨场地 15 万平方米。

全年全省邮政业消费者申诉中心共受理消费者申诉 19076 件,为消费者挽回经济损失 867941.60元,消费者对申诉处理工作满意率为 97.2%,对企业申诉处理结果满意率为 96.0%。邮政业消费者申诉处理满意率达到 97.2%。快递服务满意度稳步提升。全年共出检 9138 人次,查处违法违规行为 1279 起,下达责令改正通知书 437 份,立案 140 起(含 2013 年立案未结案的 10 起),结案

125 起,执行处罚金额 41.25 万元。

截至 2014 年底,全省韵达速递、申通快递、中通快递、圆通速递、百世汇通等快递品牌乡镇网点覆盖率均达到 50% 左右,全省“非邮快递”网点数量达 5498 个,总体覆盖率达到 88.8% ,5 个地市覆盖率达到 95% 以上,其中漯河市和许昌市覆盖率已达到 100% 。

二、行业管理工作及主要成效

积极服务地方,主动沟通协调,持续优化行业发展环境。2014 年初,按照省政府要求,河南省邮政管理局牵头起草《关于促进快递服务业发展的意见》。6 月 5 日,《河南省人民政府关于促进快递服务业发展的意见》印发实施,为全省快递业发展提供了基础保障。为促进意见的落实,省局出台了实施方案、任务分解方案等配套文件,指导各市局、各快递企业积极推动意见真正发挥实效。

配合省政府做好 2014 年河南省现代服务业开放合作洽谈会工作。邀请重点快递企业总部负责人 24 人,其中大会组委会负责接待重要客商 10 人;快递业签约项目 7 个,签约金额 20.65 亿元,推介招商项目 20 个,意向投资金额 72.69 亿元。

多次到省高速公路联网监控中心、省交通职业技术学院、省交通规划设计院等单位调研,主动与交通运输厅相关职能部门对接,积极推进交邮人才共享、资源共享、规划衔接。通过交通部门与中铁公司协调谋划融合发展,协调开通郑州—广州的快件专列。11 月 18 日,与省道路运输管理局、郑州交通运输集团就邮政与交通深度合作进行座谈并达成共识。

与民航部门联合发文,共同促进航空邮件快件“绿色通道”建设。与郑州航空港区管委会建立沟通协调机制,共同推进航空快件集散交换中心的规划和建设,促成了顺丰在郑州国际机场建立无缝衔接的电商航空分拨场地项目的落地。与商务部门建立沟通协调机制,推进电子商务与快递物流资源整合和上下游的协作配合、电子商务和快递服务市场的培育和发展、推动解决城市配送“最后一公里”难题以及协同解决跨境贸易服务中存在的问题。与省工信厅联合出台《关于推进快递服务制造业工作的指导意见》,并召开快递服务制造业对接推介会。

多次到新乡新能电动汽车有限公司、开封通许县电动车产业园区调研,主动与当地政府部门进行沟通,积极争取扶持政策,统筹车辆通行,共同推动电动车在河南郑、汴、洛等重点城市邮政业“先行先试”。11 月 27 日,与新乡市政府联合出台《关于加快新能源汽车在邮政快递行业推广应用的实施意见》。11 月 28 日,联合新乡市政府召开河南省快递业电动汽车推介会。会上,13 家快递企业现场签购了 610 辆快递服务专用新能源电动汽车。未来 3 ~5 年内,河南省快递行业将完成市内投递、中转车辆 10000 台的更新任务。

落实政策规划,推进基础建设,夯实行业发展基础。河南省邮政管理局围绕“十二五”规划中期评估发现的重难点问题开展督促检查,推进规划项目的开展。将“十三五”快递发展规划列为省综合交通重点研究课题。确定“十三五”规划编制合作单位,制定编制方案和调研提纲,对郑州、信阳等多个市局进行实地调研,向全省法人企业发放调查表。召开全省邮政管理系统规划工作培训班,讲解规划编制指南,指导地市局有序开展市级规划编制工作。

联合省财政厅、省国税局等相关部门共同推动邮政业营改增工作在全省全面顺利实施。多次召开省内品牌快递企业财务人员座谈会,解并积极解决营改增实施过程中遇到的问题、难题。联合省快递协会,对全省快递企业 130 多名财务人员进行营改增财税知识培训。

向省政府提交《关于购置邮政行业生产与信息安全监控系统核心部分设备经费的请示》,争取地方政策扶持和财政支持,建立安全监控系统,实现对辖区内各主要快递分拨中心和较大营业网点的实时监控。5 月 8 日,省政府赵建才副省长批示，同意给予省局经费支持，全额批复省局本级专项资金42.30万元，各市局按照“以当地财政解决为主导”的原则，争取当地市政府支持。该项目已按照国家有关技术规范要求完成规划设计，与电信运营商积极沟通筹备开工建设。

继续推进“河南全国性快递集散交换中心”重点项目建设。积极筹备郑州航空港区顺丰电商产业园建设。与漯河市政府签署“快递服务业示范市建设战略合作协议”，推动顺丰、申通、宅急送、中通等快递企业进驻漯河占地500亩的快递产业园区。

积极引导快递企业采取自建智能快件箱、委托第三方企业、利用机关、企事业单位传达室和社区物业等设立快递便民公共服务平台等模式改善快递末端投递服务，推动解决“最后一公里”问题。智能快件箱已纳入河南省政府规划，并将在全省逐步推广使用。在兰考固阳镇组织召开“快递下乡”现场推进会，对“快递下乡”工程进行全面部署。

制定《关于进一步推进快递营业场所标准化分拨中心规范化作业流程制度化建设工作的通知》，指导各市局通过召开座谈会、现场推进会等方式，加大“三化”建设工作力度。各市局积极行动，制订方案，采取多种措施，推进“三化”建设工作。4月25日，召开快递标准化营业场所和规范化分拨中心创建促进会，表彰了全省395处快递标准化营业场所、84处形象化营业场所、49处规范化分拨中心。

坚持依法行政，深化法治邮政建设。河南省邮政管理局对市局行政处罚案件卷宗进行审查，对疑难案件给予指导。全年共对130个行政处罚案件进行了指导，抽查市局执法案卷40案80卷，制作案例编报，涵盖无证经营、野蛮分拣等常见案由，对充分收集证据、实现处罚适当等问题进行重点分析，全面提高各市局对邮政业法律法规的理解和应用能力。建立法律顾问制度，提高应对依法行政过程中可能出现的复杂问题的能力。同时，指导市局逐步建立法律顾问制度，目前，郑州、新乡、洛阳、平顶山、驻马店、三门峡等市局已聘请了法律顾问。

市（地）局专有职权和主要行使职权基本下放到位，实现了执法重心下沉。汇总梳理各市局职权下放和明确后遇到的问题，确保市局行使的职权“下得去、接得住、用得好”。

6月，组织12个市局局长参加国家邮政局在武汉举办的第一期年度行政执法培训；8月，组织召开执法专题会议，安排部署邮政行业执法工作；11月，举办全省执法培训班，进一步转变政府职能，提升依法行政能力，深化法治邮政建设。

加大市场监管力度，确保行业安全与服务质量提升。与反恐、公安、安全等部门联动，确保2014年“春运”“两会”“亚信峰会”期间寄递渠道安全。开展收寄验视制度专项整治活动。采取配备个人专用收寄验视章戳、调取监控录像等方式，确保收寄验视制度真正落实。及时处置突发事件。开展化学品收寄专项整治活动。下发《关于对化学品收寄进行专项整治活动的通知》，在全省范围内开展快递企业化学品收寄专项整治活动。开展快递企业经营资格全面核查专项整治活动、快递业务经营许可年度报告审查工作、规范与清理快递企业经营范围等工作。

4月24日，召开全省快递服务质量通报分析会，建立服务质量分析报告制度。开展快递服务质量专项整治活动，加强消费者申诉受理工作，切实维护用户合法权益。向全省快递企业下发《关于做好快递企业客服工作的通知》，要求快递企业按照快递服务标准，畅通投诉渠道，及时、妥善处理用户投诉。

召开全省快递业务旺季服务保障工作动员会，强化信息系统支持与使用，实行24小时值班制度。指导承担“双11”任务的10多家重点网络型品牌快递企业全力做好迎战工作，加大技术创新和人员、车辆、场地投入。做好“双12”、圣诞期间快递服务保障工作。实现了快递业务旺季“保畅通、保安全、保平稳”的目标。

推进队伍建设，完善管理支撑体系。河南省邮政管理局积极参与“最美快递员”评选和宣传活动，新乡、鹤壁局积极配合，鹤壁中通马朝立夫妇荣获“全国十佳最美快递员”称号。下发了《关于向“最美快递员”马朝立夫妇学习的决定》。推荐马朝立参加河南省“2014‘感动中原’十大年度人物”评选活动，在网络投票环节，马朝立以8830票位列网络票选第8名。

广泛开展“3.15”和“双11”主题宣传活动。11月7日，省局参加省人民广播电台《政府在线》节目直播，全面介绍了河南“双11”快递旺季服务保障工作。“双11”期间，开展了“看、跟、谈、拍、发”系列活动，在地方各级媒体上进行图文宣传82次，为行业发展营造了更好的舆论环境，争取了更多的理解和支持。

将统计工作作为各市局年终考核主要指标。部署行业首次统计专项调查工作，召开全省邮政行业第一次统计专项调查工作动员暨专项培训会，组织学习统计系统操作使用方法，进一步完善统计指标体系，提高统计数据的全面性和准确性，为行业管理和宏观决策提供支撑。

组织11家品牌重点快递企业集中参加郑开国际马拉松比赛，增加行业员工的归属感、向心力和凝聚力。联合共青团省委、省总工会组织开展青年文明号创建活动，进一步加强行风建设。

编制《河南省邮政管理系统干部教育培训五年规划》，强化干部任免交流工作，增强干部队伍活力能量。继续推进市局局长兼任交通运输局副职工作。已有13个市局局长兼任当地交通运输局副局长或党组成员，其余市局积极推进。

编制2014年职鉴工作方案。增加河南交通职业技术学院为快递行业专业人才高等教育基地，推动专业人才培养。首次在市局举办职业技能鉴定考试，全年共组织5次计4222人参加职鉴考试。联合省劳动厅、省国防邮电工会举办河南省首届快递业务员职业技能竞赛，全省16家快递企业的192名快递业务员参加了比赛。

三、各市（地）主要管理工作概况

各市局积极服务地方经济社会发展大局。郑州局紧抓郑州航空港经济综合实验区建设的重大战略机遇，加强与市政府相关部门的沟通联系，成为《郑州现代综合交通枢纽建设》责任单位，在38项重点建设任务中，牵头或参与快递集散交换中心、航空港快件分拣中心、跨境贸易快件分拣平台、城市配送网络体系等11项重点建设任务的推进工作。安阳局积极参加市政府组织的赴江浙先进地区学习调研活动，探索电商与快递融合发展，组织召开电商与快递协会座谈会，多次考察安阳市重点在建项目安阳国际物流港，明确了推进快递与电商共建产业园、融合发展的新思路。三门峡局积极与市发改委、交通运输局等部门沟通，在综合交通运输体系规划、物流业规划上做好衔接与落实工作。商丘局与商丘市委、市政府签订了2014年度目标管理责任书，明确工作目标、完成时限和相关责任人，确保各项工作与地方发展大局紧密契合。

在争取地方政府支持方面，濮阳、商丘市人民政府正式印发了《关于促进快递服务业发展的实施意见》。新乡、洛阳等局已拟定了促进本地区快递业发展的相关材料提交政府部门研究批复。郑州、信阳、驻马店等市局积极参与当地政府组织起草的物流业、服务业发展的规划文件。洛阳、许昌、漯河、南阳、周口、驻马店6个市局争取到当地财政补助资金共计251.3万元，其他市局继续积极争取。

在积极推进“快递下乡”方面，漯河局建设快递驿站项目，南阳局选取“中国月季之乡”石桥镇作为“快递下乡”试点，探索适合当地快递业发展实际的新模式。

在为行业发展提供政治保障和舆论氛围方面，各市局积极推进民营快递企业基层党建工作，并在郑州、洛阳、安阳已初显成效，分别建立了郑州顺丰、郑州韵必达、洛阳中通和安阳联合党支部。3·15期间，开封局做客市广播电台直播间节目，指导消费者依法“维权”。许昌局积极参与当地媒体“快递提速生活”主题宣传活动，传达行业“正能量”。焦作、南阳、周口等局也积极开展了形式多样的宣传活动。

湖北省快递市场发展及管理情况

一、快递市场总体发展情况

2014年，湖北省快递企业业务量累计完成33143.8万件，同比增长50.7%，全国排名第10位。其中，同城6841.5万件，同比增长28.5%；异地26157.8万件，同比增长58.0%；国际及港澳台144.5万件，同比增长31.1%。同城、异地、国际及港澳台等三项业务量占比分别为20.64%、78.92%、0.44%。快递企业业务收入累计达到413805.5万元，同比增长44.9%，全国排名第9位。其中，同城53319.3万元，同比增长32.3%；异地293685.2万元，同比增长46.5%；国际及港澳台19018.5万元，同比增长19.4%；其他47782.4万元，同比增长65.8%。同城、异地、国际港及澳台、其他等四项业务收入占比分别为12.88%、70.97%、4.60%、11.55%（表7-33、表7-34）。

表7-33　2014年湖北省快递企业业务量情况

2014年累计（万件）	同比增长（%）	同城累计（万件）	同比增长（%）	异地累计（万件）	同比增长（%）	国际及港澳台累计(万件)	同比增长（%）
33143.8	50.7	6841.5	28.5	26157.8	58.0	144.5	31.1

表7-34　2014年湖北省快递企业业务收入情况

2014年累计（万元）	同比增长（%）	同城累计（万元）	同比增长（%）	异地累计（万元）	同比增长（%）	国际及港澳台累计(万元)	同比增长（%）	其他收入累计(万元)	同比增长（%）
413805.5	44.9	53319.3	32.3	293685.2	46.5	19018.5	19.4	47782.4	65.8

全年全省邮政业消费者申诉中心共处理消费者申诉25773件，同比增长124%。其中有效申诉6498件，比上年同期增长9.6%，为用户挽回经济损失累计54万元，消费者对邮政业申诉处理满意率为95.5%。

2014年，全省共审核发放了74家快递企业经营许可证，审核通过了525家企业的许可年度报告，市州局办理了308家快递企业分支机构备案申请。全年全省共检查快递企业7162家次，出动19502人次，下达责令整改通知书1103份，下达行政处罚决定书44份，罚款金额达到94500元。

截至2014年底，全省乡镇设快递服务网点数目共2546个，已覆盖989个乡镇，覆盖率近90%，武汉、荆州、鄂州、黄石等地已实现快递网络城乡全覆盖。

二、行业管理工作及主要成效

行业发展环境得到进一步优化。5月29日，《湖北省邮政条例》获省人大常委会高票通过，并于8月1日起正式颁布实施。填补了湖北省无邮政地方性法规的空白。湖北省邮政管理局组织开展《湖北省邮政条例》宣贯。组织各市州局及邮政快递企业结合本地实际，多措并举，对条例进行广泛宣传。加强对全省邮政业“营改增”实施情况调研，有序做好税改推进工作。协助国家邮政局做好关于《快递条例》的立法调研，积极争取支持快递业发展的有利条件。启动湖北省邮政业“十三五”规划编制工作，并进行了具体部署。参加全省综合交通规划编制工作,配合做好邮政业与综合交通规划的融合与衔接。指导市州局加强与当地政府相关部门的协调,争取支持邮政业发展的相关政策。联合省交通厅先后出台《关于加快推进全省道路水路运输业与邮政业融合发展的通知》《农村物流发展战略合作协议》,进一步加强交邮运营网络资源融合与对接,强化农村物流工作融合发展,深入推进宜城市、洪湖市、夷陵区、鄂州市交邮合作试点工作。

行业服务水平得到进一步提高。湖北省邮政管理局鼓励创新方式方法,通过建立快递超市等形式推动辖区内快递网络的"向下、向西"发展。引导快递企业充分发挥湖北交通地理区位优势,向下延伸省内二级分拨中心建设。鼓励快递企业整合学校、社区和农村的快递网络资源,做好快递综合平台建设的试点工作。引导企业利用机关、企事业单位传达室或社区物业等设立快递便民公共服务平台等模式,改善快递末端投递服务,积极推进快递进社区、进企业、进机关、进市场。引导快递企业采取自建或委托第三方企业等方式推广智能快件箱的应用,武汉、襄阳、黄石等局在推动智能快件箱试点工作。

安全监管与应急能力稳步提升。湖北省邮政管理局联合省安监局出台《关于深入开展全省邮政业企业安全生产标准化建设工作的通知》,选取武汉市邮政公司、武汉 EMS 和湖北顺丰开展先行先试工作。联合省国安局下发《关于进一步加强邮路安全监管协作配合工作的通知》,指导市州局与当地国安部门建立邮路安全监管协作机制,强化寄递渠道的安全管理。圆满完成"亚信峰会""青奥会"、"亚欧博览会""双 11"等快递业务旺季期间寄递渠道安全保障工作。指导各快递公司加强安全管理,探索建立寄递渠道反恐长效工作机制,在全省范围内部署关于加强邮政行业人员密集场所安全防范的工作,提高安全管理和反恐工作水平。完成省级安监视频中心项目。全省 10 家快递分拨中心视频监控系统已正常投入使用。

进一步完善监管体制。市州邮政管理局机构进一步完善。新录用公务员 8 名、转任中层干部 12 人,市州局人员到位率达到 92%,均组建党组纪检组、任命了纪检组长,对条件成熟的开展了党组成员配备工作。湖北省邮政管理局积极探索县级邮政监管机制,在襄阳、宜昌开展试点工作。组织全省开展统计专项调查,对辖区所有快递企业的经营规模、人员状况、企业证照、GPS 地理位置等进行现场精准采集和详实填报。行业协会逐步建立和完善,8 个地区已成立了快递行业协会。

基础建设得到进一步加强。湖北省邮政管理局组织市州局主要领导专题学习新版《干部任用条例》。成功举办公务员初任、邮政行政执法等近 20 个培训班。组织了科级干部调训及市州局秘书的跟班学习。两次组织市州局领导和科级干部参加了国家邮政局依法行政培训班。开展全省安全监管工作交叉互查活动,规范执法程序,提升市州局执法人员素质。组织快递业务员职业鉴定近 3000 人次,提升全省邮政行业从业人员的持证上岗率。深化同湖北交通职业技术学院等院校的合作,在教育培训、人才培养等多领域加强交流,提高从业人员队伍素质。群众用邮"最后一公里"、快递车辆通行、法制宣传教育、申诉处理流程规范、用户信息安全保障等方面得到有效解决。

行业精神文明建设成效明显。湖北省邮政管理局组织参加国家局"寻找最美快递员"活动,5 名快递员进入全国"最美快递员"50 佳,其中襄阳速递物流公司姜红伟入选全国十佳。武汉最美揽投员黄宝康荣获"湖北五一劳动奖章"。11 家快递企业因帮助疏运和投递汇强近万件滞留快件的无私表现,获得了"全省邮政行业应急协作特别奖"。省局和部分市州局由领导带队、组织各处室负责人参加"政风行风"热线节目,获得省相关部门和消费者的好评。强化了对焦点热点问题的正面引导。策划了重点内容宣传报道活动,荆州局还配合人民日报、新华社等11家中央新闻媒体赴荆州采访快递下乡和“双11”备战情况。强化系统内政务公开及信息更新工作,加强了市州局门户网站管理,行业宣传氛围和效果明显增强。省局办公室连续两年荣获国家邮政局新闻中心授予的“先进记者站”称号。引导市州局开展文明创建工作。

三、各市(地)主要管理工作概况

武汉局启动第二届全市“最美快递员”评选活动,经企业推荐、武汉市“最美快递揽投员”评选活动领导小组评审、入围公示等环节,邮政速递物流胡兵、顺丰速运明钢、顺丰速运魏程、圆通速递罗四萍、中通快递周荣峰、申通快递楼正富、百世汇通黄保宁、京东柯大勇、德邦李军、TNT陈峰等十名同志被评选为全市“最美快递员”。

武汉、荆门等局共妥善处理17起寄递渠道突发事件,较好地维护了全省寄递渠道的安全畅通。随州、宜昌、荆州、孝感、十堰等地成立了民营快递企业党支部,实现了快递行业非公党建工作的新突破。武汉、十堰、荆州等局积极组织开展“样板店”建设的评选活动推动快递企业门店标准化建设。宜昌等局联合团市委、市文明办开展邮政业青年文明号、青年岗位能手、诚信快递企业创建工作。

湖南省快递市场发展及管理情况

一、快递市场总体发展情况

2014年,湖南省邮政管理部门认真贯彻落实国家邮政局和省委、省政府决策部署,深刻领会交通运输部部长杨传堂、国家邮政局局长马军胜在湖南视察时指示精神,准确把握党中央国务院、国家局党组的监管理念、发展思路、战略决策,按照中央关于“发挥一带一部优势、融合长江经济带”战略部署要求和省局党组“二三四五”工作布局,结合业情实际努力探索和加强政府监管,在优化发展环境、促进快递产业转型升级、加强邮政监管部门自身建设等方面取得重大进展,全行业呈现出“规模总量提升、服务质量提升、受益群众增量提升”的发展态势。

2014年,全省快递企业业务量累计完成22716.2万件,同比增长47.1%,低于全国的平均增长水平,居全国第13位。其中,同城3072.2万件,同比增长29.8%,占比13.52%;异地19199.0万件,同比增长48.8%,占比84.52%;国际及港澳台445.0万件,同比增长150.5%。快递企业业务收入累计达到262122.8万元,同比增长33.8%,在全国排第14位。其中,同城22117.8万元,同比增长21.6%,占比11.50%;异地181695.6万元,同比增长20.2%,占比68.87%;国际及港澳台19046.9万元,同比增长42.7%;其他39262.5万元,同比增长196.7%。“双11”旺季期间,全省共处理快件3013万件,同比增长68.68%,实现商品流通达到16.1亿元,排全国第九(表7-35、表7-36)。

表7-35　2014年湖南省快递企业业务量情况

2014年累计(万件)	同比增长(%)	同城累计(万件)	同比增长(%)	异地累计(万件)	同比增长(%)	国际及港澳台累计(万件)	同比增长(%)
22716.2	47.1	3072.2	29.8	19199.0	48.8	445.0	150.5

表 7-36 2014 年湖南省快递企业业务收入情况

2014 年累计(万元)	同比增长(%)	同城累计(万元)	同比增长(%)	异地累计(万元)	同比增长(%)	国际及港澳台累计(万元)	同比增长(%)	其他收入累计(万元)	同比增长(%)
262122.8	33.8	22117.8	21.6	181695.6	20.2	19046.9	42.7	39262.5	196.7

全年全省邮政业消费者申诉中心共受理快递服务有效申诉4998件,共为用户挽回经济损失54万余元。邮政业消费者申诉满意率达到94.2%。快递服务满意度稳步提升。全省全年共开展日常检查2164次,出检6180余人次,检查覆盖全省所有邮政快递企业及分支网点。共下达责令整改通知书416份,做出行政处罚决定59起,停业整顿12家,处罚金额31万余元。

二、行业管理工作及主要成效

2014年,国家邮政局党组对邮政管理工作的发展给予厚爱和关心,国家邮政局局长马军胜、副局长王梅、赵晓光、邢小江先后亲临湖南省邮政管理局指导工作,对湖南邮政业的发展态势给予充分肯定。交通运输部部长杨传堂、湖南省省长杜家毫听取了湖南省邮政管理工作汇报,要求邮政管理部门作为中央单位要在服务地方经济发展和改善民生中做出更大的贡献。副省长张剑飞三次听取汇报。湖南省邮政管理局积极构建全省监管协作体系,与宣传、发改、公安、国家安全、交通、海关、检疫、工商等部门建立起协作机制。

谋篇布局促发展,政策环境进一步改善。湖南省邮政管理局启动"十三五"规划编制工作,研究提出对湖南省重大项目、重大政策的衔接建议,邮政快递作为重点培育产业纳入《湖南省现代服务业发展行动计划(2014－2017年)》。积极推动行业发展,集聚优惠政策,快递产业作为重点合作产业纳入《湖南省电子商务发展规划(2014－2020年)》。积极推进快递园区建设,湖南省发改委将湖南省物流园区布局上报并纳入《全国物流园区发展规划》,明确长沙市为国家一级物流园区布局城市,岳阳、衡阳、娄底市为国家二级物流园区布局城市,初步确定株洲、湘潭、郴州、邵阳、常德、怀化6个城市为国家三级物流园区布局城市,纳入"十三五"发展规划。联合省交通运输厅促成了省级层面交通运输业与邮政业的战略合作,统筹城乡配送、加速推进快递下乡,促进农村网购和流通体系建设。联合省公安厅、省工商行政管理局、省交通运输厅、省商务厅制订《关于进一步加强全省物流寄递业治安管理工作的意见》,建立起常态化联合执法机制。联合省国家安全厅印发《关于加强邮路安全监管协作配合工作的通知》,开展联合检查,建立常态化协调联动机制。

设施建设再发力,群众用邮需求进一步满足。全省改扩建转运分拨中心近10万余平方米,圆通、中通等新建衡阳分拨中心,顺丰在郴州、常德等地新建分拨处理场地,省邮政速递物流有限公司投资数亿元改扩建的航站楼分拨处理中心全自动分拣线正式投入使用。全省新增干线快递车辆近百台,新开通快运航线1条,长沙到北上广深等城市实现了高铁快运。各规模网络型快递企业开始重视标准化门店建设,门店形象大为改观。快递服务网络已覆盖全省14个市州的122个行政县,顺丰速运、圆通速递、中通快递、申通快递、韵达速递、百世汇通等规模企业的服务网点已延伸至乡镇,快递下乡初见成效,乡镇快递自建网点1000多家,覆盖率达50%以上。不断创新末端投递方式,智能快件箱逐步投入使用。初步统计,长沙等地全年投入院校、社区使用的智能快件箱达200余个。

契合重点抓关键,履职效能进一步增强。湖南省邮政管理局制定下发《关于明确行政处罚案件中有关实施细则的通知》等一系列规范性文件,梳理发布了邮政市场行政执法案件案由,有效提升依法行政、依规执法能力。深入开展快递企业经营范围规范和清理工作,"四通一达"省内直营地市覆盖已超过50%。加大执法检查力度。

聚焦安全保稳定,行业形象进一步提升。湖南省邮政管理局组织开展收寄验视专项检查、安全生产专项大检查、规范化学品寄递等系列整治活动。安全专项检查历时22天,抽查企业生产场地和网点共175个,下发整改通知96份,立案15起,责令停业整顿5家,罚款15.1万元。深入推进安全监管信息化建设,依法立案查处泄露用户信息案2起。推进视频监控系统数据接入,有效提高安全监管信息系统使用率。组织开展多层次和多种形式的安全培训。全省邮政行业坚持早动员、早准备、早部署,制定并落实旺季服务保障工作应急响应方案,全方位加强旺季服务安全督导。各快递企业积极响应、全力处置,在全省快件单日处理量同比增长147%的严峻形势下,圆满完成旺季服务保障和应急处置工作。新闻媒体对行业的宣传报道日益增多,社会舆论环境逐步改善,行业形象进一步提升。

队伍建设抓主线,人才素质进一步提高。全省进一步加大领导班子和领导干部队伍建设力度,多渠道选人用人,组织市州局局长和机关处室负责人参加了学习习近平总书记系列讲话精神轮训班,倡导市州局积极参加地方组织的各类干部培训,教育引导干部把握行业发展态势,有效履行职责使命。市州局纪检监察组织全部建立,纪检监察业务培训有效开展,干部队伍素质进一步提高。积极营造"法治行政"的学习氛围,提高执法人员能力素质,全省邮政管理部门在第二批全国行政执法资格考试中,整体成绩排名全国第四,7人列全国个人考试成绩前十。顺利完成公务员年度考核工作,组织快递业务员职业技能鉴定2424人次,人才队伍建设基础进一步夯实。

三、各市(地)主要管理工作概况

各市州快递园区建设陆续启动,怀化、郴州等市州局争取当地政府支持快递物流园区建设,完善配套政策。快递车辆城市通行难、停靠难问题得到有效缓解,长沙、岳阳、湘潭等地实行快递车辆通行证许可举措,郴州、株洲、常德、娄底、衡阳、益阳等市州局与当地交警、交通部门达成共识,给予快递车辆相应的通行特许,张家界局将快递用电动车、摩托车通行纳入规范化管理。部分市州开始尝试标准门店推广工作,益阳局年内推广建设快递标准化门店32个,并在全市推广标准电动车投递,预定车辆进入试产阶段。湘潭积极承接国家支持网购下乡试点利好政策,推动快递下乡初见成效。

在保障行业安全发展方面,郴州局及相关快递企业协助公安机关共查获2起利用寄递渠道寄递枪支案、2起毒品案和1起管制刀具案;组织开展行业安全管理应急演练活动。常德、衡阳局与食品药监部门配合联动,加强寄递渠道食品药品安全监管。郴州、娄底、岳阳局制定符合本地区企业发展实际的安全生产制度汇编和安全生产管理台账,供企业使用,将安全培训工作落到实处。

广东省快递市场发展及管理情况

一、快递市场总体发展情况

2014年,广东省快递业继续保持高位增长态势。快递企业业务量累计完成335555.9万件,同比增长59.3%,占全国快递业务量的24.04%。其中,同城94743.8万件,同比增48.5%;异地225407.0万件,同比上升67.5%;国际及港澳台15405.1万件,同比增长25.2%。快递企业业务收入累计达到4612533.2万元,同比增长37.0%,占全国快递业务收入的22.55%。其中,同城

676303.8万元,同比增长54.7%;异地2458384.9万元,同比增长40.5%;国际及港澳台1245002.5万元,同比增长27.4%;其他232842.0万元,同比增长14.4%(表7-37、表7-38)。

表7-37 2014年广东省快递企业业务量情况

2014年累计（万件）	同比增长（%）	同城累计（万件）	同比增长（%）	异地累计（万件）	同比增长（%）	国际及港澳台累计(万件)	同比增长（%）
335555.9	59.3	94743.8	48.5	225407.0	67.5	15405.1	25.2

表7-38 2014年广东省快递企业业务收入情况

2014年累计（万元）	同比增长（%）	同城累计（万元）	同比增长（%）	异地累计（万元）	同比增长（%）	国际及港澳台累计(万元)	同比增长（%）	其他收入累计(万元)	同比增长（%）
4612533.2	37.0	676303.8	54.7	2458384.9	40.5	1245002.5	27.4	232842.0	14.4

快递业务收入、快递业务量分别占全国1/5、1/4,均居首位,快递业务量增幅超过全国水平。广州、深圳、东莞稳居全国快递业务量收前10名,广州在全国50个重点城市快递业务量排名中超过上海跃居第一。全省全年完成快件收投58.6亿件,以单笔快件货值160元计算,广东快递业承载了近9400亿元货值的物品寄递,为全省经济社会发展作出了积极贡献。

“双11”期间,规模以上快递企业收寄快件1.36亿件,同比增长81%,占全国收寄总量的1/4,投递快件超过6500万件,同比增长63%,处理快件突破2亿件,同比增长75%,占全国快件处理总量1/5;单日快件最高处理量3800万件,同比增长90%。

截至2014年底,全省快递从业人员40万人,其中持证快递业务员超8万,占全国持证总数的40%,持有中高级快递业务员职业资格证书人数4150人,居全国首位。快递业集中度进一步提高,以广深莞为中心向外辐射的发展格局得到巩固。及时发布快递市场等年度监管报告,快递服务用户满意度稳中有升。

广东已有快递农村服务网点2200多个,覆盖70%以上乡镇,茂名荔枝、梅州柚子等特色农产品外销渠道日渐畅通,揭阳军铺村吸引14家快递企业进驻。广州、东莞等地跨境业务取得新进展,清远与阿里在开展农村电商深度合作的同时,探索进行跨境电商方面的合作。顺丰速运加大国际化布局,优速等企业港澳台及东南亚业务得到拓展。全年跨境快递业务量完成1.53亿件,占全国跨境快递业务总量的46%;完成业务收入124亿元,占全国跨境快递总收入的40%。速尔、联昊通、加运美、龙邦、速腾等本土企业坚持自身定位,专注本省经济社会发展和需求,细耕传统商务件,有力推动了广东制造业的革新进步和转型升级。

2014年,全省共纳入诚信体系考核企业达2600余家,建立企业诚信档案1800余份,帮助企业建立健全各类管理制度3384项,向社会公示经营异常企业140家,公示“黑名单”企业38家。

二、行业管理工作及主要成效

系统依法行政能力得到提升。广东省邮政管理局修订出台重大决策集体研究、许可审批流程、行政复议流程等制度30余项,做到用制度管人,用制度办事。规范行政审批行为,编制行政审批项目目录,梳理编制执法依据目录和违法行为种类,规范处罚自由裁量权,编撰行政处罚典型案例,做到依法办事、依规办事。做好执法监督和执法评议考核工作,开展“一清理、一考试、一培训、一评查”,健全行政执法内部制约机制,及时处理行政复议、行政诉讼案件。推进培训工作制度化,开展以法治综合培训和业务专项培训相结合的方式,多形式、多频次开展培训,提高执法人员综合素质。

行业诚信体系建设得到加强。广东省邮政管理局通过制订方案、召开会议、建档立制、送法上门、借力宣传、联合执法等形式，扎实推动全行业诚信体系建设工作。通过行业诚信体系建设的扎实开展，有效促进了市场经营主体的规范化、标准化，增强了企业诚信经营意识，提高了行业整体服务质量，进一步巩固了行业可持续发展的基础。

行业安全生产基础得到夯实。广东省邮政管理局针对行业存在的三大安全隐患，确定具体风险防控点并明确应对措施，细化工作预案。注重加强部门联动形成监管合力，抓好安全制度落实执行，推进安全监管信息化建设。做好旺季服务保障和应急处置工作，在“双11”业务量同比增长八成的情况下，圆满实现了“保畅通、保安全、保平稳”工作目标，成功保障了全国“两会”、亚欧博览会、南京青奥会、北京APEC会议等重大活动期间寄递安全，指导全行业做好抗击“威马逊”“海鸥”等台风工作，妥善处理了东莞晋越网络纠纷、申通番禺站点快件积压、天天广州金桂站点扣件、茂名快捷经营纠纷、港中能达员工灼伤等多起行业突发事件。

行业发展环境进一步改善。邮政业发展主要任务纳入《推进珠三角一体化2014－2015年工作要点》和《推进珠江三角洲地区物流一体化行动计划》，在车辆通行、园区建设、协同发展、末端配送等方面得到政策支持。广东省省长朱小丹明确表示，予以广东省快递业“三个一”扶持。广东省邮政管理局整合行业协会、高校、科研机构及相关市局等多方力量，共同开展全省邮政业发展十三五规划编制的课题预研，确定了“1＋1＋1＋21”的全省邮政业“十三五”规划体系；积极探索对行业管理前瞻性、战略性工作的调查研究，开展营改增试点实施、跨境快递与电子商务协同发展、农村快递业务发展等调研，《广东省快递行业发展研究报告》编制完成，主动走出去到江浙沪等地学习交流。

基础设施建设不断完善。快递基础设施建设力度加大。全行业以做好旺季服务保障为契机，加大投入，提升产能，新增运输车辆5000台，新增作业场地超50个，启用分拨生产线20多条。确保了快件“春运”的平稳有序。揭阳、中山等地园区建设加快推进。广州邮政企业设置邮政便民自提服务设施，在社区、网点、公交站场推广“小蜜蜂”智能信报箱，满足市民“全天候、无障碍、不间断”取件需求，缓解末端投递问题。顺丰速运冷链运输业务开展顺利。发放快递车辆专用证明5270张，快递车辆进城难问题得到缓解。

行业管理工作取得新成效。广东省邮政管理局深入开展规范和清理快递企业经营范围第二阶段工作，做好许可常态化管理，建立快递申诉和市场监管联动工作机制。做好市场日常执法检查，全年开展执法检查4188次，完成行政处罚84起，其中停业整顿5起，执行罚款49.4万元，21个市局行政处罚实现全覆盖。加强市一级消费者申诉处理中心组建工作，全年受理申诉15万件，确认有效申诉近5万件，为消费者挽回经济损失近700万元，消费者申诉工作满意率95.3%。

干部和人才队伍建设持续加强。广东省邮政管理局认真贯彻《党政领导干部选拔任用工作条例》，做好干部选拔任用和转正定级工作，全系统新招录公务员16人，市局调转任中层干部7人，交流任职13人，做到选人用人公开透明。做好2015年公务员招考报名和资格审查工作，全系统招录职位11个，审查报考人数3652人。制定年度干部培训工作计划，举办“深入学习贯彻习近平总书记系列讲话精神”专题培训班，举办综合管理和业务培训16次，组织有关人员参加市（地）局长领导能力培训和第二期赴亚太邮联培训班。出台系统公务员学历学位教育管理办法。启动人才兴邮战略，推进行业人才体系建设工程，累计完成全省初、中、高三个等级鉴定人数9.5万人，培训企业中高级管理人员250名。全省首届快递行业职业技能鉴定大赛成功举办，6名优秀选手获评“广东省技术能手”。

党风廉政和行业精神文明建设扎实推进。非公快递企业党建工作取得新进展,非公快递企业建立党支部32个,拥有党员1476人。积极动员、组织、参与“寻找最美快递员”评选工作,7人入围最美快递员50名候选名单,中外运敦豪东莞分公司员工郭伟聪荣获“最美快递员”称号。12家企业获评市级“青年文明号”称号。

邮政管理系统自身建设得到加强。顺德邮政管理办公室于2014年7月成立,系全国第二家县级邮政管理机构。新闻宣传工作得到加强,省局记者站连续两年被评为全国邮政管理系统先进记者站。信息化建设稳步推进,机关服务能力得到提升。协会组织等工作也取得新进展。

三、各市(地)主要管理工作概况

在争取地方政策支持和增强自身能力方面,《深圳市发展快递业管理规定》经市政府常务会议审议通过;揭阳市政府就扶持电商和快递联动发展出台一揽子扶持政策,安排30万元财政资金作为快递人才培训基地建设启动经费;中山市政府安排提升快递服务质量活动专项经费25万元;广州、东莞等地积极推动快递企业参与城市配送;佛山市政府将邮政快递纳入特种行业,允许邮政快递摩托车在禁限区域行驶,得到国家邮政局局长马军胜的充分肯定;梅州局积极协调地方政府解决市局办公场地;深圳物博会快递专区成功举办,行业影响进一步扩大。广州局积极参与商事制度改革及商事管理平台建设;深圳局成为全市首批公开发布相应监管办法5部门之一。

各市创造性地开展诚信体系建设,云浮局将诚信体系建设与质量信誉考核相融合,将辖区企业分别评定“优秀”“达标”“不达标”等次,推动行业服务水平稳步提升。学习型、服务型、创新型基层党组织建设得到加强,河源局开设了红色课堂、廉政课堂、理论课堂、支部课堂“四个课堂”学习教育活动,韶关局创新学习载体,编印“口袋书”,提升了学习成效。汕头、汕尾、茂名、潮州等市局成立机关团支部。

在快递下乡和融合发展方面,阳江局规范农村快递网点备案管理工作。云浮局创新“石材产业+快递服务”模式,引导快递企业大力发展石材样品和石材工艺品配送等业务。

广西壮族自治区快递市场发展及管理情况

一、快递市场总体发展情况

2014年,广西壮族自治区邮政管理局快递业务增长较快。截至2014年底,全区共有快递企业195家及分支机构1257个。全年总计依法审核37家企业的快递业务经营许可申请,273项快递业务经营许可证变更申请,依法注销7家快递企业。受理企业年度报告162份。

2014年,全区快递企业业务量累计完成9055.4万件,同比增长34.3%。其中,同城1265.9万件,同比增长38.7%;异地7737.4万件,同比增长33.8%;国际及港澳台52.1万件,同比增长4.9%。全区快递业务投递量累计达到21045.75万件,是(收件)业务量的2.32倍。快递企业业务收入累计达到155902.0万元,同比增长39.1%。其中,同城10829.1万元,同比增长25.1%;异地110287.3万元,同比增长24.2%;国际及港澳台6416.8万元,同比增长18.6%;其他28368.8万元,同比增长209.2%。快递企业收入占邮政行业的比重达到37.07%(表7-39、表7-40)。

表 7-39　2014 年广西壮族自治区快递企业业务量情况

2014 年累计（万件）	同比增长（%）	同城累计（万件）	同比增长（%）	异地累计（万件）	同比增长（%）	国际及港澳台累计（万件）	同比增长（%）
9055.4	34.3	1265.9	38.7	7737.4	33.8	52.1	4.9

表 7-40　2014 年广西壮族自治区快递企业业务收入情况

2014 年累计（万元）	同比增长（%）	同城累计（万元）	同比增长（%）	异地累计（万元）	同比增长（%）	国际及港澳台累计（万元）	同比增长（%）	其他收入累计（万元）	同比增长（%）
155902.0	39.1	10829.1	25.1	110287.3	24.2	6416.8	18.6	28368.8	209.2

从增长速度来看，全区快递企业业务量和业务收入同比增幅均落后于全国平均水平，分列第24位、19位。从业务占比来看，同城、异地、国际及港澳台快递业务量分别占全部快递业务量的13.98%、85.44%、0.58%，比2013年同期分别增长0.45、下降0.29、下降0.16个百分点；业务收入分别占全部快递收入的6.95%、70.74%、4.12%，比2013年同期分别下降0.78、8.51、0.71个百分点，其他业务收入占比18.20%，比2013年同期增长10.01个百分点。全区“双11”最高峰日快件处理量破两百万件，较去年翻一番。12月单月业务量再创历史新高，首次突破1000万件，达到1004.04万件。

从服务能力情况看，在网络覆盖能力方面，全区规模以上快递企业中，邮政速递物流、顺丰速运、宅急送、申通快递、韵达速递、天天快递、中通快递、圆通速递、百世汇通、中铁快运等企业网络覆盖全区所有市县。各主要企业目前正在通过代理等形式在乡镇一级布设网点。在操作场地方面，各快递企业结合自身发展需要，不断扩大操作场地规模。百世汇通、顺丰速运、圆通速递、申通快递、韵达速递等规模以上快递企业，继续更换规模较大、设施较完善、功能较齐全的快件处理中心。其余快递企业及分支机构，也不同程度的增加了操作场地面积，扩大了生产规模。在设备设施方面，各快递企业都配置了车辆、分拣设备、安全监控等设备设施。全区快递企业中配备半自动智能分拣设备的有邮政速递物流、申通快递、顺丰速运、圆通速递等。大部分快递企业使用手持终端设备。各企业主要转运中心基本上都配置有X光安检机。

1月至12月，全区邮政业消费者申诉中心共处理申诉7752件，申诉中涉及快递业务问题的7465件。经调解，消费者申诉已全部妥善处理，为消费者挽回经济损失27.1万元人民币，消费者对企业申诉处理满意率为93%，对邮政管理部门申诉处理满意率为96.3%。

全年共举办4次快递业务员职业技能鉴定考试，2878人参加，超额完成国家邮政局下达的全年2600人工作任务，其中获证人数为1588人，合格率55.2%。至此，全区持证快递员人数为5722人，其中初级证人数5332人，中级证人数370人，高级证人数20人。

全年全区14个市局总计出检9773人次，下达整改通知书442份，全部开展了行政执法工作，共计办理行政执法案件89件，罚款金额总计78万余元，没收违法所得3000元。

二、行业管理工作及主要成效

坚持改革和创新，行业发展环境进一步优化。一是推动审批事项改革，方便企业办事。市场监管方面，将许可证申请、变更等事项的审批时间进一步缩减至25个工作日内，将其他行政审批事项一律压缩至20个工作日以内。建立市场监管工作通报制度，确保按时完成审批工作。进一步优化快递业务经营许可年度报告审核流程，凡是按时递交报告材料，经营记录良好的企业，在审核上均给予便利。二是推进落实行业发展规划和扶持政策。继续推进《关于保障快递运输车辆便捷通行的通知》《关于加强和改进城市配送管理工作的意见》等政策在各市落地。进一步协调推进《广西壮族自治区"十二五"综合交通运输体系发展规划》提出的多项快递服务网络覆盖能力建设规划目标，以及《广西壮族自治区国民经济和社会发展第十二个五年规划纲要》提出的支持建设邮政服务"三农"网络配送中心和"万村千乡市场工程"邮政农家店等目标。三是推动扶持政策落地，帮助企业解决发展难题。支持快递企业向下发展，加快乡镇地区网络布局和设施建设。2014 年全区新增 28 家快递服务企业及其 561 家分支机构，其中县级、乡镇新增快递服务企业及其分支机构 274 家，占 48.84%，在助农增收方面发挥了明显效果。四是认真完成各项改革任务。顺利实施"营改增"试点。联合自治区国家税务局对全区 170 多家快递服务企业进行了营业税改征增值税培训，新旧税制整体上实现了平稳转换，做到了"应纳尽纳、应改尽改"。五是认真开展"十三五"规划编制前期工作。对各市局进行规划编制培训，扎实推进规划编制前期调研、与相关部门沟通协调等工作。扎实做好行业统计工作，制定《广西邮政行业统计工作考核办法（试行）》，强化统计考核，加强统计培训。全区统计专项调查工作基本按要求完成，广西壮族自治区邮政管理局被自治区统计局评为"2013 年度广西交通运输邮电业部门统计工作先进单位"。六是在全区快递行业启动了"学习最美快递员，争创青年文明号"活动。七是做好邮政业消费者申诉工作。与市场监管工作衔接、联动，落实申诉检查制度，全程跟踪、督办。八是加强行业人才队伍建设。2014 年，全区参加快递职业技能鉴定考试人数为 2878 人，获证人数为 1588 人，合格率 55.2%。全区目前持证快递员人数为 5722 人，其中初级证人数 5332 人，中级证人数 370 人，高级证人数 20 人。继续与广西电信职工培训中心合作办好邮政行业特有工种职业技能鉴定站，积极为院校与企业合作搭建平台，加快建设"政府为主导、企业为主体、院校为支撑"的人才教育培养体系。九是搭建省级安全监管视频和信息系统，并做好日常维护工作，目前区邮政管理局安监视频系统接入顺丰速运、申通快递两家企业。

加强执法和检查，邮政市场秩序进一步规范。一是积极开展规范和清理快递企业经营范围及分支机构备案工作。广西壮族自治区邮政管理局与市局上下联动，采取约谈教育、行政处罚等手段，督促和指导各企业开展超范围经营问题的整改；对不能按要求完成整改的企业，暂停受理其新设分支机构的申请；制定相关应急预案，做好协调处置工作，依法协调处置了南宁中通快递与上海中通快递、北海圆通速递与上海圆通速递、南宁中快递通与防城港中通快递等纠纷事件。积极开展分支机构备案工作，将各企业分支机构纳入监管，夯实管理基础。

二是认真做好寄递渠道安全保障工作。广西壮族自治区邮政管理局先后组织开展了春节、全国"两会"、亚信峰会、南京青奥会、第 11 届中国—东盟博览会、第 45 届世界体操锦标赛等 6 个寄递渠道专项安全保障工作。在交通运输部等四部委组织的春运"情满旅途"活动中，区局一人被评为活动先进个人。开展全区寄递渠道化学品寄递安全专项整治活动。向辖区内寄递企业、化学品生产厂家和销售网点宣传相关法律法规，指导寄递企业建立化学品定点、定人收寄制度，健全化学品寄递应急处置流程。根据国家邮政局部署，在 2014 年一季度开展落实收寄验视制度专项整治行动。共督促整改安全隐患 62 个。区内多家媒体对行动进行了报道，采写播放新闻 15 条，取得了良好的效果。加强部门间安全保障合作。与广西检验检疫局签署了《关于加强进出境邮寄和速递物品检疫合作备忘录》，建立两部门间的沟通协调机制，在进出境邮件、快件安全检查和便利通行，检疫查验能力建设、国门生物安全宣传教育、突发事件处置等方面加强合作，共同保护广西生态环境和消费者健康，保障进出境寄递渠道安全平稳。加强用户寄递信息安全保障。开展以"强化红线意识,促进安全发展"为主题的安全生产月活动。贯彻落实中综办等9办部局《关于加强邮件、快件寄递安全管理工作的若干意见》。与公安等部门召开专题部署动员会,制定下发任务分解表,明确推行寄递实名制等各项工作的完成时间表。认真开展日常安全生产检查。严格执法,严肃查处各类违法违规行为。大力推进邮政市场监管信息化建设。

重视基础和管理,邮政管理部门履职能力进一步提高。一是加强队伍建设。加大干部队伍培训教育力度,累计组织市局培训13个班次,参加培训643人次。积极参加国家局、自治区组织的相关培训,累计送培207人次。认真贯彻落实新修订的《党政领导干部选拔任用工作条例》,做好市局党组成员补充工作,对符合条件的2个市局补充了党组成员。组织市局继续做好内设机构领导干部补充、公务员的调动及取消录用等工作。完成了2014年公务员考录工作,11名新录用公务员全部到岗。

三、各市(地)主要管理工作概况

各市局结合当地实际,建立"绿色通道制度"。将辖区内遵纪守法、管理规范的企业,纳入许可审批绿色通道。对其原先需要实地核查的变更事项,酌情改为形式审查。建立许可审批超时通报制度,每季度通报不能按时完成许可审批工作或上级委托核查的市局。建立市场监管工作通报制度。按季度通报全区邮政业市场监管工作动态,交流行政执法、优化发展环境、行业安全保障等工作经验。促进市场监管队伍能力提升。建立过期快递详情单集中销毁机制,其中,桂林、柳州、贵港、南宁等局先后与有关部门配合,开展集中销毁活动,共计销毁过期快递详情单7126万余份;在当地的"安全宣传咨询日"活动中累计发放宣传资料3400多份,接待群众咨询264人次。向企业发放《邮政行业安全警示教育片》等光盘资料1000份。组织消防演练和紧急事故逃生演练共计15个场次。

各市局积极试点视频监控系统建设工作。桂林、梧州、柳州、来宾、贺州、河池、崇左、北海、防城港等9个市局的邮路安全监控平台先后上线试运行,陆续接入了辖区内主要寄递企业分拨中心的监控视频。

加快推动"交邮融合"步伐。各市局积极贯彻落实广西壮族自治区邮政管理局与自治区交通运输厅联合印发的《关于促进交通运输业和邮政业资源网络合作共赢发展的指导意见》,相继与地方交通运输局联合印发具体工作方案。其中,贵港局在桂平、平南等地开展交邮合作试点,两县通过自办、外包和委办等形式利用客运班车代运邮件,使农民也能享受到便捷的电商快递服务。

积极帮助企业解决用地难、车辆通行难等发展问题。柳州、梧州、玉林、贵港等市局积极向地方政府争取,将快递物流园纳入地方规划,部分项目已开工建设。河池局推动建成快递物流园区一个,市内主要企业已经入驻。贵港、防城港、百色、贺州等局与交警部门协调,帮助企业统一办理通行证、临时停靠证,解决快递车辆城区通行难问题。

南宁局与市国家安全局联合印发《关于加强邮路安全监管协作配合工作的意见》,桂林、玉林、北海、来宾、贺州等局与市国家安全委员会联合成立邮路安全监管领导小组,梧州、玉林等局与市安监局联合印发《关于做好严禁危险化学品流入寄递渠道工作的通知》,钦州局与市公安局、市国家安全局联合成立钦州市寄递渠道安全管理协调小组。14个市局全部与当地相关部门建立了邮路安全保障协调工作机制。

海南省快递市场发展及管理情况

一、快递市场总体发展情况

全省全年快递企业业务量累计完成2248.6万件,同比增长1.0%。其中,同城250.6万件,同比增长-23.9%;异地1991.7万件,同比增长5.3%;国际及港澳台6.2万件,同比增长5.1%。同城、异地、国际及港澳台快递业务量分别占全部快递业务量的11.14%、88.58%、0.28%。最高日快件处理量突破50万件,同比增长66%,创历年日处理量新高。快递企业业务收入累计达到43190.6万元,同比增长53.8%。其中,同城1865.5万元,同比增长-48.7%;异地33389.6万元,同比增长46.9%;国际及港澳台1116.3万元,同比增长7.9%;其他6819.1万元,同比增长905.3%(表7-41、表7-42)。

表7-41 2014年海南省快递企业业务量情况

2014年累计(万件)	同比增长(%)	同城累计(万件)	同比增长(%)	异地累计(万件)	同比增长(%)	国际及港澳台累计(万件)	同比增长(%)
2248.6	1.0	250.6	-23.9	1991.7	5.3	6.2	5.1

表7-42 2014年海南省快递企业业务收入情况

2014年累计(万元)	同比增长(%)	同城累计(万元)	同比增长(%)	异地累计(万元)	同比增长(%)	国际及港澳台累计(万元)	同比增长(%)	其他收入累计(万元)	同比增长(%)
43190.6	53.8	1865.5	-48.7	33389.6	46.9	1116.3	7.9	6819.1	905.3

同城、异地、国际及港澳台、其他快递业务收入分别占全部快递业务收入的4.32%、77.31%、2.58%、15.79%,与2013年同期相比,同城快递业务收入的比重下降8.63个百分点,异地快递业务收入的比重下降3.64个百分点,国际及港澳台业务收入的比重下降1.10个百分点,其他快递业务收入的比重上升13.37个百分点。快递服务满意度稳步提升,邮政业消费者申诉处理满意率达到95.95%。圆满完成了各项任务目标。

二、行业管理工作及主要成效

优化行业发展环境。2014年5月30日,海南省第五届人大常委会第八次会议高票审议通过修改《海南省邮政条例》决定,并于7月1日起施行。修改决定紧密结合海南省邮政行业发展改革实际,内容更具体、更明确、更具可操作性。落实"营改增"政策实现税制平稳转换,全省邮政企业及所有许可快递企业完成税收试点工作,纳入率实现100%,邮政快递企业的税负同比有所下降,改革红利逐渐显现。海南省政府印发《海南现代服务业产业指导目录(鼓励类)》将"城市快件分拣中心、转运中心、集散中心、处理枢纽等快递处理设施建设,快件运输与交通运输网络融合技术开发"等项目纳入其中,要求各市县、部门要对符合目录的企业给予政策支持和倾斜,为行业发展创造了更加有利环境。加强"快递下乡"和"快递中进和西进"工程引导力度,快递企业积极响应,借助村邮站平台进村设点,全省县以下非邮快递网点数量较2013年增长近两倍。以省政府"电子商务进百村"建设为契机,引导快递企业逐步将海南地方特色农产品推向全国,海南顺丰利用"顺丰优选"电商平台,采取冷链包装的方式将海南荔枝等农产品推向了全国各地。率先在全国制定了《海南省快递服务末端投递网点备案管理办法(试行)》,推动快递企业与连锁商业机构、社区服务组织、机关学校管理部门等开展多种形式的投递服务合作。推进三沙市快递服务网络建设，三沙圆通速递有限公司进驻三沙市，将快递服务网络延伸到祖国最南端城市。制定了《海南省快递服务专用新能源三轮车管理办法（试行）》，积极推广太阳能新能源电动三轮车应用到城市快件投递中。

市场监督管理能力继续提升。经省政府批准并拨付资金建设的海南邮政业行政执法信息平台有效运行，研发应用邮政手持执法终端平台，实现海南行政执法信息化、规范化。采用快递企业监管视频应用系统和车辆GPS定位平台进行动态监管，截至2014年底共接入邮政快递企业及其分支机构视频监控263家，实现全覆盖。建设“快捷受理服务信息平台”（e快递），利用位置服务技术开发快捷受理服务渠道，建立全省快递从业人员数据库系统。印发《关于进一步加强寄递渠道安全监管工作的通知》，与安全部门进一步完善市（地）一级邮路安全防范联合工作机制。有力保障了全年邮路安全无事故，2014年亚洲博鳌论坛年会、国务院总理李克强三亚国事活动期间邮路平稳顺畅。开展“双十万禁毒宣传”活动取得良好社会效果，荣获2014年全省禁毒工作先进单位第五名，并邀请专家对全省200余名快递员开展安全工作培训。转变政府职能，按照“下放权限、属地管理”的思路依法做好许可管理，转发《关于做好经营快递业务的企业分支机构备案管理工作的通知》，优化许可变更和分支机构备案办理流程。做好旺季生产服务，2014年“双11”快递业务旺季服务保障工作两次受到海南省副省长陆俊华批示肯定，鼓励打造“海南快递品牌”。扎实开展规范清理工作，指导市（地）局依法开展对非法经营快递业务行为的调查取证和立案查处。全年海南省邮政管理局及市（地）局对快递、集邮、邮政用品用具市场开展执法检查共2348次，检查企业404家次，出检人数5278人次，出检天数184天，下发责令改正通知书63份，行政处罚快递企业16起，行政处罚金额4.7万元。12305共受理消费者有效申诉1124件，为消费者挽回经济损失9.74万元。

党风廉政和作风建设扎实推进。海南省邮政管理局敞开大门征求意见，做客海南《政风行风热线》直播间倾听社会公众对省局的工作意见和建议，落实各项承诺、认真完成社会评价的各项任务。在抗击超强台风“威马逊”中省局领导班子带头24小时坚守岗位，第一时间慰问督导灾后重建工作，组织快递企业组成爱心车队义务运送救灾物资，指导海口局争取到市政府200万补助资金用于邮政设施灾后重建。抗灾及重建工作受到了国家邮政局局长马军胜和海南省副省长陆俊华的批示肯定。推动机关基层组织工作创新，开展“七一”评比和表彰先进活动，联合共青团在全省快递行业开展创建青年文明号活动。邮政行业非公有制企业党建工作取得突破，指导和推动3家非公有制快递企业分别成立了党支部。

人才队伍建设和基础管理工作持续加强。进一步完善干部选拔任用体制机制，做好三级邮政监管机构人员补充工作，严格按程序完成招录公务员5名，转任、调任的科级领导干部2名。加大干部教育培训力度，组织举办了处级领导干部关于贯彻习总书记重要讲话精神培训班和联合行政执法“实战练兵”班等，取得良好成效，市（地）局依法行政和履职能力明显增强。组织快递业务员职业技能鉴定1279人次，职鉴考试考点延伸到到三亚市、琼海市。基础管理工作持续加强，一年来，邮政管理体系运转顺畅，基础管理水平稳步提升，统计体系更加完善，组织开展了行业统计专项调查，档案管理、保密管理、信息公开和新闻宣传等工作不断加强，海南记者站荣获国家局2014年度邮政行业“先进记者站”称号，有效发挥基础支撑保障能力。

三、各市（地）主要管理工作概况

2014年，各市（地）邮政管理局认真落实国家邮政局、海南省邮政管理局的决策部署，各项工作稳步推进，并取得新的进展。

海口市邮政管理局

分两个阶段对辖区内7家快递企业存在的违

法行为进行集中规范清理整顿，共执法调查取证26人次，约谈快递企业负责人40余人次，下达责令整改通知书6份，行政处罚书决定书10份，收缴罚款25000元。制定下发快递场所规范化标准，对快递企业的场地、设备设施等统一规范，督促快递企业按照国家邮政出台的相关规定，规范快递面单填写。

三亚市邮政管理局

继续推进解决快递车辆"通行难"、"停靠难"问题和三亚市快递物流园区的建设工作。在"双11"期间局领导班子积极与市交通、交警支队等部门进行协调，下大力解决了部分快递车辆被扣押的问题，确保了旺季生产期间快递车辆的运输通行。同时多次与政府相关部门沟通协调，推进快递物流园区建设，支持快递企业转型升级，加快实施三亚邮政行业整体战略布局，聚集快递行业发展合力。

东部邮政管理局

结合统计专项调查工作，对辖区快递服务末端网点进行了认真的核查、登记。在核查的基础上，做好清理规范整顿工作。据调查，全辖区在乡镇设置的快递营业末端服务网点共183个，已办理分支机构备案的24个，为下一步继续做好清理规范、整合资源打下基础。与安全、公安、扫黄打非等部门联合成立寄递渠道安全监管工作机构，初步建立联席会议制度和联合执法工作机制，开展联合检查7次，联合查处交寄禁寄物品案件1起。

中部邮政管理局

在"威马逊"、"海鸥"等台风期间做好值班留守安排，细化分工，跟踪了解辖区快递企业运行和受灾情况，及时收集信息汇总及上报。督促邮政快递企业建立健全安全责任制度及突发事件应急预案。同时要求企业将单位安全领导小组名单及安全生产制度报至中部局备案。强化专业服务，推进标准化建设：一是制定工作方案，选取18家快递企业作为首批标准化试点单位；二是召开辖区快递企业营业场所标准化建设试点推进会议，向企业解读《海南省快递营业场所标准》（草案），要求试点企业按照实施步骤，推行统一标准开展该项工作；三是对试点单位进行现场走访指导，要求试点单位在今年十月底完成该项工作。

西部邮政管理局

重点部署收寄验视制度落实情况专项整治行动。及时向辖区邮政快递企业下发工作通知，完善加盖"收寄验视章"和验收人签名确认等管理措施，并要求企业与一线收寄人员和邮政报刊亭经营者签订责任书，共471份，责任到人。重视对企业开展宣传教育，营造行业依法经营氛围。协调东方市政府解决当地电动三轮车通行问题。面对东方市公安、城管、工商、质监、交通等五部门联合整治电动三轮车行动的情况，西部局迅速了解情况，分别与东方市委常委、公安局局长朱洪山和东方市政府副市长欧阳娇等相关领导进行沟通协调，提出"当地政府予以支持—有我局颁发的临时快递通行证的快递专用电动三轮车通行，并于2015年5月后逐步推行企业快递车辆更新换代，实行规范化管理"的方案，缓解东方市快递企业旺季期间通行难问题。

重庆市快递市场发展及管理情况

一、快递市场总体发展情况

2014年全年，重庆市快递企业业务量累计完成13886.3万件，同比增长30.8%。其中，同城5148.6万件，同比增长53.0%；异地8616.3万件，同比增长20.3%；国际及港澳台121.4万件，同比增长41.3%。快递企业业务收入累计达到201060.0万元，同比增长46.8%。其中，同城43981.5万元，同比增长56.9%；异地110018.9万元，同比增长29.3%；国际及港澳台25980.5万元，同比增长21.7%；其他21079.2万元，同比增长748.5%（表7-43、表7-44）。

表7-43　2014年重庆市快递企业业务量情况

2014年累计（万件）	同比增长（%）	同城累计（万件）	同比增长（%）	异地累计（万件）	同比增长（%）	国际及港澳台累计（万件）	同比增长（%）
13886.3	30.8	5148.6	53.0	8616.3	20.3	121.4	41.3

表7-44　2014年重庆市快递企业业务收入情况

2014年累计（万元）	同比增长（%）	同城累计（万元）	同比增长（%）	异地累计（万元）	同比增长（%）	国际及港澳台累计（万元）	同比增长（%）	其他收入累计（万元）	同比增长（%）
201060.0	46.8	43981.5	56.9	110018.9	29.3	25980.5	21.7	21079.2	748.5

全市已登记的快递企业及其分支机构近1000家。截至2014年底，全市823个乡镇中已有快递代办网点有910个，自营网点262个。已有两家第三方快递综合服务平台企业进入高校，开启在渝高校快件收派集约化管理的新模式。已建成惠客君、时报爱达、城市佰分佰等提供快件末端配送服务的综合服务平台93处。主城已设立智能快递箱、智能包裹柜1200余个，涵盖了主城近4成的物业小区。其他区县智能快递箱及包裹柜也在加紧设立中。

2014年，包括重庆主城和派出机构所在地在内20多个重点区县，对符合条件的1100余辆快递投递车辆发放了通行证，实现便捷通行。“双11”期间，为快递企业特别增发了通行证。在重庆市公安局交通管理局的大力支持下，为1300辆新能源快递车辆优先发放快递通行证。

二、行业管理工作及主要成效

干部队伍综合能力明显提升。重庆市邮政管理局将加强学习型组织建设确定为2014年及今后一段时期的重点任务。一年来，以全员读书、全员授课、全员参与调研、课题讨论、组建“虚拟团队”、建立RTX群组、微信学习平台等多项举措，全方位开展学习型组织建设活动。全年共组织中心组学习12次，组织学习成果交流展示4次，开设学习大课堂48次，参与授课70人次。针对一年来数10次的大小调研活动、近两年的实战工作经验总结，以及对行业未来发展的预判，总结形成了《快递引领大物流发展》《关于提升快递末端投递服务的调研报告》等对监管工作和未来发展具有积极意义的文章，成果喜人。

建制度，转作风，狠抓基础建设。重庆市邮政管理局深入开展对农村、邮政快递企业、交通部门等调研，在局班子成员、处室领导、机关干部之间广泛开展谈心活动，切实加强了与基层、与企业、与人民群众的联系。增进了对基层、对市场、对群众需求的认识理解，工作思路更加清晰，措施、方法更加切合实际。制定了《局党组重大事项议事规则》《局机关会议制度》《干部交流制度》《督查督办制度》《工作计划管理办法》等10多项机关管理制度，进一步增进了全局工作的规范性、系统性；顺利完成机关党委及工会换届工作，着手筹备组建行业共青团组织，并加强党对工青妇工作的领导。

多措并举，行业发展出成效。重庆市邮政管理局修订了《重庆市都市区邮政设施专项规划（2008－2020年）》；都市区邮政快递设施规划纳入重庆市法定城乡规划全覆盖工作计划；编制了万州、涪陵、黔江等地的邮政设施专项规划。促成各快递企业总部加大对重庆发展支持。扎实抓好简政放权，在局内进一步理顺了市局与派出机构的权责；对服务对象，通过进一步简化优化行政许可等工作流程、建立企业联络员机制、改善12305服务等举措，切实转变职能、提升服务。通过积极引导，加强服务，企业合法规范经营意识明显增强，依法申请快递业务经营许可。同时，进一步规范行政执法行为，严格执行行政处罚裁量基准，开发了邮政行政处罚信息系统，实现对派出机构行政处罚的远程审批及全过程监控，有效地规范"不作为""乱作为"。

突破瓶颈，发展环境更优化。重庆市邮政管理局积极探索快递与农产品促销合作共赢等切合本市地方实际的新模式，推进"快递下乡"工程，市邮政速递物流公司大力拓展、多家快递企业积极参与。全力助推市政府"渝新欧"邮件跨境运输试点工作，为电商跨境服务管理打下坚实基础。与市教委联合出台了《关于做好高等院校校园快递服务管理工作的通知》，启动了"快递进校园"工程。与市商委协作，加强与快递企业的对接，推广"快递加盟商＋商超经营者"合作投资的模式，推进社会资本投入快递末端服务网络建设。鼓励社会资金投入快递末端智能自助服务设施建设。在市交委和各区县政府的大力支持下，落实了快递车辆的便捷通行，各派出机构结合辖区实际，重点针对车流量大、交通拥堵区县逐个突破，取得实质性进展。通过广播、电台、报刊、网络等媒介主动宣传报道邮政业100余件次，长期扩大宣传，引起各界广泛关注。2014年，市、区(县)两级人大、政协对邮政业共提出10余件建议、提案，内容涉及末端投递等行业发展热点难点问题。重庆市邮政管理局主动回复，既有利于与有关部门沟通突破难题，又形成良性循环。

突出安全，加强监管。重庆市邮政管理局强化寄递企业的安全责任，与企业签订安全责任书，推进安全监管视频平台建设，严格落实收寄验视制度。联合国安、公安、安监等部门，加强安全监管。为应对"双11"快递服务旺季，提前谋划、深入京东、顺丰、中通等10余家企业生产经营场所进行实地调研，有针对性地制订方案，成立旺季服务保障工作组，在旺季期间，实行24小时轮值检查。在渝中局、渝北局等派出机构的有力支撑下，协调电商、网商与快递企业间建立起"错峰发货、均衡推进"机制，圆满实现了旺季"保畅通、保安全、保平稳"的目标。在统计机构数量成倍增加的情况下，结合全市实际，在旺季服务期间对重点企业进行数据汇总及深度分析；每月对重庆在全国省份、城市排名的数据变化进行深度分析；将统计数据细化到各派出机构，有效支撑了行业监管工作。强化申诉处理与监督检查相结合，实现了在快递业务量迅猛增加的前提下，快递业务有效申诉同比下降7%。通过有效受理申诉，为消费者挽回损失33万元，同比增长64%，得到消费者普遍认可，同期对受理申诉的平均满意度达94%。

三、各派出机构主要管理工作概况

各派出机构针对辖区实际，切实加强属地监管，确保全市行业安全畅通，其中万州局创新机制，将各区县安全办公室主要负责人充实到邮路安全监管办公室队伍中；永川局采取疏与堵相结合的措施，有效遏制辖区管治刀具非法寄递等情况。加大对快递企业监督检查力度，全年出动检查3754次，对快递企业下发整改通知书192份，作出行政处罚22起。其中，万州局推进快递企业营业及处理场所标准化建设，已完成四个区县的检查验收，达标率90%以上。

四川省快递市场发展及管理情况

一、快递市场总体发展情况

2014 年,四川省全行业保持了较快发展态势。全省快递企业业务量累计完成 37941.8 万件,同比增长 55.5%;其中,同城 9994.5 万件,同比增长 79.0%;异地 27715.0 万件,同比增长 49.4%;国际及港澳台 232.3 万件,同比增长 -11.4%。快递企业业务收入累计达到 479628.0 万元,同比增长 57.6%。其中,同城 83365.9 万元,同比增长 72.5%;异地 313463.2 万元,同比增长 41.8%;国际及港澳台 24399.7 万元,同比增长 7.7%;其他 58399.2 万元,同比增长 379.7%(表 7-45、表7-46)。

表 7-45　2014 年四川省快递企业业务量情况

2014 年累计(万件)	同比增长(%)	同城累计(万件)	同比增长(%)	异地累计(万件)	同比增长(%)	国际及港澳台累计(万件)	同比增长(%)
37941.8	55.5	9994.5	79.0	27715.0	49.4	232.3	-11.4

表 7-46　2014 年四川省快递企业业务收入情况

2014 年累计(万元)	同比增长(%)	同城累计(万元)	同比增长(%)	异地累计(万元)	同比增长(%)	国际及港澳台累计(万元)	同比增长(%)	其他收入累计(万元)	同比增长(%)
479628.0	57.6	83365.9	72.5	313463.2	41.8	24399.7	7.7	58399.2	379.7

2014 年,全省受理快递业务经营许可申请 50 家,审核通过 26 家,核准新增分支机构 452 个。完成 374 家企业快递业务经许可年度报告工作。截止 2014 年底,共有 31 个全国性品牌在四川设有子公司、分公司等分支机构或者发展加盟企业,全省取得快递业务经营许可的公司有 407 家,下属分支机构 1982 个,覆盖了全省 21 个市(州)、183 个县(区、市)和部分乡镇,为快递下乡提供了网络支撑。

2014 年,全省共检查快递企业 2026 家次,比去年同期增加 116%。作出行政处罚 56 起,处罚金额 40.15 万元,规范了经营秩序。

二、行业管理工作及主要成效

发展环境逐步改善。四川省邮政管理局积极推动国务院常务会议精神的贯彻落实。组织召开了全省快递业发展研讨会,学习国务院常务会议精神,分析全省快递行业发展形势和面临的挑战,探讨解决发展中的问题,促进行业开放发展。根据会议形成的共识,省局向省政府报送了《关于贯彻落实国务院常务会议精神的请示》,就促进快递行业快速发展提出 16 项政策建议。

省政府印发四川五大新兴先导型服务业发展工作推进方案,提出要进一步促进快递发展。省商务厅、省财政厅联合出台《四川省电子商务进农村综合示范工作方案》,提出三年内创建出一批具有典型带动作用的示范县,基本实现快递到乡镇,配送到村寨。省发改委、邮政管理局等 12 部门联合出台《四川省物流园区发展规划》,明确将电商快递园区纳入物流园区规划布局。省局与省委农工委、省商务厅联合出台《关于促进四川农村地区快递服务规范发展的指导意见》,这是省局制订的促进农村快递发展的指导性文件,将进一步促进快递与现代农业融合发展,推进快递“向下”发展战略在四川的深入实施。

推动省政府办公厅《关于促进电子商务健康快速发展的实施意见》的落实。实施意见明确将快递发展纳入促进电子商务快速发展的重要内容加以推进,加快快递物流体系建设,改进城市快递车辆管理,允许快递企业采用 12 座以下小型客车开展快递收投业务。

部署启动了邮政业"十三五"规划编制工作。成立了全省邮政业"十三五"规划编制工作领导小组,研究制定了规划编制工作方案,明确了编制工作的总体思路、目标任务以及具体要求,并制定了规划编制工作时间进度表,与相关部门进行了工作对接。

快递"向西、向下"发展战略落地实施。四川省邮政管理局鼓励引导快递企业拓展延伸快递服务网络,向乡(镇)布设分支机构、营业网点。全省推广快递营业场所标准化建设。省局及时总结推广,在结合实施快递"向西、向下"战略中,要求快递企业将网络拓展延伸与练内功、强管理相结合,对县及乡(镇)网点提升标准,规范经营。全省邮政管理部门立足本辖区优势、特色,加强与商务、工商、农业、食药等部门联系,搭建平台,促成特色产业与快递企业对接、融合。鼓励和引导快递企业加快自主转型升级,创新传统流通渠道,为本土产品提供配送服务和自办电商,拓展市场,在助力边远地区农民利用网络打开市场、增加收入等方面效果明显。广元申通快递、天天快递、盛全快递等企业销售寄递"广元七绝"农副土特产品达18.42万件、680余吨。攀枝花申通、汇通快递积极谋求转型发展,自建水果网上专营店,向电子商务领域拓展。

破解行业发展难题有所突破。全省针对快递企业用地难等问题,通过积极争取地方政府支持,协调建设快递园区。四川省邮政管理局加强与省交通总队、省道路运输管理局等部门的沟通,推动落实省政府《关于促进电子商务健康快速发展的实施意见》中解决快递车辆通行难问题的要求。成都、雅安、德阳、阿坝、南充、巴中、宜宾、泸州、攀枝花、自贡等市(州)已根据各地具体情况出台了相关文件,初步解决了快递车辆城市通行问题。利用智能快件箱发源于四川的优势,积极引导,在全省推广智能快件箱的使用。

快递业务旺季服务和行业安全得到有效保障。四川省在2014年"双11"快递旺季期间快件处理量再创历史新高,11月10日至11月19日期间快件处理量(含收件量、派件量和中转量)达到8607余万件。其中,单日最高快件处理量达到981万余件。整个行业共投入4万余人,4000余辆汽车,2万余辆其他车辆,保证旺季期间快件疏运和投递工作正常运转。四川省副省长王宁在《四川省邮政管理局关于2014年"双11"快递旺季服务保障工作情况的报告》上作出批示,指出四川省邮政管理局适应这一发展态势,超前谋划,做了大量工作,为其顺利发展提供了服务和保障。

四川省邮政管理局联合省综治办等九部门转发《关于加强邮件、快件寄递安全管理工作的若干意见》,落实收寄验视制度,开展危险化学品寄递安全专项整治活动,确保节日和"两会"等重大活动期间寄递渠道和行业安全。完成视频监控中心和视频监控系统的建设,制订并落实安监系统运行保障相关制度。

2014年1月,四川省邮政管理局和成都局通过约谈韵达四川区域负责人,向韵达总部发函等方式提出要求,并派出行政执法人员到现场督办,妥善处理韵达成都市内三公司上万件快件积压。四川省邮政管理局约谈成都庆韵快递有限公司负责人,要求其按照相关法律法规解决员工的合理诉求。组成工作组现场督导,促成了事件平稳妥善解决,11月29日,成都西部中通速递有限公司黄田坝分公司违法收寄危险化学品氯化亚砜,11月30日,在重庆发生泄漏,在社会上产生了不良影响,四川省邮政管理局和成都局相关人员及时到达收寄现场调查处理。成都局对成都西部中通速递有限公司做出立即全面整改、罚款3万元,黄田坝分公司停业整顿30天的行政处罚决定。

11月22日16时55分,四川省甘孜藏族自治州康定县发生6.3级地震。甘孜局及时成立邮政业抗震救援工作组,迅速开展邮政业灾情统计和应急救援工作，及时组织恢复运营，防止邮(快)件积压，全力保障行业运行安全畅通。

依法行政取得成效。四川省邮政管理局结合实际情况，将快递业务经营许可申请和变更的实地核查、快递业务经营许可年度报告工作委托给市(州)邮政管理局进行，为快递企业提供了便利，节省了费用，同时也提高了行政效率。快递业务经营许可证变更时限已由原来的30天缩短为20天。严格市场准入，强化快递业务经营许可常态化管理工作。加强消费者申诉处理，2014年邮政业消费者申诉处理满意率达92.7%。全省按时完成了邮政业第一次统计专项调查工作，共获取2466家邮政快递企业及分支机构的基本情况及地理位置等信息。国家邮政局表彰2013年邮政行业统计工作先进企业，四川圆通等5家企业受到表彰。

行业精神文明和人才队伍建设不断增强。四川省邮政管理局与共青团四川省委联合发文，在全省快递行业中开展“青年文明号”创建活动。2014年，泸州韵达快递有限公司抗震救灾英雄团队被评为“最美快递员团队”，内江国通快递员黄科能入围“最美快递员”50位候选人名单。全省通过开展向“最美快递员”学习宣传活动，大力弘扬“诚信、服务、规范、共享”的行业核心价值理念，传播正能量，树立新形象。

四川省邮政管理局在成都、自贡、攀枝花、绵阳、南充、眉山等地设置考点，组织了5次涵盖初、中、高级的快递业务员职业技能鉴定考试，全省2400多人次参加了考试。自贡局联合市总工会、市快递行业协会组织了自贡市首届快递业务员技能竞赛。

全省共有17个市(州)成立了快递(行业)协会，通过加强行业自律，共建健康、和谐发展环境。部分地区快递协会将电子商务、信息技术、制造业等领域的企业纳入协会成员，更好地搭建起了快递业与关联产业间交流互动、融合共生的服务平台。

三、各市(地)主要管理工作概况

各市(州)邮政管理局成立以来，经过2年的运行，制度建设不断完善，工作能力不断增强，监管方式不断创新，开展了一系列富有成效的工作。

抓紧文件精神的落实。内江、广安、凉山、眉山等市政府印发《关于加快推进电子商务发展的实施意见》，将快递发展纳入促进电子商务快速发展的重要内容加以推进。成都市政府出台《关于促进城市共同配送发展的实施意见》，支持快递业使用新能源汽车进行配送。绵阳局引导快递企业以多种方式主动对接当地制造业，绵阳申通成为长虹集团“快益点”项目合作伙伴，为长虹电器提供售后服务。

加快自有品牌末端服务网点建设。遂宁局制订《快递行业安全经营与服务质量综合测评标准》，眉山局印发《关于实施快递服务网点综合测评的通知》，对辖区内快递企业开展综合测评，规范服务。宜宾局开快递营业网点标准化建设之先河，把快递营业场所细分为“基本型、标准型、精品型”三个类别，制订相应标准，开展快递营业场所标准化建设，提升了快递企业形象和影响力。

配合政府招商引资。协调各大快递企业进入本地建设分拨中心，提升快递处理能力和服务质量。自贡市已争取到顺丰、申通、圆通、汇通等4家企业将其川南分拨中心设立在自贡。

建设快递产业园。宜宾局以“政府部门搭台、企业联合唱戏”为模式，协调在宜宾临港经济开发区建成“宜宾电商快递产业园”，总规划用地250亩，其中已建成的一期占地200亩，已有8家快递企业入驻产业园。

推广智能快件箱。成都局协调住建部门，引导快递企业推广使用智能快件箱进行投递，拓展了快件投递的深度，提高了投递效率。在成都至少有1200个社区、写字楼、高校安装使用了智能快件箱，正逐步形成燎原之势。

强化安全保障。2014年，全省各市(州)局加强对快递企业的安全培训和应急演练，提升应急处置能力。成都局联合公安部门妥善处置一起疑似涉枪快件自省外流入成都市寄递渠道案件。乐山、泸州、德阳等局协助公安部门，查处破获多起制毒贩毒案件。3月，韵达撤销内江分拨中心，在处理员工补偿问题时方法不当，引发员工到内江市政府集体上访并扣留2万余件快件。内江局启动应急预案，宣传邮政法规，保护快件安全，告诫员工通过谈判解决问题。达州局向市财政争取专项资金，建设全市快递企业营业网点网络实时监控系统，已有12家企业共28个网点成功安装接入系统。南充由市财政投资建立了市邮政行业安全视频监控系统和短信信息平台，视频监控系统已正式验收并投入使用，实现了行业信息实时短信发布、预警。

行业精神文明建设。宜宾、德阳、南充、巴中、阿坝、凉山、甘孜等局与当地共青团组织在快递行业中联合开展"青年文明号"创建活动。

贵州省快递市场发展及管理情况

一、快递市场总体发展情况

2014年，全省快递企业业务量累计完成4669.1万件，同比增长59.3%，增速列全国第五位。其中，同城950.2万件，同比增长138.5%；异地3702.5万件，同比增长47.0%；国际及港澳台16.4万件，同比增长20.3%。快递企业业务收入累计达到98170.6万元，同比增长62.7%，增速列全国第一位。其中，同城9767.4万元，同比增长135.5%；异地68793.5万元，同比增长37.0%；国际及港澳台1980.5万元，同比增长45.2%；其他17629.2万元；同比增长282.4%（表7-47、表7-48）。

表7-47 2014年贵州省快递企业业务量情况

2014年累计（万件）	同比增长（%）	同城累计（万件）	同比增长（%）	异地累计（万件）	同比增长（%）	国际及港澳台累计（万件）	同比增长（%）
4669.1	59.3	950.2	138.5	3702.5	47.0	16.4	20.3

表7-48 2014年贵州省快递企业业务收入情况

2014年累计（万元）	同比增长（%）	同城累计（万元）	同比增长（%）	异地累计（万元）	同比增长（%）	国际及港澳台累计（万元）	同比增长（%）	其他收入累计（万元）	同比增长（%）
98170.6	62.7	9767.4	135.5	68793.5	37.0	1980.5	45.2	17629.2	282.4

快递服务满意度稳步提升。全年全省邮政业消费者申诉中心共受理有效申诉2408件，申诉处理满意率达94.8%，为消费者挽回经济损失21.54万元。邮政业消费者申诉处理满意率达到94.8%。

截至2014年底，全省依法取得快递业务经营许可证的企业有130家，比2013年增加50家，许可企业分支机构1075家，比2013年增加681家，快递从业人员达12123人，比2013年新增3000多人。全省共有网络型快递品牌22个，全国各主要快递品牌均在贵州省设立了直营、加盟或者代理企业，快递市场已经形成国有、民营、外资多种所有制经济形式共同发展的格局。

二、行业管理工作及主要成效

快递设施建设实现突破。一是在贵州省委、省政府的关心和支持下，"快递下乡"工程列入"四在农家·美丽乡村"小康讯行动计划之一，纳入省政府年度重点工作和民生实事工程，据此引导快递企业结合农村特色产业发展和电商服务，加快向乡村延伸服务链条，打造农特产品外销和农村共享现代服务的寄递渠道。截至2014年底，快递企业累计在92个乡（镇、街道）设置117个农村快递服务网点。中央电视台新闻联播在“年中经济观察，寻找新动力—内生增长模式”节目中就黔西南州册亨县丫他村中通快递点进行了宣传报道。二是引导快递企业加强自身能力建设，强化生产要素支撑。全年，全省骨干快递企业新投入资金超过7亿元，建设省级快递分拨中心一处，规划市级快递分拨中心4处，各主要品牌企业广泛使用GPS全球定位、远程视频监控、高速扫描录单等服务系统；全行业通过购置、租用等形式新增干线运输车辆200多台，运递能力大幅提升；省内邮政速递物流、顺丰速运、圆通速递、中通快递、申通快递、韵达速递、宅急送、天天快递8家企业全部采用全自动传送带，部分企业配备了X光扫描仪。三是鼓励第三方企业在校园、社区、办公楼等设置智能快件箱，智能快件箱项目在贵阳云岩区曦阳山庄和贵州大学城、黔东南州等地开展试点，使用效果反映良好。

行业发展环境持续优化。企业用地方面，贵州省邮政管理局针对快递企业生产用地难题，结合省发改委龙洞堡—龙里“双龙”临空经济区规划，牵头7家快递企业投资7亿元，推进全国首个省级快递园区——“双龙快递园区”开工建设，园区一期项目占地510亩，2014年11月5日，申通快递入驻园区正式运营，创造了园区建设的“贵州速度”。快递电商协同发展方面，积极开展快递与电商协同发展调研，撰写了专题调研报告，并结合全省“五张名片”和“5个100工程”，着力推动快递企业进园区、进社区、进景区。争取商务部、财政部、国家邮政局将贵阳市列为全国首批5个（西部唯一一个）“电子商务与物流快递协同发展试点城市”之一，获中央财政给予定向扶持资金3000万元。快递车辆通行方面，完成贵阳市93辆快递运输车辆年审，新发放23张快递运输车辆专用标识证、36张快递运输专用车辆通行证，继续为快递车辆通行提供保障。从业人员培育方面，在参考人员达到50人的市（州）设立快递业务员职鉴考试分考场，为快递企业和员工节约费用、提供方便，2014年共组织职鉴考试5次，安排市（州）分考场7个，参考人数2571人次。

快递市场监管扎实有效推进。贵州省邮政管理局在全国率先完成快递企业规范清理工作。持续关注和推进加盟制快递品牌总部完善经营地域的变更，推动贵州品牌快递企业规范经营，贵州省六大品牌在全国率先全部彻底解决经营地域问题。开展规范清理，帮助企业完善条件，实现依法经营。全省关停“无证无照”快递网点48处，有效整顿了市场秩序。坚持行政许可事项公开，压缩审批时限，做好年度审核，建立全流程、透明化监管机制。建立监管信息动态发布机制，督促企业提高服务质量。积极配合有关部门做好“禁毒”、“反恐”、“扫黄打非”相关工作，共检查快递网点1000余处。

行业安全保障措施不断加强。贵州省邮政管理部门通过创新监管手段、联合相关部门实行有奖举报等措施，妥善处理了夹寄“邮包炸弹”、“化学品快件泄漏”、夹寄“枪支子弹”、夹寄“毒品”、收寄“假钞”以及邮路中断、快递人员扣件、企业员工罢工等突发事件，保障了从业人员和用邮群众人身安全，维护了邮政业和经济社会稳定发展。一是加大“安全用邮”宣传力度。贵州省邮政管理局与公安部门联合印制“安全用邮·依法用邮”宣传海报5000份，全面告知企业、用户的责任和义务，强化企业和公民“安全用邮”的意识。二是在行政审批中实行安全事项前置审查。在受理快递企业新增许可、备案分支机构申请时，积极沟通和配合国安部门，由邮路安全监管办公室先行对相关负责人进行安全培训，并对相应人员进行背景、资金来源等审查，有效降低行业安全发展隐患。

三是强化安全生产培训。明确企业负责人为安全生产第一责任人,联合公安、国安、安监等部门进行专项培训,提高安全生产意识和发现寄递安全隐患的能力。四是严格执法保障行业安全。坚持安全监管“全覆盖、零容忍、严执法、重实效”,保持高频度市场检查,全年共开展各类市场执法和安全检查1543次,下达整改通知书171份,做出行政处罚26次。五是建立联合监管机制。与公安、国安、安检等部门建立联动机制,联合开展监督检查,全力保障全国重大活动及快递业务旺季期间寄递渠道安全。

各项基础工作支撑有力。统筹抓好依法行政、统计调查、新闻宣传等工作,落实国务院关于邮政业“营改增”的决策部署,强化基础支撑,保障持续发展。一是推进《贵州省邮政条例》的修正。该条例先后征求30多个省直部门、10家邮政快递企业和省快递协会及9个市(州)局的意见,最终获审议通过。新修订的条例除明确了市(州)邮政管理局的市场监管主体地位外,还对邮政业规划纳入区域基础设施规划、加强邮政业基础设施建设、设置邮件接收场所、村邮站等方面做了明确规定,将优化行业发展环境以法律形式确定下来,对促进我省邮政业持续健康快速发展有着积极作用。二是做好行业统计工作。完成2014年统计名录库新建工作,并认真开展了全省邮政业第一次统计专项调查。将统计专项调查与快递市场规范清理、行业安全检查、从业人员培训等工作统筹安排、同步推进,有效整合资源、提升效能。三是做好邮政业“营改增”衔接工作。积极宣传“营改增”政策,联合国税部门为快递企业召开政策宣讲会,帮助企业平稳过渡。先后3次开展专项调研,形成专题报告,为省政府及相关部门提供决策参考。四是深入开展行业精神文明建设。与省委宣传部、共青团贵州省委共同开展“崇德敬业·争当雷锋”主题活动和“青年文明号”创建活动,有效增强从业人员敬业意识,提升行业整体形象。五是加强新闻宣传传播“邮政好声音”。积极参与“阳光946”在线访谈、省人民政府网在线访谈,组织多家新闻媒体在“双11”期间深入生产一线,引导正面舆论宣传,展现邮政业发展风貌,赢得社会各界的关注和支持。贵州省记者站荣获国家邮政局新闻宣传中心评为“2014年度邮政行业先进记者站”称号。

三、各市(地)主要管理工作概况

2014年,贵州省各市(州)邮政管理局秉承服务与监管并重的行业管理思路,着力推动快递业又好又快发展。贵阳局组织全国知名品牌快递企业参加“2014年中国电子商务创新发展峰会”及“物流快递创新发展论坛”,为快递电商协同发展牵线搭桥;促成中通快递与贵阳职业技术学院达成合作意向,建立实习基地。遵义局引导顺丰速运与当地茶叶企业进行战略合作,遵义市湄潭茶叶全年通过邮政快递渠道外运3.25万件。铜仁局争取市政府对进驻景区的邮政、快递网点给予资金补助,落实两期120亩土地用于快递园区建设。毕节局建立“一站式”政务服务平台,推进快递“五进工程”(进乡镇、进社区、进景区、进校区、进园区)和开办“快递超市”。安顺局组织快递从业人员200余人参加礼仪培训。黔东南局、黔南局等联合相关部门对邮政快递企业负责人和安全管理员进行了安全生产培训。六盘水局针对地理位置偏远的企业专门送培训下县等等。

云南省快递市场发展及管理情况

一、快递市场总体发展情况

2014 年云南省快递企业业务量累计完成 8546.1 万件,同比增长 24.4%;其中,同城 1237.9 万件,同比增长 -20.1%;异地 7283.6 万件,同比增长 37.5%;国际及港澳台 24.6 万件,同比增长 11.9%。快递企业业务收入累计达到 152401.0 万元,同比增长 44.7%。其中,同城 12495.0 万元,同比增长 47.5%;异地 110026.3 万元,同比增长 26.0%;国际及港澳台 3046.1 万元,同比增长 -11.7%;其他 26833.7 万元,同比增长 339.1%(表 7-49、表 7-50)。

表 7-49　2014 年云南省快递企业业务量情况

2014 年累计(万件)	同比增长(%)	同城累计(万件)	同比增长(%)	异地累计(万件)	同比增长(%)	国际及港澳台累计(万件)	同比增长(%)
8546.1	24.4	1237.9	-20.1	7283.6	37.5	24.6	11.9

表 7-50　2014 年云南省快递企业业务收入情况

2014 年累计(万元)	同比增长(%)	同城累计(万元)	同比增长(%)	异地累计(万元)	同比增长(%)	国际及港澳台累计(万元)	同比增长(%)	其他收入累计(万元)	同比增长(%)
152401.0	44.7	12495.0	47.5	110026.3	26.0	3046.1	-11.7	26833.7	339.1

全年通过邮政行业消费者申诉电话和国家邮政局网站共受理、处理消费者申诉、建议、咨询 9390 件,同比增长 70.26%,其中有效申诉 3769 件,同比增长 25.63%,为消费者挽回经济损失 46.58 万元,满意率为 96.8%。全年共组织开展快递业务员职业鉴定考试 5 次,2588 名考生报名参加考试,合格人数为 1501 人,合格率为 58%。

二、行业管理工作及主要成效

突出内部管理,着力夯实邮政管理基础。云南省邮政管理局继续加强制度建设,修订完善了行政执法、市场监管等办法制度,并通过调研、检查、电话等方式加强与州(市)局的沟通联系,指导各州(市)局工作开展。不断强化全省系统应急能力建设,修订完善了应急工作方案,调整了应急工作领导小组,指导各州(市)局做好应急能力建设。在鲁甸、景谷发生地震灾害后,及时启动了应急预案,实行 24 小时值班值守制度,国家邮政局、云南省邮政管理局第一时间做出工作布置,相关市局即刻响应,采取措施有效开展邮政业抗震救灾。办公信息化水平不断强,全省安监系统、统一门户系统等基础信息系统得到了进一步完善。云南省邮政管理局组织开展了州(市)局内设机构领导干部选配,累计选配干部 8 名,临沧、大理、楚雄、红河、文山、版纳等局内设机构领导干部已配齐,组织新招录公务员 5 名,组织开展州(市)局领导、内设机构领导干部公务员登记、公务员工资福利核定等工作,组织实施了年度公务员考核工作。扎实做好综合管理工作。组织开展了全省邮政行业第一次统计专项调查,已经全部完成了 1203 家企业的定位、采集信息等实地调查工作。

突出多措并举,着力改善行业发展环境。云南邮政行业"营改增"试点工作顺利开展,新旧税制整体上实现了平稳转换。云南省邮政管理局在简政放权工作上成效明显,州(市)局专有职权和主要行使职权基本下放到位,实现了执法重心下沉。"快递下乡"工程取得初步成效,在加大向云南省政府的汇报力度和有关部门的沟通协调的同时,深入昭通、文山、红河等地开展了专题调研,协调邮政企业开放乡镇邮政网点及设施,引导支持快递企业依托农产品市场在乡镇设立网点。深入推进云南省邮政业“十二五”规划后期的贯彻落实工作，正式启动了全省系统“十三五”规划编制工作，及时召开了全省邮政行业“十三五”规划编制工作电话会议，《云南省邮政行业“十三五”规划（大纲）》已经印发，并积极融入全省综合交通规划。积极指导州（市）局开展法制宣传教育，充分利用世界邮政日等契机，利用主题宣传活动、新闻媒体等方式载体，大力宣传邮政法律法规，努力扩大社会影响力和公众认知度。规范指导州（市）局行政处罚工作，深入普洱等地进行了现场指导。组织全省系统人员参加了2014年8月、11月两期的行政执法学习培训，指导全省各州（市）局开展聘请法律顾问工作。加强了与工商、海关、检验检疫、边防等单位的联系互动，在努力构建外联工作网络和工作联系协调机制上取得明显成效。与省交通运输厅共同草拟了《全省促进交通邮政融合发展指导意见》，并经省交通运输厅厅务会审议通过。促成了省交通运输厅就ETC项目对省邮政公司电子商务网点进行了专项考察、论证。

突出依法行政，着力强化市场监管。云南省邮政管理局加大日常监管执法检查力度。全省邮政市场共计检查6336次，检查企业3151个，出检4023人次，查处违法违规行为471次，下达责令整改通知471份，行政处罚53份，罚款共计332300元。认真组织开展规范清理第二阶段工作，制定了工作方案，召开专题工作会议并举办了培训班，将红河、大理、曲靖等7个州（市）列为重点地市。加强了与有关部门的联动，强化上下联动和信息沟通，加大对超范围经营的查处力度。成立工作推进组，深入六大品牌企业生产经营现场，召开现场工作协调会议，逐一为企业梳理材料，协调解决问题和困难。截至2014年底，我省清理规范工作第二批计划数量42个，已完成数量34个，完成比率为80.95%，位列全国第8名。玉溪局以点带面，推进全市快递企业合法化，全市90%快递企业及其分支机构已纳入合法化、规范化管理的轨道。印发了《2014年云南省快递业务旺季服务保障工作方案》，进行了全面部署安排，要求州（市）局做好属地组织保障工作，加强巡检驻场督导，完善应急预案、申诉处理的报告制度，严格执行24小时值班及领导带班制度，有效开展运力监控，严格行政执法，确保了旺季期间寄递渠道的安全畅通。依法实施快递业务经营许可、年度报告及许可证变更常态化管理。全年共接收快递业务经营许可申报材料29份，发放了《快递业务经营许可证书》22份；接收企业变更申请材料115份，对符合条件的333个分支机构进行了名录核发，完成了242家快递企业年度报告审定工作。在职业技能鉴定工作中，积极做好服务、培训上门工作。昆明局深入各县区邮政企业分十四批开展了“送学上门、送法上门”专项培训活动，共培训300余人次。

突出安全为基，着力确保寄递渠道安全畅通。云南省邮政管理局精心筹划部署，做好服务监管，切实落实寄递企业主体责任，确保了春节、全国“两会”、南博会、“双11”等重要节点和业务旺季的邮路安全。成立了全省邮政业反恐维稳工作领导小组，组织制定了专项实施方案，各州（市）局迅速行动，主要领导亲自部署、强抓落实。在昆明“3·01”暴恐事件后，及时召开了紧急会议，全面动员部署了全省邮政寄递渠道反恐防范安全管理工作。印发了《关于开展化学品寄递安全专项整治活动的通知》，落实社会用户安全用邮责任、寄递企业安全生产主体责任、行业主管部门监管责任，进一步规范化学品寄递安全管理，依法从严从重查处违规寄递危险化学品等违法行为。下发通知，强化落实寄递企业主体责任，督导企业严格落实收寄验视制度，防范枪爆涉黄物品通过寄递渠道非法流入。多次派出督导组，深入楚雄、大理、保山等地，积极参与配合省政府缉枪治爆专项督导工作。组织召开了全省邮政业禁毒工作会议，向省政府申请专项经费，配合公安禁毒部门开展缉毒工作。截至2014年11月底，全省邮政企业自查和配合禁毒部门协查夹寄毒品案件78起，缴获毒品89.8千克，同比上升128.76%。与国家安全部门配合更紧密，各州（市）双边邮路安全监管机制建设工作稳步推进。依法开展“扫黄打非”案件查办工作。

三、各市（地）主要管理工作概况

2014年，州（市）局履职作用明显提升，逐步把工作重心从夯基础转向强执法，注重整合资源，联合相关部门开展联合执法，发挥协同效应提高监管效能。在推动行业发展和加强行业监管的同时，获得了当地党委政府的高度认可。大理局成功创建“市级文明单位”，曲靖局获市“扫黄打非”工作先进集体荣誉称号。

各州（市）局积极向地方政府进行汇报衔接，与各相关单位沟通协作。保山局联合国安、公安等部门开展了收寄验视制度联合执法检查，与地方院校建立合作机制，组织开展职鉴培训和考试工作；版纳局建立完善与公安、安全、工商等部门的联动协作机制，全年共召开联席会议6次，联合检查十余次；曲靖市委、市政府下发文件，正式将曲靖局纳入责任制综合考核单位；昆明、迪庆、红河、德宏、临沧、普洱等局，进一步强化了与相关部门的沟通协作，形成了长期、有效、稳定的联合协作机制；普洱局联合当地国安部门现场处置一起利用快递寄递老式气枪的案件，并按程序将枪支依法移交当地公安机关处理。

在车辆通行方面，普洱局推动出台了《普洱市人民政府关于规范和加快邮政业发展的意见》；版纳局与交通、公安部门多次协调沟通，对快递车辆发放了通行证；丽江局积极协调古城管理局、市交通警察支队等部门，为邮政和快递车辆进出古城、市区投递和揽收提供便利；红河局推动出台了《关于保障快递企业运输车辆便捷通行的通知》；德宏局与公安.边防部门联合制定了《德宏州邮政业“绿色通关企业评价标准（试行）”》办法。

在整顿规范快递市场方面，普洱局制订了全面清理整顿快递市场秩序的实施方案，依法处罚违法行为，下发《行政处罚决定书》31份，处以罚金26.5万元。昆明局联合市工商行政管理部门对辖区内无证无照经营快递业务等违法行为进行了查处。

西藏自治区快递市场发展及管理情况

一、快递市场总体发展情况

2014年，西藏自治区快递业持续快速发展，全区快递企业业务量累计完成484.3万件，同比增长27.8%。其中，同城43.8万件，同比增长230.0%；异地439.9万件，同比增长20.5%；国际及港澳台0.6万件，同比增长9.2%。快递企业业务收入累计完成17384.5万元，同比增长17.1%；其中，同城248.9万元，同比增长186.2%；异地15886.3万元，同比增长17.5%；国际及港澳台263.1万元，同比增长10.1%；其他986.2元，同比增长-1.5%（表7-51、表7-52）。

表7-51　2014年西藏自治区快递企业业务量情况

2014年累计（万件）	同比增长（%）	同城累计（万件）	同比增长（%）	异地累计（万件）	同比增长（%）	国际及港澳台累计（万件）	同比增长（%）
484.3	27.8	43.8	230.0	439.9	20.5	0.6	9.2

表 7-52 2014 年西藏自治区快递企业业务收入情况

2014 年累计（万元）	同比增长（%）	同城累计（万元）	同比增长（%）	异地累计（万元）	同比增长（%）	国际及港澳台累计（万元）	同比增长（%）	其他收入累计（万元）	同比增长（%）
17384.5	17.1	248.9	186.2	15886.3	17.5	263.1	10.1	986.2	-1.5

快递市场规模迅速壮大，由邮政政企分开时的一个经营网点，发展到现在共有 18 家品牌快递企业，经营网点增至 135 个，覆盖全区 7 个市（地）、8 个县、1 个口岸，快递网络“向下”“向外”拓展不断加速，在方便群众生活、服务社会生产、助推经济发展等方面发挥着越来越重要的作用。

二、行业管理工作及主要成效

行业改革顺利推进。西藏自治区邮政管理局明确了区地两级邮政管理部门职权划分，市（地）局专有职权和主要行使职权基本下放到位，实现了执法重心下沉；进一步完善职能、简化行政审批环节、提高办事效率，实现了“行政效能”“服务水平”和“群众满意度”三个提升。

监管工作得到突破。全区 7 个市（地）局均与相关部门建立了联合执法机制。全年，共开展执法检查 1136 次，出检 3014 人次，纠正和查处违法违规行为 293 起，下达整改通知书 15 份，作出行政处罚 2 起，为消费者挽回经济损失 14.6 万元，实现了安全生产“零”事故的目标。

第二批教育实践活动扎实开展。西藏自治区邮政管理局认真搞好第一批教育实践活动回头看，完成专项整改工作 5 项和 28 项制度建设，成立了巡回督导组，对市（地）局活动开展情况进行巡回督查，积极转变基层工作作风，推进各项惠民政策落地实施，有力促进了全区邮政行业健康有序发展。

党建工作不断加强。2014 年年初与各市（地）局签订了《党风廉政建设责任书》，编撰印发了《西藏自治区邮政管理系统廉政风险防控工作手册》，严格贯彻落实中央“八项规定”，区党委“约法十章”“九项要求”，精简会议、文件，励行勤俭节约，促进机关作风进一步改善；设立了党建专项资金，加大机关党建阵地建设投入力度，专门建立了党员活动室，室内悬挂党旗、各项规章制度和学习宣传栏，活动设施配备齐全，同时明确党建阵地管理制度和管理人员，认真落实“三会一课”“党员学习”“民主生活会”等各项规章制度，防止只建不用、陈列摆设现象的发展，充分发挥党建阵地在加强党员教育管理、提高党支部工作规范化、制度化上的重要作用。

“维稳”“驻村”工作成绩明显。西藏自治区邮政管理局认真贯彻自治区党委“三不出”的工作要求，积极参与社会治安综合治理，努力健全机关安保制度，长期坚持 24 小时值班带班；积极推动驻村工作深入开展，切实解决当地农牧民群众需求最迫切的重点难点问题，先后争取资金 300 多万元为所驻村建设了“扶贫家庭旅馆”“标准化电教室”“通信基站”“牧场大桥”等一系列惠民工程，为当地经济实现跨越式发展和社会长治久安做出了积极贡献；保持了机关、行业、驻村点“零”事故发生，并于今年 8 月份获得了拉萨市“平安单位”荣誉称号。

三、各市（地）主要管理工作概况

自市（地）局成立以来，在西藏自治区邮政管理局和地方政府的领导下，在相关部门的大力配合下，各市（地）局开展了大量工作，大力提升了行业发展水平，为地方经济发展做出了积极贡献。

在认真做好分支机构备案工作方面。各市（地）局按照国家邮政局统一印发的《经营快递业务的企业分支机构备案管理规定》，以“优质、高效、规范、廉洁”为原则，简化分支机构备案流程，积极高效地开展分支机构备案工作。同时履行好快递业务经营许可审批实地审查、许可证变更实地审查、年度报告材料接收和初审、末端投递网点备案等下放权限,加强属地化管理,依法合规行使职权。

在落实例行检查制度方面。各市(地)局定期深入快递企业开展禁限物品查缴、非法出版物查堵、标准作业流程检查等系列工作,按照自治区邮政管理局要求开展“扫黄打非”专项检查、安全生产专项检查等,通过约谈企业负责人、下发整改通知书、行政处罚等方式加大市场监管力度,规范快递市场。

在为快递车辆解决“三难”问题方面。各市(地)局积极与地方交警支队等相关部门沟通协调,统一车辆专用标识,山南局召开邮政快递运输车辆便捷通行协调会,研究解决邮政快递车辆城区通行难问题,昌都地区行署召集相关部门协商快递电动三轮车车辆规格、停靠证办理等事项。值得一提的是,拉萨局和林芝局已为邮政分公司、各快递企业办理了“车辆临时停靠证”,帮助企业解决车辆在城区停靠难、收投难、服务难的“三难”问题。

在认真开展并逐步完善统计工作方面。各市(地)局采取企业自查与各市(地)局抽查相结合的方式,组织开展辖内快递企业统计检查工作,统一数据统计口径,准确掌握辖内邮政行业的经济运行情况,及时向区邮政管理局和地区行署汇报统计数据。

在切实提高邮政业人才综合素质水平方面。各市(地)局一方面加强自身监管队伍能力建设,采取“请进来”和“送出去”的办法,学习先进经验,抓好人才队伍建设,不断提升监管人员的综合素质和业务能力;另一方面加大企业员工培训力度,对快递企业负责人和一线员工开展培训、座谈工作,购买快递业务员(初级、中级、高级)图书免费发放给各企业,同时监督企业自觉组织岗前培训和日常业务学习,提高员工的综合素质水平。

陕西省快递市场发展及管理情况

一、快递市场总体发展情况

2014年,陕西省快递业持续保持快速发展的良好态势。全省快递企业业务量累计完成13762.3万件,同比增长44.1%。其中,同城4020.9万件,同比增长62.8%;异地9686.2万件,同比增长37.7%;国际及港澳台55.2万件,同比增长14.7%。快递企业业务收入累计达到179548.3万元,同比增长34.3%。其中,同城31235.4万元,同比增长67.8%;异地113898.1万元,同比增长18.8%;国际及港澳台12523.4万元,同比增长4.6%;其他21891.5万元,同比增长205.5%(表7-53、表7-54)。

表7-53　2014年陕西省快递企业业务量情况

2014年累计(万件)	同比增长(%)	同城累计(万件)	同比增长(%)	异地累计(万件)	同比增长(%)	国际及港澳台累计(万件)	同比增长(%)
13762.3	44.1	4020.9	62.8	9686.2	37.7	55.2	14.7

表7-54　2014年陕西省快递企业业务收入情况

2014年累计(万元)	同比增长(%)	同城累计(万元)	同比增长(%)	异地累计(万元)	同比增长(%)	国际及港澳台累计(万元)	同比增长(%)	其他收入累计(万元)	同比增长(%)
179548.3	34.3	31235.4	67.8	113898.1	18.8	12523.4	4.6	21891.5	205.5

"双11"期间,全省快件处理量突破3900万件,增幅超过70%,日处理量接近500万件的情况下,为全省16.5亿元的网络零售额提供了有力支撑。

快递服务满意度稳步提升。全年全省邮政业消费者申诉中心共受理消费者申诉11541件,其中有效申诉3740件,为消费者挽回经济损失31.67万元。消费者申诉处理满意率达到97.5%。

全年开展执法检查、督促指导、协调服务2359次,检查企业及分支机构1121个,纠正和查处违法行为330起,下达整改通知148份,办理行政处罚案件14起,共罚款91000元。完成全省198家快递企业经营许可年度报告工作。截至2014年底,全省快递企业达到318家,分支机构1100个,服务网点3000余个。

二、行业管理工作及主要成效

职能转变卓有成效。陕西省邮政管理局建立快递经营许可"绿色通道"制度,优化许可备案流程,实行形式审查与实地核查相结合,许可变更及备案平均用时显著缩短。全面落实下放和明确层级职权的要求,各市局专有职权和主要行使职权基本下放到位,实现了执法重心下沉。

发展环境持续改善。制定中的陕西省物流业中长期发展规划将支持快递发展纳入其中。陕西省政府关于深化流通体制改革加快流通产业发展的实施意见提出,要优化快递网络布局,加快建设航空、陆路快递枢纽及航空快递支线、干线等多级航空转运中心;同时加强城市配送体系建设,实现城市配送与商贸服务网点、居民居住区的有效衔接。省政府关于加强城市基础设施建设的实施意见提出,要规划整合建设一批新型城市物流配送中心,在城市社区布局建设共同配送末端网点。

行业基础不断夯实。快递基础能力建设持续加快,圆通速递、百世汇通、韵达速递、顺丰速运等重点快递企业新建或租借分拨中心4处,约15万平方米,新增干线车辆500台、从业人员3000人。各地加快推进快递园区建设,渭南快递物流产业园建成启用,汉中快递园区即将开工,榆林快递园区建设得到市政府的支持,同时即将出台包括支持小微企业、县级监管机构、新能源配送车辆在内的组合政策。因地制宜破解快递配送难题,大部分地区快递车辆进城难得到初步缓解,西安、宝鸡、咸阳、汉中、安康等地均出台了支持快递车辆城区通行的政策措施,共为快递车辆办理通行证142张。陕西省邮政管理局鼓励快递企业创新经营模式,切实提高末端服务质量,支持顺丰"嘿客"店、快递便民服务站、智能快件箱进社区、进学校、进单位、进商区。各市局纷纷出台快递经营场所标准化建设的指导意见,建成标准化门店和形象示范店98个。加快邮政业人才培养,先后在汉中、榆林、安康、宝鸡、渭南5个地市开设快递业务员职业技能鉴定分考场,组织快递业务员职业技能鉴定1825人次,合格1487人,合格率达81%。

快递质效稳步提升。陕西省邮政管理局引导快递企业加快农村网络布局,更多农民享受到了便捷的网购快递服务,全省乡镇快递网点达到1018个,平均覆盖率超过50%,有的县市已达到100%。引导快递企业开拓新市场,延长服务链,加快与制造业、商贸流通业、电子商务等上下游产业的深度融合。交邮合作不断深化,高铁快递业务在西安试运行,西安市民可享受当日达、次晨达、次日达等高铁快递服务。多地利用客运班车代运邮件快件、利用城乡客运站处理快件,综合运输效能陆续显现。

监管能力明显增强。陕西省邮政管理局进一步规范快递市场秩序,深入开展规范和清理快递企业经营范围第二阶段工作,重点查处无证经营、超范围经营和野蛮分拣等违法违规行为。加快安全监管信息化建设,建成省级快递监管平台,实现了对9家快递企业分拨中心的实时监控。召开行政执法座谈会,开展执法案例联评,通过以案说法强化了执法人员的细节、规范意识。积极探索交叉联合执法，按地域分片成立3个检查组，开展全省邮政行业集中交叉检查活动，通过“实战练兵”达到了锻炼队伍、提升能力的目的。

安全监管坚守底线。陕西省邮政管理局强化源头防控，深入开展落实收寄验视制度、规范化学品寄递等专项活动，督促企业健全安全管理制度，成立安全管理队伍，完善应急预案，不断提高应急处置能力。完善工作机制，建立行业安全监管联动机制，推动寄递渠道安全监管综合治理和属地化管理。各市局先后与公安、安全等部门建立了联合工作机制。配合公安、国家安全、安监、质检、海关、新闻出版、民航等部门开展寄递渠道信息安全、反恐、禁毒、扫黄打非和航空邮件监管等工作。圆满完成旺季服务保障工作，顺利实现了“保畅通、保安全、保平稳”的目标，得到交通运输部、国家局和省政府领导的一致肯定。

基础管理更加规范。陕西省邮政管理局市场监管考核机制趋于完善，以自查与检查相结合、分片交叉考核的形式，通过听取汇报、查阅档案、实地查看，对10个市局的市场监管工作进行了综合考评。统计工作体系更加完善，月报制度落实到位，规范性、科学性不断提升，在全系统一直排名靠前，连续五年被省统计局评为先进单位。行业统计专项调查进入收尾阶段，共普查邮政快递企业1383家，其中系统新增企业995家。财务支撑保障及风险防范能力不断提高，固定资产、项目预算、三公经费管理日趋规范。积极配合财政部专员办完成财务检查任务，各类不规范问题得到切实纠正。新闻宣传的广度、深度和力度进一步拓展，上报政务信息273期、通讯报道10余篇，被采用50多篇；网站发稿量达到5000余篇，被国家邮政局新闻宣传中心评为“优秀记者站”，王君霞同志连续两年荣获“优秀通讯员”荣誉称号，陕西省邮政管理局对5个先进集体和5名先进个人进行了表彰。

三、各市（地）主要管理工作概况

各市局积极争取地方政策，扎实行业发展基础。延安局推动市政府将快递纳入支持电子商务发展政策体系。榆林局推动市政府将出台促进快递业发展的指导意见纳入议事日程。渭南局与三门峡、临汾、运城等市局签订了晋陕豫黄河金三角邮政业合作框架协议，积极探索跨省交界地区邮政业交流合作的方式和途径。咸阳局与商务局联合搭建电商快递服务平台，安装智能快件箱50余套。安康局推进“快递超市”落户安康学院，为快递进高校积累了经验。

各市局大力推动快递下乡、加强产业联合，铜川、榆林等市局引导快递企业为农民提供上门服务，走出了快递服务三农的新路子。汉中局在推动村邮站和农家书屋联合共建的同时，鼓励快递企业进驻村邮站，新增乡镇农村快递网点117个。渭南局推动快递企业借助农村物流企业网络优势向乡镇布局，覆盖率超过80%。西安局鼓励中小快递企业为电商企业提供更加优化的落地配服务；支持重点快递企业为比亚迪、法士特、西飞等大型制造企业定制服务，拓宽了发展空间。安康局推动顺丰、申通和邮政惠民优选采取“电商+快递”的经营模式，实现了农产品网上购销和投递一体化。

各市局不断提升监管能力，保障行业安全生产，延安局建立案件集体讨论制度，通过以案代训提高了干部职工的业务水平；建立了化工物品收寄备案制度。榆林局出台执法禁令，切实规范了执法行为。宝鸡局制作了邮政行业消防安全宣传片，以供企业员工观摩学习；被评为全省“推荐联评先进集体”，三名同志被评为全省“扫黄打非”先进个人。渭南局向快递企业发放化工企业名录，提示企业重点关注化工企业寄件管理。渭南、商洛等市局组织快递企业员工开展了安全事故应急演练。延安、安康局对未制定应急预案的企业进行了行政处罚。

各市局不断改进行风建设，大力弘扬“诚信、服务、规范、共享”的行业核心价值理念，传播正能量，树立新形象。非公快递企业党建工作取得突破，西安局在6个快递企业成立了基层党组织，135名党员纳入管理，同时通过加强党、工、团组织建设，充分调动企业职工创优争优的积极性，促进行风转变、服务提升。宝鸡局开展“榜样之星”快递员评选活动，激发了企业员工为民服务的热情。

甘肃省快递市场发展及管理情况

一、快递市场总体发展情况

2014年，甘肃省快递企业业务量累计完成2655.6万件，同比增长48.5%。其中，同城376.0万件，同比增长5.9%；异地2273.3万件，同比增长59.1%；国际及港澳台6.4万件，同比增长32.0%。快递企业业务收入累计达到51198.0万元，同比增长25.5%。其中，同城2787.5万元，同比增长-11.3%；异地38421.2万元，同比增长15.4%；国际及港澳台1245.2万元，同比增长13.4%；其他8744.1万元，同比增长169.7%（表7-55、表7-56）。

表7-55 2014年甘肃省快递企业业务量情况

2014年累计（万件）	同比增长（%）	同城累计（万件）	同比增长（%）	异地累计（万件）	同比增长（%）	国际及港澳台累计(万件)	同比增长（%）
2655.6	48.5	376.0	5.9	2273.3	59.1	6.4	32.0

表7-56 2014年甘肃省快递企业业务收入情况

2014年累计（万元）	同比增长（%）	同城累计（万元）	同比增长（%）	异地累计（万元）	同比增长（%）	国际及港澳台累计(万元)	同比增长（%）	其他收入累计（万元）	同比增长（%）
51198.0	25.5	2787.5	-11.3	38421.2	15.4	1245.2	13.4	8744.1	169.7

全年全省邮政业消费者申诉中心共受理消费者申诉4556件，其中有效申诉1400件，结案1400件，为消费者挽回经济损失15.72万元。

二、行业管理工作及主要成效

行业发展环境持续优化。甘肃省邮政管理局在充分调研的基础上，制定出台了关于提升快递末端投递服务水平、推进快递服务制造业和快递服务与电商联动发展的实施意见，甘肃省邮政管理局被省政府列为促进电子商务产业发展领导小组成员单位，与省商务厅签订了促进电子商务发展合作协议。各市州邮政管理局主动作为，积极推动当地政府和相关部门出台了支持推进电商与邮政快递业融合发展的相关政策，主要品牌快递企业已覆盖全省所有县（区），各类快递公司服务网点已达1500多家。全省乡镇快递网点已经发展到267处，比去年增长了3倍，乡镇覆盖率由上年的6.7%提高到2014年的21%。全面推进快递业务员职业技能鉴定工作，2014年共鉴定快递业务员1231人，经考核916人取得资格证书，累计获证人数近4000人。

依法行政能力稳步提升。甘肃省邮政管理局全面下放和明确了邮政管理部门层级职权，市州局专有职权和主要行使职权基本下放到位，实现了执法重心下沉。着重抓好全系统依法行政的教育和培训工作。分两批组织14个市州局20余人参加了国家邮政局举办的依法行政培训班。依法开展行政审批，查处违法违规行为。全年累计对邮政企业违法行为实施行政处罚38起，对快递企业违法行为实施行政处罚108起。严格依据《政府信息公开条例》,主动公开行政审批信息、快递业务经营许可信息等内容,提高政府工作的透明度。按照国家邮政局统一部署,开展了全行业第一次统计专项调查。

行业安全监管持续加强。甘肃省邮政管理局及时组织召开全省快递企业安全工作座谈会,对全省邮政行业安全工作进行了安排部署,分别与市州局、邮政快递企业签订了《安全生产责任书》《禁毒工作责任书》,进一步明确工作职责。在甘肃省邮政管理局修订下发《甘肃省邮政业突发事件应急预案》的基础上,指导市州局制定了本辖区的邮政业突发事件应急预案。经过协调与公安等部门联合成立了邮路寄递物品安全监管办公室。同省内相关部门合作在快递企业比较集中的联合弘快递物流园建立了快件寄递安全检查工作站,依托先进的检测手段和设施,严把出入关口,有效保障了寄递渠道安全。甘肃省邮政管理局视频监控中心已将邮政速递、顺丰、申通、圆通、中通、兰韵、联合等重点快递企业的分拨中心接入视频监控系统,可实时监控。加大检查频次和力度,严厉查处违反安全规定的行为,对安全隐患不迁就,不姑息,做到零容忍。全省上下积极开展安全整治活动,全行业没有发生安全生产事故。制定了《寄递服务个人信息安全管理规定》,明确用户寄递详情单采取专人保存、集中管理、集中销毁的办法。2014 年全省共销毁寄递面单 3000 多万份。全力做好旺季服务保障工作,圆满实现了“双 11”等旺季服务“三保目标”,社会反应良好。

市场秩序进一步规范。甘肃省邮政管理部门重新审核和登记法人快递企业 110 多家,省级的直营工作全部完成,六个地市的直营工作基本完成了国家邮政局下达的阶段任务。快递业务经营许可工作实现常态化管理。委托第三方专业调查机构对全省 11 个市州网络型快递公司开展服务质量测试和满意度调查。在全省快递行业开展了星级企业评定工作,首批评选出“3A”级快递企业 4 家,“2A”级快递企业 11 家,并在金昌市召开全省快递企业标准化建设推进会,近百家快递企业负责人参加了推进会并现场观摩。各市州局加大快递服务质量的监督和整治,收效明显。2014 年,我省快递服务质量满意度达 79.8 分,比 2013 年提高 5.7 分。

加强全行业党建工作。甘肃省邮政管理局机关党总支升格为机关党委,各市州邮政管理局均成立了党支部。积极推进非公有制经济党建工作,指导兰州市 5 个快递公司成立党支部并纳入省局机关党组织管理。与团省委、交通运输厅联合开展快递行业青年文明号创建工作。组织参加了省直机关纪念建党 93 周年“先锋杯”主题朗诵比赛。新闻宣传工作取得新进步,甘肃省邮政管理局获得全国邮政管理系统“先进记者站”荣誉称号。

三、各市(地)主要管理工作概况

各市州局积极与地方政府及相关部门沟通,争取支持。武威、定西、平凉、陇南等市共出台支持行业发展相关政策 10 余件。酒泉、庆阳、张掖等局积极推动快递园区和电子商务平台建设,进展较好。兰州、嘉峪关、平凉局为快递公司的车辆办理了 114 张通行证,增强了服务保障能力。

各市州“快递下乡”工程取得成效显著,嘉峪关、庆阳、天水、甘南等市州实现乡镇快递网点零突破。定西市通过邮政、快递和物流拼装运输等多种寄递途径带动当地土特产销售额达到 1.35 亿元。

各市州大力加强依法行政和安全监管的能力建设,白银、天水、甘南、临夏等市州局送法上门,组织企业管理人员深入学习邮政业法律法规,提升企业管理人员的守法意识。酒泉局积极争取市政府及相关部门给予经费支持,保障了全市“快递行业安全生产信息监管系统”建设项目的顺利开展。金昌局对全市 25 家完成许可或备案的邮政、快递企业生产现场安装远程视频监控设备和监控并网工作,实施远程实时视频监控。武威局组织邮政企业、快递企业安全员集中参加市安监部门组织的安全员培训,考取安全员上岗资格证。

青海省快递市场发展及管理情况

一、快递市场总体发展情况

2014 年,青海省快递企业业务量累计完成 579.8 万件,同比增长 38.9%;其中,同城 69.6 万件,同比增长 -2.6%;异地 509.4 万件,同比增长 47.6%;国际及港澳台 0.7 万件,同比增长 -4.7%。快递企业业务收入累计达到 15442.2 万元,同比增长 29.7%。其中,同城 683.3 万元,同比增长 -4.9%;异地 12431.1 万元,同比增长 24.7%;国际及港澳台 178.1 万元,同比增长 -1.7%;其他 2149.7万元,同比增长 108.5%(表 7-57、表 7-58)。

表 7-57 2014 年青海省快递企业业务量情况

2014 年累计(万件)	同比增长(%)	同城累计(万件)	同比增长(%)	异地累计(万件)	同比增长(%)	国际及港澳台累计(万件)	同比增长(%)
579.8	38.9	69.6	-2.6	509.4	47.6	0.7	-4.7

表 7-58 2014 年青海省快递企业业务收入情况

2014 年累计(万元)	同比增长(%)	同城累计(万元)	同比增长(%)	异地累计(万元)	同比增长(%)	国际及港澳台累计(万元)	同比增长(%)	其他收入累计(万元)	同比增长(%)
15442.2	29.7	683.3	-4.9	12431.1	24.7	178.1	-1.7	2149.7	108.5

截至 2014 年底,青海省共有快递营业网点 246 个,同比增长 84.9%,快递网点已覆盖全省所有市州和 34 个县级行政单位;从业人员达到 2150 余人,同比增长 65%。

2014 年,全省快递服务总体满意度 76.9 分,较 2013 年下降 0.7 分;2014 年快递服务省际件的全程时限均值为 64.71 小时,较 2013 年延长 0.63 小时,比全国平均时限长 7.13 小时;平均距离为 1927 公里,比全国平均长 377 公里。通过 12305 申诉中心、邮政业消费者申诉网站、申诉微信等方式,共处理用户申诉 974 件,为用户挽回经济损失 26198.4 元,用户对申诉处理满意率为 98.03%。

二、行业管理工作及主要成效

行业发展环境持续改善。2014 年,青海省政府领导多次就邮政业发展作出批示指示,印发《青海省 2014 年第三产业发展重点任务》,将促进邮政业发展的三项内容列入其中,要求各市州政府、省直相关部门配合青海省邮政管理局做好实施工作,这是邮政政企分开以来,省政府对邮政行业关注和支持力度最大的一次。各市州政府及有关部门在当地邮政管理局的协调争取下,对行业发展给予一定政策支持,海东市、海南州解决了邮政快递车辆通行停靠难题。经过近 5 年的辛苦努力,《青海省邮政条例》在省第十二届人大常委会第十二次会议上审议通过,2014 年 10 月 1 日起施行,这是青海省第一部关于邮政业的地方性法规,条例得到了国家邮政局的认可肯定,在全国邮政管理系统进行了转发。省交通运输厅决定对青海省主要快递企业运输车辆免收道路通行费,青海成为全国首个免收快递企业运输车辆道路通行费的省份。邮政快递企业与汽车客运站合作加强,积极利用客运企业的运输优势代运、转运邮件、快件，有效降低了运营成本，提升了服务效率。邮政业“营改增”税制改革全面完成，全省有49个快递网点享受免税优惠政策。

行业日常管理全面强化。青海省邮政管理局组织开展邮政管理部门层级职权下放执行情况自查，并对31项行政职权行使情况进行梳理，明确了办理条件、时限、工作程序。印发《经营快递业务的企业分支机构备案管理规定》，规范了备案管理程序。受理并核准3家企业快递业务经营许可申请；受理136个快递分支机构设立申请，核准113个，完成19家快递企业年审工作。全年全省邮政行政执法人员累计出检1935人次，下达整改通知104件，下达行政处罚20件，罚款金额7.6万元，圆满完成快递企业及其分支机构现场核查等多项专题及日常监督检查，有效维护了行业市场秩序。开展了快递服务公众满意度调查、快递服务时限测试等服务监督活动。

行业安全形势持续巩固。青海省邮政管理局与省综治办等七部门联合下发《关于在全省开展寄递物流行业集中治理工作的指导意见》。青海省邮政管理局与各市州局、各市州局与辖区邮政、快递企业层层签订安全责任书，建立了上下联动、责任明确的安全监管责任体系。各市州局按照《青海省邮政业突发事件应急预案》（修订）对本地区应急预案进行修订并开展多种形式的应急演练，行业安全应急能力稳步增强。先后印发和转发《青海省快递业务旺季服务保障工作方案》等7份关于安全监管工作的文件，组织开展了安全生产领域“打非治违”专项行动、寄递服务信息安全专项检查、落实收寄验视制度专项整治等多项安全监管活动。全省各级邮政管理部门通过送法上门、广场宣传、专题培训等形式开展各类宣传培训活动36次，组织编印发放《快递业务员安全操作指导手册》《收寄验视现场工作手册》等各类宣传材料15000余份，行业一线员工基本人手一份。全年未发生重大安全责任事故。

基础管理不断夯实。全年选配7名市州局内设机构领导干部，通过考试录用5名公务员。全系统公务员已到位67人，到位率84.81%。开展了超职数配备干部情况自查、“裸官”现象摸底调查、党政领导干部企业兼职（任职）摸底排查等工作，完成处级以上领导干部个人事项报告工作，对党员领导干部的管理进一步强化。率先在全国邮政管理系统推行年度目标责任制考核。形成了统分结合、上下联动、协调高效、整体推进的管理工作运行机制，提升了邮政管理工作的科学化、规范化和制度化水平。行业统计工作进一步规范，开展全省邮政行业第一次统计专项调查，按月在门户网站公布行业经营统计数据和运行情况分析。公文运行、新闻宣传、信息化建设、档案等各项工作取得新进展。

三、各市（地）主要管理工作概况

各市州局服务水平监督力度进一步加强，西宁局、海东局和海北局制作服务监督提示牌，玉树局制作服务监督卡，分别在辖区邮政快递企业服务网点张贴，公布服务监督电话和用户申诉电话，服务监督效果显著。

各市州局深入推进精神文明建设。西宁局组织“百姓心中最满意快递企业”评选活动，承办全省首届快递行业职业技能竞赛，提升了行业形象。

宁夏回族自治区快递市场发展及管理情况

一、快递市场总体发展情况

2014年,宁夏回族自治区快递企业业务量及业务收入持续快速发展,快递企业业务量累计完成1514.1万件,同比增长55.6%,占全国业务总量的0.1%,排全国第29位。快递企业业务收入累计达到33500.2万元,同比增长37.8%,占全国业务总量的0.2%,排全国第29位。其中,同城快递服务业务出现大幅增长,业务量完成210.4万件,同比增长74.5%,占全部快递业务量的13.9%;业务收入完成1763.3万元,同比增长36.5%,占全部快递业务收入的5.3%。异地快递服务业务在快递服务业务中占绝对的主导地位,业务量占全部快递业务量的85.96%以上,完成1301.5万件,同比增长53.0%;业务收入完成26973.3万元,同比增长21.9%。国际及港澳台服务业务与2013年同期水平持平,业务量完成2.2万件,同比增长17.2%;业务收入完成466.8万元,同比增长21.7%(表7-59、表7-60)。

表7-59 2014年宁夏回族自治区快递企业业务量情况

2014年累计(万件)	同比增长(%)	同城累计(万件)	同比增长(%)	异地累计(万件)	同比增长(%)	国际及港澳台累计(万件)	同比增长(%)
1514.1	55.6	210.4	74.5	1301.5	53.0	2.2	17.2

表7-60 2014年宁夏回族自治区快递企业业务收入情况

2014年累计(万元)	同比增长(%)	同城累计(万元)	同比增长(%)	异地累计(万元)	同比增长(%)	国际及港澳台累计(万元)	同比增长(%)	其他收入累计(万元)	同比增长(%)
33500.2	37.8	1763.3	36.5	26973.3	21.9	466.8	21.7	4296.7	736.7

全年全区派送业务量超过5千万件,同比增长超过100%,人均使用快件量10.5件,超过全国平均水平。全行业从业人数持续增加,达到6800多人。快递服务满意度连续6年稳步提升,高于全国平均水平。全省邮政业消费者申诉中心共处理消费者有效申诉1231件,为消费者挽回经济损失6.4万元,邮政业消费者申诉处理率达到100%,申诉处理满意率达98%。

二、行业管理工作及主要成效

行业发展环境进一步优化。宁夏回族自治区政府分管领导对宁夏回族自治区邮政管理局上报的《关于促进宁夏快递业与电子商务协同发展的调研报告》做了专门批示,同意加快建设宁夏快递物流园区等建议。在"邮政业发展纳入全区'十三五'规划、快递业的补贴及优惠政策争取、邮政行业人员培训和人才培养"等方面取得突破性进展。宁夏回族自治区邮政管理局落实《关于加强和改进城市配送管理工作的指导意见》,有效解决了城市快递车辆通行难问题。采取针对性措施有效解决在"十二五"规划中期评估中发现的重点难点问题,确保规划实施到位。开展行业发展"十三五"规划研究论证。做好与地方物流、交通运输相关规划的衔接工作,吴忠、中卫等局与地方党委、政府及发改、交通部门就邮政业规划纳入地方经济社会发展规划或专项规划达成初步共识。鼓励引导快递企业根据市场变化和客户需求加大科技投入和更新设备,增加分拨转运设备,开办新型增值服务,发挥比较优势,促进服务创新,打造个性化、差异化服务,减少低价同质化竞争。推动邮政、快递服务与综合交通运输体系资源优势互补。

基础设施和基础能力建设进一步强化。宁夏回族自治区邮政管理局继续深入实施《宁夏快递车辆运行管理办法》，推动快递车辆便利通行、快递车辆进小区免收费等优惠政策的进一步落地，快递车辆进城难、进小区难得到有效解决。推进快递企业标准化建设。加快推进快递“向下”“向外”拓展延伸工程，鼓励和引导社会资源参与快递末端设施建设。组织召开了全区促进快递行业与电子商务协同发展、推进全区“快递下乡”工作座谈会，与自治区商务厅、通信管理局达成一致意见，通过“宁夏电信农村宽带应用和网络建设示范”专项资金对快递企业使用手持终端无线设备、手机通信等给予资金补助，将快递企业端口接入自治区各电子商务平台并给予相应补贴。鼓励社会资本进入快递服务领域，支持有条件的上下游企业参与快递网络建设，引导快递企业完善服务网络，2014 年底，银川市在 27 个乡镇实现快递网点全覆盖。积极探索在社区、校区、商业区等公共场所配置智能快件箱。鼓励引导有实力的快递企业提前布局，依托中阿博览会平台优势实施“走出去”战略。银川跨境电商首批出境货物在 7 天内顺利送达迪拜，标志着宁夏面向中东市场的网上跨境电商平台全程顺利连通。

行业监管能力和依法行政水平进一步提升。宁夏回族自治区邮政管理局研究制定了《宁夏邮政行政执法责任制》，确定 2014 年为全区邮政管理部门“行政执法年”，加强对市场执法目标考核管理，有效防止行政执法不作为和乱作为。举办行政执法能力提升培训班，通过模拟执法现场等实践教学，培养和强化干部运用法治思维和法治方式解决实际问题的能力，加强和改进邮政行政执法，实现行政执法工作的规范化和制度化，全区邮政管理系统依法行政的能力有效提升。制定并印发《邮政行政执法信息公开规定》《邮政市场行政执法重大案件督办工作制度(试行)》《邮政行政执法案由规定》《宁夏快递服务申诉考核办法》等规章制度，进一步完善邮政行政执法系统，明确行政执法责任，约束行政执法行为，确保邮政行政执法的科学高效和权责统一。强化快递业务经营许可的事中事后监管，完善快递市场主体退出管理机制，全面实现快递业务经营许可全流程闭环管理。推进快递业务经营许可规范清理工作，指导各市局全面整顿和规范邮政市场秩序，统一印制《快件查询处理登记表》《用户投诉(申诉)处理登记表》《快件赔偿登记表》《问题件处理登记表》和《快递企业自查巡查登记表》5 个记录本，逐步规范企业行为，不断提升企业自律能力。开展“执法大练兵”活动，重点查处无证经营、超范围经营和野蛮分拣等违法违规行为，建立重大案件督办制度。全年开展市场检查 1725 人次，纠正和查处违法违规行为 284 起，下达整改通知书 269 份，行政处罚 63 件，处罚金额 15.5 万元。贯彻落实《关于邮政业消费者申诉与市场监管工作衔接和联动机制的指导意见》，完善申诉机制、处理流程和协作联动机制。开展快递服务满意度和时限准时率测试。

行业安全监管和应急能力建设进一步加强。宁夏回族自治区邮政管理局全面宣贯《安全生产法》，配合国家邮政邮政局修订《禁寄物品指导目录及处理办法》和《邮件、快件收寄验视管理办法》等，强化寄件人、寄递企业和邮政管理部门三个方面的安全责任，扎实开展落实收寄验视制度整治活动。贯彻执行《邮政业安全生产设备规范》标准，督导寄递企业全面提高安全生产水平，鼓励和引导企业强化主体责任，积极应对日益复杂和严峻的行业安全生产形势，合理增配必要的安检设备，引导寄递企业在营业场所统一设立禁限寄物品展示区，倡导用户安全用邮。联合有关部门共同做好寄递渠道禁毒、反恐、扫黄打非等工作，认真开展反恐标准化建设，先后被评为“全区禁毒工作先进单位”和“全区扫黄打非工作先进集体”。五市局先后与国家安全部门成立了邮路物品安全工作领导小组，完善邮路安全工作机制，形成监管工作合力。全面落实《寄递服务用户个人信息安全管理规定》,保障用户信息安全。因地制宜加快安全监管平台建设。全系统连续8年保持了全行业安全平稳运行“零事故”的好成绩。多措并举扎实做好“双11”等旺季服务保障和安全生产,保证“双十一”等业务旺季安全平稳有序运行。妥善处置了天天快递运输车辆自燃、韵达快递有毒快件泄漏紧急事件。

邮政行业改革创新进一步深化。宁夏回族自治区邮政管理局积极部署探索建立县级邮政监管机构试点工作,各市局积极协调联系地方政府及相关部门,在争取办公场地、人员、开办费支持等方面取得初步进展。全面贯彻落实下放和明确邮政管理部门层级职权的要求,市局专有职权和主要行使职权基本下放到位,实现了执法重心下沉。建立快递业务经营许可“绿色通道”制度,优化许可备案流程,实行形式审查与实地审查有机结合。建立许可事项委托下派核查超时通报制度,保障行政相对人合法权益。进一步完善行政许可信息系统,为行政相对人在线提交、在线查询、在线监督提供便利。严格按照许可规范开展快递业务经营许可和备案工作,简化行政许可,确保简化程序不降低标准。全年共发放快递业务经营许可证34个,全区共计许可快递企业113家,备案分支机构208家。

行业基础管理工作进一步夯实。2014年初,宁夏回族自治区邮政管理局研究制定了全系统工作要点和重点工作目标任务分解表,确定了93项全年重点工作目标任务,并层层进行了落实分解,明确责任和完成时限,建立完善重点工作目标管理责任制,确保各项工作的有序有效推进。建立并实施了领导干部深入基层、深入企业、深入一线实地调研指导、监督检查的长效工作机制,纳入对领导班子及领导干部的综合考核和评价,建立实施市局半年综合工作推进和目标完成情况考核评比制度,纳入对市局领导班子的年度效能考核,并将上述两项制度的考核落实情况作为推荐和选拔任用领导干部的重要评价指标。11月中旬,宁夏回族自治区邮政管理局从开展党的群众路线教育实践活动、基础工作、业务工作、党的建设、纪检监察等10大类86项123条测评指标,对市局2014年主要工作情况进行了严格细致的量化测评调研,并向国家局上报了调研报告,得到了国家邮政局局长马军胜的充分肯定,并作出重要批示。扎实开展行业统计普查,加强行业统计分析和运行分析,严格月报制度,开展统计考核,不断提升统计工作规范性和科学性。提前完成了全区统计调查专项工作,保持了自治区统计工作先进单位荣誉。

干部和人才队伍建设进一步加强。宁夏回族自治区邮政管理局在全系统营造积极向上、干事创业的浓厚氛围,形成了风正心齐的工作局面。坚持凭德才、凭实绩选拔任用干部,严格按照干部选拔任用条例规定的程序要求,完成宁夏回族自治区邮政管理局办公室主任及5市局领导班子的调整交流工作,通过加大系统内干部交流力度,激发了干部队伍的整体活力和干事创业激情。着力加强领导班子和领导干部队伍建设,研究制定《党组议事规则》《重大事项集体研究制度》。严格加强对干部队伍的管理和监督,进一步强化干部执行力建设,做到令行禁止。联合自治区法制办组织两期邮政行政执法培训班,参加培训90余人次,组织安全生产、行业统计、申诉受理、干部任用条例、人事档案、公文处理、政务信息写作、纪检监察等业务培训班共21次,约655人次。各市局结合工作实际,组织干部职工精心制作课件并轮流讲课,切实提高了全系统干部职工综合业务素质和依法行政能力。注重发挥快递协会和职鉴中心作用,鼓励企业推行全员持证上岗,推动企业开展一线员工职业道德、业务技能、安全知识培训,提高从业人员素质。认真组织开展快递业务员职业技能鉴定考试工作,2014年共组织鉴定考试两次,共对670名快递从业人员进行了初、中级快递人员技能鉴定考试。

行业精神文明建设不断推进。宁夏回族自治区邮政管理局贯彻落实《推进邮政行业文化建设的指导意见》，完善邮政行业核心价值体系。在全系统组织开展“中国梦、邮政情、我的梦”征文活动，共收到征文60余篇，汇编成册，马军胜局长亲自为征文汇编作序，给予了高度评价和肯定。全系统工会、共青团、妇女工作稳步推进。

三、各市（地）主要管理工作概况

2014年，宁夏回族自治区5个市级邮政管理局严格按照国家邮政局及自治区邮政管理局的部署安排，充分结合本地实际，真抓实干，扎实推进各项工作。

各市局积极争取行业发展优惠政策和推进政策落地。石嘴山、中卫、银川、吴忠4市局先后推动地方政府成立了市邮政业发展改革领导小组，建立了地方政府统筹研究解决邮政业发展改革事宜的定期协调议事机制；固原局推动市政府出台了《关于加快固原市邮政业发展实施意见》，是全区首个由市政府出台的加快行业发展的指导性意见，为固原市邮政业科学健康发展提供了有力保障。在持续提升快递服务能力建设方面，吴忠局率先研究出台《吴忠市快递行业标准化建设指导意见》，取得较好的社会效果。在加强安全监管和应急能力建设方面，吴忠局率先建立了寄递企业监控信息平台，得到国家邮政局领导的充分肯定；银川局率先组织快递企业总部开展消防应急演练；中卫、固原局及时启动应急机制，协助企业积极应对雨雪冰冻自然灾害。在加大干部教育培养力度和党建工作方面，石嘴山局建立干部“干事档案”制度，把“干事档案”审定结果与干部业绩、履职问责、年度考核及选拔任用挂钩，成效明显；银川、石嘴山、吴忠、中卫4市局均成立机关党总支，下设机关党支部和非公快递企业联合支部，非公企业党建工作取得重大突破；石嘴山和吴忠2市局党总支成功纳入地方市直机关工委直接管理；吴忠局成功创建县级文明单位。

新疆维吾尔自治区快递市场发展及管理情况

一、快递市场总体发展情况

2014年，新疆维吾尔自治区邮政业实现了快速健康发展和和谐稳定。全区快递企业业务量累计完成5940.5万件，同比增长16.7%。其中，同城394.4万件，同比增长13.5%；异地5541.0万件，同比增长16.9%；国际及港澳台5.0万件，同比增长0.7%。同城、异地、国际及港澳台业务量分别占全部快递业务量的6.6%、93.3%和0.1%。快递企业业务收入累计完成107313.3万元，同比增长21.2%。其中，同城5376.6万元，同比增长10.4%；异地81781.6万元，同比增长12.3%；国际及港澳台1648.9万元，同比增长10.0%；其他18506.2万元，同比增长98.4%。同城、异地、国际及港澳台、其他快递业务收入分别占快递收入的5.0%、76.3%、1.4%和17.3%（表7-61、表7-62）。

表7-61　2014年新疆维吾尔自治区快递企业业务量情况

2014年累计（万件）	同比增长（%）	同城累计（万件）	同比增长（%）	异地累计（万件）	同比增长（%）	国际及港澳台累计（万件）	同比增长（%）
5940.5	16.7	394.4	13.5	5541.0	16.9	5.0	0.7

表 7-62 2014 年新疆维吾尔自治区快递企业业务收入情况

2014 年累计（万元）	同比增长（%）	同城累计（万元）	同比增长（%）	异地累计（万元）	同比增长（%）	国际及港澳台累计（万元）	同比增长（%）	其他收入累计（万元）	同比增长（%）
107313.3	21.2	5376.6	10.4	81781.6	12.3	1648.9	10.0	18506.2	98.4

与 2013 年同期相比，同城快递业务收入比重下降 0.5 个百分点，异地快递业务收入的比重下降 6.0 个百分点，国际及港澳台业务收入的比重下降了 0.3 个百分点，其他业务收入比重上升 6.8 个百分点。快递服务满意度稳步提升。邮政业消费者申诉处理满意率达到 96.95%。全年主要目标和任务较好完成。

全年全区主要快递企业改扩建分拨中心 1.8 万平方米，新增快递法人企业及非法人企业分支机构 381 家，新增车辆 600 余台，新增从业人员 2000 余人。

二、行业管理工作及主要成效

邮政业改革工作稳步推进。2014 年是全面深化改革的第一年。全区省以下邮政体制改革取得突破。行业“营改增”试点工作进展顺利，新旧税制整体实现了平稳转换，邮政企业税负基本保持不变，小规模企业税负基本不变，做到了“应纳尽纳、应改尽改”，为行业稳步发展奠定了基础。新疆维吾尔自治区邮政管理局积极落实国家邮政局简政放权各项举措，执行快递业务经营许可新措施，方便了企业办事。全面贯彻落实下放和明确邮政管理部门层级职权的通知要求，地州市邮政管理局专有职权和主要行使职权基本下放到位，实现了执法重心下沉。

市场环境优化拓宽发展空间。新疆维吾尔自治区邮政管理局发挥立法引领作用，拟定并实施《新疆邮政管理局规范性文件制定程序规定》和《新疆邮政管理系统规范性文件备案规定》，做好规范性文件管理和备案工作。积极推动地方立法，支持各地州市局开展立法前期准备工作。地方立法有所突破，《伊犁州邮政条例（送审稿）》已进入最后征求意见环节。制定年度普法工作计划，做好普法依法治理统计及案卷归档工作。以贯彻落实中央第二次新疆工作座谈会精神为契机，积极争取上级援疆政策，国家邮政局出台若干意见支持新疆邮政业加快发展。积极争取地方政策扶持，各地州市邮政管理局与政府沟通联系，商讨园区战略合作协议，推动新疆快递电商物流产业园区建设。昌吉、巴州等多地快递园区建设提上日程。快递基础设施建设力度进一步加大。

推进依法行政规范行业秩序。新疆维吾尔自治区邮政管理局进一步加大行政执法力度，深入开展寄递渠道安全执法专项整治活动，加强行业服务质量监管，做好全区寄递渠道反恐、禁毒、扫黄打非、打假等工作。全年共开展各类执法检查 2684 次，出动执法人员 13513 人次，检查企业 6664 家次，作出行政处罚决定 152 起，行政罚款 49.7 万元。各地州市邮政管理局行政处罚相继实现零的突破。抓好《新疆邮政行政执法责任制》落地实施工作，督导全区落实。开展年度依法行政考核和行政执法责任制评议，推动全区邮政管理系统依法行政工作上台阶。严格行政执法案件复核，加强对全区 14 个地州市邮政管理局行政执法案件的督查，全年共完成 106 起行政处罚案件的复核工作，提升了基层执法办案质量。稳步推进规范和清理快递企业经营范围第二阶段工作，要求企业不得以任何方式将快递业务委托给未取得快递业务经营许可的企业经营，严厉查处超范围经营和无照经营快递业务等违法违规经营行为，主要加盟企业直营地域范围不断扩大，“四通一达、天天快”六家企业在博州、克拉玛依、昌吉、哈密、巴州、克州的直营覆盖率达到 77%，全国排名第九。

行业安全监管效能增强。新疆维吾尔自治区邮政管理局采取多种方式进行专项检查，“零容忍”加大行政处罚力度，统一规范收寄验视章制作和使用，督促企业开展自查巡查，分批次深入企业网点一线巡回督导工作，定期下发落实收寄验视制度专项整治活动通报，并联合地方公安、国家安全、海关、安监等部门开展安全检查，确保了活动实效。2014年4月至7月，组织全区邮政管理系统开展收寄验视制度专项整治活动，局领导亲自带队赴各地州市开展督导检查和明察暗访。在5月、6月，公安部治安管理局部署开展的北京、上海、浙江、广东、新疆等五省（区、市）寄递企业收寄验视制度执行情况的暗访检查中，新疆验视率75%，排名第二，仅次于北京。新疆维吾尔自治区邮政管理局成功保障第四届中国—亚欧博览会、北京APEC、南京青奥会、亚信峰会等重大活动寄递渠道的安全畅通，受到国家邮政局充分肯定，国家邮政局局长马军胜在《关于上报第四届中国—亚欧博览会寄递渠道安全保障工作总结的报告》上作出重要批示。广泛推广寄递渠道实名收寄，除个别地区外，全区各地基本建立并实施寄递渠道实名收寄制度。要求全区主要快递企业分拨中心配备通道式X光安检机，对出口快件实施百分之百过安检。全区已有60家快递企业配备X光安检机。协调国家邮政局为全区邮政管理系统配备10台便捷式执法监测设备，提高了一线执法人员安全监管技术水平。全区10个地州市已出台涉及邮政业安全管理的规范性文件。认真开展化学品寄递渠道安全专项整治活动。积极应对“5·22”“7·28”等暴恐突发事件，确保行业安全运行。

行业服务提质增效惠及民生。针对“双11”“双12”电商促销期间和圣诞节以及2015年元旦、春节前夕开展旺季服务保障工作。新疆维吾尔自治区邮政管理局召开旺季保障动员部署会，成立保障工作领导小组，制定保障工作实施方案，组织开展专项监督检查。通过全区邮政业共同努力，在快递企业处理进出口快件超过千万件的情况下，圆满完成“双11”快递服务旺季保障工作。提出并稳步实施“快递下乡、进团场”工程。经过一年的努力，全区主要快递企业在乡镇团场共设立营业网点80余处，覆盖乡镇团场62个。

加强内部管理支撑行业发展。新疆维吾尔自治区邮政管理局认真贯彻干部任用条例，优化选拔任用程序，先后对4个地州市邮政管理局领导班子进行调整，对7个地州市邮政管理局领导班子党组成员进行补充，完成5个地州市邮政管理局10名后续干部的补充，新招录公务员5人。全年举办专项业务培训7次，培训210余人次。全年组织三批快递业务员职业技能鉴定考试，1495人参加考试。调整和跟进全区邮政业“十二五”规划目标任务，动员部署做好新疆邮政业“十三五”规划编制的预研工作。全年编辑政务信息624条，制作舆情日报232期。开展首次行业专项调查，出台考核办法，做好统计报表催报、审核、分析工作。消费者申诉平台运转有序。

增强软实力夯实行业发展基础。新疆维吾尔自治区邮政管理局积极开展爱国主义和民族团结教育，重点抓好新疆“三史”“四个认同”“三个离不开”和“一反两讲”教育。继续保持自治区级“文明单位”称号，市级平安单位和民族团结模范单位创建顺利通过验收。各地州市邮政管理部门文明单位创建活动取得显著进展。组织企业代表队参加自治区交通系统首届“服务礼仪”大赛，配合开展寻找最美快递员评选活动，行业“诚信、服务、规范、共享”的核心价值理念得到弘扬。

三、各市（地）主要管理工作概况

2014年，新疆各地州市邮政管理局按照自治区邮政管理局的安排部署，抓紧落实各项工作。乌鲁木齐市局争取地方政策倾斜，协调快递物流园区建设，局领导带队赴乌拉泊考察快递物流园区项目，与市商务局、市发改委、市规划局合力推进“商贸物流中心”建设的前期相关规划研究；推动快递企业开展营业网点规范化建设,提升快递行业形象。克拉玛依市局加强安全监管,利用自治区十三运在克拉玛依市举行的契机,在辖区邮政快递企业全面实施寄递实名制;开展快递企业保管期满快件详情单等实物档案资料集中销毁工作。

伊犁州局积极开展立法申报工作,《伊犁哈萨克自治州邮政条例(草案)》通过州人大立项启动,进入调研、修改、审议阶段。阿克苏地区局组织开展为期三个月的无证经营企业专项检查,从7月1日起对辖区内超范围经营快递业务、未经许可经营快递业务等有违法行为的企业进行全面摸底,责令其停止经营,切实整顿快递市场秩序。阿勒泰地区局大力推进寄递实名制工作,联合地区公安局下发《关于做好阿勒泰地区寄递渠道治安工作的通知》,落实收寄实名登记工作。

昌吉州局推进“快递下乡”工作,对辖区农六师、八师20个团场乡镇快递运行现状进行了调研摸底,针对团场乡镇快递网点的设立现状和群众需求,逐步推进有实力的快递企业设立许可分支机构;联合州公安局、经信委、国安局下发《关于开展快件收寄实名登记工作的通知》,启动寄递实名制工作。巴州局在社区推行快递便民服务站建设,协调社区与快递企业召开座谈会,现场察看选址,确定孔雀社区与巴州4家快递企业联合设立快递便民服务站的,提升末端投递水平;在州党委、政府的大力支持下,推进快递物流园区建设。

博州局创新监管手段,制定《关于违规企业约谈的规定(试行)》,监管活动中推行行政约谈制度,拉长监管链条,前延监管流程,不断推动监管方式由事后监管向事前规范转变。哈密地区局加强行业服务质量管理,开通哈密地区邮政业申诉电话,印发《哈密地区邮政业申诉管理办法(暂行)》。和田地区局加强行业安全生产工作,下发《和田地区邮政行业重点物品禁止寄递和实名登记责任倒查管理办法(试行)》《关于进一步加强和田地区邮政行业加强收寄验视制度落实情况的通知》和《关于进一步加强和田地区邮政行业安全生产的通知》等文件,有效夯实安全生产基础。

喀什地区局加强申诉工作,制定申投诉处理制度,对外宣传申诉电话及相关法律法规,妥善处理包括服务质量、内件短少、丢失损毁等问题的申诉案件,维护消费者合法权益。克州局抓好重大活动、重大节日的行业安全监督管理工作,保证了全国重大节日及行业旺期间的寄递渠道安全。塔城地区局加强安全监管,与地区公安局、地区国家安全局联发印发《塔城地区邮政行业寄递实名登记管理办法(试行)》,推行寄递实名制;推进“快递下乡”工作,对全地区的乡镇四通一达品牌的快递企业的进口量、出口量进行了调研,并根据统计汇总的数据分析,组织法人企业协商在乡、镇、村设立网点,更好地服务农村用户。吐鲁番局联合地区公安局出台《吐鲁番地区邮政行业寄递物品安全管理规定》,推行寄递实名制,切实加强行业寄递渠道安全制度保障。

第八篇　协会活动

第一章　中国快递协会 2014 年工作情况

统一思想　凝聚力量　推动行业健康发展
——2014 年中国快递协会工作综述

在中国快递业发展历程中,2014 年是具有里程碑意义的一年。这一年,快递业被首次写入政府工作报告;这一年,国务院总理李克强两次视察快递企业,五次为快递业"点赞";这一年,快递业务量完成 140 亿件,跃居世界第一。随着我国快递业发展的一路高歌猛进,截至 2014 年年底,业务量已经连续 46 个月同比平均增幅超过 50%,快递业这匹"黑马"因成为中国经济新的增长点而备受瞩目。这一年,国务院常务会议对快递业有了全新的定位:快递业是服务业的关键产业,是代替传统流通方式、刺激消费升级的现代产业,是物流领域的先导性、领军性产业。

2014 年,全行业保持了持续快速发展的良好态势,快递业务收入完成 2040 亿元,同比增长 42%,业务量完成 140 亿件,同比增长 52%,快递服务满意度稳步提升。随着"三向"工程的实施,全国快递服务网络均衡度持续改善,农村快递市场发展迅猛,全年快递包裹量超过 20 亿件。企业"走出去"步伐不断加快,服务网络已延伸至东南亚、北美、欧洲、大洋洲等地区。快递与上下游产业融合力度不断加大,全年支撑国内网购交易额突破 2 万亿元,占社会消费品零售总额比重超过 7%,快递为飞机、汽车、电子等先进制造业提供多样化服务取得显著成效,与综合交通运输体系对接更加顺畅,铁路快件班列开通运行,自主航空运力持续增强,快递专用货机超过 70 架。

2014 年,中国快递协会深入贯彻落实党的十八大和十八届三中、四中全会精神,积极落实国家邮政局局长马军胜在全国邮政管理工作会议上的讲话精神,统一思想、凝聚力量,始终围绕国家邮政局中心工作,坚持"服务、协调、自律"的根本宗旨,充分发挥桥梁纽带作用,积极服务会员企业,强化行业自律,反映行业诉求,推动行业健康发展。主要做了如下工作:

一、积极反映诉求,行业发展环境不断优化

(一)制定发展规划,引领中国快递协会与行业工作有序开展。

中国快递协会完成《快递业中长期发展规划》及《促进快递业发展三年行动计划(2014 - 2016)》,有效衔接了国务院《物流业发展中长期规划》,鼓励、引导、规范快递业的健康发展。

(二)参与行业相关法规政策制定。

结合快递业发展的实际需求,积极参与了《快

递条例》《物流业发展中长期规划(2014－2020)》《邮政业标准体系》《快递服务非机动车技术要求》等三十余部规定草案的制定工作,提出意见建议并被采纳,有效推动了各项政策、规划的制定和落实。在快递条例(草案)制定过程中,中国快递协会多次广泛征求快递企业书面反馈意见,组织召开快递条例立法座谈会,就草案中快递业务经营许可、经营模式、实名寄递、职业技能鉴定、收寄验视、行业安全等内容提出了进一步的修改意见与建议。

(三)多渠道多形式反映行业热点问题。

中国快递协会就快递业发展过程中遇到的问题与困难,与新华社进行了深入沟通。新华社随即展开调研,对行业一些重点、难点和热点问题进行深入剖析追踪,形成调研报告。中国快递协会协助记者深入快递企业采访,并提供了大量行业数据及相关背景材料。调研报告以内参形式报国务院,国务院副总理马凯对此做出重要批示:新华社"快递业发展调研"反映的情况、做的分析和所提建议,都值得重视和认真加以研究。快递业作为新兴现代服务业对于促进经济增长,提升发展质效,增加社会就业,方便生产生活等都具有重要意义,也关系国家物资和信息安全,必须放在战略高度去看待。目前快递产业发展很快,势头很好,但问题不少,挑战很大,请继续在深入调研的基础上,制定规划,完善政策,健全法制,依靠科技,促进我国快递产业转型升级,又好又快发展。

围绕企业在办理经营许可方面遇到的问题与困难,积极向国家邮政局反映与沟通,推动相关规定的出台,同时对快递经营许可相关规定提出修改意见并被采纳。召开外资工作委员会会议,将外资企业反映的问题及时汇报反映,局领导高度重视,对问题进行了认真研究处理。

二、加强行业自律,服务质量不断提升

(一)进行成本测算,推动价格监测体系的建立。

根据国家邮政局工作部署,中国快递协会发挥行业自律作用,建立快递服务价格监测体系,对外发布快递服务价格指数。为此,经与市场监管司共同研究,决定首先对快递价格及成本进行测算研究。中国快递协会召开座谈会广泛听取部分省快递协会领导、专家学者和快递企业对此项工作的意见与建议。同时,对参与成本调查的快递企业,就成本数据采集等相关内容进行了培训。该项目于2014年5月底完成数据采集调查工作,7月中旬经专家论证评审通过。此次成本调查,对全面掌握行业实际运行情况、引导企业合理定价提供了指导依据。

(二)强化安全生产自律。

认真贯彻落实九部门《关于加强邮件、快件寄递安全工作的若干意见》精神,在全国"两会"、亚信峰会、APEC会议等重大活动期间,及时向快递企业转发国家邮政局相关文件,督促企业在作业过程中采取安全保障措施,将安全生产监督落实到位,保障快件寄递安全、消费者信息安全和公共安全。"3.15"期间,积极与消协等部门加强沟通,引导企业妥善处理遗留问题,规范操作,改善形象,并联合向社会发出诚信宣言。向社会发布《快递行业安全自律公约》,接受人民群众对快递安全生产的监督,同时也加强了快递企业在安全制度建设、机构建设、安全防范等方面的工作。

(三)做好旺季保障工作。

"双11"前夕,中国快递协会会长高宏峰带队赴杭州、上海等地调研,对快递企业应对业务量高峰加强协调与指导。中国快递协会提前加强与快递企业、电商平台的沟通与协调,召开座谈会、动员会,掌握企业运行情况,为企业协调解决困难,加强与电商企业协调峰值调控与压力预警机制。与铁路、航空密切合作,增加运能与运力,切实保证了业务高峰期快递网络的平稳运行。"双11"期间,中国快递协会派出四个调研组分赴广东、浙江、湖北、四川、陕西等九省(区、市),在各省邮政

管理局的大力支持下，与省快递协会一同实地调研40多个网点。经过全行业的共同努力，快递服务保障工作平稳度过，在“双11”快件业务量再次创下历史新高的同时，全行业较好地实现了高效安全平稳运行的目标，中国快递协会所做工作也得到了国家邮政局和社会各界的一致肯定。

（四）推动末端投递智慧化解决方案的实现。

推动落实《智能快件箱》行业标准，关注并鼓励推广“最后一公里”投递模式的创新，探索建立快递末端综合性多功能的智慧快递服务体系。联合中国物业管理协会调研校园智能快递服务模式，推动校园、社区、办公楼快递服务与物业管理的融合发展。

（五）加强行业诚信体系建设。

一是起草《快递行业失信警示制度（试行）》，经充分听取相关方面意见进行修改完善后，向社会公布。失信警示制度遵循事实清楚、客观公正、及时准确的原则，将快递服务中企业与个人发生的重大违法违规行为，汇总登入《快递行业失信警示名录》，目前备案的失信个人与单位达100多个，快递企业将可通过中国快递协会网站进行查询。二是参与“寻找最美快递员”、青年文明号创建等活动。按照国家邮政局精神文明建设指导委员会的统一部署，中国快递协会积极参与了“寻找最美快递员”活动，并向全行业广大干部职工发出了争做“最美快递时代先锋”的倡议书。共有10名基层快递员和2个快递员集体荣获“最美快递员”称号。中国快递协会还组织快递企业参与了争创快递行业青年文明号工作，扎实推进了行业文化建设和精神文明建设。

三、搭建合作平台，行业发展空间不断拓宽

（一）加强与民航、铁路的合作，依托综合交通运输体系实现大发展。

在高宏峰的大力协调下，中国快递协会与中国航空运输协会、中国民用机场协会、中国铁路总公司、澳门民航学会等加强交流与合作，优化行业资源配置，促进与综合交通运输体系的衔接。中国快递协会与中航协、澳门民航学会等分别签署了合作意向书，双方将在航空货运、航空代理、快件通关运输、人员交流培训等方面加强合作，并建立日常联系机制。与民用机场协会将在航空绿色通道、快件分拨中心进入新机场建设规划等方面进行深入研究，密切协作。授予杭州空港物流园区“中国快递物流示范基地”称号，推动其与快递业的密切合作。完成《关于充分利用铁路（高铁）、航空资源建设快递运输通道的思考与建议》。

2014年5月，高宏峰与中国铁路总公司副总经理胡亚东进行会谈，随后，中国快递协会召开了快递服务与铁路物流发展研讨会。在多方共同努力下，自7月1日起，电商快递班列沪深、京沪、京广、京哈线相继开通运行。目前，快件班列已覆盖全国超过70个城市，日均运输能力达2000吨。国家邮政局高度重视此项工作，马军胜与胡亚东就快递与铁路间的深入合作交换意见。国家邮政局副局长刘君、高宏峰、中国快递协会常务副会长李惠德多次前往大兴、河北固安等专列始发站进行考察调研。中国快递协会还根据运行情况形成相关建议，与铁总进行深入沟通。

（二）加速与制造业、金融、电子商务等产业的融合。

国家邮政局在年初提出将快递业务板块由“1+1”向“1+3”拓展。中国快递协会努力发挥作用，使快递服务深度融入社会生产的产业链、供应链和服务链。通过中国快递协会与多家汽车制造企业签署战略合作协议，目前已推动部分快递企业为汽车制造业开展零配件分销配送服务，为家电企业提供配送服务。中国快递协会组织了银联快递供应链综合服务平台升级推介会，并与中国银联在京交会上共同见证了10余家快递企业与银联平台市场拓展方的深化签约，目前通过银联网络代收货款累计达670亿元，推动了快递企业产品与服务的升级，降低了行业风险。

(三)参与京交会拓展行业发展空间。

中国快递协会连续三届组织参加京交会,为会员单位搭建了一个交流、洽谈、合作的国际化平台,促进了快递业合作领域的不断扩大,2014 年京交会签约额再创新高,达到 500 亿元人民币,是上届的 2.5 倍。通过参加京交会,全面展示了快递服务新产品、新技术,展现行业实力,提升了行业形象;行业发展大会上专家学者畅谈发展之路,全方位阐释行业发展前沿趋势,推动行业科学健康发展;商务洽谈促进了企业间的商贸交往、务实合作、互利共赢;签约仪式促成了快递企业与电商、金融、制造业、国际快递企业战略合作协议的签署,中国快递协会还与中国电子商务协会等签署了合作协议。

四、增强服务意识,服务会员能力不断提升

(一)继续推动解决快递车辆通行难问题。

2014 年 3 月由全国政协委员、中国快递协会会长高宏峰提交了关于解决快递服务车辆通行难的政协提案。经过一年的工作,提案涉及的关于将邮政车辆通行政策扩展到快递车辆问题,公安部会同国家邮政局在《快递条例(草案)》中做出了规定;关于研究制定城市快递服务专用车辆技术规范和快递电动车标准问题,工信部、质检总局表示,将抓紧研究尽快出台快递服务车辆标准、修订《邮件运输车技术条件》行业标准;关于落实快递车辆便利通行措施,公安部将指导各地公安机关交通管理部门不断细化城市配送车辆通行和停放的具体措施。

(二)深入考察调研,发挥协调作用。

高宏峰带队赴上海、广东、浙江、北京等地调研,听取企业经营状况与发展规划,深入了解企业在经营活动中遇到的问题,同时也努力为企业协调解决实际困难。考察上海青浦快递产业园区、“中国民营快递之乡”浙江桐庐等地,与青浦区政府、桐庐县政府相关领导座谈,密切关系,增进协调与合作。

(三)开展行业培训工作。

“营改增”税务培训。快递业全面纳入“营改增”试点实行一段时间后,中国快递协会举办了快递企业税务专题培训会。专门邀请了国家税务总局税收科学研究所、财政部财政科学研究所、财政部税政司的专家学者,对税制改革背景、过程、实施过程中的问题以及税制改革的方向等进行了全面深入的解读,并现场解答了企业提出的相关问题。

(四)开展法律咨询服务工作。

与快递企业法务部门建立日常沟通机制,密切联系,加强交流,提供法律方面的咨询工作。收集整理了关于快递法律的规章制度、案例、大事件等,形成了快递行业法规文件汇编等,为快递企业法律法规的查询提供了方便。

五、加强沟通联系,对外交流合作不断深化

中国快递协会同国际行业组织和海外机构、企业的交流与合作进一步增强。应万国邮联邀请,高宏峰率团出席了在瑞士伯尔尼举行的万国邮联邮政监管大会并在大会上发言。同时,应德国邮政敦豪集团(DHL)邀请,在法兰克福与 DHL 就两国快递业在快件通关便利化、快件安全和节能减排等方面进行了交流。2014 年 10 月底,中国快递协会还组团赴澳门,考察了澳门快递业与民航货运业务发展情况,与澳门民航学会签署合作意向书,促成并见证了圆通速递与澳门机场签署战略合作协议,拜访了全国政协副主席何厚铧先生和中联办李刚主任等。9 月,中国快递协会还随国家邮政局组团赴瑞典斯德哥尔摩参加了第十八届世界邮政博览会,出席了世界邮政经营论坛,就行业发展、政府监管等问题与发言嘉宾、参会代表进行了深度交流,并现场参观了邮政设备和技术展。

六、重视党建工作,中国快递协会自身建设不断加强

加强与各省快递协会的联系与交流。在北

京、上海、深圳三次召开各省（区、市）快递行业协会负责人座谈会，传达贯彻国务院总理李克强视察快递企业时的指示精神，交流工作经验，共商协会发展大计。会议代表还深入部分快递企业总部参观调研，与企业座谈交流。

按照国家局机关党委工作总体要求，深入学习宣传贯彻党的十八大和十八届三中、四中全会精神，巩固和发扬党的群众路线教育实践活动成果，以加强思想政治建设为主线，完善党的组织建设，加强入党积极分子培养等组织建设工作。

积极吸纳新会员，收到副会长申请2家，理事申请10家，会员申请7家，个人会员申请1人，秘书处经过认真审核，将上述申请提交二届二次会员大会进行审议表决。

一年多来，协会工作取得较大进展，但也存在不足需要在今后的工作中加以改进提高。

第二章 各省(区、市)快递协会2014年工作情况

北京市快递协会工作情况

2014年,北京市快递协会认真学习贯彻党的十八大、十八届二中、三中、四中全会精神,积极落实国家邮政局、北京市邮政管理局和中国快递协会的工作部署,在理事会及全体会员单位的共同努力下,以科学发展为主题,以促进快递行业发展为主线,努力提升服务能力和水平,倡导行业自律,深化团建工作,积极推动行业诚实守信,着力做好促进首都邮政业大发展的工作,着力解决制约行业健康发展的“瓶颈”问题,圆满完成了年度工作目标,行业发展和协会建设取得新的成效,协会建设取得成效显著。

一、积极配合邮政管理部门工作,促进行业发展

(一)向会员单位传达贯彻全国邮政管理工作会议和全国邮政管理系统党风廉政建设工作会议精神。配合北京市邮政管理局开展《北京快递安全管理办法》的宣贯活动,引导和推动各类社会资源更多地投入到行业中,加强邮政快递企业与其他企业的产业融合、业务融合。充分发挥协会行业协调、行业自律职能,为快递企业搭建信息交流平台,引导快递企业健康发展。

(二)配合北京市邮政管理局组织召开季度快递企业安全服务质量通报会。根据不同阶段的重点工作,督促企业认真贯彻落实相关工作部署,按照国家邮政局“安全为基,发展为要,服务为上”的工作思路,指导企业强化行业安全生产,规范企业经营管理,要求各企业着眼长远发展,进一步提升企业服务质量和安全发展水平。

(三)与共青团北京市委联系沟通,建立工作机制。为贯彻落实共青团中央、交通运输部和国家邮政局关于在全国快递行业开展青年文明号创建活动的通知精神,协会充分发挥桥梁纽带作用,会同北京市邮政管理局与共青团北京市委联系沟通,建立工作机制,组织召开企业调研座谈会,对相关工作进行部署。顺丰速运、申通快递、圆通速递等快递企业的相关负责人参加了座谈会。协会联合团委与团市委紧密联系,积极做好市快递行业青年文明号创建工作和部署落实工作,完成了快递行业团员和团干部信息的采集,并录入团市委团员信息系统。

(四)积极配合北京市邮政管理局“双11”业务高峰和APEC会议期间开展的各项工作部署,协调完成了中国快递协会视察组“双11”业务高峰视察工作。在视察邮政邮政速递物流、申通快递、全峰快递、优速快递等企业的分拨中心和圆通速递、中通快递等企业的站点时,视察组详细查看了快件分拨、转运、投递情况,认真听取了企业负责人关于当晚货量预测分析、网络运营状况、分拨场地处理能力及投诉服务保障等情况的介绍,充分肯定了企业为应对“双11”业务高峰期所做的各项安全保障准备工作,重申虽然APEC会议临近结束,面临“双11”业务高峰的考验,快递服务保障的首要工作仍然是“安全”,希望企业按照国家邮政局的工作要求,努力实现“保畅通、保安全、保平稳”的“三保”目标,确保邮件和快件安全、有序、高效传递,保障消费者利益不受侵害。同时对

坚守在生产一线的操作和派送员工表示慰问，感谢他们为保证邮件、快件尽早递送到消费者手中而付出的辛苦劳动。

为帮助企业呼吁解决电动三轮车被查扣问题，协会对快递企业电动三轮车被查扣现象做了调查汇总，并将汇总情况整理成书面文件，上报至北京市邮政管理局，同时配合北京市邮政管理局对各快递企业车辆需求方面做了调查。协会配合北京市邮政管理局对快递企业在APEC会议期间车辆使用通行方面做了调查，对企业上报的车辆信息进行汇总，并将北京市邮政管理局印制的车辆通行证下发给有需要的快递企业。部分快递企业在APEC会议结束后，为市快递协会送来锦旗，对市快递协会在此期间为快递企业所提供的支持与帮助表示感谢。

二、扎实开展各项工作，提升协会服务和管理能力

（一）定期召开协会理事会，组织企业讨论行业热点、难点问题，为企业发展出谋划策。在讨论关于投递用电动三轮车通行和税收营改增试点中遇到的困难和问题上，企业纷纷表示，希望在邮政管理部门和协会的指导和帮助下，解决一些困难：一是协调电动三轮车上路难、被罚扣的问题，统一规范三轮车车型、牌照、LOGO、颜色、保险、GPS等，缓解企业经营压力。二是在营改增问题上，企业的冲击很大，各地区税务部门解读的政策不一致，不同的税率、不同的项目，运输环节占总纳税额度的比例很难界定，企业核算区分税率有很大难度，给企业财务管理执行政策方面带来了极大的困扰，建议对运输环节制定统一的纳税比例，方便企业执行。北京市快递协会将一如既往地扎实开展各项工作，将企业提出的问题向有关政府部门进行反馈，参与制定快递电动三轮车规范管理的制度、措施，及时通报快递电动三轮车替换工作进展情况，推动解决邮政、快递末端投递用车的通行、停靠等难题。协会努力搭建沟通桥梁，传达政府要求，听取企业呼声，了解行业动态，倡导行业自律，促进健康发展。

（二）组织召开市快递协会第二届四次会员大会暨快递行业工会组建动员会。北京市邮政管理局主要领导、市商务委、市服务工会以及各区邮政管理局主要领导亲临会议，120余家快递企业负责人作为会员代表参加了此次会议。协会常务副会长兼秘书长王宝华做了2013年度协会工作报告。

会上，王宝华指出协会积极配合北京市邮政管理局开展《北京市快递安全管理办法》的宣贯等重点工作，共同制定快递电动三轮车规范管理的制度、措施，及时通报快递电动三轮车替换工作进展情况，推动解决邮政、快递末端投递用车的通行、停靠等难题。协会继续全面推进团建工作，积极组建联合工会，指导未建会企业积极组建工会，并大力发展工会会员，开展工会文体活动。市商务委物流处处长张沙宁介绍了2013年北京物流业发展情况，并说快递行业发展迅速，商务委与协会共同开展的让快递进校园工作也取得了卓越成效。市总工会干部讲解了组建工会的意义、目的和流程，介绍了工会服务项目和京卡福利项目。

（三）协会组织召开了宣传“快递企业正能量”主题活动的座谈会。座谈中参会企业优秀员工畅所欲言，讲述发生在自己身上及身边真实的感人故事，北京申通快递的窦立国，是网上知名度极高的幽默阳光大男孩儿“快递哥窦逗”，他讲述了从业快递工作十年来最深刻的故事。他曾被评为申通快递20周年“十大模范员工”之一，并且入围国家邮政局最美快递员前50名，是中国社会福利基金下“暖流计划”项目的义工组织者、物流供应商，雅安地震有他的身影，7.21特大暴雨有他的付出。圆通快递北师大站点曹中喜，人们都亲切地称他老曹，是全国劳模，既是一名普通的站点工作人员，也是北师大学生十分敬佩的知音大哥。他相信诚信是做快递的基石，认真踏实好好工作，让公司

认可认同自己，为社会奉献爱心，因为社会有情有爱，尽自己能力帮助更多的人，是他最幸福的事。顺丰速运、宅急送、中通快递、城市100、快捷快递等企业参会人也讲述了自己及身边发生的故事，他们纷纷表示感谢协会创造机会让他们讲出快递员的心声，希望在协会领导指导和带领下，让媒体走进各个企业，探索快递行业的奥秘，展现用户所看不到的优质快递服务工作背后快递人的艰辛付出。

协会常务副会长兼秘书长王宝华对此表示，讲述出奋斗在一线的快递人员们感人故事和先进事迹，把企业正能量展示给社会，让媒体能帮助企业输送出正能量，让更多的人理解这个行业，让快递行业这些可爱的人们感受到温暖，是协会的责任。

（四）协会积极发挥桥梁纽带作用，配合共青团北京市委员会、北京市邮政管理局开展2014年度北京市青年文明号创建评定工作。工作中指导企业按照考评参考细则开展各种活动，发放《北京市快递行业青年文明号集体创建申报表》，汇总报送材料，对企业所上报申报表进行认真筛选、严格把关，填报《2014年度北京市青年文明号集体创建申报汇总表》。初步确定北京市快递行业青年文明号集体创建申请企业10家，31个集体，青年文明号集体复核的快递企业4家，10家快递企业上报微视频，数量28个。经过层层审核，最终有12个集体初审合格，被授予"北京市青年文明号集体"的光荣称号。

（五）协会与管理局共同举办了第一届快递行业"和谐杯"羽毛球比赛。比赛得到北京市邮政管理局领导高度重视和快递企业的大力支持。各企业踊跃报名并组织了企业内部选拔赛，最终邮政速递物流等15家大型快递企业以及北京市邮政管理局组队参赛，共有103位选手上场角逐。此次比赛，充分展现了各快递企业员工积极向上、齐心协力的精神风貌，丰富了员工们的业余文化生活、锻炼了身体。参赛选手纷纷表示，通过参加比赛，既交流了比赛心得，提高了球技，又增加了企业的凝聚力，希望北京市邮政管理局和协会多多组织这样的活动。

（六）组织企业开展爱心志愿活动。协会组织部分企业积极参加了商务团工委组织的开展的儿童福利院献爱心志愿活动，携带礼物看望孤残儿童。按照院方的规定，此次活动共大家只能抱抱孩子们，让他们感受到温暖，感受到爱！在活动中，热情洋溢、欢声笑语、温暖贴心、心酸流泪，让参加活动的每一个人对爱、对快乐、对生命有了更深一层的认识，大家都希望将这深层次的爱扩散到社会的每个角落，不同阶层的人，让福利院的小朋友在成长中感受着我们无微不至的爱。

（七）北京市快递协会、北京市商务委、北京铁路局、北京物流协会共同组织举办了京津冀货物快运宣传对接会。共有50多家快递和物流企业参加了此次宣传对接会。会上北京铁路局向快递企业和物流企业详细介绍快运列车的运行特点，北京货运中心、丰台货运中心和京铁物流中心分别介绍货场改造情况，对接物流及快递行业需求。对于引导快递企业积极利用铁路资源调整物流运输模式，提高区域物流配送效率，减少能耗和污染具有积极意义。

王宝华表示，协会要继续发挥好桥梁纽带作用，为快递企业做好服务工作，对于在铁路运输方面有需求的快递企业进行积极帮助指导，与铁路相关部门进行对接。希望铁路物流运输模式为快递企业降低更多成本，提高快件时效有更大的帮助，同时为国家节约资源、低碳环保工作做出更多努力。

2014年，北京市快递行业发展和协会工作取得了新的成效，快递行业形象和地位得到新的改善和提升，得到了社会各界和相关部门的广泛关注和认可。与此同时，快递行业发展和协会建设仍面临一些困难和挑战。提升行业专业服务能力还要做大量工作，行业安全管理机制和风险控制水平有待进一步加强，综合扼制低价不正当竞争的力度还需进一步加大，行业诚信体制建设有待完善。

天津市快递协会工作情况

2014年，按照天津市邮政管理局2014年总体工作部署，天津市快递协会在天津市邮政管理局的领导下，在全体会员单位的协助下，认真履行宣教、参与、配合、协调、自律、服务职能，充分发挥桥梁纽带作用，积极开展各项工作，并取得一定成绩，在某些方面取得了突破性进展和创新。

一、对快递企业进行营改增培训

2014年1月，协会聘请国税局专家为快递企业进行营改增业务培训，50余家企业负责人和财务主管参加了会议。会上，国税局专家对企业提出的问题逐一进行了解答，培训收效显著。会后企业与国税局建立了联系，国税专家表示随时提供上门服务。

二、制作收寄验视及禁限寄（视频）教材

协会从年初开始针对“夺命快件”事件以及天津市滨海新区化工企业集中，近年来天津市多次发生的快递企业不执行收寄验视制度、违规收寄危化品的案例，制作了视频教材。教材内容包括：行业现状、寄递渠道安全形势、执行收寄验视的必要性、收寄验视的法律规定、收寄验视技巧、禁寄物品介绍和辨识技巧、全行业近年来寄递安全典型案例介绍、邮路禁毒形势和毒品介绍等。教材制作历时5个多月，480余工时，录制800张光盘下发至各企业，由企业对员工进行培训。为使培训取得预期效果，协会还采取抽查、考试等方式对落实不力的企业通报批评。

三、与公安交管部门协调电动三轮车通行问题

5月1日，天津市全面禁止电动三轮车上路，邮政、快递企业在快递服务时限、快递投递深度等都不同程度地受到影响，为此，协会和天津市邮政管理局派出机构积极与市政府、公安交管部门协调争取过渡期，最终在全市范围为企业争取到了5个月过渡期；同时，经过静海局和滨海局多方协调、努力，静海县、西青区对快递电动三轮车采取了统一喷涂、规范管理；滨海新区（塘沽、大港、宁河、汉沽）根据各区县不同情况分别采取了延长过渡期和规范管理的措施，使天津市快递收派压力略有缓解。此外，协会还通过各新闻媒体向全社会发布消费提示，征得消费者对快递行业转型过渡期出现的服务问题的谅解。

四、与市政府、市公安交管部门协调争取邮政、快递车辆通行政策

面对天津市3月1日车辆“双限”问题（客车每天限行2个号、货车上午7时至下午7时不能上外环、不能进市区），快递企业反响强烈，包括国际快递企业在内的天津市所有快递企业在外环线货车通行、货车进市区和尾号限行等问题上都不同程度受到影响。为此，天津市邮政管理局和协会多次与主管市长采取寄送专报、当面沟通等形式反映企业诉求。4月28日，部分企业召开会议试图罢工、请愿，协会得知情况立即向天津市邮政管理局汇报，紧急召开全市快递企业负责人会议，要求企业合理反映诉求，不得采取任何不正当手段和过激行为，确保全行业稳定。同时，紧急向天津市市长寄发特急报告。4月29日，市长批示公安交管部门上门服务研究解决快递通行证问题。最终，天津市第一批1351辆快递车辆通行证和天津快递专用标识制作完成并发至各快递企业，后续又申请办理了600余辆新增车辆通行证。协会还会同天津市邮政管理局监管处共同起草《天津市邮政快递机动车辆管理办法》，着手解决快递企业车辆喷涂问题，彻底解决快递车辆通行问题。8月

12 日，经过 10 余次协调、沟通，车管所通过了为各快递企业车辆喷涂标识的办法。9 月 1 日起，天津市快递车辆被纳入特种车辆管理范畴，可以喷涂本企业标识，仅此一项企业就为每辆车节省资金 1000 余元。

五、举办天津市首届“快递诚信服务杯”羽毛球比赛

协会组织举办天津市首届由快递企业参与的羽毛球比赛，各快递企业积极响应、报名踊跃，30 余家企业、70 多人报名参赛。本次比赛，不仅锻炼了身体，让快递员的业余文化生活更加丰富，相互间增进了解，而且展现了参赛选手饱满的精神风貌及各公司精诚团结的团队精神。

六、举办党建教育实践活动

6 月 29 日至 7 月 1 日，协会党总支组织天津市各快递企业党支部进行了为期三天的党建教育实践活动，通过参观蓟县革命老区，开展革命传统教育、新党员宣誓等党建教育活动，引导广大党员干部用实际行动带头践行党的群众路线，向党的生日献礼。

七、举办大型快递人才招聘会

7 月 20 日，协会在河东人才中心举办天津市首次大型快递人才专场招聘会。本次招聘会旨在宣传行业、储备人才、充实快递企业管理岗位，并提升快递企业整体管理水平，打造中高端人才的就业平台，切实解决快递企业“招工难”的问题。60 余家企业积极响应参与，取得良好效果。

八、新能源汽车推广应用

2014 年，协会改选后，天津市邮政管理局即将电动三轮车治理及天津市邮政行业新能源汽车推广应用领导小组办公室设在协会。后经过努力，天津市邮政快递（收派）专用新能源汽车正式下线，4 月 1 日首批 15 辆交付 2 家快递企业试用，协会还协调市交管局为 15 辆新能源汽车开通上路权限。8 月 15 日，首批邮政快递新能源汽车正式上路（中国邮政速递物流 10 辆、申通快递 12 辆）。

协会就新能源汽车在邮政快递领域推广应用问题投入大量精力，参与市场调研、政策制定（补贴额度）、充电桩设置、试驾信息反馈、车辆外观喷涂以及上路通行政策出台等工作。由于天津市仅有一家车企生产新能源汽车，而且技术条件不成熟，实力弱，在全国范围内没有专为邮政快递企业研发的新能源汽车的先例可以参照，所以在车辆研发、生产、实验、推广、应用方面各项工作举步维艰。协会一方面做车企工作，建议充分了解市场需求，提质降价，确保售后；另一方面还要做快递企业的工作，让快递企业充分了解新能源汽车，同时解决资金问题、驾驶员培训等问题。截至 12 月 22 日，企业共计购置 114 辆新能源车辆，认购意愿达 1000 余辆，此项工作取得突破性进展。

九、组织理事及快递企业负责人考察学习

9 月 10 日，协会组织理事及快递企业负责人赴四川学习考察，主要考察内容：一是探索代办快递新型模式。适时在本市推进社区线下便利店，打造快递公共服务平台。二是考察快递车辆通行（喷涂、车证管理等），解决最后一公里投递难的问题，重点考察流动点部（汽车点部）。三是探讨解决快递代办网点在快递业务经营许可、备案等方面与现行法律法规不适应等问题。四是参观四川顺丰速运呼叫中心，参观申通快递、韵达速递等企业总部。

十、妥善处理快递派送遇阻事件

10 月 17 日，海河教育园区管委会联合综合执法、交管查扣快递企业 20 余车辆，同时扣件罚款，造成快递企业全面瘫痪，2 万余件快件积压。协会接报后立即会同静海局赴现场协调，与管委会交涉，联系都市报道采访。最终，园区管委会同意当

日责令各学校给快递开辟投递场所。后经过与海河教育园管委会多次沟通，园区管委会表示尽快出台管理办法，确保快递免费进校园，并承诺免费为静海邮政管理部门提供办公场所。

此次事件是近年来天津市发生的一起较典型的快递派送遇阻事件，通过媒体多次跟踪报道，引起各方面的重视，由于处置得当，为一直困扰企业的快递进校难的问题起到了示范的作用，其处理方式在以后的工作中值得借鉴学习。

2014 年，天津市快递行业总体运行平稳，市场份额增长迅速，至 2014 年末，天津市已跨入百万级以上城市，快递综合服务水平稳步提高，社会满意度逐年上升，在车辆通行、快递末端平台建设、快递进社区、进校园、智能快件箱提高、新能源汽车推广等方面均有突破。此外，快递市场逐步规范，市场格局逐步清晰，满足社会不同需求的服务产品不断增加，服务价格体系逐步形成。各类违法违规案件明显下降，如：擅自停业；违法扣押用户快件；私拆、盗窃、隐匿用户快件；野蛮分拣、抛扔踩踏用户快件等问题明显减少。

河北省快递协会工作情况

2014 年是实施邮政业发展“十二五”规划的关键一年，也是落实“向下、向西、向外”战略的开局之年。河北省快递企业团结合作、共同努力，网络布局不断完善，“快递下乡”工作扎实推进，服务广度、深度不断拓展深入，较大规模企业不断加大投入及资源整合，服务能力和水平得到提高。2014 年，全省快递企业业务收入累计完成 41.07 亿元，同比增长 42.43%；业务量累计完成 3.40 亿，同比增长 63.90%。河北省快递行业依然保持了持续、健康、快速的发展态势。

2014 年，河北省快递协会坚持从实际出发，围绕协调和化解制约河北省快递企业发展的瓶颈问题，促进快递行业自律、为会员办实事、发挥桥梁和纽带作用等方面做了些应该做的工作。

一、积极贯彻落实快递企业等级评定试点工作

等级评定工作是国家邮政局、中国快递协会和河北省邮政管理局的一项重要工作，河北作为全国三个试点省（市）之一，河北省邮政管理局、协会高度重视。2012 年 11 月 28 日，河北省邮政管理局第一时间下发文件，成立了“河北省快递企业等级评定指导委员会”和“河北省快递企业等级评定委员会”。两个委员会的成立，为河北省快递企业等级评定工作提供了组织保障。

按照河北省邮政管理局的要求，河北协会于 2012 年 12 月 19 日在全国率先召开了快递企业等级评定动员部署大会，对河北省快递企业等级评定工作进行了部署安排。按照会议要求，协会在全省 11 个地市进行宣传、动员，提高了企业参与评定工作的自觉性和主动性，增强了做好等级评定工作的紧迫感和责任感。同时召开座谈会征求各方面意见，制定了《河北省快递企业等级评定管理办法（试行）》和《河北省快递企业等级评定管理办法实施细则》，并先后组织召开了五次等级评定工作会议学习相关政策、国家邮政局文件、河北省邮政管理局领导指示。期间联合快递企业对省内 11 个地市 145 个县的 424 个快递企业网点进行了深入的指导和数据采集，共动用人员 40 余人次，行程 2.6 万公里，历时 77 天。评定活动中，圆通速递、申通快递、顺丰速运、中通快递、韵达速递、宅急送、百世汇通等快递品牌企业给予了大力支持。

在将近两年的快递企业等级评定工作中，协会始终贯彻“以评促建”的指导思想，积极推进评

定工作,通过近一年多的发展、整改、评定,使河北省快递企业有了长足的发展:首先省内快递企业收、投时效得到加强、客服热线得到进一步完善;其次有效申诉率大幅下降、业务量、业务收入显著提高;其三快递企业网点覆盖率得到提高;更主要的是,通过河北省快递企业等级评定工作,企业间掀起了“比、学、赶、帮、超”大发展、大团结的热潮。等级评定工作的开展,促进了河北省快递企业向着高质量快递服务发展,河北省的快递企业等级评定试点工作也得到国家邮政局和中国快递协会的赞成和肯定。

二、组织召开了第二届理事会第三次会议

3月25日,协会召开了第二届理事会第三次(扩大)会议。河北省邮政管理局局长王跃及相关处室领导,部分快递企业华北管理区负责人,协会全体理事近80人参加了会议。会议表决通过了14家企业的申请入会,并对部分常务理事、理事进行了调整。表决通过了《河北省快递行业协会2013年工作总结及2014年工作计划》等报告。

会议要求各级各部门要按照“安全为基、服务为上、发展为要、监管为本”的工作理念,坚定信心,把握机遇,切实抓好政府职能转变、企业转型升级等重点工作,着力促进快递行业健康快速发展。明确了协会在快递企业等级评定工作上要着力抓好三个方面:一要继续做好快递企业等级评定工作,立足架构设计、基础夯实,认真研究各项指标,扎实推进各项工作,及时向中国快递协会作出汇报;二要进一步转变职能,更好地发挥平台纽带作用,引导快递行业加强自律,更多更好地服务企业;三要加强与兄弟协会的沟通联系,通过交流学习不断加强自身建设,提高工作水平。

三、深入基层调研,宣传贯彻河北省邮政管理局指示精神

为深入贯彻河北省邮政管理局领导的讲话精神,进一步转变职能,全面了解企业发展现状,4月,协会秘书处一行4人赴衡水市开展市场调研活动。一是走访衡水市内邮政速递物流公司衡水市分公司等7家会员单位和9家快递网点;二是与中国电信衡水分公司和中石化衡水分公司进行接洽,商议有关石油、电信与快递企业合作及价格优惠政策;三是组织衡水市部分会员单位召开座谈会,对协会拟定的《快递行业自律公约》(讨论稿)进行讨论,并就如何遏制低价竞争、加强行业自律,进行了座谈交流。

四、召开较大企业工作交流座谈会

为更好地服务于企业,倾听企业的声音,7月22日,协会召开了2014年上半年较大企业工作交流座谈会。河北省邮政管理局领导、华北区中通快递、申通快递负责人、部分较大企业、省邮政速递物流有限公司及分支机构等负责人参加了本次会议。会议要求企业一是要抓住快递迅速发展的大环境。二是要加强管理,使管理更上一个新水平。三是企业要及时反映诉求。四是希望企业多支持协会工作。随后有10个较大规模企业负责人发言,交流上半年工作情况,并提出合理化建议。会议期间,与会理事举手表决通过了《河北省快递行业自律公约》,协会秘书长对协会2014年上半年工作进行全面总结,并提出下半年六项重点工作。

这次会议,肯定了半年工作成绩,明确了2014年下半年工作目标,同时各企业间也进行了横向交流,加强了企业间的联系沟通和信任,提高了河北省快递企业的凝聚力,河北省邮政管理局副局长魏水旺发表讲话深刻而精辟,对协会的工作给予了肯定,给企业起到了加油鼓励的作用。

五、组织快递企业与石油、电信开展合作项目

为降低企业运营成本,增加企业效益,推动全

省快递行业快速发展。协会本着双方自愿、互惠互利的原则，为快递企业与石油、电信开展统谈合作项目。

3月中旬开始，协会相关人员通过多次与有关部门走访并最终确定了优惠价格，随后协会将办理流程及说明发至各快递企业。4月，根据设区市快递企业需求，协会又多次走访地市，与当地有关部门沟通，并下发了通知。随后数月，协会与各地市的企业理事牵头负责人进行多次联系掌握各地市统谈进度。通过一年的努力和多次沟通，最终此项活动在全省范围内推广。经统计，目前已办理加油卡近90张，与电信合作企业5家，其余地市正在陆续开展或进一步洽谈中。

本项活动是协会第一次组织以统谈形式的洽谈项目，工作涉及企业多，沟通部门广，持续时间长，虽然项目开展过程中遇到了不少阻碍，但通过协会和企业的共同努力，此项工作得到顺利推进。

六、组织会员参加第三届京交会

为推动快递企业“向下、向西、向外”发展，提高河北省企业在促进产业间的合作，洞悉前瞻优势以及整个行业的竞争力方面持续高速发展。秘书处及时与中国快递协会联系，并严格按照中国快递协会的要求，组织省内6家较大快递企业负责人参加会议。会议期间，河北省参会人员全程参会，聆听报告及参加高端座谈和签约仪式。会上中国快递协会领导对于河北省协会组织主要快递企业积极参加本次会议给予了高度评价及肯定。

通过参加“京交会”，不仅开拓了视野、拓宽了思路，而且借此机会与总部高层领导进行了接触，与兄弟企业进行了交流，收获很大。

七、进行快递企业法人代表及高管人员法律风险管控培训

按照协会2014年工作安排，秘书处于9月26日组织召开河北省快递企业法人代表及高管人员法律风险管控培训班。

为确保此次培训班能达成预期效果，自9月中旬开始，秘书处抽调部分人员组织此次会议的筹办工作。本次培训河北省11个地市近100家快递企业的100余名企业负责人及高管人员参加了培训。培训班讲座由河北省快递行业协会法律顾问张毅同志授课，协会秘书长亲自参与培训，并与参会快递企业负责人就法律风险管控进行了深入的沟通与交流。培训结束后快递企业均表示此次培训效果好，形式生动，并希望协会今后能多组织相关的培训活动。

八、组织开展河北省快递企业“三进”工程

根据河北省邮政管理局领导指示精神，7月24日，协会组织省内有代表性的4家快递企业一行8人赴扬州开展快递末端投递“三进”工作专题学习调研活动。

8月5日，召开了河北省快递企业末端投递三进工程布置会。会上，传达了河北省邮政管理局对此项工作的指示精神，介绍了扬州考察学习的基本情况，并宣读了《河北省快递行业协会快递服务末端投递三进工程总体安排》，讲解了快递服务末端投递三进工程第一阶段工作意见。会议期间，协会秘书长魏友芝对如何做好三进工程进行了详细部署。随后，秘书长带队与石家庄市物业协会、部分较大物业企业进行了多方面、深层次的沟通，并组织物业企业召开专题会议，为物业企业对“三进”工程的疑虑一一进行解答。9月初，协会召开了三进工程领导小组第二次座谈会，安排布置了三进工程下阶段工作事项，会议的召开正式确定了河北省“三进”工程第一批试点物业企业。准备9月29日快递服务中心试运行。但由于物业方面准备不充足，人员及相关硬件不到位，为确保国庆节期间快件安全、时效等问题，经双方研究决定两家小区的合作暂缓运行。

10月中旬开始，在秘书处领导的带领下，协会通过与多所大专院校、相关主管部门沟通，组织多次会议讨论并向企业征求合理化意见。经过长达一个月的努力，最终协会与河北省市场营销协会签订了关于校园快递末端投递合作事项的框架协议。11月6日，协会召开了“三进”工程领导小组会议，就“三进”工程进校园项目开展情况进行总结，对河北省快递行业协会与河北省市场营销协会达成合作框架协议进行说明。最后，双方签署了合作协议。就此“三进”工程进校园项目正式启动。

协会牵头通过为企业搭建三进平台，一定程度上缓解了快递企业三进难问题，同时也为企业在业务旺季用人方面开辟了新的途径。

九、参加2014年河北省社会组织评估活动

为全面提升协会组织建设水平，加强和规范内部管理，根据《河北省民政厅关于开展2014年度社会组织评估工作的通知》精神，协会申请并积极参加2014年度社会组织评估工作。

按照评估程序，3月底协会将《河北省社会组织评估申请表》报至河北省邮政管理局，在河北省邮政管理局领导的关心和支持下获得初评资格。为做好这项工作，秘书处领导带队前往相关评估部门和其他参评单位参观、考察、学习，成立专门组织，周密分工，设定职责，建立奖惩制度等一系列管理措施。通过两个多月的紧张工作，整理行政档案14大类1087份，党支部档案9份，共装订80盒，另外封存资料300多份，同时完成了8万余字的评估申报材料，并及时报至河北省社会组织评审委员会，与此同时，根据河北省社会组织评估活动要求，河北省快递行业协会成立了党支部，并建立了相关制度。

8月25日，河北省民间组织管理局副调研员刘远一行5人组成的第三考核组对协会秘书处进行实地考察。魏友芝汇报了2014年度协会参与社会组织评估申报工作的开展情况，并对协会2012年、2013年两年的整体工作进行了全面说明。汇报结束后，按照考核组的要求，对协会进行了实地核查，共查验41项指标。经过实地核查，当场得到了省民间组织管理局考核组的称赞和肯定。

10月29日，河北省社会组织评估委员会对河北省快递行业协会被评为“5A”级社会组织，向社会进行公示。11月13日，河北省社会组织评估委员会正式下发红头文件(冀民[2014]8号)宣布河北省快递行业协会评定为5A级社会组织单位。

在2014年河北省社会组织评估活动中，河北快递行业协会以务实创新的工作思路，严谨高效的工作作风，积极向上的工作氛围，亮点纷呈的工作业绩得到社会组织评估委员会专家的一致好评，并在全省社会组织中脱颖而出，获得最高5A级评价。此次成功评定，为提升协会社会影响力，打造协会品牌形象，争取更多平台为广大快递企业提供更优质的服务创造了有利条件，亦是协会办会历史上又一块里程碑。协会将以荣获5A等级为起点，在河北省民政厅、河北省邮政管理局、中国快递协会的指导、监督和管理下，在快递企业的大力支持和配合下，进一步履行“服务、协调、自律”职能，依法办会、加强管理，充分发挥桥梁纽带作用，高质量、高水平地服务于行业、服务于政府、服务于社会，为推动行业发展取得新成绩不断努力。

十、多种管理方式确保秘书处高效运转

协会在2014年承接并完成了大量的工作，为全面保障各项工作的顺利开展，不断地提升内部管理，以实现人员思想统一、工作效率显著、业务流程最优化、管理制度合理化的内部管理目标。

在思想建设方面：协会工作的顺利开展、内部管理的有效落实，都离不开思想方面的高度统一。

协会秘书长通过日程序、周例会、月总结、管理机制等，提出了一系列的工作要求，并对工作人员的思想认识、工作态度方面不断的提出更高的要求和标准。

在组织建设方面：根据各部门工作职责及岗位要求，为适应岗位工作需要，进一步提升部门工作效率，协会秘书处先后两次对部分工作人员岗位进行了调整。通过两次人员调整，使得各部门在工作效率、人员积极性等方面较之前有明显提升，同时也充分证明调整人员的正确性和及时性，也体现协会秘书处工作人员的高素质。

在制度建设方面：先后制定了《河北省快递行业协会办公室管理制度》《河北省快递行业协会人员守则》《河北省快递行业协会档案管理制度》《河北省快递行业协会秘书处接待、宣传、信息共享管理制度》《河北省快递行业协会考勤绩效考核暂行办法》等制度。对协会重点制度制作了标牌并上墙悬挂。还对协会所有制度内容进行了逐项审阅、修改、完善和补充，促使协会更加规范、有序地开展各项工作。

一年来，协会做了大量的工作，也取得了一定的成绩，但工作中还存在着一些不足，如：为企业提供优质服务还不够，规范行业自律还不到位、为企业依法维权还需加强等。这些问题有待在今后工作中不断改进和强化，制定相应措施，把问题落实到实处。

山西省快递协会工作情况

2014 年，山西省快递行业协会始终坚持以服务会员、服务社会为宗旨，紧紧围绕加快建成与小康社会相适应的现代快递业的目标，围绕山西省邮政管理局的中心工作，围绕各会员单位的发展重点，突出自身能力建设，认真履行各项职能，在反映企业诉求，加强行业自律，促进行业健康发展等方面都作出了积极的努力，各项工作取得较好进展。

2014 年，全省快递业务量完成 9130.43 万件，同比增长 2.95%。最高日处理量突破 130 万件。快递业务收入首次突破 10 亿元，达到 10.35 亿元，同比增长 50.59%。进港的投递量也大幅度增加。在业务快速发展的同时，各会员单位按照国家邮政局提出的向下、向西、向外的发展思路，大力加强基础设施建设，增加投入，增强快递服务能力，提高服务质量，强化人员培训，提高人员素质。很多企业扩大了分拨处理中心场地，增添了车辆设备，增加了服务网点，特别是县乡以下的网点有了大幅度的增加，使网络购物的便利和实惠惠及到广大农民群众。

一、贯彻落实法律法规，行业持续健康发展

2014 年，协会本着规范经营、加强纪律、促进发展的指导思想，通过协会会刊、网络平台等形式大量刊发相关规定，积极做好宣传教育引导工作，先后转发国家邮政局制定的《提升快递末端投递服务水平的指导意见》、《无法投递又无法退回快件管理规定》、《行业安全信息报告和处理规定》等多项法规制度。并主动帮助企业办理许可、变更、备案等事项，督促会员认真学习落实相关规定、依法经营管理，促进了全省快递行业的平稳、健康、持续运营。

二、服务企业生产经营活动，发展环境不断优化

在认真学习、深刻理会李克强总理针对快递发展五次讲话精神的基础上，协会广泛收集整理国内外市场信息，为会员单位提供咨询服务，积极

为行业内外牵线搭桥，支持帮助企业解决一些困难。

（一）配合管理局调查研究并向省人大、政协报送意见提案，引起政府有关部门的关注。

（二）多次前往会员单位进行深入调研，适时将会员单位的诉求向山西省邮政管理局或有关部门反映，较好的畅通了会员企业在业务处理方面的沟通渠道，对快递车辆通行难、最后一公里派送、快递园区规划建设及校园投递入校难等热点、难点也与管理局沟通并向相关部门相关领导反映，探讨解决的办法和途径。

（三）为会员单位与行业外部牵线搭桥，寻求合作发展。先后考察并组织部分会员单位与山西穗华物流产业园、山西通联支付网络公司等单位召开联席推介会，以期解决双方在业务发展中的瓶颈和难点问题。开阔了视野，扩大了交流，进行了有益探索。

三、继续开展星级评定活动，促进企业服务能力和服务水平提升

去年以来，协会根据山西省邮政管理局重点工作安排和中国快递协会关于《快递企业失信警示制度》《快递行业安全自律公约》要求，对原《〈企业自律公约〉星级评定活动实施方案》及《〈企业自律公约〉星级评定评分标准》进行了认真修订，增加了“三化”内容，强化了安全等条款，继续开展评定活动。通过不懈努力，企业“四基”建设（基础设施建设、基本制度建立、基础管理工作、员工基本素质）得到了进一步加强。顺丰速运、中通快递、天天快递、优速快递、百世汇通、韵达速递，大同、长治韵达速递，临汾、晋城圆通快递等公司投入巨资重新租赁场地，新建扩大分拨中心及其配套房舍、设施；太原圆通速递、山西申通快递重新改造场地、增加流水线；部分快递公司积极加大市、县营业部投资改造力度，进一步增强县域网络建设，服务能力、服务深度逐步扩大。通过几年来星级评定活动开展，全省快递行业硬件设施（中心场地、网点门面、设备配置）及对外形象有了明显改善；作业流程、操作处理更为规范有序；经营管理水平和服务质量大幅提升；安全工作得到了有效保障；快递旺季服务保障工作有条不紊，较好地实现了国家邮政局提出的“三不”（不曝仓、不瘫痪、不曝光）、“五保”（保畅通、保平稳、保安全、保服务、保质量）目标。

四、加强员工培训教育，队伍素质得到较大幅度提升

（一）建设高素质的快递从业人员队伍是促进行业发展的根本保证。为此，协会以国家邮政局组织的最美快递员评选活动为载体，对国家邮政局组织召开的中国梦·邮政情“寻找最美快递员”揭晓发布会内容进行了大量的刊登，并对在该评选活动中入围的山西省长治圆通快递员赵军和省邮政速递物流晋中市分公司张赟获得全国邮政速递物流系统先进个人事迹进行了突出宣传推介，在行业内产生了较好影响。

（二）坚持大力弘扬“诚信、服务、规范、共享”的邮政行业核心价值理念，在对获得 2013 年度“山西省优秀快递员”进行表彰奖励的基础上，重新修订了《山西省优秀快递员评选办法》，并继续组织评选活动，极大地激发了全体快递员的爱岗敬业精神，促进了快递服务工作。

（三）积极配合山西省邮政管理局组织实施好职业技能鉴定工作，共组织 5 次近 2000 人考试，打印、发放证书 2300 多份。

（四）继续组织实施了“全省快递行业第三届快递员业务技能练功比武大赛活动”，既普遍提高了全行业快递员业务素质，又为参加职业技能鉴定考试取得优良成绩奠定了坚实基础，同时也检验了各快递公司员工的业务技能水平。

（五）根据中国快递协会安排，组织部分快递企业参加了第三届“京交会”，开拓了视野、增长了

见识。

五、加强协会自身建设，不断提高服务能力

一年来，新一届理事会本着“依法建会、履行职能、发挥作用、效果明显”的原则，始终注重协会自身建设。

（一）认真坚持依法办会的原则，自觉遵守相关法律法规、社团组织有关规定，严格执行本会章程、制度，做到依法建会、规范运行。

（二）注重充分发挥好理事会及秘书处的作用，广泛征求会员单位意见建议和借鉴兄弟省市快递协会的工作经验，有针对性的做好本会工作部署安排，促使协会工作始终保持了健康发展。协会领导和工作人员经常深入会员单位进行调研，了解情况，及时反映沟通并进行反馈，重视对会员单位管理，通过组织实施《企业自律公约星级评定活动》，引导企业遵纪守法，合规经营。

（三）依据《章程》规定加强对会费管理，以严守财务制度、严格财经纪律为准则，做到收好、管好、用好会费，做到了计划使用、量入为出、留有余地。四是通过改版协会会刊和在快递服务旺季前期加强与省城新闻媒体的联系等，加大了对行业发展的宣传报道，为行业健康发展营造了有利氛围。

内蒙古自治区快递协会工作情况

2014年，内蒙古自治区快递协会在国家邮政局、内蒙古自治区邮政管理局和中国快递协会的领导下，认真贯彻落实科学发展观，坚持为政府决策服务，为行业发展服务，把贯彻落实党的群众路线教育实践活动与协会的中心工作紧密结合，深入企业走访调研，反映企业诉求，强化行业自律，积极创造条件，在推动行业创新产品和服务、促进企业提高服务质量增强服务效率等方面开展了工作，较好地履行了协会的各项职能。

一、确保旺季安全生产寄递渠道畅通

在当前国内经济下行压力加大的形势下，快递业继续保持快速增长，得到社会各界的高度关注，李克强总理在国务院常务会议上对快递业为国民经济发展作出的突出贡献给予了高度评价。充分利用好“双11”的积极社会效应，加快提升行业发展，确保旺季服务质量不降低，收寄验视不松懈，全程全网寄递渠道安全、畅通，贯彻落实好《快递业务旺季服务保障工作指南》和《国家邮政突发事件应急预案》，是协会当前的一项重要工作和任务。在业务旺季到来之前，协会把上级主管部门有关旺季生产服务保障工作的指示精神及时向会员单位传达，并对旺季服务保障的工作要点做了说明性指导。山东圆通快递发生的有毒液体泄漏事件，协会高度重视，特别强调快递企业严格执行加盖收寄验视章制度，为方便会员单位参照执行，印发了禁忌物品名录。走访调研了宏盛物流园区了解快件进、出口量，快件的流量、流向及运营情况，安全监管信息系统的使用管理情况，旺季生产和收寄验视制度的执行情况，并对快件处理、仓储、运输、旺季服务安全保障设施及人员筹备、生产安排、突发事件应急方案、申诉受理等进行了实地考察了解，慰问了工作在生产一线的快递企业员工。

在2013年的基础上，协会根据国家邮政局“不爆仓、不瘫痪、不曝光”，“保安全、保畅通、保服务、保质量”的指示，全力配合内蒙古邮政管理局做好旺季服务保障的宣传落实工作，早布局、早安排，指导会员单位深入贯彻落实国家邮政局的相关决策，协助快递企业做好应对挑战极限的思想准备和物质保障工作，与企业保持密切联系及时了解情况，及时向有关部门反映企业诉求，确保青奥会和北京APEC会议圆满成功，确保旺季生产全程全网的安全畅通。

快递企业在旺季承受着巨大的生产服务压力，协会全力协助企业做好消费者的维权工作，及时妥善处理好用户投诉和用户反映的服务问题，缓解用户和企业间的矛盾，降低旺季申诉率；积极引导企业向社会和新闻媒体做好宣传和解释工作，向媒体传递企业员工为应对旺季生产呈现出的典型事迹，通过媒体向社会释放正能量，提高企业的信誉和形象。

二、走访调研为政府决策和企业发展服务

邮政业作为基础性产业，服务人群规模大，带动辐射领域广，协同发展效应强，吸纳就业人数多。实现与小康社会相适应的现代邮政业目标事关经济发展、民生改善和社会进步，关系到人民享受小康社会成果的切身体验和感受。为进一步深化企业体制改革，提升企业服务生产，惠及民生，促进内需，推进经济结构转型升级的能力和实力，加快转型升级规模化发展的步伐，协会把做好走访调研工作视为贯彻落实党的群众路线教育实践活动，先后走访调研了呼、包二市具有一定规模的快递企业，认真听取企业诉求，帮助企业协调解决了发展中遇到的问题和困难；开展咨询活动，为企业深化体制改革、提质增效献计献策。

解决快递车辆市内通行难、停靠难问题一直是快递企业最关心的事，协会十分重视并积极配合内蒙古邮政管理局与公安、交通、等部门联系协商，通过多次沟通协调，目前基本解决了快递车辆特别通行的问题。随着快递业在国民经济中地位的提高，形势越来越好，2013年2月28日，交通运输部国家邮政局等七部门联合发布《关于加强和改进城市配送管理工作的意见》，为有效解决快递车辆市内通行难、停靠难等问题提供了政策支持，快递车辆市内通行问题有望逐步彻底得到全面解决。关于电动三轮车的标准化使用问题，国家邮政局有关部门出台了《快递专用电动三轮车技术要求》，为快递用电动三轮车提供了规范化的使用标准，我们将继续关注国家和自治区有关政策的出台。今后协会还将与主管部门携手在快递车辆通行和绿色环保、低碳运行等方面继续做好相关政策的推动和落实工作。

三、为企业搭建交流平台，促进企业、行业间交流与合作

传统邮政面对消费需求持续扩大，电子商务迅速发展的巨大发展空间，必须向市场化、多元化转型。无人自助型服务、智能分拣、高效运输、便捷追踪及精确投递等现代新技术的研发和应用，将进一步推动产业转型升级。现代服务和先进制造业对综合化精细化的寄递服务需求快速增长，促使快递企业与上下游产业深度融合，向着服务链更长，附加值更高的综合物流运营商转变，跨界渗透，竞合共赢的新局面正在形成，产业结构优化推动着快递与关联行业融合发展。协会根据形势发展需要，引导企业充分认识到行业发展给企业带来的机遇与挑战，把握机会顺势而为。2014年9月，协会组织会员单位在内蒙古顺丰速运有限公司快件分拨中心，召开了《内蒙古快递企业发展研讨会》，通过现场参观深入交流探讨，协会和企业在进一步完善环境，降低成本，释放潜力深化企业体制改革和标准化建设等方面统一了思想，达成了共识。

协会积极组织部分会员单位参加京交会等大型活动，为企业搭建起更广阔的交流合作展示平台，通过现场学习、观摩、交流、参观、展示等活动，开阔眼界、拓宽思路，提高认识和觉悟；促进了我区快递企业与外界的沟通与联系；为加快我区地市级物流园区建设，促进企业转型升级，规模化发

展的进程。起到了积极的推动作用。

四、做好法律法规的宣传贯彻落实工作

网络消费升级提升快递服务专业化水平，网购行为呈现频次增加，种类扩展，地域外延、跨境消费、高收入群体用户占比例上升的特点，快递用户从价格敏感型向更加注意质量，效率、安全转变。协会根据快递业发展的需要，结合目前存在发展质量不高，市场低价格，同质化竞争严重，快件延误，投递不佳，损毁丢失等现象突出，企业标准化、自动化、信息化水平不高，寄递渠道安全和用户信息安全隐患依然存在的实际，把深入持久地贯彻落实《邮政法》等相关法律法规，扎实推进《快递服务》标准的实施作为主要工作任务，根据需要起草了内蒙古快递行业自律公约，并广泛征求了各方意见，对企业在规范经营、提供服务过程中涉及的法律问题进行解答和咨询，努力营造一个企业自觉依法规范经营，为用户提供优质高效服务的良好发展环境，促使快递服务向更加专业化方向发展。

五、做好协会的基础工作

做好协会的基础工作，不断提高服务能力和服务水平是我们努力的方向，努力构建会员联络沟通机制，坚持理事单位联络员制度，把完善行业自律机制，抵制不正当的低价竞争，健全协会工作制度等方面工作做到位；按照自治区民管局的安排和要求，按时完成了内蒙古快递协会年检报告和财务审计材料，并顺利通过了年检；根据内蒙古邮政管理局的要求，做好协会的档案管理工作；完成了内蒙古快递协会年鉴的编撰工作；较好完成了业务主管部门和监管部门布置的各项工作。

办好《内蒙古快递》会刊，是协会向企业宣传国家的方针政策、介绍行业发展情况的信息平台和进行普法教育的园地，努力使会刊，充分发挥政策导向和行业引领作用。

六、加强队伍建设，充分发挥协会对快递行业的引领作用

做好协会的组织发展工作，根据《协会章程》发展会员，充实协会领导力量。2014 年发展新会员单位 16 个，增补副会长 1 个，理事单位一个。截至目前，协会有会员单位 163 个，个人会员 15 人，副会长单位 4 个，理事单位 32 个。充分调动和发挥会员的积极性和主动性，进一步增强协会组织的影响力和凝聚力，充分发挥协会在全区快递行业的作用。

七、完善行业的诚信体系建设

党的“十八大”提出，积极培育社会主义核心价值观和社会主义道德行为规范。人无信而不立，业无信而不兴。诚实守信规范经营是快递业做大做强的根本。为贯彻落实好“十八大”这一精神实质，促进行业正确的道路上健康发展，协会通过各种方式，大力宣扬行业诚信标兵的先进事迹。在加强自身建设的同时严格自律，以身作则。切实做到协会的信息资料真实、准确、完整、可靠。做到了不强制入会、不摊派会费、不强行服务、不乱评比、乱培训、乱表彰。不超出章程规定的业务范围开展经营活动，积极履行社会职责。认真贯彻执行民政部《关于开展行业协会行业自律与诚信创建活动的通知》的相关要求，协会在职能、机构、人员、财务等方面与业务主管部门完全脱钩，实现了行业协会自我运作的组织要求。建立健全了换届选举、议事决策、人事管理、财务管理、机构管理等内部管理制度。

今后的工作目标是：全力推动地方政府各项相关政策落地，更好地服务经济社会发展。积极引导企业转变发展方式，加快企业转型升级的步伐，努力使我区快递业在发展规模、服务水平、创新能力和竞争实力上实现跨越。在功能上向信息沟通物品运送、资金流通和文化传播等复合型基础型产业转变，向替代传统流通方式、刺激消费升

级的先导型产业转变。在服务领域上，向服务生产生活并重转变，在发展模式上，向更注重要素投入，更注重新驱动、联动衔接转变。引导企业做强做大，加快国际化步伐，做强实体，增强快递业的竞争能力，充分发挥三流合一的基础性服务功能和撬动需求的重要作用，为实现将快递业打造成服务业的关键产业、新经济发展的重要引擎而努力。

辽宁省快递协会工作情况

2014 年，辽宁省快递企业全面贯彻落实党的十八届三中、四中全会精神，以推进快递服务标准化建设为主线、以提高行业从业人员素质为中心，以加强行业自律落实为抓手，以促进行业发展解困为重点。进一步促进行业深化改革创新，增强服务能力建设，规范快递市场合规发展，提升行业管理和服务素质，推动辽宁快递行业发展再上新台阶等项工作取得较好进展。

辽宁省快递企业业务量完成 1.67 亿件，同比增长 45.97%，平均每个辽宁人年收寄快递包裹 3.7 个；业务收入完成 30 亿元，同比增长 32%。“双 11”期间日最高快件处理量达到 300 万件。是日均处理量的 6.55 倍。快递服务满意度稳步提升。

一、推进快递服务标准化建设，力保快递旺季生产安全平稳运行

2014 年是辽宁省开展为期三年《快递服务》国家标准建设化评定工作的第一年，省协会按照省邮政管理局营口会议要求和部署，认真组织贯彻落实。6 月成立评定组织领导机构，下发《关于推进省级分拨中心标准化建设评定工作的通知》，要求各企业从 7 月开始按照通知规定开展自查整改，拉开评定序幕。8 月组织相关专家修改标准化建设评定细则，通过在百事汇通公司的试评，及时总结该公司在分拨中心标准化建设上的成功经验，召开现场推进会，提出分拨中心标准化建设评定十个板块细则。9 月开始组织专家小组开展 45 天标准化建设初评，先后对邮政速递物流、顺丰速运、圆通速递、韵达速递、申通快递、中通快递、国通快递、优速快递、天天快递、宅急送、全峰快递等 20 家省级分拨中心进行了《快递服务》标准化初评检查。10 月印发初评情况通报，下达整改通知 18 份，要求各企业在生产旺季来临前完成组织整改。

通过一系列的标准化建设推进指导和初评促改，各快递企业按着标准化建设评定要求，积极结合企业实际推进达标工作。在“双 11”快递生产旺季来临之前，辽宁省快递企业新增和改造分拨中心场地 38000 平方米，新增和调整分拨流水线 1500 延长米。重新审定各部门、各岗位管理制度，分拨现场做到定置管理和制度上墙。各公司按快件流向分别设立省外、省内、市内分拣区域，按重轻件组织作业班组，小件建包直封，有效提高分拣处理时效。建立安全、时限、封装、交接、车况管理等制度，干线运输安全性、快件到达准时率，封装交接责任制都得到提高和落实。建立安全生产领导小组，企业领导为安全生产第一责任人，制定了从收寄验视、分拣处理、运输盘驳、交接投递等环节的一系列安全生产管理制度，组织安全生产演练和应急处置演练，安装了快件安检扫描仪，分拨现场做到电子监控全覆盖，配备消防设施，设立特殊快件处理区，专人处理问题快件和禁寄快件。企业服务能力快速增强，制度建设，文明生产管理效能明显提高，分拨作业组织有序，安全生产保障机制落实，特殊件处理更加规范。在今

年“双11”旺季生产中，辽宁省日处理快件最高达300万件，做到不爆仓，不积压，没发生一起安全事故。

二、引导快递企业服务延伸，撬动城乡消费经济增长

2014年，省快递协会为配合各快递企业加快落实国家邮政局和省邮政管理局提出快递下乡和“三进一下”快递服务发展意见，积极开展快递服务向下延伸调查，及时总结“全门店、无段道”的城市快递服务和“协商瓜分、独建平台、先入为主、资源共享”的农村快递服务发展思路。并多次深入鞍山、抚顺、营口、铁岭等市城乡开展快递服务向下延伸后现场指导调研，组织召开有政府、企业、用户、意向合作单位等座谈会，听取各方意见。依据《辽宁省交通厅、辽宁省邮政管理局关于推动道路水路运输业与邮政业合作发展的指导意见》，为各市和各企业快递服务延伸出谋划策，牵线搭桥。在《辽宁快递》期刊设置专栏，刊登指导文章15篇。目前，辽宁省社区快递综合服务平台、高校配送服务中心、便利店代投，第三方配送，快件自提柜等多种末端配送服务形式遍地开花。农村快递服务延伸到773个乡镇，覆盖率由年初的40%提高到76.3%，农业大市铁岭已达到100%。拉动辽宁省城乡经济消费指数的增长。

三、开展多方位培训和教育考察，提升行业服务素质和能力

2014年，协会围绕提升行业服务素质和能力，配合辽宁省快递职业技能鉴定考试，在鞍山、丹东、锦州、铁岭等市开办快递职业技能考试培训班五期十次，为768名申报高、中、初级考试的快递管理和收派员进行了系统的理论和实际操作培训，考试合格率达90%以上。参加培训的企业一致反映经过培训，员工不仅取得好成绩，服务素质和工作能力也得到明显提升。

为促进快递服务电子商务发展，加快企业转型升级，省快递协会于2014年6月在沈阳举办了一期辽宁省快递企业管理人员O2O电子商务培训班。聘请辽宁省邮政管理局局长孙康对O2O发展中如何“提高快递公共服务质量怎么看与怎么办”做了专题讲座，详细解读了国务院、省政府、行业主管部门对快递行业发展的政策和意见，对快递行业发展的问题和瓶颈做了全面分析，对今后快递行业发展怎么看与怎么办做了前瞻引导和提出解决方案。培训班还聘请业内知名学者沈阳捷讯科技有限公司张岩总经理对“O2O电子商务的发展与快递企业转型升级”做了详尽介绍和案例分析。辽宁省各市品牌快递企业160多人参加，一致反映培训内容政策信息全面，行业发展思路清晰，电子商务理论详实。

为掌握快递发展的前沿理念和先进管理经验，协会先后组织部分快递企业负责人，参加2014年中国(北京)国际服务贸易交易会，听取专家讲座和发展论坛，观摩考察行业发展最新成果，了解世界发展前沿理念。还组织部分副会长单位负责人到韩国学习考察韩国邮政和快递企业服务和跨境电子商务，参观韩国邮政分拨现场和快递企业代办网点，听取了企业服务和经营介绍，开扩了服务理念和眼界。

四、积极为行业发展服务，发挥协会的桥梁和纽带作用

2014年春节前夕和“双11”期间，国务院总理李克强两次考察慰问快递企业和员工，总理说：“快递业关系经济民生，你们既是在运送商品，也是在传递亲友心意，给大家送去春节的温暖，把幸福快递到千家万户。快递业是中国经济的‘黑马’，祝你们在马年快马加鞭、万马奔腾、马到成功!”这极大的鼓舞和推动了快递业的发展。同时也带来政府职能部门支持力度加大，社会群众使用快递意愿增强、新闻媒体关注报道成为常态。

省协会为深度服务行业发展，广泛参与，搭桥铺路。

加强与政府的沟通，为快递园区建设、企业用地、用工和经营困难牵线搭桥。2014 年 4 月，盘锦市政府在规划建设快递发展园区时遇到困难，省协会力支持，张俊山会长带领盘锦市政府和邮政局领导到黑龙江省考察，并为园区建设提出指导意见；铁岭市政府为盘活新区沉淀地产建设快递处理园区，在利用何种建筑开发处理中心时举棋不定，协会主动搭桥，为铁岭市交通局和邮政管理局安排考察汇通快递公司，召开座谈会，参观快件处理现场；帮助鞍山市经济开发区到沈阳快递企业推介召商；配合沈阳市邮政管理局召开企业用地座谈会和落实推进会，了解企业发展用地需求，帮助政府作出规划决策；帮助企业联系省公安厅，立案解决经营诈骗问题，维护企业经营收益；配合沈阳海关快件监管中心通关测试和开通运行，引导快递企业就近组织快件进出口通关。

与主流新闻媒体共商行业宣传重点，分时段宣传行业服务特点和典型，以正能量向社会展现行业服务新风。一年来，协会积极与辽宁电视台、沈阳电视台、辽阳晚报、华商晨报、时代商报等省内主流宣传媒体，分三次宣传行业服务。一是年初春节前宣传一线快递收派员，顶寒风蹚冰雪起早贪黑为千家万户送节日快件的现场跟访，受到用户和企业的好评；二是在 7 月专题报道快递员职业技术鉴定培训和考试，详细介绍快递员职业技术鉴定的性质、意义、要求、内容、程序等，使社会了解政府监管的要求和确保服务质量的重要；三是在“双 11”“双十二”前后组织多家新闻媒体，积极正面地系统报道快递企业应对全民消费狂欢节的前期准备，连续奋战，努力服务的情况和感人场面。全年通过电视、报纸、广播等报道辽宁省快递行业、企业新闻三十余篇，收到政府了解，群众理解，企业化解的三赢效果。

开展快递企业旺季生产指导和慰问，解决旺季生产难题，激励员工生产热情。2014 年春节期间，辽宁省快递企业落实辽宁省邮政管理局要求，合理组织生产作业，确保店不闭车不停件不压。省协会深入快递企业分拨现场，传达李克强总理的讲话，慰问员工。“双 11”期间，辽宁省快递企业为确保快件运输不瘫痪，分拨现场不暴仓，快件投递不积压，在快件高峰来临前积极准备，省协会组织部分专家多次前往分拨生产现场，了解准备情况，帮助分析作业流程，提高应对能力。在快件高峰来临后，又准备慰问品多次连夜到连日奋战、昼夜生产的快递企业，现场慰问，鼓舞士气，支持企业完成旺季生产任务。

五、开展快递服务突围“最后一公里”调研

由于辽宁省快递企业主体性质、经营模式、业务规模的差异性，使企业在快递服务中对投递服务突围“最后一公里”的认识、管理、投入、创新也同样存在很大差异和不平衡。为确保国家邮政局，省委、省政府政策落地，全面贯彻辽宁省邮政工作会议的工作部署，全面了解辽宁省快递企业快递服务的现状与差距，企业对快递服务发展的认识与需求，了解掌握国内外对解决快递服务突围“最后一公里”的先进理念和创新，发现省内快递企业在解决快递投递服务突围“最后一公里”的先进模式和创新。省协会受邮政管理局委托，2014 年开展了快递企业投递服务突围“最后一公里”现状与对策调研项目。

调研在省内 5 个城市，对八个品牌企业，从辽宁省规模以上快递企业快递服务的现状、布局和业务量；快递企业快递服务的解决方案、规划与要求；外快递企业对快递服务的认识和管理对策；快递企业对快递服务的创新和经验；社会经济发展对快递服务的需求；辽宁省快递服务现状分析；解决快递服务突围“最后一公里”的对策与建议等七个方面，采取调查问卷和现场调研的形式开展。

辽宁省共发放调查问卷1050份。在各市邮政管理局的大力支持下，日前已完成问卷分析。

六、加强协会自身建设，指导各市协会成立

办好《辽宁快递》期刊，精选文章，调整栏目，介绍最新政策法规和行业发展动态，全年通过工作部署、政策信息、行业动态、行业资讯、统计信息、学术论坛、协会动态、突围“最后一公里”等专栏共刊登和各类法规文件132篇，指导行业提质增效。

开好理事会，共商行业发展大计。通过二届六次理事会，大家集思广益、群策群力、认清形势、明确思路、统一任务，坚定为辽宁快递业创新发展，为服务辽宁经济社会快速发展再做贡献的信心。会议同时对组织成员调整作出表决。

组织会员参加东北三省第三届暨“快递企业加强行业自律、改善服务，提升企业经济效益”论文征文活动，辽宁省各快递企业积极组织撰写，上报论文11篇，经评选，顺丰速运刘畅等人撰写的六篇文章入围，并分获一、二、三等奖。

指导各市稳步成立快递协会。根据国家邮政局《关于加强指导在部分城市先行组建快递协会的通知》（国邮发〔2014〕158号）精神，按照省邮政管理局要求，指导各市开展快递协会筹建和成立，目前辽宁省已基本完成市级协会立工作。

七、快递市场发展面临的形势与任务

党的十八届四中全会深刻分析了当前经济形势，准确把握中央对经济发展新常态的判断，深刻领会国务院常务会议对快递行业的新定位是作好今年工作的前提。一年来辽宁省快递市场政策环境不断优化，行业发展总体形势向好，但同时也应看到面临行业发展的转型机遇期，辽宁省快递企业仍存在适应个性化、多样化消费能力不足；转型升级、提质增效内生动力不足；对新常态、新定位的认识不足的问题。在当前和今后一个时期内，要以落实国家邮政局提出的建设普惠邮政、智慧邮政、安全邮政、诚信邮政、绿色邮政为抓手，加快推进标准服务、诚信服务、安全服务、深度服务，让辽宁省快递服务再创新局面。

（一）建设普惠邮政，实现快递服务城乡全覆盖。

快递普惠实现城乡同亨，促进消费，拉动发展，服务民生，即是行业最大的政治，也是适应经济新常态，开辟服务新领域，提升基础地位的必由之路。要继续推进国家邮政局提出的“三进一下”总体工作部署，加快快递网络共建共享，力争上半年实现辽宁省乡镇快递网点覆盖率达到100%。

（二）建设智慧邮政，提升企业现代化水平。

要综合利用互联网、信息网、银联网等现代科学技术手段，提高生产运行和收派服务效率。促进移动收款，智能手机、智能分拣、智能配送等新技术在快递服务生产中的应用。

（三）建设平安邮政，落实安全生产管理。

安全管理是平稳生产的前提，通过快递服务标准化建设，建立企业制度建全，责任明确，落实到位，培训到人，按期检查，定期演练的安全管理体系，提高快递生产全过程的安全管理。

（四）建设诚信邮政，夯实行业发展基础。

诚信服务是企业健康发展的治本之策，以行业自律为基础，树立诚信服务的企业核心文化，营造企业诚信环境，引导用户诚信用邮，用员工的诚信、热忱服务展示企业形象。

（五）建设绿色邮政，实现低碳环保发展。

通过减少收寄、分拣、封发、运输、投递等各个环节的环境污染和资源消耗，提倡环保技术材料使用，包装材料再利用，电动能源汽车应用，推动行业绿色健康发展。

吉林省快递协会工作情况

2014 年是快递业快速发展的一年。吉林省快递业同全国一样处在业务量增幅高,发展速度快、经营效益好的健康、稳步、有序发展的良好态势。产业规模快速增长,服务能力明显提升,技术装备条件明显改善,基础设施网络日趋完善,发展环境不断变化。首先,生产场地发生变化。省邮政速递物流公司、顺丰速运、韵达速递十分重视生产场地建设,新增处理场地 30000 多平方米,百世汇通也新购置生产场地 2015 年 9 月即投入使用。在省邮政管理局的积极推动下,圆通速递、中通快递,申通快递正在积极购置土地。2015 年 4 月可以开工建设生产场地,有望年底可投入使用。其次,是生产设备发生变化,省内市(州)以上快递企业都购置了皮带传送机来分拣快件,彻底改变了传统的手工分拣快件的局面。第三,是各企业都按照省邮政管理部门的要求,在生产作业现场和营业厅安装电子监控设备,配备防火器材等,生产场地和营业厅建设明显改善;第四,是快递从业人员队伍不断壮大,吸纳就业人数快速增加,全省快递从业人员已达 1.3 万人左右。

"双 11"期间,吉林省快递业未出现问题,快件日处理量首次突破 100 万件,吉林省快递业的发展速度首次赶上全国平均水平,是吉林省快递业发展最好的一年,也是全省快递业大发展的一年。2014 年,全省快递业务收入 13.06 亿元,同比增长 49.26%;快递业务量 6640.24 万件,同比增长 46.69%。

一年来,吉林省快递行业协会在吉林省邮政管理局的领导和中国快递协会的指导下,在各理事单位及全省会员企业的大力支持配合下,较好地完成了各项工作任务。回顾过去的一年,主要做了以下几个方面的工作:

一、深入贯彻落实《快递服务》标准,指导企业加强经营管理工作

吉林省快递企业的经营管理工作较前几年相比有很大改善,各企业的经营管理工作不断加强。协会在日常工作中十分注重《快递服务》标准的宣传贯彻,把学习贯彻标准作为指导企业经营管理工作的首要任务来抓。各企业也十分重视学习贯彻标准,企业的经营管理工作逐步改进,企业服务保障制度建设不断完善。

受吉林省邮政管理局委托,协会于 6 月 9 日至 7 月 20 日组织长春市、延边州快递行业协会组成检查组在各市(州)邮政管理局配合下,开展了对省内《快递服务》标准化建设企业进行复查、对 2013 年度未达到标准化建设企业和新申请标准化建设企业进行验收的专项检查。此次检查,严格按照《快递服务》标准和协会印发的"吉林省《快递服务》标准化建设评定细则",并结合吉林省邮政管理局印发的"推进快递企业落实《快递服务》标准实施方案""吉林省快递营业场所规范化建设指导意见"的规定,逐项进行检查。被检查的 49 家《快递服务》标准化建设企业和 2013 年度未达到标准化建设企业,通过了复查、验收,可保持标准化建设企业称号;新申请的 3 家企业,有一家企业通过标准化建设验收,占全部会员单位的 48%。从检查情况看,企业认真贯彻、落实《快递服务》标准的自觉性不断提高,企业内部的经营管理工作不断加强。为提高劳动效率,有效防止野蛮装卸、乱抛快件现象,省级以上公司都自购皮带传送机分拣设备。有的企业还自购安检机,对每件出口快件进行安全检查,有效维护了网络安全。所检查的企业都配备了安全监控系统。有的企业对发往灾区的快件,采取免费上门取件、免费发往灾

区，此做法受到复查组和当地邮政管理局的表扬。检查期间复查组还对生产作业场地狭小、露天作业的两家公司提出了整改建议，并会同当地邮政管理局跟踪检查整改情况。在多方的督促下，目前这两家公司已扩大了生产场地，彻底改变了生产作业环境。

自2009年《快递服务》标准颁布以来，吉林省快递行业协会按照国家邮政局和中国快递协会的要求，对会员企业进行标准化建设工作的专项检查。帮助和指导会员企业按照《快递服务》标准的要求不断完善各种规章制度，加强企业内部的经营管理。2014年是省快递行业协会组织开展的第6次标准化建设复查和验收工作的专项检查。此项工作得到了吉林省邮政管理局的充分肯定，有利推动了会员企业贯彻、执行《快递服务》标准的自觉性。也为会员企业进一步加强和完善企业的经营管理提供了有利保证。

在组织《快递服务》标准复查验收工作的同时，协会还十分注重企业的经营管理工作，会同辽宁省、黑龙江省快递协会联合组织开展了“快递企业加强行业自律、改善服务、提升企业经济效益”的论文征集活动。这次活动三省协会共收到论文31篇，吉林省论文就有15篇。这反映了各快递企业对这次论文征集活动的高度重视。15篇论文中，中通撰写7篇；圆通速递公司的总经理夏立军亲自撰写论文，为企业管理者做出了表率。在论文发表方面，特点纷呈：一是论文征集活动得到了各快递企业的高度重视，论文质量一年比一年好；二是参与面广，吉林省15篇论文中撰写的作者有企业的高管，有市邮政管理部门的干部，也有快递协会的工作人员。他们撰写的论文水平比较高，针对性较强，对企业加强经营管理工作有着十分重要的指导作用。

协会还组织召开了企业经营管理研讨会，参加会议的代表，围绕快递企业做大做强，和“向下、向西、向外”的三项工程，实现改革创新、转型升级；促进快递企业与电子商务、制造业等相关产业协同发展；提升快递末端投递水平，解决好快递服务“最后一公里”问题，提出了很好的建议。大家共同认识到加强企业经营管理的重要性，企业的发展离不开经营管理。只有搞好企业的经营管理，才能做大做强吉林省的快递业。

二、切实维护好邮政业消费者和快递企业的合法权益

为切实保护邮政业消费者的合法权益，协会工作人员在日常工作中十分注重对《消费者权益保护法》《邮政业消费者申诉处理办法》的学习了解，从而进一步提高了对保护邮政业消费者权益和依法保护快递企业合法权益的认识，并在日常工作中切实做到依法维护邮政业消费者和快递企业的合法权益。

3月15日，协会组织人员参加了吉林省纪念“3.15”国际消费者权益咨询服务活动，协会工作人员通过这个平台积极宣传邮政业法律法规，现场发放《邮政法》《快递市场管理办法》《吉林省邮政条例》等邮政法律法规210本，起到了宣传快递、让社会理解快递的效果。协会工作人员还就邮政业安全监管、用户信息保护和邮政业消费者申诉、快递服务中的快件延误、丢失、损毁等群众关心的热点问题给市民做了解答。吉林人民广播电台、《长春晚报》《新文化报》、《城市晚报》等多家媒体到场采访，并在相关媒体上予以报道。

一年来，协会接到消费者的投诉电话33件，对消费者已投诉快递企业，快递企业未处理和处理不满意的8件投诉，转由吉林省邮政管理局邮政业消费者申诉中心处理。协会处理投诉25件，其中经协会工作人员详细了解情况后妥善处理16件，9件交有关快递企业处理。对转交企业处理的投诉，协会工作人员跟踪处理情况，在协会告知的时限内已全部妥善处理，依法维护了消费者的合法权益，受到投诉人的好评。

为切实维护好快递企业的合法权益，积极发挥法律援助中心作用。今年协会法律援助中心共受理3起快递企业维权的咨询，一起是企业对快件延误的赔偿，消费者不满意引发的争议，协会工作人员得知情况后，立即与企业积极沟通协调，此争议最终圆满得到解决。还有因企业之间结算关系和因企业内部加盟关系引发的争议，经协会工作人员的积极沟通协调，已妥善处理。

三、指导快递企业积极做好快递业务旺季服务保障工作

为贯彻落实国家邮政局和吉林省邮政管理局快递业务旺季服务保障工作会议精神，做好吉林省快递业务旺季服务保障工作，11月初，协会组织检查组，对长春市主要快递企业开展快递业务旺季服务保障工作检查，并对企业在生产中存在的困难和问题进行调研。在顺丰速运、圆通速递、中通快递、国通快递、韵达速递等主要快递企业总部及生产作业现场，调研组详细了解了企业安全生产情况、生产作业现场情况、快件运输情况，以及各企业旺季服务保障工作落实情况。检查组就快递业务旺季服务保障工作提出了要求。一是提高思想认识，认真履行职责。要牢固树立大局意识，充分认识做好快递旺季服务保障工作的重要意义。严格执行《快递业务旺季服务保障工作指南》，建立完善旺季服务保障机制。二是加强监督检查，严格执行收寄验视制度，杜绝安全生产事故发生。三是畅通投诉渠道，要针对快递业务旺季期间业务量增长快，生产任务重的特点，畅通投诉渠道，切实维护消费者合法权益。四是旺季期间要保持和吉林省邮政管理局、省快递行业协会的沟通和联系，遇有重大问题要及时上报。

针对2014年旺季生产业务量剧增的情况，各企业分别采取增加作业场地、增加加运车辆、增加分拣、投递人员，保障快件运转流畅。在“双11”期间的11月15日，吉林省当天处理快件量达到103.4万件，这是吉林省自有快递业务以来，快件日处理量首次突破100万件。11月16日、17日两天的日处理量接连突破100万件，连创历史新高，17日当天创下日处理快件111.9万件的记录。通过各快递企业的积极努力，吉林省快递企业在“双11”业务旺季期间做到了不爆仓、不曝光、不瘫痪，确保了旺季服务保障工作顺利进行，实现了国家邮政局提出的“保畅通、保安全、保平稳”的目标。

11月13日，吉林省副省长谷春立同志视察了省邮政速递物流、圆通速递、顺丰速运。11月13日晚，国家邮政局副局长刘君同志视察了中通快递、申通快递公司，在视察中两位领导都分别对坚守在生产岗位的快递员工做出了亲切慰问，对“双11”期间吉林省快递企业的工作情况表示满意，并对如何做好下一步工作提出了要求。这是省政府领导、国家邮政局领导首次来到吉林省快递企业“双11”工作现场进行指导。

为及时总结“双11”期间旺季服务保障工作的成功经验，更好地做好快递业务旺季服务保障工作，协会于12月5日组织长春较大快递企业负责人参加总结“双11”推进快递发展座谈会，会上大家畅谈了“双11”期间的做法，并表示要继续按照吉林省邮政管理局、省快递行业协会的要求做好旺季服务保障工作。吉林省邮政管理局和协会的领导分别对各企业在“双11”所取得的成绩提出了表扬，并对下一步继续做好旺季服务保障工作提出了要求。

为增强吉林省快递业的透明度，协会还与《新文化报》、《城市晚报》、《东亚经贸新闻》等新闻媒体建立并保持了工作联系，促进了媒体与企业之间的相互了解。国家邮政局和吉林省邮政管理局召开快递业务旺季服务保障动员部署会议之后，协会向媒体发布了国家邮政局、中国快递协会对业务旺季期间的工作部署，吉林省邮政管理局、省快递行业协会对吉林省如何做好快递业务旺季期

间的安排和要求。介绍了各快递企业备战“双11”的准备情况和快递企业当前面临的问题和困难，希望媒体给予关注和支持。吉林人民广播电台、《城市晚报》、《新文化报》、《东亚经贸新闻》等媒体在“双11”期间都对吉林省快递企业奋战“双11”进行了连续正面报道，起到了让社会支持快递，理解快递的良好效果。

在冬季天气十分寒冷的情况下，各快递企业都为做好业务旺季期间的服务保障工作而积极努力，广大快递业务员们战严寒、抗冰雪，为此而付出了辛勤的劳动和汗水。为推进快递企业继续做好业务旺季期间的服务保障工作，协会会同吉林省邮政管理局开展了以“送温暖、献爱心”为主题的慰问活动，协会和吉林省邮政管理局领导亲自到快递企业进行慰问，送去慰问品，送去一份关爱，送去一份爱心。

2014年的业务旺季期间时间跨度长，从“双11”开始持续到春节前夕，旺季期间快递服务供需矛盾突出，末端揽投压力加剧，安全隐患依然存在。协会积极与各快递企业建立工作联系，随时掌握快递业务旺季期间各企业的生产情况，督促企业完善旺季服务和安全保障方案，落实《旺季指南》的要求，切实做好旺季期间的服务保障工作。

四、企业从业人员违法、违纪档案设立情况

为提高快递从业人员素质，保持快递从业人员队伍的纯洁性。协会建立了快递企业从业人员违法、违纪档案。要求各企业对有扣留、倒卖、盗窃快件(邮件)，违法提供用户信息等行为以及被企业除名、开除或依法被追究刑事责任的人员不得重新录用。一年来，部分企业录用新员工时能和协会联系了解有关情况，但有的企业新录用员工时没能及时和协会沟通，很有可能给企业安全构成隐患。

五、开展了快递业务员职业技能鉴定工作

协会配合吉林省邮政管理局职业技能鉴定中心，受理快递企业人员参加快递业务员职业技能鉴定考试的报名申请，教材征订和收费工作。还参加了技能鉴定考试的监考工作。对推动吉林省快递企业人才队伍建设，起到了积极作用。

2014年，协会秘书处在人员少、任务重的情况下，做了很多工作，但也有不尽如人意的地方，协会将在今后的工作中努力改进和加强。

黑龙江省快递协会工作情况

根据中国快递协会第二届一次会员大会会议精神和要求，黑龙江省快递行业协会2014年的工作重心和任务是抓好全行业的经营和服务、安全和保障。配合黑龙江省邮政管理局贯彻实施《快递市场管理办法》，依照法律法规，开展对快递企业的监督和检查，指导企业规范经营，推进快递企业品牌建设工作；强化安全生产意识，提高快递服务质量；同时，还确定继续开展创建《快递服务》国家标准达标，促进企业分等分级实施，以安全生产和保障为首要任务，不断提升快递服务质量，提高企业经营管理水平和经济效益。一年来经过全行业的拼搏努力，行业发展取得了长足进步，全省2014年快递实现总收入12.5亿元，同比增长30%；业务量实现6500万件，同比增长45%，业务收入和业务量均排在全国第22位。

一、工作重心调整到安全生产和服务方面

2014年初，省快递协会在召开二届十四次常务理事(扩大)会议上，确定了2014年是全行业继续实施全省邮政业“十二五”规划，促进快递企业

经营和服务大幅度提升和将发生质量变化的关键一年。全年工作指导思想:以党的十八届三中全会确定的经济体制改革和协同发展原则为重任,注重快递企业体制改革的系统性、整体性、协同性,以逐步提升快递企业经济效益和服务质量为重点,突出抓好《快递服务》国家标准达标和评定、抓好企业分等分级基础工作,有效推进快递服务与制造业联动发展,弘扬企业先进精神和主人翁意识,不断增强快递企业竞争能力和可持续发展后劲,促进快递企业又好又快发展。围绕总的指导思想重点做了七项工作:

(一)围绕全年工作指导思想,确定了重点抓好"以贯彻落实《快递服务》国家标准为契机、推广标准化管理模式、提升快递末端服务水平;

(二)组织开展企业分等分级复查及评定工作,引导快递企业在推进快递服务制造业发展上扩大企业增长点;

(三)弘扬先进,通过"树创"活动为快递企业输入正能量;

(四)认真落实国务院会议精神、配合开展好邮政营改增试点工作;

(五)继续抓好全行业自律工作、维护企业的共同利益和信誉;

(六)组织开展好全省快递行业第五届"高层论坛理论研讨"活动;

(七)认真贯彻落实十八届三中全会会议精神,加强协会自身工作作风建设和工作力度等工作内容。

在工作实践中,省协会和全体常务理事以上单位的领导成员注重各项工作措施的落实,通过上下努力和付诸实施,收到了较好的效果。

二、认真学习贯彻国务院常务会议精神和李克强总理的重要讲话

2014 年 10 月中旬,省管理局、省快递协会在鑫韵达快递企业组织召开了以学习贯彻 9 月 24 日国务院常务会议精神和国务院总理李克强的重要讲话为主要内容的座谈会议,省管理局主管部门、省快递协会、部分大型网络型快递企业主要负责人参加了会议并集中学习领会国务院常务会议精神和决定。

会议就如何贯彻落实国务院常务会议精神,加快黑龙江快递业发展和改革步伐提出的六点要求;黑龙江省邮政管理局市场监管处结合黑龙江快递市场的实际和现状,就如何适时国务院常务会议上提出快递市场对外开放、对内加快和促进发展步伐、提高现代快递企业经营和服务管理水平,实行健康有序发展等专业性地进行了客观阐述和引导,尤其是针对龙江快递业在当前大气候下,目前存在的问题,制约发展的瓶颈,快递企业之间的优势和劣汰,未来国营、民营快递企业如何做大做强、如何为全省国民经济发展做贡献,成为较有实力的大型企业,真正成为快递企业一匹黑马而进行重点剖析和定位,使与会的快递企业负责人很受启发和鼓舞。

会上韵达速递、百世汇通、国通快递总经理,以及邮政速递物流、顺丰速运、圆通速递、申通快递、宅急送、中通快递、天天快递等与会的企业负责人先后积极发言,谈感受并交流。纷纷表示要认真学习和贯彻国务院常务会议精神,适应当前的发展和有利形势,抓住时机,乘势而上,不辜负总理对快递业发展的期望和鼓励。

座谈会后与会的全体人员还现场参观了哈尔滨鑫韵达分拨中心,以及进、出口快件分拣封发流程和内部作业设备设施的设置及处理规模。民航、尼尔、优速、全峰、快捷等 18 家快递企业的负责人参加了座谈会。

三、旺季深入企业调研及开展督查活动

(一)为认真贯彻落实中国快递协会下发的《关于做好 2014 年"双 11"业务旺季快递服务工作的通知》,以及黑龙江省邮政管理局在 10 月 22

日召开的快递业务旺季服务保障工作会议对快递企业提出的五项要求，结合“双11”快递旺季生产，省协会与省管理局共同建立旺季生产保障应急协调领导小组，同时为了加强省市邮政管理局、协会巡检督导作用，分成三组在“双11”和旺季期间先后深入邮政速递物流、顺丰速运、申通快递、中通快递、百世汇通、圆通速递、韵达速递、宅急送、天天快递、国通快递等重点网络型快递企业了解旺季服务和保障工作准备情况，在及时掌握了解服务保障和网间协作的实际情况下，指导快递企业及时解决和处理好进口量集中、人员少、冬季寒冷、投递难的问题，并要求快递企业在“双11”期间坚决保证“不爆仓、不曝光、不瘫痪”。在此期间，很多快递企业在分拨场地、人员增加、车辆配置、御寒防冻、员工宿舍、就餐补养等方面都提前做了调整，而且制定了预案和做好了准备工作；据统计，在“双11”期间，全省增加收派人员500余人，增置干线运输车辆120余台，雇用社会车辆60余台，临时增加和租用分拨场地2万平方米，经过企业和员工们的共同努力，全省快递平稳度过2014年“双11”旺季生产高峰周期，没有出现“爆仓、积压”等严重影响服务质量的问题。

（二）根据黑龙江省邮政管理局的要求和部署，省快递协会及时下发了《做好“双11”旺季生产服务保障工作》文件并提出六点要求，号召和鼓励全行业齐心协力、共渡难关、完成好国家邮政局和黑龙江省邮政管理局的各项要求和考核指标，保证在去年“全网不瘫痪、重要节点不爆仓、主流媒体不曝光”的“三不”基础上，要努力实现“保畅通、保安全、保平稳”的“三保”目标。省快递协会按照黑龙江省邮政管理局总体部署，下到各快递企业督导和巡视，主要了解和做好预案的衔接工作。重点了解：1. 黑龙江省邮政管理局旺季服务保障动员会后，各快递企业按照《旺季方案》部署的动态；2. 是否制定出本企业旺季服务和安全保障方案；3. 各企业“双11”高峰期业务量预测；4. 能力准备情况：包括人员准备；收投网点准备；分拨中心场地准备；干线运能准备；信息系统扩容准备；5. 与电商错峰交寄是否达成协议；旺季期间值班制度是否建立，企业专项应急预案是否建立和完善；6. 对外宣传框架是否形成，或指定专人负责。

（三）召开新闻媒体通气会。11月7日上午，按照黑龙江省邮政管理局要求，协会和省管理局市场监管处、哈尔滨市邮政管理局联合召开了全省快递业备战“双11”旺季生产服务和保障与新闻媒体通气会，《黑龙江日报》《生活报》《哈尔滨日报》《新晚报》《晨报》，以及黑龙江电台、东北网及哈尔滨电视台等多家新闻媒体的记者到会并提出关注的事宜。哈尔滨市各主要快递企业的负责人到会。会上黑龙江省邮政管理局相关部门负责人通报了国家邮政局和省管理局“关于做好2014年“双11”旺季生产服务保障工作”的相关要求和安排方案，省快递协会就新闻媒体关注的有关事宜和焦点进行了书面通报，同时解答了新闻媒体记者当场提出的有关热点的询问，新闻媒体对黑龙江快递业迎战“双11”旺季生产服务和保障工作表示关注并要进行正面报道。在“双11”期间，省协会还牵头组织相关媒体记者，先后到邮政速递物流、百世汇通、申通快递、中通快递等企业进行了跟踪报道。

四、积极配合国家税制改革，为快递企业争取扶持政策

结合“营改增”制度改革，省快递协会利用两个多月的时间，通过调研、走访、召开座谈会议等形式，就全省快递业实施“营业税改增值税”税制和上缴税率额度方面在广泛征询企业意见的基础上，形成了行业整体意见和建议并分别上报省国税局、省交通运输厅、省交通运输管理局，同时抄报黑龙江省邮政管理局、省民间组织管理局，该意见和建议引起相关部门的高度重视和关注。其大

体意见和建议是：

（一）当前深化增值税制改革大势所趋，认同在全省邮政快递行业实施“营改增值税”税制；

（二）国家已确认邮政快递行业属于现代服务业体系，省国税局及政府相关部门在实施“营改增值税”税制时应考虑给快递业享受相关减免优惠政策；

（三）快递企业属于劳动密集型的手工操作和递送性企业，用工人员多，成本大，除运输油料、道桥费、设备购置成本能抵扣税率外，其他营业成本抵扣甚小；

（四）建议根据快递企业营业服务规模，可按照一般纳税人（年营业额500万元以上）和小规模纳税人（年营业额500万元以下）确定分档征缴增值税，其采纳增值税税率标准分别为6%和3%最适宜。

在省交通运输厅、省国税局、省交通运输管理局正式递交报告材料的附件上还明确了28家会员单位的对应名称和名址，作为正式提名享受增值税最低税率的纳税企业，协会代表快递企业形成的意见和建议性书面材料也得到了省管理局的认同。

五、推广交流分拨作业流程和企业文化建设

2014年春节过后，省快递协会召集在哈常务理事以上单位和部分网络型快递企业，到炜伦申通快递、百世汇通快递公司分拨中心和总部，现场参观、学习和交流。申通快递乔迁新的分拨中心作业场地后，实施新的生产作业流程、复式机械设备分拣封发方式，以及百世汇通快递企业文化建设、文明生产及场地设备配置。在哈的20家大型网络型快递企业的负责人共计32人参加了现场交流活动。申通快递、百世汇通代表分别在现场和集中会议上介绍了实施新的作业流程优势和企业发展中企业文化建设的作用和意义。在会上，参加此次活动的部分快递企业负责人就申通快递实施新的作业流程、复式分拣设备利用和汇通的企业文化建设进行了座谈和交流，并对省协会召集和组织的现场观摩和交流活动给予了肯定和赞同。

六、组织评选最佳、优秀揽收和投递员活动

根据2014年工作安排，经黑龙江省邮政管理局同意，为弘扬全省快行业先进业绩，表彰先进，树立典型，凝聚正能量，激发广大快递员工为实现中国梦而努力奉献的工作积极性，营造爱岗敬业做贡献的良好氛围；省快递协会结合国家邮政局精神文明办、新闻宣传中心承办的“寻找最美快递员”公益活动，在全行业内组织开展了推荐、评选最佳、优秀揽收和投递员活动。评选推荐前首先成立了自下而上的评选组织委员会，确定五项优秀揽收和投递员基本条件和标准，利用两个月的时间，通过基层人员评选、公示、上报推荐、协会联评、协会常务理事会议评议并通过，确定并授予省邮政速递物流公司卢庆涛等10人为最佳揽收和投递员荣誉称号；授予龙江客运快件刘鹏等40人为快递行业优秀揽收和投递员荣誉称号。全省有28个大型网络型的快递企业参加了这次推荐、评选、公示和联评活动，省快递协会及时下发文件并召开会议进行通报表彰，并对获得荣誉称号的个人颁发荣誉证书，同时给予物质奖励。省快递协会号召全行业员工和管理者虚心向被表彰的最佳和优秀称号的个人学习，以先进为榜样，模范践行行业核心价值理念，踏实肯干，诚实守信，爱岗敬业，开拓进取，自觉承担社会责任，为社会提供更加优质服务。

七、组织开展东北三省行业论文征文活动

为了加强和促进企业在发展中的行业自律，改善服务方式，提升服务质量，增加快递企业的经营效益，把快递业发展更好地融入整个经济社会

发展当中去，推动快递业上层次；经辽宁、吉林、黑龙江三省快递协会共同协商，决定组织东北三省第三届暨“快递企业加强行业自律、改善服务、提升企业经济效益”为主题的论文征集和优秀论文评选活动，这也是全省第七届高层优秀论文论坛活动。这次活动征文主题为六项内容，主要围绕行业经营、服务、发展，尤其是解决最后一公里服务问题为重点进行理论研究和阐述。经过两个半月的征集，全省共有7个快递企业参与论文征集活动，共征集了9篇论文。经省管理局和省快递协会组成的评委认真评选，其中有两篇获得一等奖、三篇获得二等奖、四篇获得三等奖，这些优秀论文还在八月召开的东三省快递行业优秀论文联评和论坛上进行了发表。

八、开展同行业考察调研活动

（一）协会先后赴安徽和江苏考察学习快递园区建设及“最后一公里”投递问题的经验。

（二）对黑龙江电子商务平台发展使用情况及对俄电商包裹开展调研。

1. 全省对俄贸易发展平台概况。在省商务厅的直接领导和监管下，目前，在哈市政府支持和相关政策惠顾下，哈尔滨从事对俄经贸公司的企业超过50家，每年对俄进出口额达2亿多美元。已成为国内对俄跨境电商平台数量最多、对俄出口电商包裹量最多和跨境零售出口额最大的城市。对俄电商包裹出口量已占国内对俄电商市场份额的30%，稳居全国零售出口第一位。跨境零售进出口贸易已经成为哈尔滨新的经济增长点。

2. 对俄电子商务平台使用情况。一是黑龙江赛格国际贸易有限公司经营的大型对俄中俄双语B2C购物交易平台实现了包括在线通关、国际交易支付、结汇、物流仓储配送等功能的跨境贸易“一站式”商务综合服务。二是全国第一个对俄电子商务边境仓——俄速通哈尔滨边境仓已成功运营，阿里巴巴对俄团购仓已落户哈尔滨。三是由于哈尔滨对俄政策的诱惑，吸引了多家国内外知名电商、综合服务商入驻哈尔滨，涌现出come365、foxmall、rubest和easybuy等一批俄文版跨境电子商务平台。

3. 对俄贸易交易的互联网平台。主要是以菜鸟和淘宝网为主的阿里巴巴、京东、乐狐、华夏天元、速脉通以及俄罗斯境内全俄语支付平台。

4. 对俄贸易小包流通情况。自2013年11月26日哈市首次开通到叶卡捷琳堡2公斤以下跨境电商小包航线以来，运输货物总重近千吨。哈市邮政分公司开通三条对俄出口货运航线：哈尔滨—莫斯科—叶卡捷琳堡—新西伯利亚；黑龙江邮政速递物流开通两条航线：哈尔滨—叶卡捷琳堡—莫斯科对俄出口客带货航线。

5. 对俄贸易货品流通的渠道和方式。

通过从跨境电子商务国际物流切入，有效地激发了哈尔滨机场的区位优势，尤其是对俄航空货运通道的建成不仅使哈尔滨在国内外产生了广泛的影响，为下一步开拓东欧和北美航空货运市场，提供了许多经验和做法。

6. 对俄贸易流通情况及通邮现状。

目前协会掌握的对俄贸易通邮情况大致分为三种：

（1）邮政速递物流。在总公司的组织下，今年4月27日哈尔滨—叶卡捷琳堡直航邮路试运行。采取客带货的运输方式每周两班，最大可装载1.5～1.8吨；周日的航线哈尔滨—叶卡捷琳堡邮政速递物流最大可装载200～300公斤，件数为100件左右。

（2）邮政国际电商小包。哈尔滨邮政分公司对俄小包处理及出口生产场地1.45万平方米（含海关监管），在其二楼设阿里巴巴电商客户仓储，通过俄方乌拉尔航空公司运输到叶卡捷琳堡落地后再递送到俄罗斯全境。每天收寄处理达5万多件俄罗斯小包，现处理能量可达每日10万件左右，航空运送从原来每周一个包机增加到现在每周四个包机，如有特殊需求提前发计划。

(3)第三方的快递货运代理。顺丰速运总公司已于欧洲立陶宛国家邮政签订国际邮件互通合同，在不违规相关政策和海关提出的相关条件下，可从事通过立陶宛对俄全境提供快递服务业务的民营快递企业，据了解，目前每天全国顺丰电商小包裹达一万件左右，均从香港发到立陶宛。

7. 快递企业对俄贸易的通邮自然情况。

目前，黑龙江境内除了邮政持有万国邮联发放的对俄国际通邮许可证，经营邮政寄递快件业务外，没有任何快递企业手里有国际快件经营通邮许可。除了联邦、敦豪、UPS、TNT 外资企业通过国际运输网络进入俄罗斯外，申通快递、中通快递、韵达速递、宅急送等快递企业收寄的俄罗斯快件都是通过邮政转寄到俄罗斯境内的。顺丰速运是通过立陶宛邮政转入俄罗斯邮政入境的。

九、抓住时机，积极、主动、认真地组织开展日常工作

(一)组织开展《快递服务》国家标准学习贯彻和创标准建设工作。

一是为深入贯彻和实施《快递服务》国家标准，创建全省快递行业服务和经营良好内部环境，经省管理局同意，省协会下发了《黑龙江省快递行业(快递服务)国家标准达标评定规则》，并确定将从 2014 年开始，利用两到三年的时间，组织对已经注册登记(国家邮政局注册登记)并核发经营许可的各种性质的快递企业，开展标准化建设和评定工作。

二是确认对取得《快递服务》国家标准达标的企业实行定期复查制度，从标准和措施上提高、强化和提升快递服务管理水平和行业信誉度。

(二)积极配合中国快递协会做好企业分等分级工作。

结合国家邮政局批准的中国快递协会制定的《快递企业等级评定实施细则》的要求，及时建立和完善了以黑龙江省邮政管理局为主的“全省快递企业等级评定指导小组”和以省快递协会为主的“全省快递企业等级评定小组”，并积极的开展工作。

(三)强化企业诚信体系建设，进一步做好行业自律工作。

依据新《邮政法》、《快递市场管理办法》、《快递业务经营许可管理办法》、《快递服务》国家标准和相关规定，完善了以前发布的《黑龙江省快递行业协会会员自律公约》内容，并按相关条例对违规行为确定进行经济连带责任处罚。此项工作内容得到黑龙江省邮政管理局的重视，并对一少部分行业自律做的不到位，协会会费上缴不及时，协会组织活动不积极参加的个别企业进行重点审核，及时矫正存在的问题。

(四)积极组织参加第三届中国(北京)国际服务贸易交易会和 2014 中国快递论坛征文活动。

2014 年 5 月 28 日至 6 月 2 日，国家邮政局和中国快递协会组织了第三届中国(北京)国际服务贸易交易会，暨 2014 年中国快递服务贸易交易会和 OTO 商务洽谈会。本次大会作为京交会重要内容之一，以“诚信服务、融合发展、共享未来”为主题，签约额超过 500 亿元，多项合作对促进快递业与上下游行业融合发展、中国快递走向世界起到重要的推动作用。省快递协会和三个快递企业作为嘉宾被京交会组委会邀请参加了相关会议及活动，省快递协会组织参与和提交的马福建《试论快递行业的公平竞争，行业自律与快递行业协会的职能关系》和田广军的《加强队伍建设，提高员工素质是快递企业迅速健康良性发展的有力保证》两篇论文作为国家邮政局和中国快递协会年度优秀论文编入《2014 中国快递行业(国际)发展大会论文集》中。

(五)组织召开会议，研究制定办法和措施，落实全年工作计划和安排。

协会先后组织召开了四次常务理事(扩大)会议，集体研究协会不同时期的工作，制定确实可行

的措施，力保各项工作的完成和落实，并协调推进全省快递业经营计划和指标的完成；

（六）及时交流和反馈有利于企业健康发展的信息和上级要求。

2014年协会共印制八期动态信息和一期会刊，充分利用协会信息交流及时、面广的优势，及时转达中国快递协会关于“要求各省快递协会配合国家邮政局贯彻实施《快递市场管理办法》加强规范快递企业经营活动”的意见和要求；以及国家邮政局发布的《关于提升快递末端服务水平的指导意见》，引导快递企业认识提升快递末端投递服务水平的重要意义。

（七）旺季生产期间，配合黑龙江省邮政管理局对快递生产一线员工开展慰问活动。

2014年12月份黑龙江省气温持续下降，大雪不断。冰雪路滑极寒环境给快递服务网路运输、分拨和收投带来极大困难，时逢“双12”、圣诞节和新年的到来，快递业务量迅猛增长，进口快件集中省会哈尔滨各大快递企业，呈现汇聚而不减弱的趋势，“战严寒、渡难关、抓服务、提质量、保畅通”完成旺季生产服务和保障行动在各快递企业随处可见，黑龙江省邮政管理局局长、副局长、党组织成员及省快递行业协会常务副会长于12月22日至29日带队先后深入到邮政速递物流、顺丰速运、申通快递、圆通速递、中通快递、百世汇通、国通快递、韵达速递、天天快递、宅急送、联邦快递、龙江快件、民航快递、尼尔快递等企业并现场看望奋战在一线的员工。鼓励大家再接再厉，确保旺季生产期间分拨、运输、投递工作落实到位，坚决避免积压、延误现象。并购置了方便面、输运干线司机用的保温杯和分拨中心分拣员用的口罩等慰问品分别送到上述快递企业之中。

（八）及时收缴会费，做到收缴及时，使用合理。

至2014年末，省快递协会会员会费入账和收缴率已达到90%。

一年来在省管理局领导下，在各地市管理局支持下，协会做了一些实实在在的工作，取得了一定的成绩，但回顾一年的工作，客观的分析，还存在着一些问题和不足，主要表现在：

1. 由于快递业的迅猛发展，企业招工难、专业技术人才匮乏、员工素质低下，制约全行业的发展，影响对外服务质量的提升；

2. 全省级快递经营规模自身比还可以，但放到全国增收增量总体框架下比较，发展速度不快，规模还小，排位在全国同行业靠后；

3. 全省快递经营秩序和环境还存在不利于行业及企业发展的低价位无序竞争；

4. 部分直营和加盟制的快递企业行业自律得不到监控和约束；

5. 省协会与各地市协会未建立起业务管理关系，影响黑龙江省邮政管理局对协会部署全网性工作任务的完成；

6. 个别会员单位上缴会费不及时，对协会组织开展的活动重视不够。

上述问题有待于在省管理局统一领导下，在省协会班子成员共同努力下，组织全省会员单位积极工作，逐步得到解决。

上海市快递协会工作情况

2014年，上海市快递行业协会在上海市社团管理局和上海市邮政管理局的监督管理下，紧紧围绕“当好桥梁、搞好服务、加强自律”的宗旨，坚持面向行业，创新务实。认真做好换届改选筹备工作、继续开展职业技能培训鉴定、积极推进企业诚信建设、维护行业和企业的合法权益，使行业发展和协会工作取得了一定的成效。

一、认真做好换届改选工作

2014 年 8 月起，协会秘书处根据换届筹备工作委员会的要求，成立工作组，认真做好换届的相关筹备工作。至年底前，起草完成一届理事会工作报告、章程修改草案、会费缴纳管理办法等，对 300 余家会员单位进行疏理和重新确认，完成财务审计。为保证协会换届改选顺利进行做好前期准备。在 2015 年 3 月，协会完成了换届改选。

二、继续开展职业技能鉴定工作

3 月，制定快递业务员初级、中级、高级培训鉴定工作实施方案和工作计划。4 月开始按照实施方案规定的课时组织实施培训，5 月组织上海地区快递业务员进行考试。全年通过送教上门、集中培训等多种形式，组织开展了 11 批快递业务员职业技能培训，为企业送教上门 8 次，培训人数达 1982 人。其中，培训初级工 722 人，中级工 727 人，高级工 533 人。同时，各企业培训部门自己组织培训 2000 余人。5 月至 11 月底，受理鉴定报名 5143 人。组织了 23 场鉴定考试，其中初级工 2504 人，中级工 1193 人，高级工 758 人，成绩合格 3934 人，合格率为 76%。

三、积极推进快递行业诚信体系建设

2014 年，协会新组织了 12 家快递企业加入到“诚信企业创建”活动。截至 2014 年底，协会共有 56 家（国有、民营、外资快递企业）会员企业参加了企业诚信创建活动。其中，获得“诚信创建企业”称号的 12 家；“一星级诚信创建企业”11 家，“二星级诚信创建企业”16 家，“三星级诚信创建企业”3 家、“四星级诚信创建企业”5 家、“五星级诚信创建企业”9 家。

四、认真处理消费者投诉

2014 年 1 月至 12 月，协会秘书处共受理消费者投诉 1177 件，其中，电话解释、咨询 1075 件，消费者投诉 102 件，涉及 11 家会员单位，其中快件延误 26 件，占 25.5%；快件丢失、短少 54 件，占 53%；快件损毁 13 件，占 12.7%；服务质量 8 件，占 7.8%；收费问题 1 件，占 1%。

五、开展快递企业的客服电话接通率测试

2014 年，开展快递企业的客服电话接通率测试共 72 次，其中顺丰速运、申通快递、天天快递和宅急送的接通率均为 100%，百世汇通接通率最低为 57%，整体接通率水平较去年有所上升。

江苏省快递协会工作情况

江苏省快递行业在过去的一年里继续迅猛发展，2014 年 1 月至 12 月，全省邮政业累计完成业务总量 359 亿元，同比增长 33.2%，其中快递业务量完成 14.8 亿件，日均 406.7 万件，年人均业务量突破 18 件，同比增长 50.8%。全省邮政业累计完成业务收入 201.1 亿元，同比增长40.6%，快递业务量收分别位居全国第三位和第四位。

2014 年，省快递协会主要做了以下几个方面的工作：

一、依托政府扶持政策，充分发挥协会服务功能

协会每年将大量的精力放在为会员服务上。对于会员企业普遍反映的共性问题，协会一直都高度关注，并采取多种方式尽最大努力给予帮助。

“最后一公里”配送难一直是行业内亟待解决

的问题,协会2014年重点推进快递服务末端配送工作,4月至9月协会多次赴扬州、苏州等地、市考察快递服务末端配送工作,9月参与省邮政管理部门在扬州召开的全省提升快递末端投递服务水平现场推进会。之后为了进一步推进工作,协会主动与江苏省房地产业协会联系,经过不断的沟通协调,克服重重困难,与房地产业协会联合下发《关于在居民小区建设快递服务中心的指导意见》,并于召开建设快递服务中心推进会,与各市快递协会及相关快递企业共同探讨快递服务末端配送工作相关问题。会议召开后,各市协会积极与物管企业联系推进该项工作,盐城协会配合市邮政管理部门联合市房管局、市民政局发文推进末端配送工作;无锡、苏州协会通过第三方平台继续推进快递服务中心建设;常州、镇江等协会通过与学校、快递企业、物业企业及智能快件柜企业联系推进快递服务中心及智能快件柜的建设。

2014年快递服务旺季期间,按照国家邮政局的重要节点不爆仓、全网运营不瘫痪的工作目标,协会加强对企业的指导、协调和服务,督促企业加强组织管理,合理调配服务资源,提高应对能力。在旺季到来之前,协会配合江苏省邮政管理局召开旺季工作保障会议,提前做好旺季保障的各项措施,合理安排工作流程。“双11”前及“双11”期间,协会深入走访了南京中通、圆通、汇通、韵达等几家企业,对企业进行督促,并帮助协调。每家企业都扩大了处理场地,增加人员和车辆,充分保障了旺季期间的生产运营。

二、充分整合资源,深化人才培训工作

随着快递业的不断发展和分工细化,社会对快递服务提出了更高的要求,对快递行业的人才也提出了更高的要求,快递行业人才素质也亟待提高。从2010年起,江苏省快递协会将培训工作作为日常工作中的重点工作。2014年7－9月,继续与江苏省邮政管理局联合南京邮电大学举办了四期快递企业中高级管理人员培训班,今年的培训课程设置包括大数据时代的业务分析与预测、快递运输网络布局管理、快递排班管理优化、快递“最后一公里”解决方案分析、有效时间管理等方面,协会在前期积极动员,克服困难,同时得到各市管理局的支持,顺利完成了300人培训计划。

可以说,培训工作虽然年年做,但是协会力争每年课程不重复,培训人员不重叠。并且尽量让课程中理论知识更加全面,实践知识更加实用。人员方面做到人人学习,人人拿证。

2014年,协会继续加强与院校的合作,与南京邮电大学合作的快递行业在职职工学历教育大专班,有约15人参加了学历教育,提高了行业从业人员的学历水平。

三、打造良好沟通平台,充分发挥纽带作用

“江苏快递网”和《江苏快递》会刊是协会重要的对外宣传平台。2014年,为了突出特色,更好的发挥宣传作用,对网站和会刊进行了调整:一是调整网站版面,重新编排网站内容,增强栏目视觉效果和可读性;二是出台了通讯员队伍建设的意见,将会员企业和各市局的优秀人才纳入通讯员队伍并定期供稿。同时,引入稿酬机制,提高通讯员们写稿的积极性,保证了会刊的时效性和可读性。

四、加强自身建设,做好会员管理工作

会员是协会的根本,协会的发展需要会员的参与和支持,大力发展会员是协会全年工作的重点。2014年,全省13个市都成立了快递协会,为了加强省协会与各市协会的交流、沟通,将全省各市快递协会吸纳成团体会员,能够更快更好的了解地市级甚至县级快递企业的需求,充分发挥省

协会的桥梁纽带作用。

五、配合江苏省邮政管理局完成工作，充分发挥辅助作用

参加国家邮政局政策法规处关于《快递末端服务规范》及《邮政业从业企业标准化工作指南》的调研工作，并提出相关建议；配合省邮政管理部门做好青奥安保工作，与省邮政管理部门、省安全厅共同进行了南京青奥会的安全检查工作，圆满完成了青奥寄递渠道安保工作。

浙江省快递协会工作情况

2014 年 3 月，浙江省快递行业第二届会员大会召开以来，在浙江省邮政管理局的领导下，在中国快递协会的指导下，经过省快递行业协会第二届全体理事和会员的共同努力，浙江省快递协会主要做了以下四方面的工作：

一、围绕政府中心工作，创造快递发展环境

近一年来，协会积极配合国家邮政局、浙江省政府、省邮政管理局和主要媒体，围绕政府中心工作，服务行业发展大局，发挥上下联动、内外互动，协调发展的作用，参与政府政策制定，贴近快递发展实际，宣传快递社会作用，反映快递发展瓶颈，为快递发展创造良好环境。受国家邮政局领导和国家邮政局新闻中心的委托，协会领导于年初接受中央电视台四台《走遍中国》栏目《快递，方便百姓生活》为主题的采访，积极宣传快递服务社会、服务经济、服务百姓的地位和作用。主动联系，积极参加省政协和长三角(浙江)民营经济研究会的《电子商务物流配套研究》课题的文稿审议和修改，提出符合快递现状和发展趋势的政策建议。应邀参加省电子商务领导小组组织召开的电子商务快递物流座谈会，为省商务厅起草的《浙江省电子商务物流体系建设方案》提出了促进电商和快递协同发展的修改意见和建议，得到领导小组的认可和重视。协会领导和省电商促进会领导还一起到湖州，为地方政府促进电商物流产业的发展，建设电商快递物流园区出谋划策，为电商和快递企业协同发展指点途径。协会领导还应邀参加了贵阳市政府和中国快递协会联合主办的“2014 年快递物流电子商务论坛”，积极宣传浙江电子商务与快递协同发展的理论和实践，扩大浙江快递企业的知名度。协会就杭州市禁止电动三轮车城市通行，给快递企业城市派送带来的困难和问题，接受新华通讯社浙江分社记者的采访，就快递业的快速发展、快递与电商的相关性、快递业服务民生的特点，做了实事求是的反映，并呼吁政府交通管理部门，从中央对快递地位和作用的最新定义出发，制定符合现阶段城市快递配送车辆和交通管理的规定、政策和措施。

二、营造社会合作平台，服务会员促进发展

近一年来，协会积极主动与省电子商务促进会、省综合交通物流协会联系合作，建立联系制度、协调机制和合作平台，积极与社会院校、培训企业合作，和外省快递协会互动开展工作，积极引导快递企业价格竞争向服务质量竞争转变，积极引导快递企业粗放管理向精细化管理转变，积极引导和深化快递企业与电商企业沟通协调机制，积极引导快递企业加强员工培训，拓宽快递企业视野，推动快递持续发展。

积极组织和参与省电子商务促进会、省快递行业协会、省综合交通物流协会共同举办的关于“浙江省电子商务百强评选”活动，浙江省邮政速递物流、顺丰速运、申通快递、圆通速递、中通快

递、韵达速递等6家快递品牌企业八个单位和一名电子商务领军人物榜上有名，获得殊荣，并参加“2013年度浙江省电子商务百强”评选总结表彰会，扩大了快递企业在社会的知名度，加深了快递与电商的融合度，显示了快递企业在电子商务发展中的地位和作用，促进了快递企业与电子商务企业的协同快速发展。积极组织和参与省电子商务促进会关于十件民生大事的评选工作，积极推进“E邮柜”的建设使用，得到社会认可和百姓欢迎。

为推动快递企业搭建多元化、多层次、一站式物流平台，构建电商企业和快递企业供应链综合服务平台，省电子商务促进会、省快递行业协会、浙江顺丰速运有限公司共同签署战略合作协议。为推进浙江省电子商务企业与快递企业间的有效沟通、密切合作，协同发展，打响浙江电子商务企业与快递企业间交流协作的整体品牌将产生积极的意义。

为提高快递企业的员工技能和加强企业培训工作，通过调查和交流，协会与杭州弘毅人力资源开发有限公司签订合作战略协议，杭州弘毅人力资源开发有限公司既是省快递行业协会的会员单位，也是省快递行业协会的培训基地。通过近一年的共同努力，在省邮政职业技能鉴定中心的大力支持下，在会员单位的共同配合下，2014年全年完成4批次快递业务员职业技能鉴定考试，6个品牌10家快递企业参加考试，参考人员916名，考试合格642名，去除缺考人员后合格达85%。同时发挥弘毅人力资源开发有限公司已具备的政策优势，向杭州市政府申请补贴免费培训303名，为快递企业节省了培训费用支出。同时发挥平台优势，在“双11”期间，与快递企业主动联系，为顺丰速运、圆通速递、百世汇通快递企业，招聘兼职员工203名，解决企业的用工难题。

协会和部分快递企业积极参加了由省商务厅和阿里巴巴联合举办的“首届浙江县域电子商务峰会”，了解了省政府对农村电子商务发展产业政策，推进了日后快递企业发展农村电子商务，与电商企业建立合作平台的步伐。

协会领导应邀到浙江财经大学东方学院，就电子商务与物流配送等相关内容和院校的师生和企业进行研讨，并围绕《互联网发展与物流》、《漫话电子商务与物流》、《中国邮政与银泰合作案例分享》作了交流演讲，促进和加深了社会对快递企业了解认可和支持。

协会接待了山东省快递协会组织的浙江交流考察团，双方就如何开展协会工作进行交流座谈，并组织到浙江申通快递、浙江圆通快递、义乌申通快递进行实地参观、考察和交流，浙江快递的快速发展给山东快递协会考察团留下了深刻印象。中国银联商务有限公司和北京快递协会在北京联合主办了“银联商务助力电商物流产品推荐会”，协会领导应邀参加了会议，并作了《快递服务与网络购物协同发展》的专题报告，促进了浙江协会与北京协会的相互交流，加深了快递平台与支付平台的相互认知。

三、深入企业调查研究，把握快递发展趋势

近一年来，协会组织各市协会和快递企业座谈会，积极参与中国快递协会的相关会议和调研，认真配合交通运输部专家委员会的课题调研，根据快递跨境电子商务的新发展和智能快件箱的快速发展等新现象，开展调查研究，掌握基层实际，了解新动态，认识新情况，适应新常态，拓展服务网络，促进商品流通，方便百姓生活，促进社会进步。

协会领导到省邮政职业技能鉴定中心，主动汇报省快递行业协会协助邮政管理局开展和促进培训工作进展情况，就杭州市政府对物流快递人才培养的相关优惠政策和杭州弘毅人力资源公司相关资质、能力及优惠政策作了介绍和交流。协会分别组织召开各市快递协会会长和召开协会部

分副会长单位座谈会，就协会与相关培训部门合作，主动联系相关培训机构，为快递企业员工培训和技能鉴定，争取政府财政补贴政策支持进行探讨和沟通。协会领导还分别到浙江申通快递、浙江顺丰速运、台州快递协会与协会和企业负责人了解、交流企业职业技能培训、员工学历教育、快递客服人员的职级考试等情况，对快递企业在职业鉴定考试中存在的重点、难点问题进行了探讨。

协会积极参与和配合交通运输部专家委员会邮政组《关于邮政企业配送终端建设与开放的思考与建议》、《关于制定快递车辆国家系列标准的思考与建议》调研组的调研，到邮政速递物流、浙江申通快递、浙江圆通速递、天天快递、义乌申通快递、义乌圆通速递、绿源电动车集团公司等召开座谈会，听取企业意见，实地参观考察和调查研究。

协会和电子商务促进会对顺丰速运公司冷链仓库实地参观考察，并就快递生鲜冷链项目目前的运营状况、业务范围、市场需求、仓库规模等进行实地了解、交流和探讨。协会先后到浙江申通快递公司，就新处理中心的建设规模、处理能力、自动化水平以及“仓配一体化”的运作规模、经营状况、存在问题等实地调研。前往杭州“跨境贸易电子商务产业园区”调研，了解跨境电子商务和快递合作模式，现场了解“保税进口”(集货模式)和“一般进口”(直邮模式)业务差别和发展规模，了解邮政速递的优势和服务流程。到顺丰速运杭州公司“嘿客”店调研，就“嘿客”店目前的主要职能、运营状况、业务范围、市场需求等内容进行实地了解、交流和探讨。

协会和中国快递协会在“双 11”期间，到浙江申通快递新分拨中心和浙江圆通分拨中心，实地了解和听取“双 11”期间，快递企业为做到不爆仓、不阻断，保安全、保畅通、保平稳，在网路调整、新增车辆、租赁车辆、增加人员、后勤保障方面的保障措施和各项准备工作，协会领导充分肯定了快递企业准备充分，措施有力，为做好“双 11”快递高峰期的服务保障工作打下了坚实基础。

协会还参与和配合中国快递协会组织的《快递业中长期规划》、《促进快递业发展三年行动计划》(2014 年 – 2016 年)的讨论，以及中国快递协会组织的《快递企业成本和价格调查的调查报告》项目评审会。

协会与湖州市南浔区人民政府杭州招商办事处，就湖州南浔区招商快递企业的可能性、快递企业特点、快递发展规模、土地需求和财税政策等交换了意见。协会和省银联公司就邮政企业、快递企业在金融业务方面的合作进展和扩大合作的意向进行座谈和沟通。协会和杭州快柜网络科技有限公司就快递智能终端的设备功能、设计思路、试用状况、市场需求以及目前法规、国家政策、发展趋势及市场需求等情况作了介绍和交流。协会和省供应链协会和浙江财经大学就《物联网技术在快递中的应用》课题项目进行沟通与交流。

社会媒体报道天天快递员杨存林勇救落水小女孩的先进事迹后，协会领导到天天快递公司总部，代表省快递行业协会和台州市快递协会就台州黄岩天天快递公司派送员杨存林同志，不顾自身安危，奋力抢救落水小女孩的先进事迹，予以表彰，并给予人民币 1000 元的奖励。

四、完善协会规章制度，加强协会自身建设

近一年来，协会完善各项规章制度，完善内设机构，改善办公条件，提高办事效率，积极发展会员，优化会员结构，坚持依法办会、民主办事，节约合理的原则，充分发挥快递协会的组织、协调和服务作用，积极宣传快递行业发展新趋势，快递发展新成果，快递企业正能量，扩大快递服务的知名度和影响力，促进快递行业健康快速发展。

根据浙江省邮政管理局的意见和协会的实际情况，搬迁新的租用的办公地点，更新少量的办公设备，调整了内设机构，协会内设综合办公室、业务培训部、法律事务部。合理调整人员，目前协会

常设办公人员5人和不定期工作人员1人，同时规定工作人员合理的工作费用标准，保证协会正常工作的开展。通过与省电信公司和新天地技术公司的合作，开通和恢复办公需要的网络通信和设备维护。协会与杭州远传通信技术有限公司（协会网站的原设计维护单位）和杭州科鸿广告设计制作有限公司（协会内部刊物的原设计印刷单位）重新签订合作协议，保障协会网站的正常运行和信息发布，保障协会内部刊物《浙江快递》的正常发行。根据财政部和浙江省邮政管理局相关差旅费用管理规定，制定“省快递行业协会差旅费管理实施细则”，规范协会人员在住宿、伙食、市内和省外的相关差旅费用等的管理。根据协会没有公车的实际，规范了私车公用补贴汽油票的办法。修正和增补了相关政府部门、会员单位、各级快递协会和关联单位的联系信息，保证日常工作的正常运行。

根据“积极发展会员，优化会员结构”的原则，先后吸收培训机构、关联企业的入会申请，杭州佳成国际货运代理有限公司、杭州日晟国际货运代理有限公司、杭州弘毅人力资源开发有限公司、浙江财经大学东方学院成为省快递行业协会的新会员。根据上下联动、内外联动和快递与电商的协同发展的需要，浙江省电子商务促进会拟审批为省快递行业协会理事单位。

近一年来，协会网站共自编和转发发布各类信息329条，全年编撰《浙江快递》杂志6期，每期800本，文章共144篇，照片共40幅。最快时间转载报道李克强总理两次视察快递企业新闻，及时转发省政府领导王建满检查快递企业的报道，发布政府行业政策、快递法律法规、快递发展数据，宣传快递行业动态、快递建设成果、会员企业风采，积极发挥协会平台和协会一网（网站）一刊（浙江快递）的作用，宣传了快递企业的社会地位和作用，扩大了快递企业的社会知名度和影响力。

近一年来，在大家的支持下做了一些有益的工作，但是在企业调查研究、组织交流考察、主动服务会员、自身工作效率，发挥协会平台作用等方面还存在许多不足，在今后的工作中加以改进和提高。

安徽省快递协会工作情况

2014年，安徽省快递行业发展持续保持了高速增长、结构改善、服务提升的态势，快递业务量共完成2.4亿件，同比增长73.45%；快递业务收入完成29.15亿元，同比增长49.44%，快递业务量、业务收入增幅双超全国平均水平。安徽省快递协会在安徽省邮政管理局的正确领导及全体会员的大力支持下，以“服务、协调、自律”为宗旨，在政策引导、行业自律、舆论宣传等方面积极开展工作，较好地完成了以下六个方面的工作任务。

一、促进行业改革创新、转型升级

2014年全国邮政管理工作会议上，国家邮政局局长马军胜要求全行业把改革创新、转型升级贯穿于邮政业发展的全过程，要求快递企业要推动“向下”“向西”和“向外”拓展，启动“快递下乡”和推动“快递西进”工程，更好地促进快递业的发展。

协会对国家邮政局提出的要求及时进行了学习和传达，要求各会员单位坚持问题导向，努力转方式、调结构，注重速度、安全、质量、规模、结构、区域、城乡等多纬度的平衡和协调，着力解决行业发展过程中遇到的困难和问题。安徽省主要快递企业积极抢抓机遇，加强能力建设和网络布局。其中，省邮政速递物流建成了新的快件处理中心，投产使用了自动化分拣设备,安徽顺丰速运在蜀山工业园占地186亩预计投入13个亿建设新的快件分拨中心,建成后日处理快件约30万~50万件,合肥申通快递在2014年9月启用了占地面积50亩,建筑面积3.2万平方米的自动化快件操作中心,百世汇通安徽公司也投资4000万元,与普洛斯合作定制3万平方米的专业快件操作场地,进一步扩大了生产规模。圆通速递、中通快递、天天快递、韵达速递、国通快递等品牌快递企业,在2014年纷纷加大投入,上设备,扩场地,建设配套设施齐全的现代化物流快递基地,狠下工夫改善生产生活条件,降低劳动强度,提高工作效率,不断促进服务质量和企业效益的持续提高。

同时,快递企业响应国家号召,积极启动“快递下乡”工程,加快农村网络布局,拓展县级市场,通过提升地市网点的服务能力和水平,网络传递速度加快,带动了城乡商贸流通。目前,合肥、六安、淮北等市快递乡镇网点已实现全覆盖。经过快递企业的共同努力,安徽省快递行业的服务能力不断增强,服务水平不断提升,用户满意度稳步提高。2014年“两会”前夕,腾讯网联合全国34家最具影响力的媒体,评选变化最显著、改革最有效的行业,安徽25个行业中快递业好评率最高,成为安徽网民最满意行业。

二、充分发挥服务作用,促进行业健康有序发展

(一)协助政府部门完成《安徽省邮政条例(草案)》征求意见工作。

2014年,协会根据省政府法制办、安徽省邮政管理局的部署,举办《条例》征求意见座谈会,召集企业集思广益,从企业用工、用地、税收、“最后一公里”投递以及车辆通行等方面提出了许多有益的修改意见和建议,为《条例》的修订出台,起到了重要的推动作用。

协助政府部门对快递企业就进行安全生产培训工作。为更好地落实安全生产责任制,10月16日,协会配合安徽省邮政管理局举办了全省邮政业安全生产培训班,培训注重案例教学,内容更具针对性和实用性,力求做到学以致用。

(二)协助企业抓好旺季生产运营,确保快递服务做到“三不”“三保”。

据统计,2014年“双11”期间安徽省快递业务量累计达到1936.6万件,同比增长75.1%,其中11日、12日连续两天出现全省快件出站量大于进站量的结构性变化,显示安徽省电子商务企业数量和规模不断扩大,快递与电子商务协同发展初显成效。面对严峻的运营形势,协会积极采取措施,协助企业“双11”期间实现平稳运营。一是提高旺季意识,做到提前部署、措施到位。二是高度重视,积极做好人员、设备、车辆、场地各方面准备工作。三是做好媒体宣传工作,加强正面引导,采取官网信息发布、电视直播、在线访谈、召开媒体通气会等方式积极宣传快递企业应对业务旺季的措施及成效,传递行业发展正能量。四是协会加强对重点地区、重点企业的督导,在“双11”期间,分别到邮政速递物流、申通快递、圆通速递、中通快递、百世汇通、韵达速递等企业实地了解各企业旺季期间业务运行和服务保障安排情况,对其中的不足之处提出指导意见和建议,确保了安徽省快递行业“双11”期间做到“不瘫痪、不爆仓、不曝光”,实现了“保畅通、保安全、保平稳”的目标。

协调企业之间的关系,引导企业间的互利合作,组织会员单位交流、学习,增进了解。4月15日,协会组织理事单位参观了顺丰速运呼叫中心和安徽顺丰速运分拨处理中心,深入一线了解顺丰速运现代化的管理流程和运营模式,为同行之间提供一个相互交流学习的平台,开阔企业视野,推动优势互补,实现行业共同发展。

(三)维护用户合法权益,协调用户和企业纠纷。

2014年,协会调解处理了多起用户投诉案件,

避免了矛盾的激化,既维护用户的合法权益,又保护企业的正当利益,很好的充当了“12305”的有益补充。

三、切实发挥协调作用,解决行业发展中的突出问题

(一)多种形式解决快件“最后一公里”投递问题,快递服务末端平台建设不断创新。

1.“进社区”。以六安、蚌埠为例,加强与社区物业、社区服务中心的合作,六安市开展的小区物业代收快件试点工作,6个试点小区日均代收快件400多件,深受小区居民和物业管理单位的欢迎。蚌埠市也将快递投递点纳入社区商业便民服务中心,目前已建成130个投递点。

2.“进院校”。以滁州、池州为例,积极争取在大专院校设立快递服务中心,实行集中揽收、投递,解决院校门口快递摆摊的现象。

3.“进机关单位”。以合肥为例,加强与智能快件箱企业开展合作,为双方牵线搭桥,据统计,智能快件箱已经在合肥市100多个小区、写字楼安装并投入使用。协会结合城市管理实际,通过对“最后一公里”投递问题进行积极的探索,努力推动快递末端投递服务水平的提升。

(二)对会员单位的“营改增”政策实施情况进行调查。

由于快递企业经营成本中人员工资占比例很大,可抵扣的进项少,导致行业税负增加。协会根据实际情况,帮助会员单位规范财务管理制度,督促企业将税改的减免、抵扣政策落实到位,在确保邮政业营改增试点工作顺利进行的基础上,帮助企业降低成本、减轻负担。

(三)努力解决快递车辆通行问题,“通行难、停靠难”矛盾得到缓解。

近年来,全省各地市纷纷出台快递车辆市区便利通行保障文件,快递机动车辆通行问题有所改善。但快递电动三轮车等非机动车因为城市交通管理等原因被禁限行,通行问题得到根本解决仍需努力。2014年6月,《快递专用电动三轮车技术要求》行业标准审议通过,不仅为快递专用电动三轮车有序发展、规范运行提供了依据,还有利于改善快递服务形象,提高快递服务质量。协会一方面积极宣传《标准》、学习《标准》,另一方面与专用电动三轮车生产企业建立联系,更好地促进生产企业与使用企业的交流合作。

四、搭建沟通平台,发挥协会桥梁纽带作用

(一)加强舆论引导,树立先进典型,提升行业形象。

协会注重与新闻媒体合作,在全国“两会”、“3.15”、“双11”期间等重大活动期间,接受安徽电视台、合肥电视台、《新安晚报》、《安徽商报》、《合肥晚报》、《市场星报》等多家媒体的采访,对社会关注的快递热点问题进行解答,并多次组织新闻媒体赴快递企业生产一线报道,积极宣传行业正能量,营造良好舆论氛围。

2014年4月,历时一年的“寻找最美快递员”活动获奖名单揭晓,十位全国“最美快递员”从154名候选人中脱颖而出,来自安徽的“石头蛋”和王光成2名快递员荣获殊荣。阜阳国通的“石头蛋”,他勇于奉献,乐于助人,做好事不留名,捐款三四十余万元,匿名资助贫困学生和重病患者。合肥申通快递的王光成,他爱岗敬业,尽职尽责,始终以客户为中心,时刻把客户利益放在首位。“石头蛋”和王光成,他们用简单朴实的行动,感动了社会,为行业树立了榜样,展示了新时代快递人的精神风貌。协会大力宣传两人的先进事迹,充分发挥优秀典型的引领作用,在全行业内掀起了学习宣传“石头蛋”、王光成先进事迹,争当“最美快递员”的实践热潮。《安徽日报》、《新安晚报》、《安徽商报》、《市场星报》、中安在线等省内多家报刊、网站均以显著版面、醒目标题,对皖籍最美快递员事迹进行了宣传报道。

（二）广泛开展行业内外的多领域、多渠道的交流与合作。

在2014年11月28日召开的第二届理事会第七次会议上，协会邀请了银行、保险、智能快件箱以及电动三轮车等企业代表，与快递企业进行产品推荐和业务对接，为双方企业搭建交流合作平台，推进快递行业融入社会生产和消费的产业链、供应链和服务链，促进与制造业、银行业、保险业的融合发展。

（三）开展与兄弟协会的交流合作。

2014年9月，黑龙江快递行业协会到安徽省进行参观交流，在考察期间，代表团与安徽省快递协会举行了座谈，实地参观了合肥快递产业园区，并赴百世汇通安徽分公司、合肥申通快递公司等企业，深入生产一线，观摩操作流程，与各企业开展座谈，交流在园区规划、企业发展以及管理模式等方面的经验和体会，同时还深入探讨了两地快递业的合作发展与共赢。

五、坚持行业自律，促进快递市场和谐发展

（一）开展快递服务客户满意度调查活动。

2014年年底，受安徽省邮政管理局委托，协会开展了一次快递服务客户满意度调查活动，聘请专业调查公司对安徽省17个市的128家快递企业进行了满意度调查，共向768个客户进行了访问调查，比较客观真实的反映目前安徽省快递行业的服务质量。调查显示，安徽省快递服务客户满意度为82.9分，较2013年有显著提升，提升了3.4分。其中揽收满意度方面顺丰速运、百世汇通、宅急送名列前茅，投递满意度方面顺丰速运、天天快递、邮政速递物流位于前三位。通过调查，发现快递企业需要提升服务质量，要在快递人员服务态度、仪容仪表、投诉处理以及送达时限方面狠下工夫，只有这些短板得到改善，才能最终提升快递企业的品牌形象，提高客户对快递企业的满意度、推荐度和美誉度。

（二）维护市场价格秩序，构建行业诚信体系。

针对市场上存在的淘宝件快递价格偏低，快递企业同质化竞争，打价格战的现象，协会举办座谈会，召集民营快递企业负责人就快递价格问题进行磋商协调，重申维护市场价格秩序的重要性，要求快递企业将服务价格以承诺书的形式报协会备案，并受全体会员共同监督。呼吁快递企业不垄断经营，不操纵价格，把握价格底线，避免低于成本竞争，自觉维护行业秩序，促进快递市场和谐发展。

六、加强协会自身建设，做好各项基础工作

（一）完善协会体系，加强行业规范管理。

为更好地促进协会发展，安徽省邮政管理局出台了《关于加强协会工作的意见》，从业务指导、行业自律、协调合作等方面做出了规定，有利地推动协会工作的顺利开展。同时，协会还起草了“关于组建市级快递协会的几点建议”，逐步推动安徽省市级快递协会的组建工作。市级快递协会的成立，有利于发挥基层快递网点的积极性，便于开展区域合作，促进企业发展，对行业自我管理、自我服务、自我发展能力的提升也有着显著的推动作用。截至2014年年底，全省已有8个市组建了快递协会，其他市的快递协会也相继在筹备中。

（二）认真做好会费的催缴工作。

随着邮政体制改革的不断深入和快递协会体系的日益完善，2014年协会的会员构成将进行重大调整，因此协会在认真审核账目后，对历年来部分会员拖欠会费情况进行了清理，集中开展了清缴会费的工作。

（三）做好各项基础工作，保障协会正常运行。

一是定期召开理事会和副会长会，通过会议部署协会工作，传达上级精神，汇报工作情况，听取意见建议，交流工作经验。二是全年出版4期《安徽快递》杂志，及时报道行业法规政策，介绍行业发展态势，提供行业咨询，为会员之间的交流提高了一个窗口。三是通过邮箱、QQ等方式发布工

作信息，加强与会员的联系，为会员答疑解难，使沟通更加快捷、方便。

福建省快递协会工作情况

2014年是全面深化改革的开局之年，同时也是完成实施《福建省邮政业发展“十二五”规划》和《海峡西岸经济区快递服务发展规划（2011－2015年）》关键年。福建省快递协会工作在福建省邮政管理局和省民政厅的正确指导下，在各会员单位的积极参与大力配合下，坚持“树快递行业新风，促和谐发展”的理念，结合福建省快递业发展实际情况，认真贯彻落实好2014年会员大会工作安排和二届五次理事会决议；积极服务行业发展，加强行业自律，反映行业诉求，维护市场秩序，充分发挥协会作为政府、企业与消费者之间的桥梁和纽带作用。

随着2014年福建省邮政管理体制的不断深化和完善，有力地推动了全省快递行业的发展，快递业也已成为福建省重要的社会经济形式和现代流通方式之一，福建省的泉州、厦门、福州和莆田四市进入全国快递业务收入和业务总量前50强。而作为传统消费旺季代表的“双11”，自2012年福建进入前十，2014年重新再次进入前十省份，展示出福建省强大的电商消费能力以及快递业令人鼓舞的前景预期。截至12月底，全省2014年全年业务总量完成162.67亿元，同比增长42.57%；业务收入完成120.2亿元，同比增长21.88%。快递业务量累计完成65417.31万件，同比增长46.89%；业务收入完成81.08亿元，同比增长31.71%。全行业呈现出高速而稳健的发展态势。

一年来，福建省快递协会的工作概况如下：

一、恪守协会章程，夯实工作基础

根据协会章程，2014年1月16日，福建省快递协会组织召开了2014年会员大会，审议通过了关于协会2013年的工作报告和财务报告，同时研究部署了2014年的工作计划。

在7月底召开的二届五次理事会上，审议通过了关于福建省邮政速递物流有限公司总经理、副总经理，福建省邮政速递物流有限公司厦门市分公司总经理、莆田市分公司总经理和联邦快递（中国）有限公司福建区董事长的变更情况。进一步优化组织架构，新吸纳厦门奕宝互联科技有限公司担任省快递协会理事单位。

依据国家邮政局的部署及福建省快递行业发展实况，在福建省邮政管理局和福建省快递协会的指导和帮助下，10月22日，三明市快递行业协会成立。这是继福厦泉莆沿海城市之后，福建省成立的首个内陆城市快递行业协会。各市快递协会的相继成立，能够为当地快递行业的发展服务；同时也能够密切加强各区域相关部门、快递企业与福建省快递协会之间的交流与协作。2014年福州市快递行业协会在市政府办公区域创新设立“易栈”快件服务窗口和“易栈”自取快件箱（群）；泉州市快递行业协会组织20多家会员单位开展丰富多彩的登山活动；莆田市快递行业协会主动服务社会，在莆田学院成立首家“易派送”校园快递服务中心；厦门市快递行业协会协助校企联合，在华厦职业学院等高校开设“顺丰班”。市级快递协会为解决快件投递难和人才培养方面作了许多创新工作，进一步健全“政府监管、行业自律、社会监督”三位一体的行业管理格局，促进福建省快递业的健康发展。

下半年，福建省快递协会依照省民政厅闽民管〔2014〕332号《关于开展2014年度全省社会组织评估的通知》精神，为落实协会“2013－2017年工作规划”目标，接到省民政厅文件后，福建省快递协会立即进行了多次专题研究，安排社会团体组织等级评估工作，围绕从申请参加评估、准备申报材料、开展自评评估、整改补缺补漏和迎接评估委员会专家实地考察评估评审五个阶段开展工作，并要求做到人员、时间、内容、质量“四个落实”。12 月 11 日，评估专家组考察协会，作了认真评估，提出六条整改意见。随后，福建省快递协会及时安排整改工作，于 12 月 24 日向评估办报送了整改情况，取得了评估办的一致肯定。通过申请社会团体组织评估工作，能够使福建省快递协会制度更加完善化、管理更加规范化；也使协会的工作能够更加契合政府职能的转变，为社会团体组织参加政府购买服务奠定了基础，进一步增强福建省快递协会执行国家政策，维护市场秩序的能力和水平。

二、积极参加活动，加强信息沟通

2014 年 1 月初，福建省快递协会受中国快递协会邀请参加在京召开的中国快递协会二届二次理事会(扩大)会议以及各省(市、自治区)快递协会负责人座谈会。围绕“抓改革、促发展、惠民生”的主线，听取和审议了中国快递协会换届选举以来的工作汇报和 2014 年工作计划。会议强调快递行业要牢固树立深化改革、转型发展的意识；此外，各快递行业协会也需在加强自身建设，引领行业科学发展的同时，注重政策研究能力，指导协调能力、服务和创新等能力的建设。在各省(市、自治区)快递协会负责人座谈会上，代表们互为师长、相互借鉴，既加深了各省协会之间的交流与合作，又拓宽了协会的发展思路。

2 月中旬，福建省快递协会参加中国快递协会在深圳召开的各省快递协会秘书长座谈会。对于行业发展中遇到的问题与困难，取得的经验与成果进行了充分的研讨交流。会上，顺丰速运还就其企业的发展与规划情况作了介绍，各省快递协会也就顺丰速运在当地的发展提出了建议。各位代表们对快递行业今后的发展方向进行了深入的交流，大家群策群力，共商行业发展大计。

3 月上旬，福建省快递协会参加中国快递协会就加强行业自律、建立价格体系在上海召开的部分省快递协会会长、专家和企业领导座谈会，进一步明确了建立快递行业价格监测体系和成本核算的方向方法，推进中国银联快递供应链服务平台的开发与运用；实地参观访问了圆通、中通快递总部，了解其企业发展情况与发展规划，深入交流探讨了目前快递业亟需解决的问题，认真听取企业诉求，解答企业疑问，同时还加强了各省快递协会与其总部的联系，加深彼此之间的了解。

三、加强内外联系，促进转型升级

2014 年 1 月，江西省快递行业协会和辽宁省大连市快递行业协会的同行赴福州考察福建省快递协会工作。在闽考察期间，福建省快递协会与各兄弟协会就快递行业协会如何发挥协调、服务、宣传等工作进行了友好的交流，同时向兄弟省、市快递协会介绍了福建省快递协会主动推进全省市级快递行业协会建立的做法，共同探讨了省级快递行业协会与市级快递行业协会的机制建设，阐述了福建省快递协会吸纳四个市级快递行业协会为省快递行业协会副会长单位的实践，研究了加强协会管理、服务快递企业、协会会费收缴等方面内容。

此外，鉴于这些年我国快递行业发展不平衡、不协调等问题依然延续的情况。国家邮政局在 2014 年 1 月份的全国邮政管理工作会议上要求继续实施“深化邮政改革创新，推动快递转型升级”两大战略，鼓励快递企业“向下”“向西”“向外”拓展。会议强调在标准快递和国内电商快递基础上，要着力发展服务先进制造业快递和跨境电商快递的指示下，在 4 月下旬福建省快递协会组织了部分规模以上快递企业负责人赴国际物流业比较先进和发达的新西兰、澳大利亚考察。学习他们先进的管理理念、生产技术和经营模式。对于如何推动行业的创新发展与转型升级有了更为直观和清晰地认识。

当前,相当大部分的快递企业是把击败竞争对手作为战略核心,很多时候是以价格来抢夺市场,由此带来的是浪费大量的人力、物力、财力,忽视了对消费者潜在需求和市场结构新变化的分析。面对市场环境和消费者需求不断变化,企业应该以提供更具价值的服务,以关注消费者需求的变化来掌握主动赢得市场。国际快递公司一般采取的是“先质后量”的经营法则,而不是在等遇到问题了之后去被动地提升品质提升服务。像以“快而准”著称顺丰速运在整合多项业务之后推出了顺丰特惠服务,让更多的客户有了体验其优质服务的机会,也得到了用户的广泛好评,提高了市场竞争力。

而对于快递行业未来的发展,国家邮政局提出,要稳定商务快递和电商快递两大市场,发展多元产品体系和拓展网络覆盖范畴,继续扩大市场开放,引入国外先进企业的新技术、新业务,引导国内企业补长短板,扩大开放的能力和水平。

5 月,接中国快递协会关于参加第三届中国(北京)国际服务贸易交易会的通知,福建省快递协会组织部分规模以上快递企业参会。为期五天的京交会,快递服务板块签约额超过 500 亿元,是 2013 年签约额的 2.5 倍。期间参加 2014 中国快递行业(国际)发展大会的快递企业有邮政速递物流、顺丰速运、申通快递、圆通速递、韵达速递、中通快递、百世汇通、天天快递、优速快递、全峰快递、快捷快递、DHL、FedEx、TNT 等国内国际知名快递品牌企业,部分快递企业还就诚信服务与转型升级、跨境快递电商生态链、打造快递业的“中国服务”、上海自贸区与快递物流协同发展等行业共同关心的议题进行了精彩的分享。福建省厦门的奕宝(鸟箱)等快递上下游关联企业也在此次行业发展大会上精彩亮相。“京交会”以展览展示、专业论坛、推介洽谈三种形式,成功搭建了服务贸易各专业、各领域的展示和交易平台,吸引了来自全球百余个国家和地区、参会客商以及意向签约额的逐届递增。而快递服务板块的成功举办将进一步推进快递服务拓展发展空间,推动行业内外开辟新的合作领域,引导更多的社会资源投入快递服务行业,实现全行业的快速、健康发展。

四、积极组织培训,提升行业素质

组织快递业务员职业技能培训是福建省快递协会日常工作的重要组成部分,也是福建省快递协会推动行业发展,加强行业人才队伍建设的重要举措。结合国家邮政局职业技能鉴定指导中心和福建省邮政管理局职业技能鉴定中心工作计划,在各快递企业和部分院校的大力支持下,福建省快递协会分别于 2014 年 3 月、5 月、8 月和 12 月在福州、厦门、泉州、三明、莆田、龙岩、南平等地组织开办了 4 次快递业务员职业技能鉴定培训班。全省累计参加人数 664 人。培训课程围绕初级收派、初级处理、中级收派和中级处理 4 个环节展开;方法上,为了方便山区市级快递业务员培训,福建省快递协会通过协调师资,把培训送上门,先后在三明、南平、龙岩开设初级收派和初级处理两个课程,既节约了费用又节省了时间,深受好评,使学员较为系统而规范地学习了快递业务员职业技能鉴定的相关理论知识与实践操作能力,提升了参训快递企业从业人员素质与市场竞争力,增强参训高校在校大学生的综合素质和就业竞争力,拓宽了就业面。快递业务员职业技能鉴定培训班的开办为行业人才队伍的建设和行业人才素质的提升作出了有益的探索和实践。

五、深入一线调研,把握行业脉络

过去的 2014 年,福建省快递协会也注重深入企业一线,认真听取并记录企业、职工心声,了解行业发展实情，并及时向上级主管部门反馈。

保障社会邮运安全畅通，既是国家安全部门和邮政管理部门一如既往关注的重点，也是对快递行业安全生产的要求。4月初，福建省快递协会带队赴省内重点城市的邮政速递物流、申通快递、圆通速递、韵达速递、国通快递等几个品牌企业调研收寄验视落实情况。企业普遍反映个体散户等小客户收寄时基本能做到全部问询、全部验视，但电商直营商户等大客户有时难以实施全部验视。福建省快递协会强调落实收寄验视制度对于保障邮运寄递安全的重要性和必要性，要求各企业要严格依据《邮政行业安全监督管理办法》等法律法规，落实好收寄验视制度。对于电商直营等大客户委托快递企业提供寄递服务请求的，因为客观因素条件的制约，建议企业与客户签订安全保障等相关协议，明确各自的责任义务，务求做到快递寄件抽检100%合格。

如今我省的快递也正处于一个大发展时期，同时也正处于行业整合阶段。快递业“向西”“向下”的发展步伐在加速，阿里的数据也表明，近年来中国网络业务增长大部分来自中西部，而网络业务增长的前十个城市基本是三四线城市。快递业未来的方向更多的应该是农村市场、制造业市场和海外市场。5月底，福建省快递协会组织人员深入南平调研顺昌、光泽、建阳等县(市)及县以下乡(镇)快递市场运营情况和市场建设服务情况。了解到南平邮政邮政速递物流已入驻乡(镇)开办业务，顺丰速运公司在全省67个县和沿海大多数乡(镇)开办了业务，福建中通在全省有自营网点150多个，逐渐地适应了农村用户的收寄需求。由于农村电商业务增长快速，福建省快递协会强调相关企业在加快拓展农村快递业务的同时，可以深挖地方特色创新开展工作。

8月热浪侵袭，福建各地备受高温“烤”验。由福建省邮政管理局牵头，福建省快递协会联合福州市、厦门市、泉州市、莆田市、龙岩市邮政管理局和福州市、厦门市、泉州市、莆田市四个市快递行业协会，前往各市邮政速递物流、顺丰速运、圆通速递、申通快递、韵达速递、国通快递、联邦快递等企业慰问高温下坚守岗位的一线员工，并送上防暑降温用品，对他们为行业发展做出的贡献表示感谢，同时也对各快递企业防暑降温工作提出要求，一是要抓好防暑降温措施的落实，确保高温期间员工的心身健康；二是要加强分拨中心设备、车辆的维护，确保高温期间设备、车辆和人员的安全；三是要贯彻执行快件收寄验视制度，把好邮件安全关；四是要加强防暑降温知识的教育，合理安排作业时间，提高职工自我保护意识。要求各企业合理安排作业时间，做好防暑降温工作，切实做好快件安全和生产工作。

快递行业具有明显的区域性和季节性特征，尤其是2009年淘宝网创立“双11”网上购物狂欢节以来，形成了以“双11”为代表的传统消费旺季。去年“双11”期间，福建省快递协会陪同中国快递协会前往福州、莆田、泉州和厦门四市调研顺丰速运、中通快递、快捷快递等企业“双11”组织运营情况，引导各快递企业贯彻国家邮政局制定的“错峰发货、均衡推进”的方案，保障旺季寄递畅通。“双11”“双十二”等快递业务高峰期，福建省各快递企业顶住了压力，经受住了考验，赢得了邮政管理部门和消费者的认可。

六、加强宣传引导，树立行业形象

福建省快递协会向来注重借助互联网、通讯、会刊等方式加强对行业的宣传引导、行业的形象维护等工作。旺季生产期间，配合福建省邮政管理局等部门，协会网站及时发布消费提示，更新行业政策信息，积极引导社会、企业和消费者对行业的关注；利用固话、电子邮件、即时通讯等工具，及时答复媒体、消费者对行业的咨询，加强福建省快递协会与各会员单位的联系和沟通；借助会刊平台，报道福建省快递企业动向，宣传福建省快递新人新事新气象；全方位解读福建省快递发展的区域特色，提升福建省快递协会在行业内的知名度、影响力与公信力。

2014 年全年，会刊《福建快递》编辑完成 4 期至第 28 期，总计印刷 1200 余本，一共 11 篇次报道福建省快递企业。会刊向国家邮政局、各省邮政管理局、各省快递协会、省内各市邮政管理局、会员单位、快递行业关联上下游企业等寄送，大力宣传福建省快递行业新风貌。

网站内容的维护与更新是福建省快递协会日常工作的要点，工作人员注重对信息咨询的搜集与利用，充分发挥协会通讯员制度，及时更新发布相关的政策解读与走向、会员企业公司动态和行业发展趋势资讯等信息。及时做到与中国快递协会、福建省邮政管理局等部门信息共享与发布，提升福建省快递协会资讯的公众知晓度和影响力。

在日常的来电、来信、来访工作中，福建省快递协会注重对福建省快递整体行业现状的介绍与行业发展趋势的解读；积极引导新闻媒体舆论，树立福建省快递行业积极形象。

江西省快递协会工作情况

根据中国快递协会和江西省邮政管理局 2014 年工作布置，省快递行业协会 2014 年重点围绕抓改革、促发展、惠民生这条主线，以全面深入改革为动力，推动快递企业转型升级，推动快递企业注重管理水平和服务质量的提升，稳步推进快递企业规模化、规范化、科学化发展，结合江西省快递行业实际情况，开展“着力推进管理上等级、着力推进服务上星级、着力推进诚信建设上水平”活动（简称“三个着力推进”）。为将工作落到实处，协会秘书处还将 2014 年工作全部细化分解到人，并列了时间表。

一、先后召开三次会议，研究、部署相关工作

2 月 17 日，协会在南昌召开了第二届理事会第十次会议。会议总结了 2013 年工作，讨论通过了 2014 年工作计划、2013 年全省快递企业优秀员工的表彰决定、2013 年“我为快递行业发展建言献策”征文获奖名单。

2 月 21 日，协会在南昌召开了第二届理事会第十一次（扩大）会议。江西省邮政管理局副局长肖力健、市场监管处处长周慧锋以及省快递行业协会理事会成员、会员单位的领导和受表彰的员工代表参加了大会。大会由协会秘书长万水保主持。会上，万水保表协会向大会报告了 2013 年工作，布置了 2014 年工作。大会还对 2013 年全省快递企业优秀员工以及“我为快递行业发展建言献策”征文获奖人员进行了表彰。肖力健肯定了协会工作，并对下一步工作做了几点要求。

6 月 20 日，协会在南昌召开了第二届理事会第十二次会议。会上组织学习了中国快递协会“中快协（2014）7 号文件”《关于印发快递行业失信警示制度（试行）和快递行业安全自律公约的通知》，讨论通过了：1. 关于在全省会员单位中开展“争先创优活动先进单位”评选工作的通知；2. 关于举行全省快递企业知识竞赛规则事宜；3. 关于开展“诚信服务与我们同行”征文活动的要求；4. 江西省商务学校入会事宜。会议还通报了 2013 年协会经费使用情况、全省快递企业参评省级青年文明号评选情况以及协会秘书处人员变动情况。

二、指导、协助市级快递行业协会成立

为有序开展市级快递协会组建工作，协会早

在2013年下半年就起草了《江西省市级快递协会组建指导意见(试行)》(以下简称《意见》)。本着认真、积极、稳妥、推进,充分发挥省市协会作用,更好地服务快递企业的原则,在江西省邮政管理局领导下,2014年年初,省协会在总结新成立的鹰潭市快递行业协会经验、参照外省已成立的市级快递协会的基础上,结合江西省实情,不断修改完善《意见》,使《意见》更加合情合理,具有操作性。

《意见》对各市协会年费的收缴方案、各市协会缴费标准、调整后省快递协会组成机构、省、市协会职责划分、协会组建程序及要求等作了明确规定。

2014年,各市级快递行业协会筹备小组在所在市邮政管理局的领导下,积极有序地开展筹备工作。继2013年鹰潭市成立了快递协会之后,2014年,南昌市、九江市、宜春市、吉安市、上饶市、新余市、抚州市、赣州市、也相继成立了快递协会。

三、不断完善党、团组织建设,并组织开展有益活动

2014年,团建工作纳入江西省快递行业协会年度工作重点。据统计,在22个品牌会员企业中有团员194人,分散在14家快递企业中。为充分调动和发挥团员、青年在企业中主力军作用,建立和完善共青团组织,组织广大团员、青年积极开展创建青年文明号工作,促进快递企业又好又快发展,为江西的“发展升级、小康提速、绿色崛起、实干兴赣”作出应有的贡献,经请示有关上级部门并得到同意,1月22日,共青团江西省快递行业协会工作委员会第一次代表大会暨成立大会在南昌召开。共青团江西省委副书记伍复康、城市青年部部长汪剑莹,江西省邮政管理局副局长肖力健、市场监管处处长周慧锋,省快递行业协会秘书长万水保以及来自全省快递行业团员代表出席了会议。大会经过选举,产生了团工委第一届领导班子。共青团江西省快递行业协会工作委员会的成立是继2012年8月份成立中共江西省快递行业协会总支委员会之后又一个组织机构,省快递行业协会党、团组织基本建立,对进一步加强和指导快递企业健康、有序发展将起到积极的推动作用。中国青年网、城市共青团网分别对此作了报道。

协会团工委成立后,根据省协会和团省委的工作部署,结合快递行业实际情况,大力开展特色活动,以提高团员的思想觉悟,丰富团员的业余生活,制定了活动计划。4月8日,协会团工委向江西邮政速递物流、江西顺丰速运、江西圆通速递、中外运空运江西分公司、南昌速尔快递公司5个团支部下发《共青团江西省快递行业协会工作委员会2014年活动安排的通知》,按照“服务青年,助力企业”的工作思路,引导广大团员青年在各自岗位上建功立业,切实发挥共青团在企业中的生力军和突击队作用,为行业的发展做出应有贡献。

12月18日,江西省邮政速递物流有限公司机关团总支“放飞梦想,助力发展”主题演讲比赛在江西省电商业务发展的示范基地和以共青团命名的城市共青城市举行。本次演讲比赛重点围绕企业发展,结合自身岗位和工作体会,从经营、服务、质量等多角度展现广大青年员工的风采,激发青年员工的积极性和主观能动性,以饱满的热情和激情投身到企业的可持续发展之中。来自各市分公司、省公司机关及省公司直属单位12支代表队21名选手展开了紧张而激烈的角逐,奋力争夺大赛的一、二、三等奖桂冠。

此次演讲比赛是江西省邮政速递物流有限公司成立以来首次展现青年员工积极向上、坚毅睿智的精神面貌的一次大赛。21名选手的精彩演讲,不时博得观众的阵阵掌声。南昌市邮政物流分公司李娟以扎实的功底、娴熟的演讲技巧和富有激情的肢体语言获得了评委的一致好评,最终以9.86分夺得了比赛第一名;南昌市分公司殷洁、吉安市分公司孙文分别以9.62分、9.60分获

比赛二等奖；九江市分公司余敏、赣州市分公司刘卓颖、景德镇市分公司林嫘分获比赛三等奖。

为丰富团员青年的业余文化生活，提高广大青年的专业知识和文化修养，营造爱读书、爱学习的良好氛围，2014 年 9 月底，共青团江西省快递行业协会工作委员统一订购了一批书《商战—电商风云》下发给江西邮政速递物流、江西顺丰速运、江西圆通速递、中外运空运江西分公司、南昌速尔快递公司的团支部，掀起了团员"读书"活动的序幕。至 11 月底，共收到团员读书心得 6 篇，并在 2015 年第一期《江西快递》上刊登分享。

为充分调动和发挥党员先锋模范作用，协会党总支进一步完善相关快递企业党组织建设，倡议党员佩戴"共产党员"徽章上岗。2014 年 7 月 1 日为中国共产党建党 93 周年纪念日。协会总支部在江西省顺丰速运有限公司开展党员佩戴党徽上岗活动。省快递行业协会党总支副书记万水保亲自为顺丰速运有限公司党员佩戴党徽。

自去年江西顺丰速运有限公司成立了党支部之后，2014 年，江西省圆通速递有限公司又向协会党总支递交了成立党支部的请示。江西省圆通速递有限公司成立于 2007，为民营加盟式企业，现有员工 470 余名，其中中共党员 6 名、预备党员 1 名。根据《中国共产党章程》相关规定，企业凡是有正式党员三人以上的，可设立党支部。该公司符合党支部设立条件。协会党总支大力支持该公司成立党支部。7 月 15 日上午，江西省圆通速递有限公司党员会议暨支部成立大会召开，会上选举产生了中共江西省圆通速递有限公司第一届党支部。省快递行业协会党总支副书记万水保出席了成立大会，并与大会代表进行了座谈。随后，协会党总支以赣递协党总支〔2014〕2 号《关于同意成立中共江西省圆通速递有限公司支部委员会的批复》文件予以批复。

协会党总支不仅在组织形式上注重建设，还适时组织各支部学习。4 月 15 日，协会党总支转发《全省社会组织开展党的群众路线教育实践活动实施方案》的通知，随后，又转发省委组织部《关于学习贯彻〈中国共产党发展党员工作细则〉的通知》的通知，要求各支部认真组织学习。协会党总支还为各党支部有针对性的购买、赠送学习资料《党支部书记培训教材》、《发展党员工作使用手册》，努力提高党员理论水平。为贯彻落实《中国共产党发展党员工作细则》，协会党总支还对各支部中共预备党员进行摸底，以便做好转正工作，下发了《关于填报中共预备党员名单的通知》。

四、积极开展创建精神文明号活动

协会团工委成立后，省快递行业协会按照江西省创建青年文明号活动组委会要求，积极组织开展创评活动。3 月 14 日省创建青年文明号组委会办公室成员第十六次办公会同意省快递行业协会加入省创建青年文明号活动组委会。

江西顺丰速运有限公司市场销售部是公司内一支以特别能吃苦、特别能战斗、特别能奉献的青年集体。部门自 2011 年成立以来，始终把创建"青年文明号"活动作为凝聚青年、团结青年、带领青年建功立业的有效途径，以倡导职业文明为核心，以"规范文明、立足本职、自我监控、敬业守信、无私奉献"的工作理念，确立了建设"学习型""自控型""奉献型"青年文明号的创建思路。2013 年市场销售硕果累累，新引进重点客户 64 家，同比上年增长 78%；重点客户收入达 3500 万元。

江西省圆通速递有限公司客服部成立于 2009 年 3 月，由最初的一个人发展到现在的十几个人，由过去的单一咨询查件服务发展成为集多重服务、营销功能为一体的"空中营业厅"。队伍不断庞大、业务不断增加。他们以管理促服务，不断提升服务水平。客服部严格要求每位工作人员在接听客户来电时专业使用"您好"等礼貌服务用语。在接待客户时主动询问客户的需求，针对客户的疑惑给予专业有效的回答，杜绝服务态度懒散、不耐烦等现象。工作期间保持电话百分之百的有效接听,做到以最好的面貌和最优质的服务接待每一位客户。

经过基层推荐,协会审核,主管部门同意,江西顺丰速运有限公司市场销售部、江西省圆通速递有限公司客服部作为江西快递行业上报团省委参评 2012 – 2013 年江西省青年文明号的评选单位。

9 月 10 日,从江西省创建青年文明号活动组委会传来喜讯,江西省快递协会两家青年集体——江西省圆通速递有限公司客服部、江西顺丰速运有限公司市场销售部被命名 2012 – 2013 年度省级青年文明号。江西省创建青年文明号活动组委会赣青文发〔2014〕5 号《关于命名 2012 – 2013 年度省级青年文明号的决定》指出,2012 年,全省各级团组织引导广大职业青年集体按照"敬业、协作、创优、奉献"的要求,联合各有关行业主管部门扎实推进青年文明号创建活动,取得了明显成效,涌现出一大批弘扬职业文明、创造一流业绩的优秀青年集体。

为表彰先进,树立典型,激励和引导更多的青年踊跃投身青年文明号创建活动,经过对各地、各行业申报的候选单位严格考核和集中公示,省创建青年文明号活动组委会决定:命名 395 个青年集体为 2012 – 2013 年度省级青年文明号,江西省快递协会两家青年集体——江西省圆通速递有限公司客服部、江西顺丰速运有限公司市场销售部是获此殊荣为数极少的民营企业青年集体。

12 月 24 日,江西省邮政管理局召开全省邮政行业精神文明创建工作会。会议对前一阶段创建工作成绩突出并获得省级青年号荣誉称号的单位进行了表彰,省邮政管理部门和团省委领导为江西顺丰速运、江西圆通速递等两家单位颁授了省级"青年文明号"荣誉牌。随后,获奖单位代表江西顺丰速运负责人就本企业开展创建工作的情况和所取得的经验进行了介绍,并向全省邮政行业开展创建工作发出了倡议。

五、加强诚实守信教育,提升行业形象与服务水平

为进一步宣传"诚信、服务、规范、共享"的价值理念,加强诚实守信教育,营造"人人知诚信、人人讲诚信"的浓厚氛围,切实提高快递行业服务质量和服务水平,推动快递企业做强做优,5 月 5 日,协会发出通知,在全省快递企业(会员单位)中开展"诚信服务与我们同行"主题征文活动。省邮政管理部门、快递企业(会员)干部职工、邮政特邀监督员纷纷来稿。截至 12 月底,共收到稿件 19 篇,来稿不乏优秀之作,有的深刻阐述快递行业诚信服务的重要性以及自己独到的见解,并提出加强诚信建设的办法、措施,有的讴歌诚实守信的典型人物与典型事迹,可供大家学习与借鉴。这些文章分别刊登于 2014 年《江西快递》第三期、第四期上。经过评委会认真评选,评选出一等奖 2 名(并列)、二等奖 4 名、三等奖 6 名,优秀奖 5 名,并对获奖者颁发证书。

5 月 20 日、6 月 23 日,协会先后发出《关于开展"江西省优秀快递员"评选活动的通知》《关于在全省会员企业中开展"争先创优活动先进单位"评选工作的通知》,通过开展此两项活动,增强投递人员的服务意识和服务质量,发挥先进人物的示范带头作用,提升江西省快递行业一线服务形象,营造学先进、赶先进、争先进的良好氛围,稳步推进快递企业规模化、规范化、科学化发展。此次评选活动遵循"公平、公正、公开、择优"的原则,由各快递品牌(会员单位)推荐,逐级筛选,最终经过评审委员会严格审议,评选出江西省优秀快递员 10 名。协会将对 2014 年度在活动中被评选出来的优秀快递员和争先创优活动先进单位事迹,2015 年陆续在《江西快递》刊登宣传。

为加强对快递业务知识的了解和掌握,鼓励和推动快递企业员工学文化、学业务、学技术的积

极性，提升服务技能，根据年度工作安排，6月16日，协会发出《关于举行全省快递企业业务知识竞赛的通知》。竞赛将围绕邮政法、“快递业务”国家标准、快递业务操作指导规范、快递市场管理办法、邮政行业安全监督管理办法等5个方面的知识展开。此次竞赛一改往昔答卷做法，采取必答题、抢答题的方式进行，致使竞赛现场更为激烈、精彩。9月13日上午，由省快递行业协会主办、省商务学校协办的江西省快递企业业务知识竞在南昌举行。全省快递企业组建成12个参赛团队，他们分别是：江西邮政速递物流、江西顺丰速运、江西圆通速递、江西天天快递、南昌申通快递、南昌中通快递、南昌百世网络、江西韵达速递、江西优速快递、南昌速尔快递、南昌市快递协会、鹰潭市快递协会。这些参赛选手都是各快递企业挑选出来的佼佼者，经过了几个月的精心准备，早已是摩拳擦掌，跃跃欲试。经过两场初赛、一场决赛的激烈角逐，前三名胜出，他们依次是：江西韵达速递、江西圆通速递、江西邮政速递物流。此次竞赛得到了全省快递企业的赞同与肯定，大家认为这样的活动，能加强企业管理人员与员工对国家关于快递方面的政策、方针以及相关知识的了解和掌握，切实提高广大员工的法律意识，促进快递企业人人学法、懂法、守法，严格依法经营、生产。

加强诚信体系建设，须得到客户的认可。为认真做好和推动诚信体系建设，7月30日至31日，协会秘书处走访了江西省邮政速递物流有限公司、江西顺丰速运有限公司、江西省圆速通速递有限公司、江西省海航天天快递有限公司、南昌盛彤快递有限公司，并向客户发放“诚信服务问询函”。“诚信服务问询函”有以下几个方面内容：“你(单位)使用最多的快递企业品牌有哪几家？选择的理由是什么？你对收派人员职业形象规范有何点评？他们是否使用文明用语？你认为收派人员在派递快件时让你满意的有哪几方面？需要提高及改进的有哪几个方面？请举例说明。你对某某快递企业在快件派送工作中有何评价、意见和建议？”这些调查、收集的信息，进一步了解到客户对快递企业服务水平的评价，对下一步改进快递企业的形象，提高服务质量提供了依据。

六、关爱员工，适时走访慰问企业

2月10日，协会负责人随同肖力健以及相关人员走访慰问了江西顺丰速运有限公司、南昌中通快递服务有限公司和南昌达韵快运有限公司，看望了在严寒中坚守生产一线的员工，并向上述三家公司送去慰问金，鼓励公司及全体员工在新的一年里取得更好的成绩。

2014年暑期特别炎热，南昌多次发出橙色预警，协会提前计划，特地定制了1000顶遮阳帽，考虑到员工在烈日下送快件的实际情况，帽檐特别加长至9公分，并统一印有“江西快递”四个大字，帽子于7月底全部发放给全省快递企业(会员单位)员工，让员工充分感受到协会的关爱。

8月5日，协会负责人又随同江西省邮政管理局局长彭志先、副局长肖力健以及相关人员走访慰问了江西顺丰速运有限公司、南昌速尔物流有限公司，看望在酷暑中坚守在一线的员工，要求企业确保暑期快件畅通与生产安全，并为员工送上了慰问金。

七、继续办好协会刊物，加强宣传报道力度

协会自2007年底成立以来，一直坚持办会刊《江西快递》(内部资料)，按季出版，2014年又编辑印刷了4期。会刊内容丰富，栏目多样，立足行业，图文并茂，设有“政策法规”“领导讲话”“综合信息”“特别报道”“一线风采”“协会工作”“快递论坛”“员工舞台”等栏目，宣传国家的相关政策、法律、法规、条例，传达国家邮政局、江西省邮政管理局、中国快递协会的相关会议精神及工作要求，报道江西省企业管理、经营、服务、发展等动态，使

之成为快递信息交流的平台和企业精神文明建设的园地。通过努力办好会刊，进一步加强了协会与企业的联系，进一步加强了江西省邮政管理局与企业的了解，进一步加强了企业间的交流。因此，《江西快递》是一座连接江西省邮政管理局、企业和协会“三方”的桥梁，也是宣传“三方”的一个载体，为推动江西快递又好又快的发展作出了的贡献。

为进一步宣传协会工作，加强与外省快地协会的交流与沟通，及时反映了协会的工作和成效。2014 年，协会在中国快递协会网站《快递之家》刊登了 5 篇消息，即《江西省快递行业协会开展优秀快递员评选活动》《江西省快递行业协会以征文活动促诚信服务水平提高》《江西省快递行业协会在全省块元企业中开展“争先创优活动先进单位”评选工作活动》《江西省快递行业协会暑期关爱企业员工频频出招》《江西省快递行业协会 2 家青年集体被命名青年文明号》。

山东省快递协会工作情况

2014 年，协会根据山东省快递业发展新形势和协会会员构成新变化，进一步明确协会自身定位，突出协会两个“服务”职能，服务于政府、服务于企业，充分发挥协会各项职能作用，保证了工作的顺利开展，主要做了以下工作：

一、积极发挥自律、协调和桥梁纽带作用

（一）协会与山东省邮政管理局联合召开了全省快递行业组织工作推进会议，携全省 17 市快递协会向全省快递业务经营企业发出安全服务倡议，严格落实各项安全责任，健全安全管理组织体系。

（二）协会与共青团山东省委、山东省邮政管理局联合印发了《关于在全省快递行业开展创建青年文明号活动的通知》，全程参与企业推荐征集和评选，以促进快递行业科学发展，服务快递行业青年成长成才。

（三）积极采取措施，获得了省民政厅批准的承接政府职能转移和购买服务的资格，并积极向山东省邮政管理局申请与快递有关的业务工作对接。

（四）为了保障业务旺季的安全稳定运行，协会联合山东省电子商务协会共同搭建电商行业和快递行业的对接平台。成立对接协调小组，定期召开会议，畅通信息渠道，开展合作交流，并组织两个行业的企业参加的招聘会，有效促进了电商行业和快递行业的协同发展。

二、加强协会自身建设和发展，完善机构设置和工作机制

（一）建立了定期向山东省邮政管理局汇报协会工作的机制，征集建议和指导，为更好地开展下一步工作提供帮助。

（二）根据协会章程规定，召开了二届二次理事会，对如何推进行业自律、建立有效的价格竞争体系，如何提高企业服务能力与服务水平等议题展开座谈讨论。补选山东工程技师学院为副会长单位、增补山东劳动职业技术学院为理事单位。

（三）根据发展需要，秘书处分设办公室和发展部，明确部门职能和岗位职责，成立宣传联络部，利用会员单位的资源优势，与济南浩众广告传媒公司、济南英途文化传播有限公司进行了协商合作。

（四）发挥会员作用，行使会员权利，设立了由会员企业组成的“服务质量监督委员会”“安全工作委员会”“文化宣传委员会”，选择骨干快递企业担任委员会成员，主要职能监督协会成员快递服务状况、安全生产状况和快递文化宣传等。

（五）与农民工服务中心和济南润盛人力资源

管理有限公司达成合作意向，帮助会员企业开展人力资源招聘、职业培训和劳务派遣服务。

（六）积极发展会员，目前已有四家企业递交了入会申请，并通过理事会决议，成为正式会员。

三、加强与会员企业的沟通

（一）分别到济宁市快递协会、聊城市快递协会、烟台市快递协会开展协会建设调研，深入了解地市快递协会在组织建设、教育培训的发展情况。

（二）分别组织了三次17地市和部分快递协会秘书长交流座谈会，就如何为会员服务、如何有效发挥协会之间的联动，实现协会在行业中的作用等议题进行了经验交流和探讨。并组织地市协会赴烟台观摩安全演练，参观快递企业，互相学习，促进发展。

（三）组织会员企业参加了2014中国快递行业（国际）发展大会。

（四）充分利用行业协会优势，组织百世汇通快递公司同宏泰物业、诚信行物业、济南电信公司等具有地域优势和人员优势的企业洽谈合作，推进突破快递“最后一公里”的服务瓶颈，以达到多方共赢。

（五）赴沂南考察调研，听取了电动车生产厂和配套服务商，对快递行业专用车辆的配套服务建议，将为快递用车规范定制提供支持。

（六）组织了会员企业赴浙江考察，查找不足，促进发展。

（七）和山东省邮政管理局共同赴江苏和无锡，参观考察快递发展较规范的校园超市等重点地区和企业，学习先进经验。

四、多渠道加强行业宣传力度，提高知名度

（一）充分利用会员群、微信群，关注会员对行业问题的反应，发挥协会网站的交流平台及信息窗口作用，完善了网站功能，实现网站页面改版，增强吸引力，提高安全性和稳定性。

（二）创办协会内刊《山东快递》，开展行业宣传业务，免费发放会员企业、省内各地市邮政管理局、协会，省级兄弟协会等。目前已出刊三期。举办了通讯员培训会议，以提高《山东快递》杂志通讯员业务能力，进一步提高快递企业的宣传工作水平。

（三）与济南英途文化传播有限公司联合推出《山东省快递行业品牌企业风采》大型宣传画册，进一步提升了快递企业和快递品牌的知名度。

河南省快递协会工作情况

2014年河南省快递协会在河南省邮政管理局、省民间组织管理局和中国快递协会的指导下，积极组织会员单位围绕促进快递行业发展、发挥协会桥梁纽带和服务协调作用，主要做了以下几个方面的工作：

一、加强协调沟通，改善行业发展环境

（一）协助河南省邮政管理局，推动省政府出台《关于促进快递服务业发展的意见》。

2014年年初，按照省政府要求，省协会协助河南省邮政管理局牵头起草《关于促进快递服务业发展的意见》。6月5日，《河南省人民政府关于促进快递服务业发展的意见》（豫政〔2014〕47号）印发实施，文件完整、系统地提出了河南省政府促进快递服务业发展的指导思想、主要任务和保障政策，明确了快递服务业在河南经济发展中的地位，为全省快递业发展提供了基础保障。

（二）联合河南省邮政管理局推动邮政业营改增工作在全省顺利实施。

协会在河南省邮政管理局指导下，召开省财

政厅、省国税局等相关部门参加的省内品牌快递企业财务人员座谈会，了解并积极解决营改增实施过程中遇到的问题、难题，推动邮政业营改增工作在全省全面顺利实施。在河南省邮政管理局领导下，邀请省交通职业技术学院专家，对全省快递企业130多名财务人员进行营改增财税知识培训，取得良好效果。

(三)积极与其他行业协会建立合作机制。

与省电子商务协会建立沟通协调机制，推进电子商务与快递物流资源整合和上下游的协作配合、电子商务和快递服务市场的培育和发展。与省服装行业协会协商，筹备建立行业服务平台，尽快开展服装、快递企业座谈会。与省工信厅制造业协会协商，在河南省邮政管理局和省工信厅联合出台《关于推进快递服务制造业工作的指导意见》文件基础上，尽快召开快递服务制造业对接推介会。目前正加紧筹备推进会相关事宜。

(四)开展航空快件调查，改善航空运输环境。

为了解河南航空快件发展的基本情况，河南省邮政管理局和省协会于2014年5月联合进行了一次河南省航空快件业务调查，通过重点抽样方式，选取了22家经常使用航空运输方式寄递快件的重点网络型快递企业。2013年和2014年调查数据表明，全省航空快件总重量约为机场货运吞吐量的四分之一或三分之一，航空快件是新郑国际机场货运量的重要构成部分，河南航空快件货运量提升空间很大。河南省邮政管理局将建立多单位的协调协作机制，保障航空快件运递的通畅、稳定。省民航局将针对快递企业制定鼓励政策，引导快递企业多使用航空运输资源，提升航空快件的运输比重。

二、表彰竞赛先进、“三化”达标企业

(一)“创先争优、转型升级”竞赛活动圆满举行。

2014年4月29日，河南省邮政管理局联合省协会在全省快递市场监管工作会上，对全省“创先争优、转型升级”竞赛活动中评比出的10家优秀企业、39家先进企业、120家合格企业进行了表彰。至此全省“创先争优、转型升级”竞赛活动圆满结束。同时省协会也对2013年全省“提升比重，前移位次”竞赛活动中的快递业务发展先进企业，颁发奖牌予以表彰。

(二)协助河南省邮政管理局开展快递营业网点和生产场地标准化、规范化创建工作，推动“三化”建设。

河南省邮政管理局和省协会联合制定了《关于进一步推进快递营业场所标准化分拨中心规范化作业流程制度化建设工作的通知》，加大“三化”建设工作力度。2014年4月日，河南省邮政管理局和省协会召开快递标准化营业场所和规范化分拨中心创建促进会，表彰了全省395处快递标准化营业场所、84处形象化营业场所、49处规范化分拨中心，收到了预期效果。

三、全力做好快递业务旺季服务保障工作

2014年“双11”期间，河南省网上交易额突破20亿元，比上一年同期增长超过50%，在阿里旗下平台交易额排名第10位；河南省承担电子商务快件服务的主要快递企业进、出、转口业务量达3081万件，其中出件1062万件，比上一年同期增长77%；进件1226万件，比上一年年同期增长53%。快件业务量峰值达557万件，出件量高达161万件，进件量达241万件，是平时业务量的2倍多。

为确保“双11”业务旺季平稳安全，省协会协助河南省邮政管理局全面做好各项准备工作。积极参与召开全省快递业务旺季服务保障工作动员会，增派人员参与市场监管处开展的旺季24小时值班监控工作。同时，协助河南省邮政管理局做好“双11”主题各项新闻宣传活动。

四、积极参与河南省首届快递业务员职业技能竞赛

在河南省人社厅、省国防邮电工会、省邮政管理局联合举办的河南省首届快递业务员职业技能竞赛中，省协会积极参与，全省16家重点快递企业的192名快递业务员参加了比赛。同时2014年协会共组织了3次计1200人次的职鉴考试培训。

湖北省快递协会工作情况

2014年，湖北省快递协会紧紧围绕国家邮政局、中国快递协会和湖北省邮政管理局的工作部署，积极发挥“服务会员、服务企业、服务社会”的宗旨作用，在着力推动快递经济发展方式转型、促进湖北省快递业科学发展、加强协会自身建设、加强行业宣传舆论引导等方面做了一些工作，较好地完成了既定工作任务。

一、召开快递企业联系会，为企业的经营发展排忧解难

2014年4月，协会召开本省快递企业联系会，组织了15家上规模品牌快递企业老总现场交流在快递经营、管理、服务及安全方面的工作经验、介绍抓好2013年全年工作的举措；邀请湖北省邮政管理局领导到会传达中央和省政府领导对快递企业的重要批示以及国家邮政局、湖北省邮政管理局当年的工作重点。联系会上，协会就快递企业反映的揽投电动车上路难且影响到快递服务质量问题，现场请武汉市邮政管理局的领导解答与当地政府反映和解决此问题的工作情况，受到与会企业老总的欢迎。

二、积极开展安全培训和安全论文竞赛等安全文化建设

（一）抓好专刊出版发行。

2014年，协会在专刊上适时报道、转载国家关于支持快递行业发展的政策、中央到地方的各级领导以及社会对快递的关注、支持的新闻，介绍快递企业发展情况和经验等。此外，从2014年第二期《湖北快递通讯》开始，专刊开辟“行业安全”专栏，用于登载行业安全法规、本省邮政业安全监管工作动态、快递企业安全工作活动等。全年出版《湖北快递通讯》3期。

（二）为企业培训安全管理干部。

举办了一期全省快递企业负责人法律法规知识培训班，培训各级快递企业负责人和安全管理人员50余人；制作安全法规宣讲课件100份发放给各快递企业，供企业组织安全培训使用。

（三）举办安全论文竞赛活动。

联合湖北省邮政管理局印发了竞赛文件和活动方案。组织了为期8个月的邮件、快件安全论文竞赛活动，在全省快递业内营造了浓郁的安全文化氛围，同时也推动了各快递企业安全学习制度的落实。截至2014年12月，省邮政业竞赛委共收到推荐论文36篇，经过遴选和考量，产生获奖论文14篇。省竞赛委对评出的14篇优秀论文的作者和6家获得组织奖的企业，颁发了奖牌和证书，并在业内进行了通报表彰。

三、完成了企业安全生产标准化建设相关工作

根据省安监局和湖北省邮政管理局的部署及工作委托，拟定了《全省邮政业安全生产标准化建设工作方案》；配合湖北省邮政管理局召开了湖北省邮政业安全生产标准化建设动员会；联合省安

全生产技术协会对湖北省邮政业安全生产标准化建设的三家试点企业进行调研，对企业分管安全的领导进行了专题培训；参与《湖北省邮政业企业安全生产标准化建设评分标准（试行稿）》的制定，为稳步推进试点企业以及全面铺开安全生产标准化建设，奠定了较好的基础。

四、深入调查研究，推动了快递下乡战略实施

联合各市（州）快递协会，着力推动实施快递企业落实向西、向下、向外的发展战略。协会领导会同湖北省邮政管理局领导多次赴恩施、宜昌、襄阳、黄冈、孝感、十堰等地区，考察山区县城和乡镇快递服务情况，及时提出改善工作的指导意见；鼓励快递公司先行对地理交通便利、经济较为发达的江汉平原一带，整合资源，采取多种措施，联手发展乡镇快递事业，创建符合当地实际情况的经营服务模式，力争在快递下乡上开发出一条具有湖北特色的转型之路。同时，协会在《湖北快递通讯》上重点介绍了黄冈等地邮政管理局积极有效推动快递下乡的工作经验，报道了宜昌山区乡镇超市开业的信息，为推动湖北省快递企业加快转型发展发挥了引导作用。

五、强化协会组织建设，建立高效务实的工作机制

（一）抓好省级协会的发展。

本着自愿入会的原则，协会2014年发展新会员6个；通过理事会增选副会长单位一个。同时，考虑到为企业减负，拟对协会和定于2015年成立的武汉市快递协会在会费收取上，协商制订新的方法，目的是要达到使企业高兴、服务不减、协会活动不受影响。

（二）加快市（州）快递协会的组建步伐。

指导、帮助十堰、荆州、恩施、黄冈、黄石、武汉等市（州）快递协会做好筹备工作，及时审定各协会筹备组制定的协会章程和相关制度，指导各筹备组加强同当地有关部门的联系沟通、争取当地政府的积极支持、抓紧办理成立协会的各项法律手续、适时召开协会第一届会员大会暨成立大会。截至目前，湖北省已有襄阳、宜昌、恩施、十堰、孝感、黄冈、荆州、黄石等8个市（州）成立了快递协会。这8家市（州）协会均落实了办事机构、办事人员及工作地址。其中1家协会还开办了网站。8家快递协会均通过会员表决，制定了自律公约，为促进快递行业诚信建设发挥了积极作用。

六、做好旺季服务保障的服务支撑和配合协调研工作

为确保2014年旺季快递服务的安全平稳运行，协会积极配合湖北省邮政管理局提前召开旺季服务动员会，并适时督促各企业提前做好旺季快递服务各项工作，全力落实保障措施。11月5日开始，会长、副会长等领导会同湖北省邮政管理局领导提前检查指导各品牌快递公司的旺季服务保障工作，及时提出指导意见。“双11”期间，协会还对快递企业一线员工进行了慰问和鼓励。此外，协会还积极配合中国快递协会顺利完成对湖北省快捷快递、百世汇通、顺丰速运3家快递公司旺季服务情况的调研任务。

七、顺利完成协会财的财务年审、年检工作

聘请专业会计对协会财务收支账目进行了清理核对，按规定聘请会计事务所对协会财务各类账务进行了审计，并将会计事务所出具的《审计报告书》提交湖北省邮政管理局审核后报民政部门年检。按照协会章程规定，对未缴纳2013年度会费的单位进行了催缴，完善了会费管理及财务管理工作。

湖南省快递协会工作情况

2014 年，湖南省快递行业协会在中国快递协会和湖南省邮政管理局的正确领导下，在省民间组织管理局的指导帮助下，在全体会员单位大力支持下，准确把握快递行业在经济发展新常态中的位置，立足“安全为基，发展为要，服务为上，管理为本”，坚持创新发展理念，在引导行业发展、增强服务能力，提升服务水平等方面积极开展工作，推动了行业快速、健康、安全发展。截至 2014 年年底，全省依法取得快递业务经营许可证的法人企业 495 家，分支机构 895 家，快递从业人员达 2 万余人，重点品牌企业 20 家，全省规模型快递企业实现业务量 2.3 亿件，与上年同比增长 46.6%，最高日处理量 490 万件，是去年同期的 1.5 倍，快递业务收入完成 26.21 亿元。

一、坚持发展为要，优化发展环境

2014 年，湖南省快递行业协会和积极配合湖南省邮政管理局对接地方政府，争取地方政府对快递行业发展的支持，湖南省快递发展写入了省政府工作报告，明确提出“促进现代交通、物流快递配送、电子商务体系和现代产业体系的对接、配套、融合”。快递在流通领域和服务民生的基础性、服务性作用，受到省委省政府重视。《湖南省现代服务业发展行动计划（2014－2017 年）》将邮政快递列为重点培育产业，要求利用电子商务带动产业链上下游协同联动。积极推进快递园区建设，省发改委将湖南省快递园区布局上报并纳入《全国物流园区发展规划》。

二、加快能力建设，完善服务网络

2014 年，全省改扩建转运分拨中心近 10 余万平方米。圆通、中通等新建衡阳分拨中心，顺丰速运在衡阳、郴州、常德等地新建分拨处理场地。省邮政速递物流有限公司投资数亿元改扩建的航站楼分拨处理中心全自动分拣线正式投入使用。全省新增干线快递车辆近百台。自主航空运力不断增强，顺丰速运开通以长沙为始发站的快递全货机，圆通等正积极推动航空货机落地长沙。高铁运送快件模式取得新进展，中铁快运开通的高铁快递由最初的 1 个城市增加至 10 个，配送城市也由原来的 5 个增加至 151 个，初步实现以长沙为中心的 8 小时、24 小时、48 小时快递时限服务圈。

三、加强交邮合作，推动“快递下乡”

引导快递企业根据湖南省邮政管理局与省交通运输厅联合出台的《关于加强交通运输业与邮政业战略合作的指导意见》精神，深入推进交邮合作，加速电子商务向农村延伸，以实现平台共建、政策共享、资源整合。各品牌网络型快递企业积极响应“快递下乡”工程，将快递延伸到各乡镇。初步统计，全省县以下农村快递网点已达 1200 多个，乡镇覆盖率达 50% 以上。湘潭地区积极承接国家支持网购下乡试点利好政策，推动快递下乡初见成效，引起媒体广泛关注。

四、发挥纽带作用，反映企业诉求

协会充分发挥企业与管理部门间的桥梁纽带作用，坚持倾听会员企业的呼声，抓住会员企业最迫切、最关注、最直接的“最后一公里”难题征求意见，寻求对策，在省协会和邮政管理部门的共同努力下，省内各市州快递车辆城市城市通行难、停靠难问题得到有效缓解。长沙、岳阳、湘潭、湘西等地实行了快递车辆通行证许可举措。

五、强化服务督导，落实安全生产

积极配合湖南省邮政管理局旺季服务保障工

作。指导企业做好应急预案，加强沟通协调，要求企业发挥协作精神和社会责任，顺丰速运、邮政速递物流、圆通速递、韵达速递、中通快递、百世汇通等企业均建立了资源互补、协调作业的工作机制；配合湖南省邮政管理局开展收寄验视制度、化学品寄递安全、安全生产大检查等专项整治活动，要求会员企业落实安全生产责任，做好“春运”、全国“两会”、上海亚信峰会、南京青奥会、天津夏季达沃斯论坛、新疆第四届中国—亚欧博览会等重大活动期间寄递渠道安全保障。

六、搭建市级平台，倡导行业自律

指导省内各市州成立市级快递行业协会，截至目前，全省14个市(州)中已有10个成立了快递行业协会。建立行业自律机制，通过自我管理、自我服务、自我协调，维护市场秩序，倡导快递企业减少同质化的低价竞争与粗放型管理，积极发展差异化的服务竞争与精细化管理。郴州快递行业协会发起快递电子运单规范有偿使用行动，有效降低了会员企业成本，受到一致好评。

七、加强能力建设，提高管理水平

开展评先活动。为鼓励先进，树立典型，营造行业内比学赶超的良好氛围，协会在湖南省邮政管理局的具体指导下，开展了行业的评先工作，利用考评契机不断督促和指导企业加强规范管理，依法合规经营，湖南邮政速递物流、湖南顺丰速运、湖南百世汇通被评为2014年度全省快递行业先进企业。加大宣传力度。通过《湖南快递》等杂志平台，针对性的选刊有效信息，及时宣贯政策法规，帮助会员企业了解全国、全省的快递工作重点；开展业务培训。协会在深入重点企业调研的基础上，围绕企业需要，全年共组织4期培训班，培训1400余人次。

八、紧跟进度要求，梯次推进直营

协会按照湖南省邮政管理局要求，多次召开会议研究，全力推进六个品牌企业的市州直营工作。截至2014年年底，“四通一达”和天天快递在全省市州的经营地域覆盖率达到54.8%，完成了50%的任务目标。今年初又制订了各网络型快递企业直营计划，争取在2015年年底全省网络型快递企业全面实现直营。

九、存在问题

一年来，协会围绕推动快递企业做大做强、支持企业发展做了大量工作，得到了省内主要快递企业的认可，但是，协会工作与上级要求，与广大会员单位的期许还存在一定差距，主要表现在：湖南省快递业的发展仍然存在核心竞争力偏低、发展能力不足和发展不平衡、不协调、不可持续等问题，市场不成熟、不规范、不可控的问题也仍然存在；同质化恶性竞争现象不断升级；寄递渠道安全隐患、信息安全问题还一定程度存在；从业人员整体素质偏低等问题。

广东省快递协会工作情况

2014年，是广东省快递行业协会在全面深化改革中不断优化转变稳步向前迈进的一年。一年来，协会按照年度工作计划，认真贯彻落实全省邮政管理工作会议精神，坚持安全为基、发展为要、服务为上，围绕全省行业发展总体目标和各项重点工作任务，积极发挥行业协会桥梁纽带作用和服务、协调、自律主要职能，进一步加强了协会基础工作建设，取得一些工作成效。

一、各项工作取得了明显成效

（一）快递业务量收保持快速增长。

全省全年快递业务量完成33.6亿件，同比增长59%；快递业务收入实现461亿元，同比增长37%。快递业务量、快递业务收入分别占全国的1/4和1/5，两项主要经济指标继续排在全国首位，并且增幅都超过了全国水平。广州、深圳、东莞稳居全国快递业务量收的前10名。广州在全国50个重点城市快递业务量排名中超过上海跃居第一。广东快递业快速发展所取得的业绩，为全行业的发展作出了积极贡献，同时促进了地方经济社会的发展，较好地满足了城乡人民群众使用快递服务的需求。广东快递业快速发展所取得的业绩是与国家邮政局、广东省邮政管理局的正确领导和地方政府的大力支持分不开的，也是全省所有快递人辛勤努力的结果。

（二）快递服务能力进一步增强。

2014年，广东快递业基础设施建设力度加大，服务能力得到提升。行业以做好旺季服务保障为契机，加大投入，提高产能，全省新增运输车辆5000台，新增作业场地50多个，启用分拨生产线20多条。“双11”期间，规模以上快递企业收寄快件1.36亿件，同比增长81%，占全国收寄总量的1/4。投递快件超过6500万件，同比增长63%，处理快件2亿多件，同比增长75%，占全国快件处理总量1/5.单日快件最高处理量3800万件，同比增长90%，确保了快件“春运”的平稳有序。

（三）安全生产和服务质量得到加强。

2014年，广东快递服务坚持“安全为基”，认真落实企业安全生产责任制度，健全和完善了安全管理和应急处置机制，全力做好旺季服务保障工作，在“双11”业务量同比增长八成的情况下，全省圆满实现了“保畅通、保安全、保平稳”工作目标，保障了“两会”、亚欧博览会、南京青奥会、北京经合组织峰会等重大活动期间全省寄递的安全，并及时妥善处理了企业间的快件积压、扣件及经营纠纷。在确保安全生产的同时，全省快递服务质量和从业人员素质得到进一步提升。目前全省有快递从业人员约40万人，其中持证业务员有8万人，占全国持证总数的40%，持中、高级资格证的有4150人，居全国首位。2014年，广东快递服务还通过加强行业诚信体系建设和市场年度监管信息公告等措施，促进了市场规范经营和行业自律水平，服务质量得到提升，快递服务用户满意度稳中有升。

（四）行业发展环境进一步改善。

广东朱小丹省长高度赞扬和肯定了广东快递业在“双11”旺季服务保障工作中的突出业绩，希望加快快递强省建设。在各级领导的关心和支持下，快递业发展的良好环境在逐步形成。广东快递业发展的主要任务相继纳入地方相关发展规划，在车辆通行、园区建设、协同发展、末端配送等方面得到政策支持。广州、深圳、东莞、佛山、中山、揭阳、梅州等地也对当地的行业立法、城市配送、车辆通行、人才培训等给予了政策扶持，行业的影响力在不断扩大。

二、贯彻行业政策法规，发挥协调服务功能

（一）认真学习和研究国务院对行业的新定位，认真贯彻交通运输部，国家邮政局和广东省委省政府建设快递强国、强省的新要求，充分利用网站、会刊和各种渠道大力宣传，让会员企业认识新形势、适应新常态，用良好的信息资源引导行业发展。

组织会员企业参与行业相关政策的制订意见征询工作，对《广东省禁毒条例》草案中涉及广东快递业的内容，向省内主要的品牌快递企业征询意见，及时向行业主管部门和地方政府相关部门反馈意见和建议。

（二）为政府和企业搭桥，助推扶持政策落地。

2014年下半年，佛山市实行中心城区禁摩禁

电政策，对当地邮政和快递企业影响较大。协会主动介入，进行实地调研，召开企业座谈会，充分听取意见，协调各方关系，并和当地行业主管部门和行业协会紧密配合开展工作，获得了地方政府的理解和支持，将邮政和快递纳入特殊行业，解决了邮政和快递企业车辆通行问题。

（三）落实税改政策，理顺税务关系。

2014年开始，铁路运输和邮政业营业税纳入“营改增”试点。为了帮助企业理解和操作，协会在四月举办了“营改增”实务操作专题培训班，有针对性地指导和协助企业做好“营改增”工作。不少企业负责人和财税人员通过培训，加深了对税制改革政策的理解，都能准确掌握营业税改征增值税的政策，并使营业税改征增值税过渡期的业务顺利衔接，减少了转型期间纳税风险和财务风险。培训班还安排税务专家对企业提出的各种问题进行咨询解答，收到了很好效果。

（四）继续推进企业等级评定试点工作，完成阶段性任务。

广东省快递企业等级评定试点工作自2013年开展以来，评定委员会（协会）按照上级试点工作要求，对省内13家规模以上快递企业进行了初步评定，形成了初评意见。该项工作在试点中由于情况变化，目前仍处于摸索前行中。2014年，评定委员会对第一阶段工作进行了小结，提出意见和建议并形成报告，上报给广东省快递企业等级评定指导委员会（广东邮政管理部门）和中国快递协会。

（五）为企业提供政策法规咨询和法律事务服务。

充分利用协会网站、会刊等服务平台，开辟政策法规、行业信息、法律事务等栏目，运用政策导向和信息资源为企业和社会服务。认真对待企业和消费者的来电来访，协调处理好各种投、申诉及纠纷。指导或代理企业申办快递服务经营许可证，年度工作报告和相关变更等事务，以上工作均受到企业、社会和消费者的好评。

三、参与行业规划调研，为快递“十三五”发展布局

为推动快递服务“向下”“向外”“向深”拓展，确定未来几年广东快递发展方向，2014年3月至年底，协会参与了由广东省邮政管理局牵头，协会、高校科研部门三方组成的“1＋1＋1”课目组，以《广东省快递行业发展研究项目》为课题，围绕跨境快递、农村快递、城市快递配送等内容开展了广泛而深入的调研，形成了《广东省快递行业发展研究报告》，为广东省快递业未来发展及“十三五”规划的制定提供了基础数据和思路。

四、配合相关部门和企业做好旺季生产保障工作

“双11”期间，广东快件量大幅增长。为配合做好旺季快递服务保障工作，协会向会员企业发出通知，提出相关要求，要全力确保旺季快递服务的安全畅通。期间，协会专人持续不断地对广东申通快递、圆通速递、中通快递、韵达速递、百世汇通、世通等企业进行跟踪了解，掌握各企业生产运行情况。协会还积极配合中快协调研慰问组，对相关企业进行现场调研和慰问，鼓舞了企业员工的士气。

五、加强行业诚信建设，提升行业自律水平

配合行业主管部门建立《快递企业诚信体系考核评估办法》，对企业“依法经营、安全管理、规范服务、企业管理、法人代表信用、企业诚信文化建设”几个方面对全省2600多家企业进行定期考评。同时，协会还认真贯彻落实中快协印发的《快递行业失信警示制度（试行）》和《快递行业安全自律公约》，并制定了《广东省快递行业自律与信用体系建设方案》。为了抓好落实工作，2014年6

月，协会组织召开省内23家主要品牌快递企业行业自律座谈会。8月，协会与省消委会召开联席会议，互通并研究对省内快递企业服务质量测评中存在的问题。9月份，协会和省消委会共同召开了快递服务质量测评通报会，向部分快递企业通报情况，与相关企业签订了“诚信经营责任书”，并向全省快递企业发出了诚信经营倡议书。在各方配合和多种举措下，企业诚信经营、规范运作的思想意识有所增强。

六、搭建交流合作平台，共推行业发展

（一）组织会员企业参加第三届京交会。

第三届中国国际服务贸易交易会2014年5月28日至6月1日在北京举行。根据国家邮政局和中国快递协会的安排，协会组织省内部分快递企业和会员单位参加了快递板块的系列活动。通过“中国快递行业（国际）发展大会”，中国快递服务O2O商务洽谈会和行业论坛及推介会等活动，促进了省内快递企业与更高层面、更大范围的融合。

（二）组织对外交流，引导“向外”发展。

为推动行业的“向外”工程，协会2014年组织了两次对外交往活动。7月，组织22名会员企业高管和骨干人员赴香港国泰航空货运站和DHL中亚区枢纽中心考察，学习先进的管理经验。10月，应巴西PARANA州货运协会要求，在巴西驻粤领事馆配合下，组织巴西货运协会11人到顺丰速运总部进行商务考察和交流活动，增进了相互了解，达成了合作意愿。

（三）协同组织举办深圳物博会快递板块活动。

第九届中国（深圳）国际物流与交通运输博览会2014年10月在深圳举行。该届物博会吸引了60多个国家和地区的10万余专业观众和采购商参加，影响面较大。协会应有关方面要求，作为支持单位参与了相关活动，博览会为提升我国快递行业形象，推动企业合作交流提供了一个良好平台。

（四）携手新能源汽车产业，推进城市快递配送节能环保。

2014年，协会与普天新能源公司、中国邮电器材广州公司等新能源汽车企业，在广州市政府的支持下，积极推进城市物流，快递配送车辆对新能源汽车的应用与普及，充分利用政府的优惠政策，改善城市快递配送通行难的问题。目前，邮政、顺丰速运、邮政速递物流等快递企业已开始逐步投入使用该种车辆。

（五）组织地市快递协会秘书长座谈会，增进了解，相互促进工作。

全省各地市快递行业协会成立后，为加强同行业协会间的协调、配合，更好地为企业服务，2014年3月，省协会组织召开全省21个地方协会秘书长座谈会，交流各地工作情况，研究行业发展中存在的一些热点难点问题，统一了思想，明确了协会工作任务，有利于今后开展工作。

七、加强协会基础管理，创办现代行业协会

创办现代行业协会是协会近几年的建设目标。根据省民政部门《关于开展全省性行业协会商会基金会评估工作的通知》精神，2014年下半年，协会派员参加了培训班。秘书处认真学习了相关文件，明确评估的目的，在提高认识的基础上主动申报参加评估。从2014年9月至今年2月，经过近5个月的认真准备，对照评估指标和打分标准，从“依法办会、规范运作、能力建设、发挥作用、社会评价”5个方面共128项具体指标进行自评和资料准备。截至2015年2月，经过评估小组各位专家的评估，协会达到4A级以上行业协会的标准。通过此次全面客观的评估，找到了协会工作上的不足，明确了建设现代行业协会的标准和今后努力的方向。

广西壮族自治区快递协会工作情况

2014年是快递业持续快速发展的一年,市场需求旺盛,全国快递业务量连续累计同比平均增幅超过50%,广西快递业务量连续累计同比平均增幅也达30%以上,主要快递公司加大投入及资源整合的力度,服务能力和水平大幅提高,网络布局不断完善,“快递下乡”工程扎实推进,服务的广度、深度不断拓展和深入。过去的一年,广西快递协会在区邮政管理局领导和中国快递协会指导下,在全体会员单位的支持下,以“围绕中心、服务大局、服务会员,服务行业”为宗旨,坚持从实际出发,积极开展调研、培训,着力协调和推动制约广西快递业发展问题的解决,在政策引导、舆论导向、行业宣传、活动组织等方面积极开展工作,较好地完成了各项工作任务。

一、促进快递行业改革创新、转型升级

国家邮政局局长马军胜在2014年全国邮政管理工作会议上,要求全行业把改革创新、转型升级贯穿于邮政业发展的各个方面,统一思想,凝聚力量,为加快建成与小康社会相适应的现代邮政业而努力奋斗。要求快递企业要推动“向下”“向西”和“向外”拓展,启动“快递下乡”和推进“快递西进”工程,更好地促进快递业的发展。

对国家邮政局提出的要求,协会召开了会长会议和秘书长会议进行学习和传达。要求各会员单位坚持问题导向,努力转方式、调结构,注重速度、安全、质量、规模、结构、区域、城乡等多维度的平衡和协调,着力解决行业发展过程中遇到的困难与问题。广西主要快递企业根据国家邮政局的要求,抢抓机遇,加强了能力建设和网络布局。2014年,广西顺丰速运有限公司、广西圆通速递有限公司、南宁广运快运有限公司(韵达)、南宁市天递海航快递有限公司、杭州百世网络技术有限公司南宁分公司(百世汇通)、广西吉祥中通快递有限公司等会员单位扩大了分拣中心场地面积,处理能力成倍增加。同时主要快递企业对县域和主要乡镇的网点布局也在深入推进。广西圆通速递有限公司、南宁广运快运有限公司、广西吉祥中通快递有限公司经过资源整合,将加盟企业收购为直营企业,大大增强了全网的管控能力,提升了服务质量,使全区快递业发展迈上了一个新台阶。

二、确保快递旺季服务做到“三不”“三保”

2014年“双11”期间,广西快递揽投件量与最高日处理量均创下历史新高,据区邮政管理局11月11日至16日的统计,广西作为投递量为主的西部省份,11月13日迎来了“双11”之后的快件处理高峰,比2013年提前了三天,当天日处理量达到204万件(其中揽收49万件,投递155万件),比2013年最高峰日处理量105万件增长了78%。11日至16日平均日处理量达到186万件。面对严峻的运营形势,广西快递协会积极采取措施,发挥行业协会的组织协调作用,协助快递企业在“双11”期间实现安全平稳有序运行。

(一)分别召开会长扩大会议和秘书长会议。

会议传达国家邮政局10月15日的召开电视电话会议精神,要求大家充分认识做好旺季服务保障工作对国家实施“稳增长、调结构、转方式”重要战略及行业后续发展的重大意义,抓好旺季服务保障的关键环节和重点部位,确保行业的安全、稳定运营。同时认真听取了11家快递企业对业务旺季工作准备情况的通报。为全力确保2014年“双11”业务旺季生产,根据中国快递协会的有关部署,协会下发了广西快递协会《关于做好2014年“双11”快递服务保障工作的意见》,提出:一要高度重视,做到领导重视、组织落实、措施到位;二

要加强领导，成立以主要领导挂帅的“双11”保障工作领导小组，设立以企业网络运行负责人和信息管理负责人为核心的“双11”业务旺季生产运行指挥调度中心；三要完善预案，突出预见性、计划性、可操作性；四要精心准备，确保收寄、分拨、运输、派送四大生产环节和投诉受理环节安全畅通。努力实现国家邮政局提出的“不瘫痪、不爆仓、不延误”，“保畅通、保安全、保平稳”的要求。

（二）深入企业，督促检查，力保旺季保障工作平稳运行。

11月15日，协会由会长带队，到广西顺丰速运有限公司、广西南宁申通快递服务有限公司、广西圆通速递有限公司、南宁广运快运有限公司、广西吉祥中通快递有限公司、南宁市天递海航快递有限公司、杭州百世网络技术有限公司南宁分公司（汇通）等七家公司分拣场地督促检查。从检查中看，由于各快递企业做好了充分的准备，扩大了分拣场地，提高了运能，增加了人员，运营基本通畅，做到了不瘫痪、不爆仓。但个别企业因派送能力不足，也出现了分拣和投递积压、延误的问题。

（三）召开“双11”总结会。

12月15日，协会召开“双11”总结会。广西区邮政速递物流有限公司、广西顺丰速运有限公司、广西南宁申通快递服务有限公司、广州宅急送快运有限公司南宁分公司、广西圆通速递有限公司、南宁广运快运有限公司、广西吉祥中通快递有限公司等区内主要快递公司参加会议。会议总结交流了“双11”期间快递运营好的做法以及存在的困难和问题，为今后做好旺季生产运营，解决市场旺盛需求与快递企业能力不足的矛盾，解决“最后一公里”派送的难题积累了丰富的经验。

三、关注和鼓励快递企业做大做强快递业务

国家邮政局在2011年6月提出的《关于快递企业兼并重组的指导意见》指出：“快递企业兼并重组，是优化产业布局，转变发展方式，提高发展质量和效益，促进快递产业转型升级和跨越式发展的必然要求；是切实增强服务能力，提高服务水平，转变竞争模式，实现做强做大的有效途径”。协会十分关注广西快递企业的兼并重组，积极主动地协助快递企业做好兼并重组的工作。

协会曾经协助上海圆通速递有限公司在广西收购南宁华贸速递（圆通）有限公司，在上海圆通总部成立了广西圆通速递有限公司，正式注册运营后，经过协会理事会审议通过，广西圆通速递有限公司现已成为广西快递协会会员，同时担任了协会副会长单位一职。在2014年的“双11”期间，直营的分拨中心发挥了枢纽作用，大大增强了全网的管控能力，顺畅、平稳地完成了“双11”快递高峰期寄递配送任务。2014年南宁广运快运有限公司、广西吉祥中通快递有限公司在其总部的支持下，完成了企业兼并重组，正式注册运营。两个公司的分拨中心都由总部直营，分拣能力、转运能力、全网的管控能力有了质的提升，在2014年的“双11”期间，发挥了重要作用。其中，广西圆通、广西韵达和百世汇通这三个单位的新分拨中心能力增强最为显著，预计可以维持今后五到十年的正常运营。

在企业兼并重组过程中，协会和被兼并重组的快递企业一直保持联系，维护他们的合法权益，促进妥善解决债权债务和员工安置等问题。目前广西一些快递加盟企业规模小、实力弱、经营分散，产业集中度低，运营和管理能力滞后，服务水平不高等问题突出，快递产业的整体能力和水平远不能满足经济社会发展的需要，这将制约广西快递业今后的发展。协会将时刻关注这个问题，鼓励、协助企业做好兼并重组工作，进一步增强服务能力，提高服务水平，转变竞争模式，做大做强快递业务。

四、启动创建“青年文明号”活动

2014年6月30日,区邮政管理局和广西快递协会联合召开了广西快递行业“学习最美快递员,争创青年文明号”活动动员会。区邮政管理局、南宁市邮政管理局干部职工,广西快递协会负责人,相关快递企业负责人及代表共40多人参加会议。广西壮族自治区区邮政管理局党组书记、局长梁勤、广西快递协会会长吴全兵分别作了动员讲话。要求各快递企业要以青年文明号创建活动为载体,高度重视,积极地组织本企业青年员工开展青年文明号创建活动,引导广大青年员工以“最美快递员”为榜样,忠于职守、爱岗敬业、锐意进取,大力弘扬社会主义核心价值观和邮政行业“诚信、服务、规范、共享”的核心价值理念,不断提高自身素质和服务水平,树立快递行业良好社会形象,提升快递行业文化软实力和核心竞争力,为促进经济社会发展、加快建成现代邮政业作出积极贡献。动员会上,快递企业代表向全区快递行业的广大青年员工和争创集体发出了学习“最美快递员”,争创“青年文明号”的倡议。

7月8日,协会召开秘书长会议,又做了再次动员。这次争创活动,对加强快递行业精神文明建设,促进快递行业健康发展,促进快递行业青年员工岗位成才具有重要的现实意义,对快递企业今后的健康发展也有长远的意义。

五、广泛开展协会各项活动

(一)举办“中国快递现状与发展趋势”培训讲座,开阔视野,拓宽经营管理思路。

协会利用召开年会时机,邀请快递物流咨询网(朗策咨询)首席顾问徐勇做了“中国快递现状与发展趋势”讲座。会员单位100多人参加。

徐勇顾问在讲座中回顾了2013年中国快递产业发展情况,分析了2014年中国快递产业竞争格局,做了“十二五”末中国快递产业发展的预测,总结了快递物流咨询网研究结论,并对中美快递产业进行了对比分析,预测了“快递化”将是现代物流发展的趋势,同时对广西快递业发展提出了建设性意见。

(二)对会员单位“营改增”后的经营状况进行调研。

由于快递企业成本费用中人工成本占比很大,可抵扣的进项税少,加上取得增值税发票不足,导致行业税负增加。此外会员单位在分支机构变更、揽投车辆配备及通行方面也存在不少困难。协会根据调研发现的问题,综合上报了区邮政管理局和中国快递协会。

(三)组织会员单位交流、学习,增进相互了解。

7月31日,协会组织会长单位和部分理事单位参观了广西顺丰速运有限公司中转场地和“嘿客店”。广西顺丰速运有限公司为此次活动做了精心的准备,详细介绍了中转场的建设过程和作业模式以及“嘿客店”的运营模式,李蔚琛总经理亲自安排,周密部署,使此次活动取得了良好的效果。

(四)积极参与广西企业与企业家联合会的评优活动,提升快递企业知名度。

经企业申报、广西快递协会推荐,广西企业与企业家联合会审批,广西顺丰速运有限公司被授予“2013年度广西优秀企业”光荣称号;广西区邮政速递物流有限公司总经理吴全兵被授予“2013年度广西优秀企业家”光荣称号。

广西快递协会还荣获了广西企业与企业家联合会授予的“2013年广西企联系统先进协会”称号。

六、加强协会会员单位联系,积极慎重发展会员

(一)不定期召开秘书长会议。

传达国家邮政局、区邮政管理局、中国快递协会的会议、通知精神,布置协会工作以及交流各单

位的情况，互相学习、借鉴。通过各会长、副会长单位向所辖下属单位或加盟企业贯彻协会的意见、要求，并向协会反映所辖下属单位或加盟企业的诉求和建议。

（二）继续做好《广西快递信息》的编辑工作。

《广西快递信息》向会员单位提供政策信息、通报行业资讯、介绍协会工作、交流经营情况、推荐国内外较有影响的快递论文等，成为联系广大会员单位的一个平台。2014 年协会共编辑《广西快递信息》12 期，自协会成立至今，已发 88 期，增刊 3 期。

（三）积极慎重发展会员。

2014 年，协会吸收了南宁广运快运有限公司、广西吉祥中通快递有限公司、广西壮族自治区经济管理干部学院入会，其中南宁广运快运有限公司、广西吉祥中通快递有限公司为副会长单位，扩大了协会的行业覆盖面。广西壮族自治区经济管理干部学院的入会，拓展了校企合作的途径。

一年来，协会做了一些工作，但限于协会自身的能力，离上级和会员单位的要求还有相当距离。协会将进一步提高自身能力，更好地为会员单位服务。

海南省快递协会工作情况

2014 年，海南省快递行业协会在海南省邮政管理局和中国快递协会的领导指导及全体会员的配合和支持下，以“围绕中心、服务大局、服务会员、服务行业”为宗旨，认真履行“服务、协调、自律”职能，坚持从实际出发，强化行业自律，推动行业诚信建设，深入调查研究积极反映诉求，充分发挥桥梁纽带作用，在政策引导、舆论导向、行业宣传、活动组织等方面积极开展工作。

一、协会组织建设工作

（一）认真抓好换届工作。

协会成立于 2007 年 9 月，时任会长王进美，秘书长谢汉志。为做好换届工作，常务理事召开专题会议进行认真研究，制定换届工作方案，报经海南省邮政管理局同意，于 2014 年 5 月 16 日在海南海口市召开二届一次会员大会和理事会进行选举换届。共有会员单位 48 个，到会代表 46 人，通过选举产生新一届的理事和常务理事。海南省邮政公司副总经理杜标岭当选为会长，省邮政速递物流公司、海南海汽运输集团股份有限公司、海南顺丰速运有限公司、海口申通快递服务有限公司、海口圆通融盛速递有限公司五个单位当选为副会长单位，海南省邮政公司海口市分公司和三亚市分公司及中外运空运发展股份有限公司海南分公司三个单位当选为常务理事，谢汉志当选为秘书长。

（二）严格执行相关规定。

抓好“三会”制度和年度工作报告制度的落实，及时办理协会“三证”的年审和法人变更的换证工作，使协会合法合规开展活动。

（三）严格执行财务管理制度。

在做好年度会费收缴管理的同时，完成了财务年度审计和法人离任的审计工作。

二、强化行业自律，推动诚信建设

（一）进一步健全行业自律工作机制，着力推动自律公约的落实。

协会结合本省快递行业的工作实际，新制定了《海南省快递行业安全自律公约》，与行业自律公约一并推行。

（二）积极采取措施，助推旺季保障各项工作的落实。

按照国家邮政局提出的“三不、三保”工作目标要求，协会组织传达学习贯彻邮政管理部门关于旺季服务保障工作部署精神，加强组织领导，及时调整协会旺季工作协调小组成员，补充杜标岭会长为组长。下发《关于做好旺季保障工作的通知》，要求会员企业要遵照邮政管理部门的要求，高度重视，加强领导，落实责任，以高度的社会责任感，履行好企业对外承诺的社会责任，认真做好应对工作的前期准备。在“双11”“双12”高峰期间，保持上下的沟通联系，及时了解各网络企业的快件流量流向情况，深入“四通一达”等重点网络企业进行督导，助推旺季保障工作各项制度的落实。

三、加强与政府、企业间的沟通交流

（一）组织对新修订的《海南省邮政条例》、《快递电动三轮车技术要求》等的学习宣传，着力推动新规新标在企业的贯彻施行。

把政府部门关于旺季快递服务保障工作、台风预警等重大事件的信息，通过召开会议、下发通知、转发信息等方式，及时传递给企业，助推重大事件工作的落实。

（二）加强与企业间的沟通交流，深入企业开展调查研究座谈交流，贴近实地了解企业发展过程中存在的困难和问题。

一年来涉及企业有80多家次。把企业在旺季服务保障工作、台风受灾自救工作、快递电动三轮车技术标准施行、快递电动自行车拥有量使用情况、快递园区建设选址，过海班车优先等存在问题和困难的诉求，及时向相关政府部门反映，引起重视。

（三）增进与外省同行的沟通联系，相互交流工作情况，吸取工作经验，取长补短，拓展工作思路。

重庆市快递协会工作情况

2014年，在重庆市邮政管理局的正确指导下，在各部门的大力支持下，经过全体会员单位的共同努力，重庆市快递协会坚持“服务、协调、自律”的根本宗旨，充分发挥桥梁纽带作用，积极服务会员企业，强化行业自律，反映行业诉求，推动行业健康发展。主要做了如下工作：

一、做好旺季保障工作

为了确保“双11”快递服务保障工作，在重庆市邮政管理局的组织下10月22日召开了全市快递旺季服务安全保障培训大会，会上协会秘书长马斌生代表协会讲话，希望各企业高度重视、明确责任、按照重庆市邮政管理局旺季保障相关规定认真执行，做到三不：不爆仓、不瘫痪、不曝光。四个保证：保证安全、保证畅通、保证服务、保证质量。四个不发生：不发生重大责任事故、不发生重大交通事故、不发生重大火灾事故、不发生企业内外集体投诉事件。围绕中心、统一调度、加强管理、加强领导。通过加强督导、监控、数据上报、预警、提示等多种方式，加强对业务高峰期快件的疏导与调控。

二、改进提高，加强联系，夯实行业基础性工作

组织召开了二届二次理事会议。21个理事单位参加了本次会议，秘书长做2013年度协会工作总结，对2014协会工作计划进行了讨论；表彰了在2013年全市快递企业开展“自律为本、诚信为民、服务社会”征文活动中获奖的单位和个人。

三、反映会员企业诉求，促进行业发展

根据重庆市邮政管理局的总体工作要求，协

会就快递业发展过程中遇到的问题与困难，组织召开部分快递企业关于快递行业同质化竞争座谈会。主要讨论依靠电商助推实现规模迅速扩大的快递业，越来越面临同质化竞争、利润下滑、服务质量偏低等问题。

四、加强行业诚信体系建设，激发行业正能量

向各快递企业转发共青团中央交通部运输部国家邮政局《关于在全国快递行业开展创建青年文明号活动》的通知，协会还配合重庆市邮政管理局收集并整理上报全市快递企业现有共青团员情况工作。

五、重视党建工作，加强协会自身建设

为贯彻落实中央关于加强行业系统基层党建工作的部署要求，按照重庆市邮政管理局、民政局的工作安排，全面了解掌握快递企业党组织建设情况，协助重庆市邮政管理局对全市76家非公有制快递企业基层党建工作情况进行了调查统计。

积极吸纳新会员。向有资质的快递企业发出入会申请表邀请企业入会参会，共收到十余份入会申请表，经秘书处进行审议通过，2014年比2013年新增会员单位10家，目前已有会员单位共81家。根据协会章程，按照会员收费标准向各会员单位收缴会费，2014年已收到会费占全部会员的89%。

六、积极参与行业快递宣传发行工作

在重庆市邮政管理局办公室的带领下，10月27日，协会参加国家邮政局关于《中国邮政快递报》和《快递》杂志2015年度的发行工作。会后对全市快递企业进行了宣传，并发放订阅通知，通过打电话QQ群等联系方式，动员各企业积极订阅2015报纸和杂志的工作，截至12月共订阅报纸302份，杂志85份。

七、完成重庆市邮政管理局以及协会领导安排的其他工作

积极完成并配合重庆市邮政管理局以及各部门布置的工作。9月，重庆市邮政管理局“虚拟团队”微信学习信息平台建立，为更好的促进相关工作，加强各个项目组和成员之间的学习交流，按照重庆市邮政管理局办公室的工作要求，协会积极配合安排专人每周星期一至星期五的早上，通过微信学习学习平台各“虚拟团队”以“项目组”为单位分布相关学习信息，从2014年10月20日至2015年2月底，共计报送各类微信学习信息1200多条。

四川省快递协会工作情况

一、深入快递企业调研及开展检查活动

（一）树立行业典型、弘扬正能量，组织评选先进单位和优秀快递员。

2014年年初，经过四川省邮政管理局同意，为表彰先进、树立典型，进一步提升快递旺季的服务能力和水平，推动快递服务工作再上新台阶，四川省快递协会联合四川省邮政管理局市场处共同组织了“2013年度四川省快递旺季服务先进单位和优秀快递员”评选活动。经各快递企业评选推荐和评选委员会审核，31家单位和53位快递员获得2013年度四川省快递旺季服务先进单位和优秀快递员荣誉称号。协会还将获奖单位和个人名单通报给部分新闻媒

体。通过“评优”活动，省快递协会号召全行业管理者和员工虚心向受到表彰的单位和个人学习，进一步发扬成绩、再接再厉，努力提升服务能力和水平，继续在快递服务生产中发挥表率作用，为人民群众提供更加迅速、准确、安全、方便的快递服务。

（二）“双11”期间深入调研，确保企业安全平稳运行。

2014年“双11”期间快件揽投件量与最高日处理量均创下历史新高，省快递协会高度重视，根据国家邮政局、四川省邮政管理局的统一部署，按照“保畅通、保安全、保平稳”的工作目标，充分发挥了行业协会的组织协调作用。协会秘书处还会同中国快递协会调研组，赴成都、德阳两地快递企业实地调研，详细了解了旺季期间收寄、处理、派送等生产环节的运营安排及业务量变动情况、员工劳动强度及收益情况，协调处理企业在高量运行情况下遇到的问题。为四川省“双11”期间的安全平稳有序运行贡献出应有的力量，有力地保障了四川省旺季保障工作扎实推进。

调研中看到，各快递企业对“双11”旺季生产均有积极准备和预案，对成倍增长的业务量应对有序，几个处理中心没有发现大的积压现象，企业管理人员参加生产，并增加临时用工，企业领导亲临现场指挥调度，将快递业务旺季宣传保障工作落到实处。

二、扩大省内快递企业知名度，助推快递行业“走出去”战略

四川省快递协会组织按照中国快递协会、省邮政管理局的统一部署，组织了四川省快递企业参加了京交会、2014中国电子商务创新发展峰会、中国（四川）国际物流博览会。通过这些平台展示了四川省快递企业的风采，提升快递企业知名度与影响力，通过接触与沟通，广泛收集意向客户资料，为进一步开拓快递市场奠定基础。促进了快递企业向“品牌优、实力强、后劲足”方向发展，促进快递企业兼并重组，推动快递行业健康有序发展。

三、积极与新闻媒体沟通，引导社会公众正确认识快递行业

协会秘书处与《成都商报》《成都晚报》《华西都市报》等新闻媒体建立并保持了工作联系，并做好了来电来访的接待工作。对于快递行业出现的一些情况，新闻媒体都主动和快递协会沟通。在2014年旺季开始前夕，协会秘书处就向相关媒体介绍了旺季到来之前国家邮政局和四川省邮政管理局一系列精心布置和安排，快递公司上上下下紧锣密鼓的精心准备的具体情况，得到了相关媒体的认同与支持。促进了媒体与企业之间的相互了解，行业形象得以提升，增进了消费者对快递行业的理解与支持。

四、积极配合国家税制改革，为快递企业税率争取扶持政策

2014年1月1日起，快递行业已经正式纳入“营改增”试点。“营改增”后，一般纳税人的快递企业是按其取得的应税服务的销售额11%或6%的税率计算其增值税的销项税额。

四川省快递行业实施“营改增”后，省快递协会积极推进四川省快递行业税制改革，并通过调研、走访等形式，了解“营改增”进展情况和对快递企业的影响。从实际纳税情况来看，快递行业属于劳动密集型的企业，可抵扣的进项税额偏少，导致企业实际税负大幅增加。四川省快递协会广泛征询企业意见，将企业所面临的困难与意见建议进行归纳整理，形成建议报告报送四川省邮政管理局和相关政府部门，使其进一步了解快递业的实际运营情况和“营改增”后的实际税负压力，全力争取合理税率，促进行业健康发展。

五、加强与会员单位和兄弟省市协会的交流

（一）组织接待天津市快递协会调研团。

2014年9月，天津市快递协会秘书长祝志平带队，携天津顺丰速运、申通快递、圆通速递、中通快递、韵达速递、百世汇通、宅急送、全峰快递等企业主要负责人及协会副秘书长来四川省考察调研。协会和四川省邮政管理局市场处组织省内重点快递企业负责人与天津调研团一起召开了一次座谈会。双方进行了行业方面的工作交流和经验介绍，就推进代办快递新型模式、解决“最后一公里”投递难问题及探讨如何让快递代办网点更加合法合规等相关问题进行了交流讨论。此外，还专门安排天津同行参观了四川“速递易”智能快递箱、四川顺丰速运客服中心及成都申通快递公司华阳网点。双方人员都觉得此次考察调研时间虽短，却受益匪浅，通过此次活动，两地协会以及快递企业之间加强了交流沟通，为两地快递企业提供了一次互相学习的机会。

（二）深入会员单位开展调研，把握行业动态。

年中，协会驻会副会长沈成华带队，协会秘书处深入申通快递、中通快递、圆通速递、百世汇通、国通快递、全峰快递等省内重点品牌网络型快递企业实地调研，分别与各快递企业负责人针对当前快递企业发展存在的问题和困难进行了探讨和交流。调研中，各快递企业负责人对做好快递“最后一公里”，快递三轮电动车如何规范化、合法化，如何落实好川办发〔2013〕82号文件中的优惠政策等问题提出的意见和建议，协会秘书处对这些建议进行了汇总整理、认真分析研究并上报相关政府部门，全力为快递业的发展作好服务和支撑。

六、密切关注快递“最后一公里”

协会密切关注快递“最后一公里”，尤其关注媒体导向和舆论引导，对类似“速递易”等智能存取箱对有效解决快件投递问题的重要作用的介绍，和“速递易”生产企业保持良好协作配合关系。协会秘书处参加了成都三泰电子战略发布会，观看了三泰电子旗下产品“速递易”的操作演示，详细了解“速递易”后续发展战略。2014年，速递易网点布局突破1万，投件量突破6000万件，希望通过协会努力，达成快递公司与“速递易”厂家的进一步合作，以期更好地解决快递“最后一公里”问题。

七、协会会议召开合理高效

本着相互交流、共同提高、充分发挥理事单位积极性的原则，协会先后召开了几次理事会和副会长工作会议。通过会议部署协会工作，传达上级精神，汇报协会秘书处工作情况，听取理事意见，座谈交流工作经验。使协会发展呈现出良好的景象和局面。

协会秘书处也定期召开工作例会，对协会的前期工作活动等进行相关的总结及对后期的工作进行部分规划，促进协会自身建设。

八、办好会刊，为全省快递企业提供信息交流平台

协会会刊《四川快递》及时传达了政府相关部门发布的政策、法规，刊登了企业领导、专家学者对改革、发展、管理、服务等方面的研究和见解，反映企业动态，展示基层员工爱岗敬业、热心服务客户的精神风貌和感人事迹。为全省快递企业提供了信息交流、宣传平台。

同时协会秘书处工作人员通过邮箱、QQ等方式与会员单位加强联系，为会员单位在政策咨询、情况反映等方面热心服务，与大家共同讨论如何加强监管、加快发展等各种话题，沟通更加快捷、方便，与协会成员之间也增进了感情，增加了大家对协会的热情和积极性，使大家积极组织参与协会的相关活动。

贵州省快递协会工作情况

贵州省快递行业2014年继续保持快速发展。2014年11月的数据，全省规模以上快递企业实现快递业务量4175.1万件，同比增长58.2%，增长率全国排名6位，总量继续超过内蒙；完成进口派件量（估计）13000万件；快递业务收入完成87396.6万元，同比增长61.2%，全国排名第1。

2014年全省快递业，有以下几个特点：一是发展迅速，但在大发展的同时体现规范不足。二是行业投入加大。主要快递公司硬件方面都有较大投入，不完全统计，除了增加分拨中心，增加操作场地，增加干线运输车辆和投送车辆，新增用工外，2014年一个显著特点，就是"快递下乡"从点到面，从个别企业到多数品牌企业铺开，有效地缓解了农村人民群众网购上存在的"取货难"情况。二是企业创新多。为提高效率，企业不断创新尝试，如业务高峰期优化发运路由和发运顺序，及时分流快件货物，减少中转环节；适时划小派件投送区域，增设派送代理；应用智能快件箱、快件手机客户端下单等。三是省内上下游环节协作到位。上下环节间相互沟通，实时调配运力，保障运输车辆、分拣设备的合理运转，保障了旺季服务工作的平稳运行。四是经营和管理模式更加多元化。电商和快递相互渗透，相互合作在贵州已经出现。

2014年，贵州省快递行业还有一个非常重要的特点：在贵州省邮政管理局的有力领导下，各地政府已经开始注重快递行业，并将快递业作为地方重要产业进行统一谋划。主要体现在：1.省政府出台《关于印发加快全省快递行业发展责任分工方案的通知》，从顶层设计全省快递行业发展政策，并将发展责任落实到了各厅局和各级人民政府；2.各地政府相应出台政策支持快递行业发展，并主动和邮政管理机关联系研究快递发展事宜。铜仁毕节等市级政府出台文件，对快递业发展实施激励政策，重奖发展好的快递企业。还由财政出资，对出口快递量进行补贴性奖励。3.黔南州和龙里县人民政府响应省人民政府文件，拿出近千亩土地在龙里临近贵阳机场附近建设快递物流园区，有效解决困扰全省快递业多年的中转分拨场地不足问题。目前已经有1家企业建成试运行，其余八家企业项目正在顺利进行中。因此，这足以说明贵州省快递业经过几年的发展和努力，快递业的作为不断显现，在地方经济发展、民生服务中的地位已经比过去有相当大的提高，政府逐渐将快递业纳入当地重要产业进行管理，这对快递今后发展是重大利好。

2014年，协会的主要工作有如下几个方面：

一、协会会员队伍进一步壮大

2014年，协会发展了贵阳颖志计算机系统集成有限公司、贵阳顺泰快递有限公司、中铁快运股份有限公司贵阳营业部、中铁快运股份有限公司贵阳分拨中心营业部、北京京邦达贸易有限公司贵阳分公司、贵州省罗甸县韵达快递服务有限责任公司、息烽县乐乐圆通速递有限公司、贵州省安顺开发区合盟物流有限公司等八家快递企业加入协会为会员，贵州省快递协会会员数量达到81个。协会会员涉及民营、外资、国有、混合等所有制，涉及省、市州、县三个层面，涉及直营、股份、加盟等经营模式，涉及快递、电子商务、信息技术、民航、铁路等多个领域。协会会员队伍进一步壮大，会员覆盖面更加广泛，会员结构更趋多元化，行业影响力进一步提升。

二、"双11""双12"业务高峰平稳运行

协会根据贵州省邮政管理局的统一部署，

按照国家邮政局提出的“三不”(重要节点不爆仓、全网运营不瘫痪、主流媒体不曝光)的工作目标,充分发挥行业协会的组织协调作用,精心筹备、科学推进、扎实有效地开展工作,为全网“双11”“双12”期间的安全平稳有序运行贡献出应有的力量。“双11”“双12”期间,协会在贵州省邮政管理局的统一安排下,及时转发中国快递协会下发的有关行业安排意见,要求全行业深入学习执行,做好自律。参加省工商局、省消费者协会和主要快递品牌企业业务旺季前的座谈,加强快递行业与快递消费者的沟通。并深入到快递企业中转现场实地督查快递旺季生产运行与服务保障情况,慰问奋战在分拨装卸和派送客服一线的快递员工,鼓舞全行业坚守岗位、日夜奋战、践行承诺,满足消费者对快递服务的需求。

三、协助办好中国服务贸易交易会等活动

2014年,协会在中国快递协会和贵州省邮政管理局的统一安排下,参加了中国服务服务贸易交易会,系统地向大会介绍了贵州快递行业的现状和发展情况。九月,协会配合省市邮政管理部门,协助办好在贵阳举办的《2014年电子商务创新发展峰会》活动,组织协会理事参加了《快递发展分论坛》,使参会理事更加了解当前行业发展趋势和与电子商务融合发展的前景。活动期间还接受了到访媒体的采访,介绍了贵州快递业融入电子商务的情况。

四、积极参与快递业法规修改工作

2014年,借贵州省邮政管理局和省立法部门修改《贵州省邮政条例》的机会,协会积极参与,反映快递行业诉求,并陪同立法机关深入到州市快递企业开展调研,形成相关意见。对征求意见的《快递条例》,协会也深入主动征求企业意见,形成修改意见上报,尽量反映快递行业对法规方面的有关诉求。

五、协助省邮政管理部门规范全省快递行业

2014年,省快递协会在以下几个方面配合省邮政管理部门,开展全省快递行业规范工作:

(一)价格自律工作。

在中国快递协会的统一指导下,提出了意见,后在重庆问题出后暂缓。

(二)督导企业加强自律工作。

协会组织工作人员,深入到基层快递网点,督导企业自觉规范经营。积极参加贵州省邮政管理局召开的相关会议,宣传“政府监管、企业自律、社会监督”企业经营行为的重要意义。

(三)配合进行寄递渠道安全监督管理。

协会要求快递企业认真贯彻《邮政行业安全监督管理办法》,尤其要严格执行收寄验视制度,监督快递企业落实寄递物品安全,履行服务安全承诺和自律公约。

六、发挥协会协调作用,反映行业问题

2014年,协会还针对“快递下乡”现状组织进行了两次专项调研,走访了乡镇政府和居民群众,了解政府和群众对快递业务的需求情况;同时还调研了快递企业在“快递下乡”中涉及的网点人员、收入、业务和管理现状,向邮政监管机关提出了协会的建议。

协会还在龙里快递物流园区建设前期积极参与,协调各快递企业与政府有关部门立项工作,对这项关系到贵州快递行业长远发展的基础性工作做了应该做的促进工作。

2014年,全省快递行业虽然保持了高速健康成长,但快递行业在高速发展中所积累的深层次问题开始突显,市场需求和能力建设矛盾突出,寄递渠道虽然没有出现大的问题,但安全隐患增多,

服务水平参差不齐,价格无序竞争。部分网点管理运营不规范,快递服务标准执行不力。全省虽然自身增长可喜,但全省绝对数还不如邻省南宁、昆明一个城市,差距还很大。快递协会作为行业自律组织,限于人员、经费等客观情况,对法定的“制定行业规范,加强行业自律,提供信息、培训服务”三大职能履行不力,主要体现在协会组织行业活动偏少,除了用QQ方式和会员沟通外,没有采用其他形式组织会员交流沟通,组织会员培训等2014年没有开展。这些问题,贵州省邮政管理局领导和协会会长都高度重视,决定加强协会秘书处组织建设,抽调年富力强的得力干部充实协会秘书处,从根本上解决协会存在的问题。我们相信明年的协会工作中,协会将在贵州省邮政管理局的领导下,充分发挥作用,工作会做得更加出色。

云南省快递协会工作情况

2014年,在云南省民政厅社团管理处的领导和云南省邮政管理局的指导下,云南省快递行业继续保持快速发展,全省快递业务量完成8546.1万件,增长24.4%,快递业务收入完成15.24亿元,同比增长44.7%。促进了协会工作不断取得新成绩。

一、充分发挥协会作用,强化协会服务功能

全力做好快递服务旺季生产。为贯彻落实云南省邮政管理局“双11”业务旺季服务保障工作要求,按照重要节点不爆仓、全网运营不瘫痪的工作目标,协会加强对企业的指导、协调和服务,督促企业加强组织管理,合理调配服务资源,提高应变能力,快递业务高速增长的势头不断持续。有效保障了旺季期间的生产运营。

积极推进快递园区建设。协会积极配合曲靖市邮政管理局在昆明召开“曲靖快递类物流园区建设”推介会,抓好抓实园区建设。

配合完成快递企业“营改增”的税制改革工作,要求企业学习好“营改增”精神,吃透政策,分析业务状况,加强成本核算。各快递企业抓住“营改增”的有利时机,强化了内部管理,为快递服务业创造了发展的极好的外部环境条件。共有十余家会员单位为云南鲁甸地震灾区捐赠包括物资和现金在内共计80余万元。

二、推进企业转型升级,行业自律和规范经营取得新成效

按照云南省邮政管理局工作部署,开展了规范和清理快递企业经营范围工作,部分企业实现了直营网络覆盖。继续开展落实收寄验视制度专项整治活动。据统计,2014年全省快递行业自查和配合禁毒部门协查夹寄毒品案件31起,缴获毒品52.5千克,为有效遏制和严厉打击利用寄递渠道贩运毒品的犯罪活动贡献了行业力量。

各品牌企业认真履行服务承诺,努力提升服务质量,有效降低了野蛮分拣、扣件丢失等行为的发生。

三、深入加强人才培训工作,促进行业快速发展

积极配合做好职业技能鉴定工作。全省20多个快递企业2588名考生报名参加了5批次全国快递业务员职业技能鉴定统一考试,考试合格1501人,合格率58%;确保了职业技能鉴定工作的顺利开展。省协会应邀组织了云南省圆通速

递、中通快递等知名快递企业参加了京交会，了解快递企业的新形势、新变化，开阔了视野。

四、履行服务职能，协会日常管理工作不断提高

加强和完善协会组织建设。省协会在年内分别召开二届四次、五次理事会，到2014年底，协会共有会员单位92个。云南《快递行业资讯》编辑工作进一步加强。协会共编印《快递行业资讯》十二期，加强了与会员单位的联系，改进和提高协会秘书处的日常管理工作。

规范工会财务管理工作。严格执行《民间非营利组织会计制度》和协会财务制度，按时参加年检，促进了收好、管好、用好协会经费。按时按规定提供《社会团体年度检查报告书》及相关资料，顺利通过社团组织的年度检查。

西藏自治区快递协会工作情况

为规范快递企业经营活动，促进行业健康有序发展，2014年，西藏自治区快递行业协会认真贯彻执行政府大政方针，按照《国家邮政法》和《快递市场管理办法》等有关法律规定履行职责，主要做了以下几个方面的工作：

一、依照法律法规，开展对快递企业的监督检查工作

快递协会积极配合当地邮政管理部门，按照《邮政法》《快递市场管理办法》《快递业务经营许可管理办法》的有关规定，检查快递企业运营工作，调查研究快递企业运营中的实际情况及存在困难及问题，并根据各快递企业的投资规模、网络建设、从业人员资质、安全生产条件等服务能力提出意见建议，对不符合规定条件的快递企业，提出改进意见并督促企业进行整改。

二、强化管理，确保行业安全稳定发展

鉴于西藏自治区党委、政府对维护社会稳定工作的高标准、严要求，西藏自治区快递行业协会在确保行业安全稳定发展方面做了大量工作：一是联合公安、安全等相关部门召开安全生产会议，加大对从业人员培训力度，提升安全生产意识和能力；二是督促企业不断完善应急预案，提高其突发事件处理能力；三是多次开展安全生产专项检查活动，检查生产生活场所、运转中心、办公场地以及运营车辆的安全状况，消除各类安全隐患。

三、贯彻《快递市场管理办法》，指导企业规范经营

协会组织快递企业开展互查互学互评活动，督促企业在建立和完善各规章制度的前提下，对内部生产作业流程及安全生产环节严格管控，杜绝不文明分拣、装卸的现象发生，降低快递遗失率、损毁率；对面向市场服务窗口的收寄、派送、查询等业务环节加强管理，对用户意见反映集中度高、行业影响大的问题，重点关注及时协调解决，以树立快递行业的良好形象目标，按照《快递市场快递管理办法》的有关规定，规范企业的经营活动。认真对照法规条文的有关要求，逐项落实，促进企业管理的规范化、制度化和科学化。

四、组织开展快递企业安全知识征文活动

2014年，快递协会会同自治区邮政管理局举办了一期安全知识征文活动，所有快递企业从业人员参加了此次竞赛，对优秀企业和个人进行了表彰。

陕西省快递协会工作情况

2014年,陕西省快递协会按照国家邮政局和陕西省邮政管理局的统一部署,坚持稳中求进工作总基调,注重转方式、重质量、增效益,加强行业自律,不断提升服务能力和服务水平,在大家的共同努力下,全省快递业持续保持健康快速发展。

2014年,陕西省快递服务企业业务量完成1.38亿件,同比增长44.08;快递业务收入完成17.95亿元,同比增长34.33%。其中,同城业务收入累计完成31235.4万元,同比增长67.79%;异地业务收入累计完成113898.09万元,同比增长18.76%;国际及港澳台业务收入累计完成12523.36万元,同比增长4.61%;其他业务收入累计完成21891.46万元,同比增长205.5%。全省快递企业达到318家,分支机构1100个,服务网点3000余个,快递服务满意度稳步提升。

总体来说,陕西省快递业发展呈现以下四个特点:一是快递基础能力建设持续加快。圆通速递、百世汇通、韵达速递、顺丰速运等重点快递企业新建成租借分拨中心4处,约15万平方米,新增干线车辆500台、从业人员3000人;各地加快推进快递园区建设,渭南快递物流产业园建成启用,汉中快递园区即将开工,榆林快递园区建设得到市政府的支持,同时将出台包括支持小微企业、县级监管机构、新能源配送车辆在内的组合政策;随着快递下乡工作的推进,加快了快递企业在农村的网点布局,使全省乡镇快递网点达到1018个,平均覆盖率超过50%,有的县市已达到100%,使农民更多的享受到了便捷的网购快递服务;因地制宜破解快递配送难题,大部分地区快递车辆进城难得到初步缓解,西安、宝鸡、咸阳、汉中、安康等地均出台了支持快递车辆城区通行的政策,全省共办理快递车辆通行证382张。二是末端能力建设不断增强。各快递企业创新经营模式,努力提高末端服务质量。顺丰"嘿客"店,快递便民服务站,智能快递箱进社区、进校园、进单位、进商区。按照各地市"快递经营场所标准化建设指导意见",全省建成标准化门店和形象示范店98个。三是快递质效稳步提升。产业联合力度不断加大。在各地市邮政管理局的推动下,很多快递企业积极开拓新市场,延长服务链,加快与制造业、商贸流通业、电子商务等上下游产业的深度融合。西安中小快递企业积极为电商企业提供更加优化的落地配服务,重点快递企业则为比亚迪、法士特、西飞等大型制造企业实行定制服务,拓宽发展空间。安康顺丰速运、申通快递和邮政惠民优选采取"电商+快递"的经营模式,实现了农产品网上的购销和投递一体化。交邮合作不断深化。高铁快递业务在西安试运行,西安市民可享受当日达、次晨达、次日达等高铁快递服务。多地利用客运班车代运邮件快件、利用城乡客运站处理快件,邮政企业大力发展代理票务等业务,综合运输效能陆续显现。四是市场竞争格局进一步显现。通过激烈的市场竞争,全省快递企业品牌集中度提升,使得邮政速递物流、顺丰速运、"三通一达"等企业在省内快递市场的多个领域逐渐占据主导地位。其中,顺丰速运在省内商务快递、和"网购"高端市场处于主导地位;邮政速递物流在国家公文、国有企业和电商高端市场处于主导地位;"三通一达"等民营企业在省内"网购"市场的经济型市场处于主导地位,而外资快递企业则在国际快递市场处于主导地位。

2014年,在陕西省邮政管理局党组和各市局领导的关心指导下,在全体会员单位大力支持与共同努力下,协会的各项工作进展顺利,职能作用得到进一步增强。

一、坚持稳中求进，推动快递行业稳步发展

一年来，省快递行业协会按照陕西省邮政管理局的决策部署，进一步学习贯彻党的十八大精神，贯彻李克强总理来陕视察对加快快递业发展的重要指示精神，贯彻国家邮政局、陕西省邮政管理局工作会议精神，在服务“三个陕西”建设，稳步推进快递转型升级、提升服务质量等方面加大工作力度。恪守协会章程，夯实工作基础，协助各快递企业提升地市网点的服务能力和水平，加快网络传递速度，积极推动快递下乡，延伸服务触角。经过全省快递企业的共同努力，陕西快递行业的服务能力不断增强，服务水平不断提升，用户满意度稳步提高。

二、强化规范管理，推进快递服务标准化进程

《快递服务》国家标准既是企业规范管理和对外服务的标准，又是社会和用户评价快递服务的标准，2014 年，协会继续在全省组织开展了第五次快递企业达标工作。通过前四次活动的开展，已达标企业 52 家，约占全省快递企业总数的 20%，达标企业占比较低。2014 年，协会在各地市邮政管理局市场监管部门的大力支持与配合下，在对十个地市快递企业开展调查、检查的基础上，积极引导帮助未达标企业按照“国家标准”，做好硬件和软件的建设与整顿，逐步实现达标。通过前期学习、自查和整改，有 36 家企业提出达标申请，经协会验收和评审后，25 家企业顺利通过达标验收。目前全省达标企业 77 家，占比 24.21%。通过达标工作的开展，进一步推进了陕西省快递企业服务的标准化、规范化，提高了企业诚信经营和科学管理水平。

三、加强内外联系，在做好服务上探索新路子

加强快递企业之间的交流与合作，做好企业服务和信息沟通，促进快递行业稳定、有序、健康发展是协会的一贯宗旨。一年来，协会不断探索新路子，积极为快递企业提供更多更好的服务。一是针对行业存在的突出问题，在调查研究的基础上，通过各种渠道反映问题，争取政策支持。如快递车辆通行、场地资金、快递员工不稳定等问题，一方面给主管部门汇报情况；另一方面通过宣传媒体反映情况，最大限度地协助企业解决困难。二是加强了与各快递企业和各地市邮政管理局的联系与沟通。今年 6 月，经秘书长提名，会长同意，协会聘请了各地市邮政管理局市场监管部门负责同志为省快递行业协会副秘书长，以加强协会与各地市局和各快递企业的联系与沟通，扎实深入地做好协会工作。三是及时转发了中国快递协会下发的《快递行业失信警示制度》和《快递行业安全自律公约》，从制度法规层面推进行业诚信体系建设和服务安全工作的落实。四是多次召开外资及重点快递企业负责人座谈会，传达贯彻国务院及陕西省邮政管理局的重要会议精神，通报企业生产运行情况，分析座谈企业运营中存在的主要问题以及对全省快递行业发展的意见和建议等，确保信息的及时沟通，加强了协会与企业、企业与企业、企业与政府之间的交流与合作。五是积极做好快递业务旺季服务保障工作，协同中国快递协会和陕西省邮政管理局对全省快递企业的派件及运营情况进行调研、巡查，及时了解和掌握旺季企业收寄、处理、派送等生产环节的运营安排，业务量变动情况，快递服务保障措施以及员工劳动强度、收益情况等，积极做好旺季服务工作。在 2014 年 11 月 11 日至 20 日短短 10 天时间内，全行业共处理快件 3900 万件，同比增长 70%。最高日处理量接近 500 万件，同比增长 130%；是日常处理量的 2.6 倍。

四、开展评优活动，树立行业良好精神风貌

随着快递业的迅猛发展，陕西省快递从业

人员队伍也在不断壮大，仅一线从业人员约12000人。搞好行风建设，树立良好的企业精神风貌，是行业健康发展的要求，也是国家、社会、个人自我发展的客观需要。2014年，协会在全省快递行业首次开展了“优秀快递员”评选活动，其目的就是通过对基层一线勤奋工作的优秀快递人员的关注与表彰，树立榜样，践行“诚信、服务、规范、共享”的核心价值理念，传递行业发展的正能量。经过全省各快递企业推荐选拔，评选活动领导小组审核批准，最终评选出23名优秀快递员予以表彰奖励。通过评选活动的开展和对优秀快递人员先进事迹的宣传表彰，展现了陕西省快递人的时代风采和精神风貌，树立了榜样，推进了行业精神文明建设。

五、吸纳新会员，促进协会自身发展

快递协会是行业自律组织，只有将行业内大部分企业吸纳为会员，才能更好地发挥协会的职能作用。2014年，协会在发展新会员入会工作中，一是做好企业入会宣传工作，编印下发了《陕西省快递行业协会会员手册》，从协会简介、会员服务、行业自律、政策法规等方面进行宣传，让企业更好地了解协会宗旨和为快递企业服务的职能；二是通过十个地市局宣传动员各快递企业积极申请入会。三是做好协会新会员的接收及理事、副会长单位的增补工作。2014年，全省有55家企业自愿申请加入协会，成为协会的新会员，是历年发展会员最多的一年。增补陕西中通快递有限责任公司、西安天顺快递有限公司为副会长单位，增补西安志成德邦物流公司、陕西全峰快递有限公司为协会理事单位。截止2014年底，有协会会员154家，占全省快递企业总数的48%。其中，圆通速递会员占比达100%，中通快递占比90.9%，天顺占比77.7%，申通快递占比56.5%。促进了协会自身的发展和作用的发挥。

六、积极开展活动，强化协会职能发挥

做好协会日常工作，是协会职能作用发挥的基础。一是及时全面提供行业信息和行业政策，广泛宣传快递服务标准，让企业和社会更多地了解快递行业发展。2014年协会在宣传方面，继续办好“陕西快递”网站，做好协会网站的更新维护，确保信息及时、准确上传，加强了快递行业法律法规、信息服务等方面的宣传，点击率逐步上升；主动接受新闻媒体采访，建立良好的沟通机制。在“双11”“双12”、春节等业务旺季前后，先后接受了西安电视台、西安广播电台、《陕西日报》、《华商报》等媒体的采访，为用户了解快递旺季生产提供方便，期间媒体负面报道明显减少；提高《陕西快递》会刊的办刊质量。在会刊的内容、信息量和会刊的封面设计上加以改进，使内容更贴近市场、贴近快递企业、贴近行业动态，成为宣传陕西省快递企业的平台，社会了解快递行业的窗口，全年共印制会刊850份。二是组织召开了会员年会，协会二届五次、六次理事会议。通过了协会新任会长、秘书长人选，通过了增补副会长、理事和新会员入会的议案，并形成决议。三是做好协会会费收缴工作。

回顾一年的工作，虽然全省快递行业发展取得了可喜成绩，协会工作获得了一定成效，但快递业发展过程中的矛盾和问题依然不少，如：快递发展模式过于单一，同质竞争现象日益凸显；快递企业收派比例不均衡，利润空间较小，风险承受能力较弱；加盟企业占比过大，市场主体规范管理、提升服务、强化安全、互联互通的意愿不强，从规模速度型粗放增长转向质量效率型集约增长的动力不足；依法经营管理的意识不强和人员素质不高等等。这些矛盾和问题仍需要我们认真研究，共同面对，下大力气解决。

甘肃省快递协会工作情况

2014 年,甘肃省快递协会在甘肃省邮政管理局领导下,在中国快递协会和甘肃省民间组织管理局指导下,深入学习贯彻党的十八大和十八届二中、三中全会精神,认真落实国家有关快递业发展的方针政策和法律法规,为政府制定快递业发展规划和政策法规建言献策;根据快递业的特点制定行规行约,建立行业自律机制,维护行业正常经营秩序,促进行业公平竞争;协调行业内各种关系,向政府部门反映会员单位合理诉求,维护行业信誉和会员的合法权益。经一年多的努力,各项工作取得了一定的成效。

一、行业自律机制不断健全

在每年的会员代表大会上,组织会员签订《行业自律公约》,建立行业自律约束机制。为促进甘肃省快递业科学发展,本着共同协商、严守法律、公平竞争、诚实守信、顾全大局、加强自律的积极态度,组织会员签订《甘肃省快递行业自律公约》。公约的签订对快递企业牢记社会责任,合法开展经营活动,为广大消费者提供优质服务,以及规范快递市场秩序,营造良好经营环境,反对和抵制不正当竞争,起到了积极作用。

二、积极协助邮政管理部门做好行业安全生产工作

为了更好的做好企业安全工作,协会协助甘肃省邮政管理局一年内举办了两次甘肃省邮政行业安全培训班,并且给全省一百多家企业配备了金属探测器。由于各会员单位严格落实收寄验视制度和各项安全措施,没有发生重大安全事故。用户信息未发生泄露,全国重大节日和活动期间的邮路寄递安全得到有效保障。

三、积极配合邮政管理部门做好旺季生产工作

2014 年,协会按照邮政管理部门和中国快递协会要求,积极组织会员单位做好元旦、春节、国庆节假日和“双 11”“双 12”等重要时点期间的快递旺季生产工作。在业务旺季到来之前,及时向会员单位通报信息提出要求,先后下发了《关于落实国家邮政局做好国庆期间快递服务和安全监管工作的通知》、《关于做好 2014 年“双 11”业务旺季快递服务工作的通知》等文件。协会会同邮政管理部门一起多次加班加点,深入快递企业生产第一线帮助、检查,督导、审核各环节应急预案,慰问生产现场职工,确保了旺季生产预案落实。2014 年“双 11”快递业务旺季期间,甘肃省在快递日处理量连续一周突破 70 万件、比上年同期日处理量高出 1.4 倍的情况下,实现了国家邮政局提出的“不瘫痪、不爆仓、不曝光”的工作目标,平稳度过业务高峰期,社会反响良好,群众比较满意。

四、狠抓行业转型升级和标准化建设

为加快推进快递企业转型升级和标准化建设,拟定了《星级企业快递评选办法》提升快递企业形象,促进快递企业健康发展,协会经过充分准备,组织重点会员单位专门召开了星级企业推进会,并在全省快递行业开展了星级企业评定工作。企业等级评定过程中,审核验收小组严格评估企业服务功能、人员素质、服务质量和安全生产、信息网络安全等制定评级的必备条件和基础管理指标、服务质量指标、企业安全生产指标、遵章守纪指标的具体评定细则,共评选出 15 家星级企业,其中评选出“3A”级快递企业 4 家,“2A”级快递企业 11 家,为行业发展树立了标杆,并为获得星级

的快递企业进行表彰和颁牌。

五、积极配合政府主管部门,落实《甘肃省邮政业十二五规划》

建立健全各项自律性管理制度,完善行业性约束机制,倡导快递企业向优势化竞争发展和现代化企业管理方向发展,加强高素质员工队伍建设,着力树立良好的企业品牌形象,使甘肃省快递行业整体协调,健康持续发展,进一步提升甘肃省快递服务水平。

六、全面深入推进行业依法经营,进一步加强普法宣传工作

根据国家邮政局关于开展"六五"普法活动的实施意见,加强行业内的法制教育和宣传力度,开展多种形式和富有快递行业特色的普法宣传活动,督促会员企业提高普法工作意识。

七、加强调查研究

针对社会反映的热点难点问题,积极配合主管部门联系快递企业,分析问题产生的原因和根源,督促并指导快递企业采取有效措施加以解决,主动维护快递行业的社会形象。

八、加强与会员的沟通和联系

利用采取多种形式搭建沟通平台,开展会员之间的走访、交流活动,协调会员之间、会员与政府之间的关系,实现多方共赢共同发展。努力推动甘肃省快递行业文化建设和精神文明建设,增强快递企业和行业的软实力,向全行业发出争做"最美快递"时代先锋的倡议,树立和展示企业的良好形象和精神风貌。

九、积极创造条件,扶持企业做大做强

继续发挥协会的建言作用,同相关部门联系和沟通,最大限度的帮助解决快递企业在发展中遇到的制约性问题,推动行业健康可持续发展。

十、加强协会自身建设,提高协会服务能力

协会要进一步明确工作定位,提高工作人员的业务素质,为会员提供更好的政策、法律、业务咨询和培训服务。随着快递业的不断发展,不断壮大会员队伍,扩大会员覆盖面,使协会增添活力,更具行业的代表性和公信力。

十一、网站信息不断更新

为更好地发挥协会作用,使会员之间融会交流,同时及时宣传国家对快递行业的有关政策,更好的宣传协会会员企业形象与品牌,协会经周密组织和实施于2013年7月建立了甘肃省快递协会网站,搭建起了会员单位之间的交流平台。并不断更新网站内容,网站正式运行两年来共发布行业信息130条,其中宣传政策法规12条,监管动态29条,协会动态18条,发布各类公告公示11条,宣传会员风采9条等等。

十二、加强12305申诉培训工作

为了更好地保障消费者合法权益,在2014年中旬和年末举办甘肃省邮政行业12305申诉培训班,强调企业做好客服接待工作,并有效、按时处理客户所投诉的问题,避免升级投诉。

青海省快递协会工作情况

2014年,省快递协会在中国快递协会的领导下,在省市邮政管理局的大力支持和帮助下,发挥协会服务、协调作用,担当政府联系快递企业的桥梁与纽带作用。主要做了以下工作。

一、带队参加第三届中国快递服务贸易交易大会

按照中国快递协会的要求，组织带队参加了第三届中国快递服务贸易交易大会，参会的四家快递企业领导深感快递业突飞猛进的发展事态，为谋划各自企业今后的发展坚定了信心。

二、提高各企业应对突发事件的处置能力

根据青海省邮政管理局下发的《青海省邮政业突发事件应急预案》要求，为建立健全西宁市邮政业突发事件应急工作机制，最大程度地预防和减少邮政业突发事件及其造成的损害，满足邮政业突发事件预防和处置工作的需要，确保寄递渠道安全畅通，促进邮政业全面、协调、可持续发展。协会会同西宁市邮政管理局组织了应急预案评审小组，对西宁地区邮政、快递 21 家企业应急预案进行了评审，通过评审达到了预期目的，使各企业提高了应对突发事件的处置能力。

三、提高快递行业技能，促进快递行业健康发展

在西宁市邮政管理局的积极争取和协调下，西宁市劳动竞赛委员会将快递行业职业技能竞赛纳入第三届职工职业技能大赛序列，并将其列为 2014 年全市 19 个工种（项目）竞赛之一，这是青海省邮政行业第一次专题职业技能竞赛。协会配合西宁局精心组织，周密安排，提前做好各项准备工作，于 6 月 5 日至 6 日圆满完成活动筹办工作，来自全市 15 家快递企业的 85 名选手参加了比赛。

竞赛依照《快递业务员国家职业技能标准》要求，结合快递行业实际，通过理论知识和实际操作技能两个部分的比赛，展示了参赛选手的综合能力。经过紧张激烈的角逐，西宁韵达快递的员工李超荣获个人奖项第一名，并授予“技术状元”荣誉称号；西宁宅急送的员工于晓亮、韵达的张建辉荣获个人奖项第二名，并授予“技术明星”荣誉称号；西宁中通的员工洪聪玲、顺丰速运的李敖日格乐、圆通速递的马振荣荣获个人奖项第三名，并授予“技术能手”荣誉称号；西宁韵达速递、顺丰速运、宅急送三家快递企业获得“优秀组织奖”。

本次竞赛集中展现了快递从业人员的职业风貌，营造了快递技能人才交流、学习和竞技的良好氛围，对促进全行业技能人才队伍建设、提高全行业职工队伍素质、提升快递服务能力和质量等方面具有重要意义。

四、全面加强法制邮政建设成果

协会、西宁市邮政管理局共同举办了《青海省邮政条例》宣传贯彻暨《百姓心中最满意的快递企业》评选活动，通过媒体使全市人民了解自己的权利义务，进一步强化邮政快递企业和广大从业者“文明经营、诚信服务”的意识，提高邮政快递业服务质量和诚信经营水平。

五、为快递企业发展出谋划策

协会牵线会同青海省邮政管理局、青海运输公司、西宁客运公司、部分快递企业，研究了快递企业与西宁市客运站合作项目，各方互惠互利，快递邮件利用客运车辆代运发往全省各地快递邮件，减少快递企业成本，节约能源，快递企业也可利用各州地客运站点场地发展快递业务，此次协商仍在进行中，为各方今后的相互了解和协作配合打下了良好基础。

六、做好业务旺季期间快递服务保障工作

2014 年“双 11”业务旺季期间，协会会同青海省邮政管理局对西宁地区大部分快递企业进行了检查，重点检查营业网点邮件收寄验视、邮件封装安全和各快递企业分拣分发处理现场、邮件投递等情况，在检查现场对存在的安全隐患及时指出，督促整改，并针对旺季业务量增大情况下企业应对处理能力的薄弱环节提出了指导性的建议。

宁夏回族自治区快递协会工作情况

宁夏快递协会成立于2007年12月26日,至今已走过六年的工作历程。近年来,快递业迅速崛起,行业规模逐步扩大,行业实力稳步增强。近几年来,宁夏回族自治区快递业务收入达到近10倍增长,快递业务量过5倍增长,充分说明了宁夏回族自治区快递业持续快速发展的良好态势。截至2014年年底,全区取得快递业务经营许可证的企业达到75家,备案企业114家。宁夏回族自治区的快递业已逐步成为增长速度快、发展潜力大的新兴现代服务业。2014年,协会主要做了如下工作:

一、加强宣传教育,认真贯彻党和政府方针政策

协会本着明确职责,管理到位,开源节流,勤俭办会的原则,搭建起了配合政府、面向企业、推进创新、培育品牌的服务平台。协会始终注重党和政府方针政策的宣传教育,引领快递企业做好快递经营与服务工作。一是通过《宁夏快递》杂志及服务信息广泛发动宣传攻势。协会专门在《宁夏快递》杂志上开辟专栏,刊登国家邮政局领导相关讲话,及对邮政法律法规的内容解读,并下发会员单位学习。二是配合宁夏邮政管理局和自治区人大财经委、人大常委会法工委、自治区政府法制办联合举办普法座谈,积极支持宁夏邮政事业发展。三是为会员单位编印邮政法规及相关资料,为会员单位学习提供了材料。四是地方政府更加关心、重视和支持邮政工作,自治区政府领导基本同意关于成立全区邮政业发展改革领导小组,支持快递物流园区规划和建设,明确表示大力支持邮政行业发展。五是贯彻落实《关于加强和改进城市配送管理工作的指导意见》《关于提升快递末端投递服务水平的指导意见》,进一步推动《宁夏快递车辆运行管理办法》,快递车辆进城难、通行难、停靠难等问题基本得到解决。

二、加强行业自律,提高快递企业服务水平

正确引导行业健康发展,保护市场经营公平竞争。维护行业信誉,维护企业利益,维护消费者权益是协会的重要职责,也是强化行业自律的市场要求。2014年,协会始终注重加强行业自律工作,维护宁夏回族自治区快递市场经营秩序和服务行为,促进行业健康发展。

三、组织开展各项活动

协会积极开展服务于会员的各项活动,会员快递企业也纷纷踊跃参与,丰富了协会和企业的生机与活力。

一是为了不断提高企业经营管理者的理论水平和经营服务意识,协会举办各种讲座和培训班,满足会员单位在经营管理、质量提升、行业法规等多方面需求。

二是通过各种活动的开展进一步扩大宁夏回族自治区快递企业在社会上及消费者中的知名度,树立各快递企业的品牌形象。10月9日是世界邮政日,协会都组织优秀会员企业根据邮政日主题结合宁夏回族自治区实际面向社会进行宣传,使社会各界更深入了解快递行业。

三是继续开展“宁夏快递企业服务质量信誉等级评定”活动。协会通过制定详细的考核验收标准,组织评审小组深入企业进行考核验收,最终在11家申报企业中评出AAA级企业7家,AA级企业3家。协会将评比结果以公告形式刊登在《宁夏日报》及《宁夏快递》杂志上进行公示。此项活动推进了宁夏快递业健康有序发展,促进快递企业提升管理水平、增强服务能力,提高诚信服

务意识，为用户选择快递企业提供公证信息，为企业改善服务提供公开平台。并为即将开展的快递企业分等分级工作打下坚实基础，让企业自查不足，及时补过。

四是协会积极配合宁夏邮政管理局开展法制宣传教育。通过《宁夏快递》、人大、政府网站和宁夏党报党刊、电视等多种途径，向社会广泛宣传《邮政法》、《快递市场管理办法》、《快递业务经营许可管理办法》等邮政法律法规。联合自治区安全厅、公安厅开展依法安全用邮宣传活动，制作、张贴宣传海报，实现邮政法律法规“进社区、进企业、进学校、进农村、进清真寺”的目标。12月4日法制宣传日，协会组织企业印刷许多有关快递业的法律、法规等小册子、宣传单等走上街头向社会宣传，保障企业和用户的合法权益。

五是加强快递市场安全检查，提高行业安全水平，保障旺季服务通畅，协会积极配合宁夏邮政管理局及相关部门，探索完善与安全、公安部门的协作机制，开展旺季生产、重大活动和节日期间的专项检查，督促企业严格执行收寄验视制度，没有发生寄递渠道中毒品、炸弹、黄色和非法刊物等重大安全事故，认真落实《邮政行业安全监督管理办法》，落实邮路安全保障措施。配合主管部门较好地完成重大政治活动的邮路寄递安全保障工作。

六是办好《宁夏快递》会刊，充分发挥协会信息平台作用。为广泛开展与外省同行业的交流活动，协会与全国30个省区市协会建立了信息共享的渠道，提升了宁夏快递协会的知名度和影响力。包括2014年的六年来，协会共创办发行《宁夏快递》17期，共计3400余份，发全国30个省、市自治区和全区30多家会员单位。通过《宁夏快递》会刊的发行，对宣传国家政策方针，法律法规，区局信息，促进行业自律，提高企业管理水平，交流企业管理经验，推动宁夏回族自治区快递企业又好又快发展起到积极作用。

七是积极发展会员单位，增强协会凝聚力。协会成立时，共有会员单位18家，经过努力，截至2014年共有会员单位31家，其中会长单位1家，副会长单位8家，理事单位4家。协会队伍的发展和壮大，说明协会组织有了较强的凝聚力、向心力。协会还积极组织会员单位参与社会各项活动。

八是注重构建会员单位交流平台。协会通过多种形式，积极为会员举办各类交流活动，努力为会员之间、会员与政府主管部门之间建立有效的沟通渠道，多次组织召开快递企业经营管理，服务工作座谈会，有重点的分析研讨快递企业在生产经营、服务工作中遇到的困难和问题，为提高企业管理工作水平，多次组织现场经验交流活动。为方便会员单位的交流沟通，协会整理制作了《宁夏快递协会通讯录》，创建了宁夏快递协会QQ群。

四、加强协会自身建设，建立完善有效的制度保障体系

协会坚持不断强化制度建设，有序开展了各项工作，一是完善协会内部管理制度、包括财务管理制度、信息管理制度、岗位责任制度，使协会工作有章可循，基本实现了制度化、档案化管理的要求。二是会费使用严格执行财务管理制度，及时收缴会费，本着支出节俭，使用合理的原则，会费使用账目清晰，收支平衡略有盈余。三是加强与宁夏邮政管理局、社团局的工作联系，听取工作指导意见，准确把握协会的定位及工作努力方向。四是加强与中国快递协会及兄弟省市行业协会的工作联系，交流经验，取长补短，以求共进。五是自觉遵守协会《章程》，认真履行民主程序，严格财务管理，反腐倡廉。

2014年，协会在财务、安全等方面均没有出现过任何重大事故，严格按照制度办事，认真落实财务制度和资金管理使用审核制度，对重大活动资

金使用提前向会长汇报,同意后落实实施;超过一定限额的资金需经会长审核批准。几年来财务资金方面没有出现差错,没有随意乱发奖金实物、福利等不正之风,保证了协会的日常工作开展。

新疆维吾尔自治区快递协会工作情况

2014年是全面深化改革的一年,也是新疆维吾尔自治区快递业持续快速发展的一年。全年快递业务量累计完成5940.46万件,同比增长16.66%,快递企业业务收入累计完成10.73亿元,同比增长21.19%,全行业从业人员年末达到8600余人。主要快递公司加大资源整合力度,网络布局不断完善,"快递下乡"工程扎实推进,快递服务满意度稳步提升,邮政业消费者申诉满意率达到96.95%。2014年新疆快递行业发展取得长足的进步。

过去的一年,新疆快递协会在新疆邮政管理局和中国快递协会领导下,在全体会员单位的大力支持下,以"围绕中心、服务大局、服务会员、服务行业"为宗旨,在贯彻《快递服务》国家标准,提升行业服务质量,搭建行业合作平台,指导行业依法经营、政策引导、为会员单位服务等方面积极开展工作,圆满完成各项工作任务。

一、努力促进快递行业改革创新、转型升级

国家邮政局局长马军胜在2014年度全国邮政管理工作会议中明确指出,全行业要统一思想,凝心聚力,把改革创新、转型升级贯穿于邮政业发展的各个方面,要求快递企业积极推动"向下""向西"和"向外"拓展,启动"快递西进"工程,进一步捉进快递业持续快速发展。

年初,新疆快递协会召开了会长办公会议和年度会员大会,及时传达了国家邮政局工作会议精神,要求各会员单位在快递业发展中要结合新疆实际情况,注重规模、速度、安全、质量、效益等多维度的平衡与发展,着力解决行业发展过程中困难和问题。新疆维吾尔自治区主要快递企业按照国家邮政局和新疆邮政管理局的要求,抢抓机遇,加强能力建设和网络布局,服务的广度和深度进一步扩大。全年主要网络企业改扩建分发中心1.8万平方米,新增快递法人企业及非法人企业分支机构381家,新增车辆600余台,新增从业人员2000余人。昌吉、巴州等多地快递园区建设提上日程,主要加盟企业直营地域范围不断扩大,"四通一达、天天快"六家企业在博州、克拉玛依、昌吉、哈密、巴州、克州的直营覆盖率达到77%,全国排名第九。

同时,主要快递企业对县域和主要乡镇的网点布局也深入推进。新疆维吾尔自治区提出并稳步实施的"快递下乡、进团场"工程,经过一年的努力,主要快递企业在乡镇、团场共设立营业网点80余处,覆盖乡镇团场62个。在市场竞争中快递企业内部的优化整合,提升了服务质量,增强全网的管控能力,使全区快递业发展又上一个新的台阶。

二、广泛开展协会各项活动,积极做好服务工作

2014年是建设与小康社会相适应的现代企业进程中具有里程碑意义的一年。面对新疆严峻复杂的反分裂形势,协会按照全区邮政管理工作会议安排,紧紧围绕社会稳定和长治久安的总目标,坚持"稳中求进"的总基调,努力做好以下工作。

(一)召开会长办公会议。

根据二届二次会员大会提出的工作任务和会员提出的八项工作建议,及时召开了会长办公会议,学习了中国快递协会和新疆邮政管理局全年工作部署,梳理了全年工作任务,针对国家对快递业的扶持政策,成立了新疆快递协会微小企业扶

持政策研究领导小组，通过学习讨论，统一了思想，明确了任务，坚定了信心。协会秘书处认真梳理，转发了国务院、自治区人民政府有关扶持微小企业相关政策文件，并深入企业进行了调研宣讲，指导企业如何结合实际利用好政策，抓住机遇加快发展，扎实有效地开展了此项工作。

（二）认真开展调查研究，积极为会员服务。

根据自治区经济工作会议精神和自治区邮政管理局工作安排，协会以“三个坚持”即：坚持帮助会员单位谋划好全年和今后一个时期工作；坚持提升会员单位认清形势，服务大局、凝心聚力，有所作为的能力；坚持把引导扶持快递企业全面科学发展作为重要工作任务为己任，特此，协会开展了狠抓安全、强化管理为重点的调研活动，分别深入昌吉、吐鲁番、石河子、巴州、哈密、阿勒泰及乌鲁木齐地区各网络快递企业进行调研。调研的重点是掌握和了解寄递渠道安全保障制度和收寄验视制度执行情况；快递企业规范化服务活动开展情况；传达自治区“电动自行车管理办法”文件精神；了解国家颁布的快递业税收《营改增》执行情况；传达国家和自治区关于微小企业优惠政策；听取地州会员单位的合理诉求及对协会工作的建议和意见等。协会采取实地调查、座谈交流、传达政策、征询意见的方式，取得良好的效果。通过调研，发现以下问题：

1. 企业执行收寄验视制度存在一定漏洞。近几年来，经过邮政管理部门检查督导和协会的反复强调，包裹收寄验视制度执行总的来说逐年好转，但存在的问题是，未经培训上岗的新员工对严格执行验视制度的重要性认识不够，以至于收寄验视走过场，甚至有个别企业人员只顾揽业务而收寄禁、限寄物品，造成不良的社会影响。

2. 基层网点安全防范工作有待加强。经了解网点服务人员对安全生产知识知之甚少，对安全的重要性认识不足，基层网点服务工作存在诸多安全隐患。这几年快递领域不断拓展，服务规模不断扩张，但基层人员安全教育仍是企业短板，这势必影响和制约企业的发展。

3. 在“营改增”税收制度执行情况方面。由于快递企业成本费用中人工成本占比较大，可抵扣的进项税少，加上取得增值税发票不足，导致行业税负增加。此外，单位在分支机构变更、揽投车辆配备及通行方面也存在诸多困难。这些问题，有的已得以解决，有的正在协商解决之中，协会始终和上级和有关部门保持沟通渠道，为企业的发展发挥积极作用。

（三）开展《自治区电动自行车管理办法》培训活动。

自治区人民政府令 188 号《新疆维吾尔自治区电动自行车管理办法》自 5 月 1 日正式实施，新疆快递协会本着“协会搭台，交警便民，企业受益，集中办理”的原则，于 4 月 16 日举办了《电动车管理办法》专题培训会，邀请乌鲁木齐市交警支队两名警官现场授课，来自乌市快递企业 50 余人参加了培训。

培训重点介绍了《办法》制定的原因，目前电动车运行状况和交通事故频发对社会交通造成的重大影响。针对快递企业目前运行的车辆管理，按《办法》要求对车辆的标准、时速、空车质量以及办照、挂牌等情况作了详细介绍，并对大家提出的问题作了详细的解答。

会后，经与车管所协商后，将乌市各快递企业电动车办理流程进行优化合并，将车辆注册与保险申办合并，协会委托邮政速递物流乌鲁木齐分公司协助会员单位完成办照、培训、挂牌等工作。

10 月 17 日，协会又专门召开乌市主要快递公司办理电动车证照有关事宜通报会，37 人参加了会议。经过努力，快件最后的 1 公里投递问题基本得到解决。乌鲁木齐市邮政速递分公司在办理挂牌办照过程中以积极认真顾全大局的工作态度，克服了人员少任务重，办理工作分散，难度大等困难，积极与交管部门进行联系沟通，保证工作的顺利进行。同时也解决了办理证照过程中的通行问题,我代表协会特此表示感谢。

(四)为确保寄递渠道安全,提高行业维稳能力。

8月21日,新疆快递协会会同邮政管理局举办了安检机操作培训班,邀请专业技师现场讲解,来自乌鲁木齐地区快递企业44人参加了培训。培训活动分理论和实际操作两部分,专业技师通过投影进行理论讲解,并在实际操作中对物品分辨及确认给予指导,大大提高了操作人员的技能素质。

(五)为保障第二届亚欧博览会期间的生产安全环境,由会长带领协会全体人员对乌鲁木齐地区主要快递企业作业现场进行了检查督导。

(六)开展“双11”旺季慰问活动。

旺季期间,由协会会长、秘书长带领协会全体人员于11月18日、19日、22日分别到新疆顺丰速运公司,新疆圆通物流有限公司、新疆江南申通物流公司、新疆邮政速递物流公司乌鲁木齐分公司、新疆民航速运公司等15个快递企业作业现场慰问了基层员工,以示对基层员工工作生活的关心。

三、加强会员单位基础管理工作,引导企业提升服务质量

为树立快递行业良好的社会形象,提升快递行业软实力和核心竞争力,协会连续三年开展了推进企业规范化服务活动。2014年,中国快递行业协会也在全国快递企业推行了这一活动,新疆作为率先推行这一活动的行业协会,理所当然将这一活动开展好。通过三年来活动的不断深入,企业在提升服务质量,强化经营管理,优化作业流程等方面均取得了明显的成效。在区邮政管理局和各地州市邮政管理局的支持下,经过推荐评比,协会选树了20个网点,作为2014年规范化服务示范点,并在本次会上进行表彰奖励,为各快递企业规范化管理树立了榜样。

但应指出的是。目前,规范化服务工作在新疆维吾尔自治区开展还不平衡。部分企业负责人对协会开展的这一活动重视不够,没有长远发展思路,缺乏宏观管理思想,对规范化工作放松了管理要求,在推进活动中表现的很不得力,很不认真,部分网络公司对下属网点也缺乏安排与督导,致使部分部门出现服务质量下降,用户投诉、申诉增多的现象。有些示范网点表彰前后不一样,规范化管理工作不能持久,基层网点脏乱差的问题依然突出。希望这样的问题在新的一年里要逐一克服,力争全行业规范化服务工作得到均衡发展。

四、发挥行业自律作用,进一步规范市场秩序

目前,新疆维吾尔自治区快递市场尚存在一些不规范行为,如企业无证经营,超范围经营现象时有发生。企业间恶性竞争,乱打价格战,行业安全保障水平低下,损害消费者合法权益,企业转型升级兼并重组中一些内部经营纠纷出现的矛盾等。为此,年初会长办公会议专门进行了讨论,提出要进一步强化行业自律作用,广泛开展诚信经营教育活动,要求各会员单位以诚信经营为基点,以自律公约为准绳,提高自身自觉履行法定义务和责任,自觉维护市场秩序,共同抵制行业内的违法违规行为。

为此,快递协会于8月21日召开了以确保寄递安全、提升服务质量,维护快递市场经营秩序为议题的座谈沟通会议,来自乌鲁木齐地区11家网络企业负责人参加了会议。

会上,柴阳明副会长介绍了全国快递业发展情况,并结合新疆的特殊区情和社情分析了加强行业安全和提高服务质量的重要性。针对当前加强寄递渠道安全,保障能力的提升,成本投入加大,规模电商外迁等问题,都给新疆快递业带来新的困难。面对如此严峻的外部局势,柴副会长表示各快递企业必须确保寄递渠道安全,提升服务,

遏制服务质量下滑，投诉增多的状况，网络企业必须加强自律，齐心协力，强化整改，努力推进新疆快递市场健康有序发展。

会上，各网络企业负责人针对新疆快递市场寄递渠道安全问题，面单管理问题，快递业务人员的培训与考核，以及低价竞争等问题经过讨论，提出了自强自律，建立监督制约机制，依照中国快递协会关于快递业警示制度的推行，执行黑名单通报制度问题，达成共识。

五、积极协助快递企业抓好旺季生产运营

“双11”期间快递业务量超出预期值，创下历史新高。根据区邮政管理局统计，新疆作为投递量为主的西部省份，11月19日迎来了“双11”之后快件处理高峰，当天日处理量达60万件，比2013年最高峰日处理量36万件增长58%。面对严峻的运营形势，新疆快递行业协会发挥组织协调作用，协助快递企业在“双11”期间实现安全平稳有序运行。

（一）在10月下旬、11月初分别召开理事扩大会议，传达国家邮政局10月15日召开的电视电话会议精神，结合中国快递协会安排部署，要求各网络快递企业提前谋划，精心组织，完善预案，抓好旺季服务保障关键环节和重点部位，确保收寄、分拨、运输、派送四大环节和投诉受理渠道安全畅通，努力实现国家邮政局提出的“不瘫痪、不爆仓、不延误”，“保畅通、保安全、保平稳”奋斗目标。

（二）深入到基层企业督导检查前期备战工作。协会秘书长在“双11”前夕，分别深入到乌市多数网络企业和部分地州快递企业检查督导前期备战工作，在“双11”邮件处理高峰期间每天奔波在现场一线，有时检查到晚上零点钟。

11月7日、8日，由会长带领协会全体人员分别到新疆顺丰速运、圆通速递、百世汇通、韵达速递及五家渠等网点检查督导，检查前期服务保障工作。督导组经过座谈了解和实地查看，各快递企业能认真落实国家邮政局电视电话会议精神，按照区邮政管理局提出的十点要求，成立了以主要领导挂帅的“双11”保障工作领导小组，设立了以企业网络运行负责人和信息管理负责人为核心的“双11”业务旺季生产运行指挥调度中心，制订了可行性方案，扩大了分拣场地，提高了运能，增加了人员，较好地保障了业务高峰期的正常运营。

六、加强协会自身建设，积极慎重发展会员

（一）不定期召开会长办公会议，及时传达国家邮政局、新疆邮政管理局、中国快递协会会议精神，安排部署协会日常工作，经常深入各基层会员单位调查了解企业创新管理和发展愿景，通过各副会长单位向所辖下属单位或加盟企业贯彻协会的意见、要求，并向协会反映基层单位建议和诉求。

（二）加强会员队伍建设，积极发展新会员，会员总数达到117个。

（三）继续加强协会各项制度建设，使协会工作更为规范。

（四）继续做好信息交流工作。全年发行《天山快递》四期，服务信息六期，向会员单位提供政策信息、通报行业资讯、介绍协会工作、交流创新成果，拓宽会员视野，成为联系广大会员单位的一个交流平台。

2014年，新疆快递协会做了一些工作，并取得一定的成绩，协会工作呈现出健康发展的良好局面，但仍面临较多的困难和挑战。总的来说，存在“三个不平衡”的局面要克服，这就是快递服务与快递发展不平衡；城市地区与农村地区行业服务能力不平衡；各快递企业之间发展程度不平衡。具体来说存在“四个问题”需要2015年工作中去解决。一是快递服务网络不健全，农村服务能力不足；二是行业发展水平低，行业转型升级任务繁重；三是反恐维稳任务艰巨，行业运营压力加大；四是行业发展规模仍然偏小，核心竞争力不强。

2014 年各市(地)快递协会成立情况一览表

河北省	石家庄、唐山、沧州、邯郸、邢台
辽宁省	大连、盘锦、沈阳、鞍山、营口、锦州、葫芦岛、抚顺、本溪、辽阳、丹东、阜新、铁岭、朝阳
吉林省	长春、延吉、吉林
黑龙江省	哈尔滨、齐齐哈尔、牡丹江、佳木斯、大庆、鸡西、双鸭山、伊春、七台河、鹤岗、黑河、绥化
江苏省	南京、无锡、苏州、南通、泰州、徐州、淮安、宿迁、连云港、扬州、常州、镇江、盐城
浙江省	杭州、宁波、温州、湖州、嘉兴、绍兴、金华、台州、丽水、衢州、舟山
安徽省	滁州、马鞍山、安庆、亳州、阜阳、淮南、六安、蚌埠
福建省	厦门、泉州、莆田、福州、三明、
江西省	南昌、九江、赣州、吉安、鹰潭、新余、宜春、上饶、抚州
山东省	济南、青岛、淄博、潍坊、烟台、东营、威海、日照、济宁、泰安、临沂、枣庄、滨州、德州、聊城、菏泽、莱芜
河南省	郑州、开封、洛阳、平顶山、安阳、鹤壁、新乡、焦作、濮阳、许昌、漯河、三门峡、南阳、商丘、信阳、周口、驻马店
湖北省	襄阳、宜昌、恩施、十堰、孝感、黄冈、荆州、黄石
湖南省	湘潭、株洲、郴州、衡阳、邵阳、永州、常德、娄底、益阳、怀化、岳阳
广东省	广州、深圳、珠海、汕头、韶关、江门、湛江、茂名、肇庆、惠州、梅州、汕尾、河源、阳江、清远、东莞、中山、潮州、揭阳、云浮
广西壮族自治区	梧州、贵港
四川省	成都、自贡、攀枝花、泸州、德阳、绵阳、广元、遂宁、内江、乐山、南充、宜宾、广安、达州、眉山、资阳、巴中
贵州省	毕节
云南省	西双版纳、昭通

第九篇　人 物 志

2014 年 4 月 29 日。

期待多日的中国梦 · 邮政情“寻找最美快递员”揭晓发布会如约而至。当热场短片的音乐响起，当“最美快递员”的名单一一揭晓，当一段段视频在众人瞩目中播放，当一句句朴实的话语缓缓说出，当一双双眼睛潮湿温润，我们不只在感动，还在记录。用我们紧握的笔，用我们举起的相机，还原和丰满他们的故事，记载和呈现他们的言语，述说和描摹他们的心情。

在发布会上，在舞台下，在行走间，在休息室……只要是可以对话的空间，我们的记者一直在忙碌，捕捉快递员们的精彩时刻。站在镜头前，快递员们或激动昂扬，或面带欢欣，或饱含热泪；他们和记者对话，或言语朴拙，或滔滔不绝，或颇感意外。这些场景，瞬间即为永恒；这些细节，温暖你我的心。

在我眼中，你们“最美”

“他们，任劳任怨，用双手托起了亿万网民的购物热情。”

“他们，夜以继日，用汗水创造了新的经济奇迹。”

“他们，朴实平凡，用劳动为社会打造便捷生活。”

“他们，就是我们今天要特别致以敬意的群体—快递员！”

这是一场专属于普通快递员的盛典。2014 年 4 月 29 日，北京，中国梦 · 邮政情“寻找最美快递员”活动揭晓发布会如期举行。从 154 名被推荐接受公众票选的基层快递员中脱颖而出的 50 名“最美快递员”候选人，悉数获邀出席。

在这里，体味“明星范儿”

没有鲜花迎接，也没有地毯铺设。一面简单大方的签到墙，让平日里风吹日晒的快递员体验了一把“明星范儿”。在五一国际劳动节到来前夕，我们将目光如此集中地投向我们行业中的普通劳动者，并尽所能，给予他们最高的礼遇。

“艾克帕尔 · 伊敏、艾培宪、白桦、陈良云、代立强、董浩等顺丰辽宁葫芦岛团队、窦立国、葛明洋、顾伟、郭伟聪、黄科能、简宗林、姜红伟、雷娟娟、李沈、李元明、刘辉、刘建华、刘建辉、刘建军、刘鹏、刘四贵、吕寒等韵达四川泸州团队、罗光进、马朝立、高红娟、莫国辉、蒲菲飞、陶友勇、王兵、王陈亮、王东明、王光成、王国富、王路路、吴英赞、夏伟、谢明等顺丰浙江宁海团队、徐磊、徐显慧、颜炉祥、姚世敏、余建平、臧敬川、张锦、张云、赵宏、赵军、赵友兵、周丹……”

当他们的名字被主持人逐一念出，揭晓发布会现场掌声雷动。国家邮政局局长、精神文明建设指导委员会主任马军胜，局纪检组组长、精神文明建设指导委员会副主任解畅，副局长刘君，中央第十二巡回督导组、共青团中央、交通运输部、国防邮电工会有关领导，和现场的观众一道，用最热烈的掌声、最质朴的方式向最朴实的快递员群体致敬。

在现场，悬念一一揭晓

“百万快递大军是辛勤奋斗在服务一线的劳动者，是行业的基石、发展的动力，是连接商家与用户的桥梁，也是传递亲情、友情、爱情的天使。”解畅毫不吝惜赞美快递员的言辞，她表示，“这次当选的‘最美快递员’，他们淳朴、真诚、阳光的形象，体现了社会主义核心价值观的内涵，诠释了邮政行业的核心价值理念，展示了邮政人、快递人的时代风采和精神面貌，他们是邮政行业的骄傲，是全体邮政干部职工学习的榜样。”

解畅希望，全行业以此次活动为契机，以“最美快递员”为榜样，践行行业核心价值理念，扎实推进行业文化建设和精神文明建设，不断增强企业发展的软实力，坚持守法经营，坚持诚信服务，积极开展文明创建活动，自觉承担社会责任。

“最美”的悬念在发布会上被一一揭晓。

当李元明高高举起“最美快递员”奖杯和证书时，我们看到了他眼中闪动的泪花。

当主持人问及高红娟为什么要嫁给一无所有的马朝立，这位听力不好、平时说话都有障碍的女主角高声喊出“我爱他！”刹那间，大家用经久不息的掌声表达着祝福。那一刻，我们的眼中，饱含热泪。

当女中豪杰雷娟娟迈着坚实的步伐登上领奖台，自豪地说出“我的力气比我老公大”时，笑声中，我们看到了在这个专属于男人的战场里，巾帼不让须眉的力量。

当张锦微笑着告诉大家，虽然一场大火让他推迟了婚期，但在家人和客户的支持下，他渡过了难关，如今不仅收获了事业的成功，还拥有了幸福美满的家庭和可爱的孩子时，大家的掌声是由衷的发自心底的祝福。

……

然而，不是所有的主人公都能来到现场收获荣耀。当灯光变暗，低缓的音乐渐起，葛明洋烈士的形象出现在大屏幕上时，我们隐隐地听到了会场里的啜泣声，不仅仅是悲伤的父母痛失爱子的伤痛，还有素不相识的人们对英雄离去的扼腕叹息。

也许，正如“寻找最美快递员”评审委员会的推荐词所说的那样：“你纵身一跃，便成人间绝唱。寒风再凛冽，吹不散你的生命之光；冰水再刺骨，穿不透你的善良心肠。你的快递车还在那里，而你却在酷寒的池水中睡去。以义举为油，拿爱心为捻，你用22岁的永恒青春，把世间照亮！”斯人已去，留下的，是无尽的想念和榜样的力量。

在未来，发现更多最美

不止一位“最美快递员”候选者告诉我们，当他们第一次接到电话，被告知获邀进京参加“最美”活动揭晓发布会时，都以为是“骗子”打来的电话，毫不犹豫地挂断。后来经过多次反复确认，他们才相信，这是真的。

或许，在他们看来，自己只是在平凡的岗位中，做好了分内的工作。他们觉得“最美快递员”的称号离自己太过遥远，他们从未想到过，在平凡中做到不凡，也是“最美”。来自黑龙江的徐显慧就告诉记者，踩着50厘米厚的积雪坚持派件的不止他一人，所有的同事都是一样地在坚守，只不过他恰好被路过的记者拍到，“如果说我在雪中坚持派件是‘最美’，那么我们所有坚守在一线的同事，都是‘最美’！”

亦或许，我们平日里对快递行业的关注还太少，以至于当“最美快递员”的荣誉突然呈现在他们面前时，会让他们产生“不真切”感。

凡人义举，总是在不经意中触动我们内心最柔软的部分，感动你我。

出席揭晓发布会的河南省邮政管理局副局长訾小春告诉记者，不少“最美快递员”的先进事迹，他是含着泪看完的。感动之余，他认为，“寻找最美快递员”活动真实挖掘了最基层的快递员最朴实无华的那一面，宣扬了快递行业的凡人善举，体现了他们高尚的情操，弘扬了邮政行业“诚信、规范、服务、共享”的4S精神，也让社会对快递行业有了更深的了解。

四川省邮政管理局副局长张生泰在发布会一结束，就代表四川省局向四川泸州韵达“最美快递员”团队的代表吕寒和刘炼表示祝贺。张生泰同时表示，希望在全省快递行业中，能有更多的人了解和学习他们的先进事迹。

发现美的事迹，润泽美的心灵，弘扬美的精神，这次当选的“最美快递员”，既有爱岗敬业、勇于创新的业务骨干，又有诚实守信、见义勇为的道德模范，还有助人为乐、热心公益的志愿义工。他们，既是百万快递从业大军中普通的一员，也是我们行业中的佼佼者。

正如一位网友在《快递》杂志的官微留言中所说：“我们这个行业，只有自我关注，才能赢得更多别人的关注。”

艾克帕尔·伊敏：荣誉让我对自己要求更高

“寻找最美快递员”活动评审委员会推荐词：

勤奋，是翻越“汉语之山”的拐杖；诚信，是提供“流动服务”的保障；耐心，是指引“快件寻家”的灯塔。你揽投的是快件，收获的是人心。你决胜的秘诀，不在技，而在德。大家都想对你说一句，“热合买提！”

一身西装，一个黑箱子，一箱特产，艾克帕尔·伊敏的到来异常醒目。和记者打过招呼后，他拿起手机一边讲话，一边朝门口挥手，一个男孩走过来，和他紧紧地拥抱在一起。艾克帕尔介绍说：“这是我妹妹的孩子，在清华大学读书。”他说自己没有读好书，但他的孩子都很有出息，两个姑娘分别毕业于南京师范大学和北京邮电学院。“这和自己这些年获得的诸多荣誉一样，让我非常自豪。”

和其他最美快递员不同，艾克帕尔已经收获了诸多荣誉：“五一劳动奖章”“中国好人”“诚实守信道德模范”等，但他最看重的是道德模范奖。他说，做人、做事都离不开诚信，这是他多年来工作的准则，也是30年来无一例差错的法宝。

“啃”难啃的骨头

2005年，艾克帕尔所在的新疆邮政速递和当地法院签了寄递传票的合同，为了完成任务，单位特意安排了业务骨干派送法院的快件，艾克帕尔是其中之一。这是根难啃的骨头，因为法院的快件多涉及财产赔偿、家庭矛盾等法律问题，所以一般人不愿意签收，艾克帕尔为此吃了不少苦。他想到了放弃：以前干得挺好，现在几乎每天都挨骂受气。但反过来又想，自己不干，别人也要干，单位签了合同，完不成任务怎么办，这是不讲诚信啊。于是，他又坚持下来。艾克帕尔改进了工作方法：有人躲着不收，白天不在他就晚上送；有人拒收，他就耐心讲解，法院的件未必全是坏事情，也可能不是让你赔钱；有人怕打官司，他说打官司未必是你输，可能到最后还赢了呢。一遍不行，就两遍、三遍，直到说通对方为止。说不通的只好退件。在退件率中，艾克帕尔是最低的。在他的努力下，单位和法院保持了多年合作。

荣誉是种“要求”

艾克帕尔毫不掩饰自己对荣誉的喜爱和享受。当记者提出合影时，他笑着说：“明天再拍吧，我明天戴上奖章，那样才好看。”淳朴和喜悦溢于言表。

艾克帕尔夫妇和岳母生活在一起，1997年，爱人下岗，岳母生病，家里的收入就靠他一人，经济压力很大。为了增加收入,他经常加班干活。后来公司给了些支持,生活好转后,他依然早出晚归,“加班”已经成为习惯。“老婆子埋怨我不帮她干家务,对我发脾气。”艾克帕尔笑着告诉记者,但随着他被评为“十佳投递员”“先进生产者”“优秀共产党员”,艾克帕尔的事迹被媒体争相报道,他成了“名人”。“老婆子不抱怨了,让我好好干工作。”艾克帕尔边摸头,边哈哈大笑。他说,荣誉让他对自己有了更高的要求:“奖不能白得,我现在每天早上比别人早到一小时,晚上迟走两小时,干完自己的工作后,还帮别人干。”

艾克帕尔对记者透露:“我母亲就是一名邮政职工,我现在虽然年纪大了,但还会一直干,直到退休。”不过,他也道出了自己的忧虑:“现在快递业务竞争很厉害,邮政公司必须放开思路,头脑灵活一点,才能开展好工作。”

李元明:我会一直做下去,直到干不动为止

“寻找最美快递员”活动评审委员会推荐词:

在一个年轻人为主的行业里,人们叫你“老李”。岁月在你脸上刻下印迹,你却选择微笑着投递;你用行动不便的双脚,传递着用心服务的诚意;“双11”网购旺季,你赢得的2000个客户点赞,诠释了小快递服务大民生的意义。

2014年,4月29日。

夜里两点多,李元明就醒了过来,躺在床上辗转反侧。

“家里的兄弟们行不行啊,自己一天200多件的业务量,他们能不能分担得过来?”想到这里,他内心焦虑起来,暗暗地下了“尽早回去”的决心。为了不影响同屋的睡眠,一直挨到5点钟,他悄悄地走出屋门。

在昏黄的路灯下,曾经遥远的北京是如此贴近。虽然老李是第一次到北京,很想去一趟天安门,但他的心,始终还在快件上。他觉得,就这样在街上逛一逛,也算是到了北京吧,激动、着急和担心,让他的脚步,甚至都有些踉跄起来。

9:17,当主持人念出老李的名字,当他站在“最美”的舞台上接过奖杯,我们看到,泪水从他的眼角溢出,对于这份尊重和肯定,他从来没有想过。他没想过送快递把自己送到了北京,他没想过自己可以成为“最美快递员”,所以直到站在这个舞台上,他还没跟妻子说过,自己到北京来做什么。而此刻,他最想做的,是和默默支持自己的妻子一起,分享这份荣耀和快乐。

在记者的采访中,老李回顾了5年来的从业经历。2009年最初入职时,老李根本不能确定自己能否长期做下去。对他来说,耐住寂寞是一关,体力同样也是一道坎。2009年,老李已经45岁了。而且16岁时,由于一场意外,他的一条腿落下了残疾。因此老李对自己的期望并不高,“不丢人,不比别人差”,他给自己打气,只要能跟别人一样就算是小胜一场。在上班的第一天,他便送出了70件快件!而5年后,老李每天负责派件200多件,“双12”的一个月,派件就超过7000件。

当公司有年轻员工入职时,偶尔会让老李传授经验,但老李说不出门道:“注意理货的速度、送件的速度,注意跟客户的沟通,剩下的就是坚持做。”万事无他,唯手熟尔。五年下来,老李脑中已经有了一张活地图,只要在自己负责的区域范围内,他看一眼地址,就能立马规划出线路,用最合适的方式上门。这张地图上不仅有坐标,还有早

已熟稔的客户习惯，哪家客户件大需帮忙搬运，哪家客户件急得赶紧上门，哪家客户发货晚要额外加班。老李当然不知道什么叫最佳路径或者客户体验，更不懂什么是“右转经济学”，他只知道，客户跟他说“来得正好”“干得漂亮”，他就做到位了。而客户每一次对他的认可，也让他欣喜：“件送到人手里，收件人对我说句谢谢，这是一种尊重。”

最初只想不比别人差，能靠自己的能力养家糊口的老李，现在发现自己坚持下来，比很多人做得更好。父母年纪大了，他能间或抽空去陪伴，孩子读高中成绩不错，他能为其提供经济支持，老李觉得很满足，也自信自己是一个老兵中的老兵，他相信自己“会一直做下去，直到干不动为止！”

没有豪言壮语，他在默默前行，我们也想说：“老李，好样的！”

马朝立夫妇：想说的就是“我爱他”

“寻找最美快递员”活动评审委员会推荐词：

命运无情地绊住了你的双脚，却没有停止你前进的脚步；她生活在无声的世界，却努力奏起动人旋律。你们用坚强，为梦想插上翅膀，左右相拥，比翼飞翔。

聚光灯下，这对夫妇牵手走上舞台。他们一个腿脚不便，一个说话困难，他们是马朝立和高红娟。当主持人问高红娟，“当时马先生一无所有，为什么还选择嫁给他？”高红娟用不大清晰的发音大声地喊出了答案：“我爱他！”那一刻，掌声雷动。马朝立的眼睛，顿时湿润。

多年前的一次事故，让马朝立失去了小腿，没有文化的他为了生活，只能干些力所能及的体力活。回想起曾经困难的生活，马朝立脸上是淡淡的微笑，语气平和，不快不慢：“最早是给公司写字楼送盒饭，后来到一家快递公司收派快件，但干了不到一个星期，他们就把我辞退了。”因为腿脚不便，马朝立的工作并不好找，在接下来的两年里，他又陆续到别的快递公司打工。渐渐地，用心的马朝立对快递工作的流程了然于胸。

机会在2006年对马朝立敞开了门。“河南鹤壁成立了一个新区，很多人离得远，不方便取件，我经常两三天送一趟。后来我和家里人商量，自己开个门店。”马朝立的想法得到了家人的支持，父母给他出了部分资金，租了一个小门店，员工就是他和妻子，他负责搬快件、称重等体力活，妻子负责扫描、写字等轻巧活儿。妻子听力不好，马朝立就给她写字，“她脾气不好，我说好几遍她要是还听不懂，就跟我发脾气”。但是慢慢地，两个人磨合得越来越好，只靠看口形，妻子就能明白他在表达什么。度过了刚开始的艰难日子，业务越来越好，两个人也愈加默契，看着一旁的妻子，马朝立一脸甜蜜。他说，妻子从来没要过什么，他很感谢自己的妻子。

“刚成立的小公司没有客户，我就先免费给别人送，送了几次以后，客户发现我送的件都能准时收到，他们想，给谁做都一样，看我服务也好，还有困难，就交给我做。”就这样，凭着踏实和执着，马朝立一点一点赢得了客户。如今，他的公司已从“夫妻店”扩展成员工30多人、场地1000多平方米的大公司。他说，跟着自己的老员工有20多人，“挣的钱自己少拿点，大家多分点，人就留下来了嘛。”马朝立说，自己的留人方法非常有效。

“做快递这个行业不仅可以使我自食其力，而且可以帮助更多的人，我们会一直坚持下去，实现我们的快递梦想。”当双眼噙满泪水的马朝立说出这句话时，大家都红了眼眶。

谈及未来的打算，马朝立说：“最近又租了两亩地，建了一个大的操作场地，事业越做越大，看着心里都欣慰。公司之所以发展得好，离不开政府的支持和社会的关注。我回去之后，一定要做得更好，要对得起‘最美快递员’这个称号。”马朝立握着妻子的手，就像两人在视频短片中最后的那个镜头一样，泪水从开心的面颊滑落。无言地相对，专注的眼神，时间静谧流淌，这是对爱和辛劳的犒赏。

雷娟娟：响当当的“雷氏集团”

“寻找最美快递员”活动评审委员会推荐词：

在专属于男人的战场里，少不了你的身影。万绿丛中那点红，不是点缀，而是奋进的旗帜；不是装饰，而是攻坚的鼓点。巾帼不让须眉，柔弱的身躯，蕴藏着惊人的力量。你，成功地改写了莎士比亚的名言：女人，亦可做强者。

“你和你老公谁劲大”？站在“最美”的舞台上，面对主持人抛来的问题，雷娟娟的一句“我的劲比他大”，赢来了台下的一片笑声。在笑声中，她走下舞台，没有人看到，她眼中饱含的热泪。这是激动，也是不易。她不仅为所在的干线组争得了荣誉，也坚定了她建立起的“雷氏集团”的军心。

雷娟娟曾经被誉为“干线一朵花儿”，她说这是同事们给她起的“外号”，因为当时干线组里只有她一位女性。虽然“花儿”的称呼让雷娟娟很不好意思，但在大家眼中，她就是线上的标杆和楷模。她能承受男人都承受不起的重量，拥有常人不能具备的忍耐力，她的到来，大大降低了干线车组的错扫率。

虽然是一朵花儿，但雷娟娟在工作中却“低调”异常。黑白颠倒，对她来讲已成常态。结束了一夜的“战斗”，回到家里简单吃点东西倒头就睡，没人打扰的情况下通常到下午五六点醒来。对工作的认真负责，让雷娟娟深得领导的赏识，但几次准备调任她为组长，都被她委婉拒绝了。

“我是一个闲不住的人，一般的工作没有激情。埋头工作感觉蛮好的，轻松了反而不自在。我刚到速尔的时候是在扫描组工作，但因为工作轻松，三个月后我就申请去了干线组，就想去挑战一下，结果去了一看比想象中还要累，但是我没有后悔，还喜欢上了那份‘激情’。”

对工作的心无旁骛，还让她在这次来京领奖过程中被老公“调侃”。因为把通知获奖的两个陌生来电当成了“骗子来电”，老公不停地笑她“你真傻，你真傻”。

说到老公，雷娟娟一脸柔情：“当初我还是他介绍进来的。那时我家老二刚八个月大。因为上有老下有小，养家糊口的担子落在我们身上，于是就把两个孩子交给父母去照顾，我们来挣钱养家。父母对我俩的工作也很支持。我们夫妻俩也是相互鼓励，积极面对生活。虽然隔天才能见一面，但比好几个月甚至一年都见不到面的夫妻来说要好很多了。”

活跃在上海速尔分拨中心干线车分拨区的“雷氏集团”，是和雷娟娟有关的另外一个响亮的称号。“雷氏集团”成员四十多人，无一例外都是雷娟娟介绍进来的。

“他们都是我的亲戚,或者是亲戚的亲戚。因为我觉得快递很有发展潜力,干快递也是让人骄傲的事情,所以有好的机会,我都会给他们打电话,介绍他们进来。因为都是自家亲戚,人家就把我们统称为‘雷氏集团’。”雷娟娟对自己的“成就”颇为自豪,“当然,我也希望大家能在这里工作得快乐,并不断发展。我弟弟来到这里一年多,因为工作努力,已经成为了主管。”

谈到对未来的规划,雷娟娟说要一直在这个岗位上干下去。对于这次获奖可能得到公司的奖励,她也没有多想:“只要把自己的本职工作做好就行,其他的都不去想。”

石头蛋:一切本就该顺理成章

“寻找最美快递员”活动评审委员会推荐词:

就像一颗普通的“石头蛋”,你微乎其微,寻找不到又处处可见。每一沓零碎的钞票,捐出的是你的执着爱心;每一次匆忙的背影,点起的是一盏希望之灯。你用最朴素的善良之心,焕发出灿烂的光芒。

“石头的外表是坚强,蛋的内在是柔软的”。这就是“石头蛋”名字的含义,当时别人送给他这个名字时,他觉得很贴切,很能代表自己,所以沿用至今,他想用坚强的外表去生活,但用一颗柔软的心去关心别人。于是,除了同事、朋友和家人,“石头蛋”对于很多熟知他的人来说,竟然是神秘的。

安徽《颍州晚报》的记者李大海和他的三位同事,结缘“石头蛋”都是因为公益。当让他们用十几秒钟来概括“石头蛋”时,反反复复录制了超过90分钟,竟然都无法表达清楚。2004年在陕西工作时,“石头蛋”便已热心公益。在众人的口述当中,受助者对象不断发生着变化,但每个故事的起承转合却近乎相同。只要在媒体上看到需要帮助的人,“石头蛋”就会按捺不住伸出援手。大家都能讲出不少他的公益片段,也知道他的职业是快递员,此外了解甚少。

而对于受助者,由于捐款都来自汇款单或媒体转交,他们只知道有好心人正在给予援助,却不曾见过这个化名“石头蛋”的施助者,但也有例外!“石头蛋”在陕西帮助过的一位女孩,如今学业有成,考入共青团中央工作,之前通过多方渠道,最终找到当年提供帮助的“石头蛋”叔叔想当面表示感谢。但这个要求被婉拒了,因此众多故事中的这个例外,依然没有揭开“石头蛋”的低调与神秘。

那位姑娘可能到现在也不一定知道,她口中的叔叔并不算大,1983年生,两个孩子的父亲,现在与妻子一同在阜阳打工,这也部分解释了“石头蛋”低调神秘的原因,在他看来,让别人知道自己是谁并不重要,做好事不留名是件顺理成章的事情。他只是执着地想做,然后变成“根本就停不下来”。

但个人的力量毕竟有限,“石头蛋”也能感觉到一些压力:“帮助过多少人,捐出去多少钱,也说不上来了,有汇款票据的应该就有几十万元。算下来每个月工资的七成都要捐出去,所以只能有选择地去帮扶。”当帮贫扶困已是力有不足,“石头蛋”便选择利用自己的本职,通过其他方式去帮助别人。比如去年中秋节前后,向阜阳部分区域的市民发放了每天10份的免费快递,比如为军人免费寄快递。而他对公益的执着也为他赢来了很多客户,大家放心地把快件交给他。

4月上旬,“石头蛋”又在报纸上看到阜阳市太和县困难女孩小王。经过周围人的劝说,这次他选择了驱车前往当地，直接与小王见了一面。但“石头蛋”告诉记者，这并不是他习惯的方式，他看不得别人困顿伤心，所以也见不得别人欣喜感激时却流露苦楚。因此，他觉得自己应该顺理成章地继续神秘下去。

现在，他对这个名字有了新的理解，既然大家认识“石头蛋”是因为公益，那这个名字就应该只是一个符号，不代表他，也不代表其他某个具体的人，国通的快递员当中，甚至这个行业当中，应该有很多“石头蛋”，他们既是快递走进千家万户路上的小石子，也该是负有社会责任感的快递员群像。

所以，站在“最美”的舞台上，他说：“请继续叫我‘石头蛋’。”

张锦：家人和客户搀起了跌倒的我

“寻找最美快递员”活动评审委员会推荐词：

对事业与爱情的憧憬，被一场大火阻隔。因为良心，你坚守了做人的底线；因为梦想，你没有轻易悲伤；因为坚守，你赢来了更多的支持。你用一颗心，脉动了更多人的心；你用一点光，收获了如今幸福的模样。

“婚已经结了，小孩也出生了。”手捧着“最美快递员”奖杯，在与主持人互动交流时，圆通速递扬州文昌分部快递员张锦笑得格外灿烂。他收获了荣耀，也分享着快乐。

一场大火，让他赔光了“老婆本”，婚期也被迫推迟。他说：“我在哪里跌倒，就要在哪里站起来！”而把他搀起来的，是家人和客户！

“家人是我坚持下去的动力”

“最感激的是我的父母，如果没有他们的支持，我很难想象自己能够坚持下去。”回忆起那段最困难的日子，张锦的眼眶微微泛红。

仓库失火，正在乡下地里收割稻谷的父母听闻消息，扔下工具，穿着拖鞋就往城里赶。是父亲的一句话，给了他勇气：“怕什么？有我！”

“他也就是从精神上安慰我罢了。”张锦说，父母一辈子都是农民，本来日子就过得清贫，哪里还能拿出钱赔给客户？

第二天，张锦开始挨家挨户到客户那里核实损失。但该派送的件还得接着派。父亲对他说：“扬州我不熟悉，你骑车把我送到你的派送区域，我去问，去找，我帮你派件。”

这天晚上，父亲是推着电动三轮车走回来的。张锦以为是车坏了，一问究竟，才想起父亲根本就不会骑三轮车。父亲却安慰他：“放心吧，快学会了，今天没有派完的件，我明天肯定能派完。”这一天，第一次派件的父亲，派出了20件。

次日晚上，张锦从客户那里回到家时，父亲已经先到家了。看到张锦回来，父亲背对着他，说了一句，“昨天的件已经送完了，今天有点累了，先睡觉了”，就匆匆地走进了屋。

吃完饭时，父亲也一直没有出来。感觉到情绪不对劲的张锦追问母亲，母亲抹着眼泪告诉他，父亲为了赶时间，骑三轮车时摔了一跤，脸上、胳膊上、腿上满是伤痕。所幸，只是软组织擦伤，并无大碍。

在张锦奔走于客户之间赔偿损失的日子里，父亲一直在默默地帮着他收件、派件。张锦告诉记者，父亲是穿着拖鞋匆匆从乡下赶来的，派件时，张锦临时找了一双被大火熏得发黄的运动鞋给父亲穿上。而这双鞋，陪伴了父亲很长一段时间。

“客户给了我意外的收获”

赔偿完客户的损失，一切从零开始。张锦计划用一年的时间还掉外债，再用一年的时间攒点钱结婚。令他没有想到的是，不到一年的时间，他的业务量翻了一番还多，不仅还掉了所有的外债，还攒了3万多。到春节的时候，张锦用攒下的钱，在老家补办了一场“很风光、很体面”的婚礼。

起初，他以为这只是正常的业务增长。后来却发现，所有的新增客户，都分布在老客户的周围。一打听才知道，他用“老婆本”赔偿客户损失的举动，经客户的口口相传，已经为他竖起了“诚信快递哥”的招牌。客户说：“我的件交给他，放心！”

收获了荣誉，张锦说，这是鞭策他继续前行的动力。如今，他已经不是一个人在战斗。伴随着业务的发展，他的网点多了六七名员工。“以前，我自己做好服务，我这片区的服务就做好了；现在我要发动我手下的员工一起去服务好客户。”张锦说，“在我跌倒的时候，客户的信任，搀了我一把！”

郭伟聪：别人能做的我会做得更好

“寻找最美快递员”活动评审委员会推荐词：

不愿意客户的心，哪怕多一丝等待；更不忍客户的期盼，在自己手中延宕。你灵巧的双手，化作鸿雁，3年5万快件，件件准时送达。你用努力，赢来客户的笑脸；你用汗水，践行着快递“迅速、准确、安全、方便”的真谛。

“是否我的形象足以让客户信赖”，这是中外运敦豪东莞分公司镜子上的一句话，站在这面镜子前，郭伟聪整理着自己的工装。作为本届“最美快递员”中唯一的国际快递公司员工代表，郭伟聪说，他做快递的感觉是累并快乐着。

2011年，郭伟聪在朋友的介绍下进入快递行业，开始热爱上这份工作。“在别人眼里，做快递是很累很辛苦的事，但每天和客户良好沟通，客户就会信任你，就会把手中的东西托付给你。当你满足了客户的期待，他们就会报以笑容，那种成就感是无法形容的。”凭借着对快递的“钟情”，3年来他成功收派快件5万件，无一延误、错派。

在领奖台上，郭伟聪与大家分享了一次让他印象深刻的揽收经历：2013年8月的一天，一位客户有一件急需当天寄走的快件，但已经错过了当天最晚的揽收时间，很可能会错过当晚的航班。如果快件不能准时寄达的话，这位客户的公司就会面临破产。得知客户的情况后，郭伟聪一边安慰不知所措的客户，一边帮他想办法。半小时后，他第一时间取走了客户的快件，并对快件进行紧急处置，终于使快件赶上了飞往日本的航班。第二天再次见到客户时，对方深深感激的笑脸让他终生铭记。

“这种紧急的情况其实在工作中并不多见，但如果遇到了，我们就会在保证其他客户的快件能够准时赶上航班的前提下去特殊处理，尽最大的努力避免给客户带来损失。”郭伟聪的眼神中透着坚定。

每天都在一线忙碌的郭伟聪，被通知获奖时的感觉是“突然”，虽然他揽收的快件到达过220个国家，但他却是第一次来到北京。站在鸟巢前，那张年轻的面孔，笑容灿烂。谈到自己的个人问题时，他面露羞涩。“已经差不多了，但因为工作比较忙，比较难协调，还没有定下结婚的日期。今年不行的话就改在下一年。”说这句话时，他的脸上透着甜蜜。

喜欢与客户沟通的郭伟聪，平时跟家人也不乏交流。“家人很支持我的工作，希望我在快递行业里能有更好的发展。我告诉他们我获得了全国大奖，他们都很开心呢。”几年的奋斗得到肯定，郭伟聪激动的心情溢于言表。刚刚走下领奖台，他就迫不及待地端详起奖杯和证书来，还拿起手机将照片拍下，发给远方的父母和女朋友，一时沉浸在属于自己的快乐与幸福中。

“我对快递行业的发展很有信心。这些年里，快递发展的速度令人不敢相信。现在的公司与我刚进来的时候相比变化巨大。原来一个网点最多有四五个快递员，现在得有二十来个。”快递的迅猛发展，更让郭伟聪深深地感到，自己不能满足于现在取得的成绩，还需要一步一步努力去学更多的东西。获奖不是压力，而是动力，他自信地说：“我一直都相信自己，会做得比别人更好。”

王光成：尽能力所及，不让客户吃亏

“寻找最美快递员”活动评审委员会推荐词：

言忠信，行笃敬，快件丢失，你挨家挨户，核实赔偿，不敢让客户的信任，损失半毫；至诚至信，至善至美，你用一诺千金的底气，让诚信的种子，发光发力。一个快递员最朴素的行动，激荡起社会对诚信的回应。

他是申通快递成立20周年时，全网评出的“十佳员工”；他也是“安徽好人”；他还是“中国好人”，如今，他又收获了新的荣耀—“最美快递员”。他，就是王光成。

当他“赔掉一年工资，也要找到所有失主”的事迹被媒体报道后，社会给予了他诸多鲜花、掌声和荣耀，无数的记者前去采访过他。但是，记者发现，要采访好这位媒体前的“红人”，是一个巨大的挑战。因为，这位老实巴交、不善言辞的快递员，的确很难说出什么“高大上”的话语和有趣的故事。

“如果辛辛苦苦工作一年，却因别人的错误而要把工资全部贡献出去，你能接受吗？”“寻找最美快递员”揭晓发布会现场，主持人以这样的提问，把我们再次带进王光成的故事。

王光成给出的答案，我们在此前的媒体报道中都已经知晓。当记者问及“一下子赔了这么多钱，经济上的压力能够承受吗？”王光成却答非所问地说出了这样一番话：“三轮车被小偷偷走了，受害的不仅是我一个人，客户也是受害者，如果不找到他们，赔给他们，我心里会不安的。”没有谈到压力，只是说了自己的决心。

记者在采访中了解到，当王光成逐一找上门去解释、去核实损失，客户在听完整个事件的来龙去脉后，一些损失较大的客户主动提出，只要按照最低的成本价赔付即可；而多数客户则表示，“算了吧，不用你赔了，(快件)不值几个钱，你也没有多少钱，有你这份心就够了”。

但是，王光成有他自己的坚持。从几十元到上百元，但凡核实了客户损失的，王光成都一一赔付，累计赔付给客户的金额有两万多元。他说：“在我力所能及的情况下，该赔多少就赔多少，不能让客户吃亏。”

“不能让客户吃亏”，这句质朴的话足以让人感动。事情发生后，王光成身边的人，也用自己的行动，诠释着“好人有难，好人帮”的真谛。

他告诉记者，在被盗快递车辆中，最贵重的物品是两件貂皮大衣，单靠他自己的能力，实在难以赔付。申通快递合肥公司的总经理在得知这一情况后，主动地帮他支付了这一部分赔偿金；当他找到亲戚朋友借钱时，片区经理主动借给他5000元现金，帮助他渡过了难关。

随着他的事迹受到越来越多的关注和报道，快递协会、申通公司总部以及申通快递合肥公司，几千元到一万元不等地在经济上给予王光成奖励和帮助。而这部分奖励，基本上冲抵了他赔偿客户的金额，也帮助他及时还掉了因此欠下的债务。

当记者问及这件事情对他工作和生活的影响时，这位不善言辞的快递员告诉记者，有好多领导都关心、看望、鼓励他；在外派件时，知道他经历的保安都很照顾他，主动帮他照看三轮车。他说，大家的帮助，他无以为报，只能更用心、更认真负责地做好本职工作。

王光成感动我不救谁救了别人，别人又感动了王光成。在这样的脉动中，大家一起诚信成长。

姜红伟：我不救谁救

“寻找最美快递员”活动评审委员会推荐词：

在匆忙的人群中，你是平凡的投递员；在生命的危急关头，你是顶天立地的男子汉。你只身跳江救起母女的性命，你悄然离开不留姓名，你努力工作回报生活给你的磨难，你用爱和坚强，在人们心中播下善良的种子。

和姜红伟聊天，绕不开一年前的夏天——那个平静又惊心动魄的傍晚。

“我在汉江边长大，从小就爱游泳，那天和朋友游完泳都回家了，想起衣服还落在河边又回去取。下江堤的时候看见一对母女在游，拿了衣服走到江堤上就看不见她们了。”姜红伟觉得奇怪，仔细一看，才发现母女俩落水了，他赶忙跑下去救人：“小女孩妈妈被呛了好多水，她把我抓得满脸都是血，牙也被她打掉了。”把母女俩救上岸后，小女孩的妈妈又感激又抱歉，说要拿5000元钱给姜红伟，让他去看看脸上的伤。姜红伟急得连连摆手说：“我是男人嘛，我不救谁救。你还是赶快带孩子去医院检查下有没有受伤。”

回家的路上，看着路灯闪亮，姜红伟顿觉活着真好。而这种与死亡擦肩的经历，在2005年他也经历过，也就是在那场车祸中，他的妻子永远离开了他，成为他心底永久的痛。儿子看到爸爸跌跌撞撞地回到家里，以为他和别人打架了，吓得赶紧躲得远远的。而后，他没有和儿子解释，直到媒体到处寻找他，他才带着儿子去了事发现场，只说了一句话：“是男子汉，就要这么做。”他想，儿子会懂的。而更让他高兴的是，这件事情发生后，同事们好像也受到了感染，公司的服务质量也得到了很大提升。“如果我能带动更多的人做好事，这才有意义。”

由于之前的车祸，姜红伟的腿里，至今还留着一块钢板和9枚钢钉。记者问他腿还疼吗，他笑着站起来走了两步，说“一点都不疼了，就是快递治好了我的腿”。看到他大步流星，有谁相信，他的腿曾经受过伤。

“如果不运动，腿就疼得厉害，还得拄拐杖。”于是，他放弃了以前安静的工作，干起了快递。由于经常上下楼梯，他的腿严重超负荷，看着肿得又粗又红的腿，姐姐心疼地流着泪劝他别干了，他却说：“我是男人，这点苦都吃不了怎么行。”意外的是，这样的状态持续了半年，姜红伟的腿一天比一天好起来，两年以后竟然完全恢复。“生命在于运动，我现在打篮球一点都不受影响。”

嗓门大、说话急、动作快，这是姜红伟多年干快递养成的习惯。“每天在外面跑，很忙很累，但很自由很快乐。”风吹日晒在别人眼里是辛劳，但在他看来，却是快乐。“我们领导总是大嗓门喊我取件，这是亲切，我闲的时候会和客户一起沟通，有效地维护了客户群。”姜红伟笑着说，快递带给他的快乐别人很难体会。“自己不是喜欢，而是热爱快递这份工作。”

而今，站在领奖台上，面对主持人抛出的“为什么拒绝救人的5000元谢酬”的问题，姜红伟坚定地说：“小孩冻得在那里直打哆嗦，话都说不出来，我怎么能要钱呢，要了一辈子都良心不安。我是男人，我不救谁救。”

这就是“最美快递员”的答案，他救，是因为他就在那里。

葛明洋：无言的力量

“寻找最美快递员”活动评审委员会推荐词：

你纵身一跃，便成人间绝唱。寒风再凛冽，吹不散你的生命之光；冰水再刺骨，穿不透你的善良心肠。你的快递车还在那里，而你却在酷寒的池水中睡去。以义举为油，拿爱心为捻，你用22岁的永恒青春，把世间照亮。

“我们非常感谢明洋的父亲母亲，他们为我们培养了一个好儿子，我们相信，明洋虽然去了，但是千千万万个快递人接过了他手中的火炬，他们都是你们的孩子。”当国家邮政局纪检组长、精神文明建设指导委员会副主任解畅饱含深情地说出这句话时，她的眼角，泪光流转。葛明洋的母亲眼含热泪，父亲则站在母亲身边，一言不发，只是紧紧挽着她的手臂。

话音未落，在场所有人再次为葛明洋的父母鼓掌，不少人眼中同样含着泪水。从葛明洋父母离开座位走上领奖台，这已经是第五次响起掌声，后排不少人起身，表达自己的敬意。

葛明洋父母手捧着儿子的奖杯走下舞台，两位活动评审委员立马迎了上去，关切地询问，是否需要回到房间休息一下。然而，他们却婉言谢绝了两位评审委员的建议。葛明洋母亲说：“我们一定要坚持到活动结束，看到这些快递员收获荣誉，我们会觉得孩子就在我们身边。”

葛明洋的英年早逝，让所有人都扼腕叹息。在会后的随机采访中，不少代表都告诉记者，葛明洋的事迹最让他们动容。一位来自中通快递的代表只说了一句“我也有弟弟”，泪水就在眼眶里打转，再也说不下去。

在大家的回忆中，葛明洋的事迹又再次浮现。

去年12月7日，最低温度零下3℃，这一天是农历节气中的大雪，再过半个月就要冬至。下午1点左右，北京密云国土局大院附近一个水塘边，两位小男孩正在大声呼喊求救。几分钟前，他们的一位小伙伴在水塘边洗手时不慎跌落，恰好水塘中的一台水泵正在运转，将落水的伙伴冲离塘岸。

正当两位小男孩情急之时，他们突然看到一个小伙子出现了，这人先是伸手想抓住小孩，但距离太远没能成功，随后又跳入水中实施营救。情况紧急，他没有来得及脱下棉衣棉裤，奋力向离水塘越来越远的孩子游去。但由于被救的孩子十分紧张，不断挣扎，加之水泵的冲力和棉衣吸水后的阻力，下水救人的小伙子力渐不支。尽管岸上两位小男孩的呼救声随后引来了附近的值班人员，但落水男童最终还是未能获救，而小伙子也沉入水中。小伙子从头至尾没有说过一句话，此时他的快递车就停在几十米外，车厢挂着锁，但有两个快件放在车顶是正在准备送给附近住户的，两位小男孩只把他们亲眼所见告诉了随后赶来的民警和媒体记者。而经过寻找，大家在第二天通过媒体知道了这个小伙子叫作葛明洋。

尽管身前无言，身后也无能为言，但葛明洋却不断传播着正能量。几个月后，葛明洋被北京市政府评定为烈士，其事迹也通过各种平台对外传播，全国的同行以及更多群众也知晓了这位了不起希望人们渐渐淡忘的快递员，他的英雄事迹感染着大家。

会场里那不息的掌声，是最好的证明。

顺丰8哥：希望人们渐渐淡忘

“寻找最美快递员”活动评审委员会推荐词：

千钧一发之际，你们举起双臂，让被危险挟裹的幼小生命，转危为安；42秒的刹那，你们毫不犹豫，伸出双臂奋力一举，这一刻，人性高尚的光芒热烈绽放。你们，用爱和果敢，诠释着快递人的善良，书写着温暖生命的乐章。

谢明一个人站在领奖台上，代表着他的团队，收获着“最美快递员”的荣誉。此刻，他的同事依然坚守在自己的岗位之上，大家的掌声，为他和他的弟兄们响起。也正是预料到这样的情形，4月17日本刊记者在宁波采访期间，专程对当时已经入围最美50强的“顺丰8哥”进行了回访。

“顺丰8哥”都是宁海分部的业务骨干，对业务操作游刃有余的他们，也有挠头的时候。那就是他们在因见义勇为而出名之后，经常被人认出乃至引发“围观”。

姚腾飞告诉记者，平时上门收派快件时，有些相熟的客户会调侃说“救人英雄来了”。更让他觉得不好意思的是，有时送件到了中午，在外面吃饭时会碰到熟人认出自己，对方这么一吆喝，往往会引发“围观”。有过被“围观”经历的还有娄国兵和卢新宇。“昨天还有人问我‘你就是托举哥’吧？”卢新宇说。

一些好奇心十足的客户更让他们觉得难以“招架”。有的客户会打听上门服务的顺丰快递员是不是“托举哥”，如果得知是，则会刨根问底询问当时救人的情景。“对于这些客户，又不好打击对方的热忱，但回答‘是’，可能聊起来没完，影响工作效率；不回答的，又可能被人误会你在‘摆谱’。”杨文求说，除非是认识的人，如果有人问起，他会直接告诉对方自己当时不在场；即便如实回答，也会尽量缩短对话时间。

“希望人们能渐渐淡忘这件事”，这是顺丰快递哥共同的心声。姚腾飞和娄国兵都说，当时救人，是任何人都会做的，只不过是他们刚好碰到而已。杨文求也告诉记者，伸手救人时根本没想那么多，只是一种本能。

成为救人英雄之后，姚腾飞他们还是同之前一样工作、生活，但一方面是所在企业对于服务质量有着严格规定，另一方面是消费者对快递服务质量的要求越来越高，加上作为“英雄”和“典型”，一举一动“别人都在看着你”，这让他们感受到了压力，也对自己提出了更高的要求。

杨文求的对策是学习，向其他服务行业学习

如何提升服务质量。他说,在服务客户时,可以进行换位思考,想想客户需要什么,在去外面吃饭时,也认真观察服务员如何做好细节,要"做到老,学到老"。

和其他几位弟兄骑着电动车从事收派工作不同,卢新宇主要负责开着面包车派送大件和高价值快件。他说成为"救人英雄"之后,他在工作中时刻提醒自己要把服务做得更完善,用最快的速度送快件,重件也坚持送上楼,尽可能满足客户的需求。

记者此行未能见到李顺辉,他已经调回家乡湖北恩施顺丰,因为救起坠楼女孩让他想到了留在家乡的儿子,万一父母照料不及,担心会有闪失,所以他希望可以在工作之余更好地照顾家庭。

李顺辉、谢明、刘明俊、卢新宇、杨文求、葛伟国、姚腾飞、娄国兵,8位勇敢的快递兄弟,努力工作的同时,也期待幸福的生活。

泸州韵达:需要的时刻,我们还会冲上去

"寻找最美快递员"活动评审委员会推荐词:

地震,震动了大地;而你们,震动了人心。在悬崖与落石间昼夜穿行,第一时间,你们拉开了民间救灾的序曲;在黑暗与冷静中与死亡擦肩,六天七夜,你们将自己的命运与社会责任紧紧相连。正因为将"人民"铭记于心,与百姓心心相印,扎根于沃土的"草根"变成了"大树",让人抬头仰望、心怀敬意。

"刚才主持人采访我时,我都说了些什么?""寻找最美快递员"揭晓发布会一结束,吕寒见到记者,忍不住如此问道。

刚刚从国家邮政局局长马军胜手中接过"最美快递员"的奖杯和证书,吕寒和刘炼内心的紧张、激动溢于言表。时隔一年后再次见到他们,也让记者倍感亲切。

一年前本刊记者到四川泸州采访时,他们刚刚从雅安地震灾区返回,疲惫还都在脸上;而这一次北京相见,写在他们脸上的,是喜悦!

不得不说的幕后英雄

雅安抗震救灾,吕寒等人冲在最前线。他们的英勇、果敢、执着和坚韧,经媒体报道后,得到社会各界认可。"最美快递员"的称号,于他们,名至实归。

"我们是来抗震救灾的,不是来添麻烦的,如有意外,不许给政府找任何麻烦。"—这条最终没有发出的短信,是吕寒等人在地震灾区留给家人的嘱托。人们在关注这群救灾英雄时,却鲜有人将目光投向他们的家人—在幕后支持他们的英雄。

得知雅安地震后,吕寒第一时间拨通了妻子的电话:"老婆,你在哪里?你快回来,我有话对你说,我想去灾区。"

吕寒的妻子,泸州韵达的法人代表牟文英回忆说,当时在电话里听到吕寒的声音在"颤抖",她几乎是"飞车"赶回家中的。"他的态度很坚决,我能理解他。"牟文英告诉记者,她当即拿出了随身携带的16000多元现金,随后又到银行取出了18000元交给吕寒,安排工作人员分头购置赈灾物资。

灾区的信号时断时续,牟文英说,抗震救灾的六天七夜里,她在家里没有睡一个好觉,半夜醒来,总会看看手机,看有没有从灾区发回的报平安的短信。

回想起在灾区,吕寒他们都觉得后怕,甚至不

敢告诉家人他们的经历，因为他们不想让家人担心。

其实，家人在得知他们要前往灾区时，就已经知道了他们可能会面对什么。但是，没有任何人反对，临行前那一句"注意安全，早点回来"，是家人给予他们最大的支持。

"我们只是做了应该做的事情"

获邀进京参加"寻找最美快递员"活动揭晓发布会，刘炼感到很意外。因为要坚守岗位，抗震救灾团队的另外三名成员陈泸、石松和冯东未能出现在发布会现场。吕寒说，他们只是在当时的那种环境下，做了应该做的事情。"危难之间出手相助，这是我们中华民族的光荣传统。中华民族在危难面前的凝聚力，是我们最宝贵的财富。"

一年前，记者在四川泸州采访他们时曾问道："平安归来后，看着在灾区时留下的照片，会觉得后怕吗？"当时，陈泸的回答是："心里麻格格（四川方言，意为'胆战心惊'）的。"

一年后，同样的问题再次向他们提出，吕寒的回答是："后怕！肯定是后怕！但需要我们的时候，我们还会冲上去，而且会做得更好。"

"不过，我们不希望这样的事情再发生！"吕寒说。

在这里，我们再次重复这个英雄团队成员的名字，他们是：吕寒、刘炼、陈泸、石松和冯东。

第十篇　行业展望

2015年中国快递市场发展趋势

一、外资布局国内包裹市场

2014年9月24日,国务院总理李克强主持召开国务院常务会议,决定全面开放国内包裹快递市场,对符合许可条件的外资快递企业,按核定业务范围和经营地域发放经营许可。外资企业"狼来了"的传说终于板上钉钉。"狼来了"并不可怕,可怕的是面对"狼群"手足无措。更何况,今日中国之快递,早已非手无缚鸡之力的小孩童。"狼"与"虎"相争,吃亏的未必是老虎。"狼群"想要进入"虎山",只可能是"巧用力"。面对市场份额已经被瓜分得差不多且相对稳固的中国国内包裹市场,外资快递想要另立山头,难度不小。我们猜想,"借鸡下蛋"不失为外资快递进入中国市场的捷径。通过收购一两家网络型快递企业,以全资控股或者部分持股的方式参与中国国内快递市场的竞争,将是了解中国国情和行业业情最直接、最快速、最有效的方式。

二、社会资本"跨界"入局

严格意义上讲,资本的"跨界"在2014年已经初见雏形。以2014年10月,复星集团、招商证券、宏泰资本、海通证券、中新建招商股权五大财团注资宅急送为代表。虽然五大财团的大佬都表示,注资行为有浓烈的"圈子人脉"因素,但不可否认,资本的"逐利"本性在任何时候都是存在的。随着国务院总理李克强一年内两次视察快递企业、快递行业先后被贴上了"黑马"、物流行业"领军者"的标签,国家层面对快递行业的重视,未来出台利好行业发展的新政策的期待,在2015年,或有更多的社会资本"跨界"入局。

三、末端"平台化"加剧

"电商竞相到农村刷墙、物流渠道下沉到乡镇"是2014年行业内最热门的话题之一。不仅如此,"快递西进""快递下乡"工程亦开展得如火如荼。接下来的问题是,面对下沉后的运营成本、维护成本的挑战,快递网络如何做到"下得去、站稳脚、活下来"?单打独斗显然不是明智之选,末端整合是未来发展的必然趋势。或整合村邮站功能、或成立独立第三方机构、或委托一家有实力的领头企业代理。总之,未来快递的末端服务,"搭建平台"是大势所趋。不止于农村、乡镇,城市、社区亦是如此。

四、"海淘"需求释放

全球买、全球卖。2014年阿里巴巴"双11"全球化元年的第一次尝试,成功地将全球217个国家和地区点亮。"海淘"的难点在于物流和通关,2014年以来,在国家邮政局鼓励快递企业"向外"拓展的政策引领下,民营快递企业加速海外布局;"保税进口"模式下"三流合一"(订单、支付单、物流单)的实现,将极大地突破"海淘"的政策壁垒限制，“海淘”需求有望在2015年得到释放。

五、“互联网思维”渗透

“云端”“大数据”“智能网络”，当这些互联网的词汇不断地出现在快递领域的时候，预示着快递行业已经从传统的1.0时代升级到2.0时代。快递2.0时代意味着什么？意味着快递行业已经与互联网时代同步。相应地，互联网思维将对快递行业传统的管理模式、经营理念带来冲击，需要对市场、对用户、对产品、对企业产业链乃至对整个商业生态系统的进行重新审视。这对于行业的管理者、市场的参与者而言，都是一种挑战，同时也是一次千载难逢的机会。

六、企业“抱团”取暖

中国的民营快递企业，无论现在怎么争得“你死我活”，往上溯源，总会发现彼此之间有着千丝万缕的联系。早在2013年12月，圆通、申通、中通、韵达各出资5000万元注册的蜂网投资有限公司悄然成立。公司投资定位于向快递产业链的上游产业进行投资，通过对快递资源和快递上下游资源的集合、整合和融合打造快递集约化的投资平台，推动智慧快递、物联网和“云计算”在“三通一达”快递企业的应用等。

七、“多式联运”提速

2014年我国综合交通运输体系进一步完善，综合交通运输体系的完善，为快递服务依托综合交通运输平台扩大网络、提高运输能力、提升服务效率提供了坚实的基础。在大交通的框架下，“多式联运”或可成为快件疏运的新方式。快件运输，从最早的依靠人工携带，到汽运，再到发展航空运力、高铁快递，运输效率在不断提升。进入2014年，伴随着铁路体制改革的深化，快递班列的相继开通，快件运输方式不断得以丰富。每一种运输方式都有其优势，但也不可避免地存在缺陷。2015年，若能集各种运输方式之长，实现快件的“多式联运”，快件安全以及快递时限则会有大的飞跃。与此同时，节能减排、绿色环保的交通运输工具也有望在快递干线运输上崭露头角。

八、细分市场“井喷”

按照不同的标准划分不同的产品，依据不同的服务收取有差别的价格。这是多年来行业一直所倡导的发展模式。但目前而言，快递产品的划分，多以寄递时限为参照。从近年快递企业以项目方式为特色农业、应季果蔬、生鲜食品等提供寄递服务的实践来看，“产品细分”的趋势愈加明显。2015年，这样的趋势只会加强，不会减弱。不同的产品，从包装、运输、时限等方面都提出了不同的需求，在这个新兴的专业市场里，快递企业是否能赢得市场的认可，还需从提升自身服务能力开始做起。

九、行业深度“洗牌”

大家都看好快递行业的发展前景。前景好，并不意味着这个市场中的所有参与者都能如愿地赚到大钱。行业的发展需要有序的环境。市场的秩序需要参与者共同来维护和遵守。快递行业的竞争环境，总体是有序的，但不否认，“价格战”“恶意竞争”等现象在一定程度上依然存在，以低于成本的价格参与竞争，短期看的确能赢得市场，但长远看，“赔本赚吆喝”的买卖无异于饮鸩止渴，低价必然导致服务质量下降，最终受损的是企业经年建立起来的形象。我们都不愿意看到企业因低价竞争而破产，但“价格战”不止，总有撑不住倒下的。这个“第一”的帽子，戴在谁的头上都不好受。

附　录

一、相关文件(索引)

• 国务院办公厅关于促进内贸流通健康发展的若干意见

http://www.gov.cn/zhengce/content/2014-11/16/content_9207.htm

• 国务院关于加快发展生产性服务业促进产业结构调整升级的指导意见

http://www.gov.cn/zhengce/content/2014-08/06/content_8955.htm

二、获得《快递业务经营许可证》企业名录

（截至2014年12月31日）

（一）跨省（区、市）经营国内快递业务并经营国际快递业务的企业

企业名称	分支机构	许可证号	有效期限
民航快递有限责任公司	详见分支机构名录	国邮20100001A/C	2010.09.29至2015.09.28
内蒙古德美多式联运有限责任公司	详见分支机构名录	国邮20100004A/C	2010.09.29至2015.09.28
中国邮政速递物流股份有限公司	详见分支机构名录	国邮20100028A/C	2010.06.10至2015.06.09
顺丰速运（集团）有限公司	详见分支机构名录	国邮20100031A/C	2010.09.29至2015.09.28
北京顺丰速运有限公司	详见分支机构名录	国邮20100031-2A/C	2010.09.29至2015.09.28
吉林省顺丰速递有限公司	详见分支机构名录	国邮20100031-18A/C	2010.09.29至2015.09.28
广州顺丰速运有限公司	详见分支机构名录	国邮20100031-56A/C	2010.09.29至2015.09.28
深圳市原飞航物流有限公司	详见分支机构名录	国邮20100067A/C	2010.09.29至2015.09.28
中外运—敦豪国际航空快件有限公司	详见分支机构名录	国邮20100146A/C	2010.09.29至2015.09.28
圆通速递有限公司	详见分支机构名录	国邮20100209A/C	2010.09.29至2015.09.28
深圳市亚风速递有限公司	详见分支机构名录	国邮20100215A/C	2010.09.29至2015.09.28
捷特亨达货运代理（上海）有限公司	详见分支机构名录	国邮20100278A/C	2010.12.24至2015.12.23
广东港中能达物流有限公司	详见分支机构名录	国邮20100306A/C	2010.12.24至2015.12.23
上海林道国际货运代理有限公司	详见分支机构名录	国邮20110337A/C	2011.01.25至2016.01.24

（二）跨省（区、市）经营国内快递业务的企业

企业名称	分支机构	许可证号	有效期限
江苏京东信息技术有限公司	详见分支机构名录	国邮20100206A	2010.09.29至2015.09.28
红楼（上海）快递有限公司	详见分支机构名录	国邮20100207A	2010.09.29至2015.09.28
北京宅急送快运股份有限公司	详见分支机构名录	国邮20100208A	2010.09.29至2015.09.28
上海韵达货运有限公司	详见分支机构名录	国邮20100210A	2010.09.29至2015.09.28
上海中通吉速递服务有限公司	详见分支机构名录	国邮20100212A	2010.09.29至2015.09.28
申通快递有限公司	详见分支机构名录	国邮20100213A	2010.09.29至2015.09.28
上海全毅快递有限公司	详见分支机构名录	国邮20100214A	2010.09.29至2015.09.28
北京世纪卓越信息技术有限公司	详见分支机构名录	国邮20100219A	2010.09.29至2015.09.28
北京世纪卓越快递服务有限公司	详见分支机构名录	国邮20100220A	2010.09.29至2015.09.28
杭州爱彼西商务配送有限公司	详见分支机构名录	国邮20100223A	2010.09.29至2015.09.28
中运蓝宇联合（北京）快递有限责任公司	详见分支机构名录	国邮20100237A	2010.09.29至2015.09.28
北京日益通速递有限责任公司	详见分支机构名录	国邮20100239A	2010.09.29至2015.09.28
东莞市鸿鹏快递有限公司	详见分支机构名录	国邮20100246A	2010.09.29至2015.09.28
重庆华宇物流有限公司	详见分支机构名录	国邮20100248A	2010.09.29至2015.09.28

续上表

企业名称	分支机构	许可证号	有效期限
北京乐畅快递有限公司	详见分支机构名录	国邮20100251A	2010.09.29至2015.09.28
广州宅急送快运有限公司	详见分支机构名录	国邮20100264A	2010.09.29至2015.09.28
上海宅急送物流有限公司	详见分支机构名录	国邮20100265A	2010.09.29至2015.09.28
沈阳宅急送快运有限公司	详见分支机构名录	国邮20100266A	2010.09.29至2015.09.28
武汉宅急送快运有限公司	详见分支机构名录	国邮20100267A	2010.09.29至2015.09.28
西安宅急送快运有限公司	详见分支机构名录	国邮20100268A	2010.09.29至2015.09.28
成都宅急送快运有限公司	详见分支机构名录	国邮20100269A	2010.09.29至2015.09.28
天天快递有限公司	详见分支机构名录	国邮20100270A	2010.09.29至2015.09.28
优速物流有限公司	详见分支机构名录	国邮20100272A	2010.11.25至2015.11.24
深圳速尔物流有限公司	详见分支机构名录	国邮20100279A	2010.12.24至2015.12.23
上海特能市场推广有限公司	详见分支机构名录	国邮20100290A	2010.12.24至2015.12.23
哈尔滨市尼尔物流发展有限公司	详见分支机构名录	国邮20110316A	2011.01.25至2016.01.24
上海飞羚速递有限公司	详见分支机构名录	国邮20110321A	2011.01.25至2016.01.24
北京安信达快递服务有限公司	详见分支机构名录	国邮20110323A	2011.01.25至2016.01.24
北京飞康达物流服务有限公司	详见分支机构名录	国邮20110327A	2011.01.25至2016.01.24
广州市快捷快货运服务有限公司	详见分支机构名录	国邮20110331A	2011.01.25至2016.01.24
北京中通大盈物流有限公司	详见分支机构名录	国邮20110332A	2011.01.25至2016.01.24
沈阳冠达快递有限公司	详见分支机构名录	国邮20110349A	2011.01.25至2016.01.24
杭州百世网络技术有限公司	详见分支机构名录	国邮20110354A	2011.8.30至2016.8.29
德邦物流股份有限公司	详见分支机构名录	国邮20120378A	2012.01.18至2017.01.17
联邦快递(中国)有限公司	详见分支机构名录	国邮20120147A	2012.09.06至2017.09.05
优比速包裹运送(广东)有限公司	详见分支机构名录	国邮20120010A	2012.09.06至2017.09.05
北京如风达快递有限公司	详见分支机构名录	国邮20120412A	2012.10.10至2017.10.09
上海佳吉快运有限公司	详见分支机构名录	国邮20120423A	2012.12.28至2017.12.27
苏宁云商集团股份有限公司	详见分支机构名录	国邮20120424A	2012.12.28至2017.12.27
中铁快运股份有限公司	详见分支机构名录	国邮20130435A	2013.02.06至2018.02.05
上海益实多电子商务有限公司	详见分支机构名录	国邮20130436A	2013.02.06至2018.02.05
山东广通速递有限公司	详见分支机构名录	国邮20130445A	2013.05.14至2018.05.13
北京全峰快递有限责任公司	详见分支机构名录	国邮20130456A	2013.05.14至2018.05.13
速尔快递有限公司	详见分支机构名录	国邮20130475A	2013.12.05至2018.12.04
北京京邦达贸易有限公司	详见分支机构名录	国邮20130476A	2013.12.05至2018.12.04
中通快递股份有限公司	详见分支机构名录	国邮20130478A	2013.12.05至2018.12.04
上海龙邦速运有限公司	详见分支机构名录	国邮20140480A	2014.01.22至2019.01.21
微特派快递有限公司	详见分支机构名录	国邮20140481A	2014.01.22至2019.01.21
海航货运有限公司	详见分支机构名录	国邮20140482A	2014.01.22至2019.01.21
群蜂快送服务有限公司	详见分支机构名录	国邮20140483A	2014.01.22至2019.01.21
顺丰速运有限公司	无	国邮20140471A	2014.08.13至2019.08.12
上海快捷快递有限公司	详见分支机构名录	国邮20140505A	2014.08.13至2019.08.12
全一快递有限公司	详见分支机构名录	国邮20140047A	2014.08.13至2019.08.12

续上表

企业名称	分支机构	许可证号	有效期限
增益物流有限公司	详见分支机构名录	国邮 20140506A	2014.08.13 至 2019.08.12
嘉里大通物流有限公司	详见分支机构名录	国邮 20140029－0A	2014.12.30 至 2019.12.29
雅玛多(中国)运输有限公司	详见分支机构名录	国邮 20140216A	2014.12.30 至 2019.12.29
欧西爱司物流(上海)有限公司	详见分支机构名录	国邮 20140217A	2014.12.30 至 2019.12.29

(三)经营国际快递业务的企业

企业名称	分支机构	许可证号	有效期限
大连民航快递有限公司	无	国邮 20100001－1C	2010.06.21 至 2015.06.20
中外运空运发展股份有限公司	详见分支机构名录	国邮 20090002－0C	2010.01.01 至 2014.12.31
河南东方商贸国际货运代理有限公司	无	国邮 20090003C	2010.01.01 至 2014.12.31
宁德市彼岸国际货运代理有限公司	无	国邮 20100005C	2010.01.15 至 2015.01.14
珠海市隆运国际货运代理有限公司	无	国邮 20100006C	2010.01.15 至 2015.01.14
深圳均辉华惠国际货运有限公司	无	国邮 20100007C	2010.01.15 至 2015.01.14
汉高货运代理(深圳)有限公司	详见分支机构名录	国邮 20100008C	2010.01.15 至 2015.01.14
东莞市天峰快递有限公司	无	国邮 20100009C	2010.01.15 至 2015.01.14
优比速包裹运送(广东)有限公司	详见分支机构名录	国邮 20100010C	2010.05.17 至 2015.05.16
北京时代瑞丰进出口服务有限公司	详见分支机构名录	国邮 20100011C	2010.05.17 至 2015.05.16
成岳国际货物运输代理(上海)有限公司	无	国邮 20100012C	2010.05.17 至 2015.05.16
友航(中国)国际货代有限公司	详见分支机构名录	国邮 20100013C	2010.05.17 至 2015.05.16
东莞市常安国际货物运输代理有限公司	无	国邮 20100014C	2010.05.17 至 2015.05.16
北京明邦运通国际运输服务有限公司	详见分支机构名录	国邮 20100015C	2010.05.17 至 2015.05.16
安徽东方国际物流有限公司	详见分支机构名录	国邮 20100016C	2010.05.17 至 2015.05.16
东莞市正东国际货物运输代理有限公司	无	国邮 20100017C	2010.05.17 至 2015.05.16
深圳市递四方速递有限公司	详见分支机构名录	国邮 20100018C	2010.05.17 至 2015.05.16
芜湖恒诚国际货运代理有限公司	无	国邮 20100019C	2010.05.17 至 2015.05.16
广东永邦经贸国际货运代理有限公司	无	国邮 20100020C	2010.05.17 至 2015.05.16
杭州泛远国际物流有限公司	详见分支机构名录	国邮 20100021C	2010.05.17 至 2015.05.16
广东易连国际货物运输代理有限公司	无	国邮 20100022C	2010.05.17 至 2015.05.16
联合包裹物流(上海)有限公司	无	国邮 20100023C	2010.05.17 至 2015.05.16
保利佐川物流有限公司	详见分支机构名录	国邮 20100024C	2010.05.17 至 2015.05.16
呼和浩特市君立国际货运代理有限责任公司	无	国邮 20100025C	2010.05.17 至 2015.05.16
厦门东港国际运输有限公司	详见分支机构名录	国邮 20100026C	2010.05.17 至 2015.05.16
福建联运国际货运代理有限公司	详见分支机构名录	国邮 20100027C	2010.05.17 至 2015.05.16
嘉里大通物流有限公司	详见分支机构名录	国邮 20100029－0C	2010.06.21 至 2015.06.20
惠州市联捷国际货运代理有限公司	详见分支机构名录	国邮 20100032C	2010.06.21 至 2015.06.20
福建泰航国际物流有限公司	详见分支机构名录	国邮 20100033C	2010.06.21 至 2015.06.20
东莞市晖翔国际货运代理有限公司	无	国邮 20100034C	2010.06.21 至 2015.06.20
日通国际物流(中国)有限公司	详见分支机构名录	国邮 20100035C	2010.06.21 至 2015.06.20
深圳港中旅供应链贸易有限公司	无	国邮 20100036C	2010.06.21 至 2015.06.20

续上表

企业名称	分支机构	许可证号	有效期限
重庆安捷国际运输代理有限公司	详见分支机构名录	国邮20100037C	2010.06.21至2015.06.20
宁波雅戈尔国际贸易运输有限公司	详见分支机构名录	国邮20100039C	2010.06.21至2015.06.20
深圳市迅达国际货运代理有限公司	无	国邮20100040C	2010.06.21至2015.06.20
江西中迅国际货运代理有限公司	无	国邮20100041C	2010.06.21至2015.06.20
拓领环球速递(上海)有限公司	详见分支机构名录	国邮20100042C	2010.06.21至2015.06.20
威海通达货运代理有限责任公司	无	国邮20100043C	2010.06.21至2015.06.20
上海雅仕国际物流有限公司	详见分支机构名录	国邮20100044C	2010.06.21至2015.06.20
珠海庞志国际货运代理有限公司	详见分支机构名录	国邮20100045C	2010.06.21至2015.06.20
江苏弘业国际物流有限公司	无	国邮20100046C	2010.06.21至2015.06.20
全一快递有限公司	详见分支机构名录	国邮20100047C	2010.06.21至2015.06.20
中国外运秦皇岛公司	无	国邮20100049C	2010.06.21至2015.06.20
上海亚东国际货运有限公司	详见分支机构名录	国邮20100050C	2010.06.21至2015.06.20
运必送物流(深圳)有限公司	无	国邮20100051C	2010.06.21至2015.06.20
德莎国际货运代理(上海)有限公司	详见分支机构名录	国邮20100052C	2010.06.21至2015.06.20
中国外运股份有限公司	详见分支机构名录	国邮20100053C	2010.06.21至2015.06.20
青岛经汉物流服务有限公司	详见分支机构名录	国邮20100054C	2010.06.21至2015.06.20
大连国际机场集团有限公司	无	国邮20100055C	2010.06.21至2015.06.20
江门市中岸国际船舶货物运输代理有限公司	详见分支机构名录	国邮20100056C	2010.06.21至2015.06.20
深圳市华信国际货运有限公司	详见分支机构名录	国邮20100057C	2010.06.21至2015.06.20
北京燕文物流有限公司	详见分支机构名录	国邮20100058C	2010.06.21至2015.06.20
上海天霖星洲国际货运有限公司	详见分支机构名录	国邮20100059C	2010.06.21至2015.06.20
武汉中贸发国际货运代理有限公司	详见分支机构名录	国邮20100060C	2010.06.21至2015.06.20
杭州日晟国际货运代理有限公司	无	国邮20100061C	2010.06.21至2015.06.20
中外运湖北有限责任公司	详见分支机构名录	国邮20100062C	2010.06.21至2015.06.20
深圳市和安国际货运代理有限公司	详见分支机构名录	国邮20100063C	2010.06.21至2015.06.20
广东秀驿物流有限公司	详见分支机构名录	国邮20100064C	2010.06.21至2015.06.20
饶平县泰昌快递有限公司	无	国邮20100065C	2010.06.21至2015.06.20
饶平铠信速递有限公司	无	国邮20100066C	2010.06.21至2015.06.20
威时沛运货运(广州)有限公司	详见分支机构名录	国邮20100068C	2010.06.21至2015.06.20
厦门雅顺达国际物流有限公司	详见分支机构名录	国邮20100069C	2010.06.21至2015.06.20
上海东方福达运输服务有限公司	无	国邮20100070C	2010.06.21至2015.06.20
上海华兴国际货运公司	无	国邮20100071C	2010.06.21至2015.06.20
饶平县达邦快件有限公司	无	国邮20100072C	2010.06.21至2015.06.20
饶平万丰快件有限公司	无	国邮20100073C	2010.06.21至2015.06.20
浙江中外运有限公司	详见分支机构名录	国邮20100074C	2010.06.21至2015.06.20
青岛中远国际航空货运代理有限公司	详见分支机构名录	国邮20100075C	2010.06.21至2015.06.20
深圳市利航国际货运代理有限公司	详见分支机构名录	国邮20100076C	2010.06.21至2015.06.20
亨达国际货运代理有限公司	详见分支机构名录	国邮20100080C	2010.07.16至2015.07.15
深圳棋洋国际物流有限公司	详见分支机构名录	国邮20100081C	2010.07.16至2015.07.15
福建金诚国际物流有限公司	无	国邮20100082C	2010.07.16至2015.07.15

续上表

企业名称	分支机构	许可证号	有效期限
中航技国际储运厦门有限责任公司	详见分支机构名录	国邮20100083C	2010.07.16至2015.07.15
深圳天霖华世达国际货运代理有限公司	无	国邮20100084C	2010.07.16至2015.07.15
伟光达国际货运代理(深圳)有限公司	无	国邮20100085C	2010.07.16至2015.07.15
佛山中新创业国际货运代理有限公司	无	国邮20100086C	2010.07.16至2015.07.15
深圳市安达顺国际物流有限公司	无	国邮20100087C	2010.07.16至2015.07.15
深圳市意顺达国际货运有限公司	无	国邮20100088C	2010.07.16至2015.07.15
中外运速递有限公司	详见分支机构名录	国邮20100090C	2010.07.16至2015.07.15
广州中远国际航空货运代理有限公司	详见分支机构名录	国邮20100091C	2010.07.16至2015.07.15
东莞市南翔国际货运代理有限公司	无	国邮20100092C	2010.07.16至2015.07.15
海程邦达国际物流有限公司	无	国邮20100093C	2010.07.16至2015.07.15
厦门东方环球货运代理有限公司	详见分支机构名录	国邮20100094C	2010.07.16至2015.07.15
东莞市东港国际货运代理有限公司	无	国邮20100095C	2010.07.16至2015.07.15
江苏苏迈克斯国际货运有限公司	详见分支机构名录	国邮20100096C	2010.07.16至2015.07.15
饶平县润东快件有限公司	无	国邮20100097C	2010.07.16至2015.07.15
饶平县龙骏快递有限公司	无	国邮20100098C	2010.07.16至2015.07.15
潮州市佳奇物流有限公司	无	国邮20100099C	2010.07.16至2015.07.15
饶平县捷诚快件有限公司	无	国邮20100100C	2010.07.16至2015.07.15
饶平县新科港快件有限公司	无	国邮20100101C	2010.07.16至2015.07.15
东莞市中亚联发运输有限公司	无	国邮20100102C	2010.07.16至2015.07.15
东莞市骅达国际货运代理有限公司	详见分支机构名录	国邮20100103C	2010.07.16至2015.07.15
佛山市冠鸿国际货运代理有限公司	详见分支机构名录	国邮20100104C	2010.07.16至2015.07.15
深圳市海捷运物流管理有限公司	无	国邮20100105C	2010.07.16至2015.07.15
广州番禺中新国际货物运输代理有限公司	无	国邮20100106C	2010.07.16至2015.07.15
深圳万邦国际物流运输有限责任公司	无	国邮20100107C	2010.07.16至2015.07.15
汕头市三驰国际货运代理有限公司	无	国邮20100108C	2010.07.16至2015.07.15
汕头市友华快递有限公司	无	国邮20100109C	2010.07.16至2015.07.15
汕头市捷铭国际货运代理有限公司	无	国邮20100110C	2010.07.16至2015.07.15
汕头市恒利国际货运代理有限公司	无	国邮20100111C	2010.07.16至2015.07.15
中外运－日新国际货运代理有限公司	详见分支机构名录	国邮20100112C	2010.07.16至2015.07.15
广东全顺国际货运代理有限公司	无	国邮20100113C	2010.07.16至2015.07.15
青岛大亚空运有限公司	无	国邮20100114C	2010.07.16至2015.07.15
烟台德鸿国际货运代理有限公司	无	国邮20100115C	2010.07.16至2015.07.15
深圳市亿翔快递集团有限公司	详见分支机构名录	国邮20100116C	2010.07.16至2015.07.15
东莞市迅达国际货运有限公司	无	国邮20100117C	2010.07.16至2015.07.15
武汉市邮政速递有限公司	无	国邮20100118C	2010.07.16至2015.07.15
中山市金洋国际货运代理有限公司	详见分支机构名录	国邮20100119C	2010.07.16至2015.07.15
青岛金王国际运输有限公司	无	国邮20100120C	2010.07.16至2015.07.15
东莞市日安国际货运代理有限公司	无	国邮20100121C	2010.07.16至2015.07.15
嘉里大通物流(深圳)有限公司	无	国邮20100122C	2010.07.16至2015.07.15
南阳春龙国际货运代理有限公司	无	国邮20100124C	2010.07.16至2015.07.15

续上表

企业名称	分支机构	许可证号	有效期限
梅县荣嘉国际远洋货运有限公司	无	国邮20100125C	2010.07.16至2015.07.15
深圳市恒立达国际货运代理有限公司	详见分支机构名录	国邮20100126C	2010.07.16至2015.07.15
德莎国际货运代理(深圳)有限公司	详见分支机构名录	国邮20100127C	2010.07.16至2015.07.15
福建中旅国际客货运代理有限公司	无	国邮20100128C	2010.07.16至2015.07.15
招商局物流集团有限公司	详见分支机构名录	国邮20100129C	2010.07.16至2015.07.15
招商局物流深圳有限公司	无	国邮20100130C	2010.07.16至2015.07.15
中国外运山东有限公司	详见分支机构名录	国邮20100131C	2010.07.16至2015.07.15
瀚洋国际货运代理(深圳)有限公司	详见分支机构名录	国邮20100132C	2010.07.16至2015.07.15
饶平县长新快件有限公司	无	国邮20100133C	2010.07.16至2015.07.15
山东盛欣国际货运代理有限公司	无	国邮20100134C	2010.07.16至2015.07.15
南通新干线国际货运代理有限公司	无	国邮20100135C	2010.07.16至2015.07.15
江门市邮政速递服务有限公司	无	国邮20100136C	2010.07.16至2015.07.15
深圳市华惠国际货运有限公司	无	国邮20100137C	2010.07.16至2015.07.15
中远国际航空货运代理有限公司	无	国邮20100138C	2010.07.16至2015.07.15
汕头市天嘉快件有限公司	无	国邮20100139C	2010.07.16至2015.07.15
深圳市文辰国际货运代理有限公司	无	国邮20100140C	2010.07.16至2015.07.15
汕头经济特区平野对外运输有限公司	无	国邮20100141C	2010.07.16至2015.07.15
深圳市平宇物流有限公司	详见分支机构名录	国邮20100142C	2010.07.16至2015.07.15
北京华惠国际货运有限公司	详见分支机构名录	国邮20100143C	2010.07.16至2015.07.15
深圳市凯鑫国际货运代理有限公司	详见分支机构名录	国邮20100144C	2010.07.16至2015.07.15
天地国际运输代理(中国)有限公司	详见分支机构名录	国邮20100145C	2010.08.03至2015.08.02
联邦快递(中国)有限公司	详见分支机构名录	国邮20100147C	2010.08.25至2015.08.24
深圳迈豪国际货运代理有限公司	无	国邮20100148C	2010.09.27至2015.09.26
青岛宏洋国际货运代理有限公司	无	国邮20100149C	2010.09.27至2015.09.26
江苏亨通海晨物流有限公司	详见分支机构名录	国邮20100150C	2010.09.27至2015.09.26
上海优益喜国际货物运输代理有限公司	无	国邮20100151C	2010.09.27至2015.09.26
山东盛世海丰国际货运代理有限公司	无	国邮20100152C	2010.09.27至2015.09.26
广州派亚物流有限公司	无	国邮20100154C	2010.09.27至2015.09.26
青岛翔通国际运输代理有限公司	无	国邮20100155C	2010.09.27至2015.09.26
上海翼速国际物流有限公司	详见分支机构名录	国邮20100156C	2010.09.27至2015.09.26
莆田市航鹏货运有限公司	详见分支机构名录	国邮20100157C	2010.09.27至2015.09.26
广州市赛时多式国际货运代理有限公司	无	国邮20100158C	2010.09.27至2015.09.26
北京天霖骐骥国际航空运输代理有限公司	无	国邮20100159C	2010.09.27至2015.09.26
北海海志船舶代理有限责任公司	无	国邮20100160C	2010.09.27至2015.09.26
汕头市乐递快件有限公司	无	国邮20100161C	2010.09.27至2015.09.26
上海恒荣国际货运有限公司	详见分支机构名录	国邮20100162C	2010.09.27至2015.09.26
东莞市金泰辉国际货运代理有限公司	无	国邮20100165C	2010.09.27至2015.09.26
上海空海货运代理有限公司	详见分支机构名录	国邮20100166C	2010.09.27至2015.09.26
杭州佳成国际货运代理有限公司	详见分支机构名录	国邮20100167C	2010.09.27至2015.09.26
东莞一辉货运服务有限公司	详见分支机构名录	国邮20100168C	2010.09.27至2015.09.26

续上表

企业名称	分支机构	许可证号	有效期限
珠海崇宏货运代理有限公司	详见分支机构名录	国邮20100169C	2010.09.27至2015.09.26
中国外运河南公司	详见分支机构名录	国邮20100170C	2010.09.27至2015.09.26
佛山市快图仕国际货运代理有限公司	无	国邮20100171C	2010.09.27至2015.09.26
中国外运长江有限公司	详见分支机构名录	国邮20100172C	2010.09.27至2015.09.26
江阴中外运物流有限公司	无	国邮20100172－1C	2010.09.27至2015.09.26
昆山中外运物流有限公司	无	国邮20100172－2C	2010.09.27至2015.09.26
南京出口加工区中外运物流有限公司	无	国邮20100172－3C	2010.09.27至2015.09.26
安徽宇环储运有限公司	无	国邮20100174C	2010.09.27至2015.09.26
宁波泛洋国际货运代理有限公司	无	国邮20100175C	2010.09.27至2015.09.26
苏州国信集团太仓港东润物流有限公司	无	国邮20100177C	2010.09.27至2015.09.26
福建华夏货运有限公司	无	国邮20100178C	2010.09.27至2015.09.26
上海华惠国际货运有限公司	详见分支机构名录	国邮20100179C	2010.09.27至2015.09.26
汕头市龙骑士快件有限公司	无	国邮20100180C	2010.09.27至2015.09.26
浙江外运台州有限公司	详见分支机构名录	国邮20100181C	2010.09.27至2015.09.26
湖州新元国际货运有限公司	详见分支机构名录	国邮20100182C	2010.09.27至2015.09.26
上海百福东方国际物流有限责任公司	无	国邮20100183C	2010.09.27至2015.09.26
上海长发国际货运有限公司	无	国邮20100184C	2010.09.27至2015.09.26
汕头中外运有限公司	详见分支机构名录	国邮20100185C	2010.09.27至2015.09.26
中国外运广东有限公司	详见分支机构名录	国邮20100186C	2010.09.27至2015.09.26
招商局物流集团江苏有限公司	无	国邮20100187C	2010.09.27至2015.09.26
深圳市安梭国际货运代理有限公司	无	国邮20100188C	2010.09.27至2015.09.26
大连乾瀚国际物流有限公司	详见分支机构名录	国邮20100189C	2010.09.27至2015.09.26
中国外运山西公司	无	国邮20100190C	2010.09.27至2015.09.26
大连双雄国际货运代理有限公司	详见分支机构名录	国邮20100191C	2010.09.27至2015.09.26
大连迪比翼爱克斯快递有限公司	无	国邮20100192C	2010.09.27至2015.09.26
昆明荣建国际货运有限公司	无	国邮20100193C	2010.09.27至2015.09.26
义乌天虎快递有限公司	详见分支机构名录	国邮20100194C	2010.09.27至2015.09.26
上海泓丰国际货物运输代理有限公司	详见分支机构名录	国邮20100196C	2010.09.27至2015.09.26
上海翔运国际货运有限公司	无	国邮20100197C	2010.09.27至2015.09.26
包头开源鸿瑞国际货运代理有限责任公司	无	国邮20100198C	2010.09.27至2015.09.26
大庆国际货物运输代理有限公司	无	国邮20100199C	2010.09.27至2015.09.26
黄石中外运国际货运代理有限公司	无	国邮20100200C	2010.09.27至2015.09.26
珠海市中景国际货物运输代理有限公司	无	国邮20100201C	2010.09.27至2015.09.26
杭州百福东方国际货运代理有限公司	无	国邮20100202C	2010.09.27至2015.09.26
天津泛艺国际货运代理服务有限公司	详见分支机构名录	国邮20100203C	2010.09.27至2015.09.26
河北外运廊坊公司	无	国邮20100204C	2010.09.27至2015.09.26
黑龙江省乾瀚国际货物运输代理有限公司	无	国邮20100205C	2010.09.27至2015.09.26
雅玛多(中国)运输有限公司	详见分支机构名录	国邮20100216C	2010.09.29至2015.09.28
欧西爱司物流(上海)有限公司	详见分支机构名录	国邮20100217C	2010.09.29至2015.09.28
郑州市程驰速递有限公司	无	国邮20100221C	2010.09.29至2015.09.28

续上表

企业名称	分支机构	许可证号	有效期限
深圳市国鑫快递有限公司	无	国邮20100222C	2010.09.29至2015.09.28
南通三佳快运代理有限公司	无	国邮20100224C	2010.09.29至2015.09.28
河北佳通物流有限公司	无	国邮20100225C	2010.09.29至2015.09.28
厦门洪赞成物流有限公司	无	国邮20100226C	2010.09.29至2015.09.28
菏泽市通世运送服务有限公司	无	国邮20100227C	2010.09.29至2015.09.28
深圳市盈安达国际货运代理有限公司	详见分支机构名录	国邮20100228C	2010.09.29至2015.09.28
南通恒丰国际货运代理有限公司	无	国邮20100229C	2010.09.29至2015.09.28
合肥圣捷快运有限公司	详见分支机构名录	国邮20100230C	2010.09.29至2015.09.28
惠州市辉宇天地货物运输有限公司	无	国邮20100231C	2010.09.29至2015.09.28
湖南迪比翼快递服务有限公司	无	国邮20100232C	2010.09.29至2015.09.28
珠海市宇立物流有限公司	无	国邮20100233C	2010.09.29至2015.09.28
东莞市亚世国际货运代理有限公司	详见分支机构名录	国邮20100234C	2010.09.29至2015.09.28
东莞市东急捷运有限公司	详见分支机构名录	国邮20100235C	2010.09.29至2015.09.28
嘉兴市乍浦百通速递服务有限公司	详见分支机构名录	国邮20100236C	2010.09.29至2015.09.28
嘉兴环洋国际货运代理有限公司	详见分支机构名录	国邮20100238C	2010.09.29至2015.09.28
偌亚奥国际货运代理(深圳)有限公司	详见分支机构名录	国邮20100240C	2010.09.29至2015.09.28
天津泰利宝国际货运代理有限公司	无	国邮20100241C	2010.09.29至2015.09.28
北京网易速达国际货运代理有限公司	详见分支机构名录	国邮20100242C	2010.09.29至2015.09.28
金华中外运国际物流有限公司	无	国邮20100243C	2010.09.29至2015.09.28
潮州市外运有限公司	无	国邮20100244C	2010.09.29至2015.09.28
中山市康力国际货运代理有限公司	详见分支机构名录	国邮20100245C	2010.09.29至2015.09.28
广州市快时递快递有限公司	详见分支机构名录	国邮20100247C	2010.09.29至2015.09.28
中山祥运通国际货运代理有限公司	详见分支机构名录	国邮20100249C	2010.09.29至2015.09.28
饶平县联港快件有限公司	无	国邮20100250C	2010.09.29至2015.09.28
浙江旭日国际货运代理有限公司	详见分支机构名录	国邮20100252C	2010.09.29至2015.09.28
中山龙盛达国际货运代理有限公司	无	国邮20100253C	2010.09.29至2015.09.28
金华市天达国际货运代理有限公司	详见分支机构名录	国邮20100254C	2010.09.29至2015.09.28
威海田园凯鸽快递有限公司	无	国邮20100256C	2010.09.29至2015.09.28
丹阳市海尚国际商务有限公司	无	国邮20100257C	2010.09.29至2015.09.28
深圳市三态速递有限公司	无	国邮20100258C	2010.09.29至2015.09.28
潍坊联捷国际物流有限公司	无	国邮20100259C	2010.09.29至2015.09.28
吉林市飞虎快递有限公司	详见分支机构名录	国邮20100260C	2010.09.29至2015.09.28
中国外运广西桂林公司	无	国邮20100261C	2010.09.29至2015.09.28
吉林省华虎快递有限公司	无	国邮20100262C	2010.09.29至2015.09.28
青岛金驿路国际物流有限公司	无	国邮20100273C	2010.11.25至2015.11.24
浩通国际货运代理有限公司	详见分支机构名录	国邮20100274C	2010.11.25至2015.11.24
一三九快递(北京)有限公司	无	国邮20100275C	2010.11.25至2015.11.24
东莞市天地通速递有限公司	详见分支机构名录	国邮20100276C	2010.11.25至2015.11.24
常熟外贸运输有限责任公司	无	国邮20100277C	2010.12.24至2015.12.23
天津美亚集运国际货运代理有限公司	无	国邮20100280C	2010.12.24至2015.12.23

续上表

企业名称	分支机构	许可证号	有效期限
温州天翔货运服务有限公司	详见分支机构名录	国邮20100281C	2010.12.24至2015.12.23
福州中贸英联航空国际货运代理有限公司	无	国邮20100282C	2010.12.24至2015.12.23
包头市中天国际货运代理有限公司	无	国邮20100283C	2010.12.24至2015.12.23
深圳市秀驿国际物流有限公司	详见分支机构名录	国邮20100284C	2010.12.24至2015.12.23
昆山外服迪比翼国际货运代理有限公司	详见分支机构名录	国邮20100285C	2010.12.24至2015.12.23
常州市奥翔物流有限公司	无	国邮20100287C	2010.12.24至2015.12.23
湖南东讯速递有限公司	无	国邮20100288C	2010.12.24至2015.12.23
中国外运广西梧州有限公司	无	国邮20100289C	2010.12.24至2015.12.23
川妮(厦门)国际货运代理有限公司	无	国邮20100291C	2010.12.24至2015.12.23
无锡城晓国际货运代理有限公司	无	国邮20100292C	2010.12.24至2015.12.23
青岛昊坤达国际物流有限公司	详见分支机构名录	国邮20100293C	2010.12.24至2015.12.23
辽宁天地国际物流有限公司	无	国邮20100294C	2010.12.24至2015.12.23
宁波睿达国际物流有限公司	无	国邮20100295C	2010.12.24至2015.12.23
泉州顺鑫快递有限公司	无	国邮20100296C	2010.12.24至2015.12.23
厦门安世通国际快递物流有限公司	详见分支机构名录	国邮20100297C	2010.12.24至2015.12.23
上海伟邦快递服务有限公司	详见分支机构名录	国邮20100298C	2010.12.24至2015.12.23
宁波富成国际货运代理有限公司	无	国邮20100299C	2010.12.24至2015.12.23
天津易运物流有限公司	无	国邮20100300C	2010.12.24至2015.12.23
厦门宸迅物流有限公司	无	国邮20100301C	2010.12.24至2015.12.23
温州金邦盛德国际货运代理有限公司	详见分支机构名录	国邮20100302C	2010.12.24至2015.12.23
广西柳州外运有限责任公司	详见分支机构名录	国邮20100303C	2010.12.24至2015.12.23
张家港顺捷国际货运代理有限公司	无	国邮20100304C	2010.12.24至2015.12.23
上海义达国际物流有限公司	无	国邮20100305C	2010.12.24至2015.12.23
包头鼎力通国际货物运输代理有限公司	详见分支机构名录	国邮20110308C	2011.01.14至2016.01.15
上海中外运钱塘有限公司	无	国邮20110309C	2011.01.14至2016.01.15
上海柯莱国际货运有限公司	详见分支机构名录	国邮20110310C	2011.01.14至2016.01.15
苏州百福东方国际物流有限责任公司	无	国邮20110311C	2011.01.14至2016.01.15
福建鼎佳国际货运代理有限公司	无	国邮20110312C	2011.01.14至2016.01.15
山东中外运弘志物流有限公司	无	国邮20110313C	2011.01.14至2016.01.15
中国外运江苏集团公司扬州公司	详见分支机构名录	国邮20110315C	2011.01.25至2016.01.24
青岛翔通报关行有限公司	详见分支机构名录	国邮20110317C	2011.01.25至2016.01.24
绍兴希凯易国际货运代理有限公司	无	国邮20110318C	2011.01.25至2016.01.24
深圳福霖冠宇国际货运代理有限公司	无	国邮20110319C	2011.01.25至2016.01.24
浙江亲和货运代理有限公司	详见分支机构名录	国邮20110320C	2011.01.25至2016.01.24
长春天地快件有限公司	详见分支机构名录	国邮20110324C	2011.01.25至2016.01.24
大连通商急便国际物流有限公司	无	国邮20110325C	2011.01.25至2016.01.24
深圳市快迅捷运输服务有限公司	无	国邮20110326C	2011.01.25至2016.01.24
大连通达货运有限公司	详见分支机构名录	国邮20110328C	2011.01.25至2016.01.24
绍兴天越货运有限公司	无	国邮20110329C	2011.01.25至2016.01.24
湖南省华通国际货运代理有限公司	无	国邮20110330C	2011.01.25至2016.01.24

续上表

企业名称	分支机构	许可证号	有效期限
深圳市迪比翼贸易发展有限公司	无	国邮20110333C	2011.01.25至2016.01.24
襄樊亚樊敦豪航空快件有限公司	无	国邮20110334C	2011.01.25至2016.01.24
宁波金腾国际货运代理有限公司	无	国邮20110335C	2011.01.25至2016.01.24
宁波长运国际物流有限公司	无	国邮20110336C	2011.01.25至2016.01.24
上海经贸和光旅运有限公司	无	国邮20110338C	2011.01.25至2016.01.24
宜昌市联合国际货运代理有限公司	无	国邮20110339C	2011.01.25至2016.01.24
嘉兴市锦剑物流有限公司	详见分支机构名录	国邮20110340C	2011.01.25至2016.01.24
宁波华迅甬通航空货运代理有限公司	无	国邮20110342C	2011.01.25至2016.01.24
杭州荣城国际货运有限公司	无	国邮20110343C	2011.01.25至2016.01.24
中国外运黑龙江齐齐哈尔公司	无	国邮20110344C	2011.01.25至2016.01.24
安徽亚太航空代理有限公司	无	国邮20110345C	2011.01.25至2016.01.24
深圳市汇通天下物流有限公司	详见分支机构名录	国邮20110346C	2011.01.25至2016.01.24
长春顺捷速递有限公司	无	国邮20110347C	2011.01.25至2016.01.24
黄石天海航运有限公司	无	国邮20110348C	2011.01.25至2016.01.24
杭州七逸国际货运代理有限公司	详见分支机构名录	国邮20110350C	2011.01.25至2016.01.24
广州霆宇国际货运代理有限公司	无	国邮20110351C	2011.01.25至2016.01.24
中国货运航空有限公司	无	国邮20110352C	2011.01.25至2016.01.24
宁波万邦速运有限公司	无	国邮20110353C	2011.01.25至2016.01.24
北京冠捷国际物流有限公司	详见分支机构名录	国邮20110355C	2011.8.30至2016.8.29
深圳市久荣物流有限公司	无	国邮20110356C	2011.8.30至2016.8.29
溧阳溧金速达物流有限公司	无	国邮20110357C	2011.8.30至2016.8.29
中国对外贸易运输总公司浙江嘉兴支公司	无	国邮20110358C	2011.8.30至2016.8.29
中国外运陆桥运输有限公司	详见分支机构名录	国邮20110359C	2011.8.30至2016.8.29
浙江云豹国际货运代理有限公司	详见分支机构名录	国邮20110360C	2011.8.30至2016.8.29
上海服友速递有限公司	无	国邮20110361C	2011.8.30至2016.8.29
建德市宏强货运中介有限公司	无	国邮20110362C	2011.8.30至2016.8.29
山东天泽航国际货运代理有限公司	无	国邮20110363C	2011.8.30至2016.8.29
东莞市创运国际货运代理有限公司	无	国邮20110364C	2011.10.18至2016.10.17
厦门通宇报关有限公司	无	国邮20110365C	2011.10.18至2016.10.17
延边多源快运有限公司	详见分支机构名录	国邮20110366C	2011.10.18至2016.10.17
安阳市敦豪货运代理有限公司	无	国邮20110367C	2011.10.18至2016.10.17
濮阳市敦豪货运代理有限公司	无	国邮20110368C	2011.10.18至2016.10.17
DHL空运服务(上海)有限公司	无	国邮20110369C	2011.12.01至2016.11.30
上海合久成越国际货运代理有限公司	无	国邮20110370C	2011.10.18至2016.10.17
深圳市升蓝物流有限公司	详见分支机构名录	国邮20110371C	2011.10.18至2016.10.17
中外运安迈世(上海)国际航空快递有限公司	无	国邮20110372C	2011.11.04至2016.11.03
义乌市联信国际货运代理有限公司	无	国邮20110373C	2011.12.01至2016.11.30
佛山市兆航国际货运代理有限公司	详见分支机构名录	国邮20110374C	2011.12.01至2016.11.30
龙口亚航船务代理有限公司	详见分支机构名录	国邮20110375C	2011.12.01至2016.11.30
华世达物流(福建)有限公司	详见分支机构名录	国邮20110376C	2011.12.01至2016.11.30

续上表

企业名称	分支机构	许可证号	有效期限
常州市美亚国际货运代理有限公司	无	国邮20110377C	2011.12.01至2016.11.30
嘉兴市天地迅捷国际货运代理有限公司	无	国邮20110379C	2011.10.18至2011.10.17
杭州天豹国际货运代理有限公司	无	国邮20120380C	2012.01.18至2017.01.17
杭州旭泽报关有限公司	无	国邮20120381C	2012.01.18至2017.01.17
宇航国际物流(大连)有限公司	无	国邮20120382C	2012.01.18至2017.01.17
浏阳市东豪仓储咨询服务有限公司	详见分支机构名录	国邮20120383C	2012.01.18至2017.01.17
青岛世进国际物流有限公司	详见分支机构名录	国邮20120384C	2012.01.18至2017.01.17
北京快达国际物流服务有限公司	无	国邮20120385C	2012.01.18至2017.01.17
深圳市中技物流有限公司	详见分支机构名录	国邮20120386C	2012.01.18至2017.01.17
上海印华国际货运代理有限公司	无	国邮20120387C	2012.01.18至2017.01.17
常州华彩国际货运代理有限公司	无	国邮20120388C	2012.01.18至2017.01.17
广州晨阳国际货运代理有限公司	详见分支机构名录	国邮20120389C	2012.01.18至2017.01.17
北京群航国际货运代理有限公司	无	国邮20120390C	2012.01.18至2017.01.17
上海美鹰国际货物运输代理有限公司	无	国邮20120391C	2012.01.18至2017.01.17
东莞市泛亚国际货运代理有限公司	无	国邮20120392C	2012.03.22至2017.03.21
东莞市启盛国际货运服务有限公司	无	国邮20120393C	2012.03.22至2017.03.21
东莞市泽盈国际货运代理有限公司	无	国邮20120394C	2012.03.22至2017.03.21
苏州昊盛物流有限公司	无	国邮20120395C	2012.03.22至2017.03.21
上海马风达快递服务有限公司	详见分支机构名录	国邮20120396C	2012.03.22至2017.03.21
厦门琳龙物流有限公司	无	国邮20120397C	2012.03.22至2017.03.21
东莞市怡和国际货运代理有限公司	无	国邮20120398C	2012.03.22至2017.03.21
中山市中泰国际货运代理有限公司	无	国邮20120399C	2012.03.22至2017.03.21
深圳市康力国际货运代理有限公司	无	国邮20120400C	2012.03.22至2017.03.21
东莞市康力国际货运代理有限公司	详见分支机构名录	国邮20120401C	2012.03.22至2017.03.21
徐州丸全外运有限公司	无	国邮20120402C	2012.03.22至2017.03.21
深圳市宅急送快运有限公司	详见分支机构名录	国邮20120403C	2012.07.13至2017.07.12
上海捷利货运有限公司	无	国邮20120404C	2012.07.13至2017.07.12
泉州市华国货运代理有限公司	无	国邮20120405C	2012.07.13至2017.07.12
湖南安迅物流运输有限公司	无	国邮20120406C	2012.07.13至2017.07.12
广西中外运物流有限公司	详见分支机构名录	国邮20120407C	2012.07.13至2017.07.12
南通全球通速递有限公司	无	国邮20120408C	2012.07.13至2017.07.12
苏州霞丰国际货运代理有限公司	详见分支机构名录	国邮20120409C	2012.07.13至2017.07.12
北京福鑫快递服务有限公司	无	国邮20120410C	2012.07.13至2017.07.12
上海骏佳国际物流有限公司	无	国邮20120411C	2012.07.13至2017.07.12
北京宅急送快运股份有限公司	详见分支机构名录	国邮20100208C	2012.07.13至2017.07.12
上海宅急送物流有限公司	详见分支机构名录	国邮20100265C	2012.07.13至2017.07.12
杭州百世网络技术有限公司	详见分支机构名录	国邮20110354C	2012.07.13至2017.07.12
南京朗沁国际物流有限公司	无	国邮20120413C	2012.10.10至2017.10.09
上海创兴国际货运代理有限公司	无	国邮20120414C	2012.10.10至2017.10.09
上海恒信泓艺国际货物运输代理有限公司	无	国邮20120415C	2012.10.10至2017.10.09

续上表

企业名称	分支机构	许可证号	有效期限
上海圆通国际货物运输代理有限公司	无	国邮 20120417C	2012.10.10 至 2017.10.09
唐山世骐国际货运代理有限公司	无	国邮 20120418C	2012.10.10 至 2017.10.09
东莞市吉通国际货运代理有限公司	无	国邮 20120419C	2012.10.10 至 2017.10.09
青岛永广泰国际货运代理有限公司	无	国邮 20120420C	2012.10.10 至 2017.10.09
飘达通运输(深圳)有限公司	无	国邮 20120421C	2012.10.10 至 2017.10.09
郑州宇迅快递有限公司	无	国邮 20120422C	2012.10.10 至 2017.10.09
上海韵达货运有限公司	详见分支机构名录	国邮 20120210C	2012.10.10 至 2017.10.09
许昌启明快递有限公司	无	国邮 20120416C	2012.12.28 至 2017.12.27
上海馨翔航空地面服务有限公司	无	国邮 20120425C	2012.12.28 至 2017.12.27
上海晋越国际货运代理有限公司	无	国邮 20120426C	2012.12.28 至 2017.12.27
宝应县佳捷货运有限公司	无	国邮 20120427C	2012.12.28 至 2017.12.27
上海爱文琪货运代理有限公司	无	国邮 20120428C	2012.12.28 至 2017.12.27
温州亚泰物流有限公司	无	国邮 20120429C	2012.12.28 至 2017.12.27
太仓和信国际货运代理有限公司	无	国邮 20120430C	2012.12.28 至 2017.12.27
惠州市鑫田物流有限公司	无	国邮 20120431C	2012.12.28 至 2017.12.27
宁波海曙易成货运代理有限公司	无	国邮 20120432C	2012.12.28 至 2017.12.27
深圳市有信达物流集团有限公司	无	国邮 20120433C	2012.12.28 至 2017.12.27
苏州健行国际货运代理有限公司	无	国邮 20130434C	2013.02.06 至 2018.02.05
东方国际货运有限公司	无	国邮 20130437C	2013.02.06 至 2018.02.05
大连大田国际货运有限公司	无	国邮 20130438C	2013.02.06 至 2018.02.05
湛江邮政速递服务有限公司	无	国邮 20130439C	2013.02.06 至 2018.02.05
中山市鸿利国际货运代理有限公司	无	国邮 20130440C	2013.02.06 至 2018.02.05
青岛优派斯速递有限公司	无	国邮 20130441C	2013.02.06 至 2018.02.05
上海思客亚国际货物运输代理有限公司	无	国邮 20130442C	2013.02.06 至 2018.02.05
浙江百鸿国际货运代理有限公司	无	国邮 20130443C	2013.02.06 至 2018.02.05
义乌市恒翔国际货运代理有限公司	无	国邮 20130444C	2013.05.14 至 2018.05.13
上海中通吉速递服务有限公司	详见分支机构名录	国邮 20130212C	2013.05.14 至 2018.05.13
大连乾宏国际物流有限公司	无	国邮 20130446C	2013.05.14 至 2018.05.13
上海威盛报关有限公司	无	国邮 20130447C	2013.05.14 至 2018.05.13
重庆中环国际货运代理有限公司	无	国邮 20130448C	2013.05.14 至 2018.05.13
扬州华捷货运代理有限公司	无	国邮 20130449C	2013.05.14 至 2018.05.13
运发(厦门)物流有限公司	无	国邮 20130450C	2013.05.14 至 2018.05.13
上海畅灵国际货运代理有限公司	无	国邮 20130451C	2013.05.14 至 2018.05.13
辽宁中旅国际货运有限公司	无	国邮 20130452C	2013.05.14 至 2018.05.13
威海汉信国际货运代理有限公司	无	国邮 20130453C	2013.05.14 至 2018.05.13
宁波海田国际货运有限公司	详见分支机构名录	国邮 20130454C	2013.05.14 至 2018.05.13
江阴市神鹿航空物流服务有限公司	无	国邮 20130455C	2013.05.14 至 2018.05.13
广东晟荣国际运输有限公司	无	国邮 20130457C	2013.07.16 至 2018.07.15
珠海里洋国际货运代理有限公司	详见分支机构名录	国邮 20130458C	2013.07.16 至 2018.07.15
青岛丰翔国际物流有限公司	详见分支机构名录	国邮 20130459C	2013.07.16 至 2018.07.15

续上表

企业名称	分支机构	许可证号	有效期限
深圳市中环运实业发展有限公司	无	国邮 20130460C	2013.07.16 至 2018.07.15
广州飞特物流有限公司	详见分支机构名录	国邮 20130461C	2013.07.16 至 2018.07.15
温州市亚航国际货运代理有限公司	无	国邮 20130462C	2013.07.16 至 2018.07.15
上海金迪货运代理有限公司	无	国邮 20130463C	2013.07.16 至 2018.07.15
深圳市百千诚国际物流有限公司	无	国邮 20130464C	2013.07.16 至 2018.07.15
台州市嘉晖航空国际货运代理有限公司	无	国邮 20130465C	2013.07.16 至 2018.07.15
上海东航快递有限公司	无	国邮 20130466C	2013.08.23 至 2018.08.22
盐城湖海速递服务有限公司	无	国邮 20130467C	2013.08.23 至 2018.08.22
上海博瀚国际货运代理有限公司	无	国邮 20130468C	2013.08.23 至 2018.08.22
余姚市凯达货运代理有限公司	无	国邮 20130469C	2013.08.23 至 2018.08.22
宁波陆风国际货运代理有限公司	无	国邮 20130470C	2013.08.23 至 2018.08.22
顺丰速运有限公司	无	国邮 20130471C	2013.09.30 至 2018.09.29
山东迅吉安国际货运代理有限公司	无	国邮 20130472C	2013.09.30 至 2018.09.29
北京宇迅国际运输有限公司	无	国邮 20130473C	2013.09.30 至 2018.09.29
扬州启航货运代理有限公司	无	国邮 20130474C	2013.09.30 至 2018.09.29
金华市易航国际货运代理有限公司	无	国邮 20130477C	2013.12.05 至 2018.12.04
中通快递股份有限公司	无	国邮 20130478C	2013.12.05 至 2018.12.04
东莞市启诚国际货运代理有限公司	无	国邮 20130479C	2013.12.05 至 2018.12.04
苏宁云商集团股份有限公司	无	国邮 20140424C	2014.01.22 至 2019.01.21
山东三合源云科技信息有限公司	无	国邮 20140484C	2014.01.22 至 2019.01.21
新干线(厦门)物流有限公司	无	国邮 20140485C	2014.01.22 至 2019.01.21
山东华飞国际物流有限公司	无	国邮 20140486C	2014.01.22 至 2019.01.21
厦门闽亚货运代理有限公司	无	国邮 20140487C	2014.01.22 至 2019.01.21
上海鸿谊国际货运有限公司	详见分支机构名录	国邮 20140488C	2014.01.22 至 2019.01.21
荣通国际货运有限公司	无	国邮 20140489C	2014.01.22 至 2019.01.21
盐城市新东方国际货运代理有限公司	无	国邮 20140490C	2014.01.22 至 2019.01.21
河南晟龙贸易有限公司	无	国邮 20140491C	2014.03.05 至 2019.03.04
郴州瑞通物流有限公司	无	国邮 20140492C	2014.03.05 至 2019.03.04
郴州捷顺物流有限公司	无	国邮 20140493C	2014.03.05 至 2019.03.04
重庆金利国际货物运输代理有限公司	无	国邮 20140494C	2014.03.05 至 2019.03.04
昆明普斯特速递货运有限责任公司	无	国邮 20140495C	2014.04.21 至 2019.04.20
广州空港国际物流有限公司	无	国邮 20140496C	2014.04.21 至 2019.04.20
上海德科国际货物运输代理有限公司	无	国邮 20140497C	2014.04.21 至 2019.04.20
鑫睿国际货物运输代理(上海)有限公司	无	国邮 20140498C	2014.04.21 至 2019.04.20
珠海市顺联国际货物运输代理有限公司	无	国邮 20140499C	2014.04.21 至 2019.04.20
深圳永利八达通物流有限公司	详见分支机构名录	国邮 20140500C	2014.04.21 至 2019.04.20
北京环宇天马国际货运代理有限公司	详见分支机构名录	国邮 20140501C	2014.04.21 至 2019.04.20
优速物流有限公司	无	国邮 20140272C	2014.04.21 至 2019.04.20
北京宇恒国际快递有限公司	无	国邮 20140502C	2014.04.21 至 2019.04.20
天津越洋国际货运代理有限公司	详见分支机构名录	国邮 20140503C	2014.06.09 至 2019.06.08

续上表

企业名称	分支机构	许可证号	有效期限
上海高飞集装箱储运有限公司	无	国邮 20140504C	2014.06.09 至 2019.06.08
天津顺丰速递有限公司	无	国邮 20130471－1C(2014)	2014.06.09 至 2019.06.08
湖北顺丰速运有限公司	无	国邮 20130471－2C(2014)	2014.06.09 至 2019.06.08
福建新干线物流有限公司	无	国邮 20140507C	2014.08.13 至 2019.08.12
山东冠通国际货运代理有限公司	详见分支机构名录	国邮 20140508C	2014.08.13 至 2019.08.12
新疆威达世国际贸易有限公司	无	国邮 20140509C	2014.08.13 至 2019.08.12
内蒙古海悦通国际货运有限责任公司	无	国邮 20140510C	2014.08.13 至 2019.08.12
浙江金瑞国际货运代理有限公司	详见分支机构名录	国邮 20140511C	2014.08.13 至 2019.08.12
申通国际快递(深圳)有限公司	详见分支机构名录	国邮 20140512C	2014.10.11 至 2019.10.10
天津百洲达国际货运代理有限公司	详见分支机构名录	国邮 20140513C	2014.10.11 至 2019.10.10
西咸新区立达国际快递有限公司	无	国邮 20140514C	2014.10.11 至 2019.10.10
重庆保时达保税物流有限公司	无	国邮 20140515C	2014.10.11 至 2019.10.10
济南海谷国际货运代理有限公司	无	国邮 20140516C	2014.10.11 至 2019.10.10
北京润顺达国际快递有限公司	无	国邮 20140517C	2014.10.11 至 2019.10.10
四川合众兴国际物流有限公司	无	国邮 20140518C	2014.10.11 至 2019.10.10
海淘客国际物流(上海)有限公司	无	国邮 20140519C	2014.10.11 至 2019.10.10
中外运泓丰(上海)国际物流有限公司	无	国邮 20140520C	2014.10.11 至 2019.10.10
宁波路易通电子商务有限公司	无	国邮 20140521C	2014.10.11 至 2019.10.10
广州速递有限公司	无	国邮 20140522C	2014.10.11 至 2019.10.10
青岛诚业国际物流有限公司	无	国邮 20140523C	2014.10.11 至 2019.10.10
宁波纵横伟业国际货运代理有限公司	无	国邮 20140524C	2014.10.11 至 2019.10.10
湖北省东立国际货运代理有限公司	无	国邮 20140525C	2014.10.11 至 2019.10.10
上海鸿硕国际货运代理有限公司	无	国邮 20140526C	2014.10.11 至 2019.10.10
南通迪比翼快递有限公司	无	国邮 20140527C	2014.10.11 至 2019.10.10
烟台中外运国际物流有限公司	无	国邮 20140528C	2014.10.11 至 2019.10.10
威海新海丰物流有限公司	无	国邮 20140529C	2014.10.11 至 2019.10.10
汕头市邮政速递服务有限公司	无	国邮 20140530C	2014.10.11 至 2019.10.10
河南盛通国际货运代理有限公司	无	国邮 20140531C	2014.10.11 至 2019.10.10
四川欧西爱司物流有限公司	无	国邮 20140532C	2014.10.11 至 2019.10.10
北京澜海淳远国际运输代理有限公司	无	国邮 20140533C	2014.12.03 至 2019.12.02
港中旅华贸国际物流股份有限公司	详见分支机构名录	国邮 20140534C	2014.12.03 至 2019.12.02
河南德骊国际货运代理有限公司	无	国邮 20140535C	2014.12.03 至 2019.12.02
上海增联物流有限公司	无	国邮 20140536C	2014.12.03 至 2019.12.02
深圳市万运国际物流有限公司	无	国邮 20140537C	2014.12.03 至 2019.12.02
上海浦东创业国际物流有限公司	无	国邮 20140538C	2014.12.03 至 2019.12.02
嘉兴市骏天国际货运代理有限公司	无	国邮 20140539C	2014.12.03 至 2019.12.02
大连京大国际货运代理有限公司	详见分支机构名录	国邮 20140540C	2014.12.03 至 2019.12.02
深圳市拓威百顺达国际货运代理有限公司	详见分支机构名录	国邮 20140541C	2014.12.03 至 2019.12.02
中国外运江苏集团公司淮阴公司	无	国邮 20140542C	2014.12.03 至 2019.12.02
广东高捷航运物流有限公司	无	国邮 20140543C	2014.12.03 至 2019.12.02

续上表

企业名称	分支机构	许可证号	有效期限
汕尾市丰腾速递有限公司	详见分支机构名录	国邮20140544C	2014.12.03至2019.12.02
江门市蓬江区利航物流有限公司	无	国邮20140545C	2014.12.03至2019.12.02
上海天行健国际物流有限公司	无	国邮20140546C	2014.12.03至2019.12.02
江苏好德国际货运代理有限公司	无	国邮20140547C	2014.12.03至2019.12.02
山东鸿程物流有限公司	无	国邮20140548C	2014.12.03至2019.12.02
荆州市广瑞源国际物流有限公司	无	国邮20140549C	2014.12.03至2019.12.02
昆山天地人国际货运有限公司	无	国邮20140550C	2014.12.03至2019.12.02
航都(厦门)国际货运代理有限公司	无	国邮20140551C	2014.12.03至2019.12.02
天津时代瑞丰国际货运代理有限公司	无	国邮20140552C	2014.12.30至2019.12.29
福建统一快递有限公司	无	国邮20140553C	2014.12.30至2019.12.29
浙江点库电子商务有限公司	无	国邮20140554C	2014.12.30至2019.12.29
威海鹏宇国际货运代理有限公司	无	国邮20140555C	2014.12.30至2019.12.29
吉林省天地嘉通物流有限公司	无	国邮20140556C	2014.12.30至2019.12.29
辽宁韩一国际货运有限公司	详见分支机构名录	国邮20140557C	2014.12.30至2019.12.29
广州市乾泰亨通国际货运代理有限公司	无	国邮20140558C	2014.12.30至2019.12.29
上海贸盛国际货运有限公司	无	国邮20140559C	2014.12.30至2019.12.29
汎韩物流(上海)有限公司	无	国邮20140560C	2014.12.30至2019.12.29
赛诚国际物流有限公司	详见分支机构名录	国邮20140561C	2014.12.30至2019.12.29
汎韩物流(深圳)有限公司	无	国邮20140562C	2014.12.30至2019.12.29

(四)中国邮政速递物流股份有限公司31家子公司

企业名称	分支机构	许可证号	有效期限
北京市邮政速递物流有限公司	详见分支机构名录	国邮20100028－1C	2010.09.27至2015.09.26
天津市邮政速递物流有限公司	详见分支机构名录	国邮20100028－2C	2010.09.27至2015.09.26
河北省邮政速递物流有限公司	详见分支机构名录	国邮20100028－3C	2010.09.27至2015.09.26
山西省邮政速递物流有限公司	详见分支机构名录	国邮20100028－4C	2010.09.27至2015.09.26
内蒙古邮政速递物流有限公司	详见分支机构名录	国邮20100028－5C	2010.09.27至2015.09.26
辽宁省邮政速递物流有限公司	详见分支机构名录	国邮20100028－6C	2010.09.27至2015.09.26
吉林省邮政速递物流有限公司	详见分支机构名录	国邮20100028－7C	2010.09.27至2015.09.26
黑龙江省邮政速递物流有限公司	详见分支机构名录	国邮20100028－8C	2010.09.27至2015.09.26
江苏省邮政速递物流有限公司	详见分支机构名录	国邮20100028－9C	2010.09.27至2015.09.26
浙江省邮政速递物流有限公司	详见分支机构名录	国邮20100028－10C	2010.09.27至2015.09.26
安徽省邮政速递物流有限公司	详见分支机构名录	国邮20100028－11C	2010.09.27至2015.09.26
上海市邮政速递物流有限公司	详见分支机构名录	国邮20100028－12C	2010.09.27至2015.09.26
福建省邮政速递物流有限公司	详见分支机构名录	国邮20100028－13C	2010.09.27至2015.09.26
江西省邮政速递物流有限公司	详见分支机构名录	国邮20100028－14C	2010.09.27至2015.09.26
山东省邮政速递物流有限公司	详见分支机构名录	国邮20100028－15C	2010.09.27至2015.09.26
河南省邮政速递物流有限公司	详见分支机构名录	国邮20100028－16C	2010.09.27至2015.09.26
湖北省邮政速递物流有限公司	详见分支机构名录	国邮20100028－17C	2010.09.27至2015.09.26

续上表

企业名称	分支机构	许可证号	有效期限
湖南省邮政速递物流有限公司	详见分支机构名录	国邮 20100028－18C	2010.09.27 至 2015.09.26
广东省邮政速递物流有限公司	详见分支机构名录	国邮 20100028－19C	2010.09.27 至 2015.09.26
广西壮族自治区邮政速递物流有限公司	详见分支机构名录	国邮 20100028－20C	2010.09.27 至 2015.09.26
海南省邮政速递物流有限公司	详见分支机构名录	国邮 20100028－21C	2010.09.27 至 2015.09.26
重庆市邮政速递物流有限公司	详见分支机构名录	国邮 20100028－22C	2010.09.27 至 2015.09.26
四川省邮政速递物流有限公司	详见分支机构名录	国邮 20100028－23C	2010.09.27 至 2015.09.26
贵州省邮政速递物流有限公司	详见分支机构名录	国邮 20100028－24C	2010.09.27 至 2015.09.26
云南省邮政速递物流有限公司	详见分支机构名录	国邮 20100028－25C	2010.09.27 至 2015.09.26
西藏自治区邮政速递物流有限公司	无	国邮 20100028－26C	2010.09.27 至 2015.09.26
陕西省邮政速递物流有限公司	详见分支机构名录	国邮 20100028－27C	2010.09.27 至 2015.09.26
甘肃省邮政速递物流有限公司	详见分支机构名录	国邮 20100028－28C	2010.09.27 至 2015.09.26
青海省邮政速递物流有限公司	详见分支机构名录	国邮 20100028－29C	2010.09.27 至 2015.09.26
宁夏回族自治区邮政速递物流有限公司	详见分支机构名录	国邮 20100028－30C	2010.09.27 至 2015.09.26
新疆维吾尔自治区邮政速递物流有限公司	详见分支机构名录	国邮 20100028－31C	2010.09.27 至 2015.09.26

（五）顺丰速运（集团）有限公司 76 家子公司

企业名称	分支机构	许可证号	有效期限
安徽顺丰速运有限公司	详见分支机构名录	国邮 20100031－1C	2010.09.29 至 2015.09.28
顺丰运输（常州）有限公司	详见分支机构名录	国邮 20100031－3C	2010.09.29 至 2015.09.28
大连顺丰速运有限公司	详见分支机构名录	国邮 20100031－4C	2010.09.29 至 2015.09.28
顺丰速运（东莞）有限公司	详见分支机构名录	国邮 20100031－5C	2010.09.29 至 2015.09.28
福州顺丰速运有限公司	详见分支机构名录	国邮 20100031－6C	2010.09.29 至 2015.09.28
贵州顺丰速运有限公司	详见分支机构名录	国邮 20100031－7C	2010.09.29 至 2015.09.28
海南顺丰速运有限公司	详见分支机构名录	国邮 20100031－8C	2010.09.29 至 2015.09.28
浙江顺丰速运有限公司	详见分支机构名录	国邮 20100031－9C	2010.09.29 至 2015.09.28
河北顺丰速运有限公司	详见分支机构名录	国邮 20100031－10C	2010.09.29 至 2015.09.28
河南省顺丰速运有限公司	详见分支机构名录	国邮 20100031－11C	2010.09.29 至 2015.09.28
黑龙江省顺丰速运有限公司	详见分支机构名录	国邮 20100031－12C	2010.09.29 至 2015.09.28
武汉顺丰速运有限公司	详见分支机构名录	国邮 20100031－13C	2010.09.29 至 2015.09.28
湖南顺丰速运有限公司	详见分支机构名录	国邮 20100031－14C	2010.09.29 至 2015.09.28
顺丰速运（湖州）有限公司	详见分支机构名录	国邮 20100031－15C	2010.09.29 至 2015.09.28
淮安顺丰速运有限公司	详见分支机构名录	国邮 20100031－16C	2010.09.29 至 2015.09.28
顺丰速运（惠州）有限公司	详见分支机构名录	国邮 20100031－17C	2010.09.29 至 2015.09.28
山东顺丰速运有限公司	详见分支机构名录	国邮 20100031－19C	2010.09.29 至 2015.09.28
嘉兴顺丰运输有限公司	详见分支机构名录	国邮 20100031－20C	2010.09.29 至 2015.09.28
江西顺丰速运有限公司	详见分支机构名录	国邮 20100031－21C	2010.09.29 至 2015.09.28
金华市顺丰速运有限公司	详见分支机构名录	国邮 20100031－22C	2010.09.29 至 2015.09.28

续上表

企业名称	分支机构	许可证号	有效期限
云南顺丰速运有限公司	详见分支机构名录	国邮20100031－23C	2010.09.29至2015.09.28
丽水市顺丰速运有限公司	详见分支机构名录	国邮20100031－24C	2010.09.29至2015.09.28
连云港顺丰速运有限公司	详见分支机构名录	国邮20100031－25C	2010.09.29至2015.09.28
顺丰运输（南京）有限公司	详见分支机构名录	国邮20100031－27C	2010.09.29至2015.09.28
南平市顺丰速运有限公司	详见分支机构名录	国邮20100031－28C	2010.09.29至2015.09.28
南通顺丰速递有限公司	详见分支机构名录	国邮20100031－29C	2010.09.29至2015.09.28
宁波顺丰速运有限公司	详见分支机构名录	国邮20100031－30C	2010.09.29至2015.09.28
宁德市顺丰速运有限公司	详见分支机构名录	国邮20100031－31C	2010.09.29至2015.09.28
顺丰速运（宁夏）有限公司	无	国邮20100031－32C	2010.09.29至2015.09.28
莆田市顺丰速运有限公司	详见分支机构名录	国邮20100031－33C	2010.09.29至2015.09.28
青岛顺丰速运有限公司	详见分支机构名录	国邮20100031－34C	2010.09.29至2015.09.28
顺丰集团衢州运输有限公司	详见分支机构名录	国邮20100031－35C	2010.09.29至2015.09.28
泉州顺丰运输有限公司	详见分支机构名录	国邮20100031－36C	2010.09.29至2015.09.28
三明市顺丰速运有限公司	详见分支机构名录	国邮20100031－37C	2010.09.29至2015.09.28
绍兴顺丰速运有限公司	详见分支机构名录	国邮20100031－38C	2010.09.29至2015.09.28
四川顺丰速运有限公司	详见分支机构名录	国邮20100031－39C	2010.09.29至2015.09.28
苏州工业园区顺丰速运有限公司	详见分支机构名录	国邮20100031－40C	2010.09.29至2015.09.28
台州顺丰速运有限公司	详见分支机构名录	国邮20100031－41C	2010.09.29至2015.09.28
泰州顺丰运输有限公司	详见分支机构名录	国邮20100031－42C	2010.09.29至2015.09.28
顺丰速运（天津）有限公司	详见分支机构名录	国邮20100031－43C	2010.09.29至2015.09.28
温州顺衡速运有限公司	详见分支机构名录	国邮20100031－44C	2010.09.29至2015.09.28
无锡市顺丰速运有限公司	详见分支机构名录	国邮20100031－45C	2010.09.29至2015.09.28
西安顺丰速运有限公司	详见分支机构名录	国邮20100031－46C	2010.09.29至2015.09.28
厦门市顺丰速运有限公司	详见分支机构名录	国邮20100031－47C	2010.09.29至2015.09.28
徐州顺衡速运有限公司	详见分支机构名录	国邮20100031－48C	2010.09.29至2015.09.28
盐城顺丰速运有限公司	详见分支机构名录	国邮20100031－49C	2010.09.29至2015.09.28
扬州顺丰速运有限公司	详见分支机构名录	国邮20100031－50C	2010.09.29至2015.09.28
湛江顺丰速运有限公司	详见分支机构名录	国邮20100031－51C	2010.09.29至2015.09.28
顺丰运输（漳州）有限公司	详见分支机构名录	国邮20100031－52C	2010.09.29至2015.09.28
肇庆市顺丰速运有限公司	详见分支机构名录	国邮20100031－53C	2010.09.29至2015.09.28
镇江市顺丰速运有限公司	详见分支机构名录	国邮20100031－54C	2010.09.29至2015.09.28
中山顺丰速运有限公司	详见分支机构名录	国邮20100031－55C	2010.09.29至2015.09.28
佛山顺丰速运有限公司	详见分支机构名录	国邮20100031－57C	2010.09.29至2015.09.28
江门顺丰速运有限公司	详见分支机构名录	国邮20100031－58C	2010.09.29至2015.09.28
珠海顺丰速运有限公司	详见分支机构名录	国邮20100031－59C	2010.09.29至2015.09.28
舟山顺丰速运有限公司	详见分支机构名录	国邮20100031－60C	2010.09.29至2015.09.28
顺丰速运重庆有限公司	详见分支机构名录	国邮20100031－61C	2010.09.29至2015.09.28
潍坊顺丰速运有限公司	详见分支机构名录	国邮20100031－62C	2010.09.29至2015.09.28
上海顺意丰速运有限公司	详见分支机构名录	国邮20100031－63C	2010.09.29至2015.09.28
上海顺啸丰运输有限公司	详见分支机构名录	国邮20100031－64C	2010.09.29至2015.09.28

续上表

企业名称	分支机构	许可证号	有效期限
上海顺衡物流有限公司	详见分支机构名录	国邮20100031-65C	2010.09.29至2015.09.28
顺丰速运集团(上海)速运有限公司	详见分支机构名录	国邮20100031-66C	2010.09.29至2015.09.28
汕头市顺丰速运有限公司	详见分支机构名录	国邮20100031-67C	2010.09.29至2015.09.28
汕头市澄海区顺丰快递服务有限公司	详见分支机构名录	国邮20100031-68C	2010.09.29至2015.09.28
山西顺丰速运有限公司	无	国邮20100031-69C	2010.09.29至2015.09.28
内蒙古顺丰速运有限公司	无	国邮20100031-70C	2010.09.29至2015.09.28
龙岩顺丰速运有限公司	详见分支机构名录	国邮20100031-71C	2010.09.29至2015.09.28
顺丰速运(沈阳)有限公司	详见分支机构名录	国邮20100031-72C	2010.09.29至2015.09.28
揭阳市顺丰速运有限公司	详见分支机构名录	国邮20100031-73C	2010.09.29至2015.09.28
广西顺丰速运有限公司	详见分支机构名录	国邮20100031-74C	2010.09.29至2015.09.28
潮州市顺丰速运有限公司	详见分支机构名录	国邮20100031-75C	2010.09.29至2015.09.28
梅州市顺丰速运有限公司	详见分支机构名录	国邮20100031-76C	2010.09.29至2015.09.28
江苏顺丰速运有限公司	详见分支机构名录	国邮20100031-77C	2010.09.29至2015.09.28
新疆顺丰速运有限公司	详见分支机构名录	国邮20100031-78C	2010.09.29至2015.09.28
兰州顺丰速运有限公司	详见分支机构名录	国邮20100031-79C	2010.09.29至2015.09.28
烟台顺丰速运有限公司	详见分支机构名录	国邮20100031-80C(2014)	2014.03.05至2019.03.04

中信度假村酒店欢迎您
携手加运美
助您更完美
加运美速递
服务热线 0769-85515555
专业·安全·快捷

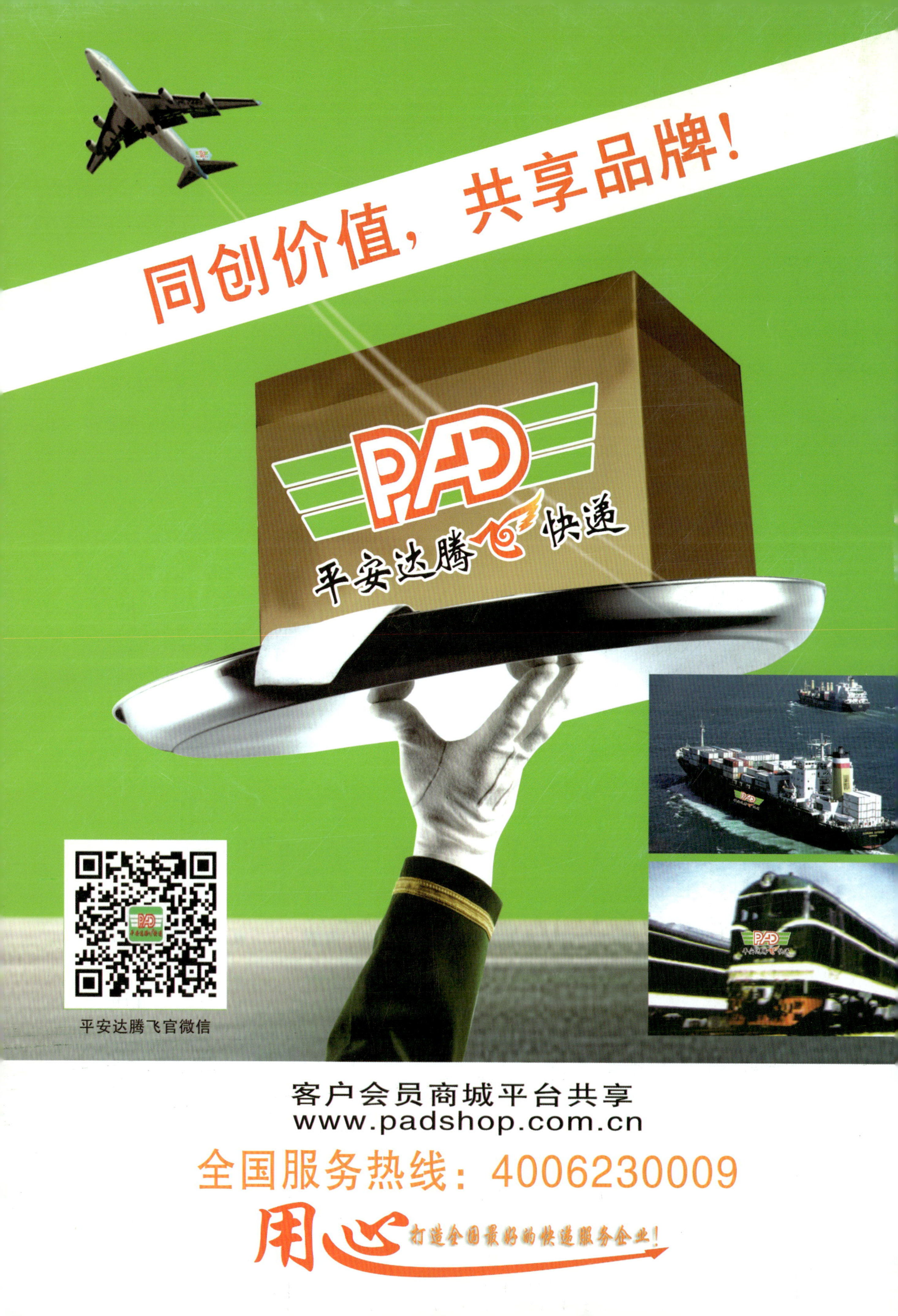
同创价值，共享品牌！
PAD
平安达腾飞快递
平安达腾飞官微信
客户会员商城平台共享
www.padshop.com.cn
全国服务热线：4006230009
用心
打造全国最好的快递服务企业！